VOGELBUCH

VOGELBUCH

GESNERI
Redivivi, aucti & emendati
TOMUS II.
Oder
Vollkommenes

Vogel-Buch,

Darstellend
Eine warhaffrige und nach dem Leben
vorgeriſſene

Abbildung

Aller/ ſo wol in den Lüfften und Klüfften/ als in
den Wäldern und Feldern/ und ſonſten auff den Waſſern und daheim
in den Häuſern/ nicht nur in Europa, ſondern auch in Asia, Africa, America, und anderen neu-erfundenen Oſt- und Weſt-Indiſchen Inſulen/ ſich enthaltender zahmer und
wilder Vögel und Feder-Viehes;
Deren jeglichem ſein Kraut und Gewächſe/ mit dem Samen/ Körnern oder Beeren/ oder andere ſpeiſende Thiere und Ungeziefer/ wovon ſie ihre
Nahrung haben/ gar eigentlich und kennlich mit
beygefüget iſt/
Sammt einer umbſtändlichen

Beſchreibung

Jhrer äuſſerlichen Geſtalt/ innerlichen Natur und Eigenſchafft/ angebohrnen Tugend oder Untugend/ wie ſie zu nähren und zu mehren/ oder zum Baitzen und
anderm Gebrauch abzurichten/ deßgleichen was für Kranckheiten ſie unterworffen/ und wie
denſelben wiederumb davon zu helffen/ auch was für ſonderbaren und vielfaltigen Nutzen die Menſchen/
theils zur Speiſe und Nahrung/ theils aber zur Noth und Artzney/ von ihnen
haben können.

Allen Leibs- und Wund-Aertzten und andern Verwunderern der ſo vielfältigen wunderbaren Geſchöpffe Gottes/ wegen der darbey vorkommenden natürlichen Geheimnüſſen/ zur Be-
luſtigung/ den vorſichtigen Hauß-Vättern aber/ wie auch den ſorgfältigen Land- und Weydleuten zum nützlichen
Unterricht; und den Mahlern/ Reiſſern/ Seidenſtickern und andern Künſtlern/ wegen der artigen Figuren/
zur Nachfolge / an ihren Orten / ſehr dienſt- und zuträglich.
Vormahls durch den hochberühmten

Herrn D. CONRADUM GESNERUM,

In Lateiniſcher Sprache beſchrieben/ und nachgehends durch eine andere Hand/
der Teutſchen Welt zu gute überſetzet:
Anjetzo aber/ nach dem Lateiniſchen Drucke/ von neuem überſehen/ an gar vielen Orten/
dem Lateiniſchen Grund-Texte/ und der gewiſſen Erfahrung gemäß/ verbeſſert/ und/ auß der alten gar unverſtändlichen Dolmetſchung/ in eine recht deutliche und ſaubere Teutſche Sprache gebracht / auch
mit ſehr vielen neuen Figuren/ theils bekannter/ meiſtentheils aber fremder und außländiſcher gar
ſeltzamer Vögel und ihrer Beſchreibung/ gezieret und vermehret/
Durch

GEORGIUM HORSTIUM, M.D.

Mit Römiſcher Käyſerl. Majeſt. Freyheit.
Franckfurt am Mäyn/
In Verlegung Wilhelm Serlins/ Buchhändlers.
Druckts im Jahr M DC LXIX. Blaſius Ilßner.

CIP-Kurztitelaufnahme der Deutschen Bibliothek

Gesner, Conrad:
[Gesnerus redivivus, auctus et emendatus] Gesneri redivivi, aucti et emendati ... / vormals durch Conradum Gesnerum beschrieben, an itzo aber von neuem übersehen, corrigirt u. um sehr viel verm. durch Georgium Horstium. — Nachdr. — Hannover: Schlütersche.
Einheitssacht.: Historia animalia ⟨dt.⟩
NE: Horst, Georg [Bearb.]
T. 2/[3]. → Gesner, Conrad: Vollkommenes Vogel-Buch

Gesner, Conrad:
Vollkommenes Vogel-Buch: darstellend e. ... Abb. aller ... durch alle 4 Theile d. Welt sich enthaltender zahmer u. wilder Vögel, sammt e. umständl. Beschreibung ... / vormals durch Conradum Gesnerum beschrieben, an itzo aber von neuem übersehen, corrigirt u. um sehr viel verm. durch Georgium Horstium. — [2. Aufl., unveränd. Nachdr. d. Ausg. von 1669]. —
Hannover: Schlütersche, 1981.
(Gesneri redivivi, aucti et emendati ...; T. 2/3)
Enth. Teil 1. — Teil 2
ISBN 3-87706-183-4
NE: Horst, Georg [Bearb.]
Einheitssacht.: De avium natura ⟨dt.⟩

Nachdruck der Ausgabe von 1669 unter Verwendung des Originals der Niedersächsischen Landesbibliothek in Hannover, Signatur N-A 10027.

© 1981 Schlütersche Verlagsanstalt und Druckerei — GmbH & Co. —,
Georgswall 4, 3000 Hannover 1.
Alle Rechte vorbehalten. Ohne schriftliche Genehmigung des Verlages ist es nicht gestattet, dieses Buch oder Teile daraus in irgendeiner Form zu vervielfältigen oder unter Verwendung elektronischer bzw. mechanischer Systeme zu speichern, auszuwerten und zu verbreiten.
Druck: Schlütersche Verlagsanstalt und Druckerei — GmbH & Co. —, Hannover

Denen Wohl-Edlen/ Gestrengen/ Hochgelehrten/ Vesten
Frommen/ Ehrenvesten/ Fürsichtigen und Hochweisen
Herren/

Herren Burgermeistern
und Rath
Der
Hochlöblichen Stadt Zürich/
Meinen Hochgeehrten großgünstigen Herren.

Großmächtige/ Wohl-Edle/ Gestrenge/ Hochgelehrte/ Veste/
Fromme/ Ehrenveste/ Fürsichtige/ Hochweise
Herren

Nicht unbillich hat jener Gottselige Altvatter gesagt: Daß der Allweise Gott dem Menschen zwey Bücher gegeben/ worauß er beydes die Himmlisch- und Irrdische Weißheit lernen und begreiffen könne / nemlich: Librum Scripturæ, & Librum Naturæ. Was das erste betrifft/ so kan ja keinem Christen verborgen seyn/ wie hochnothwendig dasselbe unserm in Göttlichen/ und unserer Seelen Seligkeit betreffenden Dingen finsterm Verstand seye/ Gottes darinn geoffenbartes Wesen und Willen darauß zu erkennen/ und unser Leben darnach anzustellen/ damit wir das ewige/ zu welchem wir Anfangs erschaffen/ erlangen mögen. Das andere/ nemlich Librum Naturæ belangend/ so ist abermahls unlaugbar/ daß wir auß demselbigen Gottes unergründliche Weißheit/ und unaußsprechliche Allmacht/ so in seinen Geschöpffen/ und deren wunderbaren Erhaltung/ heller als die Mittags-Sonne herfür leuchtet/ überflüssig zu lernen haben: massen der Heyden-Lehrer Paulus bezeuget/ daß Gottes unsichtbares Wesen/ das ist/ seine ewige Allmächtigkeit und Gottheit an seinen Wercken/ die er thut an der Welt/ die er erschaffen hat/ ersehen werde/ also daß der Mensch hierdurch zur Erkäntnuß Gottes/ und seiner selbst geleitet und geführet wird. Dann der Vortrefflig-keit deß Menschen (welcher gleichsam eine kleine Welt ist/ und gleich wie er mit dem Leib der Erden/ und anderer auß den Elementen be-

Zuschrifft.

stehender Dinge Bildnuß/ also mit dem Gemüth das göttliche Ebenbild repræsentirt und vorstellet) anietzo zu geschweigen/ und nur derer auf dem Erdboden gehend- uñ kriechenden Thiere; in der Lufft lebend- und schwebenden Vögel; und in dem Meer und Wassern wimmend- und schwimmenden Fische/ und ihrer so mancherley/ und doch von einander gantz unterschiedlicher Gestalten / Farben/ Naturen und Eigenschafften/ wie auch der von ihnen zu Erhaltung deß menschlichen Lebens/ und Wiederbringung der verderbten Leibsgesundheit herfliessender fast unzählich vieler Nutzbarkeiten und Artzneyen zu gedencken/ wer wolte nicht mit dem Königlichen Propheten David mit Verwunderung exclamiren und sagen : HErr/ wie sind deine Werck so groß und viel? du hast sie alle weißlich geordnet/ und die Erde ist voll deiner Güte.

Wann dann der weiland Hochgelahrte und weiterfahrne Herr Conrad Geßner ein gantzes Volumen hiervon in Lateinischer Sprach geschrieben/ und ich bey verspürtem Abgang der alten/ und von Hn. Conrado Forero in die Teutsche Sprach übersetzten Exemplarien/ dasselbe mit nicht geringem Unkosten dem gemeinen Nutzen zum besten von neuem wieder aufflegen/ und verschienene Herbst-Meß den ersten Theil von allen vierfüssigen/ so wol zahmen als wilden Thieren/ welche in allen vieren Theilen der Welt/ auff dem Erdboden/ und in etlichen Wassern zu finden/ in den Truck kommen lassen/ und nunmehr den zweyten/ von allerley Gevögel / und fliegenden Thieren handlend/ herauß gegeben ; Als habe dieses kostbare und gemeinnützige Werck unter E. Wol-Edel Str. Fürs. und W. hochansehnlichen Namen an deß Tages Liecht kommen lassen/ und dieselbe hierzu zu Patronen und Schutzherrn erwehlen wollen/ in Betrachtung der Autor/ (als welcher hierinnen gleichsam das Eyß gebrochen; und gleich wie Christophorus Columbus am ersten die Schiffarten in Americam erfunden/ andere aber ihme nachgefolget: Also auch dieser der erste gewesen/ der von den Thieren geschriebẽ/ dannenhero ihme sein immerwehrendes Lob gebühret/ in dessen Fußstapffen hernach Ulysses Aldrovandus, welcher mit Herrn Gesnero bey dessen Lebzeiten correspondirt, und nachgehends Johannes Jonstonus gefolget) auß dieser uralten Stadt/ und in dem Eydgenossischen Bund vornehmsten und erstem Ort gebürtig gewesen/ und sich dessen neben andern gelehrten und berühmten Männern/ die darinnen gebohren worden/ zu rühmen hat / und dannenhero ihnen dasselbe billich vor andern gebühret.

Sol-

Zuschrifft.

Solchem nach gelanget an E. Wol-Ed. Str. Fürs. und W. mein unterdienstliches Ersuchen und Bitten/ dieselbe geruhen gedachtes dieses neu-vermehrte Thier-Buch/ welches wegen seiner Güte und starcken Abgangs hiebevorn schon zum vierdten mahl in der Lateinischen/ und zum dritten mahl in der Teutschen Sprach auffgelegt worden/ in dero grossen und vielgültigen Schutz und Patrocinium an- und aufzunehmen/ und diese meine in überreichung desselben gebrauchte Kühnheit im besten zu vermercken. Dieselbe damit dem Gnaden-Schirm deß Allerhöchsten zu allem Eydgenossischen friedlichen erwünschtem Wolstand/ und stetsgrünendem Wachsthum ihrer weitberühmten löblichen Republic bestens befehlend.

Franckfurt am Mayn/
den 9. April. 1669.

E. Wol-Ed. Str. Fürs. und
Weißheit

Dienst-ergebenster

Wilhelm Serlin/ Bürger
und Buchhändler
daselbst.

An den Leser.

Günstiger und geehrter Leser / Demselben wird allhier der zweyte Theil deß Thier-Buchs Herrn GESNERI übergeben/ handelend von allen Vögeln/ so jemahls bekannt gewesen/ ja auch von denen/ welche von den Alten erdichtet worden/ und niemahlen einiges Wesen gehabt. Betreffend die Außbesserung dieses Wercks/ so ist solches über hundert Figuren/ theils verbessert/ theils vermehret/ wie auch vieler Vögel Beschreibung hinzu gesetzet worden/ deren Gesnerus nicht gedacht/ ohne zweiffel/ weil sie ihme unbewust gewesen. Es ist auch an etlichen Orten/ wo Gesnerus neben andern sich verstossen/ der Irrthum (wie er dann auch als ein Mensch geirret/ doch seinem wohlverdientem Ruhm hiemit nichts benommen) glimpfflich angezeiget worden. Die Ordnung hat man/ wie in dem altem Exemplar/ behalten wollen und müssen. Im übrigen ist auch dieses Werck bey nahe gantz verändert/ massen fast keine Zeil in dem alten Exemplar/ da nicht etwas wäre verbessert worden; auffs wenigste in der Red- und Schreibens-Arth. Dann die Dolmetschung Rudolff Heußlins (welcher dieses Vogel Buch in unsere Teutsche Sprach übersetzet) betreffend/ ist solche mit nicht wenigen Fehlern beflecket/ ja offt lächerlich genug gewesen/ auch zuweilen ein Ding in gantz widrigem Verstand gesetzet worden. Diese mangelhaffte Dolmetschung nun ist mit sehr mühsamen (jedoch ungerühmten) Fleiß nach dem Lateinischen Exemplar durchsehen und verbessert worden/ also daß es fast leichter gewesen wäre/ das gantze Buch von neuem zu übersetzen; daher auch dieser Theil vielleicht nicht unrecht eine neue Dolmetschung könte genennet werden. Der günstige Leser wird hiemit gebeten/ auch diese mühsame Arbeit ihme wohlmeinend gefallen zu lassen/ und uns vor gut zu halten/ wo wir etwa geirret/ als welches in der Eil leicht geschehen können. Sonderlich aber wolle er die mit eingeschlichene Druckfehler nach seinem guten Verstand verbessern. Unterdessen hat er noch der übrigen Theile zuerwarten/ welche in das künfftige/ geliebt es Gott/ in ihrem neuen Kleid sich ihme darstellen werden. Er lebe wol.

Von

Von dem Adler ins gemein/ und zwar erstlichen von dem rechten Adler und seiner Gestalt.

AQVILA.

Von dem Adler.

Der Adler heißt auff Arabisch ﺍﻟﻨﺴﺮ Æthiopisch ንስር Hebreisch נשר Griechisch Ἀετὸς, Lateinisch Aquila, Frantzösisch Aigle, Italianisch Aquila, Hispanisch Aguila, Niederländisch Arn oder Arnat/ Polisch Orzel/ Ungarisch Sass Kesely ö. Engelländisch an egle. Ist ein König aller Vögel.

Unter andern Geschlechten der Adler ist dieser der rechte/ der gröste und edelste. An diesem wird sonderlich die rothe Farb gelobt. Der rechte Adler (spricht Albertus) ist ein sehr grosser Adler/ gantz schwartz/ wiewol seine Farb im Alter auff dem Rücken und an den Flügeln aschenfarb wird: seine Füß sind gantz gelb/ seine Klauen lang und starck/ sein Schnabel aschenfarb/ doch bald weniger bald mehr schwärtzlich: seine Flügel groß und glatt/ und

und an ihrem Außgang etwas zertheilt und über sich gekrüsst: sein Haupt ziehet sich zusammen/ und wird gegen dem Schnabel zu nach und nach kleiner/ und je weisser sie auff ihrem Kopff und Rücken sind/ je besser sind sie. Er hat auch gantz brennende und Saffrangelbe Augen/ also daß das weisse darinn/ dem Stein Topasio nicht ungleich/ der Stern aber sich auff einen schwartzen durchsichtigen Saphir ziehet. Diese Augen sind gantz hol und tieff/ damit sich das Gesicht darinnen desto besser samblen möge. Und werden dergleichen Augen am Adler gelobt/ bevorab wann er in den Landen gegen Nidergang geboren worden. Diejenige welche nicht graue/ sonder gelblichte Augen haben/ die sind sehr kühn gleich wie die Löwen. Des Adlers Schnabel sol groß/ lang und krumb seyn: seine Füß groß und gelb/ und daran scharffe und krumme Klauen. Es haben auch alle Adler kurtze Schwäntz/ und Flügel die grösser und breiter als lang und spitzig sind/ gleich wie die Falcken. Der Adler ist sehr starck/ darumb hat ihm die Natur harte und starcke Bein/ und nicht viel Marck darinn gegeben. Das Geblüt in dem Adler ist sehr hitzig und dick. Sein Koth ist von solcher schärffe/ daß er/ wie Galenus erinnert/ in keine Artzney zu thun ist: das Hirn sol so hitzig seyn/ daß wann solches außgetrocknet und zu Pulver gemacht werde/ den jenigen rasend mache/ so es bey sich bekommen. Ihr Gall ist sehr scharff und grünlicht/ wie Galenus bezeuget. Die Grösse des Adlers kan eigentlich nicht beschrieben werden/ D. Gessner hat einen jungen Adler gesehen/ so im Zürcher Gebiet gefangen/ und in die Stadt getragen worden/ welcher also gestaltet gewesen: Die gröste Federn an den Flügeln außgespannt hatten in der Länge neundthalb Spannen/ seine Länge von Anfang des Schnabels biß zu End des Schwantzes war fünff Spannen/ sein auffrechte Höhe an dem Halß oder Kragen/ hatte eine Zwerchhand weniger als vier Spannen/ seine Beine etwan einer zwerchhand weit von den Füssen/ waren ungefedert/ darzu die Füß gantz gelb/ die mittelste Zehe daran so lang und groß als die mittelste Zehe eines zimlichen Manns/ oder etwas grösser/ der oberste Theil des Rückens zwischen den Flügeln war gleich einer Halßkappen/ welche dreyeckicht ist/ und die Spitze unter sich gekehret hat. Die Federn am Bauch roth oder Kastanienbraun/ mit weissen Flecken gesprenget/ der Schnabel war hinden gelblicht/ und vornen schwartzlicht/ fast dem Schilertaffet ähnlich/ der Obertheil des Schnabels war bey nahe drey/ und der forderste Haken daran fast einen Finger lang/ in mitten auff der Zungen hatte er zween Haken gleich als hintersich gekrümmte Angel. Es sind auch im Schweitzerland in einem Dorff/ Hoffstetten genannt/ so im Solothurner Gebiet gelegen/ zween junge Adler gefangen worden/ welche dieser vorgenannten Beschreibung gantz gleich gewesen/ doch stunden ihre Halßfedern auffrecht und weit von einander. Es sagen etliche/ die da Adler gesehen haben/ daß sich derselben Farb mit dem Alter verändere/ also/ daß die weisse Federn auff dem Haupt und an den Flügeln/ wie auch an der Brust/ gelbfarb werden. Nicht weit von Genff soll eine Gattung Adler ge-

fangen werden/ welche so groß sind/ daß wann man einen an eines Mannes Schenckel bindet/ und er fliehen wil/ derselbe ob er schon noch jung ist/ gleich wol kaum von dem Mann kan gehalten werden. Wann diese Adler gezähmet sind/ fliehen sie in der Stadt umbher/ und ergreiffen zuweilen die Katzen so auff den Tächern lauffen/ und zerreissen dieselbige. Der Adler welchen man in den Pündten/ den höchsten Bergen des Schweitzerlands findet/ dessen Figur hie verzeichnet/ der ist also gestaltet/ wann dieser Vogel außgestreckt wird/ so ist er von Anfang des Schnabels biß zum Ende seiner Klauen fünff Spannen lang: biß zum Ende des Schwantzes aber fünff Spannen und eine zwerchhand. Die Flügel sind sehr groß/ daran die längste Feder dreyer Spannen lang ist/ der Halß sambt dem Schnabel hat zwo Spannen. Er hat nicht nur eine Farb/ sondern er ist Ziegelfärbig/ schwartzlich und schwartzroth/ wie auch an den Flügeln/ dann je grösser die Federn daran sind/ je schwärtzer sie scheinen/ und je kleiner dieselbige/ so viel röther sind sie. Die Beine sind dick von Federn biß auff die Zehen der Füsse/ welche gantz schüppicht/ dick und gelb sind/ die Klauen daran krumm/ starck und schwartz: die eine Zehen/ so den andern entgegen gesetzet/ wiewol sie die kürtzeste ist/ so hat sie doch die längste Klaue/ und wird als ein Daumen entgegen gesetzet/ welche wol länger/ aber nicht so gar dick/ darzu mit kürtzern Klauen verwahret sind/ in der Mitten hat er eine fleischlichte Schwüle/ als eine hole Hand/ die mittelste Zehe ist so lang als der mittelste Finger eines Mannes/ der Schnabel ist vier oder fünff Finger lang/ also/ daß der Untertheil/ welcher hol ist wie ein Kännel/ sich in den obersten schliest; seine Federn vornen am Halß/ die von mancherley rohter und weisser Farb sind/ glänzen wie an den Hanen.

Wo die Adler am meisten zu finden.

Den Orth belangend/ allwo sich die Adler auffhalten: werden derer viel in Teutschland/ Polen und Dännemarck und der Orthen gefunden/ wo sie ihren Raub finden können: Absonderlich aber sollen sie sich häuffig auff den Bergen Tauro und Caucaso auffhalten/ wie Philostratus und Cælius berichten. Rhodus hat keine Adler/ darumb hat man es für ein Wunder gehalten/ als ein Adler auff dem Hauß Tiberii des Römischen Kaysers sich gesetzet hat in der Insel/ wie Suetonius darvon schreibet. Scythia und Sarmatia haben auch keine Adler/ wie Strabo im siebenden Buch bezeuget.

Von der Nahrung dieses Vogels.

Alle Geschlecht der Adler fressen Fleisch wie Aristoteles meldet. Insonderheit lieben sie Lämmer/ Hinden und Hasenfleisch vom hindern Lauff. Er raubet auch Gänß/ Schwanen/ Tauben/ Hüner/ und dergleichen Geflügel/ suchet Schildkrotten und Krebs/ absonderlich soll der Adler den Schlangen nachstehen/ so wol wegen innerlichen Hasses so sie gegen einander haben/ als auch wegen inners-

Von dem Adler.

innerlicher Zuneigung / dieweil dieses Fleisch kalt und feucht / und derohalben den Alten dienlich seye. Es ist auß allen Geschlechten der Adler allein ein Geschlecht (des Jupiters Adler genannt) das kein Fleisch isset / sondern allein von Gekräut lebet. Er fähet auch Füchse / sonderlich alte Hasen. Der Adler Ziemich genannt / fähet Kränch und kleine Vögel. Der Fuchs legt sich auff den Rücken / und empfähet also den stossenden Adler. Etliche Adler in Tartaria, wann sie gezähmet worden / greiffen auch die Wölffe an / und machen dieselbige so müd / biß man sie ohne Arbeit fangen mag / wie Paulus Venetus sagt. Der rechte Adler wird darumb ein König der Vögel genennet / nicht daß er recht / sondern vielmehr tyrannisch unter denselben gleichsam regiere / in dem er aller Vögel Herr ist / und sie frisset / weßwegen ihm auch alle Vögel feind sind. Ja es förchten ihn nicht allein die andere als einen König / sondern wenn seine Federn unter der andern Vögel Federn vermischet werden / so bleiben seine wol gantz und unversehrt / die andern aber so darbey liegen / faulen und werden von denen verzehret / wie Ælianus schreibet. Dann der Adler ist ein unsauberer Vogel / und derhalben zu fäulen geneigt. Ein Adlersfeder unter viel Gänßfedern vermischt / verzehret dieselbige / gleiche Bewandtnuß mag es wol mit andern Federn auch haben / sagt Albertus auß der Erfahrung. Also wird auch eine Schaaffhaut / wann man sie zu einer Wolffshaut thut / von dieser verschlissen / und diß ist kein Wunder / wie auch das obgenannte von den Federn. Dann die Theile so von truckenen Thieren kommen / sind auch truckner und haben weniger Feuchtigkeit / und können derhalben auch länger wehren. Die wilde Adler aber sind truckner dann die zahme / von wegen der Ubung und des Futters / dann sie bewegen sich mehr / und gebrauchen darzu weniger und truckner Futter. Es ist aber dieses von den Adler- und Gänßfedern schwerlich zu glauben / sondern es scheinet nur als würden diese verzehret / dieweil sie nicht so lang dauren als jene. Dann wann man die Gänßfedern absonderlich / und die Adlersfedern auch absonderlich leget / wird man erfahren / daß wann die Gänßfedern gantz verfaulet sind / die Adlersfedern noch unversehrt seyen. Und dieses auß Ursach / dieweil die Gänßfedern vielmehr Feuchtigkeit haben / dahero die Fäulung leicht entstehet. Gleiche Beschaffenheit hat es mit der Schaff- und Wolffshaut. Dann die harte Wolffshäute sind von Natur daurhaffter / als die weiche Schaffshäute. Der Adler fähet auch den Habicht / und einen jeden Raubvogel / so er siehet / daß sie Riemen oder ein Gebänd von denselbigen an den Füssen tragen / dann er meynt daß dieses Speise sey / eylet ihnen derhalben nach; sonsten fähet er diese Vögel in den Einöden gar nicht. Damit man diesem fürkomme / soll man dem gezähmeten Raubvogel das Gebänd / wann er zum Raub gebraucht wird / abnehmen. Ein paar Adler muß einen weiten Strich zu rauben umb sich haben / damit es seine nothdürfftige Nahrung haben möge. Derhalben sihet er ihm einen weit entlegenen Orth auß / und raubet nicht in der Nähe / damit er sein Nest nicht verrathe / und den nechsten Raub zur eussersten Nothdurfft behalte / dieweil er denselbigen allzeit überkommen kan. Der Adler fliegt auff seinen Raub auß umb den Mittag / an dem Morgen aber pflegt er zu ruhen. Die Adler fressen keine todte Cörper / es sey dann Sach / daß sie dieselbige verlassen haben / und dieses thun sie / gleich wie auch die Löwen / auß Hoffart / dieweil sie beyde von Königlichen Stämmen / die Königliche Würde behalten wollen. Albertus sagt / daß er von einem erfahrnen Mann gehöret habe / daß die Adler in den Ländern gegen Mitternacht / als in Schweden und Lieffland Fisch zu essen pflegen / also / daß in und umb ihre Nester gewöhnlich Aele und Fisch gefunden werden. Im alten und neuen Testament lesen wir / daß wo ein Aaß ist / da versamblen sich die Adler. Aristoteles aber sagt / daß auß allen Geschlechten der Adler allein der jenige so Gypæetus genennet wird / todte Cörper esse. Der Adler kan auch lang fasten. Er lebet auch / gleich wie andere krumbgeschnäbelte und Fleischfressende Vögel / ohn allen Tranck / welches Hesiodus nicht gewust / in dem er sagt / der Adler trincke / dann er kan alle Arbeit und Hitz ohn einigen Durst erleiden / wie Ælianus schreibet. Das Blut der Thiere / so sie auff dem Raub bekommen / löscht ihnen allen Durst. Die jungen Adler trincken Blut / Job. 39. Wiewol etliche dafür halten / daß sie auch und zwar an statt der Artzney trincken / sonderlich aber im höchsten Alter / als da sie wegen des krummen Schnabels nicht mehr essen könten. So viel sey gesagt von der Speiß und Nahrung der wilden Adler. Wie aber die zahmen sollen ernehret werden / wollen wir nachgehends / da wir von ihrer Zähmung reden werden / berichten.

Von der Natur und Eigenschafft des Adlers.

Der Adler hat das schärffste Gesicht / gleich wie der Hund den schärffsten Geruch / sonderlich aber der edle und rechte Adler / dann wann er gezähmet worden / siehet er einen Hasen im Gebüsch verborgen liegen / ehe dann dessen ein Hund oder Mensch gewahr wird. Isidorus spricht / daß der Adler also genannt seye von der Schärffe seiner Augen / dann er hat ein solch Gesicht / daß er / wann er über Meer mit unbewegten Federn fliegt / und man ihn nicht mehr sehen kan / von solcher Höhe die kleine Fischlein im Wasser schwimmen siehet / und alsdann wie ein Pfeil herab schiest / und den Raub mit den Füssen an das Land trägt. Ob aber der Adler schon scharff siehet / so hat gleichwol jenen Adler sein Gesicht betrogen / welcher den Poeten Æschylum umb das Leben bracht / in dem er seinen kahlen Kopff vor einen weissen Stein angesehen / und die Schildkrotte so er mit sich in die Höhe genommen / auff denselben fallen lassen / damit die Schale zerbreche / und er das Fleisch zu essen bekommen möge. Man sagt auch / daß der Adler gegen der Sonnen Glantz seine Augen nicht verkehre. Darumb hencket er sein Junges an die Klauen gegen der Son-

Sonnen-Strahlen / und wann er siehet / daß es sich unbeweglich gegen denselbigen hält / so achtet er es seines Geschlechtes würdig. Wann aber eines sich darvon abwendet / so verwirfft er dasselbe als seines Stammes unwürdig / und auß diesem wird dann der Adler Haliæetus, das ist / ein Meer-Adler / der von dem rechten Adler als ein Bastart auß dem Nest verstossen worden / wiewol dieses fürnemblich von derselbigen Gattung der Adler geredt wird / welche den kleinen Fischlein im Meer nachstellen. Die Adler nisten auff den Felsen und hohen Bäumen / sie setzen sich auff die hohe Gibel der Berge / so sie vom Raub kommen oder nisten wollen / kommen auch selten von den hohen Felsen in das ebene Feldt. Sie nisten weit von einander / damit sie einander am Raub nicht schaden. Ihre Nester machen sie gewöhnlich an einen Orth. Die Adler legen drey Eyer / brüten aber nur zwey Junge auß / und erziehen eins darvon / wiewol man auch drey Jungen hat gesehen / wie Aristoteles und Plinius bezeugen. Der rechte Adler hat selten mehr als ein Junges / wie Albertus sagt / da er spricht / er hab dieses sechs gantzer Jahr durch erfahren / in dem er einen Menschen an einem Seil von einem hohen Felsen herab zu dem Nest gelassen habe. Und weiter spricht er / der rechte Adler legt nur ein Ey / so er aber zwey gelegt / ist allzeit das eine nichts nutz / und dieses haben die Weidleuth unsers obern Teutsch-Lands erfahren / in dem sie acht gantzer Jahr in des Vogels Nest nicht mehr als ein Ey gefunden haben. Dann diese Vögel sind gantz hitziger Natur / darumb so werden die Eyer von ihnen gebrütet gantz heiß / als wenn man sie kochte. Das eine von ihren Jungen vertreiben sie / dieweil sie alle beyde schwerlich aufferziehen können. Dann zu derselbigen Zeit soll der Adler auß dem Geschlecht schlagen und übel sehen / also daß er dem Raub nicht nachkommen kan / dannenher er Exactos, das ist / auß dem Geschlecht schlagend / genennet wird. Seine Klauen verkehren sich auch zur selbigen Zeit / und seine Federn werden von Hunger weiß / weßwegen er billich seine Zucht hasset. Das Junge aber so von ihnen außgeworffen ist / das nimbt der Adler Ossifraga an / und erziehet es mit den seinen. Nachdem sie aber aufferzogen / so verjagt sie ihr Vatter / damit sie ihm am Raub nicht schaden. Die Adler erhalten ihre Jungen allein im Nest / und führen sie hernach auff den Raub / wann sie nun ihre Nahrung selbst erjagen können / so führen sie dieselbige weit vom Nest / also / daß sie bey ihrem Nest selten gesehen werden / sie aber behalten ihre Wohnung allein / wie Albertus bezeuget. Der Adler brütet dreissig Tag / gleich wie alle Vögel. Er stößt seine Jungen vor der Zeit auß dem Nest / ob sie schon seiner Hülff noch bedörffen / und noch nicht fliegen können / welches er gleichsam gezwungen thut / in dem er sie nicht ernehren kan. Die Jungen fangen auch bey zeit an mit einander umb den Sitz und umb die Nahrung zu kämpffen / darumb werden sie vom Vatter verworffen / und von einem andern Vogel / wie oben gesagt / auffgenommen. Die Ursachen dieser Außwerffung werden auff mancherley weiß erzehlet. Etliche sagen / sie verstossen ihre Jungen darumb / dieweil der Vatter dieselbe für ein Bastart halte / in dem das Weiblein des rechten Adlers sich zuweilen mit einem andern Männlein vermischet / darauff aber nichts zu halten. Die andern sagen daß ein ander Adler Geschlecht dem rechten Adler die Eyer zerbreche und hergegen die seinige an die Stelle lege / deßwegen er die Jungen hernach an der Sonnen bewehre / und wann er siehet daß es seine Art nicht ist / außstost. Weil aber der rechte Adler ein zorniger Vogel ist / darzu auch viel zuvor wissen sol / was nemblich sich bey seinem Nest / in dem er abwesend ist / zutrage / so scheinet es / es seye kein Vogel so vermessen / der sich seinem Nest / wann er nicht vorhanden ist / nahen dörffe / zumahl weil nur die schlechte und geringe Vögel ihre Eyer in andere Nester legen / als welche sie ihrer Schwachheit halben nicht außbrüten können / solche Vögel aber zu des Adlers Nest nimmer kommen. Weiter sagen etliche / daß der rechte Adler selbst einem andern Adler seine Eyer unter lege / und sie unter die andere Eyer vermische / wann aber die Eyer außgebrütet seyen / so komme er widerumb zu dem Nest / und nachdem er seine Jungen gegen der Sonnen gehalten / und erkennet habe / erziehe er dieselbige / und verwerffe die Frembden / dieselbige aber nehme und erziehe denn der Adler / welchem anfangs der rechte Adler seine Eyer unter gelegt hat. Welches gläublicher zu seyn scheinet / dieweil der Adler wegen der vielen Speiß / die er haben muß / kaum außbrüten kan. So weit schreibt Albertus darvon. Nachdem aber die jungen zarte Federn überkommen / und von Eltern fliegen gelernet / so fliegen sie anfangs nicht weit von ihnen / wann sie aber stärcker worden / so fliegen sie ihren Eltern vor / bevorab / so sie innen werden / daß dieselbige frässig und dem Raub ergeben sind. Die jungen Adler haben gantz kein Geschrey oder Schall. Die Adler legen Ætiten den Stein in ihr Nest / der von etlichen Gagates genennet wird / welches aber ein anderer Stein ist. Sie tragen auch einen Stein auß dem Wasser / oder von der Erden in ihr Nest / damit dasselbe desto fester und sicherer sey / wann es mit dieser Last also beschweret. So sie gebähren / legen sie einen Stein in ihr Nest / damit sie zu rechter Zeit gebähren / auch auß Unzeit nicht eine Mißgeburt herfür bringen. Etliche sagen / sie nehmen diesen Stein auß dem Berg Caucaso, andere aber sprechen / sie finden denselben am Gestad des Meers. Der Adler ist so hitzig / daß er die Eyer mit der Brüt gar verkochte / wenn er den allerkältesten Stein Gagatem nicht darzu legte / wie Lucanus schreibet. Etliche meinen auch / daß der Stein Ætites die Hitze der Eyer und des Adlers miltere; andere daß er dieselbe lebend mache; etliche daß sie nicht brechen / welches gantz falsch ist / dann sie eh von dem Stein / als von ihnen selbst / wann sie aneinander stossen / zerbrochen werden / sagt Albertus. Der Adler und Storch legen allzeit einen Stein in ihr Nest / der Adler den Ætiten, der Storch den Lychniten, damit die Eyer nicht verderben / und die Schlangen ihnen

Von dem Adler.

ihnen nicht nahen. Es sagen andere Naturkündiger/ daß der Adler zween Stein in sein Nest lege/ mit Namen Indes, ohn welche er nicht gebären könne/ ob deme also seye/ zweiffelt man/ dieses aber ist gewiß daß etliche Vögel zwischen ihre Eyer Stein legen/ als die Kränch. Plinius sagt/ man finde in des Adlers Nest zween Stein Ætites, das Weiblein und das Männlein/ und ohne diese können die Adler nicht gebähren. Wann sie aber außgebrütet haben/ so legen sie den Stein Achaten unter/ der die Junge vor dem gifftigen Schlangen-Biß bewahre/ wiewol der Stein Gagates mehr den Schlangen zuwider ist/ als der so Achates genennet wird. In Scythia soll ein Vogel seyn so groß als ein Trappganß oder Ackertrapp/ der zwey Junge bringt/ die Eyer aber so er gelegt hat/ brütet er nicht auß/ sondern er wickelt dieselbe in einen Fuchs-oder Hasenbalg/ und henckt sie also an einen hohen Baum/ und wann er von dem Raub wieder kommen/ so verwahret er sie/ und läst niemand darzu steigen/ sondern schlägt mit den Flügeln umb sich. Dieses sagen auch etliche von einem Adler/ in den Mitternächtigen Landen/ der sol auch die Eyer also eingewickelt auffhencken/ und sie von der Hitz der Sonnen lassen außbrüten/ und wann sie außgebrütet/ ernehre er sie biß zu vollkommenen Alter. Albertus aber sagt/ daß dieses gantz falsch seye/ dieweil er in Liessland (da viel Adler seyn) dergleichen nie erfahren hab/ sondern sie brüten ihre Eyer/ und ernehren die Jungen mit Fischen/ Vögeln und andern vierfüssigen Thieren. Wiewol alle Geschlecht der Adler die Haare von einem Fuchsbalg/ oder von einem gantzen Fuchs/ wann sie denselben gefangen haben/ zusammen lesen und die Eyer darein legen/ oder andere dergleichen linde und warme Haar darzu gebrauchen. In den weitesten Landen gegen Mitternacht hinter Gothland ist ein grosser Adler/ der legt seine Eyer in einen Hasenbalg/ und läst sie also von der Hitz desselbigen außbrüten.

Der rechte Adler dieweil er sehr zornig und hoffertig ist/ gleich wie andere Raubvögel auch/ so fliegt er mehrentheils allein/ ohne zu der Zeit der Gebährung/ da er dann seine Jungen lehret fliegen und dem Raub nacheilen. Es ist ein Gattung der Adler/ welche ihre Gutthäter von denen sie aufferzogen worden/ sehr lieben/ als der Adler des Königs Pyrrhi, der nach seinem Todt nichts hat essen wollen/ sondern mit seinem Herrn gestorben ist; deßgleichen lieset man daß ein Adler sich gegen einer Jungfrauen/ von deren er auch erzogen war/ so danckbar erwiesen/ daß er ihr erstlich Vögel/ darnach wilde Thier gefangen und zugebracht habe/ und nachdem sie gestorben/ habe er sich zu ihr auff den Scheiterhauffen gesetzet/ und mit verbrennen lassen. Darumb haben die Einwohner den Adler der Jungfrauen und Jupiters Adler genannt/ dieweil dieser Vogel von den Heiden dem Gott Jupiter zugeeignet worden. Der Adler theilt auch seinen Raub gern mit andern Vögeln/ wann er aber dessen nicht genug hat/ so ergreifft er den nechsten und frisset ihn. Er wird auch nicht leichtlich von andern Vögeln zu Zorn gereitzet/ sondern er stellet sich als ob er gar gedultig sey/ biß daß der jenige/ so ihn erzürnet hat/ sich zu ihm nahet/ da er ihn dann fängt und zerreist. Und wann er einen findet/ der ihm sein Nest wil verderben/ schlägt er denselben mit seinen Flügeln/ und kratzet ihn mit den Klauen. Unter allen andern Thieren hat er eine sonderliche Liebe zu seinen Jungen/ dann er verfolget die so sein Nest beschädigen wolle/ lässet sie auch nicht ungestrafft/ und gebraucht darzu nicht allein den Schnabel/ sondern auch die Flügel und Klauen. Er nistet auch auff hohe Bäume da kein böß Thier hinkommen kan/ und hütet seiner Jungen mit grosser Sorg/ und verläst sie nicht biß daß sie sich selbst beschützen können. Darumb wann ein Mensch/ ein Trach/ oder ander Thier/ dieselbe wil beleidigen oder wegnehmen/ kämpffet und streitet er mit wunderbarer Tapfferkeit wider dieselbe/ und lässet sein Leben für sie. Er streckt auch seine Flügel auß/ trägt sie und reitzet sie also zum fliegen: so sie aber fliegen können/ werden sie von den Alten in ein ander Land verjagt/ dann dieweil ein jedes paar Adler einen weiten Strich zu rauben haben muß/ können sie nicht bey einander bleiben. Es vertreiben aber nicht alle Adler ihre Jungen dergestalt/ sondern der so Pygarus genennet wird/ speiset seine Jungen nicht gern. Der jenige aber/ welcher gantz schwartz von Farb/ erziehet allein unter allen andern Adlern seine Jungen. Die jungen Adler und Storche ernehren

ernehren ihre Eltern/ wann sie erwachsen sind/ und tragen sie in dem fliegen fort. Avicenna sagt/ daß man gesehen hab/ wie ein Adler den andern gefressen: dieses aber geschiehet allein auß Zorn/ nemblich im Streit wegen des Raubs/ dann welcher obgesieget/ der frist den andern/ wann er an dem Raub den er ihm abgejagt/ nicht gnug hat. Zu der Geschwindigkeit so sie im Raub gebrauchen/ gehöret auch das/ daß sie ihren Raub nicht alsobald fort tragen/ sondern wann sie denselben genommen und auffgehebt haben/ so legen sie ihn wiederumb neben sich/ und nach dem sie seine Schwere erfahren/ pflegen sie zu ruhen. Sie nehmen auch den Hasen nicht alsobald/ sondern warten biß er auff die Ebene kommt/ schiessen auch nicht schnell von der Höhe auff die Erd/ sondern fallen nach und nach herab/ damit sie destomehr sich vor Auffsatz hüten mögen. Sie setzen sich an hohen Orthen/ dieweil sie sich schwerlich vom Boden in die Höhe schwingen können/ fliegen auch gar hoch/ theils damit sie in die Weite sehen mögen/ weßwegen unter allen Vögeln allein der Adler für einen göttlichen Vogel gehalten worden/ theils darum/ dieweil ihm die Vögel auffsetzig sind/ dann wann die geringe Vögel über ihn fliegen/ rupffen sie ihn/ und die grosse als Kränch und Storche tödten ihn gar. Es sagen etliche daß der Adler (wie andere Raubvögel auch) den Schnabel und die Klauen/ an einem Stein abwetze und abschleiffe/ wann sie ihm zum Raub sind zu stumpff worden. Sonsten sitzen sie nicht bald und lang auff den Steinen/ damit sie ihre Klauen nicht abwetzen. Doch findet man bey uns allezeit den rechten Adler auff gähen Felsen nisten/ er hat aber allzeit Wasen/ Staub/ Flachs/ oder Häut so er vom Raub der Thier überkommen/ untergestreuet/ als wie Albertus sagt. Sie behalten ihren Jungen so viel Speiß im Nest/ als sie vonnöthen haben/ dieweil sie nicht allzeit herzu tragen kösten. Zoroastres allein sagt/ daß sie Maurrautten in ihr Nest tragen/ Der Vogel Cymindis oder Chalcis (welcher ein Nachthabicht ist) streitet eifferig mit dem Adler/ also daß sie offt alle beyde/ in dem sie einander mit den Klauen umfast haben/ gegriffen werden. Es sind auch die Adler und Schwanen einander auffsetzig/ von welchen die Adler offt überwunden werden. Dann Albertus sagt/ wann ein Raubvogel/ Geyer oder Adler/ den Kampff mit einem Schwanen anhebt/ so wehre sie sich tapffer/ wiewol sie den Kampf niemahls anfahen/ zuweilen siegen sie/ zuweilen werden sie auch überwunden/ wie solches etliche Erfahrungen bezeugen. Der Adler kämpffet auch mit dem Reiger/ und greifft ihn an mit seinen Klauen: der Reiger aber wann er wider ihn streitet/ verliehret/ und wird von dem Adler getödtet. Wann der Adler die Kränche angreiffen wil/ stellen sie sich in einen Ring/ und wann sie also eine Kriegsordnung gemacht/ stellen sie sich zur Wehr/ welches wann es der Adler sihet/ verläst er sie und ziehet ab. Die weisse Hüner werden offt von wegen ihrer Farb vom Adler genommen. Die Taube förchtet den Adler nicht. Die Kräh und der Adler kämpffen im Flug mit einander/ deßgleichen die Atzel und Thale/ dieweil sie der Adler frisset. Albertus spricht/ daß er gesehen habe wie die Atzeln und Krähen einen Adler rupfften/ welcher gantz gedultig gewesen/ derhalben sich ihm eine Kräh genahet/ die er ergriffen und gefressen habe. Der Vogel Chenalopex greifft die Katzen und Adler an/ dieweil sie ihme nachstellen. Der Storch und der Adler streiten mit einander/ dieweil einer dem andern seine Eyer frisset. Des Adlers Feindt sollen auch seyn der Nußpicker und Zaun-König/ dann der Nußpicker soll ihm seine Eyer zerbrechen. (Nigidius nennet einen Vogel Subius, der dem Adler seine Eyer zerbricht.) Mit dem Zaunkönig aber soll der Adler deßwegen streiten/ dieweil er weiß/ daß dieses Vöglein ein König genennet wird/ und dannenhero sich einbildet/ es strebe ihme nach dem Reich/ welches aber sehr lächerlich lautet. Der Geyer und Adler sind auch Feinde/ doch förchtet der Geyer den Adler. Der Adler trägt ein stäte Feindschafft wider den Trachen/ dieweil der Adler Schlangen frisset. Der Trach stellet den Adlers Eyern sehr nach/ darumb wo er vom Adler wird ersehen/ so nimbt er ihn: er aber schlägt sich mit vielfältigen Krümmen umb den Adler/ biß daß sie beyde mit einander herab fallen. Wann der Trach auß dem Gebüsch herfür kommt/ nimmt er leichtlich ein Schaff oder Hasen dem Adler auß seinen Klauen/ inzwischen aber da der Adler mit dem Trachen streitet/ enlaufft der Haß/ und der Adler fliegt endlich in die Höhe. Man sagt auch daß der Adler/ wann er von der Höhe eine Schlange gesehen/ dieselbe mit grossem Geschrey überfalle/ und zerreisse/ und wann er das tödtlich Gifft von ihr weg gethan/ verschlinge. Es kämpffen nicht alle Adler mit den Trachen/ sondern es ist eine Gattung eines kleinen Adlers/ welcher eine kleine Schlange fängt/ die gemeiniglich ein Trach genennet wird. Der Adler streitet auch mit der Viper und dem Trachen umb die Thier die sie gefangen/ in dem einer dem andern den Raub abnehmen wil. Hiervon lieset man bey Æliano eine Geschicht/ die zwar etwas lang/ aber würdig ist zu erzehlen: da er spricht/ Es seyen sechzehen Männer gewesen/ welche in einer Scheur Korn getroschen haben/ und dieweil sie wegen grosser Hitz der Sonnen grossen Durst gehabt/ haben sie einen auß ihren Gesellen zum nechsten Brunnen geschickt/ ihnen daselbst Wasser zu holen/ derselbe hatte in seiner Hand eine Sichel/ und auff der Achsel einen Wassereimer. Da er nun zum Brunnen kommen/ hat er einen Adler gefunden/ welcher gar starck mit einer Schlangen umbgeben war/ also daß sie ihn in dem wolte erwürgen/ dann er war auff sie geflogen/ und von ihr dergestalt umwickelt worden/ daß er sich nicht mehr wehren konte. Der Baur aber/ entweder weil er wuste oder sonst gehöret hatte/ daß der Adler des Jupiters Bott und Diener were/ und sahe/ daß es ein starck und grausam Thier war/ zerhauete er die Schlang mit der Sichel/ und erlöset also den Adler auß den Banden/ auß welchen er ohne seine Hülff nicht hät mögen entrinnen. Nachdem er aber hierauff wieder zuruck gekehret/ hat er seinen Gesellen das Wasser/ so er gebracht/ dargereicht/ welche es mit grossem Lust getruncken. Der aber/ so das Wasser geholet/ wolte zuletzt auch trincken/ wie er nun das Geschirr an den Mund hebt/ war der Adler/ so von ihm erhalten worden/ noch vorhanden/ welcher also starck an

das

das Trinckgeschirr flog / daß es zerbrach und der Tranck verschüttet wurde. Er aber / dieweil er gantz dürstig / war zornig über ihn / und sprach: Gibstu dem / der dich bey dem Leben erhalten hat / jetzt diesen Lohn? Förchtest du deinen Jovem, dessen Diener du bist / also? Als er aber dieses außgeredet / und sich wiederumb gegen den andern gekehrt / hat er gesehen / daß sie alle schon vom Gifft zitterend / den Geist auffgaben. Dann der Adler hat ohn zweiffel die Schlang gesehen das Gifft in das Geschirr legen / darauß sie truncken. Also hat der Adler seinem Gutthäter wiederumb gleiche Danckbarkeit erzeiget / und gleiches mit gleichem vergolten. So weit schreibet Ælianus, und spricht ferner: Der Meerfisch so Polypus genennet wird / kämpffe auch mit dem Adler / welchen er offt in die Tieffe des Meers / wann er ihn fangen wil / mit sich ziehet und erträncket. In Creta greifft auch der Adler den Stier an / welchem er erstlich auff den Halß sitzet / und ihn mit seinem Schnabel sehr verwundet; hernach verläst er ihn. Der Stier aber nimmet die Flucht / und laufft wohin er kan / und so lang er auff dem ebenen Felde bleibet / setzet ihm der Adler nicht zu / sondern schwebet über ihm / und giebt genaue Achtung / wo er hin laufft. Waß er aber siehet / daß der Stier an einen gähen Orth kommen / fliegt er auff ihn zu / schlägt ihm seine Flügel in die Augen / und macht also / daß derselbe nicht stehen kan / wo er hintritt / sondern sich endlichen herunter stürtzet / da ihm dann der Adler den Bauch auffreisset / und das Eingeweid herauß frisset. Der Adler enthält sich von frembden Raub / und ob er schon zuweilen ein Aaß findet so berühret er doch dasselbe nicht / sondern nehret sich von seiner eigenen Arbeit / wann er aber satt worden / läst er das übrige liegen / welches doch die andere Vögel / weil es mit seinem garstigen Athem behauchet / nicht geniessen können. Der Adler lebt lange Zeit / welches man auß der Langwirigkeit seines Nestes abnehmen kan. Wann er aber mit Alter beschweret wird / so fliegt er in die Höhe über alle Wolcken / da denn die Tunckelheit seiner Augen von der Sonnen verzehret wird / und darauff fällt er schnell von der Sonnen-Hitz entzündet herab / und tauchet sich dreymal in das allerkälteste Wasser / darnach stehet er widerumb auff / und fliegt alsbald zu seinem Nest unter seine Junge / die nunmehr starck worden sind zum Raub / da ihm dann seine Federn außfallen / und er von seinen Jungen erquicket und ernehret wird / biß daß er seine Federn wieder bekombt / und sich also verjüngert. Die Adler fressen die Schildkroten für eine Artzney / wie Oppianus schreibet. Man sagt / sie sterben weder von Alter noch von Kranckheit / sondern auß Hunger / in dem der oberste Theil ihres Schnabels ihnen also wächst / daß sie denselben wegen der Krümme nicht mehr auffthun können / davon sie denn sterben müssen. Daher die Egyptier / wann sie einen Alten / der Hungers gestorben / andeuten wollen / einen Adler mit einem krummen Schnabel gemahlet haben. Mit dem Kraut Symphyto petreo oder Steingünsel soll man den Adler tödten können. Man sagt / daß dieser Vogel allein unter allen andern von dem Donner-Straal nie getroffen werde / derhalben er ein Waffenträger Jovis genennet worden. Die Adler Weiblein lassen sich etlich mahl nach einander von dem Männlein besteigen.

Wie dieser Vogel auß dem Nest genommen / gezähmet / und zum beitzen abgerichtet werde.

Wann man die Junge Habicht und Adler haben wil / pflegt man jemand in einem Korb von den hohen Felsen herab für das Nest zu lassen / der sie herauß nimmet. Alle die am Berg Caucaso wohnen / haben die Adler zu Feinden / derhalben zünden sie derselben ihre Nester mit feurigen Pfeilen an / und legen ihnen Stricke. Die junge Adler / welche von den Alten auß dem Nest geworffen worden / und in andere Land kommen / werden auch mit Stricken gefangen. Etliche Adler braucht man zum jagen. Man soll den Adler / dieweil er noch jung ist / fangen / dann im Alter wird er schwerlich gefangen; so kan man auch die Alten / so des Raubs gewohnet sind / nicht mehr zähmen / dieweil sie leichtlich wegen ihrer Stärcke und Künheit ihren Meister im Angesicht oder anderswo beschädigen. Die Jungen werden aber deßwegen gezähmet oder abgerichtet / damit sie allerley grosse Vögel / insonderheit aber Hasen / Kaninichen / Rehböcklein mit Hülff der Hunde fangen. Wer aber einen Adler auff die Jagt tragen wil / der muß starck seyn / damit er solche Last tragen könne. Und so bald er sihet / daß die Hunde das Wild außgespüret / muß er den Adler fliegen lassen / welcher waß er gewehnet und abgerichtet ist / allezeit über den Hunden fliegt / und so er den Hasen oder das Kaninichen ersehen hat / schiest er darauff und fängt es. Der rechte Adler / kan nicht auff der Hand getragen werden / sondern auff dem gantzen Arm / also / daß man denselben von der Achsel an biß auff die Hand zuvor mit Hirsch-Leder überziehe. Und wann er fliehen wil / muß man ihn nieder lassen / damit er den Arm des Trägers nicht verletze / deßwegen wird er entweder mit verdeckten Augen getragen / oder wann er fliehen wil / loßgelassen. Waß man ihm ruffet / kompt er wieder auff den Arm / damit er den Raub empfange / oder außruhe. Wann der Adler in dem Flug den Schwantz außbreitet / und sich gegen denselbigen umbkehret / so ist es ein Zeichen daß er entfliegen wil. Deßgleichen wann er von dem ruffen nicht zum Luder herzu fliegt; es sey dann daß er genug gessen habe. Damit er dir aber nicht entfliege / so nehe ihm die Federn am Schwantz zusammen / damit er dieselbige nicht von einander thun und zum Flug brauchen könne / oder rupffe ihn um den Hindern / also / daß er daselbst gantz bloß sey / dann also wird er wegen der kalten Lufft nicht so hoch fliegen / doch ist alsdann zu besorgen er dürffte von andern Adlern beleidiget werden / dieweil er ihnen wegen des zusammen gebundenen Schwantzes nicht entfliegen kan. Wann der Adler von der Hand geflogen / und umb dieselbige oder auff der Erd fliegt / so ist es eine Anzeigung seiner Flucht. Wann du aber besorgest / er werde dir (umb die Zeit da die Vögel hecken) entfliegen / so gib ihm in der Speiß Operment zu essen / welches ihm

ihm die Geilheit benemmen wird. Wann der Adler umb seinen Herrn fliegt/ also/ daß er sich nicht weit von ihm begiebt/ ist es ein Zeichen daß er nicht entfliegen wil. Ælianus sagt/ daß die Indier die Hasen und Füchse/ dergestalt fangen/ dann sie gebrauchen keine Hunde/ sondern erziehen die junge Adler/ Weyhen/ oder Raben/ und richten sie ab auff folgende Weiß. Erstlich/ binden sie dem Hasen und Fuchs nach dem dieselbige gezähmet worden/ Fleisch auff den Rücken/ darnach läst man die Vögel von der Hand dem Fleisch/ so diesen Thieren auffgebunden begierlich nachjagen/ und so sie einen ergreiffen/ giebt man ihnen das Fleisch so ihnen auffgebunden war/ zu Lohn. Nach dem sie aber dieselbe vollkömblich in dieser Kunst unterrichtet haben/ lassen sie solche an die wilden Füchß und Hasen; die Vögel auß Hoffnung des Raubs fliegen ihnen nach/ erwischen sie schnell/ und bringen den Fang ihren Herrn/ dieweil sie wol wissen/ daß sie an statt des Fleisches/ so man ihnen vorhin gegeben/ das Eingeweid von diesem Raub bekommen. Der Adler wird mit allerley Fleisch gespeiset/ und wird nicht leichtlich kranck. Was sie weiter für Speiß gebrauchen / ist oben weitläufftig gesagt worden. Die jenige welche nah bey einem Adler Nest wohnen/ nehmen einen von den Jungen darauß/ (da sie sich dann auß Furcht für den Alten/ sonderlich am Kopff/ wol verwahren/) und binden denselben an einen Pfal; wann nun der Junge schreyt/ bringen ihm die Alten Hasen und Kaninchen/ so in derselben Gegend anzutreffen sind/ oder Gänß und Hüner/ welche die Leute hernach wegnehmen; zuweilen bringen sie Katzen und Füchse; Einsmahls hat einer ein Hun gebracht/ welches noch etliche junge Hünlein unter den Flügeln gehabt/ so unversehrt blieben/ von den Leuten genommen/ und aufferzogen worden/ wie Petrus Crescentiensis schreibet. In den Landen gegen Mitternacht essen die Adler Fisch/ ernehren auch damit ihre Jungen: Die Einwohner aber nehmen die Jungen auß dem Nest/ legen sie unter die Bäum/ und binden oder vernehen ihnen den Hindern/ also daß ihnen der Hunger vergehet; die Alten aber tragen ihnen nichts destoweniger Fisch zu/ welche den die Einwohner nehmen/ und ihr Haußgesind damit speisen/ doch lösen sie ihnen zuweilen den Hindern wiederumb auff/ damit sie nicht etwan sterben/ und sie des Raubs entbehren müssen/ wie Albertus sagt; welcher hinzusetzet/ er habe von einem wahrhafften Menschen gehört/ daß einsmahls in einem Adlernest/ ehe denn die Jungen erwachsen/ dreyhundert Enten/ hundert Gänse/ bey vierzig Hasen/ und viel grosser Fisch seyen gefunden und außgenommen worden.

Was von diesem Vogel auß und in der Artzney zugebrauchen.

Mit Adler/ wie auch mit anderer grosser Vögel Flügeln/ säubert man die Bienkörbe. Es brauchen auch etliche seine Gebein zu den Flöten. Dieses Thier wird im alten Testament unter die unreinen gezehlt/ derhalben so hat Gott sein Fleisch/ gleich wie auch der andern Raubvögel verbotten/ und damit angezeigt/ daß wir nicht viel Gemeinschafft mit denen Menschen haben/ so auß anderer Leute Raub leben/ sich auch wie der Adler über andere Menschen erheben. Zu dem so ist auch ihr Fleisch ungesund; dann es ist schwer zu verdauen/ hat viel Unrath in sich/ und machet ein schwartz Geblüth. Der Geyer hat fast alle Nutzbarkeiten des Adlers/ doch nicht so kräfftig. Und wann man einen Geyer nicht haben kan/ so nimbt man an seine statt einen Habicht/ doch mit geringerer Wirckung. Die Adlerhaut sambt den Federn wol bereitet/ und über den Bauch und Magen gelegt/ ist den Darmgichtigen und Magensüchtigen sehr dienlich/ befördert auch die Dauung. Wann man eine Adler Feder oder einen Flügel einem gebährenden Weib unter die Füsse legt/ so wird sie von stund an gebähren: so bald sie aber geboren hat/ muß die Feder hinweg gethan werden. Das Gebein von einem Adlerhaupt/ in Hirschleder an den Kopff gebunden/ benimbt das Wehe des gantzen Haupts. Seine Schlaffadern aber heilen das halbe Haupt weh/ die rechte an die rechte/ die lincke an die lincke Seiten des Haupts gebunden. Adlerhirn mit Oel und ein wenig Cederhartz angestrichen/ vertreibt den Schwindel / und alle andere Kranckheiten des Haupts. Wachtel oder Adlerhirn in dreyen Bechern Weins getruncken/ vertreibt die Gelbsucht. Mit diesem Hirn oder mit der Gallen die Augen bestrichen/ macht ein scharff Gesicht/ und vertreibet alle Felle in den Augen. Die Leber getrucknet und gepülffert/ und mit dem eigenen Blut und Oxymelite zehen Tag nach einander getruncken/ heilt die schwere Noth. Alle Gallen sind scharff und hitzig/ aber je eine mehr denn die andere/ unter welchen die Adlergall für die kräfftigste gehalten wird/ wie Dioscorides bezeuget. Habicht und Adlergallen sind all zu scharff/ dann sie etzen auß/ welches man auß der spangrünen Farb abnehmen kan/ wiewol sie zuweilen schwartzfärbig gefunden werden. Die dunckele Augen mit Adlergallen/ so mit dem besten Honig vermischet ist/ bestrichen/ macht ein sehr scharff Gesicht. Sehen also die Adler nicht allein ihnen/ sondern auch den Menschen scharff. Sextus lobt auch diese Artzney zu den Fellen der Augen/ also/ daß man nehme Gallen und Nießwurtz/ jedes ein Quintlein/ Myrrhen/ und des besten geleuterten Honigs/ jedes ein halb Quintlein/ und zu einem Sälblein vermischt. Adlergall mit Andornsafft/ Myrrhen und Honig/ so nie keinen Rauch erlitten hat/ vermischt/ und die Augen damit bestrichen/ nimbt alle Tunckelheit derselbigen hin / bewahret auch dieselbe vor allen zufälligen Kranckheiten. Die Zunge von diesem Vogel an Halß gehenckt/ stillet den Husten/ spricht Galenus. Adler-Füß vertreiben das Lendenwehe/ also/ daß der rechte an die rechte/ der lincke an die lincke Seiten des Schmertzens gebunden werde. Gänßkaat ist wegen seiner Schärffe nicht zugebrauchen/ also mag auch wol der Adler- und Habichtkaat seyn. Adlerkaat vertreibet die Wartzen und Hüneraugen/ wann es denselben auffgestrichen wird. Florentinus sagt/ daß kein Schlang dahin komme / da man Adler oder Weyhen Mist / mit dem wolriechenden Gummi Storax Calamita genannt geräuchert. Der Mist von einem Adler Weiblein/

heilet

heilet das Halßgeschwür/ den Husten/ und andere Kranckheiten des Halses/ der Rauch vom Adlermiſt hilfft den Gebährenden/treibt die todte Geburt und Nachgeburt herauß/ wie Kiranides bezeuget.

Von dem Adler-Stein und seiner Wirckung.

Dieser Stein wird also genennet/ dieweil er in des Adlers Nest gefunden wird. Wo dieser Stein wachse ist ungewiß; dann etliche vermeinen er wachse in dem Fluß Euphrate: etliche sagen/ man bringe denselben auß dem Berg Caucaso, oder von dem Gestad des grossen Meers; welcher gantz weiß/ inwendig hohl seye/ und ein Gethön von sich gebe/ wann man ihn beweget/ darzu so krafftig/ daß er in einen siedenden Kessel geworffen/ die Hitz darinn von stundan außlösche. Man sagt auch daß man zween finde/ ein Männlein und ein Weiblein. Des Adlersteins sind vier Geschlecht. In Africa wird ein kleiner und linder gefunden / der da einen gantz zarten Lätt in ihm hat/ welcher Schneeweiß ist/ und der wird für das Weiblein gehalten. Das Männlein aber/ so in Arabia wächst/ ist hart/ gleich einem Gallapffel/ röthlich/ und hat einen harten Stein in sich. Der dritte wird in Cypro gefunden/von Farb dem ersten gantz gleich/ doch grösser und breiter/und nicht so rund wie die andern. Dieser hat reinen Sand und Steinlein in sich/ er aber ist also lind/daß man ihn mit den Fingern zerreiben kan. Der vierdte wird Taphiusius genennt/ dieweil er bey Leucade in Taphiusa (einer Stadt in Cephalenia) von den schiffenden in den Wassern gantz weiß und rund gefunden wird. Dieser hat einen Stein in sich/ welcher Callimus genennet wird/ und so zart ist/daß man nichts zärters finden kan. Wie Plinius sagt. Man findet etliche die so weiß von Farb sind als ein Marmorstein/ etliche welche schwartz/ schwärtzlicht oder äschenfarb sind. Der weisse wird in den Wassern gefunden/und zwar bey dem Ursprung der Bäche und Flüsse. Sonst wird er auß Armenia gen Alexandriam, und von dannen gen Venedig geführet. Dieser Stein soll auch in India gefunden werden/ und die Geburt befördern/welcher Krafft dann vom Adler selbst erfunden worden/wann dann der Adler legen wil / so trägt das Männlein diesen Stein in das Nest/ damit das Weiblein desto leichter und ohne Schmertzen lege. Dieser Stein ist einer Kastanien gleich/ allein daß er nebel/ äschen oder staubfarb ist / und wann man ihn schüttelt/ höret man einen andern Stein darin/ welcher wann er gebrochen/ äusserlich scheinet wie eine Haselnuß/ und weißlich ist. Rhasis sagt/ daß er einem Ey gleich sey. D. Geßner er habe dieser Stein einen gesehen/ welcher in der Grösse einem Spielballen gleich/ gantz rund/ und roth mit weiß untermischt gewesen; und einen andern welcher länglicht und eckicht/ (mit drey oder vier Ecken) braunroth/ oder dunckelbraun/ eines zwerchdaumens lang/und gar nahe des kleinesten Fingers dick gewesen; deren jeder einen Stein in sich gehabt. Deßgleichen einen andern so auß Palæstina kommen/ welcher rauch von Sand/ schwartzlicht/ und breit gewesen/ und Sand in ihm gehabt; wie auch einen der einem Ey gleich gewesen. Ferner sagt Gesnerus; der Stein Ætites oder Geodes, welchen ich auffgeschlagen habe/ wie ich dieses geschriebe/ war roth/ einer Pflaumen groß/ voll weißlichten und zähen Letts/ an der Farb und Geschmack der gemeinen Terra sigillata gleich; daß auch der Ranfft/ so darumb gienge/ eben auß dieser materi verhärtet war/ konte man auß dem Geschmack abnehmen. Dieser Ranfft trucknete auch und zoge mehr zusammen als der Lett. Er wird/ wie ich vermeine/ gezeuget/ wann die kleine Stücklein Lett (welcher in den Wässern und Flüssen durch Bewegung und Anstossen theils in kleine Stücklein getheilet/ theils in eine runde Figur gebracht wird/) ausserhalb von der Kälte verhärten; oder von der Hitz/ entweder der Sonnen/ oder die auß Erden kommet; oder auch durch Länge der Zeit. Wann aber das eusserste daran getrucknet/ und zu einem Ranfft oder Schal worden/ wie mit dem Ey geschiehet/ so verbleibt doch das Inwendige weich und feucht/ dieweil die Feuchtigkeit durch die harte Schal nicht herauß dämpffen kan. Wenn aber die materi nicht auß lauter Lett bestehet/ sondern ein Steinlein oder Sand in sich hat/ so bleibt dasselbe auch in der mitten/ dieweil sich der umbgebende Ranfft wegen Truckne zusammen ziehet/ und derhalben weniger Platz einnimbt/ darumb wird ein ledig Orth gelassen / dannenher dann das Gethön kommt. Dieses hab ich von der Zeugung und Unterscheid dieses Steins wargenommen/und damit ich seine Natur auch erführe/ so hab ich einen davon zweymahl über dem Feur glüend gemacht/ der davon nicht beschadiget oder verändert worden/ auch die Farbe nicht verlohren; dannenher ich vermeine seine Materi/ darauß er bestehet/ seye dem jenigen Lett fast gleich/ darauß die Goldschmied Model/ etwas darein zugiessen/ machen/dieses ist Gesneri Meynung. Chymisten halten diesen Stein für den Chrysolitum, Porphyritem, Chrysochromum und Polychromum. Dieser Stein soll roth seyn von Farb / er behält die Frucht im Leib/ und verhütet die Mißgeburten/wann er getragen wird. Etliche nennen ihn Gagaten, wiewol dieses viel ein anderer Stein/ und dem Adler-Stein gantz nicht gleich ist. Dieser Stein ist zu vielen Dingen dienstlich/ er muß aber auß dem Nest genommen seyn. Alle Geschlecht dieser Stein können den schwangern Weibern/und tragenden Thieren/ auff den Bauch gebunden werden/ damit sie die Geburt behalten/ und soll man sie vor der Geburt nicht hinweg nehmen/ sonst wird dieselbige herauß fallen/ wann man aber den Schwangern diesen Stein nicht hinweg nimmt/ so gebähren sie nicht. Einer ist dick und fest/ welcher den Weibern angebunden/ die Geburt vollkommen machet. Der andere ist dünn und inwendig leer. Dioscorides sagt/ daß dieser Stein den Weibern an den lincken Arm gebunden/ die Frucht im Leibe behalte. Wann sie aber gebähren wollen/ soll man ihn von dem Arm nehmen / und auff die Hüfft binden/ damit sie ohne Schmertzen gebähren mögen. Darauß dann abzunehmen/ daß wann er auff den Bauch gebunden wird/ die Geburt verhindere:

hindere: so er aber unten hin gethan wird/ dieselbige befördere. Serapio sagt/ er habe diese Krafft deß Steins offt erfahren. Jacobus Sylvius sagt/ daß die tägliche Erfahrung in Franckreich die Krafft dieses Steins bewehre. Amatus Lusitanus aber sagt/ er habe einen Versuch gethan bey einer Frauen/ so in Kindsnöthen gelegen/ aber keine Hülffe verspüret. Etliche fassen diesen Stein entweder rauh/ oder von seiner Schal gereiniget und geglettet in Silber/ damit er zu dem obgenannten Gebrauch/ an einen jeden Theil des Leibs füglich könne gebunden werden/ gerad als ob der Stein die Krafft habe/ die Geburt zuziehen/ wie der Magnet das Eisen. Darumb soll man hierin auch den Erfahrungen nicht leichtlich glauben/ dann man hencke einer gebährenden an was man wil/ wann die Kindswehe vorhanden/ und die Geburt jetzt zum außgang bereit ist/ so wird sie bald darauff gebähren/ gleich wie die Natur sonsten außtreibet/ was dem Leib beschwerlich ist/ wo sie anderst nicht zu schwach und unvermöglich ist. Es ist zwar wahr/ daß der Glaube etwas vermag: man soll aber die gebährenden mehr mit tröstlichen und Göttlichen Worten stärcken/ als sie auff diese abergläubige Ding weisen/ damit man nicht durch allzugrosses Vertrauen auff diesen Stein eine schändliche Abgötterey begehe. Dann der Teuffel ist gewohnt (gleich wie durch andere unendliche Betrüg) also insonderheit durch abergläubige Wort und angehenckte Sachen/ die Hertzen von GOtt abzuziehen/ und inzwischen den Menschen einzubilden/ dieses sey keine Zauberey/ sondern vielmehr eine Krafft/ die der Natur dieser Dinge von Gott eingegeben worden. Es sind zwar heimliche Kräffte etlicher Dinge/ als im Magnet das Eisen an sich zuziehen/ es hat aber der Magnet vielmehr Vergleichung mit dem Eisen/ als der Adler-Stein mit der Geburt des Menschen/ ob er schon einen Stein in sich hat/ wie ein Weib die Geburt; wie dann diese erdachte Vergleichungen uns unzehlbar viel Abgötterey herfür gebracht haben. Und ist fast lächerlicher diese Vergleichung nach dem Wesen also zu machen/ als wenn man ein gemahlt Thier/ so viel das Wesen betrifft/ einem lebendigen vergleichen wolte. Wir wollen aber dieses lassen anstehen/ und weiter melden/ was die Scribenten von der Krafft dieses Steins vorbringen. Alle Adlersteine trucknen/ etliche ziehen auch zusammen/ auß welchen der so Geodes genennt wird/ die Augen von allem/ so sie verturnckelt/ reiniget/ und wann er mit Wasser auffgestrichen wird/ stillet er die Entzündung der Brüste und Geburtsgeilen/ bewahret auch den Menschen vor der fallenden Sucht. Wann man ihn sampt dem Fisch/ welchen man Adler nennet/ auffbindet/ ergäntzet er die zerbrochene Gebein. Aetius sagt/ man solle diesen Stein mit einem Ey und ein wenig Rosenhonig/ über das Podagram streichen. Er offenbahret den Diebstal wann er in das Brodt/ welches man essen soll/ gelegt worden. Dann ob schon der Dieb das Brodt gekäuet hat/ kan er es doch nicht hinab schlingen. Gleiche Beschaffenheit hat es auch mit andern Speisen wann er bey denselben gekocht worden/ dann der Dieb kan dieselbige nicht essen/ wie Dioscorides sagt. Bellonius schreibt/ daß dieser Gebrauch noch heutiges Tags bey den Griechen sey/ wann sie sich eines Diebs erkündigen wollen. Wann einer von Speiß/ als ob sie vergifft wäre/ argwohnet/ der lege diesen Stein darein/ so kan er dieselbige/ wann Gifft darin ist/ nicht hinab schlingen. Wann er aber den Stein wieder herauß genommen/ wird er dieselbige ohn alle Hindernuß essen. Dieses sagen die Chaldeer/ wie Albertus schreibet.

Von mancherley Adlern/ welche von den Alten beschrieben worden.

Es sind mancherley Geschlecht der Adler/ dann etliche sind gar groß/ etliche mittelmässig/ und etliche klein/ auch sind etliche so edel/ daß sie nichts fangen noch essen als Vögel und lebendige Land-Thier/ hergegen sind etliche unedel und Bastarte ihrer Natur/ die auch von dem Aaß und von den Fischen leben/ sitzen derhalben auff todte Esel und andere Thier/ und diese sind den Weyhen gleich. Aristoteles und Plinius zehlen sechs Geschlecht der Adler/ doch ohn alle Ordnung. Derhalben wollen wir nach der Ordnung erstlich von denen sagen/ davon man zweiffelt/ oder sonsten auß Mißverstand unter die Adler sind gezehlet worden/ darnach wollen wir die Adler/ deren die jüngere Scribenten gedencken/ darzu setzen. Die Habicht so Bastart sind/ werden auch für ein Geschlecht der Adler gehalten/ wie Ælianus schreibet. Acmon ist ein Adler/ dessen Hesychius und Varinus gedencken. Ægypion halten etliche für einen Adler/ andere aber für einen Geyer. Ægypops ist bey den Macedoniern auch ein Adler. Ægolius ist eine Gattung eines Adlers/ bey uns unbekant/ sagt Albertus. Circus ist ein Geschlecht der Adler/ so Habicht genennet wird. Cymindis ist auch ein Adler. Harpe ist ein Weyhe oder Adler Geschlecht. Hongylas ist ein Adler mit einem kleinen glatten Kopff. Ichnevmon ist ein Geschlecht des Adlers/ welches vor Zeiten dem Herculi zugeeignet gewesen. Sanqualem und Immussulum haben die Römische Weissager hoch gehalten. Immussulum haben etliche für einen jungen Geyer gehalten. Massurius sagt/ es sey ein junger Adler ehe dann ihm der Schwantz weiß werde. Festus hält diesen auch für ein Geschlecht der Adler. Der Bußhart wird auch von etlichen unter die Adler gezehlet: wiewol dieser auß der Habicht und nicht der Adler Geschlecht ist.

Von dem Adler.
Von dem Adler Chrysaetos genannt.

VOn dem Adler Chrysaëtos, oder Stern Adler/ haben dieses die Alten nur berichtet/ daß er nehmlich der allergröste unter den Adlern seye: Von Farben Rothgelb/ (welche sich aber mit dem Alter veränderten) und habe helle und liebliche Augen. Der jenige welcher Aldrovando von Ferdinando Medicæo geschicket worden/ hat 12. Pfundt gewogen: mit kleinen Kastanienfarben und darzwischen weiß untermischten Federlein bekleidet/ die Flügel und Schwantz aber waren dunckelroth: die Länge von dem Kopff/ biß an das eusserste des Schwantzes/ war 5. Spannen lang/ die Höhe aber von den eussersten Klauen biß zu dem Schnabel 4. Spannen. Der Schnabel so einer Hand breit lang/ war so gekrümmt/ daß der Obertheil einen gantzen Zoll über das unter Maul hervor stunde/ welche eusserste Spitz viel schwartzer als der übrige Schnabel/ so mehr Blau- oder Hornfarb war: Er hatte ein breite Zung wie ein Mensch/ und sehr scharff gekrümmte Klauen/ wie auß folgender Abbildung zu sehen:

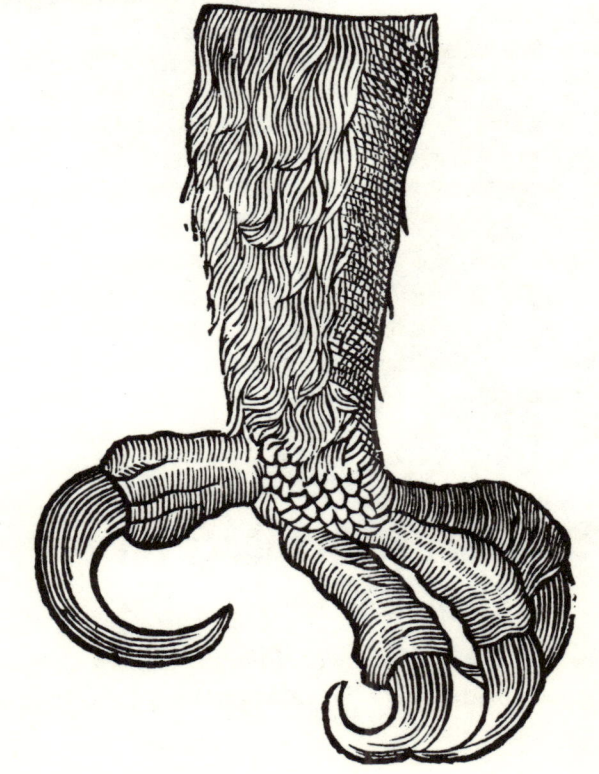

Geßneri Thierbuch

Der Sceleton oder auffgesetzte Bein dieses Adlers.

A. Der Schnabel.
B. Der Unterkiefel.
C. Die 9. Gewerblein am Halß.
D. D. Der oberste Theil der Schlüssel-Gebein.
I. I. Der untere Theil der Schlüssel-Gebein/ wodurch das Brustbein an die Schultern/ und Schulterblatt gehenget wird.
F. F. Das eine Achselbein/ wobey L. M. die grosse und kleine Armpfeiff N. und O. die Flügel-Wurtzel zeigen.
G. Das Brustbein.
H.H.H.H.H.H.H. Die Rippen auff beyden seiten.
P. P. Das Schwantzbein.
Q. Das Schenckelbein.
R. Die grosse Schien-Röhr.
S. Die kleine Schien-Röhr welche in diesem Vogel fast gantz an die grosse gewachsen ist.
T. Zeiget uns den jenigen Theil des Fusses/ so bey den Menschen Tarsus oder Fuß-Wurtzel genennt wird.
V. X. Y. Z. Sind die forder- und hinter Klauen.

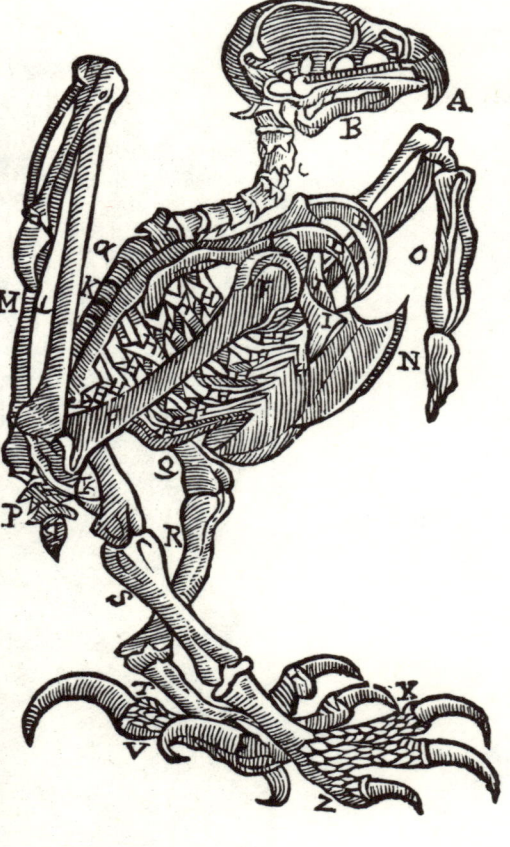

Was vor Speisen dieser Adler zu sich nehme.

Es raubet dieser Adler Hasen/ Kranich/ Gänß/ stellet auch den Rehen und Hirschen nach/ welche er von einem hohen Berg herunter jaget und sich ihrer bemächtiget/ fället auch gar Ochsen an/ und überwindet sie mit List. Wie Aristoteles meldet/ soll er vom Hunger getrieben/ Obst und Früchte zuweilen essen/ wie solches die Erfahrung gelehret.

Von innerlicher Natur dieses Vogels.

Auff das höchste soll er 3. Eyer legen wann er noch jung und frisch ist/ sonsten in gemein nur zwey/ derer eins auß Erfahrung der Vogelfänger gemeiniglich faul ist; wann er zwey außbrütet/ stösset er das eine von sich/ entweder daß er dasselbe nicht vor Edel genug erkennet/ oder daß er beyde nicht zugleich ernehren kan.

Eine andere Abbildung.
Chrysaetos Bellonii.

Bellonius ist den vorigen Beschreibungen darin zuwider/ daß er dafür hält/ die Adler haben keine Feder-Füß/ sondern werden eben dadurch von den Geyern unterschieden: Jhre Füß aber seyn gelb/ kurtz/ mit breiten Klauen: und haben einen krummen und schwartzen Schnabel.

Von dem Adler/ Maßwy/ Fischer oder Entenstösser genannt.
Aquila Anataria.

Dieser ist ein ander Geschlecht der Adler/ der stärckste und grösseste nach dem Pygargo, Planga, Clanga, Περκνός, Nævia, oder Avicida genannt/ welcher in den Wäldern/ Thälern

Von dem Adler. 13

lern und Seen wohnet/ und mit dem Beynamen Anataria, und Morphna (von den gesprengten Federn) genennet wird. Dieser ist der kleineste ohn den Melanætum. Er soll Zähn haben/ sonst ist er gar stumm und ohne Zungen/ wie Plinius schreibt. Da sonsten in gemein die Vögel keine Zähn haben: außgenommen etliche grosse Enten/ Tauchenten/ und etliche Indianische Vögel/ von welchen wir nachmals sagen wollen. Es sagen etliche/ dieser Vogel sey schwartz/ doch etwas Himmelblaues darunter. Sein Art ist/ daß er die Schildkrotten/ welche er genommen/ in die Höhe trägt/ und sie herab auff die Steine wirfft. Er greifft auch bey den Wassern (wie der Meer-Adler) die Wasservögel an/ die durch das stäte untertauchen müd worden sind. Darumb fliegen die Vögel mit einander/ dann er greiffet sie in der Menge nicht an/ dieweil sie ihn mit den Federn sprützen/ und also verblenden. Es werden auch die Adler/ wegen des schweren Raubs/ unter das Wasser gezogen. Wie sich aber die Enten wider diese Vögel wehren/ soll hernach gesagt werden. Turnerus spricht/ alles was Aristoteles und Plinius von diesem Vogel geschrieben haben/ das ziehe sich auff den Balbusharden der Engelländer/ (dann also nennen sie den Habicht/ Bussard genannt) die Grösse außgenommen. Der Vogel aber/ welchen ich vor den Entenstösser halte/ ist etwas grösser und länger als der Buß-hart/ mit einem weissen Flecken auff dem Kopff/ fast braun von Farb/ er wohnet allzeit am Ufer der Seen/

Seen/ Bäche und Pfützen/ er lebt von dem Raub der Enten und schwartzen Hennen/ so von den Engeländern Coute genennet werden. Diesen Vogel hab ich offt in Engeland gesehen mit den Wasservögeln streiten. Wann etwas Erdreichs in dem Rohr herfür gehet/ so macht er sein Nest darein/ damit er/ dieweil er nicht wol fliegen kan/ nicht weit vom Raub sey. Die Vögel greifft er plötzlich an/ und fängt sie. Er zerreist auch unterweilen Kaninichen. Ob nun dieser Vogel der Entenstösser sey/ das wil ich den Gelehrten zu ermessen geben. Dieses sagt Turnerus. Es ist aber eben der Vogel/ so von den unsern Maßwy genennet wird/ darumb daß er bey den Pfützen und Seen wohnet/ und daselbst die Enten und andere Wasservögel fängt. Etliche nennen ihn Fischer/ dieweil er auch Fisch fängt/ dann er stürtzt sich von der Höhe hinab in das Wasser/ damit er dieselbe bekommen möge. Er ist den Wassern seiner Frässigkeit wegen sehr schädlich/ also/ daß man an etlichen Orthen/ dem jenigen der dieser Vögel einen gefangen hat/ sieben Kreutzer auß dem gemeinen Seckel schenckt. Bey dem Costentzer-See wird er ein Entenstösser genennet/ dieweil er den fliegenden Enten nachstellt/ und wan eine in das Wasser fället/ so nimmt er dieselbige: so sie aber Schaarweiß fliegen oder schwimmen/ jagt er sie so lang/ biß er etwan eine müd macht/ und erwischt. Die Enten aber thun sich in der Flucht zusammen. Nach dem D. Gesnerus dieses schon geschrieben hatte/ hat er von einem Man von dem Bodensee gehöret/ daß in demselbigen See ein Vogel/ Entenstösser genannt/ seye/ mit krummen Klauen/ von Farb und Schnabel dem Weyhen gleich/ doch etwas grösser/ welcher Enten fange/ und so lang auff eine herab schiesse/ biß sie ermüdet/ daher er zuweilen zwo oder drey viertel einer Stund/ an einer Enten zu fangen zubringt. Dieses schreiben die Griechen dem Vogel/ Harpe genannt/ auch zu/ welcher so gerad/ als ein Pfeil/ herab schießt/ wohin er wil.

Von einer gleichen Gattung Adler.

Bellonius hält dafür/ daß dieses der rechte Morphnos seye/ welcher von den Frantzosen Gerfault genennet werde: und mahlet denselbigen auff folgende Arth ab.

Wie Aldrovandus diesen Adler beschreibet/ kan er wol unter dieses Geschlecht gezehlet werden/ so wol wegen seiner gesprengten Federn/ als auch seiner gantzen Gestalt: dann er in der grösse eines Hahns gewesen/ von der eussersten Spitz des Schnabels biß zu End des Schwantzes 3½. Spannen lang: An dem gantzen Leib Eisenfarb biß auff die eusserste Federn an den Flügeln/ welche mit langen Flecken gesprenget/ und die Schwingfedern/ so an den Spitzen weiß gewesen.

Von dem weissen/ oder Schwanadler.

Dieser Adler ist wegen seiner weissen Farbe dem Schwanen gantz gleich. Pausanias sagt/ daß er in Sipylo bey der Pfützen Tantali dergleichen Adler gesehen habe. Es sind diese weisse Adler seltzam/ jedoch werden sie zuweilen auff dem Alpen-Gebürge und hohen Felsen bey dem Rhein gefunden/ wie die Erfahrung bezeuget. Dieser Adler ist gantz Schnee weiß/ fast so groß als der rechte Adler/ doch nicht so edel noch schnell. Er lebet von dem Raub der Hasen/ Kaninchen/ und anderer dergleichen kleinen Thiere. Er nimmet auch bißweilen junge Hunde/ Füchse und Spanfercklein; deßgleichen Fische/ so oben auff dem Wasser schwimmen.

Ein frembd Adler Geschlecht/ Gypæetus, Percnopterus; welches zu Teutsch ein Geyer-Adler kan genennet werden.

Diesen Adler nennet man Percnopterum wegen der Farbe an seinen Flügeln; dann Περκνόν heisset bey den Griechen Schwartz/ oder etwas so mit schwartzen Flecken unterschieden und getheilet ist. Der jenige Vogel aber/ welcher von Homero Percnus genennet wird/ ist ein anderer Vogel/ nehmlich der vorgedachte Morphnos oder Entenstösser; dann die Farbe/ so der Percnopterus nur allein an den Flügeln hat/ hat jener an seinem gantzen Leib. Es hat dieser Percnopterus einen weissen Kopff/ und ist auch grösser als die andere/ davon allbereit geredet worden; er hat aber kürtzere Flügel/ und einen längeren Schwantz. Seiner Gestalt wegen ist er dem Geyer nicht ungleich/ und wird ein Unter-Adler oder Berg-Storch genennet: er schlägt auß der Arth der Adler/ in dem er in den dunckeln Wäldern wohnet: die Laster der andern hat er zwar an sich/ aber von ihren Tugenden nichtes; dann er ist sehr furchtsamb und verzagt/ also daß er von den Raben/ und andern dergleichen Vögeln gejaget/ überwunden und gefangen wird/ dieweil er schwer von Leib/ und sehr faul oder ungeschickt ist seine Nahrung zu suchen. Er lebet von dem Aaß/ ist allezeit hungerig und traurig/ schreyet und klagt stets/ wie Aristoteles von ihm schreibet. Wegen dieses Adlers wird das fünffte Geschlecht Γνήσιον genennet/ als welches allezeit seinen Ursprung und Herkommen allein unverändert behält/ wie Plinius bezeuget. Ægypios, (dessen oben gedacht worden) kan theils zu des Adlers/ theils zu des Geyers Geschlecht/ wie auß dem Nahmen abzunehmen/ gerechnet werden/ also daß man ihn vor den Gypaetum des Aristotelis wol halten kan/ welcher ob er wol von dem Geschlecht der Adler ist/ jedoch wegen der Gestalt des Leibs und gleicher Eigenschafft mit dem Geyer überein kommet/ wie Aristoteles selbsten gedencket. Bey Gazara einer Stadt in Egypten sind die Mäuse in solcher Anzahl/ daß/ wo die Vögel Percnopteri, von welchen die Mäuse gefressen werden/ sich nicht häuffig daselbst auffhielten/ so wäre zu besorgen/ es möchten alle Früchte zu Grund

Grund gehen. Abrachme ist ein grosser Vogel wie der Weyh/ an dem Leib hat er weisse/ und an den Flügeln schwartze Federn: er frisset faul Fleisch/ und dergleichen; Gesnerus hält ihn vor den Geyr-Adler. Acmon ist ein Geschlecht der Adler bey dem Varino. Der Vogel/ welcher allhie abgebildet stehet/ ist D. Gesnero von dem berühmten Buchdrucker Joh. Hervagio zugeschickt worden/ und vermeynt er/ daß wann es nicht der Gypaetus oder Geyer-Adler gewesen/ so habe es doch das Ansehen/ es seye entweder das Männlein oder Weiblein/ davon er gezeuget worden/ von diesem Adler Geschlecht gewesen; dann wegen des Schnabels gleichte er dem Geyer/ wegen der Farbe aber bey nahe einem Storch/ er war träg und unedel. Ferner sagt Gesnerus, sey dieser Vogel den Weidleuthen bey ihm unbekandt/ auch niemahls (seines wissens) bey ihnen gefangen worden. Aber in dem Jahr 1551. den 29. Tag des Herbstmonats/ da ein ungewöhnlicher Schnee gefallen/ sey dergleichen Vögel einer mit schweren und nassen Flügeln in einen kleinen Hoff/ so an eines Bürgers Behausung gewesen/ hinab gefallen. In der Grösse und Farbe (wie Hervagius berichtet) war er dem Storch gantz gleich. Er frasse Fleisch/ die Fisch berührte er nicht/ die Kälte konte er nicht vertragen; sein Leib war überall warm/ also/ daß wann man ihn mit einer kalten Hand anrührete/ dieselbe alsobald warm wurde. Er sasse an einem Orth vier oder fünff Stund gantz still und unbewegt/ und sahe zuweilß in die scheinende Sonne. Die Hüner und Vögel flohen für ihm/ wiewol er ihnen nicht nachtrachtete. Es hat gedachter Hervagius über einen Monatlang ihn in seinem Hauß ernehret/ und mit seinen Händen ihm das Essen dargereichet/ welches er mit dem Schnabel zu sich genommen/ und verschlungen; wann ihm aber das Stück zu groß gewesen/ hat er dasselbe mit den Klauen zerrissen: und ob er schon nicht getruncken/ liesse er doch Tropffen Wassers auß dem Schnabel fallen. Endlichers ist er unter andern Falcken zu einem Rittmeister in Franckreich getragen worden.

Was von diesem Vogel in der Artzney zugebrauchen seye.

Der Vogel Abrachme oder Geyer-Adler wird zu mancherley gebraucht/ die distillirte Gall mit Violöhl vermischt/ dienet wider das Hauptweh und Schmertzen der Ohren. Man macht auch darauß ein Hauptreinigung für die Kinder; oder man giesset ihne etwas davon in die Nase/ die Winde zu zertheilen. Es wird auch ein alcohol davon gemacht mit kalt Wasser/ zu den weissen Flecken in den Augen. Etliche haben erfahren/ daß es gut seye wider das Gifft der Scorpionen/ Schlangen und Vipern/ wann es über den verletzten Theil gestrichen wird. Der Rauch des Mistes treibet die Geburt auß.

De Percnoptero Aldrovandi.
Ein andere Arth Geyer-Adler.

ULysses Aldrovandus beschreibet diesen Vogel auff ein gantz andere Arth/ also daß er recht nach Aristotele der allerungestalteste unter den Adlern scheint: Der Schnabel dieses Adlers/ welcher von oben biß zum Ende seltzamb herum gekrümmet/ ist oben an dem Kopff weiß/ im übrigen aber schwartz: das Untermaul ist gantz weiß/ beyde mit einem Castanienfarben Strich unterschieden. Hat kein hell-liebliche Augen wie die andere Adler/ sondern ein schwartzen Augapffel. Der Kopff ist weiß/ sich etwas auff Roth ziehend/ deßgleichen auch der Halß/ welcher oben gantz kahl/ nur mit etlich wenig kleinen Federlein bekleidet/ ist weiß; nach welcher Kahlheit etliche raue Federn gleich wie Bürsten über sich stehen/ dergleichen auch an der Brust und unter dem Schwantz zu sehen. Auff dem Rücken stossen die Flügel als wie ein Triangul zusammen. Am gantzen Leib ist er dunckel Castanienbraun. Hat einen langen Schwantz/ weisse Füß/ und braune Klauen.

Von dem Adler.

Aldrovandi zweyte Arth.

Diese Arth Geyer-Adler welche Aldrovando zugeschicket worden/ ware von dem Kopff/ biß an das eusserste des Schwantzes 3. Spannen lang: hat einen langen Schnabel so aber mit einem Häutlein überzogen/ biß auff die eusserste Spitz welche eines Daumens breit hervor stundt. Der Vordertheil des Kopffs/ war gantz bloß biß zu dem Hindertheil/ an welchem die Federn gleich einer Münchskappen über sich stunden. Am gantzen Leib war er Kastanienbraun/ außgenommen daß er unter dem Halß und auff dem Rücken weisse Federn hatte/ welchen einen Triangul machten/ hatte einen breiten Schwantz/ braune Klauen/ biß hinunter mit Schuppen bedecket: die Klauen und Schnabel/ waren Hornfarb und hatte ein Stimm wie ein Weyh.

Percnopteros Bellonii.   Ein Geyer-Adler.

Bellonius welcher diesen Vogel kurtz beschreibet/ vermeynet daß er wegen seiner Faulheit auch unter die Geyer-Adler könte gezehlet werden/ und beschreibet ihn daß er von Farben schwartz / gleich wie der schwartze Adler seye: habe kurtze Flügel und einen langen Schwantz.

Von dem Meer- oder Fischadler Haliæetus.

Dieser Vogel hält sich nicht allein bey dem Meer auff/ sondern auch bey den Seen. Er hat einen grossen und dicken Halß/ krumme Flügel/ und einen breiten Schwantz. Er hat auch das allerschärffste Gesicht/ und zwinget seine Jungen/ wann sie noch ohne Federn sind/ in die Sonne

Sonne zusehen / da er dann das jenige / so sich widerspenstig erzeiget / schlägt und mit Gewalt gegen der Sonnen-Strahlen hält; deme nun die Augen am ersten nassen / dasselbe tödtet er / das andere aber ziehet er auff. Von Gestalt ist er den Land-Adlern nicht ungleich; aber er hat seine Nahrung auß dem Meer / und lebet von den Fischen / welche er fängt / bevorab wann sie oben auff dem Wasser schwimmen / also / daß er sie etlicher massen sehen möge. Es gelingt ihm aber nicht allezeit; dann wann sie zuweilen die Klauen in die grosse Fisch geschlagen haben / und dieselbe nicht mit sich in die Höhe tragen können / so gehen sie wegen der Last mit den Fischen zu Grund / dahin sich dieselbe begeben / wann sie den Schmertzen empfinden / und büssen also ihr Leben selbsten ein / in dem sie den Fischen das ihrige nehmen. Man sagt / daß dieses ein Bastart seye der andern Land-Adler / darumb werde er von dem alten Adler auß dem Nest gestossen / und durch andere Vögel auffgezogen / derhalben er nachmals das Land verlasse / und seine Nahrung in dem Meer suche. Die Fischer sehen ihn gern / dieweil es ein Zeichen ist / daß viel Fisch seyen an dem Ort da er sich findet / und sie einen glücklichen Fang haben werden. Die Tauben fürchten den Meer-Adler / und lässet sich derselbe schwerlich zähmen. Warumb dieser Vogel in dem Alten Testament zu essen verbotten worden / ist droben angedeutet. Turnerus nennet ihn zu Teutsch einen Vißhärn / welches Wort so viel ist als Fischarn / oder Fisch-Adler. Albertus sagt / es habe dieser Vogel einen Gänßfuß / der ihm zu dem schwimmen dienlich seye; der andere Fuß aber sey mit scharffen und krummen klauen versehen / welchen er zum Raub brauche. Ferner sagt er / seye er an dem Bauch weiß / und schwartz auff dem Rücken; an dem Kropff habe er schwartze Flecken / und setze sich auff die Bäume / die an den Seen und Flüssen stehen / allwo er auff die Fische laure. Die Engelländer nennen ihn in ihrer Sprach an Olprey, und ist er den jenigen / die Fischweyer haben / mehr bekannt als ihnen lieb ist; dann er thut denselbigen grossen Schaden / in deme er alle Fisch in kurtzer Zeit darauß wegnimmt. Die Fischer bestreichen das Fisch-Aaß mit dem Schmaltz dieses Vogels / oder mischen es darunter; dann sie vermeinen daß das Aaß desto kräfftiger seye / dieweil sich die Fische / wann dieser Adler über ihnen fliegt / umwenden / und die Bäuche in die höhe kehren. Etliche nennen ihn zu Teutsch einen Soker. Gesnerus sagt / er habe selbsten von den Engelländern gehöret / daß sie solche Füsse haben / wie vorher gemeldet worden / nehmlich einen Gänß- und einen Weyhe-Fuß / welchem er auch in der Grösse gleich seye / an der Brust seye er weiß / fange sehr grosse Fische / und in dem Schwantz habe er ein köstliches Schmaltz. Er fliege in der Lufft / und scheine zuweilen als wann er darinnen auffgehenckt wäre / und alsdann lasse er etwas von besagtem Schmaltz oder feiste hinab in das Wasser fallen / davon die Fische also erschrecken / daß sie

sich auff den Rücken legen; so falle er denn so schnell als ein Stein herab / und ergreiffe einen davon mit seinem Klauen-Fuß. Die Burgunder sagen / daß der Vogel / welchen sie crot pescherot, das ist / einen Fisch-Raben nennen / dergleichen Füsse habe / und auff diese Weise die Fische fange / nehmlich mit dem Adler-Fuß ergreiffe er den Raub / und wann er denselben wegen der schwere nicht tragen und auß dem Wasser fliegen könne / so schwimme er mit dem Gänßfuß an das Ufer. Es halten etliche diesen Vogel für einen Falcken / etliche für einen Habicht / etliche für einen Sperber / aber auß Mißverstande. Es ist Gesnero von Joanne Cajo auß Engelland nachfolgende Beschreibung dieses Vogels überschickt worden. Haliæetus ist ein Adler Geschlecht / und hat seinen Namen daher / dieweil er seine Nahrung in dem Meer und Seen sucht. Er ist so groß als ein Weyhe / sein Kopff ist mit weissen und grauen Strichen getheilet; er hat einen krummen Schnabel / wie ein Weih; seine Augen sind in der Mitten schwartz / und mit einem gelben Kreiß umgeben; er hat fast eine Zunge wie ein Mensch / ohne daß sie hinden zwey Anhänge hat; auff dem Rücken hat er eine Farbe wie der Habicht / an dem Bauch aber ist er weiß; an dem Halß / wie auch an dem Bauch / ist er mit rothen Federlein gezieret; mitten an der Brust hat er eine weisse glänzende Farbe; er hat dicke schuppichte Füsse / und an denselben krumme Klauen / also / daß vier Zeen oben auff die helffte schuppicht / und hernach zerspalten / unten aber rauh und scharff sind / seinen Raub damit zu fassen; und sind dieselbe so starck /

daß

Von dem Adler.

daß man sie schwerlich auffthun und außstrecken kan/ wann sie zusammen gekrümmet. Dieser Adler lebt von den Fischen/ und schiesset deßwegen von der Höhe herab in das Wasser/ welches er von einander schlägt/ und den Raub davon trägt. Ob er aber schon von den Fischen lebet/ so hat er doch beyde Füsse zerspalten/ und keinen Gänßfuß/ wie man gemeiniglich vorgibt. Die Länge der Flügel übertrifft die Grösse seines Leibs/ welche zween Werckschuh und eilff Zoll lang ist. Die Engelländer sagen/ wie oben auch angedeutet worden/ daß dieser Vogel diese sonderbare Eigenschafft an sich habe/ daß der Fisch/ welchen er gesehen/ sich alsobald umwende/ oben auff das Wasser komme/ und gleichsam halb todt fortgetrieben werde/ damit er desto leichter von diesem Vogel ergriffen werde. Darumb verwahren die Fischer sein Schmaltz auff das fleissigste; dann sie halten davor/ es solle ihnen auch darzu dienlich seyn. In Engelland und sonderlich in der Insel Wight ist er sehr gemein; und wird in der Landes Sprache an Osprey genennet. Er wird gantz zahm/ und kan lange Zeit Hunger leiden/ dann ich habe gesehen/ daß er sieben gantzer Tag ohne einige Speiß/ still und gesund gelebet; es seye dann daß dieses nicht seine gewöhnliche Arth seye/ sondern vielmehr auß Hunger geschehen/ als welcher alle Dinge zwinget und zahm machet. Wann man ihm Fleisch dargereicht/ hat er es nicht essen wollen; keine Fisch hab ich ihm gegeben/ dieweil ich wuste daß dieses seine Nahrung war. An seinem Leib hat er schwartz Fleisch.

Ein andere Arth Meer-Adler.

Dieser so von einem gelehrten Mann bey Aldrovando beschrieben wird/ soll so groß als ein Weyh seyn/ an dem Kopff mit weiß und rothen Strichen bemahlet. Hat einen krummen Schnabel/ seine Augen sind in der mitten schwartz/ neben mit Goldfarb eingefasset/ hat eine Zung fast wie ein Mensch. Ist oben an dem Leib braun/ unten weiß/ hat grosse Flügel nach seiner Gröss und schuppichte blaue Füß.

Haliæetus alius Bellonii, Ein Meer-Adler.

Diesen Vogel beschreibet Bellonius von andern zu unterscheiden/ daß er Flecken an sich habe/ aber nicht wo dieselbige stehen. Seine Füß und Bein seyn schuppicht/ und habe gantz runde Klauen.

Von dem Sinischen Vogel. Louvva genannt.

IN Neuhoffs Sinischer Reiß-Beschreibung/ wird eines sonderlichen Vogels gedacht/ welcher sich bey der Stadt Ninyang sehen lassen: und wegen seiner Gestalt und Natur unter die Meer-Adler/ oder andere Raub-Vögel kan gezehlet werden: Dieser Vogel wird von derer Orthen Einwohnern Louvva genennet. Hat einen langen Schnabel wie ein Adler/ dessen Spitze unten zugekrümmet ist/ von Gestalt gleichet er einem Raben/ ist etwas kleiner als ein Ganß/ und wird von den Einwohnern in dem Fischfang sehr genutzet/ welcher auff folgende Weiß von ihnen angestellet wird. Es haben die Fischer oder Besitzer dieser Fischfangenden Vögel/ kleine Schiff oder Böthlein/ so von Reißstroh oder Schilff gar künstlich und dick zusammen geflochten/ und auff beyden Seiten mit dicken Bamboes Riethen befestiget; worauff sie wann sie zu fischen außfahren/ diese Vögel zusetzen/ und also nach den Flüssen/ Seebusemen/ und andern Wassern zu schiffen pflegen. Wann sie allda ankommen/ setzen sie die Vögel in das Wasser; Welche alsobald sich untertauchen/ und unter dem Wasser so schnell schwimmen/ als die Schiffer ihre leichte Schifflein mit Bothshaken fortbringen können. So bald nun ein Vogel einen Fisch unter dem Wasser erschnappet und gefasset/ kommet er geschwind damit in die Höhe/ und schlucket ihn ein: So bald dieses geschehen/ nimpt ihn sein Meister zu sich in das Schiff/ bricht ihm den Schnabel mit Gewalt auff/ und trucket ihm den Fisch mit einer sonderlichen Behändigkeit zum Halse herauß. Alsdann setzt er ihn wieder in das Wasser daß er mehr Fisch auff gleiche Maniere fange: welches ein überauß seltzsam und lustig Werck anzusehen ist. Damit aber diese Vögel die Fisch welche sie gar gerne essen/ nicht gantz in den Kropff hinein schlucken/ wird ihnen zuvor ein eiserner Ring über den Kropff und den Halß gemacht; daß also die Fisch nicht hinein fallen können/ sondern vor dem Ring müssen sitzen bleiben. Bißweilen ergreiffen und fassen sie grosse Fisch/ die sie auch in den Halß nicht hinein schlucken können; selbige halten sie mit dem Schnabel zum Wasser herauß/ und machen dabey ein groß Geschrey/ zum Zeichen/ daß ihre Meister kommen/ und ihm die Beute abnehmen sollen. Wann zuweilen

Von dem Adler.

weilet: geschiehet / daß etliche Vögel nicht so bald sie hirauß gesetzet werden sich untertauchen oder aber etwas zurück bleiben / und nicht so eilich als die Schiffe lauffen / mit fortschwimmen / schläget man sie umb solche Faulheit ihn abzuwehren mit grossen Stecken und Riethen so hart / daß die Federn häuffig davon stäuben. Und nach dem diese Vögel eine gute weile gefischet / und vor ihre Meister Fisch genug gefangen / nimt man ihnen den Eisern Ring wiederumb vom Halß / und lässet sie auch vor sich selbst fischen; welches sie dann sehr willig und fleissig machet / künfftig wieder vor ihren Meister zu fischen.

Es können diese Vögel ihren Besitzern ein grosses einbringen; daher dieselben vor jeden Vogel gewisse Schatzung dem Kayser geben müssen. Auch werden sie von den Sinesern sehr hochgehalten / und sind die jenige / so was geschwind im fische / dermassen theuer / daß einer offt 50. Toel Silbers so viel als 50. Reichsthaler / gilt. Als wir den fürnehmsten dieser Fischer fragten / ob er ein paar von solchen Vögeln verkauffen wolte; von wannen dieselbige kähmen; und wie man sie das Fischfangen gelehret? Gab er zur Antwort / daß ihm keine davon zu verkauffen wäre / weil er sein Weib und Kinder davon ernehren müste: Ihren Ursprung aber und das Fischen betreffend / wären sie ihm also wie sie jetzt sich befinden / von seinen Vor-Eltern her angeerbet: und wüste nicht von wannen dieselbige sie bekommen / oder wie sie das Fischfangen gelernet. Wir fragten weiter / ob sie sich auch vermehreten / und viel Jungen außbrüteten? Worauff wir dan Bescheid bekamen / daß zwar solches geschehe / aber gar langsam / und wenig. Johannes Gonzales von Mendoza ein Hispanier / nennet diese Vögel in seiner Beschreibung des Sinischen Reichs / Scholsern; Erzehlet aber den Fischfang so damit geschiehet / auff ein gantz andere Weiß. Die Sineser / spricht er / haben eine sonderliche Arth zu fischen / die sehr vernünfftig und artig ist. Der Kayser hält in allen Städten / so an den Ufern der Flüsse erbauet / unterschiedliche Häuser / darinnen Jährlich viel Scholssern auffgebracht werden / mit welchen man in den Monden / wann die Fisch Rögen bekommen folgender Gestalt fischet. Die Meister dieser Vögel nehmen sie auß ihren Ställen / und bringen sie an den Ufer der Flüsse; allwo sie viel Fischer Böthlein halten / welche sie biß zur helfft mit Wasser füllen / darnach binden sie die Scholsern mit einem langen Strick unter den Flügeln und ihren Kropff so fest zu / daß sie die Fisch da nicht hinein schlucken können / und werffen sie darauff in das Wasser zu fischen. Welches dann diese Vögel gar gern thun / und schiessen so schnell und geschwind in das Wasser / daß es zu verwundern. Wann sie nun so lang unter Wasser gewesen / biß sie den Halß zwischen dem Kropff und Schnabel mit Fischen gefüllet / kommen sie in die Höhe / fliegen mit gleicher Geschwindigkeit nach dem Fischer Böthlein / und schütten die gefangene Fisch in das Wasser / welches darinn gethan / damit die Fisch nicht sterben. So bald sie die Fisch außgeschüttet / fliegen sie wieder hin ein neuen Raub zu holen / und treiben diß Fischen wol 4. Stund nach einander biß die Böthe voll Fische seyn / und zwar mit solcher Behändigkeit / daß einer den andern gar nicht hindert. Endlich machet man das Band der Kröpffe wieder loß / und lässet die Vögel nachmals auffs Wasser fliegen / umb auch vor sich selbst zu fischen / eben zu der Zeit / wann sie dessen sehr begierig seyn: dann des Tages vor dem fischen / wird ihnen ihre gewöhnliche Speise / welches ein gewisse Maß Hirsche ist nicht gegeben / damit sie desto williger und eifriger zum fangen seyn mögen. Und wann man diese Vögel also ein Zeitlang fischen lassen / nimmt man sie auß dem Wasser / und bringt sie wieder in ihre Ställe.

Von dem Adler Melanæeto oder Valeria.

Das dritte Geschlecht der Adler ist gantz schwartz von Farbe/ darumb wird er auch Melanæetus genennet. Er ist der kleineste/ aber der allerstärckste/ weßwegen ihn Hermolaus Valeriam nennet. Er hat seinen Auffenthalt auff den Bergen und in den Wäldern/ und wird mit dem Beynamen Leporaria, das ist/ ein Hasen-Adler genennet. Dieser ziehet allein seine Jungen auff. Er ist sehr schnell/ sauber/ geschickt/ unerschrocken/ starck/ freygebig/ und nicht mißgünstig; deßgleichen eingezogen/ und nicht unruhig oder unzüchtig/ dann er giebt kein Geschrey oder Stimme von sich. Es ist aber dieser Adler nicht allein schwartz/ sondern auch der vorgedachte Entenstösser; deßgleichen auch der rechte Adler/ wie zu Anfang der Beschreibung des Adlers gesagt worden. Es streitet das erste und andere Geschlecht der Adler nicht allein mit den kleinen vierfüssigen Thieren/ sondern auch mit den Hirschen/ also daß sie denselben zwischen die Hörner sitzen/ und ihnen den Staub/ so sich im fliegen an ihre Flügel gehenckt/ in die Augen schlagen/ und sie auff diese weise verblenden/ und so lange treiben/ biß sie sich von einem Felsen herab stürtzen/ wie Plinius schreibet.

Montherculeus in seinem Buch/ so er von den Falcken geschrieben/ vermeint/ es sey der Melanæetus ein Geschlecht des Falcken/ welches die Jäger Hierofalcum nennen; und schwartz von Farbe seye/ auff den Bergen und in den Wäldern wohne/ und die Hasen fange. Albertus hält das dritte Geschlecht der Adler (welches Aristoteles Melanæctum nennet) für den Stockarn/ oder Stock-Adler/ dieweil es gemeiniglich auff den abgestümbten Bäumen sitzet. Er sagt/ diese Adler nehmen die kleine Thier/ so sie dieselbe antreffen/ deßgleichen Enten/ und zuweilen auch Gänse; sie seyen kleiner als das erste und andere Geschlecht/ und darzu Aschenfärbig; Der Melanæetus aber/ von dem wir hie reden/ hat keine solche Farbe/ sondern ist schwartz. In Franckreich und Savoyen sollen offt Adler gesehen werden/ die fast Aschenfärbig sind/ welche nicht allein/ sondern bey vieren oder fünffen fliegen. Der Habicht ist kleiner dann dieser Stockarn/ aber grösser als der Meer-Adler. In Frießland wird bey dem Teutschen Meer zur Winterszeit ein Geschlecht eines Adlers gesehen/ welches gantz schwartz ist/ und gemeiniglich Arn genennet wird; diesen fliegen stets etliche Krähen nach/ ihren überbliebenen Raub zugeniessen.

Ein anderer schwartzer Adler.
Melanæetus Bellonii.

Dieser Adler wird von Bellonio also abgemahlet und vor den Melanæetum gehalten/ so zwar wegen der Gestalt von dem vorhergehenden wohl zu unterscheiden/ von gedachtem Authore aber weiter nicht beschrieben wird.

Von dem Adler Ossifraga Stein- oder Beinbrecher genannt.

Dieser Vogel wird also genennet/ dieweil er die Beine in die Höhe trägt/ dieselbe herab auff die Steine wirfft/ und also zerbricht. Aristoteles nennet ihn Phine. Er ziehet neben den seinigen frembde Jungen auff/ welche die andere Adler auß Verdruß der Nahrung auß dem Nest geworffen haben. Albertus aber sagt/ er habe nie erfahren (wiewol auff den Bergen seines Lands sich viel Adler auffhalten) daß der Adler etliche von seinen Jungen über das Nest hinauß werffe/ und komme dann ein anderer kleiner schwartzer Adler/ der die verworffene erziehe/ welche/ wann sie auffgewachsen/ also/ daß sie fliegen können/ ihren Gutthäter und Aufferzieher fressen.

Dieser Vogel sol grösser seyn dann der Adler/ und weiß äschenfarbig/ wie Aristoteles sagt. Er siehet nicht wol/ lebt allein vom Fleisch/ er erziehet seine Jungen/ wie auch des Adlers seine/ die er auffgenommen hat/ gar wol. Es soll ein Vogel des Adler-Geschlechts in dem Gebürg des Schweitzerlands sich auffhalten/ welcher von ihnen Bein- oder Steinbrecher wegen obgemelter Ursach/ genennet wird. Von diesem hat D. Geßnern auff ein Zeit ein guter Freund auß dem berühmten Orth der Eydgenoßschafft Glaris/ also zugeschrieben: Der Ossifraga, welchen ich gesehen habe/ war Jährig/ bloß auff seinem Haupt/ und gelb von Farb/ mit einem krummen Schnabel/ weissen Federn/ die Flügel hatten hie und da schwartze Federn wie die Störche. Der Vogelfänger sagt/ sie würden bey nahe so groß als ein Geyer/ und gantz gelb/ und auß seinen innern Federn/ so gar zart sind/ mache man köstliche Beltz/ gleich wie auß den Geyern/ den schwachen und kalten Magen darmit zu erwärmen. Weiter hat D. Geßner von andern verstanden/ daß dieser Vogel etwas kleiner sey als ein Geyer/ und halte man ihn für ein Geschlecht desselbigen/ er seye braun von Farb/ da doch der Geyer an der Brust/ Haupt und Halß gelb ist/ man fange ihn selten/ und wann er sich zuweilen von den hohen Bergen zu den Häusern herab lasse/ besorge man sich eines strengen Winters. Deßgleichen habe er von einem andern vernommen/ dieser Vogel sey so groß/ daß die Weite von dem eussersten des einen Flügels biß zum andern/ mehr dann einer Elen lang sey/ er greiffe mancherley Thier an/ als Murmelthier/ kleine Gemsen/ und niste auff den Felsen/ lebe allein/ und seye schwärtzlich-Kastanienbraun. Dieses aber mag vielleicht eine Beschreibung des rechten Adlers seyn.

Die Griechen schreiben von ihrem Vogel Phine genannt/ daß er sehr gutthätig seye/ also/ daß er nicht allein seine/ sondern auch deß Adlers verworffene Jungen erziehe. Dannenher hat man das Gedicht von dem Vogel Phönix genommen/ der seine Jungen mit seinem eignen Blut speisend/ gemahlet wird.

Von einem andern Geschlecht.

Aldrovandus beschreibet noch einen andern Adler welchen er Ossifragam nennet: So 4½. Schuh lang/ und 9. Spannen (wann seine Flügel außgezogen) breit gewesen. Habe ein Zung wie ein Mensch gehabt/ unter dem Schnabel einen Barth/ an dem Kopff und Halß harte/ an dem übrigen Theil des Leibs aber gantz weiche Federn/ die Federn an dem gantzen Leib seyen dreyerley Farben gewesen als weiß/ roth nnd Eisenfarb/ außgenommen die Schwingfedern/ welche sich mehr auff braunroth gezogen. Die Bein seyen fast gantz mit rothen Federn bekleidet/ habe gelbe Füß und kohlschwartze Klauen gehabt.

Was von diesem Vogel in der Artzney zugebrauchen.

Der Magen von dem Ossifraga gedörzt und getruncken/ ist denen/ so die Speise nicht wol verdäuen/ dienlich/ oder wann sie denselben in dem sie essen/ nur in der Hand haben. Etliche binden ihn deßwegen an: sie sollen aber dieses nicht stets brauchen/ dann er machet mager wie Plinius schreibt. Dieser Vogel hat nur einen Darm/ damit er wunderbarlicher Weiß alle Speiß verdäuet. Desselben eusserster Theil angebunden/ stillet allerley Krimmen/ und Darmgicht. Wann man

man ihn auff des Krancken Bauch bindet. Ein Theil von diesem Vogel verbrennt und getruncken / soll die fallende Sucht hinweg nehmen. Der gedörrte Magen / ist für den Stein und andere Gebrästen der Blasen dienlich / wie Plinius und Dioscorides sagen. Wann er eingesaltzen wird / damit er sich halte / oder verbrennt / gepülffert / und mit Wein getruncken wird / treibt er kräfftiglich den Harn / sagt Marcellus. Der Vogel an die Hüfft gehenckt / heilet die auffgelauffene Krampff-Adern an den Füssen. Seine Gall mit Honig genossen / heilet die Flechten und den Aussatz. Wann einer den Kaat dieses Vogels dürr zerreibt und trinckt / oder bey sich trägt / so wird er wol däuen / er ist auch gut für den Stein und schwere harnen.

Von dem Adler Pygargo:

Dieser Adler wird also genannt / dieweil er einen weissen Schwantz hat. Er wohnet an ebnen Orthen / tunckeln Lustwäldern / und in den Städten. Er fliegt auch auff die Berg. Die andere Geschlecht aber kommen selten in die Ebne und Lust-Wälder. Dieser ernehret seine Jungen am wenigsten / wirfft derhalben etliche davon zum Nest herauß / wie Aristoteles schreibt. Er sagt auch / er sey grösser dann der Adler Morphnus und Melanæetus, welcher der kleinste ist. Er ist aber kleiner dann der Geyer-Adler und der rechte Adler / welcher der grösste ist / auch grösser als der Adler Ossifraga genannt. Dieser Pygargus kämpfft auch (wie oben vom Melanæeto gesagt) mit dem Hirsch. Dieser Vogel wie er von Aldrovando beschrieben wird / ist nicht grösser als ein

Von dem Adler. 25

Ein andere Arth. Pygargus alius.

BEllonius unterscheidet diesen Vogel/ und beschreibet ihn/ daß er einen krummen schwartzen Schnabel/ dünne und gelbe Bein/ und schwartze Klauen habe: seye unten am Leib weißlicht: die unterste Federn an den Flügeln seye schwartz/ die obern wie auch der Schwantz/ gantz weiß. Halte sich auff/ nach Auff- und Untergang der Sonnen: Raube Küniglein/ Rebhüner/ Lerchen und andere kleine Vögel.

Ein Adler Geschlecht/ welche an einem Schenckel blau/ am andern lichtgrau sind.

Heteropus

DIeses Vogels Figur hat D. Geßner von einem Mahler/ zu Straßburg empfangen/ welcher die Natur und Eigenschafft der Vögel zuerkündigen sich sehr beflissen/ jedoch konte er ihme nichts gewisses von diesem Vogel anzeigen/ sondern sagte/ daß er diese Figur von andern Mahlern als

als eine warhaffte Abbildung empfangen hätte. Gelnerus nennet ihn wegen seiner Füsse Heteropodem, dieweil an diesem Vogel (so anderst die Abconterfeitung desselben warhafftig ist/) das lincke Bein wie auch der Schnabel blau ist/ das rechte aber lichtgrau. Der Bauch ist braun/ und mit schwartzen Flecken gesprengt/ deßgleichen die Brust und der Halß/ der übrige Leib ziehet sich mehr auff schwartz/ seine Augen sind röthlich. Ein theil an den Flügeln ist auch braun/ und mit schwartzen Flecken gesprengt wie der Bauch: die Federn auff dem Kopff und Halß scheinen gleichsam starrend/ und der Anfang des Rückens/ oben an den Flügeln/ als ob er höckericht wäre.

Von dem Indianischen Vogel Tzopilotl, oder Aura, genannt.

Dieses ist ein schwartzer Vogel/ in der gröss eines kleinen Adlers. Hat krumme und schwartze Klauen/ gelbe Füß und einen Schnabel wie ein Papagey/ umb den Kopff hat er zarte Federn wie Haar über sich stehen/ isset vom todten Aaß und Menschen Koth: Man kan nicht erfahren/ wohin dieser Vogel niste/ oder wo er seine Jungen auffziehe/ da er sich doch bey Neu Hispanien häuffig auffhält/ und sonderlich auff hohen Bäumen/ da sie sich versamlen und zusammen in grosser Menge auff ein Aaß fliegen. Hernandez berichtet weiter/ daß seine Federn/ so sie zu Aschen gebrandt/ auffgestreuet werden/ keine Haar an demselbigen Orth wachsen lassen/ ihr Fleisch soll gut wider die Frantzosen seyn: das Hertz in der Sonnen gedörret giebt ein starcken Geruch von sich/ und wird ein Quintlein von seinem Koth den Melancholischen mit Nutzen gebrauchet.

Von dem Orinoquen Adler.

Von dem Adler.

IN die Insuln Americæ so Antillen genannt werden/ flieget offt von dem festen Land ein Arth grosser Vögel welchen die Oberstelle unter den Raub-Vögeln/ die in diesen Insuln sind/ gebieret. Die erste Einwohner der Insul Tabago, haben sie Orinoquen Adler genennet/ weil sie in der Grösse und Gestalt eines Adlers sind. Man hält davor/ daß dieser Vogel welcher ein frembder überfliegender Vogel in dieser Insul ist/ gemeiniglich in dem jenigen Theil des Mittägigen Americæ gesehen wird/ das der grosse Fluß Orinoque befeuchtet. Alle seine Federn sind hellgrau/ mit schwartzen Tüpfflein gesprengt/ ohne das eusserste seiner Flügel/ und seines Schwantzes/ da er gelblich ist. Er hat helle und scharffe Augen/ sehr lange Flügel/ einen schnellen und leichten Flug in Ansehen seines schweren Leibes. Er nehret sich von andern Vögeln auff welche er grimmig zuschiesset/ und nach dem er solche gefället/ sie in stücke zerreisset/ und verschlinget. Gleichwol hat er ein solch heroisch Gemüth/ daß er niemahln die jenige angreiffet welche schwach und ohne Gegenwehr sind; sondern allein die Arras, mittelmässige Papageyen/ und alle andere so gleich wie er mit starcken und krummen Schnabeln/ und spitzigen Klauen bewaffnet. Man hat auch in acht genommen/ daß er auff seine Beute nicht loß gehet/ so lang dieselbe auff der Erden ist/ oder auff einem Baum sitzet; sondern er wartet biß sie sich in die Höhe schwinget/ und alßdann streitet er mit ihr/ wann sie einen gleichen Vortheil mit ihm hat. Mansfeny ist auch eine Arth der kleinen Adler in diesen Insuln/ aber nicht so behertzt wie der vorige.

Von unterschiedlichen Adlern/ welche von den Newen beschrieben werden.

AStures sollen auß dem geringsten Geschlecht der Adler oder Weyhen seyn. Die Falcken aber sind von den Alten für ein edel Habicht Geschlecht gehalten worden/ wie Paulus Jovius sagt. Geßner hält diesen Asturem für einen grossen Habicht/ wie in desselbigen Histori zusehen. Tardivus sagt es seyen zwey Geschlecht der Adler/ der eine heisse Adler/ der ander Zimiech/ oder Zumach. Ob dieser des Adlers oder Habicht Geschlechts sey/ welcher von den Nieder-Teutschen bey dem grossen Meer gelegen Catul genennet wird/ und grösser als ein Habicht/ am gantzen Leib mit mancherley Flecken gesprengt ist/ und die Hüner und Gänß nimmet/ läßt D. Geßner dahin gestellet seyn.

Etliche Einwohner/ des Lands hinter Dännemarck Scandinavia genannt/ tödten ein Adler-Geschlecht (welches sie einen Raben nennen) dieweil er die Lämmer und andere dergleichen Thier raubet/ und bringen den Schnabel dem Stadthalter/ zu bezeugen/ daß sie einen schädlichen Vogel getödtet haben/ schreibt Olaus Magnus.

Auff etlichen Alpen des Schweitzerlands/ als bey der Stadt Chur/ in Pündten gelegen/ und bey der Stadt Lucern/ ist ein Geschlecht eines Adlers/ welchen sie/ weil er die Lämmer raubet/ Lämmerzieg nennen.

Man sagt daß in India ein Raubvogel sich auffhalte/ welcher viel grösser sey als ein Adler/ schwartz und purpurfärbig/ hin und her mit weissen Federn darunter gesprenget/ dessen Schnabel bleichgelb/ und mit blauer oder Kastanienbrauner Farb unterschieden/ so schön daß man nichts schöners sehen kan/ darumb man Messer- und Degenheffte/ auß seinem Schnabel macht. Dieser Schnabel muß hart seyn. Dieser Vogel soll auch der gröste unter allen fliegenden Vögeln seyn/ schreibt Cardanus, und Ludovicus Patritius.

In Persia soll eine Arth von Adlern/ Huma genannt/ seyn/ welche in der Lufft Eyer legen/ und Jungen außbrüten/ Beine essen/ und die andere Vögel nicht zerreissen/ wie Zeilerus in seiner siebenden sonderbaren Epistel meldet.

Es wird erzehlet/ daß zwischen Meissen und Dreßden/ die Bauren/ als sie viel Viehe/ Kälber und Schwein/ so sie verlohren hatten/ suchten/ ein groß Nest gefunden haben/ auff drey Eychbäume gebauet/ so weit/ daß man einen Wagen mit vier Pferden darunter wenden können/ und auß grossen Aesten von Bäumen und Zaunstecken oder Pfälen gemacht gewesen. Als man dieses in der Stadt angezeiget/ seyd etliche Männer welche darzu verordnet worden/ hinauff gestie-

gestiegen / und haben drey gar grosse Jungen gefunden / und in die Stadt getragen / davon eins alsobald gestorben / dessen Flügel man überzwerch außgespannet / und gemessen hat / welche sieben Elen lang gewesen. Seine Klauen waren so groß als eines dicken starcken Manns Finger. Die Schenckel grösser als an den Löwen. In diesem Nest hat man viel Schaff- und Kälberhäut gefunden / auch ein junges Reh welches noch frisch gewesen / deßgleichen unterschiedliche Thier Köpff / wie der wolgelehrte und glaubwürdige Mann Georgius Fabricius an D. Geßnern geschrieben hat / im Jahr 1551. da in dem Sommer dieses Nest ist gefunden worden.

Von der Atzel.
Pica.
Von der Gestalt dieses Vogels.

Dieser Vogel wird auff Arabisch / Hebraisch אגור, vel קאת, Griechisch Κίσσα, Κίττα, Frantzösisch Pie, Italiänisch Gazza, Picha, und Hispanisch La pega ò Picaca, Wendisch Strakavel, Krzistela, Polnisch Seroka, Ungarisch Zarka, Engelländisch a pie birde, Niderländisch Exter / offt Aexter / und sonsten zu Teutsch Aegerst / Aglaster und Elster genennet. Er ist getheilt von Farb / am Bauch weiß / und schwartz auff dem Rücken / wie auch an dem Schwantz / also / daß ein grüner Glantz davon gehet / mit der Farb des Saphyrsteins vermischt. Die Kürtze seiner Flügel ersetzet der lange Schwantz. Man sagt / daß in den Landen / gegen Mitternacht gelegen / weisse Atzeln gefunden werden.

Von dieses Vogels Natur und Eigenschafft.

Es flieget dieser Vogel nicht hoch / worzu ihm vielleicht seine kurtze Flügel Verhindernuß geben: Hüpffen gemeiniglich und bewegen den Schwantz wie die Bachstelzen. Die Atzel verändert stets ihre Stimm / also / daß sie fast alle Tag eine andere hat. Zu Winterszeit nimmt sie zuweilen eines Jägers Stimm an sich / damit sie den Hunden herzu locke. Oppianus sagt / er habe einsmals diesen Vogel schreyen hören / daß er vermeint es wäre ein Böcklein / welches seine Mutter / unter dem Baum darauff der Vogel saß / suchte. Zuweilen hab er ihn gehöret als ein Kalb / zuweilen als ein Schaaff bläcken. Deßgleichen pfeiffen wie ein Hirt / wann er die Schaaff zu der Tränck führet. Dieser Vogel aber lernet unter andern Stimmen / sonderlich deß Menschen Stimme. Doch sollen nur allein die jenige diese Stimme lernen / welche von den Eicheln leben / und unter denselbigen die insonderheit so fünff Zäcklein an den Füssen haben / und zwar auch diese nicht / als nur in den zwey ersten Jahre / wie Plinius meldet. Es irret aber Plinius, daß sie haben nur 4. Zeen. Plutarchus erzehlet von diesem Vogel ein wunderbare Histori: Es seye ein Balbierer zu Rom gewesen / der hab eine sehr schwatzhafftige Atzel

Von der Atzel.

Atzel gehabt / die nicht allein der Menschen / sondern auch der Thiere Stimm und das Gethön aller Instrumenten nach machen können / und dieses alles hab sie ohn einige Abrichtung von ihr selbsten gelernet. Es hat sich aber auff eine Zeit begeben / daß man einen reichen Mann mit vielen Pfeiffen und Trompeten nach seinem Todt zum Scheiterhauffen begleitete / wie sich nun die Trompeter an dem Orth / da der Balbierer gewohnet / in etwas auffgehalten haben / ist die Atzel des folgenden Tages gantz verstummet und still gewesen / also / daß sie auch ihren gewöhnlichen Gesang nicht mehr getrieben / weßwegen sich die fürübergehende verwundert / und traurig worden. Etliche meinten man hätte ihr mit Gifft vergeben / andere meinten sie wär von dem Gethön der Pfeiffen und Trompeten also erstummet. Es war aber keines von beyden / sondern sie hat ihre Stimm in sich gefasset / und dieselbig bey ihr selbst gerichtet / und gleichsam gedichtet. Dann darauff hat sie angefangen / nicht ihren vorigen Gesang / sondern die Melodey der Pfeiffen und Trompeten zu singen / also / daß sie alle intervalla und den Tact richtig in acht genommen. Sonderlich aber lernet dieser Vogel die Wort artig außsprechen. Wie dann Zeilerus in dem vierdten Hundert seiner Fragen einer lustigen Histori gedencket / auß dem Frantzösischen Büchlein des Ludovici Garon, le Chasse Ennuy genannt / nehmlich daß ein Wirth in der Normandischen Stadt Auranches, eine Atzel gehabt / welche von ihme / im Keller / als er zu seinem Weib sagte / der Most (nehmlich der Aepffel- oder Bieren-Most in dem Faß) ist auß / gehöret hatte. Als nun des andern Tages diese Atzel zu den Leuten / so Most holen wolten / immer sprach / der Most ist auß / der Most ist auß; und auff den Abend sich diese Eheleuth daß sie nichts verkaufft / verwunderten; und aber höreten / daß der Vogel zu jemand / so eine Maß Most holen wolte / gesagt: der Most ist auß; haben sie im Zorn den armen Vogel drey oder viermahl in das Wasser getaucht / welches sehr kalt war. Deßwegen sich derselbe an eine Eck bey das Camin-Feuer / sich zu trucknen / gesetzt. Und dieweil eben damahls eine Kuhe gekalbet / und das Kalb neben das Feuer gebracht ward / auch solches sehr gezittert / und gar naß außgesehen / hat die Atzel das Kalb angesehen / und gefraget / ob es auch gesagt habe / der Most ist auß. Die Atzel / wie auch etliche andere Vögel / verbergen Eicheln in die Erde. Dieser Vogel ist sehr unkeusch / fräßig / und isset vielerley Speiß. Er nimmt auch die junge Hünlein / Spatzen und dergleichen kleine Vögel / wie Cardanus schreibet.

Wie dieser Vogel niste / gezogen und gefangen werde.

Er macht sein Nest auff sehr hohe Bäume auß Haar und Wolle / darein machet er zwey Löcher / durch deren eines er ein / und durch das andere außgehet / die stehen gegen einander. Er hat gemeiniglich zwey Nester / auff daß man nicht wissen möge in welchem die Eyer liegen. Sie nisten in dornichten Orthen / und verwahren das Nest ausserhalb auff das fleissigste mit scharffen Dornen / wann sie mercken / daß jemand das Nest gesehen / tragen sie mit ihren Klauen die Eyer anderswo hin. Die Atzel legt neun Eyer / wie Plinius und Aristoteles sagen. Sie gebieret auch ihre Jungen blind / wie die Kräh und der Spatz. Sie mauset sich auch des Jahrs einmahl / nehmlich im Augst-Monat. Man sagt / daß dieser Vogel mit der fallenden Sucht beschweret werde. Wann die Junge Atzeln erwachsen und aufferzogen sind / speisen sie ihre Eltern in ihrem Alter / und erhalten sie im Nest ohn Arbeit. Dieser Vogel kämpffet mit dem Adler / dieweil er sie frisset. Er verspottet auch andere Vögel. Wie man eine Atzel mit einer andern fangen soll / wird in Beschreibung der Krähe gesagt werden. Wie sie im Garn gefangen werden / lehret Petrus Crescentiensis. Sie werden auch mit den Habichten und Sperbern gefangen. Man hat sie gern nahe bey den Häusern nisten / dann sie verrathen mit ihrem Geschrey die Dieb / und treiben sie ab von ihrem bösen Fürnehmen. Wann sie über Gewonheit schreyen / bedeutet es einen Regen / daher sie von den Alten Regen-Vögel genennet worden.

Was ausser und in der Artzney von diesem Vogel dem Menschen nützlich seye.

Diesen Vogel isset man nicht an allen Orthen / die Jungen werden auß dem Nest genommen / und zuweilen von armen Leuthen zur Speiß gebraucht / wiewol sie zu Bononien auff dem Marckt verkaufft / und gessen werden / sie haben ein ungeschmacktes und hartes Fleisch / welches übel zuverdauen ist. Durch die öfftere Geniessung desselben wird das Gesicht gestärcket. Ihr Fleisch ist sehr hitzig. Das Fleisch von allerley Atzeln ist den Habichten sehr dienlich. Diesen Vogel lebendig zerschnitten / legt man auff die krancke Glieder. Wan er gebraten oder gesotten gessen wird / soll er den Krancken sehr dienlich seyn / sonderlich denen / so bezaubert sind. Das Wasser von den Jungen gedistilliert / schärfft und stärcket das schwache Gesicht. Ryffius sagt / daß es den rothen und tunckeln Augen gut sey / es vertreibe auch die Flecken derselbigen / und den Rothlauff / wann man offt Tücher darin netzet / und überlegt. Die Atzel in einem verglasurten Hafen zu Pulfer gebrennt / und davon eingegeben / ist den jenigen nützlich / die zwar im Tag wol / aber bey Liecht übel sehen / ist auch wider die Melancholey so von Kälte kommen / sehr dienlich / und heilet den Krebs an dem Männlichen Glied.

Diesen Vogel soll man rupffen / und in weissem Wein gantz einsieden lassen / also / daß sich das Fleisch von den Beinen schele. Darnach soll man es mit der Brüh zerstossen / und drey Tag an die Sonn stellen / und wann man es vonnöthen hat / mit einem reinen Tüchlein auff die Augen legen / dann also vertreibt es die Rauhe / Tunckelheit / Röthe / Flecken / Felle / und allen andern Schmertzen derselben.

Nimm eine oder zwo Atzeln / und leg dieselbige also gantz in einen verglasurten Hafen / der wol vermacht / und mit Lett bestrichen sey / dörre sie wol in einem Ofen/ (doch daß sie nit anbrennen) damit sie leichtlich können gepülvert werden. Dieses Pulver soll man in die Augen thun/ oder ein Augenpfläsierlein darvon machen/und gebrauchen. Dañ dieses ist die Eigenschafft der Atzel/ daß sie auff allerley weise gebraucht/ dem Gesicht dienlich ist/ wie Gordonius schreibt. Joan. Goeurotus sagt/ man solle dieses Mehl mit Fenchelwasser in die Augen tröpffeln. Die Gall von diesem Vogel/ ist denen gut die durch den Schnee reisen/ wann dieselbige in die Augen getröpffelt wird. Die truckene Eyer zerrieben/ und in die Augen gethan/ vertreiben die Flecken darin/ sagt Rhasis. Becherus in seinem Thierbuch rühmet und beschreibet ein sonderlich Atzel Wasser/ so wider Unsinnigkeit / Melancholey / schwere Noth und andere Hauptschwachheiten / ein versichert Mittel seye/ und Reimet also:

Die Atzel ist auch zu den Augen trefflich gut/
Das Atzel-Wasser vor der Fräß bewahren thut.

Von dem Häher/ oder Hätzler.
Pica glandaria. Garrulus.
Von der Gestalt dieses Vogels.

Dieser Vogel wird von den Teutschen nicht allein mit dem obgenannten Namen Häher oder Hätzler/ welcher letztere sich fast auff den vorerwehnten Namen (Atzel) ziehet/genennet/ sondern man

Von dem Häher.

man nennt ihn auch Baumhätzel / Herrnvogel / Herr / und im Schwabenland Jäck / Marcolfus / Merggraff / Holtzschreyer / ꝛc. Die Brabander ein Girau oder Richau. Die Lateiner nennen ihn wegen seines Geschwätzes / Garrulum. Etliche vermeinen dieser Vogel seye eines mit dem Graculo oder Tohle / da doch derselbige gantz von einer Farb ist: dieser aber mit mancherley schönen Farben gezieret; die Tohlen fliegen schaarweiß / diese aber eintzelich; jene sind auß der Raben / diese auß der Atzeln Geschlecht. Auff Griechisch wird er Καρακάξα, Frantzösisch Gay, Italiänisch Ghiandara, Hispanisch Gayo, Niederländisch Broeckexter / Engelländisch Jay, Wendisch Soyka genennet. Er ist so groß als eine Taube / und hat an seinem gantzen Leib mancherley Farben / einen kurtzen / schwartzen und starcken Schnabel / seine Füß haben keine gewisse Farb / sondern sind weiß / braun / und röthlich vermischet / die Zäcklein der Füsse haben viel Gleich / und hat eine solche weite Gurgel daß er gantze Eicheln auff einmal verschlingen kan / die Federn auff dem Kopff kan er in die höhe richten / wann er wil / und sind dieselbige vornenher theils schwartz / theils weiß / hinten zu ist er braun / wie auch am fordern Theil des Leibs überall / auff dem Rücken aber ist er weniger roth und mehr Aschenfärbig. Von dem Bürtzel biß zu dem Schwantz erstrecken sich weisse Federn. Der Schwantz hat schwartze Federn / so lang vom Bürtzel an / als weit die Länge vom Bürtzel biß zu dem Haupt ist. Die Federn an den Flügeln sind lang und starck / theils gantz schwartz / theils weiß / theils lichtgrau / und Himmelblau / welche alle ordentlich unterschieden sind. Der Rücken hat fast die Farb des fordern Theils / doch etwas bleicher / und je näher es zu dem Schwantz gehet / desto mehr ziehet es sich auff weiß; bey dem Schnabel streussen sich etliche schwartze Federn hintersich unter die Augen. Kurtz / dieser Vogel hat fast aller anderer Vögel Farb.

Von der Natur und Eigenschafft dieses Vogels.

Dieser Vogel machet aller anderer Vögel Gesang und Geschrey nach. Er wird jung gefangen / und in einen Kefich gesetzet / daß er lerne reden / und wann er etliche Wort gelernet / unterstehet er sich noch mehr zu schwätzen / ja er wird zuweilen in seinem Geschwätz unversehens von dem Sperber erwischet. Was droben von der Atzel Stimm geredt worden / das kan auff diesen Vogel besser gezogen werden. Er lebet von den Eicheln / und isset auch Spatzen und andere kleine Vögel. Er wird offt unsinnig von Zorn / daß er sich selbst zwischen den verworrenen Aesten der Bäume erhenckt und umbringt. Man sagt auch daß er mit der fallenden Sucht beladen werde. Er ist der Nachteul sehr gehässig / und fliegt schnell herzu / wann er sie schreyen höret / und greifft sie vor andern Vögeln an. Von dem Habichten wird er aber gefangen. Crescentiensis schreibt wie diese Vögel mit dem Garn gefangen werden / im 10. Buch am 20. Cap. Dieser Vogel wird allein von den Armen zu der Speiß gebraucht. Unsere Vogelfänger sagen / daß drey Geschlecht derselben seyen / deren einer Nußhäher genennt werde / und fast als ein Staar gesprengt seye. Von welchem wir an seinem Orth reden wollen.

Ein andere Arth Herren / er wird abgemahlet in Jonstoni Beschreibung der Vögel / welche ein längern Schnabel als das vorige Geschlecht / und an den Flügeln weisse Federn hat / im übrigen wie nachfolgende Figur gestaltet ist.

Von dem Vogel so bey Straßburg Roller genennet wird.

Garrulus.

Von der Gestalt dieses Vogels.

Dieser Vogel / so hie abgebildet stehet / wird bey Straßburg ein Roller genennet / er fliegt sehr hoch in der Lufft / das Männlein ist mit vielen und mancherley Farben gezieret / die Flügel sind oben blau / in der mitten grünlicht / und die grosse Schwingfedern hinden schwartz gefärbet /

färbet/doch sind etwas weißlichte Tüpfflein darin. Der Rucken und Schwantz sind röthlicht und der Schnabel schwartz/ꝛc. Das Weiblein aber unterscheidet sich in allem von dem Männlein/ist an ihrer Brust/Halß und Kopff Kastanienbraun. Hat einen dickern Schnabel. Die Flügel sind oben unter dem Halß Bleyfarb/so sich bald in blau und grüne verliehren. Hat einen breiten Schwantz welcher blau und grün untereinander ist.

D. Geßner hat dieser Vögel einen zu Bononien in Italia gesehen/ und sagt daß derselbige mit vielen schönen Farben gezieret gewesen. Die Flügel glänßten oben von Himmelblauer Farbe/so etwas Kastanienbraun schiene/in der mitten waren sie grünlicht/ zu hinderst auff einer seiten schwartzlicht/ auff der andern schwartz Kastanienbraun/ in der mitten war auch etwas weisses/ theils mit grün/ theils mit Himmelblau vermischt. Auff dem Rücken/ und unten an den Flügeln war er hellbraun; und zu Anfang des Rückens gleich wie oben auff den Flügeln/ nemlich auff Kastanienbraun ziehend. Die andere Theil waren überall grünlicht.

Ein andere Arth Atzeln.
De Pica caudata, sive Varia alia.

Dieser Vogel gleichet in der Gröſſ einer Tohlen; dieweiln aber sein Schwantz allein einer Spannen lang ist / scheinet er grösser zu seyn. Ist von andern Vögeln leicht zu unterscheiden. Er hat einen dicken / schwartzen Schnabel/ dessen oberer Theil etwas lang hervor stehet / und zugespitzet ist. Seine Augen sind schwartz mit einem weissen Circkel eingefasset/ deßgleichen auch der Kopff/ Halß/ Rucken/ Brust/ Flügel/ Seiten/ Schwantz/ Füß und Klauen/ kohl schwartz sind; außgenommen der Bauch und das eusserste an den Flügeln/ an welchen weiß hervor scheinen.

Von der Atzel. 33

Von dem Nest dieses Vogels.

Es vermeinen viel daß die geschwäntzte Atzeln/ auff die schwartze Pappeln/ und andere hohe Bäum nisten/ dadurch ihre Jungen vor den Raubvögeln zu verwahren. Dieses Nest aber/ welches Aldrovando von einem Bauren gebracht worden/ ist auff einem Apffelbaum in einer Wispel gestanden/ theils von der Natur/ theils von dem Vogel künstlich gebauet: solches ist (dann es länglich rund war) einer Spannen lang/ und 8. Zoll breit gewesen/ von Welschem Hirsen und andern

E Wur=

34 Geßneri Thierbuch

Wurtzeln in einander geflochten/ und dazwischen mit Erden verklebet/ damit die Eyer oder Jungen darinnen fest liegen können. Ausserhalb war es umb und umb dergestalt mit Dornen verwahret/ daß kaum der alte Vogel hinein kriechen können/ und also samt seinen Jungen vor den Raubvögeln beschützet seyn. In diesem Nest waren 5. Jungen/ nach der Atzeln Arth/ welche sich mit frischem Käß/ Brodt und Wein speisen lassen.

Von der geschwäntzten Indianischen Atzel.
De Pica caudata Indica.

Das Männlein: Das Weiblein.

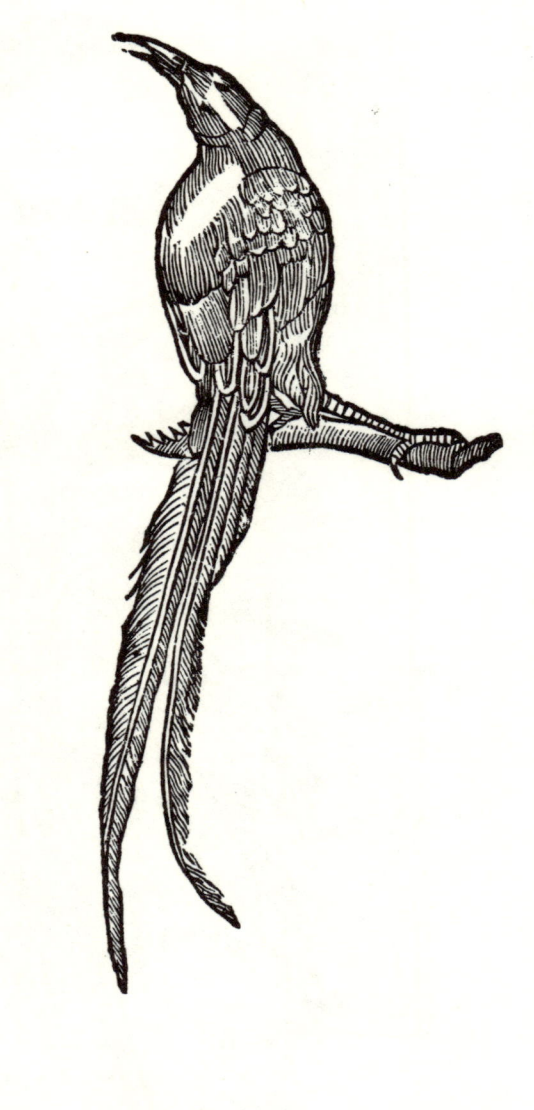

Dieser frembde Vogel soll so wol wegen mancherley Farben die er an sich hat/ als auch seines langen Schwantzes überauß wol zu sehen seyn/ an der Grösse gleichet er unsern Atzeln/ sein Schnabel und Bein sind roth/ der gantze Kopff aber und Halß/ welcher gleichsam mit einem weissen Band umwunden/ blau; von dem obern Theil des Schnabels/ zwischen den Augen/ gehet ein Strich bey nahe 3. Finger lang und einen Daumen breit biß zu dem Rücken/ mit tüpfflein oder vielmehr schwartzen strichlein besprenget: der Rücken ist Eisenfarb/ der obere Theil der Flügel Kastanienbraun/ mit schwartzen Strichen in die Länge durchzogen. Die übrige Federn und sonderlich an den spitzen sind grün/ die Schwingfedern blau/ die Brust und Bauch biß zu dem Schwantz/ gantz weiß/ und das inwendige Theil an den Flügeln blaulicht. An dem Schwantz haben sie nur 8. Federn/ unter welchen eine länger als die andere ist/ sonderlich aber strecken sich zwey noch so lang herfür/ als die übrigen/ so/ außgenommen die mittelste weisse Striche/ und die eusserste weisse Spitzlein/ blau sind: die übrige Federn sind halb blau und weiß. Das Weiblein sihet diesem nicht viel ungleich nur daß der Flecken über dem Kopff nicht gesprenget/ sondern gantz weiß/ und die Federn an den Flügeln grün sind.

Von

Von der Atzel.

Von einer andern frembden Arth Atzeln Pica Marina oder Gaza genannt.

DEr gantze Vogel außgenommen der Kopff/ Füß/ und ein stück an den Flügeln/ ist grünlicht/ hat einen starcken Schnabel/ welcher länger als der gemeinen Atzel Schnabel ist/ gantz zugespitzet. Oben auff dem Kopff ist er liecht Kastanienbraun/ auff den Seiten aber und unten gelb. Er hat schwartze Augen/worinnen der Schein gelb und mit einem schwartzen Circkel umbfasset ist: lange und dunckelbraune Bein/ und krumme schwartze Klauen.

De Pica Persica.

Dieser Vogel soll auß Persien nach Venedig gebracht seyn worden / welcher von Gestalt und Grösse den Atzeln gleich sihet. An dem Kopff / Halß / Brust und Bauch ist er dunckelroth: hat einen starcken / kurtzen und weissen Schnabel / deßgleichen auch weisse Augen und einen schwartzen Augapffel / blaue Füß und kurtze krumme Klauen.

Von dem Pfefferfraß oder Pfeffer-Vogel.
Pica Bresilica.

ES wird dieser Vogel Pica Bresilica oder Brasilica: von andern wegen des grossen Schnabels Ramphastos, Hipporynchos, und Barynchos genennet; Etliche nennen ihn Barbara und Piperivora, Pfefferfraß oder Pfeffer-Vogel. Er ist in der größ zwischen einer Amsel und Atzel / und wird deßwegen unter diese gezehlet / dieweil er außgenommen den Schnabel unsern Atzeln gleichet. Sein Schnabel aber welchen Thevetus grösser als den Vogel beschreibet / ist nach Aldrovandi Beschreibung zweyer flachen Hand lang / und einer breit. Der untere Theil dieses Schnabels welcher am stärcksten und dicksten / ist oben zweymahl / unten aber wo er sich zusammen krümmet / dreymahl so schmal als der Schnabel / die gantze Substantz aber / ist ein dünnhäutig / durchsichtig und leichtes Werck / in dessen Weitung / sich so viel Lufft verfasset / daß diese Vögel keine Naßlöcher wie andere vonnöthen haben / die Lufft auch leicht dadurch tringen kan. Etlichen wie auß dieser Abbildung zu sehen / hat die Natur auch Zähn gegeben welche nicht auff einander gehen / und

Von dem Pfeffervogel.

und wie eine Säge gestalt sind / damit sie zwischen denselbigen die Lufft desto leichter zu sich ziehen können. Der gantze Schnabel und sonderlich die Spitz ist gelb / hat nach der Größ des Leibes einen dicken Kopff / in dessen Mitte grosse schwartze Augen / erstlich mit einem weissen / hernach mit einem gelben Strich umfasset / stehen: an der Brust scheinet er Goldfarbe durch welche Farb eine annemliche Röthe herfür schimmert / der Bauch aber und das dicke Theil an den Beinen ist Zinnober roth. Die Bein und Füß sind mit starcken und krummen Klauen versehen.

Von einer gleichen Arth Vögel.

THevetus und Parcus mahlen diesen Vogel ohne Zähn / und auff diese Arth ab / welchem nicht ungleich siehet derjenige welchen Carolus Antonius Puteus zu Fontainebleau lebend gesehen / so etwas grösser als ein Atzel gewesen / und einen grossen Schnabel gehabt / welcher oben grünlicht unten etwas blau / am übrigen Theil aber kohlschwartz ware / seine Zung soll gestalt seyn gewesen wie die schmale Hahnen Federn so sie umb den Halß haben / welche er dem Schnabel herauß thäte. Die Federn an dem Halß biß an die Mitte der Brust waren weißlicht / auff dem Kopff und Rücken aber etwas schwartz. Umb die Augen hatte er ein runden blauen Kreiß / seine Füß waren oben blaulicht / unten aber Aschenfarb. Er hupffte stetig / und liesse sich nach Arth der Atzeln fleissig hören.

Von der Nahrung dieser Vögel.

Thevetus sagt auß Erfahrung der jenigen welche Brasiliam durchreiset / daß diese Vögel Pfeffer essen / und sich mit demselben erfüllen / bald aber darauff / solchen unverkochet wieder von sich geben. Diesen Pfeffer heben die Einwohner sonderlich auff / und halten dafür daß ihm eintzige Schärffe benommen / und nicht so hitzig als der frische seye. Puteus aber meldet / daß derjenige zu Fontainebleau alles / wie die Papageyen / sonderlich aber die Trauben wann man sie ihm dargeworffen / gefangen und gessen habe.

Von dem Behemle / Zinzerelle / oder Seidenschwantz.
Garrulus Bohemicus, Lucidia, & Hercynia avis.

Von der Gestalt dieses Vogels.

Diese Figur hat D. Geßner von einem Mahler zu Straßburg empfangen / welcher seinen Namen nicht gewußt / doch hat er hernach erfahren / daß er von den Nürnbergern Behemle genennt werde / wie wol etliche die Wein- oder Rothtrostel auch also nennen. In Meissen nennt man ihn Seidenschwantz / von Leib und Farb ist er dem gemeinen Häher nicht ungleich. Diese Vögel werden selten gesehen / wann sie aber an einem Orth sich sehen lassen / bedeuten sie eine gifftige Enderung der Lufft. Er hat einen rothen Strauß hintersich auff seinem Kopff / mit etlichen aschenfarben Federn vermischt. Der Halß ist hinten und vorn schwartz / an den Seiten roth / an der Brust und am Bauch ist er rosenfarb / mit braunen und aschenfarben Federn vermischt. Die Flügel

Flügel sind oben tunckelbraun/ darauff folget die Aschenfarb/ zum dritten weiß/ zum vierdten fünff hübsche rothe Flecken / die Schwingfedern sind schwartz mit etlichen grünlichten und bleichgelben Flecken unterschieden. Der Schwantz ist schwartz/ zu eusserst aber rothgelb. Der Schnabel ist schwartz/ die Bein sind blaulicht.

Dieses werden vielleicht die Vögel seyn/ welche in dem Schwartzwald zu Nacht/ als ein Feur scheinen/ so es anderst wahr ist / was die Alten darvon geschrieben haben. D. Geßner sagt/ als er dieses geschrieben/ habe ihm ein Teutscher gesagt/ er habe in seinem Vaterland Voigtland/ nicht weit von dem Böhmer-Wald/ einen Vogel gesehen/ ohngefehr so groß als ein Weintrostel/ welcher theils Himmelblau/ theils Goldgelb gewesen/ von welchem man sagte/ daß er zu Nacht scheine/ doch hätte er dieses nicht gesehen/ könte auch nicht sagen wie man den Vogel nennete. Ferner hab ihm dieser Teutsche gesagt/ von einem andern Vogel/ der nicht grösser wäre als ein Distelfinck/ fast wie ein Lerch gefärbet/ und wohl sänge/ welcher bey Nürnberg Behemle oder Böhmerle genennet würde.

Es erfolge auch auff ihre Zukunfft gewöhnlich eine Pestilentz.

Diese Vögel hat man im 1552. Jahr zwischen Meintz und Bingen am Rhein mit grossen Schaaren sehen fliegen/ so dicht/ daß sie einen tunckeln Schatten gemacht. Und hat man ihrer viel umb Maintz herumb gefangen und zur Speiß verkauft. Welches als ein Wunderzeichen auffgeschrieben/ und die Figur dieses Vogels ohne ihren Nahmen von den Buchtruckern/ fast in der Grösse einer Amsel/ getruckt worden.

Von der Speiß und innerlichen Natur dieses Vogels.

Ihre Speiß sind Vogelbeern/ Wacholder/ Trauben/ Aepffel/ und Mandeln: Fleisch aber und Früchte essen sie nicht/ als wann sie gar hungerig werden. Ihr Gesang ist Ziziri dahero sie von etlichen Zinzerelle genennet werden/ sie werden leicht zahm gemacht: Wann ein paar beysammen/ soll das Männlein dem Weiblein / und das Weiblein dem Männlein die Speiß vortragen. Ihr Fleisch ist eines guten und annehmlichen Geschmacks.

Von dem Vogel Alcyone.

ALcyon ist ein Meervogel/ wiewol er auch bey den Flüssen sich auffhält/ wie Aristoteles sagt. Und hat seinen Nahmen bey den Griechen daher/ dieweil er in dem Meer gebiert. Dieser Vogel wird in Niederland ein Wasserhünlein/ wie wol nit recht/ genennet/ auch ein Eißvogel/ weil er im kalten Winter nistet und Junge hat/ wiewol wir einen andern Vogel also neñen/ der bey den süssen Wassern wohnet. Gelenius vermeint/ dieser Alcyon sey einerley Geschlecht mit dem jenigen Vogel/ welcher bey den süssen Wassern wohnet/ und Gyfiß genennet wird. Daß aber der rechte Alcyon wenigen bekannt seye/ ist kein wunder/ dieweil man ihn gar selten / und allein zur Winterszeit/ wann die Tage am kürtzten sind/ sihet. Und so bald er am Land nur ein Schiff umbflogen hat/ fliegt er von stund an hinweg/ also/ daß man ihn nicht mehr sehen kan/ wie Aristoteles schreibet. Doch ist dieser in Griechenland noch heutiges Tags bekannt/ und wird von ihnen in ihrer Sprach φασιδόνις genennet. Cerylus ist nichts anderst als das Männlein dieses Vogels/ welches auch Ceyx genennet wird. Er ist nicht viel grösser dann ein Spatz/ himmelblau/ grün/ und lichtpurpurfarb/ doch sind diese Farben nicht unterschieden an ihm/ sondern sie glänzen durch einander am gantzen Leib/ Flügeln

geln und Halß. Der Schnabel ist grünlicht/lang und dünn. So viel aber die Farb antrifft/ so verendert er dieselbige/ nachdem er sich gegen der Sonnen oder dem Liecht wendet/ und hat bey nahe ein Farb wie der Regenbogen. Eine gleiche Farb hat auch der Gyfitz/ Waldrab/ und andere dergleichen Vögel. Kiranides sagt daß dieser Vogel sehr schön/ lichtblau/ oder grün/ und von mancherley Farben seyen.

Von der Natur und Eigenschafft dieses Vogels.

Plutarchus sagt/ daß dieser Alcyon der klügste und fürnehmste sey unter allen Meer-Thieren. Dann spricht er: Welche Nachtigallen wöllen wir seinem Gesang/ welche Schwalben seiner Willfährigkeit/ welche Tauben seiner Lieb/ so er gegen seinem Ehegatten trägt/ welche Bienlein seinem Fleiß vergleichen? Dann mit was Weißheit und Kunst er sein Nest zurichte/ ist ein Wunder zusagen. Er bauet dasselbe mit keinem andern Werckzeug als allein mit seinem Schnabel/ er zimmert es als ein Schiff/ und macht ein solch Werck darauß/ das von den Wellen nicht umbgekehret/ noch versenckt kan werden/ dann er flechtet kleine Fischgrät in einander/ also/ daß er etliche/ gleich als den Zettel/ gerad leget/ und die andere als den Eintrag/ in der mitten dardurch zieht/ welches er hernach zu einer Kugel krümmet/ und ihm eine lange Gestalt/ als ein Jagtschifflein giebet. Wann er es außgearbeitet hat/ macht ers fest an das Gestad an/ wann aber die Wällen darwieder schlagen/ es bewegen/ oder gar hinein schlagen/ macht er es noch fester an/ also/ daß man es weder mit Steinen noch Eisen leichtlich zerbrechen oder hinweg reissen kan. Sonderlich aber ist sich zuverwundern über den Eingang/ welcher also gestaltet/ daß dieser Vogel allein darein kommen kan/ den andern aber ist er gantz unsichtbar und unbekannt/ es kan auch sonsten gar nichts darein kommen/ auch kein Wasser/ dieweil dieser Eingang/ wie Albertus sagt/ auß einer schwellenden Materi/ als einem Schwamm/ gemacht ist. Diese Materi schliest mit ihrem auffschwellen den Weg daß nichts darein kommen kan/ welche aber vom Vogel wañ derselbe hinein schliessen wil/ niedergetruckt wird/ also/ daß das Wasser darauß gehet/ und ihm einen sichern Zugang giebt. Aristoteles sagt/ dieses Nest sey gleich einem Meerballen/ welcher von dem Schaum entstehet/ bleichroth/ und als ein Brennkolbe mit einem langen Halß/ gestaltet. Das gröste Nest ist grösser als der gröste Schwamm/ allenthalben vermacht und verkleibt/ und löcherich fast wie ein Schwamm/ es widerstehet dem schärffsten Eisen/ also daß man es kaum zerhauen kan. Wann man aber in dasselbe sticht/ und mit der Hand daran schlägt/ kan man es leichtlich zerbrechen. Es ist noch ungewiß/ worauß dieses Nest gemacht werde: man vermeint aber es werde auß spitzen Fischgräten gemacht/ dieweil der Vogel von den Fischen lebet. Nachdem er sein Nest also außgemacht/ legt er seine Eyer darein/ wiewol etliche sagen/ er leg sie zu eusserst an das Ufer/ in den Meersand/ und brüte sie daselbst auß/ fast mitten im Winter. Sie legen fünff Eyer/ wie Aristoteles und Plinius sagen/ machen auch ihr Nest in den sieben ersten Tagen/ und in den sieben nachgehenden legen sie/ brüten auß/ und erziehen ihre Jungen. Dieser Vogel gebiert sein Lebenlang/ und fängt an zugebähren/ wann er vier Monat alt ist. Das Weiblein liebet sein Männlein also/ daß es ihm nicht nur eine Zeit im Jahr/ wie andere Vögel/ anhangt/ sondern es läst denselben allzeit auffsitzen/ und das thut es nicht auß Geilheit/ dieweil es sich sonst zu keinem andern gesellet/ sondern auß grosser Liebe. Wann aber das Männlein jetzt von Alter unvermöglich worden/ nimmt es dasselbe auff/ ernehret/ und erhält es/ also/ daß es dasselbe niemahls hinter sich läst/ sondern auff den Rücken legt/ und mit sich trägt/ wie Ælianus schreibet es stehet ihm auch bey/ und ist ihm behülfflich biß in den Todt. Waß das Männlein gestorben/ so essen und trincken die Weiblein gar nichts mehr/ sondern sie tragen lange Zeit Leid/ biß sie selbsten sterben/ doch wiederholen sie etlich mahl vor ihrem Todt/ wann sie jetzt auffhören wollen zu singen/ den kläglichen Gesang/ Ceyx/ Ceyx. Oppianus sagt/ er wolte nicht daß er oder andere Leut dieses Vogels Stimm solten hören/ dieweil sie viel Sorg/ Unglück/ und den Todt selbst bedeute/ ob er aber des Männleins/ oder diese des Weibleins klägliche Stimme verstehe/ ist ungewiß.

Vorgedachtem Nest scheinet nicht viel ungleich zu seyn beyde in der Gottorffischen Kunst Kammer befindliche kleine Vogelnester von welchen Olearius schreibet/ daß sie derer unterschiedlich haben/ und auß Ost-Indien gebracht worden/

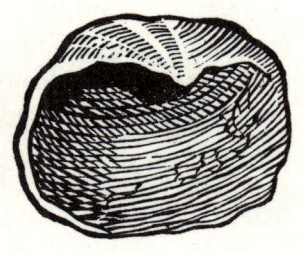

sollen auff der Cüste Cormandel an Steinfelsen gefunden werden/ von gar kleinen Vögeln/ so darin nisten/ gemacht/ seyen nicht grösser als ein groß Hüner Ey/ von einer Materie/ so wie Tragant anzusehen/ auff einander gesetzt/ gleich wie die Art zu bauen an den Schwalben Nester zu sehen ist. Es sollen etliche grosse Herren diese Nester in warm Wasser auffweichen/ von den Federn so man bißweilen darzwischen findet absaubern/ und in einer Hünerbrüh kochen und zurichten/ daß man es wie ein Gallrey geniessen kan. Soll wie Olaus meldet die Mannheit stärcken.

Von dem verharteten Meerschaum Halcyonium genannt.

Des verharteten Schaums/ welcher auff Griechisch und Lateinisch Halcyónium genennet wird/ sind fünfferley Geschlecht. Das eine ist dick/ herb an Geschmack/ als ein Schwamm anzusehen/ schwer/ eines stinckenden Geruchs wie die Fisch/ dessen man viel am Gestad des Meers findet.

Das

Das ander ist einem Schwamm ähnlich / voller Löcher / leicht / und hat bey nahe einen Geruch wie das Meergraß / welches man zu Latein Fucum marinum nennet. Das dritte Geschlecht gleichet einem kleinen Würmlein / und ist mehr purpurfärbig / von etlichen wird es Milesium genennet. Das vierdte ist der ungewaschenen Wolle gleich / voller Löcher / und leicht. Das fünffte hat eine Gestalt wie die Pfifferling / ohne Geruch / und rauh anzugreiffen / ist inwendig etlicher massen dem Bimsenstein ähnlich / außwendig glatt / am Geschmack scharff / und wird in Propontide, bey der Insel Besbicon gefunden. Die Einwohner der Insel / nennen es in ihrer Landes Sprache, ἁλὸς ἄχνη, das ist Meer- oder Saltzschaum. Plinius sagt / es wachse auß dem Nest des obgenannten Vogels Alcyonis; andere sagen / es werde auß dem Wust / so im Schaum wachset / gezeuget; andere aber auß dem Lett / oder einer andern zarten Materi im Meer. Die zwey erste Geschlecht werden unter die Schmincke gemischet / welche bereitet wird / die Räudigkeit / alle Schwärtze / und Flecken des Angesichts / wie auch des gantzen Leibs zuvertreiben. Das dritte Geschlecht ist gut für schwer harnen / wider den Stein in der Blasen / Kranckheiten der Nieren / des Miltzes / und die Wassersucht. Wañ es gebrennt und mit Wein vermischet / als ein Pflaster übergelegt wird / ist es gut wider das Haar außfallen / dann es macht wiederumb Haar wachsen. Das letzte ist eine gute Artzney die Zähn damit weiß zu machen / auch wird es mit Saltz unter andere Artzneyen / welche den Leib säubern / und das Haar vertreiben / vermischet. Das Halcyonium wird auff diese Weiß gebrennet. Man muß es in einen ungebrannten Hafen legen / denselben fest zudecken und bekleiben / und also in einen Hafnerofen setzen / biß daß der Hafe gebacken ist / darnach kan man das Halcyonium darauß nehmen / und zu dem Gebrauch behalten. Das Halcyonium wird gewaschen wie der Galmey. Galenus sagt / daß alle Halcyonia die Krafft haben zusäubern und zu zertreiben / daß sie auch scharffer und hitziger Natur seyen. Das dritte Geschlecht darvon / sey sehr durchdringend. Das vierdte sey diesem in der Wirckung fast gleich / doch etwas schwächer. Das fünffte das aller hitzigste / also / daß es das Haar abbrenne und die Haut versehre / welches Dioscorides oben gesagt Halos-achnen nennet. Es wird unter die Artzneyen gemischet / welche wider das Haar außfallen / dienlich: darzu wird aber das harte und rauhe gebrauchet / und ist das gebrannte besser als das ungebrannte. Es ist gut für das Zahnwehe so von Kälte kommt / wann man sich mit dem Halcyonio räuchert. Celsus sagt / daß es die Krafft habe außzuzeken. Das gebrannte vertreibet den Außsatz / Zittermahl und Flecken / mit Feigbonen und einem sechstheil von einem Quintlein Schwefel vermischet. Man braucht es auch für die Mähler der Augen. D. Geßner sagt / daß er ein Stück Meerschaum wie es die Apotecker nennen / gesehen hab / welches die Gelehrten für das Halcyonium halten. Dieses seye so groß gewesen als ein Apffel (wiewol er vermeint / daß man es viel grösser finde) dünn / schwammicht / leicht / mürb / mit einem weißlichten Ranfft / an dem Orth da es gantz war / umbgeben / inwendig roth und graulicht: wann man es käuete / schmeckte es gesaltzen und sandicht / inwendig waren etliche lange Stücklein / welche etwas fester und weißlich schienen. Wann man es anzündete / brannte es nicht / und gab einen übelen Geruch von sich. Es hält aber D. Geßner darvor / dieses seye das erste Geschlecht Alcyonii gewesen / theils anderer Ursachen / theils des Gestancks halben. Wiewol Georgius Agricola diese also genannte Meerballen für dieses erste Halcyonium hält / darvon die Alten nichts schreiben. Der Meerball welchen D. Geßner in den Händen gehabt / und ihme auß dem Meer gebracht worden / war in der grösse eines Apffels / lück und dünn / gleich als mit kleinen Härlein und Stücklein eines Meerkrauts zusammen verwickelt / fast alle einer Gattung / grau und ungeschmackt. Diese Härlein oder Stücklein werden leichtlich mit den Zänen zerbissen / dadurch man sie leichtlich / wie auch durch andere Kennzeichen / von dem Haar der Thier unterscheiden kan. Es war darin nichts holes / sondern allenthalben gleich / darzu weder Schaum noch anders / ohne diese Stücklein des Meerkrauts. Das Halcyonium hat seinen Nahmen von dem Vogel Alcyone bekommen / nicht daß es auß ihrem Nest komme / und auff dem Meer schwimme / sondern dieweil diese Vögel solches auß dem Meer nehmen / und Nester darauß machen / wie Marcellus Vergilius schreibt. Derhalben schwimmet das Alcyonium entweder auff dem Meer / oder wird von demselbigen außgeworffen / und am Gestad gefunden / wie Discorides vom ersten Geschlecht geschrieben hat; gleich wie auch die Meerballen. Die Nester aber dieser Vögel hangen an den Felsen.

Von dem Alpraben. Pyrrhocorax.

Diesen Vogel nennen die Walliser einen Alpraben / weil er gern auff den Alpen wohnet / im Glarner Land wird er ein Alpkachel / oder wilde Thole genennt / etliche nennen ihn einen Steinhetzen / die Pündtner ein Tahen / die Niederländer eine Bergtohl / die Engelländer à cornish choghe, die Griechen nennen ihn Pyrrhocoracem wegen seines Schnabels / welcher gantz gelb / der Vogel aber gantz schwartz von Leib ist. Er ist etwas kleiner als eine Krähe / der Schnabel ist im Außgang etwas gekrümmet. Er hat eine schärffere und kläglichere Stimm als die Tohl / doch schwächer als der Raab. Es sagen etliche daß sein Schnabel und Bein zu Sommerszeit gantz roth werden: zu Winterszeit aber seyen sie gelb und bleich wie an der Amsel. D. Geßner hat einen gesehen / welcher einen gelben Schnabel / und rothe Bein hatte. Man sagt auch daß seine Stimme der Amsel Stimme nicht ungleich sey / und wann er hoch fliege / so nehme die Kälte zu: fliege er aber niedrig / so lasse sie nach. Sie sind den gesäete Aeckern schädlich / dieweil sie den Saamen / wie

wie andere gemeine Tauben/auffessen. In Pündten siehet man sie bißweilen zu Winterszeit: an etliche Orten aber das gantze Jahr/auff den höchsten Bergen schaarweiß fliegen. Man isset sie nicht/es seye dann das arme Leute solche/sonderlich aber die Jungen/gleich wie andere Tohlen/zur Speiß gebrauchen. In Cornwall/da sich dieser schlimme Vogel auffhält/wird er eine Feuerkrähe genennet: dieweil er/wie offt in acht genommen worden/Feuer in den Schnabel nimmet/es heimlich in die Häuser legt/dieselbe anstecket/und das Geld herauß stiehlet/und vergrabet.

Von dem Vogel Alucone.

ALuco ist ein Nachtvogel/hat krumme Klauen/ und ist grösser als ein Hahn. Er jagt den Aßeln nach wie die Nachteul. Er wird auff Italianisch Alocho genennet/davon Gaza den Lateinischen Nahmen genommen hat. Er sol groß und roth seyn/und ein anderer dieses Nahmens soll einen Strauß haben bey den beyden Ohren/als zwey Hörner/gleich wie die Ohreul. Zu Teutsch nennen etliche diesen Vogel eine Eul/welcher Name doch der Nachteul allein gehört/welche diesem Vogel von Gestalt/Eigenschafft und Grösse gantz ähnlich ist.

Von dem Vogel Ampelide.

POllux nennet diesen Vogel also/und zehlet ihn unter die so gut sind in der Speiß zugebrauchen. Sonderlich aber sollen sie wol zugeniessen seyn zur Herbstzeit/weiln sie den Trauben sehr nach fliegen/dannenher sie auch etliche/Wein-Vöglein nennen. Von welchen im Röthelein ein mehrers soll gedacht werden. Das kleinste Geschlecht der Krammetsvögel nennet man Weingartvögel und Weinsel/wie wir in demselbigen sagen wollen. Oppianus sagt/daß man diese Vögel mit Vogel-Leim fange. Ihrer Jungen sollen sie sonderlich wol warten: also daß sie auch in den Nestern gantz fett und dienlich zu essen sind.

Von der Amsel.

Merula.

Von der Gestalt dieses Vogels.

DJeser Vogel wird auff Hebreisch זפ Griechisch Κόττυφος, Lateinisch Merula. Frantzösisch un Merle, Jtalianisch Merla uccello, Hispanisch la Mierla, Portugiesisch Melroa, Polnisch Kos, Ungarisch Rigo, Türckisch Felvek, Engelländisch an Ovvsell, a blak byrd, Niederländisch een Lyster/Merlaer oder Meerel/und zu Teutsch eine Amsel/oder Merl genennet. Er hat mancherley Gestalt; dann die erste ist gantz schwartz und gemein. Diese hat einen goldgelben Schnabel/und gleissende Farb. Die ander ist etwas bräunlicht/mit einem gantz schwartzen Schnabel/und singt nicht so wol als die vorige. Die dritte ist weiß/an der Grösse und Stimm den obgenannten gleich. Diese wird bey dem Berg Cyllena in Arcadia gefunden/wie Aristoteles und Plinius sagen. Joan. Carus sagt/ als er mit den Spaniern in die neue Welt geschiffet/

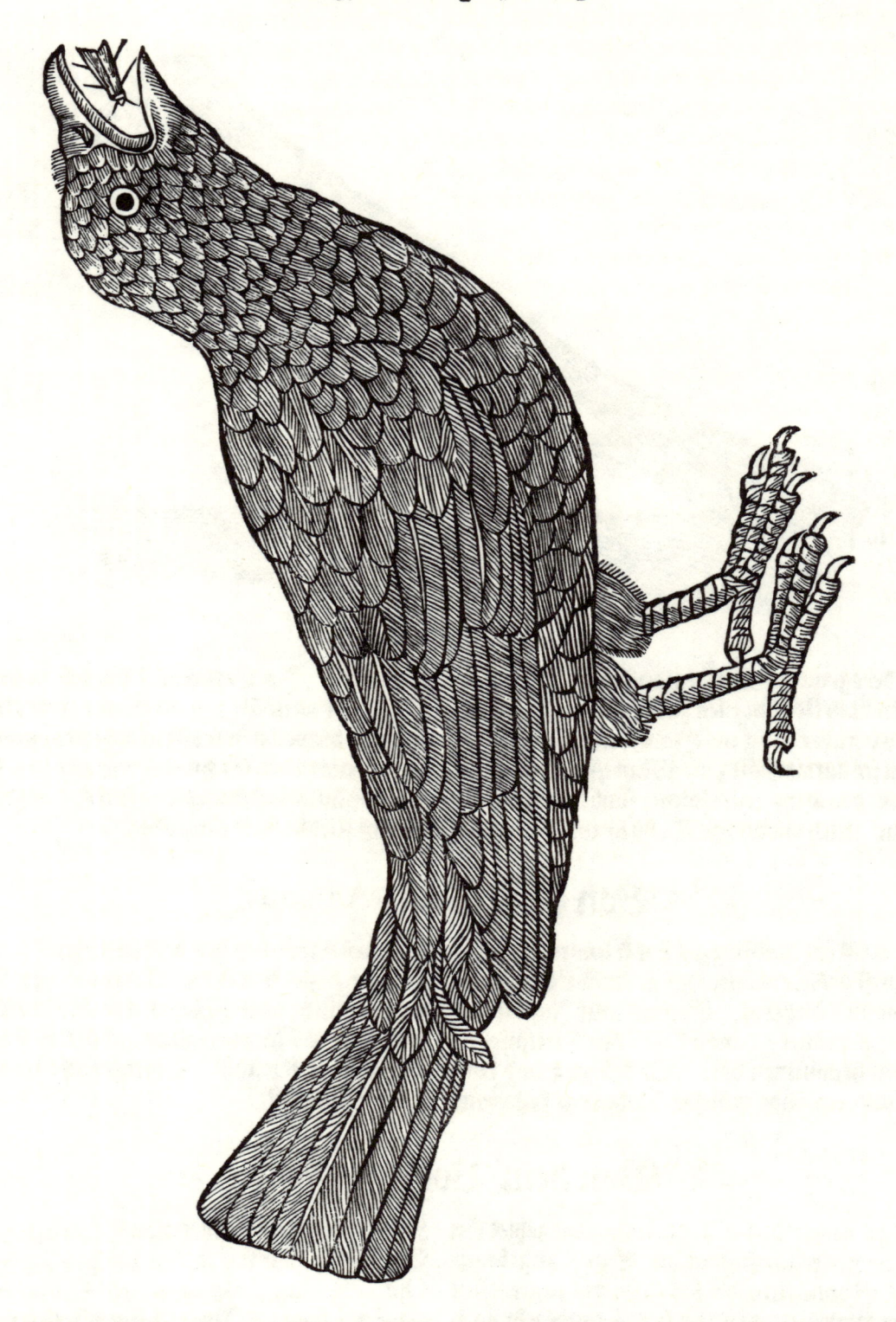

hab er daselbst weisse Amseln und Raaben gesehen. In Norwegen sind auch weisse Amseln und Tohlen. Man hat auch dieselbe in der Eydgenoßschafft gefangen/ doch mit gelben Schnäbeln. Im Jenner und Anfang des Hornungs / hat D. Geßner das Geschlecht der braunen Amseln gesehen/ welche am Bauch fast aschenfärbig sind. Das Männlein ist etwas schwärtzer/ an der Brust röther/ und mehr gesprengt als das Weiblein: sie haben aber beyde gleiche Schnäbel. Diese kommen zur Herbstzeit / und werden höchlich zu der Speiß gelobet. Sie wird sonsten Birg- oder Hagamsel genennt. Zu Winterszeit soll dieser Vogel röthlicht werden. Den Jährigen soll der Schnabel alle Jahr Helffenbein oder weiß werden/ wie Plinius schreibet.

Von der Natur und Eigenschafft dieses Vogels.

Die Amsel hat ihre Wohnung in dichten Orthen/ geimpfften Bäumen und Dörnen/ auch in den Steinritzen. Sie singt sehr lieblich den gantzen Sommer durch; zu Nacht aber und Winterszeit schweiget sie. Dieser Vogel wird auch zuweilen unterwiesen / daß er gantze Lieder sir get oder pfeiffet wie ein Mensch. Die zahme Amsel isset Fleisch wider ihr Natur/ wird darvon fetter/ und singt lieblicher. Sie liebet die Lustwälder/ so von Myrthen/ Lorberbäumen und Cypressen/ gepflantzet sind/ sitzet gern auff den grünen Dannen/ und im Ephew. Sie ißt Würm und Heuschrecken/ deßgleichen Speyerling/ Hainbuchen und Holderbeer. Sie badet sich gern/ und reiniget ihre Federn mit dem Schnabel. Im Winter kan sie kaum fliegen wegen ihrer Fettigkeit. Sie mauset sich nicht/ wie andere Vögel/ welches dann wider die Natur der Vögel ist. Zu Winterszeit verbirgt sie sich in die Häg/ und sucht ihre Nahrung daselbst. Sie verbirgt sich auch in die engen Klüfften der Bergen. Die Amsel macht im Jahr zweymahl Jungen/ aber ihr erste Geburt verdirbe

von

Von der Amsel.

von der Kälte des Winters/ dann sie hat unter allen Vögeln am ersten Junge. Die nachgehende Geburt aber ziehet sie fleissig auff/ wie Aristoteles und Plinius zeugen. Sie haben ihre Jungen gemeiniglich im Mertzen oder Aprillen. Die Amsel macht ein hartes Nest/ und so starck als ob es zusammen geleimt wäre. Sie reiniget sich alle Jahr mit Lorbeerblätter. Sie stirbt von den Körnlein auß den Granatäpffel/ auß Æliani Erfahrung. Die Amsel und der Krammetsvogel wohnen gern bey einander. Das Rothbrüstlein liebet diesen Vogel auch/ dann es fliegt ihm des Nachts nach/ und setzet sich auff den nechsten Baum bey ihn. Die Amseln hassen auch gleich wie die Häher/ die Nachteul oder Kautzen sehr/ und fliegen alsobald auff dieselbe zu/ wann sie ihre Stimme hören.

Wie dieser Vogel gefangen werde.

Mit Habichten kan man Amseln und Krammetsvögel fangen. Man fängt sie auch in Garn oder Stricken/ die unter ein dick Gebüsch gespannet werden. Man spannet auch die längste Nerven von den Ochsen/ also/ daß man in die Mitte eine Ruthe legt/ und an die Nerven ein Seil und Strick hanget/ und ein Würmlein darein legt/ damit der hungerig Vogel gelockt/ und gefangen werde. Zur Winterszeit/ da dieser Vogel keine Speise finden kan/ wird er auff eine andere Weise gefangen; Man gräbt eine Grube/ und legt Lorberbeeren darein/ stellet ein Fallhöltzlein hinein/ darauff ein Ziegelstein ruhet/ der die Grube bedecket wann der Vogel darein ist; bey die Grube aber setzet man eine andere Amsel an einem Stricke/ welche die hungerige herbey locket/ daß sie gefangen werde/ wie Oppianus schreibet.

Was von diesem Vogel ausser und in der Artzney dem Menschen nützlich seye.

Galenus zehlt diesen Vogel unter die beste Speisen/ die weder ein zu dünne noch zu dicke Feuchte gebähren. Sein Fleisch aber ist härter als des Rebhuns/ der Tauben oder Hennen/ ꝛc. Es verstopffet den Leib. Etliche geniessen sie nicht in der Speiß/ dieweil sie Würm und Heuschrecken essen/ daher ihr Fleisch einen unlieblichen Geruch bekommt. Krammetsvögel und Amselfleisch ist warm und trucken. Die jenige sind die besten/ welche fett/ und in dem Garn oder Strick gefangen sind/ wiewol etliche die lieber haben/ welche vom Kautzen gefangen werden. Dieser Vogel ist nach etlicher Meynung/ übel zu verdauen. Er giebt wenig Nahrung/ und gebiert schwartz Geblüt/ Arnoldus verbiet ihn den jenigen zu essen/ so stets den Blutfluß haben. Wie man diesen Vogel mesten soll/ wird hernach in Beschreibung des Krammetsvogels gesagt werden. Insgemein wird er gebraten und zugerichtet wie die Krammetsvögel. Die Amsel gessen/ ist dem gut der mit dem Krimmen beladen ist. Mit Myrrhenbeeren gebraten/ wehret sie die rothe Ruhr. Alt Oel/ darin ein Amsel gekocht ist/ biß daß sie zergehe/ vertreibt die Kranckheit deß hinter sich starrenden Haupts/ und das Hüfftwehe. Der Mist soll die Aecker am besten tüngen/ wie Varro sagt.

Von anderer mancherley Gestalt der Amseln.

Es ist ein Geschlecht der Dorndreher/ zu Latein Venatrix genannt/ (dieweil er jägerisch ist/) schwartz von Farb und der Amsel verwandt. Es ist auch ein Geschlecht der Amsel so Caprimulgus genennet wird/ wie Albertus sagt. Aristoteles sagt/ er sey so groß als eine Amsel/ sonst ists ein Nachtvogel. Die Brabander nennen etliche Vögel so gantz goldgelb sind/ Goldmerles/ oder Olimerles. D. Geßner vermeint dieses sey der Vogel welcher von etlichen Lateinischen Scribenten Oriolus, das ist Widwal genennet wird/ welchen Plinius unter die Specht zehlet. Er ist aber nicht gantz goldgelb/ sondern hat auch schwartze Farb an seinen Flügeln. Die jenige Lombarder/ welche bey dem See Lago Maggiore genannt/ wohnen/ nennen eine Amsel Merle alpadic, welche wir einen Nußbrecher nennen/ wiewol D. Geßner davor hält die nachfolgende Ringamsel solle billich also genennet werden. Es wird von den Teutschen ein Vogel Brachvogel oder Brachamsel genennet/ dieweil er auff den Brachäckern/ und umb die pfützichte Orth sich auffhält/ er hat lange Beine und einen langen Schnabel/ und ist an der Grösse der Amsel nicht ungleich. Wie wir hernach in Beschreibung der Erdhünlein weitläufftiger sagen wollen.

Von der Ring-Amsel.
Merula torquata.

Als dritte Geschlecht der Amsel/ wird zu Teutsch und Latein also genennet/ dieweil es einen weissen Ring unter dem Halß/ gegen der Brust hat/ so ihm umb den gantzen Halß gehet. Diese Gattung findt man häuffig im Thal Morienna, und in den Saphoischen Thälern/ wie Bellonius sagt. Sie wird in der Schweitz umb die Berge gefunden/ und Wald-Amsel oder Birgamsel genennet. Man nennet sie auch Steinamsel und Roßamsel/ dieweil sie in den Wäldern die Würmlein im Roßmist sucht. Deßgleichen Churamsel/ vielleicht darumb/ weil sie bey der Stadt Chur am meisten gefunden wird. Sie ist gar nahe von Farb und Grösse als ein Krammetsvogel/ hat vornen zwischen dem Halß und der Brust weisse Federn zweyer Finger breit/ der übrige Untertheil ist gantz unterschiedlich gefleckct/ also/ daß die Federn in der Mitten schwartz/ und umb dasselbig herumb weiß sind; der Schnabel ist unten gelblicht: der oberste Theil aber schwartzbraun. Die Federn auff den Flügeln/ sind zu eusserst weißlicht/ sonderlich die so in der mitten stehen. Dieser Vogel ist auch barticht wie der Krammetsvogel. Die schwartzrothe Amsel/ welche nicht singt/ wird auch eine Birgamsel genennet/ wie oben ist gesagt worden. Dieweil diese Amsel wie zuvor gedacht/ von den Lateiner darumb Torquata genennet wird/ dieweil sie einen weissen Ring umb den Halß hat/ wird sie besser von Aldrovando beydes Männlein und Weiblein auff folgende Arth abgebildet.

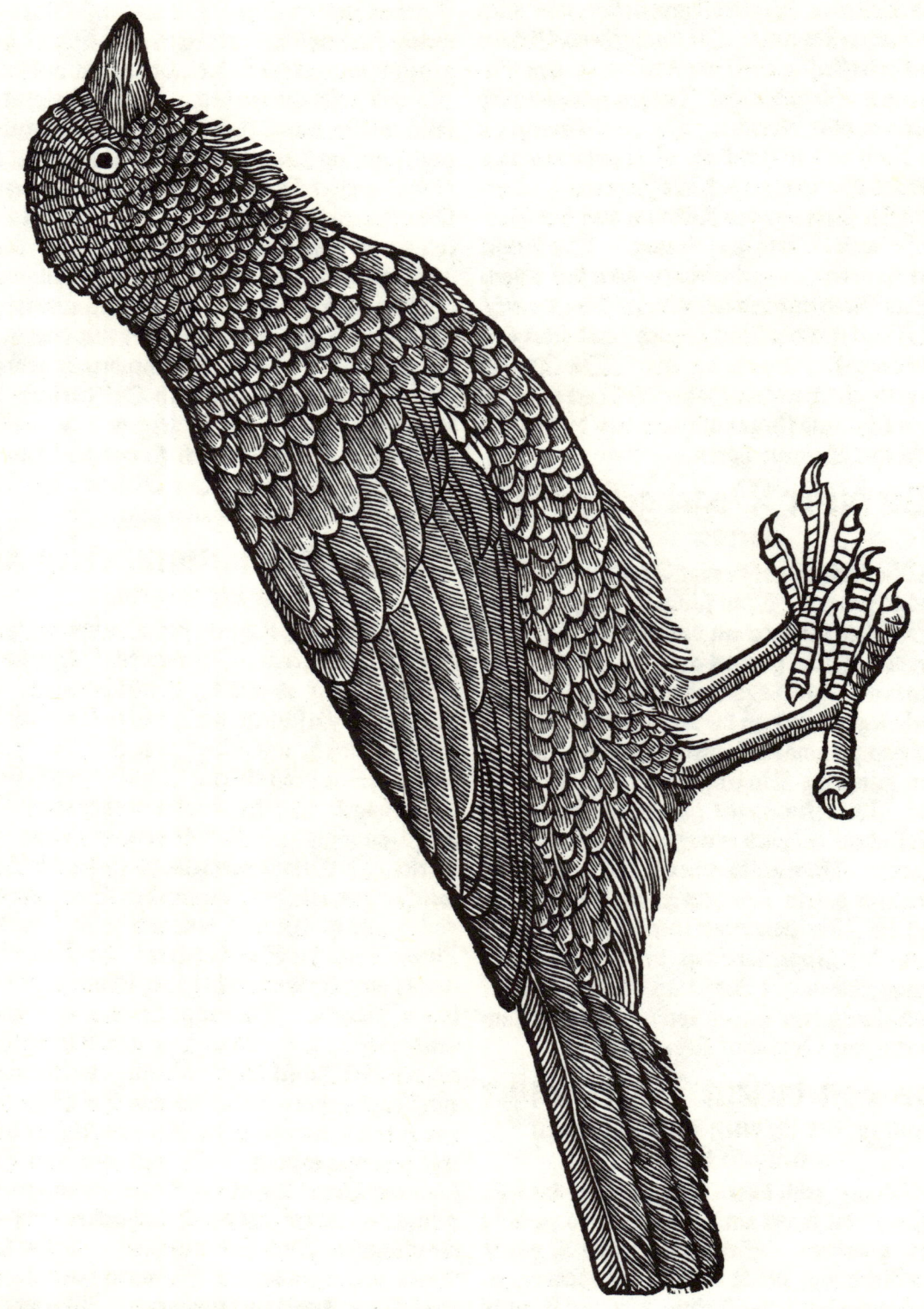

Das Männlein.

Das Weiblein.

Der

Von der blau Amsel.
Von der Blau Amsel.
Passer solitarius

Das Männlein.   *Das Weiblein.*

Auff Griechisch wird dieser Vogel σπυθίον μονάτον genannt; die Frantzosen nennen ihn Merle bleu; zu Teutsch kan er Blau Amsel genennet werden/ wo man nicht den Lateinischen Nahmen Passer solitari/ welcher von den Italianern genommen/ behalten wil. Er wird in Teutschland nicht gefunden/ sondern kommt auß Italia oder auß den Pündten/ welche gegen Italia gelegen. Bey dem Cumer-See nistet er in dornichten Felsen/ und lebet allein/ fliegt auch nicht mit andern Vögeln/ dannenher er auch den Namen hat/ er hält sich auch nicht zu denen/ so seines Geschlechts sind/ ohne allein zu der Zeit der Gebährung. Er ist auß dem Geschlecht der schwartzen Amsel/ schwartzbraun/ und etwas kleiner/ hat auch nicht wie die Amsel einen gelben Schnabel. Das Weiblein ist gantz rothbraun/ an der Brust mit gelben tüpfflein/ gesprenget und dem Männlein gantz ungleich/ wie auß den vorgesetzten Figuren zu sehen. Er wohnet bey den Mauren und Häusern. Es ist aber ein anderer/ wie D. Geßner vermeinet/ auch auß der Amseln Geschlecht/ der bey den Mauren und steinichten Orthen sich auffhält/ (daher er Steinröhtelein genennt wird) und wol singet/ von welchem wir hernach im Steinröthelein reden wollen. Es ist auch noch eine andere schwartzbraune Amsel ohn Gesang/ von welcher wir droben in der gemeinen Amsel gesagt haben. D. Geßner sagt/ daß er dieser Vögel einen bey dem Cumer-See gesehen hab/ ohn Zweiffel ein Weiblein/ welcher eben der Amsel in denen Stücken gleich gewesen/ wie das Steinröthelein/ nehmlich an dem Schnabel/ Füssen/ und Grösse; er hatte fast ein aschenfarbes Haupt; am Rücken/ Bauch/ und an der Brust schiene er himmelblau/ sonderlich gegen der Sonnen; die Flügel/ und der Schwantz waren schwartz. Man sagt daß in Meyland und Genff dieser Vogel zuweilen umb ein groß Geldt verkaufft werde. Dann er Tag und Nacht/ und sonderlich bey dem Liecht/ welches an wenig Vögeln zu hören/ singen soll. Franciscus König in Franckreich/ hat diesen Gesang so hoch gehalten/ daß er kein andern Vogel als diesen hören mögen.

Passer solitarius Bellonii.

Von der Wasseramsel.

Es unterscheidet sich dieser Vogel weit von den vorigen/ von welchem doch Bellonius gleichfals meldet/ daß er sich in den Steinklippen/ allein auffhalte: an Gestalt soll er der Nachtigal gleichen: das Männlein ist am schönsten/ dann es auff der Brust gantz gefleckt ist/ auff dem Rücken ist es aschenfarb/ und hat einen rothgelben Schwantz wie die Nachtigall. Es isset dieser Vogel Fleisch/ wiewol er einen spitzen und runden Schnabel hat.

Von der Wasseramsel.
Merula aquatica.

Dieser Vogel wird auch eine Bachamsel genennet. Er hat einen schwartzbraunen Rücken und Kopff; an den Flügeln ist er theils schwartz/ theils aschenfarb; an dem Halß und an der Brust weiß; am Bauch roth/ mit etlichen weissen oder aschenfarben Flecken; er hat rosenfarbe Beine/ und einen schwartzen kurtzen Schwantz; der Schnabel ist nicht länger dann der Amsel/ und schwartz. Eberus und Peucerus nennen auch einen Vogel mit breiten Füssen/ welcher der kleinste ist unter den Tauchenten/ eine Wasseramsel/ und schwartzes Tauchentlein. Die Wasseramsel ist nicht so gar wolgeschmack. Sie isset Wasserwürmlein/ sonderlich die/ so Kerderlein genennet werden.

Von der Amsel.
De Merula bicolore.
47

Diese Amsel/ wird auff Lateinisch also genennet/ dieweil sie nur 2. Farben an sich hat nemlich dunckelbraun und goldgelb. Sie ist etwas kleiner und niedriger als die gemeine Amsel/ hat einen braunen Kopff/ mit weissen Pünctlein oder Strichlein durchmischet/ ihr Schnabel ist etwas kürtzer/ von Farben rothgelb/ an dem Bauch und der Brust/ ist sie nicht so braun als auff dem Rücken und Schwantz / welcher nicht so lang als der gemeinen Amsel Schwantz ist; die Schwingfedern sind gleichfals braun/ außgenommen an den spitzen/ welche weiß sind / sie hat kleine Füß/ und rothgelbe Klauen.

De

De Merula Bressilica.
Ein frembde Arth Amseln.

BEllonius zehlet diesen Vogel unter die Amseln/ dieweil er von den jenigen/ so ihn auß Bressilien bringen/ dafür gehalten wird/ wiewol er in der Größ so wol als der Farb nichts den Amseln gleichet/ dann er/ außgenommen den Schwantz und Flügel/ so hoch roth ist/ daß ihm keine Farb gleichen mag/ sie sey auch wie sie wolle. Er hat einen langen Schwantz/ schwartze und kurtze Füß/ und einen kurtzen Schnabel/ wie die Spatzen/ welcher außwendig braun/ inwendig gelb ist.

De Merula Apode.
Ein Amsel ohne Füß.

ES soll diese Amsel von Natur keine Füß haben/ wann Malocchio bey Aldrovando zu glauben/ in der Größ ist sie einer Spannen lang/ und 3. Finger breit: auff dem Rücken/ Bauch/ und Kopff ist sie hoch Scharlachen Farb; an den Flügeln und Schwantz aber schwartz/ sie hat einen Schnabel wie die gemeine Amseln/ außgenommen daß er an der Spitz gekrümmet und schwartz/ oben aber an dem Kopff weiß ist.

De Merula alba & nigra.
Ein schwartz und weisse Amsel.

Das Männlein.

ALdrovandus beschreibet diesen Vogel/ daß er in Gestalt der Amseln seye/ halb schwartz und weiß gefärbet: wiewol das Weiblein mehr weiß an sich hat/ beyde haben schwartze Schwäntz/ der Schnabel und Füsse des Männleins sind gelbroth/ des Weibleins aber bleichgelb.

Von der Amsel. 49

Das Weiblein.

G Dc

Geßneri Thierbuch

De Merula Candida.
Ein weisse Amsel.

Unter die Amseln wird gleichfals von Aldrovando vorgesetzter Vogel gezogen/ welcher an Gröſſ und Gestalt den gemeinen Amſeln gleichet/ auſſgenommen daß er am gantzen Leib weiß iſt/ biß auff den Schnabel und Füß/ welche rothgelb ſind. Geſnerus gedencket auch oben dieſer weiſſen Amſel.

Von der Amsel.

De Merulæ congenere.
Eine Arth Amseln.

Er Vogel welcher hier abgemahlet ist nach Aldrovandi Beschreibung so groß als ein Amsel/ und von dem Schnabel biß zu Ende des Schwantzes einer Spannen lang: an dem Schnabel/ Kopff/ Rücken und Schwantz ist er schwartzlicht/ sich mehr auff Kastanienfarb ziehend/ an dem Schnabel hat er einen rothen Strich/ an der Brust/ Bauch und Schwantz siehet er weiß mit aschfarben Strichen durchzogen. Seine Füß sind gelb/ und die Klauen schwartz.

De Merulæ congenere alia.
Ein andere Arth Amseln.

Eygefügter Vogel ist von Archangelo Graphio einem Edelman von Bononien Aldrovando überschicket worden/ er soll etwas kleiner als ein Amsel gewesen seyn/ und einen aschenfarben Kopff gehabt haben/ seine Augen waren schwartz/ mit einem goldfarben Ring eingefasset: Nach der Gröᵬ seines Leibs hatte er einen dicken gelben Schnabel/ dessen Spitz schwartz ware: an der Brust war er aschenfarb/ am Bauch etwas weisser: Sein Schwantz welcher gantz weiß/ hatte in der Mitten aschenfarbe uñ schwartze Striche/ auff dem Rücken war er dunckel Kastanienbraun/ die Schwingfedern an den Flügeln/ waren aschenfarb und weiß.

Von dem Asilo.

Dieser Vogel wird auff Griechisch οἶστρος genannt/ er ist auß dem Geschlecht derer Vögel/ welche von den Würmlein leben. Niphus vermeinet dieses sey ein Ungezieffer/ und auß dem Geschlecht derer so gemeiniglich Bremen genennt werden/ verwundert sich derhalben daß dieses unter die Vögel gezehlt wird. Welches aber kein Wunder ist/ dieweil etliche Thier offt nur einen Namen haben/ die doch nicht eines Geschlechts sind/ nur allein darumb/ weil sie in etlichen Dingen einander gleichen/ als der Natur nach/ oder an der Farb/ Stimm/ oder andern dergleichen Stücken/ und derohalben so wol ein Roßkäffer als ein Vogel/ also kan genennt werden.

Von dem Asione.

ASio ist ein Vogel/ welchen die Griechen Σκώπα nennen: wiewol dieser Asio mehr eine Schleyereul ist/ wie wir hernach sagen wollen. Er sol der grösseste seyn unter den Ohreulen. Wie er dann seinen Namen entweder von dem Wort Asinus, weil er grosse Ohren hat wie der Esel/ oder von dem Griechischen Wörtlein ὦς, oder Hebreischen אזן her hat/ welche beyde ein Ohr bedeuten. Diesen Namen behält er noch heutiges Tags bey etlichen Völckern. Etliche dieser Vögel werden das gantze Jahr durch gesehen/ daher werden sie Ἀεἰσκωπες, semperasiones genennet/ die taugen nicht zur Speiß. Die andern sihet man allein im Herbst/ und zwar nit länger dañ ein Tag/ zween oder drey: welche sehr gut sind zu essen. Diese sind darin von den obgenannten unterschieden/ daß sie gantz feist sind; und eine Stimme/ die andern aber keine haben. Dieser Vogel hüpffet gern/ ist schmeiffelhafftig/ und kan der Menschen Bossen nachmachen: wird derhalbẽ wie andere Kautzen/ leichtlich gefangen/ dieweil er fleissig auff einen/ so vor ihm herumb springet/ sihet. Eberus und Peucerus nennen den ersten/ so allzeit gesehen wird/ ein Käutzlein: den andern aber/ so man allein im Herbst siehet/ eine Steineul: wiewol der Vogel welcher von den unsern ein Steinkautz genennet wird/ keine Ohren hat/ kan derhalben ehe unter die Nachteul gezehlet werden/ an welchem Orth wir dann denselben beschreiben wollen. Es sey dann Sach daß dieser auß der kleinsten Kautzen Geschlecht sey/ (wie D. Geßner vermeint) welche von den unsern kleine/ frembde oder Welsche Käutzlein/ Köpple/ so in Italia gefangen/ genennet werden: diese aber haben gesprengte Schwäntz. Diesem ist nicht ungleich das Geschlecht/ so bey uns Tschauitle genennet wird/ welche klein sind/ und weisser als die Italianische/ mit einem längern Schwantz und Ohren. Die Gall von diesem Vogel frisch in die Augen gethan/ vertreibt die Flecken darauß. Die Augen und das Hertz von diesem Vogel genommen/ und zu Nacht bey sich getragen/ macht den Menschen kühn und frech/ läst auch den Augen keinen Gebrästen zukommen. Dieser Vogel in der Speiß gebraucht/ macht gesund/ und einen guten Magen/ wie Kiranides im dritten Buch schreibt. Sie sterben von einem Granatapffelkern/ wann sie denselbigen gessen.

Von dem Vberschnabel.
Avosetta.

Dieser Vogel wird von den Italianern also genennet: und weil er seinen Schnabel über sich krümmet/ heissen sie ihn auch beccostorta und beccoroella. Er ist ein Wasservogel/ mit breiten Füssen/ und wird bißweilen in der Schweitz/ wiewol gar selten/ gefangen. Der jenige welchen D. Geßner in Italia zu Ferrar gesehen/ hatte Bein die waren einer Spannen lang/ einen schwartzen Schnabel/ welcher über sich gebogen/ vornen sehr spitzig/ und bey nahe fünff Finger lang war. Die Füß waren mit blau vermengt/ und die Zeen daran mit Häutlein zusammen gefüget: hinten war er gantz schwartz/ vornen aber mit weiß und schwartz getheilt: der Kopff und der Halß waren oben auff schwartzbraun. Die Grösse seines gantzen Leibs gleichte fast einer Tauben Grösse/ oder war etwas raner. Seine Länge von der Spitze des Schnabels biß zu End des Schwantzes war zwo Spannen lang; die Stimm dieses Vogels ist Grex Grex.

Von dem Vberschnabel.
Avosetta.

Von dem Aurivitti.

Dieser Vogel wird Aurivittis genennet/ weil er eine güldene Haube auff seinem Kopff hat. Er lebt allein von den Disteln wie die Distelfincken / und berühret gantz keine Würmlein/ ob sie ihm schon dargebotten werden. Eberus und Peucerus wollen/ daß der Vogel/ so von etlichen Goldfinck/ Gümpel und Güger genennet wird/ Aurivittis heisse. Von welchem Vogel aber wir hernach sagen wollen.

Von den Baritis.

Diese Vögel werden von dem Oppiano im dritten Buch von dem Vögelfangen/ unter die so mit den Leimruthen gefangen werden/ gezehlet.

Von dem Bethylo.

Dieser Vogel ist auch vor Zeiten Detylus genennet worden/ wie Hermolaus sagt. Eubulus nennet auch etliche Vögel Bittacos, wie bey dem Athénæo zusehen.

Von dem Blauvogel.

Cœruleus.

Dieses ist ein Steinvogel/ welcher von den Lateinern Cœruleus, von den Griechen aber κύανος genennet wird; er wird in Scyro gesehen/ da er sich umb die Steine auffhält/ auff welche er steiget/ er ist etwas kleiner als die Amsel/ und grösser als der Finck/ hat grosse Beine/ eine gantz blaue Farb/ und einen rahnen Schnabel. Turnerus vermeint dieses sey der jenige Vogel welcher von uns ein Brachvogel genennet wird; Und sagt/ er niste in Engelland in den Kaninichen Gruben/ und unter den Steinen/ lasse sich auch zu Winterszeit nicht sehen. Es werden aber mit diesem Nahmen Brachvogel/ auch andere Vögel genennet/ von welchen wir hernach sagen wollen/ deren aber keiner ein Blauvogel kan genennet werden: Dieser Blauvogel des Turneri ist Gesnero unbekannt/ wie auch der jenige Blauvogel welchen Eberus und Peucerus einen kleinen Ziemer nennen. Es ist sonsten ein Vogel/ Chlan genannt/ grösser als ein Finck/ mit einem blauen Rücken / und langen rahnen Schnabel/ ob aber dieses der Cœruleus sey/ ist ungewiß. Diesem Vogel soll das Steinröthelein gleich seyn/ welches einen blauen Rücken/ und rothen Bauch hat/ lieblich singt/ an den Mauren hangt/ und darinnen nistet. D. Geßner vermeinet/ dieser Vogel sey auß dem Geschlecht der Spechte / dieweil er kurtze Bein/ wie dieselbige/ hat / welche ihm deßhalben bequem zum steigen sind/ darzu auch einen langen Schnabel wie dieselbige. Der Vogel Cyanus genannt/ hasset von Natur den Menschen/ fliecht derhalben alle Wohnungen derselbigen/ wie auch alle Oerther da Menschen hinkommen/ er liebet die Einöden/ und hohen Giebel der Berge. Aristoteles sagt/ daß dieser Vogel mit einem andern Nahmen von den Griechen Petrocossyphos, das ist Steinamsel/ genennet werde. Er ist aber kleiner als die Amsel/ gantz blau und kostbar wegen seines Gesangs/ daher er in die Kefich gesetzet wird. Er hat eine Stimme/ wie die Amsel. In Franckreich und Italien wird er nicht gefunden/ er werde dann in Kefichen dahin gebracht; dann sie werden zuweilen jung auß dem Nest genommen/ und im Reden unterwiesen/ wie Bellonius sagt. Gesnerus hält darvor/ dieses sey eben der Vogel / von welchem Raphaël Seiler von Augspurg also an ihn geschrieben: Der Vogel/ welchen die Teutschen von der blauen Farb Blauvogel nennen/ ist so groß als ein Staar: an der Brust/ Lenden/ und Halß schön himmelblau/ doch etwas tunckeler dann der Eißvogel/ auff dem Rücken und Flügeln ist er etwas schwärtzlich/ also/ daß man die graublaue und himmelblaue Farb kaum darunter siehet. Sein Schnabel ist anderthalb Finger lang/ unter den Nasenlöchern schwartzbraun/ zu unterst spitzig/ also/ daß der obere krumme Theil den untern bey nahe bedeckt; er hat zerspaltene Füß/ wie andere Vögel. Er hält sich auff den höchsten Alpen auff/ ist auch an den hohen Giebeln nicht vergnügt/ sondern lebet auff den gähen und schneichten Felsen. Man findet ihn auch nirgends dann allein auff den Bergen bey dem Fluß Etsch/ bey der Stadt Ynßbruck. Er wird von den Einwohnern hoch gehalten/ und mit allerley Speisen ernehret/ welche die Menschen geniessen / auch mit denen welche die Amseln und Krammetsvögel essen. Er singt sehr deutlich/ lieblich/ und auff mancherley Weise. Zu dem ist er auch so gelehrsam/ und nimmt aller Dinge so eben wahr/ daß er mehrentheils dieselbige gar verständig mit seiner Stimm bedeutet und anzeigt. Wann er mitten in der ungestümmen Nacht erwecket wird/ singt er gantz hell/ wann man ihm vor pfeiffet/ als ob es ihm were befohlen worden/ und befleissiget sich den Befelch auff das beste außzurichten.

Er flieget dem Menschen/ gleich wie andere Vögel auch/ nach den Augen/ dieweil er sein Bildnuß darin/ als in einem Spiegel siehet/ und derhalben sich mit demselbigen zu vereinigen gereitzet wird. Vor dem Herbst/ zu welcher Zeit die andere Vögel brüten/ verändert er mit der Farb seine Stimm/ und erdichtet mit außgestreckten Flügeln einen neuen Gesang/ in dem er stets bey sich selbst murmelt/ und doch darbey des alten / so er vorhin gelernet/ nicht vergisset. Seine Farb wird gegen dem Winter schwärtzlich/ welche wiederumb gegen dem Frühling blau wird. Wann er einmahl auffgewachsen/ oder auß dem Nest geflogen ist/ kan er seiner Geschwindigkeit wegen durch keine List mehr gefangen werden/ wie alle Vogelfänger sagen. Er macht sein Nest in den hohen und unwegsamen Einöden/ in eine Höle/ und wann er ihm einen füglichen Orth außersehen/ seine Jungen außzuhecken/ so verwahret er dasselbe auff den höchsten Felsen/ nicht allein vor den Menschen / sondern auch vor den Gemsen/ und andern wilden Thieren/ in dem er es in die Hölen verbirget/ darin er dann zwey oder vier Junge mit Würmen aufferziehet/ biß daß er sie auß dem Nest herfür führt. Dann wann die Vogelfänger oder Jäger sich des Nestes erkündiget haben/ nehmen sie einen Stecken oder langen Haacken/ welcher gantz rund und glatt/ und von sonderlichem Holtz ist/ welches selten gefunden wird/

Von dem Blutfincken.

wird/ (dergleichen die Gemsensteiger gebrauchen/) und steigen denn an einen solchen Orth hinauff/ da man kaum einen Fuß hinsetzen kan. Sie verbinden aber ihr Angesicht/ wiewol nicht gar/ sondern daß sie nicht auff die Seiten sehen können/ und sie der Schwindel ankomme/ theils sich gegen den alten Vögeln zuverwahren/ theils aber/ und zwar fürnehmlich/ damit sie nichts weiters sehen/ als das/ so sie mit den Füssen betretten/ und mit den Händen ergreiffen wollen. Und steigen also zu dem Nest/ nicht ohne grosse Arbeit und Gefahr ihres Lebens/ da sie dann solches mit dem vorgenannten Stecken ergreiffen/ herfür ziehen und außnehmen/ darnach ernehren sie die Jungen daheim/ biß daß sie dieselbe umb groß Geldt verkauffen. Dieses ist/ was der obgedachte Raphael Seiler an D. Geßnern geschrieben. Wiewol D. Geßner vermeinet/ daß dieser Vogel/ so von ihm Blauvogel genennet wird/ von den Pündtnern nicht weit von Chur/ Steinröthelein genennet werde.

Von dem Bluthfincken.
Rubicilla.
Von der Gestalt dieses Vogels.

Dieser Vogel ist bey nahe so groß als eine Lerche/ etwas vollkömlicher und grösser als ein Spatz; schwartzbraun oder aschenfärbig oben an den Flügeln und auff dem Rücken; am Kopff/ untersten Theil der Flügel und Schwantz/ schwartz/ hinter den Augen/ am Halß und an der Brust gantz Purpur roth/ welche Farb gegen dem Bauch etwas bleicher und weißlichter ist; umb den Halß hat er gleichsam eine schwartze Kappe. Er hat einen kurtzen/ dicken/ schwartzen/ und fast dreyeckichten Schnabel/ und viel eine breitere Zung als mit der Grösse seines Leibs überein kommt. Der Theil seiner Zungen/ damit er die Speisen urtheilt und kieset/ und oben an den Rachen stößt/ ist gantz fleischicht und bloß: die andern Theil aber sind mit einem durchsichtigen Häutlein überzogen. Das Weiblein hat eine aschenfarbe Brust/ im übrigen ist es dem Männlein gleich. Dieser Vogel hat mancherley Namen/ umb vieler Ursachen willen. Güger heisset er wegen seines Gesangs/ Blutfinck wegen seiner Farb/ Thumbpfaff und Pfäfflein/ weil er eine Münchskappe an seinem Halß trägt/ in Oesterreich wird er Gümpel/ in Brabandt Pilart/ zu Rostock Thumherr/ und anderstwo/ Gutfinck/ Brommeiß/ Bollenbeisser/ Rothvogel/ Hail und Goll genennet. Die Italianer nennen ihn Suffuleno, die Frantzosen Pivoine. Das Weiblein wird zu Teutsch absonderlich Quetsch wegen seiner Stimm genennet.

Von der Natur und Eigenschafft dieses Vogels.

Zu Winterszeit fliegen sie zu den Häusern/ und werden leichtlich gefangen/ sonderlich in einem Schlag/ wann man umb denselben rothe Beer von dem Kraut Nachtschatten genannt/ streuet. Dieser Vogel ist sehr gelehrsam/ und hat bey nahe eine Stimm wie ein Pfeiff. Man kan ihn aller Vögel Gesang lehren/ mit pfeiffen und singen. Er lernet auch zuweilen/ doch selten/ reden/ dieweil er eine breite Zunge hat. Das Weiblein singt nicht weniger dann das Männlein/ welches doch von andern Vögeln nicht geschiehet. Sie werden gar zahm/ also/ daß sie auch in einer Stuben junge machen/ und dieselbige aufferziehen. Er nistet gewöhnlich in den Hägen/ und legt vier oder auffs meiste fünff Eyer. Er behält das gantze Jahr durch eine Farb/ und bleibet stets an einer Stätte.

Von der Speiß dieses Vogels.

Dieser Vogel frisst gern die Bollen von den Baumen ehe dann das Laub herfür wächst/ sonderlich die Birn- oder Aepffelblüth/ ehe dann sie sich auffthut/ darzu er dann einen bequemen Schnabel hat/ daher ihn auch die Teutschen einen Bollenbeisser nennen. Er lebet auch von dem Hanffsaamen und Nüssen/ deßgleichen von den Beeren etlicher Früchte/ sonderlich der rothen/ als da sind die von Maßholter/ und Nachtschatten. Diese ißt er allzeit/ oder allein im Winter/ da er andere Speisen nicht haben kan/ er suchet auch Würme.

Von der Böllhinen. Fulica.

Von der Gestalt dieses Vogels.

Dieser Vogel wird in der Schweitz ein Böllhinen / Belchinen / oder Belch genennet. Anderstwo ein Florn / oder Pfaff wegen der weissen Glatze so er auff dem Kopff hat. Die Schwaben nennen ihn einen Bleß / Blessing; etliche ein Hagelgantz / Schwartztaucher / Wasserhuhn / und Rohrhenne. Die Rostocker Zappe; die Griechen λϵξφα, die Italianer Folega, die Frantzosen / Foulque, oder Gelinette d'eau, die Wenden Lyska, die Pohlen Kacza, oder dzika, und dergleichen. Dieser Vogel ist in der Grösse bey nahe einer Hennen gleich / etwas kleiner dann ein Ente / schwartz am gantzen Leib / doch viel schwärtzer an dem Halß und Kopff / der Schnabel ist bleichroth / der Kopff glatzicht / wie ein Ey gestaltet / und mit einem weissen Häutlein bedeckt / gleich einer Glatze. Die Bauchfedern sind lind / aschenfärbig / und stehen dicht in einander; der oberste Umbkreiß der Flügel ist weißlich / an den Zeen der Füsse hangen schwartze breite Häutlein / aber nicht an einander wie bey andern breitfüssigen Vögeln / sondern zertheilt / wie an den kleinen und grossen Täuchern; dieses aber haben sie besonder / daß sie an beyden / oder zum wenigsten an einer Seiten zerschnitten sind bey den Geleichen der Zeen / sonderlich in der Mitte. Die Weite zwischen den Geleichen macht bey nah einen halben Circkel. Die Füß sind erdfärbig / über dem Kniehe aber da die Federn auffhören / ist der Theil an dem obern Schenckel grüngelb; der Halß ist zimlich lang; der Schwantz aber gar kurtz. Die innerliche Gestalt dieses Vogels belangend / hanget das Miltz an dem Magen / welches auff einer seiten gantz dünn und mager / auff der andern aber etwas dicker. Die Lung ist hart an die Rippen gehänget / und soll gantz kein Unterscheid zwischen Männlein und Weiblein gefunden werden / außgenommen daß etliche zuweilen einen weitern Unterleib haben / worauß das Weiblein zu unterscheiden. Gesnerus vermeint / es seyen zweyerley Geschlecht der Böllhinen / die so in süssen / und die so in gesaltzenen Meerwassern sich auffhalten.

Von der Natur und Eigenschafft dieses Vogels.

Wann die Böllhinen früh singen / bedeutet es ein Ungewitter; wann sie auß dem Wasser fliegen / und ihre Flügel schwingen / gleich wie die wilde und zahme Enten / so verkündigen sie einen Regen. Wann sie sich aber untertauchen / und ihre Flügel schwingen / bedeutet es einen Wind. Die so in dem Meer sich auffhalten / nisten auff den hohen Felsen / und Meerschroffen / oder sie beissen das Rohr ein wenig über dem Wasser ab / und machen auff denselbigen Stümpffen oder Stupffeln ihr Nest: die unsrige aber machen ihre Nester unten in das Rohr / und legen Eyer / fast in der größ wie die Hüner.

densel=

Von der Bölhinen.

Was von diesem Vogel dem Menschen zugebrauchen seye.

Diese Vögel sind am besten im Herbstmonat zu essen: die jenige aber welche eine gute Complexion haben/ die sollen nimmer weder Enten noch Bölhinen essen/ sagt Arnoldus de Villa nova.

Die so in den süssen Wassern sind/ haben allzeit einen unlieblichen und sumpffichten Geschmack/ derhalben werden sie zuvor in einem offenen Hafen gesotten/ damit der böse Geruch darvon komme/ und darnach gebraten und zugerichtet. Das Hertz von diesem Vogel rohe gessen/ sol für die fallende Sucht dienlich seyn.

Von den Vögeln so unsern Bölhinen gleich/ und erstlich von dem Cotta der Engelländer.

Unsere Bölhinen sollen nit in Engelland seyn: aber an Statt derselbigen ein Vogel/ welcher ihnen an der Farb und Gestalt gleichet/ und gemeiniglich von den Engelländern Kut genennet wird. Dieser wird in den Flüssen und Seen gefunden/ ist etwas kleiner als unsere. Sein Schnabel ist mit einem rothe bücklein bezeichnet/ seine Bein sind auch roth/ er hat keinen Flecken auff seinem Kopff. Dieser Vogel sol nicht länger fliegen können/ als so lang er das Wasser in seinen Füssen/ in dem er fliegt/ behält. Er nehret sich mit Meergraß/ Lett und kleinen Schnecken/ und langet dieses auß dem Grund des Wassers hervor/ er isset gantz keine Fisch. Der jenige Vogel aber welchen die Holländer ein Meerkot nennen/ scheinet der Phalacrocorax, oder die grosse Bölhine zu seyn.

Von dem Rallo der Italianer/ zu Teutsch ein Welsch Wasser-Hun genannt/ dessen Figur hierbey verzeichnet.

RAllus ist mehr ein Wasser- dann ein Land-Vogel/ welcher bey Venedig mit grossem Kosten gefangen wird/ nemlich mit Falcken/ Habichten/ und vielen Knechten/ welche Stieffel anziehen/ und wie die Jagt-Hunde im Wasser herumb gehen / mit Bengeln an die Stauden schlagen/ darinn die Vögel sitzen/ damit sie also auffgejagt und von den Habichten und Falcken gefangen werden. Dieser Vogel wird zwar in Venedig hoch gehalten/ aber er ist nit so wohlgeschmack/ wie Gesnerus vermeinet/ als der Krammets-Vogel und die Wachtel. Er wird darinnen von unsern Bölhinen unterschieden/ daß er an den Flügeln und umb die Augen mehr weisses hat/ wie auch einen schwartzen Schnabel/ grünlichte Bein/ und die Häutlein zwischen den Zeen nicht so zerschnitten sind.

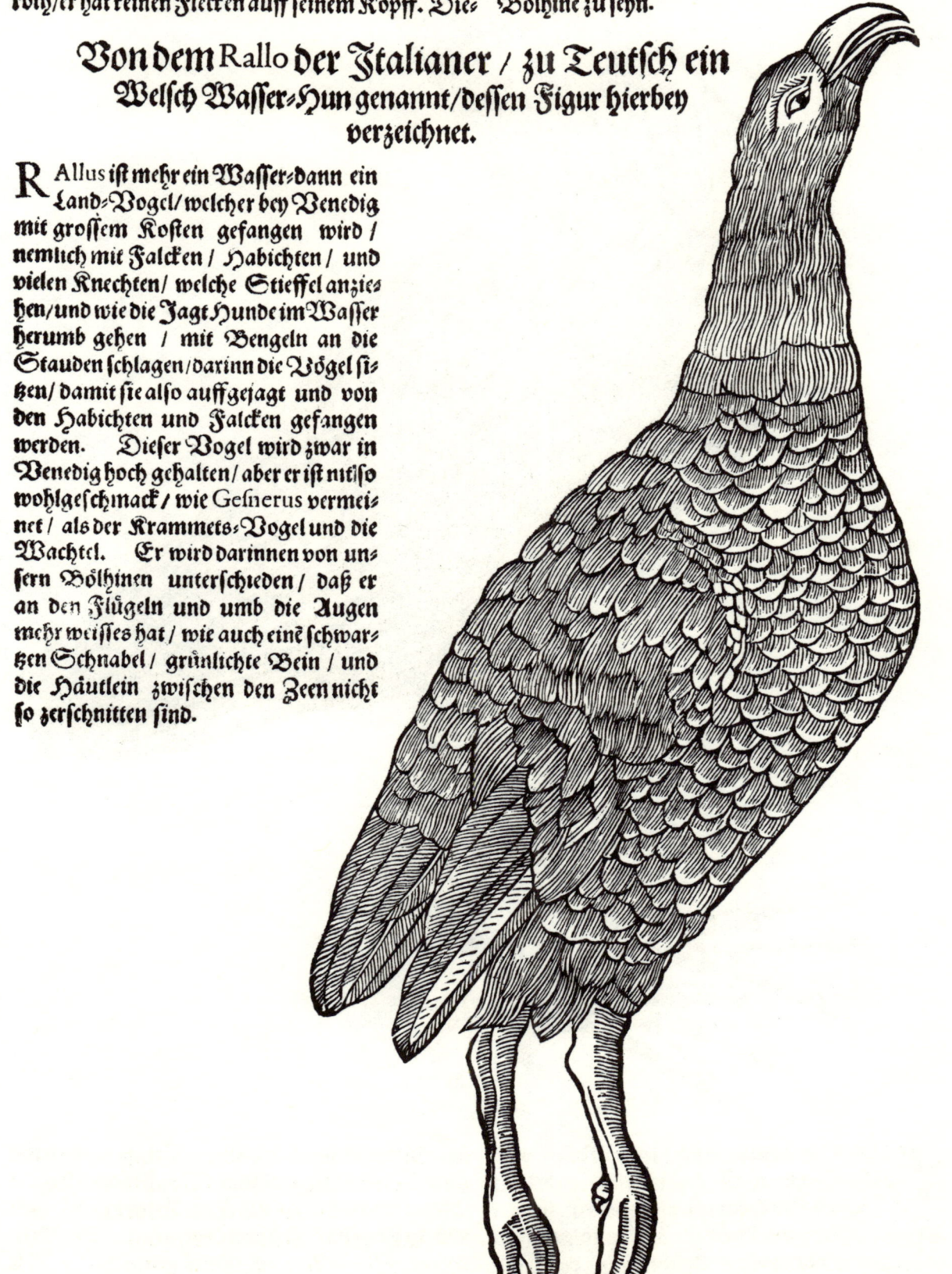

Geßneri Thierbuch
Von dem Brach-Vogel.
Arquata. Numenius.

BEy Oppenheim wird dieser Vogel vom Brachmonath also genennet/ als zu welcher Zeit er dahin kommt / wiewohl ein anderer Vogel/ kleiner dann dieser / auch also genennet wird / wie wir hernach in Beschreibung der Wasser-Hüner andeuten wollen. Etliche nennen ihn einen Regen-Vogel/ Wind-Vogel/ oder Wetters-Vogel/ dieweil man sich eines Winds und Ungewitters bey seiner Zukunfft versiehet. Bey dem Boden-See wird er ein Grüy genennet; Die Frie-

Von dem Brach-Vogel.

Friesen nennen ihn ein Schrye; die Holländer een Hanikens; die Engelländer a Kirlen, welche auch sagen daß er ein treffliches Fleisch habe.

D. Geßner sagt / daß dieser Vogel / welchen er in den Händen gehabt / von Anfang deß Schnabels biß zu End der Füsse sieben Zwerchhänd lang gewesen seye. Die Länge seines Leibs von Anfang deß Rückens oder der Brust biß zum Ende der Flügel und deß Schwantzes / war 3. Zwerchhänd; er war bey dreyssig Untzen schwer. Seine Beine waren zimlich lang / un fast schwartzbraun / oder aschenfärbig; zu äusserst auff den Zeen war er schwärtzlich; die Zeen aber waren zerspalten / doch in etwas mit einem Häutlein zusammen gefüget / welches auff beyden Seiten / an allen Zeen hinab gieng / und den untersten Theil derselbigen außbreitete. Die Klauen waren gantz schwartz; und der Schnabel fast acht Zoll lang; (welcher auch zuweilen zwo Zwerchhänd lang ist;) dieser / nachdem er drey Finger lang / fänget an / sich unter sich zu biegen / und war schwartzfärbig. Die Federn warē fast Ziegelfärbig; aber doch unterschiedlich und gesprengt. Unter denen glänßten etliche wie der Sammet / sonderlich die / so zwischen dem Rücken und den Flügeln sind; in der Mitten waren sie schwartz / im Umbkreiß röthlicht und unterschieden. Der Halß war sechs Finger lang / und tunckelfärbig / er hatte mehr Aschenfarbes daū Weisses / darzu eine linde Pflaum / die Schwantzfedern waren fünff Finger lang / und mit schwartzen und weißlichten Strichen unterschieden; an der Brust umb die schwartzlichte Flecken waren die Federn röthlicht. An den Flügeln waren sie hinden schwärtzlich / der Bauch und ein Theil unter den Flügeln weißlicht; die Flügel waren groß / und hatten theils schwartze / theils weisse und bräunlichte Federn. Dieser Vogel war mit einer Büchs in einem Baumgarten geschossen worden. Als D. Geßner denselben auffgeschnitten / hat er in seinem Magen etliche Würmlein und Steinlein gefunden. Er legt in dem Aprillen bleichfärbige Eyer / an Grösse den Hüner-Eyern gleich / und derselbigen viere. Diese Vögel werden in der Speiß gelobt / und höher gehalten als die Hüner. Es ist aber ihr Fleisch etwas trucken / und dem Hasenfleisch fast ähnlich / doch vielleicht nur / wann sie zu alt sind. In Franckreich werden sie auch hoch geachtet.

Von dem Vogel Caca genannt.

CACA (κακά) ist ein Griechisch Wort / und heisset böse / welcher Nahme diesem Vogel (dessen Hesychius und Varinus gedencken /) vielleicht deßwegen gegeben worden / dieweil er böß ist.

CALAMODYTES ist ein Vogel / der von einem Cedern-Blat stirbt / und gehöret vielleicht unter die Spatzen / dann bey uns ist ein Geschlecht derselben / welches man Rohr Spatzen nennet.

Von dem Vogel Calidris genannt.

Dieser Vogel wird von den Griechen also genennet / er wohnet gern bey den Flüssen und Seen / ist auch aschenfärbig / und vielfältig gesprengt / wie Aristoteles sagt. Eberus und Peucerus halten diesen Vogel für ein gar kleines Vögelein / welches wie der Specht an den Bäumen umbher klettert / und von uns Baumkletterlein genennet wird / wie wir hernach in Beschreibung selbigen Vögleins weitläufftiger sagen wollen. Diesen aber / welchen wir hiervor gesetzet haben / beschreibet Bellonius daß er in der Gröfse einer Tauben seye / habe starcke und hohe Bein / daß ihn die Frantzosen / weil er scheinet als säße er zu Pferdt / Chevalier, einen Reuter nennen. Mit Federn ist er wohl bedecket / und hat deßwegen nach seiner Gröfs nicht viel Fleisch an sich. Er hat nach Arth der Wasser-Vögel hohe Bein / und einen langen Schnabel / welche beyde roth sind / außgenommen den Ober-Schnabel / so etwas schwartz ist. An der Brust ist er weiß / die Federn aber am Kopff / Halß / auff dem Bürtzel / und unter den Flügeln / sind Aschenfarb: über beyden Augen hat er einen breiten Strich / so wie ein Schatten umb die Augen stehen. Dieser Vogel gehet frech und geschwind auff seinen hohen Beinen / hält sich gemeiniglich auff den Wiesen / an den Bächen und Wasser auff / in welche er biß an den Leib gehet: Sein Fleisch wildzet nicht / sondern hat einen delicaten Würtzgeschmack / und wird deßwegen hoch gehalten.

Von dem Calidri.
De Calidri Nigra.

BEllonius gedencket noch einer andern Arth dergleichen Vögel/ welche an der Farb von den vorigen zu unterscheiden: Dann sie an dem Kopff/ Schnabel/ Füß und Flügeln schwartz/ an dem übrigen Theil deß Leibs dunckel aschenfarb seyen sollen.

Von den Canari-Vögeln
De Passeribus Canariensibus.

Von ihrer Gestalt und Eigenschafft.

Diese Vögel werden auß den Canarien-Inseln gebracht / und Canarii, Aves Sachari, Canarien- oder Zucker-Vögel genennet: Er ist etwas grösser als ein Zeißlein/ und hat grünlichte Federn/ welches auch das Männlein von dem Weiblein unterscheidet/ dieweil dieses etwas grauer / und nicht so schön von Farben ist: Beyde sind fleischicht / haben aber wenig Fett an sich: Bevorauß ist ihr Gesang zu loben / mit welchem sie gegeneinander streiten/ und mit solchem hohen Gethön ihre Stimme gegeneinander wechslen/ und künstliche Melodien außlassen/ daß es zu verwundern.

Diese Vögel sind vor diesem theuer verkauffet und hochgehalten worden/ anjetzo aber werden sie an vielen Orthen in Teutschland gezogen/ dann sie sich in gewissen Kefigen offt vermehren. Es werden auch offt Distelfincken ihnen beygeworffen / welches dann eine seltzame Arth Vögel von mancherley Farben giebet / doch wird am meisten auff die jenige gehalten/ so auß Canarien gebracht werden/ wiewohl auch unter diesen ein Unterscheid seyn soll/ dann in der Insul Palma eine Arth ist/ so etwas grösser / und weilen sie den Kopff hier und dahin werffen/ Narren genennet werden/ welche nicht so gut als die kleinen seyn sollen.

Von der Narung und Kranckheit dieser Vögel.

Insonderheit lieben die Vögel den Canarien-Saamen (sem. phalaridis) welcher im Anfang mit den Vögeln auß Canarien gebracht worden/ doch essen sie auch Magsamen/ Hirschen/ Rübsamen/ geschelten Haber/ Hanffsamen/ und dergleichen: Darzwischen aber werden sie erfrischet/ und zum Singen angereitzet/ wann man ihnen ein stück Zucker oder fleissig von dem Hünerdarm-Kraut in die Kefich stecket.

Zuweilen bekommen sie dicke Geschwär auff dem Kopff/ welche man ihnen mit Butter und Hünerfett schmieren soll/ biß sie zur Zeitigung kommen/ ihnen den Eyter außtrucken/ und mit dem Schmieren anhalten/ biß sie geheilet. Offtmahls sollen sie auch mit Läusen geplagt werden/ in welchem Zufall man sie offt mit Wein besprützen kan/ wodurch sie von diesem Ungeziefer erlediget werden.

Von dem Vogel Capra genannt.

Capella, ein Vogel also genannt / wohnet bey den Flüssen und Seen/ wie Aristoteles schreibet. Bellonius vermeynt dieses sey der Vogel/ welcher Vanellus, zu Teutsch Gyfitz genennet werde. Es wird ein Vogel zu Franckfurt am Mayn gemeiniglich Himmelgeiß genennet. Hieronymus Bock nennet etliche Vögel/(welche vielleicht auß dem Geschlecht der Wasserhünlein sind) Bruchschnepfflein oder Habergeißlein/ dieweil man sie zuweilen in den Haberäckern findet/ zu dem haben sie eine Stimme fast wie eine Geiß.

Von dem Vogel Capricipite.

Dieser Vogel hat keinen Miltz/ der unterste Theil seiner Käle ist etwas weiter/ und hänget die Gall an seiner Leber und Magen/ sagt Aristoteles. Der jenige Vogel/ welcher einen Kopff fast wie eine Geiß hat/ der wird zu Latein Caper hirundinis, das ist/ Schwalben-Bock/ genennet/ wie Albertus schreibet.

Von dem Vogel Caprimulgus genannt.

Dieses ist ein Berg-Vogel/(von den Griechen αιγοθύλας genannt/etwas grösser dann die Amsel/kleiner dann der Guckguck/und sehr frech. Er legt zwey Eyer/oder drey auffs höchste. Er sauget den Geissen die Milch auß / daher er bey den Lateinern seinen Nahmen empfangen/ welcher bey den Teutschen einen Geißmelcker bedeutet. Wann er eine Geiß gesogen hat/ gibt sie keine Milch mehr/ und erblindet. Diese Vögel sind auch zu Rom bekant/ und werden bißweilen von den Hirten gefangen. Turnerus spricht/ als er im Schweitzerland gewesen/ habe er einen alten Geißhirten auff den Bergen gefragt/ ob er keinen solchen Vogel/dessen hie gedacht wird/gesehen habe. Da hab er gesagt: Er hab im Schweitzer-Gebürg vor zehen Jahren deren viel gesehen/hab auch viel Schadens von ihnen empfangen/wie er dann auff eine Zeit sechs blinde Geissen/ so von ihm gesogen worden/gehabt habe/ jetzt aber seyen sie alle in Niederland geflogen/da sie dann nicht allein die Geissen saugen und verblenden/ sondern auch die Schaaff tödten. Da ich fragte/ wie dieser Vogel genennet würde/sagt er/er hieß Pfaff; ob er meiner damit gespottet/kan ich nicht wissen/weiß auch keinen andern Nahmen dieses Vogels. So weit schreibet Turnerus in seinem Vögel-Buch. Er hat aber nachmahls an D. Geßnern geschrieben/ er hab dieser Vögel einen nicht weit von Bonn/so am Rhein über Cölln gelegen/gesehen/welchen sie einen Nacht-Raben nennen. Deß Vogels Figur aber/(so zu Straßburg Nacht-Rab genennet wird) wollen wir hernach in der Schleyer-Eul setzen. Dann D. Geßner hält diesen nicht für einen Caprimulgum, zumahl dieweil dieser bey den Wassern und im Rohr wohnen soll/da er dann zu Nacht grausamer weiß schreyet. Dieser Vogel fliegt auch in der Insel Creta umbher in den Städten/ und schreyet gar scheußlich. Er siehet deß Tags nichts/so wenig als der Kautz und Nacht-Eul. Er ist an der Grösse und Farbe fast dem Guckguck gleich/und nistet in den hohen Türnen und Kirchen: In Creta aber in den Felsen die am Meer liegen/ da er dann die Geissen mit dem Saugen/ so er zu Nacht pflegt zu thun/ beleidiget: dann sie werden daselbst zu Nacht nicht in die Ställe gethan. Ægithalus ist nicht dieser/ sondern ein anderer Vogel/ welcher zu Latein Parus, zu Teutsch eine Meiß genennet wird. Etliche verwirren auch diesen Namen/ weil sie schier einander gleich/mit dem Vogel so Ægothela genennet worden. Bußbeck gedencket auch dieses Vogels in dem dritten Sendschreiben der Türckischen Bottschafft/allwo er folgende History erzehlet: Es hatte ein Goldschmidt zu Constantinopel/welcher mit dem Vogelfang gern umbgienge/einsmahls unter andern einen Vogel an der Farbe und Grösse fast wie ein Guckguck gefangen; der zwar keinen grossen Schnabel/ aber so einen weiten Halß hatte/daß er/wann man ihn auß dähnete/ schrecklich weit voneinander gienge; also daß man eine grosse Menschen-Faust hinein stossen kunte. Uber welchem wunderlichen Spectackel sich dieser sonst kurtzweilige Mann verwunderte/ solchen Vogel oben an seine Haußthür mit außgebreiteten Flügeln nagelte/ und mit einem Höltzlein den Halß auffsperrete/ daß er unsäglich weit offen stunde. Die Türcken/ so offt und viel da vorbey giengen/ stunden still/ und besahen ihn; wie sie aber wahrgenommen/daß sich der Vogel regete/ und noch lebete/ wurden sie zu Mitleiden beweget/ fiengen an zu schreyen/ es wäre nicht recht/ daß der unschuldige Vogel gepeiniget würde / rufften dem Goldschmidt auß dem Hauß/namen und schleppten ihn zu dem Blut-Richter/ und war schon an dem/ daß er grausam solte geprügelt werden/ als es

ben

ben der Balio von Venedig / (also nennen sie den / der den daselbst wohnenden Venetianischen Bürgern das Recht spricht /) jemand hinschickte / und ihn abfordern hieß; welches er von dem Richter / wiewohl er sein guter Freund war / und sich wohl bey ihm vermochte / mit grosser Mühe erhalten; weil die andern Türcken gar ungehalten darüber wurden: ist demnach auff solche Weise dem Unglück entgangen. Ferner sagt Bußbeck / er habe genug darüber lachen müssen / wie der Goldschmidt ihm den gantzen Handel / und wie ihm so angst und bang gewesen / erzehlet; welcher ihm auch Wundershalben den Vogel zu sehen gebracht / der so gestaltet gewesen / wie er ihn oben beschrieben. Man sagt er fliege nur deß Nachts / und sauge den Kühen die Euter auß / und stehe er in den Gedancken / es müsse der Alten Caprimulgus oder Geißmelcker seyn. So weit Bußbeck.

Aldrovandus mahlet den Caprimulgum auff folgende Arth ab / also daß er dem Guckguck gantz gleichet / außgenommen / daß dieser Vogel viel einen kleinern Schnabel / und zartere Füsse hat.

Von

Von dem Vogel Caspia oder Indica genannt.

Man sagt gemeiniglich daß bey den Caspiis ein Vogel gefunden werde/der so groß seye als ein grosser Han/mit mancherley Farben gezieret; er soll rücklingen fliegen/also daß er den Halß in seine Bein/nach dem er dieselbige außgestreckt hat/nimmt: er schreyet wie ein junger Hund; und flieget nicht hoch/sondern stets bey der Erden/weil er sich von der Erden nicht hoch erheben kan/wie Ælianus schreibt. Und anderswo sagt er/er soll grösser seyn dann eine Ganß: seine Füsse sind gleich den Kranichsfüssen/sein Rücken ist sehr roth: der Bauch grün: der Halß weiß/und mit saffrangelben Flecken besprengt/ohngefehr zweyer Ehlen lang/mit einem dünnen langen Kopff/ schwartzen Schnabel: er hat eine Stimme wie die Frösche. Er wird auch in India gesehen/und ist mit mancherley Farben gezieret: sein Rück ist purpurfärbig/der Bauch scharlachfärbig; der Kopff/ die Haut und der Halß sind weißlich/und schreyet wie eine Geiß/wie vormahls Ælianus an einem andern Orth sagt.

Von dem Vogel Catreus genannt.

Dieser Vogel wird also wegen seiner schönen Gestalt genennet/wie Clitarchus sagt. Er ist so groß als ein Pfau/und vergleichet sich das eusserste an seinen Federn einem Smaragd: und wann er einen andern ansiehet/ kan man nicht wissen was für Farb seine Augen sind: siehet er aber dich an/so wirst du sagen sie seye purpurfärbig. Sie scheinen wie eine Feuerflamme. Das so in andern Augen weiß ist/das ist bey ihnen bleich; er hat darzu ein scharff Gesicht. Die Haupt-Federn sind theils mit weißlichten Ringlein/theils mit andern Flecken/wunderbarlich in einander vermenget und unterschieden. Seine Füsse sind leibfarb. Er hat einen hellen Gesang/ wie die Nachtigall/und singet so lieblich/daß man ihm keinen Vogel vergleichen kan. Die Indianer lieben ihn so sehr/daß sie ihn nicht genug ansehen können/wie Ælianus von ihm schreibt.

Von dem Vogel Alcatraz genannt.

Diesem Catreo wollen wir den Vogel Alcatraz, so ihm am Namen nicht ungleich/ an die Seite setzen: er ist ein Geschlecht deß Spechts: dann er hat einen grossen und langen Schnabel/wie die Spechts; er wird in India so gegen Niedergang gelegen/Alcatraz genennet/ und ist mit gelben und aschenfarben Federn gesprengt; sein Schnabel ist zwo zwerch Händ lang: doch ist deß Storchs und Kranichs Schnabel nicht viel kleiner.

CAUCALIAS, ist ein Vogel dessen Hesychius und Varinus gedencken.

CEBLEPYRIS, wird bey dem Aristophane auch unter die Vögel gezehlet.

CEBRIONES, ist auch eines Vogels Nahm bey dem Aristophane.

Von dem Vogel Cela genannt.

Ælianus spricht/er habe gehöret/daß ein Vogel in India gesehen werde/dreymal grösser dann der Otis, mit einem weiten Schlund/langen Beinen/grausamen Geschrey/welches Federn oben auff bleich/im übrigen aber aschenfarb seyen. Er hat auch den grösten Kropff/einer Taschen nit ungleich/daher er dann bey den Griechen den Namen bekommen hat. Darumb vermeint D. Geßner/dieser Vogel sey dem Onocrotalo, das ist/dem Onvogel/nicht ungleich/sonderlich an dem Kropff/ und dem grausamen Geschrey/allein daß er grösser ist als derselbige/und eine andere Farbe hat/ man könte ihn wohl einen Indianischen Onvogel nennen.

CILLA wird ein fliegend Thier bey dem Varino genennet/ob es aber unter der Vögel oder Käfern Geschlecht gehöre/ist ungewiß.

Von dem Vogel Celeus genannt.

Dieser Vogel wird offt vom Aristotele genennet/welcher sagt/daß er mit dem Vogel Lybius genannt/kämpffe. Er ist sehr schnell/wie Suidas und Varinus von ihm schreiben.

Von dem Vogel Cinamomo.

Dieser Vogel wird auch Cinnamolgus und Cinamomus genennet/weil er sein Nest auß Zimmet macht/dann cinamomum heisset zu Latein Zimmet. Er nistet in den Lust-Wäldern/ auff den höchsten Bäumen und Aesten/daselbst macht er sein Nest auß den Zweiglein der Zimmet-Bäume/und dieweil man wegen der Höhe uñ schwachen Aesten nicht darzu kan steigen/so schiessen die Einwohner mit bleyern Pfeilen darein/und werffen den Zimmet also herab/welchen sie umb ein groß Geld verkauffen/dieweil die Kauffleut diesen Zimmet höher schätzen als den andern. Andere sagen/daß die Arabier etliche Glieder von den todten Ochsen/Eseln/oder anderer dergleichen Thiere nehmen/dieselbige klein zerschneiden/und diesen Vögeln unter das Nest legen/hernach gehen sie weit darvon/wann nun die Vögel das Fleisch nehmen und in ihr Nest tragen/werde das Nest also bela-

beladen/ daß es hinab falle/ darnach gehen sie herzu/ und lesen den Zimmet auff/ wie Solinus, Aristoteles und Herodotus schreiben. Albertus sagt/ Cinamulgos sey ein Vögelein in Æthiopia, welcher auß dem edelsten Zimmet sein Nest mache/ ꝛc. Dieser Vogel wird unaußgenommen mit seinem Eingeweyd gessen/ wegen der Specereyen/ davon er seine Nahrung hat. Plutarchus schreibt/ daß bey den Persern ein Vögelein/ Rhyntax genannt/ gesehen werde/ in welchem man nichts unreines finde/ sondern es sey inwendig gantz mit Fette außgefüllet/ weßwegen man vermeynet/ es habe allein von dem Thau und Lufft seinen Auffenthalt.

CINDAPSUS, sol auch ein Vogel seyn/ wie Suidas, Hesychius und Varinus schreiben.

CINNYRIDES, sind auch kleine Vögelein/ wie Hesychius und Varinus schreiben.

Von dem Vogel Cnipologus genannt.

Aristoteles, da er von den Geschlechten der Spechte redet/ welche von den Würmlein/ so in den Bäumen und im Holtz sind / ihre Nahrung haben / da setzt er auch diesen Vogel darzu/ und spricht: Unter diesen ist auch ein Vogel/ so Cnipologus heisset/ welcher klein/ aschenfärbig und gesprengt ist/ und eine helle Stimme hat. Gaza hat ihn Culicilegam genennet; aber nicht recht/ wie auch Eberus und Peucerus sich geirret/ da sie ihn einen Fliegenstecher verteutschen.

Von dem Vogel Colaris genannt.

Die NachtEul und andere dergleichen Raubvögel fangen diesen Vogel/ daher sie mit ihm streiten/ wie Aristoteles sagt. Niphus sagt/ dieses sey ein Geschlecht der Spatzen/ von welchem wir nichts gewisses sagen können / vielleicht ist es der baldfolgende Vogel Collyrio, auß Fehl der Buchtrucker.

Von dem kleinen Vogel Colibry.

In Herrn de Rochefort Beschreibung der Antillen-Inseln wird eines Vogels gedacht Colibry genannt / welcher wunderlich seyn soll wegen seiner Schönheit/ seines Geruchs / und wegen seiner Lebens-Arth. Dann weil er der kleinest unter allen Vögeln/ bekräfftiget er herrlich den Spruch Plinii, als daß sich die Natur in keinem Geschöpff so vollkommen erzeige/ als in den allerkleinsten. Er wird aber in vorgedachter Beschreibung also abgemahlet: Man findet etliche dieser Vögel in diesen Inseln/ die so klein sind/ daß sie in der Grösse kaum eine Maykäfer übertreffen. Etliche haben solche schöne Federn/ daß sie an dem Halß/ Flügeln und Rücken die mancherley Farben deß Regenbogens fürbilden/ welcher von den Alten Iris, und eine Tochter Thaumantis, das ist/ der Verwunderung genennet wird/ und daher den Namen Thaumantias bey den Poëten hat. Ja man siehet noch etliche/ die unter dem Halß eine solche lebhaffte rothe Farbe haben/ daß man von weitem meynen solte / es sey ein Carfunckelstein. An dem Bauch und unter den Flügeln haben sie eine gelbe Goldfarbe; oben an den Füssen sind sie grün/ wie ein Schmaragd/ die Füsse und der Schnabel scheinen schwartz wie das polirte Ebenholtz; und die zwey kleine Augen sind gleichsam zween Diamanten/ die mit einem länglich-runden und stahl-grünen Häutlein umbfasset. Der Kopf ist graßgrün/ und hat einen solchen Glantz/ als ob er vergüldet wäre. Das Männlein ist auff dem Kopff mit einem kleinen Federbusch gekrönet/ welcher auß allen denen unterschiedenen Farben bestehet/ die an diesem kleinen Leib sich befinden; der wol ein recht Wunderwerck unter den Vögeln/ und einer von den allerseltzamisten Geburthen der Natur ist. Dieses Federbüschlein/ damit er von dem Urheber der Natur so reichlich gezieret worden/ richtet er auff und leget es nieder wann es ihm gefället. Es sind auch alle seine Federn viel schöner und glänzender/ als die so das Weiblein hat.

So wunderlich aber dieser Vogel ist wegen seiner Gestalt und seiner Federn/ so wunderlich ist er auch wegen seines Flugs/ als welcher so geschwind und schnell ist/ daß die grösseste Vögel / in ihrer Maaß/ die Lufft mit solcher Gewalt nicht zertheilen/ und ein so lautes Geräusch machen/ als dieser artige kleine Colibry durch das Schwingen seiner Flügel erreget. Man solte meynen es seye ein kleiner Wirbelwind/ der in der Lufft entstanden / und vor den Ohren hinpfeiffet. Und weil er gerne nahe bey den fürübergehenden hinfleugt/ kommet er zuweilen so unversehens daher gestrichen / daß er bey den jenigen einen plötzlichen und lächerlichen Schrecken verursachet/ die ihn eher hören dann sehen.

Er nehret sich von dem Thau/ welchen er von der Bäume Blüt mit seiner Zungen herab sauget/ die viel länger als der Schnabel/ hohl wie ein Strohhalm / und so dick als eine kleine Nadel ist. Man siehet ihn gar selten auff der Erden oder auff den Bäumen sitzen; sondern umb die Bäume herumb

rumb schweben/da er seine Nahrung suchet. Und also hängt er gleichsam in der Lufft durch ein sanfftes Schwingen der Flügel/und ziehet zugleich den Thau in sich/welcher sich lange Zeit unten in der halb-auffgegangenen Blüte behält. Indem er nun dergestalt flattert/ist es ein Lust ihn zubetrachten; dann wann er seinen kleinen Federbusch außbreitet/solte man wol sagen/ er hätte auff seinem Kopff eine Krohne von Rubinen und allerhand köstlichen Steinen. Und wann die Sonne alle reiche Farben seiner Federn erhöhet/wirfft er einen solchen funcklenden Glantz von sich/daß man ihn vor eine Rose von Edelgestein halten solte/die beseelet ist/und in der Lufft flieget. An den Orthen/ da es viel Baumwoll-Bäume giebt/siehet man gemeinlich eine Menge dieser Colibris.

Obschon seine Federn den Schein ziemlich verliehren/wann er todt ist / so sind sie doch noch so schön/daß man gesehen hat/ wie etliches Frauenzimmer solche zur sonderbahren Zierd an statt der Ohren-Gehänge getragen. Und haben viele darfür gehalten/daß ihnen solches besser anstünde/ als alle andere.

Es hat aber dieser wunderbare Vogel nicht allein eine sonderliche anmuthige Farbe; sondern es findet sich noch eine Arth desselben/ welche/ nach dem sie das Gesicht belustiget/ auch den Geruch dermassen vergnüget und ergötzet / als die lieblich-riechende Amber / und der allerbeste Bisam.

Er bauet gemeinlich sein Nest unter einen kleinen Ast eines Pomerantzen- oder Baumwoll-Baums / und gleich wie solches mit seinem kleinen Leib überein kommet/also verbirget er es so wol zwischen die Blätter/und setzet es an einen Orth/ da es vor dem ungestümmen Wetter verwahret ist/ und man es fast nicht sehen kan.

Er ist auch ein solcher verständiger Bau-Meister/daß er solches gegen Mittag leget / damit es nicht dem Ost- und Nordwind unterworffen/ die gewöhnlich in diesen Ländern blasen. Von aussen bauet er es auß den kleinen Fäden einer Pflantzen/die man Pite nennet / davon die Indier ihre Seile machen. Diese Fädemlein sind so dünn als ein Haar / aber viel stärcker; er knüpffet und verwickelt dieselbe mit seinem Schnabel so fest umb den zweyzackichten kleinen Ast / welchen er sich/seine Junge zu hecken/außgesucht/ daß dieses Nest/wann es also zwischen den Blättern verborgen/und unter dem Ast hänget / sich beydes ausser dem Gesicht und aller Gefahr/wie wir vorher gedacht/befindet. Wann er nun solches fest gemacht/ und von aussen wohl verwahret durch diese Fädemlein/und etliche Stücklein Rinde und Graßhälmlein/ die er mit einer wunderbaren Geschickligkeit ineinander geflochten / so beleget er es inwendig mit der besten Baumwolle/und mit kleinen Pflaum-Federlein/welche viel zarter sind als die allerreineste Seiden. Das Weiblein leget gemeinlich nur zwey Eyer/die länglich-rund/und so groß als eine Erbse/ oder Zahl-Perle sind.

Von diesem künstlichen Nest fähret Herr Rochefort weiter fort / und gedencket daß ein wohlversuchter Edelmann dieses Gebäu seiner fleissigen Betrachtung würdig geachtet/ und unter andern an einen seiner Freunde also geschrieben:

Man findet zuweilen die Nester der Colibris unter den Zweigen der Taback-Pflantzen / welche man so hoch auffwachsen lässet/als sie können/ damit man den Saamen davon bekomme. Ich erinnere mich/daß einer von unsern Mohren mir eines zeigete / welches sehr artig an eines dieser Zweige angehänget war. Ja wie ich in der Insel St. Christophori war/an der Spitze der Palm-Bäume/ ließ mich ein Engelländer ein anders sehen/ das an einen Rohrstock gebauet war/welcher das Tach seiner Taback-Hütten/ wie man in den Inseln redet/ stützete. Ich habe auch eines dieser Nester mit den Eyern gesehen/ welches noch an dem Ast hienge/ der abgeschnitten / und in die Kunst-Cammer eines Rarität-liebenden zur Zierde war auffgehänget worden; Ja derselbe hatte noch das Männlein und Weiblein außgebälget/ und in ihrer rechten Gestalt da stehen. Daselbst hab ich das Nest und den Vogel genau betrachtet; und nach dem ich mich über die Werck Gottes an diesem kleinen Geschöpff verwundert / sagte ich/ gantz entzückt dieses Nest/ welches so groß als eine Nuß war/ anschauend:

Wo man wil genau betrachten
　Diesen Bau und sein' Gestalt/
　Muß man nur bekennen bald/
Daß ihm nichtes gleich zu achten.
　Es findet sich an dem Neste
　Die Schönheit mit der Feste
　Durch sonderbare Kunst verbunden;
　Der Schnabel hat das Hauß gezieret;
Dergleichen Werckzeug ist nie funden/
Mit dem man einen Bau auffführt.

Sonsten/wie erzehlet wird/ siehet man fast in allen Antillen diese Vögel / aber sie kommen nach Unterscheid der Inseln in der Grösse und Farbe der Federn miteinander nicht überein. Die schöneste und kleineste findet man in der Insel Aruba, welche zu der Holländischen Wohnstätte gehöret/ die auff der Insel Quaracoa ist.

Vielleicht dürffte jemand hie Verlangen tragen/daß wir von dem Gesang dieses Vogels auch etwas redeten / und daß derselbige/ nach dem er das Gesicht belustiget/ und den Geruch verwunderlich erquicket/ auch das Gehör durch die Liebligkeit seines Gesangs vergnügte. Etliche sagen vor gewiß/daß es eine Arth derselben gebe/ welche zu gewisser Zeit deß Jahrs zu singen pflege. Aber es ist vermuthlich / daß dieser Gesang nichts anders seye/ als ein kleines Geschrey/das dem Gesang der Heuschrecken gleichet/ und allezeit in einem Thon gehet. Ob er aber schon nicht singet/ so ist er doch ohne das von der Natur mit solchen herrlichen Gaben gezieret / daß er billich unter die schönste und trefflichste Vögel kan gezehlet werden.

Lerius in seiner Americanischen Reißbeschreibung und andere mehr so in Brasilia gewesen/ erzehlen vor eine beständige Warheit/ daß daselbst ein kleiner Vogel/mit Namen Gonambuch, gesehen werde / welcher eine weisse glänzende Farbe habe/ und nicht grösser als ein Hornuß seye / und der Nachtigal/was den hellen und reinen Gesang betrifft/im geringsten nicht weiche. Vielleicht ist es eine Arth der Colibris, wie dann auch etliche solche Vögel davor halten. Gleichwol ist er weder wegen Schönheit der Federn / noch wegen deß Geruchs/ oder andern anmuthigen Eigenschafften/ mit dem zu vergleichen/welchen wir hie beschrieben haben.

Es gedencket Ferdinandus Oviedus, bey Nierembergio einer gleichen Arth kleiner Vögelein/ welche kaum so groß als ein Daumenglied mit den Federn/wann sie aber gerupffet/ halb so groß seyn sollen; ihr Flug geschehe mit solcher Behendigkeit / daß man vermeynet es seyen kleine Käffern: Welches sich dann in Warheit also verhält / und noch täglichen dergleichen zu uns herauß gebracht werde/ welche kaum dē hierbey auß Nierembergio abgemahltem Vöglein an der Größ gleichen. Diese werden von den Spaniern Tomini genannt/ darumb/weil sie samt den Federn nur fünff und zwantzig Gran wiegen: Seine zarte Füß und Klauen kommen dieser Abbildung sehr gleich/ und sind von Farben schwartz: Die Federn aber über den gantzen Leib geben einen solchen Glantz von sich/ daß/ nach dem sie gegen das Liecht gehalten werden/bald grün / bald goldfarb auff das prächtigste herfür schimmern/ und den Pfauenglantz/ ja alle Farben übertreffen. Nach diesem kleinen Leib ist der Schnabel lang/ aber dabey doch so zart und dünn als die kleinste Kleider-Nadel seyn mag.

Etliche sagen/ daß ein Theil dieser Wunder-Vögel Colibris, von Anfang Fliegen seyen / die sich hernach in Vögel verwandlen. Andere schreiben / daß die Einwohner der Antillen diese Vögel Wiedergebohrne nennen/ weil sie das halbe Jahr über schlaffen/ wie die grosse Feld-Mäuse/ und im Frühling wieder auffwachen/ und mit dieser angenehmen Zeit gleichsam wieder gebohren werden. Ja etliche sagen auch/ daß/ wann die Blüt von den Bäumen abfället / sie ihren kleinen Schnabel in die Stämme der Bäume stossen/und also unbeweglich/ und gleichsam todt sechs Monath lang behangen bleiben/ biß sich die Erde wieder auffthut/und mit neuen Blumen pranget.

Aber damit die gantze Erzehlung von diesen kleinen Vögeln nicht verdächtig gemacht werde/ ist den glaubwürdigsten nachzufolgen/ als welche dafür halten/ daß diese Vögel auff keine andere weiß als alles Geflügel herkommen/und durch die Eyer vermehret werden.

Wie wunderlich aber diese und andere kleine Vögel ihr Nest an die Bäume hängen/ und vor den Schlangen verwahren/ soll unten im Papagey gedacht werden.

Von dem Collurione.

Dieser Vogel ist etwas kleiner dann der Krammetsvogel/ und wird zu Winterszeit gefangen/ er lebt von der Speiß welche auch die Amsel isset/wie Aristoteles sagt. Etliche vermeynen diß sey ein Krammets-Vogel/ Trostel/ Brachvogel/oder Wein-Trostel/es lässet sich aber nichts gewisses sagen/darumb behalten wir dē Griechischen Nahmen dieses Vogels.

Von dem Vogel Cynchramus genannt.

Cynchramus ist der Wachteln Führer/ wann sie hinweg fliegen/wie auch Ortygometra der Wachteln König/und Otus, das ist die Schleyer-Eul. Er eilet nach dem Land dahin er begehret/ darumb wecket er zu Nacht die Wachteln auff/ und vermanet sie ihres Wegs/wie Plinius schreibt. Ob dieses der kleine Brachvogel sey/ welchen wir unter den Wasser-Hünlein beschrieben haben/ kan der Leser bey sich erwegen.

Von dem Crece.

Dieses ist ein streitbarer Vogel/ er hat lange Bein / und daher die hinderste Zeen/ welche er an statt der Fersen braucht/ gantz klein. Er kämpffet mit der Amsel/ und mit den Vögeln so Galguli und Vireones genennet werden/ dann er thut ihren Jungen Schaden. Varinus sagt es sey ein Meervogel/ dem schwartzen Ibidi nicht ungleich/er hat einen scharffen Schnabel/ als eine Säge. Es ist ein Vogel in Engelland mit langen Beinen / sonst nicht ungleich der Wachtel/ allein daß er etwas grösser/ welcher auff den gesäeten Aeckern und im Lett sich auffhält. Dieser hat im Anfang deß Frühlings und Sommers kein andere Stimm/ dann Crex/ Crex/ welchen D. Geßner für den Crecen deß Aristotelis hält/den die Teutschen ein Schrick nennen. Dieser aber dürffte wol Ortygometra, der Wachteln König seyn/ welchen etliche für diesen Vogel halten. Aristoteles aber machet einen Unterscheid unter ihnen.

Von den Dacnadibus.

Von den Vögeln Dacnades genannt.

Diese Vögel pflegten die Aegyptier/ wann sie miteinander zechten/ an die Krohnen zu binden/ die sie auff die Köpffe setzten/ damit dieselbe durch ihr Zopffen/ Picken und Singen hinderten/ daß sie nicht einschlieffen/ wie Pomponius Festus bezeuget.

Von den Indianischen Vögeln Dicæris.

Es nistet ein kleines Vögelein in India auff den hohen Felsen/ welches so groß ist als ein Ey von einem Rebhun/ bleichroth oder leibfarb/ die Indianer nennen es in ihrer Sprach Dicærum: die Griechen aber Dicæum. Wann einer seines Koths eines Hirßkörnleins groß nimmt/ in einem Tranck zergehen lässet und trinckt/ so muß er darauff sterben. Dieser Todt ist einem süssen Schlaff gleich/ und hat gantz keine Schmertzen. Darumb sich die Indianer sehr befleissen diesen Vogel zu bekommen/ dann sie vermeynen/ er mache daß der Mensch alles seines übels und Unglücks vergesse. Der König in Persien (welchem dieser Vogel als ein Fürstlich Geschenck zugeschickt wird) verwahret ihn fleissig/ und hält ihn für sein höchstes Kleinod/ als eine Artzney für alle unheilsame übel und Gebrechen/ im fall der Noth zu gebrauchen. Es hat auch diesen Vogel keiner bey den Persern/ dann allein der König/ wie Ælianus schreibet.

Von den Vögeln Diomedis.

In der Insel Diomedea, im Adriatischen Meer gelegen/ sollen bey deß Diomedis Tempel sich grosse Vögel auffhalten/ welche grosse und harte Schnäbel haben. Diese/ wann etwann Leut auß Griechenland kommen/ sind gantz still und ruhig/ und fliegen zu ihnen/ lassen sich auch von ihnen angreiffen/ also daß sie ihnen in den Busen kriechen/ und ihnen Speiß auß den Händen nehmen/ gleich als ob sie von ihnen zu Gast geladen worden. Wann aber auß den umbliegenden Orthen andere Völcker daselbst fürüber schiffen/ haben sie gar keine Gemeinschafft mit denselbigen/ fliegen auch nicht zu ihnen/ wiewol etliche sagen/ sie schiessen von der Höhe hinab auff ihre Köpff/ und beissen sie mit ihren Schnäbeln biß auff den Todt. Man erzehlet auch diese Fabel: Nemlich daß die Gesellen Diomedis, so mit ihm für Ilium gezogē/ bey dieser Insel Schiffbruch erlitten haben/ und in Vögel seyen verwandelt worden/ nach dem Diomedes ihr Hauptmann von Ænea, dem König desselbigen Lands/ umbgebracht worden. Juba nennet diese Vögel Cataractas, sie sollen Zähn und feurige Augen haben/ und sonst gantz weiß seyn. Sie haben allezeit zween Hauptmänner/ der eine führet den Hauffen/ der ander hält die Schaar zusammen/ dann sie fliegen allezeit Schaarweiß. Sie hölen auch Gruben auß mit ihrem Schnabel/ und legen Stauden überzwerch als ein Hurt darüber/ hernach legen sie die außgegrabene Erd darauff/ und bedecken also die außgehölte Gruben/ und machen Junge darinnen. In allen Gruben sind zwo Thüren/ die eine gegen Auffgang gericht/ durch welche sie außgehen/ wann sie ihre Nahrung suchen/ die ander aber/ zu welcher sie eingehen/ gegen Niedergang. Wann sie ihre Nothturfft thun wollen/ fliegen sie hoch auff/ allezeit gegen dem Winde/ damit der Koth desto weiter hinweg getragen werde. Sie werden allein an diesem einigen Orth gesehen/ nemlich da die Insel und das Grab Diomedis ist/ gegen Apulia zu. Sie sind bey nahe wie die Reiger gestaltet/ und haben keine krumme/ sondern gerade spitzige Schnäbel/ sind weiß/ und fahren dem Menschen wie die Reiger gegen den Augen. Die Reiger haben auch feurige Augen wie sie. Ob man aber an andern/ als an den Wasser-Vögeln/ nemlich den Enten und Gänsen/ auch Zähn finde/ läßt sich nicht leicht sagen. Isidorus sagt/ diese Vögel seyen in der Grösse eines Schwanes/ und weiß/ haben harte und grosse Schnäbel/ sie fliegen in der Insel Diomedis, bey Apulia, zwischen den Felsen und Steinen desselbigen Gestads. Albertus schreibt/ sie brüten zu Winterszeit/ vielleicht wegen deß Donners/ als welcher den Eyern schaden soll.

D. Geßner hat von einem seiner Freunde/ welcher sich ein Zeitlang in diesen Inseln auffgehalten/ nachfolgenden Bericht von diesen Vögeln empfangen/ wiewol derselbige bekennet/ daß er nicht mehr aller Stücke so eigentlich eingedenck wäre: Er schreibt aber also: In den Inseln Diomedis, welche heut zu Tag Tremiti genennet werden/ und unter der Venediger Herrschafft im Adriatischen Meer liegen/ sind Chor-Herren deß Ordens S. Augustini Lateranensis. Es gibt allda rare Vögel/ Artenæ genannt/ (welches Wort fast mit dem Lateinischen Ardea überein kommt/) die sonsten nirgend anderswo gefunden werden. Sie sind so groß als ein zimlich Huhn; aber mit langen Beinen und Hälsen. Ihr Farb ist grau/ oder tunckel aschenfarb/ sie sind etwas weißlicht am Bauch/ wie die wilde Tauben. Sie haben einen scharffen und krummen Schnabel/ etlicher massen wie der Adler/ der ist schön roth. Die Augen sind feuerfärbig/ nicht sehr groß. Dann ich hab einen gesehen/ welcher/ wann er mit einer Ruthen auff den Kopff geschlagen wurde/ die Augen auffthät und schrye/ er thät aber dieselbe bald wiederumb zu/ dieweil er den Glantz der Sonnen nicht vertragen konte. Sie leben von den Fischen/ welche sie allein zu Nacht fangen. Sie haben krumme Klauen/ schier wie der kleine Habicht. Fliegen auch nicht weit von der Insel. Die Landsleut sagten/ daß sie in den holen Felsen und im Erdreich nisteten; sie sind sehr

sehr fruchtbar. Ihre Wohnung haben sie in den Höhlen/ damit sie den Sonnenschein meiden: zu Nacht aber fliegen sie umb die Felsen/ nicht hoch über dem Wasser. Ihr Fleisch braucht man nicht zur Speiß/ wegen deß unlieblichen Geruchs von den Fischen. Sie werden aber überauß fett/ wie ich dann einen gesehen habe/ welcher wegen Fettigkeit nicht mehr stehen konte. Auß diesem Schmaltz macht man eine Salbe/ welche saffrangelb/ eines starcken Geruchs/ und wider alle Kranckheiten der Nerven/ den Krampff/ das Gliederwehe/ Hüfftwehe/ kalte Flüsse/ und viel andere Kranckheiten so von kalter Feuchte herkommen/ dienlich ist/ wie die Erfahrung bezeuget/ dann es wärmet sehr. Ich habe gehöret daß ein Chor-Herr am selbigen Orth alle Tag seinen Bauch mit dieser Salb geschmieret habe/ damit er desto besser die Speisen verdäute/ und einen grössern Lust zu essen hätte. Diese Vögel werden geropffet/ darnach außgenommen/ und an die Sonne gehenckt/ und also das Schmaltz darvon gesamlet. Sie haben eine Stimme wie ein klein Kind. Man sagt/ daß als auff eine Zeit Hertzog Franciscus Maria von Urbin in diesen Inseln angeländet/ und zu Nacht dieses Geschrey gehöret/ habe er vermeynet/ es seye ein Geschrey der jungen Kinder/ und müsten derhalben die Chor-Herrn verhuhrte Pfaffen seyn: wie ihm aber dieselbige einen dieser Vögel gebracht/ und er dessen Stimm gehöret/ hab er seinen Irrthumb erkannt. Was Plinius und Augustinus von diesen Vögeln schreiben/ daß sie nemlich die Frembde anfallen/ und die Griechen lieb haben/ ist nicht war/ gleich wie auch das jenige so Plinius sagt/ nemlich daß sie die Kirche Diomedis, welcher Anzeigung man noch siehet/ alle Tag mit dem Wasser/ welches sie in dem Schnabel herzu tragen/ und mit den nassen Flügeln abwaschen. Ihre Farb ist auch nicht gantz weiß/ wie Plinius schreibet/ sondern sie ziehet sich auff Aschenfarb/ wie an den Böllhinen/ welchen er sie vergleichet. Sie haben einen Schnabel/ wie oben gesagt/ mit demselben machen sie ihre Gruben/ welche zwo Thüren haben/ da sie zu einer auß/ zur andern eingehen. Sie beissen hart/ und erwischen mit ihren Klauen/ wie die Habichte/ leichtlich was sie wollen. Dieses ist was gedachter Freund an D. Geßnern von diesen Vögeln geschrieben. Herr Olearius schreibet davon also in der Persianischen Reiß Beschreibung: Wir haben eine unbekante Arth Vögel gesehen/ den Enten nicht ungleich/ jedoch etwas grösser/ mit langen Hälsen und runden harten Schnäbeln/ an welchen fornen auch ein Hacke/ an Federn überal schwartz wie ein Rabe/ die Federn so wir auß den Flügeln zogen/ waren so hart als Raben-Federn/ aber grösser/ und zum Abreissen oder Zeichnen sehr bequem. Die Russen nannten diesen Vogel Baklân, soll sich meist deß Nachts hervor thun/ und auffs Wasser machen. Es scheinet fast/ daß dieser Vogel sey/ welchen Aldrovandus in seiner Ornithologia lib. 19. c. 13. nennet Avem Diomedeam. Dann man an demselben viel diesem Vogel zugeeignete Umbstände befindet/ ohne daß er kohlschwartz/ deß Aldrovandi aber grau oder aschefarb ist. So weit Olearius.

Von dem Distelfincken.
Carduelis.
Von Gestalt dieses Vogels.

Dieser Vogel wird auf Griechisch ἀκανθίς, Lateinisch Carduelis, Italiänisch Gardarollo, Gardellino, Französisch Chardonneret, Spanisch Sirguerito ave, Polnisch Sczigiel, Ungarisch Tengilicz, Englisch a fincke birde, or linnet, Niederländisch een Distelwincke/ Petter/ uñ zu Teutsch Distelfinck genennet/ weil er auff den Disteln zu sitzen pflegt.

Von etlichen wird er auch wegen seiner Stimme Stiglitz geheissen. Er ist von mancherley Gestalt/ bey uns sind drey Geschlecht derselben sonderlich bekannt. Das erste hat einen aschen- und Ziegelfarben Rücken/ seine Flügel sind mit gelber und schwartzer Farb untereinander getheilt/ und mit weissen Schilden gezeichnet/ der Kopff ist zu oberst schwartz/ umb den Schnabel gehet ein schwartzer/ umb denselbigen ein rother/ und umb den rothen ein grauer Kreiß. Und dieses ist der jenige/ welcher gemeiniglich Distelfinck genennet wird. Das ander Geschlecht ist klein und gelb/ welchs man gemeiniglich Zeißlein genennet/ von welchem an seinem Orth geredet wird. Das dritte wird ein Finck genennet/ der eine rothe brennende Brust hat/ wie in Beschreibung desselben zu sehen. Etliche setzen das vierdte Geschlecht darzu/ so gern auff dem Flachs sitzet/ daher es Flachsfinck/ und sonsten Hänffling genennet wird. Dieses ist auf dem Rücken schier aschenfarb/ wie der erste/ an der Brust aber ziehet es sich auff saffrangelb mit Aschenfarb vermischet. Diese Geschlecht singen alle lieblich: insonderheit das erste/ darnach das ander/ das dritte weniger/ und am wenigsten das vierdte.

Von dem Distelfincken. 71

Es gedencket Aldrovandus in Beschreibung der Distelfincken unter andern eines Vogels/ welchen er dem Ansehen nach vor einen Distelfincken Männlein gehalten. Dieser seye an dem gantzen Leib weißlicht gewesen/ biß auff den Kopff/ da er/ wie die gemeinen/ roth ware; und die Flügel/ an welchen gleichfalls etliche gelbe Federlein herfür leuchteten: an der Größ und Gestalt aber ist er den unsrigen gleich gewesen/ wie solches nachfolgende Figur beweiset.

Von der Speiß und Nahrung dieses Vogels.

Dieser Vogel liebet die Disteln/ er schläfft und suchet seine Nahrung an einem Orth; Würmlein und andere dergleichen Thierlein isset er nicht. Der Author deß Buchs de Natura Rerum sagt/ es seye ein Wunder/ daß dieser Vogel sich von den scharffen Distelspitzen nehre/ welches doch/ wie die Erfahrung bezeuget/ falsch ist/ dann er isset de Saamen auß den Disteln/ Kletten/ und andern dergleichen. Er isset auch Hanff/ Mag- und Rautensaamen; von dem Hanffsaamen aber werden sie zu fett/ er schadet ihnen auch an der Gesundheit/ und vergehet ihnen davon die Lust zu singen; alle Saamen welche er isset/ die schelet er mit seinem Schnabel/ damit er den reinen Kern darauß geniessen könne.

Von der Natur und Eigenschafft dieses Vogels.

Diese Vögel thun was man haben wil/ nicht allein mit der Stimm/ sondern auch mit dem Schnabel und Füssen/ welche sie für ihre Hände brauchen. Dann wann man einen auff ein Gefäß setzet/ darinn ein Eimerlein hänget/ so lernet ihn der Durst seinen Trunck in die Höhe zu ziehen; hungert ihn/ so muß er mit dem Schnabel den Deckel deß Kästleins/ darinn das Essen liegt/ auffheben/ und sich also sättigen. Bußbeck sagt in dem dritten Send-Schreiben der Türckischen Bottschafft/ er habe zu Constantinopel abgerichtete Distelfincken feil tragen sehen/ welche/ wann man ihnen oben von einem Fenster herab einen Pfenning gewiesen/ von weitem hinzu geflogen/ und den Pfenning geholet; und wann man ihn nicht alsobald fahren lassen wolte/ auff der Hand sitzen blieben/ sich auß einem Gemach in das ander forttragen liessen/ und unterdessen stets an dem Pfenning zogen; so bald sie aber denselbigen überkommen/ sind sie ihres Wegs fort geflogen/ und wieder zu ihrem Herrn/ der auff der Gassen ihnen mit einem Glöcklein ein Zeichen gegeben/ gekehret/ ihme den Pfenning gebracht/ und für ihren Lohn etliche Hanff-Körnlein bekommen. Ist derhalben Schad daß man sie isset/ dieweil sie mehr mit der Stimm als in der Schüssel den Menschen erfreuen. Daher werden sie in den Häusern in den Kefichen wegen deß Gesangs viel Jahr erhalten/ biß daß sie von Alter abnehmen/ und wann man sie etwan auff den Tisch außläsfet/ sind sie gantz zahm. Thut man aber ein paar/ ein Männlein und ein Weiblein zusammen/ so machen sie Jungen/ nisten in den Stuben/ und erziehen die Jungen/ sonderlich wann sie Raum haben zu fliegen. Sie legen sieben oder auch mehr Eyer. Dieser Vogel lebet über zwantzig Jahr/ wie dann Justinus Gobler an D. Geßnern geschrieben/ daß er in seiner Jugend zu Mayntz einen gesehen/ der drey und zwantzig Jahr alt war/ welchem man alle Wochen den Schnabel muste abschneiden/ auff daß er essen und trincken/ und an seinem Orth sitzen könte. Wann er aber auß dem Kefich gethan ward/ so lag er auff dem Rücken oder Bauch/ wie er war gelegt worden/ gantz still und unbewegt wegen Alter/ er konte auch nicht mehr fliegen/ und waren seine Federn von Alter gantz verändert und grau worden; welches dann wol seyn kan/ dieweil sie nach dem Alter ihre Federn offt verändern/ und etliche gefunden werden/ so an statt der rothen Federn gelbe haben. Im ersten Jahr bekommen sie auch nicht alsobald einen rothen Kopff/ sondern sehen/ wie Aldrovandus gleichfalls erinnert/ folgender Figur gleich.

Wie

Wie dieser Vogel gefangen werde.

Alle Distelfincken-Geschlecht sind so thöricht/ daß/ wann sie auff den Disteln sitzen/ einer nach dem andern mit einem Strick/ der vorn an eine Ruthen gebunden worden/ herzu gezogen wird/ durch ein Loch/ hinder einer Wand/ dahin sich der Vogelfänger verbirgt/ damit die andern nicht hinweg fliegen. Also werden sie auch mit einem Kloben gefangen/ dann wann einer darin hängt/ wolten ihm die andern helffen/ und werden also mit demselbigen gefangen. Dieser Vogel bekommet in dem Käfich zuweilen die fallende Sucht.

Was von diesem Vogel dem Menschen nützlich seye.

Der Graßmücken/ deß Distelfincks/ und anderer kleiner Vögel Fleisch/ so sie fett sind/ nur daß sie nit brütig seyen/ ist gar guter Nahrung/ wie Platina bezeuget. Kiranides sagt/ daß ihr Fleisch gebraten und gessen/ das Krimmen und Darmgicht vertreibe.

Von dem Dryope.

Dieser wird vom Aristophane unter die Vögel gezehlet/ was es aber für ein Vogel sey/ wird nicht gesagt.

Von dem Vogel Edolio.

Edolius ist ein Vogel/ bey Hesychio und Varino, vielleicht von den Griechen wegen der Gestalt seines Leibs also genannt.

EIDALIS wird auch von ihnen ein Vogel geheissen/ vielleicht daher/ weil er gantz schön und wolgestaltet ist.

Von dem Eyßvogel.

Dieser Vogel wird auff Lateinisch Ispida, Italianisch Piumbino, Spanisch Arvela, Frantzösisch Pescheur, martinet pescheur, mounier, Engelländisch the Kynges fisher, und zu Teutsch Eyßvogel genennet/ die Pommern heissen thn Ysengart. Er hat einen schwartzen geraden und spitzigen Schnabel/ dreyer Finger lang. Der gantze Bauch/ und die kleine Federn unter

Von dem Elaphide.

unter den Flügeln/ sind eisenfarb/ oder röthlich wie die innerste Rinden an den Kastanien. Seine Füsse sind kurtz und röthlich/ an welchen die zwo längste Zeen biß auff die Mitte aneinander; hernach aber zertheilt werden/ die Zeen sind zu unterst voll Geleichlein/ mit viel kleinen Zwerchlinien überzogen. Die Federn bedecken die Knie: der untere Theil aber ist gantz bloß. In der Mitten auff dem Rücken/ von Anfang desselben biß zu Ende deß Schwantzes sind die Federn blau/ gesprengt und auff weiß ziehend/ gläntzend/ daß sie die Augen derer/ so genau darauff sehen/ mit ihrem Glantz blenden. Der Kopff scheinet vornen/ wie auch der Halß/ grün/ und mit Zwerch-Linien/ so weiß-blaulicht/ unterschieden. Die Flügel sind auch grün/ aber der innere Theil an denselbigen ziehet sich auff Purpurfarb/ mit Violfarb vermischt; wie auch die blaue Federn in der Mitten auff dem Rücken/ die Flügel sind auch mit etlichen weissen Tüpfflein gesprenckt; die längste Federn sind aussen grün uñ inwendig schwartz. Seine Zung ist gar kurtz/ breit und röthlicht am Rachen und an der Kälen. Seine Speiß-Röhr ist sehr lang/ und der Magen zu hinderst im Leib/ nahe bey dem Hindern/ sein Fett ist röthlicht.

Von der Natur und Eigenschafft dieses Vogels.

Der Eyßvogel ist gern allein/ und hält sich zur Winterszeit bey den Bächen auff/ welche mit Eyß überzogen sind/ daher er auch seinen Nahmen empfangen. Er lebt von den Fischen/ weßwegen er in vielen Sprachen ein Fischer/ Königsfischer und Meerfischer gennennet wird. Er stellet den Würmlein sehr nach. Bey dem Wasser höhlet er das Erdreich mit seinem Schnabel/ und machet sein Nest darinn/ und brütet seine Jungen auß. Man sagt auch/ daß er im Sand/ oder in einem Felsen/ so am Wasser gelegen/ niste/ und sein Nest rund baue/ also/ daß er ein klein Loch an einem Winckel darein mache. Das Nest ist gantz lind/ und von Rohrblüht zusammen getragen/ und sol man zuweilen neun Jungen in einem Nest finden. Der Eyßvogel wie auch seine Jungen/ haben einen lieblichen Geruch/ bey nahe wie der Bisem/ wie Hieronymus Tragus schreibt. Sein Fleisch/ wann er gleich todt ist/ faulet nicht. Man hält davor/ daß er sich/ wann seine Haut abgezogen/ (oder allein das Eingeweyd darauß genommen) und auffgehencket wird/ alle Jahr/ als ob er noch bey Leben wäre/ mause/ welches doch falsch ist/ wie Albertus solches an etlichen dieser Vögel erfahren hatt/ die er etliche Jahr lang auffgehaben. Daß dieser Vogel könne gezähmet werden/ ist schwerlich zu glauben.

Was von diesem Vogel dem Menschen dienlich seye.

Die Tuchhändler legen die Haut von diesem Vogel bey das Tuch/ als ob sie die Krafft hätte die Schaben zuvertreiben/ welches aber unglaublich scheinet. Es sagen etliche der Donner schlage nie in das Hauß/ darinn dieses Vogels Nest sey. Man sagt auch/ wann man diesen Vogel zu den Schätzen legt/ sol er dieselbige mehren/ und alle Armuth vertreiben. Dieser aberglaubischen Stück werden auch viel erzehlet von dem Vogel Alcyon genannt/ wie droben in desselbigen Beschreibung gesagt worden.

Becherus hält dafür/ daß das Hertz von diesem Vogel an dem Halß getrocknet und getragen/ gut soll seyn vor die schwere Noth/ und Gifft/ dannenher er reimet:

Eyßvogel welcher hat sein Sinn auffs Eyß gericht/

Sein Hertz tragt an dem Halß/ es stehet wider Gifft.

Von dem Vogel Elaphide.

Der Vogel Elaphis hat Federn auf seinem Rücken/ welche an der Farb der Hirschhaut gleichen/ daher er von den Griechen den Nahmen empfangen. Zu Latein kan man ihn Cervinam, Cerviam oder Cervariam nennen. Er suchet seine Nahrung im Wasser/ gleichwie der Jynges auff dem Erdreich. Er streckt seine Zunge/ welche sehr lang ist/ wie ein Schnürlein in das Wasser/ und lockt also den Fisch mit derselbigen herzu/ und verschluckt ihn. Und weil dieser Vogel eine lange Zunge hat/ dörffte es wol der Vogel Glottis bey dem Aristotele seyn/ als welcher von der Länge seiner Zunge den Nahmen hat: sonst aber an seiner Gestalt den Wasservögeln gleich ist. Die Vögel so Cervinæ genennet werden/ sind bey dem Diodoro Siculo nichts anders als Straußen/ in der Grösse eines grossen Hirsches.

Von dem Elea und Elasa.

Diese Nahmen der Vögel werden von Aristophane angezogen. Elea ist ein kleiner Vogel/ singt lieblich/ und hält sich zur Sommerszeit in dem Schatten und kühlen Lufft: zu Winterszeit aber an der Sonnen und warmen Orthen auff. Er siehet von den hohen Rohren in das Wasser hinab/ wie der Alcyon.

Von dem Indianischen Eyßvogel.
Ispida Indica.

ES ist diese Abbildung Aldrovando von Hippolyto Augustino, einem von Adel/ zugeschicket worden/ so wegen seiner Füß und Farb der Federn/ dem Eyßvogel soll gleich gesehen haben/ wiewohl er an der Größ kleiner als der unsrige/ und nicht grösser als ein Zaunkönig gewesen ist. Er hatte einen langen schmalen und schwartzen Schnabel/ und nach seinem kleinen Leib/ einen kleinern Kopff/ so nebens dem gantzen Halß dunckelblau war / am übrigen Leib aber sahe er biß auff den Schwantz/ blau/ grün und schwartz vermischet/ worauß doch grüne Tüpfflein am meisten hervor schimmerten: An den Flügeln sahe er grün; nach seinem Leib hatte er einen langen Schwantz/ welcher gantz schwartz ware/ außgenommen etliche eusserste grüne Federlein. An den Füssen ware kein Unterscheid zwischen dem unsrigen Eyßvogel/ als daß sie schwartz sahen. Weiters gedencket Aldrovandus, daß er einem Indianischen Eyßvogel zu Venedig gesehen / welcher jetztgedachtem gleich gewesen/ habe aber einen längern Schwantz gehabt/ und einen Kastanienfarben Kopff. Sein Schnabel seye roth/ und 5. Finger lang/ an dem Kopff eines Daumens dick/ und überauß spitz gewesen.

Von Bellonii zweyter Arth Eyßvögel
Alcedo Vocalis.

Bellonius beschreibet zweyerley Geschlecht Eyßvögel/ und gleich wie er die kurtz vorhergehende stumme Vögel nennet/ also hält er dafür/ daß keine Wasser-Vögel so wohl singen/ als dieser/ derohalben er von ihm Alcedo vocalis, von den Frantzosen aber Rousserole oder Roucherole genennet wird. Er hält sich gemeiniglich auff/ an den Pfützen/ Flüssen und denen Orthen wo das Rietgraß am meisten wächset. Aristoteles im dritten Buch von den Thieren gedencket dieses Vogels außtrücklich/ und nennet ihn Alcyonem vocalem, einen singenden Eyßvogel/ von dem vorigen zu unterscheiden/ welcher/ so er mit diesem vergleichet/ stumm köntegenennet werden/ wiewol er nicht gantz stumm ist / dieweil er auff das wenigste/ wann er auffgeflogen/ laut schreyet/ damit das Weiblein seinen Flug wisse. Dieses Vogels lieblichen Gesang aber belangend/ lassen sie sich in das Rietgraß nieder/ allwo sie eine solche wohl-lautende Zusammenstimmung hören lassen/ daß wol der jenige verstockt müste seyn/ der nicht durch diese Lieblighkeit bald zu Trauren/ bald zur Freud / ja gantz beweget würde; dann sie nit anders als wie die Nachtigallen/ mit dem stetigen Singen sich ergetzen/ daß sie auch deßwegen die Frantzosen Rossignole de Riviere, Wasser Nachtigallẽ heissen. Ja der müste wol tuñ seyn/ welcher sich über dieses kleinẽ Vogels herauß stossende liebliche Stimm nicht verwundern wolte/ dann er in einem Athem seine Stimm so lang und hoch ziehet/ daß sie mit keinem Seitenspiel könte erreichet werden/ bald darauff wieder so laut singet/ als waũ ein silbern Gefäß zerschlagen würde. Niemand aber/ er gebe auch so genau Achtung als er wolle/ kan seine Stimme nachmachen/ nebens andern aber lässet sich fast hören Toro, Tret, Fuis, Huy, Tret: welchen Gesang er dann stetig widerholet/

Von dem Eyßvogel.

holet / und sich die gantze Nacht durch hören lässet. Aristophanes / ein Griechischer Scribent, welcher noch vor Aristotele gelebet / hat unter allen diesen Gesang am besten beschrieben / als daß er laute:

    Huc, huc, huc, huc,
    Toro, toro, toro, toro, toro-
      tinx
    Ciccabau, Ciccabau
    Toro, toro, toro, tilili linx.

Mit einem Wort zu sagen / übertrifft dieser Vogel / wegen vieler Veränderung und Lieblichkeit seines Gesangs / alle andere Vögel / ja die Nachtigall / selbsten / Hänffling / Graßmuck und dergleichen. Und ist so fleissig / daß er Tag und Nacht singet / daß die jenigen seine Arbeit erbarmet / die ihm zuhören. Dann er offt vom Singen wancket / und mit dem gantzen Leib zittert. Welches die am meisten erfahren / so auff Schlössern und Orthen wohnen / wo das Rietgraß wächset / und sich Tag und Nacht an solchem Gesang belustigen. Wann er auff den eusersten Spitzen der Rohr sitzet / scheinen seine Füsse als wie deß Grünspechts gestaltet zu seyn / da er doch Füsse hat als wie die Amseln oder Stahren: auff dem Kopff stehen seine Federn über sich / fast wie ein Kamm / die Bein und Füß sind aschenfarb / und in mittelmässiger Länge. Er flieget nicht hoch / und schläget seine Flügel zusammen / wie die Haube-Lerch; Sie bauen ihre Nester in die Rohr / von weichem Rietgraß / und legen gemeiniglich 6. Eyer darinnen / wann man dasselbe umbkehret / siehet es auß wie das Adarces oder Meerballen.

Von der zahmen Enten / und allen Enten ins gemein.

Anas Cicur.

Von der Gestalt dieses Vogels.

Dieser Vogel / welcher auff Griechisch Νῆττα, Italianisch Anitra, Spannisch Anade, Frantzösisch Cane, ou Canard, Pohlnisch Kaczka, Ungarisch Récze, Wendisch Kaczier, Engelländisch a dooke, a drake, Teutsch Ent / Ant / Antvogel; und das Männlein / so Entrach / Antrach / oder seiner Stimm wegen Rätsch genennet wird / ist kleiner dann ein Ganß / doch grösser dann ein Bölhinen oder Wasserhun / hat einen breiten Rücken. Das Männlein hat einen grünen Kopff und Halß / einen breiten Schnabel / und Flügel so mit weisser / grüner und schwartzer Farb getheilet. Es hat gleichsam ein weisses Halßband / rothe und breite Füß / mit denen es im Wasser schwimmet. Die zahme Enten sind weiß / aschenfarb / und auß beyden zusammen gesetzt / gleich wie die Gänse. Das Männlein ist grösser und mehr getheilet / wiewol alle Glieder und Farben / in allen Geschlechten der zahmen und wilden Thiere / fürtrefflicher sind an den Männlein als an den Weiblein. Die Enten haben

haben oben auff dem Leib zertheilte und voneinander gesonderte Musculos oder Mäußlein/ deren die innere weisser sind: wann aber die eusserste weisser sind/ welches dann von der Kälte komt/ vermeinen die Bauren es werde ein guter fruchtbarer Sommer darauff folgen/ welche Muthmassung man vielleicht gewisser an den wilden Enten abnehmen mag. Die Zung an den rechten Enten scheinet an beyden Orthen gleichsam gefedert zu seyn/ und als hätte sie inwendig rauhe Zäne/ wie solches an etlichen wilden Enten gesehen worden. Die Ente hat auch eine sehr grosse und breite Käle. Da sich das Eingeweyd endet/ da hat es einige Anhänge/ wie Aristoteles saget. Es hat die Ent breite Füsse. Etliche breitfüssige Vögel haben breite Schnäbel/ als da sind die Gänß und Enten/ und alle Geschlecht deroselben/ dann mit den breiten Schnäbeln können sie desto besser graben und im Koth schnattern. Etliche aber haben einen spitzigen langen Schnabel/ ꝛc.

Von der Natur und Eigenschafft dieses Vogels.

Dieser Vogel lebet in dem Wasser und auf dem Erdreich/ doch ist er lieber im Wasser als auff dem Land/ dann er kan ohn dasselbe kaum leben/ bevorab wann er truckner Speise geniesset. Die Enten graben mit ihren Schnäbeln den Lett auff/ da sie dann Wurtzeln von den Kräutern/ und Saamen von den Wassergewächsen/ Würm/ und Rogen oder Leich von den Wasserthieren/ und anders dergleichen so zu ihrer Nahrung dienlich/ finden/ wie Albertus sagt. Die zahmen Enten werden mit Haber/ oder Wurtzeln von den Kräutern erhalten. Gellius sagt/ daß die Enten in Ponto Gifft essen. Die unsrige liebē die Fischlein/ Graß/ Kraut/ Lett/ und andern dergleichen Unrath in den Wassern/ sie verschlingen auch etliche vergiffte Thierlein/ als Heydexen/ Spinnen/ Laubfröschē/ wie Georgius Fabritius sagt. Sie essen auch gern die Linsen/ so auff den stehenden Wassern von Hitze der Sonnen wachsen. Die Enten allein/ und die so ihres Geschlechts sind/ fliegen gerad auß den Wassern in die Höhe: Derhalben komen sie allein auß den Thiergruben/ wann sie darein gefallen/ wie Plinius schreibet. Wann der Entrachen viel beyeinander sind/ so werden sie also hitzig/ daß sie das Weiblein/ indem einer nach dem andern auffsitzet/ ertödten: Die Enten brüten deß Jahrs nur einmahl/ nemlich in dem Frühling. Es werden zuweilen den Hünern Enten-Eyer untergeleget/ und von denselben außgebrütet; wann nun die junge Entlein von dem Hun ohngefehr zu einem Wasser geführet werden/ verlassen sie die Mutter alsobald und lauffen nach dem Wasser zu/ dieweil ihnen die Natur die Liebe desselben eingepflantzet; und ob schon die sorgfältige Mutter gluckzet und ihnen ruffet/ kehren sie sich doch nicht daran/ sondern bleiben in dem Wasser/ und schwimmen nicht eher an das Land/ als biß es ihnen selbsten gefällt. Die wilde Ent/ gleich als ob sie ihrer Schwachheit eingedenck wäre/ daß sie nehmlich ihre Jungen weder dem Wasser noch dem Erdreich anvertrauen darff/ nistet bey den Wassern/ darinn sie von stund an/ nachdem sie außgebrütet hat/ schwimmet/ sagt Volaterranus. So bald die junge Enten an Tag kommen/ fahen sie an zu schwimmen. Und so bald sie auß den Eyern geschloffen/ sind sie so geschickt und hurtig/ daß ob schon die Mutter gestorben/ oder von ihnen kommen/ sie sich selbsten ernehren können. Die Gänß/ Enten/ und ander dergleichen Wasservögel purgiren sich jährlich mit dem Gliedkraut/ Sideritis genannt. Diese Vögel werden auch/ gleich wie andere/ mit der Läußsucht behafftet. Etliche Vögel sind gerne hauffenweiß beysammen/ darumb werden sie leichtlicher von den Weidleuten betrogen: dann so man etliche Vögel ihres Geschlechts/ oder nur gemachte Bildnüssen derselbigen/ zu den Garnen stellt/ kommen sie zu ihnen/ und werden also gefangen/ als der Kranch/ die Ent/ der Star/ und dergleichen. Eben diese beschirmen sich auch schaarweiß wider die Habichte und Adler: Dann wann sie dieser Vögel einen ersehen/ versamblen sie sich/ und so sie ihr Haupt untergeduncket/ tauchen sie den Kopff unter/ und sprützen dem Adler Wasser in seine Augen/ also/ daß er ihnen nicht beykommen kan/ wie Albertus schreibt. Deßgleichen wann der Raubvogel auff sie fliegt/ tauchen sie sich unter/ und kommen an einem andern Orth wiederumb herfür. Wann er aber ihnen ferner nachstellet/ treiben sie dieses Tauchen so lang und viel/ biß sich der Adler mit seinem Eintauchen selbst ertrenckt/ oder auff einen andern Raub zufliegt. Und alsdann/ nachdem sie die Furcht wegen ihres Feinds fahren lassen/ schwimmen sie wiederumb oben auff dem Wasser/ sagt Ælianus. Der Fuchß stellet den Enten auch unter andern Vögeln nach. Wann die zahme Enten unter das Tach fliegen/ und die Flügel schwingen/ ist es ein zeichen eines künfftigen Regens: dann sie schwingen dieselbe darumb/ daß sie die feuchte Lufft spüren/ gleich wie andere feuchte Vögel. Wann sie schaarweiß fliegen/ oder sonst sich versamlen/ und sich sehr baden und untertauchen/ so hat man (ob schon der Himmel schön ist) einen Regen und Ungewitter zu erwarten/ wie Aratus schreibt.

Wie die Enten erzogen und ernehret werden.

Die Enten haben der Gänse Natur/ und werden derhalben auch als dieselbige ernehret. Enten zu ziehen erfordert gleiche Arbeit/ als zu den Gänsen/ aber grössern Kosten. Dann man ziehet die Enten eingeschlossen/ gleich wie auch die Tröstlein/ Täucherlein/ und dergleichen Vögel/ so ihre Nahrung im Wasser suchen. Und darzu erwehlet man emen ebenen Orth/ welchen man mit einer Maur funfftzehen Schuh hoch umbfasset; darnach macht man Gitter darüber/ oder verdecket ihn sonsten mit starcken gestrickten Garnen/ damit die zahme Vögel nicht herauß/ und die Raubvögel/ als Falckē/ Habicht/ oder Weyhen nicht hinein fliegen können. Außwendig soll man die Maur glatt dünchen/ damit keine Katz oder böser Wurm daran an hinauff kommen könne. Hernach gräbt man mittē in dem Entenhoff eine Grube zweyer Schuh tieff / aber breit und lang/ nach Gelegenheit des Orths. Die Seiten an dem Pful sollen mit Ziegelsteinen befestiget seyn/ damit sie nicht Schaden nehmen von dem Wasser/ welches stets darzwischen fliesset. Sie sollen auch nicht staffelweiß auffgerichtet werden/ sondern allgemach niederwerts gehen/ damit die Enten gleich als von einem Gestad in das Wasser kommen können. Der Boden dieses Pfuls sol rings herumb mit Ziegelsteinen gepflastert seyn/ also / daß wann man das Pflaster rechnet/ solches zwey Theil deß Bodens seye: und dieses darumb/ damit kein Kraut darinnen wachse/ und den schwimmenden Vögeln also ein rein Wasser bleibe. Aber das mittel Theil deß Pfuls sol ungepflastert und ein frey Erdreich bleiben / damit man dasselbig mit Colocasia/ das ist / Egyptischen Bonen/ und andern Wasserkräutern besäen könne/ welche den Vögeln Schatten geben/ darinn sich auffzuhalten. Dann etliche sind gern in Wäldlein da viel Thamariscen oder Binsen wachsen: doch soll man darumb nicht die gantze Stätt mit Wäldlein oder Gebüsch besetzen/ sondern rings herumb (wie vor gesagt) sol es frey seyn/ damit die Vögel daselbst miteinander / an einem hellen Tag / daran sie frölich sind / in die Wette schwimmen können. Dann gleich wie sie gern da sind/ da sie sich verkriechen und verbergen/ und den Wasserthierlein nachstellen können: also ists ihnen gar beschwerlich/ wann sie keinen Platz haben/ dardurch sie auß dem Pful gehen können. Darnach soll man zu rings umb den Pful/ auff zwantzig Schuh/ den Platz mit Graß besetzen. Hinter diesem Graß-Platz sollen eines Schuhs hoch kleine viereckte Häußlein von Steinen gemacht/ und wol verdüncht werden/ daß die Vögel ihre Nester darin machen. Zwischen dieselbige sol man Stäudlein von Buchsbaum oder Myrten setzen: doch daß dieselbige nicht höher wachsen dann die Mauren sind. Uber dieses macht man einen Kännel/ der geht auff der Erden her vor allen Häußlein/ darein wirfft man ihnen ihre Speiß ins Wasser: dann also werden diese Vögel gefüttert. Unter den Früchten essen sie am liebsten das Heidelkorn/ (Panicum) Hirsen und Gersten: wo mans aber nicht haben kan/ gibt man ihnen Eicheln und Traubenkörnlein: von Wasserspeisen aber gibt man ihnen die schlechte kleine Fischlein/ die man in den Bächen fängt. Sie schlieffen zu einer Zeit auß mit den wilden Enten/ nehmlich im Mertz und April / da man ihnen Zweiglein und Reißlein in die Vogelhäußlein unterstreuet/ damit sie es zusammen tragen/ und Nester darauß machen können. Es ist aber ein alter Gebrauch deren / die da Enten ziehen wollen/ daß sie die Enten-Eyer bey den Pfülen/ da die Enten gemeiniglich legen/ samlen/ und dieselbe einer Hennen außzubrüten unterlegen: dann welche also außgebrütet und aufferzogen werden/ die lassen ihre wilde Arth: und wann sie in jetztbeschriebene Enten-Plätze eingeschlossen werden/ machen sie ohne zweiffel Jungen: dann so man wilde Enten fängt/ die der freyen Weyd gewohnet/ und wil dieselbe einsetzen/ so legen sie in dieser Gefängnüß nicht gern. So weit schreibt Columella, und fast auff gleiche weiß Varro und Didymus.

Was ausser der Artzney von diesem Vogel dem Menschen nützlich sey.

Der gröste Nutz den man von den Enten haben mag/ sind die Federn. Entenfleisch ist das hitzigste unter allen zahmen Vögeln/ wie Serapio und Avicenna sagen. Der Gänse und Enten Fleisch ist fast gleich/ nehmlich hitzig/ feucht/ dick/ hart/ und schwer zu verdauen/ doch ist der Enten Fleisch etwas hitziger/ dann der Gänse ihres. Es ist auch härter dann der Tauben oder Hüner Fleisch. Es erwärmet den kalten Magen/ verursacht auch zuweilen das Feber. Gänse und Enten sind von Natur warm im andern Grad. Entenfleisch nehret wohl/ aber doch nicht so wohl als der Hennen ihres. Albertus sagt/ es sey kalt und melancholisch. Es ist allzu kalt/ und hierinn dem Schaaf-Fleisch nicht ungleich. Es erwecket einen Eckel zu essen. Es ist dicker als der zahmen Vögel Fleisch/ und härter als der Krammetsvögel/ Amseln und anderer dergleichen kleiner Vögel/ doch nicht so hart als das Gänsefleisch. Enten und Wasserhüner soll man im Herbstmonat essen: welche aber einer guten complexion sind/ die sollen sich derselben enthalten/ sagt Arnoldus de Villa nova. Galenus gedencket unter andern Speisen/ so dem blöden Magen dienlich/ auch der Enten. Marcus Cato, wie Plutarchus schreibt/ verbeut daß man die Krancken nit mit Fasten abmatte/ und sagt man solle dieselbige speisen/ mit Kraut/ ein wenig Enten- Holtz- Tauben- oder Hasen-Fleisch. Wiewol andere Aertzte sagen/ daß solches dem Magen/ wegen seiner Härte/ und dieweil es schwerlich zu verdauen/ gar nicht dienlich seye. Es macht eine helle Stimme/ schöne Farb/ und starcken Leib: ist aber dem Magen schädlich/ sagt Serapio und Mesue. Avicenna sagt/ es mache fett: die Fettigkeit aber mache eine gute Farbe. Serapio sagt/ es vermehre den Saamen/ und befördere die ehliche Werck. Es ist denen dienlich so mit dem Krimmen beladen. Die jungen Gänse und Enten werden für die beste in der Speiß gehalten/ wiewol sie böse Feuchtigkeit in dem Menschen gebehren/ sie dienen besser den hitzigen und jungen Leuten/ auch mehr zu Winterszeit/ und in den Ländern so gegen Mitternacht gelegen. Sie sind aber besser so sie auffgeblasen werden/ ehe man sie abthut/ deßgleichen wann sie gebraten/ und mit Gewürtz besteckt werden. Die Brust und der Haltz sollen an der Enten das beste seyn/ wie Martialis vermeinet/ es sind aber die Teutschen/ der Italianer und Hispanier Meinung in diesem Stück nicht beygethan/ dieweil den Enten das Blut/ in dem sie getödtet werden/ im Haltz sehr stecken bleibt. Avicenna lobt an ihnen die Flügel/ als den leichtern und bessern Theil. Deßgleichen ihre Magen und Leber/ als die einen guten und gesunden Safft in sich haben/ wiewol dieses mehr von den Gänsen zuverstehen ist. Man pflegt auch die Enten mit aller-

allerhand Gekräut und andern Sachen zufüllen/ und also zu braten. Der Enten-Eyer wollen wir hernach gedencken/ da wir von den Gänß-Eyern reden werden.

Was in der Artzney von diesem Vogel dem Menschen dienlich seye.

Das Bauchweh der Ochsen/ Pferde und Maul-Esel wird alsobald gestillet/ wann sie einen schwimmenden Vogel/ und sonderlich eine Ent sehen/ wie Columella und Vegetius schreiben. Eine lebendige Ent auff den Bauch gelegt/ benimmet das Krimmen. Das Fleisch gessen/ ist auch gut dafür. Gänse- Enten- und Bocksblut/ werden mit Nutzen unter die Artzneyen/ so wider Gifft dienen/ vermischet. Wider alle böse Gifft ist das Blut der Enten auß Ponto dienlich/ derhalben läst man es dick werden/ und vermischet es mit Wein/ wann man es gebrauchen wil. Etliche halten das Blut/ so von dem Weiblein kommet/ für das beste. Unter die Artzneyen/ so wider Gifft dienen/ nimmt man von beyden Geschlechtern der Enten so wol das Weiblein als das Männlein/ deßgleichen Gänse- Bocks- und Schildkroten-Blut/ und mischet es darunter. Der König Mithridates hat zuerst der Pontischen Enten Blut unter die Artzneyen/ so wider das Gifft dienlich/ gemischet/ dieweil diese Vögel auch Gifft essen. Frisch Entenblut mit Oel getruncken/ ist gut wann einer Gifft eingenommen. Es heilet auch der gifftigen Schlangen Biß/ es dienet auch für alle gifftige und tödliche Biß der Thiere. Gualtherus Ryff sagt/ der wilden Enten Blut sey wider mancherley Gifft dienlich/ darumb könne die Artzney/ darunter es gethan wird/ für den besten Theriack gebraucht werden/ welches auch Manardus bejahet. Dannenher sind auch etliche Chymici bewegt worden/ das reinest auß diesem Blut durch das Feuer herauß zuziehen/ wann man dessen also zwo oder anderthalbe Untz davon einnimmet/ widerstehet es dem Gifft/ und zerreibet den Stein in den Nieren und Blasen mit Verwunderung. Entenblut eingeschüttet stillet das Blut so von dem Hirn fliesset. Entenblut und Gänsegall/ ist den blauen Augen dienlich/ also/ daß sie hernach mit Fette von ungewaschner Schaffwollen und Honig gesalbet werden/ Ursinus sagt;

Mulcet adeps nervos, & sanguis viscera sistit:

Das ist:
Dem Eingeweyd dient Entenblut/
Das Schmaltz das ist den Nerven gut.

Enten-Schmaltz hat den Preiß vor allem andern Schmaltz/ dann es ist keines welches durchdringender seye/ oder mehr erweiche und außflöse/ wie Serapio auß dem Galeno schreibet/ welches aber vielleicht von dem Gänß-Schmaltz zu verstehen ist. Entenschmaltz ist trucken und sehr durchdringend; es vertreibt das inwendige Reissen und den schmertzen deß Leibs. Es macht eine schöne Farb/ sagt Avicenna. Es wird auch unter das Pflaster/ so wider das Seitenweh dienlich/ gethan. Mit Rosen-Oel gekocht/ stillet es das Blut so von dem Hirn fliesst. Wie man Enten- Gänß- und Hüner-Schmaltz bereiten solle/ lehret Nicolaus Præpositus in seinen Büchern/ also: Das Schmaltz von den Thieren so erst getödtet worden/ reinige von seinen Häutlein/ und thue es in einen newen verglasurten Hafen/ also daß er nur halb voll werde: Diesen stelle bedeckt in einen andern Hafen/ so warm oder voll warmes Wassers ist/ und thue stets das so zerschmoltzen ist/ in ein ander Geschirr/ biß daß nichts mehr darauß schmeltzt/ und stelle es also außgelassen an ein kalten Orth. Etliche werffen ein wenig Saltz darein. Damit es sich desto besser halten lasse. Unter die Artzney so wider den Gifft dienlich/ und von Myrepso Ecloge genennet wird/ (welche auch denen/ so den Durchlauff haben/ oder Blutspeyen/ gut ist/) wird unter andern auch die Beermutter von einer Enten gethan. Uber vergiffte Biß legt man Tauben- oder Entenkoth/ wie Arnoldus de Villa nova schreibet.

Von dem nützlichen Gebrauch der Enten schreibet Becherus folgende Reimen:

Die Ent das Küchen-Thier/ zweymal zwey Stück
    1   2   3   4   sie gibt/
Sie gantz/ ihr Koth/ ihr Fett/ ihr Blut das ist beliebe.
1. Man pfleget eine End auch auff den Bauch zu legen/
    Wann sich darinnen thun die Colick Schmertzen regen.
2. Man legt auff böse Biß den warmen Enten-Koth/
    Er zieht das Gifft herauß / ist guth in solcher Noth.
3. Der wilden Enten Fett/ vor andern lindern thut
    Zu Seiten-Schmertzen ist es wohl bewehrt und gut.
4. Man pflegt deß Enten-Bluts ein Becher voll zu trincken/
    Das Gifft das weicht davon / und läst sein Wüten sincken.

Von dem Indianischen Entrachen.
Anas Indica mas.

Joannes Cajus, welcher Gesnero diese Figur auß Engelland zugeschickt hat/ spricht/ daß bey ihnen eine Ent auß India gesehen werde/ so von Leib/ Schnabel und Füssen unserer gemeinen Enten ähnlich/ allein daß sie umb das halbe Theil grösser und schwerer seye. Ihr Kopff ist blutroth/ wie auch ein gut Theil hinden am Halß/ welches hart und schwieligt Fleisch ist/ so mit etlichen Falten oder Runtzeln unterschieden/ und auff der Nasen/ da es sich endet/ stehet eine Fleischwartze/ so dem andern Fleisch ungleich ist; dergleichen die Schwanen an dem Schnabel haben. Der Kopff ist gantz bloß von Federn/ wie auch der rothe Theil deß Halses/ ohn allein daß zu oberst auff demselbigen

Von den Enten.

gen ein weisser Federstrauß stehet/ welcher sich über die gantze Länge deß Kopffs außstreckt/den sie/wan man sie zornig gemachet/ auffrichtet. Unter den Augen unten am Anfang deß Schnabels sind schwartze Flecken hin und her über das Fleisch gezogen/ also daß etliche vom Obertheil deß Augs an/ biß zu oberst hinauff gehen. Die Augen sind gelb/und mit einem schwartzen Ring vom andern Theil deß Haupts abgesondert. Zu äusserst an den Augen ist vornenhin ein besonderer Flecken/ welcher von diesem abgesondert. Der Schnabel ist gantz blau/ohne daß er zu eusserst einen schwartzen Flecken hat. Am übrigen Theil deß Halses ist sie überall weiß. Unten an dem Halß ist ein schwartzer Kreiß/hin uñ her mit weissen Federn gesprengt/ ungleich/unten eng/ und oben weit. Nach diesem sind unten am gantzen Bauch weisse Federn/ und oben auff dem Leib graue: welche von dem schwartzen Ring an mit weissen Federn zu öberst zertheilet sind. Der eusserste Theil der Flügel sambt dem Schwantz/ haben eine grüne glänzende Farbe/ gleich wie die Spanische Mücken. Die Haut der Beine ist grau/ und mit kleinen Runtzeln umbgeben. Das Häutlein an den Füssen ist bleicher/und mit etlichen grauen Flecklein/ ohne Ordnung/ ge-

sprenget/ohn am Häutlein deß lincken Fusses/daran sechs Flecklein zu längst der eussersten Zeen nacheinander gesetzt sind. Sie gehet gar gemach wegen ihres schweren Leibs. Sie hat auch keine Stimme wie die andern Enten/ sondern ist heiser/ wie ein Mensch der einen heisern Halß hat. Das Männlein ist auch grösser dann das Weiblein/welches dem Mann gleichet/ohne daß es nicht so schön gesprenget ist von Leib/es hat auch mehr schwartzes an demselbigen als weisses/deßgleichen nicht so viel rothes an seinem Kopff und an dem Halß/ sondern allein zu hinderst auff dem Schnabel. Sein Kopff ist nicht bloß/ sondern mit Federn besetzt/ es hat keinen Halßring/ auch keine glänzende grüne Farbe an seine Flügeln/ sondern etwas längere und blaue Striemen. Dieser Vogel suchet seine Nahrung in den faulen Wassern/ und an andern Orthen/da die Enten sich gern auffhalten. Dieses Enten-Geschlecht hat vielleicht Christophorus Columbus verstanden/ da er schreibet/ es werden in der Insel Hispaniola wilde Turtel-Tauben/ und Enten/ so grösser seyen/als die unsrige/gefunden/ deßgleichen Gänse/so weiß als die Schwanen/ohne daß sie einen rothen Kopff haben.

Von andern Indianischen Enten.

BEy Aldrovando wird diese Indianische Enten-Arth beschrieben/ daß sie an dem gantzen Leib schwartz seye/ außgenommen etliche weisse Federn an den Flügeln/ und unterschiedliche weisse Pünctlein/ mit welcher der Kopff/ Halß und Brust/ artig besprenget seyen: Ihre Bein und der hinderste Theil deß Schnabels mit dem über sich stehenden Gewächs sind hochroth/ wie Cardanus meldet.

Das andere Geschlecht/ dessen Kopff nur hier abgemahlet stehet/ ist von Rondeletio beschrieben worden/ daß sie sich in den stillstehenden Wassern auffhalte/ und auch ein Gewächs auff der Nasen habe/ wodurch sie leicht von allen Enten können unterschieden werden. Ihre Bein seyn lang/ nach Gestalt deß Leibes/ und gleichen von Farben den Feld Rosen/auff welche Farb sich auch der Schnabel und das Gewächs ziehe: Ihr Kopff soll schwartz seyn/ und einen grünen Schein von sich lassen/am Halß ist sie weis untereinander:und scheinet also diesem nicht ungleich zu seyn.

Das Indianische Enten-Geschlecht/ so an des Bischoffs von Passau Hoff gesehen worden/ ist D. Geßnern von G. Fabricio nach dem Leben abgemahlet zugeschickt worden/ mit folgender Beschreibung. Das Weiblein ist viel grösser dann die gemeine zahme Ent/doch etwas kleiner dann die Ganß/dick und Leder- oder hell-Nägeleinfarb am gantzen Leib/ doch ist die Farb etwas dunckeler am Bauch/Kropff und Halß/dann auff dem Rücken/
auf

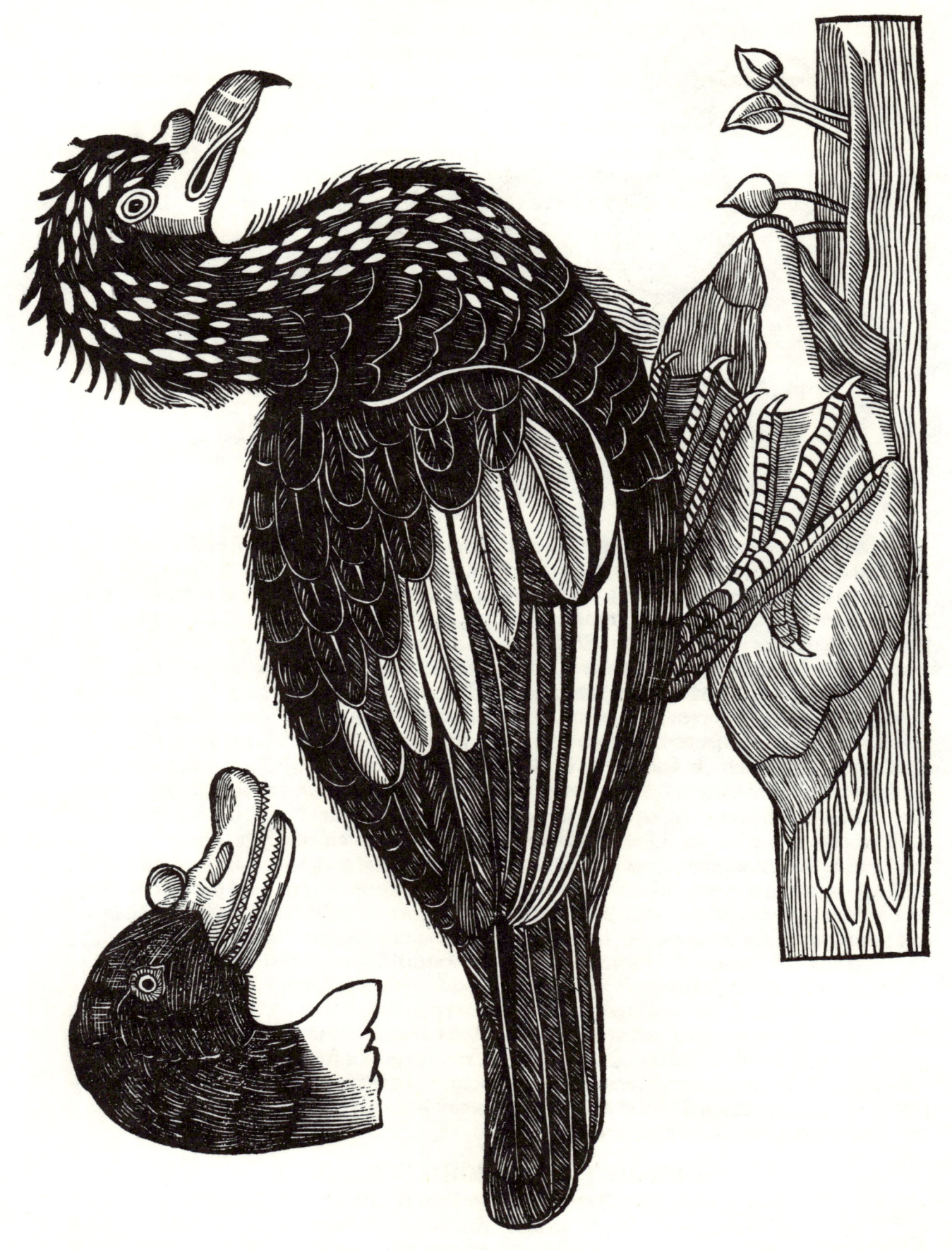

auf den Flügeln ist sie etwas scheinbarer/und heller; hinden/nicht weit vom Bürtzel/hat sie drey Federn/ so zu eusserst weisse Flecken haben. Es glänzen unten an den Flügeln/ ein Rosin/ und etliche grüne kurtze Striemen/darzu ein schneeweisser Flecken oben auff den Flügeln/ auch etwas weißlichts am Anfang derselbigen. Ihre Flügel außgespannet/ sind inwendig gantz weiß/ mit schwartzem schattieret/ohn die Schwingfedern/auß welchen die vierdshalbe eusserste und längste schwartz/die übrigen aber weiß sind. Oben umb die Flügelbogen/biß zu Anfang und Außgang derselbigen/ ist sie wie am übrigen Leib gefärbet. Ihr Schwantz/ welcher gar kurtz/wie an den andern Enten/ist kohlschwartz/wie auch der breite und kurtze Schnabel/wiewol derselbe mit dunckelgrauen Striemen der Länge nach überzogen ist. Ihre Füsse sind wie an den andern Enten/ breit und schwartz/wie auch die Bein überall nicht anders/als wie der Snabel gefärbet. Ihr Kopff ist weiß/sonderlich in der mitten mit einer Linien als einer Scheitel zertheilt. Die Augen sind röthlicht mit einem schwartzen Ring umbgeben/der Stern darinn ist schwartz; unten an dem Kopff ist der Halß mit einem schwartzen Ring/ als einem Halßband/ umbgeben. Das Männlein ist dem Weiblein gantz ähnlich/ allein daß es etwas geschmei-

Von den Enten.

schmeidiger/ auch etwas heller auff dem Rücken/ und am eussersten Theil der Flügeln gefärbet ist/es hat in der mitten einen breiten langen weissen Striemen/ so anfangs mit hellen Lederfarben Linien unterschieden: zu eusserst aber/ als an den zwo letzten Federn schneeweiß ist. Dieser breite weisse Striem ist biß auff die helffte haaricht/mit zweyen Zwerch-Striemen/einem blauen und einem schwartzen getheilt/fast wie an dem zahmen Entrach. Sein Kopff ist auch nicht so weiß und rund als deß Weibleins/ sondern länger/ und hin und her mehr mit Lederfarb und schwartz schattiert/sonderlich oben auff. Der Schnabel ist auch nicht so breit/ sondern etwas schmäler/spitziger/und ein wenig über sich gekrümmet/ zu dem ist der Halßring auch etwas grösser und scheinbarer/und hat der Halß oben auff eine dunckele Näglein-Farb.

Von einer fremden Arth Enten so auß Lybien gebracht worden.
De Anate Libyca.

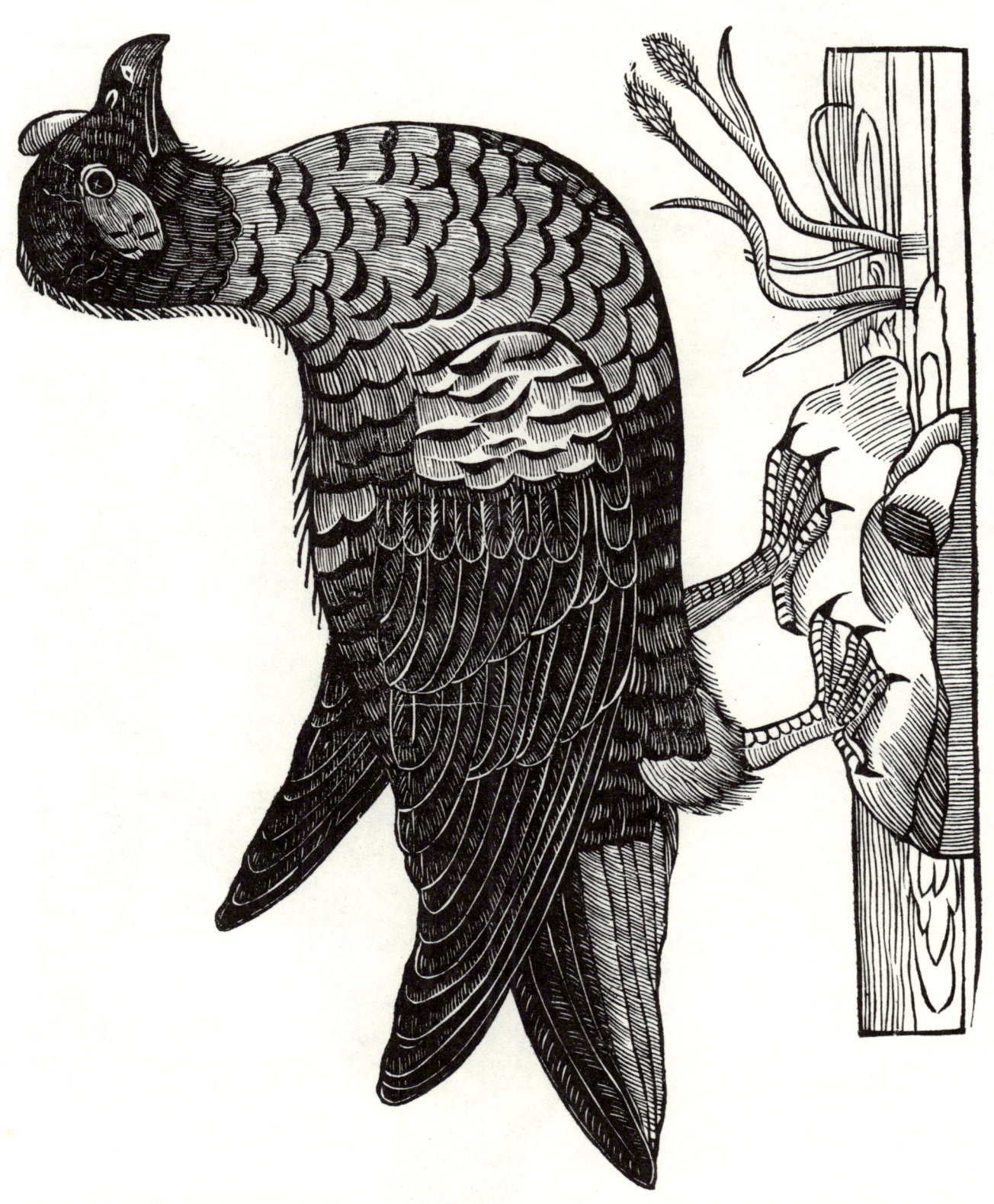

Bellonius nennet dieses Enten-Geschlecht auff Frantzösisch Cane de la Guinée, und beschreibet dasselbige auff folgende Arth: Nehmlich es seye vor diesem eine Arth Enten in Franckreich kommen/ so etwas grösser als die gemeinen Enten/ doch kleiner als eine Ganß seye/ und habe eine solche heisere Stimm/als wann sie Mangel an der Lunge hätte: Weiters meldet er/ daß diese Enten kurtze Füsse haben : Das Männlein seye etwas grösser als das Weiblein/ von welchem es auch wegen mancherley Farben seiner Federn zu unterscheiden/ als welche eigentlich nicht kan beschrieben werden/ es seye dann daß man sie Entenfarb nenne: Ihr Schnabel ist nicht wie der Enten oder Gänse Schnabel/ sondern kurtz und breit fornen/aber etwas unter sich gekrümmet. Auf dem Kopff stehet ihnen etwas in die Höhe/ wie ein Hahnen-kam/ gleich einer rothen Kirsch/ dieses aber soll sonderlich an diesem Vogel zu mercken und zu verwundern seyn / daß er ein männlich Glied habe eines starcken Fingers dick/ und wol 4. oder 5. Finger lang/ so wie ein Blut so roth seye. Sie essen gar viel/ und je reichlicher sie gespeiset/ je mehr sie sich vermehren. Ihr Fleisch ist nicht geringer noch besser als das Enten- oder Gänsefleisch zu halten.

De Anate Libyca alia. Eine andere Arth.

Aldro-

Von den Enten. 83

ALdrovandus gedencket noch einer andern Enten/welche ihm von Alberto Buccaferreo zugeschicket worden: Diese hat kein Gewächs auff dem Kopff gehabt / aber einen Schnabel voll kleiner Zähnlein/in der Gröffist sie wie die vorhergehende Figur gewesen/an dem gantzen Leib schwartz/ an dem Halß aber hatte sie einen halben weissen Zirckel/ und auff der Brust etliche weisse Federn.

Von einer fremden Arth Enten.
Anas Cairina Mas.
Ein Entrach auß Alcair.

ES werden diese niedrige Enten auß der Stadt Cairo gebracht/welche Aldrovandus abmahlet/ daß sie grösser seyen als die unsrige; und insonderheit der Antrach die Ent an der Größ übertreffe/ sie haben einen sehr höckerichten und dicken Schnabel/so nach dem End zu als schmaler wird/

L ij und

Geßneri Thierbuch

und sich zuletzt gantz krümmet. Dieser Schnabel ist schwartz/ außgenommen/ daß er fornen auff der Spitz einen rothen/ und gantz oben 2. bleich-rothe Flecken hat. Es haben diese Enten einen schwartzen krausen Kopff/ unter dem Schnabel am Halß sind sie weiß gesprengt: Ihre Augen sind gelb/ mit vielen Blut-Adern durchzogen. Ihr gantzer Leib ist fast gantz schwartz/ auff dem Rücken glänzen die schwartze Federn als wann sie grün wären/ deßgleichen an den Flügeln etliche Federn grün sind/ zwischen welchen unterschiedliche weisse stehen. Sie haben dicke und kurtze Bein/ so sich auff Castanienbraun ziehen.

Anas Cairina Fæmina.
Eine Ent auß Alcair.

Die

Von den Enten.

Die Ent ist etwas kleiner als der Antrach/ und hat keinen so hockerichten Schnabel/ so von dem Kopff mit einem weiß und rothen Strich unterschieden ist: Das rothe Zeichen auff dem Schnabel deß Antrachs/ ist an der Ent Aschenfarb mit roth ein wenig vermischet. In der mitten hat sie zwey weisse Zeichen/ so gleichsam den Buchstaben C. außdeuten. Sie hat keine krause Federn auff ihrem schwartzen Kopff; auff der Brust ist sie schwartz/ mit weissen Pünctlein gesprenget; auff dem Rücken siehet sie auß wie das Männlein; ihre Flügel aber sind viel grüner/ und mit zwey weissen Flecken gezeichnet: Im übrigen gleichet sie an der Gestalt sehr dem Entrach.

Von den wilden Enten insgemein.

Anas fera.

Von mancherley Gestalt und Unterscheid der wilden Enten.

Alle Enten sind breitfüssig und breitschnäbelig/außgenommen drey Geschlecht/ welche zwar auch breitfüssig/aber doch spitze Schnäbel haben/ derer wir in Beschreibung der Täucher gedencken wollen. Die breitgeschnäbelte haben alle zu eusserst an dem Schnabel etwas als einen hörnern Nagel/ mit welchem sie die Speiß ergreiffen. An statt der Zähn haben sie Hohlkehlen/ so etwas rauh sind. Die Häutlein an deß Füssen sind also zu eusserst gekerbt/ sie haben mancherley Farben/ welche wir hernach in Beschreibung einer jeglichen erzehlen wollen/ so sind sie auch an der Grösse deß Leibs unterschieden/ daher man etliche groß/ etliche mittelmässig/und etliche klein nennen kan/das Täucherlein aber ist das allerkleineste. Man unterscheidet sie auch an der schwere und Leichte ihres Leibs/ welcher Unterscheid von der Grösse kommt. Sie haben auch ihren Unterscheid in vielen Stücken/ als am Schnabel/ Kopff/ Flügeln/ Füssen und Schwantz. Von den Schnäbeln nennet man sie Breitschnäbeligte/Langschnäbeligte; So haben auch die Wiesel-Ent/ Schell-Ent/ Ruß-Ent/ und Pfeiff-Ent unterschiedene Schnäbel. Am Kopff ist unter ihnen ein Unterscheid wegen deß Strauses/als bey der langschnäbeligten/ Wiesel-Enten und Heisser-Enten. An der Farb/ bey der Wiesel-Enten und dem rothen Täucherlein. An der Gröss/ bey der Groß-Enten/ Schell-Enten/ und dem rothen Täucherlein. An der Stärcke der Flügel/bey der Schell Ent. An den langen Beinen/ bey der Langbeinigen/an den kurtzen bey dem Täucherlein. Wie aber die schönste Farb an den Flügeln ist/ also sind sie daran am aller ungleichsten. Sie haben alle gleiche Bein/ außgenommen das Täucherlein. Saffrangelbe Füsse haben die grosse Enten/ Breitschnäbligte und Langschnäbligte. Bleichgelbe Füsse/die mittelmässige und Schnatter-Ent. Gelbe/ die Schell-Ent/ Bintz-Ent/und beyde Täucherlein. Weisse/die Langbeinigte. Sie haben auch alle gleiche Schwäntz/ außgenommen die/ so vom spitzen Schwantz den Namen bekommen hat/und das Täucherlein. Sie haben auch einen Unterscheid an der Stimm/ als etliche pfeiffen/rauschen/sind heiser/singen als die Fliegen/wie die Mucken-oder Fliegen-Ent; Sie sind in dem Fliegen unterschieden/ dann etliche fliegen langsam in die Höhe/ andere aber schnell. Das Täucherlein scheinet wegen der kurtzen Flügel/ mehr springen als fliegen. Kayser Rudolphus II. hat einen schneeweissen Vogel/einer Enten nicht ungleich/gehabt/ mit einem gar grossen Schnabel/ den jedermann den lachenden Hänsel genannt/weil er zum Lachen und allerley lustige Sachen zu treiben/abgerichtet war.

Von der Natur und Eigenschafft der wilden Enten.

Die Geschlecht der wilden Enten und Täucher werden allein zu Winterszeit bey uns gefunden: D. Geßner hat in Italia zu Ferrar und Venedig auch im Sommer dieselben gesehen. Die wilde Enten fliegen alle Jahr hinweg/ sagt Demetrius Constantinop. Die Wasservögel fliegen Winterszeit zu den Seen und Flüssen so gegen Mittag gelegen sind/und derhalben nicht gefrieren/oder an einen Orth/ da das Wasser kein Eyß hat/ wie die Reiger/ Täucher/wilde Enten/ und Kriech-Entlein/ ꝛc. wie Georgius Agricola schreibet. Im Winter wohnen sie an den Gestaden der Flüsse/ Dämmen der Fischweyer/ oder unter dem Gebüsch der Pfülen. Man findet auch/ daß sie ihre Nahrung bey den Wäldern und Gärten suchen/ andere halten davor sie fliegen hinweg/ sagt Georgius Fabricius. Wie die wilden Gänse und Enten mit den Störchen in Lyciam fliegen/ und daselbst bey dem Fluß Xantho wider die Raben/ Kräen/Geyer/ und andere dergleichen Fleischfressende Vögel streiten/ wird in Beschreibung deß Storchs gesagt werden. Es schwimmet ein Graß mit kleinen Blätlein/ allzeit grünend/ auff stillen Wassern/welches die wilde Enten essen/das nennet Crescentiensis (von der Enten her) Anatinam, das ist Entengraß. Die Enten auß Ponto sollen von dem Gifft leben. Wann der wilden Enten Eyer einer Hennen untergelegt werden/ lassen sich die Enten/die darauß gebrütet werden/ leichtlich zähmen. Wann die Wasservögel/ als Enten und andere/anfangs der Kälte ein groß Wasser/so nimmer gefrieret bey dem Meer suchen/ so ist es ein Zeichen einer langwierigen Kälte/ wie Gratarolus schreibet. D. Geßner sagt/die wilde Enten in dem Zürcher See/ fliegen offt zu Nacht hinüber in das nechste Wasser/ Syl genant/ als ob sie daselbst mehrere Sicherheit vor den Füchsen und Ottern fünden.

Wie die wilde Enten gefangen werden.

Zulängst dem Gestad bey Porto Cesenatico in Italia/siehet man künstliche Wercke/so sie Pantere nennen/die wilde Enten/mit den Netzen Winterszeit; und sonderlich/wann die Erde mit Schnee bedecket ist/in grosser Menge zu fangen. Die Wasserhunde jagen nicht allein vierfüssige Thier/als Biber und Otter/sondern auch Wasservögel und Enten. Wie man Enten mit Habichten fangen solle/ist in Beschreibung deß Habichts zu finden. Die Falcken werden auch gewehnet/daß sie Enten und Tauben fangen. Crescentiensis lehret in dem 10. Buch im 17. Capitel/wie man eine grosse Menge der wilden Enten (zuweilen in einer Stunde bey tausend) mit zahmen Enten locken/und mit einem Garn/so Panthera genennet wird/fangen könne/wie auch mit einem andern Netz/in dem vorgenannten Buch/im 20. Cap. Die Enten werden aber nicht alle zu einer Zeit gefangen; etliche fliegen alsobald in das Wasser/etliche wann die Flüß anheben zu frieren/kommen erst auß ihren Hölen herfür/als die Schell-Ent/Ruß-Ent und Heiser-Ent; wann diese gefangen werden/weiß man/daß der Vogelfang nicht lang weren wird/wie Georgius Fabricius schreibet. Cardanus sagt/daß die Vögel so schaarweiß fliegen/auch schaarweiß gefangen werden/als die Rebhüner/und noch mehr die Gänse/sonderlich aber die Enten. Und müsse man den gezähmeten Enten die Flügel abschneiden/und sie bey dem Wasser/mit einem Wall umbgeben/und mit viel und guter Speiß ernehren: (Es ist ihnen aber unter andern Speisen nichts liebers als Sorgsaamen in Wasser gesotten.) Wann nun zu Nacht die gezähmete schreyen/so kommen die wilden zu der Speiß. Dann alle Thier stimmen in vier Stücken zusammen/nehmlich in der Speiß/Unkeuschheit/in dem streit/und in der Furcht/und verstehen hierinn einander. Werden derhalben in den Zug-Garnen/so zusammen fallen/gefangen/also/daß man zuweilen auff einmahl tausend fängt/und ob dieses schon einem wunderlich vorkommt/so ist es doch gewiß/daß keine glücklichere Weiß/Vögel zu fangen/kan erfunden werden. Es werden aber auß den zahmen diese außerlesen/so den wilden am ähnlichsten sind. So weit schreibet der obgenannte Cardanus. Man fängt die Enten auch in Stricken/sagt Oppianus. Es werden auch viel Enten und andere Wasservögel mit Vogel-Leim gefangen/wann man eine lange Schnur darmit bestreichet/und zu Abendzeit dem Wasser gleich spannet/in einem See/oder an einem andern Orth/dahin diese Vögel zukommen pflegen. Wann sie dann zu Nacht wollen schwimmen in dem Wasser/so kommen sie an die Schnur/und werden also am Morgen gefangen gefunden. Der Leim aber muß also gemacht seyn/daß ihm das Wasser nicht schade/sagt Crescentiensis. Es wird aber ein Vogel-Leim für das Wasser also zubereitet/wann man Honig/Nußöl/oder Baumöl darein thut/welchen Leim die Vogelfänger brauchen/wann sie im Regenwetter Vögel fangen wollen/oder auch zu den Fischen. Es werden auch die Enten und andere Vögel mit mancherley Aaß/so ihnen vorgeworffen wird/gefangen/darvon sie gleichsam truncken und toll werden/als da sind Klettensaamen/an das Orth geworffen/da sich die Vögel auffhalten/wann sie denselben gessen/kommt sie der Schwindel also an/daß sie mit den Händen gefangen werden. Ein anders. Nimm Tormentill/und siede es in gutem Wein/darnach so siede das Korn oder die Gersten auch darinn/und wirff das Essen auf den Vogel-Herd/so fressen sie das Korn mit der genannten Wurtzel/und werden davon gantz eingenommen/daß sie nit mehr fliegen mögen/sondern fallen nieder auff die Erden/daß man sie ohne alle Arbeit mit den Händen greiffen kan. Dieses aber ist am allerbesten zu kalter Zeit/und wann ein grosser Schnee liegt. Ein anders. Nimm Gersten und spreng die auff den Herd/da die Vögel zu sitzen pflegen/daß sie darvon essen/darnach nehme Gerstenmeel/Ochsengallen/und Bilsensaamen/mach darauß einen Brey/und thu es auff ein reines Bretlein/so essens die Vögel/und werden darvon schon schwer/daß sie nicht mehr fliegen können/so kan man sie dann mit den Händen greiffen. Ein anders. Nimm Gersten/Fliegenschwämm und Bilsensaamen/siede es alles untereinander/mach einen Brey darauß/thue denselben auff ein Bretlein/und setze es auff den Herd/wo die Vögel hinkommen/so essen sie das Aaß/und können alsdann mit den Händen gefangen werden. Wann einer einen Orth/darauß die Enten gewohnet sind zu trincken/weiß/der soll das Wasser außschöpffen/und rothen Wein darein giessen/dann wann sie denselben getruncken/werden sie auff die Erde fallen/und können also gefangen werden. Dieses thut auch die Hefen/so vom Wein kommen/wie Didymus bezeuget.

Was von diesem Vogel ausser und in der Artzney dem Menschen nützlich seye.

Die wilde Enten werden gleich wie die zahme zu der Speiß gebrauchet. Gualtherus Ryff lobt der wilden Enten Blut wider das Gifft. Etliche auß den Alten loben insgemein der Enten Blut: es seye dann/daß einer lieber wolle die Enten auß Ponto, welcher Blut insonderheit wider das Gifft dienlich/für wilde Enten halten: welches ich leichtlich zugebe/dieweil es glaublicher ist/daß die wilde Enten mehr als die zahme mit Gifft/welches von denen auß Ponto gesagt wird/gespeist werden. Wiewol Gänseblut eben darzu dienen soll/nicht allein aber der wilden/sondern aller insgemein.

Von den Enten.
Von den beyden Geschlechten Boscadis, und von dem Phascade.

BOsca/ wie Aristoteles schreibt/ ist ein breitfüssiger Vogel/ der Enten gleich/ aber kleiner/ und wohnet bey den Flüssen und Seen. Das Männlein hat mancherley Farb/ einen krümmern und kleinern Schnabel/ als mit seiner Proportion überein kommet. Wie diese Vögel eingeschlossen und ernehret werden/ ist genugsam in den zahmen Enten gesagt. Daß man den Vogel (zu Latein Querquedula, im Griechischen Bosca genannt) nur für ein Geschlecht hält/ kan wohl seyn/ dieweil sie beyde auß dem Enten-Geschlecht/ auch denselben ähnlich sind/ allein daß sie etwas kleiner sind als die obgenannte Ent. Eberus und Peucerus zehlen diese unter die Mittel-Enten. Es ist auch ein ander Geschlecht dieses Vogels Boscadis, grösser dann ein Ent/ doch kleiner dann Chenalopex.

Diese und dergleichen Enten werdē Groß-Enten/ wilde blaue Enten genennet/ wie unten in Beschreibung der grossen wilden Enten zu sehen. Die aber so Phascades genennet werden/ sind etwas kleiner dann die Täucherlein/ im übrigen dē Enten gleich/ sagt Athenæus und Hermolaus Barbarus. Waß diese Phascades keine Kriech-Entlein sind/ so sind sie doch ihres Geschlechts/ und ihnen am ähnlichste/ ob sie gleich etwas kleiner; wiewohl es vielleicht seyn kan/ daß man dieser Nahmen einen für den andern genommen hat / dieweil sie beyde den Enten gleich/ aber etwas kleiner beschrieben werden/ dann (sagt D. Geßner) ich habe diesen Nahmen Phascades nirgend gelesen/ kan auch seinen Ursprung nicht wissen noch erkennen.

Von dem Kriech-Entlein/ und denen Vögeln so der Enten gleich / aber etwas kleiner sind.   Querquedula.

Dieser Vogel wird zu Teutsch auff mancherley Weiß genennet / als Klein-Ent / Grau-Entlein / Mur-Entlein / Sor-Entlein / Trösel / Socke / Kriech-Entlein / Krig-Entlein / Kruck-Entlein / auff Italianisch heisset sie Cercerella, Frantzösisch Cercerelle, Spanisch Cercéta, Ungarisch Tsirke fu, Niederländisch Teeling. Eliota der Engelländer / nennet sie Teale. Turnerus sagt die jenige heissen bey den Engelländern also / welche kleiner sind dann die Enten / sonsten aber ihnen gleichen / als die so Wigene genennet werden. Wigene aber und Teale, wie D. Geßner von einem Engelländer vernommen / sind zwar Grösse halben einander nicht ungleich: aber der Farbe nach ungleiche Enten. Diese sind graufarbig auff dem Rücken und an den Federn: aber weiß an der Brust / die andern aber sind mit mancherley Farben getheilet / doch beyde grösser dann die Tauben / wohnen in den süssen Wassern / darinn sie Fisch und Wassergraß essen. Die Engelländer halten sie sehr hoch / weil sie ein fettes wohlgeschmackt Fleisch haben. Die Frießländer sagen / der Teeling seye kleiner als eine wilde Ganß / doch grösser als der Vogel Meanca genannt. Unsere Kriech-Entlein sind sehr schön / viel kleiner dañ die gemeinen Enten: doch am Schnabel / Füssen und andern Stücken ihnen gleich: grau oder schwartzlicht gefärbt / haben eine viel grünere Farb an den Flügeln / und einen schwartzẽ Schnabel: der Ober- und Untertheil deß Halses hat biß auff den Schnabel Kastanien-braune Federlein. Sie essen einerley Speiß mit den Enten / sonderlich die so man Stor-Enten nennet. Sie durchsuchen mit ihrem Schnabel den Boden / und die Kräuter so darauff wachsen / dann sie essen Wasserkräuter / derselben Saamen und Würmlein / welche in etlicher Magen / samt etlichen Steinlein gefunden worden; sie haben bey dem untersten Darm / vier Finger weit vom Hindern / zwey Angehenck / hinder sich gekehrt / fünff Finger lang. Fabricius sagt / diese Ent habe einen schwartzen Schnabel / einen rothen Kopff / zu beyden Seiten mit grünen Flecken gefärbt / den Halß mit weissen und schwartzen Federn gleichsam schuppicht besetzt; vornen ist derselbe weiß / mit schwartzen Flecken gesprenckt / sie hat einen weissen Bauch / die Flügel sind graugrünlich / und mit schwartzen und weissen Federn überzwerch vermischt. Das Weiblein hat keinen solchen schönen Kopff und Halß; der Bauch gleichet dem Weiblein auß den grossen Enten; doch haben sie beyde aschenfarbe Füsse / daran die Zeen mit schwartzen Häutlein zusammen gefüget sind.

ANAS CIRCIA, ein Birckilgen / von ihrer Stimm also genannt; diese gleichet der kleinen Enten / ohn allein an der Farb der Flügel und deß Bauchs nicht: dann die Flügel haben keine solche glänzende Federn / der Bauch hat auch an diesem Geschlecht mehr Flecken / wie Georgius Fabricius schreibt. Dieses Enten-Geschlecht findet man auch / wie D. Geßner vermeynet / in den Seen der Eidgenoßschafft. Dann (sagt er) ich hab unlängst im Anfang deß Jenners eine kleine gefangene Ente gesehen / die war etwas grösser dann ein Täucherlein / gantz grau / der Halß war einer zwerch Hand lang: der übrige Leib aber sechs Finger lang. Dieses aber war ein Weiblein / und hatte Eyer in ihm. Das Männlein ist ohne zweiffel schöner gefärbt. In seinem Magen fand ich schier nichts anders / als etlicher Wasserkräuter Saamen / so gleich einer Linsen / doch kleiner / länger und röthlicht waren.

AMARELLUS wird in Salernitano Regim. unter die Vögel / so gut zu essen / gezehlet. Arnoldus de Villanova sagt / dieses sey ein Wasservogel / der Enten gleich / aber kleiner. Unter die kleine Entlein oder Kriech-Eten / vermeint D. Geßner / könne auch die jenige gezehlet werdẽ / so bey Straßburg Kernell / nach dem Frantzösischen Nahmen Cercerelle, genennet wird. Diese hat mancherley Farb / der Schnabel hat eine Indig-Farbe; umb den Kopff ist sie roth / mit weissen Tüpfflein gesprenckt: der Kopff ist oben auff schwartz; d' Halß vornẽ weiß / wie auch d'Obertheil deß Bauchs; zwo lange weisse Linien gehẽ von den Augẽ hinder sich / also daß sie je länger je schmäler werden; der Rückẽ ist schwartz / wie auch der Schwantz; die Flügel sind aschenfarb / mit zwey weissen Zwerchlinien unterzogen / also / daß die obere breit / die untere aber schmal ist / und zwischen denselben / wie auch an dem untern Theil der Flügel / ist sie schwartz; die rothe Brust wird mit schwartzen Flecken / so an Grösse und Gestalt gar ungleich sind / unterschieden: die Bein sind grau oder schier aschenfarb. Dieses Entlein ist vielleicht das jenige / welches von etlichen Niederländern Crackafona genennet wird.

Von dem Vogel Glaucio.

Dieser Vogel / welcher von der Farb seiner Augen also genennet wird / ist etwas kleiner als ein Ent / sagt Athenæus. Bedünckt mich derhalben / er habe nit viel Unterscheids von dem Kriech-Entlein / oder Phascade, und dem kleinern Boscade, dann allein an der Farb der Augen / sagt D. Geßner.

Von dem Vogel Penelope.

Penelops ist ein Vogel der Enten gleich / in grösse einer Tauben / wohnet bey den Seen und fliessenden Wassern / sagt Aristoteles. Hesychius hält die zween Nahmen / Chenelops und Penelops, für einen Vogel. Dieser Vogel hat einen Kastanienbraunen Halß / er ist uns unbekant / (sagt D. Geßner) es seye dann vielleicht die wilde Ent / so von den Teutschen Rothhalß genennet wird / von ihrem rothen / oder vielmehr Kastanienbraunen Halß / wiewohl nicht allein der Halß / sondern auch

Von den Enten.

auch der Kopff also gefärbt ist: Der Schnabel ist grau und breit/die Brust schwartz/wie auch der Schwantz und die Schwingfedern/ der Bauch ist weißlicht/auff grau ziehend (wann ich anderst die Figur recht besehen/ nach welcher ich dieses geschrieben hab)die Füsse sind grau/umb den schwartzen Augenstern gehet ein goldgelber Ring: Diese Ent ist umb Straßburg wohl bekannt. Wir wollen bald hernach eine beschreiben/ so dieser nicht gar ungleich/ nemlich die wilde graue Ent/ welche auff gleiche Weiß am Haupt uñ Halß gefärbt. Es sind auch etliche Täucher am Halß uñ Haupt Kastanienbraun gefärbt/ als das Eyß-Entlein/ doch nicht so sehr als der Rothhalß und die wilde graue Ent/ von welchen wir nachmahls schreiben wollen; doch ist der Täucher mit dem schmalen Schnabel umb den Halß eben so roth/ oder wohl röther.

Von dem Vogel Capella genannt.

Dieser Vogel/ welcher auch Capra genennet wird/ wohnet bey den Seen und fliessenden Wassern/ wie Aristoteles sagt/ er bedünckt mich (sagt D. Geßner) auß deren Geschlecht zu seyn/ unter welche er gezehlet wird/ das ist der Enten/ auch breitfüssig wie dieselbige. Woher er aber diesen Nahmen bekommen/ kan ich nicht sagen. Bellonius vermeinet/ der Vogel Gyfitz genannt/ heisse in Griechenland Capra, ohne zweiffel seiner Stimme wegen/ wie wir hernach in Beschreibung desselben weiter sagen wollen.

Von dem Vogel Brentho, so der Enten oder Täucher gleich; und von einem andern Berg-Vogel dieses Nahmens.

Der Vogel Brenthus, der Mewe oder Holbrot/ und der Adler Entenstösser genannt/ sind einander gehässig/ dann sie haben alle ihre Nahrung auß dem Meer/ wie Aristoteles schreibet. Derhalben bedünckt mich (sagt D. Geßner) daß dieser Vogel mehr ein Täucher als Enten-Geschlecht seye/ dieweil dieselbige auch von den Fischen leben. Es sol aber auch Brenthus ein anderer Vogel seyn/ so auff den Bergen und in den Wäldern wohnet/ sehr guter Nahrung ist/ und eine liebliche Stimme hat.

Von dem Vogel Branta oder Bernicla genannt.

Turnerus sagt/ er kenne in Engelland/ ohne die wilde und zahme Gänse/ noch zwey Geschlecht. Die erste Ganß werde von ihnen Branta oder Bernicla genennet/ diese sey kleiner dann die wilde Ganß/an der Brust etwas schwartz/ sonsten aschenfarb: sie fliegt auch wie die wilde Gänse/ schnattert/ gehet in die Pfül und frisst die Saat ab. Ihr Fleisch ist etwas unlieblicher/ und derhalben den Reichen nicht so angenehm. Dieses Vogels Nest oder Eyer hat keiner nie gesehen: und das ist kein Wunder/dieweil er ohne Eltern/von ihm selbst auff folgende Weise gebohren wird: Wann ein böß Schiff oder Segelstang ein Zeitlang im Meer gefaulet ist/ so kriechet er anfangs gleich als ein Schwamm herauß/ an welchem man bald darauff die Figur oder Gestalt eines Vogels siehet/ welcher darnach mit Federn bedeckt/ und zuletzt lebendig und fliegend wird. Damit aber dieses niemand für ein Mährlein halte/ so bezeugen dieses nicht allein alle die/ so an den Gestaden in Engelland/Irrland/und Schottland wohnen/ sondern es bekräfftiget auch der Geschichtschreiber Gyraldus, der die Historien Irrlands fleissig beschrieben hat/ daß dieser Vogel nicht anders gebohren werde. Dieweil ich aber dem gemeinen Volck nicht sicherlich dorffte trauen/ (sagt Turnerus ferner) auch dem Gyraldo der Sachen Seltzamkeit wegen nicht glaubte/ so hab ich/als ich dieses schriebe/ einen Mann/Octavianus genannt/an dessen Auffrichtigkeit ich nicht zweiffelte/ der auß Irrland bürdig/ und ein Lehrer der heiligen Schrifft war/ gefraget/ob er in dieser Sach dem Gyraldo Glauben gebe/ welcher durch das Evangelium/ das er lehrete/geschworen/es wäre gantz gewiß und warhafftig/was Gyraldus von der Geburt dieses Vogels geschrieben hätte: er habe auch unaußgewachsene Junge dieser Vögel mit seinen Augen geseheñ/ und in Händen gehabt: und wolte mir in kurtzem/ so ich ein Monat oder zween zu Londen in Engelland bliebe/ dergleichen Junge überbringen lassen. Dieses aber wird denen nicht seltzam vorkommen/ welche gelesen haben/ was Aristoteles von dem Vogel Ephemero geschrieben/ daß nemlich derselbe im Fluß Hypano auß etlichen Hülsen oder Schalen herfür komme/ ꝛc. Dieses bezeuget Turnerus nachmahls weiter in seinem Vogelbuch/in d̕ Epist.so er an D. Geßnern geschriebẽ/warhafft zu seyn/auß gelehrter und glaubwürdiger Mäñer Bericht/welche diese Vögel selbstẽ gesehẽ. Der Vogel Branta ist einer wildẽ Ganß sehr gleich/außgenommen dz er kürtzer ist/ von dem Halß an so etwas röthlicht ist/biß an die Mitte deß Bauchs/ welcher etwas weiß/ist er schwartz. Er isset wie andere Gänß die Saaten der gesäeten Aecker ab. In Wallien/ welches ein Theil Engellands ist/ deßgleichen in Irrland und Schottland werden diese Vögel allenthalben noch bloß und ohne Federn am Gestad deß Meers gefunden/ haben aber die Gestalt eines Vogels. Die ander Ganß auß denen zweyen so mir bekannt in Engelland/ist ein Meervogel/ so man gemeiniglich a Solendguse nennet/ welche nur von den Fischen lebt/ und im Schottischen Meer

Meer/bey der Inſel Baſſi/gefunden wird. Mehrere Nahmen der Gänſe weiß ich nicht. So weit ſchreibt Turnerus. Und ſpricht weiter: Ohne dieſen Vogel/Brantam oder Berniclam, iſt noch ein anderer Vogel/ ſo an einem Baum wachſen ſoll. Dann es ſind Bäume in Schottland/ die am Geſtad deß Meers wachſen/ auß welchen dieſe Vögel erſtlich als kleine Schwämm herfür ſchieſſen/anfangs ungeſtaltet/ darnach nehmen ſie nach und nach eines Vogels Geſtalt an ſich: nach dem ſie aber zu ihrer vollkommenen Größe kommen/hangen ſie eine Zeitlang am Schnabel/ bald darauff fallen ſie in das Waſſer / und werden alsdann lebendig. Dieſes haben ſo viel warhafftige Leute geſagt/ daß ich denſelben billich glaube/ und auch andere ſolches zu bereden mich nicht ſcheue. Eliota vermeint dieſe Vögel ſo von den Engelländern Barnaclæ genennet werden/ ſeyen die Chenalopeces. Dieſer Vögel gedencket auch Olaus Magnus in der Beſchreibung der Mitternächtigen Lande/ daß ſie auß einer Frucht eines Baums wachſen in den Inſeln bey Schottland. Münſterus ſchreibt/ es ſeyen in Schottland Bäume/ ſo eine Frucht mit Blättern umbwickelt/ hervor bringen/ welche ſo ſie zu rechter Zeit ins Waſſer fallen/ zu lebendigen Vögeln werden/welche man Baumgänß nennet. Dieſer Baum wächſt auch in der Inſel Pomonia ſo nicht weit von Schottland gegen Mitternacht gelegen. Die alte Welt-Beſchreiber / ſonderlich Saxo Grammaticus, gedencken auch dieſes Baums/ damit niemand vermeyne/ die neue Scribenten haben es erſtlich erdacht. Æneas Sylvius ſagt: er habe auch von einem Baum gehöret in Schottland/der am Geſtad der flieſſenden Waſſer wachſe/ eine Frucht gleich einer Enten trage/ die wann ſie zeitig worden/ von ihr ſelbſt abfalle/ etliche ins Waſſer/ etliche an das Geſtad/und daß die ſo auffs Erdreich fallen/ faulen/die aber ſo ins Waſſer fallen/ von Stund an lebendig werden/ unter dem Waſſer ſchwimmen/ und in die Lufft mit Flügeln und Federn fliegen. Welcher Sach/da ich fleiſſig in Schottland nachgefragt/hab ich verſtanden/daß dieſer Baum nicht daſelbſt/ ſondern bey den Orcadiſchen Inſeln gefunden werde. An etlichen Orthen in Flandern wird er auch gefunden. Albertus ſagt: daß etliche vermeynen dieſer Vogel werde auß faulem Holtz gezeuget/ ſeye nicht war/ dann er und andere mit ihm haben offt dieſe Vögel ſehen auffeinander ſitzen/ Eyer legen/dieſelbe außbrüten/ und die Junge erziehen. Er ſeye etwas kleiner dann eine Ganß/ und habe einen Gänßſchnabel/ einen Kopff wie ein Pfau / (aber keinen Strauß darauff) ſchwartze Füß wie ein Schwan/ die Zeen mit Häutlein zuſammen gefügt. Auff ſeinem Rücken ſehe er aſchenfarb auff ſchwartz ziehend/ der Halß ſeye oben auff ſchwartz / der Bauch aſchenfarb oder weißlicht. So weit ſchreibet Albertus.

Von der Baum-Ganß.

Eine andere Gattung ſcheinet zu ſeyn die Ganß/ ſo gemeiniglich von den Teutſchen Baumganß genennet wird/ſonderlich an den Farben unterſchieden/ deren Bildnuß hat D. Geßnern ein

ein kunstreicher Mahler und Vogelfänger von Straßburg zugeschickt/ wie dasselbe hie zugegen stehet. Sie ist etwas kleiner dann eine Ganß/ und wohnet in den Weiden/ unter uñ auff dem Wasser. Sie hat einen schwartzen Schnabel und Kopff; vornē an dem Halß/ auff dem Rücken/ Schwantz und Flügeln/ wie auch umb die Augen und hinder dem Halß/ ist sie weißlicht/ da sie dann auch mit etlichen aschenfarben oder grauen Flecken gezeichnet ist/ welche an der grauen Brust schwärtzer sind; am Bauch ist sie weiß und schwartz: die Bein sind grau.

Eine andere Abbildung dieser Vögel/ auß der Beschreibung deß Königreichs Schottlands/ Hectoris Boëthii.

Dieser Vögel Figur/ so die Schotten Clakis nennen/ ist D. Geßnern von Joanne Ferrario Pedemontano zugeschickt worden. Deß Männleins Schnabel ist spitziger/ deß Weibleins stumpffer/ wie die Figuren außweisen.

Hector Boëthius schreibet von diesen Gänsen also: Wann man ein Holtz in das Meer wirfft/ so werden mit der Zeit erstlich Würm auß dem gehöhlten Holtz wachsen/ welche nach und nach einen Kopff/ Füsse/ Flügel/ und zuletzt auch Federn bekommen. Darnach wachsen sie so groß als eine Ganß/ und wann sie recht erwachsen/ fliegen sie in die Lufft/ mit Hülff der Flügel/ wie andere Vögel/ welches Sonnenklar ist; wie ich dann im Jahr 1490. neben vielen andern/ so bey mir waren in Bughuania, gesehen habe. Dann als ein dergleichen grosses Holtz bey dem Schloß Pethslege von den Wellen dahin getrieben worden/ haben sich diejenige/ so dasselb zuerst gesehen/ über diese neue und seltzame Sache verwundert/ und dem Herrn dieses Orts angedeutet. Welcher als er dahin komen/ das Holtz mit einer Sägen zertheilen hiesse/ nach dem dieses geschehē/ sahe man alsobald theils eine grosse menge Würme/ auß welchen etliche noch ungestaltet/ etliche aber schon gantz gestaltete Glieder hatten; theils recht gestaltete Vögel/ unter welchen etliche gefedert/ etliche ohne Federn waren. Derhalben als sie über diesem Wunder erstarreten/ trugen sie das Holtz auß Geheiß ihres Herrn in das Dorff Tyræ in St. Andreas Kirchen/ da es noch heutiges Tags/ allenthalben von den Würmen durchgraben/ liegt. Dergleichen Holtz hat man auch 2. gantze Jahr gezeigt/ mit einem grossen Zulauff der Leute/ welches von einem Ungewitter in den Fluß Taum bey dem Schloß Bruthe getrieben war. Wiederumb ist ein anders zwey Jahr hernach zu Leth an dem Edenburgischen Hafen vielen Leuthen gezeigt worden. Dann ein groß Schiff/ Christoffel genant/ da es drey gantzer Jahr bey einer von den Inseln Hebrides vor Ancker gelegen/ ist es dahin geführet/ und an das Land gezogen worden/ da dann alle Balcken/ welche allzeit im Wasser gewesen/ voll dieser Würme waren/ deren etliche noch ungestaltet/ oder noch nicht gar als ein Vogel gestaltet/ andere aber gantz vollkommene Vögel waren. Damit aber niemand vermeyne/ diese Balcken an dem vorgenannten Schiff seyen auß denen Bäumen in der Insel/ da diese Vögel wachsen/ gemacht/ so wil ich hier beybringen/ was ich selbst vor sieben Jahren gesehen habe. Alexander Gallovidianus, Pfarrherr der Kirchen zu Kilkenden/ ein fleissiger und wohlgelehrter Mann/ als er Meergraß außgezogen/ und zwischen dem Stengel und den Aesten (so gerad von der Wurtzel biß zu der Spitze gewachsen) da sie aneinander sind/ sahe daß Schnecken daran gewachsen/ erstarret er über dieser seltzamen Sach/ da er aber dieselben auffthut/ verwundert er sich noch mehr; dann er fand in dieser Schalen keinen Fisch verschlossen/ sondern (welches ein Wunder zu sagen)einen Vogel/ und daß die Schalen auch nach seiner Grösse zugenommen und gewachsen waren/ dann wann die Schalen klein waren/ so waren auch kleine Vögelein darinn. Derhalben laufft er von stund an zu mir/ als der ich längst solches begehret hatte zu sehen/ und zeiget mir alles: darüber ich mich/ als über einer unerhörten Sach/ nicht so sehr verwunderte/ als freuete. Dann darauß kan man klärlich sehen/ daß der Saame dieser Vögel nicht in den Stämmen oder Früchten der Bäume/ sondern in dem Meer ist: welches Virgilius und Homerus nicht vergebens einen Vatter aller Dinge nennen. Weil man aber gesehen/ daß auß den Aepffeln der Bäume/ welche an dem Ufer stehen/ nach dem dieselbe in das Wasser gefallen/ mit der Zeit diese Vögel hervor kommen/ hat man vermeynet/ dieselbe Aepffel werden in diese Vögel verwandelt/ aber ohne Grund. Dann nachdem von der Krafft deß Meers erstlich Würmlein an diese Aeffel gewachsen/ welche mit der Zeit zugenommen haben/ hergegen aber die Aepffel wegen der Feuchtigkeit verfaulet und vergangen sind/ haben diejenige/ so die Sach nicht genau betrachtet/ davor gehalten/ es werden die Aepffel in diese Vögel verwandelt. Dieses ist was Hector Boëthius von diesen Vögeln schreibet.

Von dem Engelländischen Puffino.

Dieses ist ein Wasservogel/ welcher also genennet wird/ von Farb gleichet er der Enten (wiewol er nicht grün umb den Kopff und Halß ist) er hat einen Schnabel wie die Ent/ doch ist er etwas kleiner/ und voll Pflaumfedern; er wird eingesaltzen und für delicat gehalten. Er wird auch in der Fasten gessen/ weil er fast sich auff der Fische Natur ziehet/ in dem er kalt Blut hat. Also machen etliche auß dem so von Natur zu einem Vogel erschaffen/ einen Fisch/ gleich wie jener Bischoff auß den Rebhünern Karpen. Diesen Vogel hat ein Engelländer also beschrieben: Er ist ein Meervogel/ an Gestalt dem jenigen nicht ungleich/ welcher von den Engelländern Cotta genennet wird/ oder unseren Bölhinen/ allein daß er kleiner und mehr grau dann schwartz ist/ er hat auch keine Federn/ sondern ist allein mit Pflaumen bedecket/ darumb kan er nicht aufffliegen. Er lebet von Meergraß und von den Schnecken. Und wann er etwan auß Furcht oder anderer Ursachen wegen schnell an einen andern Orth will/ bemühet er sich mit den Flügeln und Füssen/ und fähret also schnell oben auff dem Wasser daher. Man fängt sie in den Garnen oder Netzen schaarweiß/ saltzet sie ein/ und behält sie biß auff die Fasten. Turnerus schreibet daß das dritte Geschlecht der Täucherlein/ (welches er einem Gänßlein/ so allererst auß dem Ey geschloffen/vergleichet) an statt der Federn Pflaumen habe: dieses aber lebe nicht im Meer/ sondern in den Seen und stillfliessenden Wassern.

Von den wilden Enten/ so in der Eydgenoßschafft gemein sind/ und erstlich von den zweyen wilden blauen Enten.

Von der kleinern wilden blauen Enten/ Rätsch-Ent genannt.

Anas fera torquata minor.

Von den Enten. 93

Diese Ent/ so ohne die obgesetzte Nahmen/ bey dem Boden-See von der Farb der Flügel und deß Haupts/ Blaß-Ent/ Spiegel-Ent/ anderswo Groß-Ent/ Mertz-Ent und Hag-Ent genennet wird/ ist an der Stirn und Gestalt den zamen Enten am ähnlichsten/ oder auch etwas grösser/ darumb sie von etlichen Groß-Ent genennet wird. Eine Hag-Ent aber wird sie deßwegen genennet/ weil sie in den Wassern gern bey den Hägen sitzet. Sie hat einen grünen Kopff/ gelblichten Schnabel/ oben einen grünen/ unten aber Kastanienbraunen Halß/ in der mitten daran einen weissen Ring/ daher wir sie zu Latein Torquatam nennen. Mitten an den Flügeln überzwerch hinüber ist sie himmelblau/ weßwegen sie von etlichen eine wilde blaue Ent genennet wird/ welche Farb sich doch gegen der Sonnen endert/ oben und unter denselben hat sie ein wenig weisse Federn/ d' Theil deß Rückens gegē dem Schwantz ist grau-blau/ unten schwartz/ der Schwantz ist von heller Aschenfarb mit vielē Tüpfflein gesprenckt/ (welche Gattung der gesprengten Federn an vielen andern Wasservögeln gar gemein ist) ihre Bein sind roth. Das Weiblein ist aschenfarb/ mit schwartzen und weissen Fleckē gesprengt; Es hat auch eine gröbere/ das Männlein aber eine schärffere Stim̄/ wie dann gemeiniglich bey allē Entengeschlecht gehöret wird. Dieser Enten sind zweyerley/ nemlich eine grosse uñ kleine/ welche beyde bey uns bekāt sind/ sagt Albertº.

Von der grösseren wilden blauen Enten/ Stortz-Ent genannt.

Anas fera torquata major.

Dieser Enten sind zweyerley: von der kleinern ist allbereit gesagt worden / nun wollen wir vō der grössern sagen / so bey uns gemeiniglich Storck-Ent / oder Stohr-Ent genennet wird / dieweilen sie mit dem Schnabel im Erdreich wühlet / den Sand und die Kräuter durchstöhret / und also ihre Nahrung sucht / welches auch die andern Enten thun / diese aber vielleicht mehr / dieweil sie von Leib auch grösser ist. Sie lebt auch von dem Habern und den Eicheln / fliegt derhalben zuweilen auff die Haber-Aecker. Sie ist von Farb fast der vorgehende gleich / sonderlich am Schnabel / Haupt uñ Halß / ꝛc. Diejenige welche sie fangen in unsern Seen / die jagen ihnen so lang nach / biß daß sie müde worden / und also können gefangen werden.

ANAS magna, eine grosse Ent. Diese grosse Ent hat einen in der mitten schwartzen Schnabel / so an dē Seiten gelb / einen schwartzgelben gesprengten Rücke; der Bauch ist heller als der übrige Leib / die Flügel sind aschenfarb / an welchen überzwerch hinüber weisse Federn sind / deren etliche also gläntzen / daß sie anderst an dem Schatten / anderst an der Sonnen scheinen; das Männlein ist in allen Stücken hübscher. Sein Schnabel ist gelb / der Kopff und Halß gläntzen grün / umb den Halß gehet in der mitten ein weisser Ring / der ander Theil ist Kastanienbraun; der Bauch mehr getheilt und tunckeler / daran die Federn den Rebhünerfedern gleichen / der Schwantz ist tunckelgrün wie am Weiblein; an dem Rücken ist es demselbigen auch gleich / es hat saffrangelbe Füß / das Weiblein aber bleichgelbe.

ANAS juncea vel graminea, eine Schmil Ent. Diese wird bey den Meißnern also geneñet / dieweil sie ein besonder Graß oder Bintzen isset / welches wegen der schmalē Blätter / gemeiniglich Schmalen genennet wird: in diesem Graß hat sie mehrentheils ihre Wohnung. Sie hat einen schwartzen Schnabel und Füß / im übrigen ist sie der grossen Enten gleich / nur daß sie von Leib heller gefärbet ist.

Von der wilden grauen oder Mittel-Enten.
Anas fera fusca vel media.

Die

Von den Enten.

Iese Ent ist an Grösse und Gestalt der zahmen nit ungleich; hat einen breiten Schnabel/welcher unten gantz schwartz/ oben aber/ hinden und vornen zur schwartz/ und in der mitten lichtgrau ist; der gantze Kopff und grössere Theil deß Halses glätzen von rother und kastanienbrauner Farb: der untere Theil aber deß Halses bey dem Rücken und der Brust/ ist allenthalben schwartz/wie auch der Außgang deß Rückens/sampt dem Schwantz: der übrige Theil deß Rückens ist Wieselfarb wie das Veeh: es sind aber Federn daran mit mancherley Farben getheilt/und von weissen und schwartzen Linien als Wasserwellen gar schön gezogen: also ist sie auch am Bauch gestaltet/aber tunckeler/ von welcher Bauchfarb sie auch den Nahmen hat. Der innere Theil der Flügel hat weisse Federn. Die Bein sind graublau/ die Zeen etwas weißlicht/ aber mit schwartzen Häutlein zusammen gefügt. Die jenige Ent/ welche wir droben wegen der Farb Rothhalß genennet/und darbey gezweifelt/ob man sie Penelops heissen könne/ ist eben dieses oder doch deß nechsten Geschlechts/dieweil sie auch einen getheilten und Kastanienbraunen Halß hat/und unter die Enten gezehlet wird. Darumb wollen wir dieses für eine Gattung halten/ oder doch nicht weit voneinander seyn lassen/ biß daß ein anderer etwas gewissers findet/sagt D. Geßner. Die Mittel-Ent (sagt Georgius Fabricius) wird von der grossen durch die Gestalt und Grösse unterschieden/ dann sie ist kleiner und weniger gefärbt/sonderlich an den Flügeln uñ Füssen/die Häutlein an ihren Füssen sind schwartz/welche an der grossen Ente gelb sind; der Bauch ist auch weisser/und weniger getheilt. Die Flügel an dem Männlein sind theils schwartz/theils weiß/ und mit etlichen wenigen rothen Federn gefärbt.

Von der Mucken- oder Fliegen-Ent.
Anas muscaria.

Diese

Diese Ent wird also genennet/weil sie Mucken oder Fliegen/so auff dem Wasser fliegen/fänget. Sie ist von Grösse wie die obgenante/und der zahmen nicht ungleich; hat einen breiten und flachen Schnabel/an welchem der Obertheil in der mitten schwartz/und zu beyden Seiten gelb ist: der untere aber ist gantz saffrangelb/und gehet zween Finger breit für die Federn herauß. Die Zähn sind auff beyden Seiten zersäget/etwas breit/und schier als ein Häutlein gestaltet/lassen sich biegen/und gehen herfür: am untern Theil aber gehe sie weniger herfür/und haben lange Hohlkählen. Die Farb der Federn ist fast am gantzē Leib getheilt/auß schwärtzlichten/hellgrünen/weissen und gesprengten hin uñ her vermischt/und kurtz zu sagen / fast wie an den Rebhünern gesprēgt. Die Bauchfedern sind weiß/ inwendig grau. Die Füß gelb/ und die Zeen mit schwartzen Häutlein zusammen gehenckt. Der Halß ist unten und oben gefleckt als das Rebhun. Der Kopff oben auff ist schwärtzer als die andern Theil/wie auch die Flügel; sie hat auch einen kurtzen Schwantz. Dieser Enten ist nicht ungleich diejenige Ent so Leiner genennet wird; wie wir hernach sagen wollen. Im Bodensee bey Costnitz soll ein ander Entengeschlecht gefunden werdē/welches mā anderswo von dem Mur oder Schlam/Mur-Ent und Moß-Ent nennet/groß von Leib/ und mit gar schönen Farben gezieret/daher D. Geßner vermeint/daß es eben die/so er droben Storck-Ent genennet/sey. Georgius Fabricius hat uns eine andere MuckenEnt beschrieben/so von den Meißnern Pilente oder Pilwegichen genennet wird. Diese spricht er/fängt Fliegen/wird derhalben umb Lustswillen von den Knaben gehalten/ auff welches Plautus gesehen/da er gesprochen: Den Kindern vornehmer Leute werden Tohlen/ Enten oder Wachteln gegeben/mit welchen sie kurtzweilen. Sie lauret aber/ still daher fahrend/ auff die Fliegen. Sie hat einen langen weichen und aschenfarben Schnabel/ welcher wie der übrige Leib gefärbet/außgenommen der Bauch/ so etwas weisser ist. Zu Nacht hat sie eines weinenden oder klagenden Stim/ist etwas grösser als eine Wasser- oder Bachstelze. Mit welchem letztern aber uns Georgius Fabricius die Nahmen der Bachstelzen unbekant macht/und in Zweifel stellet.

Von den Breitschnäbeligten oder Schell-Enten.

De Anatibus Platyrynchis, id est, Latirostris.

Die

Von den Enten.

Diese Ent nennet D. Geßner zu Latein/ oder vielmehr Griechisch also/ von den breiten Schnäbeln. Die unsern nennen sie Schell-Ent/ von der Gestalt ihres Schnabels/ welcher einer Schellen nicht ungleich ist/ oder weil sie in ihrem Flug mit ihren Flügeln einen Thon gleich einer Schellen macht. Sie hat einen schwartzen/ und zweyer Finger langen Schnabel/ welcher auch fast so breit/ und etwas rund/ als ein Schild ist/ daher sie etliche Schild-Ent nennen. Sie ist wie die Mücken-Ent/ auch nicht grösser als die zahme/ und hat auch gelbe/ aber grössere und längere Füsse/ deßgleichen die Zeen mit schwartzen Häutlein zusammen gefügt. Ihre Federn sind allenthalben schwartz/ ohne an dem Halß lichtgrau/ und unten an den Flügeln weiß. Der Kopff ist schwartz kastanienbraun; der forderste Theil deß Halses/ und der Bauch sind weiß. Die Zähn in dem obern Theil deß Schnabels sind verborgen/ und gehen nicht herfür: die untern aber haben lange Hohlkälen/ wie an der Mücke-Ent; die Zung ist schwartz. Sie lebt auch von den Fischen. Diese Ent ist eben diejenige/ oder doch deß Geschlechts/ welche von Georgio Fabricio, Clangula oder Klinger/ vom Klang ihrer Flügel genennet wird. Dieselbe hat einen breiten/ aber doch kurtzen/ stumpffen und schwartzen Schnabel/ einen grossen schwartzen oder tunckelgrünen Kopff. Bey den Augen haben die/ so in diesem Geschlecht schön sind/ zu beyden Seiten einen weissen Flecken. Das Weiblein aber hat weder die grüne Farb am Kopff/ noch die obgenante Flecken/ (darumb vermeynt D. Geßner/ diese Figur/ so hier stehet/ sey von einem Weiblein gemacht/ dann sie hat keinen Flecken.) Der Schwantz und Rücken sind theils schwartz/ theils weiß; die Kähl sampt dem Bauch ist gantz weiß; am Weiblein aber die Kähl aschenfarb und etwas gesprengt/ die Bein sind an beyden gelb. Dieses sagt Fabricius. Wir haben aber den Kopff dieser Enten hierzu gesetzt/ damit die Breite deß Schnabels/ darzu die Flecken bey den Augen/ so an unserer Figur nicht außgetruckt/ desto besser gesehen werden.

welcher Nahme dem Teutschen Wort Schell-Ent nahe kommet. Sie hat auch einen kurtzen/ breiten und schwartzen Schnabel/ ist auch schwartz an dem Haupt/ Rücken und Flügeln/ in welcher Mitten doch ein gut Theil weiß ist/ wie auch zu oberst an denselben/ der untere Theil deß Halses/ die Brust und der Bauch sind auch weiß/ darzu hat sie zwischen dem Schnabel und den Augen weisse Flecken/ der übrige Theil umb die Augen/ ist mit blaugrünen Flecken umbgeben. Die Bein und Füß sind rothgelb. Andere aber beschreiben den Schel-Drake der Engelländer anderst/ wie unten in Beschreibung der grossen Täucher zusehen. Es ist noch ein ander Geschlecht der breitschnäbligten Enten/ (wie D. Geßner sagt) in der Schweitz/ Schild-Ent genannt; etliche nennen sie Taschen-Maul/ wegen deß sehr breiten Schnabels/ so fast zweyer Daumen breit ist. Dann sie hat einen schwartzen/ breiten und zu eusserst als ein Löffel gestalteten Schnabel/ und vornen daran einen kleinen und kurtzen Hacken. Der unter Theil deß Schnabels fügt sich in den obern also ein/ daß er gantz darein verschlossen wird. Die Zähn sind zu beyden Seiten deß Schnabels weich/ leicht zu biegen/ und gerad an diesem Entengeschlecht/ (so viel ich weiß) die allerlängsten eines halben zwerch Fingers lang; vielleicht haben die andere Enten eben so lange Zähn/ sie hangen aber mehr am Schnabel/ und gehen nicht also herfür. Der Kopff ist schwartz; aber der hinder Theil biß in die mitten deß Halses ist grünlicht. Der Halß ist zwo zwerch Händ lang; der übrige Leib/ wie der gemeinen Enten/ oder etwas kleiner. Die Bein und Füß sind saffrangelb; die Bauchfedern sind roth/ (am vorigen Geschlecht aber weiß.) Der obere Theil der Flügel ist aschenfarb-bläulicht; die übrige Federn theils grau/ theils grünlicht. Diese lebt auch von den Fischen.

Schell-Enten-Kopff.

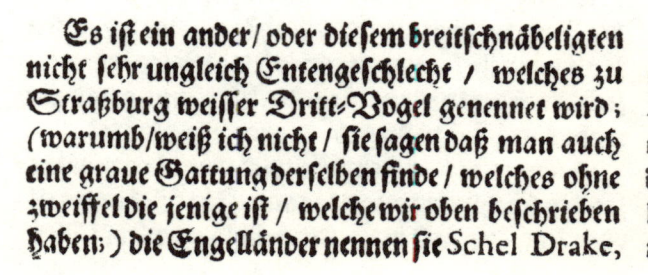

Ruß-Enten-Kopff.

Es ist ein ander/ oder diesem breitschnäbeligten nicht sehr ungleich Entengeschlecht/ welches zu Straßburg weisser Dritt-Vogel genennet wird; (warumb/ weiß ich nicht/ sie sagen daß man auch eine graue Gattung derselben finde/ welches ohne zweiffel die jenige ist/ welche wir oben beschrieben haben;) die Engelländer nennen sie Schel-Drake,

Anas tuligula, von den Meißnern ein Rüßgen oder Ruß-Ent genannt/ dieweil sie am gantzen Leib rußfarb ist. Ihr Schnabel ist kurtz wie der obgenannten/ darzu breit/ wie an dem nachfolgenden Breitschnabel/ daher sie der kleine Breitschnabel kan genennet werden. An den Flügeln hat sie überzwerch hinüber eine weisse Linie. Der Bauch ist

ist weiß; die Bein wie an den Kriech-Entlein/ mit welcher sie auch in der Grösse überein kommet.

Anas latirostra major, zu Teutsch genannt ein grosser Breitschnabel/ dieweil sie fast zweymahl einen breitern Schnabel hat als die andern/ welcher am Männlein schwartz/ am Weiblein aber bald gelblicht/ bald mit Flecken gesprengt ist. Sie hat darzu lange Hohlkählen daran/ und mehr als sonst kein ander Entengeschlecht. Der Halß ist liechtgrau gesprengt/ und der unter Theil der Kählen weiß. Die Flügel sind oben blau/ in der mitten weiß/ zu eusserst tunckelgrün/ das übrige aschenfarb; der Bauch ist Kastanienbraun/ am Weiblein einer mittelmässigen Enten gleich/ bleichgelb. Die Füß/ so wohl deß Männleins/als Weibleins kommen mit dem ersten Geschlecht überein.

Breitschnabel-Kopff.

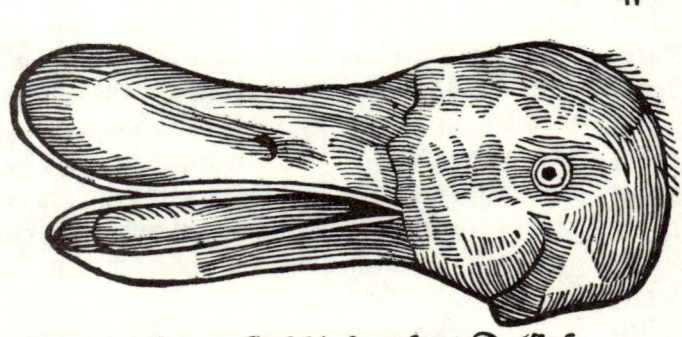

Zu diesen Enten-Geschlechten setzet D. Geßner/ noch eine andere Gattung/ welches eine frembde Art ist/ und Seevogel genennet wird; und einen kurtzen und gewelbten/ oder in die Runde gebogenen Schnabel hat/ welcher auff hell-himmelblau ziehet/ doch ist der mittelste Theil daran schwartz/ wie auch der Kopff/ der eusserste Theil deß Schwantzes/ und die Schwingfedern; welche doch mit zweyen Striemen unterschieden sind/ deren die untere weiß; und die obere deßgleichen ist/ welche letztere aber in der mitten mit einer rothen Linien durchzogen. Der kurtze Halß ist unten weiß/ der Rücken grau/ die Brust roth/ wie auch die Bein/ wiewohl dieselbige etwas heller sind. Die Seiten sind aschenfarb mit grauen und kurtzen Flecken oder Linien getheilet; umb die Augen gehen tunckelgrüne Tüpfflein. D. Geßner hat aber diese Beschreibung nur von dem abgemahlten Vogel genommen. Hie kan man nachsinnen/ ob dieses der Vogel sey/ so bey den Friesen Slub genennet wird/ welches ein Wasservogel ist/ kleiner als ein Ent/ aber einen breitern Schnabel hat.

Anas cirrhata wird zu Teutsch wegen der Grösse ihres Leibs/ eine Voll-Ent genennet/ welche auch einen breiten Schnabel hat/ und so groß als eine Henne/ voll und fett ist/ weßwegen man sie lieber isset als die andern. Ihr Schnabel ist oben gantz graublau/ unten schwartz; der Kopff un Halß sind auch allenthalben schwartz. Das Männlein hat einen Strauß auff dem Kopff mit schwartzen Federn vermischet/ welcher allenthalben mit schwartzgrünen Federn umbgeben. Der Rücken ist grau/ mit weissen Flecken (wie mit Staub) untereinander gesprengt/ welche so klein/ daß man sie kaum sehen kan/ man sehe dann eigentlich darauff. Unter den grauen Federn der Flügel sind noch weisse/ welche zu eusserst wiederumb schwartz sind. Der Schwantz ist kurtz wie der Enten/ allenthalben grau. Der Bauch und Obertheil der Flügel sind überall weiß. Die graublaue Zeen werden mit schwartzen Häutlein zusammen gefügt.

Von etlichen andern Enten/ welche bey den Meißnern von Georgio Fabricio beschrieben worden.

ANas fistularis, ein Pfeiff-Ent von ihrer hellen Stimm also genannt/ welche sie als ein Pfeiff außläst/ dann sie hatte in ihrem Schnabel breite Lufftgäng. Der Schnabel ist blau/ vornen an dem Nagel hat sie schwartze Striemen darauff/ wie Fäden gespalten. Der Halß ist roth und weiß getheilet; der Rücken ist theils von Pflaum/ wie der grossen Enten Bauch/ theils mit rothen und weissen Federn vermischt. Die Flügel sind zu oberst am Rücke gleich/ in der mitten weiß/ zu unterst aschenfarb. An dem Weiblein aber sind weder der Schnabel/ Rücken noch Flügel dem Männlein ähnlich/ den Bauch außgenommen/ als welcher an beyden Geschlechten weiß ist.

Anas strepera, ein Leiner/ wegen ihrer grossen Stimm also genannt. Diese hat einen schwartzen Schnabel/ einen liechtschwartzen/ und gleichsam schüppichten Halß; der Rücken ist aschenfarbgelblicht; unter den Flügeln ist sie wie das Rebhun gefärbet; die Flügel sind mit rothen/ schwartzen und weissen Federn vermengt. Der Bauch ist oben weiß; der Schwantz schwartz/ und zu eusserst aschenfarb; die Füß bleichgelb/ die Häutlein daran schwartz. Diese scheinet eines Geschlechts zu seyn mit der Mücken-Ent/ welche wir droben beschrieben haben.

Bußbeck gedencket in dem ersten Sendschreiben der Türckischen Bottschafft einer Arth Enten/ die man nicht unbillig unter die Hornbläser rechnen mögte/ weil sie eben so ein Geschrey machē/ wie die Postilionen auff ihren Posthörnern blasen. Dieser Vogel/ wiewohl er keinen scharfen Schnabel und spitzige Klauen hat/ so ist er doch behertzt/ und wehret sich tapffer; welcher auch/ (wie sich die Türcken bereden lassen) die bösen Geister vertreiben soll. Einmahl ist er seiner natürlichen Freyheit so unvergessen/ daß/ wann man ihn gleich drey gantzer Jahr wohl gespeiset/ er doch dieselbige der guten Kost vorziehet; und wann er seine Gelegenheit ersiehet/ wieder seiner natürlichen Wohnung und gewohntem Nest zuflieget.

Anas caudacuta, ein Spitzschwantz/ von ihrem langen Schwantz also genannt. Ihr Schnabel ist oben schwartz/ an den Seiten hellblau gefärbet. Am Weib-

Von den Enten.

Weiblein ist er aschenfarb/ und mit schwartzen Flecken gesprengt. Die eusserste Schwingfedern sind überzwerch hinüber weiß/ in der mitten schwartz vō grün und blau glänzend/ zu eusserst sind etliche gelblicht. Diese vielfältige getheilte Farb ist nit am Weiblein/ sondern allein zwo weisse Linien überzwerch hinüber. An dem Haupt ist sie der Mittel-Enten/ auff dem Rücken aber dem Leiner ähnlich; die Füß sampt dem Häutlein sind aschenfarb.

Anas Quadrupes, ein vierfüssige Ent/ in der Grösse einer kleinen Enten. Sie hat einen breiten dünnen Schnabel/ der nicht wie der andern Enten/ überzwerch hinüber/ sondern dem Kopff nach/ von der Stirn an biß zu Anfang deß Halses breit/ vornen schwartz zu/ und hinden gelb ist. Der obere Theil deß Haupts ist biß auf den Halß schwartz/ umb die Augen aschenfarb; den Halß umbgibt ein schwartzer Ring; der Rücken/ Schwantz und die Flügel sind auch schwartz; der Bauch weiß; die Füß gelb/ und stehen nicht weit voneinander/ wie die Figur außweiset. Diese Ent hab ich todt gesehen/ dann es werden zwo derselben zu Torgau in dem Zeughauß deß Churfürsten von Sachsen gezeiget. Ich hab von etlichen verstanden/ daß bey Merseburg nicht weit von der Sal/ dergleichen Vögel gefangen worden. Dieses schreibet Fabricius, welcher D. Geßnern auch diese Figur zugeschickt hat. Die Flügel und Bein der Vögel werden auß dem Dotter gestaltet/ welches darauß offenbahr ist/ weil die Jungen/ so auß einem Ey mit zweyen Dottern (ohn ein Zwischen-Häutlein) mit vier Füssen und so viel Flügeln gebohren werden/ welches für ein Wunder gehalten wird/ wie sich vor diesem in Mäyland zugetragen/ schreibet Cardanus. Aber diese Ent/ wie auch die vierfüssige Taube/ derer wir an gehörigem Orth gedencken wollen/ sind nur vierfüssig gewesen/ und haben nicht vier Flügel gehabt. Von den Eyern aber/ so zwey Dotter haben/ wollen wir weitläufftiger in Beschreibung der Hennen reden. In dem Costnitzer See werden auch mancherley Enten gefunden/ deren etliche von den Einwohnern Kraut-Enten/ Mur-Enten/ Treib-Vögel/ und Kätzlein genennet werden. Die Spanier haben in der Insel Hispaniola, und derselben Gegend wilde Gänß/ Turteltauben und Enten/ welche etwas grösser als die unsrige/ und so weiß wie die Schwanen sind/ mit purpurfarben Köpffen/ gefunden/ wie Petrus Martyr schreibet; wiewohl Christophorus Columbus sagt/ die Turteltauben und Enten seyen grösser als die unsrige; und die Gänse weisser als die Schwanen/ nur daß sie einen rothen Kopff haben.

Eine Meer-Atzel mit breiten Füssen.
Pica marina palmipes.

Joannes Cajus, (welcher D. Geßnern diese Figur zugeschickt) spricht/ daß ein Vogel in Engelland sey/ an Grösse und Gestalt seines Leibs einer Enten gleich/ mit rothen breiten Füssen/ welche weiter hinden stehen als den andern breitfüssigen Vögeln: Der schmale Schnabel/ so mehr flach dann lang/ ist überzwerch hinab/ dem Kopff nach/ wie deß vorbeschriebenen Vogels/ breit gestaltet/ oben daran hat er vier rothe Striemen/ und unten zwey/ in bleich ochergelb gezogen. Die Weite zwischen denselben und dem Kopff ist blau/ und wie der Mond/ wann er zehen Tag alt/ gestaltet. Zu oberst an dem gantzen Leib ist er schwartz/ außgenommen bey den Augen/ so in weissem stehen; unten ist er gantz weiß/ ohn zu oberst an der Brust/ da er schwartz ist. Er hat seine Nahrung auß dem Meer. Liegt in den Höhlen verborgen/ wie der Vogel Charadrius. Wie er dann von einem Weydmann/ nicht weit von dem Meer/ mit einem Frettelein/ in einem Kaningen-Loch oder Höhle gefangen worden.

Von etlichen Enten/ welche in Niederland bey denen Orthen/ so am Meer liegen/ gesehen werden/ nehmlich den Meancken/ Teeling/ Sluben/ rc. so kleiner sind als die wilde Ent.

Diese obgenannte Enten und Wasser-Vögel werden bey den Niederländern gefunden/ und deren sind mancherley; welche Smeant/ Teeling/ Slup/ Griff-Vogel und wilde Enten genennet wer-

werden. Die erste ist die kleineste; die andere etwas grösser als die erste; die dritte grösser als die andere; die vierte grösser als die dritte; und die fünffte die allergrösseste. Die Meancken von ihrer Stimm also genannt/ sind kleiner als die Enten/ mit einem kurtzen Halß/ kurtzen Füßlein/ aschenfarb gefärbt/ mit graublauen Augen/ mit einem Schnabel so theils goldgelb/ theils roth ist/ sie schreyen allezeit meanca, haben ein groß Begierd nach den todten Cörpern/ sonderlich der Menschen/ daher freuen sie sich der Ungewitter und Ungestümmigkeiten deß Meers; doch stellen sie auch den kleinen Thierlein nach. Von diesen Vögeln nennen die so bey dem Meer wohnē/ auch viel andere Meervögel Meancken/ (ohnzweiffel die/ welche gemeiniglich Mew genennet werden) wie Albertus schreibt. Doch schreibt er eben dieses auch von dem Wasserhun oder der Bölhinen/ allein daß dieselbige schwartz sey. Darauß dann zu ersehen/ daß diese Vögel fast eines Geschlechts seyen/ und auß dem Geschlecht der Mewe/ welche stets umb das Wasser fligen/ schreyen/ Fisch fressen/ voll Pflaumen und leicht sind; auch am Halß/ Schnabel und Füssen/ den Meancken so Albertus beschreibet/ gantz gleich/ deßgleichen breitfüssig/ ꝛc. wie wir weitläufftiger in Beschreibung deß Mewen hören werden. D. Geßner hat von einem Frießländer gehört/ daß die Meanca der wilden Ent nicht ungleich/ doch kleiner sey/ hoch in die Lufft fliege/ wann schön Wetter vorhanden/ daß sie auch an den Seiten weiß sey. Diesen Vogel aber nannte er zu Teutsch Schmeant. Dieweil aber solche Vögel meistentheils fliegen/ und selten schwimmen/ als vermeynt D. Geßner/ man solle sie unter die Enten nicht zehlen.

Von dem Vogel Teeling und Wigena genant/ ist oben bey dem Kriech-Entlein geredet worden.

Slub/ ein Enten Geschlecht bey den Friesen/ also genannt/ ist kleiner als die wilde Ent/ doch mit einem breitern Schnabel. Dieses mag vielleicht eine Gattung der breitschnäbligten Enten seyn/ so wir oben beschrieben.

Es ist aber nicht zu zweiffeln/ daß noch viel andere Geschlecht der Enten gefunden werden in andern Landen/ wiewol die Alten derselben nicht gedacht haben/ gleich wie sie auch nur 3. Reiger Geschlecht setzen/ so doch Oppianus sagt/ daß derselben sehr viel gefunden werden. D. Geßner aber vermeinet/ daß nit mehr Reiger- als Entengeschlecht seyen/ zumahl wann man die Täucher auch unter die Enten zehlet: dann es sind etliche Täucher der Enten nicht allein an dem Leib/ sondern auch an dem Schnabel gleich/ also daß man sie im ersten Anblick für Enten solte halten.

Von den Täuchern insgemein/ und wie sie von den Enten unterschieden werden; insonderheit aber von dem Täucher/ welcher bey den alten Lateinern Mergus, und bey den Griechen Æthyia genennet wird.

Mergus, zu Teutsch ein Täucher genannt/ ist nicht nur eines Vogels Nahm/ sondern er begreifft gar viel Gattungen dieser Vögel unter sich/ wie wir hernach bey den gemeinen und wohlbekanten Täuchern sagen wollen. Die Alten haben nicht viel Geschlecht der Täucher gemacht/ weil sie dieselbe unter die Enten gezehlet. Wir aber unterscheiden sie von denselben wie an andern Stücken also/ fürnehmlich an den Zähnen/ als welche an allen Enten weicher sind/ sich biegen lassen/ und überzwerch durch den Schnabel gehen. An den Täuchern aber/ so einen breiten Schnabel (doch nicht so breit als die Enten) haben/ sind harte und starcke Zähn/ doch an beyden Seiten nur an dem Ranfft deß Schnabels: die andern aber so nicht breitschnäbeligt/ sondern vornen spitzig sind/ haben keine Zähn. Die Alten haben zwar keines Vogels (das ich weiß) mit Zähnen gedacht/ dann allein der Vögel Diomedis, welche Juba Cataractas nennet/ daher sie auch unter das Täucher-Geschlecht können gezehlet werden. Die Täucher sind auch mehr im Wasser als die Enten; und gehen nicht so sehr auff das Erdreich als die Enten. Sie haben auch etwas kürtzere Bein/ so etwas weiter hinden stehen/ daher sie auch schwerlich gehen können. Sie leben mehrentheils von den Fischen/ schwimmen länger und schneller als die Enten. Sie behelffen sich auch mehrentheils der Kräuter/ haben darzu einen längern Halß; und einen einigen Darm/ dadurch die Speiß auß dem Magen gehet/ weßwegen sie gar fräsig sind.

Dieser Vogel wird auff Hebreisch שלך, Griechisch αἴθυια, Lateinisch Mergus, Italiänisch Smergo, Frantzösisch Plongeon, Hispanisch Cuorvo marino, Pohlnisch Norek, Ungarisch Buar, Engelländisch a Cormorant, Niederländisch een Tuycker/ Scolver; und zu Teutsch Täucher oder Tauch-Ent genennet.

Von der Natur und Eigenschafft dieses Vogels.

Dieser Vogel hat seinen Auffenthalt in den süssen Wassern und im Meer: und wann er darauß fliegt/ so verkündiget er einen Wind. Er tauchet und verbirget sich unter das Wasser/ daher er auch seinen Nahmen hat/ doch kan er nicht lang unter dem Wasser bleiben/ weil er in der Lufft wiederumb Athem holen muß. Wann er sich einer Gefahr befürchtet/ tauchet er sich unter das Wasser. Sie verändern auch ihre Stimme. Nisten auff den Bäumen und in den Felsen. Sie legen zu Anfang deß Frühlings auff das meiste drey

drey Eyer/ wie Plinius schreibet. So bald die Jungen auß ihren Eyern geschloffen/ sind sie so starck/ daß sie/ (ob sie gleich von ihrer Mutter verlassen werden) sich selbsten nehren können. Wann die Täucher oder Enten ihre Federn mit dem Schnabel reinigen/ verkündigen sie einen Wind/ wie auch die andere Wasser-Vögel/ wann sie sich zusammen thun. Wann sie sich offt untertauchen/ vermercken sie eine sanffte Lufft/ und wann sie ein Ungewitter spüren/ fliegen sie auß dem Meer mit grossem Geschrey an das Ufer.

Wie dieser Vogel gefangen werde.

Die Täucher fängt man gemeinlich wie die Enten/ mit Vogel-Leim/ Jagen/ schiessen und kleinen Fischlein an eine Nadel oder Angel gesteckt/ und an einer Schnur in das Wasser gehenckt. Odoricus de Foro Julii sagt/ daß er in einer Morgenländischen Stadt bey einem grossen Wasser gelegen/ mit seinem Wirth gangen sey zu fischen/ dieser hatte in seinen Schiffen Täucher an Stecken gebunden gehabt/ welchen er die Kähl mit einem Faden verbunden/ damit sie die gefangene Fisch nicht essen könten. Er habe aber in jegliches Schiff drey grosse Kisten oder Trög gestellt/ einen in die Mitten/ und die andere an die beyde Spitzen. Darnach habe er die Täucher loßgelassen/ welche von stund an viel Fisch gefangen/ und in die Kisten getragen haben/ also/ daß sie in kurtzer Zeit alle voll worden. Hierauff hab ihnen der Wirth die Kählen wiederumb auffgelöset/ und sie lassen genug Fisch essen. Da sie aber satt gewesen/ seyen sie wiederumb an ihren Orth/ und an die Stecken gebunden worden. Dergleichen Fischerey ist auch droben bey dem Vogel Louvva beschrieben.

Was von diesem Vogel ausser und in der Artzney dem Menschen nützlich seye.

Diese Vögel gebraten/ sind lieblicher zu essen. Zu Winterszeit sind sie fetter/ weil sie sich weniger bewegen. Dann ein jedes Thier freuet sich/ wann es schön Wetter ist/ und beweget sich mehr. Die Artzneyen/ welche die Lateiner von dem Mergo, und die Griechen von dem Æthyia geschrieben haben/ wollen wir zusammen setzen/ dieweil viel Scribenten durch diese zween Nahmen nur einen Vogel verstanden haben. Der Vogel Æthyia gebraten und gessen heilet den Außsatz/ und dienet wider das Miltzwehe. Dieses Vogels Blut widerstehet dem Gifft/ und der wilden Thier Biß/ sagt Kiranides. Die abergläubige Leuthe heissen für das viertägige Fieber ein Hertz von einem Meer-Taucher essen/ welches ohne Messer außgenommen/ gedörret/ gepulvert/ und in warmem Wasser getruncken werden soll/ wie Plinius schreibet. Deß Æthyiæ Magen gepulvert getruncken/ machet wohl däwen/ und einen guten Magen/ wie Serenus und Kiranides bezeugen. Galenus aber sagt/ er habe dieses falsch befunden/ wie auch das jenige/ so von dem innern Häutlein am Hüner-Magen gesagt wird: Ja dieser Magen (wie Wottonus auß dem Galeno sagt) wird selbst kaum verdäwet/ und hilfft auch nicht zu anderer Speise Verdawung. Etliche haben vermeynt/ dieweil dieser Vogel sehr frässig seye/ so helffe er auch dem Menschen zur Däwung; gleich wie etliche davor halten/ daß die Haut deß grossen schwartzen Täuchers/ Scharb genannt/ sambt den innersten Federn/ von dem Küßner bereitet/ und auf den Bauch gelegt/ wohl däuen mache/ nicht allein wegen ihrer Wärme/ sondern auß einer sonderbahren Eigenschafft. Die Leber von dem Æthyia gedörret/ und in zwey Löfflein voll Wasser getruncken/ treibet die Nachgeburt auß/ wie Dioscorides lehret.

Aetius sagt/ daß die Leber von diesem Vogel gebraten/ und mit Oel und ein wenig Saltz eingegeben/ für die Biß eines tobenden Hundes/ sehr dienlich sey/ ja so krafftig/ daß der Krancke von stund an Wasser begehre. Diese Gall mit Cedern-Oel auffgestrichen/ läst das außgezogene Haar nicht wieder wachsen. Die Eyer dieses Vogels heilen die rothe Ruhr/ und sind den Nieren und dem Magen nützlich/ sagt Kiranides.

Von dem Vogel Æthyia.

Daß dieses bey den Griechen kein anderer Vogel sey/ als der Mergus bey den Lateinern/ ist oben gesagt: dieweil aber etliche daran zweifeln/ wollen wir hier von ihm insonderheit handeln/ die Artzneyen aber von diesem Vogel sind allererst erzehlet worden. Diese Vögel/ sagt Oppianus, sind gar unersättlich und frässig/ die Fisch geben sie schnell wieder/ und zuweilen noch lebendig von sich. Sie verschlingen Aele und andere schlüpfferigte Fische/ und verfolgen dieselbige wie die Delphinen und Seehunde. Sie tauchen sich gantz unter das Wasser und bleiben lang darunter; wohnen auch nicht allein in dem Meer/ sondern auch in den Seen/ sonderlich wann etwan ein Ungewitter einfällt/ dann zu derselbigen Zeit bleiben sie nicht in dem Meer. Diese Vögel haben unter allen andern keine Stimme. Muß derhalben der Æthyia ein grosser Vogel seyn/ dieweil er die obgenannte Fisch verschlingt/ und ihnen wie die Delphinen nachjagt. Und können also unsere Täucherlein/ welche klein und schwartz/ und nicht grösser als die andern Enten sind/ nicht Æthyiæ genennet werden.

Von der Natur und Eigenschafft dieses Vogels.

Wann die wilde Enten oder Æthyiæ die Flügel an dem Gestad erschwingen/ so verkündigen sie einen Wind. Wann dieser Vogel einem Segel-Schiff entgegen fähret/ und sich fliegend ins Meer taucht/ dräuet er ein Ungewitter: wann er aber fürüber fliegt/ und sich auf einen Felsen setzt/ hoffet man eine glückliche Schifffahrt/ sagt Kiranides. Wann sie sich stets in dem Meer untertauchen/ verkündigen sie ein Ungewitter/ und das auß der Ursach/ weil sie sich bey stillem Wetter/ auß Furcht vor den Meerthieren nicht dürffen sehen lassen: wann sie aber deß Ungewitters gewahr werden/ thun sie sich frölich herfür/ weil alsdann die Meerthier in die Tieffe fahren.

Von dieses Vogels Fleisch kan man dem Habicht gnug zu essen geben/ dieweil es lieblich und leicht zu verdäuen ist/ wie Demetrius Constantinopolitanus sagt.

Von dem Colymbo und Colymbide, oder Urinatrice, deßgleichen von den Thracibus und Dytinis.

Diese Vögel Colymbi und Colymbides werden also genennet/ weil sie gern unter dem Wasser schwimmen; sie sind die kleineste unter allen Wasservögeln/ schwartz und von heßlicher Farb/ mit einem spitzigen Schnabel; man kan nur die Augen an ihnen sehen/ das übrige tauchen sie unter das Wasser/ wie Athenæus schreibet. Aristoteles sagt/ Urinatrix sey ein Vogel/ welcher seine Nahrung in dem Wasser sucht/ derhalben sein Wohnung in den Seen und fliessenden Wassern hat/ und auß dem Geschlecht der breitfüssigen Vögeln ist/ aber auff dem Land gebieret. Dieser Vögel sind sehr viel/ grosse und kleine. Urinatrix ist die kleineste Ent unter den Tauchern und andern Vögeln/ so ihre Nahrung auß den Wassern haben/ gantz heßlich und schwartz; ohn am Bauch/ da sie weiß ist. Sie tauchet sich unter/ und fähret den Fischen/ die sie ersehen/ lang hin und wieder unter dem Wasser nach/ ehe dann sie wieder herfür kommet/ daher sie zu Teutsch schwartz Täucherlein genennet wird/ wie Eberus und Peucerus schreiben. Turnerus sagt/ daß Aristoteles nur ein Geschlecht dieses Vogels nenne: er aber habe drey Geschlecht desselben gesehen/ unter welchen das erste gantz ist/ und wann es keinen Strauß auff seinem Kopff hätte/ dem Täucher (wiewohl es dreymahl kleiner ist) nicht ungleich von Leib wäre. Diese Gattung nennen unsere Schiffleut Lounam, die Engelländer a Douker, die Teutschen einen Täucher/ wiewohl man auch anderswo die Mergos mit diesem Nahmen nennet. Das ander Geschlecht ist nicht grösser dann ein Krammetsvogel/ von Leib und Farb den Enten gleich/ und diese nennen die Engelländer die mittel Urinatricem. Das dritte Geschlecht ist gleich einem Gänßlein/ so erst auß dem Ey geschlossen/ daß/ wo dessen Schnabel nicht etwas dünner wäre/ man kaum eins vor dem andern erkennen könte/ dann es hat keine Federn/ sondern an statt derselbigen Pflaum/ wie wir drobe von der Engelländer Puffino auch gesagt haben. Diese drey Geschlecht wohnen mehrentheils in stillen oder langsam fliessenden Wassern/ an deren Gestaden Rohr und allerhand Rietgraß wächset/ wie der obgenañte Turnerus schreibet. Oppianus sagt/ die Colymbi schwimmen stets und gehen weder umb Schlaff noch umb Speiß willen auf das Erdreich/ auch zu Nacht nicht/ wie auch nit im Ungewitter; sondern allein zu der Zeit/ wann sie Junge wollen machen. Sie schwimmen gegen dem Wind/ damit sie nicht etwan von derselben Gewalt an das Land getrieben werden/ welches auch die THRACES uñ DYTINI thun. Und ob schon diese drey Vogelgeschlecht stets schwimmen/ können sie doch de Weydleuten nicht entrinnen/ welche/ wann das Meer still ist/ mit einem Schifflein so weit fahrñ/ daß die Vogel von den Rudern nicht verjagt werden; darnach stehet der so das Garn trägt/ auff dem Hindertheil deß Schiffs/ der ander aber vornen in dem Schiff/ und fähret allgemach fort in der stille/ dieser trägt auch ein Liecht in einer Leuchten bey sich/ welches er den Vögeln/ wann sie jetzt nahe bey ihm sind/ zeiget; die Vögel aber/ weil sie vermeinen sie sehen einen Stern/ lassen das Schiff nahe zu sich kommen/ so verbirget dann der Weydmann das Liecht in das Schiff/ (damit sie den Betrug nicht mercken) und bedecket sie mit dem außgeworffenen Netze. Es soll (wie auch oben bey den Bölhinen oder Wasserhun gemeldet worden) ein Vogel COOTTE von den Engelländern genannt/ in den Seen und fliessendē Wassern sich auffhalten/ der stets auff den Boden hinab schwimmet/ aber nicht von den Fischen/ sondern vom Kraut/ Graß/ Lett/ und den kleinen Meerschnecken lebet. Von Farb und Gestalt ist er unserer Bölhinen gleich/ aber etwas kleiner/ auff dem Schnabel hat er ein kleines rothes Bücklein herfür gehen. Er kan kaum fliegen/ darumb sagt man gemeiniglich/ er könne nicht länger fliegē/ dañ so lang er das Wasser/ (welches er/ ehe dann er fliegt/ genommen) in den Füssen gehalten. Der Vogel so Täucher genennet wird/ sol in dem Zürcher und Costnitzer See kleiner seyn als eine Taube/ grau und einen etwas breiten Schnabel haben. Eben diesen/ wie D. Geßner vermeint/ nennet Albertus das schwartze Täucherlein.

Von dem Vogel Uria.

Dieser Vogel ist nicht viel kleiner als die Ent/ mit einem längern und rahnen Schnabel/ und garstigen Ziegelfarb. Er hat keinen grossen Unterschied von dem obgenanten/ nur daß er kleiner und schwärtzer ist als die andere Enten/ wie Eberus und Peucerus bezeugen. Diese Uriæ werden von ihnen Meer-Enten genennet. D. Geßner hält die Urias für Täucherlein; von welchen wir hernach sagen wollen. Wiewohl unser Täucherlein viel kleiner ist als die Ent: Man findet aber etliche dieses Geschlechts die der Enten gleich sind/ und zuweilen grösser/ von welchen wir in Beschreibung deß Täuchers reden wollen.

Von den Enten.

Von dem Vogel Phalaride.

Dieser Vogel wird von dem Aristotele unter die breitfüssige Vögel gezehlet / so bey den Seen und fliessenden Wassern wohnen. Er hat einen schmalen Schnabel / runden Kopff / der Bauch ist aschenfarb / der Rücken schwartz / und ist fast gefärbt wie das Weiblein der wilden Enten / zu Teutsch wird er ein Muttvogel oder Keck genennet / wie Eberus und Peucerus schreiben. Der Aggregator hält diesen Vogel für eine Bölßinen / dieweil er einen weissen Flecken / (so auff Griechisch φάλον genennet wird) auff dem Kopff hat.

Von etlichen Tauchern / welcher gemeine Nahmen uns nur bekannt / erstlich insgemein; darnach von den Tauch-Enten / die mit weiß und schwartzer Farb getheilet / deren eine man Rhein-Ent nennet / welcher Figur wir hieher gesetzt haben; deren auch etliche andere Geschlecht verwand sind / an der Grösse aber und Farb unterschieden / doch alle einen längern Halß als die Ent haben.

Von den Tauchern haben wir droben insgemein geschrieben/ hier wollen wir dieses darzu setzen/ so die jenige Taucher allein betrifft/ deren gemeine Nahmen uns nur bekant sind. Derhalben weil unsere Leuthe die Taucher und Enten nicht recht voneinander unterscheiden/ als nennen sie den jenigen Wasservogel/ welchen sie Rhein-Taucher/ uñ den andern/ welchen sie Eyß-Taucher nennen solten/ Rhein-Enten/ Eyß-Enten/ und Tauch-Enten. Diese zwey Geschlecht aber haben die längste Hälß unter denen/ von welchen wir hernach reden wollen/ da sie doch alle den Enten gleichen/ theils sonsten/ theils an der Grösse und Figur deß breiten Schnabels/ doch ist ihr Schnabel etwas schmäler als der Enten/ und hat andere Zähn wie droben gesagt worden/ er ist auch an allen zu eusserst krümmer/ damit sie die Fisch desto besser halten können. Der Rhein-Taucher ist etwas grösser als die andern/ dañ die andere sind etwas kleiner als die Ent/ dieser aber ist derselben gleich. Etliche dieser Taucher werden auch von etlichen Merchen genennet; und etliche Nonnen/ wegen der getheilten Farb/ welche weiß und schwartz. Warumb sie aber Kernell genennet werden/ kan ich nicht wissen/ welche auch allein auß diesem Taucher-Geschlecht schwartz und weiß getheilt ist. Diese hab ich droben nach dem Kriech-Entlein beschrieben/ und darbey gezweiffelt/ ob sie auß derselbigen Geschlecht seye.

Wir wollen aber erstlich von dem Rhein-Taucher redē/ welcher auß diesem Taucher Geschlecht/ so der Enten ähnlich/ der grösste ist/ und allenthalben weiß und schwartz getheilet. Der Schnabel/ und ein Theil bey den Augen/ ist schwartz. Hinden auf dem Kopff hat sie zu beyden Seitē schwartze Flecken/ der übrige Theil deß Kopffs ist theils weiß/ theils grau oder aschenfarb. Der unter Theil deß Halses und der Brust sampt dem Bauch sind weiß/ doch hin und wieder mit aschenfarben Flecke gesprengt/ so unten an dem Bauch/ und an den Seiten/ als Wasserwellen scheinen. Die Bein gehen unten am Bauch herfür; die Füsse sampt den Zeen sind grau/ und schwartze Häutlein darzwischen; der Schwantz ist auch schwartz. Die Flügel und der gantze Rücken sind mit schwartzen und weissen Flecken/ so nicht weit voneinander stehen/ unterschieden. Und dieses ist der Taucher/ dessen Figur hiervor stehet. Eben dieses Geschlechts ist der andere Taucher/ welcher gantz keinen Unterscheid zwischen der vorigen hat/ ohn allein daß er etwas kleiner ist: Er hat einen weissen Kopff und Halß/ und einen gantz schwartzen Rücken/ mit keinen weissen Flecken besprengt. D. Geßner vermeynet/ daß sie auch an dem Schnabel einen Unterschied haben/ daß nehmlich dieselbe eine rothe Zunge sampt den Zähnen/ jener aber nicht/ sondern vielmehr eine schwartze habe. Diesen nennen etliche eine weisse Tauch-Ente. Er ist D. Geßnern umb den Winter auß der Reuß/ dem Fluß der Eydgenoßschafft zugebracht worden/ etwas kleiner als die gemeine wilde Ent/ er hatte noch Fisch in seinem Schlund. Seine Länge war von Anfang deß Schnabels biß zu End deß Schwantzes zwo Spannen und eine Zwerchhand; der Kopff war weiß/ aber die Augen waren mit schwartzen Flecken umbgeben/ mit welchen auch oben an beyden Seiten der Kopff gezeichnet war/ also/ daß ein weisser Unterscheid darzwischen verbliebe. Die Brust/ der Halß und der Bauch waren gantz weiß. Oben auf dem Rücken waren etliche schöne Federn/ je eine umb die ander schwartz und weiß. Von dannen an den Seiten gegen der Brust giengen beyderseits ungleiche/ gefärbte Striemen herfür. Dieser Taucher hat einen Schnabel wie eine Ent/ mit Zähnen/ etwas eng und graublau/ zu eusserst unter sich gekrümmet: die Bein und Zeen sind dem obgenañten gleich. Die Flügel sind schwartz/ mit einer ziemlichen Weite/ so weiß ist/ unterschieden: unten daran hat er auch zwo andere weisse Linien/ wie der vorhergehende. Der Rücken ist gantz schwartz/ der Schwantz grau/ und eine Zwerchhand lang. Die kleineste innerste Federn deß Bauchs waren grau: die eussersten und sichtbaren weiß. Sie leben allein von den Fischen/ sonderlich von den Grundelen/ und zuweilen von den Forellen; sie kehren auch die Stein umb/ damit sie die Grundelen fangen können; welches dann von beyden Geschlechten kan gesagt werden. Dieses Taucher-Geschlecht nennet Albertus Mergum varium, getheilt (nehmlich von schwartzer und weisser Farb) wie die Atzel. Eberus und Peucerus nennen diesen Vogel einen Taucher.

Das dritte Taucher-Geschlecht/ welches unsere Leuthe Eyß-Entlein nennen/ ist den obgemelten gleich/ aber am Kopff und obern eussern Theil deß Halses tunckelroth/ unten aber gegen der Brust ist der Halß grau oder aschenfarb/ also daß die Haupt-Federn etwas herfür gehen/ sonderlich am Männlein/ welches Schnabel vornen/ da er sich krümmet/ roth und am Weiblein weiß ist: der Rücken ist allenthalben schwartz/ wie auch die Flügel; doch sind dieselbe wie an der vorhergehenden/ mit weissem unterschieden: das ist/ erstlich mit einem weiteren weissen Strich/ darnach mit zwo andern Linien darunter: doch haben diese weisse Linien hinden weisse Federlein. Der Bauch und obere Innertheil deß Halses ist auch weiß. Die Bein/ wie an den vorhergehenden/ sind kurtz und grau/ mit einem schwartzen Häutlein zwischen den Zeen. Der Schnabel ist tunckelblau/ schmäler und kürtzer als der Enten/ und hat viel Zähn. Der gantze Vogel ist so groß als das Kriech-Entlein. Der Halß gar nahe acht Zoll lang: der übrige Leib bey nahe sieben/ der Schwantz vier Zoll. Er wird in der Schweitz allein bey grosser Kälte in den Seen und Flüssen bey dem Eyß gefangen/ daher er auch den Namen bekommen. Man sagt daß dieses Geschlecht zuweilen gantz weiß gefunden werde/ doch selten/ vielleicht ist es die erste Gattung/ nehmlich der grösste Taucher/ so oben von uns beschrieben worden/ welcher allenthalben am gantzen Leib mehr weisses hat. Sie werden zur Winterszeit zur Speiß/ wie andere wilde Enten/ verkaufft.

Von den Tauchern.
Von der Wiesel-Enten.
Mergus Mustellaris.

Es wird dieser Taucher Mergus Mustellaris von Georg. Fabricio und andern genennet/ dieweil etliche von dieser Arth rothbraun/ und insgemein spitze Köpff gleich wie die Wieseln haben. Dieser/ welchen Aldrovandus beschreibet/ hat einen schwärtzlichten Schnabel/ so auff beyden Seiten gleich einer Segen voller Kerben/ und fornen der obere Theil gekrümmet ist: Sein Kopff ist gantz weiß/ biß auff die 2. schwartze Flecken an den Augen/ und die Haube/ welche er hinten auff dem Kopff in die Höhe strecket/ so theils auß weissen/ theils auß schwartz un grün glätzenden Federn bestehet. An dem Halß/ Brust und Bauch/ ist er weiß: von dem Rücken gehen zwey schwartze Striche biß zu der helffte deß Leibs: Auf dem Rücken ist er schwartz/ und oben bey dem Schwantz braun: oben auff den Flügeln hat er zwey grosse weisse Striche. Die Schwingfedern sind schwartz und braun: sein Schwantz ist kurtz/ und bestehet auß 16. Federn. Die Bein und Füß sind aschenfarb/ mit einem Häutlein nach der Enten Arth zusammen gehänget. Das Weiblein gleichet in allem dem Männlein/ ohne daß es einen braunern Kopff hat/ und ihre Federn nicht so strack in die Höhe richten kan.

Von andern Tauchern / welche dieses Geschlechts sind/ und von Georgio Fabricio beschrieben werden.

Langschnabel-Kopff.

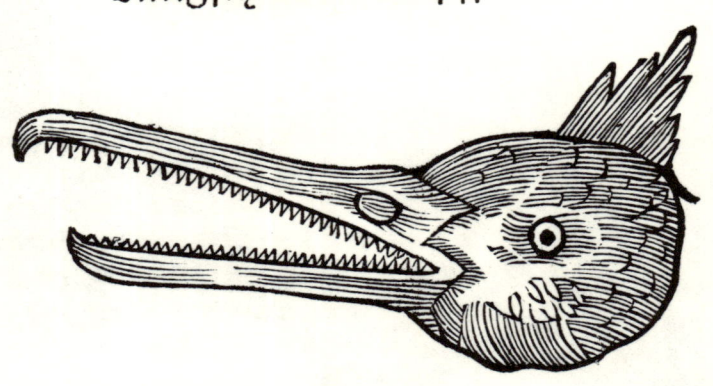

ANas longirostra, ein Lang-Schnabel/oder Schlucht-Ent; den ersten Nahmen hat sie vom Schnabel/ den andern aber von ihrer kläglichen Stimm bekommen. Der Schnabel ist etwas rund/ eines Fingers lang/ und schwartzgelb: Der Kopff hat einen Strauß/ der Halß ist röthlicht/ der gantze Leib schwartz/ außgenommen die Flügel/ an welchen etliche wenige weisse Federn sind. Der Bauch ist dem Weiblein der grossen oder kleinen Enten gleich; die Füß sind saffrangelb/ und die Häutlein daran bleichgelb. Sie ist etwas kleiner als ein Ent/ und ihr Haupt wie hierbey stehet/ gestaltet. Den grossen Langschnabel wollen wir hernach beschreiben.

ANAS raucedula, ein Rogis/ von seiner Stimm also genannt/ hat einen Strauß/ und einen Schnabel dem Langschnabel ähnlich/ ohn allein daß er schwärtzer ist. Der Leib sampt den Flügeln ist aschenfarb/ der Bauch und die Kähl weiß. Die Füß sind schwartz/ gehen auch/ wie an dem Täucherlein/ gerad herfür.

MERGUS ruber, ein rother Täucher; von der Farb seines rothen Kopffs und Halses also genant/ er hat eine schwartzgelbe Kähle. Der Leib und die Flügel sind getheilt/ unter den Flügeln ist er dem Leiner/ und am Bauch der grossen Enten ähnlich: zu eusserst an den Flügeln und am Schwantz ist er schwartz. An der grösse deß Kopffs ist er der grossen Enten gleich: mit seinen breiten Füssen übertrifft er alle andere Geschlecht dieser Vögel.

MERGUS niger, ein schwartzer Täucher; dieser hat alle Glieder der Enten gleich: einen schwartzen Schnabel/ kastanienbraunen Halß/ einen Leib wie die Ruß-Ent/ schwartze Flügel mit einer weissen Zwerchlinien: der Bauch ist schwartz und weißgelblich gefärbt: die Füß und Häutlein daran sind schwartz. Albertus gedencket eines schwartzen Täucherleins/ welches auch eine Bölhine oder Wasserhun genennet wird: wie wir hernach auch ein schwartz Täucherlein mit einem spitzen Schnabel beschreiben wollen.

ANAS alticrura, ein Ent zu Latein also genannt/ deren Teutscher Nahme nicht bekant/ vielleicht kan sie auch nicht unter die Enten gezehlet werden; sie hat einen scharffen spitzigen Schnabel/ theils schwartz/ theils roth. Den Halß umbgibt ein weisser Ring: der Halß ist liechtgrau: der Bauch weiß. Ihre Flügel sind sehr breit/ an welchen vier Federn zu eusserst an beyden Seiten schwartz/ und in der mitten weiß sind/ die übrige aber schwartz mit weissen Spitzlein zu eusserst gezeichnet. Der Schwantz ist gantz weiß/ ohn am obern Theil bey dem End ein wenig schwartz. Die Bein sind kleiner und höher als an den vorgenannten Geschlechten: die Füß und Häutlein darzwischen weiß. So viel schreibet der obgenannte Georgius Fabricius.

Von den übrigen Tauchern/ so auch dieses Geschlechts/ das ist/ den Enten gleich sind/ mit einem etwas breiten Schnabel/ der fornen gekrümt; welche auch mit weissen und schwartzen Federn unterschieden sind; aber einen viel kürtzern Halß haben.

Von den Täuchern.

Dieses ist auch ein von Farben getheilter Täucher / aber mit einem kurtzen Halß / gleich wie auch die drey nachgehende Geschlecht / so viel auß derselbe Figur abzunehmen ist: bey Straßburg wird er eine graue Nonne / gleich wie die oben beschriebene eine weisse Nonne / genennet. Wann dieser Täucher nicht einen kurtzen Halß hätte / wäre er dem Eyß-Entlein / so wir droben beschrieben haben / fast gantz ähnlich. Von diesem Täucher ist fast nur allein an den Farben unterschieden derjenige / so bey Straßburg Merch genennet wird. Er hat einen rothen Schnabel / und fornen daran einen weissen Hacken: der Kopff und Halß sind hell-roth / also / daß kleine Straußfederlein herfür gehen. Die Bein sind gelblicht: die Brust und der Bauch weiß. Der Rücken ist schwartz / wie auch der Schwantz und die Schwingfedern: der Obertheil der Flügel ist graulicht / oder aschenfarb; der Mitteltheil ist weißlicht.

Dieses Geschlechts ist auch fast der jenige / so bey Straßburg eine weisse Merch genennet wird: die Holländer nennen ihn Pfilstert. Dieser hat aber mehr weisses an den Flügeln; er hat auch einen rothen Schnabel / aber der Kopff sampt dem Halß ist schwartz / und mit grünen Flecken besprenget. Die Bein sind roth / der Rücken schwartz / und unten daran ein schwartzer Flecken.

Von dem Ganner oder grossen Langschnabel / und von der Aeschenten.

Mergus Cirrhatus. Anas Thymallorum.

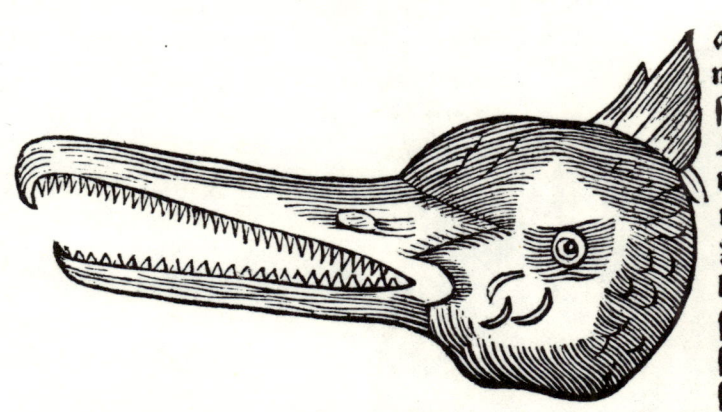

ES haben zwar auch andere Täucher Sträuß auff den Köpffen / doch sind dieselbige kürtzer: Dieser aber kan Mergus Cyrrhatus, oder ein Strauß-Täucher genennet werden; welcher bey dem Costnitzer See ein Gann oder Ganner genennet wird / vielleicht weil er etwas grösser ist als ein Ent / und an der Grösse der Ganß nicht ungleich; und derhalben von ihr den Nahmen bekommen hat. Andere nennen ihn Merch oder Merrach / vom Lateinischen Nahmen Mergus: doch ist ein anderer welcher also genennet wird / wie wir bald hernach sagen wollen. Dieser wird in dem Zürcher See zuweilen umb den Winter gefangen / welches dann eine Anzeigung ist einer grossen Kälte. Er hat einen schmälern Schnabel als die Ent / etwan deß kleinsten Fingers lang / und zu eusserst am obern Theil hackicht / daher er der grössere Langschnabel kan genennet werden: dann den kleinern / der auch einen Strauß auff seinem Kopff hat / haben wir oben beschrieben. Die Haut an den Seiten deß obern Schnabels ist röthlicht / oder kastanienbraun / in der Mitten schwartzlicht: die Zähn hart / fest / zersäget und hinder sich gebogen / wie an dem grössern Täucher. Der Kopff ist roth oder ziegelfärbig / und gehet der Strauß darauff hinder sich. Also ist auch der Halß eines Theils gefärbt / das übrige ist zu eusserst aschenfarb / wie auch der Rücken sampt den Flügeln und dem Schwantz: die Schwingfedern aber sind grau / mit einem weissen Flecke in der mitten am untern Theil gezieret. Die Bein sampt den Zeen sind roth / und braunrothe Häutlein darzwischen. Der Halß ist etwas kürtzer als ein Spann / der Rücken einer Spannen / der Schwantz aber fünff Finger lang. Der Leib scheinet als ob er breit getruckt wäre worden. Die Bauchfedern sind bleichgelb oder röthlicht. Man sagt dieser Täucher könne nicht gehen / sondern bleibe allezeit im Wasser / und niste in dem Rohr. Er soll auch am längsten unter dem Wasser bleiben / also / daß er darunter viertzig oder funfftzig Schuh weit schwimmet; er richtet auch seinen Kopff auff in dem er schwimmet.

Von dem Vogel Hipparion sagen die Griechischen Grammatici, daß er dem Chenalopeci gleich seye / D. Geßner vermeinet / er werde also genennet / weil er eine Mähne hat wie ein Pferd / nehmlich roth / oder wie ein Fuchß gefärbet / welche Farb dieser Ganner auch hat / auch so groß ist als der Chenalopex, der etwas kleiner als eine Ganß / doch grösser als ein Ent ist. Wer aber den Täucher Colymbus major genannt / wegen seiner also gefärbten Mähne oder Strausses / Hipparion nennen wolte / der kan es thun. Wiewohl dieser nicht so groß ist / als der Chenapolex, auch seine Mähne nicht allein ausserhalb hat / wie die Pferde / sondern umb den gantzen Halß herumb.

Im Bodensee wird ein Geschlecht der Täucher gefunden / mit einem langen Halß / schwartzen Beinen / grösser als die gemeine Ent / welche von den Fischen so sie isset / Aeschent genennet wird.

Geßneri Thierbuch
Von den grossen Tauchern / Meerrachen / Gulen / Scheldrack und Scholucheren.

Dieser Taucher / welcher der Gantz an Grösse und Gestalt ähnlich / wird ein Meerrach genennet / wiewohl etliche den vorherbeschriebenen Vogel Ganner also nennen. Er wird bißweilen zu Winterszeit / doch selten / in dem Zürcher See gefangen. Zu Latein wollen wir ihn Merganserem nennen. Sein Kopff sampt dem dritten Theil seines Halses ist schwartzgrün / der übrige Theil seines Halses ist weiß und etwas bleichs darunter / der unterste Theil deß Halses ist schwartz / deßgleichen der Rücken / der Schwantz aschenfarb / die Flügel gegen dem Rücken

Von den Tauchern.

cken sind schwartz / bald darnach weiß mit etwas bleichfarb vermenget / darnach sind sie wiederumb schwartz / doch nicht so sehr / bald darauf wiederum / und zwar zimlich / weiß; die Schwingfedern sind schwartz. Der eine Theil unter den Flügeln ist weiß / der ander glänzend dunckelgrau. Die Bauchfedern / wie auch die jenige oben auff dem Schwantz sind fahl. Die Füß sind breit wie die Gänß-Füß; die Bein und Füß sampt den Häutlein sind mennigfarb / die Federn so vornen an der Dicke deß Beins stehen / sind getheilt / weißlich un schwartz / und wie Wasserwellen gestaltet. Sein Schnabel ist deß vorhergehenden Tauchers Schnabel gleich / und von der Spitze an / biß zum Aug / deß längsten oder mittelsten Fingers lang. Dieser Schnabel ist vornenhin in der Mitten schwartz / und an beyden Seiten roth oder kastanienbraun; er hat zersägete Zähn / rauh und hinder sich gekrümmet; und noch eine andere Reihe Zähn ein wenig besser darhinder / doch dieses nur allein im obern Theil deß Schnabels / welcher zu eusserst auch hackicht ist. Die Haut sampt dem Fleisch / wann der Vogel geropfft / ist bleichgelb. Etliche nennen bey uns diesen Vogel eine Italianische Ent / und loben ihn zur Speiß. Er soll zuweilen zwölff Pfund schwer seyn / hat einen hornichten / das ist / einen starcken Magen / der alles verdäwen kan. Im Bodensee wird eben dieser Taucher / oder der doch dieses Geschlechts ist / Seesluder genennet.

Der Vogel GULO, wird zu Latein von seiner Frässigkeit also genennet / die Engelländer heissen ihn auch Gul. Er frisset gern Fisch / ist so groß als eine Ganß / und fahl / fliegt schaarweiß / und wird zur Speiß nicht sonderlich geachtet.

SCHELEDRACUS, Scheledrack / ein Wasservogel also genannt / kleiner als das Taucher-Geschlecht / welches die Engelländer Carmorant nennen / oder kleiner als ein Ganß / und grösser als die Ent / mit einem breiten Schnabel / so zu eusserst stumpff und gantz voll scharpffer und spitziger Zähne ist / deßgleichen gelbröthlich / wie auch die Bein; die Brust ist weiß / die übrige Theil aber sind getheilt. Diese Vögel essen am liebsten Fisch / welchen sie dann mit grossem Fleiß zusammen in einer Ordnung nachstellen / biß daß sie dieselbe auß der Tieffe an das Land in die Enge treiben / damit sie sie daselbst fangen und verschlingen. Ihr Fleisch ist nicht sonders gut. Andere aber sagen daß viel ein anderer Vogel / nehmlich der / welchen wir oben unter den Breitschnäbeln am dritten Ort beschrieben haben / der Engelländer Scheledrack sey.

Diesem Scheledrack ist der jenige nicht ungleich / (wo nicht gar eins mit ihm) welcher von Alberto MORFEX geheissen wird; es ist ein grosser Wasservogel / von den Holländern Scolucherez / oder Scholucheren genant: er ist schwartz / hat einen starcken zersägten Schnabel / starcke Klauen: tauchet sich unter das Wasser / und fängt grosse Fisch / sonderlich Aehl. Sie nisten schaarweiß auf den Bäumen bey dem Wasser / und speisen die Jungen mit Fischen. Diese Vögel sind sehr frässig / und wann sie auß dem Nest fliegen wollen / und aber sich mit Speisen erst angefüllet und darvon schwer worden sind / so geben sie dieselbige wieder von sich / damit sie desto leichter zu dem Flug seyen: die aber ihre Speisen nicht wieder geben / dieselbigen kommen zuweilen umb. Wann ihr Mist auff einen Ast fället / trocknet er denselbigen auß / daß er verdorret. Wann sie mit Speiß sich ersättiget / sitzen sie auff die Pfäl und Bäum / strecken ihre Flügel auß an die Sonne / und trocknen dieselbe also. Wann dieser Vogel fliegen wil / kan er sich kaum erheben / und zieht darzu den Schwantz lang im Wasser nach / daher er von etlichen Feuchtars genennet wird / sagt Albertus. Welcher auch folgendes von ihme schreibt: In unsern Landen ist ein schwartzer Wasser-Vogel / welcher die Fisch in den Wassern und Seen jagt / und ihnen grossen Schaden thut. Am Bauch und an der Brust ist er aschenfarb / und eines langsamen Flugs. Wann er sich untertauchet / bleibet er lang unter dem Wasser. Er hat Zähn in seinem Schnabel / welcher als ein Sichel gestaltet ist / mit welchen er die schlüpfferige Fisch / als Aehl und dergleichen hält. Die Aest der Bäum verdorren von seinem Mist / wie auch von deß Reigers und anderer Wasservögel. Diesen Vogel nennen etliche ein Wasser-Raben / die Teutschen einen Schaluchorn / gleichsam einen Schlucker. Siehe ein mehrers in Beschreibung deß nachfolgenden Vogels. Er erziehet seine Jungen wie die andere Vögel: und nistet auff den grossen hohen Bäumen bey den fischreichen Wassern / wie bey dem nachfolgenden Vogel weiter zu lesen ist. Von dem Wasser-Raaben aber wollen wir in Beschreibung deß Raaben reden. Dieses ist vielleicht der Vogel / welcher von etlichen Niederländern Aelguß / (gleichsam Aehl-Ganß) genennet wird / dieweil er von den Aehlen lebt: dann dieser soll auch gantz schwartz seyn. Andere sagen / der Vogel so also genennet werde / seye auß dem Habicht-Geschlecht / und groß; er werde auch in der Schweitz gefangen / lebe darzu von den Fischen und Aehlen / auff welche er von der Höhe herab schiesse. Man kan auch nachforschen / ob dieses der Meer-Raab (von den Frantzosen Cormarin genannt) seye / welcher grösser als ein Ent ist / auch einen rothen Schnabel wie dieselbige hat.

Geßneri Thierbuch
Von den grossen Tauchern.
Mergus maximus Farrensis sive Areticus genannt.

Dieser Taucher ist auß Norwegen von Hoiero Medico, Petro Pavvio zugeschickt / und von Clusio beschrieben worden / daß er ein Meer-Vogel seye / so groß als ein gemeine Ganß / dann oben von dem Rucken / wo sich der Halß endet / biß auf den Burtzel / ist er zwey Schuh lang: die Flügel 14. Zoll; und der Schwantz kaum 3. Zoll lang: der Leib war 2. Schuh dick / sein Halß war 8. Zoll lang / der Kopff kurtz und 3. Zoll breit / der Schnabel schwartz und spitz und 4. Zoll lang. Die Zung war bey nahe 3. Zoll lang / schwartz / spitz / krospelicht / rau / etwas gebogen / und an dem oberen Theil wo sie in den Halß gehänget / mit kleinen hinein gebogenen Zähnlein versehen. In dem Gaum stunden gleichfalls 4. kleine Zähnlein hinein gebogen / mit welchen er die Speise zertheilet / dann er an dem übrigen Theil deß Schnabels keine Zähn hatte. Der gantze Leib war mit dicken Federn bekleidet / welche an der Brust / Bauch / und oberm Theil der Flügel kurtz / und weiß von Farben / an dem übrigen Theil der Flügel aber etwas länger und schwartz waren / und jede Feder mit einem weissen Flecken zu Ende gezeichnet. Umb den Halß hat er gleichsam ein schwartz Band: dergleichen Federn auch das Haupt bedeckten; auff dem Schnabel und umb die Augen stunden etliche kleine weisse Flecken: deßgleichen hatte er an der Kähl auch etliche weisse Federn / so doch mit schwartzen untermischet waren. Dē Halß träget dieser Vogel unter sich. Die Bein stehen ihm am eussersten deß Leibes / so etwas länger als 3. Zoll uñ schwartz waren: die Füß sahen gleichfalls schwartz / 4. Zoll lang / und mehr als 3. Zoll breit / jeder mit 3. Zeen versehen / und mit einem schwartzen Häutlein zusammen gehänget / biß auf die blatte Klauen / an beydē Füssen stunde auch noch hinden ein klein Glied wie ein Sporen. Hoierus schreibet / daß sie ihre Jungen in den tieffen Wassern auffziehen / und sich nicht sehen lassen / als bey einem Ungewitter / zu Herbstzeit / und im Anfang deß Winters / sie kommen nicht auff die Erde / und sind niemahls fliegend gesehen worden / wozu sie ihre kurtze Flügel uñ ungestalte Füsse untüchtig machen: dahero geschiehet / daß sie sich tieff im Wasser haltē / und nichts als dē Kopff uñ Halß sehen lassen.

Von dem Vogel Skua.

Clusius beschreibet diesen Vogel / daß er in der grösse eines grossen Tauchers seye / von dem Halß biß auff den Schwantz 9. Zoll lang / und umb den Leib 16. Zoll dick: der Halß von dem Kopff biß auf den Rücken / ist 7. Zoll lang. Er hat keinen sonderlichen grossen Kopf / auch keinen breiten / sondern vielmehr einen langen und schmalen Schnabel / welcher an dem Kopf rau / am übrige Theil gantz glatt und schwartz ist / am obern Theil stehet er umgekrümet / gleich wie an den Raubvögeln / uñ ist 2. Zoll lang. Die Flügel sind 17. Zoll lang / und gehen ein wenig über dē Schwantz: dieser Vogel ist dunckel aschenfarb. Der obere Theil seiner Bein ist gantz kurtz / der untere aber biß auff den Fuß bey nahe 3. Zoll lang: er hat blatte breite Füß / an jedem 3. Zeen so 4. Zoll lang / und einen Sporen welcher ein Zoll lang ist / mit einem schwartzen Häutlein nach Arth der Wasservögel zusammen gehänget. Hojerus schreibet / daß dieser Taucher andern Vögeln / und sonderlich den Fischen nachstehe / welches auch seine krumme Klauen bezeugen.

Von den Indianischen Tauchern / Mergus Americanus genannt.

Eusebius Nierembergius mahlet eine seltzame Arth Taucher ab / welche er Mergum Americanum nennet / nach der Abbildung ist er von den ungestaltestē Vögeln einer / dan er einen langen Leib hat / kurtze und gantz niederhängende Flügel / und einen kleinen Schwantz. Seine grosse Augen scheinen gleichsam wie Flammen hervor / und sein breit und krumer Schnabel zeiget an / daß er auß den Raubvögeln müsse seyn / und wo nicht andern Vögeln / doch den Fischen grossen Schadē thun / welches dañ auch auß seinen Füssen / so zwar kurtz / breit / und nach der Wasservögel Arth mit den gemeinen Häutlein zusammen gehänget seyn / aber doch wegen der gekrümmeten Klauen ihre Grausamkeit sehen lassen. Es hat dieser Vogel einen dicken Kopf / welcher nach dem Ansehen dem Halß und Rücken hinunter / biß zu dem eussersten Schwantz / schwartz ist: auff dem Bauch und Brust aber / ist er weiß.

Von den Tauchern.
Von dem Scharben und den Magnalibus.
Carbon aquaticus.

ARistoteles sagt: der Wasser-Raab ist so groß als ein Storch/ hat aber kürtzere Bein/ ist breitfüssig/ schwartz/ schwimmet/ sitzet auff die Bäum/ und nistet allein auß diesem breitfüssigen Vögel Geschlecht auff denselben. Diesen (spricht Albertus) nennen wir einen Scalvern/ Schulvern oder Scaluchern: wiewohl er den Wasser-Raa- ben auch also nennet/ der doch ein anderer Vogel ist/ dieweil er einen zersägten Schnabel/ einen aschenfarben Bauch und Brust hat/ welche Stück an unserem Scharben/ oder Netzescharben nicht gefunden werden; doch wie sie beyde von gleicher Speiß leben/ also sind sie auch gleicher Grösse: sie tauchen sich auch beyde in das Wasser/

ser/ und bleiben auch lang darunter: nisten darzu beyde auff den Bäumen/ und kan man auch beyde wegen ihrer Farb Raaben nennen: daher es auch kein Wunder ist/ wann bißweilen einer für den andern genommen wird. Es sollen auch in der Schweitz gewisse Vögel Scharben genennet werden/ deren etliche am Bauch weiß/ andere einer andern Farb; im übrigen beyde einander gleich sind. Dieser Vogel wird bey den Frantzosen also genennet/ wegen seiner schwartzen Farb/ dann Charbon heisset bey ihnen eine Kole. Turnerus nennet ihn schlecht einen Täucher/ und sagt/ er niste theils auf den Felsen an dem Meer/ theils auff den Bäumen bey den Flüssen und Seen. Der Scharb/ welchen D. Geßner in den Händen gehabt/ war vier Spannen und ein zwerch Hand lang/ vom eussersten Schnabel an/ biß zu End deß Schwantzes. Er hatte einen scharffen und sonderlichen Schnabel/ oben als ein Lateinisch L. gebogen/ gar bequem Fisch damit zu fangen/ sechs Finger lang/ oben schwartz/ und zu beyden Seiten weiß: unter diesem wie auch unter beyden Augen war ein gelb Häutlein; die Bauchfedern waren weiß: die Bein acht Finger lang: an den Füssen hatte er vier Zeen/ mit grossen und schwartzen Häutlein zusammen gefüget: die Federn auff seinem Rücken waren im Umbkreiß dunckelgrün/ in der mitten hellgrau und röthlicht. Den Halß bedeckten oben theils weisse/ theils schwartze Federn: der Kopff sampt dem vordern Theil deß Halses schiene dunckelgrün. Die Flügel außgespannet waren 16. Finger lang/ und wie der Rücken gefärbet/ ohn allein daß er mehr Röthe hatte. Wann man diesen Vogel im Rhein bey den Schweitzen siehet/ sol es ein Zeichen einer grossen Kälte seyn/ also daß zu besorgen die Reben werden erfrieren: doch gedencket Gesnerus, daß sie auch in dem Zürcher See umb den zwantzigsten Tag deß Herbstmonats sind gefangen worden/ allein zu kalter Zeit. Ob aber gleich diese Vögel gantz schwartz scheinen/ so wird man doch/ wann man sie eigentlich besichtiget/ mancherley Farben an ihnen finden: als an den Flügeln etwas rothglänzendes/ und an den meisten andern Federn etwas grünlichts/ wie am Wald-Raaben: doch mag es wohl seyn/ daß sie nach ihrem Geschlecht oder Alter ihre Farb auch verändern: dann/ (sagt D. Geßner) es gedencket mir/ daß ich einen Scharben gesehen/ so zu oberst am Halß und auf dem Kopff viel weisse Federlein hatte/ ob dieses aber wegen Alter oder auß einer andern Ursach geschehen/ weiß ich nicht. Es ist gewiß/ daß dieser Vogel lang unter dem Wasser sich auffhalten kan. Er schwimmet aber nicht lang im Wasser/ sondern sitzet zum öfftern auff die Pfäl oder Stecken/ so in das Wasser in den Boden geschlagen werden/ daselbst auff die Fisch zu lauren. Er kommt fast zu Winterszeit in die Schweitzerische See; und streckt allzeit auch in der grösten Kälte seine Flügel auß. Man sagt auch/ daß ihm die Fisch stets (gleichsam von seinem Geruch gereitzt) nachschwimmen. Etliche Kürschner bereiten seine Haut/ damit sie als ein Brusttuch auf den Magen gelegt werde/ als ob sie eine Krafft die Däwung zubefördern in sich habe: dann man saget daß dieser Vogel einen sehr starcken und wohldäwenden Magen habe: daher man gemeiniglich von einem frässigen Menschen sagt/ er habe einen Scharbenmagen. Aristophanes sagt dieses vom Hanenmagen.

MAGNALES sind Orientalische Vögel sehr groß/ mit schwartzen Füssen und Schnäbeln/ den Menschen unschädlich: halten sich in fliessenden Wassern und Seen auff/ und sind den Fischen sehr auffsetzig/ wie Albertus sagt.

Von dem Täuchel oder Fluder.

Colymbus major.

Das Täucher-Geschlecht/ so einen schmalen zugespitzten Schnabel hat/ und der Enten entweder gleich oder grösser ist/ wird von den Schweitzern Täuchel zum Unterschied deß Täuchers genennet. Zu Venedig nennen sie diesen/ oder dergleichen Vogel/ Sperga. Dieser Vogel wird in dem Zürcher See und etlichen andern nahe darbey liegenden/ wie auch im Genffer See/ gefunden. Der jenige/ welchen D. Geßner gesehen/ und im Genffer See gefangen worden/ war etwas kleiner als eine Ganß/ mit einem langen Halß/ hatte einen Schnabel dritthalbe Finger lang/ eng und zugespitzt/ einen schwartzen Rücken: der Halß war unten/ sampt dem Bauch/ schier Schneeweiß. Er hatte drey breite Zeen an seinen Füssen/ mit Häutlein/ so etwas zerschnitten waren/ und nicht wie an andern Wasser-Vögeln zusammen gefüget. Der Schnabel und die Füsse sind dunckel aschenfärbig; der Halß fast kastanienbraun/ &c. Es wird in der Schweitz noch eine andere Gattung gefunden/ dem vorigen zwar gleich/ hat aber einen Federstrauß umb seinen Kopff und obern Theil deß Halses/ so oben schwartz/ und an den Seiten roth/ wie die Fuchshaar ist. Alle diese Geschlecht haben etwas breite Nägel an den Zeen/ sonderlich am mittelsten/ und nicht rund und spitzig wie bey andern Vögeln. Die Bein sind auch allen mehr hinder sich gewachsen/ und stehen nahe bey dem Schwantz/ daher sie auff dem Land auffrecht/ wie ein Mensch stehen/ und geschickter zum schwimmen als zum gehen sind. Die Dicke derselbigen ist gantz in dem Bauch verborgen/ weßwegen sie/ wann sie zuweilen auff das Land herauß kommen/ leichtlich gefangen werden/ nehmlich wegen deß beschwerlichen Gangs. D. Geßner sagt er habe an einem gantz ungleiche Bein gesehen/ also/ daß eins für sich/ das ander hinder sich gewachsen war. Etliche vermeynen daß sie nimmer auff die Erden kommen/ und in dem Rohr nisten. Sie schreyen laut/ und leben von den Fischlein. D. Geß-

Von den Täuchern. 113

ner hat noch ein ander Geschlecht dieses Täuchers gesehen / so auch von Federn einen Strauß hatte / welcher ihm umb deñ Kopff herfür gienge / mit weniger roth und weiß vermischet / und kürtzer war; sein Halß war zwo zwerch Händ lang / ꝛc.

Im Bodensee ist ein Vogel diesen obgenannten nicht ungleich / grösser als eine Ganß / so gar selten gefangen / und Fluder genennet wird / ohn Zweiffel darumb / weil er also auf dem Wasser flattert / dann er weder recht fliegen noch gehen kan / er bemühe sich dann mit den Füssen und Flügeln / gleich wie auch die andere Täuchel / dieweil ihre Bein hinder sich gewachsen sind. Er hat einen langen Schnabel / der gantz schmal und spitzig ist; eine helle Stimm; und tauchet sich sehr tieff unter / also / daß er zuweilen zwantzig Klaffter tieff unter dem Wasser gefangen wird / nehmlich mit einem Netz / oder eisernen Häcklein / daran ein Fisch gesteckt worden. D. Geßner hält ihn auch für einen Täuchel.

P   Der

Der Vögel dieses Geschlechts fängt man gemeiniglich eine grosse Menge im Zürcher Gebieth/ in der Mitte deß Augstmonats im Greiffensee/ mit Netzen oder Garnen/ und diesen Tag nennen die Leuth daselbst den Täuchel-Tag/ und die Mahlzeit so sie nach dem Fang miteinander in deß Vogts Hauß halten/ das Täuchelmahl; dann zu derselbigen Zeit können sie (weil sie sich mausen) nicht fliegen. Sie tauchen sich allzeit so schnell unter/ daß sie auch dem Büchsenschuß/ wann sie den Knall gehört/ entfliehen können.

Von einer andern und besondern Täuchel-Arth.

ES wird ein anderer Täuchel/ bey nahe vier Pfund schwer gefangen/ der ist oben auff seinem gantzen Leib grauschwartz/ und mit weissen Tüpfflein gesprengt/ untenhin ist er weiß/ seine Füß und Bein sind auch wie der übrige Leib/ grauschwartz/ und die Häutlein daran nicht zerschnitten/ wie an den andern Täuchel-Geschlechten/ sondern gantz. Er hat auch keinen Strauß auff seinem Kopff/ und ist sein Schnabel etwas raner und kürtzer als der andern Täuchel. Dieser ist D. Geßnern im Jahr 1555. im Herbstmonath zugebracht worden.

Von dem Täucherlein oder Tauch-Entlein.
Mergulus.

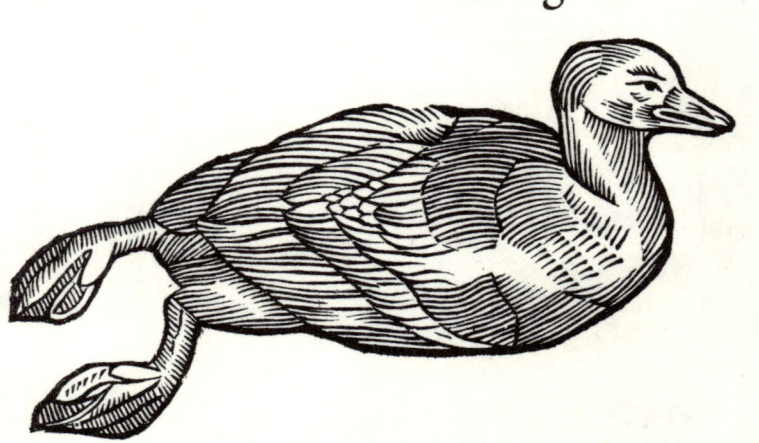

Dieser Vogel wird ein Täucherlein genennet/ etliche nennen ihn Hürchelein/ andere ein Tauch-Entlein/ aber nicht recht/ dann dieweil er einen schmalen Schnabel hat/ sol er nicht von der Enten her genennet werden. Es sind auch noch andere Teutsche Nahmen bey den Eydgenossen gebräuchlich/ als Rüchen/ Rügglen/ Tüchterli/ Pfurtzi/ die Schwaben und etliche Graupündner heissen ihn ein Käfer-Entlein/ weil er vielleicht den Käfern nachstellet. Die Holländer Arsevoet/ dieweil er seine Füsse am Hindern hat/ wie der Täuchel; die Engelländer dob chekir. Er ist bey nahe so groß als eine Taub/ hat einen spitzigen Schnabel wie die Amsel oder der Krammetsvogel/ die Zeen der Füsse sind breit/ und braunschwartze Häutlein daran/ welche aber nicht aneinander hangen/ sondern dreyfach zerspalten sind/ wie am Täuchel; er hat auch keine runde und spitzige/ sondern breite und glatte Nägel daran; die Füsse gehen so gerad herfür/ daß er dieselbe auff den Rücken werffen kan/ die Bein sind mit dicken Federn bekleidet. Die Federn an der Brust und am Bauch sind Silberfarb/ aber zu unterst an dem Bauch grau; der Schnabel ist oben schwartz/ zu beyden Seiten roth/ der unter Theil ist fast gantz blutroth; die Federn so auff dem Kopff/ am Halß und Bauch stehen/ sind braunschwartz/ und ein wenig roth darunter gemischt; die Flügel sind schwartz/ doch haben sie auch weisse/ mit braunschwartzen Flecken gesprengte Federn; der obere Theil derselbigen ist wie der Bauch weiß; der Halß ist zu beyden Seiten röthlich/ wie auch gegen dem Rücken zu/ doch nicht so sehr; der obere Theil deß Kopffs ist weiß: die eusserste Seiten aber deß Rückens haben theils rothe/ theils schwartzlichte Federn. Sie haben keinen Schwantz. Den schwartzen Augstern umbgibt ein runder kastanien-brauner Kreiß. Sie haben zwar einen starcken Geruch/ doch werden sie zu der Speiß gelobt/ weil sie ein zärter und fetter Fleisch haben als andere breitfüssige Vögel. Sie haben in den Schenckeln viel zarte Beinlein/ welche allein an einer Seiten bey dem Geleich angehenckt/ halb so lang als das Schenckelbein. D. Geßner sagt/ er habe in denen/ welche er zerschnitten/ den untern Theil der Kählen oder den Kropff sehr groß gefunden/ und in dem Magen verdäwete Fisch und Steinlein. Sie können nicht gehen/ es sey dann Sach daß sie sich auch auff die Flügel steuren. Diese Vögel sind die ersten unter den wilden breitfüssigen Vögeln/ welche bey Zürch in den See kommen. Fabricius sagt/ das Täucherlein/ so er Mirgigeln nennet/ sey gantz schwartz/ außgenommen die Kählen/ welche an dem Männlein roth/ an dem Weiblein weiß sey; und habe vor den andern vier merckliche Unterscheid: nehmlich an dem Schnabel/ welcher gantz spitzig ist/ und nicht stumpff; an den Flügeln/ welche gantz kurtz; an den Füssen/ so an den zerschnittenen Häutlein etwas/ an der Breite aber der Zeen und Geradigkeit der Nägel/ einen grossen Unterscheid haben; letzlichen am Schwantz/ so gar rund ist/ und kaum eines Glieds lang. Dieser Vogel hüpffet mehr als er flieget/ wegen seiner kurtzen Flügel; es scheinet auch nicht als ob er schwimme/ sondern vielmehr wie eine Kugel auff dem Wasser daher walle.

D. Geßner hat ein ander Geschlecht gesehen/ so etwas schwärtzer war/ nehmlich am Kopff/ Halß/ Rücken und Schnabel/ mit einem weissen Bauch;

umb

Von den Tauchern.

umb den Hindern / und an den Schenckeln der Bein mit etlichen weissen und etlichen rothen Federn / wie auch an beyden Seiten deß Kopffs / hinder den Augen / mit etlichen rothen Federn gezieret. Es hatte in seinen Augen einen schönen goldgelben Ring / und umbgabe auch eine Linie von dieser Farbe beyde Wangen. Dieses Täucherlein ist von Anfang deß Schnabels biß zum Ende der Füsse zweyer Spannen lang. Dieses Geschlecht hat ein Türck D. Geßnern Karabatak genennet. Albertus schreibet von einem schwartzen Täucherlein / ob er aber dieses / oder etwan ein anders meinet / ist ungewiß. Auß diesem Geschlecht sind etliche braunschwartz auff dem Rücken / etliche röthlich; etliche haben schwartze Flügel / etliche von einer andern Farb / etc. Uber das sind etliche allein in fliessenden Wassern / andere schaarweiß mitten in den Wassern. Der Engelländer Puffin ist diesem Geschlecht nicht ungleich / sonderlich weil er Federn hat / so den Guckgucksfedern nicht ungleich sind / welches Turnerus von dem dritten Täucherlein-Geschlecht schreibet / das da einem Gänßlein / so erst auß dem Ey geschloffen / nicht ungleich ist / wie droben gesagt worden.

Von dem Täucherlein Castagneux genannt.

Jeses Täucherlein wird nach Bellonii Beschreibung von den Frantzosen Zoucot oder Castagneux genannt/ und hält sich gemeiniglich nur im Wasser auff/ dieweil es wegen seiner ungestalten Bein auff der Erde nicht wohl fortkommen kan: Nach der Grösse seines Leibes hat dieser Vogel kurtze Flügel/ und gantz keinen Bürtzel oder Schwantz: Seine Federn sind wollicht/ also dz man ihn vor eine junge Ganß fast ansehen solle. In der Gröss gleichet er einem kleinen Kriech-Entlein (petite sarcelle) und ist kastanienfärb/ daher sie ihren Frantzösischen Nahmen bekommen. Wiewohl sie in dem Schwimmen gar hurtig ist/ hat sie doch kein Häutlein zwischen den Füssen/ wie die andern Enten/ vor welches ihr aber die Natur breitere Zeen zum schwimmen gegeben hat. Auff der Brust siehet sie weißlicht auß/ hat einen rundten/ zugespitzten und rothen Schnabel: Sie kan sich nicht wohl auß dem Wasser heben/ wann sie sich aber auffgeschwungen/ kan sie eine lange Zeit fliegen: Auß einem kleinen Wasser kan diese Ent gar nicht auffstehen/ daß sie offtermahls durch Stecken niedergetrieben/ mit den Händen kan gegriffen werden. Sie hält sich beydes in süssen und saltzigten Wassern auff/ und wird zu Sommers- und Winterszeit gefangen/ wiewohl sie im Winter am fettesten sind; ihr Fleisch hat keinen lieblichen Geschmack/ vielleicht darumb/ weilen sie nichts als Fisch essen/ wiewohl sie keine todte berühren. Es hat dieser Vogel eine kleine und zarte Leber/ und ein dünnes Eingeweyd/ er machet sein Nest in einem Wasen/ und verwahret dasselbe so wohl/ daß es nicht leicht zu finden ist. Aldrovandus beschreibet diesen Vogel auff gleiche Arth/ nur daß die hindersten Zeen nicht so breit seyen/ an dem Leib sehe er zwar kastanienbraun/ der Halß/ Brust/ Bauch/ und Schnabel aber sehen mehr aschenfarb.

Von einem Indianischen Vogel
Eme genannt.

Die Holländer welche diesen Vogel auß der Insel Javæ gebracht haben/ geben Bericht/ dz er noch so hoch als ein Schwan seye/ von Farben gantz schwartz/ und habe keine Zung und keine Flügel. Auff dem Kopff hat er einen halbrunden kleinen Schild; Er beschützet sich mit seinen scharffen Klauen/ mit welchen er zuruck schmeisset als wie die Pferde zu thun pflegen. Ein recht Wunderwerck der Natur ist es/ daß dieser Vogel keine Zung hat: alles was er isset/ schlinget er auf einmahl/ und solche grosse Stücken als der grösse Apffel seyn kan. Wunderlich ist daß von ihm erzehlet wird/ er könne glühende Kohlen hinunter schlingen/ und sich zuweilen zu erkühlen/ verschlinge er grosse stück Eyß.

Nach Clusii Beschreibung ist dieser Vogel/ wann er mit auffgerichtem Kopff stehet/ 4. Schuh und etliche Zoll hoch: dann der Halß oben von dem Kopff biß auff den Rücken ist 13. Zoll lang: der Leib ist 2. Schuh breit/ von den Füssen biß über das dicke Theil der Bein/ ist 17. Zoll hoch: die Länge deß Leibs aber von der Brust biß auf den Bürtzel/ ist 3. Schuh lang. Die Federn oder vielmehr Pflaumen/ waren an dem gantzen Leib/ unten an dem Halß/ auff der Brust/ Rücken/ und an dem dicken Theil der Bein/ allzeit 2. zusammen gewachsen/ wie auß der Figur oben zu sehen: welche dann auß einem kurtzen Keil hervor geschossen/ eine auf der andern lieget/ die obersten sind etwas dicker als

die

die unterſten / und ſind von unterſchiedlicher Länge / wie ſolches Cluſius bey Chriſtiano Porreto, einem Apothecker in Leyden/ an einem ſolchen abgezogenen Vogel in acht genommen. An dem Halß ſind die Federn am kürtzeſten/ in der mitten deß Leibes ſind ſie 6. oder 7. Zoll/ unten umb den Bürtzel aber ſind ſie 9. Zoll lang: alle Federn ſind hart/ und ſtarricht/ gantz ſchmahl/ und ſchwartz võ Farben: und ſcheinen von weitem als wie Haar. An ſtatt der Flügel hat er 4. ſchwartze Federn/ welche etwas länger und ſtärcker als die andern ſind/ und dieſem Vogel zum geſchwinden Lauffen/ wie Cluſius dafür hält/ dienlich ſind; dann er gantz nit fliegen/ noch von der Erde ſich auffheben ſoll. Seine Bein ſind 5. Zoll dick/ welche mit dicken Schuppen/ und ſonderlich über den Füſſen/ bedecket ſind: er hat auch ſtarcke und grobe Füß/ welche auß drey Zeen beſtehen/ welche gleichfalls oben mit harten Schuppen bedecket/ und unten gantz erhartet ſind: die mittelſte Zee beſtunde auff 3. Gewerben/ die inwendig zu ſtunde auß einem/ und die außwendige auß zweyen; Seine Klauen ſollen ſehr ſtarck und gekrümmet ſeyn/ bey nahe 2. Zoll lang/ und ſo hart als ein Horn. Nach Geſtalt deß Leibes hat dieſer Vogel einen kleinen Kopff/ welcher dunckelblau von Farben/ und gantz kahl iſt. Er hat groſſe und helle Augen/ auß welchen er wie ein Löw ſo grimmich ſiehet/ dieſe ſind mit ſchwartzen kleinen Haaren eingefaſſet/ mit dergleichen Federlein auch die Ohren/ welche als kleine Löcher hinder den Augen ſcheinen/ bedecket ſind. Der obere Theil deß Schnabels iſt gekrümmet/ und hat zwey Löcher/ durch welche der Vogel ſeine Lufft ziehet: Uber dieſen gehet ein Gewächs/ welches ſo hart als wie ein Horn/ und drey Zoll hoch über den gantzen Kopff: welches zu gewiſſer Zeit mit den Federn abfallen/ und wieder wachſen ſoll. Der untere Schnabel iſt bey nahe 4. Zoll lang: Am fordern Theil deß Halſes/ ohngefehr 4. Zoll unter dem Schnabel/ hängen ihm 2. Häutlein 2. Zoll lang hervor/ welche wie ein Hahnenkamm roth ſind.

Ob zwar dieſer Vogel wegen ſeines kleinen Kopffs dem Strauſſen in etwas gleichet/ ſo iſt er doch gantz kahl anzuſehen/ und friſſet alles was ihm vorgeworffen wird. Er ſoll ſehr ſtarck von Füſſen ſeyn/ mit welchen er ſich an ſtatt deß Schnabels wehret: dieſer/ welchen Cluſius geſehen/ ob er zwar Citronen/ Pomerantzen/ und alles was ihm vorgeworffen/ verſchlungen/ iſt insgemein mit weiſſen Brodt geſpeiſet worden: welcher auch inſonderheit die friſche Hüner-Eyer vor allem außgeleſen/ und mit den Schalen verſchlungen/ zuweilen auch dieſe gantz unverſehret wieder von ſich geg:ben/ wieder geſſen/ und alsdann verdauet habe. Dieſer Vogel ſoll ein Männlein geweſen ſeyn/ und ſein Glied hinder ſich/ nach Arth der Cameel/ ſtehen gehabt. Die Eyer dieſes Vogels ſollen gar ſchön ſeyn/ in die Läng herumb gemeſſen 15. Zoll/ in der Breitung 12. Zoll dick. Die Schzal aber dieſer Eyer iſt nicht ſonderlich ſtarck/ auch nicht weiß wie der Strauſſen Eyer/ ſondern grün und aſchenfarb: welche Cluſius zu Ambſterdam geſehen/ ſind von unterſchiedlicher Farb und Gröſſ geweſen.

Von dem Vogel Erythropode.

Erythropus iſt eine Gattung eines Vogels/ wie Varinus ſagt. Ariſtophanes zehlet ihn auch unter die Vögel. Eberus und Peucerus halten Hematopodem und Erythropodem für einen Vogel/ welchen ſie zu Teutſch einen Rothfincken nennen/ da ſie doch den gemeinen Fincken auch alſo heiſſen.

ERYTHROTAON lieſet man bey dem Plinio, andere leſen Tetraonem, andere aber anderſt. Dieſen Vogel halten wir für den gröſten unter den Berg- oder Alp-Hünern/ welche wir gemeiniglich einen Urhanen nennen/ wiewohl ihn etliche für einen Indianiſchen Hahnen halten/ wie wir hernach von beyden in Beſchreibung der Hüner melden wollen.

EXTERNÆ, ſind Vögel bey dem Plinio alſo genannt/ welche von den Gelehrten für die jenige gehalten werden/ ſo man heutiges Tags bey den Teutſchen Feldhüner oder Rebhüner nennet.

Von dem Faſanen.

Phaſianus.

Von der Geſtalt dieſes Vogels/ und wo er am meiſten zu finden.

Der Faſan/ als ein frembder Vogel/ hat faſt in allen Sprachen einen Nahmen/ und wird alſo genennet/ von dem Fluß Phaſide, in der Inſel Colchos, da er häuffig anzutreffen; Wie er dann in der Griechiſchen Sprach φασιανός; auff Lateiniſch Phaſianus; Italianiſch Fagiano, Faſano; Frantzöſiſch un Faiſan; Spaniſch Faiſan; Polniſch Baſant; Wendiſch Baziant; Ungariſch Tatczan; Türckiſch Sugüin; Niederländiſch een Faſaen/ Engelländiſch a Feſant. Die Faſanen haben heut zu Tag ſich in Teutſchland auch ſehr gemehret/ alſo daß ſie in der

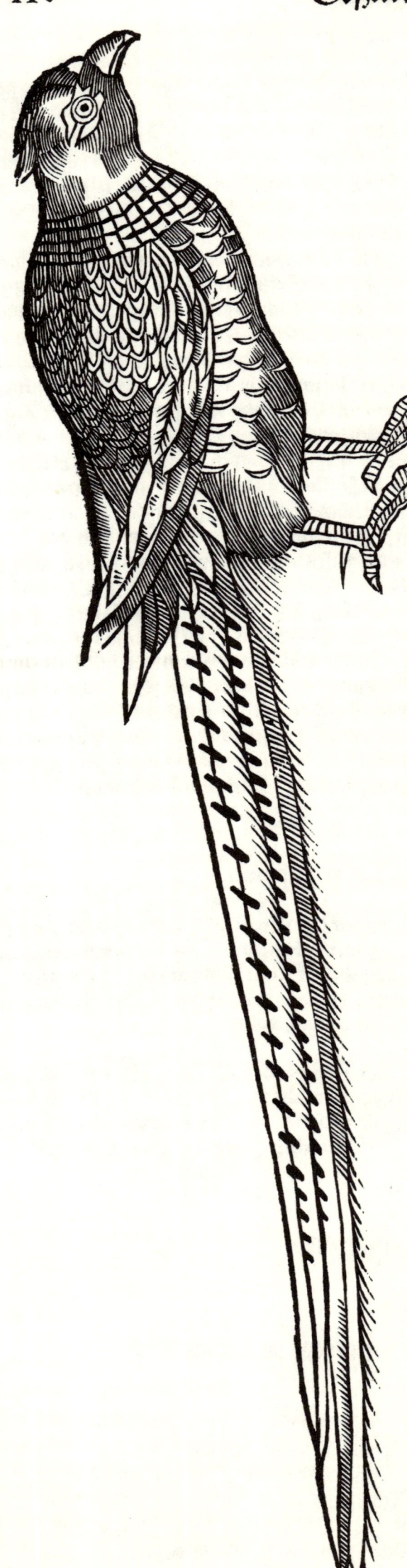

der Menge an unterschiedlichen Orthen zu sehen. Olaus Magnus sagt/ daß die Fasanen und Urhanen/ in den Ländern gegen Mitternacht/ etliche Monath ohne alle Speiß unter dem Schnee verborgen liegen. Stumpffius sagt / daß in dem Schweitzer Gebürg viel Fasanen sich aufhalten/ wiewohl D. Geßner sagt/ er habe noch keinen derselbē in der Eydgenoßschafft gesehen/ob er gleich viel Berg und Thäler durchzogen. In den Königreichen Ergimul und Cerguth, welche dem grossen Cham unterthan/ werden gar grosse Fasanen gefunden/ welche Schwäntz/acht oder zehen zwerch Händ lang haben/ wie Paulus Venetus schreibet. Longolius spricht/ daß er nichts schöners gesehen hab/ als die Fasanen/ also/daß alle Mahler / ja Apelles selbst die schöne und vielfältige Farb der Federn nicht mahlen könte. Der Fasan ist ein Wald-Hahn / ein schöner Vogel mit glänzenden Federn wie das Feuer/ welche zuweilen blau und grün gefärbt/ sagt der Author deß Buchs der Natur. Es scheinet er habe zwey Ohren am Kopff mit außgereckten Federn/ welche er auffrichtet und niederläst wann er will. Er hat keinen Strauß auff seinem Kopff/ noch Sporen an den Beinen : ob er aber gleich keine Waffen an den Beinen hat/ so ist er doch nichts desto minder kühn und unverzagt. Albertus sagt/er seye blau am Halß und am Leib/ welches sich zuweilen auff Erdfarb ziehe. Sie bekommen nicht alsobald rothfärbige Bärt / oder Sporen an den Füssen/ wie die Haußhanen / sondern erst nach etlicher Zeit. Die Gall wächst den Fasanen an die Nieren / und nur an der einen Seiten an das Gedärm/ wie auch dem Raaben/ wie Plinius bezeuget. Die Henne ist in diesem Geschlecht nicht so schön als der Han / sagt Albertus. In den Antillen Americæ wird eine Arth Fasanen gefangen/ welche die Frantzosen nach dem Spanischen Nahmen Poules Pintades, das ist: gemahlte Hüner/neñen/ weil sie gleichsam bemahlet sind mit weissen Farben/ und kleinen Tüpfflein/ die auff dem dunckelen Grund scheinen / als ob es so viel Augen wehren.

Von der Natur und Eigenschafft dieses Vogels.

Der Fasan hält sich im Staub der Erden auff: dann er fliegt nicht hoch / wie Aristoteles sagt. Die Vögel/welche einen kurtzē Flug haben / als der Han/die Wachtel / und der Fasan / die können alsobald/ nachdem sie auß dem Ey geschloffen / gehen / und haben Federn / sagt Theophrastus. Dieser Vogel isset Korn/Haber/ und

Von den Fasanen.

und etliche Saamen. Er wird traurig im Regenwetter: dann zu derselbigen Zeit verberget er sich in die Hecken und Wälder. Er verändert seine Federn von wegen der Feiste / und mauset sich offt wieder. Dieser Vogel ändert allein im Anfang deß Winters seinen Orth / und fligt von einem Wald in den andern. Er verändert aber bey uns das Land nicht / sondern ist unbeständig / und schweiffet in die umbliegende Wälder auß: darzwischen aber ruhet er zuweilen in den Kraut-Gärten / in Städten und Dörffern: daher haben wir dieselbe in unserem Garten zu Cölln unter der Salbeyen und Rauten offt sitzend gefunden/ wann sie vom Flug müde worden / sagt Albertus. Die Fasanen wohnen allein zu der Zeit / wann sie hecke/ beyeinander / zu andern Zeiten aber sind sie zertheilt. Etliche Vögel-Eyer sind mit Flecken gezeichnet / als deß Meleagridis und der Fasanen; wie Aristoteles sagt. Die Fasanen machen nur einmahl Junge im Jahr / und legen auff einmahl nicht mehr dann zwantzig Eyer / und am dreyssigsten (vielleicht zwantzigsten) Tag kriechen sie auß. Florentinus sagt daß sie gleich wie die Hennen 21. Tage brüten. Die zahme Fasanen kan man als Hanen zu den Hennen thun. Sie verderben von den Läusen / wo sie sich nicht im Staub waltzen / wie Plinius und Aristoteles sagen. Wann er seinen Schnabel in die Erde stöst / vermeint er / er sey also gantz verborgen. Man sagt auch daß der Strauß allein seinen Kopff verberge / und das übrige herfür lasse / wird derhalben also / dieweil er am Kopff sicher ist / am gantzen blossen Theil / sampt dem Kopff / gefangen; Welches die Fasanen auch thun / sagt Tertullianus. Wann sie erst gefangen / sind sie so grimmig und wild / daß sie nicht allein der Hüner / sondern auch der Pfauen nicht verschonen / sondern dieselbige alsobald zerreissen / wie Longolius schreibt. Die Fasanen werden ohngefehr 16. Jahr alt.

Wie man diesen Vogel aufferziehen solle.

In den Lust-Gärten ernehret man Pfauen und zahme Fasanen. Wann man aber dieselbe ziehen wil / muß man junge nehmen / die im nechstvergangenen Jahr außgeschlossen seyen / dann die Alten sind nicht mehr fruchtbar. In Mertzen oder Aprillen machen sie Junge: Zwey Weiblein thun einem Männlein genug: dann sie sind nicht so unkeusch / wie andere Vögel: sie legen nicht mehr dann einmahl im Jahr / etwan zwantzig Eyer. Die gemeinen Hennen brüten diese Eyer besser auß / als die Fasanen / dann eine Gluckhenne kan funffzehen Fasanen-Eyer bedecken / ob ihr schon noch etliche ihrer Eyer darzu untergelegt werden. Wann man die Eyer den Hennen unterlegen will / muß man den Lauff deß Monds in acht nehmen / wie hernach weitläufftiger in Beschreibung der zahmen Henne gesagt wird. In 30. oder 20. Tagen kriechen sie auß / 15. Tag aber muß man sie ätzen mit wohlgesottenem Gerstenmehl / das wieder kalt / und mit ein wenig Wein besprengt worden seye: darnach gibt man ihnen zerstossenen Weitzen / Heuschrecken / und Omeissen-Eyer. Man sol sie verwahren / daß sie nicht zum Wasser kommen können / damit sie nicht den Pips bekommen. Wann sie aber derselbige ankömmt / soll man ihnen die Schnäbel offt mit Knoblauch reiben / der mit weichem Hartz gestossen seye / oder ihnen diesen Gebrästen wie den Hennen hinweg nehmen. Man soll sie aber also mesten / daß man ihnen in 30. Tagen einen Sester Weitzenmehl mit kleinen Kügelein zu essen gebe: oder wann man Gerstenmehl brauchen wil / hat man an anderthalb Sester genug / de verschlossenen Fasanen 30. Tag damit zu mesten. Man soll die Kügelein mit Oel anstreichen / und ihnen also einstossen / damit sie ihnen nicht unter die Zung kommen / sonst sterben sie von stund an. Dieses soll man auch vor allen Dingen in acht nehmen / daß man ihnen nicht ehe zu essen gebe / sie haben dann die vorige Speiß wohl verdäwet: dann wan sie überfüllet werden / sterben sie gar leichtlich / wie Palladius berichtet. Varro sagt / man meste sie wohleingeschlossen / also / daß man ihnen am ersten Tag nichts zu essen gebe: am andern Tag aber soll man ihnen Wassermät oder Wein geben. Ihre Speiß sey Gerstenmehl mit Wasser zu einem Teig gemacht: welches man ihnen nicht auff einmahl / sondern nach und nach geben soll / jedesmahl etwas mehr. Nach dem aber gibt man ihnen Bonenmehl / Gersten / saubern Hirsen / gesottenen Flachssaamen / darunter thut man Gerstenmehl und Oehl / und machet Kügelein darauß / und lässet sie davon nach Lusten essen. Etliche geben ihnen fünff oder sechs Tag Fenugreck / damit sie dieselbe purgieren und reinigen. Sie werden aber mehrentheils in 60. Tagen fett. Wann man ihnen die Gersten in Milch weichet / und sonsten nichts anders zu essen und zu trincken giebt / so bekommen sie ein schönes / weisses und sehr gutes Fleisch. Diese Vögel werden mit denen Artzneyen zurecht bracht / welche wir hernach bey der Hennen melden wollen. Wie von den zahmen Hennen Fasanen gezeuget werden / wird auch an gemeldten Ort gesagt werden.

Wie die Fasanen gefangen werden.

Wie man die Fasanen in Stricken / so auß Roßhaar gemacht / fangen solle / deßgleichen in Garnen oder Netzen / ist in Beschreibung der Wachtel zu finden. Umb den Abend oder Morgen gehet er auß dem Wald / und umb dieselbige Zeit wird er leichtlich gefangen. Er wird auch auff ein ander weiß also gefangen: der Vogelfänger bedeckt sich mit einem Tuch / daran dieser Vogel gemahlet ist / und zeigt sich dem Fasanen / welcher dann dem bedeckten Vogelfänger nachfolget / und nicht von ihm weichet / zuletzt wird er von deß Vogelfängers Gesellen heimlich mit dem Garn gefangen: dann dieser Vogel / weil er sehr thöricht ist / wird leichtlich betrogen. Dann wann ein weiß viereckicht Tuch /

daran

daran ein schöner Fasan gemahlet stehet / an vier Stecken außgespannet wird / erstarret der Fasan darob / also / daß er deß Jägers nicht achtet / sondern hinder sich in das Garn getrieben wird. Weit darvon wird ein Netz bereitet / welches wie das vorige Tuch / viereckicht / und mit einem Stecken auffgerichtet ist / also / daß es leichtlich fallen möge: aber an dem Stecken ist eine Schnur gebunden / so unter dem Schnee oder Laub biß zu deß Vogelfängers Hütten gezogen ist: und unter diesem Garn ist Haber gestreuet / zu welchem dann die Fasanen fliegen / und also mit dem Garn überzogen werden. Wie man diese Vögel mit Habichten fangen solle / wird weitläufftig in Beschreibung derselbigen gesagt werden.

Was von diesem Vogel ausser und in der Artzney dem Menschen nützlich seye.

Etliche Fischer formiren zu gewissen Zeiten deß Jahrs eine Arth Fliegen auß den Fasanenfedern / welche sie an die Angeln hängen / die Fisch damit zu betriegen. Die Fasanen gehören über der Reichen Tisch. Alexandro Severo wurden nur an den grossen Festen Fasanen zur Speiß auffgetragen. Man hält das an Pertinace dem Römischen Käyser für einen grossen Geitz / daß er in seinen privat-Mahlzeiten keine Fasanen gessen / noch auch andern geschickt. Der König Ptolomæus bezeuget / daß er nie keine Fasanen versucht / sondern als eine köstliche Rarität dieselbe behalten habe: wiewohl sie nachmahls zu Rom zur Speiß gebraucht worden. Die Fasanen getödet / sollen im Sommer zween / im Winter drey Tage auffgehencket werden / ehe dann sie zur Speiß bereitet werden / sagt Arnoldus de Villa nova. Platina heist ihn braten; wiewohl er auch nicht ungeschmackt ist / wann man ihn mit Pfeffer und Salbey siedet: doch wird er mehrentheils gebraten / selten aber gesotten / gessen / wiewohl sie vor Zeiten auch gekocht worden / nicht aber in Wasser / sondern vermittelst deß Dampffs / der auß dem warmen Wasser gangen. Dieser Vogel wird von jederman / als köstlich / zur Speiß gelobt / wegen seines guten Fleisches: dann / so viel die Nahrung und Däwung antrifft / ist es dem Hennenfleisch ähnlich / aber lieblicher zu essen / wie Longolius, Galenus und Sethi darvon schreiben. Galenus zehlet auch den Fasanen unter die beste Speisen / und die so weder ein zart noch grob Geblüth geben. Sie werden auch leichtlich verdäwet. Trallianus heisset die jenige magere Fasanen essen / so voller Eyterschleim sind. Fasanenfleisch gibt mehr Nahrung als deß Rebhuns / stärckt aber die schwachen Glieder weniger; dann es ist das mittelst zwischen Rebhüner und junger Hennen oder Capaunen Fleisch: wiewohl Averroes diesen Vogel für andern zur Speiß rühmet. Unter allen Vögeln hat den Preiß Haselhünerfleisch: Hennenfleisch ist zärter / darnach der Rebhüner und Fasanen / sagt Avicenna. Elluchasem hält dieses Fleisch auch nicht für so zart als der Rebhüner Fleisch. Unter den wilden Vögeln / spricht Conciliator, hält man die Fasanen für die besten zu der Gesundheit und Stärcke deß Leibs / sie werden auch vielleicht den zahmen vorgezogen / dieweil sie den Hennen nahe / und fast ihres Geschlechts / darzu truckener sind / und sich mehr bewegen. Dieses Fleisch stärckt die so das Abnehmen gehabt / und auß langwiriger Kranckheit außgemergelt sind / es stärckt mit sonderbahrer Krafft die Däwung / und verbessert die böse Feuchtigkeit im Magen / sagt Rhasis. Savanarola schreibt / es seye zart / weiß und einer guten Complexion, gebe viel Nahrung / seye aber denen sehr schädlich so sich stets bewegen. Die Fasanen sol man mehr zu Winterszeit essen / spricht Arnoldus. Hennen und Fasanen-Eyer sind die besten / wie wir dann von allen Eyern / so zur Speiß gebräuchlich / in Beschreibung der Hennen sagen wollen. Das Marck von einem Spring-Widder wird unter das Gifft gezehlet / welches dem Menschen also zuwider / daß es ihm alle Sinn hinweg nimmet / darwider aber ist Fasanenfleisch gut / wie Arnoldus sagt. Leonellus Faventinus heist unter eine Artzney / so wider die Schwindsucht dienlich / Schildtkrotten / Fasanen- oder Wasserkrebsfleisch thun. Einen lebendigen Fasanen in Wein getödet / und den Wein getruncken / ist für das Bauchgrimmen dienlich / sagt Marcellus. Das Blut genommen vertreibet Gifft / sein Schmaltz ist gut für die Gebrästen der Bärmutter: deßgleichen denen so starrige krumme Hälße haben. Seine Gall schärffet das Gesicht. Der Gänse und Fasanen Schmaltz wird unter die zertreibende Pflaster vermischet. Das Fett von den Fasanen soll das Gesicht läutern / und Galenus rühmet dasselbe sonderlich / daß es die Nieren-Schmertzen lindere.

Von dem Fincken.

Fringilla.

Von der Gestalt dieses Vogels.

Dieser Vogel wird von den Griechen Σπίζα genennet / von den Teutschen / Finck / Rothfinck / oder mehrentheils Buchfinck / bey den Lateinern Fringilla, dieweil sie mehr in der Kälte schaarweiß fliegend gesehen werden / als im Sommer. Auff Italianisch heisset er Fringuella; Frantzösisch pinson: Engelländisch Schaffinche, a Spinck; Wendisch pin-

Von den Fincken.

Pinkavva; Pohlnisch Slovvick, Zieba; Ungarisch Pinty. Er hat eine rothe Brust wie eine Feuerflamm/sagt Albertus, wiewohl er mehr dunckelroth ist/ wie Eberus und Peucerus sagen. Er ist in der Grösse eines Spatzens/ mit mancherley Farben/ nehmlich weiß/ grün und roth unterschieden. Deß Männleins Brust ist roth/ deß Weibleins etwas bleicher. Man hat auch einsmahls einen gantz weissen Fincken gesehen.

Von der Natur und Eigenschafft dieses Vogels/und wie er gefangen werde.

In dem Schweitzerland fliegen sie im Winter hinweg/sonderlich die Weiblein/ dann man siehet zuweilen daselbst viel Männlein ohne Weiblein. Sie fliegen schaarweiß/gleich wie auch die Distelfincken. Sie nisten entweder oben auf den Stauden/oder unten auff den Aesten der Bäume/ ihr Nest machen sie inwendig auß Wollen/aussen aber auß Moß. Sie brauchen auch zu ihrem Nest Spinnweben. Wann sie im Kefich ihr Gesicht verlohren haben/ so helffen ihnen die Vogelfänger mit Mangolt/den sie zerstossen/ und ihnen darüber zutrincken geben. Wie man die Fincken fangen soll/ ist zum theil droben bey dem Distelfincken gesagt worden. Robertus Stephanus lehrt sie also fangen: An einem ebenen Orth/da viel Fincken gewöhnlich fürüber fliegen/werden drey abgehauene Bäumlein auffgerichtet/so etwan drey Schuh weit voneinander stehen/ die werden untenhin mit Aesten/als eine Hütte oder Hirtenhäußlein/ umbgeben. In der mitten durch wird ein Seil gespannet/ welches an einem Orth an einen Stecken gebunden / am andern von einer Gabel getragen/ und von weitem von einem gehalten wird/ an das Seil werden zween oder drey Fincken gebunden/ und auff die vorgenannte Bäumlein werden Leim-Ruthen gesteckt/auch nicht weit davon in zweyen oder dreyen Kefichen Fincken gestellt / welche den fürüber fliegenden herzu locken. Die dann/ wann sie herzu geflogen/mit den Leim-Ruthen gefangen werden. Das Männlein singt im Anfang deß Frühlings. Die Distel-Vögel haben alle einen hellen Gesang / sonderlich aber die Distelfincken/ darnach die Zeißlein/ zum dritten die Fincken/und dann die Hänfflinge. Sie ziehen alle wann man sie auff ein Gefäß setzet/ ein Horn oder Eymerlein mit ihrem Schnabel auff/ damit sie trincken/nachdem sie aber getruncken/ lassen sie dasselbe wiederumb hinab fallen / wie Albertus sagt. Wiewohl man sie auch anderst gewehnen kan. Etliche Vogelfänger halten den gantzen Sommer durch die Fincken an einem dunckeln Orth/ damit sie zu Herbst- oder Wintersszeit an den Tag gestellt singen / dann so bald sie wiederumb an den Tag kommen/ fangen sie an zu singen/ sonsten haben sie in dem Dunckeln keinen Gesang / und alsdann braucht man sie/ andere Vögel damit ins Garn zu locken.

Dieser Finck ist Aldrovando als ein frembder Vogel gebracht worden/ und wird von ihm beschrieben/ daß er bey nahe an dem gantzen Kopff/ Rücken/ und oben auff den Flügeln liechtgelb gewesen seye / die Federn aber an der Kählen/ Brust und Bauch seyen schwartzlicht/ und die Flügel wie auch der Schwantz/ schwartz und weiß vermischet gewesen.

Uber dieses gedencket er noch einer Arth/ welche an dem gantzen Leib/ und sonderlich auff dem Rücken/ weißgelb gewesen; dann der Halß und die Brust waren fast Eisenfarb/und der Bauch aschenfarb/ auff den Flügeln hatte er weisse Fleck lein/ die Schwingfedern schienen etwas gelb hervor/ sonsten waren sie weiß/ und an der inwendigen Seiten aschenfarb; die Füß und Schnabel waren Fleischfarb.

Von mancherley Fincken.

Unsere Vogelfänger (sagt D. Geßner) nennen einen Vogel einen Italianischen Fincken/ was er aber von den gemeinen Fincken vor einen Unterscheid habe/ weiß ich nicht. Gleich wie Albertus den Nahmen Distelfinck auff drey Vögel ziehet/ welche alle lieblich singen/ und von den Disteln und andern Saamen leben: also braucht er auch den Nahmen Finck fast von denselben allen. Dann den Distelvogel nennet er Distelfinck / welcher dann gemeiniglich also genennet wird; das Zeißlein zehlet er auch unter die Fincken; einen Rothfinck nennet er / welchen wir schlechthin einen Fincken oder Buchfincken heissen; Diese alle / spricht er / leben von den Saamen der stechenden Disteln / deßgleichen von den Rosen und Kräutern / sonderlich deß Magsaamens / Kletten-Saamens/ und dergleichen. Aristoteles aber sagt/ daß der Finck (Spiza) nicht allein die Saamen / sondern auch Würmlein esse. Es wird auch zuweilen ein junger Guckguck (welcher nur Würmlein isset/) in seinem Nest gefunden. Daher D. Geßner desto weniger zweiffelt/ daß unser gemeine Finck / der Vogel Fringilla, oder deß Aristotelis Spiza seye/ zumahl weil dieses dem Bellonio und etlichen andern Gelehrten auch gefällt. Den Güger nennen auch etliche zu Teutsch/ Goldfinck/ Lobfinck/ Bluthfinck/ und die Niederländer Goutfinck. Etliche Frantzosen nennen das Grünling Geschlecht/ so wir ein Citrinlein heissen / Quinson verdier, das ist/einen Grünfincken.

Von den Fincken.
Von dem Waldfincken. Fringilla montana.

ZU Latein wird dieser Vogel von den Bergen genennet/ auff welchen er sich auffhält; auff Griechisch heisset er Σπίζα und Ὀρεσπίζα; Frantzösisch Pinson montan, oder d'Ardaine; Engelländisch a bramling; zu Teutsch Rowert/ Schneefinck/ Winterfinck. Dieser Vogel isset Würmlein/ und ist so groß als der gemeine Finck: das Männlein aber hat an seinem Halß blaue Federn/ welche das Weiblein nicht hat. Der Schnabel ist bleichgelb/ und die Flügel von mancherley Farben/ als weiß/ schwartz/ und gelb unterschieden/ wie an dem Distelfincken. Er hat eine kirrende und liebliche Stimme. Die Schweitzer nennen ihn (oder den so ihm nicht ungleich) Waldfinck oder Tannfinck/ dessen Figur auch hie verzeichnet stehet. Seine Flügel sind mit zweyen rothgelben zwerchlinien unterschieden/ also/ daß darzwischen eine schwartze Linie gezogen ist. Es sind auch alsobald unter den gelben zwo weisse uñ schmälere Linien. Er ist etwas grösser als der Finck/ und auff dem Kopff/ Rücken und Schwantz etwas schwärtzer; der Bauch ist weißlicht/ uñ die Brust sampt der Kälen etwas röthlicht/ rc. Die Italianer nennen auch unsern Steinbeisser einen Waldfincken; wie auch etliche unter ihnen den Güger oder Blutfincken also heissen.

Es gedencket auch Aldrovandus folgendes Vogels/ als welcher von Gestalt den Waldfincken gleich seye/ nur daß er bleicher von Farben/ und einen gantz weissen Kopff habe.

Von der Fledermauß/ oder Speckmauß.
Vespertilio.
Von der Gestalt dieses Vogels.

Dieser Vogel wird eine Speckmauß genennet/ weil er den Speck isset/ und die Schweinen-Seiten durchnaget. Von den Lateinern und Griechen hat er den Nahmen von der Nacht bekommen/ weil er gegen Abend und zu Nacht gemeiniglich flieget; und heist bey jenen Vespertilio, bey diesen Nukfepic: Hebreisch אטלף: Italiänisch Vespertilione, Nottola, Grinapola, Pipistrello; Französisch Chauve souris; Spanisch Murciégalo; Polnisch Niedoperz; Ungarisch Tendereuer, Puppereuer; Engelländisch a bal, a reare mous; und Niederländisch Vleermuyß genennet. Die Fledermauß ist ein Mittelthier/ zwischen dem Vogel und der Mauß/ also/ daß man sie billich eine fliegende Mauß nennen kan/ wiewohl sie weder unter die Vögel noch unter die Mäuß kan gezehlet werden/ dieweil sie beyder Gestalt an sich hat/ dann sie hat einen Mäußkopff/ doch gleichet derselbige etlicher maß einem Hundskopff: sie werden auch zuweilen mit vier/ doch mehrentheils zweyen Ohren gefunden. Sie hat zersägete Zähn in beyden Backen/ nicht wie die Mäuß/ welche allein vornen lange Zähn/ sondern vielmehr wie der Hund/ welcher überall lange Zähn hat. Am Leib hat sie dunckelrothe Haar. Ihre Flügel sind von einem Häutlein gemacht/ also/ daß sie im Bug derselbigen/ an einem jeden Finger (so zu reden) eine scharffe Nagel oder Klaue hat/ damit sie sich an de Mauren und Wenden halten kan. Sie hat auch keine Füß wie die vierfüssige Thier/ sondern wie die Vögel wiewohl Kiranides und Macrobius sagen/ daß sie auff vier Füssen gehe. D. Geßner aber vermeint/ sie gehe mit keinen Füssen/ auch nicht mit dẽ hinderen/ welche vollkommener sind: dann entweder fliegt sie allezeit/ oder liegt mit dem gantzen Leib/ in den dunckelen Löchern/ oder hanget mit den Fingern (die sie an den Flügeln hat) an den Häusern/ Mauren/ Wänden/ Steinen/ oder Bäumen. Albertus sagt/ ob die Fledermauß gleich an dem Häutlein ihres Schwantzes zween Füß hat/ so hat sie dennoch zwo Zeen an den Bügen der Flügel/ welche sie an statt der Füsse braucht: derhalben/ wann sie fällt/ oder sich niedersetzet/ oder anhanget/ so schlägt sie ihre Flügel vor. Plinius sagt daß dieser Vogel nur eine Hüfft habe.

Von der Natur und Eigenschafft der Fledermäuß.

Sie werden in grosser Menge beyeinander gefunden/ wie dann D. Geßner sagt/ es habe ein guter Freund an ihn geschrieben/ daß er in einem verwüsteten Kloster in Meissen auff eine Zeit so viel gesehen/ daß man mit derselben Koth etliche Karren können voll laden. Unter allen Vögeln harnet dieser allein. Er gebieret auch allein ein lebend Thier/ da hergegen die andern alle Eyer legen. Die Speckmauß hat auch Düttlein/ darmit sie ihre Jungen säuget/ welche sie auch nimmet/ und mit sich im fliegen umbher träget/ wie Plinius schreibt. Ihre Bärmutter hat auch Schloß/ in dem sie die Jungen trägt/ dieweil sie dieselbe lebendig gebieret/ sagt Aristoteles. Bellonius sagt/ daß sie kein Nest machen/ sondern wann sie an der Wand hangen/ halten sie die Jungen mit ihren Klauen/ und säugen sie also: Und daß der Salamander und die Fledermäuß ihre Jungen ohne Häutlein oder Nachgeburt gebehren/ ohne zweiffel darumb/ weil sie erstlich Eyer empfangen/ welches doch bey den Mäusen/ Maulwürffen/ und andern dergleichen Thieren nicht geschicht. Albertus sagt/ daß dieser Vogel gleich wie der Widhopff/ zu Winterszeit schlaffe.

Der Rauch vom Ephcu vertreibet die Fledermäuß/ wie Africanus und Zoroastres lehren. Der Baum Ahorn/ zu Latein Platanus genannt/ ist ihnen auch gantz zuwider: dann wann man das Laub an alle Thüren oder Fenster deß Hauses henckt/ so kommt keine darein/ wie Plinius und Africanus bezeugen. Der Storch und die Fledermauß sind Feinde: dann diese verderbt dem Storch allein mit ihrem Anrühren seine Eyer/ wo er nicht

Von der Fledermauß.

mit dem jetztgedachten Laub / in dem er dasselbe in sein Nest legt / deme fürkommt / wie Ælianus, Piles und Zoroastres berichten.

Es ist auch ein vergifftes Omeisen-Geschlecht in Italia / von Cicerone Solipuga, und in Bætica gemeiniglich Salpuga genannt / welchen das Hertz der Fledermauß gantz zuwider ist / wie allen andern Omeisen auch / nach Plinii Außsage. Darumb wann die Kautzen die Omeisen von ihren Jungen treiben wollen / legen sie einer Fledermauß Hertz in ihr Nest / wie Oppianus lehret. Wann man einen Fittig von einer Fledermauß auff ein Omeisen-Nest legt / wird keine herfür kommen / sagt Orus. Wann einer bey angehender Nacht ein gläntzend Schwerd außstreckt / so fliegen die Fledermäuß darzu / und verletzen sich bißweilen / daß sie herab fallen. Wann die Heuschrecken einen Strich eines Lands verwüsten / werden sie über denjenigen Orth hinauß fliegen / so man an die höchste Bäum Fledermäuß bindet / wie Democritus in Geoponicis lehret. Wann die Fledermäuß über ihre Gewohnheit zu Abend häuffig und stets fliegen / ist es ein Zeichen / daß der nachgehende Tag warm und schön seyn werde. Sie ist sonsten ein unreiner Vogel / nicht allein im Jüdischen Gesetz verbotten / sondern auch scheußlich anzusehen.

Von der Speiß dieses Vogels.

Die Schnacken sind den Fledermäusen eine angenehme Speise: deßgleichen Mücken und Fliegen / welche sie zu Nacht im fliegen suchen. Sie fressen auch Fleisch / Speck / und durchnagen die Schweinen-Seiten; weßwegen sie (wie oben gesagt) von etlichen Speckmäuß genennet werden. Wann sie an eine Wand genagelt werden / leben sie ohne Speiß etliche Tage.

Was von diesem Vogel in der Artzney dem Menschen nützlich seye.

Nehme eine Fledermauß / hau ihr den Kopff ab / dörre und zerstosse sie / darvon gebe dann so viel als du in dreyen Fingern behalten kanst / mit einem Syrup und Essig dem Krancken zu trincken. Oder nehme sieben fette geköpffte Fledermäuß / reinige sie wohl / und schütte in einem verglasurten Geschirr Essig darüber / und wann du das Geschirr wohl verstrichen hast / so stell es in einen Ofen / daß es darinn koche / darnach wann du das Geschirr wiederumb herauß gezogen hast / und dasselbe kalt worden / so zerreibe die Fledermauß mit den Fingern im Essig / und gebe dem Krancken alle Tag zwey Quintlein schwer darvon zu trincken; Diese Artzney soll wider die Härtigkeit deß Miltzes gut seyn / wie Avicenna lehret. Eine Salb so das Haar hinweg nimmet / auß dem Galeno: Lege viel lebendige Fledermäuß in Pech / laß sie darinn verfaulen / und schmiere den Orth damit welchen du wilt. Wider das Podagra nehme drey Fledermäuß / und koche sie in Regenwasser / darnach thu diese Stück darzu / zerstossenen Leinsaamen 4. Untz / drey rohe Eyer / ein Becherlein Oel / Rinderkoth / und Wachß / eines jeden 4. Untz. Dieses alles zusammen gethan / rührs untereinander / und wann du schlaffen gehen wilt / so leg es etlich mahl über / wie Galenus lehret. Für das Gliederwehe ist Fledermäuß-Oel dienlich / welches also bereitet wird: nimm zwölff Fledermäuß und Safft von dem Kraut Almarmacor genannt / (welches von etlichen für St. Johannskraut oder Melissen gehalten wird) und alt Oel / jedes ein halb Pfund; Osterluccy / Bibergeil / jedes 4. Quintlein; Costi 3. Quintlein. Dieses muß gantz eingesotten werden / daß kein Safft vom Kraut / sondern allein das Oel überbleibe / wie Avicenna lehret. Die Harnwinde deß Viehes wird mit einer angebundenen Fledermauß gestillt / nach Außsage Plinii. Wann der Habicht die hinfallende Kranckheit hat / so koch Fledermäuß / und gebe ihm dieselbe zu essen / es hilfft. Dem klagenden und weinenden Habicht wirff eine Fledermauß für zu essen / welche drey Körnlein von Läußkraut gessen hab / und binde ihn an die Stang / däuet ers nicht bald / so wird er zween Tag weinen / hernach aber wird er auffhören / wie Demetrius Constantinopolitanus bezeuget. Wie man diese Thier zur Artzney brauchen solle / schreibet weitläufftig Bulcasis. Die Aschen darvon schärffet das Gesicht / sagt Avicenna. Die Zauberer brauche dieses Blut sampt dem Kraut Strobeldorn genannt / wider Schlangenstich / wie Plinius lehret. Wann man ihr den Kopff abschneidet unter den Ohren / und das Blut also warm herfür rinnend auffstreichet / vertreibet es das Haar eine Zeitlang / oder machet daß es gar nicht mehr wachse / wann man es offt einreibet / wie Arnoldus in dem Buch von den Weiber-Zierrathen redet. Man sagt daß die Jungfrauenbrüst mit diesem Blut bestrichen / eine Zeitlang nicht groß werden; welches aber falsch / gleich wie auch das jenige / daß es nehmlich kein Haar unter den Achseln wachsen lasse. Dieses Blut hat zwar die Krafft die Haar zu vertreiben / aber nicht für sich selbst und allein / wo man nicht hernach Vitriol, oder Schirlingsaamen darauff streuet / dann also wird entweder das Haar gar vertrieben / oder es wächst nur klein und zart. Hierzu braucht man auch ihr Hirn / welches zweyerley ist / nemlich weiß und roth. Etliche thun das Blut und die Leber darzu / wie Plinius lehret. Das Blut streicht man auch auff die Zittermähler. Das Haar so dich in den Augen irret / reiß auß / und bestreich den Orth mit diesem Blut / so noch frisch ist / so wird dir kein anders darinn wachsen. Dieses Blut mit Creutzbeersafft und Honig angestrichen / schärffet das Gesicht / dienet auch wider die Fell in den Augen. Für das Grimmen soll das Blut einer zerrissenen Fledermauß dienen / wann es auff den Bauch gestrichen wird. Das Hirn einer Fledermauß mit Weibermilch vermischet / lässet nicht Haar wachsen / wann man den Orth damit bestreichet. Darzu dienet auch Igelgall / wann man dieses Hirn / mit Hundsmilch / darunter mischet. Schwalben oder Fledermäußhirn mit Honig / soll den Anfang deß Fells in den Augen hindern. Wann eine Spitzmauß ein Vieh gebissen hat / legt man die-

diese Gall mit Essig darüber/sagt Plinius. Fledermaußkoth verblendet die Augen/wie Arnoldus de Villa nova lehrt. Milch oder Harn von der Fledermauß vertreibet dẽ Nagel oder Flecken im Aug. Man hält gemeiniglich davor dieser Harn sey vergifft/und verursache eine Fäulung/wiewohl etliche so damit besprengt worden / keinen Schaden empfangen. Wann einer ihr Blut in ein Tuch auffgefangen / und einem Weib unwissend unter ihr Haupt legt/ und bey ihr schläfft/ soll sie von stund an empfangẽ. Es hat auch noch andere Gebräuch mehr/die man nit sagen soll/wie Kiranides schreibt.

Von mancherley Gestalt der Fledermäuse.

Bellonius schreibet in seinem Buch de Operibus Antiquis; wir haben in einer grossen Egyptischen Steinseul viel Fledermäuß gefunden/die den unsrigen darin ungleich waren/daß sie einen langẽ Mäußschwantz hatten/ welcher vier Finger breit für die Flügel hinauß gienge/ da er doch an unsern nicht länger ist als die Flügel; diese Fledermäuß/ wann sie etwan eines/oder zwey Junge gebohren/hängen sie dieselbe an die krumme Nägel / so sie an den Flügeln haben/ an die Steine / und säugen sie dann mit ihren Düttlein/welche sie/ als ein Weibsbild/vornen an der Brust haben. Borsippa eine Stadt in Babylonia, an Mesopotamia gelegen/hat viel Wollwerck/ und eine grosse Menge Fledermäuß/ so viel grösser sind als an andern Orthen/ und diese werdẽ daselbst auch zur Speiß gebraucht/ wie Strabo im 16. Buch bezeuget. Es werden geflügelte Thier gleich den Fledermäusen/ welche eine grausam kirrende Stimme haben/ und sehr starck sind/in Arabia, bey der Lachen oder Pfützen / in welcher die Casia wächst/gefunden/welche/so man sie daselbst zusammen lesen wil/muß man den gantzen Leib/sampt dem Angesicht und den Augen/mit Leder und andern dergleichen Häuten verbinden/ damit die Thier denen / so die Casiam abschneiden/ keinen Schaden thun / wie Herodotus im dritten Buch berichtet. Wiewohl Plinius sagt/ daß dieses falsch/ und allein umb Gewinns willen erdacht seye. Die Fledermauß ist auch grösser in den warmen als in den kalten Ländern / dann in India sind sie in Grösse einer Tauben/und fliegen den Menschen in ihre Angesichter/ schlagen und verwunden dieselbigen/also/daß sie ihnen zuweilen die Ohren/ Nasen oder andere dergleichen Stück abreissen. Bey den Nigriten werden Fledermäuß und Kautzen drey zwerch Händ groß gefunden. In Darien einer Landschafft der neuen Welt/ wurden die Spanier zu Nacht von den Fledermäusen geplaget/welche/ wann sie einen schlaffenden unversehens gebissen hatten/blutet er sich zu todt/wie man dann etliche von diesem Schaden todt gefunden. Wann dieses Thier einen Hanen oder Henne zu Nacht unter freyem Himmel findet/ schlägt es denselben den Angel in seinen Kamm/und bringt es umb/wie Petrus Martyr schreibet. Solche Fledermäuß sollen auch in Uraba, einer grossen Insel der neuen Welt/in einem Moß gefunden werden/ nicht kleiner dann die obgenannten/ welche auch gleichen Schaden thun/wie etliche Spanier erfahren habẽ. Wewol etliche davor halten/ dieser Biß schade nit mehr/ als eines andern unvergiffteten Thiers Biß; hergegẽ sagen andere/dieser Biß seye gantz vergifft/ aber mit Meerwasser bestrichen/werde er von stund an heil/wie der obgenannte Pet. Martyr berichtet.

Die Geschicht von einem Münch/der durch eine tödtliche Kranckheit nach dem Grab eilete/ und võ einer Fledermauß ohngefehr wieder gesund worden/ist werth/daß man sie hieher setze: Es begab sich daß ein Münch in dem Kloster so gar kranck lage/ daß man wenig Hoffnung einiger Besserung von ihm schöpffen konte; dann das Seitenstechen/ nebẽ einem sehr hitzigen Fieber setzete ihm über alle massen hart zu. Wie er nun nichts nöthigers hatte/als daß man ihm eine Ader liesse springen / schlug der Barbierer 2. oder 3. mahl/ konte aber der Ader kein Blut abgewinnen/darumb liessen die übrige Münche diesen ihren Patienten/als welcher nach wenigẽ Augenblicken den Geist würde auffgeben/ vor todt liegen/nahmen ihren letzten Abschied von ihm / und giengen hin/vor das Grab zu sorgen. Wie sie nun den folgenden Tag morgens früh zu dem jenigen kommen/den sie schon vertrauret hatten/ und nun in der andern Welt zu seyn schätzeten/ fundẽ sie ihn munterer dann sonsten/und schier gar genesen; dessen sie sich nit wenig verwunderten/ und fragtẽ wie solches zugangen/uñ was ihm begegnet wäre. Der erzehlet ihnẽ/wie in der Nacht ein Fledermauß wäre kommen/die hätte sich auf seinen Fuß / der eben bloß und entdeckt gelegen/ gesetzt uñ angebissen/die Ader gefundẽ/sich satt Bluts gesoffen/uñ dessen nit wenig außgesogen/und darauf wieder weggeflogen. Und solchergestalt wurd der Münch in kurtzer zeit wieder gesund/daß er seinem Amt wieder abwarten köñen.

Aristoteles nennet einen Vogel VULPECULAM, welcher wie die Fledermäuß Häutlein zu Flügeln hat/darauß dann abzunehmen/ daß dieser Vogel der Fledermauß etwas verwand sey.

Von den Fregaten.

IN den Antillen Inseln werden sonderliche Vögel gesehẽ/welche die Frantzosen wegen ihres steten flugs Fregaten neñen. Es habẽ diese Vögel bey nahe ebẽ so viel Fleisch/als ein Ente; aber ihre Flügel sind weit grösser/sie fliegen auch mit solcher Geschwindigkeit/ daß man sie in gar kurtzer Zeit auß dem Gesicht verliehret.

Ihre Federn haben unterschiedene Farben; etliche sind gantz schwartz/ und etliche gantz grau / ohne an dem Bauch und Flügeln/ sind sie mit weissen untermenget. Sie können die Fisch überauß wol fangen/dann wann sie einen oben auf dem Wasser sehen/erhaschen sie ihn gleichsam spielend/und verzehren ihn. Sonderlich sind sie überauß geschickt/die fliegende Fische zuertappen; dann so bald sie sehen/ daß diese delicate Speise gezwungen wird/ das Wasser zu verlassen/und sich in die freye Lufft zubegeben/ damit sie den grausamen Verfolgungen ihrer Feind in dem Meer entgehen mögen/so wissen sie wol an den Orth sich zu stellen / da diese Fische ihren Außfall thun werden/ daß so bald solche auß dem Wasser steigen/sie dieselbe mit ihrem Schnabel oder Klauen empfangen. Daß also diese unschuldige und unglückliche Fische / indem sie den Zähnen ihrer Wasser-Feind entrinnen wollen/ offt in die Klauen der Lufft-Feinde fallen/die eben so übel mit ihnen verfahren.

Von den Fregaten.

Diese Vögel haben ihren Auffenthalt auff den Felsen so in dem Meer stehen / und in den kleinen unbewohnten Inseln / an welchen einsamen Orthen sie auch zu nisten pflegen.

Wann man auff diese Antillen-Inseln zufähret / kommen sie den Schiffen entgegen / gleich als ob sie dieselbige zu verkündigen / wären außgeschickt worden. So bald die neue ankommende solche erblicken / vermeinen sie / daß sie nun bald das Land sehen werden: aber es ist eine vergebliche Hoffnung / und darff man sich dieses nicht eher einbilden / biß man sie hauffenweiß fliegen siehet. Dann es giebt eine Arth derselben / die sich offt auff das hohe Meer über zweyhundert Frantzösischer Meilen vom Land begeben.

Ihr Fleisch wird nicht groß geachtet / aber ihr Fett wird sehr fleissig auffgehaben / weil man erfahren / daß es sehr dienlich zur Heilung / oder doch auffs wenigste zur Linderung der Gicht / deß Krampffs / und andern von Kälte herrührenden Lähmungen der Glieder.

Von den Fahlen.

Jn jetztbesagten Inseln wird auch eine Gattung Vögel gesehen / welche die Frantzosen Fahlen nennen / wegen der Farb auff ihrem Rücken / unter dem Bauch aber sind sie weiß. Sie sind so groß als ein Wasserhun; aber gemeiniglich so mager / daß sie nur der Federn halben geachtet werden. Sie haben Füsse gleich den Enten / und einen spitzen Schnabel / wie die Schnepffen. Sie nehren sich von kleinen Fischen / gleich wie die Fregaten / uñ sind die allerdummesten unter allen Meer- und Land-Vögeln / die in den Antillen sind. Dann so bald sie eines Schiffes gewahr werden / sonderlich wann die Nacht herein bricht / setzen sie sich alsobald darauff / entweder weil sie solches vor einen schwebenden Felsen ansehen / oder sonsten ermüdet seyn vom fliegen: und sind so unbedachtsam / daß sie sich ohne Müh greiffen lassen.

Von dem Vogel Galbula oder Galgulo.

Diese zween Nahmen / wie D. Geßner vermeint / können einem Vogel gegeben werden/ob gleich die alten und neuen Scribenten dessen nit eins sind. Er vermeint auch es sey dieses ein frembder Vogel in Teutschland/welcher von den Italianern umb die Stadt Bergomum Galber (Galberius wie Calepinus sagt) genennet werde. Der jenige/welchen D. Geßner zu Bononia im Anfang deß Augstmonats gesehen/ war fast so groß als eine Turteltaub/oder Krammetsvogel / auch denselben gleich/ und auff dem Rücken theils bleichgelb/ theils grüngelb gefärbet/ sonderlich am Anfang deß Schwantzes/ die Flügel waren oben auff etwas dunckel/unten grau und schwärtzlicht/die Füß grau/ welche Farb er auch vornen am Halß und an der Brust hatte. Der weißlichte Bauch war in der mitten mit schwartzen Linien durchzogen. Die kleineste Federn unter den Flügeln waren bleichgelb/ die grössere aber unten und oben grau. Der Schwantz war vier oder fünff Finger lang. Diesen hat D. Geßner für ein Weiblein gehalten / dann er hat hernach einen schönern/und mehr gelbfarben gesehen/ welche Farb dem Männlein zukommt. Deßgleichen hat er einen andern gesehen / so dem Widdewal gleich geschienen/ doch nicht so gelb/ sondern mehr mit grüner/ grauer/ und gelber Farb/durcheinander vermischt / gezieret gewesen. Ob aber dieser Vogel und der Widdewal etwas verwand seyen/ wie vielleicht auch der Immenfresser (Merops) wie D. Geßner vermeint/ können andere ermessen. Etliche Vögel/sagt Plinius, bleiben nur drey Monath bey uns/ als die Turteltaub: die aber so ihre Jungen erzogen haben/fliegen hinweg als die Galguli. Mit diesem Vogel streitet der Vogel Crex genannt / dann er thut ihm und seinen Jungen Schaden/ wie Aristoteles schreibet. Die Friesen nennen ein Vögelein/so kleiner ist als ein Finck/ mit einer gelben Brust/ einem langen Schwantz/ und gern bey den Wassern wohnet/in ihrer Sprach Gielfincke/das ist Gelbfincke/von welchem die alten Weiber dichten/ daß er Christo am Creutz die Augen außgerissen hab.

Von der zahmen Ganß / und allen Gänsen insgemein.

Anser domesticus.

Von der Gestalt dieses Vogels/ und wo er am meisten zu finden.

Dieser Vogel/welcher auff Griechisch χήν, Lateinisch Anser; Italianisch Ocha, Papero; Frantzösisch Oye, Jars; Spanisch Ansar, Pato, Ganso; Polnisch Gesz; Ungarisch Lud; Wendisch Hus, Genly; Engelländisch a Goose, a Gander; und in unserer Sprach Ganß/ und das Männlein Ganser oder Ganserich genennet wird/ist vielfaltig. Aristoteles und Plinius machen zwey Geschlecht/ zahme und wilde. Die Ganß ist in der Grösse eines Adlers/ die Farb ist fast an der wilden/ wie an der zahmen/ nehmlich weiß/aschenfarb/ oder auß beyden getheilet/ wie auch die zahme Ent/ außgenommen daß an der Ganß weder schwartz noch grün/ noch anders dergleichen über die obgenannten Farben / gefunden wird. Man soll die grösten und weissesten außerlesen / dann die weisse sind fruchtbar/ die getheilte aber und graue nicht/ dieweil sie von wilder Arth zahm worden sind/wie Palladius lehret. Die Ganß hat einen Schnabel wie eine Ent/ eine gantz breite und weite Kähl/ darzu einen grossen Kropff/ welcher vom Halß an biß zum Anfang der Zungen gehet/wie Albertus schreibt. Sie hat etliche wenige Angehenck am Ende ihres Eingeweyds. Die Hödlein sind allen Thieren so Eyer legen/ an die Lenden unter dem Netz gewachsen/und von denselben gehen Gänge/wo aber die beyde Gänge zusammen kommen/da ist das Gemächt/ und darmit begehen

Von der Ganß.

gehen sie sich/über dem Hindern herfür/wie die Fisch. An kleinen Vögeln sind sie nicht sichtbar/an der Ganß aber und andern kan man diese Gänge/wann sie erst sich begangen haben/leichtlich sehen. Die beste Gänse soll man heutiges Tags in Thüringen finden/dergleichen umb Nörlingen/und in Westerreich so an Franckreich stösset. Der Theil Arabiæ gegen Mittag gelegen/so gegen Mohrenland auffgehet/hat allerley Vögel/ohne Gänse und Hüner/wie Strabo sagt.

In dem Königreich Sinega der Nigriten/sind Gänse/nicht wie die unsrige/sondern von Farb uñ Federn vielfältig gezieret. Die Insel Hispaniola hat Gänse so weisser sind als die Schwanen/ohne den Kopff/welcher roth ist. In India ist eine Stadt/Censcalan genannt/in welcher man schöne Gänse hat/zweymahl grösser als die unsrige/gantz weiß/mit einem Bein auff dem Kopff als ein Ey/blutfarb/unter der Gurgel hanget ihnen die Haut halb auff die Erde/diese sind gantz fett/wie Odoricus sagt. Es sind aber vielleicht wilde Gänse.

Von der Natur und Eigenschafft dieses Vogels.

Die wilde und zahme Ganß wohnet bey den Seen und fliessenden Wassern. Und ist nicht allein am Erdreich vergnügt/sondern sucht auch das Wasser. Alle Gänß schreyen gern/und schweigen gar selten/wachen fleissig/und schlaffen nicht viel/hören leichtlich alles Gethön/und sind sorgsam/und ist kein Thier welches den Menschen ehe reucht/wie Plinius sagt. Sie hat viel einen schärffern Geruch als der Hund/wie Lucretius und Ovidius melden. Die Ganß ist auch von Natur frässig/hat einen hitzigen Magen/liebet die kalte Kräuter/so an den fliessenden Wassern stehen; berührt keinen Lorbeerbaum: isset auch gern gantz feuchte Speisen/mit welchẽ sie sich inwendig kühle/sagt Ælianus. Es ist zwar zu verwundern an diesen Vögeln/daß sie auß Flandern biß gen Rom zu Fuß gangen sind: es werden die müden zu den ersten fürhin geführet/uñ also auß natürlicher Eingebung von den letzten getrieben/wie Plinius schreibet. Alle Gänse fliegen mit außgestrecktem Halß/gleich wie der Reyger mit zusammen gezogenem. Die wilden fliegen sehr/und lassen sich kaum nieder/als wann sie ihre Nahrung suchen; hergegen fliegen die zahme gar beschwerlich/weide sich fleissig/und ruhen gern: und dieweil sie gantz hitzig/baden sie gern/und freuen sich zu schwimmen. Nach der Geburt gehen sie ins Wasser. Sie begehen sich nicht das gantze Jahr durch wie die Hüner/und auch fast die Enten/sondern allein im Frühling. Darumb werden sie bey uns mehr umb der Federn als umb der Eyer willen erzogen. Man sagt/daß diejenige/so weiß und aschenfarb gesprengt sind/in der Schweitz und im Schwabenland werther gehalten werden als die weissen: dieweil sie gesünder und fruchtbarer seyen/und eben so gute Federn haben. Chychelinches sind bey dem Avicenna Vögel/so halb wie eine Ganß/uñ halb wie ein Strauß

sind/welche ihre Jungen zu Sommerszeit erziehẽ/es scheinet aber daß es Chenalopeces heissen müsse. Die Enten/Gänß und andere Vögel reinigen sich von ihrem jährlichen Unlust/mit dem Kraut Sideritis genannt. Eine Ganß von einem tobenden Hund gebissen/wird nicht tobend/stirbt auch nicht vom Biß. Sie berühren (ob sie gleich Hunger haben) weder Lorbeerblätter noch Lorbeer-Rosen/(Rhododaphne) dann sie wissen wohl/wann sie dergleichen etwas essen/dz sie sterben/wie Ælianus schreibet. Sie werden von den Läusen ihres Geschlechts beschädiget. Groß Pimpinellen/so in Wiesen wächst/brauchen etliche Weiber für den Pips der Gänse/wie Tragus lehret. Albertus sagt daß die Gänse lange leben: dann er eine gesehen/so über die 60. Jahr alt gewesen. Aristoteles sagt/daß die Gänse schamhafftig und geschwind seyen: die Schamhafftigkeit wird ihnen vielleicht darumb zugegebẽ/weil sie nicht stets wie die Hüner und Enten/auch nicht zu allen Zeiten deß Jahrs sich begehen/und zwar allein im Wasser. Die Gänß fürchten weder die Hund noch die grosse Strauß/und fliegen vor dem Sperber gar nicht/wie Ælianus meldet. Was von der Widerwertigkeit der Adlers- und Gänßfedern gesagt wird/ist falsch/wie oben in Beschreibung deß Adlers erwehnet wordẽ. Die Gänse werden von den Wölffen und Füchsen genommẽ/darumb muß man sie vor denselben verwahren. Wann die Gänß mit einem grossen Geschrey zu der Weyd fahren/verkündigen sie ein Ungewitter/wie Aratus schreibet.

Wie man die Gänß erhalten/Junge auffziehen und mesten sol.

Unter den Lufft-Wasser-Vögeln/das ist/denẽ die ihre Nahrung auff dem Erdreich und im Wasser suchen/sind die Gänse den Bauren am angenehmsten: dann sie bedörffen nicht viel Wartens/und sind bessere Wächter als die Hunde. Sejus hat in Erziehung der Gänse die 5. Stück/so wir hernach in Beschreibung der Hennen erzehlen wollen/fleissig in acht genommen/nehmlich das Geschlecht/die Trachtzeit/die Eyer/die Jungen und das Mesten. Erstlich hieß er seinen Knecht grosse und weisse Gänse außsuchen: dieweil die Jungen mehrentheils denselben gleich werden. Die andere Gattung ist auß der wilden Art/hält sich nicht gern zu den vorigen/wird nicht so zahm/und ist nicht so fruchtbar/wie Varro schreibet. Welcher aber diese Vögel halten wil/der soll zum ersten Gänßställ zurichtẽ/auf solche weiß: Man macht einen beschlossenen Hoff/von allem andern Vieh abgesondert/den umbgibt man mit ungetünchten Mauren/die neun Schuh hoch sind/daran bauet man Schopffen/also/daß an einem Orth der Hüter seine Hütte hab. Unter den Schopffen macht man vierecke Ställ mit Pflaster und Mauersteinen/und ist genug daß ein jeder in die Länge und Breite 3. Schuh weit seye/sie sollen auch wohlverwahrte Thürlein haben/damit die Gänß/dieweil sie brüten/fest beschlossen seyen. Wann man dann außwendig deß Meyerhoffs/oder nahe bey dem Gebäu ein fliessend Wasser oder eine Weyer hat/so darff man kein an-

R ders

ders suchen: wo aber dasselbige nicht/ muß man einen Pful machen/ darin sich die Vögel baden können/ dann ohne solches können sie eben so wenig/ als ohn das Erdreich/ leben. Man kan sie aber nicht allenthalben halten/ wie Celsus recht vermeint/ da er spricht: Die Ganß kan nicht ohn viel Wasser/ und ohn viel Graß erhalten werden. So ist sie auch nichts nutz an gepflantzten Orten: dann sie beist alle zarte Zweig ab: ist auch den Saaten mit dem Biß und Kaath schädlich. Wo aber ein fliessend Wasser/ oder ein Weyer ist an einem Orth da viel Krauts ist/ und kein gesäet Kornfeldt nahe darbey/ da kan man sie wol ziehen. Man sol ihnen auch ein feucht grasicht Feld zueignen: so sol man ihne auch sondere Weyd säen/ (wann sie nicht Graß genug haben/) als Wicken/ Klee/ Fenumgreck/ und sonderlich Gänßdistel/ welche ob sie schon verdorren/ werden sie doch im Wasser wiederumb grün. Lattich ist auch überauß gut darzu: dañ es ist ein weich Kraut/ und essen es diese Vögel gern/ so ist es auch den jungen die beste und nützlichste Speiß. Man muß sie aber wol verwahren/ daß sie nit das Graß/ Agrostin genannt/ essen/ dieweil sie davon übel däuen. So weit schreiben Columella, Quintilius und Palladius. Wann man kein Kraut hat/ kan man ihnen Gersten oder ander Getraid geben/ sagt Varro. Man kan ihnen allerley Hülsen-Früchte geben/ außgenommen Roß-Wicken/ wie Columella und Quintilius lehren. Die Gänß begehen sich nicht wie die andere Vögel auff der Erden/ sondern gemeiniglich thun sie das in den Wassern oder Weyern. Man lässet sie am besten umb den kürtzten Tag zusammen; Zu legen aber und zu brüten von Anfang des Mertzens biß an den längsten Tag/ das ist/ biß zu Außgang des Heumonats/ wie Columella, Varro und Palladius berichten. Wo die Gelegenheit des Orths solches zugibt/ mag man ihrer etliche ziehen/ und je einem Männlein drey Weiblein zugeben/ dann wegen ihrer Schwere können sie nicht mehr versehen. Welche für die fruchtbarsten gehalten werden/ ist oben gesagt. Ein jede Ganß legt drey oder vier mahl im Jahr/ wann man sie ihre Jungen nicht selbst auffziehen läst/ welches auch das nützlichste ist. Dann die Hennen ernehren sie besser/ und wird die Heerd desto grösser/ sie legen auch auff diese weise mehr. Plinius sagt/ daß sie im Jahr zweymahl legen wenn die Hennen die ersten außbrüten/ auffs meiste 16. und zum wenigsten sieben Eyer; wann man ihnen dieselbe entzucht/ legen sie biß daß sie zerspringen. Quintilius sagt/ daß sie bey 12. zuweilen noch mehr Eyer legen. Ein jede Ganß/ sagt Columella, legt dreymahl im Jahr. Zum erstenmal legen sie fünff Eyer/ zum andern vier/ zum letzten drey/ davon man sie die letzten selbst kan außbrüten lassen/ dann das übrige Theil des Jahrs legen sie nicht mehr. Man sol ihnen nicht gestatten daß sie ausserhalb des Hoffs legen/ sondern wann man siehet daß sie einen Sitz suchen/ sol man sie ergreiffen und versuchen/ dann wañ die Zeit zu legen da ist/ so fühlt man dz Ey mit dem Finger/ welches ihnen vornen in dem Legdarm liegt/ darumb sol man sie in ihren Stall führen und einschliessen/ daß sie daselbst legen/ und ist genug daß man eine einmahl also befühle/ dann hernach kommt ein jede selbst wieder dahin/ da sie zuvor gelegt hat. Bey dem letzten legen/ wann man sie selbst wil brüten lassen/ sol man einer jeden Eyer zeichnen/ damit sie ihren Müttern wieder untergelegt werden/ dann man sagt/ daß die Ganß kein frembd Ey außbrüte/ sie habe dann ihre eigene Eyer auch unter ihr. Den Hennen legt man gemeiniglich zum meisten fünff Gänß-Eyer unter/ wie man auch mit dem Pfauen thut/ und zum wenigsten drey. Daß aber den Gänß-Eyern kein Schaden geschehe/ sol man Nesselwurtzel darunter legen. Dann dardurch werden die Junge gewehnet/ daß ihnen solche hernach nichts schaden/ welche sonst sterben/ so sie von denselben/ dieweil sie noch zart sind/ gebrennet werden. Die Häußlein darin sie brüten/ sollen gantz trucken seyn/ und mit Stroh belegt/ oder wann das nicht vorhanden/ so ist das weiche Heu auch gut. Im übrigen verfähret man mit ihnen wie mit andern jungen Vögeln/ daß keine Schlang/ Natter/ Katz/ oder Wisel zu ihnen kommt/ welche Thier die Jungen gantz verderben. Den Gänsen aber legt man zum wenigsten sieben/ zum meinste funffzehen Eyer unter/ dieselbe außzubrüten. Etliche legen ihnen eingeweichte Gersten für wann sie brüten/ und lassen die Mutter nicht offt von dem Nest lauffen. Die Jungen bedörffen zu kalter Zeit 30. Tag/ biß sie formiret und außgebrütet werden: aber zu warmer Zeit haben sie an 25. Tagen genug. Gemeiniglich aber kommen die Gänß am 30. Tag herauß. Die ersten fünff Tag ziehet man sie bey der Mutter verschlossen im Stall/ darnach wann es schön Wetter ist/ so führet man sie alle Tag auff die Wiesen und Weyden bey den Weyern oder Pfülen/ auff daß sie/ wann sie genug gessen haben/ auch trincken können/ wie Varro, Columella, und Quintilius berichten. Man macht ihnen aber Ställ auff oder unter der Erd/ und verwahret diese Ställe also/ daß sie keine Nässe am Boden haben/ sondern linde Streu/ oder anders dergleichen so lind und zart ist/ unter sich haben; daß auch dahin keine schädliche Thier kommen mögen/ wie Varro sagt. Man soll auch in einen Stall nicht mehr dann zwantzig junge Gänß thun/ sie sollen auch mit den grössern nicht eingeschlossen werden/ dann die stärckste erwürgt die schwächste. So muß man auch gut Acht haben/ daß sie nicht von den Nesseln gestochen werden/ von welchen sie zuweilen sterben/ daß sie auch nicht von einem Dorn verletzt werden/ und daß sie nicht Schwein- oder Geißhaar essen/ als von welchem sie sterben und umbkommen/ oder daß sie nicht hungerig in die Weyd kommen/ sondern man soll sie zuvor mit Gänsdisteln oder Lattichblättern speisen/ dann wann sie noch schwach und hungerig in die Weyd komen/ so reissen sie an den starcken Kräutern/ also/ daß sie ihnen selbst zuweilen den Halß zerreissen. Hirsen und Weitze mit Wasser gemischt/ ist ihre rechte Speiß; und wañ sie ein wenig starck sind worden/ so schlägt man sie zu ihres gleichen in die Heerd/ und speist sie mit Gersten: welches Futter auch den Alten gut ist.

Wann

Von der Ganß.

Wann aber die Jungen erstlich außgeschloffen sind/ speist man sie die ersten 5. Tage mit Gerstenmehl/ oder sonst geweichtem Korn/ wie die Pfauen. Etliche hacken grüne Kressen/ und geben ihnen dieselbige mit Wasser/ und das ist ihnen die aller angenehmste Speise/ wie Columella schreibet. Crescentiensis heist die Jungen in den ersten zehen Tagen mit Magsamen speisen. Wann sie vier oder (wie Varro lehret) sechs Monath alt worden/ schließt man sie ein zu mesten/ darzu erwehlet man die grösten/ und werden sie desto eher fett/ wann sie noch jung und zart sind. Im Tag soll man ihnen dreymal Gerstenmehl in Wasser genetzt geben/ uñ zu trincken genug. Man soll sie auch nicht umbher lauffen lassen/ sondern an einen warmen finstern Orth stellen/ als welches dienlich ist zum mesten. Auff solche weiß werden sie in zween Monathen sehr fett: und wann sie noch jung/ werden sie in 40. Tagen fett genug. Der Orth darinn man sie mesten wil/ soll sauber und rein seyn: dann sie haben gern ein saubern Orth/ ob sie schon keinen Orth rein und sauber bleiben lassen. Die Griechen mesteten die Gänß also: Sie mischten zwey Theil Gerstenmehl/ und vier Theil Kleyen/ das mengten sie mit kaltem Wasser/ und gaben ihnen dessen genug nach Lust zu essen. Im Tag gaben sie ihnen dreymahl zu trincken/ und zu Mitternacht auch einmahl. Aber nach dreyssig Tagen/ wann sie wolten daß ihnen die Leber milt werde/ so stiessen sie Feigen die in Wasser geweicht waren/ und machten kleine Kügelein darauß/ davon gaben sie den Gänsen biß in die 20. Tag nacheinander zu essen. Sie werden am besten gemest/ wann man ihnen geweichten Hirsen zu essen gibt. Etliche werffen ihnen genetzten Weitzē/ und Gersten für/ dann der Weitzen macht bald fett: die Gerste aber macht weiß Fleisch. Diese Speiß sollen sie 25. Tage nacheinander essen/ oder eins umb das ander. Man soll ihnen kleine Kügelein darstellen/ so auß den vorgenannten Stücken gemacht worden/ einer jeden alle Tag sieben/ und das fünff Tag nacheinander. Darnach soll man die Zahl nach und nach mehren/ biß auff die 25. Tag/ daß es 30. Tag gewehret habe. Welche wann sie nun fürüber sind/ so siede Feigen/ und mach sie zu einem Teig/ besprengs mit Wasser/ und gebe ihnen das vier Tag zu essen/ in welchen Tagen du ihnen auch Weinmät geben solt. Dieses aber solt du in einem Tag dreymal ändern/ und nicht nur eine Speiß brauchen. Nach gehabter dieser Sorg/ nehmlich nach 60. Tagen/ kanstu die Ganß sampt der Leber/ also weiß und zart essen. Welche du/ so bald sie außgenommen ist/ in ein Geschirr mit lauem Wasser werffen solt: du must aber ein zwey oder dreymahl frisch Wasser darüber schütten. Die Weiblein aber sind in allen Stücken besser/ sie sollen aber nicht jährig seyn/ sondern von zwey Jahr alt/ dann zu der Zeit biß auff vier sind sie gut. Dieses schreiben Palladius, Cornarius und Quintilius. Man sagt/ daß eine Ganß mit einem Scheffel Haber/ wann man ihr davon sampt Wasser allein fürstellt/ könne gemest werden. Etliche mesten sie auch also: Sie beschliessen dieselbe an einen engen Orth/ also daß sie sich nicht umbkehren können/ sondern allein sitzen oder stehen: etliche stechen ihnen auch die Augen auß: darnach stopffet man ihnen Kügelein ein/ so auß Hirsen gemacht werden/ den man in einer Pfannen geröst/ darnach in Milch genetzet hat. Man giebt ihnen aber keinen Tranck: dann also werden sie fett/ und wird die Leber sehr groß.

Was ausser der Artzney von diesem Vogel dem Menschen nützlich seye.

Die Gänß/ wie oben auch gesagt worden/ sind Hüter deß Hauses/ verkündigen die Stunden und die Nacht/ und verrathen die Diebe und heimliche Feinde mit ihrem Geschrey: wie man sagt daß sie gethan haben/ da die Gallier das Capitolium zu Rom belägerten/ zu welcher Zeit alle Hunde schwiegen/ wie Columella und Vegetius schreiben. Die grossen und harten Flügelfedern braucht man zum schreiben und zu Pfeilen. Auß dem Pflaum macht man Better und Pfülwen. Man beropffet sie deßwegen etwan in einem Jahr 2. mahl nemlich im Frühling und Herbst: andere ropffen sie im Frühling/ mitten im Sommer und Herbst/ so anders der Winter nit zu schnell einfällt. Etliche haben den weissen Pflaum am liebsten/ andere aber achten der Farb nicht. Der Gänsemist ist allen Saaten schädlich. Der Gänse Fleisch ist schwer zu verdäwen: dann sie haben ein dick/ warm und feucht Fleisch/ für allen andern zahmen Vögeln/ die Flügel außgenommen/ wie Galenus und Celsus davon schreiben. Dieses Fleisch ist nit so warm als der Enten/ doch das feuchteste unter allen zahmen Vögeln/ und gebieret mehrentheils umb dieser Ursach willen das Fieber/ es wird aber verbessert auff diese Weise/ wie oben bey den Enten gesagt worden/ dann dieser zweyer Vögel Fleisch ist einander fast gleich. Der jungen Gänse Fleisch/ wann sie gemest/ und nicht über vier Monath alt sind/ isset man gern. Alte Gänse sind denen schädlich/ so den Fluß der gülden Adern stets haben. Dieses Fleisch ist dem Habicht gut: Es muß aber nicht viel Blut darinnen seyn/ dann wann der Habicht dessen zu viel isset/ wird er schwermüthig/ und zum Beitzen (biß daß er es verdäwet) ungeschickt/ wie ein trunckener Mensch/ wie Demetrius Constantinus lehret. Das Gänß-Fleisch isset man frisch und eingesaltzen. Die Juden saltzen es heutiges Tags ein/ und dörren es im Rauch/ davon es schön roth wird. Die junge gebratene Gänß hält man für die besten. Das beste darvon sind die Flügel und die Brust/ deßgleichen der Halß/ wann das Blut wohl darauß gelassen ist. Winterszeit sind die Gänß besser zu essen. Die Jungen aber/ so lang sie pipen/ sind im Sommer und Herbst am besten/ wie Arnoldus Villanovanus lehret.

R ij

Die Engelländer essen zu Abend nimmer keine Gänß. Der Magen aller Vögel giebt viel Nahrung/ sonderlich der Gänse und Hennen/ und am meisten wann sie fett sind. Alexander Severus pflegte allein an hohen Festtagen Gänse zu essen. Gebratene oder aber gesottene Gänse essen die Egyptier täglich. Die junge Gänse klein zerschnitten/ können in zweyen Stunden in einer Pasteten gekochet werden. Man kan sie auch gantz darein thun. Unter allen Lebern ist die Gänse-Leber die beste/ als die da feucht/ zart/ und lieblich ist/ darnach die Hüner-Leber. Die Ganß/ so mit Feygen/ in Wasser geweicht/ gemest ist/ derselbigen Leber wird für den grösten Schleck gehalten. Wann du die Ganß getödtet hast/ so nimm zur stund die Leber herauß/ leg sie in kalt Wasser/ damit sie desto härter werde/ darnach brate sie in einer Pfannen/ und spicke sie mit Gewürtz/ und dieses wird für ein Fürsten-Essen gehalten. Die Gänse werden auch bey uns gelobt wegen der Feiste/ darauß man ein Schmaltz macht/ welches die Juden zum Kochen pflegen zugebrauchen. Die Gänsemilch wird auß dieser Feiste gemacht/ wann man dieses Fett mit Milch kochet/ und Zucker und Rosinlein darein thut. Messalinus Cotta hat gelehrt die breite Gänsefüß dörren/ und dieselbe sampt den Hanenkämmen aufftragen/ wie Plinius schreibet. Gänse-Eyer sind die allerbösten. Bey uns essen allein die Armen dieselbe gesotten oder in einer Brühe. Die Enten- Gänß- und Straussen-Eyer sind dick/ und derhalben schwer zu verdäwen: wann aber einer dieselbe zur Speiß brauchen wil/ so nehme er allein den Dotter darvon.

Was in der Artzney von diesem Vogel dem Menschen dienlich seye.

Wan einer durch einen Schlangenbiß vergifftet/ und niemand da wäre/ der dasselbige außsauge/ auch kein Schrepffhörnlein verhanden ist/ so muß man Gänse- Schaaff- oder Kälber-Brühe trincken/ und dieselbe wieder von sich brechen/ wie Celsus und Nicander lehren. Die so Coriander getruncken haben/ nachdem sie mit blau Gilgenöl ihnen selbst eine Erbrechung erwecket haben/ ist ihnen gesaltzene Brühe von einer Hennen oder Ganß dienlich/ sagt Dioscorides. Nicander gibt die Brühe von einer jungen gesottenen Ganß wider das Gifft. Heraclides vermeint daß krause Distel oder Manßtreu in Gänsebrühe gesotten/ die beste Artzney wider Gifft sey. Gänsebrühe mit Wein getruncken/ hilfft denen so zu viel Wein/ Wolffsmilch oder Bilsenkraut getruncken haben: darzu ist auch der Gänse Eingeweyd gebraten und gessen gut/ sagt Kiranides. Die Ganß wird offt an statt deß Schwanens gebraucht. Antonius Guainerius beschreibt unter den Artzneyen/ so wider das Gliederwehe dienlich/ eine Salbe von der Ganß/ mit welcher unzehlbar viel Menschen geheilet worden. Man soll ein alte Ganß nehmen/ dieselbige ropffen und außnehmen/ darein soll man folgende Stück thun: Zerhacket Fleisch von einer jungen abgezogenen Katzen/ Schweinenfett/ Weyrauch/ Wachs/ Schaaff-Fett/ darzu soll man thu so schwer Saltz/ Honig/ Bonen/ klein Weitzenkorn/ Siligo genannt: darnach soll man die Ganß braten/ (aber nicht essen) ein Geschirr darunter stellen/ und den außgetreufften Safft darein samlen. Die Glieder damit bestrichen/ nimmt alles Wehe hinweg. Jo. Goeurotus schreibt in einem Frantzösischen Buch von Heilung der Kranckheiten/ folgende Gliedersalb: Ein feiste geropffte und außgenommene Ganß füll auß mit fetten und kleinen Katzen/ thu Saltz darzu/ und brat sie über einem kleinen Kohlfeuerlein allgemach/ und das so darvon trieft/ behalt. M. Gatinaria erzehlt eine Artzney wider den Krampff/ welche man/ nach dem der Mensch innerlich gereiniget/ braucht/ den Schmertzen zu stillen und zu miltern. In einer fetten außgenommenen Ganß Bauch/ wird eine kleine zerschnittene Katz/ mit Speck/ Myrrha, und Weyrauch außgefüllt/ und am Spiß gebraten: darunter wird ein Geschirr/ so halb voll weisses Essigs ist/ gestellt: darvon samlet man das Fett/ so nach dem ersten Safft/ (welcher nicht so gut ist) auff dem Essig schwimmet/ und behält es in einem Geschirr. Darnach soll man die Ganß erwällen/ im vorgenannten Essig sieden/ und die Feiste so vielleicht darvon seud/ und auf dem Essig schwimmet/ abermahls darvon nehmen/ und unter die erste abgenommene Feiste vermischen/ und mit dieser Salb das krämpffige Glied schmieren. Ich weiß selbst/ daß einer dergleichen Salb mit grossem Nutzen für die Senadern/ so ihm auff dem Genick verhartet und umbgetrieben waren/ gebraucht hat. Eine außgenommene Ganß füllen wir mit einer alten Katzen Fleisch auß/ und mit Kräutern so den Senadern dienlich/ damit das Fett darauß getreufft desto heilsamer sey/ sagt Sylvius. Leonellus Faventinus, da er Artzney zu den Gliedern/ welche ohne Fühl- und Bewegung sind/ fürschreibt/ heist er ein alte Ganß ropffen/ außnehmen/ und sie außfüllen mit Enten/ Wolffs- Füchß- Dachs- und wilder Katzen Feiste/ eines jeden zwey Quintlein/ grüner Salbey/ deß Krauts Chamepitys genannt/ Maßlieben/ Schlüsselblumen/ jedes eine halbe Hand voll. Die grüne Kräuter sollen sampt der Feiste wohl gestossen werden: Wann nun die Ganß mit diesem außgefüllt/ soll sie am Spieß gebraten werden/ und wann man das Fett/ so herauß treufft/ gesamblet hat/ soll man damit den Rücken/ oder das Glied/ welches der Schlag getroffen/ schmieren. Gänseblut wird nützlich unter die Artzneyen/ so Gifft außtreiben/ vermischt/ sagt Dioscorides, wie droben bey der Enten zum theil gesagt worden. Wider schädlich Gifft gib Gänseblut mit Essig zu trincken: oder Entenblut mit Wein/ wie Nicolaus Mirepsus schreibt. Dieses Blut wird also warm wider Meerhasen Gifft getruncken/ sagt Dioscorides. Aetius heist es also mit gesottenem Wein trincken. Gänseblut mit gleich so viel Oel getruncken/ ist gut wider Meerhasen Gifft. Deßgleichen wider alle böse schädliche Gifft wird es behalten mit Erden auß der In-

Von der Ganß.

sel Lemno (Lemnia terra genannt) und mit weissem Distelsafft/ also/ daß der Küchlein 5. Quintlein schwer/ in drey Becherlein Wasser getruncken werden/ sagt Plinius. Das Blut so vom verletzten Hirn kommt/ wird mit Gänß und Entenblut gestillet. Wann ein Pferdt rotzig ist/ so nehme eine weisse Ganß/ speise sie 28. Tage allein mit Gersten/ und träncke sie mit Wein/ darnach fange das Blut der geköpfften Ganß auff/ thu es in einen Blasebalg/ und schütt es also dem Pferdt in die Nasen. Man sagt auch/ daß der Pflaum von der Gänse Bauch zerrieben/ und in die Wunden gestreuet/ das Blut stille. Eine Artzney das Blut so auß der Nasen fleust damit zu stillen: Nimm eine grosse Schreibfeder/ schneid dieselbe also/ daß sie der Nasen Länge hab/ und an beyden Seiten durchgestochen sey/ diese umbwinde mit einem zarten Tüchlein/ also/ daß es an den Seiten außgefüllt seye/ daß du sie kaum in die Nase stossen kanst/ darnach stoß sie also verwickelt/ vornen in scharffen Essig gedunckt/ in die Nasen/ und schütte durch dieselbe unterweilen scharffen Essig/ oder den Safft der obgenanten Artzneyen hinein. Diese Artzney aber soll man zuforderst brauchen/ wann das Blut durch beyde Naßlöcher triefft. Dann welche ohn ein Instrument vermessentlich Essig/ oder andere scharffe Sachen hinein schütten/ die verletzen offt die Nase/ dieweil dadurch die Durchgäng deß Athems verstopfft werden/ wie Marcellus bezeuget. Eine Artzney so die Weiber reiniget. Nimm Gänß oder Hirschen Marck einer Bonen groß/ und wann du Rosensalb und Weibermilch daran gegossen hast/ so reib es/ wie man eine Salb pflegt zu reiben/ und bestreich die Scham darmit/ wie Hippocr. im 1. Buch von der Weiber Kranckheiten lehret. Deßgleichen nimm Gänßmarck einer Nuß groß/ Wachs einer Bonen groß/ Terpentin auch so viel/ dieses zerlaß mit Rosensalb über einem gelinden Kohlfeuerlein/ daß es einem Pflaster gleich werde/ damit salbe also laulicht die Scham/ und den obern Theil derselbigen.

Von den Artzneyen deß Gänßschmaltzes ausser dem Leib zu gebrauchen.

Der Gänse und aller Vögel Schmaltz wird bereitet/ wann man die Adern darauß genommen/ und es in eine neue irrdene bedeckte Schüssel an die Sonne stellt/ und mit warmen Wasser darunter gesetzet/ schmeltzet: darnach wird es in leinen Säcken außgetrucknet/ und in ein neu irrden Geschirr an einen kalten Ort gestellt/ und wird weniger faulen/ wann man Honig darzu gethan hat/ wie Plinius sagt. Man nimmt das Schmaltz/ zeucht die Häutlein darvon ab/ thut es in einen irrdenen Hafen/ und machet ihn nur halb voll: dann der Hafen soll noch einmahl grösser seyn/ als viel deß Schmaltzes ist/ das man darein thun wil und schmeltzen: darnach soll der Hafen fest zugemacht/ in den heissen Sonnenschein gestellet werden/ und alles was darvon schmeltzet/ soll in einen andern Hafen gesiegen werden/ so lang biß alles Fett zerschmeltzet: darnach soll man es an einen sehr kalten Orth zum Gebrauch hinstellen. Andere stellen den Hafen über heiß siedend Wasser/ oder über ein sanfftes Kohlfeuer an statt der Sonnen. Hiebey ist noch ein andere Weiß solches Schmaltz zu bereiten: Man thut die Häutlein darvon ab/ und zerschneidet das Schmaltz/ wirfft es in einen Hafen/ schmeltzet es/ und sprenget ein wenig klein geriebenen Saltz darüber/ seyhet es hernach durch ein alt leinen Tuch/ und stellet es hin zum Gebrauch: dann es wird nützlich zu denen Artzneyen gemischet/ welche wider die Mattigkeit bereitet werden. Darvon ist oben bey der Enten ein mehrers zu finden.

Hüner und Gänßschmaltz wird auch auff diese weiß wolriechend gemacht. Man nimmt drey Pfund Gänß oder Hünerschmaltz/ das schmeltzet und bereitet man/ und mischet darunter Dattelblütrinden/ welche die Griechen Elaten nennen/ Aspalathum (oder Rhodiser Holtz) Balsamholtz/ und wohlriechenden Calmus/ alles klein gestossen/ und eines jeden zwölff Quintlein/ thu es in einen neuen irrdenen Hafen/ giesse einen Becher alten Lesbischen Weins darüber/ und setze den Hafen über ein Kohlfeuer: dieses alles läst man dreymahl auffsieden: darnach nehme den Hafen vom Feuer/ und lasse ihn einen Tag und Nacht also stehen/ so lang biß alles das so darinnen ist/ kalt werde: deß andern Tags schmeltz es wiederumb/ seyhe es durch ein rein Tuch/ und preß es auß in ein rein Geschirr; und wann es kalt worden ist/ so nehme es auß dem Geschirr/ und setze es an einen kalten Ort. Dieses sol aber im Winter also gemacht und bereitet werden: dann im Sommer gestehet und erkaltet das Schmaltz nicht. Etliche/ damit es gerinne und dick werde/ schmeltzen darunter ein wenig Thyrrenisch Wachß. Auff diese weiß wird auch das Schweinenschmaltz/ Bärenschmaltz/ und andere dergleichen wohlriechend gemacht.

Das Schmaltz wird mit Majoran auff diese weiß wohlriechend gemacht: Man nimmt wohl geschmeltzt und bereitet Schmaltz/ sonderlich aber Stierschmaltz/ bey einem Pfund/ Majoran der wohl gewaschen und rein gestossen ist/ anderthalb Pfund/ mischet sie durcheinander/ und besprenget sie wohl mit Wein: man thut es auch in ein zugedeckt Gefäß/ und läst es also die gantze Nacht stehen: deß Morgens nimmt man alles herauß/ und legt es in einen irrdenen Hafen/ giest Wasser darüber/ und läst es allgemach sieden/ und wann das Schmaltz oder Unschlit seinen Geruch verlohren hat/ so seyhet man es durch ein Tuch/ und lässet es also über Nacht fleissig verstopfft und zugemacht/ stehen. Deß Morgens darnach nimmt man alles herauß/ und alles was unrein am Boden ist/ thut man weg/ und mischt abermahls darzu/ wie vor angezeiget/ klein gestossenen Majoran/ anderthalb Pfund/ machet einen Teig darauß/ und thut alles/ wie vor gesagt. Und zuletzt schmeltzt man das Unschlit wiederumb/ seyhet es durch ein Tuch/ und thut den Unrath weg/ so am Boden hanget/ und setzt es an einen kalten Orth zum Gebrauch.

Wann aber jemand wolte Gänß/ Hüner/ oder Kälberschmaltz unverderbt behalten/ der muß thun wie folget: Er nehme Schmaltz oder Unschlit/ von welchem Thier er wolle/ wasche es fleissig/ und lege es in ein Sieb am Schatten zu trucknen. Wann nun alle Feuchtigkeit darvon getropffet ist/ und getrucknet/ so wickele das Schmaltz in ein rein leinen Tüchlein / und preß es hart mit den Händen/ darnach ziehe einen Faden dardurch/ und hencke es an den Schatten; und nach etlichen Tagen wickele es in ein Papier/ und verwahre es an einem kalten Orth. Das Schmaltz bleibt auch unversehrt/ wann es in Honig behalten wird. Alle Schmaltz oder Unschlit haben eine Krafft zu erwärmen/ zuerweichen/ und dünn zu machen. Dieses alles schreibet Dioscorides.

Der Gänse Schmaltz ist wärmer als der Schweine Schmaltz / miltert auch mehr die Biß so tieff in den Leib gangen/ spricht Galenus. Gänseschmaltz ist sehr durchdringend: diesem folget der Heüen Schmaltz/ wie Sylvius vermeint. Es trucknet ohn Schmertzen. Hippocrates heisset es an statt deß Hirschenschmaltzes brauchen. Doch soll deß Straussen Schmaltz zu allem kräfftiger seyn/ wie Plinius schreibet. Ein Kürbs in Lett gedörrt und zerrieben mit Gänßschmaltz / heilt die Wunden. Der Stein-Eul Hirn mit diesem Schmaltz vermischt/ soll wunderbarlich die Wunden zuheilen. Gänseschmaltz sampt dem Hirn / Alaun und ungewaschener Woll genützt/ heilet die abgeriebene Schäden. Dieses Schmaltz mit gleich so viel Butter in Küchlein gemacht und gebraucht/ stillet das Blut/ sagt Plinius. Marcellus schreibt/ daß es/ mit gleich so viel Butter in die Nase geschüttet/ das Blut darinn stille; mit Rosenöl genützt/ heilet es die Lungengeschwär. Dieses Schmaltz/ dieweil es sehr durchdringend ist/ ist es unter allen Vogelschmaltz das beste/ die erharteten Apostemen damit zu heilen. Alle Beulen/ und alles was man erweichen will/ das wird gar wohl mit diesem Schmaltz geheilet: dann es erweichet alle verhartete Geschwär. Es wehret auch dem Rothlauff. Es wird nützlich unter alle weichmachende Pflaster vermischt/ sagt Kiranides. Auß diesem Schmaltz macht man eine Salb in Comagene, einem Theil Syriæ, so vom Land her Comagenum gennenet wird/ mit Zimmet/ Casia, weissem Pfeffer/ und mit dem Kraut Comago gennant/ wann man diese Stück in einem Geschirr mit Schnee bedeckt einweichet: diese Salbe hat einen lieblichen Geruch/ und ist sehr dienlich zu dem erfrieren/ für den Krampff / für verborgene und plötzliche Schmertzen/ und zu allen denen Artzneyen so die Mattigkeit vertreiben/ wie Plinius berichtet. Ungewaschene Wolle mit Gänßschmaltz und Myrtenwein gemengt/ machet schlaffen. Gänß- oder Hünerschmaltz / bewahret die Haut im Angesicht vor dem Brand der Sonnen/ machet auch dasselbige schön/ wie Plinius sagt. Wann ein Pferd im Aug verwundet ist/ und dicke Thränen herauß fliessen / also daß zu besorgen das Aug lauffe gar auß / so streiche zerrieben Schaffmarck darüber/ und haltes ein weil mit der Hand zu / zweymal im Tag: das frische Marck ist aber das beste: hastu das nicht / so brauch Gänß oder Hünerschmaltz. Darzu ist auch das Marck mit diesem Schmaltz vermischt dienlich / wie Absyrtus und Hierocles lehren. Kälber-Unschlit mit Gänßschmaltz und Safft von dem Kraut Ocimo, sonst Basilien genannt/ ist gut für die Gebresten der Backen / sagt Plinius. Dieses Kraut wehret auch dem Haarausfallen/ sonderlich bey den Kindern/ wann es darauff gerieben wird. Galenus heist darvor alt Bärenschmaltz brauchen; wiewol auch deß Grabthiers oder Vielfrassen/ des Löwen/ Leoparden/ und der Gänse Schmaltz darzu dienlich/ wie auch alle die so zart sind/ damit sie durch die Haut dringen/ und biß zu den Wurtzeln der Härlein kommen können. Deßgleichen soll man zu dieser Salb/ so man auß Schmaltz machet / ein wenig von dem Kraut Thapsia thun/ so wird es auch darzu dienen: bevorab wann man Safft von dem Euphorbio und Adareem/ ein zwölfftheil darzu gethan hat. Es soll aber dreyerley Schmaltz seyn/ nehmlich von dem Löwen/ Leoparden/ und Grabthier/ von einem jeden gleich viel. Wann man aber deß Grabthiers nicht haben kan/ so ist es an den andern zweyen genug/ wann Gänßschmaltz darzu gethan wird. Hast du aber von allen vieren/ so mische sie alle durcheinander/ und thue Bärenschmaltz/ so es vorhanden/ darzu/ etc. Den Erbgrind und Hauptgeschwär heilet Krässensaamen mit Gänßschmaltz vermischt. Das Schmaltz der Gänse/ Hennen/ Schweine und Füchse / wird unter viel Ohren-Artzneyen vermischt / von Nicolao Myrepso. Wann ein Ohr einiger weiß verletzt ist/ wird es mit diesem Schmaltz/ so man es darein schüttet/ fleissig gereiniget un zu recht gebracht / sagt Marcellus. Wann Regenwürm mit diesem Schmaltz gekocht/ in die Ohren geschüttet werden/ kan man verzweiffelte Kranckheiten damit hinweg nehmen/ wie Plinius und Marcellus berichten. Dieses dienet auch den eyterichten Ohren. Dieses Schmaltz in die Ohren getrieffet/ miltert den Schmertzen darinnen / wie Dioscorides schreibt. Galenus sagt/ daß Hennen oder Gänseschmaltz/ wann sie einen gereinigten Leib finden/ und die Feuchtigkeit so das Glied entzündet/ nit mehr einfliesset / auff zweyerley Weg theils miltern und theils heilen. Wann sie aber/ (dieweil die Feuchtigkeit noch fliesset) gebraucht werden/ heilen sie zwar die Kranckheit nit/ miltern aber den Schmertzen/ wie auch ingleichem / wann wegen scharffer Feuchtigkeit ein beissen darzu schlägt. Dieses Schmaltz mit warmen Basiliensafft eingeschüttet / miltert den Kindern das Ohrenwehe. Etliche thun Kälber-Unschlit darzu/ und brauchen es auff die vorgemelte weiß. Zu den zerschlagenen und gebrochenen Ohren ist Gänßschmaltz/ mit Weibermilch vermischt/ und darein getrieffet/ dienlich. Oder trieffe Ochsenschmaltz/ mit gleich so viel Gänßschmaltz zerlassen/ darein: oder Myrrhen und Gänßschmaltz/ oder Butter/ oder Hartz/ und den innern Theil von den Meermuscheln zerrieben / jedes gleich viel/
und

Von der Ganß.

und leg es aufs Ohr/ und die Schläffe/ wie Asclepiades bey dem Galeno lehret. Weibermilch heilet die Ohren-Kranckheiten/ ein wenig Oehl darunter gemischt: oder wañ sie von einē Streich Schmertzen erlitten/ mit laulicht Gänßschmaltz gebraucht/ wie Plinius sagt. So ein Ohr zerschlagen oder gebrochen ist/ so zerlaß rein Gänßschmaltz/ und thu Weibermilch darzu/ dieses trieffe also laulicht mit Basiliensafft/ dessen Saame roth ist/ in das Ohr/ wie Rhasis auß dem Galeno schreibt. Marcellus sagt/ daß dieses Schmaltz allein genommen/ wohl geleutert/ und über einē leichten Kohlfeuerlein zerlassen/ in das Ohr geschüttet/ den Schmertzen hinweg nehme/ uñ den Gebresten deß krancken Ohrs/ es seye von schlagen oder andern Fehlen / gar hinweg nehme. Zu den Entzündungen der Ohren/ so zu äusserst auf der Haut auß Flüssen oder Streiche entsprungen/ deßgleichen zu den Geschwülsten uñ Röthe / vermisch dieses Schmaltz mit Weiber-Milch/ und trieffe es darein: oder nimm gleich so viel Gänß- und Rinderschmaltz darzu/ wie Apollonius bey dem Galeno lehret. Wann du ein übel Gehör hast/ so koch Regenwürm und dieses Schmaltz/ so wirst du den veralteten Schaden damit hinwegnehmen/ sagt Serenus. Etliche thun Zwibeln und gleich so viel Knoblauchsafft darzu/ oder trieffen es mit Honig ein/ wie Plinius schreibt. Dieses Schmaltz mit Ochsengall und Lorbeeröhl gleich viel vermischt/ dienet auch darzu. Ist der Schmertz groß/ so schütte Ochsen-Unschlit mit Gänßschmaltz gewärmet/ darein. Gänßschmaltz wird unter Saffransafft und gestossenen Knoblauchsafft vermischt/ und also in die Ohren für das saussen darein geschüttet / wie Marcellus lehret. Zu dem Gethöß und Auffblehung der Ohren/ giesse Nitrum, Hartz uñ Gänßschmaltz/ mit gleich so viel Oehl vermischt und zerlassen/ darein. Wann dir Wasser in das Ohr kommen/ so ist dazu Gänß/ Fuchs- oder Hünerschmaltz/ warm darein getrieft / sehr dienlich. Gänßschmaltz mit Saffransafft vermischt/ und laulicht eingeschüttet/ ziehet das Wasser und alle Feuchtigkeit auß den Ohren/ und heilet sie. Darzu thut man auch zuweilen Zwibelsafft/ wiewol dieses den Augen schädlich. Dieses Schmaltz mit gleich so viel Butter in die Nase geschüttet/ stillt das Blut darinnen. Wañ der Grind von dem stinckendem Geschwer der Nasen (vom niessen) herab gefallen ist/ wird dasselbe mit diesem Schmaltz oder Butter und Rosenpflaster geheilet/ wie Galenus lehret. Dieses Schmaltz auff die Spalte der Lefftzen oder deß Angesichts gelegt/ heilet dieselbige/ wie Dioscorides, Simeon Sethi, Plinius und Marcellus schreiben. Sextus heist Geissenunschlit/ Gänßschmaltz/ Hirschmarck/ und Zwibeln mit Hartz und ungeleschten Kalck nehmē/ und ein Pflaster darauß machen: dann es vertreibt wunderbarlich die Ritze der Lefftzen. Mundgeschwär und Spalte heilet Kälber oder Ochsen Unschlit zusammen/ mit diesem Schmaltz vermischt. Galenus heist auf diese Geschwer Schweinen oder Gänßschmaltz mit Manna vermischt/ streichen. Mit Gänß- oder Kräenschmaltz/ das erstarrt Genick bestrichen/ wird es von Stund an weich/ sagt Marcellus. Die Geschwulst deß Halses legt man mit Eyerdotter/ so mit Gänßschmaltz gekocht worden/ gleich so schwer Geißgallen darzu gethan/ und auch auff den Halß gerieben. Dieses Schmaltz sampt dem Hirn/ Butter / Alaun und Feiste auß ungewaschner Schaafwolle/ als ein Pflaster übergelegt/ ist den Nieren sehr dienlich: auff diese Weise wird es auch über alle Gebrästen deß Hindern gelegt. Darzu dienet auch dieses Schmaltz mit Butter uñ Rosenöhl vermischt. Odermenig mit Gänßschmaltz gestossen/ und übergelegt/ heilet die Beulen am Hindern/ wie Marcellus lehret. Für diese Kranckheit wird der Kopff und die Füß von einer Spinn genommen und eingerieben. Wider die hitzige Schmertzen deß Hindern mischt man Gänßschmaltz mit Wachs/ Bleyweiß und Rosenöhl/ uñ reibt es also ein: deßgleichen Schweinenschmaltz. Diese Stück sollen auch den Fluß der güldenen Ader stillen/ wie Plinius lehret. Etliche Aertzt heissen zu dem Podagra alt Schmeer brauchen/ wann man Gänßfeiste/ Stierunschlit/ und Feiste von ungewaschener Schaafwolle darzu gethan hat. Es wird auch Weibermilch mit diesem Schmaltz und der obgenandten Feiste dazu gebraucht/ wie Plinius schreibt. Feiste von ungewaschener Schaaffwolle mit Gänßschmaltz vermischt/ heilet die Geschwär der Gemächte/ wie Dioscorides lehret. Die Hödlein eines Hahnen mit diesem Schmaltz bestrichen/ und in einer Haut von einem Widder angebunden/ soll die Geiheit benehmen. Die Hasen-Hödlein gedört/ oder sein Geläb/ mit Gänßschmaltz in gemahlenem Maltz/ ist denen gut/ so den Harn nicht halten können/ sagt Plinius. Das Gänßschmaltz ist auch der Bärmutter dienlich: deßgleichen Hennenschmaltz/ wann es noch frisch und ungesaltzen ist: so es aber eingesaltzen/ und wegen Alter starck worden/ ist es der Bärmutter gantz schädlich/ sagt Dioscorides. Weibermilch/ mit Feiste von ungewaschner Schaaffwolle/ und Gänßschmaltz/ wird für die Gebrästen der Bärmutter übergelegt. Hippocrates mischt auch dieses Schmaltz stets unter die weichmachende Pflaster deß Bauchs. Ein Artzney die todte Geburt außzutreiben. Nim̄ eine neue gebrannte Scherbe/ und Gänßschmaltz / zerstosse es/ zerreibe es/ mach Zäpfflein darauß/ und brauchs der Frauen zu der Scham. Gänßschmaltz außgenommen/ und noch warm auff den Bauch uñ Dicke der Schenckeln den Weibern gleich nach der Geburt gestrichen/ und diese Orth alsobald mit leinen Binden gebunden/ und neun Tag darüber gelassen/ behält den Bauch glatt und ohn alle Runtzeln / sagt Andreas Furnerius. Damit sich die Brustwärtzlein zusammen ziehen/ so bestreiche sie mit Gänßschmaltz und warmer Milch. Die Brüste nach der Geburt bewahret das Rosen- und Spinnen-Oehl/ mit diesem Schmaltz vermischet. Es vertreibet auch dieses Schmaltz die Mutter - Gewächse / und den Grind der Bärmutter/ wann es mit zerrieben Wantzen auffgestrichen wird/ wie Plinius schreibet.

Wie dieses Schmaltz innerhalb dem Leib gebrauchet werde.

Wann man Gifft genommen hat/ muß man sich zum Erbrechen reitzen/ mit warmen Wasser/ darunter Butter gemischet/ und dasselbe trincken/ zu welchem man auch ein wenig Gänß-Schmaltz thut: oder man trinckt dieses allein mit süssem Wein gekochet/ wie Guainerius lehret. Nimm Pulver von dürrem Dill/ roth Thannen Hartz Pulver/ mit altem Gänß- oder Hüner-Schmaltz vermischt/ uñ gebe deñ/ die mit Brustgeschwär behafftet/ Morgens uñ Abēds/ 3. Löffelein voll davon zu trincken so wird es helffen/ wie Marcellus schreibet: Welcher auch zu der Artzney so auß Meerkrebsen gemacht wird/ für die Schwindsucht/ Gänßschmaltz thut. Den Wassersüchtigen gibt man Feiste von ungewaschner Schaffwollen/ in Wein mit Myrrhen/ ein wenig zu trincken/ einer Haselnuß groß: etliche thun Gänßschmaltz und Myrrhenöhl darzu. Wann einer Frauen Wasser auß der Mutter fliesset/ so soll sie Schwebel und dieses Schmaltz hinab lecken. Hippocrates räth/ daß man etliche Artzneyen mit Gänß- oder Schafschmaltz den Weibern so gewöhnlich Mißgeburten bringen/ zu trincken gebe.

Von den Artzneyen der übrigen Theilen an der Ganß/ dergleichen von ihrem Koth.

Wie das Schmaltz zu etlichen Schäden gebraucht werde/ ist oben gesagt worden/ hie wollen wir noch etliche andere Stück erzehlen. Gänß-Hirn mit seinem eigenen Schmaltz und Honig gewaschen/ und sambt der Brühe auffgelegt/ heilet die Schrunden/ den Fluß der güldenen Ader/ und alle Geschwülste deß Hindern. Aber mit Rosenöhl/ Gänßschmaltz/ und Eyerschaalen vermengt/ ist es den Geschwären der Beermutter dienlich. Mit Hirschmarck dienet es zu den Spalten der Lefftzen/ und zu den Spalten der Füsse oder Versen so von Kälte kommen. Mit Honig heilet es die Gebresten der Zungen. Mit Spicanarden dienet es zu den alten Flüssen der Ohren: aber mit gereinigten Rosinlein heilet es den Carfunckel/ oder böse gifftige Geschwär. Mit Lilienöhl eingeschüttet/ zeucht es die todte Geburt herauß. Dieses alles schreibt Kiranides. Denen so schwerlich harnen/ gib drey Tag Gänß-Zungen/ jeden Tag eine zu essen; diese sollen aber gebraten seyn. Marcellus sagt/ daß der wilden Gänse Zungen denen/ so den Stein haben/ dienen. Diese Zungen in Speiß oder Tranck genossen/ soll die Weiber geil machen. Der Gänß-Magen dienet den Magensüchtigen: ihr Eingeweyd dem Darmgicht: ihr Hertz und Lung den Schwindsüchtigen/ sagt Kiranides. Die Leber ist gut den Lebersüchtigen. Diese Leber gesaltzen/ mit Spicanarden geschmeltzt/ und in das Ohr gethan/ wird den grossen Schmertzen darauß nehmen: wiewohl Kiranides das Hirn darzu heist brauchen. Die Gall wird zu den zerstossenen Augen gelobt/ also/ daß sie hernach mit der Feiste ungewaschener Wolle und Honig gesalbet werden. Diese Gall mit Ochsengall und Lorbeersafft vermischt/ ist den übelhörenden uñ Tauben dienlich/ sagt Kiranides. Dem Geschwär im Halß hilfft diese Gall mit wilden Kürbsensafft uñ Honig vermischt zur stund. Der Gänse Hödlein gessen/ sollen die ehliche Werck mehren/ wie Simeon Sethi lehret. Etliche loben Gänßpflaum-Aschen für den reissenden Stein. Der Ganß/ deß Habichts/ der Kräen/ und ander dergleichen Vögel Koth/ darvon man viel erdacht/ sind zu nichts nütz/ wie Aetius und Galenus sagen. Etliche heissen eine Ganß auff weitem Feld so lang jagen/ biß daß sie ihren Koth fallen läst/ dasselbige soll dann also warm übergelegt/ zu den Entzündungen der Hände bey den Kindern/ Gebrüt oder Griggelen genannt/ dienen; dann es macht sie zeitig/ und bricht sie auff. Laurentius Rusius mischt diesen Koth unter eine scharffe Artzney/ damit den Pferden die Sprütelen vertrieben werden. Dieser Koth getruncken/ miltert den Husten/ sagt Kiranides. Die Weiber gebehren leichter/ wann sie diesen Koth mit zween Bechern Wassers getruncken haben/ sagt Plinius. Gänß und Pfauen-Eyer haben eben die Krafft wie die Hüner-Eyer/ sagt Kiranides. Eine Schalen von einem gekochten Gänß-Ey gantz rein zerstossen/ gib eines halben Quintleins schwer in Wein zu trincken/ wie Galenus Euporist. 1. 114. lehret.

Becherus verfasset den nützlichen Gebrauch/ so von der Ganß kommet/ in folgende Reimen:

Die schnatterichte Ganß/ das rechte Küchen-Thier/
Der Apothecken gibt es vier Stück zum Gebühr.

1. 2. 3.
Das Häutlein an dem Fuß/ ihr Fett/ ihr Blut/
4.
und Koth/
Hilfft manchen Menschen nicht nur auß geringer Noth.

1. Das Häutlein an dem Fuß/ das thut zu Pulver machen.
Ein halbe Drachma stillt den Weibern ihre Sachen.

2. Gänßfett thut Schweinenfett in Krafften überwinden/
Nichts bessers ist vorn Krampff als dieses Fett zu finden.

3. Gänßblut zwey Drachmas trinckt/ es stehet wider Gifft/
Hierinn es Menschenblut in Krafften übertrifft.

4. Gänßkoth ist gut in Geel- wie auch in Wassersucht/
In Schorbuck schaffet er nicht ein geringe Frucht.

Von den wilden Gänsen.
Von den wilden Gänsen insgemein / insonderheit aber von der Schnee-Ganß.
Anser fera.

Von mancherley Gestalt dieser Vögel.

Die wilde Ganß hat viel und mancherley Nahmen / wird aber auch von etlichen Schnee-Ganß genennet / dieweil sie zu Anfang deß Winters / wann der Schnee verhanden / sich bey uns auffhält. Aristoteles sagt daß zweyerley Gänß seyen / nehmlich die grosse und kleine. Durch die kleine wird die wilde: durch die grosse aber die zahme verstanden: dann also theilt sie auch Plinius. Albertus aber sagt / daß vier Geschlecht der wilden Gänse bey ihnen gefunden werden: dann die eine ist groß / graufarb / daher sie gemeiniglich Grauganß genennet wird: D. Geßner vermeint / daß die / deren Figur hierbey stehet / auß diesem Geschlecht seye. Eben dieser Farb ist auch die andere Arth / doch etwas kleiner / welche wegen

wegen ihrer Leichte sehr weit und hoch fliegt. Das dritte Geschlecht ist gantz weiß/ außgenommen die vier oder fünff eusserste Schwingfedern/ welche gantz kohlschwartz sind/ diese werden gemeiniglich Hagel= oder Schnee=Gänß genennet/ (wiewohl die erste oder andere Gattung (wie vor gesagt) auch also von etlichen genennet werden) sie sind auch klein/ und fliegen hoch und weit. Die vierdte Gattung ist kleiner/ hat einen Gänßschnabel/ und ist auff dem Kopff wie ein Pfau gefärbt/ doch ohne Strauß: auff dem Rücken sind sie aschenfarb auf schwartz ziehend/ am Kropff schwartz/ am Bauch aschenfarb/ und werden Baum=Gänß genennet: dieweil man gemeiniglich vermeint/ daß sie an den Bäumen wachsen. An einem andern Orth sagt Albertus, sie haben schwartze Flecken vornen am Kopff/ und sehe aschenfarb. Von dieser Ganß aber ist droben weitläufftig bey der wilden Enten gesagt worden. Der Schwan scheinet auch auß dem Gänse=Geschlecht zu seyn/ wegen seines Schnabels/ seiner Füsse und Nahrung: so hat er auch/ wann er streitet/ ein gleiches Pfeiffen oder Zischen/ doch ist er grösser. Etliche setzen auch einen Vogel darzu/ so nach dem Straussen der grösseste ist/ und auff den Alpen und einöden Orthen gegen Mitternacht wohnet/ welchen wir nie gesehen haben: es seye dann der/ welchen wir Volinare nennen/ so etwas grösser als ein Schwan ist/ dieses alles schreibt Albertus. Dieser Volinare aber ist der Vogel/ den wir Onvogel oder Meerganß nennen/ viel ein andere Gattung dann der/ welchen Plinius für das andere Geschlecht Tetraonis hält/ welcher nach dem Straussen der gröste seye. Die vorgenannte Gänßgeschlecht vermischen sich untereinander: dann bey uns hat die wilde Ganß (so einem Pfauen außgenommen den Strauß/ so er auf seinem Kopff hat/ gleichet) mit einer zahmen zugehalten; von welcher die Jungen alle dem Vatter vom Farb gleich/ aber grösser gewesen sind/ sagt Albertus. Unter den zahmen Gänsen ist eine Gattung/ welche getheilte wilde Gänß genennet werden/ die wohnen nicht gern bey den weissen/ und werden nicht so zahm/ wie Varro schreibet. Die wilde Ganß so D. Geßner gesehen/ hat/ so viel ihre Gestalt antrifft/ wenig Unterscheids von der zahmen: sie war etwas weniger als vier Spannen lang/ nehmlich vom eussersten Schnabel biß zu End der Füsse gemessen/ so groß als die zahme Ganß: der Schnabel war an beyden Seiten schwartz/ in der mitten gelb. Sie hatte breite Füß/ welche sampt den Beinen und Häutlein saffrangelb waren. Der Kopff und der Halß war grau gefärbt/ oben mehr schwärtzlicht/ und etwas rothes darunter: unten aber mehr aschenfarb. Der Bauch war gantz aschenfarb. Der untere Theil deß Schwantzes/ wie auch auff dem Rücken zu beyden Seiten war der Theil vom Schwantz gegen den Flügeln schneeweiß. Der Kopff war mehr einer Enten dann einer Ganß gleich: auch etwas kleiner als der Ganß. Der Rücken und die Flügel waren schwartzlicht/ etwas kastanienbraun darunter vermischt/ bevorab an den kleinen und obern Federn: doch waren etliche zu eusserst weißlich/ etliche aber aschenfarb: zu eusserst deß Rückens gegen dem Schwantz waren sie kohlschwartz/ mitten im Schwantz waren etliche weiß/ doch schienen etliche liechtaschenfarb herfür/ auff diese folgten wieder schwartze. Zu eusserst war der Schwantz weiß. Wann man die Flügel wohl außstreckte/ so sahe man etliche Federn die zu eusserst weiß waren. Die eusserste und gröste Schwingfedern waren die allerschwärtzeste/ also/ daß der eine eusserste Theil derselben/ welchen man sehen konte/ sich in eine kleine weisse Linie zoge: so giengen auch vom eussersten Winckel der Flügel/ aschenfarbe Federn herfür/ wie auch vom innern etliche gantz kleine/ welche gleiche Farbe hatten.

Von der Natur und Eigenschafft dieses Vogels.

Diese Vögel (wie vor gesagt) wohnen gern auf den Schweitzer=Gebürgen: sonderlich aber in den Seen so gegen Mitternacht gelegen. Die Gänß haben ihre Wächter und Führer/ wie die Kränch. Sie haben ein groß Geschrey/ und schweigen selten: wann sie aber auß Furcht der Adler über den Berg Taurum fliegen/ so halten sie Steinlein im Schnabel/ damit sie ihre Stimm verhalten mögen. Also lehren uns auch die unvernünfftigen Thiere/ was stillschweigen für eine Tugend seye. Deß Orths und der Weyde/ allwo sie gespeist worden/ vergessen sie bald/ ob sie schon viel Nahrung daselbst gefunden/ darumb schweiffen sie allzeit hin und her: auß diesem Schaden aber erwächst ihnen auch etwas nutzes/ daß sie nehmlich also von den Vogelfängern kaum gefangen werden: als welche der Oerther fleissig warnehmen/ da sie ab= und zu fliegen/ und etlichen Saamen dahin säen/ sie damit herzu zu locken: die Gänß aber/ weil sie gantz vergeßlich/ kommen nicht wiederumb an denselbigen Orth/ wie Oppianus bezeuget. Die wilde Gänß fliegen wie die Kränch/ Buchstabenweiß/ nacheinander/ und richten ihren Flug allzeit nach dem Wind: dann wann der Nordwind wehet/ fliegen sie gegen Mittag/ und wann der Sudwind bläset/ gegen Mitternacht/ daher man gemeiniglich sagt/ daß der Gänse Flug den Wind anzeige. Sie fliegen aber hoch/ weil sie wissen/ daß der Wind in der Höhe stärcker ist als unten. Sie hören auch nicht auff zu fliegen/ es seye dann daß sie der Hunger treibe/ dann sie fliegen so gern/ daß sie auch selten schlaffen: und wann sie vom Flug müd worden/ sind sie traurig und schreyen. Albertus sagt daß alle vier Geschlecht der wilden Gänse auß unserm Land weichen/ und in Illyriam fliegen/ zu den sümpfflichten und wässerichten Orthen/ da viel Rohr sind/ daß sie daselbst Junge machen. Im Anfang aber deß Winters kommen sie wegen der Weyd/ und wegen der gelinderen Lufft wiederumb zu uns/ und fliegen alsdann mit grossen Schaaren/ also/ daß ihrer zuweilen tausend/ oder noch mehr beysammen gesehen werden. Dessen hat auch Avicenna in seinem Land wargenommen. Die Kränch sollen eher/ nehmlich im Herbstmonath/ hin=

Von den wilden Gänsen.

hinweg fliegen. D. Geßner sagt/er habe in acht genommen/daß sie umb den 10. Tag deß obgenanten Monats/sowohl bey Tag als Nacht/(wie auß ihrem Geschrey abzunehmen)hinweg fliegen. Die wilde Gänse aber spähter/nehmlich im Außgang deß Herbstmonaths/und Anfang deß Weinmonats. Dañ(sagt er)ich habe einsmahls am 6. Tag deß Weinmonats gantze Schaaren derselben hinweg fliegen sehen/welche von Auffgang gegen Franckreich als ein umbgekehrtes V(Λ) daher flogen: dann in dieser Ordnung können sie vielleicht den Wind besser fassen/mit welchem sie im Flug erhalten werden. Es verhindert auch also keine die ander: und können auch auff diese Weise ihren Hauptmann und Führer/dem sie nachfliegen/leichtlich alle ersehen. Sie fliegen mehrentheils gantz stillschweigend/es seye dann daß sie sich verirren/und die Ordnung trennen/da sie dañ schreyen/die müden erwarten/und sie herzu ruffen. Im Warten aber lassen sie sich etwas nieder/gegen der Erden zu/welches sie dann leichtlicher thun können als über sich fliegen/dieweil sie an einem Orth nit gar still stehen können/und nicht weiter fliegen wollen. Ambrosius sagt/daß sie die Schwachen mit ihren Flügeln auffhalten/und der andern warten/damit sie nicht von andern Vögeln angegriffen werden/welches leicht geschehen könte/wo sie einander nicht also warteten und hülffen. Die wilde Gänse fangen nach dem kürtzsten Tag wiederumb an sich zu besteigen/darnach legen sie im Anfang deß Frühlings etwan auffs höchste 16. Eyer. Wañ man ihnen die Eyer stets entzeucht/legen sie sich zu todt/wiewohl Plinius dieses der zahmen Ganß zuschreibet: es mag aber vielleicht wohl von beyden war seyn. Es ist eine wilde Gantz bey uns gefangen worden/(sagt Albertus) welche man in dreyen Tagen nicht hat sieden können daß sie weich worden wäre/sondern sie ist zuletzt also verhartet/daß man sie mit dem Messer nicht hat können zerschneiden/es hat auch kein Thier davon essen wollen. Es wird sonsten die wilde Ganß für ein Thier so gar lang lebet/gehalten/also/daß wann man von einem gar alten reden wil/man sagt/er ist so alt als eine Schneeganß.

Wie die wilde Gänse gefangen werden.

Wie die wilde Gänse von Falcken und Habichten gefangen werden/lehret Crescentiensis. Wie aber die Gänse/Schwanen und andere dergleichen Vögel/mit Garnen am Gestad der Wasser gefangen werden/beschreibet er im 10. Buch am 28. und 19. Cap. und wie man diese und andere grosse Vögel mit Geschoß und Pfeilen umbbringen solle/lehret er im 28. Cap. Wie man sie aber schaarweiß fängt/ist droben bey den Enten zu finden.

Was von diesem Vogel dem Menschen dienlich seye.

D. Geßner sagt/die wilde Gantz welche er gesehen/habe geropfft und außgenommen/und noch rohe/fast wie ein gebratener Hase gerochen. Wilde Gänßzungen gebraten/werden für den Grieß gebraucht/sagt Marcellus. Gänßgallen mit Knoblauch oder Wegtrittsafft vermischt/und in die Mutter gethan/befördert die Empfängnuß. Der wilde Gänse Mist geräuchert/treibet die böse Geister auß/heilet die Schlaffsucht/und Verstopffung der Mutter/wie Kiranides berichtet.

Von einer frembden Arth Gänß

Anser Magellanicus.

Nierembergius schreibet/daß in Indien diese seltzame Vögel gefunden/und von ihrer Fettigkeit Pinguins genennet werden. Clusius nennet sie von der Insel/da sie sich auffhalten/Anseres Magellanicos, dieweil seine Gestalt den Gänsen gleichet. Es hält sich dieser Vogel im Meer auff: ist in der Größ einer Ganß; dann die Alten offt 13. 14. auch 16. die Jungen aber 8. 10. und 12. Pfund wiegen. Oben auff dem Rücken sind sie schwartz/auff der Brust und am Bauch aber weiß. Sie hat ein starck Fell wie eine Sau/fast gantz keine Flügel/sondern an statt derer 2. häutige kleine Floßfedern/welche ihr gleich wie 2. Arm an den Seiten hangen/und oben mit starcken grossen Federn/unten aber mit kleinern bedecket seynd/welche jedoch zum Flügen gantz undünlich/sondern nur zum geschwinden Schwimmen von ihm genutzet werden: Derowegen sie sich meistentheils im Wasser auffhalten/und nicht auff das Land gehen/als wann sie Jungen hecken/zu welcher Zeit dann offt 4. oder 5. beysammen in einer Grub gesehen werden. Sie hat einen langen Schnabel/wie ein Raab: einen kurtzen Schwantz/schwartze Füß wie die GänseFüß gestaltet. Sie gehen gantz auffgerichtet/und lassen ihre Flügel vor sich hängen/wie die Arm/daß man von weitem meyne/es kämen kleine Männlein. Sie essen nichts als Fisch; und hat gleichwohl ihr Fleisch keinen bösen Geschmack/und schmecket gantz nicht nach Fisch.

Von dem Vogel/ welcher Vulpanser genennet wird.

Chenalopex kan zu Latein Vulpanser genennet werden. Dieser (wie Plinius schreibet) ist auß dem Geschlecht der Gänse. Turnerus sagt/ er habe seinen Nahmen von einem Fuchß und einer Ganß/ man nennet ihn heutiges Tags Bergandrum, gleichsam eine Berg-Ent. Ey seye länger und grösser dann die gemeine Ent/ mit einer röthlichten Brust. Er habe seinen Auffenthalt in den Kaninchengruben und Wassern/ zuweilen auch in den Höhlen der hohlen Felsen/ daher er vielleicht von den alten Engel-Sachsen den Nahmen bekommen hat. Ferner sagt er/ er habe diesen Vogel nirgend anderswo gesehen/ ohn allein in der Tems/ dem Fluß so durch Engelland fleust; doch sagt man/ daß derselben viel in der Insel/ Tenia genant/ gesehen werden/ allwo sie in den Kaninchengruben nisten wie die Füchse. Eliota d' Engelländer vermeint/ Chenalopex seye der Vogel/ welchen die Engelländer Bernacla nennen/ dessen wir bey den wilden Enten gedacht haben. Bald hernach wollen wir die Sterngansz beschreiben/ von welcher die Gelehrten nachsinnen können/ ob sie der Alten Chenalopex sey. Petrus Bellonius sagt/ daß er im Herbstmonath in Egypten einen Vulpanser gesehen hab/ seine Jungen/ so erst außgeschloffen/ in den Fluß Nilum führen/ und dieses sey ein Wasservogel/ welcher von den Frantzosen Bieuvre oder ein Biber genennet werde/ weil er in den Fischweyern/ wie die Biber/ Schaden thue. Aristoteles zehlt diesen Vogel unter die Breitfüssige/ welche in den Seen und fliessenden Wassern wohnen. Er sagt auch/ daß er unterweilen Eyer lege/ ohne Zuthun deß Männleins.

Von der Natur und Eigenschafft dieses Vogels.

Dieser Vogel ist sehr listig/ wie der Fuchs/ daß wann man seine noch zarte Jungen fangen wil/ stellet sie sich vor dieselbe/ und machet also dem Vogelfänger Hoffnung/ daß er sie selbsten fangen werde/ biß daß die Jungen entfliehen/ da sie dann zu ihnen fleugt/ und sie wiederumb samblet. Darumb sagt Ælianus, diesem Vogel sey der Nahme Vulpanser gegeben/ nehmlich seiner angebohrnen Natur halber. Dann ob er gleich einer Ganß gleich ist/ so kan er dennoch wegen seiner List wohl einem Fuchs verglichen werden/ und wiewohl er etwas kleiner von Leib ist als die Ganß/ so ist er doch tapfferer und kühner seinen Feind anzugreiffen: dann er beschützet sich vor dem Adler/ der Katzen/ und andern seinen Feinden. Er liebet seine Jungen sehr/ und beschützet dieselbige wie das Rebhun/ wie allbereit gesagt worden. Damit die Jungen desto besser darvon kommen/ läst er sich offt selbst von den Jägern fangen. Daher die Egyptier/ wann sie einen treuen Sohn bedeuten wollen/ diesen Vogel mahlen.

Was von diesem Vogel dem Menschen nützlich seye.

Unter den Eyern sollen die fürnembste seyn der Pfauen: darnach deß Vulpanseris: und zum dritten der Hennen/ wie Epænetus und Heraclides lehren. Für den Geschwulst deß Angesichts: Nimm Rebaschen/ darunter misch etlicher Thiere Schmaltz/ als deß Löwens/ Panterthiers oder Bärens/ hast du die nicht/ so nimm das Schmaltz von dem Chenalopece wie Aretæus für den Außsatz lehret.

Von mancherley Geschlecht der Gänse.

ES werden über die vier obgenannte Ganß-Geschlecht/ etliche andere gefunden/ als Linurgi und Cenchritæ, so auch unter die Gänß gezehlet werden. Cenchritæ werden darumb also genennet/ weil sie mit Hirsen gespeiset werden. Ascalaphus wird vom Nipho auch für ein Ganß-Geschlecht gehalten/ wiewohl D. Geßner diesen für eine Berg-Eul hält. Auff den hohen Bergen ist ein Geschlecht der Gänse/ so die gröste unter allen Vögeln sind/ ohne den Straussen/ aber so schwer/ daß sie mit den Händen gefangen werden. Derjenige Vogel/ spricht D. Geßner/ welcher von uns Trappganß genennet wird/ bedünckt mich diesem etwas verwand zu seyn. Ein Gänßgeschlecht wird von den Teutschen Sternganß genennet/ welche gar leicht ist/ auff dem Rücken und den Flügeln aschenfärbig/ am übrigen Leib weiß/ sie hat auch breite Füß wie die Ganß/ doch sind dieselbe nicht roth/ an ihrer Brust hat sie Flecken/ von welchen sie vielleicht also genennet worden. Des Schnabel ist nicht so breit als an der Ganß; und hat die Mittel Grösse zwischen der Ganß und der Enten. Hier kan man nachdencken/ ob dieses der Alten Vulpanser sey. Es sind noch viele andere Italianische Nahmen der Gänse/ als Ocha marina, Meerganß: Ocha grossa, Großganß: Ocha baletta, Fischganß/ so von den Fischen lebt/ und Ocharella, ein kleine Ganß: welche geropfft/ und warm auff den Bauch gelegt/ das Grimmen heilen soll/ wie D. Geßner zu Venedig gehöret hat. Die Phalacrocoraces, in Niederland Schwemmergänß genennet/ haben einen Flecken mitten auf dem Kopff. Auß dem Gänßgeschlecht sind auch etliche auß den obgeschriebenen Enten/ als die jenige so von uns Merchen oder Täucher genennet werden/ wie auch die Schelldracken/ so alle Fisch essen/ dann die ersten sind der Ganß gleich/ die nachgehende aber kleiner. Es sind auch noch andere

Von den wilden Gänsen.

dere/ welche Ael verschlucken/ Aelguß oder Aelgänß genannt/ diese sind gantz schwartz/ wie oben bey den grossen Tauchern gesagt worden; Die Spanier haben in der Insel Hispaniola Gänse angetroffen/ welche gantz weiß sind wie die Schwanen/ nur daß sie einen rothen oder purpurfarben Kopff haben.

Von der Solend- oder Schottenganß. Anser Bassanus sive Scoticus.

Diese Figur hat D. Geßner/ wie auch die zwo nachfolgenden/ auß Schottland empfangen. Anser Bassanus ist ein Meervogel/ in Engelland gemeiniglich Solendguse genannt/ etwas kleiner dann Bernicla, oder die Baumganß/ an Gestalt und Stimm ist er der Ganß ähnlich. Er nistet in dem Schottischen Meer auff den hohen Felsen der Insel Bassi, und sonst nirgend in gantz Engelland. Dieser Vogel hat seine Jungen so lieb/ daß er mit den Knaben (so dieselbe zu greiffen in Körben hinab gelassen werden) streitet/ mit grosser Lebensgefahr. Das Schmaltz von diesem Vogel (dann er dessen gar viel hat) wird nützlich zu vielen Kranckheiten von den Schotten gebrauchet/ welches mit dem Comageno (so vom Plinio höchlich gelobt wird) billich seiner Güte halben kan verglichen werden. Also schreibt Turnerus. D. Geßner aber sagt/ er habe von einem wohlgelährten Schottländer gehört/ daß die Gänß/ so Solendguse genannt werden/ länger seyen als die zahmen/ doch nicht so breit. Daß sie auch auff den Felsen Eyer legen/ hernach den einen Fuß auff die Eyer halten (dannenher sie vielleicht den Namen von der Solen bekommen) uñ ihre Jungen dergestalt außbrüten. Sie legen und brüten aber nur ein eintziges Ey; und dasselbe wissen sie/ in dem es fället/ dergestalt auf der einen Kante leise und fest zu setzen/ und dann stracks mit den Füssen ferner zu umbfassen/ und beständig darauff zu beharren/ daß es fast selten oder nimmer mißräth. Stiesse ja ein Unglück darzu/ alsdann und nicht eher legen sie ein frisches/ welches sie an statt deß vorigen bewahren/ und die Brützeit also in acht nehmen. Es werden auch deren eine grosse Menge bey der Insel Bassi am Fluß Feurt gefangen/ welcher für Edenburg in Schottland fleust. Sie werden auch sonst nirgend anderswo gefunden. Sie lassen sich weit/ nemlich auff sechs Meilen/ vom Gestad. Dieses sey auch ihre Natur und Art/ daß/ so offt sie einen newen Fisch ersehen haben/ speyen sie den alten wiederumb herauß/ und das thun sie gar offt/ den letzten aber bringen sie erst ihren Jungen. Sie speyen aber so viel Fisch herauß/ daß die so in der Besatzung deß Schlosses liegen/ dieselbige zur Speiß aufflesen. Sie werden darzu leichtlich gefangen/ dieweil sie die nachjagende nicht fliehen.

In der Ungestüme deß Schottländischen Meers (sagt Hector Boëthius in der Beschreibung deß Königreichs Schottland) ist ohne die andern Inseln/ eine Maia genañt/ gar berühmt von S. Hadriano und seinen Gesellen/ welche umb Christi willen gemartert worden/ und deren Leichnam allda verwahret liegen. Allhier ist auff einem hohen Felsen ein Brunnen mit süssem Wasser/ der nicht ohne grosses Wunder der Natur/ mitten in dem Meer auffwallet. Daselbst ist eine Festung/ Bass genannt/ welche fast unüberwindlich ist. In dieser Meerlachen ist auch ein Felß/ der so eng/ daß kaum ein Fischerschifflein dahin kommen kan/ darauff keine Häuser gebauet sind/ doch ist er also außgehölet/ daß man nicht weniger darinn wohnen könte als in den Häusern/ so mit grossem Kosten gebauet werden/ wiewohl diese viel vester sind. Was aber darinnen ist/ das ist voll unerhörtes Wunders. Dann es ist eine grosse Menge der Vögel/ Salandis (an Solendguis) genannt/ darinnen/ den jenigen nicht ungleich/ welche Plinius Wasser-Adler nennet/ diese wohnen auch sonst fast an keinem andern Orth. Wañ sie zu Anfang deß Frühlings kommen/ tragen sie ihre Nester zu machen/ einen solchen Hauffen Holtz zusammen/ daß die Einwohner/ wañ sie dasselbe hinweg nehmen (dann die Vögel lassen es ihnen gutwillig) ein gantzes Jahr Holtz genug haben. Ihre Jungen erziehen sie mit den allerbesten Fischen. Dann wann sie einen gefangen haben/ und im Flug einen bessern am Boden ersehen/ lassen sie jenen fallen/ und stellen diesem unter dem Wasser starck nach; wann sie aber denselbigen in das Nest getragen/ uñ solcher wiederumb von deñ Menschen genommen wird/ lassen sie ihn gutwillig/ und suche einen andern. Wann man ihnen auch die Junge nimt/ setzen sie sich nit darwider. Dannenher selbigem Burgherrn ein mercklicher Nutz kömt. Dañ wann man diesen Vögeln die Haut samt der Feiste abgezogen hat/ macht man ein köstlich Oel darauß. Sie haben auch eine kleinen Darm/ welcher voll trefliches Oels ist/ dann es heilet das Hüfftwehe/ das Gliederwehe/ und andere dergleichen Kranckheiten. Dieses schreibet der obgenannte Boëthius/ und spricht weiter/ daß in der Insel Aliza/ welches eines auß den Hebridischen Inseln ist/ diese Vögel häuffig gefunden werden. Ihr Fleisch ist wohlgeschmack zu essen/ und die Federn zu Pfül und Pulstern dienlich.

Geßneri Thierbuch
Von dem Schottländischen Vogel
Gustarda.

Diesen Wasser-Vogel / so auch ein Geschlecht der wilden Gänse ist / hat D. Geßner auß Schottland ohn alle Beschreibung empfangen / daher er auch nichts gewisses davon sagen können.

Von dem Schottländischen Vogel
Capricalca.

Die Capercalze (das ist / wilde Pferd / von den Schotten also genannt) leben allein von den eussersten Schößlein der Zirnenbäum oder Fichten.

Dieser Vogel soll etwas grösser seyn dann der Raab / und für ein Leckerbißlein gehalten werden / er ist mit grauen Zwerchstriemen am Halß / an der Brust / und am Bauch gezeichnet / und hat fast keinen Schwantz / ꝛc. wie die Figur außweiset.

Von dem Gilbling.

Von dem Gilbling.
Hortulana.

Dieses ist ein frembder Vogel/ in Italia umb Bononien gemein/ zu Teutsch kan er ein welscher Gilbling genennet werden. Er ist so groß als eine Lerch/ mit rothen Beinen und Schnabel/ der Kreiß umb den Augenstern ist weiß/ und der euffere gelb / am Halß und an der Brust ist er theils gelb/ theils grün gefärbet/ doch unterschiedlich. Der goldgelbe Bauch ist mit aschenfarben Flecken gesprengt/ welche Flecken auch anderstwo an ihm gesehen werden. Die Schwing- und Schwantzfedern sind schwartz/ doch ist etwas rothes und aschenfarbes darunter. Er wird leichtlich fett/ und für köstlich gehalten; und ist den Lerchen etwas verwand. Sein Fleisch ist hitziger Natur/ mehret den Saamen/ erwärmt die Nieren/ und macht sie feist/ und bringt den Weibern ihre Zeit/ wie Rhasis lehret.

Von dem Vogel Gnaphalus genannt.

Dieser frembde Vogel hat eine liebliche Stimm/ und schöne Farb/ er scheinet auch verständig in seinen Geschäfften / und ist sehr guter Arth/ wie Aristoteles schreibet. Er kan vielleicht auch wegen seiner Federn/ welche wie die Scheerwolle gantz lind sind/ Seidenschwantz oder Wipstertz/ genennet werden; er läst sich allein zu Winterszeit sehen/ darumb hält man ihn für einen frembden Vogel/ wie Eberus und Peucerus sagen. D. Geßner aber verwirfft die beyde Teutsche Nahmen dieses Vogels.

Aldrovandus hat unterschiedliche Arthen dieser Vögel gesehen/ als nehmlich etliche so gantz gelb gewesen/ andere gantz weiß : Einer seye ihm zukommen / welcher einen aschenfarben/ doch etwas mit gelb vermischten Kopff gehabt/ der Halß sey auch aschenfarb/ und mit schwartzen Pünctlein gesprenget gewesen/ der Bauch und Bein seyen gantz goldfarb gewesen/ die Schwingfedern weiß und aschenfarb/ und habe einen braunen Schwantz gehabt. Ins gemein beschreibet er diesen Vogel/ daß er etwas kleiner als ein Lörch seye / sein Schnabel und Bein seyen roth/ das Männlein sehe am Halß und auff der Brust lichtgelb mit saffrangelben Dipfflein gesprenget: an welchen Theilen das Weiblein theils grün/ theils gelbe sehe. Das Männlein habe unter den Augen ein runden hochgelben Flecken / welcher an dem Weiblein auch nicht gesehen werde. Welchen Unterscheid zu erkennen wir gleichfalls beyde Figuren abmahlen wollen.

Geßneri Thierbuch

Aldrovandi Hortulanus Mas,
Das Männlein.

Fæmina, Das Weiblein.

Von dem Goldhänlein auß den alten Scribenten.
Regulus vel Trochilus.

Dieses kleine Vögelein wird ein König der Vögel genennet. Das Zaunschlüpfferlein ist das allerkleinste/ außgenommen das Goldhänlein/ dann es etwas grösser und schwärtzer ist/ als dasselbige; ist aber demselbigen in vielen Stücken gleich/ ohn allein daß es auff seiner Stirn keine goldgelbe Federlein hat/ ꝛc. und zu oberst auff den Flügeln mehr gesprengt oder aschenfärbig ist. Das Goldhänlein sitzt in dem Gesträuch und Löchern. Mit Würmlein und Spinnen wird es gespeiset. Dieser Vogel/ welcher auch Parra, (quasi avis parva, ein kleiner Vogel) genennet wird/ hat viel Jungen/ und ein groß Geschrey/ und ob er schon gantz klein von Leib ist/ widersetzet er sich dennoch tapffer dem Adler/ und streitet mit demselbigen. Welches aber falsch/ und eine Fabel ist/ wie dann

Von dem Goldhänlein.

erzehlet wird/ die Vögel haben sich untereinander vereinbahret/ daß der zu einem König solte erwehlet werden/ der mit seinem hohen Flug die andern all übertreffe. Da habe sich der Parra unter deß Adlers Flügel verborgen/ und als der Adler hoch in die Lufft kommen/ seye er hersür geflogen/ und dem Adler auff sein Haupt gesessen/ damit anzeigend/ daß er den Sieg behalten/ und derhalben für jenem ein König soll genennet werden. Zu Winterszeit schlüffen ihrer viel in eine Höle/ damit sie/ dieweil sie gantz klein/ einander erwärmen mögen. Wann man ein gezopfft Goldhänlein an einen kleinen Bratspieß steckt/ kehret es sich selbst herumb/ wie wir erfahren haben/ sagt Albertus. Dieses Vöglein trägt auch eine besondere Feindschafft gegen der Nacht-Eul. So viel schreiben die Alten vom Goldhänlein/ wiewohl etliche dieser Stücke dem Zaunschlüpfferlein beygemessen/ welches gemeiniglich für einen König gehalten/ und mit diesem von vielen Scribenten verwirret wird.

Was die jüngere Scribenten von diesem Vogel halten.

Dieses/ spricht D. Geßner/ bedüncket mich gäntzlich der Vogel zu seyn/ welches Figur hie verzeichnet stehet/ welches ich erstlich auß den Schrifften deß gelehrten Medici Joh. Agricolæ verstanden hab/ da er spricht: Die Königlein fliegen im Beyerland an mehrentheils Orthen schaarweiß/ mit goldgelben Federn/ welche sie auff dem Kopff an statt der Kronen tragen/ und werden zu Teutsch Goldhänlein geheissen. Wann es gar kalt ist/ werden sie in den Stätten/ zu anderer Zeit aber in den Wäldern gesehen/ und wann sie nisten legen sie 6. oder 7. Eyer/ so klein als eine Erbse. Die Weiblein haben etwas bleichere Federn auff ihren Köpffen. Also schreibet der obgenannte Agricola. Dieses Vöglein wird auch ohne den vorgedachten Nahmen zu Teutsch Ochsenäuglein/ und im Berner Gebiet Sträußlein genennet: etliche nenne es auch Thanmeißlein/ aber nicht recht. Unsere Goldhänlein/ (sagt D. Geßner) werden mehrentheils zur Herbstzeit gefangen/ sind grünlichte Vögelein/ zu oberst auff dem Kopff theils grün/ theils feuerfärbig/ doch sind die Weiblein etwas bleicher. Sie essen Fliegen/ Würmlein und Holtzwürmlein. Man sagt auch/ daß sie sich mit Fliegen also füllen/ daß sie zuweilen fast darvon ersticken. Dieser Vogel hat seine Wohnung gern unter den Wachholtern/ und in den Stauden. Etliche auß unsern Vogelfängern/ (spricht D. Geßner ferner) sagen/ daß sie den gantzen Winter bey uns bleiben: andere aber sagen/ daß sie zuletzt nach allen andern Vögeln hinweg fliegen.

Von einer andern Gattung dieser Vögel ohne Hauben.
Regulus alius non cristatus.

Aldrovandus schreibet/ daß umb Bononien diese Vögel gefangen/ und von den Vogelfängern Reatin genennet werdē/ auff Lateinisch heisset er ihn Regulum non cristatum, dieweil er den vorhergehenden in allem gleiche/ außgenommen daß er keinen Strauß auff dem Kopff habe. Er habe einen dünnen und langen Schnabel/ welcher gantz zugespitzet/ und am Ende etwas gekrümmet seye/ hinden auff dem Kopff/ Halß und Rücken sehe er gelblicht auß/ habe gantz keine schwartze Augen/ welche mit aschfarben Federlein eingefasset. Die Flügel und der Schwantz seyen oben braunroth/ auf der Brust und unter den Flügeln gelb. Am Bauch weiß/ sich doch auch etwas auf gelb ziehend. Er habe lange und schwartze Beinlein/ und an jedem Fuß 4. Klauen/ derer hinderste am längsten zurück stehe.

Von der Graßmücken.
Curruca.

Dieser Vogel wird auf Griechisch ἐπιλαΐς, ὑποκαΐς; Lateinisch Curruca; Frantzösisch un Verdon; Polnisch Piegza; Ungarisch Nyomarék; Engelländisch an hedge sparovv; Niederländisch Graßmusche; und Teutsch Graßmück genennet. Turnerus vermeint/ daß es der Vogel seye/ den die Engelländer sonsten Titling heissen/ dieweil dieser deß Guckgucks Junge für die seinige erziehet. Die Graßmück ist etwas kleiner als eine Nachtigal/ doch an Gestalt deß Leibes derselben ähnlich/ und liechtgrün gefärbet. Sie lebt vō den Schnacken und Würmlein so auff den Bäumen sind/ und läst sich selten auff die Erden/ und wird zu Winterszeit selten gesehen/ dann zu Anfang desselbigen flieget sie hinweg. Es sind vier oder fünff Geschlecht derselben/ welche aber alle vō den Würmlein leben. Etliche unter ihnen/ als die grösten/ sind grau gefärbet/ und haben für den andern einen lieblichern Gesang/ diese sind den Lucarnern/ und umb den See/ Lago maggior genannt/ wohl bekant/ welcher Figur auch hierbey gesetzt ist. Die andern werden Schwartzköpff genennet/ auff Italianisch capi neri, ò teste nere; welche in der Jugend roth im Alter aber schwartze Köpff haben sollen/ doch nur die Männlein allein/ dann den Weiblein sollen sie allezeit roth bleiben. Und diese fliegen zu Winterszeit hinweg. Diesen Vogel/ wie Turnerus schreibet/ nennen die Engelländer Lingettā. Das 3te Geschlecht wird mit einer weisse Brust und einem aschenfarben Kopff gesehen/ eben so groß als das erste. Dieser Vogel macht sein Nest auß Lein oder Flachß/ daher er vielleicht von den Engelländern Lingetta genennet wird. Das 4te Geschlecht ist võ Leib etwas kleiner/ mit einem weissen Bauch/ auch mit weißlichten Augen/ und hat seine Wohnung in den Zäunen/ und flieget im Winter hinweg/ gleich wie die Nachtigallen und Fincken/ sonderlich die Weiblein/ dann man siehet zuweilen im Winter viel Männlein/ unter welchen kein einiges Weiblein ist. Es sollen auch Graßmücken gefunden werden/ die golgelbe Federn obē auff dem Kopff haben. Unter diese Geschlecht gehöret auch das Vögelein/ welches zu Straßburg Bürstner genennet wird/ dann es ist von Gestalt uñ Grösse deß Leibs diesen gleich/ wie auß der Figur abzunehmen/ welche wir hernach bey den Spatzen setzen wollen/ so wird er auch von den Trauben fett/ wie dieselbige. Der jenige Vogel/ welcher von den Italianern Piza mosche genennet wird; in dessen Nest der Guckguck gefundē wird/ dē hält D. Geßner für das dritte Geschlecht der obgenanntē Graßmücken/ wiewohl Eliota der Engelländer/ das Zaunschlüpfferlein darfür hält. Der ersten Graßmücken Nest findet man auf der Erd in den rauhen Dornen oder Hecken/ oder in den Klosterbeerstauden/ zu Anfang deß Brachmonats/ in welchem vier Eyer/ einer Haselnuß groß gemeiniglich gefunden werden. Sie nisten auch/ wie man sagt/ in Rohren. Die Graßmück und der Guckguck haben einen stetigen Kampff miteinander/ dieweil einer dem andern die Eyer frisset.

Von der Graßmücken so Schwartzkopff genennet wird.
Ficedula Atricapilla.
Von der Gestalt dieses Vogels.

Dieweil dieser Vögel/ wie vor gesagt/ vier Geschlecht sind/ so bedůncket mich/ daß das graue Geschlecht unter denselben von den Lateinern Ficedula genennet werde. Der Vogel Ficedula oder Atricapilla endert sich nach der Zeit/ dann zu Anfang deß Herbsts wird dieser Vogel Ficedula, aber bald nach dem Herbst Atricapilla, das ist/ ein Schwartzkopff oder Münchlein (wie ihn dann etliche also nennen) genennet/ und haben keinen Unterscheid/ ohn allein an der Farb und Stim. Darzu weiß man wohl/ daß dieses nur ein einiger Vogel ist/ dann zu der Zeit/ da sie sich ändern/ hat man sie beyde gesehen noch nicht gantz an der Farb verändert/ daß es gleichsam ein Mittelvogel zwischen beyden gewesen/ wie Aristoteles und Zoroastres schreiben. Darumb sagt Niphus, es haben etliche einen Unterscheid dieser Vögel gemacht/ nehmlich/ etliche seyen klein/ die sich nicht in den Vogel Ficedulam genannt/ verändern/ dañ man hat auch diese zu der Zeit deß Vogels Ficedula gesehen; andere aber etwas grösser/ welche sich in den vorgenannten Vogel verwandeln/ und diese siehet man nimmer zu einer Zeit mit dem Vogel Ficedula. Wie die Weiblein oder Männlein der Schwartzköpffe gefärbet seyen/ ist oben gesagt. Eberus uñ Peucerus nennen das Männlein ein Münchlein/ ohne zweifel

Von der Graßmücken.

fel von dem runden Flecken seines Kopffs/ sie sagen er seye aschenfärbig und oben auf dem Kopff schwartz wie der Güger. Der Schwartzkopff und die Nachtigal habē dieseEigenschafft für andern Vögeln/ daß sie keine spitze vornen an der Zungen haben/ wie Aristoteles sagt. Wiewohl der Güger auch keine hat.

Von der Speiß und Nahrung dieses Vogels.

Diese Vögel werden/ wie Aristoteles sagt/ mit Würmlein gespeiset/ gleich wie unsere Graßmücken. Der Ficedula aber wird auch zu Herbstzeit von den Trauben und Feigē fett/ zu welcher Zeit man ihn dañ am meisten fängt. Der Schwartzkopff nistet in dē hohlen Bäumen/ wie die Mäuß. Man hat in ihrem Nest etwan 17. Eyer gefunden. Er legt aber auch mehr dann 20. Eyer/ doch allweg ungerad/ wie Aristoteles und Plinius berichten. Er speist seine Jungen so fleissig/ daß sie allbereit im Nest gantz fett werden/ und wann sie außfliegen/ folgen sie der Mutter schaarweiß nach/ werdē auch von ihr/ biß daß sie sich selbst ernehren können/ nicht verlassen/ sagt Albertus. Von der Blüt deß Keuschbaums/ Agnus castus in den Apotheckē genannt/ stirbt die Graßmück/ wie Ælianus berichtet.

Was von diesem Vogel dem Menschen nützlich seye.

Dieser Vogel Ficedula genannt/ wird sehr fett/ und derhalben in Italia sehr werth gehalten. Sie geben gute Nahrung/ zu der Zeit wann sie nicht brüten. Diese Vögel geropfft/ und unaußgenommen/ wicke in ein Reblaub/ mit ein wenig Saltz/ F nches und Speck/ darnach bedecke sie mit Kohlen und warmer Aschen/ dann so werden sie/ ehe eine halbe Stund vergehet/ gekochet. Und wann du sie gebraten haben wilt/ so binde ihrer vier sampt dē Köpffen und Füssen umb den Bratspiß/ sonsten wañn du sie spissest/ wirst du nichts davon zu essen haben. Etliche trieffen zuletzt Speck darauff/ wie Platina schreibet. Unten bey dem Pfauen ist von Zubereitung dieses Vogels ein mehrers zu finden. Athenæus schreibet im 4ten Buch/ daß bey einer köstlichen Mahlzeit ein gebraten Schwein mit Krammetsvögeln und Schwartzköpffen gefüllt/ auffgetragen worden/ dergleichen Tracht auch deß Apicii porcus hortulanus vor Zeiten gewesen.

Von dem Grünling. Chloris.

Von der Gestalt dieses Vogels.

Dieser Vogel/welcher auff Italianisch Verdon, ô Verderro; Frantzösisch Verdier; unn zu Teutsch Grünling/Grünfinck/Kuttvogel/Tutter/Rappfinck/und Hirsenvogel genennet wird/hat bey dem Aristotele den Griechischen Nahmen von der Ochergelben Farb an seinem Bauch bekommen. Unser Grünling aber / wie auch das Zeißlein/so von etlichen für diesen gehalten worden/ist nicht allein unten/sondern auch oben auff grün/ohne dz er etliche schwartze Federn an den Flügeln und im Schwantz hat/ wie das Zeißlein auch auff dem Kopff. Aristoteles sagt/daß dieser Vogel in der Grösse einer Lörchen sey/welche Grösse nicht dem Zeißlein/sondern dem Grünling zukomt. Diese zween Vögel scheinen/was ihre Natur und Gestalt betrifft/einander gleich zu seyn/ohne daß sie in der Grösse einen Unterscheid haben. Unser Grünling ist so groß als der Spatz/ und gantz grün/ sonderlich das Männlein/ das Weiblein etwas bleicher/sagt Turnerus. Der Vogel welchen die Italianer Zaranto nennen/der ohne Zweiffel eben unser Grünling ist/ gleichet dem Zeißlein/ doch ist er ein wenig grösser/ hat einen breiten Schnabel/und weniger grün auf dem Rücken; an der Brust aber und unter den Flügeln ist er schön goldgelb. Diesen braucht man zum Sperberfang.

Von der Speiß/Natur und Eigenschafft dieses Vogels.

Aristoteles sagt / daß dieser Vogel von den Würmlein lebe/wiewohl er bey uns Nüßkern isset. Er hat seinẽ Auffenthalt meistentheils in den Dornen / und suchet daselbst seine Nahrung von den Kräutern und Saamen/ sonderlich der grossen Disteln und Kletten. Er isset auch Rübsaamen/ daher er von etlichen Teutschen Rappfinck genennet wird. Dieser Vogel macht sein Nest auß der Wallwurtzel/ (welche mit Mühe gefunden und außgegraben wird)er trägt Woll uñ Haar darein/ und legt 4.oder 5. Eyer. Wottonus sagt daß er auf den Bäumen niste. In deß Grünlings Nest legt der Guckguck zuweilen seine Eyer. Er nistet auch auf den Weiden oder Schleendörnen. Sein Gesang ist lieblich/er wird so zahm/daß er auch auf ein Gefäß gesetzt/die Eymerlein lehret auffziehen/ wie der Distelfinck.

Diesem Grünling ist nicht ungleich ein anderer Vogel Grünlinger genannt/doch ist dieser grüner/ und hat einen krümmern Schnabel. Es ist auch noch ein anderer / Greßling genannt/ mit einem grünen Rücken / weißlichten Schnabel / in der Grösse eines Fincken/ mit einem weißlichten und grauen Bauch/ und von lieblichem Gesang/ der dem Grünling in etwas gleichet.

Von dem Indianischen Grünling.
Chloris Indica.

Dergleichen Arth kleinen Vögeln ist Aldrovando von dem Marggrafen Cæsare Facchinetto zugeschicket worden/welcher wegen seiner Gestalt so wohl als der Farbe seiner Federn/dem Grünling gleich sol gesehen haben/ wiewohl er auff dem Rücken nur recht grün geschienen/uñ nicht so gar groß als vorhergehender Vogel gewesen ist: auch hat er einen dünnern Schnabel gehabt als die gemeine Grünling. Auff der Brust und dem Bauch sahe er schneeweiß auß/ d' Schnabel aber war grünlicht/sich etwas auff braun ziehend/der gantze Kopff/ Rücken/ und Bürtzel waren mit grün-gläntzenden Federn/ der Schwantz und die Schwingfedern aber mit blauer Farbe bemahlet. Das dicke Theil der Bein war weiß. Er hatte schwartze Füß/ welche auch zarther als deß vorhergesetzten gemeinen Grünlings waren.

Von dem Citrinlein.
Citrinella.

Dieser Vogel Citrinella, welcher an etlichen Orthen Italiæ, als zu Trient / also genennet wird/und bey den Frantzosen Tarin oder Terin; bey den Neapolitanern Lequila, und bey den Türcken Saré heisset / ist auch deß Grünling oder Zeißlein-Geschlechts; er hat eine gelbe Brust/und aschenfarben Kopff/und wird seines fürtrefflichen Gesangs wegen in dẽ Kefichen gehal-

Von dem Fädemlein.

gehalten. Seine Speiß ist schwartzer Magsaamen. Er wird auff den hohen Bergen und Alpen gefangen/ als hinder dem Pfefferbad. Diesem gleichet das Canari-Vögelein/ welches auß den Inseln Canariis, da der Zucker wachset/ herkommet/ und einen sehr lieblichen Gesang hat.

Avicula aurea, oder gülden Vögelein / ist auch gantz klein/ wie das Citrinlein/ und singt lieblich/ an der Brust goldfarb/ und wird auß Italia in Teutschland gebracht. Den Citrinlein oder Zeißlein wird auch verglichen/ der Grösse und Farb halben/ein Vögelein/ so an etlichen Orthen Teütsch Lands/ als im Elsaß/ Girlein genennet wird/und sehr berühmt ist wegen seines Gesangs/ wiewohl man das nachfolgende Vögelein an etlichen Orthen auch Girlitz nennet.

Von dem Fädemlein.
Serinus.

Dieses Vögelein/ so von den Alten auch unter die Grünling ist gezehlet worden / übertrifft die zween vorgenannten weit mit seinem lieblichen Gesang. Es ist an Farb un Grösse dem Zeißlein nicht ungleich/ doch etwas kleiner/und nicht so gelb/ dann es eine grüngelbe Brust und Bauch hat/ obenhin ist es zum theil auch also/ zum theil aber grau gefärbet. Es wird gantz zahm/ und auff viel Jahr/(nehmlich dreyzehen oder vierzehen) im Kefich erhalten. Bey uns werden sie zuweilen theuer verkaufft. Dieser Vogel wird auch zu Teutsch Schwäderlein/ und bey Franckfurt am Mayn Girlitz genennet. Dieses sind keine andere Vögel als die so Scartzerini heissen/ welche man umb Trient fänget/ und in Teutschland träget/da sie Hirngrillen genennet werden. Sie singen gar lieblich/ und haben vielleicht diesen Namen von ihrem steten Gesang bekommen/ dieweil sie ohn unterlaß singen/ wie die Grillen oder Hamelmäußlein/ auff dem Felde/ und in den Häusern bey den Oefen pflegen zu thun/ oder weil sie auß angebohrner Fantasey ihre Stimme stets ändern / und wunderbarlich richten/ wie die Menschen/ von welchen man sagt/ daß sie Grillen im Kopff haben. Sie werden in Teutschland bey den Kärntern gefangen. Man verkaufft beyde Geschlecht/ Weiblein und Männlein/ dann sie singen beyde. Sie werden auch auff dem Schweitzergebürg gefangen/ wie auch in etlichen Wäldern bey dem Bötzberg/ unnd umb Bellitz. D. Geßner sagt/ es habe ein Vogelfänger bey ihm ein paar eine Zeitlang beyeinander gehalten/ also/ daß sie ziemlichen Raum zu fliegen gehabt/ und Junge darvon gezogen. Aber hernach als er für das Fädemlein-Männlein/ ein Zeißlein Männlein zum Weiblein gethan/haben sie wohl Eyer gelegt/und gebrütet/es ist aber nichts darauß worden.

Von dem Vogel Chlorion oder Chloreus genannt.

Chloreus, Luteus oder Lutea, ist nach meinem Verstand (sagt D. Geßner) viel ein anderer Vogel/un grösser als der Chloris oder Grünling. Dann die Turteltaub und der Chloreus streiten miteinander/ wie Aristoteles sagt/ und wird die Turteltaub vom Chloreo umbgebracht und überwunden. Zu dem sagt Plinius, daß der Raab und dieser Vogel miteinander kämpffen/ dieweil einer dem andern seine Eyer fresse. Auß welchem genugsam abzunehmen/ daß diese Vögel fast gleich groß seyn müssen / weil sie stets miteinander kriegen. Turnerus und andere neue Scribenten verteutschen diesen Vogel einen Widwal / von welchem wir bey den Spechten reden wollen. Eben dieser Turnerus wie auch Longolius, vermeinen daß Chlorion und Chloreus nicht ein Vogel seye / und nennen den Chloreum ein Gälgroß / welchen D. Geßner vor den Passerem spermologum hält / der von den Sachsen Wonitz genennet wird / dann also verteutschen Eberus und Peucerus, nach der Meinung Turneri, diesen Vogel Chloreum. Die Italianer haben einen Vogel nicht weit von Bononien Regalbulo und Rigey genannt / wie wir droben bey dem Vogel Galbula gesagt haben / und die Teutschen haben einen / welchen sie von seinem Schnabel Creutz-Vogel nennen / deren einen ich ehe (sagt D. Geßner) für den Chlorionem als den Widwalen / oder den Passerem spermologum halten wolte / wiewohl ich lieber den Galbulam darfür halte.

Alsecrah ist ein grüner Vogel zu Damasco bekant / wie Andreas Bellunensis schreibet: Ob dieses aber Chloris oder Chlorion sey / können andere ermessen. Dieser Chlorion, wie Aristoteles sagt / stellet sich artig zu allen Dingen: er hat aber einen bösen Flug / und unliebliche Farb. Zu Winterszeit siehet man ihn nicht / sondern bey angehendem Frühling / wie Aristoteles, Plinius und Ælianus schreiben.

Von dem Greyffen.
Gryphus.

Erstlich auß den alten Scribenten.

Die Greyffen werden auff Griechisch γρύφες; Lateinisch Gryphes; Italianisch Griffi, Griffoni; Frantzösisch Griffons; Spanisch Gryphos; Polnisch Gryf; Ungarisch Grifmadar; Engelländisch Gryffons or Grypes; Niederländisch Voghel Gryp genennet. Daß aber in Mohrenland Vögel mit Ohren / so von ihrem krummen Schnabel Greyffen genennet werden / wohnen / hält Plinius für eine Fabel. In dem Asiatischen Scythien sind reiche Land / aber unbewohnt / dann dieweil sie voll Gold und Edelgestein sind / haben es die Greyffen innen / welches sehr scheußliche und grausame Vögel sind / diese lassen die frembden schwerlich und selten herzu / dann sie zerreissen dieselbe / gleich als ob sie der Geitz zu straffen gebohren wehren. Die Völcker Arimaspi streiten mit ihnen / daß sie die Edelgestein bekommen mögen / wie Solinus schreibet. Aristeas sagt / daß diese Thier den Löwen gleich seyen / aber Flügel und Schnäbel haben wie die Adler. Sie haben auch Ohren / wie Leonicenus vermeint. Sie sollen auch wie das Pantherthier / gefleckt seyn / wie Pausanias berichtet. Das Gold / welche die Greyffen außgraben sollen / sind Felsen mit gar kleinen Tropffen Gold besprenget / welche dieses Thier mit seinem Schnabel zerhauet. Dann es sind dergleichen Vögel in India, welche der Sonnen zugeeignet seyn sollen / wie dann die jenige / so die Sonne bey den Indiern mahlen / solche für den Wagen derselbigen spannen. Sie sollen so groß und starck seyn als die Löwen / darzu einander / umb deß vorgenannten Felsens willen / feindlich nachstellen; sie sollen auch die Trachen und Elephanten im Streit überwinden. Sie fliegen aber nicht viel / dann sie sind nicht gefedert / sondern die Rieben an den Flügeln sind mit rothen Häutlein / wie der Wasser-Vögel Füß / zusammen gefügt. Derhalben wann sie sich in einen Kreiß schwingen / können sie eine Zeitlang fliegen / und von der Höhe herab kämpffen und streiten / wie Philostratus schreibet. Ælianus aber saget / daß die Greiffen von den Trachen und Elephanten überwunden werden. Volaterranus sagt auß Philostrato, daß sie sonst alle Thier überwinden / außgenommen das Tiegerthier / so wegen seiner Behendigkeit ihnen entlauffe / sie seyen auch von Angesicht den Menschen nicht ungleich. Der Greiff soll ein Indianisch Thier seyn / vierfüssig / von Klawen als der Löw / hinden schwartz / vornen aber roth / und seine Flügel weißlicht. Ctesias sagt daß ihr Halß mit blauen Federn sehr artig unterschieden sey / ihr Schnabel wie deß Adlers / ihr Kopff aber so gestaltet / wie denselbigen die Mahler erdichten / mit feurigen Augen / nisten auff den Bergen / die Alten können gar nicht / aber wohl die Junge gefangen werden. Die Bactri so an Indiam stossen / sagen daß sie daselbst das Gold verhüten / dasselbige außgraben / und Nester darauß machen: das Gold aber / so ihnen auff die Erde entfalle / nehmen die Indianer hinweg. Hinwiederumb sagen die Indianer / welches dann der Warheit ähnlicher ist / daß sie das Gold nicht verhüten / dann sie dessen nicht bedörffen / sie streiten aber wider die Menschen / so das Gold zusamlen außgezogen / dieweil sie ihrer Jungen so übel förchten / gleich wie sie auch wider andere Thier kämpffen / und solche überwinden. Darumb samblen die Einwohner / auß Forcht für diesen Thieren / das Gold

Von dem Greiffen.

Gold deß Nachts/weil sie zu derselbigen Zeit verborgẽ liegen. Der Ort aber da die Greiffen wohnẽ/ oder da man das Gold gräbt/ist gantz eindē. Darumb wann sie Gold holen wollen/ ziehen tausend oder zweytausend wohlgerüster Männer dahin/ welche Säck und andere Werckzeug so zum graben dienlich/ bey sich tragen/ und haben fleissig auf die Zeit acht/wann es dunckel wird/und der Mond kaum scheinet. Wann sie nun also die Greiffen betriegen/ haben sie doppelen Nutzen darvon/ daß sie nehmlich ihr Leben vor ihnen erretten/und daß sie das Gold mit ihnen heim tragen. Werden sie aber darüber ergriffen/ so gehen sie zu grund. Wann sie einmahl dahin ziehen/kommen sie vor 3. oder 4. Jahren nicht wiederumb heim. Dieses alles schreibet Ælianus. Man sagt/daß die einäugige Männer den Greiffen das Gold nehmen/ich kan aber nicht glauben/ daß irgendwo einäugige Menschen/ so von Natur andern Menschen gleich sind/ gebohren werden/sagt Herodotus im 3. Buch. Rhasis sagt/daß Aucha oder Ancha ein sehr grosser Vogel sey/ auß dessen Flügelfedern man Köcher mache/die Pfeil darinnen zu behaltẽ; man mache auch auß seinen Klauen Trinckgeschirr. Damit aber die Einwohner diese Vögel fangen/ binden sie zween Ochsen an einen Wagen/ welcher an Stein gebunden ist/ nahe bey dem Wagen aber ist ein Häußlein/darinn der Jäger verborgen liegt/ welcher Feur und Wasser bey sich in Bereitschafft hat/und wann der Vogel kommt/und die Klauen in den Ochsen geschlagen hat/denselben aber weder hinweg tragẽ/noch die Klauen darauß ziehen kan/ so zündet ihm der Jäger seine Flügel an/und wañ dieselbe verbrennet/ also/ daß er nicht mehr fliegen kan/leschet er das Feuer mit dem Wasser/uñ fänget ihn. Dieses lautet etwas unglaublich/ wiewohl alle Thier gegen Mittag grösser von Leib sind/ über welche man sich mehr zuverwundern hat/als da ist der Elephant/das Nasenhorn/ und andere dergleichen. Deß Greiffen Gall ist sehr gut für die fallende Sucht. In Æthiopia werden solche grosse Vögel gefunden/ daß sie in ihren Klauen einen gantzen Ochsen oder Pferd/ ihren Jungen in das Nest tragen.

Was die newe Scribenten von diesem Thier geschrieben.

Perottus (deßgleichen Plinius, wie vorgesagt) hält dieses für ein Mährlein und Fabel/ so von den Greyffen gesagt wird. Daher dann vielleicht dieses Thier in unterschiedlichen Sprachen keinen besondern Nahmen hat/ sondern alle Völcker brauchen den Griechischen Nahmen Greiff. Dann warum wolten die Menschen einem Thier das nie gesehen/ oder vielleicht nirgend ist/ oder in ihrem Land nicht gefunden wird/ einen Nahmen geben? Dann daß die Griechen ein solches Thier nennen/ ist kein Wunder/dieweil sie auch Cētauros, Sphinges, und andere dergleichen Thiere erdacht haben. Jedoch findet sich in der Wendischen Sprach ein anderer Nahme dieses Vogels/ nehmlich Nob. Der Author deß Buchs de Nat. Rer. sagt; Der Greiff ist ein vierfüssig Thier/ an den Flügeln und Kopff dem Adler gleich/doch viel grösser. In sein Nest legt er den Stein Agathen. Dieser Vögel gedencken mehr die Geschichtschreiber/als die Philosophi und Naturkündiger. Sie sagen daß sie vornenhin am Kopff/ Schnabel/ Flügeln und Füssen dem Adler: hinde aber/ als am Schwantz und Füssen/ dem Löwen gleich seyen/ daß sie auch an den Adlerbeinen lange Klauen haben/ an den Löwen-Füssen aber kurtze; und auß den grössern (wie oben gesagt) mache man Trinckgeschirr: dannenher etliche sagen/ daß man lange und kurtze Greiffenklauen finde/ sagt Albertus. Jo. de Montevilla spricht/ der Leib eines grossen Greiffen seye grösser dann acht Löwen in diesen Landen/ dann wann er ein Rind/Ochsen/ Pferd oder Menschen/ auch gewapnet/ errödtet/hebt er ihn auff/ und trägt ihn mit vollem Flug hinweg; seine Klauen seyen gleich den Ochsenhörnern/ auß denen man köstliche Trinckgeschirr mache/ von den Federn aber seiner Flügel mache man starcke Bogen und Pfeil. D. Geßner sagt/ es gedenck ihm/ daß er einsmahls in Zürch bey einem Goldschmidt ein schwartz glatt Horn gesehen/ welches oben krum/ fast wie der Gemsen Hörner/ vielleicht dreymahl dicker gewesen/ umb welches der Goldschmidt ein silbern Mundstück machen wolte/damit man es für ein Trinckgeschirr brauchen könte: dieses war vielleicht eines frembden Indianischen Ochsen/ oder eines Püffels Horn/wiewohl es der Goldtschmidt für eine Greiffenklau empfangen hatte. Geropius schreibet/ die Königin in Ungarn/Bayser Caroli deß Fünfften Schwester/ deren Hoff-Medicus er gewesen/ hätte unter ihrem Silbergeschirr ein Horn gehabt/ das von Schwärtze gegläntzet/länger als ein Ehl gewesen/und vor eines Greiffen Klau gehalten worden. Er aber vermeynet/es seye auß einem Horn gekünstelt gewesen. Cardanus sagt auch/ man könne das Ochsenhorn also zurichten/daß man es für Greiffen-Klauen außgebe. Hinder Madagascar sind noch andere Inseln/ zu welchen man wegen deß sehr schnellen Fluß deß Meers schwerlich kommen kan. In denselben siehet man zu einer gewissen Zeit deß Jahrs einen wunderbaren Vogel/ Ruc genannt/ welcher zwar von Gestalt dem Adler gleich/ aber sehr groß ist. Die so diese Vögel gesehen/sagen/ daß bey nahe alle Schwingfedern 12. Schritt lang seyen/und so dick/ als zu ihrer Länge füglich ist; daß auch dieser Vogel so starck seye/daß er allein ohn alle Hülffe einen Elephanten fangen könne/auch denselben in die Höhe tragen/und wiederumb herab fallen lasse/damit er ihn fressen möge. Ich Marcus, als ich das gehöret von diesem Vogel/vermeint ich es wäre ein Greiff/welcher gefedert/und wie etliche auß den Neuen schreiben/ein vierfüssig Thier seyn soll/an allen Stücken dem Löwen gleich/ ohne daß er einen Adlerkopff hat. Aber die/ so diese Vögel gesehen/sagten/daß sie keinem einigen Thier gleich wären/ sondern wie andere Vögel/ auff zweyen Beinen daher giengen. Zu meiner Zeit hatte der grosse Cham Cublai einen Abgesandten in diese Inseln geschicket/ der so lang darin gefangen gehalten ward/ biß die Einwohner wegen ihres Begehrens zu frieden gestellt worden: dieser als er wieder heim kommen/ hat er Wunder von diesen Landen gesagt/ auch von mancherley Thieren/ so darinnen gefunden würden. Dieses alles schreibet Paulus Venetus. D. Geßner sagt/ daß man zu Pariß in einer Kirchen(wie ihn bedüncket an Palais)einen aufgehencktẽ Greiffenfuß zeige/wiewohl etliche meinen er sey nit natürlich/sondern auß Holtz gemacht; es sage aber die Chorherren daselbst/ daß er auß Melita oder Rhodo, von einem Ritter dieses Ordens dahin gebracht worden seye. Den Vogel Chym oder Kym, (das ist der Adler so Ossifraga oder Beinbrecher droben genẽnet worden) halten etliche für einen Greiffen. Wir haben auch droben/da wir von mancherley Adlern der neuen Scribenten gesagt/ von einem geschriebẽ/der in Meissen gefunden wordẽ/welcher Schenckel wie ein Löw/und Klawen/wie eines starcken Manns Finger/ daran gehabt hat.

Geßneri Thierbuch
Von dem Guckguck. Cuculus.
Von der Gestalt dieses Vogels.

Dieser Vogel / welcher auff Griechisch Κοκκυξ; Lateinisch Cuculus; Italianisch Cuculio uccello; Spanisch Cucillo ave; Frantzösisch Cocu, ou coucou; Polnisch Kukulka, Gzegzolka; Ungarisch Kakuk, Kukuk; Engelländisch a cuckou, Niederländ. een Kochwt; und zu Teutsch Gucker / Guggauch / und Guckguck genennet wird / hat keine krumme Klauen / sondern an denselbigen / wie auch an dem Kopff und Schlund / ist er der Tauben ähnlicher als dem Habicht / doch ist er an der Farb dem Habicht fast gleich / allein / daß der Habicht mit Flecken / gleichsam wie mit Linien unterschieden ist / dieser aber wie mit Tüpfflein. An dem Flug und Grösse gleichet er dem kleinsten Habicht / wie Aristoteles und Plinius schreiben. D. Geßner sagt / daß er einsmahls einen jungen gesehe / der am Bauch und daherumb dem Sperber nit ungleich / von Farb gantz schwartzlicht / doch mit rothgelben Flecken an den Flügeln gesprengt gewesen; die Naßlöcher in seinem Schnabel giengen ihm weit herfür / und der Schnabel war inwendig gelb / zwo Zeen waren für sich / die andere zwo aber (wie am Specht) hinder sich gerichtet. Albertus sagt / daß zwey Guckguckgeschlecht seyen / ein grosses und ein kleines. Das grosse bestehet gleichsam auß dem Habicht und auß der Tauben / dann es hat einen Schnabel / Klauen und Füß gleich der Lochtauben / der übrige Leib aber gleichet dem Habicht / ohne dz die Flecke am Guckguck schwartz / und bey nahe rund sind; am Habicht aber sind an statt derselbige schwartze Striemen; er ist auch dem Habicht am Flug gleich / und hat beyder Vögel Art: von der Tauben / daß er keine andere Vögel raubet / vom Habicht aber / daß er den Nestern der kleinen Vögeln nachtrachtet. Der kleine Guckguck aber bestehet auß der Taub und dem Sperber / er hat einen Schnabel und Füß wie die Taub / am übrigen Leib aber / und am Flug ist er dem Sperber ähnlich. Wiewohl D. Geßner vermeint / man finde den grössern Guckguck nicht / sondern allein den kleinern / seyen derhalben dessen nicht zwey / sondern nur ein Geschlecht.

Von der Natur und Eigenschafft dieses Vogels.

Der Guckguck legt zwar Eyer / aber nicht in sein Nest / sondern in die Nester anderer kleiner Vögel / auß welchen er die andern Eyer / so er darinnen gefunden / frisset / sonderlich aber in der Lochtauben Nest / in welchem er die Eyer heimlich zerbricht / und seine dargegen hinein legt. Er legt auch seine Eyer in deß Spatzen / der Graßmücken / Lerchen / und deß Grünlings / Nest / weil er weiß / daß seine Eyer dielen am ähnlichsten seyn. Wann er aber diese Nester seer gefunden / kommt er nicht mehr darzu / sondern er sucht andere / darinn Eyer liegen / und mischt seine darunter. Findet er aber in einem gar viel Eyer / so verderbt er etliche darvon / und legt seine an derselben statt / welche vor den andern nit können erkennet werden; und zwar eben so viel / damit nicht der Vogel / wann er zuviel darinnne findet / dieselbe weg werffe. Die frembde Vögel aber brüten die Eyer auß / und wann die Guckguck nun erwachsen / und fliegen können / erkennen sie sich selbst als eine unrechte Zucht / und suchen ihren Vatter wiederumb. Dann wann ihnen die Federn gewachsen / werden sie von dem Vogel als frembde erkennet / und derhalben übel von ihm geschlagen. Der Guckguck / dieweil er kalter Natur ist / weiß wohl daß er seine Eyer nit außbrüten kan / darum legt er auch wenig Eyer / und ist kein Vogel / der nur ein Ey leg / ohne diesen / wiewohl er mehrentheils zwey / selten aber drey legt. Etliche

Von dem Guckguck.

Etliche sagen/ daß der Vogel/ deme dieser untergelegt worden/ wann das frembde Junge auffgewachsen/ sein eigene Zucht zum Nest hinauß werffe. Andere sagen/ daß dieselbige von ihrer eigenen Mutter getödtet/ und dem jungen Guckguck zur Speise gegeben werden/ weil sie dieselbe hasset/ wegen der schönern Gestalt des Guckgucks/ und ob schon viel von diesem/ daß sie es gesehen haben/sagen/ sind sie doch des tödten halben nicht eins. Dann etliche sagen/ daß der Guckguck selbst wiederumb zu dem Nest/darein er das Ey gelegt hab/fliege/ und die andere jungen darauß fresse. Andere aber vermeinen daß der junge Guckguck alle Speiß/dieweil er der größte ist/ fresse/ und die übrige also hungers sterben müssen. Uber dieses sagen etliche/ daß er als der stärckste/ die andere/ damit sie ihm an der Speiß keinen Abbruch thun/ umbringe. Aber wie dem allem/ so erhält doch der Guckguck sein Geschlecht wunderbarlich. Dann dieweil er seine Faulkeit wohl weiß/ und daß er seinen jungen nicht kan behülfflich seyn/ so macht er seine Kinder gleichsam zu Bastarthen/ nur daß sie zu von kommen mögen. Dann er ist sehr forchtsam dieweil er von andern kleinen Vögeln geropfft/ und gejagt wird/ wie Albertus und Aristoteles lehren. Plinius aber vermeint daß dieses die Ursach seye/ weßwegen er seine jungen also andern unterlege/ nehmlich weil er weiß daß er allen Vögeln verhaßt ist/ daher würde sein Geschlecht nicht sicher bleiben/ wo er nicht diesen Betrug brauchte. Man sagt auch gemeiniglich/ daß nicht allein dieser/ sondern auch ein anderer Raubvogel/ fast dem Habicht gleich/ in ein ander/ nemlich der Krähen Nest lege. Dieser aber legt auch ohne die obgenannte Vögel in der Bachsteltzen Nest/ und in demselben soll des Guckucks Ey am ersten außgehen; worauff dann der Alte nicht mehr über die andere Eyer sitzet/ sondern den jungen Guckguck nehret/ welcher nach und nach erwächset/ und indem er über den andern Eyern sitzet/ dieselbe also außbreitet. Ich habe auch/ spricht D. Geßner/ von unsern Weydleuten gehöret/daß der Guckguck in unterschiedlichen Vögel Nest gefunden und erzogen werde/ nehmlich in des Rothbrüstleins/ der Nachtigallen/ der weissen Bachsteltzen und so genannten Brunellen. Aristoteles vermeint der Guckguck werde auß einem Habicht/ wann er seine Figur und Gestalt verändert hab/ dieweil man ihn zu der Zeit sehe/ da kein Habicht an einigem Ort gesehen werde/ nehmlich/ des Mertzen; zu welcher Zeit man ihn anfangt zu sehen/ da man aber keinen Habicht und Sperber sihet/ außgenommen etliche wenige Tag zu End des Mertzen/ wie Niphus schreibet. Dieser Vogel ändert seinen Gesang nicht/sondern derselbe ist alzeit gleich/ er singt nicht so hell/ wann er sich verbergen will/ welches er dann zu Anfang der Hundstagen thut/ sagt Aristoteles. Im Sommer fliegt er muthig daher/ zu Winterszeit aber ligt er faul und ungefedert/ und ist der Stein-Eul gleich; oder er verbirgt sich in die holen Bäume oder Stein. Man pfleget von einem gantz räudigen Menschen zu sagen/ er ist so räudig als ein Guckguck/ dieweil dieser Vogel im Winter/ wann er seine Federn ändert/ gleichsam räudig scheinet. Isidorus sagt/ daß auß dem Speigel des Guckgucks Heuschrecken wachsen; dann man hält gemeiniglich davor/ daß dieser Vogel einen Schleim von sich speye/ da auch das Gauchkraut oder Gauchblumen seinen Namen bekommen hat. Wiewol D. Geßner nicht vermeint/ daß einiger Vogel speye/ und die so den Guckduck zu Hauß mit Würmelein gespeist/haben dessen nie wargenommen. Fast alle Vögel kämpffen mit dem Guckguck/ hindergehen ihn aber heimlich/ sonderlich zu der Zeit da sie legen wollen. Ein Wunder wird von diesem Vogel gesagt/ nehmlich/daß wann man an dem Ort da einer diesen Vogel zum ersten mahl höret/ seinen rechten Fuß umbzeichen/ und dieselbige Erd außgrabe/ keine Flöhe an der Stätte wachsen werden/ dahin die außgrabene Erd gestreuet wird/ wie Plinius schreibet. Wann der Guckguck nahe zu einer Stadt/ oder vielmehr/ wann er gar hinein kommt/ verkündiget er einen Regen oder Ungewitter. Etliche besorchten sich einer Theurung/ wann dieser Vogel nahe zu den Häusern fliegt/ welches er dann bey kaltem Wetter thut. Man hört sie bey uns (sagt D. Geßner) fast biß auff S. Johanstag im Sommer. Wann man sie aber hernach weiter hört/ besürchtet man dasselbige Jahr einen sauren Zürcher-Wein.

Was von diesem Vogel ausser und in der Artzney dem Menschen nützlich seye.

Der junge Guckguck/ dieweil er von einer frembden Mutter im Nest erzogen wird/ ist er sehr fett und wolgeschmackt/ wie Aristoteles sagt. Einem jungen Guckguck der erst außgeflogen/ mag kein Fleisch verglichen werden/ wie Plinius schreibet. Wann er aber seine Nahrung selbst sucht/ ändert er seinen Geschmack/ sagt Perottus. Heyt zu Tag wird er in der Speiß nicht genossen/ dann dieweil er/ wie man vermeint/ speyet/ wird er für einen unreinen Vogel gehalten/und wann (wie etliche lehren)in Hebreischer Sprach/ ein Guckguck heißt/ so ist er auch im Gesetz Mosis verbotten gewesen/ Deut. 14. der Guckguck in einem Hasenbalg auffgebunden/ machet wohl schlaffen. Sein Kauth in Wein gekocht und getruncken/ dienet wider der wütenden Hundsbiß/ sagt Plinius.

Von dem Vögelein Guckerlein genannt.

Dieses Vögelein/ welches zu Straßburg Gickerlein/ Guckerlein oder Grienvögelein genennet wird/ lebt von den Fliegen/ darumb hält es sich gern bey dem Vieh auf/ da es viel Fliegen findet. Vor dem Winter samlen sie sich/ und fliegen hinweg. Auff dem Rücken ist es graw/ und zum Theil grawgrün/ wie auch an einem Theil der Flügel und an den Seiten;

Seiten; die weiſſe Bruſt wird mit ſchwartzen Flecken getheilt/ der Bauch iſt weiß/ und ohne Flecken; der obere Theil des Schwantzes/ und die Schwingfedern ſind ſchwartzlicht; die Bein Roſinfarb; der Schnabel iſt gerad/ und der übrige Leib/ wie die Figur außweiſet/ welche D. Geßner von einem Mahler von Straßburg empfangen/ er ſoll von Hirſen ſett werden.

Von dem Vögelein Gintel genannt.

Dieſes Vögelein/ zu Straßburg alſo genannt/ lebet wie der Hänffling von dem Magſamen und anderen dergleichen. Es fliegt Schaarweiß/ und legt alzeit drey oder vier Eyer; von Farb iſt es auch dem Hänffling nicht ungleich; auff dem Rucken/ Schwantz und Kopff iſt es graw/ mit röhtlichten Beinen/ und einer rothen Bruſt/ welche mit grawen Flecken geſprenget iſt/ unten am Bauch iſt es weiß/ wie die Figur außweiſet.

Von dem Gyfitz.
Vanellus.

Von der Geſtalt dieſes Vogels.

Dieſer Vogel/ wie Bellonius vermeint/ iſt des Ariſtotelis Capella, dann er heutigs Tags auch von den Griechen αιξ genennet wird. Andere vermeinen daß dieſer des Plinii Parcus oder Parrus ſeye. Albertus und andere nennen ihn Vanellum, die Frantzoſen (nach dem Lateiniſchen wie es ſcheinet) un Vanneau; zu Teutſch wird er Gyfitz/ Gyvitt/ Gybytz/ Kynütz/ oder Zweiel genennet. Vanellus iſt ein ſehr ſchöner Vogel/ in der Tauben Gröſſe/ mit einem Strauß auff ſeinem Kopff/ wie der Pfaw/ am Hals grünfarb/ unnd glänztend/ am übrigen Leib getheilt. Und wie Turnerus ſagt/ ſo iſt er kleiner als eine Krähe/ hat faſt grüne und ſchwartze Federn auff dem gantzen Rücken/ Haupt und Hals; einen weiſſen Bauch/ einen langen und allzeit auffgerichteten Strauß auff ſeinem Kopff/ ſeine Flügel ſind etwas ſtumpff. D. Geßner welcher dieſen Vogel geſehen/ beſchreibt ihn alſo: Er iſt ſehr ſchön geſärbt/ auff dem gantzen Rücken grün/ an beyden Seiten mit etlichen purpurfarben Flecken geſprengt/ die Flügel ſind zum theil grün/ zum theil aber Himmelblaw/ die euſſerſte und längſten Schwingfedern aber ſchwartz/ welche umbgekehrt mehr als kohlſchwartz glänzen; der Bauch und innere Theil der Flügel haben weiſſe Federn/ die lange Sträuß ſo auff dem Kopff hinderſich gerichtet/ ſind auß langen ſchwartzen Federn zuſammen geſetzt. Der ſchwartze Schnabel iſt anderthalb Zoll lang/ er hat auch röthlichte Federn umb den Kopff/ unter

Von dem Gyfitz.

155

unter dem Schnabel / und vornen am Halß sind sie sie weißlicht / an der Brust scheinet er schwartzgrüne Federn zu haben / wiewohl sie zu eusserst etlichen Reyen nach weißlicht sind. Der gantze Vogel ist fast drey zwerch Händ oder 16. Zoll lang.

Von der Natur und Eigenschafft dieses Vogels.

Bellonius sagt / daß er eine Stimm wie die Geiß habe / daher er von den Griechen Αἴξ das ist / eine Geiß genennet worden. Er fliegt stets umb sein Nest herumb / und hat in seinem Flug ein groß Geräusch / daher er Vanellus genennet wird. Er wohnet gern umb der Würmlein willen / als davon er allein lebt / bey den Wassern / er gehet aber nicht hinein. Auff der Ebene und da viel Heid wächst / hat er gern seine Auffenthalt. Wann er einen Menschen von fernen siehet seinem Nest nahen / so gehet er auß seinem Nest / und laufft demselben mit grossem Geschrey unnd Thorheit entgegen / dann dieweil er also den Menschen von seinem Nest zu weisen zu treiben vermeinet / verräth er dasselbe mit seinem Geschrey / also daß es ihm der Mensch leicht rauben kan.

V ij

Andere

Andere aber sagen / daß dieser Vogel / wann er Junge hab / dem Menschen / der das Nest sehen wil / nahe / gleich als ob er sich wölle fangen lassen / biß er denselben nach und nach vom Nest führe / welches man auch von dem Rebhun und Chenalopece sagt. Diese Vögel fängt man schaarweiß. Die Engelländer ernehren sie offt in ihren Gärten / damit sie die Würm darauß fressen.

Was von diesem Vogel dem Menschen nützlich seye.

Sie werden zur Speiß gelobt / doch nicht so sehr als die Pluvier oder grawe Gyfitzen / denen sie verwandt sind. D. Geßner sagt / als er einsmahls diesen versucht / hab er ihn wolgeschmackt und guter Nahrung zu seyn bedaucht / doch milt und zart / wegen des stetigen Flugs und embsiger Ubung / welche dieser Vogel pflegt zu haben.

Von den Vögeln / welche diesem Gyfitz etwas verwandt sind.

Ich höre (sagt D. Geßner) daß man auch weisse Gyfitzen finde / deßgleichen ohne Sträuß / dergleichen ich einsmahls von grauer Farb / und mit Flecken gesprengt / zu Bruck im Schweitzerland gesehen hab / wiewohl ich nicht eigentlich weiß ob dieses vielleicht der Frantzosen Pluvier oder graue Gyfitz gewesen sey / von welchen wir an seinem Orto reden wollen. Hie kan man nachsinnen / ob vielleicht der Vogel Tremulus genannt / auch dieses Geschlechts sey / dann der wird in der Schola Salernitana unter die gesunde Vögel gezehlt. Dieser wohnet mehrentheils bey dem Meer / ist kleiner dann ein Henne / graw gefärbt / schreyet laut / und fliegt schnell / wann er auff der Erd gehet / zittert er allzeit mit dem Schwantz / daher er auch den Nahmen bekommen.

Von dem Vogel Gyges genannt.

Dieser Vogel ist ein Singvogel / und schreyet allzeit / daher er also genennet worden. Er frisset zu Nacht die Wasser Vögel. Seine Zung mit einem Messer außgeschnitten / und einem Kind / welches langsam reden lernet / zu essen gegeben / wird ihm alsobald seine Zung aufflösen / und die Rede bringen / sagt Oppianus.

Von dem Geyer.
Vultur.

Von mancherley Gestalt dieses Vogels.

Goldgeyer.

Der Geyer wird auf Ethiopisch Arabisch Hebreisch דאה; Griechisch γυψ; Lateinisch Vultur; Italianisch Voltore; Spanisch el Bueytre; Frantzösisch un Veautour; Polnisch Sep; Wendisch Sup; Ungarisch Sas Kelelyö; Engelländisch a Grappe, a ravevous foule; und Niederländisch een Ghier genennet. Es wird auff den Schweitzer Gebürgen ein Geyer gefunden / den sie wegen der rothen Brust einen Goldgeyer nennen / welcher vielleicht des Oppiani Harpe ist. Aristoteles sagt / daß zwey Geschlecht der Geyer seyen / das eine ist klein und weißlich / das ander aber hat mehr Farben. Albertus aber spricht / daß das grössere Geschlecht aschenfarb sey; das kleinere aber etwas weisser / und diesen sihet man offt sitzen auf den Felsen des Rheins und der Tonauw / und wird ein Weißgeyer / von Ebero und Peucero, Fischgeyer / oder vielleicht Vißgeyer / das ist Weißgeyer / genennet. Gantz weisse Geyer findet man auch auff dem Schweitzergebürg umb Glaris. Plinius sagt / daß die Schwartze die starckste seyen / wiewol sie weniger Krafft und Wirckung in der Artzney haben. Sie werden (wie Bellonius schreibet) an den Bergen in Creta sehr gefunden.

Torgus ist ein Geyer-Geschlecht / vom Berg Torgo in Sicilia also genannt / darauff er nistet / er lebet allein vom Blut / wie Hesychius und Varinus schreiben. Von dem Adler Ossifraga oder Beinbrecher genannt / werden kleine Geyer gezeuget / die ihr Geschlecht gar nicht mehren / sagt Plinius. Es wird ein Vogel im Schweitzerland Steinbrüchel genennet / welchen etliche für ein Geyergeschlecht halten. Accipitrem fringillarium den Sperber / verteutschen Eberus und Peucerus ein Rötelgeyer / oder röthlichen Geyer. Die Sachsen heissen ein Geyergeschlecht Stoßgeyer / welcher nicht sehr groß / aber gar muthig / und starck soll seyn / also / daß er in einem Stoß eine Henne umbringt. Das grössere Geschlecht unter diesen / so aschenfarb ist / hat einen scharffen Geruch / also / daß es zween oder drey Tag vorhin an dem Ort herumb fliegt / da ein Aas hinkommen wird. Daher man es einen Aaßgeyer / Keibgeyer / und von den Rossen ein Roßgeyer / von den Hasen ein Hasengeyer nennet / dieweil er diese Thier alle angreifft oder frisset. Dieser nimmt auch Lämmer und Böcklein; er schiesset auff die junge Steinböcklein auff den Felsen / stösset sie mit dem Schnabel / damit sie hinab fallen / und ihm also zum Raub werden. Die jenige Thier welche von einer gifftigen Schlangen getödtet worden / berühret er nicht. Von etlichen wird er auch ein Steingeyer / von den Felsen darauff er nistet / genennet. Dieser ist nicht so roth an der Brust als der Goldgeyer / darzu etwas kleiner / nach D. Geßners Meynung / wiewohl etliche sind die ihn für den grossen halten. Ob dieses ein Geyer für sich selbst / oder von einem Geyer und

Von dem Geyer.

Goldgeyer.

und Adler/ gleichwie auch etliche Adlergeschlecht/ zusammen gesetzt seye/ können andere ermessen. Seine Figur hat Georgius Fabricius D. Geßnern sambt folgender Beschreibung zugeschickt. Der Hasengeyer hat einen krummen schwartzen Schnabel/ scheußliche Augen/ einen grossen starcken Leib/ breite Flügel/ und einen langen geraden Schwantz/ eine braune Farb/ und gelbe Füsse. Er stehe oder sitze/ so richtet er einen Strauß auff seinen Kopff auff gleich als ein Horn/ welchen man ihm im Flug nicht siehet. Seine Flügel außgespannet/ sind mehr dann ein Klaffter lang. Wann er gehet schreitet er zwo Zwerchhänd weit von einander. Er fängt allerley Vögel. Unter den Thieren aber jagt er Hasen/ Kaninichen/ Füchs/ und junge Hinden/ er ist auch den Fischen auffsetzig. Er wird nicht zahm. Er schießt auch nicht allein von der Höhe herab auff die Thier/ sondern er laufft ihnen nach/ und fliegt mit grossem Geräusch. Er nistet in den dicke und einöden Wäldern/ und auff den höchsten Bäumen. Seine Füß brauchen etliche/ Leuchter darauff zu stellen. Mit Fleisch und Eingewenyd der Thiere wird er gespeist/ wie auch mit todten Cörpern. Vierzehen Tag kan er Hunger leiden/ ob er schon sehr fräßig ist. Dieser Geyer zween hat man im Elsaß/ im 1513. Jahr/ im Jenner/ in der Herrschafft Geroltzeck/ gefangen

Aaßgeyer oder Hasengeyer.

gen. Darzu einen im vorigen Jahr zu Rotach. Man hat auch einsmahls viel Jungen in einem Nest/ so auff einer hohen Eichen gemacht/ zwischen dem Schloß des Hertzogs Moritzen/ und der Stadt Meyssen gestanden. Man hält diese gemeiniglich für Adler: wie dann auch Hedio in seiner Chronick/ von denen so im Elsaß gefangen worden/ nicht anders hält/ dessen Beschreibung mit denen dreyen/ so D. Geßner gesehen/ fast übereinkommet. D. Geßner vermeint/ daß die Geyer insonderheit diesen Unterscheid zwischen dem Adler/ Habicht/ und Falcken Geschlecht haben/ daß sich ihr Schnabel nicht alsobald krümmet/ sondern er ist etwan zween Finger lang gerad/ darnach krümmet er sich erst unter sich/ wie man dasselbe am Gold-und Hasengeyer (so wir hieher gesetzet haben) sihet. Dann weil die Geyer fast nur die todte Cörper angreiffen/ haben sie nicht eines so starcken und krummen Schnabels vonnöthen wie die andere Raubvögel/ welche mehrentheils nur die frische und lebendige Thier angreiffen und rauben. Die Bein am Goldgeyer sind fast haaricht oder rauch biß auff die Füß/ wie auch an dem Adlergeschlecht/ welches wir droben zum ersten beschrieben haben/ ohne zweiffel darumb/ weil diese Vögel allzeit auff den hohen Schneebergen wohnen: darumb hat sie die Natur wieder alles Wetter mit diesen Federn (als mit Hosen) bekleidet/ gleichwie etliche andere Vögel mehr so auff den Bergen und Felsen gefunden werden/ nehmlich das Schneehun/ die Berghennen/ die Haselhüner/ und etliche Nachtvögel. Der Geyer (sagt Albertus) ist sehr groß und schwer. Mir (sagt D. Geßner) ist auß dem Schweitzergebürg ein Haut von einem Goldgeyer/ sambt dem Schnabel und den Beinen/ so noch daran hengten/ zugeschickt worden/ welche ich besehen/ und also beschrieben hab: Dieser Geyer hat viel Stück gemein mit dem Adler/ der auff dem Schweitzergebürg gefunden wird/ von welchem droben gesagt worden: doch ist er in allem grösser. Sein Länge ist sambt dem Schnabel etwas mehr dann sechs Spannen: biß zur eussersten Klauen aber fünff Spannen/ oder etwas weniger. Der obere Theil seines Schnabels/ wann er auffgethan wird/ ist beynahe sieben zwerch Finger; und der Schwantz fast drey Spannen lang; der untere Theil des Halses/ die Brust/ der Bauch und Füß sind auch roth/ und zwar etwas röther gegen dem Kopff/ aber heller gegen dem Schwantz zu. Die Zeen sind graw oder Hornfarb. Die längste Schwingfeder ist fast vier Spannen lang/ bey nahe alle Flügelfedern sind schwärtzlich/ oder graw/ und fast gleich gefärbt/ doch sind die oberste kleine an den Flügeln schwärtzer: und in der mitte sind etliche mit röthlichten/ etliche mit weißlichten Flecken gesprengt: je näher sie aber dem Rücken stehen/ je schwärtzer sind sie/ und glänzen daselbst von Schwärtze. In der mitten auff dem Rücken sind die Federn schwartz/ und scheinen in der mitten weisse Striemlein/ sonderlich an denen so umb die mitte des Rückens/ und am halben Theil des Halses sind: dann der übrige Theil des Halses hat liechtrohte Federn. Der Schwantz ist gleich wie die Flügel gefärbt/ nehmlich graw.

Von der Natur und Eigenschafft dieses Vogels.

Die Geyer fressen die todte Cörper: haben derhalben

halben fleissig acht auff das letzte End des Menschen/ wie Ælianus schreibt. Und wie Herodotus Ponticus bezeugt/ so sind die Geyer die aller unschädligste Thier: dann sie deren Dingen keins berühren so die Menschen säen/ pflantzen und auffziehen; sie bringen auch kein Thier umb; meiden auch die todte Vögel/ dieweil sie ihnen etwas verwandt sind: wiewol etliche sagen daß sie andern Vögeln gantz auffsetzig seyen/ sonderlich den Habichten. Sie werden mehrentheils auff den Bergen in Creta gefunden. Deßgleichen auff dem hohen Schweitzer gebürg/ als im Ammanberg nicht weit von Wesen oder Wallensee gelegen: da sie die Lämmer nehmen/ gleich wie anderswo Hasen/ Füchs/ junge Hinden und Böcklein. Plinius sagt/ daß die Geyer auch den Saamen von Cretischen Seseli essen. Die Weyen und Geyer welche zu Sommerszeit in den Wäldern leben/ fliegen zu Winterszeit an die nahe gelegene Oerter/ welche die Sonne bescheinet. Der Geyer ist schwer und groß/ kan derhalben in drey oder mehr Sprüngen kaum aufffliegen: darumb sitzt er gewöhnlich an hohen Orten/ damit er vondannen nicht allein leichtlich fliegen/ sondern auch weit umb sich sehen möge. Unter allen Thieren (sagt Orus) siehet der Geyer am schärffsten/ als der von Auffgang biß zum Niedergang/ und von Niedergang biß zum Auffgang der Sonnen siehet/ wie er dann auch seine Speiß sehr weit holet. Daher die Egyptier/ wann sie ein gut Gesicht bedeuten wöllen/ einen Geyer mahlen. Sie riechen auch stärcker dann die Menschen. Die Geyer wie auch die Adler/ vermercken die Aas über Meer: dann sie fliegen so hoch/ daß sie alles das so hinter den hohen Bergen verborgen ligt/ von der Höhe herab sehen. Umbricius sagt/ daß die Geyer zween oder drey Tag vorhin an einem Ort/ dahin todte Cörper kommen sollen/ herumb fliegen. Andere sagen daß er sieben Tag vorhin den Ort umfliege da ein Schlacht geschehen solle/ daß er auch denselbigen Ort verzeichne und gleichsam außmesse. Welches aber nicht allein falsch/ sondern auch gantz ungereimt ist; dann/ wie können sie das jenige riechen/ so noch nicht ist? es ist ja zur selbigen Zeit kein Unterschied zwischen den Leibern derer/ die erschlagen; und der jenigen die nicht erschlagen sollen werden. Er kehret sich auch sonderlich gegen der Seiten da man Schaden und Unfall erleiden sol. Ambrosius sagt/ daß die Geyer ohn Vermischung empfangen und gebehren. Varinus sagt/ sie gebehren vom Wind und Hitz der Sonnen. Dann so das Weiblein geil worden/ thut es seine Bärmutter auff gegen dem Nordwind/ und von demselben empfänget es in fünff Tagen/ daran es weder ißt noch trinckt/ so sehr ist es der Mehrung seines Geschlechts ergeben/ sagt Orus. Es sind auch andere Geyer die auff die vorgenannte weiß empfangen/ welcher Eyer nicht fruchtbahr sind/ sondern allein zur Speiß gebraucht werden. Ælianus sagt/ daß dem Geyergeschlecht keine Männlein/ sondern allein Weiblein gebohren werden/ welche wider den Sudwind fliegen: oder wann der nicht wehet/ thun sie gegen dem Ostwind ihren Schnabel auff/ also/ daß sie von demselben erfüllt/ empfangen/ wiewohl ich mehr (sagt D. Geßner) auff die obbesagte Meinung des Ori halte/ nehmlich daß sie mit auffgethaner Bärmutter empfangen. Simocatus spricht/ daß sie nicht Eyer legen/ sondern ein lebendig Thier gebehren/ welches aber alles falsch ist. Die Egyptier/ wann sie ein Jahr bedeuten wollen/ mahlen einen Geyer: weil dieser Vogel die dreyhundert und fünff und sechzig Tag (so ein Jahr machen) theilt/ also/ daß er schier den dritten Theil desselbigen/ das ist/ hundert und zwantzig Tag schwanger bleibt: in so viel Tagen erziehet er auch seine Jungen: die andern hundert und zwantzig hat er auff sich selbst acht/ da er denn weder schwanger ist/ noch mit der Sorg seiner Jungen beladen/ sondern er rüstet sich allein wiederumb auff ein neues zu empfangen: die übrige fünff Tag aber/ so noch vom Jahr übrig/ bringt er mit dem Empfangen vom Wind zu/ wie vorgesagt ist. Aristoteles sagt/ daß die Geyer gewöhnlich eins/ oder auffs meinst zwey Eyer legen. Umbricius sagt/ daß er drey lege: aber eines hinweg werffe. Plinius schreibt/ daß er mehrentheils zwey Junge gebehre. Des Geyers Nest hat keiner nie gesehen: daher etliche vermeint haben sie fliegen auß einem frembden Land zu uns: so doch dieses die Ursach ist/ weil sie auff hohen Felsen/ dahin man nicht kommen kan/ nisten/ und nicht an allen Orten gefunden werden/ wie Aristoteles und Plinius berichten. In den Bergen/ so zwischen der Stadt Worms und dem gantzen Bisthumb Trier gelegen/ sollen die Geyer alle Jahr nisten/ also/ daß ein böser Gestank von dem zusamen getragenen Aas daselbst empfunden wird. Daß man aber von den Geyern sagt/ daß sie sich nicht paaren/ das ist falsch/ dieweil man sie daselbst offt siehet vermischen und paaren/ wie Albertus schreibt. Niphus sagt auch/ daß er in Italia ein Geyer-Nest gesehen hab. Die Geyer/ Adler und Falcken nisten auch in Creta/ nicht auff den Bäumen wie andere Vögel/ sondern auff den höchsten Felsen so über das Meer herauß hangen/ also/ daß man sie kaum sehen/ oder ihre Jungen außnehmen kan/ man lasse dann einen an einem Seil vom Felsen herab/ wie Bellonius schreibet. Ambrosius und Isidorus sagen/ daß die Geyer hundert Jahr leben/ da dann ihre Schnäbel so krumm werden daß sie Hungers sterben/ wiewohl dieses die Alten vom Adler schreiben/ wie droben in seiner Histori gesagt ist worden. Wann der Geyer einen Gebresten an seiner Leber hat/ so jagt er grosse Vögel und frißt ihre Lebern/ wie Rhasis und Albertus schreiben. Die Geyer und etliche andere Vögel sterben von einem Granat apffelkern: von wohlriechenden Salben sterben sie auch/ wann man sie damit schmieret/ oder ihre Speiß damit bestreicht/ wie Ælianus und Aristoteles melden. Und Oppianus sagt/ daß sie den Gestanck der todten Cörper lieben: dargegen seyen ihnen die wohlriechende Salben also zuwieder/ daß sie auch kein

kein todt Vieh so damit bestrichen / berühren.

Der Geyer ist zwar ein grosser Vogel / aber doch gantz träg und unedel: er fliegt allein unter allen andern Vögeln so krumme Klawen haben/ schaarweiß / also / daß zuweilen fünfftzig in einer Schaar fliegen / wie Bellonius sagt. Wann die Egyptier die Barmhertzigkeit bedeuten wollen/ mahlen sie einen Geyer: dann er in hundert und zwantzig Tagen / darinn er seine Jungen erzieht/ fast nimmer von ihnen fliegt / sondern er wendet allen Fleiß und Mühe an seine Zucht / und wann er zu derselbigen Zeit nicht Speiß genug hat seine Jungen zu erhalten/ verwundet er sich selbst / und gibt ihnen sein Blut zu trincken / damit sie nicht Hungers sterben / sagt Orus. Diese Sorge gegen die Jungen schreiben etliche auß den neuen Scribenten nicht dem Geyer / sondern den Pelicanen zu. Der Geyer und Smierle (Æsalo) sind Feinde: dann sie haben beyde krumme Klawen. Die Adler und Geyer streiten mit einander / sagen Aristoteles und Ælianus. Die Habicht so zimlich groß / und erwachsen sind / streiten offt wider die Geyer und Adler. Die Tauben förchten den Geyer nicht wie den Sperber und Meeradler/ wie Ælianus schreibet.

Was von diesem Vögel ausser und in der Artzney dem Menschen nützlich seye.

Die Scythen / Melanchlenen / und Arimaspen / machen auß der Geyer und Adler Beinern Pfeiffen. Gratius beschreibt eine Gattung eines Netzes / welches man gefedert nennet: dieweil man Federn / die Thier damit zu erschrecken / darein flechtet / sonderlich vom Geyer. Man braucht diese Federn auch zu den Pfeilen: ihre Haut aber bereiten die Kürschner / und verkauffen sie theuer; gleich wie auch anderer grosser Vögel Häut bereitet werden / dieweil sie den Magen stärcken / und die Däwung befördern / wann man sie übergelegt. Die Federn braucht man auch zu schreiben. Mit einer Geyerfeder in den Zähnen gegrübelt / macht einen stinckenden Athem / wie Plinius sagt. Der Geyer wird im Gesetz Mosis nicht unbillig unter die unreine Vögel gezehlet / als der sich auff die Kriege und todte Cörper frewet. Procopius sagt / daß dieser Vogel / der Adler und andere dergleichen Vögel / darumb im Gesetz verbotten werden / weil sie mit ihrem hohen Flug ein Zeichen der Hoffart und Stoltzes seyen. Rhasis schreibt / daß des Geyers Fleisch voll Adern / und schwer zu verdäwen sey: gebehre auch böse Feuchtigkeit im Menschen. Der Geyer hat eben die Wirckung wie der Adler / doch nicht so krafftig : also auch der Habicht wie der Geyer / doch getinger / sagt Kiranides. Wieder die schwere Noth (sagt Plinius) heist man einen Geyer / der sich von einem todten Menschen Cörper voll gefressen habe / zu essen geben.

Wieder den Außsatz / Krebs / Podagra, Gliederwehe / Kropff / Beule des Hindern / und Krampff / auß dem 13. Buch Aetii.

Nimm das Hirn von einem Geyer / sampt den Beinlein / Federn und Fleisch seines Haupts / und koch es in Wein / und wa s du es außgesiege / so werffe das andere hinweg : in der Brühe aber koch Euphorbium, Saffran / Indisch Blau/ weissen Pfeffer / Biebergeil / Ingber / eines jeden ein sechstheil genommen : und Brombeerstaudenblätter / Stendelwurtzelsaamen / Pech / eines jeden einen vierten Theil : Algunsafft / Cedernhartz / eines jeden ein Untz / eine gantze Stier oder Geißgall / und drey Würm / auß feuchtem saulem Holtz darzu gethan. Dieses alles koche mit einander in neun Sextariis süsses Weins / deren jeder 18. Untzen hält ; das ist / 6. Pfund und 1. Untz. Dieses hab ich empfangen / nachdem ich mich mit einem Schwur verbunden / niemand solches zu offenbahren. Wann es also bereitet / hat man auff neun Tag genug daran zu brauchen / und es legt die Geschwülste und Erhöhungen des Leibs nieder : man soll es aber mit einer Geyerfeder auffstreichen.

Ein anders auß dem obgenannten Ort Aetii wider den Außsatz / Geschwär / Beule des Hindern / Talck, eyterende Geschwär / Finger Geschwär / Halßkröpff / und zu allen bösen Geschwülsten / so allenthalben die am Leib sich befinden / durch vielfaltige Erfahrung beweheret.

Nimm einen lebendigen Geyer / und ertrenck denselben in neun oder sechs Sextariis (deren jeder 18. Untzen hält) süsses oder gesottenes Weins. Oder nimm ein Geyer Männlein / und koch ihn bey Rebenholtz / vom Abend biß an den Morgen: dem Krancken aber geb wenig zu essen / heiß ihn auch offt Hunger leiden / purgier ihn auch darnach mit dem nachgehenden Stück / und bade ihn sieben Tag in Meerwasser. Nachdem aber der Geyer gekocht und durchgeschlagen oder gesiegen ist / so wirf seine Bein samt des Krancken Schweiß (sonderlich der von der Sossen erwecket worden) einem Hund für zu essen : du solt aber darauß sieben Stück machen / und dem Hund für werfen. Den Geyer aber selbst koch drey Tag / allzeit vom Abend biß an den Morgen / damit er bey der Morgenröthe nit gesehen werde: dergleichen thu auch am dritten Tag: und wann du ihn wohl bedeckt / so stell ihn alle Morgen an einen finstern Ort. Nachdem du ihn aber also gekocht un̄ durchgesiegen hast / so thu zu der Brüh bey Nacht / und gar nicht am Tag / die nachfolgende Stück : Gegraben Meersaltz / so an den Felsen dick worden ist / ein drittheil oder Untz ; Vitriol / Opopanax, beider einen sechsten Theil / Colophonien und Pech beider einen vierten Theil; Euphorbium, Biebergeil / Geißblut / Gummi Ammoniacum, eines jeden einen dritten Theil ; Haußwurtzelblätter sieben; des Krauts Catanance genant / drey Scrupel; vom Stein Amianthus, ein Scrupel; Engelsüß / vom Stein Gagate / Cedernhartz / eines jeden einen vierten Theil; Judenleim 18. Untzen; Beyfuß / Camillenkraut / eines jeden einen sechsten Theil / dieses alles / wie vorgesagt / bereite mit der Brüh / zerstoß es wol / und mische es unter einander darein. Den Geyer aber ziehe erstlich sambt den Federn biß zu den Füssen ab / und ertrancke ihn also in gesottenem Wein : Die Haut aber sambt den Federn / mit Myrrha gesprengt / laß

Von dem Geyer.

laß in dem Rauch gehenckt trucknen. Die Füsse koche in Oel/ und bestreich mit denselbigen die Podagrischen: streiche dasselbe aber mit einer Geyerfeder an. Die Senn-Adern henck dem Podagrischen umb seine Füsse/ so wirst du ihn von dieser Kranckheit entledigen. Weiter so ist die obgedachte purgation diese: Nimm Aloes ein halbe Untz/ thu darzu gesaltzene Fischbrüh und Essig gleich viel/ und gebe ihm den achten Theil von einem Sextario (das ist etwas mehr als 2. Untzen) zutrincken.

Von den übrigen Artzneyen dieses Vogels.

Geyerbein gebrannt/ zerstossen und auffgestreuet/ heilen alle Geschwär und offene Schäden: sie benehmen auch den Schmertzen mit Wein vermischt/ sagt Kiranides. Das Bein von einem Geyerkopff angebunden/ oder an den Halß gehenckt/ vertreibt das Hauptwehe/ wie Plinius und Marcellus berichten. Diese Bein von einem jungen Geyer genommen/ und an einen purpurfarben Faden an den Ellenbogen gehenckt/ vertreibet das Hauptwehe und den Schwindel. Für das Hauptwehe/ Hemicrania genannt/ nimm ein Bein auß deß Adlers oder Geyers Kopff/ und binde gleiches auff gleiche/ nehmlich/ das rechte an die rechte Seite/ sagt Galenus. Für die Läuß und Läußsucht/ soll man Marck von einem lebendigen Geyer mit Wein zertrieben/ zu trincken geben/ wie Sextus lehrt. Ein Geyerfeder unter die Füß gelegt/ hilfft den gebehrenden/ also/ daß sie ohne Arbeit gebehren/ wie Plinius und Sextus melden. D. Geßner spricht/ es habe ihm dieses auch gesagt ein Mann/ der sonst alle Ding leichtlich glaubt/ nemlich daß diese Federn eine solche Krafft die Geburt zu befördern haben/ daß wo sie nicht von Stund an von den Füssen gethan würden/ wäre zu besorgen/ daß sie die Beermutter herauß zögen: Wiewohl er auff solche Stück/ und zwar billich/ nicht viel hält. Geyerfedern verbrennet/ soll die Schlangen vertreiben/ wie Sextus, Esculapius, und Samonicus sagen: wiewohl die schwartze Federn nicht so kräfftig darzu sind/ wie Plinius lehrt. Der Rauch von den Geyerfedern vertreibet die Schlaffsucht/ Verstopffung der Bärmutter/ und Unsinnigkeit. Etliche so eine böse Däwung haben/ die legen eine Geyerhaut auff ihren Magen. Auff einer warmen Geyerhaut sitzen/ soll den Podagrischen dienen/ und denen so mit Flüssen beschweret. Geyerschmaltz zertheilt/ gleich wie auch das Schmaltz von dem Wald-Esel/ sagt Rhasis. Dieses Schmaltz sampt dem Magen gedörrt/ und mit altem Schweinenschmaltz zerrieben/ benimmt die Wehetagen der Senn-Adern und Geleichen/ sagt Plinius. Serenus aber heist Rauten und Wachs darzu nehmen/ und dieses also warm aufflegen. Deß Geyers Magen und Schmaltz mit altem Schmeer zerrieben/ benimmt alle Wehetagen der Geleichen und Senn-Adern. Dieses Schmaltz sampt der Gallen/ altem Schmer und Honig/ als ein Pflaster übergelegt/ vertreibt die Wehetagē der Senn-Adern/ und das Gliederwehe/ wie Marcellus lehret. Mit Schweinenschmaltz vermischt/ vertreibt das Gliederwehe/ Zittern/ Erfrieren/ Podagra/ Magensucht/ Lähme der Glieder/ und die so wegen zu viel Außlehrung den Krampff haben/ sagt Kiranides. Geyerblut mit der Wurtzel von dem Kraut/ weiß Chamæleon genannt/ und Cedernhartz zerrieben/ und mit Kohl bedeckt/ heilet den Außsatz/ sagt Plinius. Eine Artzney zum Podagra/ welches die Händ und Füsse bewahret. Nimm die Senn-Adern unten und zu oberst auß den Beinen deß Geyers/ und binde sie dem Krancken an die Fersen/ also/ daß du die vom lincke Bein auch über das Lincke: die von dem rechten über das rechte Bein bindest. Gleicherweiß über die Ellenbogen und Händ nimm die Senn-Adern der Flügel/ wie Trallianus schreibet. Für das Hauptwehe. Zerstoß das Hirn von diesem Vogel/ und bestreich damit das Haupt und die Schlaff-Adern/ wie Galenus sagt. Dieses Hirn mit Cedernöl vermischt/ und stets für die Nase gehalten/ benimmt das Hauptwehe. Marcellus heist die Nase inwendig damit/ wie auch das Haupt bestreichen. Man sagt daß dieses Hirn in der Speiß genossen/ die fallende Sucht hinweg nehme: wiewohl ich es nie versucht habe/ spricht Aretæus. Mit diesem Hirn eines Weibs und Manns Bauch bestrichē/ macht sie unfruchtbar/ sagt Kiranides. Der rechte Theil der Geyerlungen/ einem Mann in eines Krancken Haut übergebunden/ reitzet zur Unkeuschheit/ sagt Plinius. Denen so Blut speyen/ ist diese Lung mit Rebenholtz gebrannt/ und halb so viel Granat-Aepffelblüt darzu gethan/ sehr dienlich/ sagt gleichfalls Plinius. Das Hertz von einem jungen Geyer in der Haut übergebunden/ stillt alle Flüß. Dieses angebunden/ soll wider die fallende Sucht dienen/ etliche heissen sein Hertz gepülvert auß einem Cedernen Becher trincken/ sagt Plinius. Wider die fallende Sucht trincken etliche das Hertz und die Lunge von diesem Vogel/ wann sie gedörrt und zerrieben worden. Geyerleber samt seinem Blut/ 7. Tage getruncken/ soll die fallende Sucht vertreiben. Der jenige so ein blintzlicht böß Gesicht hat/ soll Mangold und gebratene Geyerlebern essen/ und mit der Gall sich salben. Serenus lobt diese Leber wider die Kranckheiten der Leber. Er heist auch die Leber (Plinius aber das Hertz) zur Verhütung der Schlangenbiß bey sich tragen. Vom Geyer-Magen haben wir oben/ da wir vom Schmaltz geschrieben/ gesagt. Geyergall mit Wasser vermischt/ vertreibt die Flecken der Augen. Nimm Hanen- oder Geyergall/ welche viel besser/ ein Scrupel/ und deß besten Honigs ein Untz/ reibe es wohl untereinander/ verwahre es in eine küpfferne Büchß/ und streiche es an nach Notthurfft/ so wird es dir die Dunckelheit der Augen kräfftig hinweg nehmen/ wie Marcellus lehrt. Darzu braucht man auch die Gall von einem schwartzen Geyer/ mit Schellkraut vermischt: dann es dienet den alten Schäden/ so schon verjahret sind. Diese Gall vertreibt alle Dunckelheit/ und anhebende Fell der Augen/ wann sie mit Andorn Safft und dem besten Honig vermischt worden:

X   ist aber

ist aber der Honig schlecht / so must du zweymahl so viel Honig und Andornsafft darzu thun / wie Galenus lehret. Etliche nehmen allein Andornsafft darzu. Serenus spricht / daß die Geyergall in einem Löffel Wein getruncken / wider die schwere Noth dienlich seye.

Etliche trincken auch für die obgenante Kranckheit die Gall deß Geyers sampt dem Blut in Wein vermischt / zehen gantzer Tag. Diese Gall mit seinem Schmaltz vermischt / und alt Schmer und Honig darzu gethan / heilet die Schmertzen der Senn-Adern und das Gliederwehe / als ein Pflaster übergelegt.

Geyer-Nieren gedörret / und in Honig zerrieben oder gesotten / heilet wunderbarlich die beschädigte Mandeln inwendig im Halß / wann es als ein Pflaster übergelegt wird / sagt Marcellus. Geyer-Koth geräuchert / treibt die Geburt auß: oder damit ein Weib leicht gebehre / legt man ihr Koth von einem schwartzen Geyer unter / wie Dioscorides und Serenus berichten.

Von dem grauen Geyer.
Vultur Bæticus.

Diese vorgesetzte Abbildung deß Kastanienbraunen Geyers / ist auß Bellonio gezogen: Er soll etwas kleiner als ein Adler seyn / und an dem Halß / Rücken Bauch / und fast an dem gantzen Leib Kastanienbraun sehen. Wodurch er von dem schwartzen Geyer unterschieden werde: dann die starcke Federn an den Flügeln und Schwantz deß schwartzen Geyers diesen gleichen. Beyde sollen auch einen kurtzen Schwantz haben / in Ansehung ihrer langen Flügel / deren Federn aber gemeiniglich verstossen sind / welches daher geschiehet / dieweil sie in den Steinklippen / allwo sie nisten / ihre Flügel offters anstossen / und dieselbige also verletzen. Diese Geyer werden sehr langsam gefunden. Ihr Kopff ist mit kurtzen Federlein bedecket / daß man vermeint sie wären gantz kahl: umb den Halß soll dieser Geyer schmale Federn haben / gleich wie die Hahnen oder Staaren / diejenige aber / welche den Rücken und Seiten bedecken / liegen breit auff einander / als wie Schuppen. Auff dem Rücken / Bauch / und über dem Schwantz sind seine Federn braunroth.

Von dem Han.

Von dem Aschenfarben Geyer.
Vultur Cinereus.

Bellonius schreibet von diesem Vogel also: Der Aschenfarbe Geyer/hat oben auf seinem Kopff solche zarte und gelinde Federn/daß sie einem weissen Fuchßfell gleichen/und ist derowegen auch viel schöner anzusehen/ als der Schwartze: Von den schwartzen Geyern aber etwas zu gedencken/ und dieselbige von den Braunen und Weißlichten zu unterscheiden/ ist zu wissen / daß sie in der Gröffe und Gestalt/fast einander gleichen: Es irren diejenigen aber sehr/ welche dafür halten / daß es eine Arth seye/und der Unterscheid nur zwischen Mäußlein und Weiblein bestehe/dann von der schwartzen beyde Geschlecht gesehen werden/und diese Weiblein etwas grösser als die Hellgraue sind.

Von dem Hanen. Gallus gallinaceus.
Von viel und mancherley Gestalt der Hanen und Hennen.

Dieser Vogel wird auff Hebreisch שכוי; Griechisch ἀλέκτωρ; Lateinisch Gallus gallinaceus; Italianisch und Spanisch Gallo; Frantzösisch Coq; Pohlnisch Kur; Ungarisch Kakas; Wendisch Kokot; Engelländisch a cok; Niederländisch Haen; und von den Teutschē Han/Haußhan/Gul/ und Gückel genennet: von welchem wir weitläufftig reden wollen / und erstlich zwar von denen Hanen oder Hennen/ welche von etlichen Ländern und gewissen Orthen/ihren Namē bekommen/und von den gemeinen keinen andern Unterscheid haben/ als allein an der Grösse/oder daß sie streitbahrer sind. Die Adrianischen Hüner (spricht Aristoteles) sind wohl klein von Leib/legen aber alle Tag/dann weil sie klein sind/kan sich die Speiß kömlich in ihrem Leib außtheilen/doch sind sie offt so grimmig/daß sie ihre Jungen umbbringen; sie haben mancherley Farben. Albertus sagt/ daß diese Hüner bey ihnen/ wegen ihrer Grösse/und Länge/ grosse Hennen genennet worden/ deren man viel in Seeland/ Holland/ und allenthalben in Niederland findet. Sie legen alle Tag/sind aber sehr unfreundlich gegen ihre Zucht/ dann sie dieselbige offt(wie vorgesagt)ertödten/und ob gleich ihre Farb vielfältig ist/ sind sie doch bey uns mehrentheils weiß/andere aber anders gefärbt/ihre Jungen bleiben lang ohne Federn. Dieses aber sind vielleicht Medische oder Patauinische Hüner. Dann Niphus sagt / daß die Adrianische nicht lang und groß von Leib / sondern klein seyen / wie Aristoteles davon schreibet.

Gyb. Longolius nennet sie zu Teutsch Leihennen/ diese (spricht er) sind getheilt/ mit einem weißlichten Schnabel/ ihre Jungen sind den jungen Tauben ähnlich. Die Adriatischen Kauffleut haben sie zum ersten in Griechenland gebracht/ dannenher sie vielleicht den Nahmen bekommen. Daß sie aber ergrimmen/ und wild sind/ das/ vermeinet er/ geschehe darumb/ weil sie ihr Vatterland verändert/ und in ein wärmer Land geführet/ uud derhalben einer hitzigern Arth sind worden. Die Africanische und Adrianische haben einen grossen Unterscheid untereinander/ wie D. Geßner davor hält/ sind aber einerley mit den Numidischen. Er sagt/ es habe ein Spanier/ sein Bekanter/ die Adriatische Henne Gallina Enana genennet/ ohne zweiffel darumb/ weil sie gleichsam nana, ein Zwerch/ und klein von Leib ist/ welches Geschlecht bey ihnen im Schweitzerland Schotthennen/ anderswo Erdhennlein/ und Däsehünlein genennet werden. Longolius aber nennet diese Zwerchhünlein Kriel/ da er sagt/ sie seyen gantz gemein/ und kriechen gleichsam auff der Erden/ mehr hinckend/ als gehend. Diese werden nicht umb deß Nutzens/ sondern mehr umb deß Lusts willen gehalten/ wie Columella und Plinius schreiben.

Bey den Tanagræern sind zwey Hanengeschlecht/ die ersten werden Machimi, das ist/ Streithanen/ die andern Cossyphi genennet/ und diese sind an der Grösse den Hünern auß Lybia gleich/ und wie die Raaben gefärbt. Daher sie ohne zweifel Cossyphi genennet werden/ weil sie als die Amseln schwartz sind: einen Bart und Kamm haben sie wie das Kraut Anemones: dann ihre Sporen und Kamm sollen roth seyn/ wie die Blum deß obgenanten Krauts: darzu haben sie weisse Flecken zu oberst auff dem Schnabel/ und zu äusserst am Schwantz. Die frembde Hanen auß Tanagro, Rhodis, Media und Chalcide, sind sehr streitbar/ ihre Hennen auch schön und groß: aber nicht so gar fruchtbar/ und ob sie schon Eyer legen/ bringen sie doch ihre Jungen selten auff. Die Medische sind von ihrer Grösse wegen in Italiam gebracht worden/ dergleichen man jetzt zu Padua sieht/ da sie Pulverariæ genennet werden/ von einem

Von dem Hanen.

nem Dorff/ darinnen sie gar groß und schön gezeuget werden: deren man viel dem Türckischen Kayser (so Constantinopel zu unserer Zeit mit Gewalt eingenommen) zugeschickt hat/ schreibt Hermolaus. Etliche so zu Padua gemest worden/ haben 16. Pfund gewogen/ sagt Grapaldus. Diese nennet man grosse Welsche Hennen. Wir haben solche Hanen/ so gantz hoch sind: haben aber keine Schwäntz. Es ist ein groß Hanengeschlecht/ welches im gehen seine Füß biß an die Brust auffhebet/ mit goldgelben Federn/ zu unserer Vätter Zeit auß den nächsten Landen in Teutschland geführet worden. Diese bedüncken mich Medische zu seyn: wiewohl nicht allein Media, sondern auch die Statt Tanagra in Boeotien, und die Inseln Rhodus und Chalcis, grosse Hanen haben. Daher man sie Hanen auß Media, Tanagria, Rhodo und Chalcide, nennen kan. Gemeiniglich aber nennet man sie Lombardische Hanen. Man erziehet deren wenig auff den Meyerhöfen/ weil sie nicht so gar fruchtbar sind/ wie Gyb. Longolius davon schreibt. Alle Hanen sollen zum ersten in Persia gebohren/ und von dannen anderswohin gebracht worden seyn. Daher nennet Varinus den sonst Persischen Vogel genannt/ einen Hanen. Suidas nennet den Medischen Vogel einen Pfauen. Ludovicus Patritius sagt/ daß er in India bey der Stadt Tarnasari, grössere Hanen und Hennen gesehen hab/ als an keinem andern Orth.

In Alexandria, so gegen Ægypto gelegen/ hat man etliche Hennen/ Monosire genannt/ von welchen gar kriegerische Hanen gebohren werden/ die brüten in einem Jahr zwey oder drey mahl/ wann man nehmlich ihnen die Jungen entziehet und hinweg nimmt/ und solche absonderlich aufferziehet und ernehret. Der Theil Arabiæ gegen Mittag gelegen/ hat allerley Gevögel/ ohne Gänß und Hüner/ wie Strabo bezeuget. Unter allen Vögeln so zertheilte Füß haben/ hat allein das Hünergeschlecht viel und mancherley Farben: dann je eins anders als das ander gefärbet ist/ darzu hat ein jedes entweder am gantzen Leib nur eine Farb/ oder ist getheilt.

Alle Vögel so harte Federn haben/ sind starck/ als die Wachteln und Hanen/ sagt Aristoteles. Bey den unvernünfftigen Thieren hat die Natur dem Mann auch einen Vortheil gegeben. Die Schlang hat eine Kron auff ihrem Kopff/ also hat auch der Han eine ansehnliche Gestalt/ sagt Ælianus. Dann er hat unter allen andern Vögeln ein besonder Zeichen bekommen/ welches nicht Fleisch/ und doch demselbigen nicht ungleich ist: man kan es auch nicht ein Krospel/ oder verhartete Haut nennen/ sondern man muß es für sich selbst ein besonder Stück bleiben lassen/ sagt Plinius. Wann die Hanen auff das Hun sitzen wollen/ werden ihre Hödlein grösser dann der andern Vögeln/ wegen ihrer Geilheit. Sie haben ihre Hödlein unter der Leber/ wie die Wachtel. Der Han hat auch einen Kropff vor seinem Magen. Etliche Vögel haben zween Behälter/ einen darein sie die erst gegessene Speiß verwahren/ als die Kehl: den

andern darein sie die verdäuete Speiß behalten: als da sind die Hüner und Tauben/ etc. sagt Plinius. Die Hünerleber ist zertheilt; sie haben auch am untersten Darm etliche wenige Gehenck. Es haben die Vögel/ so nicht in der Lufft fliegen/ einen ungeschickten Schwantz/ den sie nicht hin und her biegen können/ an dem Orth/ da er an die Haut gewachsen/ als da ist der Pfau/ die Hüner. Der Han hat in seinem Schwantz krumme Federn/ wie ein halber Ring gestaltet: deßgleichen auch am Halß/ und auff dem Rücken. Die Hanen haben Sporen an den Füssen/ die Hennen aber gar selten.

Von dem Hanen- oder Capaunen-Stein.

Alectoria.

Georgius Agricola sagt/ die Capaunenstein werden (wiewohl selten) in der Hanen und Capaunen Magen und Leber gefunden/ doch sind sie mehrentheils grösser in der Leber. Dann neulich ist einer in einem Capaunen gefunden worden/ der ein Zoll lang/ eines Fingers breit/ und anderthalb Zoll hoch gewesen: der unter Theil/ welcher breiter ist/ hat kleine Grüblein; der aber/ welcher etwas schmäler/ ist gegen der rechten Seiten ein wenig hoch/ gegen der Lincken aber ist er niedrig und grau/ so doch der übrige Theil weißlicht grau ist. Die aber in dem Magen gefunden werden/ sind meistentheils wie eine Feygbon gestaltet/ und in derselben oder einer gemeinen Bonen Grösse; sie sind liechtgrau/ oder auch braun/ doch hell; zuweilen sind sie als ein Cristall gestaltet/ aber von dunckeler Farb/ und haben darzu bißweilen rothfärbige Aederlein. Wann der jenige/ so dem Cristall gleichet/ polirt ist/ kan er zwischen das Aug und untere Augenlied gelegt/ und also von einem Orth an das ander getrieben werden/ ohne Schaden deß Augs: welches dann auch der Saphyr und Onyx/ oder auch ein anderer polierter Edelstein thut/ nur daß derselbige klein seye. So weit schreibet Agricola.

Der Author de Nat. Rer. sagt: Man verschneide zuweilen den Han/ wann er dreyjährig ist/ und dann lasse man ihn fünff oder sechs Jahr darnach leben/ so werde in seiner Leber der Stein Alectoria gefunden: wann er aber denselben empfangen/ so trincke er nicht mehr. Daher wann einer diesen Stein in seinem Munde hat/ soll ihn nicht dürsten. Etliche heissen den Han nach dem vierten Jahr capaunen: Andere sagen/ daß man diesen Stein erst nach dem neunten Jahr finde. Der jenige wird aber für den besten gehalten/ der von einem alten Hanen kommt. Etliche sagen/ daß dieser Stein in deß Hanen Bauch wachse/ der nach drey Jahren capaunet worden/ und sieben Jahr darnach lebe/ dann zur selbigen Zeit sol er ihn trage. Mit diesem Stein soll man alle Ding können erwerben und bekommen. Man sagt auch/ daß er den jenigen dienlich sey/ denen die Nieren erkaltet sind; wann er von einer Frauen getragen werde/

X iij   mache

mache er sie ihrem Mann wohl gefallen; einen Mann mache er sieghafft in dem Krieg. Er mache auch den Menschen angenehm. Damit er aber diese Ding all vermöge/ müsse er im Munde getragen werden.

Von der Natur und Eigenschafft dieses Vogels.

Die Hüner liegen gern in dem Staub/ gleich wie auch andere Vögel so nicht hoch fliegen: deßgleichen in der Aschen/damit sie ihre Federn reinigen. Diß Vogelgeschlecht sihet unter andern allein den Himmel offt an/wie Plinius sagt. Die Hanen krähen allein/ wiewohl zuweilen auch die Hennen kackern/wann sie die Hanen überwunden haben. Man sagt sonsten daß die Hanen kackern/ die Hennen aber gacken. Der Han läst sich am Morgen frühe mit seinem Gesang hören: dann die Natur hat sie gleichsam darzu verordnet/ daß sie die Menschen zur Arbeit auffwecken/ und ihnen den Schlaff brechen sollen. Der Han verkündiget die Stunden deß Tages und der Nacht. Wann er aber krähen wil/ schwingt er zuvor seine Flügel/und macht sich selbst also wacker. Wann sich Tag und Nacht scheidet/ gehet er schlaffen: drey Stunden vor Mitternacht krähet er: umb Mitternacht krähet er wiederumb/und drey Stunden nach Mitternacht abermahls/ welche Zeit dannenher das Hanengeschrey genennet wird. Daher haben auch die Alten an einen jede Kriegswagen einen Hanen gebunden/ damit sie ihnen die Stunden der Nacht verkündigen/wie Gyb. Longolius schreibt. Dieses aber/ wie etliche sagen/ thun sie entweder auß Begierde der Wärme/ oder der Speiß. Andere sagen/ daß sie damit ihre Unkeuschheit anzeigen: dann ehe sie dieselbige empfinden/ schweigen sie und krähen nicht. Es pflegen auch die Hanen/wie alle andere Thiere/ nachdem sie genug gessen/ genug geschlaffen/ und jetzt wacker sind/zur Unkeuschheit gereitzt zu werden. Plinius sagt/daß etliche Vögel in dem Streit/wie die Wachteln/ etliche vor dem Streit/ wie die Rebhüner: etliche aber nachdem sie gesieget/ wie die Hanen/ ihre Stimme hören lassen. Ælianus sagt/ daß an einem Orth/ Nibas genannt/ welcher nahe bey Thessalonien in Macedonia gelegen/ kein einiger Hahn gefunden werde/der da krähe/ sondern sie seyen alle stumm: Viel unter den Alten sind der Meynung/daß der Han alles/ was er gessen/ verdäuen könne. Und sagt Dioscorides, daß die Hüner hitziger Natur seyen/ können derhalben Gifft/ allerley dürre Saamen/ zuweilen auch Sand und Steinlein/ so sie verschluckt haben/ verdäuen. Alles Hünergeschlecht ist sehr unkeusch: Clearchus schreibt/ daß die Rebhüner/ Wachteln/ Spatzen und Hanen/nicht allein wann sie die Hennen sehen/ihren Saamen fallen lassen/ sondern auch/wann sie nur ihre Stimme hören/die Ursach aber seye die Einbildung/ welches man bekennen wird/wann man zu der Zeit/da sie die Hennen besteigen/einen Spiegel für sie stellet. Dann wann sie ihr Bildnüß im Spiegel ersehen/ lauffen sie hinzu/ und lassen ihren Saamen fallen: die jenige Hanen außgenommen/ welche ihr ersehenes Bildnüß zum Streit und Kampff reitzet/ wie Athenæus schreibt. Er sagt auch/daß keiner keinen frembden Hanen zu seinen Weibern ohne Kampff lasse. Deßgleichen daß die wilde Hanen geiler seye als die zahmen. Dieser Vogel ist so geil/ daß er umb eines Eyes willen eine Henne offt betritt: und wann viel Hanen beysammen sind/ tödten sie die Hennen durch das öfftere Auffsitzen/ wie sie dann auch wegen ihrer Geilheit über zwölff Jahr nicht alt werden. Wann sie aber nicht viel Hennen haben/ gesellen sie alle die zu ihnen/ so erst neulich kommen. Gleich wie von einem Hund und Fuchß/ eine Art/ so beyden Geschlechten gleichet/ gebohren wird: also auch von einem Rebhun und Hanen: hernach aber wird die Zucht dem Weiblein gleich. In dem Land Leylychynien streiten alle junge Hanen/ so noch nicht erwachsen/ mit einander: und der so überwunden ist/ wird von dem andern bestiegen/ wann keine Hennen vorhanden sind/ wie Albertus bezeuget. Der Han hat allezeit einen rothen Kamm/ es sey dann Sach daß er kranck seye. Die Hanen reinigen sich alle Jahr mit dem Kraut Alsine oder Hünerdarm. Wann die Hanen zu viel Blut in ihnen haben/reinigen sie sich durch den Kamm/ also/daß sie das Blut mit dem Kratzen der Füsse herauß bringen. Es erzehlet der Freyherr Sigilmundus in seiner Reißbeschreibung durch die Moscaw/ es habe ein Diener einen Moscowitischen Hanen/den sie auff de Wagen gesetzet/und der in dem vor Kälte sterben wollen/ den Kamm/ welcher gantz erfroren war/ abgeschnitten/ also/daß der Han nit allein bey dem Leben erhalten worden/ sondern auch mit auffgerichtem Halß zu krähen angefangen/ darüber sie sich alle verwundert. Wann die Hüner die Frucht von dem Ebenbaum in Italia essen/ werden sie schwartz darvon/ wie Dioscorides bezeuget. Sie sterben auch/ wann sie Pfrimmensaamen gessen haben. Es soll ihnen auch der gebrante Wein den Todt bringen. Deß Menschen Koth/ welcher weiß Nießwurtzel eingenommen/tödtet die Hüner/wan sie davon essen. Wann sich ein Salamander in einem Kornhauffen befindet/ vergifftet er denselben überall/also/daß auch die Hüner/ so darvon essen/sterben. Die Wandläuse sind für alle Schlangenbisse/ sonderlich der Schlangen Aspidis, gut: deßgleichen für allerley Gifft/ welches daher abzunehmen/ daß an welchem Tag die Hüner dieselbe gessen haben/ werden sie von der obgenannten Schlangen Aspide nicht umbbracht/ sagt Plinius. Der Han streitet wider die Schlangen und Weyhen für seine Hennen: duldet auch keinen andern Hanen bey seiner Heerd. Aristoteles sagt/daß man etliche Hanen gesehen habe/ welche/nachdem die Hennen sich verlohren/selbst die Jungen geführet/ ernehret/und aufferzogen haben/ also/ daß sie inzwischen weder krähen/ noch die Hüner besteigen wollen. Ælianus sagt/ wann die Henne umbkommen/ so brüte der Han selbst die Jungen auß/
und

Von dem Hanen.

und erziehe sie: er schweige aber zu derselbigen Zeit still/ dieweil er wohl wisse/ daß er ein weibisch Stück da begehe/ und sich nicht männlich halte. Es werden auch etliche Hanen so weibisch gebohren/ daß sie weder krähen noch auff die Hüner sitzen wollen: sie jagen auch die frembde Hanen nit hinweg. Es scheinet/ daß die Hanen ihren Weibern gleichsam helffen wollen/ wann dieselbe Eyer legen/ in dem sie mit kleiner und leiser Stimm ihnen zuruffen. Von dem Capaunen sagt man/ daß wann derselbige an der Brust und am Bauch beropfft/ und mit Nesseln wohl gerieben werde/ er die Jungen unter sich nehme/ dieweil er empfindet/ daß sich der Schmertzen von den Nesseln darvon miltere: daher er dann die Jungen so sehr liebt/ daß er sie führe und ernehre: welches Albertus erfahren/ der sich darüber verwundert hat. Die muthige und kühne Hanen haben eine grosse Stimme/ und sind stoltz wie die Pfauen: sie herrschen über ihr Geschlecht/ und haben ihr Reich in einem jeden Hauß/ darinn sie wohnen. Dieses Reich bekommen sie mit Streiten/ als ob ihnen das Gewehr gleichsam deßwegen an die Beine gewachsen wäre: sie lassen auch offt nicht ehe von dem Streit ab/ biß daß einer oder alle beyde todt auff der Wahlstatt bleiben. Wann sie aber gesieget/ singen sie alsbald nach dem Sieg/ und bezeugen damit daß sie überwunden haben. Der aber so verlohren hat/ verbirget sich stillschweigend/ und kan seine Knechtschafft schwerlich leiden. Ihre Heerde gehet unterdessen stoltz mit auffrechten Köpffen daher/ siehet stets an den Himmel/ und richtet den Schwantz auff/ sagt Plinius. Das ist auch zu verwundern am Hanen/ daß wann er über eine Thürschwelle gehet/ ob dieselbige gleich hoch ist/ er sich dennoch bieget/ welches er (wie Ælianus sagt) auß Hoffart thut/ damit er nehmlich seinen Kamm nicht anstosse. Philon und Nicander sagen/ daß Secundus, welcher deß Königs Nicomedis in Bithynien Mundschenck gewesen/ von einem Hanen Centaurus genannt/ inniglich seye geliebet worden. Von dem Kayser Honorio wird geschrieben/ daß als ihm die Zeitung worden/ wie Alaricus, der Gothen König/ die Statt Rom eingenommen/ seye er also erschrocken/ daß er nicht gewust/ was er sagen solte. Es hatte aber dieser Kayser eine Henne/ welche er Rom neñte/ und ihm sehr lieb war/ daher er vermeinet/ Alaricus hätte ihm die Henne genommen/ fragte deßwegen/ wer sie ihm verrathen hätte. Als man ihm aber sagte/ er hätte nicht Rom/ die Henne/ sondern die Statt Rom eingenommen/ ließ er es ein gut Werck seyn/ und bekümmerte sich nicht sehr darüber. Ælianus spricht/ er habe in acht genommen/ daß der Porphyrio (ist ein Welscher Vogel/ welcher ein Purpur-Vogel kan genennet werden) und ein Han/ so in einem Häußlein bey einander verschlossen gewesen/ einander wunderbarlich geliebet haben/ also/ daß da der Han von dem Porphyrione genommen/ und zur Speiß getödtet worden/ derselbe so traurig worden seye/ daß er von Hunger gestorben. Die Hanen sollen auch vom Löwen (dem edelsten Thier) gefürchtet worden. Ja es fürchten nicht allein der Löw und Basilisck denselben/ wann sie ihn gesehen/ sondern auch seine Stimm. Die Löwen und Pantherthier berühren den jenigen nicht/ so mit Hanenbrühe geschmieret ist/ sonderlich wann Knoblauch darinn gesotten worden/ sagt Plinius. Man sagt daß der Basilisck von deß Hanen Stimm sterbe: darumb nehmen die so durch Libyam ziehen wollen/ wider dieses böse Thier einen Hanen zu sich. Die zahme Vögel fürchten weder Pferd/ Ochsen noch Esel/ und wann sie bey den zahmen Elephanten aufferzogen werden/ fürchten sie nicht allein dieselbe nicht/ sondern sie sitzen ihnen auch auff den Rücken. Wiewohl sie aber von den obgenannten grausamen Thieren gefürchtet werden/ fürchten sie dennoch den Weyhen: und gleich wie sie den Elephanten unerschrocken auff den Rücken sitzen/ also fürchten sie eine fürüberlauffende Wiesel; dann ob sie gleich der Ochsen und Esel Stimme verachten/ fürchten sie doch derselben Geschrey/ sagt Ælianus. Er sagt auch/ daß der Han und das Haselhun einander hassen. Die Hüner sollen auch den Tauben feind seyn. Der Han fürchtet auch den Wespenschwarm. Daß aber oben gesagt worden/ der Löw fürchte den Hanen/ haben solches die Alten zwar geglaubet; es ist aber auß den neueren Exempeln zu sehen/ sagt Philippus Camerarius in seinen Hor. Succis. recht/ daß der Löw den Hanen nicht allein nicht fürchte/ sondern auch/ wann er könne/ denselben sampt den Hünern umbbringe. Von den Thieren so den Hünern Schaden thun/ ist hernach bey der Hennen zu finden. Wann man dem Hanen einen Ring von abgeschnittenen Weinreben an den Halß legt/ soll er nicht mehr krähen/ wie Plinius schreibet. Wann die Hanen zu Nacht/ eher dann ihre Gewonheit ist/ krähen/ bedeuten sie eine Enderung deß Wetters: daher nennet man die Hanen/ so solches zu thun pflegen/ Wetterhanen. Die Hanen und andere zahme Vögel/ wann sie ihre Flügel stets erschwingen/ verkündigen ein ander Wetter/ wie Ælianus lehret. Wann die zahme Hennen die Läuß suchen/ und stets also singen/ als ob Regentropffen herab fielen/ verkündigen sie einen Regen/ sagt Aratus. Die Hanen sollen nicht von Füchsen berühret werden/ wann sie dürre Fuchßlebern gessen haben/ sagt Plinius. Wie man die junge Hanen mesten solle/ wird hernach bey dem Capaunen und in der Hennen gesagt werden.

Wie man Hanen/ so den Hauffen führen/ kauffen und nehren solle.

Man soll keinen Hanen zu den Hennen halten/ er seye dann sehr geil. Man lobt auch an dem Hanen einerley Farb/ und gleiche Zahl der Zeen/ wie an den Hennen auch/ allein daß er höher als dieselbe seyn soll: und soll haben ein hohen blutfarben Kamm/ der nicht krum sey: schwartze oder Rauchfarbe Augen/ einen kurtzen krummen/ oder auch spitzigen Schnabel: einen Rosenfarben Bart; grosse und weisse Ohren/ gesprengte Federlein umb

den

den Halß und Schultern / mit unterschiedlichen goldfarben Federlein gezieret / einen grossen Halß und Schultern / eine breite fleischichte Brust: starcke und grosse Flügel / einen Schwantz mit zwey grossen Reyen Federn / die zu beyden Seiten gebogen seyen: oben fleischichte Schenckel mit rauhen Federn: starcke/ aber nicht lange Bein/ die sollen mit spitzigen Sporen gewaffnet seyn. Ihre Geberden aber (wiewohl sie nicht zum Kampff oder Sieg gehalten werden) sollen Adelich / hochmüthig / frölich und wacker seyn : sie sollen auch geneigt seyn offt zu kriegen / und im Streit hartnäckicht und beissig; nicht daß sie den Streit anfangen / sondern den angreiffenden tapffern Widerstand thun/ und sich an ihnen rächen. Sie sollen sich auch nicht bald erschrecken lassen: dann sie müssen offt einen Widerstand thun / und ihre Heerden beschirmen ; Wann ihnen auch etwan ein Wurm oder ander schädlich Thier zu wolte/ daß sie es erwürgen können. Einem solchen Hanen soll man fünff Hennen bestellen. In Rhodo und Media sind weder die Hanen noch Hennen sonderlich geil; doch gibt man einem jeden Hanen drey Hennen zu: und wann sie etliche wenige Eyer gelegt haben/ brüten sie doch dieselbe nicht / und ziehen ihre Zucht selten auff/ sagt Columella. Derhalben nehmen diejenige / welche einen Lust zu diesen Hünern/ ihrer Grösse und Schöne wegen haben/ ihre Eyer/ und legen sie den gemeinen Heüen unter/ und ziehen also Jungen darvon. Diese obgenannten / sampt denen auß Tanagria und Chalcide, sind an Geberden den gemeinen Henne nicht ungleich. Doch sind auß allen denen Geschlechten die Bastarthen/ so von frembden Hanen und unsern Hennen kommen/ die besten: dann sie haben deß Vatters Gestalt/ und behalten die Geile und Fruchtbarkeit unserer Hüner. Diese Geschlecht der Hüner haben die Griechen ihrer Grösse und Stärcke wegen darumb geliebet/ weil sie zu Kampff am geschicktesten waren. Dann die Athenienser haben nach dem Persischen Krieg/ darinnen sie gesieget/ ein Gesetz gemacht/ daß alle Jahr auff eine gewisse Zeit / auff offenem Schauplatz / Hanen miteinander kämpffen solten/ und das auß dieser Ursach/ weil Themistocles, da er wider seine Feinde außzog / und gesehen wie etliche Hanen tapffer miteinander kämpfften/ seine Soldaten unter andern mit diesen Worten gestärckt / und gesprochen: Die Hanen aber streiten weder umb ihr Vatterland/ noch umb ihr Hauß / noch umb die Gräber ihrer Vorfahren / noch umb ihre Freyheit/ noch umb ihre Kinder : sondern allein darumb/ damit sie nicht überwunden werden/ wil keiner dem andern weichen. Welches als er geredt/ hat er den Atheniensern den Muth vermehret. Derowegen haben die Athenienser diese Schau-Spiel gehalten / damit sie durch Anschawung derselben zur Tugend und Tapfferkeit allzeit gereitzet würden / wie Ælianus schreibt. Dieser Brauch (wie Beroaldus schreibt) wehret noch heutiges Tags bey den Böhmen/ da fürnehme Leuthe etliche Hanen/ als Fechter / zum Kampff zurüsten/ und da wettet man umb ein groß Geld/ welches man einsetzt/ so hernach der Herr deß Hanen / so den Kampff gewonnen hat/ hinweg nimmt. Ludovicus Romanus sagt/ daß er in India , nicht weit von der Stadt Tarnasari gar grosse Hanen gesehen hab / an welcher grimmigen Kampff er sich sehr erlustiget hab : dann die Mahumetaner hatten alle Tage dieses Spiel mitten durch ihre Dörffer. Da sie dann eine wunderbare Kurtzweil haben ; dann ein jeder hat einen Hanen / und läst ihn an einen andern / da sie zuweilen für einen jeden Gang/ den die Hanen zusammen thun / zu beyden Seiten hundert Ducaten zur Wette einsetzen/ und sagt gemeldter Ludovicus Romanus, er habe sechs gantzer Stund zween sehen kämpffen/ also/ daß sie nicht nachgelassen / biß sie beyde auff der Wahlstatt todt blieben. Plinius sagt/ daß die Hanen streitbar werden/ wann man ihnen Maurrauten zu essen gebe. Man gab auch vor Zeiten denen/ so in dem an den Kampff gehen solten/ Knoblauch in der Speiß zu essen / damit sie desto mannlicher wären. Columella sagt: Ich lobe nicht / daß man so gar kriegerische Hanen habe/ die stets wegen Geilheit kämpffen: dann dieselbige thun andern Schaden / und lassen die Hennen von andern nicht bestiegen werden / ob sie schon gleich so vielen allein nicht genug thun können. Darumb muß man ihnen den Muthwillen wehren/ mit einem baussichten Leder/ das machet man rund/ und schneidet mitten ein Loch darein / dardurch stoß man dem Hanen seinen Fuß / welches ihm die wilde Sitten benimmt/ gleichsam als wäre er in Fessel oder Fußband geschlossen. Wir aber sehen allein darauff / was einem fleissigen Haußvatter zu Nutz kommen mög. Darumb lassen wir uns die gemeine Hanen am besten gefallen / und wollen die Kämpffer/ denen etwan ein Han/ so überwunden war/ ihr Haab und Gut gar genommen hat/ fahren lassen.

Was ausser der Speiß und Artzney von diesem Vogel dem Menschen nützlich seye.

Marcus Varro gibt der Krammetsvögel Mist den Preiß die Acker zu düngen. Nach diesem lobet Columella der Tauben und Hüner Mist. Diesen Mist loben auch die Weiber bey uns zu den Graß-Blumenstöcken/ so man in Geschirr setzt: sonst aber nirgend zu/ dieweil er viel Unkraut herfür bringt. Die Fischer in Macedonia, damit sie diejenige Fisch mit vielen Farben gezieret / (Pœcilias genannt) fangen können/ verbinden sie den Angel mit purpurfarber Wollen/ und an diese Wollen binden sie zwo goldgelbe Hanen-Federn/ ꝛc. sagt Ælianus. Die Milch gerinnet von dem Häutlein in der zahmen Hennen Magen/ welches von den Griechen Echinus, weil es wie eine rauhe Igelshaut/ oder Rinde gestaltet/ genennet wird. Mit folgendem Köder kan man grosse Fisch und allerley Meerfisch fangen/ als da sind die / so Glauci und Orphi genennet werden/ und dergleichen:

chen: Nimm Hanenhödlein/ und Zirbelnüßlein/ dörre und zerstoß es/ und misch es untereinander/ also/ daß der Hödlein acht Quintlein/ der Zirbelnüßlein 16. Quintlein seyen: man macht sie aber zu Mehl/ und macht Kügelein darauß/ damit werden dann die Fisch sehr herbey gelocket. Wann man den Hennen Traubenblüt in der Speiß zu essen gibt/ werden sie die Trauben nicht berühren. Die Saaten soll man auch vor ihnen verwahren.

Wie man alles Hüner-Geschlecht zur Speiß brauchen und bereiten solle: deßgleichen von Gesundheit der Hanen/ Hennen und jungen Hüner-Fleisches.

Die Alten haben die Hanen und Fasanen sehr zur Speiß gebraucht/ wie zu sehen an Alexandro Severo und Pertinace den Röm. Kaysern. C. Fannius Burgermeister zu Rom/ hat 11. Jahr vor dem 3ten Carthaginensischen Krieg ein Gesetz gemacht/ daß man keine Vögel essen solte/ als eine ungemeste Henne. Zu welcher Zeit man erfunden/ die Heuen mit Speisen so in Milch geduncket waren/ zu speisen. Cotta der Sohn Messalæ deß Redners/ hat zu erst die breite Gänßfüß gedörrt/ und mit Hanenkämmen gekocht/ sagt Plinius. Heliogabalus hat auß Angebung Apicii/ offt Fersen von Camelthieren/ und Kämme von lebendigen Hanen abgeschnitten/ gessen/ darzu Pfauen und Nachtigallen Zungen/ damit er also vor der fallenden Sucht sicher wäre. Wie die Alten diese Vögel bereitet und gekocht habe/ lehret Apicius weitläufftig im 5. Buch von der Kochkunst. Nachdem er etliche Conchiclas (welches Essen sind/ so von der Bonen Conchide genennet werden) beschrieben/ spricht er: Ein ander Conchiclam mach also: Das junge Hun wasch/ nehme die Bein herauß/ zerschneide kleine Zwibeln/ Coriander/ und gereinigt Hirn/ dieses stoß in das Hun/ siede es in Schmaltz/ Oehl und Wein/ und wann es gekocht/ so zerschneid kleine Zwibeln und Coriander: schlage durch oder seyhe die gekochte Erbsen also unzubereitet/ nehme dann die Conchiclam, und meng es darunter; darnach zerstoß Pfeffer/ Kümich/ und schütte seine eigene Brühe darüber. Deßgleichen in einem Geschirr zerreibe zwey Eyer/ temperier es/ schütt die Brühe von gantz gesottenen Erbsen darüber/ oder bereite es mit Nußkern/ laß es über einem Kohlfeuerlein allgemach sieden/ und trag es also für. Ein Conchiclam auff ein andere Weiß zu mache. Nimm das junge Hun bey der Brust auß/ strecke ihm seine Bein/ binde es an eine Gerten und bereite das so du hinein füllen wilt/ thue darzu gewaschene Erbsen/ Hirn/ gehackt Schweinenfleisch/ ꝛc. zerstosse Pfeffer/ Liebstöckel/ Tosten/ und Ingber/ schütte Schmaltz darüber/ und vermenge es mit Wein und Traubenmuß/ mache es heiß/ und wann es gesotten/ so schütte ein wenig von den Erbsen daran/ thue eins umb das ander in das junge Hun/ bedecke es mit dem Netze/ thue es in einen verdeckten Hafen/ setze es in den Ofen/ und laß es also gemächlich kochen/ darnach trag es für. Weiter schreibt er im 6. Buch am 9. Cap. Eine Brühe an ein gesottenes junges Hun mach also: Lege in einen Mörsel Dillsaamen/ dürre Müntz/ Laserwurtzeln/ darüber schütte Essig/ thue Datlen darzu/ daran schütte Schmaltz/ ein wenig Senff und Oehl/ vermisch es mit gesottenem Wein/ und thue es an das junge Hun. Dergleichen Zubereitung der Hüner erzehlet Apicius mehr/ als da ist pullus Parthicus, pullus Oxyzomus, pullus Numidicus, pullus laseratus, pullus paroptus, pullus elixus ex jure suo, pullus elixus cum colocasiis elixis, pullus Varianus, pullus Frontonianus, pullus tractogalatus, pullus tarsilis, pullus leucozomus, &c. Weil aber dergleichen seltzame Essen den Leckermäulern heut zu Tag schwerlich schmecken werden/ als scheinet es unnöthig zu seyn/ derselben Zuberettung hierbey zu setzen. Wollen derowegen dem Apicio vor dieses mahl absagen/ und es mit unsern heutigen Köchen halten. Hierbey können wir nicht unterlassen dessen zu gedencken/ so L. Marineus Siculus, ein sonst berühmter Historicus lib. 5. Rer. Hispan. gegen dem Ende schreibet; daß er nehmlich in der gar alten Spanischen Stadt Santa Domingo de la Calcada, einen Hanen und Henne gesehen/ welche/ als man sie erwürget und gebraten/ wieder lebendig worden/ auf dem Tisch herumb gesprungen/ auch der Han alsobald gekrähet; die hernach noch sieben Jahr gelebet/ und Junge verlassen/ von welchen andere herkommen/ davon die Pilgram Federn nehmen/ so er auch gethan/ und mangele ihnen doch nie hieran. wie dieses Wunderwerck/ und warumb es geschehen/ daselbsten weitläufftig zu lesen ist. Wir können aber solches Wunderwerck/ weil es gar zu wunderlich lautet/ nicht begreiffen. Ant. Guainerius beschreibet etliche Zubereitungen von jungen Hünern/ in dem Capitel/ da er lehret/ wie man den Lust zu essen wiederbringen solle. Platina lehret ein junges Hun in unzeitigem Traubensafft zu kochen. Das Hun koch mit gesaltzenem Fleisch/ wann es halb gekochet ist/ so thue Traubenbeer/ darauß die Kerner genommen/ in einen küpffernen Hafen/ zerschneit Petersilien klein/ und zahme Müntz/ zerstoß Pfeffer und Saffran; dieses alles werff in den Hafen/ darinn das Hünlein gesotten ist/ und richte es alsbald an in einer Schüssel. Nichts ist gesunders als diese Speiß: dann sie gibt viel Nahrung/ wird leichtlich verdauet/ ist darzu dem Magen/ dem Hertzen/ und den Nieren sehr dienlich/ und wehret der Gallen. Und bald darnach lehret er ein jung Hun also braten. Wann du das junge Hun wohl geropfft/ außgenommen und gewaschen hast/ so brat es/ und wann du es gebraten/ und in die Schüssel gelegt hast/ so schütt/ ehe dann es kalt wird/ Citronen oder unzeitigen Trauben-Safft/ mit Rosenwasser/ und wohl zerstossenem Zucker oder Zimmet daran/ und trag es für. Dieses mißfällt dem Bucino nicht/ welcher zugleich sauer und süß ding liebet/ damit er die Gall dämpffe/ und fett darvon werde. Junge Hüner-Pasteten: Wann die Pastet gemacht ist/ so nimm die Hüner/ wann sie wohl gereiniget/ brech ihnen die Glieder/ lege sie darein/ thu darzu drey oder vier Eyer/ darnach die Pastet groß ist/ deßgleichen Saltz und Ingber einen guten Theil. Ists im Sommer/ so thu kleine Rosinlein (wie an die Capaunen) und ein wenig frische Butter darein/ und mache auch einen Deckel darauff/ bestreich die Pastet mit Eyern/ und laß sie 2. Stund backen. Wann du sie kalt haben wilt/ so thu oben an der Pasteten ein Loch auff/ giesse die Brühe auß/ blaß das Fett darvon/ schütte die lautere Brühe wieder darein/ und laß es also kalt werden. Die Hüner dämpfft man bey uns/ wann man sie in Butter bratet/ und ein wenig Wein (so sie halb gebraten sind) daran schüttet. Junge Hünlein zu dämpffen: Bereit die Hüner/ thu sie in einen Hafen/ giesse Wein und Fleischbrühe daran/ ein wenig Saltz und Saffran: wilt du die Brühe dick haben/ so lege zwo gebehete Semmelschnitten zu den siedenden Hünern/ und so sie gesotten/ so ziehe sie sampt den Lebern herfür/ stoß und treibs durchs Gewürtz ab/ giesse es wieder in die Hüner/ und laß es genug siede. Man thut auch Limoné daran/ und siedet sie bey dem Hünlein: und wan man sie aufftragt/ leget man sie darauff. Ein zerstossen Essen: Sied ein Capaunen oder Hun/ biß sie weich werde/ thu sie in ein Mörsel mit Bein und allem/ stoß es wohl: ist deß Hünerfleisches zu wenig/ so stoß Semmelschnitten auch darunter/ darnach treibe es mit der Hünerbrühe durch eine küpfferne Seihe/ und gieß ein wenig guten Wein daran/ thu Saffran und Gewürtz darzu/ so viel genug ist/ laß es eine gute weil sieden/ und trag es auff dem gebeheten Brod für; du kanst auch Eyer/ in Wasser geschlagen/ darauff machen. Zu Zeiten wann etwas vom Tisch überbleibt/ von Hünern oder Capaunen/ nehmen etliche die Beinlein sampt dem Fleisch/ zerstossen es/ und machen dann ein Essen darauß: Etliche thun auch Lebern von einem Lamm darzu. Diese Speiß ist den Kindbetterinnen und denen so zur Adern gelassen haben/ gut zu essen/ wie Balthasar Stendel darvon schreibt. Eine Nuß in ein jung Hun gethan/ macht es leichtlich sieden/ sagt Cornelius Agrippa. Eine Hünerbrühe von Mandeln zu machen: Nimm ein halb Pfund Mandeln/ drey kleine Eyerdotter/ Hennen-Lebern/ Semmelbrodt zweyer Eyer groß/ Milch-Raum vor zween Pfenning/ Brühe von einer alten Hennen/ die wohl gesotten sey/ treib die gestossene Mandeln mit der Brühe durch ein Tuch; oder nimm junge Hüner/ Zimmet/ Nägelein/ ein wenig Saltz/ lege das vorgesottene Hünerfleisch in diese Brühe/ lasse es darinnen warm werden/ daß die Brühe darvon dick werde.

Die Hennen sind hitziger Natur im andern Grad/ die Hanen aber warm und trucken/ auch im andern. Aller Vögel Fleisch gibt weniger Nahrung als der vierfüssigen Thiere/ wird aber leichter verdäwet/ sonderlich deß Rebhuns/ Haselhuns/ der Tauben/ der Hennen und der Hanen. Die Hennen sind denen so truckner Natur sind/ die Hanen aber den hitzigen und truckenen gut. Daß die jungen Hanen denen/ so sich nicht viel bewegen/ gut seyen/ läst Galenus nicht zu. Dann er spricht/ denen so weniger Speiß bedörffen/ und sich geübt haben/ schlag ich die Hüner nicht ab/ sonderlich diejenige/ so auff den Bergen erzogen sind; aber die sich nicht üben/ die sollen dieses Fleisch meiden/ doch dörffen sie wol von den Flügeln essen. Hünerfleisch gebiert nach den Haselhünern die beste Feuchte im Menschen/ bevorab wann es fett ist. Es befeuchtiget den Leib/ macht eine gute Farb/ darumb essen es die Weiber gern/ es mehret den männlichen Saamen bey jungen Leuthen/ darzu das Hirn/ macht eine helle Stimme. Die jenige werden auch insonderheit gelobt/ so auff freyer grüner Weyde sich weyden. Der jungen Hüner Fleisch ist warm und feucht/ doch wenig. Der gar alten Fleisch ist kalt und trucken/ und daher schwer zu verdäuen/ gleich wie auch der alten Hanen und Capaunen. Hünerbrühe gibt viel Nahrung. Der jenigen Fleisch/ so noch nie gelegt haben/ ist ziemlich fett/ und mittelmässiger Natur. Die Henne stopfft in etwas/ die jungen aber befeuchten den Bauch/ darumb soll man die Hennen mehr gesotten als gebraten essen. Diese Vögel geben die beste Nahrung/ dann sie werden schnell zu Blut/ und gebehren nicht viel bösen Schleim/ doch ist der Hennen Fleisch besser als der Hanen/ es sey dann daß sie gecapaunct seyen. Die schwartzen Hennen so noch nie gelegt/ werden sehr gelobt. Die Hüner sind alsdann am besten/ wann sie ihre Speiß mit Arbeit herfür kratzen müssen. Die Hennen sind auch Winterszeit besser/ weil sie zu derselbigen Zeit nicht so sehr legen; die jungen aber Sommerszeit/ wann man noch dreschet/ doch die Hennlein mehr dann die Hänlein. Man soll die Hanen/ ehe man sie tödtet/ vorhin jagen. Die zimlich alten Hanen soll man schnell getödt außnehmen/ und von Morgen an biß zu Abend auffhencken/ damit sie desto weniger hart seyen. Wann einer Rotzig ist/ oder ein wässerig Geblüt hat/ soll er warm gebratten Hanenfleisch essen. Wer von einem wütenden Hund gebissen ist/ soll junger Hüner Brühe trincken. Die so Hanenfleisch gessen haben/ sollen nicht saure Milch darauf essen/ dann darvon entstehet das Krimmen. Ein Essen auß den Köpffen und Eingeweyden der Hennen und Capaunen zu machen: Der Hennen und Vögel Lebern/ Lungen/ Bein/ Köpff und Hälß/ solt du wohl waschen/ wann du sie gewaschen und gebraten hast/ solt du sie ohn eine Brühe in eine Schüssel schütten/ darein thue Essig/ zahme Müntz/ Petersilien/ spreng Pfeffer oder Zimmet darauff/ und trag es also den Gästen für/ wie Platina lehret. Der Hanen Kamm und Läplein soll man zur Speiß weder loben noch schelten/ wie Galenus lehret. Die Magen und Lebern der fetten Gänse/ darnach der fetten Hennen/ werden für die besten gehalten. Wann der Vögel Magen verdäwet wird/ gibt er sehr viel Nahrung/ sonderlich der Hennen un Gänß.

Die

Die Flügel der Vögel in der Speiß genossen/ sind gar guter Nahrung/ bevorab der Hennen. Etliche thun Gänß flügel darzu/ dann wegen stäter Bewegung reinige sie dieselbe von aller bösen Feuchte/ so sonst darinnen seyn möchte. Also werden auch ihre Hälß für die beste gehalten/ wañ das Blut wol darauß gelassen wordē/ sagt Platina. Der Hanen Nieren/ Lebern und Hödlein/ sonderlich der gemesteten/ geben gute Feuchte. Wann sie mit Milch gemestet/ dienen ihre Flügel und Hödlein denen/ so truckner Natur sind: man sol sie auch denen geben/ die wegen langwieriger Kranckheit außgezehrt sind. Wann ein Weib stets/ nachdem sie empfangen hat/ Hanen Hödlein isset/ sol sie ein Knäblein gebehren/ wie Plinius schreibt.

Wie auff neue Arth die Hanen/ Hüner und Capaunen zugerichtet werden.

Es werden ins gemein und sonderlich die junge Hanen und Capaunen gebraten. Welche theils also trucken/ theils mit Zuthun Pomerantzen und Citronen-Saffts oder nebens Zucker/ Zimet und Wein/ gessen werden. Die Arthen zu kochen sind unterschiedlich/ als da sind die jungen Hennen mit Closterbeer gekocht/ alte Hüner mit Petersilien-Wurtz/ Reiß und dergleichen; Die Frantzosen zerschneiden dieses Geflügel wann es gerupffet ist/ schlagen dieselben mit einem Holtz umb mürb zu machen/ und rösten es ein wenig in Butter (etliche lassen es an statt dieses sieden) thun darzu Fleischbrüh/ ein klein wenig Wein/ Citronen/ frische Butter/ geriebenen Weck/ und Muscaten-Blumen/ und lassen dieses zusammen wohl gar werden. Zu geschweigen der herrlichen Pasteten welche von den Hanen und Capaunen können gemacht werden. Ist in Mangel derer nicht zu schelten/ wann man zu den gekochten Hünern geschelte Krebs/ Morcheln/ Artischocken/ hart gesottene Eyer/ Spargen/ und dergleichen thut/ und dieses zusammen mit Zuthuung Brüh/ Gewürtz/ frische Butter/ und ein wenig geriebenen Weck/ kochet/ biß die Brüh etwas dicklicht wird. Die Capaunen und Hanen werden offters auch verschnitten auff obige Arth/ und in einem Zinen oder Erden Hafen/ mit Fleischbrüh/ Citronen/ Muscatenblumen/ und ein wenig Hausenblaß/ so lang gekocht/ biß man vermeint daß es ein Gallerat gebe/ welches dann in hitzigen Schwachheiten so wohl als Gesundheit für ein stattliche Speise zu halten ist.

Von den Artzneyen so von allem Hüner-Geschlecht komen/ als vom Hanen/ Hennen/ ihren Jungen/ wie auch von ihren Theilen/ und ihrem Koth.

Die Henne widersteht der Gelbsucht/ wann sie gelbe Füß hat/ die man vorhin mit Wasser/ hernach mit Wein wäschet/ und denselbigen trincket. Wann du einen Hanen zu Sommerszeit außgenommen/ und ihm die Haut abgezogen hast/ so henck ihn/ mit Saltz gefüllt/ an den Schatten/ biß daß er dürr worden; darnach nimb die Bein darauß/ und zerstoß ihn mit Saltz/ behalt ihn in einem gläsern Geschirr zum Gebrauch/ und wann du zwey Sechstheil eines Quintleins darvon trinckest/ wird es dich sehr zur Unkeuschheit reitzen/ sagt Alex. Benedictus. Ein wunderbare Artzney für das Gliederwehe/ welche an einem jeden Orth der Geleiche kan gebrauchet werden. Ein gute vierjährige Henne/ mit Wermuth gefüllt/ soll in dreyen Eymerlein Wasser gekochet werden/ biß zween theil einsieden/ darüber sol der Kranck alle Tag zweymal gedämpfft werden/ also/ daß man ihn unter sich mit warmen Tüchern streiche. Junge Hüner und Capaunen hat Matthæus Gradi mit Brühen und Vipern Fleisch/ mit Brodt zu einem Teig vermengt/ gemestet/ biß daß ihnen die Federn außgefallen/ und damit den Auffsatz vertrieben/ schreibt Sylvius. Die gesprengte Schlang so am allerwenigsten Gifft hat/ koch mit Weitzen/ mit diesem Weitzen speiß die Hennen/ und gib ihn auch diese Brühe zu trincken. Von dieser Hennen Fleisch einen Habicht gespeist/ wird er sich mausen: und wann er etwan eine Kranckheit hat/ wird sie ihm vergehen und nachlassen/ sagt Albertus. Hüner-Brühe stopffet den Stulgang: aber alter Hanen Brühe befördert denselbigen. In Hünerbrühe zu Sommerszeit unzeitige Trauben gekocht/ mindert die Gall. Junger Hüner Brühe miltert die beissende Feuchtigkeiten. Eines fetten und jungen Huns Brühe macht ein mittelmässige Complexion, und ist die beste Artzney den Außsätzigen/ sagt Averroes. Junger Hanen Brühe ist denen gut so die rothe Ruhr haben: des alten Hanen aber dienet nicht darzu: und des gesaltzenen Brühe ist schädlich. Denen/ die mit Krimmen beladen/ sol man fette Hünerbrühe mit Butter gekocht/ zu essen geben. Alter Hanen Brühe macht den Stulgang: darumb wann du ihn außgenommen/ so thu Saltz darein/ und wann du ihn wiederumb zusammen genehet/ so siede ihn in Wasser/ davon gibt man dem Krancken/ wann es erkaltet ist/ zu trincken; etliche kochen Meerwinden/ Bingelkraut/ wilden Saffran/ oder Wiedertodt darin. Es ziehet die böse Feuchte und das schwartze Blut auß dem Leib; vertreibet auch das langwirige Fieber/ das Keichen/ das Gliederwehe und Auffblähung des Magens/ wie Dioscorides schreibt. Alter Hanen Brühe mit Engelsüß und Dill getruncken/ dienet wider das Krimmen: darzu wider das Zittern der Glieder. Amatus Lusitanus hat nach andern Artzneyen diese Artzney von einer Hanen-Brühe fürgeschrieben einem viertzigjährigen Weib/ welches grossen Schmertzen empfande von der Gegend des Magenschlunds an/ biß auff die Scham hinab/ und zugleich das Fieber/ Erbrechen/ und dabey gantz keinen Stulgang hatte. Tödte einen Hanen der zum wenigsten 4. Jahr alt seye: jag ihn aber vorhin/ und wann du ihn außgenommen/ so thu diese Stück darein/ Sal gemmæ drey Quintlein/ wilden Saffran-Saamen/ Engelsüß/ von einer Eichen/ so noch frisch/ zerstossen/ eines jeden ein Untz/

Saamen von Mohrenkümmel / Dill / Ammi, eines jeden ein Loth / Turbith drey Quintlein / vermische es / und koche es in zwölff Pfund Wasser biß auff die Helffte. Von diesem hat sie nüchtern sechs Untzen getruncken / man hat ihr auch darauß zuweilen ein Clystir gemacht / dardurch der Stulgang gebracht / und der Schmertz gantz vergangen ist. Springkörner verletzen den Magen / darumb nimmt man sie mit Fisch- oder Hanen-Brühe ein. Zum Stulgang wird ein Handvoll Bingelkraut / in drey Pfund Wassers auff die Helffte eingesotten / und mit Saltz / Honig / und einer Hanen-Klauen gekocht / und getruncken / sagt Plinius. Sonnenwende-Saamen / so drey Körnlein hat / auffgestrichen / und in Hanenbrühe oder mit Mangoldt und Linsen gekocht und getruncken / ziehet dz böse Blut der Lenden und des Rückgrads auß. Ein Clystir für allerley Krimmen / auß der Beschreibung Joann. Goeuroti. Nimm einen so alten Hanen als du ihn haben kanst / und wann du ihn mit Ruthen geschlagen hast / so köpffe ihn / und wirff ihn in ein Eymerlein Wasser / und wann du ihn geropfft und außgenommen hast / so thue diese Stück darein: Anis / Fenchel / Kümich / Engelsüß / wilden Saffran-Saamen / eines jeden ein Loth / Turbith, Senetblätter / Lerchenschwamm in ein reines Tüchlein gebunden / eines jeden zwey Quintlein / Camillenblumen ein Handvoll / koch es biß die Bein sich von dem Hanen schelen. Ein Pfund dieser abgekochten Brühe soll mit Dillen- und Camillenöl (beydes zu 2. oder 3. Untzen genommen) und mit zweyen Eyerdottern vermischt werden / darauß mach ein Clystir / und gebe es dem Krancken laulicht / wann er noch nüchtern ist. Hanen Brühe getruncken / ist eine köstliche Artzney wider Schlangenbiß / sagt Plinius. Diese Brühe wird zuweilen mit andern zusammenziehenden Artzneyen wider die rothe Ruhr gebraucht / und mit Milch wider die Eytergeschwär der Blasen. Plinius braucht zu der rothen Ruhr allein die Brühen von einem jungen Hanen. Ein alter Hahn sol nach langem Kampff getödtet und gekochet werden / mit Gersten / Rosinlein darauß die Kern gethan / Poley / Isop / Thymian und Violen / welches man vermischet mit scharffem Essigmät / und dem Krancken / so viel er in einem Schluck trincken kan / zu trincken giebet; so wird es wider das Fieber Epiala (da der Mensch äusserlich warm / innerlich aber kalt ist) dienen / wie Brudus Lusitanus lehret. Und werden also nach jeglicher Kranckheit / auch sonderliche Medicamenten / als in Colick-Schmertzen purgirende und zertheilende / in dem Husten und zähen Schleim auff der Brust / wie auch in verstopfften Miltz / eröffnete und aufflösende Kräuter und Wurtzeln / in die Hanen gefüllet und also gebrauchet. Die Hanen Brühe wird nützlich getruncken / wann man nur einen Argwohn des gegessenen Giffts hat / dann sie macht den Stulgang / löst auch den Magen also auff / daß er zu dem Erbrechen geneigter wird / sie benimmt auch das scharffe Beissen des Giffts / und indem sie die Gänge verstopffet / hindert sie daß das Gifft nicht so schnell durchdringe / wie Dioscorides schreibt. Aëtius sagt / man soll denen so Gifft getruncken haben / nachdem sie sich gebrochen / eines fetten jungen Hanen Brühe zu trincken geben. Dem Gifft so von einer Wiesel kommen / widerstehet die Brühe von einem alten Hanen / einen guten Trunck davon gethan; sie widerstehet auch der Wolffswurtzel-Gifft / ein wenig Saltz darzu gethan / sagt Plinius. Galenus aber heist fette Hennen-Brühen dafür trincken. Dioscorides heist Laugen mit Wein und einer Hennen darfür kochen. Gesaltzene Gänß- oder Hüner-Brühe / ist denen gut so Coriander getruncken haben / wann vorhin das Erbrechen mit blauem Gilgenöl erwecket worden. Das Fleisch von der Brust einer fetten Hennen gekocht / oder die Brühe darvon genommen / ist gut wider das Gifft des Krauts Dorycnii, wie Nicander und Dioscorides berichten. Man nimmet auch eine Henne oder Capaunen auß / säubert das Fleisch und zerschneidet solches in stücken / thut hernach Ochsenfleisch / Hammelfleisch / oder Kalbsfüß dazu / setzts in ein doppelt verschlossen Geschirr / läst es ein weilen kochen / nachmalen durch ein Tuch getruckt / etwas Gewürtz darunter gethan / und zu einer Gallrey werden lassen / solche Gallrey genossen / nehret trefflich wol und stärcket. Hüner zerschnitten und also warm übergelegt / heilet Schlangenbiß / man muß aber allzeit frische darüber legen / darnach grüne Lorbeerblätter mit Oehl und Saltz zerrieben / über die Wunden binden. Einer frischen getödten Hennen Fleisch / über die Biß gelegt / heilet alle böse vergiffte Biß / ohne der Schlangen Aspidis, sagt Galenus. Wann dir in einer Pestilentz ein Schlier gewachsen / so beropff einem Hanen den Hindern / und leg ihn eine Stund auff den Orth / und über ein Stund leg einen andern darüber / und dieses thu den gantzen Tag / also wird denn das Gifft von des Hanen Hertz angezogen / und der Han von stund an sterben / doch sol man vorhin an diesem Orth schrepffen. Amatus Lusitanus heist ein junges Hündlein oder eine Taube / lebendig mitten durch den Rücken zerschnitten / auff den Kopff eines unsinnigen Weibs legen. Etliche brauchen auch eine schwarze Henne in gleichem Fall. Deßgleichen nimmet man auch eine schwartze Henne / schneidet sie lebendig auff / und leget sie auff das Haupt in hitzigen Haupt-Schwachheiten / oder auff die pestilentzische Beulen / sie ziehet die Hitz und das Gifft herauß. Hanen-Blut vertreibt die Flecken der Augen und Mähler mit Wasser auffgestrichen. Wir lesen bey dem Marcello, daß Hünerschmaltz allein den Lungensüchtige innerlich gebraucht werde / da er spricht: Nim Pulver von altem Dill / und Pulver von Fichten-

Von dem Hanen.

Fichtenhartz/ gebe mit altem Gänß- oder Hünerschmaltz am Morgen nüchtern/ und zu Abend drey Löffel voll dem Krancken davon zu trincken/ so wirstu ihm helffen. Wie man aber das Hünerschmaltz ausser dem Leib gebrauchen solle/ und wie man es bereite/ ist oben bey dem Gänßschmaltz auß dem Dioscoride gesaget. Deßgleichen bey der Enten/ wie man Enten- Hüner- und Gänßschmaltz behalten solle. Hünerschmaltz ist das mittelste zwischen dem Gänß- und Schweinenschmaltz/ das Gänßschmaltz aber ist das krässtigste. Zuweilen braucht man eins für das ander. Doch ist Hünerschmaltz wärmer und truckener als Schweinenschmaltz/ auch zärter/ und hat nit viel grober Materi/ uñ das umb so viel mehr/ wann es von wilden Hennen kommen: und tringt seiner Zartheit wegen mehr hinein. Der jungen Hüner Fett ist hitziger als der alten/ und deß Hahnen mehr dann der Hennen. Tamarischen Saamen mit gemesteter Hennen Fett wird über die spitzige Geschwär gelegt. Für den Brand nimm Speck und Hünerschmaltz/ und schmeltze es über einem Liecht in Wasser/ hernach hebe es ab/ und salb den Gebresten mit diesem abgefeimbten Fett. Dieses Schmaltz/ wie auch der Gänse Schmaltz/ bewahret das Angesicht wider den Wind/ Kälte/ und die Sonnen. Es heilet auch die Spälte deß Angesichts/ und macht es schön. Es legt die Blattern im Augapffel. Wann einem Vieh ein Aug zerschnitten/ so ist dieses oder Gänßschmaltz gut darfür. Hünerschmaltz zerlassen/ und laulicht in die Ohren getrieffi/ vertreibt einen jeden Gebresten derselbigen. Dieses Schmaltz mit Spicanarden zerlassen/ dienet zu den Ohren und Gebresten der Nerven oder Sennadern. Es wird aber laulicht in die eyterichte Ohren geschüttet. Die Bällerlein der zahnenden Kindern heißt Æginita mit diesem Schmaltz erweichë. Man lobt dises Schmaltz für die Blattern an den Brustwärtzlein. Ohne Saltz gebraucht/ dienet es der Bärmutter/ und andern weiblichen Kranckheiten/ wann es noch frisch als ein Pflaster darüber geleget wird.

Deß Hanen Kamm zerrieben/ legt man über der tobenden Hunde Biß. Gebe diesen Kamm einē in der Speiß zu essen/ so unwissend in sein Bett harnet/ so wird ihm geholffen/ wie Rhasis schreibet. Koch Hennen-Füsse/ mische darunter Saltz/ Oehl und Essig/ und gebs denen/ so mit dem Krimmen behafftet/ zu essen. Marcellus sagt/ man solle eine Hennen einen gantzen Tag ungessen lassen/ am nachgehenden Tag aber/ wann man sie getödet/ sol man ihre Bein mit Saltz und Oehl braten/ und dem/ der das Krimmen hat/ nach dem er einen Tag darvor nicht gessen/ zu essen geben/ so werde man ihm helffen. Hünerhirn wird vor Schlangenbiß in Wein getruncken/ wie Dioscorides lehret. Deßgleichen wider Scorpionstich/ diese Krafft hat es auch mit Essig oder Wein getruncken. Hanenhirn mit Wasser und Essig vermengt/ und Pfeffer darzu gethan/ ist denen sehr dienlich/ so von einer Viper verletzt sind/ dasselbige getruncken/ sagt Sextus. Es ist auch getruncken gut für Spinnengifft. Es stillet auch das Blut/ so vom Hirn kombt. In der Speiß genützt/ macht es einen guten Verstand. Es ist auch wider das Zittern deß Hirns dienlich. Den Kindern wird es auff die Bällerlein gerieben/ damit ihnen die Zähn ohne Schmertzen wachsen. Das innere Häutlein in deß Hanen Magen/ so gewöhnlich abgeschelet und hinweg geworffen wird/ wird getrocknet/ und zu dem Gebrauch behalten/ sagt Dioscorides. Gyb. Longolius heist dieses Häutlein nicht auß dem Magen/ sondern auß dem Kropff nehmen. Wiewol die Alten/ Galenus und andere deß Dioscoridis Meynung beystimmen. Dieses Häutlein zerrieben/ wird mit Wein warm in die eyterichte Ohren geschüttet/ sagt Plinius. Wann man es zerstosset/ und ein wenig Opium darzu thut/ ist es eine nützliche Artzney den Ohren/ dann es heilet die Versehrung derselbigen/ warm darein geschüttet. Dieses Häutlein gedörrt und in Wein eingenommen/ vertreibet den schleimigen Husten/ wie Marcellus uñ Plinius berichten. Von einem Hanenmagen/ so am Schatten getrucknet/ ein Quintlein zerstossen/ und in Wasser getruncken/ wird zur Stund alle Bauchflüß/ so vom purgiren kommen/ stillen. Dieses Häutlein von den Hennen gedörrt/ und in Oehl und Saltz zu trincken gegeben/ stillet den Durchlauff/ es muß aber vorhin die Henn und der Mensch gar keine Früchte essen/ sagt Plinius. In saurem Wein nüchtern getruncken/ ist es auch gut darfür/ also/ daß die Henn zween Tag/ der Krancke aber einen Tag/ nicht gessen habe. In Wein getruncken/ bricht es den Stein/ und treibt ihn herfür. Das viele Harnen zu stillen: Nimm dieses Häutlein/ welches an der Sonnen getrucknet worden/ vermische ein Quintlein desselben mit gutem Weyrauch/ truckenen Eichlen/ Granatäpffel-Blüt/ Galläpffel/ jedes drey Quintlein/ wann du dieses alles zerstossen hast/ so mische es unter Rosenhonig/ und gebe es in kaltem Wasser nüchtern dem Krancken zu trincken. Wann einem der Harn in das Bett entgehet/ so geb ihm gebrante Hanenkälen ein Löfflein voll nüchtern in Wasser zu trincken/ sagt Galenus. Dieses soll auch wider die Harnwinde dienlich seyn. Dieses Häutlein von einem Capaunen genommen/ und in die Fisteln/ so vorhin getödet sind/ gesprengt/ wird sie hinweg nehmen. Gebratene Hünerlebern mit diesem Häutlein und Magsamen-Safft in Wein getruncken/ vertreibt das Krimmen. Hüner-Lebern zerrieben/ und mit Gersteumehl und Wasser Pflasterweiß auffgelegt/ ist den Podagrischen gut. Die Gall von Hennen (sonderlich von den weissen) und Rebhünern/ haben den vornehmsten Gebrauch in der Artzney/ sagt Galenus, sind auch die krässtigste/ wie Dioscorides vermeynt. Diese an den Leib gestrichen/ vertreibet die Flecken desselbigen. Hanengall/ bevorab eines weissen/ in Wasser genetzt und angestrichen/ benimmt die Flecken der Augen

Y iij

Augen und schärffet das Gesicht. Wann einem das Wasser anfähet in die Augen zu fliessen / so nimm Mäußblut/Hanengall / thu gleich so viel Weibermilch darzu/mische es wol unter einander/ und brauche es/dann es ist bewehrt/und hat wol geholffen/sagt Galenus. Die Geschwär und Flecken der Augen heist er auch mit dieser Gall bestreichen. Diese Hanengall mit Schellkraut und Honig auffgestrichen / schärffet das Gesicht völliglich/wie Kiranides lehret. Dergleichen ist auch droben von deß Geyers Gall gesagt worden. Hanengall in Wasser getruncken/und zehen Tag keinen Wein genossen/wird die fallende Sucht wegnehmen. Gebrante Hanenhödlein sollen die essen / so stets in das Bett harnen/sagt Galenus. Diese Hödlein sol man trucken behalten/biß daß man ihrer bedarff. Hanenhödlein zerstossen/und nüchtern in Wasser getruncken/ist ein Artzeney denen / so die fallende Sucht haben/der Krancke muß aber in 10. Tagen keinen Wein trincken. Etliche sagen/man solle diese Hödlein in Milch und Wasser nüchtern fünff Tag nach einander trincken/also / daß man darzwischen keinen Wein zu sich nehme.

Hünerkoth hat eben die Krafft wie der Tauben-Kaat/doch ist er nicht so krässtig / auch nicht so hitzig/dann die Thiere/so sich stets bewegen / sind allezeit truckener als die/so sich nicht bewegen / gleich wie auch die / so warme und truckene Speiß brauchen / truckener sind als die / so kalte und feuchte Speiß essen. Daher hab ich allezeit der zahmen Tauben Mist unkrässtiger befunden/als der wilden/ wie auch der Hüner / so eingeschlossen mit Kleyen gespeiset/als deren/so frey auf dem Felde ihre Nahrung suchen/oder in Höfen gespeiset werden / sagt Arnoldus de Villa nova. Koth von einem jungen Hanen auff zwey Quintlein in warmen Wasser zerrieben und getruncken/machet erbrechen. Dieses thut er auch mit Andornsafft getruncken. Auff Katzen-Biß lege dünnen Hanenkoth mit seinem Schmaltz vermengt. Dieser Koth mit Essig über tobender Hunde Biß gelegt/heilet dieselbigen. Für sich selbst oder alleine wird er in Essig oder Wein für der gifftigen Schwämme Gifft getruncken/ sagt Dioscorides. Galenus sagt auch/daß er dieses erfahren hab. Hennenkoth auffgestrichen/macht das Haar wiederumb wachsen / so von der Haupt-Schwachheit außgefallen ist. Man muß aber vorhin den Orth mit einem Tuch und Zwibeln reiben/biß daß er roth worden/sagt Rhasis. Hüner-Koth frisch übergelegt / ist dem Podagra dienlich. Den Geschwulsten und Außbrüchen/so von Kälte in den Händen entstehen/übergelegt/heilet dieselbe/wie auch alle Biß. Uber die hitzige Geschwär/ so in der Nasen wachsen/gelegt/heilet dieselbige/saget Æsculapius. Dieser Koth mit Oel und Sal-Niter übergelegt / heilet die Hüneraugen an den Füssen/sonderlich wann der Koth roth ist. Hanenmist frisch übergestrichen/heilet die Fehl/so von den Schuhen getruckt sind / vertreibt auch die Wartzen. Hanenkoth wird wider das Krimmen oder Darmgicht in Essig oder Wein getruncken / wie Dioscorides lehret. Rhasis heist ihn mit warmen Wasser und Honig geniessen. Der weisse Theil dieses Koths wird allein von etlichen darzu gelobt/in einem Löffel voll Weins getruncken. Der Rauch von Hennenmist ziehet die Nachgeburt herauß. Vieh-Artzeneyen. Wann ein Pferd eine Feder gessen hätte/so brenne es zum ersten in den Nabel / darnach stosse ihm warmen Kühmist in das Maul/und schlag ihm ein Ader / und nach diesem allem stosse ihm das Eingeweid von einer gesunden Hennen in das Maul. Wann einem Pferdt viel Schleim zur Nasen herauß trieffet / so blase ihm Hünermist in seine Nasen. Wann eine Stüt sich nicht wil bespringen lassen / so zerstoß diesen Mist mit Terpentin / und bestreich ihr die Scham damit/dann dieses wird sie zur Geilheit reitzen. Etliche brauchen Hanenkoth zu den Eytergeschwüren deß Viehes/den man gedörrt / zerstossen und gebeutelt hat/und sprengen solchen Morgens darein/ am Abend aber thun sie Holdersafft darein / etliche Tag lang/nachdem man die Geschwär mit Wein/ darinnen Holderblätter mit ein wenig Saltz gekocht worden/gewaschen hat.

Wann einem Pferd der Bauch auffgelauffen/ nimmet man Tauben-oder Hanenmist ein Hand voll/zertreibet ihn mit Wein und Sal-Niter/und brauchet es dem Pferdt als ein Clystir. Weisser Hennenkoth sol mit altem Oehl / in einer hörnichten Büchsen behalten / und für die Zittermähler auffgestrichen werden. Er dienet auch also wider die Augen-Flecken/sagt Plinius. Dieser Koth mit altem Oehl rein zerstossen und auffgelegt/heilet die Flecken der Augen und Stern-Fell/ stärcket auch das Gesicht. Mit Essigmät getruncken/vertreibt er das Gifft der Schwämme/wie Aëtius lehret. Zu dem Zäpfflein im Halß. Weissen Koth von einem Hanen solt du trucknen/und wann es die Notturfft erfordert / so vermeng ihn mit Wasser oder Mät/ und trinck einen Löffel voll. Wilt du es aber nicht trincken/so streich den Koth inwendig an / sagt Nicol. Myrepsus. Wann man diesen Koth in Leib nimmet/sol er das geronnene Blut zertreiben. Von einem Hanen allein den rothen Theil deß Koths genommen/und auffgelegt/heilet die spitzige Geschwär / und mildert den Schmertzen. Diesen Koth heissen etliche über die blöde und blintzelende Augen streichen/sagt Plinius. Die Asche von diesem Koth dienet wider Scorpion-Stich. Hennen-oder Taubenkoth-Aschen mit Oehl auffgelegt / vertreibt die eyterichte Geschwär der Füsse. Die Steinlein/so in deß Hanen Magen gefunden werden/sol man zerstossen/und wider den reissenden Stein trincken. Von den Krippen soll man alles zahme Geflügel jagen / dann sie stellen denselben umb deß Futters willen nach / lassen aber daselbst nicht allein die Federn/sondern auch den Koth fallen/so doch die Federn dem Pferdt im Halß / der Mist aber im Magen Schaden thun/sagt Ioach. Camerarius. Hierocles spricht / man solle dem Pferd / so diesen Mist gessen / mit dickem weissen Hünerkoth helffen/ den man in einem Quintlein Unschlit zertreiben soll / und mit zweyen Massen (jedes von dreyssig Untzen) Gersten-Mehl / und saurem rothen Wein zu Kuchen machen / und dem Pferdt also zu essen geben.

Man

Von dem Capaunen.

Man sagt/ daß einer auff eine Zeit von einem kämpffenden Hanen verletzt/ unsinnig worden sey/ wie Cælius Aurelianus schreibet.

Den gantzen Gebrauch/ welcher von den Hünern kommet/ verfasset Becherus in folgende Reimen:

Die Hüner kommen auch/ auß ihrem Hüner-Hauß/
Der Apotecken zu; Neun Stück sie geben rauß.

   1.   2.   3.   4.
Sie gantz seyn gut/ ihr Hirn/ ihr Gurgel/ Magen/
        5.
       Fett/
  6.   7.   8.   9.
Die Eyer/ Geylen/ Gall/ der Koth hilfft auß dem Bett.

1. Man macht auß Hüner-Fleisch ein gute Gallerey/
Die nehrt und stehet auch deß Menschen Kräfften bey.

2. Man trinckt das Hüner-Hirn in gutem alten Wein/
Es pfleget in der Ruhr offt im Gebrauch zu seyn.

3. Von einem Hahnen nehmt den Halß/ und thut ihn brennen/
Es hilffet denen/ die den Harn nicht halten können.

4. Das innre Häutlein nehmt von einem Hüner-Magen/
Getrocknet pulvert es/ den Stein kans nicht vertragen.

5. Das Fett von Hünern und von Kappen nutzet sehr/
In Ohren-Schmertzen es erhält Lob/ Preiß und Ehr.

6. Die Eyer-Schalen seind im Stein sehr in Gebrauch/
Das Häutlein treibt den Harn/ das Weisse kühlet auch;
Den Eyer-Dotter braucht man in Clystiren sehr/
Das Oehl den Brüchen thut ein starcke Gegenwehr.

7. Die Hüner-Geylen seind in sonderlichem Brauch/
Sie stärcken/ nehren wohl/ und dienen zu dem Bauch.

8. Die Hüner-Gall die pflegt man auff die Haut zu schmieren/
Sie machet weisse Händ/ und thut dieselbe zieren/

9. Ein halbe Drachmam nehmt von dürrem Hüner-Koth/
Ist in der Colick gut/ stillt in dem Stein die Noth.

Von dem Capaunen oder Caphanen.
Capus.

Wie man die Hanen capaunen oder verschneiden solle.

Der Capaun oder Caphan wird auf Griechisch Ἀλεκτρυὼν ἐκτομίας; Lateinisch Capo, Capus; Italianisch Capone; Französisch Chapon; Spanisch Capon; Pohlnisch Kaplun; Ungarisch Kappan; Engelländisch a capon; und Niederländisch Capoen/ oder Capuyn genennet/ weil ihm seine Hödlein außgeschnitten werden/ das sonst keinen Vögeln geschiehet. Wann man den Hanen mit zweyen oder dreyen heissen Eisen zu hinderst brennet/ so macht man ihn zu einem Capaunen; andere brennen ihm die Sporen ab/ und bestreichen den Orth mit Hafnerleimen. Bey uns schneiden sie ihm bey dem Hindern ein solch Loch/ daß man einen Finger darein stossen/ und also damit beyde Hödlein suchen kan/ welche oben an den Lenden/ unter dem Eingeweyd/ wann er auff dem Rücken liegt/ hangen/ und mit dem vordersten Theil deß Fingers herauß gezogen werden / darnach wird die Wunde mit einem Faden zugenehet/ und Schmaltz und Aschen darauff gerieben. Uber dieses schneidet man ihm auch den Kamm ab/ und reibet auch Butter und Aschen darauff/ das Blut damit zu stillen. Etliche setzen ihm an statt deß abgeschnittenen Kamms einen Sporen vom Bein genommen/ oder ein Federlein/ welches/ wann die Wunde zugeheilet/ darinn wächset. Wann er recht gecapaunet worden/ so wird ihm der Kamm bleich/ er krähet auch nicht mehr/ ist auch nicht geil. Die Capaunen weyden zwar mit den Hennen/ aber sie beschirmen dieselbe nicht/ verkündigen auch nicht die Stunden deß Tags und der Nacht/ darumb sind sie zu nichtes besser als zu essen / dieweil sie sehr fett werden/ wann ihnen also die Geilheit genommen worden. Man sagt/ daß die Capaunen auch die fallende Sucht bekommen.

Wie man die Capaunen speisen und mesten solle.

Die Leckermäuler haben gelernet die Capaunen und Hennen zu mesten/ damit sie ihnen desto besser schmeckten/ wie Platina sagt. Sie werden fett von Hirsenmehl mit Honig vermengt/ bevorab wann man ihnen Kügelein darvon in der Speiß gibt. Etliche verschliessen sie an einen engen Orth/ und machen Kügelein auß Hirsenmehl/ fast so lang und groß als ein Geleich eines zimlichen Fingers/ davon sie Anfangs ihnen etwan 10. in das Maul stossen/ und etliche Tag darnach je länger je mehr; und auff diese Weise wird auch die Zahl nach und nach gemindert. Man soll ihnen aber zuweilen mehr/ zuweilen weniger/ nachdem sie nemlich verdäwen mögen/ geben/ welches man wohl wissen kan/ wann man ihnen an den Kropff greiffet. Man soll aber diese Kügelein/ wann man dieselbige eingeben wil/ vorhin in Milch oder Wasser netzen/ damit sie desto besser hinab gehen / und solche fein sanfft mit den Fingern den Halß hinab drücken. Wann man aber das Hirsenmehl nit häuffig haben kan/ nimmt man Kleien mit ein wenig Korn und Hirsenmehl vermengt/ und macht Kügelein darauß.

Also

Also werden sie gar nahe in 20. Tagen fett: aber mit Hirsenmehl allein gemest/ in 14. Tagen. Etliche sagen/ daß die Capaunen in kurtzer Zeit fett werden / wann man ihnen Bier für Wasser zu trincken gebe. Etliche sperren sie in ein dunckel Kämmerlein/weichen ihnen Weitzenkörner in einem besondern Geschirr/ mit Milch / und geben ihnen auch Milch in einem besondern Geschirr zu trincken/ und sonsten nichts anders/ welches sie 30. Tage nacheinander thun. Es dienet auch darzu Gersten/ oder Gerstenmehl/ mit Wein oder Bier angefeuchtet; und müssen ihnen die Flugfedern außgerissen werden.

Von der Natur und Eigenschafft deß Capaunen.

Wann man den Capaunen an der Brust und am Bauch ropfft/ und mit Nesseln reibet/ führet er die junge Hünlein/ wie droben bey dem Hanen gesagt worden. Etliche sagen/ daß er auff diese weise auch die Eyer außbrüte / sonderlich wann man ihn mit Brodt in Wein genetzt/ voll macht / und alsobald an einen dunckeln Orth über die Eyer setzt/ dann wann er wiederumb zu sich selbst kommen/ vermeint er die Eyer seyen sein/ und brütet sie also auß.

Wie man diesen Vogel kochen und zur Speiß bereiten solle.

Von Gesundheit deß Fleisches aller Hünergeschlecht/ und wie man dieselbe zur Speiß bereiten solle / haben wir weitläufftig bey dem Hanen gesagt/ darumb wollen wir hie kurtz allein das jenige berühren/ so sonderlich den Capaunen betrifft/ dann dieses Fleisch gehet aller Vögel Fleisch vor; weil man nichts mag in die Küche bringen/ das nicht der Capaun alles an sich habe/ es sey gleich gesotten oder gebraten. Er ist gut dem Magen/ dienet der Brust/ machet eine helle Stimm und fett/ wie Platina schreibet. Junger Capaunen Fleisch / so an hohen Orthen gehalten werden/ und mittelmässig fett ist/ übertrifft der andern Vögel Fleisch in allen Stücken. Arnoldus Villanovanus sagt/ daß er am besten sey/ wann er sechs / sieben oder acht Monat alt worden. Platina lehret/ wie man eine Brühe an Fasanen/ Rebhüner/ junge Tauben/ Holtztauben/ oder Capaunen machen soll. Wilt du sie von einem Capaunen machen/ (spricht er) so nimm einen grossen Hafen/ thue darein den Capaunen sampt den Beinen zerbrochen/ und thue darzu eine Untz dürr Schweinenfleisch/ 30. Pfefferkörnlein/ ein wenig Zimmet grob gestossen/ 3. oder 4. Nägelein/ 5. Salbeyen/ und 2. Lorbeerblätter/ laß dieses

Von dem Capaunen.

sieben Stund sieden / oder daß es biß auff zwo Schüsseln voll / oder noch weniger einsiede / thu kein Saltz oder gesalzen Ding darein / wann du es für einen Krancken zurichten wilt / ein wenig Gewürtz aber schadet ihm nichts / hastu das nicht / so stelle es nichts desto weniger dem Krancken für. Dieses soll den alten und schwachen Leuten gegeben werden. Ein Capaunensuppe mit Käs: Giesse die Capaunen-Brühe auff eine gebehete Semelschnitten / nimm deß besten Käs / der klein zerrieben sey / und thu ihn auff die Suppen / spreng ein wenig süß Gewürtz darauff / und trag es also in einer Schüssel wohl zugedeckt für / sagt Balthasar Stendel. Die Völcker / Catellani genannt / machen eine Speiß / welche sie Miräuse nennen / also: Capaunen / junge Hüner / oder junge Tauben / wohl gereinigt und außgenommen / stecken sie an den Bratspiß / und lassen sie so lang daran / biß daß sie halb gekochet sind / darnach nehmen sie dieselbe herab / zerschneiden sie zu Stücklein / und thun es in einen Hafen / hierauff dörren sie Mandeln in der Aschen / wischen dieselbige an einem leinen Tuch ab / und zerstossen sie / zu diesen thun sie etliche Schnitten gebehetes Brots / und wann sie es mit Essig und der Brühe vermischt haben / schlagen sie es durch ein härines Sib: Wann sie hernach dieses alles in den Hafen gelegt / und Zimmet / Ingber / und viel Zucker darzu gethan haben / lassen sie es sammt dem Fleisch / weit vom Feuer auff einem leichten Kohlfeuerlein so lang sieden / biß daß es zimlich gekocht seye; unterdessen aber wird es allezeit mit einem Löffel umbgerühret / damit es nicht anbrenne. Platina sagt er habe nichts herrlichers gessen als dieses / es gibt viel Nahrung / wird gemächlich verdäuet / erwärmet die Leber und Nieren / macht fett / und bringt den Stuhlgang. Aloisius Mundella schreibet / daß er einem Krancken / so das alltägliche arge Fieber gehabt / da er die Zeichen der Däuung verspühret / bald einen Krammetvogel / bald einen Eyerdotter / bald zerstossen Capaunen-Fleisch / und zwar lieber als Kalb-Fleisch gegeben habe. Deßgleichen / da er einem Gall-reichen Jüngling / so stets das Fieber gehabt / wieder auffgeholffen hat / sagt er / daß er ihm jung Capaunen-Fleisch / der einen Tag zuvor getödt worden / mit Melonensaamen zerstossen gegeben hab / wie auch Brod / so in dieser Brühe wohl gekocht / damit derselbe die Kräffte / so gantz schwach in ihm waren / wiederumb überkäme.

Was von diesem Vogel in der Artzney zu gebrauchen seye.

Leonellus Faventinus, da er eine Artzney den Schwindsüchtigen fürschreibet / vermischet er darein Fleisch von einem fetten Capaunen wohl gekocht / zerschnitten / und in einem steinern Mörsel zerstossen / ꝛc. Waß die Medici zuweilen den Krancken ihre Kräfft wiederbringen wollen / brauchen sie einen Capaunen / dann seine Brühe gibt eine gute Krafft / wann man nur einen Löffel voll davon trincket. Andreas à Lacuna lobet folgendes in der Pest: Ein schöner Capaun soll in reinem Wasser gekocht werden mit Borretsch und Ochsenzungenbletter / eines jeden ein Hand voll / darzu sol man thun Conserven / von Violen / Rosen / Borretsch und Ochsenzungen / eines jeden zwo Untzen / distillir es in balneo Mariæ / vermische es mit dem Pulver Diasantalon deß guten Geruchs wegen / und gebe dem Krancken stets davon zu trincken. Etliche loben in allen Kranckheiten / sonderlich deß Haupts / die von Kälte herkommen / und da die Kräffte abnehmen / dieses distillirte Capaunen-Wasser. D. Geßner hat erfahren / daß es wider das Krimmen zuweilen dienlich seye / sonderlich bey denen / so Winde bey sich haben: Dann wann dieses Wasser recht bereitet wird / vertreibt es die Winde: Man soll aber noch andere Stück mehr / so nach Unterschied der Krankheiten darzu dienen / und von einem gelehrten Medico geordnet werden / darzu thun. Ein Edelmann / so das Krimmen gehabt / hat nach allen unnützlich gebrauchten Artzneyen zwo oder drey Untzen Fett von einem fetten Capaunen / so in Wasser (wie man ihn zu der Speiß bereitet) gekocht war / ohne Saltz getruncken / und ist davon geheilet worden: Man muß aber das Fett / so auf der Brühe schwimmet / abnehmen / und so heiß trincken / als man es erleiden kan. Welcher Krampff-Adern hat / der nehme ein halb Pfund Bocks-Unschlit / und mische darunter ein Pfund Capaunen-Schmaltz / und lege es an einem Donnerstag in einem leinen Tüchlein als ein Pflaster über / so wird es gewaltig helffen / wie Marcellus sagt. Zu den Fisteln / dabey kein Schmertz mehr ist / nimm das Häutlein auß deß Capaunen Magen / dörre es an der Sonnen / und streue es darein. Etliche mischen die Schienbein deß Capaunen unter die Artzneyen / so wider den weissen Fluß der Weiber bereitet werden.

Geßneri Thierbuch
Von der Hennen und ihren Eyern / auch allen Eyern ins gemein.
Gallina.
Von der Gestalt dieses Vogels.

Das Hun wird auff Griechisch ὄρνις, ἀλεκτορίς: Lateinisch Gallina: Italiänisch Gallina: Frantzösisch Geline, Boule: Spanisch Gallina Bolla: Polnisch Kokosz, Kura: Ungarisch Totótyuk: Engelländisch an Henne: und Niederländisch een Henne genennet. Es wird aber dieser Name (Hüner) zuweilen für das gantze Geschlecht genommen/ als auch von den Griechen geschihet. Man gibt ihnen auch bißweilen Nahmen von der Zeit/ als da sind Mertzhennen/ welche noch jung und nie gelegt haben. Die aber brüten und Junge führen/ werden Gluckhennen/ Gluggern/ oder Bruthennen genennet. Was die Henne für einen Unterscheid von dem Hanen habe / ist auß desselbigen Beschreibung leichtlich abzunehmen. Dann die Hennen haben fast keinen Kamm/ so hänget auch derselbige unter sich/ und stehet nicht auffrecht wie deß Hanen. Etliche Hüner haben auch gantz gefederte Füß/ welche man Federfüssige Hüner nennet.

Von der Natur und Eigenschafft der Hennen.

Etliche Hennen legen in einem Tag zweymal also / daß auch etliche sich zu todt gelegt haben : Dann nicht allein die Gewächs der Erden / sondern auch die Vögel außgeleert und unfruchtbar werden. Die Hennen in Illyria legen nicht nur einmal in einem Tag/ wie anderswo / sondern zwey oder dreymal/ wie Aristoteles schreibt. Die Adrianischen Hüner sind auch sehr fruchtbar. Die kleinen Zwerchhünlein aber sind nicht sehr fruchtbar. Die gemeinen Hüner sind die fruchtbarsten. Sie legen das gantze Jahr durch/ ohn in den zweyen kältesten Monaten im Winter nicht. Die Leghennen legen zuweilen sechs und funfftzig Eyer / ehe dann sie anfangen zu brüten / etliche alle Tag / andere zweymal im Tag. Die alten legen im Anfang deß Frühlings / die jungen im Sommer oder Herbst/ und mehr dann die alten/ doch kleinere Eyer. Wann sie aber nicht legen/ so sind sie kranck. Wann eine Henne viel legt/ und nimmer brütet / so ist sie stets kranck/ und stirbt / dieweil sie vom legen durch das brüten / nimmer abgehalten und verhindert wird / dann ihr Krafft wird dardurch gantz erschöpffet. Die aber / so da brütet / ist zwar auch kranck auß Liebe / so sie gegen ihren jungen trägt / welches ihre Stimm anzeigt/ sie wird aber wiederumb gesund

gesund von der angebohrnen Feuchtigkeit / welche sich in ihr samblet zu der Zeit / da sie vom Legen abgehalten wird / sagt Albertus. Sie legen leichtlicher / wann sie einen Splitter von der Erden nehmen / uñ auff ihre Rücken legen / wie Oppianus sagt. Sie legen auch offt im Nest mit ihrem Schnabel das Genist zu recht / wie andere Vögel auch. Wann die Hennen Bonen essen / vertreibt es ihnen das Legen: welches auch von den Hülsen derselbigen geschiehet: wann diese Hülsen auch zu einer Wurtzel eines jungen Baums geschüttet werden / machen sie denselben dürr. Zu der Zeit / wann die Bäum blühen / sollen die Hennen fett werden / indem sie derselben abgefallene Blüt essen / aber alsdañ währen ihre Eyer nicht lang / sondern faulen schnell. Die Hennen (spricht Cicero) gleichwie andere Vögel auch / suchen ihnen einen ruhigen Orth zu legen / und machen ihnen ein Nest / so weich als sie immer können / damit die Eyer desto leichter darinnen erhalten werden: Wann sie die jungen außgebrütet haben / beschirmen sie dieselbe also / daß sie sie mit ihren Federn bedecken / damit sie von der Kälte nicht verletzt / oder auch von der Sonn nicht gebrennet werden. Wann sie aber lauffen können / so gehet ihnen die Mutter nach: und da sie sonsten allein und für sich selbst allzeit die Hund / Katzen und Schlangen föchtet / streitet sie doch wider alle diese Thier / wann es umb ihre jungen zu thun ist. Wunderlich ist es / wann man ihnen Enteneyer unterlegt: dann sie sich erstlich über ihre außgebrütete Jungen / welche sie nicht erkennen / verwundern / und bald ihrer ungewissen Zucht zusammen ruffen: darnach warten sie ihrer mit grosser Sorg bey den Bächen uñ Pfülen / da sie sich auß Anleitung der Natur stets tauchen. Dann die Henne brütet auch andere Eyer / uñ ist eben so sorgfältig für die frembde Zucht / als für ihre eigene. Sie beschirmet auch ihre jungen fleissig vor den Raubvögeln und dem Weyhen oder Hünerdieb / dieweil er ihnen sehr nachstellet. Sie unterstehet auch etliche Nesseln / so den junge schädlich / außzureissen / an welchen sie zuweilen also zerret / daß sie inwendig bricht / und sich also selbsten Schaden thut. Welche Thier den Hennen gehässig seyen / ist droben zum theil gesagt / und wird hernach weiter gesagt werden. Man sagt / daß die Henne an dem Tag / da sie gelegt habe / von keiner Schlangẽ könne verletzt werden / und daß ihr Fleisch alsdann gut sey wider die Schlangenbiß / wann es darauff gelegt werde / wie Albertus davon schreibt.

Von den Eyern sampt allen Umbständen und Zufällen derselben / und erstlich / wie sie in der Hennen wachsen und geformiret werden.

Alles das jenige / so wir hernach von den Eyern und ihrer Natur und Eygenschafft reden wollen / das ist nicht allein von den Hünern / sondern ins gemein von allen Vögeln / auch in gewisser Maß von etlichen vierfüssigen Thüren / so da Eyer legen / zu verstehen. Dieweil man aber diese Ding alle am besten an der Hennen / so der gemeineste Vogel ist / sehen kan / als wird es bey derselbigen Histori am füglichsten beygebracht. In zehen Tagen werden die Eyer in der Hennen vollkommen zeitig / doch in den jungen / und in warmen Ländern / und wann sie warme Speiß brauchen / zuweilen eher. Wañ man aber den Heñen oder Tauben eine Feder außziehet / oder sie auff eine andere Weiß plaget / werden die Eyer langsamer vollkommen. Wann die Eyer noch klein und unvollkommen sind / und der Han die Hennen nicht mehr betritt / so wachsen dieselbe nicht: wann aber der Han sich zu dem Hun hält / nehmen sie von Stund an zu / biß daß sie zur rechten Grösse kommen / wie Aristoteles und Albertus sagen. Das Ey ist zum ersten klein und weiß / bald darnach roth und blutig / darnach wird es grösser und gantz gelb / und wann es weiter zugenommen / wird es unterscheiden / also / daß der innere Theil gelb / außwendig aber etwas weisses darumb gehet. Wann es vollkommen worden / so kommt es mit einer Schalen oder Häutlein herfür / welches / indem es herfür kommet / weich ist / aber von Stund an überall hart wird / wo die Bärmutter nicht bresthafftig ist. Die Hüner fangen nach dem kürtzesten Tag an zu legen / und ist die beste Zucht in dem Frühling / ehe Tag und Nacht gleich wird / die darnach gelegt werden / sind nicht recht groß / und so viel weniger / so viel später sie gelegt werden / sagt Plinius. Columella spricht / daß die fruchtbarste vor dem Anfang deß Jenners legen / in kalten Ländern aber / wann der Jenner halb auß ist. Der Vogel wird auß dem Dotter also formiret: Wann die Henn brütet / so wird das Ey warm darvon / und das / so inwendig im Ey ist / das wird von der Mutter bewegt: dasselbige warme aber / so in dem Ey ist / hat eine Seele / und ziehet das kalte von der Lufft durch das Ey an sich. Dann das Ey ist so dünn / daß es dem inwendigen warmen kaltes genug von aussen her zulässet. Und nimmt also der Vogel zu im Ey / und wird mit seinen Gliedern gestaltet / nicht anders / als wie ein Kind in Mutterleib. Das junge wird auß dem Dotter gezeuget / seine Nahrung aber hat es auß dem Klaren. Wann aber das Hünlein im Ey nit Nahrung genug hat / davon es sein Leben erhalten könne / bewegt es sich starck im Ey weitere Nahrung zu suchen / so werden dann die Häutlein / so umb dasselbe sind / zerbrochen. Wann nun die Mutter spüret / daß das Hünlein gantz unruhig ist / kratzt sie die Schale auff / daß es herauß kan / und dieses pflegt in 20. Tagen zu geschehen. Dañ nachdem der Vogel herauß kommen / ist keine Feuchtigkeit mehr im Ey / dieweil dieselbige alle mit dem jungen verzehret ist / wie Galenus lehret. Dieser Meynung Galeni widersprechen viel / und sonderlich Aristoteles / welcher vermeynt / daß das Hünlein nicht auß dem Dotter / sondern auß dem Klaren / als in welchem der Samen gefunden werd / wachse. Wañ die Hennen 3. Tag / uñ so viel Nächt gebrütet habẽ / so kommt der Eyerdotter in den spitzẽ Theil deß Eyes / welches dañ der Anfang deß Eyes ist: das Ey wird daselbst entdeckt / und stehet das Hertz als ein Bluts Tropff im Klahren / welcher Tropff allbereit springt / und sich als ein Thier bewegt. Von diesem strecken sich zwey durchgehende gekrümmte Bluts Aederlein zu dem Häutlein / so beyde Theil umb gibt/dieweil es zunimmt. Das Häutlein/ so auch mit Blutzäserlein durchzogen/ entspringt von diesen Blutåderlein/ und umbgibt zu der Zeit die weisse Feuchtigkeit: Kurtz darnach aber wird auch der Leib deß Hünleins unterschieden/ welcher zum ersten gantz klein und weiß/ und einen zimliché Kopff/ sonderlich aber grosse auffgelauffene Augen hat: da es dann eine zeitlang also bleibet/ dann die Augen nehmen spat ab/ und bekommen sehr langsam ihre rechte proportion. Den untern Theil deß Leibes aber siehet man anfangs nit vom obern unterschieden. Von den Aederlein/ so wir vom Hertzen sich erstrecken gesagt haben/ umbgibt das eine das klahre/ das andere aber gehet als ein Nabel zum Dotter. Ist derohalben deß jungen Ursprung im klaren/ die Speiß aber wird durch den Nabel auß dem Dotter gezogen. Am zehenden Tag ist das Hünlein gantz sichtbar/ und erzeigen sich alle Glieder: der Kopff ist grösser als der gantze Leib/ und hangen Augen daran grösser als der Kopff selbst ist; als welche zu derselben Zeit schwartz/ und grösser dann eine Bone sind/ haben aber noch keinen Augstern: wann du die Haut davon abzeuchst/ wirstu nichts hartes/ sondern eine weisse dicke Feuchtigkeit/ so gegen dem Tag gehalten/ gantz hell scheinet/ finde/ und nichts anders: und also ist der Kopff und die Augen gestaltet. Man siehet aber auch zur selbigen Zeit das Eingeweyd und Gedärm: Es fügen sich auch die Aederlein/ so vom Hertzen kommen/ zu dem Nabel. Vom Nabel aber entstehet eine zweyfache Ader/ deren die eine zu dem Häutlein/ so den Dotter umgibt/ sich erstrecket/ welcher zu der Zeit feucht/ und grösser ist als seine Natur erfordert: die andere aber gehet zu dem Häutlein/ darvon das Hünlein bedeckt wird/ und zu dem/ welches das klahre und alle Feuchtigkeit in sich fasset: dann indem das Hünlein nach und nach zunimmet/ wird das Klahre in zween Theil abgesondert/ deren der eine den öbern/ der andere den untern Orth innen hat: in der mitten aber ist eine weisse Feuchtigkeit behalten. Es scheidet sich auch die weisse Feuchte nicht vom untern Theil deß Dotters/ wie vorhin. Am zehenden Tag ist das Klahre klein/ und zehe: und zuletzt dick und etwas bleichfarbs darinn. Dann es folget alles auff einander nach dieser Ordnung. Das erste und letzte Häutlein ist bey der Eyerschalen: nicht das/ so an der Schalen gewachsen/ sondern das/ so darunter ist: in diesem ist das weisse klahre/ darnach wird das junge in einem Häutlein verschlossen/ damit es nit in dem Klaren lige/ gleich unter dem jungen ligt der Dotter/ in welchen die eine Ader (wie vor gesagt) sich erstrecket/ da die andere in das umbliegende Klare gehet. Dieses alles umbgibt ein feuchtes Häutlein/ wie Eyter gestaltet. Darnach aber gehet ein ander Häutlein/ wie gesagt/ umb das gantze Hünlein/ welches die Feuchtigkeit abhält/ unter diesem ligt der Dotter in einem andern Häutlein/ in welches der Nabel vom Hertzen und der grossen Ader entsprungen/ gehet/ und auff diese Weise kan das Hünlein von keiner Feuchtigkeit berühret werden. Am 20. Tag bewegt sich das junge in der zerbrochenen Schalen/ und fähet an zu pipsen/ uñ von dem Tag an wird es auch gefedert/ wann es gleich noch nicht außkriechet. Es ligt also/ daß es sein Haupt auff dem rechten Bein an die Lenden/ den Flügel aber auff seinem Kopff hat.

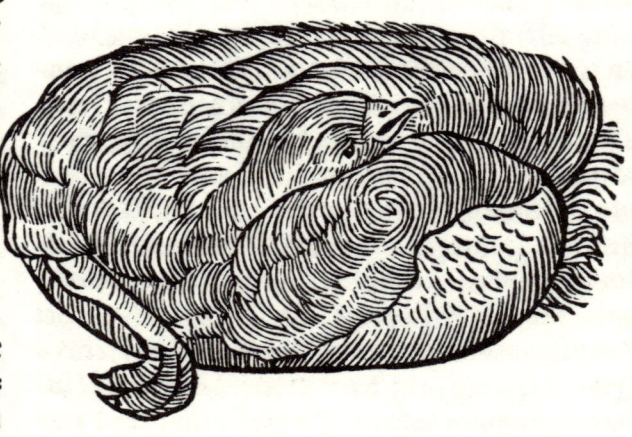

Zu der Zeit kan man auch das Häutlein/ welches an statt der Nachgeburt vorhanden/ am letzté Häutlein der Schalen/ dahin sich der andere Nabel erstrecket/ sehen/ und ist das Hünlein gantz darinn: so scheinet auch das andere Häutlein/ welches auch an statt der Nachgeburt ist/ und den Dotter umbgibt/ zu welchem der eine Nabel sich erstreckt/ etwas breiter. Beyde Näbel haben ihren Ursprung vom Hertzen und der grossen Ader/ wie vorgesagt. Zu derselben Zeit aber wird der eine Nabel/ so in die äusserste Nachgeburt gehet/ wann sich das junge nun zusammen zeucht/ gantz außgemacht: der andere aber/ so in den Dotter gehet/ hängt sich an die kleine Därme deß Hünleins. Unter dem Hünlein ligt auch alsdann viel gelbe Feuchtigkeit: und in seinem Hindern findet man auch etwas gelben Unrahts: es läst auch zu dieser Zeit das Hünlein weissen Koth von sich/ uñ sihet man in seinem Hindern etwas weisses. Zuletzt wird der gantze Dotter nach und nach von allen Gliedern an sich gezogen/ also/ daß wann man dem Hünlein acht Tag/ nachdem es außgekrochen/ den Hindern auffschneidet/ noch etwas vom Dotter in ihm findet: am Nabel aber wird das Hünlein außformiret/ und zeucht nichts weiters an sich/ dieweil alle Feuchtigkeit/ so vorhin in der mitten war/ nunmehr gantz verzehret ist. Die obgenannte Zeit aber schläfft das junge zwar/ aber nit gantz und gar/ weil es unterweilen erwacht/ sich bewegt/ umb sich siehet/ und pipset/ dann sein Hertz sampt dem Nabel klopffet ihm/ und erhebet sich wie bey einem/ der da athemet. So weit schreibet der Länge nach Aristoteles in der Histori von den Thieren. Etliche Eyer/ waň man sie auffthut/ zerfliessen/ sonderlich am Dotter/ welches ein Zeichen deß Alters ist. Wann aber der Dotter nach auffgethanem Ey gantz bleibt/ und mitten darinn ein rother Blutfarber Tropff gesehen wird/ darauß deß Hünleins Hertz wird/ so ist es ein Zeiché/ daß diese Eyer noch gut sind zur Speiß zu gebrauché/ wie Tragus lehret. Ich hab etlichmal (sagt D. Geßner) in dem auffgethanen Ey den dicken Saamen gesehen/ und in dem Saamen ein kleines krauses und sehr weisses Aederlein in den Dotter sich erstrecken/ welches ich vermein an statt deß Nabels zu seyn.

Von

Von der Hennen.

Von den Theilen des Eyes.

Das Ey hat auch seine Unterscheid in sich: dann es an einem Theil spitzig / am andern aber breiter ist / welcher breite Theil zum ersten herauß kommt. Daß aber der spitze Theil des Eyes Anfang seye / als welcher an der Bärmutter gehangen; daß es auch am stumpffen Theil härter / und derselbe zuletzt herauß komme: und daß die Eyer gleichsam mit den Füssen / die andere Thier aber mit dem Kopff herfür kommen / daß bewehrt Aristoteles weitläufftig im dritten Buch von Gebehrung der Thiere. Aller Vögel Eyer haben eine harte Schale / wenn sie anders natürlich herfür kommen / dann etliche Hennen legen wohl weiche Eyer: aber dieses ist ein Mangel an ihnen. Unter der Schalen hat das Ey drey Häutlein / das erste beschirmet das weiche Ey vor der harten Schalen: unter diesem ist ein anderes und weicheres / welches das klare umbgibt / und in Gebehrung des Jungen an statt der Nachgeburt ist / dann es umbgibt dasselbige: zwischen diesen zweyen Häutlein ist ein grober Schleim / welcher verzehret wird / indem das Junge formiret wird: unter dem klaren hat der Dotter sein eigenes Häutlein / von welchem er umbgeben wird / und ist gegen dem untern Leib zu gelegen / fern vom Schnabel / sagt Albertus. Aller Vögel Saamen ist weiß / gleich wie auch der andern Thiere. Der Saame des Männleins macht das Ey vollkommen / biß daß es herfür kommt / welches darauß zu sehen / daß wann ein gantzes Ey gebrochen worden / man allzeit den Saamen darin findet / und denselbigen dreyfach unterschieden; dann er ist weisser / von einer reinern Natur / und etwas dicker als das übrige Klare / damit er die formirende Hitz desto besser in sich fasse / daß sie nicht leichtlich herauß dämpffe. Dieser Saame liegt im Ey also / daß er durch das gantze Klare biß auff den Dotter hindurch tringt / in welchen er bey dem spitzen Theil des Eyes hinein gehet: dann das Junge wird auß dem Klaren gebohren / und hat von dem Dotter seine Nahrung / sagt Albertus. Den Saamen oder das weisse Dicke so im Ey gefunden / und kaum zertrieben wird / nennen wir den Vogel / dieweil der Vogel darauß gebohren wird. In hitzigen Vögeln (sagt Aristoteles) ist allwegen das Klare und der Dotter unterschieden / und haben auch diese Vögel (so warmer und truckener Natur sind) allzeit mehr klares und reineres / als gelbes und gröberes. Hergegen aber haben die so feuchter und truckener Natur sind / mehr gelbes / und weniger weisses / als da sind Wasservögel / dann Albertus sagt / daß dieselbe zweymal mehr gelbes als weisses haben. Man sihet auch etwas weisses an den beyden Spitzen des Eyes / welches die Weiber den Saamen nennen / wiewol es nichts zu der Gebehrung thut; das eine ist grösser / welches unten im Ey am stumpffen Ort liegt / und mit der Hand bedeckt / und gegen der Sonnen gehalten / gesehen wird; das Kleinere aber so am obern und spitzen Theil liegt / wird nicht gesehen / man zerbreche dann die Schale / wie Niphus meldet.

Vom Ey / und desselben Theilen / Natur und Eygenschafft.

Die gute Eyer fallen im Wasser zu Boden / die böse aber schwimmen oben / wie wir hernach sagen wollen. Ein gebraten Ey zerspringet leichtlich / aber im Wasser gekochet / nicht. Die Eyer werden mit Essig weich gemacht / daß sie durch einen Finger-Ring gestossen werden: deßgleichen in ein enges Glaß / wiewol es etwas schwartz wird; im Wasser aber wird es wiederumb hart. Die Eyerschalen und Perlen werden in starckem / sonderlich aber in distillirtem Essig / oder in Limonien-Safft erweicht und zerlassen / sagt Sylvius. Die Eyerschalen sind so starck / daß die Eyer auffrecht gehalten / mit keiner Macht können zerbrochen werden / es sey dann daß man sie ein wenig auff die Seiten biege; dieweil es mit seinen Winckeln oder Ecken / der Gewalt widerstehet; dann das Eck macht einen jeden Bau starck; an den Seiten aber nicht also. Warumb komt der Schwindel ehe die Auffstehende als Sitzende an? Vielleicht weil sich die Feuchtigkeit in dem der da ruhet / alle in ein Glied samblet; umb welcher Ursach willen man auch die rohen Eyer nicht kan herumb trehen / sondern sie fallen also bald nieder: bey dem aber der sich beweget / zertheilt sich die Feuchtigkeit überall / wie Aristoteles lehret. Wann man ein Ey mit einem Faden umbbindet und über ein Feuer oder angezündete Kertzen hält / so wird der Faden nicht verbrennen / es seye dann lang hernach; dann die Feuchtigkeit schwitzt auß dem Ey und befeuchtiget den Faden. Also verbrennet auch kein leinen Tüchlein / wann es umb Weinstein gewunden wird. Das Eyerklar und der Dotter sind ein ander ungleich / nicht allein an der Farb / sondern auch an der Eigenschafft / dann das Gelbe wird von der Kälte dick / und von der Wärme dünn / und zergehet: daher / wann die Henne das Ey noch brütet / wird das Gelbe dünn / dienet derhalben den Thieren so noch nit gebohren / zur Speiß. Dieses aber geschiehet nicht wann sie gesotten oder gebraten werden / dann es hat eine irdische Natur wie das Wachß. Darumb wann die Eyer über die Notthurfft warm worden / wo sie nicht auß feuchtem Schleim sind / so werden sie zu Harn. Das Klare aber wird von keiner Kälte hart / sondern vielmehr feucht; und wann man es über dem Feuer hält / wird es dick und fest; darumb wird es auch dick / in dem die Henne das Ey noch brütet / dieweil der Vogel darauß wird. Wann einer viel Eyer in eine Schüssel zusammen schlägt / und dieselbe über einem leichten Kohlfeuerlein kochet / so kommen die Dotter alle in die Mitte zusammen / das Klare aber umbgibt dieselbe / und bleibt an dem Rand. Eyerklar unter ungeleschten Kalck vermischt / leimet gebrochen Glaß zusammen. Dieses hat

hat auch die Tugend/ daß ein Holtz/ wann es darmit überschüttet wird/ nicht brennet/ wie auch kein Kleid/ welches darmit bestrichen/ sagt Plinius. Das Eyerklar ist auß Substantz der Lufft/ Wasser und Erden vermischt/ wie das Oehl: es hat aber mehr von der Erden/ als das Oehl/ darumb wird es schwerlich verdäuet.

Vom Geschlecht uñ Unterscheid der Eyer.

Auß den Eyern welche lang/ und zu oberst außgespitzt sind/ werden Hünlein/ die aber rund/ und umb den spitzen Theil/ etwas stumpff sind/ und einen Kraiß haben/ auß denselbigen wird ein Hänlein. Dessen Ursach sagt Avicenna, daß nemblich die gebehrende Krafft in der Männlein Eyer sich gleich weit in die Ecken außtheile/ und dieselbe umbgebe: aber in der Weiblein Eyer/ gehet die Materi weiter von der Mitten des Eyes/ va dann die lebliche Wärme liegt; dieses ist aber ein gründlich Zeichen der Unvollkommenheit. Dieser Meynung ist erstlich Aristoteles, darnach auch Avicenna, Albertus und Gaza gewesen, welcher Plinius, Columella und Horatius gantz zuwider sind/ dann Columella spricht/ wann einer wolle daß ihm viel Hänlein außschlieffen/ so solle er die längste und spitzeste Eyer unterlegen/ und hergegen die runde/ wann er gern Hünlein haben wolte. Darumb hält Horatius daß die Längere lieblicher zu essen seyen. Wiewohl Marcellus Virgilius sagt/ daß auch den Leckermäulern nichts schwerers sey als vom Geschmack und Geschlecht der Eyer urtheilen. Wann man die Eyer/ sonderlich die so im vollen Mond gelegt worden/ auch im vollen Mond unterlegt/ und der Zeit also wahr nimt/ daß die Jungen auch in dem Vollmond herauß schlieffen/ werden allein Weiblein und keine Männlein darauß/ wie etliche vermeinen.

Von allerley ungestalteten und mißgebornen Eyern/ und erstlich von denen so zween Dotter haben/ oder weich und unfruchtbar sind.

Etliche Eyer haben zween Dotter/ und damit sie nicht zusammen vermischt werden/ wird in etlichen ein Unterscheid vom Klaren darzwischen gezogen: etliche aber berühren einander ohn allen Unterscheid. Und findet man etliche Hennen die allzeit dergleichen Eyer legen. Dann auff eine Zeit hat eine Henne zwey und zwantzig solcher Eyer gelegt/ und alle außgebrütet/ ohne etliche/ welche (wie es dann gemeiniglich geschiehet) nicht gut gewesen: auß den übrigen aber sind Junge kommen/ doch also/ daß eines davon grösser/ das ander kleiner ist/ und das Letzte endlich zu einer Mißgeburt wird/ sagt Aristoteles. Wiewol etliche nicht zulassen wollen/ daß Zwilling also geboren werden. Albertus sagt/ es seyen wol Zwilling in einem Ey/ aber das eine ersticke das andere/ und wann etwan das umbgebende Häutlein zerbricht/ werde ein Hünlein mit zweyen Leibern geboren/ mit einem Kopff und Leib/ doch mit vier Beinen/ und so viel Flügeln/ weil die obern Theil auß dem Klaren/ und zum ersten geboren werden: dann der Dotter ist ihre Speiß/ der Untertheil aber fängt erst hernach an/ wiewol auch ein gleiche Speiß ihnen absonderlich gegeben wird. Man hat auch einmahls eine Henne auffgeschnitten/ und ein gantz gelb Ey darin gefunden/ dergleichen Farb das Junge auch hernach gehabt/ sagt Aristoteles. Man sol auch zuweilen/ doch selten/ Eyer mit dreyen Dottern finden. Die Eyer mit zween Dottern/ sind subtiler/ und geben bessere Nahrung/ wie Elluchalem lehret. Ich hab einsmals ein Ey gesehen/ spricht D. Geßner/ welches Schalen an der einen Eck sich zugespitzet/ und gleichsam einen Halß gehabt/ wie ein Brennkolbe. Rudolff Häußlin/ so diß Buch verteutscht/ sagt/ er habe eines gesehen/ welches als ein langer runder und weisser Hünerkoth gestaltet/ so etwas krumm/ und zu eusserst wie ein Schneckenhäußlein gewunden und außgespitzet war; dieses hatte keinen Dotter/ sondern allein ein zartes und wässerichtes Klare. Es legen auch etliche Hüner Eyer mit weichen Schalen/ wann sie etwan einen Streich empfangen/ oder wegen Menge der Eyer/ wann nemblich dieselbe einander trucken. Es sind auch etliche Eyer unfruchtbar/ ob schon das Männlein die Henne betreten hatte/ welches sonderlich an den Tauben zu sehen. Die Eyer aber werden auff viererley weiß zu nicht und unnütz. Erstlich wann das Klare verderbet wird/ als auß welchem alle Theil des Hünleins solten geboren werden. Zum andern/ wann der Dotter zu nicht worden/ daher das Hünlein seine Nahrung haben solte; auß dieser Ursach wird das Hünlein nicht gantz vollkommen/ und werden etliche Theil an ihm nicht außgemacht/ und zusammen gefügt/ gefunden. Wann aber das Klare verderbet wird/ so wird durch das Brüten nichts darauß/ sondern das gantze Ey wird trüb und verdirbt/ wie der Eyter in einem Apostem zu nicht wird/ darumb werden solche Eyer gantz faul und stinckend. Zum dritten/ wird das Ey zu nicht wegen Mangel der Häutlein und Aederlein so durch das Klare gehen/ dann wañ das Häutlein so den Dotter umfasset/ zerbrochen ist/ so fliest die Feuchtigkeit des Dotters herauß/ und wird mit dem klaren vermengt/ und kan daher das Ey nicht fruchtbar seyn: wann aber die kleine Zäserlein zerbrochen/ so werden die Blut- und Señ Adern zu nicht; es wird auch die Nahrung verhindert/ und werden die Bande auffgelöst/ und wann die Nerven verletzt/ verliehret das Junge alle Empfindligkeit. Zum vierdten/ wird es wegen Alters zu nicht/ wann die formirende Krafft herauß dämpfft/ daher der Dotter mit seiner Last das Klare durchtringt/ und sich an die Schale setzet an den Orth darauff das Ey liegt. Auff diese vier Weisen wird das Ey zernichtet und unfruchtbar. Bey der zweyten Weise pfleget zuweilen zugeschehen/ daß nachdem die Feuchtigkeit verdorben/ alles Hitzige im Ey zu der Schalen kommt/ und dieselbe befeuchtet; daher scheinet das Ey in dem Dunckelen/ wie faul Eichenholtz. Und dergleichen Ey/ sagt Avicenna, hab er in dem Land Corascena gesehen. Es sind zwar noch andere Gattungen/ dadurch

das

Von der Hennen. 183

das Ey kan zu nicht werden / doch können dieselbe unter den jetzt genanten vieren begriffen werden. Dieses alles schreibet Albertus.

Von den Eyern / welche ohne Zuthun des Männleins gelegt werden.

Galenus sagt / daß die Fisch und Vögel welche ohn des Männleins Zuthun Eyer gebehren / truckner Natur seyen; daß man aber sagt diese Eyer werden auß dem übrigen Saamen / so auß vorhergehenden Betreten / verblieben / ist falsch; dann dieses an den jungen Gänsen und Hünern / so ohn des Männleins Zuthun legen / offenbar ist. Diese Eyer sollen vom Wind / sonderlich vom Südwind / empfangen und geboren werden. Sie sind aber unfruchtbar / kleiner und unlieblicher zu essen / darzu feuchter als die fruchtbare / aber doch mehr an der Zahl; ihre Feuchtigkeit kan durch des Vogels Brut nicht dick werden / sondern der weisse und gelbe Theil bleiben stets ihnen selbst gleich. Dieses Ey wird fruchtbar wann das Hun vom Hanen betreten wird / ehe daß das Klare den Dotter bedeckt; dann zum ersten siehet man allein den Dotter / hernach aber das Klare darbey; und wann ein Vogel ein Ey von einem Männlein in sich trägt / und denn von einem andern Männlein betreten wird / so wird alle Zucht dem nachgehenden / und nicht dem ersten nachschlagen. Man findet etliche dieser Eyer so allein das Klare haben / da man aber noch keins derselben mit dem Dotter allein gesehen hat. Deßgleichen etliche / die keine Schalen sondern allein das Häutlein / so unter der Schalen ist / haben. Allein die Geyer sollen fruchtbare Eyer ohne Zuthun des Männleins legen / wie Basilius schreibet. Die angehende Mertzen-Hüner legen auch unterweilen solche Eyer.

Von den Eyern so zu Harn / oder stinckend faul werden.

Solche Eyer / sagt Aristoteles, werden gewöhnlich zu warmer Zeit gelegt / und das nicht ohne Ursach / dann gleich wie der Wein zu warmer Zeit zu Essig wird / wann sich die Hefen umbkehret / also verderben auch die Eyer wann der Dotter zu nicht worden / dann dieses ist in beyden Stücken die dicke und grobe Materi / daher wird der Wein von der vermischten Hefen verderbet / und das Ey wann der Dotter zerrunnen. Und das begegnet offt den vielgebehrenden Thieren / indem sich die gebührliche Hitz nicht allen mittheilen kan / sondern etlichen mangelt / etlichen überflüssig mitgetheilet wird / und sie gleichsam mit faulen verderbet. Den Vögeln / mit krummen Klauen / ob sie gleich wenig fruchtbar / begegnet solches auch / dann auß zweyen Eyern wird offt das eine zu Harn / das dritte aber fast allweg; dann dieweil sie von Natur hitzig / so machen sie daß die Feuchtigkeit in den Eyern über die Maß gleichsam siedet / wann sie aber allzusehr warm werden / so werden sie / wann sie nicht von feuchtem Schleim bestehen / faul und zu Harn. Die Tauben legen auch zuweilen drey Eyer / aber das dritte wird gemeinlich zu Harn. Sie verderben auch auff diese Weise / wann der Vogel vom brüten abläst. Vor dem leeren Ey kan man das volle leichtlich erkennen / wann man beyde in Wasser legt / dann das leere schwimmet oben / das andere aber fällt zu Boden. Ein neu frisch Ey schwimmet in gesaltzenem Wasser empor / in dem süssen aber fällt es zu Boden. Dahero wann man das süsse Wasser dem Meerwasser gleich machen wil / wirfft man so lang Saltz darein biß das Ey empor schwimmet. Die Donnerschläg erschüttern auch die Eyer so gebrütet werden / daher sie zu nicht werden und verderben / und sonderlich wann die Jungen darinnen schon halb formiret und gestaltet sind: doch schadet der Donner etlichen Vögeln mehr / etlichen aber weniger / insonderheit schadet er den Raben / daher wollen dieselbigen der Zeit des Donners fürkommen / und erziehen ihre Jungen in dem Mertzen / wie Albertus schreibet.

Von dem Brüten und Außschlieffen.

Wann die Eyer drey Tag und so viel Nacht gebrütet worden / fänget man an die Anzeigung des Hünleins zu sehen / doch muß das grössere Vögelgeschlecht mehr / das kleinere aber weniger Zeit haben / sagt Aristoteles. Im Ey siehet man des Vogels Kopff zum ersten / wie Galenus schreibet / un oben gedacht worden. Der Kopff kehret sich gegen der Spitzen im Ey / und der übrige Leib unter sich / und das Junge wird mit den Füssen voran geboren / gleich wie andere Vögel / wie Galenus und Plinius lehren. Sie brüten im Sommer die Eyer eher auß / als im Winter / da schlieffen die Hüner Sommerzeit im 18. Tag; Winterszeit aber zuweilen im 25. auß: doch ist dieser Unterscheid an den Vögeln / daß etliche besser als die andern dem Brüten abwarten können. In warmen Ländern schlieffen sie zur Sommerszeit am 19. Tag / im Winter aber am 29. auß / wie Albertus schreibet. Wann die Hüner brüten / und nicht wann sie die Eyer legen / sind sie gantz rasend von Hunger. Vom brüten ist auch droben etwas gesagt / und wird hernach weiter gesagt werden. Wie das Hünlein im Ey formirt werde / ist gleichfals oben weitläufftig erzehlt worden. Und so viel sey auff diesesmal von den Eyern und derselben Umbständen und Zufällen gesagt. Nun aber wollen wir von den alten oder erwachsenen Hennen sagen / wie man nehmlich dieselbe wehlen / und halten oder ernehren soll.

Was man für Hennen wehlen solle.

Es sol sich einer befleissen / daß er die allerfruchtbarste Hennen kauffe / diese aber sind gemeiniglich grau / rothfarb / schwartz oder gelb; solche Farben sollen sie alle haben / so fern

fern es müglich: kan es aber nicht seyn/ so meide man doch die weissen/ dann die sind gemeiniglich zart/ leben nicht lang/ und sind nicht fruchtbar/ es thun ihnen auch die Weyhen und Falcken/ wegen ihrer Farbe ehe Schaden. Deßhalben sol man Hennen haben/ die wol gefärbet/ groß von Leib/ und breit an der Brust sind/ daneben grosse Köpff/ schlechte und rothe oder zwyfache Kämme / auch weisse und so grosse Ohren haben/ als in dem Geschlecht müglich ist/ wie auch grosse Augen. Sie sollen auch nicht gleiche Klauen haben / und hält man die für die besten/ die fünff Zeen haben/ doch sollen sie keine Zwerchsporen an den Beinen haben/ dann welche dieses männliche Zeichen an ihr hat/ die ist ungehorsam/ und läst sich von den Hahnen nicht gern betreten/ derhalben sind sie auch selten fruchtbar/ und ob sie schon brüten/ zerbrechen sie doch die Eyer mit den Sporen. Man sol auch unter diesem Viehe/ wie bey andern/ das beste außerlesen/ und das böste verkauffen. Im Herbst wann sie auffhören zu legen/ sol man auch alle Jahr die Zahl mindern/ und man sol allezeit die ältesten/ die über drey Jahr alt sind/ hinweg thun/ deßgleichen die jenige so nicht fruchtbar genug/ oder böse Auffzieherin sind; allermeist aber die so ihre eigene oder der andern Eyer fressen/ auch die so anfahen zu krähen wie die Hanen/ und Sporen bekommen: darzu auch die Hünlein die spath außgeschloffen sind/ (niemlich nach der Sonnenwende) und also ihre rechte Grösse nicht bekommen können. Mit den Hanen aber hat es eine andere Beschaffenheit/ dann man behält die guten so lang sie noch die Hüner betreten können; weil man selten unter diesem Geschlecht gute Männlein findet. So weit schreibt Columella: und fallen dieser Meinung auch Palladius, Plinius, Varro und Crescentiensis bey.

Wie man die Hüner-Häuser machen solle.

Wann einer auff zweyhundert Stück halten wil/ so bedarff er eines sonderen Hirten/ benebenst einem alten Weib oder Kind/ das gute Acht hat wo sie herumschweiffen/ damit ihnen kein Schaden von Menschen oder bösen Thieren geschehe. Diese Heerde muß einen umbzäuneten Orth oder Hoff haben/ und darein sollen auff einer Seiten zwey grosse Hünerhäuser/ gegen dem Südwind und der Sonnen Auffgang neben einander gesetzt werden/ damit sie zu Winterzeit etwas Wärme haben: sie sollen auch bey einem Backofen/ oder bey der Küchen seyn/ damit der Rauch und Wärme darzu komme/ welcher diesem Viehe sehr dienlich ist. Das Hünerhauß sol in drey Gemach außgetheilt seyn/ welche alle gegen Auffgang der Sonnen stehen sollen: darnach sol es vornen einen kleinen Eingang haben in das mittelste Gemach/ welches das kleinste sol seyn unter den dreyen/ und sieben Schuch hoch und weit: in demselben sollen zu der lincken und rechten Seiten zween Eingäng seyn in die andere zwey Gemach/ an der Wand die gegen den eingehenden über stehet. Darnach sol man ein Herdstatt dabey machen/ welche die genamte Eingäng nicht hindere/ und der Rauch davon in beyde Gemach gehen könne. Dieselbe Gemach sollen zwölff Schuch hoch und lang seyn/ aber nicht mehr als sechs Schuch weit. Darnach sol man sie mit Brettern abtheile/ die über sich vier/ und unter sich sieben Schuch frey haben/ weil das Getäfel für sich selbst einen Schuch einnimmet. Diese beyde Bretter sollen den Hennen dienen; und sol auch ein jedes dieser Gemächer ein kleines Fensterlein gegen Auffgang der Sonnen haben/ da der Tag hinein falle/ und damit die Hüner am Morgen durch dieselbe hinauß in den Hoff fliegen/ und am Abend wieder hinein kommen. Alle Nacht aber sol man sie wol beschliessen/ auff daß die Hüner desto sicherer seyen. Innerhalb des Getäfels sol man grosse Fenster auffthun/ die sollen mit Gittern verwahret seyn/ daß kein schädlich Thier darein komme; doch also/ daß es hell darinnen bleibe/ und die Vögel desto besser darinnen wohnen können/ auch der Hüter desto besser acht könne haben zu den Bruthennen und zu den Jungen. Man sol auch die Wänd dieser Gemächer so dick machen/ daß man einer jeden Hennen ein Nest darein hauen könne/ in denen sie entweder Eyer legen oder brüten. Dann dieses ist gesunder und steht besser/ als wie etliche thun/ die da Stangen in die Wänd treiben/ und geflochtene Körblein oder Nester darauff legen. Man mache aber die Nester in die Wand/ oder auß Körblein/ sol man doch den Hennen vor den Nestern Platz lassen/ daß sie zu legen oder zu brüten in die Nester gehen können: dann sie nicht in dieselbe fliegen sollen/ auff daß sie die Eyer nicht zerbrechen/ wann sie darauff springen. Darnach sol man den Hünern Stegen mit kleinen Bretlein an die Wand machen/ die sollen ein wenig rauh seyn/ als weren es Staffeln/ daß die Hüner/ wann sie darauff fliegen/ nicht schlipffen. Außwendig im Hoff sol man auch Bretlein an gedachte Fenster fest machen/ damit die Hennen darauff zur Nachtruhe gehen könnẽ. Man sol auch diese und andere Vogelhäuser/ von denen wir hernach sagen werden/ außwendig und inwendig glatt tünchen/ daß die Katzen uñ Schlangen keinen Zugang zu den Vögeln haben/ und ihnen auch sonst kein Schade wiederfahre. Die Vögel sollen nicht auff den Bretern stehen wann sie schlaffen/ damit ihnen ihr eigener Koth keinen Schaden thu/ dann wann sich derselbe an die Füssen hangt/ verursachet er ihnen das Podagra. Daß aber solcher Schade verhütet werde/ macht man vierecketete Stangen/ und legt sie zu beyden Seiten in die Mauren/ also/ daß sie eines Schuchs hoch von dem Getäffel seyen/ und je eine zween Schuch von der andern liege. Auff diese Weiß sol das Hünerhauß zugericht seyn. Der Hoff darin sie gehen/ sol weder Mist noch Pfützen haben/ dann es viel daran gelegen/ daß kein Wasser darin sey/ ohn allein an einem Orth/ da sie trincken; und das sol auff das reineste seyn/ dann wo es wüst ist/ so macht es ihnen den Pips/ doch kan man es nicht wol sauber behalten/ man mache dann besondere Geschirr darzu.

Dar=

Darzu aber macht man kleine Kasten von Holtz oder Stein/ und macht dieselben oben zu mit Deckeln/ und macht darnach an den Seiten in der mitten kleine Löcher darein/ jedes eine Spann von dem andern/ so groß daß die Vögel allein mit den Köpffen darein kommen können/ dann wann man es nicht also bedeckt/ so lauffen sie darein; oder wann Essen darinnen ist/ kratzen sie es mit den Füssen herauß. Etliche machen die Löcher oben in die Deckel/ dieses ist aber nicht recht/ dann wann die Vögel darauff stehen/ beschmeissen sie das Essen und Trincken. Wo auch Dächer oder Schopffen in dem Hof sind/ da sol man Aschen oder truckene Erde an die Wände schütten/ damit die Hüner etwas haben/ darinn sie sich baden/ dann damit reinigen sie das Gefider/ wann anders dem Ephesio Heracleto zu glauben/ der da sagt: Die Schwein waschen sich im Kaat/ und die Hüner in dem Staub/ und Aschen. Wann es eine Stund Tag ist gewesen/ sol man die Hüner außlassen/ und eine Stund vor Nacht wiederumb einthun. Und also sollen die/ so im Hof herumb schweifen/ gehalten werden. Die verschlossene aber werden zwar auch also gehalten/ allein daß man sie nicht herauß läst/ und ihnen dreymal im Tag im Hünerhauß zu essen gibt/ mehr dann den andern/ dann einem jeden Stück werden alle Tag vier Becherlein voll Speise gegeben/ da man hergegen den herumblauffenden drey/ oder auch nicht mehr dann zwey gibt. Die verschlossene sollen auch einen weiten Platz haben/ darinn sie gehen/ und an die Sonne legen können/ der sol mit gestrickten Garnen vermacht seyn/ daß kein Weyhe oder Habicht darein kommen könne. Solcher Kosten und Mühe aber ist nicht rathsam anzuwenden/ ohne an den Orthen/ da die Hüner in gutem Werth sind. Das fürnehmste aber das zu diesem und allem Vieh gehöret/ ist ein getrewer Hirt/ wo dasselbe nicht ist/ so kan kein Hünerhauß seinen Kosten ertragen. So viel schreibet Columella; und dieser Meinung sind auch Varro, Palladius und Florentinus.

Daß die Hennen viel und grosse Eyer legen.

Wann man ihnen Trester zu essen gibt/ werden sie unfruchtbar. Gibt man ihnen aber geschwelte Gersten/ so legen sie viel und grosse Eyer. Die Bonen und Hülsen darvon machen sie auch unfruchtbar. Kressensaamen mit Kleyen und Wein vermengt/ und den Hünern gegeben/ macht daß sie grosse Eyer legen. Geißrautensaamen sol auch die Hüner sehr fruchtbahr machen. Den Hennen so nicht legen/ gebe Nigellam, das ist schwartzen Kümmel zu essen. Die Hüner mit Hanff oder Nesselsaamen gespeiset/ legen den gantzen Winter. Man dörrt auch die Nesseln/ und behält sie auff den Winter/ zerreibt sie alsdann/ und brühet sie in Wasser zu einer Hünerspeiß/ damit sie durch den Winter fruchtbar seyen. Etliche rühren zeitigen Nesselsaamen unter die gebrühete Kleyen/ damit sie also dardurch erwärmet/ den gantzen Winter legen. Etliche kochen ihnen auch Mistel/ damit sie davon/ gleich wie alle andere Thier (nach etlicher Meynung/ wie Plinius berichtet) fruchtbar werden. Etliche legen ihnen geröst Rockenbrod in frisch Wasser/ lassen es darinn über Nacht erweichen/ des Morgens aber geben sie es den Hennen vor anderer Speise zu essen/ und darnach umb den Mittag wieder; gegen dem Abend aber geben sie ihnen Gersten/ Habern/ Weitzen/ oder ein wenig Hanffsaamen/ so sollen sie auch in der grösten Kälte Eyer legen. Wann man grosse Eyer haben wil/ gibt man ihnen auch halbgesottene Gersten und Hirsen zu essen. Oder man nimmet Reytermäßlein Kleyen/ mischet einen Becher voll gepulverter Schneckenhäußlein darunter/ macht es mit Wein an/ und gibt es den Hünern zu essen. Etliche nehmen anstatt der Schneckenhäußlein gepulverte Ziegelstein. Wann man den Hünern Holderblüth unter dem Essen gibt/ sollen sie schwartze Eyer legen. Von der Speise und Nahrung der Hüner/ deßgleichen wie man sie mesten solle/ wird mit mehrerm in dem nachfolgenden geredet werden.

Von dem Brüten/ und erstlich wie viel/ und was für Eyer/ welchen Hennen/ und zu welcher Zeit man dieselbe unterlegen solle.

Wann die Hennen zum ersten legen/ wollen sie anfangen zu brüten/ welches man nicht alles gestatten sol/ dann die jungen sind nützlicher Eyer zu legen/ dann zu brüten. Man wehret ihnen aber das brüten/ wann man ihnen eine Feder durch die Nasen ziehet. Derhalben sol man die alten zu diesem Ding erwehlen/ welche offt gebrütet haben/ darbey man auch einer jeden Sitten wissen sol/ dann eine brütet wohl/ die andere aber nehret die außgeschloffene Hünlein besser. Hergegen sind etlich/ die ihre und der andern Eyer brechen und fressen/ wann man eine sihet die dasselbige thut/ sol man sie von Stund an hinweg thun. Die aller frischeste Eyer sind die besten unterzuleger/ kan aber man auch andere unterlegen/ doch daß dieselbe nicht über zehen Tag alt seyen/ das die alten sind unfruchtbar. Die Eyer sollen voll seyn/ welches man erfähret/ wañ man sie in Wasser leget: die jenige aber/ so die Eyer/ umb solches zu erfahren/ schüttelen/ die thun unrecht/ das sie verwirren die lebliche Adern darin. Etliche halten das Ey gegen der Sonnen/ und wann sie den Saamen darinn sehen/ ist es gut/ wiewohl etliche das nicht Anfangs/ sondern wañ die Eyer etliche Tag gebrütet/ lieber thun wöllen. Wann du viel Hänlein haben wilt/ so nehme die längsten: so du aber lieber Hennlein wilt/ die rundesten/ wie oben gesagt worden. Einer Hennen solt du über fünff und zwantzig Eyer nicht unterlegen/ ob sie schon mehr gelegt hat. Etliche legen nicht über siebenzehen oder neunzehen unter. Die Zahl der untergelegten Eyer sol allzeit ungerad seyn/ und nicht allzeit im Jahr gleich. Daß zum ersten im Jener sol man ihnen 15. unterlegen/ und niemahlen mehr/ im Mertzen neunzehen/ und nicht weniger/ im April ein

ein und zwantzig / und gleich so viel den gantzen Sommer durch / biß zum Anfang des Weinmonats / darnach ist diese Sorg umbsonst / dañ die Hünlein so in der Kälte geboren werden / sterben gemeiniglich / wie Columella, Varro, Plinius, Palladius, und Florentinus berichten. Man vermeint gemeiniglich / es sey nicht mehr gut junge Hüner nach der Sommersonnenwende auffzuziehen / dann ob sie gleich wohl ernehret können werden / so nehmen sie doch nicht so wohl zu mit wachsen. Wann es aber nahe bey der Stadt ist / da man die jungen Hüner theur verkauffen kan / und da sie nicht so bald sterben / kan man sie im Sommer wohl auffziehen / sagen Columella und Varro. Die Eyer so man unterlegen wil / sollen auch meistentheils zu der Zeit gelegt seyn / wenn der West-Wind wehet / biß auff den Herbst / da Tag und Nacht gleich ist / nehmlich vom siebenden Tag des Hornungs biß auff den zwantzigsten des Herbstmonats. Darumb sol man dieselbe an einen besondern Orth darzu behalten / dann welche vor und hernach gelegt werden / deren sol man keines unterlegen / dieweil sie unvollkommen und unfruchtbar sind. Die beste Zeit aber zu brüten ist die Sommersonnenwende / das ist vom 24. Tag des Mertzens biß auff den siebenden Tag des Meyens / wie Florentinus lehret. So offt man aber eine Gluckhenne setzen wil / sol man acht haben daß dieses im zunehmenden Mond geschehe / von dem zehenden Tag an biß auff den fünffzehenden / dann diese Zeit ist die beste / Hennen zu setzen; und sol man zusehen / daß wann die Hünlein außkriechen / der Mond auch zunehme. Die aber so vor dem neuen Mond untergelegt / werden zu nicht / wie Columella und Florentinus melden. Etliche sind der Meinung / daß auß allen denen Eyern so in dem vollen Mond untergelegt werden / Hünlein gebohren werden / und darzu sollen auch die besten seyn so im vollen Mond gelegt sind / darnach müsse man auff die Zeit also acht haben / daß sie auch im vollen Mond außschliessen.

Was für Sorg und Fleiß man zu den Leghennen und Bruthennen anwenden müsse.

Wie man die Eyer unterlegen solle / wird von denen / so fleissig damit umbgehen / auff folgende weise verrichtet: Zum ersten erwehlen sie die aller heimlichste Nester / damit die Bruthennen von andern Vögeln nicht beunruhiget werden. Darnach ehe dann sie dieselbe bestreuen / reinigen sie sie zuvor / beräuchern auch das Gestreu (das sie darein streuen wollen) zuvor mit Schwefel / Bech / und brennendem Kinhartz / und legen es also in die Nester; nachdem sie solche hol gemacht haben / auffdaß die Eyer nicht herauß fallen / wann die Hüner darein oder darauß fliegen. Es legen auch etliche unter das Gestreu etwas Gras und Lorbeerzweig / auch Knoblauch Köpffe mit eisern Nägeln / und meynen dieses alles solle wider den Donner dienen / als von welchem die Eyer beschädiget / und die Hünlein sterben / ehe dann sie gar außgeformirt werden. Welcher auch die Eyer unterlegt / der hab acht daß er nit eins nach dem andern in das Nest lege / sondern er nehme die Eyer alle zusammen in ein hölzern Züberlein / und schütte sie gemählich auff einmal in das bereitete Nest. Man sol auch den Bruthennen ihre Speiß nahe herzu legen / auff daß sie desto fleissiger im Nest verharren / wann sie satt sind / und die Eyer nicht kalt werden / wann sie weit darvon gehen. Etliche schliessen sie ein den gantzen Tag und die gantze Nacht zu brüten / ohn allein zu Abend und am Morgen / da man ihnen zu essen und zu trincken gibt. Und wiewohl sie die Eyer selbst mit den Füssen umbwenden / so sol doch der Hüter herumb gehen / wann sie von den Nestern sind / und die Eyer mit der Hand umbwenden / damit sie überal gleich warm und lebendig werden. Auch wann er etliche siehet die mit den Füssen zerbrochen und verletzt sind / daß er dieselbe hinweg thue. Wann er nun dieses gethan / so sol er am neunzehenden Tag sehen / ob die Hünlein die Eyer mit den Schnäbeln durchstossen oder gepickt haben / und hören ob sie pipsen; dann sie können wegen der harten Schalen nicht herauß kommen: wann sie dann also stecken / muß man sie mit der Hand herauß ziehen / und der Mutter unterlegen dieselbige zu erwärmen / und das darff man nicht länger als drey Tag thun / dann welches Ey nach dem ein und zwantzigsten Tag noch still ist / darinn ist kein Vogel zu verhoffen. Darumb sol man sie hinweg thun / damit die Gluckhenn nicht umsonst darüber brüte. Es werden aber die Eyer eben in ein und zwantzig Tagen außgebrütet / auß Ursachen / weil die Vögel das Brüten länger nit ertragen können / und das Hünlein in weniger Zeit seine vollkommene Gestalt nicht erlangen kan. Der Hüter sol auch wol acht haben / daß wann diese Vögel legen / ihre Nester mit reinem Gestreu bestreuet seyen / daß sonst werden sie von den Flöhen und andern beissenden Thieren beschädiget / welche die Vögel mit sich bringen / wann sie zu dem vorigen Nest heimkommen. Der Hüter sol auch emsig auff die legende Hennen sehen / welches sie anzeigen mit stetem gacksen und heller Stimm; da sol er dann die gelegten Eyer eilends auffheben / und zeichnen welche einer jeden Tag gelegt worden / damit man den Bruthennen die aller frischesten unterlegen könne / die übrigen kan man behalten / oder verkauffen. Ob die gebrütete Eyer den Saamen / oder das Hünlein in sich haben / kan der Hüter nach vier Tagen wol wissen / wann er dieselbe gegen dem Tag oder Sonnenschein hält / dann wann das Ey gar hell scheinet / sol man es hinweg werffen / und ein anders an die statt legen / wie Columella, Varro, und Florentinus darvon schreiben. Die guten Eyer haben am vierdten Tag Blutäderlein in ihnen: wo aber das nicht ist / sondern sie gegen der Sonnen gehalten / hell und klar sind am spitzen Theil / sol man sie hinwerffen / sagt Albertus. Wie man die Eyer im Wasser bewehre / (welches aber vielmehr geschehen sol / ehe man sie unterlegt /) ist droben gesagt

gesagt worden. Es ist auch viel daran gelegen/ daß man die Eyer nicht erschüttere/ oder sonst zuviel berühre/ damit die leblichen Adern darinn sich nicht verwerren/ und das Hünlein also verderbt werde. Etliche wollen/ man solle sie gar nicht berühren/ daher werden sie gewöhnlich besser an einem dunckeln oder heimlichen Ort gebrütet/ als wo man stets darzu kommen und sie angreiffen kan/ sagt Albertus.

Von den Eyern unterschiedlicher Vögel die den Hünern können unter gelegt werden.

Man legt den Hennen vieler Vögel Eyer unter/ als der zahmen und wilden Enten/ deßgleichen der Gänße/ wie wir droben bey denselbigen Vögeln gesagt haben/ und hernach weiter im Pfawen sagen wollen/ wie man ihnen auch derselbigen Eyer unterlege. Wie man aber von dem Fasanen Männlein und einer Hennen Fasanen ziehen könne/ lehrt Gyb. Longolius in seinem Gespräch/ welches er mit dem Pamphilo von den Vögeln hält/ und folgendes Innhalts ist.

Long. Ich habe etliche gekennet/ die bey uns mit einer sondern Kunst Fasanen und Hennen zusammen gelassen/ und darmit ein groß Geld gelöst haben. Pamp. Lieber zeige mir diese Kunst an. Long. Den Fasanen verschliest man auff das fleissigste in ein Häußlein/ das zehen Schuh lang und breit ist/ verwahret dasselbe allenthalben vor der Lufft mit geflochtenen Hürden so mit Leimen beworffen worden/ und machet zu öberst auff dem Tach Fensterlein darein/ die alle gegen Mittag gerichtet seyen/ auff daß der Tag gantz hell hinein scheine. In der mitten muß man mit geflochtenen Hürden das Häußlein theilen/ die Hürd sol so weit geflochten seyn/ daß der Vogel den Kopff und Hals hindurch stecken könne. An dem andern Orth hat der Fasan allein seine Wohnung. Pamp. Was ist aber in dem andern Theil/ bleibet derselbe ledig? Long. Du wirst es hören. Zu Anfang des Frühlings siehet man sich umb nach etlichen zahmen Hennen/ die fruchtbahr seyen/ diese müssen aber mit mancherley Federn gezieret seyn/ daß sie fast den Fasanen Weiblein etlicher massen gleichen. Diese Hennen erhält man etliche Tag mit der gemeinen und bräuchlichen Speiß/ doch wirfft man ihnen die Speiß also für/ daß der Fasan den Halß durch die Hürd strecken/ und mit den Hennen essen könne. Pamp. Lieber auß was Ursach wird er nicht zu den Hennen gelassen? Long. Anfangs lernen sie auff diese Weiß bey den Hennen gewohnen/ so können sie auch derselben keinen Schaden zufügen/ dieweil sie als in einer Gefängnuß darvon abgehalten werden/ dann sie sind/ wann sie erst gefangen/ so wild/ daß sie auch der Pfawen nicht verschonen/ sondern dieselbe von Stund an zerreissen. Nach dem er nun etliche Tag auß Beywohnung der Hennen zahmer worden ist/ so wird eine/ die vor andern gegen ihm zahm ist/ zu ihm hinein gelassen/ und gibt man ihnen genug zu essen. Pamp. Wie gehet es mit den übrigen? Long. Der Fasan tödtet gewöhnlich die erste/ damit nun der Hüter seine Hoffnung nicht gar verliere/ ernehrt er die übrigen zu einem Zusatz. Pamp. Was thut man aber wann ihrer wenig werden/ und alle Hoffnung nur auff einer stehet? Long. Alsdann greifft man den Mörder/ und brennet ihm seinen Schnabel mit einem glüenden Eisen/ und wäschet ihm seinen Hindern mit gebrantem Wein. Pamp. O des trefflich ersonnenen Fleisses. Long. Nach dem der Hüter innen worden/ daß die Hennen von ihm betretten sind/ so scheidet er sie alsobald von einander/ und läst ihm ein neu Kebsweib zu/ mit welcher er als mit seinem Weib umbgehe. Sie ernehren ihm aber ein Weib das Eyer lege. Alle Eyer aber welche dieselbe gelegt hat/ werden andern Bruthennen untergelegt. Pamp. Die haben vielleicht von den andern Henneneyern keinen Unterschied? Long. Ja/ sie sind allenthalben mit schwartzen Flecken besprengt/ sind darzu viel schöner und grösser. Wann aber die Junge außgeschloffen sind/ werden sie von der Hennen absonderlich aufferzogen/ bevorab mit dem Buchweitzen. Dieses macht man mit Leschwasser zu einem Teig/ und mischet frische Eppichblätter zerschnitten darunter. Man gibt ihnen auch Beeren so vom Winter überblieben sind: dann sie essen dieselbe gern/ und nehmen darvon wol zu. Pamp. Doch glaub ich nicht daß sie in allen Stücken dem Vatter gleich seyen. Long. Sie sind ihm nicht gleich: aber die so von diesem Betrug nichts wissen/ werden ihn nicht leichtlich spüren. Wenn aber Weiblein von dieser Zucht geboren werden/ so bringen dieselbe/ wann sie zum Vatter gelassen werden/ in der ersten oder andern Geburt Jungen/ die dem Vatter nicht im geringsten ungleich sind. Pamp. So nimt es mich dann wunder/ daß nicht alle Hünerhäußlein voll Fasanen sind. Long. Ich hab keinen zweifel daran/ daß einer einen grossen Nutzen darvon haben könne/ wenn er sich nur der Arbeit/ und des Kostens nicht dauren läst. Dann er muß etliche arme Leut halten/ die ihm alle Tag wegen der Beeren in die Wälder hinauß lauffen: dann ohne diese kan man nichts gutes hoffen. Dieses schreibet der obgenannte Gyb. Longolius.

Wie die Eyer ohne eine Bruthenn außgebrütet werden.

Zu mittelmässiger Zeit/ da es nemlich weder zu kalt noch zu warm ist im Jahr/ oder an einem warmen Orth/ werden die Eyer der Vögel/ wie auch der vierfüssigen Thiere/ die da Eyer legen/ ohn das brüten der Eltern außgebrütet: dann diese Thier alle gebehren auff der Erden/ da werden denn die Eyer von der Wärme des Erdreichs gebrütet. Dann daß etliche vierfüssige Thier stets über ihren Eyern sitzen/ thun sie solches mehr umb hütens als umb brütens willen/ wie Aristoteles schreibt. Und sagt Albertus, daß wenn man Eyer in ein warm

Geschirr lege / und mit warmem Werck bedecke/ so werden die Jungen von der sanfften Wärme außgebrütet: sonderlich aber von der leblichen Wärme eines Thiers/ als wann jemand dieselbe im Busen trägt / oder wann sie unter warmen Mist gelegt werden/ oder unter Aschen/ so nach und nach gewärmet werden/ und dergleichen. Wann eine Henne nicht brütet/ so kanst du auff diese weiß Junge bekommen: An welchem Tag du einer Hennen pflegst die Eyer unter zu legen/ am selbigen Tag nehme Hünerkaat/ den zerreibe/ beutele ihn durch ein Sieb / und thu ihn in ein weit Geschirr/ belege dasselbe mit Hennenfedern/ nach dem leg die Eyer auffrecht darein/ also/ daß die Spitzen über sich stehen: darnach spreng so viel von diesem Kaat darauff/ biß daß sie allenthalben bedeckt werden. Wenn du aber zween oder drey Tag die Eyer also unberührt hast liegen lassen/ so kehre sie hernach alle Tag umb / siehe darbey zu daß sie einander nicht berühren / damit sie gleich warm werden. Nach dem zwantzigsten Tag aber/ wann die Hünlein unter der Hennen anfangen außzukriechen/ wirst du die finden so schon gepickt haben: umb welcher Ursach willen man den Tag auffzeichnet/ an welchem man sie unter gelegt hat/ damit man die Zahl der Tage nicht vergesse: darumb ziehe am zwantzigsten Tag ihnen die Schalen ab/ setze die Jungen in ein Geschirr/ und erhalte sie mit zarten und angenehmen Speisen: geb ihnen auch eine Henne zu / die es ihnen alles brosame und vorbereite/ wie Democritus in Geoponicis lehrt. Hieronym. Cardanus heisset zween Pfülwen oder Küssen von diesem obgenannten gebeutelten Hünerkaat füllen: darnach solle man an beyde Pfülwen linde Pflaumfedern nehen/ die Eyer auffrecht auff das eine Küssen stellen/ und das ander darauff legen an einem warmen Orth/ und die Eyer darinn unberührt zween Tag liegen lassen/ hernach aber biß auff den zwantzigsten Tag dieselbe also umbkehren/ daß sie gleich warm werden/ so wird man am 22. Tag die Jungen herauß ziehen können. Man sagt/ daß in etlichen Ländern Leuthe seyen/ die kleine Ofen haben/ welche sie ein wenig warm machen/ also/ daß des Ofens Wärme der Hennen Wärme nicht ungleich sey: und legen denn in den Ofen viel Federn/ und tausend Henneneyer/ welche nach 20. Tagen außgebrütet werden/ sagt Crescentiensis. In Egypten nicht weit von der Stadt Alkair/ werden die Eyer auch durch Kunst außgebrütet. Sie bereiten einen Ofen mit vielen Löchern/ in welchem sie mancherley/ als Hüner/ Gänß/ und anderer Vögel Eyer legen: darnach bedecken sie den Ofen mit warmen Mist: und wann es die Nothdurfft erfordert/ machen sie ein Fewer umb den Ofen herumb. Also werden die Eyer zu seiner Zeit zeitig/ wie bey uns die Schlangeneyer im warmen Mist/ wie Hieronymus Tragus berichtet. Man sagt von einem Zechbruder zu Syracuß/ daß derselbe so lang getruncken und geprasset hab/ biß daß die Eyer/ so mit Erden bedeckt waren/ außgebrütet worden/ wie Plinius bezeuget.

Was für Sorg man an die außgebrütete Hünlein wenden solle.

Wann die Jungen außgeschloffen/ soll man ihnen etzlich frisch Gestreu unterlegen/ damit die Flöhe und Erdläuß ihnen keinen Schaden thun. Man soll auch denen Hennen so viel Junge haben etliche nehmen: und den andern so nicht viel haben/ zugeben: und wann etliche Eyer noch nicht außgebrütet/ sol man dieselbe auch einer andern unter legen/ die sie gar außbrüte / damit sie sampt den andern lebendig werden. Es sind in dem Theil Alexandriæ, so gegen Egypten zu gelegen/ Hennen/ Monosiræ genannt/ (von welchen sehr streitbahre Hanen geboren werden) dieselbige brüten zwey oder dreymal nach einander/ nemlich wann man ihnen allzeit die Jungen entzeucht/ und dieselbe absonderlich ernehrt / also/ daß zuweilen eine Henne auff die zwey und viertzig/ oder auff die sechtzig Hünlein außbrütet/ wie Florentinus schreibt. Nach dem aber die Hünlein außgeschloffen sind/ sol man zweyer oder dreyer Glucken Hünlein einer Mutter/ die ihrer am besten wartet/ zu ernehren und auffzuziehen geben/ und zwar dieweil dieselbe noch jung sind/ sonderlich am ersten Tag ehe dann die Mutter ihre Jungen vor den frembden erkennet. Doch sol man hierinn auch Maß halten: dann eine Henne sol nicht über dreissig Stück führen/ dieweil/ wie man vermeint/ eine nicht mehr ernehren kan. Man sol auch die junge Hünlein nicht gleich hinweg nehmen so bald sie außgeschloffen/ sondern einen Tag bey der Mutter im Nest lassen / und ihnen so lang nichts zu essen oder zu trincken geben/ biß sie alle außgeschloffen. An dem folgenden Tag wann die Herde außgeschloffen ist/ nimm man sie auff diese Weiß herauß: Man sol die Hünlein in ein weites Sib legen/ und mit Poleyen beräuchern / welches sie bewahret vor dem Pips / davon die zarte Hünlein bald sterben. Nach dem sol man sie mit der Mutter in einen Käfich oder Störtze schliessen/ und mit Gerstenmeel in Wasser gesotten/ oder mit Speltzenmeel mit Wein besprengt nehren. Dann man muß wohl acht haben/ daß sie gute verdäuliche Speiß essen; darumb sol man sie drey Tag mit der Mutter in der Störtze halten/ und ehe man sie zu der neuen Speiß außlässet/ sol man zuvor fühlen/ ob sie nichts von der gestrigen Speiß im Kropff haben: dann wann der Kropff nicht leer ist/ so bedeutet es die Undäwligkeit / darumb sol man sie fasten lassen biß sie verdäwen. Man sol aber die Jungen nicht zu weit lassen außschweiffen/ sondern bey der Störtze halten / und mit Gerstenmeel speisen/ biß sie erstarcken. Man sol auch gute Sorg haben/ daß sie nicht von den Schlangen angepfeyset werden/ welcher Geruch so gifftig ist/ daß er die gantze Herd tödtet. Wieder dieses ist gut daß man offt Hirschhorn/ oder Galbanum, oder Weiberhaar anzünde: dann mit solchem Räuchern vertreibt man gedachten Gifft. Sie sollen auch laulicht warm gehalten werden: dann sie können weder Hitz noch Kälte erleiden. Darumb

umb ist das beste daß man sie im Hünerhauß mit der Mutter verschlossen halte/ und erst nach dem viertzigsten Tag außlauffen lasse. Dieweil sie noch jung sind/ muß man sie fangen/ und ihnen die Federn unter dem Schwantz umb den Hindern außropffen/ daß sie ihnen nit vom Kaat verharten/ und ihnen also den Hindern verstopffen: welches ob man es schon fleissig verhütet/ so geschicht es doch offt daß der Bauch keinen Außgang hat: darumb sticht man ihn denselben mit einer Feder durch/ und machet der verdäwten Speiß einen Außgang. Varro sagt/ man solle die ersten fünffzehen Tag (wañ man ihnen Sand untergestreuet hat/ damit sie die Schnäbel auff der harten Erden nicht verletzen) ihnen Gerstenmeel mit Kressensaamen/ ein wenig vorhin mit Wasser vermischt/ zu essen geben; und damit es ihnen hernach nicht schwelle/ sol man ihnen nichts zu trincken geben. Gerstenmeel mit Kleyen und Wasser vermengt ist auch ihre Speiß. Thu in ein Geschirr Kühe/ Esel oder Roßmist/ und stelle es den Jungen für: dann darinn wachsen nach zehen Tagen Würmlein/ welche den Jungen zur Nahrung dienen. Der Orth da sie sich auffhalten/ sol von der Sonnen beschienen/ und mit einem Netze umbgeben seyn/ damit sie Wärme haben; daß sie auch nicht außfliegen/ oder die schädliche Vögel zu ihnen hinein kommen können. Sie sollen nicht zu kalt oder zu warm gehalten werden; dann diese beyde Stück schaden ihnen. Damit die Jungen bald wachsen/ so nimm die Schalen darauß die Jungen geschloffen sind/ nach dem du das innere Häutlein darvon gethan/ zerstoß und vermisch sie mit Saltz und einem hartgesottenen Ey/ und stelle es den Jungen/ an statt der ersten Speiß/ zu essen für.

Wie man die Eyer lang unversehrt behalten könne.

Wann man die Eyer lang behalten so legt man sie im Winter in Spreuer/ und im Sommer in Aschen. Etliche legen sie zuvor sechs stund in gestossen Saltz/ darnach waschen sie dieselbe und vergraben sie in Spreuer oder Aschen. Viel legen sie in gantze/ andere aber in zerstossene Bonen/ andere in gantz Saltz/ etliche aber duncken sie zuvor in ein warm Saltzwasser. Ob aber schon das Saltz die Eyer nicht verfaulen läst/ so machet es doch dieselbe kleiner/ und bleiben nicht voll davon/ welches denn einen der sie kauffen wil/ abschrecket. Welche die Eyer in Saltzwasser stossen/ die können sie auch nicht gantz voll behalten/ wie Columella und Leontinus schreiben. Plinius sagt es sey das beste daß man die Eyer in Bonenmeel lege. Etliche verbergen sie in Roggen/ in dem sie noch frisch sind/ oder in Aschen/ also/ daß der spitze Theil unten sey/ darnach schütten sie wieder Roggen oder Aschen oben darauff.

Etliche Mittel so wieder die Kranckheiten der Hüner dienlich sind.

Wann die Jungen nunmehr starck genug worden/ sol man acht haben daß weder sie noch die Mutter den Pips bekommen; damit aber dasselbige nicht geschehe/ siehet man daß sie rein Wasser auß reinen Geschirren trincken: man sol auch die Hünerhäuser alliezeit räuchern und von ihrem Mist reinigen. Diese Kranckheit aber rühret gemeiniglich daher/ wann sie Kälte und Hunger leiden müssen/ oder wann sie im Sommer das Wasser trincken das in den Hösen stehet: auch wann man ihnen Feygen oder Trauben zu essen gegeben hat. Als welche Speisen man weder den Hünern noch andern Vögeln zulassen sol: und damit sie ein Abscheuen darvor gewinnen/ samlet man die wilden Trauben vom Stock wann sie noch nicht zeitig sind/ und kochet dieselbige mit reinem weissen Meel/ und gibts den hungerigen Hünern zu essen/ so werden sie durch den Geschmack so abgeschrecket/ daß sie keine Trauben mehr essen. Das thun auch die wilde Feygen/ wann man sie den Vögeln also bereitet/ haben sie einen Eckel vor allen Feygen/ sagt Columella. Für den Pips heist Leontinus ihnen Tosten in Wasser gebeitz zu essen geben. Man beräuchert sie auch für diese Sucht mit Lorbeerästen und Sebenbaum/ ziehet ihnen darnach eine Feder überzwerch durch die Nasen/ und beweget dieselbe alle Tag darinn. Ihre Speiß sol seyn Knoblauch mit Meel/ oder mit Wasser begossen/ darinn ein Nachteul sich gebadet habe/ wie Plinius lehrt. Welcher auch sagt/ man solle ihnen Hartriegelbeeren darfür in der Speiß geben. Wann sie den Pips bekommen/ so wächst ihnen ein weisses Häutlein vornen an der Zungen/ das ziehet man ihnen gemächlich mit den Fingern oder einem Messerlein herab/ und sprengt ihnen Aschen oder gestossenen Knoblauch an das gereinigte Orth. Etliche ziehen den Hünern eine Feder durch die Naß/ und wann sie ihnen den Pips von der Zungen benommen/ geben sie ihnen Salbey mit Speck/ oder Wein und Brod darauff zu essen. Man schneidet auch Knoblauch klein/ wirfft denselben in warm Oel/ und nach dem er kalt worden/ so reibt man den Hennen den Schnabel inwendig damit: wenn sie aber denselben auch essen/ wird es ihnen desto besser helffen/ wie Palladius und Paxamus melden. Oder gebe ihnen über Knoblauch zu trincken. Etliche sieden Knoblauch in Menschenharn/ und waschen den Schnabel der Hennen darmit/ doch behutsam/ damit ihnen nichts davon in die Augen komme. Etliche stossen ihnen für diese Sucht Knoblauch mit Oel geschmieret in den Halß: andere besuchtigen ihnen den Schnabel inwendig mit warmen Menschenharn/ und halten ihnen denselben so lang zu/ biß daß sie den Pips zur Nasen herauß trucken. Es ist auch gut/ daß man ihnen Speichelkraut oder Läußbeeren/ (semen staphisagriæ) zu essen/ oder dieselbe rein zerstossen/ in Wasser zu trincken gebe. Etliche machen einen Rauch

Rauch auß Joſten/ Iſop/ und Thym/ und halten der Hennen den Kopff darüber / und reiben ihr den Schnabel mit Knoblauch. Solche Artzneyen aber braucht man zu denen/ ſo nicht gar kranck ſind. Dann wann ihnen der Pips die Augen überzogen / und ſie nicht mehr eſſen mögen / ſo ſchneidet man ihnen die Wangen auff/ und drucket den Eyter herauß der ſich unter den Augen geſamlet hat / darnach ſprengt man ihnen Saltz in die Wunden. Wann ſie bittere Feygbonen eſſen/ ſagt Palladius, ſo wachſen ihnen Blätterlein unter den Augen/ wenn man ihnen dieſelbe mit einer Nadel nicht auffſticht/ ſo erblinden ſie darvon. Die Augen ſol man ihnen außwendig mit Burtzelſafft/und Frawenmilch/ oder mit Salarmoniac/ darunter Honig und Kümmel/ jedes gleich viel/ gemiſchet/ beſtreichen. Für die Läuß / ſo ihnen groſſen Schaden thun/ ſonderlich wann ſie brüten / iſt der Läußkrautſaamen auch gut / gleich ſo viel Kümel mit Wein darunter geſtoſſen: dieſes thut auch das Waſſer darinn bittere oder wilde Feygbonen gekocht/ wann es ihnen durch die Federn auff die Haut tringt. Den Durchlauff wirſt du ihnen benehmen/ wann du ein Handvoll Gerſtenmeel/ mit Wachs in Wein vermiſcheſt/und ihnen Kügelein davon machſt / und vor anderer Speiß zu eſſen gibſt/ deßgleichen Aepffel oder Quitten gekocht/ und die Brühe zu trincken gegeben/ iſt auch gut darfür. Dieſe Quitten in der Aſchen gebraten/ dienen auch darzu/ wie Paxamus lehret. Wann ihnen ihr Kaat an den Füſſen behangt/ bekomen ſie davon das Podagra. Die Hennen werden nicht mißgebehren/ wann du ihnen einen gebratenen Eyerdotter mit gleich ſo viel Roſinlein zerſtoſſen vor anderer Speiß zu eſſen gibſt/ wie Leontinus und Pamphilus ſchreiben.

Wie man die Thier/ ſo dieſem Gevögel Schaden thun/ vertreiben ſolle.

Hiervon iſt auch droben bey dem Hanen etwas geſagt worden. Die Katz wird den Hennen keinen Schaden thun/ wann man ihnen wilde Rauten unter die Flügel henckt. Dieſes wird auch für die Füchs dienen: und noch viel kräfftiger/ wann du Katzen oder Fuchsgallen ihnen unter die Speiß miſcheſt/ wie Africanus und Democritus berichten. Der Fuchs und Weyhe ſind Feinde/ weil ſie alle beyde die Hüner rauben. Bey den Hünerhäuſern ſolt du unterweilen Hirſchhorn brennen/ damit die Schlangen nicht darzu kommen/ dann von dem Geruch deſſelben ſterben die Schlangen. Die Füchs und andere Thier zu vertreiben / ſol man umb die Wohnung der Hennen alles das außreuten/ darinnen dieſelbe verborgen können liegen. Des Nachts ſollen ſie wol verſchloſſen ſeyn: man ſol ſie auch auſſer ihrer Wohnung gar nicht laſſen übernachten: dann man ſagt/ es ſeye die Liſt des Fuchs ſo groß/ daß wenn er ſie ſehe in der Höhe ſitzen / er ihnen ſeine ſcheinende Augen zeige als ein Liecht / auch ſeinen Schwantz bewege/ gleich als einen Stecken damit er ſie werffen wölle/ daß ſie alſo erſchreckt herab fallen/ und von ihm genommen werden. Sie leiden auch viel Auffſatzes von den Weyhen / und andern Raubvögeln / ſonderlich den Adlern: wieder dieſe ſtellt man Strick / oder legt wilde Weinreben / über das Orth da ſie ſich bey Tag auffhalten/ damit ſie nicht zu ihnen kommen können. Man fänget auch die Füchs mit Fuchsbrettern/ oder andern Künſten: die Weyhen mit Netzen/ Vogelleim oder Stricken / wie Creſcentienſis lehret. Die Marter und Iltiß / Frettel und Wieſel ſind alle den Hünern gehäſſig: und wann ſie dieſelbe fangen/ beiſſen ſie ihnen erſtlich auff den Kopff und in das Hirn / damit ſie nicht ſchreyen können. Etliche ſagen/ daß das Wieſelein ihnen allein die Eyer nehme und außtrincke/ aber keinen weitern Schaden thue. Man ſagt/ daß wenn einer mit einer ſchwartzen Reben den Hünerhof umbzäune/ die Habicht darvon fliegen/ und die Hüner ſicher darin bleiben / wie Plinius ſchreibt.

Von der Speiß und Nahrung der Hüner.

Zu der Zeit wann ſie auffhören zu legen/ das iſt im Wintermonat / ſol man ihnen die gute Speiß entziehen / und Treſter geben/ darunter kan man ihnen zuweilen den Unrath vom gereuterten Weitzen vermiſchen. Zu anderer Zeit des Jahrs ſol man ihnen die Treſter nicht geben: dann ob ſie ſchon wol ſpeiſen/ legen ſie doch kleine Eyer darvon / und brüten dieſelbe ſelten auß. Man gebe ihnen aber was Speiß man wolle/ ſo ſol man ihnen dieſelbe Morgens und Abends bey ihrem Häußlein vorwerffen/ auff daß ſie am Morgen nit alſobald weit von ihrem Häußlein außſchweiffen / und am Abend ſich wieder deſto ehe/ auß Hoffnung der Speiß nach Hauß begeben. So kan man ſie auch deſto beſſer zehlen/ dann das Gevögel betriegt ſeinen Hüter gar bald/ wie Columella ſchreibt. Welcher weiter ſpricht: Den Hennen gibt man zur beſten Speiß/ gemahlen Gerſten/ Wicken/ Erbſen/ Hirſen oder Heidenkorn/ wann nehmlich dieſe Frucht wolfeil iſt. Wann es aber theuer iſt/ gibt man ihnen das außgereuterte von dem Weitzen: daſſ dieſelbige Frucht iſt für ſich ſelbſt den Vögeln ſchädlich / ob ſie gleich am aller wolfeilſten. Man kan ihnen auch gekochten Lülch oder Raden fürwerffen/ oder Kleyen darinn noch etwas Meels iſt: dann wann ſie kein Meel hat/ iſt ſie ihnen nicht gut/ und eſſens die Hüner auch nicht ſo gern. Wann ſie nüchtern ſind haben ſie einen groſſen Luſt zum weiſſen Kleekraut/ Cytiſus genannt/ und deſſelben Saamen; ſo iſt auch kein Land da deſſelben Krauts nicht ein Uberfluß ſey. Es macht nicht allein die Hüner/ ſondern alles ander Viehe fett. Ariſtomachus heiſt dieſen Saamen den Hennen grün geben. Florentinus ſagt/ man ſolle ihnen das Kraut und den Saamen/ wann ſie dürr ſind/ in Waſſer einweichen/ dann alſo geben ſie ihnen eben ſo viel Nahrung/ als wenn ſie noch grün weren. Die Maß aber ſol man in der Speiß alſo halten/ daß man

man den außschweiffenden zwey Becherlein Gersten gebe: doch sol man ihnen etwas vom Cytiso darunter mischen: oder wan man denselbigen nicht hat/ Wicken oder Hirsen. Hanffsaamen benimmt den Menschen den Saamen/ den Hennen aber mehret er denselben: dann welche Hennen zu Wintersszeit damit gespeißt werden/ die legen den gantzen Winter/ und die andern nicht. Was man ihnen aber vor Speiß geben solle/ damit sie viel und grosse Eyer legen/ ist droben genugsam gesagt worden.

Wie man die Hennen mesten solle.

Dieses geschiehet auff folgende weise: Am ersten sol darzu ein Orth erwehlet werden/ der warm und dunckel sey/ da sol man einen jeden Vogel in einem engen Kefich oder Körblein auffhencken/ so eng beschlossen/ daß sie sich nicht umbwenden können: diese Körblein sollen zwey Löcher haben/ daß sie zu einem den Kopff/ und zum andern den Schwantz und Hindern herauß strecken/ damit sie essen können/ und von ihrem Kaat nicht verunreiniget werden. Man sol ihnen reine Sprewer und weich Heu oder Grummet unterstreuen: dann wann sie hart liegen/ werden sie nicht leichtlich fett. Die Federn so sie auf dem Kopff und umb den Hindern haben/ sol man ihnen alle außropffen/ daß ihnen nicht Läuß auff dem Kopff wachsen/ und der Kaat sich nicht hinden anhencke/ und ihnen schade. Ihre Speiß sol seyn Gerstenmeel/ das machet man mit Wasser an/ und machet Kügelein darauß/ damit sie gemestet werden. Doch sol man ihnen deren zum erstenmahl nicht viel geben/ biß sie gewohnen viel zu verdäwen: dann man sol alle Undäwligkeit vermeiden/ und ihnen nicht mehr geben als sie verdäwen können. So sol man ihnen auch nicht wieder zu essen geben/ man fühle dann daß die Kröpff leer seyen. Und wann der Vogel satt ist/ sol man ihn ein wenig auß dem Korb herauß lassen/ doch daß er nicht weit umbschweiffe; sondern wann ihn etwas beist oder sticht/ daß er dasselbe mit dem Schnabel hinweg thun könne. Also verfähret man gemeiniglich mit allen Thieren die man mesten wil. Welche aber wollen/ daß die Vögel nicht allein fett/ sondern auch zart werden/ die besprengen das genannte Meel mit Honigwasser/ und mesten also die Vögel damit. Etliche thun ein theil Weins unter drey theil Wassers/ darinn netzen sie Weitzenbrodt/ und machen die Vögel damit fett. Wann man einen Vogel am ersten Tag nach dem neuen Liecht anfängt zu mesten (darauff man auch acht haben sol) so ist er am zwantzigsten Tag fett genug. Bekommt er aber einen Eckel über der Speiß/ so sol man ihm dieselbige so viel Tag verringern/ so viel Tag er an der Mestung gestanden ist: doch daß nicht mehr als fünff und zwantzig Tag zusamen mit dem mesten zubracht werden. Das ist das fürnembste zu gedencken/ daß man den grossen Vögeln die beste Speiß gebe/ so wird aller Kosten und Arbeit wol vergolten/ wie Columella und Varro schreiben. Cato aber heist die Hennen und Gänß also mesten: Verschließ eine junge Henne/ so zum erstenmahl gelegt hat/ mache Kügelein auß Gerstenmeel/ netze dieselbe in Wasser und gebe es ihr ein/ thue alle Tag etwas darzu; speiß sie in einem Tag zwey mal/ und gebe ihr umb den Mittag zu trincken/ und laß das Trincken nicht über eine Stund vor ihr stehen. Also meste auch eine Gans: ohne allein daß du derselbigen vorhin zwey mal im Tag zu trincken/ und zwey mal zu essen geben solt. Es werden aber hierzu nicht alle Hennen/ sondern allein die so fette Hälß haben/ außerlesen: man erwehlet auch die grösten darzu. Im Winter werden sie fetter als im Sommer/ wie Plinius und Platina berichten. Ein mehrers hiervon ist allbereit oben angedeutet worden. Allen Früchten womit das Feder-Vieh gemestet wird/ ist das Mais Welsch-oder Türckisch Korn vorzuziehen. Welches dann so es sonderlich in wohl gedüngter Erden gezogen/ so fett und nahrhafft wird/ daß die Hüner in kurtzer Zeit überauß fett davon werden. Es machet auch diese Frucht das Federvieh so zart und mürb/ daß solches mercklich allem andern gemesteten kan vorgezogen werden. Es ist aber dabey in acht zu nehmen/ daß man dieses Türckische Korn etwas trucknen lasse/ dann von dem frischen sonsten die Hüner leicht den Pips bekommen.

Was von diesem Vogel dem Menschen nützlich seye.

Denen so Fieber haben/ sol man verschnittene Hennen zu essen geben/ dann ihr Fleisch ist weisser/ besser und zärter/ wird auch bald und leichtlich verdäwet/ und ist lieblich zu essen/ wie Mich. Savanarola schreibet. Wann man spüret daß die Biene an Speiß Mangel haben/ sol man ihnen für die Löcher roh Hennenfleisch/ und Rosinlein legen/ ꝛc. sagt Plinius. Das Gold wird auff Marmorstein und auff die Ding so nicht glüend werden/ mit Eyerklar auffgestrichen. Wie man mit diesem Eyerweiß Glaß zusammen leime/ ist oben gesagt. Wann die Apotecker die Syrup oder andere Tränke weiß und hell machen wollen/ brauchen sie das Eyerweiß/ zuweilen auch die Schalen/ und rühren es darein. Rühre Eyerklar mit einem Reißlein biß daß es zu Schaum wird/ thu denselben auff einen Syrup/ oder ein andern dergleichen heissen Tranck/ und nach dem er schwartz worden ist/ so hebe ihn mit einem Schaumlöffel/ oder anderm Instrument ab/ und thue andern darauff/ dieses treib so lang/ biß daß der Syrup hell worden ist. Damit ein Wein von Stund an lauter werde/ so werffe Eyerklar/ so viel als von nöthen ist/ in ein Geschirr/ und rühre den Wein biß daß er schäumet: thu auch ein wenig rein Saltz darzu/ so wird er darvon weiß werden. Dann der Dotter hat fast gleiche Eigenschafft mit der Hefen/ wie das klare

klare mit dem Wein: darumb wann man Eyer mit Kalck und Sand in Wein legt/ wird er hell darvon: dann der Sand und der Kalck durchfressen den Wein: der Dotter aber ziehet die Hefen an sich/ wie Aristoteles sagt. Wann man Wasser zu Saltz siedet/ so gestehet das Saltz nit/ dann es ist einer irrdischen Natur/ es sey dann Sach daß man Eyer oder Blut darzu brauche: dann das Blut und die Eyerdotter sind einer Natur/ sagt Albertus. Ein Eyerdotter so im vollen Mond gelegt worden/ reiniget die Flecken im Tuch: wann aber das Ey zu einer andern Zeit gelegt worden/ thut es dasselbe nicht. Dessen Ursach sagen etliche/ seye/ daß der mittelste Blutstropff im Dotter/ die durchtringende und Flecken vertreibende Wärme/ auß dem feuchten Liecht des Monds im vollen Schein empfange/ das es dann zu anderer Zeit nicht thun kan/ wie der obgenannte Albertus lehrt. Auß den Hennenfedern macht man Stuhlkissen. Im Meyen kan man die Käß läben mit Lamis- oder Geißläb/ oder mit dem Häutlein so inwendig vom Hüner-Magen geschelet wird/ sagt Palladius. Man sol die Hüner nicht zu der Krippen lassen: dann wann ihr Kaat oder Federn/ in das Futter kommen/ stirbt das Vieh darvon/ sagt Columella. Avienus sagt/ daß es ein Zeichen eines Regens sey/ wann die Henn ihre Federn stets mit dem Schnabel reinige; wann sich die Hennen über ihre Gewohnheit im Sand waltzen/ oder ihrer viel an ein Orth sich zusammen setzen/ und ein bedeckt Orth suchen/ damit sie vor dem Regen sicher seyen/ so ist es ein Zeichen eines grossen Regens/ wie Gratarolus schreibt.

Wie man die Eyer zur Speiß bereite/ und von Gesundheit derselbigen; welches in diesen sieben nachfolgenden Theilen angezeigt wird.

Wie man die Henn zu der Speiß bereiten und gebrauchen sol/ ist genugsam droben in Beschreibung der Hanen gesagt worden. Darumb wollen wir hie allein von den Eyern handeln/ und ob man schon auch von andern Vögeln Eyer isset/ wollen wir doch hie insonderheit von den Hünereyern schreiben. Die Eyer aber bereitet man zur Speiß auff mancherley Weise/ entweder allein und für sich selbst/ oder man vermischt sie mit andern Sachen/ also daß sie entweder das fürnembste darinn sind/ oder aber/ daß sie allein ein ander Ding wohlgeschmackt machen. Wollen derhalben erstlich von denen/ so schlecht für sich selbst bereitet werden/ reden; die dann in dem Wasser/ in der Aschen oder in einer Pfannen gekochet werden. Und ob sie gleich nach diesen dreyen weisen etliche mehr/ etliche weniger hart sind/ so ist es doch von denen in Wasser gesottenen meistentheils zu verstehen/ wann die Scribenten von weichen oder harten Eyern reden. Nach welcher Eigenschafft man auch von denen/ die auff andere weise mehr oder weniger gekochet worden/ urtheilen kan.

Der erste Theil.
Von mancherley Namen der Eyer/ so von dem unterschidlichen Kochen hergenommen.

Die so in Wasser gesotten werden/ also daß man sie außschlurpffen kan/ nennet man weichgesottene Eyer: und diese dienen der rauhen Kehlen/ nehmlich wenn man sie also siedet/ daß das Weiß noch nicht hart worden sey. Die neue sind die besten also genossen: als welche die natürliche Wärme der Hennen noch in ihnen haben/ wie Galenus lehrt. Die Eyer aber so man im Wasser kochet/ werden nicht allein mit der Schalen/ sondern auch zuweilen ohne die Schale darinn gesotten/ welches die unseren nennen/ in das Wasser schlagen. Diese gibt man für sich selbst den Krancken zu essen/ oder man legt sie auff ein Suppen. Diese muß man nicht so hart wie die vorhergehenden sieden/ sondern dieweil sie noch safftig sind/ sol man sie von dem Fewer nehmen/ wie Galenus lehrt. Wann sie noch dotterweich/ das ist/ weder zu weich noch zu hart sind/ geben sie die beste Nahrung. Hartgesottene Eyer werden genennet/ welche so lang gekochet werden/ biß sie sich auß der Schalen schelen lassen. Diese zerschneidet man bey uns in vier Theil/ und beleget mit diesen Stücken den Salat. Man hacket auch zuweilen einen jeden Theil/ nehmlich das Klare und den Dotter ab/ sonderlich gantz klein/ legt sie neben einander in ein Schüssel/ und thut darzu als die dritte Farb/ roth geräuchert Fleisch/ biß daß die Schüssel voll worden/ und bringt alsdann dieselbe nach dem Brauch der Römischen Kirchen/ am heiligen Ostertag/ dem Pfaffen/ daß er sie weihe. Etliche brauchen sie zu derselbigen Zeit/ auff die vorgenannte weise bereitet/ zu einem Voressen. Gebratene Eyer bereitet man in warmer Aschen: damit sie aber desto weniger zerspringen/ sol man sie vorhin mit kaltem Wasser netzen. Wann die Babylonier auff der Jagt waren/ und nicht derweil zu kochen hatten/ haben sie rohe Eyer in eine Schleuder gelegt/ und dieselbe so lang ringsweiß umbgetrieben/ biß sie darinn gekochet worden/ wie Cælius lehrt. Man kochet auch Eyer in Oel oder Butter/ so Eyer in Butter gebacken genennet werden: diese essen etliche gewöhnlich zu Morgen: aber die volle Brüder brauchen sie auch bey dem Trunck. Verdämpffte Eyer nennen wir die/ welche Galenus also heißt bereiten: Nach dem du sie mit Saltzbrühe/ Wein und Oel unter einander gerühret hast/ so stelle das Geschirr darinn sie sind/ in einen Hafen mit warmen Wasser/ darnach wann du denselben oben wohl verstopfft hast/ so lege Fewer darunter/ und koche die Eyer so lang/ biß sie nur in etwas hart worden/ dann die so über die maß hart werden/ sind den gesottenen oder gebratenen gleich: die aber mittelmäßig hart worden/ die werde leichtlicher verdäwet als die gar harten/ geben darzu dem Leib bessere Nahrung. Diese Speiß ist der jenigen nicht ungleich/ so bey den Schwei-

Von der Hennen.

kern: vom gewärmten Wein her/ Weinwarm/ zu Straßburg Eyerbrühe/ und sonsten Weinsuppe genennet wird. Wir nennen verdämpffte Eyer/ wann man in einem zugedeckten Geschirr die Eyer kochet und gleichsam erstickt. Zu diesen braucht Galenus Oel/ wir aber Butter. Galenus läst vielleicht die Eyer gantz: dann wie man sagt/ so bereitet man die Eyer in Italia also/ daß man sie in ein rein Zinnen Geschirr schlägt/ und darüber ein wenig Essig/ Wein/ und Oel oder Butter giest/ also/ daß es über die Eyer auffgehe: die kochet man deñ so lang/ biß daß das Klare über dem Dotter anfängt dick und weiß zu werden.

Der ander Theil.
Wozu die Eyer allein und für sich selbst gut seyen.

Es ist kein Speiß die den Krancken mehr nehre/ und doch weniger beschwere/ darzu wider den Durst und Hunger diene/ als die Eyer/ sagt Plinius. Die Eyer sind einer mittelmässigen Natur/ doch ziehet sich das Klare mehr auff Kält/ und der Dotter auff Wärm: sie sind aber beyde feuchter Natur/ sonderlich das Klare: sie geben auch feuchte und viele Nahrung. Die Eyer/ bevorab die Dotter/ stärcken das Hertz sehr/ und werden gleich zu Blut: sagt Avicenna. Er lobt aber insonderheit Eyer von Hennen/ Rebhünern und Fasanen. Von etlichen werden sie schwerlich verdäwet. Die Alten sollen nicht offt Eyer essen. Sie liegen wegen ihrer Feuchtigkeit zuweilen lang im Magen/ und machen einen Unlust zu essen.

Der dritte Theil.
Von Gesundheit der Eyer/ nach dem sie auff mancherley weiß gekochet werden.

Wann man die Eyer in Wasser kochet/ sind sie besser: und die so in der Aschen gebraten werden/ sind besser als die in der Pfannen/ wañ man nemlich allezeit gleiche mit gleichen vergleichet/ die harte mit den harten/ und die weiche mit den weichen: sonst sind die weiche in der Aschen besser/ als die harte in der Pfannen. Ein weich gesotten Ey ist eine gute Speiß/ und machet eine glatte Kehlen. Die Eyer in einer Pfannen samt den Schalen gesotten/ sind nicht so guter Nahrung/ als die so in das Wasser geschlagen werden: dann die Schale verhält die dicke und dämpffige Feuchtigkeit/ weßwegen sie/ wann man sie stets isset/ auffblehen/ und den Magen und den Bauch beschweren. Die besten Eyer sind die gebratene/ und die so bey der Glut gebraten werden/ besser als die in der Aschen: dann dieweil die Hitz sie umbgibt/ ziehet sie die bösen Dämpff herauß. Hartgesottene Eyer werden übel verdäwet/ geben böse Nahrung/ und verderben auch andere Speisen so daneben gessen worden: daher werden sie/ unter denen Speisen/ die man schwerlich verdäwet/ für die schädlichsten gehalten; dann sie werden alsobald in bösen Schleim und faul Blut verwandelt/ weßwegen sie auch einen Unlust und Verdruß zu essen machen. Dieser Meynung sind mehrentheils alle Artzneyverständige.

Der vierdte Theil.
Was man für Eyer zu der Speiß erwehlen solle.

Henneneyer halten wir für die besten. Man darff aber nicht viel von der Natur und Eigenschafft anderer Vögel Eyer sagen/ dieweil dieselbe fast den Henneneyern in allen Stücken gleich sind: wiewohl man die Pfawen und Fasanen Eyer für die besten hält/ gleich wie die Gänß und Strausen Eyer für die schlimmsten gehalten werden. Des Rebhuns Eyer werden auch zur Speiß gelobt: aber anderer kleiner Vögel Eyer sol man nicht essen/ es seye dann Sach daß man dieselbe zu einer Artzney brauche. Die jenige Hünereyer sind auch die besten/ welche die Hüner von einem Hanen legen: die andern sind nicht so gut: und je frischer/ je besser sie sind. Welches man also erkennet/ wenn man sie aufthut und sie zerfliessen/ sonderlich der Dotter/ so sind sie alt: wenn aber der Dotter im auffgethanen Ey gantz bleibt/ und mitten darinn ein rother Tropff/ wie Blut scheinet/ darauß dem Hünlein sein Hertz zum ersten wächst/ so ist es ein Zeichen daß die Eyer noch gut sind zu essen. Die frische Eyer sind auch mehrentheils voll: die alten aber am breiten Orth leer. Die jenige sind auch wolgeschmackter/ die von fetten/ als die so von magern Hennen kommen: so legen auch die Hüner/ welche Weitzen/ Gersten/ Hirsen/ Raden gessen haben/ bessere Eyer/ als die so ihre Nahrung von Gras oder Kraut haben. Wann ein Ey oben auff dem Dotter rothe Aederlein hat/ so ist es am besten. Langlichte Eyer/ darauß Männlein werden/ sind wohlgeschmackter als die kurtzen. Darumb halten die Araber die langen/ ranen und zarten für die besten. Die so im vollen Mond gelegt/ sind auch besser zu essen und zu brüten. An den Eyern hält Avicenna den Dotter für das beste/ und das noch mehr/ wann derselbe allein/ als wann er unter andern Speisen gessen worden. Die Eyer so zween Dotter haben sind zärter/ und geben mehr Nahrung. Alle Eyer reitzen zur Unkeuschheit/ sonderlich aber der Spatzen/ und solches umb so viel mehr wann sie mit Zwiblen und Rüben gessen werden. Hennen und Rebhünereyer machen geil. Eschlauch/ Schnecken/ Eyer und dergleichen mehren den Saamen; dieweil ihre Natur demselben ungleich ist. Die Eyer stärcken auch das Hertz/ nehren die Glieder/ bevorab wann sie gar weich gekocht sind. Denen so von langwierigem Fieber außgemergelt sind/ gibt man Eyer/ damit sie wiederumb etwas Krafft bekommen/ wie Galenus lehret.

Der fünffte Theil.
Was der Dotter und das Klare absonderlich in der Speiß für Eigenschafften habe.

Die Eyer/ wie droben gesagt/ haben eine temperierte Natur: doch ist das Klare etwas kalt/ der Dotter aber mehr hitzig/ und sind beyde

beyde feucht/ sonderlich aber das Klare. Alle beyde/ innerhalb dem Leib genossen/ befeuchtigen denselbigen etlicher massen: aber ausserhalb übergelegt/ trücknen sie ihn. Dieweil nun das Klare kalt/ feucht und zehe ist/ machet es böß Geblüt/ und wird schwerlich verdäwet: der Dotter aber ist warmer oder mittelmässiger Natur/ und nicht so schlimm als das Klare. Von den Eyern sol man den Dotter mitten vom Herbst an biß mitten in den Frühling essen: die übrige Zeit aber kan man sie wol alle beyde/ nemlich das Klare und Dotter mit einander essen. Die Dotter/ bevorab von frischen Hennen/ Rebhünern/ und Fasanen-Eyer genossen/ erwärmen das Hertz/ und stärcken die Glieder: dann sie werden in rein Blut verwandelt. Derhalben sollen die so gantz außgezehrt sind/ diese Speiß/ nach dem sie den Magen vorhin/ purgiret haben stets zum ersten und vor allen andern Speisen essen/ dieweil sie bald in andere Feuchtigkeit verwandelt werden/ sagt Platina. Die Dotter von jungen Hennen so einen Hanen bey ihnen haben/ werden sonderlich gelobt.

Der sechste Theil.
Wie mancherley Trachten von den Eyern gemacht werden.

Wie man die Eyer auff mancherley weiß im Wasser/ in der Aschen und Pfannen bereiten/ deßgleichen verdämpffte Eyer kochen solle/ ist genugsam von uns in dem ersten Theil dieser Handlung erzehlt worden. Wann man ein Ey mit Honig/ oder mit Saltzbrühe/ oder mit Saltz kochet/ so hat es unterschiedene Eigenschafften. Damit die weichgesottene Eyer desto wolgeschmackter werden/ sprengen etliche Wiesen-Kümmel/ etliche Agleysaamen/ andere etwas von zertriebenen Muscatnüssen darauff/ das Saltz aber ist bey allen Sachen das beste Gewürtz. Nimm vier Eyer/ zehen Untzen Milch/ ein Untz Oel/ dieses zertreib/ also/ daß es ein Ding werde: thu in eine subtile Schüssel ein wenig Oel/ siede es biß daß es auffwallet/ und thue darein die vermischte Eyer/ Milch und Oel/ so du zubereitet hast: und wann es auff einer Seiten gekochet ist/ so wende es in der Schüssel umb/ überschütte es mit Honig/ spreng Pfeffer darauff/ und trag es für. Man siedet auch die Eyer in Wasser oder Fleischbrühe/ gantz und ohne die Schalen: dann also werden sie gar wolgeschmackt/ sonderlich wenn sie mit Zucker und Zimmet zubereitet werden. Etliche sieden die Eyer erstlich ein wenig in Wasser: darnach wann sie ein wenig Zucker oder Rosenwasser darzu gethan/ so kochen sie dieselbe/ welches für ein gut Essen gehalten wird: wann man sie in Fleischbrühe kochet/ und ein wenig Essig oder saure Trauben darzu thut/ ist es auch guth: doch sollen alte Leuthe gewürtzten Wein/ oder den besten Malvasier/ mit Zucker und Zimmet darbey trincken. Man bereite aber die Eyer/ wie man wolle/ so sol man allzeit ein wenig Saltz darzu thun/ damit sie desto leichtlicher verdäwet/ und in den Magen hinab gebracht werden. Von Zubereitung der Eyer schreibet Platina sehr viel. Die Eyer (spricht er) kanst du in Oel oder Butter kochen. Wann du sie krautfärbig haben wilt/ so nehme etwas viel Mangolt und Petersilien/ ein wenig Ochsenzungen-Safft/ Müntz/ Majoran und Salbey; dieses alles zerschneide klein/ röste es in Butter oder Oel/ und koche die Eyer also. Dieses nehret zwar wohl/ wird aber langsam verdauet/ es nutzet der Leber/ stopffet aber und gebieret den Stein. Gebackene Eyer: Thue in eine heisse Schüssel mit Oel oder Butter/ frische und gantze Eyer/ die Schalen darvon geschelet/ und koche dieselbe über einem sanfften Kolfewerlein/ also/ daß du allzeit Oel oder Butter mit einem Löffel darauff schüttest: wann sie weiß worden/ so sind sie gnug gekochet. Diese sollen/ weil sie gebacken sind/ schwerer zu verdauen seyn. Gesottene Eyer: wann du frische Eyer auß der Schalen gethan hast/ so thu sie in ein siedend heiß Wasser/ und nach dem sie zusammen gesotten/ so nehme sie herauß: sie sollen aber noch weich seyn; streue Zucker und süß Gewürtz darauff; und giesse Rosenwasser/ unzeitigen Trauben- oder Pomerantzen-Safft darüber. Also kanst du sie auch in Milch oder süssem Wein kochen. Eyer auff dem Rost: Gestossene Eyer breite in einer Schüssel auß/ und koch sie so lang biß sie zusammen gebacken/ und auff alle vier Seiten können gebogen werde: und wann du sie vierecket formiert hast/ so lege sie auff den Rost/ darnach schlage frische Eyer darein/ und streue in dem sie braten Zucker und Zimmet darauff/ und trag sie für. Eyer an einem Bratspiß: wann du den Bratspiß wol gewärmet hast/ so stoß Eyer den langen Weg daran/ und brate sie also/ gleich wie man pflegt Fleisch bey dem Fewer zu braten. Diese sol man warm essen; es ist aber ein närrischer Fund/ und ein Kurtzweil und Thorheit der Köche. Eyerkuchen: Mach Meel zu einem zarten Teig/ und wann du den auff einem Tisch außgebreitet hast/ so schlage frische Eyer nebeneinander darein/ also/ daß du auff ein jedes ein wenig Zucker/ Gewürtz/ und ein klein wenig Saltz sprengest: und wann du sie als einen Fladen bedeckt hast/ kanst du sie sieden oder braten/ doch sind sie gebraten besser/ laß sie aber nicht hart werden. Kroßeyer werden in der Schalen in Aschen gebraten/ oder in Butter geröstet/ welche man an der Spitzen aufthut/ und etwas Saltzes und Gewürtz/ als Zimmet/ Muscatblüth/ Muscatnuß/ darein thut: und wann man diese Ding fleissig durch einander gerührt hat/ verstopfft man das Loch wieder mit einem Stücklein von der Schalen/ mit dem Klaren auffgelegt. Kugelichte Eyer macht man also: Nimm Eyerdotter und zerklopff sie/ vermisch sie mit zerriebenen Semmelbrodt/ thu Muscatnuß und Saltz darzu/ mit diesem fülle die Eyerschalen durch ein Loch hinein/ das verschliesse wiederumb mit einem Stücklein Schalen/ so mit Eyerklar bestrichen worden: diese Eyer koche alsdann nach deinem Gefallen; siede/ brate/ oder koche sie in Butter.

Auß

Auß den Eyern machen unsere Leuthe (sagt D. Geßner) Küchlein, Eyer oder Milchdöhrlein genannt, in dem sie mit Meel, Milch und Eyern einen Tag machen. Man machet aber noch viel andere Gattungen, als Küchlein, Fladen, Pfankuchen, Eyersnuß, Jüssel, Eyerzieger, gebratene Milch, und ander dergleichen auß den Eyern. Hieher gehören auch die an etlichen Orten bekannte Waffeln und Hasen-Ohren. Welche Stück bey uns wol bekannt, und auff diesesmal viel darvon zu schreiben wäre, wir wollen aber an dem vergnügt seyn, daß wir allein dieses was andere darvon geschrieben, zusammen getragen haben.

Der siebende Theil,
In welcher Ordnung man die Eyer zu der Speiß gebrauchen solle.

Die Römer und andere Völcker haben gewöhnlich die Eyer vor anderen Speissen gessen. Dann wann man der Gesundheit pflegen will, sol man die Eyer, auff was weiß sie auch gekochet seyen, allzeit zum ersten essen, man seye gleich gesund oder kranck; dieweil sie leichter, sonderlich die weichen, verdäwet werden, denn man sol allzeit die Speissen so leichtlich verdäwet werden, zum ersten essen. Die Gesunden aber, und noch vielmehr die Krancken, sollen sich der harten Eyer enthalten, es seye dann Sach daß sie zu viel Stuhlgäng haben, welche man mit hartgesottenen Eyern stopffen kan; man sol aber diese auch vor anderen Speissen essen: also hergegen wenn man den Stuhlgang befördern wil, sol man vor aller Speiß weichgesottene Eyer essen.

Von den Artzneyen so von den Eyern kommen, in eylff Theil außgetheilt.

Der erste Theil.
Worzu die Eyer also gantz in der Artzney gebraucht werden.

Gänß und Pfaweneyer haben gleiche Wirckung mit den Henneneyern, sagt Kiranides. Wiewohl Galenus die Hünereyer insonderheit gebraucht hat, dieweil sie leicht zu bekommen sind, selten aber andere, ob sie schon gleiche Wirckung in ihnen haben. Das Ey ist mehr kalter als warmer Natur, weil mehr weisses darinnen ist. Ein gantz Ey, oder allein das Klare auff einen Brand gelegt, kühlet denselbigen zimlich. Es geschiehet offt, daß man die Artzneyen so keine sonderliche Kraft haben, unter die stärckere vermischet, welche dann wegen ihres vielfältigen Gebrauchs sehr gelobt werden. Das Ey wird auch vielfältiglich, je nach dem es gekochet worden, gebraucht, dann wann es unter die Stück so die böse Feuchtigkeiten außtrocknen, vermischt sol werden, muß es hart gesotten, gebraten oder gebacken seyn. Zu den Feuchtigkeiten aber, welche in der Brust oder Lungen sich samlen, sol man weiche Eyer, so allein in laulicht Wasser weich worden, brauchen. Eyer heilen die Apostemen und böse Geschwär so am Hindern und über der Scham wachsen, sie werden aber mit einem Tüchlein in Rosenöl genetzt, auffgelegt; die Eyer werden auch unter die Apostempflaster vermischt, deßgleichen in den Klistiren, wegen der Geschwär und Apostemen gebraucht. Die entzündete Geschwär bestreicht man auch damit, mit Oel vermengt. Geklopffte Eyer auff die Apostemen gestrichen, und Rosenöl darunter vermischt, läst sie nicht zu nehmen. Frisch auffgestrichen, heilen sie den Brand. Wann einer sich mit Wasser verbrennet, und geschwind ein Ey darauff streicht, werden keine Blatern da wachsen, etliche thun Gerstenmeel und ein wenig Saltz darunter. Eyer mit Oel zertrieben, auffgestrichen, und hernach Mangoltblätter darauff gebunden, lindert den Rothlauff. Den Geschwulst der Brüste wirst du vertreiben, wann du Ein Ey in fünff mahl so viel Weins zerklopffest, und ein Tüchlein darin genetzt, überlegest. Bestreich dein Haupt mit einem Hünerey, darnach zwage es mit dem Wasser oder Safft von dem Kraut Erdäpffel oder Seubrot genannt, so werden darvon die Niesse getödet, und nimmermehr wachsen. Ein Ey in Saltzwasser zerklopffset und getruncken, ist wider das Gifft Aconitum oder Wolffsmilch dienlich. Milch mit einem Ey und Rosenöl vermischt, dienet den entzündeten Geschwären der Augen. Für die Schmertzen der Augen und das stete Wachen, triefe Mät darein, und nehme ein Ey so vorhin geschelet, und in Mät eingeweichet sey, dieses theile in zwey Theil, und binde es über das Aug, so wirst du entschlaffen, wie Galenus lehret. Hart und weich gesottene Eyer mit Honig zertrieben, werden für den Husten gebraucht. Vier Henneneyer braucht Aetius unter ein Pflaster, so zum Podagra dienlich. Sie werden auch zu Stärckung der männlichen Natur, ein jedes mit dreyen Becherlein gesottenen Weins, und einer halben Untz Aneinmeel, nach dem Bad gebraucht, wie Plinius bezeuget. Einem Pferd, so das Bauch-Krimmen hat, schlage vier Eyer samt den Schalen in den Haltz, also, daß es dieselbige samt den Schalen hinab schlinge.

Der andere Theil,
Von dem Eyeröhl.

Nehme dreissig hart gesottene Eyerdotter, zerreibe sie mit den Händen, röste sie darnach in einer irdenen glasurten Bratpfannen über einem leichte Kolswer, rühre sie stets mit einem eisernen oder höltzernen Löffel, biß daß sie roth werden, und Oel darauß gehet, welches dañ mit dem Löffel getruckt darauß fliessen wird. Oder nehme diese Dotter also gesotten, und mache sie zu Meel, darnach mache Klöse oder Ballen darauß, thu sie in eine Presse, und trücke das Oel herauß. Oder man distilliret und zihet es mit einen Kolben herauß, wie das oleum Philosophorum, wie Jac. Sylvius auß dem Melue bezeuget. Dieses sol, spricht

spricht D. Geßner/ hab ich also gemacht: Die hartgesottene Dotter sollen darauß genommen/ und in einer Pfannen gebraten werden/ also/ daß man es stets mit einem Löffel herumb rühre/ biß daß sie also anfangen zu schmeltzen/ daß sie gleichsam zu einem Brey worden. (Es bleibt aber dieser Zeug noch gelb.) Dieses solt du alsobald in ein rein Tüchlein thun/ und das gelblichte Oel darauß drücken. Andere aber nach dem sie dieses also zu einem dünnen Brey in einer Schüssel gebraten haben/ kochen sie es noch mehr/ biß daß es anfangt schwartz und trucken zu werden/ welches bald darnach wiederumb zerschmeltzet/ und viel schwartze Feuchtigkeit vom Brand sehr starck riechend von sich läßt. Hierauff drücket man die dicke Materi in der Pfannen mit einem Löffel/ damit das Oel und alle Feuchtigkeit in ander Geschirr fliesse und gesamlet werde/ und dieses sol mehr Krafft haben zu trücknen/ als das vorige. Dieses Oel wie die Erfahrung gelehret hat/ reiniget die Haut/ Zittermähler/ umb sich fressende Räude/ und andere dergleichen Gebresten. Es macht auch wiederumb Haar wachsen/ und heilet die böse und blaterichte Geschwär. Es riechet etwas starck/ doch wann es durch das distillieren herauß gezogen ist/ hat es keinen solchen starcken Geruch/ als sonsten. Den Kranckheiten der Ohren/ der Zähne/ und des Hindern ist es dienlich/ wie Rhasis lehret. Wann man ein wenig Hennenblut darunter vermischt/ vertreibt es den Grind/ so von der Gall herrühret. Laulicht in die Ohren gethan/ stillet es alsobald den Schmertzen in den Geschwären derselbigen/ machet sie zeitig/ und thut sie auff. Es dienet auch zu den Fisteln und melancolischen Geschwären. Es miltert die Hitz und den Schmertzen/ wann man sich verbrannt/ macht eine subtile Narbe/ vertreibt allen Schmertzen der Zäne und des Hindern/ wann es mit Gänßschmaltz auffgestrichen worden. In einem Tag wird es den Krancken heilen/ so da grossen Schmertzen an der Leber leidet/ welcher von den Winden die darin enthalten/ herkommen. Es bringet die abgefallene Farb wieder/ bevorab im weissen der Augen/ wie Arnoldus de Villanova darvon schreibet. Eine gewisse Artzney für das Bauchgrimmen: Leg gantze faule Eyer an die Sonnen biß daß sie trucken werden/ und wann sie dürr worden/ so zerreibe sie zu Pulver/ beutele sie durch ein Sieb/ und behalte sie in einem gläsern Geschirr/ und wann einen das Grimmen ankommen/ so gebe ihm darvon drey Löffel in zehen Untzen warmen Wasser zu trincken/ wie Marcellus lehret. Wann du einen Eyerdotter in dessen Nachtgeschirr legest/ von welchem man befürchtet/ daß ihm mit Gifft vergeben sey/ so wird man nach etlichen Stunden den vergiffteten Orth in der Leber erfahren/ daß wan das Gifft in den Adern des eusseren abschüssigen Theils der Leber/ oder in den Harngängen ist/ so wird das Ey schwärtzlich und stinckend werden; ist es aber diesseits der Höle der Leber/ als im Grimm-Darm/ oder anderswo/ so wird das Ey runtzlicht und gelb werden/ und ohn allen Gestanck seyn. Wieder den Brand: Verbrenne gebratene Eyerdotter in einer Pfannen/ und lege sie als ein Pflaster über/ wie Galenus lehret.

Der dritte Theil/
Von den Artzneyen der weichgesottenen Eyer.

Gänß-und Hüner eyer stets gessen/ machen eine gute Stim/ dieweil sie die Kähle glatt machen. Ein weichgesotten Ey wird unter die Stuck vermischet/ so den bösen Schleim in der Brust und Lungen zertheilen/ es dienet auch denen/ so eine rauhe Kähle vom schreyen oder scharffer Feuchtigkeit bekommen haben/ dann weil es klebrig ist/ so hanget es sich als ein Pflaster an die bresthaftigen Orthen an/ es beisser auch nicht/ sondern miltert sänfftiglich/ und heilet dieselbigen. Umb dieser Ursach willen heilet es auch alle Rauhe des Magens/ Bauchs/ der Gedärme und Blasen/ wie Galenus lehret. Laulicht genossen ist es gut wieder das Nagen der Blasen/ Geschwäre der Nieren/ Rauhe der Kählen/ Blutspeyen/ Husten/ Seitenstechen/ Lungensucht/ schwere Athemen/ und Flüsse der Brust/ wie Dioscorides und Avicenna berichten. Halbgesottene Eyer stärcken den Magen/ und geben dem Menschen eine gute Krafft. Welcher das Fieber hat/ der sol drey oder vier Eyer-Klar in Wasser zertrieben/ trincken/ dann dieses erkaltet sehr und bringt dem Krancken den Stulgang/ sagt Hippocrates. In ein weichgesotten Ey Pulver von Mastich gethan/ wohl umbgerühret/ und alsobald außgetruncken/ ehe dann es dick worden/ ist gut für den Husten/ wann es offt gebraucht wird. Ein schwerer Husten kan bey einem alten Menschen in fünff Tagen/ bey einem jungen Kind aber in dreyen Tagen vertrieben werden/ wenn man drey Finger voll zerstossenen Schwefel in einem weichgesottenen Ey drey oder fünff Tag nüchtern demselben eingibt/ sagt Marcellus. In einem weichen Ey nüchtern eine Wandlauß unwissentlich einem eingegeben/ stillet das Erbrechen; welches man offt erfahren. Die Medici brauchen selten fliessend Hartz/ ohn in einem Ey brauchen sie das Hartz von einem Lerchenbaum/ wider den Husten und die Geschwäre der Eingeweyde/ sagt Plinius. Wann du dich zu offt erbrichst/ so nim ein wenig lebendigen Schwefel/ und geschabt Hirschhorn gleich so viel/ thu es gestossen in ein weichgesotten Ey/ und trincke es. Schwefel in einem Ey getruncken/ reiniget die Gelbsüchtigen.

Der vierdte Theil/
Von den Artzneyen der gantzen rohen Eyer/ erstlich für sich selbst ausser-und innerhalb dem Leib/ darnach mit andern Stücken vermischt.

Ein rohes Ey wird nützlich über die verbrañte Schäden gelegt/ entweder das Klare allein/ oder das gantze Ey sambt dem Dotter zerkloffet/ und mit Wolle auffgeschlagen; dann es kühlet wohl/ und trucknet ohn alles beissen/ sagt Galenus. Mit einem rohen Ey bestreich den hitzigen Orth/ und leg Mangoltblätter darüber für den Rothlauff/ so wirst du dich über der Hülff verwundern/ sagt Sextus. Den gähen Fluß in den Augen zu stillen:

len: Zerstosse viel Schnecken in einem Mörsel/ und thu ein rohes Hünerey darzu / duncke ungewaschene Schafwollen darein/ und leg es auf die Stirn / wie Marcellus lehret. Man vertreibt auch offt dem Vieh den Unlust zu essen / wann man demselben ein gantzes rohes Hünerey nüchtern in das Maul stöst / und am nachgehenden Tag Aehren von Knoblauch mit Wein zerreibet/ und in die Nasen schüttet/ wie Columella schreibet. Ein roh Ey getruncken / ist gut für den Blutfluß/ und das Blutharnen; es leschet auch den Durst/ und vertreibt alle Heiserkeit. Rohe Eyer sollen zu den entzündeten Nieren getruncken werden / sie sind auch zu Entzündung des Hindern/ zu den Brüchen und allen Schmertzen sehr dienlich. Unter ein gantzes Ey vermischt Galenus Rosenwasser für die entzündte Gebrästen der Augbrawen/ Ohren und Brüste/ die zuweilen von Schlägen oder andern Zufällen entstehen: deßgleichen zu den spannaderichten Theilen des Leibs/ als die Ellenbogen / Sennadern der Finger/ oder Geleiche an Händen und Füssen. Diese rohe Eyer werden mit Oel und gleich so viel gesottenen Wein für den Husten gebraucht. Für die Lungensucht: Schlag zwey rohe Eyer in einen Becher/ thu darzu des besten Oels/ Saltzbrühe/ gesottenen Malvasier / eines jeden fünff Untz/ und wann du es in dem Becher gethan/ so zerlasse so viel Schmer in einem Geschirr / und thu dasselbe also warm zu dem andern / drücke es alles in ein siedend Wasser auß / und gebe es dem Krancken fein warm zu trincken/ sagt Marcellus. Die rohe Eyer werden auch unter die Clystier der rothen Ruhr so da brennet/ gethan/ mit ein wenig Wein und einem guten Theil Rosenwasser vermischt. Ein rohes Ey oben auffgethan/ außgeleert / und mit grünem oder frischem Oel gefüllt und außgeschüttet/ darnach wieder mit Knabenharn gefüllt/ und abermahl außgeschüttet / hernach ein wenig Honig darzu gethan/ und mit dem Ey vermischt/ und nüchtern zu trincken gegeben/ wird den alten Unrath und die schädliche Würme auß dem Leib treiben / und die stärckste Fieber hinweg nehmen. Die Nachgeburt außzutreiben: Nimm zween Becher voll Seiffen/ ein roh Ey/ und warm Wasser/ so viel nöthig ist/ gebe es untereinander vermischt zu trincken; und wann die Nachgeburt gehet/ sol man sie von Stund an umbkehren; und wann sich die Gebehrende erbricht / wird die Nachgeburt schnell herfür kommen; gehet sie aber nicht herauß / so koche Fenugreck auff den dritten Theil mit Wasser ein/ und gebe ihr solches zu trincken. Dieses ist ein bewehrt Stück/ wie Nicolaus Myrepsus sagt.

Der fünffte Theil/
Von den Artzneyen der harten und gebratnen Eyer.

Die hartgesottene / gebratene oder geröstete Eyer werden unter die trucknende Artzneyen vermischt. Die harte Eyer stopffen den Stuhlgang/ und sonderlich ihr Dotter/ wann sie gebraten worden. Eyer in der Aschen ohne Rauch gebraten/ stillen den Durchbruch und rothe Ruhr/ wann sie mit etlichen zusammenziehenden Stücken/ und mit Agrestwasser eingenommen werden: deßgleichen zu den Geschwären der Eingeweyde und Blasen/ sagt Avicenna. Die harte Eyer mit Wein genossen / stillen den Weibern ihre Zeit. Wann ein Weib ihre rechte Zeit nicht hat/ die sol drey frische hartgekochte Eyer nehmen / dieselbe schelen/ klein zerschneiden / und auff einen glüenden Ziegel legen/ und diesen Dampff sol sie durch einen Trächter in den Bauch lassen/ so wird diese Kranckheit nach und nach vertrieben werden. Es scheinet aber als ob dieses Mittel den Weibern ihre Zeit nicht bringe / sondern vielmehr dieselbige (denen so sie zuviel haben) stille. Gekochte Eyer mit Honig zerstossen/ werden für den Husten gegeben/ sagt Plinius. Ein hart Ey in gesottenen Wein gebrockt / und zwey Becherlein warmes Wassers darzu gethan / und ehe man schlaffen gehe getruncken/ wird die gantze Nacht vor dem Husten bewahren/ und wann man es stets trincket/ wird man dessen gar ledig werden/ sagt Marcellus. Etliche meinen daß die allzulang und über die massen hartgesottene Eyer/ dem Menschen zu einem Gifft werden. Das klare und gantz gebrannte Ey/ mit Wein oder Essig getruncken oder übergelegt/ ziehet alle Flüß zusammen/ sagt Constantinus. Eyeraschen sol wieder das Blutspeyen so von der Brust kompt/ dienen. Ein gantz Henneney verbrannt/ zerrieben/ und mit Wein vermischt/ sol für der Weiber Fluß auffgestrichen werden. Hiervon ist unten/ da von der gebraten Schalen geredet wird/ ein mehrers zu finden.

Der sechste Theil/
Von der Eyer Artzney so in Essig gekocht / oder allein darinn gebeitzt und weich gemacht werden.

Wann ein Ey in Essig gekocht wird/ stillet es den Bauchfluß: thut man aber etwas weiter darzu/ das wieder die rothe Ruhr und andere Bauchflüsse dienlich ist/ und röstet es hernach über einem leichten Kohlfewerlein / und gibt es den Krancken ein/ wird man ihnen sehr helffen. Unter diese Artzney kan man aber am nützlichsten thun/ unzeitigen Traubensafft/ den Safft vom Ferberbaum / Galläpffel / unzeitiger Granatäpffelschälen/ Aschen von gantz gedörrten Schnecken / Weintraubenkern / die Frucht von den Myrten / Mispel / und Welschkirschenbaum; noch besser ist die Blüt von Granatäpffeln/ und Hypocistis, wie Galenus schreibet. Die Eyer sambt der Schalen in Essig gekochet/ wehren daß sich die Feuchtigkeiten nicht in den Magen und Gedärm ergiessen/ deßgleichen dem Bauchfluß und der rothen Ruhr: benehmen auch die Rauhe der Kählen und des Magens. Eyer in Essig gekocht/ dienen zu dem beissenden Harn/ Geschwär der Blasen und Nieren/ und solches so viel mehr wann man sie frisch/ das rohe Klare darauß genommen/ isset. Eyer in Essig gebeitzt / biß daß die Schalen daran weich worden / und mit Meel zu einem Teig gemacht / werden für das Grimmen gegeben: etliche wollen sie lieber also geweicht in einer Schüssel dörren: welche dann nicht allein den Stuhlgang / sondern auch der Weiberfluß stillen / oder wann die Kranckheit groß / werden sie rohe in Essig gebeitzt / und mit Meel auß Wasser getruncken / wie Plinius schreibet. Eyerdotter in Essig hart gekochet / und mit gestossenem Pfeffer gedörrt / werden denen so mit dem Grimmen behafftet zu essen gegeben. Für die Laubflecken im Angesicht: Lege in den stärcksten Essig sieben gantze Eyer / und laß sie so lang drinn liegen / biß daß die Schale so lind wird als das Häutlein darunter / und mische darunter Senffpulver vier Untzen / zerreib es mit einander / und bestreich das Angesicht stets damit. Für die grindige und beissende Räude / leg gantze Henneneyer in den stärcksten Essig ein Tag und ein Nacht / thu hernach zu den Schalen / so eben in demselbigen Essig zerrieben sind / Schwefel so nie zum Fewer kommen / Arsenick / ein Gattung von wilden Weintrauben / Taminia genannt / Safft von Oleander Stauden / Bleiweiß / Silberglett / eines jeden ein Untz / alt Oel so viel du bedarffst. Dieses alles rühr untereinander / und bestreich dich im Bad damit / wie Galenus lehret. Item / nim zehen Eyer / und mache sie weich in starckem Essig / darnach koche die Eyer sambt dem Essig / und wann du ihre Dotter mit Rosenwasser und Essig zerklopffet hast / so thu ein Loth Silberglett darzu / vermisch es wol zu einem Teig / mach es so dick als Schreinerleim / und streich es auff / sagt Nicolaus Myreplus. Den Husten an einem Roß (spricht Theomnestus in seiner Roßartzney) so von Hitz oder Staub kommt / solt du mit diesen Artzneyen vertreiben: Leg fünff Eyer gegen den Abend in starcken Essig / da wirst du am Morgen die Schalen gantz lind finden / wie an denen Eyern / so nicht recht gelegt worden: wann du nun dem Pferdt das Maul auffgethan / und die Zungen herfür gezogen hast / so stoß ihm eins nach dem andern also gantz in Halß / nach dem du vorhin ein jedes in Operment gewaltzet hast: halt ihm aber den Kopff empor / biß es dieselbe alle verschluckt hat. Auff dieses aberwird ihm Fenugreck oder Brühe von ungesottener Gersten mit Honig vermischt eingeschüttet: dieses also auff drey Tag gebraucht / wird den Husten hinweg nehmen.

Der siebende Theil.

Von den Artzneyen der Eyer / so mit andern vielfaltigen kräfftigen Artzneyen vermischt werden.

Ob wir schon in den vorhergehenden Stücken auch etliche Artzneyen von den Eyern erzehlt haben / da sie mit anderen vermischt werden: dann die Eyer / wie vorgesagt / sind gleichsam eine Materi vieler Artzneyen: so hat es mich doch gut bedünckt hie insonderheit etliche Stück zu erzehlen / da nehmlich die Eyer unter kräfftigere Artzneyen vermischt werden / also / daß sie nicht wie im vorhergehenden das fürnemste / sondern nur das geringste Stück sind / und die wenigste Krafft haben. Wider Schlangenstich dienen gekochte Eyer / zerstossenen Kressen darzu gethan / und darüber gestrichen. Henneneyer in Wasser und Essig vermischt und getruncken / und ein Quintlein Holwurtzel darzu gethan / dienet wider die Feigwartzen / sagt Dioscorides. Sie benehmen auch die grindige und beissende Räude am Leib / mit Oel und Cederhartz vermischt. Sie heilen auch die Geschwär deß Haupts / Erdäpffel darzu gethan. Eyer mit Milch vermengt / sind denen gut / die die rothe Ruhr haben. Wider diese Kranckheit machet man auch ein fürtreffliche Artzney / in dem man ein Ey in einen new glasurten Hafen schlägt / und so viel Honig / Essig und Oel eines jeden darzu thut / als viel des Eyes ist. Dieses vermischt man wol unter einander / und je fürtrefflicher diese Stuck sind / so viel besser wird die Artzney werden. Andere thun an statt des Oels und Essigs gleich so viel röthlicht Hartz und Wein darzu: diß temperiret man denn auff eine andere Weiß / da man allein Oel dem Ey gleich viel nimmt / Rinden von einem Zirnenbaum zween sechzig Theil eines Quintleins / einen Theil von dem so man Rhus nennet / fünff sechs Theil von einem Quintlein Honig damit gekochet / also / daß man vier Stund darnach etwas anders esse / wie Plinius schreibt. Gantze Eyer befürdern die Geburt / mit Rauten / Dill / und Kümmel in Wein getruncken. Ungerade Hünereyer in Eselharn gesotten und gessen / heilen das Nierenweh und Krimmen. Mit den Eyerschalen misset man offt die Stück darein man die Eyer vermischen wil. Andornsafft in eine Eyerschale gethan / und das Ey in gleich so viel Honig außgeschüttet und lawlicht gemacht / legt man auff die Geschwär oder Eissen: dann es reiniget und heilet dieselbige / und macht den Krancken Magen gesund / also lawlicht getruncken. Item schlage ein frisch Ey in einen Becher / und fülle seine Schalen mit dem besten verschaumten Honig / darzu mit gutem frischen Oel / und schütte es auch in den Becher / rühre es alles wohl und lang unter einander / darnach mach den Becher lawlicht in warmem Wasser / und gebe es dem so die rothe Ruhr hat zu trincken / so wird es ihn sehr helffen / sagt Marcellus. Ein Kuchen für das Krimmen und die rothe Ruhr: Durchsteche ein roh Ey / und leere es in ein Geschirr / und messe mit der Schale / folgende Stück: ein Schalen voll Baumöl von unzeitigen Oliven / weissen gantz klein gestossenen Pfeffer auch so viel / unzeitige Gallöpffel / Weitzenmeel eines jeden gleich so viel / das mach alles sambt dem Ey zu einem Teig / und Küchelein darauß / dieselbe röste in einer Pfannen / und gebe sie vor der Speiß dem Krancken zu essen / sagt Galenus. Item eine Behung für die entzündete Mandeln oder Zäpfflein im Halß: Nim Tosten oder Isop / und siede es wohl mit einem guten Theil Essig in einem verstopfften Hafen: der Deckel aber sol in der mitten ein Loch haben: darnach stoß ein Rohr in das Loch / und gebe es dem Krancken in den Mund / und laß ihm den Dampff in Halß hinein rauchen: wenn aber die Hitz vom Rohr ihn in den Mund brennt / so gebe dem Krancken ein Ey / das

das zu beyden Enden Löcher hab/ in seinen Mund/ und laß das Rohr dardurch gehen/ so wird es ihn nicht weiter brennen.

Der achte Theil.
Von den Artzneyen des Eyerklars.

Das Eyerklar kältet/ und verstopfft die Schweißlöcher/ glättet darzu alle rauhe Ort: es hitzet nicht/ sondern miltert alle beissende Schmertzen: es heilet Wunden zusammen/ und reiniget dieselbige. Einen gebrannten Ort damit bestrichen/ wird keine Blatern daselbst lassen wachsen. Es wird zu diesem Gebrauch Wolle darinn genetzt und auffgelegt. Das Eyerklar sol man nicht allein zu den Augen brauchen/ sondern zu allen andern Theilen die da eine nit beissende Artzney haben müssen/ als zu allen bösen Geschwären des Hindern und der Scham: dann sie trücknẽ dieselbe ohn beissen auß; dergleichen Mittel/ auch das gewaschene Pompholyx, oder weiß nicht/ und etliche andere gewaschene Metall sind/ wie Galenus, Avicenna und Serapio melden. Es bewahret das Angesicht vor der Hitz der Sonnen. Rohe wird es nützlich wieder die Bisse der Schlangen (Hæmorrhois genannt) getruncken. Eyerklar mit Weibermilch vermengt/ und mit genetzter Wolle auff die Stirn gelegt/ stillet den Fluß der Augen. Die junge Kinder werden gleich nach dem Badt alle Tag von den Müttern oder Säugammen mit zerklopfftem Eyerklar/ in lawlichtem Wein zerklopfft/ am gantzen Leib gewaschen. Mit Eyerklar wird das Haar auß den Augen gekrümmt/ Ammoniac zerstossen und darzu gethan. Mit Weyrauch auff die Stirn gelegt/ stilt es die Flüß der Augen. Eyerweiß stillet alle scharffe Schmertzen/ dann es kleibt sich an und bleibt/ und weicht nicht so leicht ab wie die Milch. In die Augen gethan stillet es das stechen/ beissen/ und die hitz darinn. Man braucht es auch für die trieffende Augen. Das weisse für sich selbst in das Aug gethan/ stillet den gähen Fluß darinnen/ kühlet auch die so sich gebrennet. Etliche halten es vor besser mit Saffran vermischt/ und an statt des Wassers brauchen sie es unter die Augensalb/ den Kindern aber braucht man für die trieffende Augen fast kein andere Artzney/ als Eyerklar/ und frische Butter darzu gethan/ sagt Plinius. Es miltert die Entzündung der Augen/ wan es mit Rosenöl/ Honig/ und Wein darin gethan/ und mit Wolle übergelegt wird. In die blutige Augen sol man Eyerweiß trieffen/ oder mit reiner Wolle darauff legen. Für den schmertzen der Ohren so von Hitz kömt/ trieffe Eyerklar darein. Den reissenden Stein treibt man mit Eyerklar auch fort. Auß dem Eyerweiß macht man ein Clystier mit Steinklee zu den Geschwären und Fäulungen der Gedärme/ deßgleichen für die hitze und harten Geschwär deß Hindern. Zuweilen wirt das Eyerweiß unter andere und krafftigere Artzneyen vermischt. Den Geschwären so vom Brand kommen/ ist gut das Eyerweiß mit gedörrter Gersten und Schweinenschmaltz vermengt/ also braucht man es auch zum Hindern.

Mit Amelmeel vermischt/ wird es für den Rothlauff gebraucht. Etliche nehmen sechs oder sieben Eyerklar/ vermischen sie mit Weyrauch/ und legen es Pflasterweiß über die zerbrochene Bein. Das Blut zu stillen: ein halber Theil Aloes, und ein Theil Weyrauch mit einem Eyerklar vermischt/ und mit Hasenhaar auffgelegt/ ist eine gute Artzney. Mit Stiergall vermischt/ gibt es eine gute Augensalb/ mit Wasser vier gantze Tag auffgestrichen. Aetius beschreibt ein gut Pflaster von Eyern/ darunter mischet man Silberglett/ Bleyweiß/ eines jeden vier Untzen/ Calmey ij. Untzen/ Wachs j. Pfund/ Rosenwasser ij. Pfund/ zehen Eyerklar/ die Metallische Sachen zerreib in Wasser und Wein/ darnach rühre es mit dem Eyerweiß als einen Teig zusammen/ und zerlasse das so du zerlassen solt/ thu es darunter/ und brauche es. Damit du ein glantzend Angesicht machest/ so vermisch Bonenmeel mit Eyerklar/ und bestreich es damit. Mit Eyerklar/ wann man ein wenig Honig und Zirbelnüßlein darzu thut/ vertreibt man die Wartzen im Angesicht. Schneckenaschen mit Weyrauch und Eyerklar bey dreissig Tag auffgestrichen/ heilet den Bruch des Gemächtes. Zu den Spalten der Füsse nimmt man Eyerklar mit zwey Quintlein schwer Bleyweiß/ und so viel Silberglett/ Myrrhen/ unter ein wenig Wein vermischt. Etliche Wunden heilt man also/ daß man Eyerweiß mit Saltz zu einem Teig macht/ und in einem neuen Hafen so lang brennet/ biß daß es zergehet und lauter wird/ das reibt man darnach mit einem warmen Stein zu Pulver. Wasser auß dem Eyerklar/ distillirt/ kühlet die Augen/ und stärckt dieselbigen/ wird darzu nützlich unter andere Augensalben und Artzneyen der Augen vermischt. Das Angesicht und die Hände darmit gewaschen/ werden hell und glantzend. Es vertreibet auch die heßliche Mäler so vom Brand oder andern Schäden kommen/ wann man es offt überstreichet.

Der neundte Theil.
Von den Artzneyen des Eyerdotters.

Der Eyerdotter hat eben die Krafft wie das Klare/ das ist/ er gehöret auch zu denen Artzneyen so nicht beissen/ darumb wird er unter die lindernde Pflaster vermengt/ wann er auß den gesottenen oder gebratenen Eyern genommen worden/ doch ist ein kleiner Unterscheid: dann die gebratene Eyer trücknen etwas mehr/ sie miltern aber desto weniger. Galenus und Serapio vermischen auch den Eyerdotter unter die Pflaster/ so wieder die Entzündungen dienen/ als unter die so man zum Hindern auß Steinklee machet. Corn. Cellus schreibt/ daß ein roher Eyerdotter weich mache/ zertreibe und die Wunden reinige: er leget alle Geschwulsten/ auffgestrichen. Eyerdotter hart gekochet/ und warm gebraucht/ sind gut zu den Gebrästen des Hindern. Mit Gänßschmaltz vermischet/ sind sie gut zu dem Schmertzen

ken des Halses: deßgleichen für die Hitze und Blattern des Hindern / mit Rosenwasser gebraucht: für den Brand / in Wasser gehärtet / und alsobald darauff die Schalen auff Kolen verbrennt / darnach den Dotter mit Rosenwasser auffgestrichen. Weiche Eyer sind gut für den Husten / Seitenweh / Versehrung der Lungen / und die Heiserkeit so von Wärme kommen: für das Keichen und Blutspeyen / bevorab wann der Dotter lawlicht getruncken wird. Fünff Eyerdotter mit dreyen Bechern alten Weins oder Mäts vermischt / und drey Tag also warm getruncken / ist gut für Blut speyen. Für den Fluß der Augen / leg einen weichen Dotter mit Weyrauch vermischt auff die Stirn. Der Dotter gebraten und mit Wein übergelegt vertreibt die Röthe der Augen. Er heilet auch das hitzige Geschwär oder Apostem in den Ohren. Wann er gedörrt / in Mehl zertrieben / und mit Gerstenmehl getruncken wird / miltert er den Schmertzen des Magens. Eyerdotter mit Wein und Oel gekocht / Gerstenmehl darzu gethan / und am Morgen genossen / ist gut denen so die Speiß nicht behalten können. Sie stillen auch gekocht und in Wein getruncken / den Weibern ihre Zeit: deßgleichen die Auffblehung der Bärmutter / wann sie roh mit Oel und Wein auffgestrichen werden / wie Plinius lehret. In einer Schüssel wird der Eyerdotter gebacken / damit er also gessen / den Stulgang stille / und zwar vor sich selbst allein oder Galläpffel darzu gethan. Die Eyerdotter werden auch in den Klistiren gebraucht.

Ein mehrers von dem Eyerdotter / mit andern Artzneyen vermischt / erstlich ausser / darnach inner dem Leib zu gebrauchen.

Für Fewerbrandt machet man ein Salb von frischen Eyerdottern / Rosenöhl / weiß Wachs und Hammel Unschlit. Dotter mit Rosenöhl und Saffran stillen den Schmertzen des Podagra darauff gestrichen: und wann der Schmertz sehr groß ist / vermischt man ein wenig Opium darunter / wie Galenus schreibt. Wann einem eine böse Blatter im Angesicht / an den Armen oder Füssen entstanden / sol man sie nicht öffnen / damit man nicht in Gefahr des Lebens komme / sondern man sol einen Eyerdotter mit gleich so viel Saltz dick machen / und sein sanfft darauffreiben: oder werffe in ein Ey / nach dem du das Klare darauß genommen hast / Saltz / vermisch es wohl / und binde es mit einem Tüchlein auff die Blatter. Ein gedörrter Eyerdotter mit Rosenöhl und Saffran wird zu den Schmertzen der Augen gebraucht. Hart gekocht / und ein wenig Saffran darunter vermischt / deßgleichen mit Honig und Weibermilch übergestrichen / miltert allen Schmertzen der Augen / oder mit Rosenöhl und Mät mit Wolle auff die Augen gelegt; oder mit zerstossenem Eppichsaamen und Gerstenmehl auß Mät angestrichen. Mit Saffran und Rosenöhl vermengt / heilet er die Schläge der Augen: und wann man mit Gerstenmehl ein Pflaster darauß machet / vertreibt er den Fluß der Augen: mit Weyrauch wird er auch für diesen Gebrästen auff die Stirn gestrichen. Die Halßgeschwulst werden mit diesen Dottern vertrieben / wann dieselbe gekochet / und Gänßschmaltz / und Bocksgallen / gleich viel darzu gethan / und damit berieben werden. Ægineta braucht rohe Eyerdotter unter die Pflaster der Brüste. Die Spalte der Scham heilet man mit Hartz / in Rosenwasser zerrieben / und zu einem Brey gemacht / ein Dotter von einem gebratenen Ey darzu gethan. Der Dotter mit Steinklee gebraten und gebraucht / ist gut für die Entzündung und hitzige Blattern des Hindern. Von dem Eyerdottern / Saltz und Honig (etliche thun Saffran darzu) machet man Zäpfflein so zum Stulgang reitzen / etliche wann man in der Eyl anders nichts haben kan / binden den Dotter allein mit viel Saltz vermischt in ein Tüchlein. Den Eyerdotter / gleich wie anderswo das Klare / vermischt Hippocrates unter die weichmachende Artzneyen des Bauchs. Inner dem Leib wird es mit andern Artzneyen also gebraucht. Wann einer ein halbgekochten Eyerdotter mit Oel vermischt trincket / wird ihn nicht mehr dürsten. Mit der Frucht des Baums Rhoa, (Ferberbaums) oder mit Galläpffeln in einer Schüssel gebacken / stillt er / in der Speiß genossen / den Stulgang / wie auch für sich selbst gebraucht / sagt Dioscorides. Wir geben auch gebratene Eyerdotter denen so die rothe Ruhr haben / mit ein wenig Essig / Rhöe, und gar wenig Oel darunter vermischt. Sie werden auch für sich selst in Essig gekocht / biß daß sie hart worden / und werden hernach wiederumb mit zerstossenem Pfeffer gedörrt / den Stulgang zu stillen. Für allerley Geschwulsten am Leib / ein bewehrtes Stück: Siede ein Ey hart / und schele es / lege es also gantz auff Kolen / und brate es so lang biß daß es gar weiß wird / darnach werffe seinen Dotter in einen bleyernen Mörsel / mit Bleyweiß und einem guten Theil Rosenöhl / und rühre es alles fleissig unter einander / biß daß es so dick als Schreinerleim worden / hierauff siede Camillenkraut auff den dritten Theil ein / und wärme oder bähe den Orth offt mit einem Schwamm / darnach streich die Salb mit einer Feder darauff / alle Tag zweymal / wie Nicolaus Myrepsus schreibet. Wasser vom Dotter distilliret / vertreibet alle Flecken so vom Brand / oder andern Schöden kommen / und alle Räude am Leib / gleichwie auch das Wasser vom Klaren / doch ist das Oel darvon viel kräfftiger / von welchen wir droben weitläuffig geschrieben haben.

Der zehende Theil.
Von den Artzneyen des Häutleins inner der Schalen / und der Jungen / so noch nicht außgeschlossen sind.

Das Häutlein von einem rohen oder gesottenen Ey geschelt / heilet die Spalte der Lefftzen / wañ man es darauff kleibet / es dienet auch den zerbrochenen Ohren / und der rauhen Zungen / deßgleichen zu den Brüchen der Schienbeine. Dieses Häutlein zerrieben / mit Wein vermischt und durchgesiegen / sol dem der die rothe Ruhr hat / warm zu trincken gegeben werden / wie Marcellus, Myrepsus, und Kiranides bezeugen.

Das

Von der Hennen.

Das Hünlein in dem Ey mit einem halben Gallapffel gebraucht/ stärckt den blöden Magen/ also/ daß man zwo Stund darauff faste. Man gibt auch denen so die rothe Ruhr haben/ diese Hünlein im Ey gekocht/ mit zehen Untz saures Weins/ und gleich so viel Oel und Gerstenmeel darzu gethan.

Der eylffte Theil.
Von den Artzneyen der Eyerschalen/ und erstlich insgemein.

Eine Salb zu einem glätzenden Angesicht: Eyerschalenpulver/ und Melonensaamen wohl gereiniget/sollen mit gewaschenem Entenschmaltz vermischet werden. Ein gedörrte Eyerschal mit Myrto, heilet die Schäden/ wann einer von den Schuhen gedrücket worden/ ziehet auch alle Flüß und Geschwülste zusammen. Sie ist auch nütz zu den Zäpfflein die zu der Mutter gebraucht werden/deßgleichen zu dē Gebrästen des Hindern/sonderlich aber wider die Geschwulste des Rohtlauffs. Das Blut zu stillen: Weiche die Eyerschalen in scharffem Essig biß daß sie lind werden/ darnach mache sie trucken an der Sonnen/ zerreibe sie/ und sprenge das Pulver auff den Blutfluß/ oder vermische Eyerschalenpulver mit Backofen-Ruß/ sprenge es darauff/ so wird es von Stund an stehen. Für Zahnwehe: mische Eyerschalen/Blackfisch/ und Oel unter einander/ koche es/ biß der dritte Theil überblieben/ und halt es also warm im Mund. Diese Schalen wohl gedörrt werden nützlich für den Stulgang in Wein getruncken. Die neue Scribenten loben die gedörrte Eyerschalen unter den Artzneyen/ so wieder den Stein dienen. Es haben auch ins gemein die Eyerschalen eine Steintreibende Krafft/ und lösen den Tartarischen Schleim auff. Das Häutlein von einem Ey innerlich und eusserlich gebraucht/ treibet den Harn. Den Harn zu treiben: Schütte auß einem neuen Ey den Dotter und das Klare/ und zereib die Schale in einem Becher mit Wein/ und trinck es auß/ so wird der Harn bald fliessen. Etliche brauchen darzu eine Schale/ darauß ein Hünlein geschloffen ist. Zu dem Schmertzen und Entzündung des Männlichen Glieds: Kümmel und Eyerschalen koche wohl/ und behe das Glied darmit/ so wirst du Wunder sehen/ sagt Galenus Euporiston. 3. 279.

Artzneyen von den gebrannten Eyerschalen.

Die Eyerschalen sol man von ihrem Häutlein gereiniget / verbrennen. Ein Pulver die alte Geschwär an den Schenckeln zu trucknen: Nim Eyerschalen und alte Schuhsolen/ verbrenne sie/ und thu darzu Rindermist im Meyen gedörrt und zerrieben/ dieses Pulver streue auff das Geschwär/ und thu darauff die Wolle von Rohrkolben. Weissen Kalck von Eyerschalen in einem Ofen gebrannt/ brauchen die Barbierer für eine etzende Artzney. Eyerschalenaschen im Wein getruncken/ stillet das Blut/ etliche thun Roßmist darzu/ und legen es also auff die Wunden. Dieses Pulver in die Nase gethan/ stilt das bluten derselben. Eyerschalenaschen mit Wein vermischt/ und die Zähn darmit gerieben/ reiniget dieselbe. Für Bauchwehe: Die Eyerschalen zu Aschen gebrannt und in warmem Wasser getruncken/ vertreibt dasselbige. Diese Asche wird auch gelobet für den Fluß des Saamens. Wann du einen Bruch bekomen/ so vermische Eyerschalenaschen mit Wein/ und bestreiche das Gemächt damit/ dann also werden die Därme wiederumb an ihre statt kommen. Diese Asche mit Myrrha auffgestrichen/ stillet den Weibern ihre Zeit. Ein gantz Henneney sambt der Schalen verbrennt/ zerrieben/ mit Wein vermischt und angestrichen/ heilet auch jetztgemeldte Kranckheit. Zu dem weissen Fluß der Weiber: Nim diese Aschen/ wie auch Aschen von gebranntem Hirschhorn/ Pulver von Agstein/Dillsamen/ eines jeden 2. Quintlein/ vermisch es unter einander/ beutele es mit einem reinen Sieb/ und brauche es mit Wasser.

Artzneyen von den Eyerschalen/ auß welchen die Hünlein geschloffen.

Nicolaus Florentinus lobt sehr diese Eyerschalen darauß ein Hünlein kommen/ wann sie von ihrem Häutlein gesäubert/ für das schwere harnen/ ein Quintlein getruncken. Als ich dieselbe einsmahls einer Edelfrauen eingegeben hab/ (sagt Gatinaria) da hat sie zwölff Gläser voll geharnet/ dann dieses ist eine berühmte Artzney. Etliche geben nur schlecht und allein diese Eyerschalen in Wein zu trincken. Leonellus heist ein Quintlein von dieser Schalen / in Steinbrechwasser trincken/ den Harn dardurch zu fürdern. Diese Artzney soll auch dem Vieh und wilden Thieren gut seyn. Wann bey einem Weib die Mutter sich gesencket/ so sol man dieselbe mit Wasser waschen/ und mit einen leinen Tuch trucknen/ darzu mit der Salb (Martiatum genannt) schmieren/ und zu letzt Pulver von diesen Schalen darauf sprengen. Und so viel sey von den zahmen Hünern gesagt. Nun wollen wir von den wilden Hünern/so auff der Erd oder im Wasser ihre Nahrung suchen/ auch etwas schreiben.

Von den Holländischen oder Fasanen Hünern.
Gallinæ Patavinæ.

Es sind die Holländische Hüner umb ein weites grösser als die gemeine Teutsche/ von Farben nach der Hüner Art/ unterschiedlich: der Hahn so wol als das Hun/ haben solche grosse Büsch Federn auf ihren Köpffen/ daß etliche kaum dafür sehen können/ und dadurch oft den Raubvögeln in ihre Klawen fallen: die rechte Art hat unter dem Hals gleichsam einen dicken Bart von Federn hangen. Deßwegen man / sonderlich an den Hünern/ wenig Kamm sihet. Alle haben grosse und helle Augen. Etliche dieser Hüner haben blosse/ etliche aber gefederte Füß also daß sie kaum dafür gehen können. Die rechte Fasanen Art/ hat hinden an den Füssen doppelte Zeen: Dieweil diese Hüner wie gedacht/ grosse Hauben haben/ ist ihnen die Hirnschal gantz erhaben/ rund gewachsen/ daß die Federn also mehr über sich stehen.

Eßnerï Thierbuch.
Von einem Holländsichen oder Vasan Hanen.

Von

Von den Holländischen oder Fasanen Hünern.

203

Von innerlicher Natur und Eigenschafft dieser Hüner.

Wiewol diese Hüner von Gestalt und Ansehen die gemeine übertreffen/ bringen sie doch wenig Nutzen/ dann sie gar spaht und wenig Eyer legen/ welche zwar viel grösser und schöner

ner als die andern seyn: Sie brühen langsam/ und achten ihre Jungen nicht sonderlich/ deßwegen besser ist/ daß man diese Eyer den schlechten Hünern außzubrühen und zu erziehen unterleget. Die Jungen bleiben lange Zeit ohne Federn/ und werden offt gantz bloß/ (worauß dann gleichfals die rechte Art zu erkennen ist) deßwegen sie auch etwas wärmer zu halten sind: Diese Hüner gehen gantz auffgericht/ und beweisen gleichsam einen innerlichen Stoltz.

Von etlichen wilden Hünern.

Es werden mancherley Geschlecht der wilden Hüner gefunden/ welche an ihrer Gestalt/ Grösse/ und Orten da sie leben/ wie auch an ihrer Natur und Eigenschafft/ deßgleichen an ihrer Speiß so sie brauchen/ einen gar grossen Unterscheid haben/ darumb wollen wir nicht (wie etliche) von allen ins gemein/ sondern von einem jeden insonderheit reden.

Im Schwabenland umb Ravenspurg/ soll ein wild Hanengeschlecht seyn/ so von ihnen ein Riethan genennet wird/ fast in der Grösse einer Gans/ hat Füß wie ein Haußhan/ schöne grosse Köpffe/ darauff man röthlichte Federlein sieht/ hat auch beynahe einen Schwantz wie die Italianische Hanen/ man fängt sie selten/ und nur zu Winterszeit/ und wann man sie gefangen/ saltzt man sie ein. Hieronymus Tragus nennet ein wild Hünergeschlecht/ Rothüner. Vom Steinhun/ Haselhun/ und Murkock wollen wir hernach reden.

Von einem Schottländischen Hanen in ihrer Sprach Blak Cok, das ist/ Schwartzhan genannt.

Diese Figur ist D. Geßnern sambt dem Murhanen (von dem wir nach dem Haselhun schreiben wollen) auß Schottland geschickt worden/ die Schotten nennen ihn an Blak cok, das ist/ einen schwartzen Hanen. Das Weiblein aber so etwas kleiner und heller gefarbet ist/ heissen sie ane grey Hen, das ist/ eine graue Henne. Das Männlein ist an der Brust/ am Hals/ Flügeln und Hüfften mit rothen Flecken gesprengt. Das weißgraue Weiblein aber ist mit schwartzen Flecken getheilet. Beyde Geschlecht aber haben Bärtlein und Augbrawen/ von einem rothen Häutlein gemacht. Die Engelländer sagen/ daß man diese Vögel auch in ihrem Land fange/ an denen Orthen da viel Heyde wächset. Dieses ist vielleicht der Vogel so von dem Engelländer Turnero ein Morhenn und Hethcok genennet wird/ allein daß er dem Weiblein ein andere Farb zuschreibt/ wann er sagt/ dasselbe sey röther als ein Rebhun/ da doch das obgenannte Schottländische Weiblein graw ist/ wie vorgesagt worden. An dem Fleisch und an der Grösse ist er dem Fasanen sehr gleich/ er lebt von dem Korn/ und obersten Schößlein des Heyde Krauts. Er hat kurtze Flügel/ fliegt derhalben nicht lang. Etliche halten diesen Vogel für ein Haselhun/ wiewol dieses nicht seyn kan/ wie wir hernach in dessen Histori vernehmen werden/ dieweil dasselbige in sumpfigten und wässerichten Orthen seinen Auffenthalt hat/ dieses Geschlecht aber nicht.

Von dem Feldthun.   Gallina rustica.

Columella sagt daß dreyerley Geschlecht der Hüner seyen/ zahme Hüner/ Feldthüner/ und Africanische Hüner. Das Feldthun/ so dem zahmen nicht ungleich ist/ wird vom Weydman leichtlich betrogen. Und derselben sind viel in der Insel/ welche im Ligustischen Meer gelegen/ und von den Schiffleuten von diesem Vogel her Gallinaria, das ist/ Hünernsee genennet wird. Sie legen nicht/ wann sie eingeschlossen gehalten werden/ sondern allein in den Wäldern/ darumb können wir hie nichts weiters von ihnen sagen/ als daß man ihnen genug zu essen geben soll/ damit sie bey herzlichen Mahlzeiten desto besser zu essen seyen. Also schreibt Columella und Varro von diesen Hünern.

Von einem frembden wilden Hanen auß Africa oder Barbarien.
Meleagris.

Diese Vögel werden in der Stadt Olero, in der Insel Creta gelegen/ gefunden/ in welcher die Göttin Minerva verehret wird. Der Ort da sie sich aufhalten/ ist sumpficht. Sie haben ihre Jungen nicht lieb/ sondern lassen sie noch jung dahin gehen/ darumb müssen die Priester

Von einem wilden Han.

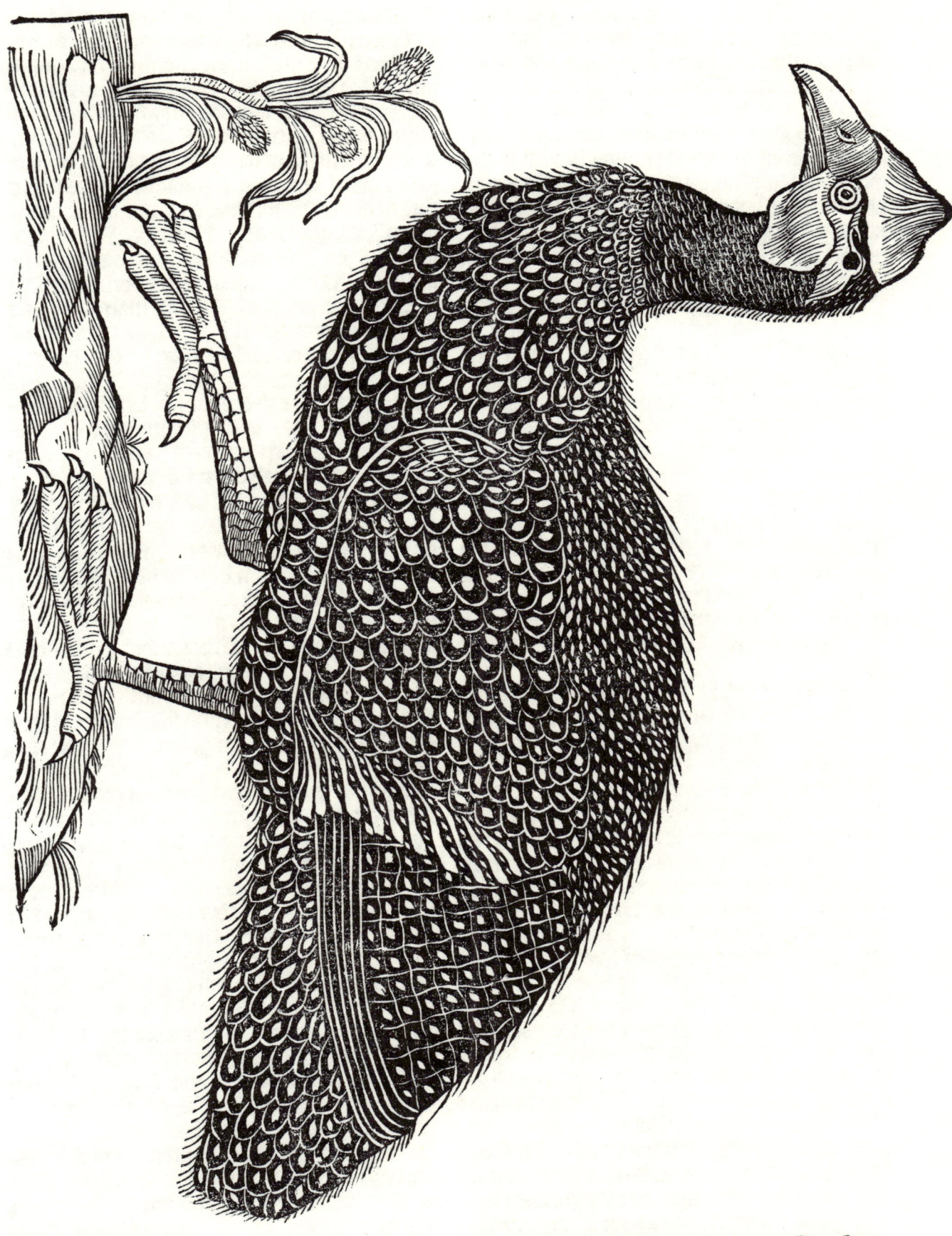

Priester daselbst ihrer acht haben. Ihre Grösse ist gleich einer grossen Hennen / ihr Kopff nach der proportion des übrigen Leibs klein und kahl / auff welchem ein fleischichter und harter rother Kamm gesehen wird / welcher auffrecht als ein hölzern Schwirle oder Nagel stehet; an dem Backen vom Schnabel herab wachsen fleischichte Läpplein / welche als ein Bart herab hangen / die sind röther als am andern Hanengeschlecht: unten am Schnabel aber haben sie keine Läpplein hangen / wie andere Hanen. Ihr Schnabel ist spitziger und grösser als der Hennen. Ihr Hals aber schwartz / dicker und kürtzer als der Hennen. Der Leib ist gantz bundt / nehmlich schwartz und mit vielen weisen Flecken / welche grösser als eine Linse / getheilt: diese Flecken aber stehen im schwartzen. Die Flügel sind auch mit weissen Flecken gezeichnet als eine Säge / gleich weit von einander. Ihre Bein haben keine Sporen / sonst sind sie des Hanen Bein gleich. Die Weiblein sind den Männlein so gleich / daß man sie kaum vor einander erkennen kan. Also schreibt davon Athenæus.

næus. Die neuen Scribenten vermeinen dieses seyen die Vögel / so von etlichen Indianische Pfawen genennet werden / dann daß dieselbige blawe Kämm und blawe Läpplein haben/ist bekannt. Dieser Meynung ist zum Theil auch D. Geßner, in dem er nehmlich vermeint die Indianische Hüner seyen ein Geschlecht der Meleagridam, weil ihre Beschreibung denselben gleicher ist als sonst keines andern Vogels. Darumb ob sie schon Sporen haben / und ihre Farbe denen jetztgedachten nicht gantz ähnlich ist/so haben sie doch eine Spitze auff ihrem Kopff / die als ein höltzerner Nagel herfür gehet / und an statt der Läpplein roth Fleisch / welches als ein Bart hinab hanget / deßgleichen einen kahlen Kopff/ etc. Ihre Grösse ist auch einer grossen Hennen nicht ungleich / wiewohl ich höre / (sagt D. Geßner) daß man mancherley / so wohl an der Grösse als Farb / unterschiedene Hüner finde / unter welchen man die schwartzen / alß die grösten / am liebsten hat: Die andern sind weiß; die kleinsten sind weiß und mit schwartzen Flecken gesprengt / und mag wol noch ein andere Gattung gefunden werden / welche der obgedachten Beschreibung näher beykommt. Und dieweil sie einen kleinen Unterscheid haben von den Africanischen (wie Columella bezeuget) kan man diese beyde Geschlecht unter die Indianische zehlen.

Ich habe (spricht D. Geßner serner) dieses Vogels Figur / sambt seiner Beschreibung / von Joan. Cajo dem Engelländer empfangen / die lautet also: Dieser Han ist sehr schön und an Grösse/ Gestalt/ Schnabel und Füssen dem Fasan gleich / mit einem hörnenen Spitzlein auff seinem Kopff gewaffnet / so hinden zu gäh / vornen her aber etwas auffwarts gehet. Es scheinet die Natur habe dieses Spitzlein an den untern Theil des Kopffs gleichsam mit dreyen fürgehenden Falten wollen anbinden: zwischen dem Aug und Ohr ist an beyden Seiten eine / und mitten auff der Stirn auch eine / welche alle wie das Spitzlein gefärbet sind: daß es also auff dem Kopff stehet wie das Hütlein des Hertzogs von Venedig / wenn man dasselbe hinder sich kehrte. Es ist unten hin rund herumb runtzelicht und gerad da es sich über sich bieget. Zu öberst an dem Hals hinden auff dem Nacken / wachsen auffrechte und schwartze Härlein (nicht Federlein) für sich gekehret. Die Augen sind überall schwartz und rund sambt den Augbrauen und dem Haar an den Augenliedern / außgenommen die Flecken zu öberst und hinden an beyden Augbrawen. Unten am Kopff ist schwülicht Fleisch von Blutfarb / welches damit es nicht als ein Läpplein hinab hange / zusammen gewunden/ und an dem Kopff als zwo Spitzen herfür gehet und sich endet. Von diesem Fleisch erheben sich zu beyden Seiten Fleischwärtzlein / mit welchen die Männlein wie mit einem Kreiß umbgeben werden / und der Kopff vornen hin vom bleichen Schnabel abgesondert wird. Diese Häutlein krümmen sich bey dem Schnabel unter beyden Naßlöchern zusammen. Was aber zwischen dem Spitzlein und Fleisch an der rechten und lincken Seiten ist / das ist weiß und ohne Federn / mit liechtblaw vermenget. Oben auff seinem Kopff ist er als ein Dattelkern gefärbet. Die Bein sind schwartz / und vornen mit zweyen schüppichten Spälten gezeichnet / hinden aber sind sie glatt/ und mit etlichen Tüpfflein seiner eigenen Farb gesprengt. Unter der Kälen ist er schön purpurfarb/am Hals dunckel purpurfarb/ am übrigen Leib wann man ihn oben ansiehet / ist er eben so gefärbt als wann man weiß und schwartz Semmelmeel / zimlich rein zerrieben / dünn auff grawe Farb sprenget / doch dasselbige nicht unter einander vermischet. In dieser Farb werden durch den gantzen Leib weisse runde Flecken gesehen / oben klein / unten groß / zwischen etlichen Linien verfasset / wie man dann dasselbe / wann die Federn sich natürlich legen / sehen kan/welche sich selbst scheb hin und her durch einander zerscheidern / doch nur zu oberst auff dem Leib / und nicht unten. Dieses kan man nicht allein am gantzen Leib / sondern an einer jeden Federn / wann sie außgeropfft ist / warnehmen. Dann die obersten / so sich selbst mit scheben zwerchlinien durcheinander zerschneiden/ oder mit etlichen Flecklein / die gleichsam auß weissem und schwartzem Semmelmeel (wie vorgesagt) gemacht / und zu eusserst als ein Honigrose oder Netz zusammen gefügt sind / fassen die runde weissen Flecken in sich / die untern aber nicht. Doch sind sie an beyden Seiten in gleicher Ordnung gesetzt / dann an etlichen Federn stehen sie also nach der Ordnung / daß sie fast spitzige Triangel machen: an andern aber / daß sie einem Ey gleich gestaltet sind. Dieser Gattug sind drey oder vier Ordnungen an einer jeden Feder / also / daß die kleinere von den grösseren eingefasset werden. Zu eusserst an den Flügeln und an dem Schwantz gehen diese Flecken gerad der Länge nach / gleich weit von einander / als eine Linien. Den Han und die Henne kan man kaum vor einander erkennen / so gleich sind sie einander / ohne daß der Hennen Kopff gantz schwartz ist. Sein Stimm ist ein zertheiltes Zischen / nicht heller als der Wachtel / aber des Rebhuns Stimm ähnlicher / allein daß sie etwas leise und nicht so hell ist. Dieses alles schreibt der obgenannte Cajus. Zu Ferrar (schreibet Joh. Fauconerus an Doct. Geßnern) in des Hertzogen Garten / den man gemeiniglich Montagna nennet / hab ich zween Vögel gesehen etwas grösser als Hennen/ gantz aschenfarb / und weißlicht / mit schwartzen runden Flecken gesprengt / an dem Kopff waren sie dem Pfawen gantz ähnlich / sie hatten auch Sträuß wie die Pfawen; und diese Vögel nannten sie Indianische Hüner.

Von

Von der Africanischen oder Numidischen Hennen 207

ALdrovandus mahlet diesen Vogel mit außgerecktem Leib ab/ und beschreibet ihn/ daß er über den gantzen Leib weiß/ und mit schwartzen Strichlein besprenget sehe/ welche schwartze Farb sich doch auff blaw ziehe/ auff dem Bürtzel sol er weiß sehen/ und habe einen starcken/ gekrümten rothen

rothen Schnabel. Die Bein ſeyn von gleicher Farb nur daß ſie etwas blawichter und zu Ende blau ſehen. Seine Klawen waren ſchwartz. Und das Gewächs welches er auff den Kopff trägt/ war wie ein Feyg geſtaltet und blau von Farb. Den Schwantz truge dieſes Hun nicht auffgerichtet nach der unſrigen Art/ ſondern ließe denſelben hangen wie die Atzeln. Uber das beſchreibet Aldrovandus noch ein anders buntes Huhn welches dieſem in allem gleichet/ nur daß es nicht ſo ſchwartz von Farben/ und keinen lange Schwantz hat.

Etliche unterſcheiden dieſen Vogel nicht von den kurtz zuvor beſchriebenen Guineſiſchen Hünern. Columella aber machet den Unterſcheid allein am Kamm und an den Läpplein/ als welche an dem Africaniſchen roth/ an dem Meleagride aber himmelblau ſind. Man erziehet dieſe Hüner faſt wie die Pfawen und Faſanen.

Von dem Indianiſchen Han.
Gallopavo, vel Pavogallus.

OBſchon dieſer Vogel mit dem Außbreiten ſeines Schwantzes/ dem Pfawen gleichet/ iſt er doch mehr auß dem Hüner als auß dem Pfawengeſchlecht/ darumb wird er von den Teutſchen ein Indianiſcher/ Kalekutiſcher/ oder Welſcher Han genennet. Turnerus und Bellonius halten dieſes Geſchlecht für den obgenannten Vogel Meleagridem. Dieſer frembde Han ſo auß den neuerfundenen Ländern zu uns geführet worden/ iſt alſo geſtaltet. Sein Hals iſt gleich ſo lang als des Pfawen/ und ſambt dem Kopf gantz ohne Federn/ allein mit einer purpurfarben Haut überzogen; und ſo dick/ daß er die Haut ſo vorhin lück und leer geweſen/ wann er ſeine Stimm herauß läſt/ ſo auffbläſet/ daß ſie eines Arms dick wird. Die Farb an dieſer Haut ändert er nach ſeinem Gefallen/ dann dieweil dieſelbige mancherley Farb hat/ und gleichſam mit weiß und aſchenfarb unterſchieden/ als wird ſie wann das Blut darzu kommt/ bald roth/ und wann er zornig worden/ thut er wie ein zorniger Menſch/ und hat ein Häutlein vor ſeinem Angeſicht. Zu weilen ziehet er dieſe Haut zuſammen/ daß man ſie kaum ſehen kan/ und alsdann iſt ſie bleich/ zuweilen aber läſt er ſie herauß/ alſo/ daß ſie den gantzen Schnabel bedecket/ da ſie dann mehrentheils purpurfarb iſt. Seine Stimm läſt er mit einem langen braſſeln weit auß dem Hals herfür/ als wenn einer Waſſer in ein Faß ſchüttet/ doch hat er in ſeiner Stimm etwas dem Hünergeſchlecht gleich. Sein vielgefärbter Kopff hat keinen Kamm/ allein ein Fleiſchhäutlein(wie vorgeſagt) hanget ihm vom Kopff eines Fingers lang über dem Schnabel hinab/ mit welchem der Schnabel obenhin bedecket wird/ alſo/ daß man denſelben/ ohn an den Seiten nicht ſehen kan. Dieſes Häutlein ziehet er zuſammen/ wann er eſſen will/ alſo/ daß es kürtzer wird als der Schnabel ſelbſt/ da es doch vorhin eines Fingers lang über den Schnabel herab hienge. Seine Federn ſind theils dem Habicht gleich/ theils ſind ſie zu euſſerſt weiß. Er hat gar lange Bein/ und ſind die Zeen an krümme und Unterſcheid unſern Hennen gleich. Der jenige/ welchen ich geſehen/

gesehen/ war rund von Leib gestaltet/ und höher als der Pfaw/ umb seine Augen war er blaw und purpurfarb/ er hatte auch wie die Habichte ein scharff Gesicht/ und wann einer sich zu ihm oder zu seiner Hennen nahete/ spreutte er seine Federn/ und unterstunde mit seinem stolzen Gang den herzunahenden abzutreiben/ sagt Petr. Gillius. Der Han richtet seinen Schwantz in einem Kreiß auf/ die Henne aber ist nicht ungleich einem Pfawen/ so die Schwantzfedern hat fallen lassen. In der mitten an der Brust siehet man/ sonderlich am Männlein/ etwas gleich einem Bürstlein so auß Roßhaar gemacht worden/ dieses erstreckt sich/ von seinem Anfang/ fast auff zween Finger lang. Diese Vögel werden in kalten Ländern nicht wol erzogen/ sie bringen wenig Nutzen/ brauchen aber darneben grossen Kosten und Fleiß zum aufferziehen/ sie werden zu der Speiß höchlich gepriesen/ also/ daß man sie für ein Fürstenessen hält. Carreus ein Indianischer Vogel/ dessen droben am 65. Blat gedacht worden/ möchte vielleicht einer bedüncken dieses Geschlechts zu seyn/ wann er nicht einen hellen und lieblichen Gesang hätte.

Von der Indianischen Hennen.

Von der Indianischen Hennen.

Die Hanen / wie vorgesagt / breiten ihren Schwantz in einem Kreiß auß / die Hennen aber sind schöner als die unsern / und mit Pfawenfedern gezieret / sie haben aber keinen so grossen Schwantz / breiten auch denselben nicht auff die vorgenannte Weiß auß / wie Cardanus schreibet. Sie lassen auch das Häutlein über ihre Schnabel nit so weit herab als der Han / doch entferbe sie auch zuweilen dasselbe. Sie legẽ zur Frühlings-Zeit / aber gemeiniglich nur 10. oder 11. Eyer / welche so groß als Gänß Eyer / und mit braunen Tüpfflein gantz besprenget sind. Es brühen diese Hüner ihre Eyer in 30. Tagen auß / und sitzen so erhitzet darüber / daß sie offt müssen darvon geworffen / und zuweilen das Essen ihnen eingestecket werden. Nach 30. Tagen gehen die Jungen auß / welche aber gar mühsam auffzuziehen sind / dann sie keine Kält oder Regen vertragen können: im Anfang werden sie mit hartgesottenen Eyer und Zwiebelschlotten gespeiset / biß sie mit der Zeit zu den gemeinen Hünerspeisen gewehnet werden: Diese Hüner brühen auch Teutsche Hüner / und Enten auß / und sind ihnen in der Aufferziehung / gleich wie ihrer Art getrew. Joh. Bapt. Porta erzehlet / daß sich diese Hüner mit dem Pfawen Männlein vereinigen und schöne Jungen zeugen.

Von den Wolltragenden Hünern.

Von den Woll-tragenden Hünern.

FUch ist eine grosse Stadt gegen Auffgang gelegen/ in welcher sehr grosse Hanen gefunden werden. Die Hennen sind so weiß als der Schnee/ und nicht mit Federn/ sondern mit Wolle wie das Vieh bedeckt. Es werden auch in der Stadt Quelinfu, in dem Königreich Mangi, Hennen gefunden/ welche wie die Katzen/ Haar tragen/ nehmlich schwartz gefärbet/ legen aber die besten Eyer/ wie M. Paulus Venetus schreibet. Diese Hüner werden auch im Königreich Sina gesehen/ ihre Woll ist wie Schafwolle; sie selbsten sind klein/ mit sehr kurtzen Füssen/ doch behertzt und hochmühtig. In der Landschafft Quangsi in Sina findet sich auch ein Art Hüner/ die Baumwolle außwerffen/ nehmlich solche länglichte Faden/ wie man sie auß der Baumwolle pflegt zu spinnen; aber sie verschlucken den Faden wieder/ wie die Spinnen/ wann man ihnen denselben nicht wegnimmet.

Von dem Vogel Otide.

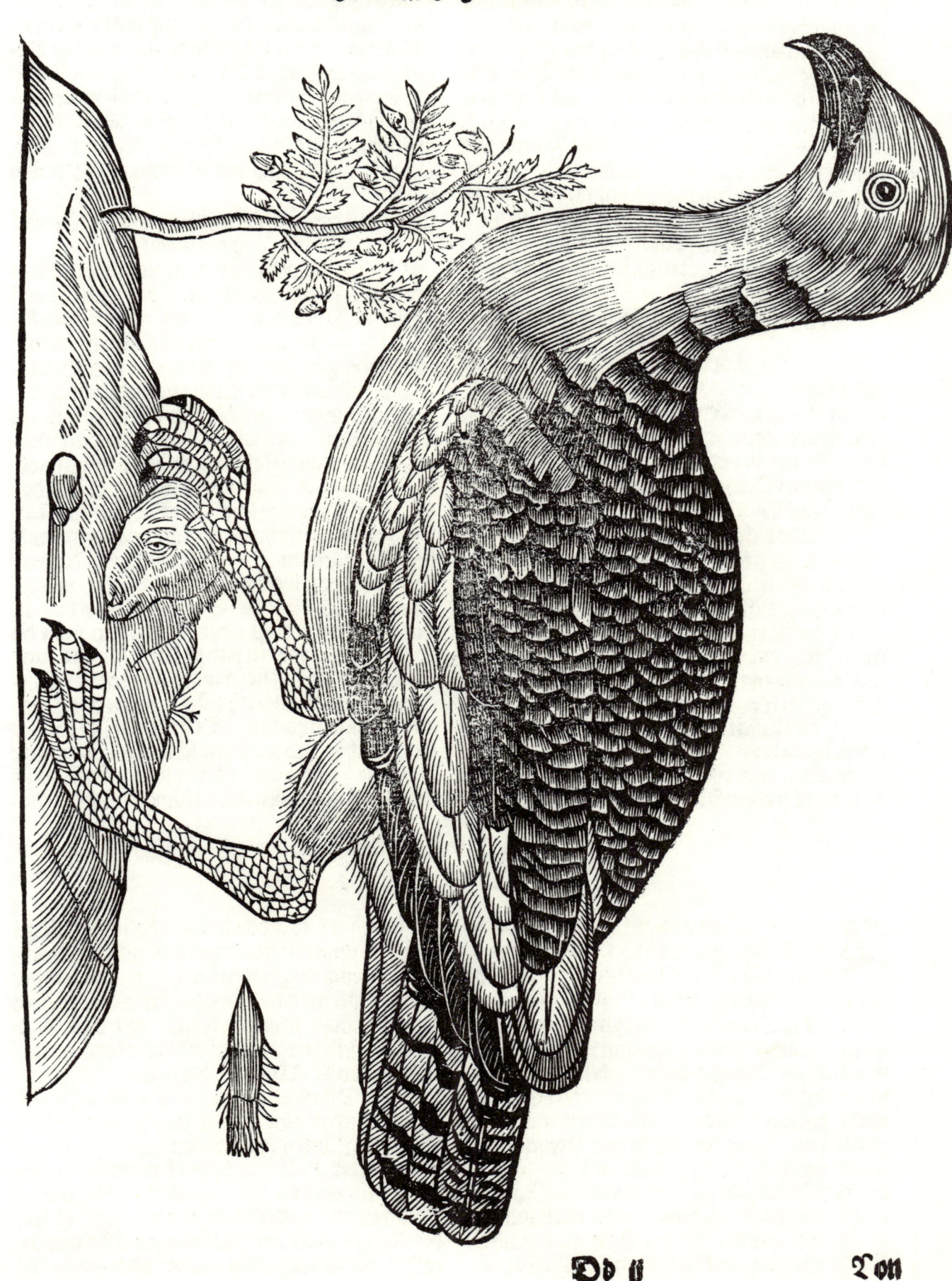

Von dem Vogel Otide.

OB schon diesen Vogel niemand unter das Hanengeschlecht zehlt / wollen wir ihn doch hieher setzen / dieweil er von etlichen unter des Orhanengeschlecht gezehlet worden ist; derhalben kein Zweifel / daß er unter die Hanen solle geschrieben werden. Diese Vögel werden in Hispanien gefunden / wegen ihrer Schwere können sie nicht wol fliegen. Etliche halten ihn für einen Nachtvogel / so Otus genennet wird / wie dann dieses Vogels halben beydes die Newe und die Alte Scribenten der Sachen nicht eins sind / welcher vielfaltige Meinung aber wir wegen kürtze anstehen lassen. Diesen vorgesetzten Vogel nennet Aldrovandus auch Otidem, und zehlet denselben unter die Trappen / dan er von Farben einem Rephun gleichet / und seine Federn mit schwartzen Strichen durchmahlet sind / wie solches auß nachfolgender Beschreibung weiters zu sehen ist. Er mahlet ihn aber mit einem kürtzern Halß ab / als den Trappen: Bellonius hält den Otidem nach dem Straussen vor den grösten Vogel.

Von der Natur und Eigenschafft dieses Vogels.

Dieser Vogel brütet dreissig Tag / gleich wie andere grosse Vögel auch / als Gäntz und Adler. Er fliegt auch mit den Wachteln hinweg. Dieweil sie aber gantz schwer sind von Leib / können sie im Flug nicht verharren / sondern bleiben an den nechsten Orthen dahinden / wie wir auch von dem Vogel Glutt lesen.

Wie dieser Vogel gefangen werde.

Gleich wie die Rebhüner die Hirsche lieben / also lieben diese Vögel die Pferd / darumb werden sie mit dieser List gefangen. Die Netze spannet man bey einem Fluß oder See an einem bequemen Orth / und wann man in der mitte einen engen Durchgang gelassen / also / daß ein Pferd hindurch gehen kan / zeigt man das Pferd den Vögeln / die lauffen denn demselben mit auffgethanen Flügeln nach / biß daß das Pferd auß dem engen Loch oder Durchgang weichet: sie aber werden all mit den Netzen bedeckt und gefangen / wie Oppianus im dritten Buch der Vögel lehret. Es sagt aber Vossius in seiner Theologia Gentili lib. 3. cap. 84. der Otis seye ein furchtsamer Vogel / als welcher vor einem Pferd fliehe / wann er desselben ansichtig worden / daher die Egyptier / wie bey Oro in Hieroglyphicis zu sehen / den Vogel Otidem mit einem Pferd gemahlet / einen furchtsamen Menschen dardurch anzudeuten / welcher vor deme / so ihn verfolget / fliehet. In Ponto fängt der Fuchs diese Vögel also / daß er sein Angesicht abwendt / und sich auf die Erd niederlegt / da er dann seinen Schwantz wie eines Vogels Hals auffrichtet / wann sich nun die Vögel also betrogen / zu ihm / als zu ihrem Gesellen nahen / so kan er einen derselben ohn alle Arbeit ergreiffen und fressen / wie Ælianus bezeuget. Man kan diese Vögel auch mit Garnen und Hunden fangen.

Was von diesem Vogel ausser und in der Artzney dem Menschen nützlich seye.

Plinius wil nicht daß man sie zur Speiß gebrauche: andere aber sagen / daß dieser Vogel ein lieblich Fleisch habe: dann Galenus und Simeon Sethi sprechen / daß dieses Fleisch das mittelste seye zwischen der Kränche und Gäntze Fleisch / nehmlich nicht so hart und aderich als der Kränche Fleisch / es machet aber viel bösen Unraht im Menschen: derhalben sollen es die jenige meiden / die eine kleine Nahrung und Speiß brauche. Demetrius Constantinopolitanus sagt / daß es leichter Däwung seye. Die Phryges und Lycaones, wann ihnen die Brüste nach dem Kindbette wehe gethan / haben befunden / daß das Schmaltz von diesem Vogel darwider nützlich gewesen / sagt Plinius. Sein Mist heilet die beissende Räude. Mit ihren Eyern kan man die Haar färben / wann man sie darein dunckt / und liegen lässet biß daß sie schwartz worden. Storckeneyer mit Wein zerklopffet / sollen das Haar auch schwartz machen. Deßgleichen Rabeneyer sollen auch die grawe Haar schwartz färben / wie Avicenna und Sextus berichten. Dieses lieset man sonst von keinen andern Eyern mehr.

Von dem Trappen.
Tarda vel Bistarda.

DIeser Vogel wird auf Lateinisch Tarda, Bistarda; Frantzösisch Oustarde, Houtarde, Bistarde; Wendisch Drofa; Pohlnisch Trop; Engelländisch a Bustard, a Bistard; und Teutsch Trapp / Trappgantz / und Ackertrapp genennet / etliche halten ihn für den vorher beschriebenen Vogel: daher haben wir umb dieser wiederigen Meinung willen / von beyden insonderheit wollen reden. Wir wollen aber den vielfaltigen Streit der Alten und Neuen Scribenten von diesen Vögeln nicht beylegen / vielmehr die einfältigste und gewisseste Meinung auff das kürtzeste erzehlen. So wird nun der Trapp bey uns selten / im Elsaß aber umb die Stadt Brysach offt gefunden. Wiewol D. Geßner sagt / es gedencke ihm / daß dieser Vogel auch bey ihnen drey oder viermal gefangen worden / wie auch in Pünden bey Chur / im Jenner und Wintermonat / es habe aber weder er noch andere daselbst solchen erkennt. Er habe auch zween derselben wiegen lassen / deren der eine neun Pfund von 12. Untzen / der ander aber viertzehenthalb Pfund gewogen / auß welcher Besichtigung auch er diese Vögel also beschrieben hat. Auff dem Rücken und an den Flügeln (außgenommen der Halß so aschenfarb ist) ist der Trapp dem Grügelhanen gleich gefärbt / oder wie die Rietschneyff / sonderlich die kleine / oder auch wie der Rohr-Reiger oder Rohrdommel / doch mehr roth / und allenthalben mit schwartzen Flecken / welche

Von dem Trappen.

welche wie die Wasserwällen gestaltet / unterschieden. Sein Schnabel ist wie der Hennen Schnabel; der Kopff und Hals sind aschenfarb; der ober Theil aber des Halses ziehet auff weiß ; die Brust/ der Bauch/ und die Bein so weit sie gefedert biß mitten in die dicke/ sind auch weiß. Der Schwantz so bey nahe vier zwerch Hand lang / ist gezieret mit schönen rothen Federn/ mit etlichen schwartzen Striemen und Flecken/ so obenhin und innwendig weiß/ wie auch zu eusserst also gefärbet sind. Der Hals ist einer Spannen lang/ der übrige Leib aber vom Hals an biß auff den Bürtzel/ ist bey nahe fünff Zwerchhänd lang. Die gröste Schwingfedern sind weiß/ zu eusserst aber schwartz. Die Bein sind dunckelbraun / ein wenig kürtzer als zwo Spannen. Seine Zeen und Klawen sind wie an der Hennen / doch also daß allein drey Zeen für sich und keine hinder sich gerichtet ist/ die Höle aber hinden an den Füssen ist dick und knorricht. Der Magen war voll von etlichen Kräutern/ als von Maußöhrlein/ wilden Wicken/ und Eppich/ sambt zweyen weissen Steinlein. Wann sie zuweilen im grossen Schnee gefangen worden/ findet man nur Steinlein darinnen / und Rinden von den Bäumen. Zu hinderst an der Gurgel/ vor dem Eingang des Magens/ ist der Orth etwas weiter/ auß vielen runden Fleischwärtzlein durch einander geflochten. Wañ man die Därm von einander streckt/ sind sie vom Magen an biß zum Hindern fast achthalb Spannen lang/ zwey Gehenck aber gehen vom Hindern hindersich/ deren das eine etwas zärter / und bey nahe drey Spannen lang/ das ander aber/ so etwas weiter/ dritthalb Spannen lang ist. Diese drey Därm kommen bey dem Hindern alle in einen Gang zusammen. Dieses Vogels Fleisch wird sehr gelobt/ sonderlich wann er noch jung ist. Dieser Vögel sollen viel in Engelland / und sonderlich an wässerichten Orthen sich auffhalten. Sie werden auch offt in den Saten gefunden / da sie dann ohne Hülff des Winds nicht auffliegen können/ und zwar nicht schnell/ sondern nach dem sie zuvor einen Zulauff genommen/ und zwey oder dreymal sich erschwungen haben. Diese Vögel sollen auch (wie ich verstanden) sehr forchtsam seyn/ also/ daß wenn man sie ein wenig verwundet/ sie von Stund an sterben. Sie werden (wenn kein Wind gehet) von den Hunden/ deßgleichen von Falcken und Habichten gefangen. Ihre Federn werden von den Fischern gebraucht/ und für Mücken an die Angeln gebunde. Man braucht sie auch zum schreiben/ gleich wie die Gänßfedern. Sie werden gemeiniglich in der Speiß/ wegen ihres zarten und lieblichen Fleischs (wiewol es nicht weiß ist) gelobt. Elluchasen sagt/ daß dieses Fleisch/ als dick und unverdäwlich/ nicht solle gessen werden/ doch seye solches etwas besser/ wenn sie einen Tag vorhin getödtet worden. Ihre Brüst und Rippen soll man allenthalben mit Knoblauch spicken/ und mit Pfeffer und Gewürtz außfüllen. Wenn sie verdäwet werden/ geben sie viel Nahrung/ und werden die Jungen so im Nest gefunden worden / für die besten gehalten/ man soll aber guten alten Wein / mit Ingber vermischet auff dieselbe trincken. In Merchia, einer Landschafft in Schottland gelegen/ werden diese Vögel Gustardes genennet. Etliche vermeinen/ daß der Vogel Tetrax, Tetrix, Tetraon, Ezythrotaon, ein besonderer Vogel sey/ wiewol er entweder auß dem Geschlecht der obgenannten/ oder des nachfolgenden Urhans ist/ oder doch denselbigen nicht ungleich. Darumb wollen wir die vielfaltige Meinung von demselbigen vor dieses mahl unberührt lassen / und von den andern Hanen reden.

Von dem Vrhan.
Vrogallus.

Dieser Vogel welcher auff Lateinisch Urogallus; Italianisch Gallo Selvatico, Gallo Cedrone; Frantzösisch Coq de bois, Faisan bruyant; und zu Teutsch Orhan/ Urhan/ Awerhan/ Berghan/ und ein grosser Bergfasan/ genennet wird/ ist (wie D. Geßner schreibt) also gestaltet: Sein Halß ist einer Spannen lang/ mit schwartzen Federn gezieret/ doch allenthalben mit aschenfarben Federlein gesprengt/ die längste Schwingfedern sind fünff Zwerchhand lang/ schwärtzlich/ oder vielmehr dunckelbraun; die kleinere aber sind fast Kastanienbraun/ und mit schwartzen Flecken besprengt. Der Kopff ist schwartz/ der Theil unter dem Schnabel noch schwärtzer. Der Schnabel gleich wie an der Hennen/ kurtz/ gebogen/ breit und starck; die Augbrawen und das Häutlein umb die Augen roth; der Halß ist vornenhin mit aschenfarben Flecken gesprengt/ auff welche grüne Federn folgen; die Brust sambt dem Bauch ist

Von dem Urhan.

ist schwartz / mitten an der Brust / da das Brustbein hervor gehet / sind etliche Federn an einem Theil weiß an dem andern schwartz; die kleinste Federn unter den Flügeln sind gantz weiß / ohne zu oberst / die übrige aber sind weißlicht graw / und gantz glänzend. Der Schwantz so fünff zwerch Händ / oder etwas länger / ist schwartz gefärbet / und mit etlichen wenigen weissen Flecken / bevorab zu eusserst an den kleinesten Federn gezieret; zu oberst auff dem Rücken sind Kastanien braune Federn / mit Flecken wie an den Flügeln gesprengt; unten an dem Rücken ist er aschenfarb / mit mehr Flecken als an dem Halß gesprenget / und sehr schön; die Kniebüge und Dicke der Beine sind mit weissen Federn gezieret / welche auff den Beinen dunckelbraun / biß auff die Zeen hinab gehen / gleich wie am Grügelhan und kleinen Urhan / welchen dann seine Füß auch gleich sind / also daß etliche Härlein wie ein Kamm zu beyden seiten ein wenig herfür gehen; sie haben noch andere viel dergleichen Stück am gantzen Leib gleich / also / daß man nicht zu zweiffeln hat / daß diese Vögel eines Geschlechts seyen / und allein an der Farb und Grösse unterschieden werden. Die Länge des Urhanen / von dem Schnabel biß zu eusserst an die Füß gemessen / ist fünffthalb Spannen. Der Schwantz von einander gebreitet machet einen halben Kreiß / von drey Spannen in der Rundung. Ihr Alter erkennet man auß den weissen Flecken so sie auff dem Schwantz haben / dann je jünger sie sind / je weniger sie derselbigen haben. Das Weiblein so viel die Farb antrifft / hat von dem Männlein keinen Unterscheid / allein daß es nicht so schwartz ist. Es werden dieser Vögel etliche gefunden so vierzehen Pfund wiegen / das Pfund zu sechzehen oder achzehen Untz gerechnet / wie Stumphus schreibet. Die Aurhanen halten sich in Teutschland und denen Mitternächtigen Orten auff / absonderlich aber wohnen sie gern auff den hohen Bergen und dicken Wäldern: Bellonius berichtet / daß auch Aurhanen auff den Bergen in der Insul Creta gefunden werden: Sie essen Laub von den Bäumen und Stauden / daher sie etliche Laubhanen genennet haben. Man sagt bey uns / daß wann die Urhanen reisch seyen / oder paltzen / wie es die Weidleut nennen / so bereiten sie ihnen einen reinen Platz dahin sie den Saamen legen / da esse dann das Weiblein (nachdem es betretten worden vom Hanen) den Saamen auff / und empfahe also. Zu derselbigen Zeit aber wann die Hanen den Hennen herzu locken / sehen und hören sie nichts / darumb muß man sie alsdann geschwind mit den Büchsen schiessen / sonst aber haben sie gar ein scharff Gehör. Es wird weiters von ihnen geschrieben / daß auß dem Saamen welches die Henne liegen lasse / durch Faulung so von der Sonne / Regen und Taw geschehe / Würm oder Schlangen wachsen / welches die Teutschen Urhan-Schlangen und Birgschlangen nennen: So aber etwas hiervon liegen bleibe / worzu kein Sonne oder Regen komme / wachse darauß ein helle durchsichtige Blaß / so endlich gantz erhärtet / und fast zu Stein werde. Dieses soll von den Hirten und Jägern gefunden werden auff den Paltz-Plätze zur Zeit des Frühlings / wann ihr Paltz-Zeit ist. Dieser Stein machet die Weiber fruchtbahr / und stärcket die Mannheit / wie solches alles Christophorus Encelius berichtet.

Von dem Birckhan.
Gallus Betulæ.

Dieser Vogel wird von dem Birckenbaum also genennet / entweder dieweil er die hervor schiessende Augen oder Bollen an den Bircken abisset / oder weil er gewöhnlich auff diesen Bäumen sich auffhält / oder von der Farb / wie Gyb. Longolius vermeint / da er spricht: Wenn man die oberste weisse Rinde an dem Birckenbaum abziehet / so sihet man die jenige / welche dunckelroth scheinet und der fürnemsten Farbe an diesem Vogel gleichet / sonst hat er einen gesprengten Rücken wie das Rebhun. Es hält auch Longolius diesen Vogel für ein Haselhun / wiewol D. Geßner der Meinung nicht ist / dieweil dieser von den Alten für einen Vogel / so gern in den Sümpffen wohnet / gehalten wird. Er mag aber vielleicht eben der jenige seyn so von unsern Bergleuten Spilhan genennet wird / von welchem wir hernach reden wollen. Etliche nennen den obbeschriebenen grossen Urhanen auch mit diesem Nahmen Birckhan: welcher aber vielmehr von den Bergen her / da er sich auffhält / ein Birckhan / oder Berghan sol genennet werden.

Von dem Laubhan.
Vrogallus minor.

Dieser Laubhan / Bromhan / kleine Bergfasan / oder kleine Orhan gleichet in vielen Stücken dem obgenannten / und ist nach demselbigen der grösste unter den wilden Hünern. Laubhan wird er vom Laub oder grünen Zweigen der Bäume genennet / welche er isset: Etliche nennen ihn auch Spilhan und Grügelhan / aber nicht recht / dann sie haben nicht allein an der Farb / sondern auch an der Grösse ihres Leibs einen mercklichen Unterscheid / wie in derselben Beschreibung zu sehen; allein ihre Grösse wollen wir hiegegen einander

Geßneri Thierbuch
Vrogallus minor.

einander halten / dann wann man sie mit dem Haselhun vergleichet / so ist ein Spilhan anderthalb mahl so groß als ein Haselhun / ein Laubhan zweymahl / und ein Grügelhan dreymahl so groß.

Der grosse Urhan ist der aller gröste / welcher zuweilen grösser als ein Ganß ist. Im Etschland fanget man eine Gattung dieses Vogels / so gemeiniglich eine Bromhenn genennet wird / vielleicht darumb / wel sie in den Bromen oder Gesträuch und Hecken ihre Wohnung hat / sie ist grösser als eine gemeine Haußhenn / welches entweder unser Laubhan oder Grügelhan ist / dann der grosse Urhan hat allenthalben diesen Namen / der Spilhan aber ist kleiner als ein Haußhenn. Der jenige Laubhan / welchen D. Geßner gesehen / hatte viel grössere Augbrawen von einem rothen (oder zuweilen blawen) Häutlein / als der Urhan / und schwartze Federn zu oberst auff seinem Kopf. Einen schwartzen und kurtzen Schnabel / in der Länge eines Zwergdaumens / sein Halß aber war fünff oder sechs Finger lang / mit

blawen

Von dem Laubhan.

blawen oder schielertaffeten Federn geziert/ unter dem Hals/ mitten auff dem Rücken und Flügeln waren die Federn schwartz/ doch waren die Flügel mitten und inwendig weiß/ der Bauch war auch mit schwartzen Federn bedeckt/nach der mitte des Rückens/ welche/(wie gesagt) schwartz gewesen/ waren wiederumb gegen dem Schwantz zu schielertaffete Federn/ wie an dem Hals/ doch waren die Federlein nicht überall so gefärbet/ sondern allein derselben Rand und Spitzen/ fast wie am Pfawen. Der Schwantz hatte schwartze Federn/ die in der mitten häuffig und gekrümmt waren/ also/ daß man sie weit außstrecken konte/ zu beyden seiten aber krümmten sich die drey längste außwerts/ also/ daß der außgebreitete Schwantz einer gemalten Lilien fast gleichte. Auff dem Bürtzel oder Kniebügen waren gantz dicke Federn/ welche sich biß auff die Zeen herfür streckten/ als ob sie die Natur damit vor Frost und Kälte habe wollen bewahren/ gleichwie auch an dem Grügelhan (dann den Spilhanen/ sagt D. Geßner/ habe er nicht gesehen) und Urhan/ und sonderlich an den Steinhünern. An den schuppichten Zeen giengen zu beyden seiten schuppichte oder den Rinden ähnliche Anhänge herfür/ fast wie an den Krebsschwäntzen/ wie dann dieses auch an andern Birghanen gesehen wird. Die Grösse des gantzen Vögels/ war gleich der zahmen Hennen/ oder etwas grösser und länger. Die Federn an den Füssen waren schwärtzlich/ aber mit weissen Flecken gesprengt/ und waren die Bein allein vornen und nicht hinden gefedert. Das Weiblein in diesem Geschlecht ist dem Männlein gleich/ doch nicht so schwartz/ und mehr dunckelbraun/ wie auch im Urhanengeschlecht. Joan. Stumpff schreibet auch von etlichen Bergfasanen/ daß sie schwartz und dunckelbraun seyen/ etwas grösser als die rechte Fasanen/ und daß sie nicht auff den höchsten Bergen/ wie die Urhanen/ sondern mitten in den Wäldern gefunden werden/ da er dann eben von den Laubhanen redt/ unter welchen das Männlein schwärtzer/ das Weiblein aber grawer ist.

Die Laubhanen liegen gegen Mitternacht in Norwegen/ zween oder drey Monat unter dem Schnee ohne Speiß verborgen/ doch werden sie inzwischen zuweilen von den Jägern gefangen/ wie Olaus Magnus bezeuget. Dieses/ oder doch denenselben nicht ungleich/ sind vielleicht diejenige Vögel/ von welchen Aristoteles schreibet/ daß sie in Ponto gefunden werden im Winter/ die nicht den Leib leeren/ auch nichts empfinden wann man ihnen die Federn außropffet/ auch nicht wann man den Bratspiß durch sie sticht/ sondern alsdann erst/ nachdem sie beym Feuer erwärmet worden. Es wolle dann einer dieses lieber von den Steinhünern verstehen/ als welche auff den höchsten und kältesten Alpengebürgen da auch kein Stäudlein/ Kälte halben/ wachsen kan/ ihre Wohnung haben.

Von dem Grügelhan.

Grygallus major.

Dieser Vogel welcher auff den Schweitzergebürgen/ sonderlich umb Glaris/ gefangen wird/ ist nach dem Leben abgemahlet/ er ist (wie droben gesagt worden) dreymal so groß als das Haselhun. Wann er vom Kopff an biß zu eusserst an die Füß gemessen wird/ ist er drey Spannen und ein Zwerchhand lang. Sein Schnabel ist wie des Urhanen/ doch kleiner und schwärtzer. An seinem gantzen Leib ist er fast wie die Rietschnepff gefärbet/ und allenthalben mit Tüpflein und schwärtzlichten Flecken besprengt/die übrige Farb aber ist roth/ oder auff Kastanien farb ziehend/ er hat auch etwas aschenfarbes an ihm/ sonderlich am Hals/ und hat hin und her weisse Flecken / und rothe Kreiß umb seine Augen/ die Farb umb seine Augen/ bevorab hinden/ ist roth/ doch ist der Kreiß nicht so weit als an den andern wilden Hanen/ es sey dann Sach daß dieses ein Weiblein gewesen/ so ich gesehen. Zu unterst an dem Hals ist er roth/ mit schwartzgrünen Linien durchzogen/ am Bauch hat er viel weisses. Die Bein/ Füß/ und Zeen sind gleich des Urhanen. Seine Farb ist so vielfaltig/ daß ich dieselbige/ und seine gantze Zierde und Schönheit nicht genugsam erzehlen und außsprechen kan/ sagt D. Geßner.

Grygallus major.

Von dem Spilhan.

Grygallus minor.

Dieser Han (sagt D. Geßner) wirdt gemeinglich in den Schweitzergebirgen/ sonderlich zu Glaris/ also genennet/ auß was Ursachen aber weiß ich nicht/ er hat von den obgenannten/ wie ich höre/ allein diesen Unterschied/ daß er umb die helffte kleiner/ und anderthalb mahl so groß als das Haselhun ist. Ich kan nicht wissen ob es vielleicht eben der Vogel sey/ welcher bey Cöln und anderswo ein Birckhun genennet wird/ welches Gyb. Longolius für ein Haselhun hält. Er sagt/ es seye einem Rebhun nicht ungleich/ doch etwas grösser/ und habe seine Wohnung gern auf den Bircken/ seye auch den Birckenrinden so unter der weissen abgeschelten Rinden liegen/ gleich gefärbet; sein Rücken ist wie des Rebhuns gesprengt. Und dieses mag vielleicht eben dieser Vogel seyn/ oder doch das Weiblein dieses Geschlechts/ welches man eine Morhenne nennet. Vom Birckhun ist oben ein mehrers in desselben Beschreibung gesagt worden.

Von der Ordnung der nachfolgenden Vögel/ so gemeinlich unter das Hünergeschlecht gezehlet werden/ und fast alle etlicher massen den zahmen Hennen gleich/ aber kleiner sind/ und längere Beine haben/ rc.

Bißher ist von denen Vögeln gesagt worden/ welche ohne zweifel unter das zahme oder wilde Hünergeschlecht gezehlet werden/ und auch von den Alten darunter gesetzt und begriffen worden. Nun müssen wir auch von den übrigen schreiben/ welche gemeiniglich (sonderlich

Von dem Heckenschär.

derlich in Italia und Franckreich) Hünlein genennet werden/ dieweil sie den Hünern gleichen/ doch kleiner sind/ und längere Beine/ und längere Schnäbel haben/ wie auch zertheilte Zeen/ deren drey für sich/ und eine hinder sich stehet/ außgenommen am Schnirring und Koppriegerlein/ welche die hindern Zeen nicht haben/ (wann anders der Maler/ von welchem D. Geßner solche empfangen/ nicht gefehlet hat/ welches ehe zu glauben) sie können auch nicht sehr fliegen/ sondern lauffen mehrentheils/ darumb sind ihnen von der Natur lange Bein gegeben. Diese alle sind an den Beinen über den Knien gefedert. Und wird ihr Fleisch zur Speiß gelobet/ dieweil dasselbige lieblich und zart/ auch zuweilen fett ist. Ihren Unterscheid haben sie an der Speiß/ auch an den Orthen da sie sich auffhalten/ dann etliche sind Wasservögel/ so an den Gestaden/ Bächen/ und daselbst im Sand/ oder wässerichten Wiesen wohnen/ und dieser sind sehr viel Gattungen. Andere haben ihren Auffenthalt auf dem truckenen Land/ deren wir wenig kennen/ diese haben einen grösseren Leib/ jene aber sind raner. Wir wollen erstlich von denen/ so auff dem truckenen Land sich auffhalten/ reden.

Trochilus terrestris.

Von den Erdhünlein/ und erstlich von denen so gemeiniglich Heckeschär genennet werden/ welcher Figur vorher verzeichnet stehet.

Trochilus terrestris.

Dieser Vogel wird von unsern Weydleuten Eggenschär/ anderswo Heckenschär/ oder Heckeschär genennet/ dieweil er schaarwiß bey den Hecken umbher laufft/ da man ihn dann nach der Heu-Erndte findet. Etliche nennen ihn ein groß Wasserhünlein/ aber nicht recht. Er hat einen kurtzen dicken Leib/ im übrigen aber ist er gestaltet wie seine gegenwertige Figur außweiset. Es wird auch fast kein Vogel gefunden der nach seiner Grösse längere Zeen habe/ die hindere ist auch fast halb so lang als der vordern eine. Seiner Farb bin ich nicht mehr wol eingedenck/ doch vermeine ich die Bein seyen grünlicht/ der Rück und Flügel grawroth. Der Heckenschär laufft sehr schnell durch das Gesträuch/ und springt zuweilen auff die Seite/ er fliegt aber gar schwer/ und hebet sich mit Mühe von der Erden; er wird vom Falcken und Habicht gefangen/ wiewol sie ihn wegen der dunckeln Farb von weitem weniger/ als die Wachteln sehen können. Seine Stimme ist rauh/ nemlich/ Ger/ ger/ ger/ daher werden sie von dem Vogelfanger mit einem dürren Holtz gefangen/ so viel Kerben hat/ in dem er ein Messer darüber streichet. Etliche sagen/ daß auff eine Zeit einer seye gefangen worden/ welcher eines Eichhorns Stimm gehabt habe. Wiewohl andere dieses von einem andern Vogel sagen/ den man im Mayen und Brachmonat auff den Wiesen findet/ und so groß als ein Mistler/ und roth/ wie ein Rebhun gefärbet ist/ mit langen Beinen/ ohn Schwantz/ und Tag und Nacht mit seiner Stimm ein wunderbar Geschrey hat/ also/ daß die fürübergehende solches für ein Nattergeschrey halten/ welches der Stimm der Rätsch-Enten nicht ungleich/ doch heller ist. Dieser Vogel verbirgt sich unter das Kraut und Graß/ also/ daß man ihn selten siehet/ doch finden ihn zuweilen die Mäder im Hewe Seiner Eyer hat man einsmahls zwölff gefunden/ etwas grösser als Taubeneyer. Dieser aber/ wann es anders ein anderer Vogel ist/ sol auch unter die Erdhünlein gezehlt werden. Es ist vielleicht der jenige/ von welchem Turnerus schreibet/ da er spricht: Es ist in Engelland in Northumbria ein Vogel mit langen Beinen/ sonsten aber der Wachtel gleich/ ohne daß er grösser ist/ welcher in den Saaten und im Flachs/ im Frühling und zu Anfang des Sorßers keinen andern Gesang hat/ als Crex, crex: dann diesen wiederholet er allezeit. D. Geßner vermeinet/ es seye der Crex des Aristotelis. Die Engelländer heissen ihn a Dakerhen, die Teutschen ein Schryck/ gleich wie etliche Frießländer den am 58. Blat beschriebenen Brachvogel/ ein Schrye nennen. Etliche sagen daß auch die Herrenschnepff eine solche Stimm habe/ als wenn einer ein Messer über eine Sägen streicht. Es hat mir auch einer gesagt daß man Vögel auß India bringe/ so dem Heckenschär nicht ungleich seyen. Dieselbe hab er in Franckreich gesehen/ sie fressen grosse Stück Fleisch und Mäuse/ darzu Bein/ und seyen so groß als eine Henne. Diesen Vogel nennen die Engelländer Ray, und fangen ihn auf den geseeteAeckern/ er ist in der Speiß sehr köstlich.

Von dem Hünlein/ welches von etlichen Brachhun genennet wird/ oder von dem grössern Brachvogel/ und von den beyden Phæopodibus, deren einen D. Geßner den kleinen Brachvogel nennet.

Brachvogel.

Phæopus.

Dieser Vogel wird bey Straßburg ein Brachvogel genennet/ er hat einen schwärtzlichten Leib/ so mit etlichen wenigen rothen und gelblichten Flecken gesprengt ist: sein Schnabel ist ran/lang/schwärtzlich/ und ein wenig gebogen/ sein Haltz ist weißlich/ untenhin aber und in der mitte auff gelb oder roth ziehend/ er hat einen weissen Bauch/ aschenfarbe oder grawe Bein/ daher wir ihn Phæopodem nennen. Ein kleines Krammetsvogel Geschlecht nennen die Sachsen auch Brachvogel. Turnerus vermeint auch daß der Batin der jenige Vogel seye/ welcher gemeiniglich ein klein Brachvögelein/ und von den Engelländern Stonchattera genennet wird. Christophorus Encelius schreibet von einem Vogel/ der in der Marck ein Brachhun/ oder Brachvogel genennet wird/ derselbe ist Himmelblaw/ und wohlgeschmackt/ gibt auch eine gute Nahrung. Dieser/ wie auch andere wilde Hünlein/ sollen sich besaamen durch den Schnabel/ im Sommer wann Tag und Nacht gleich sind/ also das das Männlein seinen Schnabel in des Weibleins Schnabel stößet/ und also den Saamen darein schüttet: welches aber der Warheit gantz zuwieder. Wir haben droben am 58. Blat auch einen Brachvogel beschrieben: ob aber Encelius von demselben rede/ ist ungewiß; dann derselbe Brachvogel ist nicht Himmelblaw. Er soll aber von ihnen vom Brachmonat her also genennet werden/ dieweil er umb dieselbige Zeit zu ihnen kommt. Encelius aber nennet ihn von den Brachäckern also. Unsern kleinen Brachvogel nennet man gemeiniglich auch Regenvogel/ gleich wie den grossen obbeschriebenen auch/ welchem er dann nicht gar ungleich ist: daß er hat wie derselbige aschenfarbe Bein/ einen weissen Bauch/ und ist unter dem Kopff und an dem Schnabel auch weiß/ ohn daß er etwas länger ist. Die
Flügel

Von dem Brachvogel.
Phæopus.

Flügel sind mit weissen Flecken gesprengt/ welche sonst roth graw sind: ihre längste Federn sind schwartz/ wie auch der Rücken und Halß vornenhin schwärtzlicht sind: der Halß zu oberst sambt der Brust ist etwas dunckelroth/ und zimlich vermengt/ mit vielen schwärtzlichten Flecken besprengt.

Wie dieser Vogel und der Schmirring gefangen werde.

Diese Vögel ob sie gleich Wasserhünlein sind/ fänget man sie doch anders/ (sagt D. Geßner) als ich von einem Vogelfänger zu Straßburg verstanden/ nemlich mit zweyen gegen einander gerichteten Zuggarnen/ im Graß und nicht am Gestad/ auff die weisse/ wie wir bald hernach in Beschreibung der Wasserhünlein ins gemein melden wollen. Dieweil aber diese zwey Geschlecht für andern so listig sind/ daß sie zu Nacht an denen Orthen so mit Wasser gantz umbgeben sind/ ruhen/ als muß man List brauchen/ und die Zugaarne wohl stellen/ wann man sie fangen will. Die aber so auß den Garnen entrinnen/ schreyen so laut/ daß man sie bey nahe eine halbe Teutsche Meil hören kan.

Von dem Vogel Rala Terrestris genannt.

RAla oder Ralla, ist ein Nahme/ so bey den Engelländern und Frantzosen gebräuchlich ist/ er wird vielen Vögeln gegeben/ dann etliche Erd=und Wasservögel werden also genennet/ welche aber alle auß diesem Hünleingeschlecht sind/ und lange Beine haben. Petrus Bellonius sagt/ daß der Wachtelkönig gemeiniglich also genennet werde. Den obbeschriebenen Heckenschären nennen die Engelländer Rayl. Die Schnepff wird auch von ihnen Rala genennet/ schreibet Turnerus an D. Geßnern: Es sind aber zwey Geschlecht des Rala, das eine sucht seine Nahrung am Gestad der Wasser/ das ander wohnet an wilden Orthen/ da viel Heide wächst. Diesen Wasservogel hab ich zu Cöln lang gespeiset/ und befunden/ daß er nicht wol fliegen könne und sehr streitbahr

streitbahr seye. Der Schnabel und die Bein waren roth / die Federn mit viel Flecken besprengt. Der aber so auff den Bergen wohnet / hatte viel kürtzere Bein als ein Wasservogel / und allenthalben mehr aschenfarbe Federn / darzu einen rothen Schnabel und Bein. So weit Turnerus. Dieses mag vielleicht der jenige seyn so Rothbein von uns hernach genennet wird. Eines andern Geschlechts ist der / welchen wir am 57. Blat mit diesem Namen nach der Böllhinen beschriebe habe.

Von den Wasserhünlein insgemein.

EHe dann wir anheben von diesen Vögeln zuschreiben / wollen wir zuvor von denselben etwas insgemein sagen / wiewol auch vorhin etwas gesagt worden / so diese Erd und Wasserhünlein gemein haben. Dieser Wasserhünlein sind sehr viel / wie auch der Reiger überauß viel Geschlecht sind / sie sind an der Farb und Grösse sonderlich unterschieden. Die Reiger sind grösser / und fressen Fische / und haben all gerade Schnäbel / ꝛc. Die Hünlein aber sind kleiner / welche allein die kleinste Fischlein / darzu Würm und Käferlein / so umb die Wasser leben / essen. Sie haben auch fast lange Bein / damit sie desto besser und bequemer ihre Nahrung bey und in dem Wasser suchen können / dann sie schwimmen nicht / darumb sind sie auch nicht breitfüssig. Die hinderste Zee an denselben ist entweder gar kurtz / oder gar nicht vorhanden / als am Schmirring und Koppriegerlein. Ihr Leib ist ran / und zusammen gezogen / schmal und nicht dick. Sie haben bey nahe all kleine Köpff / darzu gesprengte oder getheilte Federn / und einen kurtzen Schwantz. Ihr Schnabel ist länglicht / und ein wenig gebogen; ohn an den beyden Schnepffen / und etlichen so im Meer leben / die einen gantz geraden Schngbel haben. Der obere Theil am Kopff / zwischen dem Schnabel und Halß / ist an allen weiß / gleich wie auch der Bauch; allein dieser Unterscheid ist darbey / daß der Bauch an etlichen allein weiß ist / an etlichen aber mit dunckelbraunen Flecken gesprengt. Die Schwingfedern sind an allen schwartz oder schwärtzlich / außgenommen am Weinkernell und Mattkern. Es haben viel unter ihnen weisse Flecken umb die Augen. Der Schnabel ist an allen mehrentheils schwartz / wiewol am Weinkernell und Oeffyt etwas braunes ist; auch etwas rothes am Mattkern; am Schmirring ist der halbe Theil am Haupt gelb / der vorder Theil aber schwartz.

Etlicher Wasserhünlein Schnäbel sind	Gerad	Die grosse Schnepff Die kleine Schnepff Totanus Limosa	Meerhüner	Dessen Füß	Aschenfarb Dunckelgrün Bleichroth Grau, blau / oder aschenfarb, grünlicht.
	Etwas gebogen	Länger	Brachvögel Oeffyt Glutt Fisterlein Regenvogel Rothbein Rothknillis Schmirring Steingällelein	Dessen Füß	Aschenfarb Graw Grün Graw und ein wenig röthlicht. Dunckelbraun Röthlicht Schwartzbraun Bleichgelb Dunckelrosinfärbig
		Kürtzer	Koppriegerlein Mattknillis Weinkernell Mattkern Riegerlein Sammethünlein	Die Füß	Bleichroth Bräunlicht-grün Dunckelgelb Dunckelaschenfarb Gelbgrün Graw.

Diese Hünlein habe ich zu Latein / spricht D. Geßner / bey nahe alle von der Farb der Beine genennet / ohn das Fisterlein (Hypoleucon) vom untern weissen theil seines Leibs; und das Weinkernell und Mattkern (Erythram und Ochram) von der Farb des gantzen Leibs. Den Oeffyt haben wir von seinen Beinen Poliopodem genennet / wiewol auch der obbeschriebene Brachvogel dunckelbraune Bein hat / doch nicht so graw. Die Beine des Rotknillis sind mehr schwartzbraun / und hat keiner in diesem Geschlecht schwärtzere Bein / daher haben wir denselben Melampodem, das ist / Schwartzbein genennet. Den Mattkern aber / ob er gleich dunckelbraune Bein hat / haben wir vielmehr vom gantzen Leib her Erythram nennen wollen.

Von der Speiß dieser Vögel.

Diese obgenannte Wasservögel wohnen überall unter dem Gesträuch an dem Gestaden / und lebe fast von keiner andern Speiß / so viel ich weiß / als von den Fischlein; sie fliegen gewöhnlich im Anfang des Herbsts zu uns / und im Außgang des Winters fliegen sie mehrentheils wiederumb hinweg / gleich wie etliche andere Streichvögel auch.

Wie diese Vögel gefangen werden.

Man fängt sie gewönlich am Morgen vor dem Auffgang der Sonnen / oder am Abend nach deroselben Niedergang / dann des Tags halten sie sich an sumpffichten Orthen auf / wann aber der Abend angehet / fliegen sie so hoch daß man sie nicht mehr sehen kan. Die Vogelfänger spannen an das Gestad / da sie sich aufhalten / ein Netz / also / daß dasselbige gegen dem Wasser gerichtet sey / an beyden seiten aber des Netzes legen sie Vögel des Geschlechts / welche sie fangen

fangen wollen/ etliche todt/ und etwa zween lebendige/ von welcher Lockſtimme ſich die Vögel von der Höhe herab laſſen/ und mit dem Netz ſo in das Waſſer geworffen wird/ gefangen werden. Der Fang des Schmirrings und des kleinen Brachvogels geſchiehet aber auff eine andere weiſe/ wie droben geſagt worden. Alcyon wird von etlichen ein Waſſerhünlein genennet/ aber nit recht. Albuꜩalmun nennen die Egyptier einen Waſſervogel. Unſere Böllhine wird auch von etlichen unter dieſes Geſchlecht gezehlet/ da doch dieſelbige ſchwimmet und breitfüſſig iſt/ auch keine lange Bein hat/ wie die Hünlein/ von welchem wir hie ſchreiben: deren keines breite Füß hat.

Von den Vögeln/ deren die Alten gedacht/ welche auch unter dieſes Waſſerhünlein Geſchlecht können gezehlet werden.

ES werden unterſchiedliche dieſer Vögel gefunden/ welche wir an ihrem Orth entweder allbereit beſchrieben/ oder hernach beſchreiben wollen: als Trochilus, Numenius, Calidris, Celeus, Attagen, Elaphis, Glottis und Phœnicopterus. Von dem Vogel Thrynga ſchreibt Ariſtot. daß er bey den Seen/ und flieſſenden Waſſern wohne/ er wird zu Teutſch eine Waſſerhenn genennet/ und von den Engelländern a Waterhen, a Morhen. Dieſer Vogel aber iſt gantz erdfärbig/ außgenommen der Theil am Schwantz ſo den Hindern bedeckt/ dann daſelbſt iſt er weiß/ wie man ſolches ſiehet wann er den Schwantz auffrichtet. Er iſt ſchwach in den Flügeln/ darumb fliegt er nicht weit/ und wohnet mehrentheils in den Seen/ und Fiſchweyern in Engelland; wann er ſich fürchtet/ ſo fliegt er in das dicke Rohr. Es wird auch in Engelland ein Vogel Snyt genennet/ der hat einen langen Schnabel/ iſt ſo groß als ein Specht/ wohnet allzeit bey den Waſſern/ und beweget den Schwantz/ ob dieſes ein Cinclus oder Tryngas ſey/ kan man nachſinnen. Eberus und Peucerus ſagen/ daß die obgenannte Waſſerhenn (Tryngas) gantz ſchwartz ſey/ mit zerſpaltenen Füſſen/ oben auff dem Kopff biß auff den Schnabel herfür/ weiß/ mit hohen ſchwartzen Beinen/ ſie bewegt auch ihren Schwantz ſtets/ und wohnet an waſſerichten Orthen. Hieher gehöret auch der Vogel/ welcher im Schweitzerland ein Waſſertröſtlein genennet wird/ mit einem kurtzen Schnabel/ hohen Beinen/ zerſpaltenen Füſſen; ich habe ſie aber nie geſehen (ſagt D. Geßner) kan es auch nicht wiſſen ob es der Tryngas ſey oder nicht/ wann es nicht etwa die Waſſeramſel iſt/ von welcher an ſeinem Orth iſt geſagt worden.

Von der Rietſchnepffe oder gröſſeren Schnepffe.

Ruſticula, Perdix ruſtica major.

Von der Geſtalt dieſes Vogels.

DIe Schnepffe wird auff Griechiſch Σκολόπαξ; Lateiniſch/ Perdix ruſtica, Ruſticula; Italianiſch Gallinella, Gallina arcera; Hiſpaniſch Gallina cieca; Frantzöſiſch Beccaſſe, Vi de coq; Engelländiſch Snype, Wodcok; Brabändiſch Neppe; und Niederländiſch Sneype/ Houtſchnippe genennet. Von den Teutſchen wird ſie auch vielfaltig genennet/

Von der Rietschnepffe/ oder grösseren Schnepffe.

nennet/ein Schnepff/Schnepffhun/Rietschnepf/ oder grosse Schnepff. D. Geßner hat eine gesehen/ welche so groß als eine kleine Henn gewesen/ von Leib fast so dick als ein Rebhun/ bey nahe zwölff Untzen gewogen/ von Farb und vielfaltigen Flecken wunderbarlich gezieret/ nehmlich roth oder ziegelfarb/ weißlich/ schwartz und andern Farben. Ihr Schnabel war von der Spitze an biß zu den Augen/ fünff oder mehr Finger lang/ vornenhin schwärtzlich und rauh/ der ober Theil desselben ist länger als der untere. Ihre Zung ist ran/ lang und aderich. Ihre Bein fast Rosenfärbig.

Wo dieser Vogel sich auffhalte/ und wie er gefangen werde.

Dieser Vogel wird fast in allen Landen gefunden/ in der Schweitz zwar/ an bergichten/ und wässerichten Orthen/ sonderlich im Anfang des Winters. In Italia soll er sich umb die Gärten und Häuser auffhalten/ wie auch in den Städten/ sonsten werden sie gemeiniglich an den Bächen und nassen Orthen gefunden/ des Tags liegen sie unter dem Gesträuch verborgen/ zu Nacht aber fliegen sie in die Wiesen. Sie werden gewöhnlich im Weinmonat gefangen. Im Herbst fliegen sie zur Morgens und Abendszeit/ unter den Bäumen hin und her. In Engelland werden sie sonderlich am Morgen vor Tag gefangen in den Wäldern. Dieser Vogel weicht von etlichen Orthen nimmer/ dann im Schwabenland wird er allzeit gesehen. Auß Niederland aber/ da es gar viel Wasser hat/ fliegt er im Sommer weg/ und kommt zu End des Herbsts wieder/ wie Albertus sagt. Er schreibet auch daß er bey Tag ruhe/ und am Morgen früh fliege/ darumb spanne man die Netz in die höhe/ und fange ihn also. Und dieweil er zwischen den Bäumen fliegt/ spannet man die Netz darzwischen in die höhe/ weil er allzeit gern an einem Orth hin und wieder fliegt. Die Engelländer fangen ihn am Morgen früh in den Wäldern/ da sie die Garn an einen Orth da keine Bäume stehen spannen/ und wann der Vogel kommt/ auff ihn fallen lassen. Sie werden auch zu Nacht bey dem Fewer gefangen/ mit einem Glöcklein oder Scheile/ und mit einem Garn/ so man zu Latein Coopertorium nennet. Das Fewer macht man auß einem alten trucknen Tuch/ so zuvor in Unschlit gedunckt/ und darnach eines Arms dick zusammen gewunden worden/ in der Länge eines Fusses/ und darauff angezündt wird/ sagt Robertus Stephanus.

Von der Speiß und Mestung dieser Vögel.

Die Schnepff lebt allein von den Würmen/ und berühret gar kein Getreid. Sie stösset ihren Schnabel in die weiche Erde/ und sucht die Würmlein darinn/ und wenn sie zuweilen denselben zu tieff hinein gesteckt hat/ zerscharret sie die Erde mit den Füssen/ und macht sich wieder loß. Sie legt sich auf den Staub/ und ziehet mit ihrer langen Zungen die Würmlein herfür. Etliche sagen daß die Schnepff ihren Athem in ein holes Loch lasse/ und also die Würmlein durch die Wärme und Anhauchen herfür locke/ da es dann zugleich einen Schall gebe/ wann der Orth hol/ eng und länglich ist. Gyb Longolius sagt/ daß er offt die Schnepffen habe mesten sehen. Die Speiß wird aber auß Buchweitzenmeel mit dürren Feygen zu einem Teig gemacht/ in ein breit Geschirr gethan/ und mit vielem Wasser gemengt/ welche sie dann mit ihren langen Schnäbeln zu sich nehmen. Dieser Mestung brauchen ihrer viel wegen des Kostens nicht/ welche aber nicht wohl daran thun/ weil sie gar wenig essen/ in dem sie gantz fleischicht sind/ und gantz keinen Kropff haben.

Was von diesem Vogel dem Menschen nützlich seye.

Die Schnepff hat ein lieblich Fleisch/ darumb wird sie zur Speiß gelobet/ doch nicht so sehr als das Rebhun. Ihr Fleisch ist auch nicht so weiß/ sondern röthlicher. Sie ist besser zu Wintersszeit. Etliche ropffen und nehmen die Schnepffen auß/ dörren sie in einem Ofen/ und brennen sie zu Pulver in einem glasurten Hafen/ als eine Artzney für den Stein.

Von der Waldschnepffe.

Rusticula sylvatica.

Diese Schnepff wohnet mehr in Wäldern als sumpffichten Oerthern/ darumb wird sie von den Teutschen Waldschnepff und Holtzschnepff genennet. Sie ist grösser als die vorbeschriebene/ in dem sie bey nahe einer Hennen ähnlich ist/ sie hat zwar eine gleiche Farb/ doch etwas dichter und satter/ ihre Bein sind aschenfarb/ der Bauch ist weiß/ ihr Schnabel nicht so lang/ wie die Figur/ welche D. Geßner von einem Mahler zu Straßburg empfangen/ außweiset.

Man fänget sie mit den Garnen oder Stricken.

226　　　　　　　　　　**Geßneri Thierbuch**
Rusticula sylvatica.

Von der Herrenschnepffe.　　Gallinago, Rusticula minor.

IN Holland wird ein Vogel gefunden/ welcher der Rietschnepffe am Schnabel/ Kopff und Leib nicht ungleich/ ohn daß er viel kleiner ist/ er wird für ein Herren-Essen gehalten/ und läßt sich weder in einem Vogelhauß noch in einem Kefich aufziehen. Er kommt im Frühling/ wann Tag und Nacht gleich worden/ und begiebt sich nimmer von dem Gestad der Seen und fliessenden Wasser/ er wird zu Teutsch ein Herreschnepff/ Herschnepff/ Harschnepff/ Graßschnepff/ und Schnepfflein genennet. An diesem ist der unter und ober Theil nicht ungleich der Rietschnepffe/ doch ist sein Schnabel vornenhin viel rauher als an der grossen Schnepffen. Wann man dieses Vogels Stim hört/ bedeut es einen künfftigen Regen. Seine Stim sol gerad lauten als wann einer ein Messer über eine Säge zöge/ welches doch etliche von einem andern Vogel sagen/ wie droben bey dem Erdhünlein gesagt worden. In dieses Vogels Magen/ so im Herbstmonat gefangen worden/ hat D. Geßner etliche Käferlein/ und weisse/ zarte und länglichte Würmlein gefunden. Sein Fleisch ist sehr lieblich und zart. In Frießland sollen etliche Vögel seyn/ welche der Rietschnepffen nicht ungleich/ dann der jenige so Wülp genennet wird/ ist an dem Schnabel

bel und Farb der Federn derselben gleich/ allein daß er etwas grösser ist: deßgleichen der/ so Grütte genennet wird/ꝛc. Hieronymus Tragus zehlt under die Vögel so zur Speiß gelobt werden die jenige welche Bruchschnepfflein/ oder Habergeißlein genennet werdē/ die aber vielleicht eben die obbeschriebene Brachvögel sind. Der Vogel Hæmatopus, oder Meeratzel/ wie ihn die Frāzosen nēnē/ hat einē Schnabel 4. Finger lang wie die Herrēschnepf/ daher er auch vō etlichē ein Meerschnepf genēnet wird.

Von den zwölff Geschlechten der Wasserhünlein/ so bey Straßburg gefangen werden/ derer keinem D. Geßner einen besondern Lateinischen oder Griechischen Nahmen geben können/ und von welchen oben etwas ins gemein gesagt worden.

Von dem ersten Geschlecht/ gemeiniglich Rothbein genannt. Erythropus.

Lucas Scham/ ein kunstreicher Maler zu Straßburg/ und darbey ein Weydmañ/ hat etliche Vögel/ so er selbst gefangē/ artlich abgemalet/uñ D. Geßnern mitgetheilet/ deren drobē albereit zwen beschrieben worden/ nemlich der Brachvogel/ und Regenvogel; hie wollen wir die übrige beschreiben und zwar gantz kurtz ihre Farben so sie an sich haben/ andeuten. Und erstlich die so längere Schnäbel/ hernach aber die so etwas kürtzere Schnäbel haben. Die Figuren dieser Vögel/ wenn die Farben nit darbey sind/ haben an ihnen selbst wenig Unterscheids. Dieser hat seinen Namen von den rothen Beinen bey den Teutschen bekommen/ wiewol auch der Engelländer Rala, so wol der in den Wassern/ als der auf der Erden wohnet/ auch rothe Bein hat/ wie drobē gesagt worden. Dieser Vogel/ wie seine Figur außweiset/ hat einen langen schwärtzlichten Schnabel obenhin etwas gebogen/ dunckelbraune Federn/ welche hin und wieder weiß gesprengt/ einen weissen Bauch/

Bauch/ der mit braunen Flecken überzwerch hinüber unterzogen ist. Dieses Vogels gedencket auch Turnerus, da er sagt/ daß derselbe auch in Engelland gefunden werde. Den kleinern Vogel dieses Nahmens Koppriegerlein genannt/ wollen wir hernach am ewigen Ort beschreiben.

Erythropus.

Von dem andern Geschlecht / Glutt genannt.

Glottis.

Dieser Vogel wird Glutt/ vielleicht von seiner langen Zungen her / genennet; wann es nicht der Glottis des Aristotelis ist/ so ist er dennoch desselbigen Geschlechts. Dieser unser Glutt ist dunckelbraun/ an den Flügeln mit ein wenig weiß zu eusserst an den Federn

Von dem Glutt.
Glottis.

Federn gesprengt / er ist auch weiß umb seine Augen / am Halß / an der Brust / und am gantzen Bauch. Sein Schnabel ist schwartz / seine Bein aber fast grün / oder mit bleich und grün vermischet. Er hat eine helle Stimm wie eine Pfeiff.

Von dem dritten Geschlecht Oeffyt genannt.

Poliopus.

Jeſer Deffyt hat grawe Bein / daher man ihn Poliopodem nennen könte. Sein Schnabel iſt theils dunckelroſenfärbig/ theils ſchwärtzlicht/ oben auff dem Halß und Rücken ziehet ſich die dunckelbraune Farb auff roth / welche dann an den Flügeln viel heller und weißlichter iſt/ an welchen auch der Rand der Federn weiß iſt / gleich wie auch die Bruſt und der gantze Bauch.

Von dem vierdten Geſchlecht / Schmirring genannt.

Ochropus magnus.

Dieſen Vogel nennet D. Geßner Ochropodem, wegen ſeiner ſchwefelgelben Beinen / welche Farb ihm auch biß auff den halben Schnabel / oder weiter herfür gehet / dann der vorder Theil deſſelben iſt ſchwartz / er wird zu Teutſch Schmirring genennet. Dieſes Geſchlecht hat die meiſte Farben / dieweil ſieben unterſchiedliche Farben an ihm geſehen werden : dann ohn die ſchwefelgelbe Farb/ iſt er hie und da am gantzen Leib roth/ ; an den kürtzſten Flügelfedern zu euſſerſt iſt er auch roth wie der Rötelſtein; er iſt weiß umb ſeine Augen und am Kopff / wie auch an den mittelſten Flügelfedern / und am Bauch/ die längſte Schwingfedern ſind ſchwartz / er hat hin und wieder auff dem Rücken / an dem Schwantz/

Von dem Schmirring.
Ochropus magnus.

Schwantz / Halß / und an den Flügeln schwärtzlichte Flecken; zu eusserst umb die Augbrauen gehet eine saffrangelbe Farb; es ist auch etwas aschenfarbes oder grawes an den Flügeln. Hinden an den Füssen hat dieser Vogel kleine Zeen / wie diese Figur außweiset. Er macht sein Nest unter den Büschen oder Stauden auß Moß und Graß. Es werden noch zween dieser Vögel / nemlich der mittelste und kleinste / hernach am achten und zwölften Orth beschrieben werden.

Geßneri Thierbuch

Von dem fünfften Geschlecht/ Steingällelein genannt.

Rhodopus.

Dieser Vogel ist an seinen Beinen dunckel rosenfärbig/ oder fast wie der Amethyst gefärbet. Er hat einen schwartzen Schnabel/ grawen Leib/ und aschenfarbe Flecken an seinen Flügeln/ wie auch an dem Halß/ welcher sonst weiß ist: der Bauch ist ohne Flecken und gantz weiß; den weissen Schwantz umb- geben auch schwartze Zwerchlinien; sein Schna- bel ist schwartz. Die Ursach des Teutschen Nahmens ist unbekannt. Turnerus schreibet/ daß auch der Wannenweher von den Engel- ländern ein Steingall genennet werde.

Von dem Fisterlein.

Von dem sechsten Geschlecht / Fisterlein genannt.

Hypoleucos.

Diesen Vogel hat D. Geßner Hypoleucon genennet / weil er unter dem Halß / an der Brust / und am Bauch gantz hell weiß / und ohn alle Flecken ist / für andern Vögeln / so dieses Geschlechts sind. Der übrige Leib scheinet dunckelbraun / aber etwas heller an den Flügeln; oben umb den Halß zu beyden Seiten ist etwas röthlichs oder gelblichts mit untergemischt. Die Bein sind graw / mit ein wenig roths vermengt. Sein Schnabel ist schwartz / und vornenher ein wenig gebogen.

Von dem siebenden Geschlecht / Rothknillis genannt.

Melampus.

Der Teutsche Nahm dieses Vogels scheinet zusammen gesetzt zu seyn / von der Farb; dann er ist rothfärbig am Hals / und umb die Augen hat er dunckelbraune Flecken. Wir haben ihn Melampodem, das ist / Schwartzfuß genennet / (sagt Doct. Geßner) dann keiner dieser Vögel (so viel ich weiß) hat schwärtzere Bein. Sein Leib ist dunckelbraun mit etlichen garstigen und dunckeln Flecken. Sein Schnabel ist auch schwartz; und die Flügel sind mit weissen Flecken unterschieden.

Von dem achten Geschlecht / Mattknillis genannt.

Ochropus medius.

Von diesem Teutschen Nahmen ist oben gesagt worden. D. Geßner nennet diesen Vogel den mittelsten Ochropodem, von der dottergelbē oder dunckelgrünē Farb seiner Beine: dañ der grosse Ochropus ist droben an dem vierté Ort beschrieben: der kleine aber sol hernach am 12ten Ort beschrieben werden. Sein Schnabel ist schwärtzlich / wie auch der gantze obere theil seines Leibs; die Flügel ziehen auff dunckelbraun / außgenommen die längste Schwingfedern / welche

Von dem Matknillis.
Ochropus medius.

che schwartz sind; seine Brust/ sambt dem Hals/ ist auch dunckelbraun. Dieser Vögel einen hat D. Geßner gesehen / der in dem Anfang des Hornungs gefangen war / und diesem gleich gewesen/ doch hatte er einen etwas längern Schnabel/ als hie abgebildet stehet; sein Rücken war auch nicht so schwartz / sondern vielmehr dunckelbraun / darunter gegen dem Kopff etwas aschenfarbigtes vermischet war; hinden auff dem Rücken hatte er etwas dunckelröthlichtes; sein Schwantz war von oben an gantz weiß; zu eusserst aber waren zwo schwärtzlichte Linien mit weissen Flecken unterschieden. Es schienen auch hie und da weisse Flecken herfür/ sonderlich an den kleinen Flügelfedern; der Bauch war Schneeweiß; der Hals aschenfarb gesprengt; sein Schnabel schwartz; der unter Theil an seinem Kopff weiß; die Bein fast dunckelgrün; seine Zung spitzte sich lang hinauß. Seine gantze Grösse ist gleich der Amsel / allein daß sein Leib etwas raner / und der Hals etwas länger ist.

Von dem neundten Geschlecht / Mattkern genannt.

Erythra.

WArumb dieser Vogel von den Teütschen also genennet werde/ ist unbekannt/ D. Geßner hat ihn von der Farb seines Leibs Erythram genennet. Und ob er schon fast am gantzen Leib (außgenommen den weißlichten Bauch welcher mit rothem untermengt/ und die aschenfarbe Bein) roth ist/ so ist doch die Röthe auff dem Rücken dunckeler/ und mit schwartzen Flecken unterschieden/ sie ist aber heller an etlichen Flügelfedern/ deren die längsten dem Röthelstein gleich sind; unten am Halß sind etliche weißlichte Tüpfflein. Der Schnabel ist schwärtzlicht/ doch etwas rothes daran/ und für andern der kürtzeste in diesem Geschlecht.

Dieser

Von dem Weinkernell.

Dieser Vogel wird im Rohr mit Stricken oder Böglein gefangen. Er schreyet und schnurret wie die Wollenweber wenn sie die Wolle schlagen. Es wird auch von etlichen ein Vogel/ Reinvogel genennet/ welches ein kleiner Vogel auß diesen Wasserhünlein Geschlecht seyn sol/ derselbe ist dunckelbraun/ und mit vielfaltiger Farb getheilt/ und wird sonsten auch Mattkern genennet.

Von dem zehenden Geschlecht/ Weinkernell genannt.

Ochra.

Dieses Teutschen Nahmens Ursprung ist gleichfals unbekannt; es wird gemeiniglich ein wilde Ente auch Kernell genennet/ und der obgenannte Vogel/ Mattkern. D. Geßner hat ihn Ochram genennet/ von der grünlichten Farb/ die fast am gantzen Leib ist/ aber garstig und dunckel scheinet/ und vornenhin mehr dunckelbraun ist. Der Kopff/ Halß/ die Brust/ und Flügel/ sind mit weissen Flecken bezeichnet. Der Schwantz ist auch zum theil weißlicht. Der Schnabel ist theils schwärtzlicht/ theils aber Kastanienbraun. Die Beine sind wie an den obgenannten Geschlechten der Ochropodum gefärbet/ nemlich bleichgelb oder grüngelb.

Von dem eylfften Geschlecht / Koppriegerlein genannt.

Erythropus minor.

Bey Straßburg nennet man diesen Vogel Koppriegerlein / gleich wie den nachfolgenden allein Riegerlein. D. Geßner hat ihn von der Farb der Füsse den kleinen Erythropodem genennet / dann der grosse ist droben an dem ersten Orth beschrieben. Dieser ist dunckelbraun gefärbet / doch hat er etwas röthlichts / sonderlich an den Flügeln und an dem Halß: die Flügel theilt er in der mitten eine weisse Zwerchlinie. Die Schwingfedern sind auch zum theil schwartz / zum theil aschenfarb; der Schwantz ist weiß; der Schnabel schwärtzlicht. Hinden an den Füssen hat er entweder gar keine / oder doch gar kurtze Zeen / wann anders die Abbildung recht gemacht.

Von dem Riegerlein.

Von dem eylfften Geschlecht / Riegerlein genannt.

Ochropus minor.

Diesen Vogel nennet man gemeiniglich Riegerlein/ (von dem Regen oder Bewegen her/ dann wann er etwas bey dem Wasser höret/ so regt er sich von Stund an/ und schreyet mit seiner kleinen Stimm gantz hell) gleich wie das obgenannte Koppriegerlein genennet wird. Er scheinet unter diesen Hünlein das kleinste zu seyn. Sein Schnabel ist schwärtzlich/ der Halß weiß/ und höher als an den andern/ denselben umbgibt untenhin eine dunckelbraune Linie/ gleich einem Halßband; der Kopff ist auch schwärtzlich/ darauff stehet über den Augen ein schwartzer Flecken zwischen zweyen weissen. Die Farb auff dem Rücken und an den Flügeln ziehet auf aschenfarb. Die längste Schwingfedern sind schwärtzlich. Seine Beine sind Bleichgelb/ von welcher Farb ihn D. Geßner den kleinen Ochropodem genennet hat/ dann der grosse am vierdten/ der mittelste aber am achten Orth beschrieben worden.

Von dem Sammethünlein.

Der Wilden Hünlein Geschlecht/ sonderlich der Wasserhünlein/ ist vielfaltig; doch ist unter andern das so hie verzeichnet stehet gantz seltzam und sonderbahr; fast am gantzen

Sammethünlein.

zen Leib schwartz und roth gefärbet / allein daß der Bauch weiß ist; er ist sehr schön gesprengt. Und dieweil die schwartze Farb an ihm / wie Sammet glitzert/ hat D. Geßner ihme den Namen Sammethünlein gegeben. Seine Bein sind hoch und dunckelbraun / und lange Zeen daran / doch ist der hinderste kurtz; der Schnabel ist länglicht.

Von dem Hünlein/ welches die Engelländer Goduvittam oder Fedoam nennen.

Dieser Vogel ist der Schnepffen so gleich/ daß wann er nicht ein wenig grösser were/ und seine Brust nicht mehr auf aschenfarb sich zöge/ so könte man einen von dem andern kaum unterscheiden. Er hat seinen Auffenthalt an wässerichten Orthen / und an den Gestaden der fliessenden Wasser. Er hat einen langen Schnabel: wann er gefangen worden/ isset er Weitzen wie die Tauben. Er wird dreymal theurer verkaufft bey uns als die Schnepff/ so angenehm ist sein Fleisch/ schreibet Turnerus. Ob der jenige Vogel auch auß diesem Hünleingeschlecht sey/ welcher von den Frießländern Tirck genennet wird/ und an dem Schnabel und Federn dem Staren nicht ungleich ist/ aber längere Bein hat/ kan ich nicht wissen/ sagt D. Geßner.

Von dem Totano.
Von den zweyen Meerhünlein/ und erſtlich von dem Totano.

241

Dieſe zween nachfolgende Vögel/ ſind einer mittelſer Natur zwiſchen den Hünlein und Reigeln/ dann ſie ſind etwas gröſſer als die obgenannte Hünlein/ und kleiner als die Reiger. Ihre Schnäbel ſind gerad und ſpitzig/ und bequem zu dem Fiſchfang. In den Seeſtätten neñet man ſie (oder doch dergleichen

Hh Gat-

Gattung) Polschnepff/oder Pfulschnepff. Totanus ist ein Wasservogel/ mit einem schwartzen Schnabel/ sonderlich vornen: dann hinden/und am meinsten unten/ ist derselbige roth; der Kopff ist zu oberst aschenfarb/ wie auch der andere Vordertheil; der unterste Theil an den Flügeln ist weiß/ der eusserste schwartz; die übrige Federn sind umbhergesprengt und weißlicht; der Schwantz so einer Zwerchhand lang/ ist mit weissen und schwartzen Zwerchlinien gezeichnet/ gleich wie auch an dem nachfolgendē. Die Federn über dem Schwantz sind biß mitten auff den Rücken weiß; der Obertheil ist überall weiß/ doch werden am Halß/ und obersten Umbkreiß der Flügel schwärtzlichte Flecken gesehen. Die gantze Länge dieses Vogels/ zu eusserst vom Schnabel biß zu End der Füsse gemessen/ ist eine Spann und zwo Zwerchhänd. Die Länge des Schnabels ist gar nahe bey dreyen Fingern/ gleich wie auch der Halß. Er hat zerspaltene Füsse/ doch sind die zwo gröste Zeen etwas weit mit einem Häutlein zusammen gefügt/ gleich wie an dem nachfolgenden auch. Die Füß/ welche zwo Zwerchhänd lang/ sind bleichroth/mit schwartzē Kläulein bewaffnet. Dieser Vogel ist von Leib bey nahe so dick als das Tauchentlein mit dem spitzen Schnabel.

Von dem andern Meerhünlein/ Limosa genannt.

Von dem Habicht.

Jeser Vogel ist auff dem Rücken fast wie der grosse Brachvogel gefärbet/ vornen mit Flecken gesprengt/ sonderlich am Kopff und Halß/ und fast gleich dem jetzt beschriebenen Totano, doch etwas grösser. Sein Schnabel ist überall schwartz. Inwendig an den Flügeln hat er mancherley Flecken; der übrige Obertheil aber ist weiß/ doch ist er am Halß auch gesprengt. Die eusserste Schwingfedern gehen biß zu eusserst auff den Schwantz. Seine Füß sind länger als des obgenanten/ und graublau oder Aschenfarbgrünlicht gefärbet. Sein gantze Läng vom Schnabel an biß zu den Klauen oder Nägeln gemessen/ ist zwo Spannen und ein zwerchhand; der Halß aber ein zwerchhand lang/ gleich wie auch der Schnabel.

Von dem Vogel/ Glottis genannt.

Jeses ist auch ein Wasservogel/ gleich wie auch der Ortygometra. Er wird auch von seiner langen Zungen her Lingulaca genant. Dieser/ wie auch der Otus und Ortygometra sind der Wachteln Führer und Begleiter/ wann sie hinweg fliegen. Ein anderer dieses Namens Glutt genannt/ ist droben beschrieben/ welcher aber diesem nicht gleichet. Es wird auch ein Vogel Elaphis genennt vom Oppiano, dessen Federn auff dem Rücken des Hirschen Haut gleich sind/ wann derselbe seine sehr lange Zunge in das Wasser strecket/ ziehet er allgemächlich damit die Fische zu sich/ welcher auch diesem Vogel Glottidi des Aristotelis etwas verwandt seyn mag.

Von dem Habicht/ bey dessen Beschreibung auch viel von andern Vögeln/ welche krumme Klauen haben/ und zum Beitzen gebrauchet werden/ gesagt wird.

Accipiter.

Von mancherley Gestalt dieses Vogels/ und wo er am meisten zu finden.

Jeser Vogel wird auff Hebreisch נץ; Griechisch ἱέραξ; Lateinisch Accipiter; Italiänisch Sparviere; Spanisch Halcon; Frantzösisch Austour, mas tiercelet; Polnisch Jastrzab, Zastrzamb; Wendisch Gestrzab; Ungarisch ölyvv; Engelländisch Havvke, Hobie; Niederländisch Havick/ Haffkin; und zu Teutsch Hapch/ Habich/ oder Habicht genennet. Die Habicht werden stärcker und grösser in denen Ländern so gegen Mitternacht gelegen: Ein jedes Thier wohnet gern an denen Orthen/ da es viel Speiß findet/ davon es lebt; dieweil dann diese Vögel an denjenigen Vögeln/ (sonderlich denen so in den Wassern wohnen) welche langsam fliegen/

gen/und fleischichter zu der Speiß sind/ ihre Nahrung haben/ als findet man gegen Mitternacht viel Habichte/ Falcken und Adler/ als in Engelland/ Schweden/ Lyßland/ und in den angräntzenden Ländern/ nemblich Sclavonien/ Preussen und Reussen. Und dieweil diese Land kalt sind/ und in kalten Ländern grosse Leiber gezeuget werden/ die viel Blut und Geister haben/ daher dan die Kühnheit und wilde Arth kommet/ als sind die Raubvögel in den obgenanten Ländern groß/ raubgieriger und grausamer. An andern Orthen aber erkennet man ihre Kühnheit/ Stärcke und Grausamkeit auß ihrer Proportion und Grösse. Etliche werden (wie Crescentiensis lehret) auff den Teutschen Bergen gefunden/ welche für besser gehalten werden als die andern/ nehmlich auff dem Wendischen/ oder auch Preussischen Gebürg. Man sagt auch daß die jenige auff dem Gebürg bey Verona oder Dieterichsbern und Trient gut seyen. Es werden auch auff den Schweitzer-Alpengebürgen gar viel/ und sehr grosse/ und starcke gefangen/ und sonderlich auff dem Berg Galanda in Pündten gelegen/ welche dann in Meyland und Italia getragen/ und sehr theur verkaufft werden. Tappius lobt die jenige insonderheit welche in der Marck in Westphalen gefangen werden/ von dannen sie in Brabant/ Franckreich/ Spanien und Engelland getragen/ und theurer als die andern verkaufft werden. Es werden auch frembde Habichte auß der Insel Creta gebracht. Die beyde Habicht-Geschlecht (Astures und Nisi genant) so bey Neapolis gefangen werden/ sind viel grösser und berühmter als die im Schweitzerland. Die Astures (spricht Tardivus) auß Armenien und Persien werden für die edelsten gehalten/ darnach die auß Griechenland/ und zum dritten die Africanische. Die Armenische haben grüne Augen/ die jenige sind aber die besten so schwartze Augen/ und einen schwartzen Rücken haben. Der Persische ist groß von Leib/ und wol gefedert/ mit hellen und holen Augen/ und niedergelassenen Augbrauen. Der Griechische ist groß von Haupt/ hat aber nicht viel Federn an seinem Halß. Der Africanische hat einen schwartzen Rücken/ und auch schwartze Augen wann er noch jung ist/ mit dem Alter aber werden dieselbigen röthlicht. Ein solche Gestalt aber wird an dem Habicht oder Asture gelobt/ daß er groß und schwer sey/ wie der Armenische. In Syria werden die Vögel so man zu dem Beitze braucht/ mit dem Gewicht verkaufft/ und sind so viel theurer/ so viel schwerer sie am Gewicht erfunden werden. Ihrer Farben und anderer Stücke hat man darneben wenig acht. Der weisse Astur ist dicker/ schön/ und leichtlich abzurichten/ doch schwächer als die andern/ dann er kan keinen Kranich fangen. Dieweil er aber sehr hoch fliegt/ und die Kälte in der Höhe besser erleiden kan/ wird er für den besten gehalten/ die Vögel so in der Höhe fliegen zu fangen. Der schwärtzliche Astur/ dem die Federn auff der Stirn wie Haar herab hangen/ ist wol schön/ aber nit sonderlich starck. So wird nun diese Gestalt an dem Habicht gelobt/ wann er einen zimlichen Kopff/ ein lang und schmal Angesicht/

wie der Geyer/ hat/ und dem Adler nit ungleich ist; er sol auch einen weiten Schlund und Gurgel haben/ grosse Augen/ welche hol und mit einem kleinen schwartzen Ring inwendig umbgeben seyen; die Naßlöcher/ Ohren/ der Schwantz und die Füß sollen groß seyn; der Schnabel lang und schwartz; der Halß lang; die Brust dick; das Fleisch hart; die Hüfften lang und fleischicht/ und weit von einander stehend; die Knie und Schienbein kurtz; die Klauen dick und lang; die Federn an den Hüfften gegen dem Schwantz breit; deßgleichen auch die Schwantzfedern/ welche auch etwas röthlich und weich seyn sollen; unter dem Schwantz sol er nicht anders als an der Brust gefärbet seyn/ darzu sol er auff einer jeden Federn oben auff dem Schwantz getheilt seyn; die Farb an den eussersten Schwantzfedern sol schwartz seyn bey den Federkeilen. Unter den Farben ist die rothe die beste/ so etwas auff schwartz ziehet/ ꝛc. An den kleinen Asturibus werden diese Zeichen gelobt/ nemblich helle und grosse Augen/ darzu weite Ohren und Schnäbel/ ein kleiner Kopff/ langer Halß und Zeen/ kurtze und verborgene Federn/ grüne Bein/ grosse Klauen ohne Fleisch/ der leichtlich däue/ einen grossen Hindern habe/ und den Koth weit von sich werffe; hat er etwas schwartzes zu eusserst am Schnabel/ so wird dieses auch für ein gut Zeichen gehalten. An den grossen und kleinen werden diese Stück gescholten: ein grosser Kopff/ ein kurtzer/ fleischichter/ weicher/ und gefederter Halß; deßgleichen wann die Halßfedern vermischt und verworren sind/ kurtze und rane Hüfften/ lange Bein/ und kurtze Zeen/ ein schwärtzlichte oder schwartzbraune Farb; wann er unten an den Füssen rauh ist/ und rothe Augen wie Blut hat/ auch die so nimmer ruhen/ sondern stets kämpffen/ und von der Stangen einem in das Angesicht fliegen wollen. Die jenige werden auch verworffen welche die Magerkeit nicht erleiden können/ und nachdem sie fett worden/ hinweg fliegen: deßgleichen die furchtsame/ weil man dieselbige kaum abrichten kan/ indem sie dem Weydman nicht gern auff die Hand sitzen: wie auch die jenige/ welchen die Federn über die Augen herab hangen/ und denen das Weisse im Aug allzu weiß ist/ darzu ein hellbraune oder rothe Farb haben. Welche diese obgenante Zeichen an ihnen haben/ sind mehrertheils böß/ und fliegen selten dem Falckenierer wieder auff die Hand. Findet man aber zuweilen einen solchen Habicht gut/ so wird derselbe gantz gut und edel werden: dann es trägt sich zuweilen zu (doch selten) daß auch ein ungestalter Leib voller Tugend ist. Mir gefällt ein leichter und hurtiger Habicht/ der nicht bald müd werde/ darzu grosse Vögel fangen könne. Dieses alles schreibt der obgenante Tardivus.

Tappius hält den jenigen auch für einen guten Habicht/ der einen kleinen Kopff und langen Halß hat/ eine breite Brust uñ Schultern/ weite Nasenlöcher/ der an der Zungen und inwendig im Schnabel schwartz ist/ kleine und kurtze Flügel hat/ die ein wenig gebogen/ gleich wie an einem Hun/ wie auch breite und starcke Federn. Er sol auch haben grosse/
hohe

Von dem Habicht.

hohe und breite Bein / die gegen den Hüfften zu nahe beysammen / und bey den Füssen weit von einander stehen / und ein wenig gekrümmet seyen. Er soll haben einen langen Schwantz / röthlich oder schwartz gfärbt. An der Brust soll er haben dunckelbraune Flecken / auff dem Rücken braune Federn / so am End weiß seyen. An den Schenckeln falbe oder röthlichte Federn ohne Flecken. An dem Schwantz Flecken wie der gemahlte Donnerkeil / mit andern Farben untermengt.

Demetrius Constantinop. sagt / daß die jungen Habicht erstlich uñ für andern sollen erwählet werden / darnach die einen kleinen und glatten Kopff / gleichwie die Schlangen haben: Es werden auch die runde und vierschrötige / für den langen außerwählet: die gelbe Farb sol auff der Nasen nicht sehr gleissen / dann dieses bedeut ein kurtzes Leben dieses Vogels: die schwartze Zung ist am besten / darnach die / so halb weiß und halb schwartz ist: die weisse aber ist am allerschlimmesten: der jenige lebet auch nicht lang / welcher etliche Flecken auff seinem Kopff hat. Es sol auch ein jeder guter Habicht zwölff oder dreyzehen Schwantzfedern haben / und gleichsam Schuppen auff seinen Zeen. Die Raubvögel sind ungleich von Farb / je nach Gelegenheit deß Orths und der Bäume: dann die so sich im dornichten Gesträuch auffhalten / die ziehen mehr auff roth oder schwartz: die auf den Buchen / ziehen auff falb oder bleich. In kalten Ländern und auff den hohen Felsen werden die Habicht grösser und stärcker / sie werden aber nicht so leicht abgerichtet als die / so an einem warmen Orth gebohren und erzogen worden. Der Habicht ändert die Farb seiner Augen und den Schnabel: und ob er gleich vielfältig gefärbt ist / hat er doch im ersten Jahr Feuerrothe und schwartze Flecken / welche weisser und schwärtzer werden / nachdem er sich offt gemauset hat. Seine Füß sind Saffrangelb / uñ grosse Klauen daran / doch nicht wie deß Adlers: sein Kopff ist auch runder als desselbigen: sein Schnabel krum / und nach seiner Grösse kürtzer als deß Adlers / doch länger als deß Falcken. Er hat auch spitzere Flügel als die Adler: doch nicht so spitz als der Falck. Er ist fast wie der Sperber gestaltet / allein daß er grösser ist. Wann die Habicht allzugrosse Schnäbel haben / ist es ein Zeichen / daß sie nicht leicht gnug sind. Der Astur und Sperber haben abhangende Schwäntz / wegen ihrer Länge / welches doch am Habicht nicht gelobt wird. Es ist nicht allein in diesem Geschlecht der Raubvögel / sondern in allen andern das Männlein kleiner / und das Weiblein grösser und stärcker / dieweil das Männlein vor Hitz nicht zunehmen / das Weiblein aber / so weniger Hitz und mehr Feuchtigkeit hat / wohl zunehmen und wachsen kan. Der Habicht hat einen hitzigen Magen. Seine Gall ist an die Leber und Därm gewaxsen / wie auch dem Weyhen. Seine Gall / wie auch deß Adlers / ist zuweilen rostfärbig. Sein Miltz ist nicht groß / sondern so klein (wie deñ bey mehrentheils Vögeln) daß man ihn kaum sehen kan / wie Aristoteles bezeuget.

Von der Natur und Eigenschafft deß Habichts.

Alle krumm geschnäbelte Vögel / wie Albertus schreibet / leben von dem Fleisch / als die Geschlecht der Adler / Weyhen / Habichten / und aller Falcken. Der Habicht frißt seine Speiß gar begierig. Er soll das Hertz der gefangenen Vögel nicht essen / wie Aristoteles, Plinius und Ælianus bezeugen / wiewol Albertus darwider ist. Kein Habicht oder Falckengeschlecht fliegt zu seinem überbliebenen Raub wiederumb / dieweil es noch ungezähmet und wild ist / es sitzt auch deren keines auff das Aaß / wie das Geschlecht der Adler und Weyhen. Dieser Vogel isset auch keine Frücht / sondern Fleisch / und erhält seine jungen mit Blut. Wann der Habicht noch wild ist / raubet er die zahmen Vögel / als Hüner und Enten / die er dann von Stund an frisset. Er fängt auch Wachteln / und dergleichen: und wann er einen Hasen ergriffen / hält er denselben mit seinen Klauen am rechten Fuß / und schlägt den lincken in die Erde / darnach reisset er ihm alsobald seine Augen auß / und tödet ihn. Wann er aber abgerichtet worden / greifft er auch die grosse Vögel an (dieweil er sich der menschlichen Hülff getröstet / und desto tapfferer ist) nemlich die Kräen / Gänß / Reiger und andere dergleichen. Die grossen Enten / Täucher / und Bölhinen / nimmt er ohn alle Mühe / ob schon deren ein gantze Menge bey einander versammlet ist. Sie essen auch Mäuß. Die edlen Habicht in den Mitternächtigen Ländern essen gern Krebs / welche sie doch nicht fangen. Und daher fangen sie / nachdem sie gezähmet worden / gar gern grosse Vögel / dieweil sie an statt ihres Lohns von ihren Herren mit Krebsen gespeiset werden / wie Albertus bezeuget. Cælius sagt / daß sie kein Wasser / sondern allein Blut trincken. Die Habichte sind sehr unkeusch. Zu der Zeit aber / da die Vögel reischen / thun sich alle Raubvögel zu dem Asture, daher haben sie / nachdem sie von Eltern gebohren worde / an ihrer Stärcke und Tapfferkeit einen grossen Unterscheid. Ælianus spricht / daß im Anfang deß Frühlings zween unter allen Habichten außerlesen / und in Egypten geschickt werden / daß sie die wüste Inseln / so an Lybiam stossen / durchsuchen. Wann aber dieselbe wieder kommen / führen sie auch andere dahin. Nachdem sie aber in die Inseln kommen / welche die vorige außgespehet hatten / machen sie daselbst gantz ruhig und still junge / und rauben Spatzen und Tauben / also / daß sie ihre Jungen mit überflüssiger Speiß erziehen: darnach / wann sie starck zum fliegen worden / führen sie dieselbige wieder in Egypten / als in ihr rechtes und altes Vatterland. Der Habicht legt vier / oder zum meisten fünff Eyer. Gillius sagt / daß er nicht mehr als drey Eyer lege / unter denen er eines außlese / und die übrige zwey zerbreche / welches er zu der Zeit thut / wann er seine Klauen verlohren hat / dieweil er alsdann drey Junge nicht ernehren kan. Er brütet zwantzig Tag / wie Aristoteles und Plinius bezeugen. Die Habichte nisten an steinichten hohen Orthen / und gähen Felsen / daselbst machen sie Nester unter dem Gesträuch und Dornbüschen / zuweilen auch auff einem Baum / sonderlich auff den Ahorn / Eichen / Buchen / Tannen oder Fichtenbäumen. In der Insel Cerne in Africa / im Oceano gelegen / nisten alle Habichte auß Massylien auff der Erden / sagt Plinius. Der Habicht ist anfangs sehr schnell / zuletzt aber gar gemach in seinem Flug: Derhalben / was er in seinem ersten Flug nicht ergreifft / das läst er fahren: auch wird er zu Zeiten so zornig darüber / daß er sich auff eine Baum setzet / und kaum wiederumb zu seinem Herren wil. Er fliegt so nahe bey der Erden als er kan / damit die Vögel seiner nicht so sehr gewahr werden. Er fliegt auch allezeit allein und ohne Gesellschafft: dann er kan bey seinem Raub kein Gesellschafft leiden. Die andere Habichte (außgenommen die Schmirlein) fliegen zu Winters-Zeit hinweg. Der Habicht hat auch ein scharpff Gesicht / wie der Indianische Han: er bewegt auch seine Augen schnell. Der Habicht mauset sich zwischen Walburgis und Jacobs Tag. Wann er sich aber gemaußt hat / wird er viel schöner / gleichwie auch alle andere Vögel / so man zum beißen braucht / in dem Alter je länger je schöner werde.

Der Heil. Gregorius sagt / daß die Habichte / wann sie alt worden / und vom Gefieder sich beschweret finden / sich alsdann gegen der Sonnen Glantz setzen / sonderlich aber / wann der Sudwind wehet / so werden ihnen die Schweißlöcher von der Hitz eröffnet; und nachdem dieselbe also offen / so schwingen sie sich so lang / biß die alte Federn außfallen / und alsdann wachsen ihnen neue an der vorigen Statt / und auff diese Weise erneuren sie ihr Alter / damit sie sich desto besser mit Rauben ernähren können.

Der Habicht ist ein kühner Vogel / und mehr mit dem Gemüth als mit den Klauen bewaffnet / also / daß er (gleichwie die kleine Menschen) mit seiner Tapfferkeit ersetzt / was ihm an der Grösse seines Leibs mangelt. Dann ob er gleich eine schmale Brust und wenig Fleisch daran hat / so verläst er sich doch darauff / den Schnabel und die Klauen ohngeachtet. Darumb greifft er alle Vögel / welche doch viel grösser sind als er / in der Höhe unter dem freyen Himmel an: die edle Habichte greiffen den Raub nicht so sehr auß Hunger / als auß Hoffahrt und Ehrgeitz an / und belustigen sich selbsten an der Grausamkeit. Es sagt Albertus, daß er von glaubwürdigen Weydleuten im Schwabenland gehört habe / daß sie einsmals in einen dunckeln Wald / Astures zu fangen / gangen seyen / und daselbst einen grossen Asturem gefunden haben / welcher von Alter gantz grau gewesen / und auff einem Ast gesessen: da er aber vor ihnen nicht geflogen / haben sie befunden / daß er vor Alter blind gewesen: unnd als sie heimlich haben wollen wahrnehmen / woher er doch seine Nahrung hätte / seyen bald darnach zween junge Habichte daher kommen / welche ihm Fleisch vom Raub klein zerrissen / gegeben haben. Die Schwanen und Habichte fressen allein ihres gleichen / wie Eberus und Peucerus sagen. Die Habichte und Sperber speisen ihre außgeflogne Jungen bey nahe einen Monat lang / darnach fliegen sie von ihnen. Sie lehren sie auch Vögel fangen / also / daß sie dieselbige ihnen lebendig herzu bringen / und vor ihnen fliegen lassen / damit sie solche zu fangen gereitzt werden. Nachdem sie aber recht fliegen / und dieselbe selbst fangen können / werden sie von den Alten verlassen. Dieses (spricht Albertus) habe er nit allein von Weydleuten / sondern selbst erfahren. Es ist ein Habicht-Geschlecht / welches / wann es gezähmet und abgerichtet wird / den jenigen nimmer verläst / der ihm guts gethan hat. Der Egyptische Habicht ist zähmer als die andern. Wann der Habicht einen Vogel in der Nacht gefangen / hält er denselbigen die gantze Nacht unter seinen Füssen / am Morgen aber / wann die Sonn auffgangen / läst er denselben / ob er schon gantz hungerig ist / wieder fliegen: er fliegt auch demselben / ob er gleich nahe bey ihm ist / nicht nach. Das Kraut Hieracium, Habichtkraut genandt / reissen die Habichte auß / und trieffen den Safft davon in ihre Augen / die Dunckelheit derselben zu vertreiben / wie Plinius schreibet. Man sagt auch / daß sie ein Mitleiden mit dem Menschen haben / die Todte beweinen / und auf die unbegrabene Cörper Erde kratzen / und sich also unterstehen dieselbe zu begraben. Der Habicht streitet mit dem Adler. An. 1609. schickte König Jacobus auß Britannien / König Henrico IV. in Franckreich etliche Habichte / die also abgerichtet gewesen / daß sie auß den tieffen Wassern die Fische herfür gelangt / und auff das Truckene getragen / hernach auff ihres Herrn Hand gestanden / und deß Eingeweids erwartet haben. Wann die Nachteul von andern Vögeln bekrieget wird / hilfft ihr der Habicht / und stillet den Streit / sagt Plinius. Der Habicht ist auß Eingebung der Natur allen Vögeln bekandt / denen er nachstellet / darumb / wann sie ihn ersehen / schreyen / fliehen und verbergen sie sich. Die Gänß förchten weder die Hund / noch die grossen Sträuß / den Habicht aber / auch den allerkleinesten am allermeisten. Der Hase fürchtet deß Habichts Stimm / und verbirget sich. Etliche Habichte nehmen allein den Vogel auf der Erden: etliche allein die / so umb die Bäume fliegen: andere die so in der Höhe sitzen: andere aber / die so unter dem freyen Himmel fliegen. Daher mercken die Tauben ihre List: dann wann sie den Habicht ersehen / sitzen sie / oder fliegen auff / damit sie ihnen selbst wider desselben Natur helffen / wie Plinius und Ælianus bezeugen. Den weissen Tauben und Hünern ist er sehr auffsetzig. Wann die brütende Hennen deß Habichts Stimm hören / werden die Eyer beschädiget / sagt Plinius. Alle Hünerhöff sollen mit Garnen wohl verwahret seyn / damit kein Habicht darein fliegen könne. Die Lerch machet ihr Nest mit grosser Kunst in den Saaten / damit sie weder den Menschen noch den Habichten theil werde. Die Habichte sind dem Crocodil / den Schlangen und allen gifftigen Thieren sehr hässig/ und kan sich kein Schlang/ Scorpion/ oder ander dergleichen gifftig Thier vor ihnen verbergen/ sagt Ælianus. Der Chamæleon ist sehr mächtig wider alle Habichte / dann er ziehet denselben/ wann er über ihm fliegt/ zu sich/ und gibt ihn andern Thieren zu zerreissen/ sagt Plinius. Wann einer einen Meyerhoff mit schwartzer Stickwurtzel umbgibt/ fliegen die Habichte davon / und bleibet also die verschlossene Hauszucht sicher und unverletzt. Dieser Vogel hasset auch die Wurtzel von den wilden Spargen. Augustinus sagt/ daß dieser Vogel von dem Brod sterbe. So man das Schienbein von einem Habicht zu Gold legt / ziehet es dasselbe wunderbarlich an sich/ gleichwie der Stein Heracleotes durch seine Krafft das Eisen an sich ziehet/ wie Ælianus bezeuget.

Von der Artzney und Abwendung aller schädlichen Zufäll und Gebrechen der Habichte/ und welche Scribenten fürnemlich hiervon geschrieben haben.

Unter andern alten Schrifften findet man sonderliche Sendschreiben deß Aquilæ, Symmachi und Theodotionis, an den König Ptolomæum Philometorem in Egypten / in welchen die Natur/ Eigenschafft und Pflegung sampt der Artzney und Abwendung der fürnehmsten Gebrechen aller Raubvögel / welche man zum Weydwerck brauchet/ begriffen ist. Man hat auch vom Beitzen noch viel andere Bücher geschrieben. D. Geßner hat ein Griechisch Buch Demetrii Constantinopolitani, so er an den Kaiser zu Constantinopel geschrieben / von dem wohlgelehrten D. Achille Gassaro zu Augspurg bekommen/ von der Aufferziehung und den Artzneyen der Habichte. Albertus hat in seinem 23. Buch von der Histori der Thiere auch viel von diesem und andern Raubvögeln auß unterschiedlichen Scribenten zusammen getragen. Deßgleichen auch Petrus Crescentiensis, Belisarius, Eberhardus Tappius, und Tardivus. Ohne Zweiffel sind auch in andern Sprachen/ sonderlich in der Italianischen/ viel dieser Bücher geschrieben worden. Wir wollen alles das/ so wir bey den obgenannten Scribenten gefunden/ hieher setzen: Die jenige Artzneyen/ so zu einer jeden Kranckheit insonderheit dienlich/ außgenommen: dann wann wir von denselbigen schreiben wolten (sonderlich auß dem Demetrio) würde es viel zu lang werden. Doch wollen wir alle die Artzneyen setzen / so bey dem Petro Crescentiense, Alberto und Belisario gefunden werden.

Wie man einen gesunden Habicht vor einem krancken erkennen soll.

Der jenige/ welcher einen Habicht kauffen wil/ sol den gesunden durch etliche gewisse Kennzeichen von einem krancken lernen unterscheiden. Der krancke Habicht hat schauderichte Federn/ hencke seine Flügel/ und schreyet stets vor Schmertzen/ er gibt offt die Speiß unverddut wiederumb von sich/ er bekombt einen Kropff / und überfüllet sich wie ein Mensch/ zu welcher Zeit er nicht wol siehet/ und gantz träg und schwer ist zum Flug / er hat einen Eckel über der Speiß / liebet den Schlaff und die Ruhe / er läst den fürgeworffenen Raub liegen/ und setzt sich auff die Erde / wann man ihm locken und ihn ätzen wil/ fliegt er seinem Herrn nicht also bald auff die Hand / ja er achtet dessen gar nicht. Dieses schreibet Albertus. Einer Tauben schütte guten alten Wein mit Haselwurtzel vermengt ein zu trincken/ und wirff sie darnach dem Habicht für zur Speiß/ welcher/ wann er kranck ist / wird er sie nicht berühren. Oder setze den Habicht auff die Erd zu deinen Füssen/ und hebe die Hand/ darinn du das Fleisch hast/ so hoch auff als du kanst / und locke ihm/ wann er dir nun schnell zur Hand fliegt/ so ist er gesund / wo aber nicht / so wird er kranck seyn. Oder gebe ihm Feilstaub von Eisen mit seinem gewöhnlichen Fleisch zu essen/ wann er dieses isset/ so solt du wissen/ daß die innere Theil an ihm kranck sind/ wann aber von diesem gessenen Feilstaub ihm die Bein oder Geleich krachen / solt du wissen/ daß die innere Theil an ihm bresthafft sind/ doch wird ihm durch dieses Mittel geholffen werden. Oder ätze den Habicht mit Schaffslunge/ so noch warm ist / und wann er keinen Schaden davon empfänget/ so wisse / daß er inwendig gesund ist/ wann aber kräncker wird / und kaum dduet/ ist es ein Zeichen/ daß er kranck ist/ und wirst du ihn derhalben den morgenden Tag hernach trauriger finden. Diesen kauff nun nicht: ist er aber dein/ so habe gute Sorg für ihn. So weit schreibet Demetrius. Vom Tardivo werden diese Zeichen der Gesundheit gesetzt. Wann sein Koth an einander hanget / und nicht zertheilt oder dick ist: wann das Gewäll nicht naß / sondern trucken hinden von ihm gehet: Wann er auff der Stange gantz still ist: wann er mit seinem Schnabel die Schwing-Federn von unten an biß zu oberst reiniget: wann seine Federn/ als ob sie geschmieret wären / scheinen: wann er seine Hüfften gleich zusammen hält: wañ die zwo Adern/ so am Anfang der Flügel sind / einen kleinen Pulß haben. Ein jeder Raubvogel hat äusserliche Hitze/ wann er offt gäemet / mit der Zungen zittert und schreyet/ ꝛc. Die Zeichen der Kälte aber sind / wann er seine Augen zuschließt/ den einen Fuß auffhebt/ und die Federn sträubet. Der krancke oder müde wird erkennet/ wann er seinen Schnabel zuhält/ seine Flügel hänget / und starck durch die Nase athemet. Zuletzt ist er dem Tod nahe/ wann er grünen Koth von sich gibt/ und nicht mehr auff die Stange fliegen kan.

Wie man einen guten Habicht erwählen solle.

Die jenige Habicht / welche man auß den Nestern nimmet / zu Latein Nidarii, das ist/ Nestling genannt/ die werden für andern gelobet/ uñ fliegen gar selten von ihrem Herrn. Aber die jenige/ so ihren Müttern nachfliegen von einem Ast auff den andern/ die werdẽ Ramarii,

das

das ist Aestling genennet/ und sind die allerbesten. Nach dem folget der jenige/ welcher gefangen wird nachdem er das Nest verlassen/ und ehe dann er seine Federn verendert hat in dem Raub; dieser wird Sorus, zu Teutsch ein Wildfang genennet. Welcher aber nach solcher Zeit gefangen wird/ der lernet gar selten bey dem Menschen bleiben. Wenn er bleibt/ so wird er gut/ dann er hat geraubet ehe dann er gewehnt und abgerichtet ist worden. Je kühner auch ein Habicht ist und geneigter auff den Raub/ und von guten Sitten/ so viel besser wird er geschätzt. Die erste Art unter diesen wird wol am leichtesten abgerichtet/ ist aber die böste. Die frembde/ gleich wie sie gar gut sind/ also werden sie kaum und mit grosser Mühe abgerichtet/ dieweil sie von Jugend auff darzu nicht erzogen. Doch sind diese zweyerley Geschlecht: Die Hornotini werden für die besten gehalten/ das ist/ die jenige welche zahm werden/ ehe sie sich mausen. Die aber so sich gemauset haben/ das ist/ die ein zwey/ drey oder mehr Jahr alt sind/ können nicht mehr gezähmet und abgerichtet werden/ wie Budæus schreibet.

Wie man die Habichte und andere Raubvögel fangen sol.

Wie man die Habichte/ Falcken/ und alle Raubvögel/ deßgleichen kleine Vögelein mit grossen Netzen die man Wänd/ und mit kleinen so man Spinnweben nennet/ fangen solle/ lehret Crescentiensis im zehenden Buch vom Ackerbau/ im 21. und 23. Capitel. Junge Habichte werden leichtlich gefangen/ mit einem Netz welches man in die Höhe spannet/ und ein Dohle darhinder bindet/ also/ daß der Vogelfänger darbey in einem Hüttlein sitze/ und mit einer Pfeiffen den Habicht herzu locke/ biß daß er so nahe kommen/ daß er die Dohle ersehe/ auff welchen er dann alsobald herab fället/ und also in dem Netz gefangen wird. Mit zwo Leimruthen/ wann man dieselbe in die Erde oben gegen einander steckt/ und ein Taube oder ander Thier darunter bindet/ fangt man auch die Habichte/ so sie darauff fallen. Falcken und Adler werden gefangen/ wann man jemand an einem langen Seil von einem Felsen hinab läst. Junge Habichte nehmen etliche nicht ohne Gefahr auß ihren Nestern/ indem sie eine lange Leiter an den Baum stellen. Wiewol die Aufferziehung dieser Vögel/ wann sie also gefangen worden/ sehr gefährlich und verdrußlich ist/ dann die zarte Jungen werden leichtlich kranck/ und wann sie ohn alle Hoffnung erzogen werden/ schreyen sie den gantzen Tag jämerlich/ ja sie unterlassen auch des Nachts dieses Geschrey nicht / sagt Demetrius; bey welchem man noch viel andere Weisen mehr/ Habichte zu fangen/ findet/ als mit der Pfeiffen/ mit dem Netz und Vogelleim. Unter welchen Stucken dieses das wunderbarlichste ist/ da ein Habicht von einem Menschen/ so auff dem Rücken liegt/ und mit Spreuer bedeckt ist/ gefangen wird/ der in seiner lincken Hand einen Vogel/ eine Henne/ Taube oder anders dergleichen hat/ und mit der Pfeiffen den Habicht herzu lockt/ welchen er dann/ wann er herzu geflogen/ mit seiner rechten Hand ergreifft/ und mit Banden wol gebunden in seiner Hütten behält.

Von der Speiß und Nahrung dieser Vögel.

Die Habichte/ Nestling und Aestling genant/ sollen ernehret werden mit gutem Fleisch und Vögeln zum öffternmal des Tags/ doch wenig auff ein mahl/ damit sie ihren Herrn desto mehr lieben. Also kan man ihnen Eyer geben/ welche zerklopffet und in Wasser geschlagen sind. Also kan man auch die Wildfange anfangs uehren/ wenn sie aber zahm worden sind/ sol man ihnen des Tags nur ein mahl nach drey Uhr zu essen geben/ nachdem die däuung geschehen/ und nicht eher/ das kan man aber wissen wann ihre Gurgel leer ist. Wenn aber die Speiß biß auff den nachfolgenden Tag nicht verdäuet ist/ sollen sie so lang ohne Speiß bleiben; wen man aber befindet daß die Speiß hinab ist auß dem Kropff/ so kan man ihn einen Tag zweymahl ätzen/ es sey dann Sach/ daß man denselbigen oder den nachfolgenden Tag Vögel mit ihm fangen wolle. Dann zur selben Zeit sol der Habicht sehr hungerig seyn/ damit er desto begieriger auff den Raub falle/ und desto ehe wiederumb zu seinem Herrn komme. Dieses schreibet Crescentiensis. Der Habicht (spricht Demetrius) sol mit frischem Fleisch geätzt werden/ und wann es nicht anders seyn kan/ das innerhalb zween Tagen geschlachtet sey/ aber nimmer vor dreyen Tagen. Dann solch Fleisch bringt den Stein/ uñ alle schädliche Kranckheiten mit sich. Dieses Fleisch aber sol seyn von Lämmern/ Schaffen/ Böcken/ Ochsen und Schweinen/ sampt dem Haar wann die Thier noch jung und zart/ sind sie aber wol außgewachsen/ ohne Haar. Wann aber die Habichte von Arbeit außgemergelt sind/ sol man ihnen solches allein ein oder zween Tage geben/ dann wann sie es viele Tag essen/ werden sie wild/ und wächst der Stein in ihnen. Derhalben sol man ihnen das vorgenannte Fleisch einen Tag umb den andern geben. Dann wann man ihnen viel Tag Rindfleisch gibt/ können sie wol däuen. Das Bockfleisch aber zertreibet zwar den Stein/ es machet aber einen wässerichten Magen/ und einen Unlust zu essen. Schafffleisch stets gegeben gebiehret den Stein/ darumb muß man ihm alsobald frisch Bocksblut/ so bald es gestanden ist/ geben/ als welches die Stein zertreibt: dann allein mit diesem kan der Demant gebrochen werden; (welches aber falsch) Hasenfleisch sampt dem Blut/ ohn das Marck und die Bein gegeben/ ist ihnen auch gut: dann wann er das Marck oder die Bein isset/ wachsen Würm in ihm: daher er verdirbt/ und weiß der Weydman offt nicht warumb

Von dem Habicht.

umb. Hirschfleisch sol man ihm nicht nach Nothturfft geben/ dann es ist unverdäulig. Man kan ihm auch/ wann man es hat/ ein wenig und warm Bärenfleisch geben: dann dessen zu viel genommen bringet ihm Schaden. Junger Hunde Fleisch aber sollen sie gantz warm sampt dem Blut essen: dann es zertreibet die Stein im Leib/ gleich wie der Böcke. Mäußfleisch nur etliche Tag/ oder alle Tag gegeben/ sampt dem Haar und Eingeweid/ ist ihnen sehr dienlich: dann es treibet auß den bösen Schleim und die Galle/ stillet die rotzige Flüß/ zertreibet den Stein/ vertreibet den Schnuppen/ und stärcket den blöden Magen. Kurtz/ es ist dem Habicht gantz gesund. Unter allem Vögel-Geschlecht ist ihm die Taube am nützesten/ wann man die Beine und Flügel darvon klein zerhacket: wiewol es ihn ein Zeitlang dürstig machet. Das Hertz von einem Raben/ das Hirn/ die Leber/ und ein wenig vom Fleisch von der Brust werden ihm auch gegeben: das Blut aber sol er gantz meiden/ dieweil es gesaltzen/ und derhalben ihme schädlich ist/ wie auch alle andere gesaltzene Ding. Welches wir auch von der Krähen sagen: die Bein und das Eingeweid sol man auch nicht brauchen/ dann diese brennen zu sehr/ und bringen schädlichen Durst. Aber aller Entenfleisch und Blut ist ihnen dienlich. Wie auch des Kranchen und der Gantz/ doch ohne zu viel Blut. Dann wann der Habicht zu viel Gäntzblut gessen hat/ wird er schwermütig/ und gleich wie die volle Menschen tolles Verstands sind/ und vermessen: also ist der Habicht ehe dann er verdäuet hat/ ungeschickt zum Weydwerck. Das Hertz von einem Reiger sol er sampt dem Hertzen/ Leber und Hirn essen/ wann es die Noth erfordert/ damit er nicht traurig werde/ wann er von seinem Fang keine Belohnung bekommen/ und desto begieriger zum Raub werde. Ander Fleisch aber/ dieweil es schädlich/ sol er meiden. Des Mewen (wann er denselben ohngefehr gefangen) Hertz sampt dem Blut und ein wenig Brustfleisch/ sol er auch essen: dann das übrige an ihm ist schädlich und unverdäulich. Von dem Taucher kan er nach Notturfft essen: dann dieser Vogel ist gar süß und wol verdäulich: deßgleichen auch von dem Trappen und der Atzel: wie auch von der Blochtauben/ Amsel/ und Hennen/ wann man ihm dieselbe zu rechter Zeit gibt: doch sol man der zahmen Hennen den Kopff und die Flügel abnehmen/ damit er nicht wisse daß er einen zahmen Vogel esse/ und darnach die wilden Vögel fahren lasse/ und den zahmen umb die Häuser nachsflige. Und im 22. Cap. spricht obgemelter Demetrius: Das Fleisch ist ihnen nicht allzeit gut. Schweinenfleisch gibt man dem Habicht alsdann wann er mager ist/ dann es machet sehr fett; sonderlich aber gibt man ihnen dasselbe im Winter/ wann ihre Leiber von der Kälte verzehret werden. Rindfleisch ist ihnen selten gut: doch ist es nutz zur Reinigung: dann mit seiner Last löset es dem Vogel den Bauch auff; man gibt ihm aber dasselbe zwey/ oder zum meisten dreymahl in einem Monath. Geiß-und Schafffleisch ist ihnen zu allen Zeiten nützlich.

Doch ist jung Taubenfleisch das allerbeste/ wann sie warm so wol im Sommer als Winter gessen werden. Gänßfleisch ist ihnen auch gut. Aber Raben und Kräenfleisch sol ihnen zu keiner Zeit gegeben werden. Von der Maß und Viele der Speiß schreibt er im 9. Cap. also: Der Habicht sol gewogen Schaffleisch essen neun Untzen/ Geißfleisch zehen/ Bockfleisch neun/ Hirschfleisch acht/ Hasenfleisch fünff/ von einer grossen Sau sechs/ von einem Färcklein sieben/ von einem jungen Hund acht/ und von einem Bären sechs Untzen: Aber von Vögeln/ als von dem Kranch/ von der Gantz/ Rebhun/ Lochtaub/ Turteltaub/ Amsel/ und Stahren kan er nach Nothturfft geätzt werden/ doch daß man darneben der Beinen/ des Haars und der Federn fleissig warnhme/ man muß aber den Habicht nicht ehe bewegen/ er habe dann den überbliebenen Wust von sich geworffen. Ein unerfahrner Weydman wird zu dieser Zeit den Vogel für kranck halten/ dieweil er etwas träger worden/ und einen Verdruß über der Speiß hat. Es wird aber sehr nütz seyn/ daß er die Federn/ Bein/ und das Haar sampt dem Fleisch esse/ dann weil diese Stück rauh und trucken sind/ nagen sie den schädlichen Rotz von dem Magen/ und ziehen es mit sich herauß/ daher dann der Habicht vor grossen Kranckheiten bewahret wird. Wie man den Habicht ätzen solle/ lehret er im 20. Cap. also: Den Habicht sol man vier Stund nachdem er auff der Hand getragen worden/ ätzen/ darnach auff seine Stange stellen biß daß er verdäuet hat. Die Stang sol von einem Lindenbaum seyn/ etliche loben die so auß Maßholter oder Sarbach (Opulus) gemacht ist/ sie sol auch durchauß gleich/ und weder zu klein noch zu groß seyn. Däuet er aber nicht wol/ so thu in einen jeden Bissen Fleisch zähme Pappelnblätter so noch jung und zart sind/ daß er dieselbe sampt dem Fleisch hinab schlucke. Dieses ist auch dem Habichen gut/ wann er seine Federn etwan verletzt hat. Zween Tag zuvor ehe du mit ihm auff die Jagt gehest/ zur Winterszeit/ gebe ihm Sesel und reine Aloen/ je nachdem der Vogel groß ist/ nemblich wann er groß ist/ einer Bonen groß/ ist er kleiner/ so groß als ein Erbs. Er sol auch mit einer Mauß/ gutem Baumöl/ oder Honig purgieret werden. Von dem/ was der Habicht meiden sol/ lehret er im 21. Cap. Ubelriechend Fleisch solt du ihm von keinem Thier geben/ dann es bringt ihm die Pestilentz und den Stein/ es fäulet ihn auch inwendig/ also/ daß er von Stund an stirbt: Gesaltzen Fleisch gebe ihm auch nicht/ dann wann dasselbige in ihm zergange/ tödtet es ihn auch. Dieses für sich selbst und allein gegeben/ verderbt ihm sein Eingeweid. Die Feiste von allerley Thieren sol dem Habicht nicht gegeben werden/ dann dieselbe hindert die Däuung/ und löset den Magen auff/ Oel ist dem Vogel auch zuwider/ von wegen des Saltzes so darunter vermischt ist. Dieses alles schreibt Demetrius. Den Raubvögeln/ spricht Tardivus/ sol man über ihre gewohnte Speiß unterweilen etwas von einem Halß oder Hüfften einer Hennen geben/ dann diese Speiß macht den Vogel groß.

Ji

groß. Das Eingeweid einer Hennen sampt den Federn gessen / machen dem Vogel einen weiten Mastdarm / trucknet auch die überflüssige Feuchtigkeiten auß. Kalt Fleisch ist ihm nit gut / wie auch Rind- oder Schweinenfleisch / und anders dergleichen unverdäuliches / sonderlich aber von denen Thiern so reisch oder in der Brunst sind / dann darvon stirbt zuweilen der Vogel / also / daß der Weydman seines Tods keine Ursach wissen kan. Hennenfleisch sol man ihm nicht geben / dann dieweil es kalt ist / so löset es ihm den Leib auff / und dieweil es süß und gut ist / darzu leichtlich gefunden wird / so wird der Vogel darnach begierig / und wann er hernach eine Henne siehet / wird er den Raub verlassen / und derselbigen nachfahren. Wenn du aber diesen Fehler am Vogel vermerckest / so speise ihn mit kleinen Vögelein / und mit Tauben so erst außfliegen / oder mit kleinen Schwalben. Alte Tauben / und Atzelfleisch ist bitter und schädlich. Kühfleisch schadet ihnen auch / dann es den Bauch erweichet mit seiner Last / wenn man aber Mangel halben dasselbe brauchen muß / sol man es vorhin mit lauem Wasser waschen / auch ein wenig darin liegen lassen / und darnach außtrucken / wenn es Winter ist; ist es aber Sommer / so sol man es kälten / doch sol man es nicht zu sehr außtrucken / dann das Wasser macht dz Fleisch schwer / uñ macht daß es desto besser durch die Käl hinab gehet / erweitert das Eingeweid / und treibet die dicke Feuchtigkeiten darauß. Nicht ein jegliches Fleisch / sondern das jenige so eine dicke Feuchtigkeit in sich hat / sol gewaschen werden / und dem Vogel nur zu der Zeit gegeben werden / wann man ihn purgiren und mager machen wil. Zu anderer Zeit aber sol man ihn mit guten und warmen Speisen ätzen / ohne Fett / Adern und Nerven. Wann du ihn aber ätzest / so laß ihn nicht zu begierig essen / sondern du must ihm die Speise nehmen / daß er darzwischen ein wenig ruhe / dann also wird er zum essen lustiger werden. Siehe aber zu daß er das Fleisch inzwischen nicht sehe / und mit stetem Zufliegen sich bemühe. Gib ihm auch kleine Vögelein zu ropffen / wie er auff dem Feld pflegt zu thun.

Den Habichten / spricht Tappius, dienet kein Aaß mehr als kleine gute Vögelein und Fleisch. Junge Tauben und Hüner an der Brust auffgeschnitten / entzwey gerissen / und warm gegeben / schmeckt ihnen auch nicht übel. Ich hab auch gesehen von etlichen Weydleuten wenn sie kein Fleisch oder Vogel haben könten / daß sie junge Hund / den Habichten zu essen gegeben. Das Hirn der Vögel ist ihnen auch gut / dann es ist lück und verdäuet sich wol. Das Marck auß den Beinen ist viel besser. Die Feiste auß den warmen Vögeln ist auch gar gut und gesund / und reiniget die Adern und Bein / stärckt darzu die Federn. Demetrius sagt daß ihnen alle Feiste schädlich sey. Das Eingeweid oder die Därm brauche nicht zur Speiß / sondern nur zur Artzney und Reinigung des Magens und Leibs. Die Zung schmeckt zwar dem Habicht sehr wol / aber sie ist ihm nicht so gut als andere Speiß. Das Hertz ist besser / wiewol Aristoteles, Plinius, und andere sagen / daß der Habicht der Vögel Hertz nicht esse / welches doch falsch ist / wie wir solches täglich vor Augen sehen / dann sie nichts liebers essen. Die Lung ob sie schon leicht verdauet wird / ist sie doch nicht gut. Die Leber lässet sich nicht wol verdauen. Die Nieren und der Miltz nutzen nichts. Des Huns Flügel warm abgerissen / ist besser als die Hüffte. Die kalte Hüfften kan man ihnen zwar geben / aber zuvor in Wasser wärmen / wie auch den Bauch und die Lenden / dann ohne Wasser gewärmet schadet es ihnen. Wann der Habicht offt das Blut von den Vögeln trincket / wird er starck und kühn darvon / darzu gantz begierig die Vögel zu fangen / rc. Man sol ihn auch vom Wasser nicht abhalten / wann er isset / auch die Flügel nicht zu hart zusammen binden / es sey dann Sach daß sie ihm zu sehr hangen. Man stelt ihn auch zuweilen in ein fliessend Wasserbächlein sich zu baden.

Von der Mausung und Verenderung der Federn der Raubvögel ins gemein.

Die Habichte mausen sich alle Jahr. Sie sollen aber im Mertzen oder Aprill in einen grossen Kefich / welcher sonderlich darzu gemacht / gesetzt werden / an einen warmen Orth / als nemblich zu einer Mauer gegen Mittag / dann so verwandelt er seine Federn im Augstmonath / im Anfang / in der Mitten / oder zu Ende desselbigen / doch mausen sich etliche gar nicht. Darzu sollen sie mit gutem Fleisch / bevorab mit Vögel und Eyern geätzt werden / daß sie fetter werden / und sich desto besser mausen. Etliche sprechẽ / daß darzu gut seyen Heyderen / Schildkrotten und Molcken. Etliche beropffen sie / damit ihnen desto ehe neue Federn wachsen. Aber ihrer viel sind bey meine Zeiten also verderbet worden / spricht Petrus Crescentiensis. Und Albertus sagt / daß man den Vogel in der Mausung von aller Mühe und Arbeit enthalten solle. Man sol ihm auch überflüssig zu essen geben / dann so offt ihn hungert / so viel Zeichen oder Brüch wird er an den Federn haben. Zu solcher Zeit ist den Vögeln auch nützlich und gut / daß man einen grünen Wasen außgrabe / und sie darauff stelle. Der mässige Sonnenschein ist ihm auch nützlich / aber allzu grosse Hitz schädlich. Zu dieser Zeit / spricht Belisarius, sol der Vogel mit warmen Speisen / das ist / lebendigen Vögeln gespeiset werden / an einem Orth welches ohne Frost und Wind / darzu ruhig und still sey. Und dieweil sie also eingeschlossen kein Bewegung haben / damit sie nicht in Müssiggang zu viel essen / und kranck werden / sol man sie einen Tag umb den andern / bald mit harter bald mit weicher Speiß ätzen. Wann sie aber

die

Von dem Habicht.

die Schwingfedern verendert haben/ sol man ihnen harte Speiß geben/ und zu Abend weiche Stücklein/ nur daß des Habichts Kropff von zerrissenen Vögelhälsen erfüllet werde. Welche aber unter ihnen zu fett und zu voll worden/ also/ daß sie die Speiß meiden/ die sol man mit Tauben/ so noch nicht gar gefedert sind/ ätzen: dann dieselbige schmecken ihnen besser/ und werden leichtlicher verdäuet. Hiervon schreibt auch weitläufftig Demetrius im ersten Buch/ im 15. Capit. also: Wann das Weidwerck ein End hat/ nemblich wann die Gänß/ Enten/ Kränch/ und andere Vögel hinweg fliegen/ so sol der Weidman stets hinauß gehen/ Raben und Krähen/ auch andere dergleichen Vögel fangen/ welche ihr Land nicht endern noch hinweg fliegen. Dieses sol er zu Ende des Aprils thun/ und sich also darmit zur Kurtzweil üben/ biß zu der Zeit wann man den Habicht einstellen sol. Darnach sol er ein groß/ oder zimlich Vogelhäußlein/ daß dem Vogel weit genug seye/ bereiten/ dessen Thür gegen der Sonnen Auffgang gerichtet seye. Dieses aber sol mit Gerten und nicht mit Glaßfensterlein vermacht seyn/ damit es genug Tag habe/ und der Vogel nicht hinauß fliegen könne: dann das Glaß bricht/ wann er darwider fliegt: und wann das Glaß zerbrochen/ so fliegt er darvon/ oder verletzt sich am Glaß und verdirbt. In der mitten im Vogelhauß sol ein Zwerchstange seyn darauff er stehe. Es sol auch alle Tag frisch Wasser in einem Geschirr hinein gethan werden: das Geschirr sol nicht zu tieff/ und nicht zu nieder seyn/ sondern breit und von rechter Tieffe/ damit der Habicht am Boden sein Brust nicht verletze/ oder die Federn so erst herfür wachsen/ abstosse oder verkehre/ wann er sich badet: dann sie bleiben hernach also wie sie anfangs gestaltet werden. Und also eingeschlossen sol er warm Fleisch/ oder das nur einen Tag zuvor geschlachtet ist/ essen. Du solt ihm auch einen Tag umb den andern Schweinenfleisch von einem Färcklein in das Vogelhauß geben: dann es ist ihm gut: deßgleichen auch einen Tag umb den andern Tauben/ Mäuß und junge Hund. Eine abgeworffene Schlangenhaut klein zerschnitten/ und unter das Fleisch vermischt/ ist auch gut/ befördert ihre Mausung und Verenderung. Ein anders: Nimm eine Schildkrotte welche an truckenen Orthen gefangen worden/ ziehe ihr die Schalen ab/ und leg sie rücklings dem Habicht für zu essen: dann derselben Fleisch und Safft ist ihm gut/ und fürdert die Mausung am gantzen Leib. Ohne dieses solt du an einem eingeschlossenen Habicht nichts versuchen: dann etliche unerfahrne ziehen ihnen die Federn mit grossem Schmertzen auß/ da doch viel besser ist/ man bringe nach der Natur durch die Nahrung zuwegen/ daß die Federn nach und nach ohn allen Schmertzen außfallen: ohne wann etliche im Schwantz gebrochen sind/ sol man dieselbe sanfft und allgemächlich außropffen/ und wol verhüten daß das Blut nicht hernach gehe: dann wann dasselbe herfür fliest/ so werden die Federn straubicht. Wann du aber einen gar zahmen Habicht haben wilt/ daß du nit viel Arbeit mit ihm haben müssest/ wann du ihn brauchen wilt/ so speiß ihn etliche Tag auß der Hand: darnach binde ihm das Fleisch an die Stange/ daß ers darvon nehme/ damit es nicht auff die Erde komme/ und also den Wust an sich fasse/ und dem Vogel schade. Wann er also gaätzt/ wird er zahm und abgerichtet bleiben/ und wann man ihn brauchen wil/ wird er so fertig seyn/ daß man nicht viel an ihm verbessern darff. Er sol aber/ nachdem er auß dem Vogelhauß genommen/ gleich wie die Wildfäng wiederumb gezähmet und abgerichtet werden. Nachdem er sich gemauset hat/ wird er schöner werden. Aber im ersten Jahr habe die Habicht eine grossen Schwantz/ im andern einen kleinern/ in den übrigen Jahren allzeit gleich/ also/ daß er weder wächst noch abnimmet. Andere sagen/ daß es nützlich seye/ daß die Vogelhäuser entweder von Mitternacht und Mittag/ oder von Morgen und Abend Fenster und Lufft haben/ damit der Vogel ziemliche Wärme habe. Die sollen auch so groß seyn/ daß man zwo oder drey Stangen darein machen könne/ auff welchen der Vogel sitzen und hin und her springen möge: dann die Bewegung dienet ihm sehr. Wann du den Habicht ätzen wilt daß ihm die Federn außfallen/ so purgiere ihn/ (wie unten sol gesagt werden) und blase ihm fleissig in seine Nasen/ damit in seiner Schlaffader gantz kein Wust bleibe. Nachdem er aber purgieret worden/ so speise ihn fünff Tag allein mit Rebhünern/ und stelle ihn in einer schönen Nacht unter den freyen Himmel/ also daß er nirgend keinen Rauch empfinde. Wann er nun von den Rebhünern satt worden/ so gib ihm Schweinenfleisch/ biß daß er gantz fett worden/ und die grösse Federn hinter den Schwingfedern fallen lässet: darnach ziehe ihm auch die übrige Federn auß/ außgenommen die Schwingfedern/ und etliche so darbey stehen. Ist es Sach daß er wol gemest ist/ so wird er die Federn ohn Schmertzen fallen lassen. Nachdem das geschehen/ so sprütze ihm mit dem Mund sauren Wein/ der zusammen zieht/ an den beropfften Orth damit das Blut nicht herauß fliesse: darnach stelle ihn etliche Tag auff die Stange/ hernach thu ihn in einen Kefich/ darein stelle ein rund Geschirr/ darin er bade welches drey Schuch breit/ und ein Spann lang seye: in diesem aber sol anfangs wenig Wasser seyn/ wenn der Vogel erst anhebt zu baden/ nemlich zween oder drey Finger hoch/ damit er allein trincken/ und nicht baden möge. Wenn du aber jetzt die Federn hübsch siehest herfür wachsen/ so fülle denn das Geschirr/ damit er sich auch bade. Man muß aber das Wasser alle Tag endern/ und das Geschirr sauber waschen: dann wann etwas von seinem Koth darein gefallen/ und der Vogel von diesem Wasser trinckt/ oder sich darin badet/ so kommt ihn alsobald die Strenge an und stirbt. Der Vogel sol dem Weidman von seiner Hand im Kefich gantz rein Fleisch essen/ und mehrentheils warm: dann wann er unrein Fleisch isset/ wächst ihm der Stein und verdirbt. Wann er aber nit von der Hand gespeist/ sondern das Fleisch (wie dann etliche thun) von der Stangen/ daran es angebunden/ isset/ so wird er gleich wild: und wann ein Mensch zu ihm kommt/ fleugt er in dem

Kefich

Kefich hin und her/ und verletzt sich/ und wird also gantz verwildet: und wann er denn fett ist/ fällt er leichtlich in eine Kranckheit. Wann der eingeschlossene Habicht die Federn gar langsam endert/ so gib ihm Speiß/ wie vorgesagt: demnach gibe ihm kein Wasser zu trincken/ nach sieben Tagen aber stelle ihm reine Laugen von Rebaschen für/ mit ein wenig Wasser vermischt. Etliche stellen ihm Meerwasser/ oder an statt desselbigen Saltzwasser für. Der Habicht trincke von dieser Laugen/ oder bade sich darin/ so wird ihm diese seinen Leib erweichen/ daß er seine Federn leichtlich endert. Trincket er aber davon/ so wird er am Stein nimmer kranck werden. Nach dem er sich aber jetzt gemauset hat/ so stelle ihm das reine Wasser wiederumb für. Ein anders: Zerstoß Keuschbaum-Saamen/ und weich denselben in süssem Wasser: und wann du es durchgesiegen hast/ so gib ihn einer Tauben zu trincken/ und laß sie noch über Nacht leben/ darnach wirff sie dem Habicht für zu zerreissen. Ein anders: Siede ein Heiderlein in einem neuen glasirten Hafen wol in Wasser: darnach zerreib es wol in einem Mörsel/ vermische es in einem andern Geschirr mit seiner Brühe/ warm Wasser daran geschütt; in diesem Wasser wasche den Habicht/ so wird er von Stund an seine Federn endern. Or der mische ihm stets unter seine Speiß Balsam-Safft (Opobalsamum) Zerschneide ein Heiderlein zu kleinen stücklein/ also/ daß der Vogel das Fleisch nicht in die Klauen fassen könne/ sondern allein mit dem Schnabel nehme: dann wann er es in die Klauen fasset/ so trieft ein Milchichte Feuchtigkeit darauß/ von welcher ihm seine Klauen zusammen gezogen und verletzt werden. Speiß ihn auch offt mit jungen Schwalben. Ehe dann du den Habicht einschliessest/ so strecke ihm seinen Kopff herfür/ und wasche ihm denselben mit Wasser/ darin Feigbonen gesotten seyen: darnach thu ihn erst in den Kefich/ in welchen du auch Sand und einen Biesemstein legen solt/ und ein rundes Tischlein darein stellen/ und ihm zehen Tag nach einander/ alle Tag/ ein junge Tauben geben. Mauset er sich langsam/ so gib ihm von einer zerstossenen Schlangenhaut mit dem Fleisch zu essen/ oder Milch nach dem Tranck. Im Augstmonath stell ihm alle Tag frisch Wasser für. Ehe dann du ihn auß dem Häußlein nehmest/ so gehe vorhin zehen Tag/ alle Tag zu ihm/ damit er nicht zu bald auß dem Kefich genommen/ hinweg fliege. Mancherley Gattung die Mausung zu befördern: Nimm grüne lebendige Heiderlein/ oder Mäuß/ oder Störcke/ oder eine Turteltaub/ und gib ihm dieselbe in der Speiß am dritten Tag: oder dörre grüne Heiderlein an der Sonnen/ mache sie zu Pulver/ und gib ihm dasselbe mit Schweinenfleisch vermischt zu essen. Wann er sich aber jetzt gemauset hat/ so behe ihm seine Federn drey Tag mit warmem Meerwasser/ oder mit starckem gewärmetem Essig. Oder wann du den Habicht auß dem Kefich nehmen wilt/ so spatziere mit ihm vor Tag: und stelle ihn/ ehe die Sonn auffgehet/ wiederumb auff seine Stange: am Abend aber trage ein Liecht hin und her umb ihn/ und trage ihn biß daß es Tag worden. Damit der Habicht (spricht Tardivus) sich auff der Hand mause/ desto ehe abgerichtet werde/ und die Menschen nicht scheue/ so ätze ihn auff der Hand mit mancherley Speisen/ die du stets endern solt; doch gib ihm mehrentheils die so ihm gut und nützlich sind. Morgens und Abends trage ihn. Zu warmer Zeit setze ihn in ein kalt Häußlein/ in welchem eine Stange seye/ auff welche er nach seinem Lust und Wolgefallen fliegen könne. Wann er aber auff der Hand unruhig ist/ so blaß ihm an seinen Schnabel/ Flügel/ und an den gantzen Leib: doch ist er selten unruhig/ ohne wann er sich anhebt zu mausen. Wann er nun dieses anhebt/ so schließ ihn in das obgenannte Häußlein/ und streue ihm unter grünen Wasen und Sand: stelle ihm in der Wochen einmahl Wasser für/ so wird er sich recht mausen und gut werden. Wann du aber wilt/ daß der Habicht ohn Fleisch essen sich mause/ so koche ihm einen Eyerdotter hart/ darnach kält denselben in Wasser: und wann du den Habicht mit ätzen wilt/ auff daß er desto leichter gewehnet werde/ so vermische ihm diesen Eyerdotter mit Blut von einer Hennen/ oder einem andern Vogel genommen. Sein mausen sol geschehen an einem verschlossenen Orth/ du kein Staub und Rauch seye/ dahin auch keine Hüner kommen können/ damit der Habicht die Läuß/ so ihnen abgefallen/ nicht bekomme. Der Orth sol auch gegen Mittag nicht offen stehen/ damit es ohn Wind und Regen seye: darein lege Sand/ und am dritten Tag frisch grün Kraut/ Weydenäst (und anders dergleichen welches kühlet) und stelle vor den Vogel ein Geschirr voll Wassers/ darin zu baden und zu trincken: und wann du ihn darein thun wilt/ so reinige ihn vorhin von den Läusen: wann du ihn aber wieder herauß nimmest/ so purgier ihn mit diesen Stücken/ welche unten von dieses Vogels Reinigung gesetzet sind. Den Schnabel sol man ihm auch spitzen und schmieren. Die Flaumfedern unter dem Halß und Hindern solt du ihm außropffen. In der Zeit der Mausung ätze ihn sieben Tag mit jungen Tauben sampt dem Blut/ die übrige drey Tag mit Fleisch/ so ein wenig in Harn gebeitzt ist. Damit er sich wol und bald mause/ sol man ihn mit Igelfleisch/ das Fett davon gethan/ ätzen: oder mische ihnen die Eicheln so die Schaaff am Halß unter den Ohren haben/ klein zerschnitten unter die Speiß: und mache daß er dieses esse/ entweder gern und von ihm selbst/ oder daß er mit List darzu gebracht werde. Wann er aber jetzt anfängt sich zu mausen/ so gib ihm solches nicht weiter/ damit er nicht etwan die neugewachsene Federn sampt den alten fallen lasse: oder gebe ihm für die obgenannte Eicheln/ Ratzenfleisch/ oder Schärmäußfleisch/ drey Tag/ mit Butter beschmieret. Demnach geb ihm ein Stücklein von einer Schlangen/ sampt der Haut/ nemlich drey kleine Stücklein zwischen dem Kopf und Schwantz. Damit ein jeder Vogel sich wol mause/ so ätze ihn mit junger Hunde Fleisch/ mit Speck geschmieret: doch nehme den jenigen Theil vom

Hund/

Von dem Habicht.

Hund/ welchen die Frantzosen Mulette nennen/ uñ geb ihm hernach dasselbe in Stücke zerschnitten: dann diese Speise ist nach seiner Natur/ und derhalben ihm sehr dienlich. Wann aber die Federn jetzt anfangen außzufallen/ so schmiere ihm das Fleisch/ damit er geätzt wird/ mit Leindotteröhl/ daß davon werden dickere und weichere Federn wachsen/ weil die truckene gern brechen. Nimm ihn aber nicht auß seinem Häußlein/ biß er sich wol gemausset hat. Wann aber magere/ truckene und kurtze Federn herfür wachsen/ und der Vogel nicht Feiste genug hat dieselbe zu ernehren/ so ätze ihn mit jungen Tauben/ und anderem warmen Fleisch. Wann etliche Federn nicht außfallen/ oder übel herfür kommen/ soll man dieselbe mit Lohröhl salben/ welches die alten außstösset/ und gute wachsen machet. Wann aber eine Kranckheit in der Maussung dem Vogel zufiele/ so soll man alle Artzneyen/ welche die Maussung befördern/ anstehen lassen/ biß daß er wiederumb gesund worden/ dann die Stück/ so die Maussung fördern/ sind sonsten ihrer Natur zuwider. Wann ein Raubvogel (ein Weiblein/ zur Zeit der Aenderung) Eyer in ihm hat/ im Häußlein oder anderswo/ so ist er kranck/ oder dörffte wol gar sterben. Welches bey diesem Zeichen erkennet wird. Der Hindern bläst sich auff/ und wird roth/ die Nase und die Augen sind auch aufgeblasen. So geb ihm nun als eine verhütende Artzeney/ nach dem Mertzen/ Operment einer Erbsen groß unter seiner Speiß zu essen: also wird er diese seine Begierd verlassen. Seine Speise sol auch acht oder zehen Tag/ mit dem Wasser/ so von den geschnittenen Reben fliesst/ gewaschen werden. Wann der Vogel nach seiner Maussung grösser worden/ uñ die Lufft oder Kälte fühlet/ erhitzet er sich durch das unruhige Bewegen/ daß zu besorgen ist/ er möchte sich nach dieser Wärme etwan erkalten/ und sterben. Darumb solt du ihn gehaubet gemächlich und ohn alle Hitz tragen: und dieweil er fetter und wilder worden ist/ damit er nicht entfliege/ so purgier ihn mit einem Kügelein Speck/ wie unten von seiner Purgierung gesagt wird. Du solt ihn aber mit Stücklein von Schaaffslungen ätzen/ welche so lang muß gewaschen werde/ biß daß aller Schweiß und alles Blut davon ist: dann also wird es den Vogel mager machen. Seine Stange schmiere ihm mit fettem Mist/ oder anderer Feiste/ damit sie schlüpfferig werde/ damit der Vogel/ wann er zu Nacht daran gebunden/ nicht steiff darauff stehen könne/ sondern stets herab falle/ und also nit schlaffen könne/ davon er mageret und zähmer werden wird. Siehe aber/ daß du ihn fleissig anbindest/ sonst wird er hinweg fliegen/ bevorab wann er zu fett/ und nicht genug purgieret und abgerichtet ist. Wann der Vogel nach seiner Maussung einen Verdruß über der Speiß hat/ so mache ihm den Lusten also: Aloen Citrinam zerstossen vermische mit rothem Köhl/ damit fülle ein Hünerdarm/ der unten verbunden seye/ den geb dem Habicht zu essen. Darnach trage ihn auff der Hand/ biß nach dem Mittag/ denn ätze ihn mit guter frischer Speiß: am folgenden Tag speise ihn mit einer Hennen/ über dieses stelle ihm Wasser für/ darinnen zu baden. Mit dieser Artzney/ von Aloes, werden auch die Würm von ihnen getrieben. Dieses alles schreibt Tardivus. Die Astures, (das ist/ die grosse Habichte) maussen sich gleich wie die Habichte/ wie Crescentiensis bezeuget. Ist der Habicht alt/ also/ daß er sich offt gemausset hat/ so laß ihn von Anfang deß Jenners sich maussen: ist er aber jung/ und ein Nestling desselbigen Jahrs/ so stelle ihn sich zu maussen von Anfang deß Heumonats/ und speise ihn mit lebendigen Vögeln/ wañ du sie haben kanst. Man soll ihm auch Näglun eingeben mit Fenchelsamen/ sampt dem Fleisch/ damit man ihn speiset. Er soll auch zu dieser Zeit an ein bequem Orth gestellet werden/ da er Platz gentg habe: Wann er denn nicht bald neue Federn bekemmet nach seiner Maussung/ soll man ihn vor den gesprengten Schlangen/ die am wenigsten Gifft haben/ und zu Teutsch Hüff genennt werde/ geben; diese Schlangen soll man mit Weitzen kochen/ mit dem Weitzen und Brühe eine Henne speisen/ und den Habicht mit derselbigen ätzen/ so wachsen ihm die Federn bald/ und aller Gebrechen/ den er im Leib hat/ gehet von ihm weg. Das neu Gefieder wird auch hievon sehr starck/ und der Vogel frisch und gesund. Man soll auch kleine Fischlein nehmen/ und dieselbe hart dörren/ daß man sie zu Pulver stossen könne: von solchem Pulver streue man auff das Fleisch/ damit man den Habicht speisen will. Wann man auch den Habicht mit Mäußfleisch speiset/ so mausset er sich gar bald. Deßgleichen wann man ihm von den Nieren oder Hertzen eines Schweins eingibt/ in Lämmerblut genetzt/ und sehr klein zerschnitten. Oder nimm das Pulver von einer grünen Heydexen: oder nimm Holderbeeren/ grab sie zu Herbstzeiten in die Erdt/ netze darnach Gersten mit diesem Safft/ und gebes den Hünern/ und mit derselben Fleisch ätze den Habicht: wann du ihm aber ander Fleisch gibst/ soll es in diesem Safft genetzet werden. Oder schneide Wasser-Egel klein/ und geb sie allein für sich selbst dem Habicht/ oder mit anderm Fleisch/ oder brenne sie zu Pulver/ und bestreue das Fleisch damit/ mit welchem du ihn speisest. Du kanst ihm auch lebendige oder klein gehackte Mäuß geben/ sagt Albertus.

Von der übrigen Chur und Pflegung der Habichte und Raubvögel: und wie man dieselbe abrichten und zum beitzen brauchen soll.

Das Federspiel oder Beitzen ist heutiges Tags allenthalben gemein: daher man sich zu verwundern hat/ daß es den Alten unbekandt gewesen: daß weder Aristoteles noch Plinius (so doch von den Geschlechten der Adler und Habichte geschrieben) dessen gedacht haben: wie auch gar keiner auß den alten Scribenten/ so noch vorhanden sind/ so viel ich weiß. Allein Julius Firmicus gedencket dessen im 5. Buch/ im 8. Capitel/ welcher zu der Zeit Constantini (der ein Sohn deß grossen Constantini gewesen) gelebt hat. Jedoch sagen Plinius und

Aristoteles, daß die junge Knaben in Thracia/ wann sie kleine Vögelein fangen wollen/ Habichte mit sich genommen/ und denselben herbey gerufen. Jagten also diese Vögel vor Zeiten ihnen selbst allein/ jetzt aber auch uns.

Der erste Meister dieser Kunst ist der König Daucus gewesen/ welcher die Natur der Habichte und Falcken erkennet: deßgleichen wie man sie abrichten/ und von ihren Kranckheiten heilen solle. Nach dem sind viel andere gewesen/ die mehr Raubvögel hinzu gethan haben. Der Habicht wird auch leichtlich abgerichtet/ sonderlich das Weiblein: dann das Männlein ist alkzeit etwas ungehorsamer.

Der Pfleger deß Habichts soll mit Fleiß verhüten/ daß er den Vogel nirgend verletze/ sondern wann er mercket/ daß er bereit ist/ und auff die Hand oder Stange wil/ so soll er ihn sänfftiglich anrühren/ und ihn auffheben/ wann er hanget/ und so viel ihm müglich ist/ seiner Sitten sich erkündigen/ und seinē Willen folgen: dazu ihn allzeit auff seiner Hand ätzen/ und ihn in keinem Ding widerstehen: dann dieser Vogel ist gar einer zornigen Natur. Wann er traurig ist/ soll er ihn nicht fliegen lassen/ er vermercke dann/ daß er einen Lust habe zu rauben/ sonderlich zu den Dolen und Hähern. Er soll ihn auch nicht zu weit lassen/ dann wann er den Vogel nicht erreichen kan/ wird er zornig/ und kommt zum offtern mal in seinem Zorn nicht wieder/ sondern bleibet auff einem Baum sitzen. Er soll ihn auch nicht zu viel bemühen/ viele Wachteln und andere dergleichen Vögel mit ihm zu fangen/ damit er ihn nicht beschädige oder erzürne/ sondern wann er die Vögel hat/ die er mit Lust gefangen/ so laß er sich begnügen/ und geb ihm auch vom Raub zu essen/ damit er mercke/ daß seine Arbeit ihm auch zu Nutz komme/ und hernach zu derselbigen desto williger seye.

Die Habichte werden wol abgerichtet/ wann sie stets auff der Hand getragen werden/ sonderlich frühe in der Morgenröthe/ und unter vielen Leuthen/ oder in dem Gethöß der Mühlen/ Schmitten und dergleichen. Die Nestling und Aestling (dann die andern sind von Natur wild genug) werden also abgerichtet: Der Habicht sol umb die neundte Stund mit guter Speiß geätzt/ und am folgenden Tag an einem dunckeln Ort wiederumb biß umb die neunte Stund gehalten werden. Darnach trage ihn auß zu jagen: und laß ihn anfangs nicht zu den Aetzeln/ Dohlen und Rebhünern/ dann sie sind ihm zu starck: und wann er sie nicht überwinden kan/ wird seine Kühnheit geschwächt. Laß ihn aber zu den Wachteln/ Krammetsvögeln und Amseln. Wilt du aber/ daß er die Dohlen angreiffe/ so nimm einen solchen Vogel/ und ziehe ihm viel Schwingfedern auß/ wirff sie in einem Graben dem Habicht für/ und laß ihn darauff fallen. Dieses alles schreibt Crescentiensis. Der wilde Habicht wird viel eher abgerichtet/ wann man ihn wol hungern läßt. Und wann er jung ist/ sol man ihn an einem solchen Orth haben/ da es weder zu warm noch zu kalt seye/ und an dem Ort/ da er stehet/ sol er auch allezeit Salbeyen und Bachmüntz haben. Man soll ihm auch Weiden oder Weidenlaub unterstreuen/ und ihn auff eine Weiden oder Tannen Stangen stellen/ wie Albertus lehret. Welcher ferner spricht: wann du mit dem Habicht oder Sperber auff das Weydwerck gehen wilt/ so sehe erstlich/ daß derselbe zu der Hand wol abgerichtet seye. Du kanst ihn aber also abrichten: Erstlich solt du ihn Tag und Nacht schuhen mit starcken Riemen/ die sehr lang seyen/ damit du ihn könnest von dir fliegen lassen/ und wiederumb zur Hand bringen/ und so offt er dir zur Hand geflogen/ soltu allzeit ihm etwas Speiß geben. Wan du ihn aber auff einen Raub wilt außfliegen lassen/ so nimm eine Taube/ die an den Flügeln wohl beropfft seye/ dieselbe werff ihm für/ doch also/ daß sie ihm etlichmal entgehen/ und er sie allzeit wiederumb fangen möge: und verwechsele ihm hernach dieselbe unter der Hand gegen eine andere/ die besser fliegen könne/ und werffe ihm an statt kleiner und schwacher Vögel/ stärckere und grössere für/ wie wir auch in Beschreibung der Falcken berichten wollen: daß mit dieser Abrichtung der Raubvögel hat es eine gleiche Bewandtnuß. So offt aber der Habicht einen Vogel ergreifft/ so geb ihm deß Bluts davon ein wenig zu trincken/ mit Zulocken und Pfeiffen/ und in Beyseyn der Hunde/ dann also wird er kühn und muthig. Wann du ihn aber wilt wider wilde Vögel außfliegen lassen/ so speise ihn zuvor mit zartem Rindsfleisch/ oder mit einer Schweinē Zungen/ welche in Essig oder Harn ein wenig gebeitzet seye/ und den folgenden Morgen frühe trage ihn hinauß auff das Weidwerck. Du solt auch sonderlich gute Acht haben/ daß du den Habicht nicht anders außlässest/ als dem Raub gerad unter Augen oder entgegen/ damit er denselben bald ersehe/ und nicht von fernem auff ihn schiesse. Es wollen aber etliche/ wann man das Fleisch/ wie obgesagt/ also im Harn gebeitzet/ daß man ihn damit deß Morgens und Abends ein wenig speise/ den andern Morgen aber ihm von einer Schweinen Zungen gebe/ und ihn deß Abends außtrage an ein solchen Orth/ da viel Vögel sitzen/ daß er davon kühn werde/ also daß er sich auch unterstehe groß Gevögel zu stossen. Wann du aber vermerckest/ daß der Habicht den Raub siehet/ seiner aber nicht begehret/ das ist ein Zeichen/ daß er zu fett ist/ und ihm die Federn gantz schmaltzig sind von Feiste/ und das geschicht leichlich/ wann man ihm mit guter Speiß zu fleissig wartet/ und ihn zu sehr mestet. Darumb solt du ihm an der Speiß etwas abbrechen/ damit er auß Hunger einen guten natürlichen Lust überkomme zu der Speiß/ und deß Raubs also begieriger werde/ daß er auch die grosse Vögel nieder stosse. Wie du aber alsdann merckest/ daß er wil in der Speiß gehalten werden/ also soltu ihn hernach stets halten. Wann er dann zu fett ist/ so nimm Aloe/ zerstoß sie wol mit Poleykraut/ und gebs ihm/ doch habe gute Acht/ daß er nit zu mager werde/ damit er nit seinen Muth und Kühnheit verliehre. Also kan man den Habicht vom Augstmonat an biß in den Wintermonat halten/ daß er mittelmässig fett bleibe: aber vom Winter

Von dem Habicht.

Monath an sol er fetter und stärcker gehalten werden. Des Tags sol man den Habicht auff der Faust lang herumb tragen: und umb die dritte Stund gebe man ihm ein Hünerkölblein: hernach stelle man ihm eine Stund lang Wasser für/ sich darinn zu baden: darauff stelle man ihn an die Sonne/ daß er sich wol lause/ und die Federn mit dem Schnabel wiederumb zu recht lege: darnach setze man ihn an einen dunckelen Orth: Die Stang/ darauff er gestellet wird/ sol auch mit leinem Tuch wol überzogen seyn/ damit er die Klauen nit abschleiffe: von dem Abend an sol man ihn wiederumb auff der Faust tragen biß in die Nacht/ da setze man ihm denn eine brennende Kertze oder Liecht für/ und lasse dasselbe also vor ihm die gantze Nacht brennen/ deß Morgens frühe besprenge man ihn mit gutem kräfftigen Wein/ setze ihn denn zu einem hellen Feuerlein/ das nicht rauche. Wann der Tag anbricht/ kanst du mit ihm hinauß gehen auff das Weydwerck/ wann du dann vermerckest/ daß er deß Raubs begierig/ so werff ihn auff: ist er aber nicht lustig darzu/ so thu ihm wie obgemeldt. Wann er denn etwas vom Raub ereylet und fängt/ so solt du ihn davon ätzen/ so viel ihm gelüstet zu essen. Wann ein Raubvogel (spricht Tardivus) welcher neulich gefangen worden/ so starck ist/ daß er stehen kan/ so stelle ihn auff ein Stange/ damit er seine Schwingfedern desto besser regen und außbreiten könne/ und dieselbe nicht auff der Erd verletze. Du solt ihm aber Attickkraut unterstreuen/ als welches die Krafft hat zu wärmen/ und den Kranckheiten der Nieren und Geleiche zu widerstehen. Du solt ihn auch mehren theils mit lebendigem Fleisch ätzen/ dann also werden ihm schöne Federn wachsen. Wann aber der Vogel zart gefangen/ und ein kalte Statt gestellet wird/ wird er kranck an seinen Lenden werde/ er wird auch kaum sich erhalten können/ sondern gar leicht sterben. Weiter lehret Tardivus, wie man den Vogel tragen/ anschauen/ und zu den Hunden gewohnen soll. Der Vogel wird besser auff der rechten/ als auff der lincken Hand getragen/ dann mit der rechten wird er leichter auffgeworffen/ und fliegt also leichter und schneller von derselben. Wann man auff ein Pferdt oder absitzen wil/ so ist der Vogel auch allzeit sicherer auff der obgemelten Hand. Wann er auff der Hand unruhig ist und fliegt/ so stelle ihn sanfft nieder/ damit er dich lerne freundlich erkennen und lieben. Wann du ihm die Reuschhaube abnimmest/ so siehe ihm nicht in die Augen/ und wann du mit ihm reitest/ so verhüte fleissig/ daß du ihn nicht/ sonderlich an Wänden oder Thüren anstossest/ welches dann bald geschehen/ wann er etwa an selbigen Orthen flüge oder unruhig wäre. Rauch und Staub solt du nirgend bey ihm leiden. Sihe/ daß er der Hunde gewohne/ ihnen nachfliege/ und sie nicht scheue/ derowegen verschaffe/ daß sie vor und umb ihn seyen/ indem er geätzt wird. Du solt ihm auch alle Stück/ so zum Weydwerck gehörig/ zu sehen fürhencken/ daß er derselbigen gewohne. Der Vogel henckt auch zuweilen seine Flügel/ wann man nemlich ihn erst anfängt zu tragen/ und auff die Stange zu stellen/ und wird durch zu viel Unruhe und Bewegung erwärmet/ uñ erkältet sich darnach wiederumb/ derohalben binde ihn über das Wasser/ also/ daß er darinn gehen müsse/ damit er sich erschwinge/ uñ also seine Federn schlichte uñ zu recht lege/ darnach stelle ihn an die Sonne oder zu dem Feuer/ uñ verschaffe daß er warm bleibe und nit erkalte/ oder schütte ihm 3. Tag nach einander Harn über seine Flügel hinab/ so wird er sie zu recht legen. Damit aber der Vogel deß Luders gewohne/ uñ recht steige/ so soltu den Vogel (spricht Tardivus) nit entledigen/ biß daß er zur Hand fliege/ uñ davon zu essen gewohnt ist/ denn so laß ihn von der Hand fliegen/ und damit er nit entfliege/ so sprütze ihm ein wenig Wein in die Augē/ uñ wañ du schlaffen gehē wilt/ so stelle ihn auf eine Stange nahe zu dir/ mit einer brennendē Kertzen. Darnach haube ihn vor Tag uñ stelle ihn auf deine Hand. Und also halt ihn/ biß daß er deß Luders gewohnt ist/ und die Menschen nit mehr förchte. Darnach lehre ihn den Raub angreiffen/ und die Klauen sanfft darauß ziehen/ damit sie nit brechen. Sihe dabey zu/ daß er nit/ wann er dir zur Hand flieget/ auff die Erd falle/ sondern stets auff die Hand wiederumb kōme: und wann er auffgesessen/ so werff das Luder mitten unter die Leuthe/ daß er/ indem er demselbē nachfähret/ der Leuthe gewohne/ ihnen nachfolge/ und nicht von ihnen fliege. Und wann er von der Hand geflogen/ so locke ihm fleissig wiederumb/ damit er das Luder liebe/ dañ wo er dasselbige nit liebet/ ob er gleich sonst gut ist/ wird er doch nicht gelobt. Wann du den Vogel bey den Wassern oder sonst unwegsamen Orthen fliegen lässest/ da du ihm nicht nachkomen kanst/ so wird er mehren theils verlohren. Sein erster Raub sol ein Wachtel oder Rebhun seyn/ darnach ein Hase/ zuletzt grosse Vögel. Man sol sie auch nach Lust von dem Raub ätzē/ sonderlich wañ derselbe groß ist. Zu einē glücklichē Weidwerck muß man einen fleissigen uñ geschicktē Weidmann haben. Die Raubvögel müssen sich freundlich zusamen gesellē/ dazu muß der Ort viel Vögel/ so leicht zu rauben seyen/ haben. Zur Winter=Zeit (spricht Belisarius) müssen die Vögel mehr Speiß haben: sie sind auch alsdañ nit reisch. Dañ es begibt sich offt/ daß im Meyen die Habichte den Weyhen nachfliegen/ und also wie die Wildfäng zu ihren Herren nit mehr komen: dann wir haben offt gesehen/ daß sie in den Lüfften verloren worden. Im Anfang deß Frühlings sol man insonderheit das Federspiel oder Beitzen üben: dann man kan den gantzen Tag dasselbige treiben/ wegen der guten Lufft.

Wie man die Habichte fangen / und wie man sie ätzen und zähmen soll/ auß dem 7. Cap. deß ersten Buchs Demetrii.

Die erste Zeit Habichte zu fangen ist vor dem 25. Tag deß Brachmonats/ biß zu Außgang deß Heumonats. Doch rede ich von den kleinen/ welche auß dem Nest genommen werden/ dann die jenige/ welche von ihren Eltern zum Raub abgerichtet sind/ fängt man biß zu Ende deß August=Monats. Man muß aber die gefangene in ein dunckeles Häußlein ein-

einschliessen/also / daß sie sanfft auff der Stangen stehen: Man soll sie auch deß Tags ein wenig gemächlich auff der Hand tragen / nemlich frühe am Tag/und deß Abends wiederumb. Sie sollen auch allein zur kühlen Zeit in den Sommertagen getragen werden. Dann die jenige / welche viel und stets in warmer Lufft getragen werden / wann sie fliegen/und dem Weydman an der Hand hangen/werden sie sehr hitzig/und entzünden ihre Lungen/daher sie nicht lang leben / und sind eine kleine Zeit nütz zum Weydwerck / da doch der Weydmann kein Zeichen deß Todts an ihnen sihet. Darnach binde ihm Riemen an seine Füß / die fünffzehen Zoll lang seyen/schwartz gefärbet/und nicht roth/wegen der Adler: welche / wann sie von weitem die rothe Farb sehen/vermeynen sie / es seye frisch Fleisch/ darumb fallen sie auff den Vogel / und tragen ihn also hinweg. Weiter sollen sie vornen auff dem lincken Arm/also/daß die Klauen einwerts gebogen seyen/getragen werden / und nicht vornen auff der Hand/ oder auff dem Daumen: weil man sie also nicht starck auffwerffen kan / und sie daher nicht so starck auff den Raub fallen können. Er wird aber wol und leichtlich abgerichtet / wann man ihm mit dem Mund pfeiffet/ und ihn streichelt und lieblich anredet. Dann dieser Vogel hat einen sonderlichen Verstand/und / so viel sein Natur antrifft / Gedächtnuß genug: daher er seiner Natur leichtlich vergisset/ bald gewohnet / und behält die Gewohnheit sein lebenlang. Der Rauch schadet ihnen/darumb sol man sie nicht zu nahe bey das Feuer oder Liecht tragen: wiewol das Liecht in der Finsternuß ihre wilde und ungezähmte Natur etwas mildert und benimmt. Die Stange/ darauff sie stehen sollen/sol nicht zu dick und nicht zu dünn/ darzu nicht ungleich seyn/sondern also / daß sie dieselbe mit ihren Klauen völlig umbfassen können. Der Riemen/mit dem sie an die Stange gebunden werden/ sol etwas lang seyn / damit sie darvon und wiederumb darauff fliegen können: dann wann derselbe zu kurtz ist/stossen sie sich offt an die Stange/ und verderben sich. Wann viel Habichte auff eine Stange gestellet werden/ sollen die Riemen allezeit zwantzig Zoll weit von einander gebunden seyn/ auff daß sie nicht/ wann sie einander berühren können/einander mit den Klauen umbbringen. Dann wann sie einmahl deß Weydwercks gewohnet/und den Raub versucht haben / und hernach hungerig sind / verschonen sie auch ihres Geschlechts nicht. Man soll sie alle Tag am Morgen früh ätzen/und zwar mit frischer Speiß / aber nicht mit einerley / damit sie keinen Verdruß darüber bekommen/ sondern man soll sie täglich ändern/wann es anders seyn kan: dann also wird dem Vogel der Lust zum essen behalten / und verdauet auch desto besser. Man muß ihnen auch süß Wasser zu baden / auß frischen Brunnen oder fliessenden Wassern fürstellen/am dritten oder vierdten Tag/damit sie ihre Schwingfedern von allem Wust reinigen / und desto fertiger zum Flug seyen. Hierauff soll man ihm nach etlich wenig Tagen etwas an der gewönlichen Speiß abbrechen/und gewehnen/daß er herzu fliege/wann man ihm locket. Und erstlich soll er lernen/einem/der nahe bey ihm stehet/ ihm locket/ und das Fleisch hat/zur Hand fliegen. Wann er nun dieses genug gelernet hat / so nehme ein dünn Seil/zwantzig Ellen lang/und binde es mit einem Eisernen Kettlein / welches ein zart Ringlein hat/ dem Vogel an die Füß: das eine Theil am Seil laß dem Vogel frey zu fliegen / das andere Theil halte sampt einem Stücklein Fleisch in deiner lincken Hand. An der Hand aber solt du einen starcken ledernen Handschuch haben/damit dich die Klauen nicht verletzen. Und wann der Habicht jetzt fliegt/ so solt du die lincke Hand allgemach auffheben / und ihm das Fleisch zeigen / darzu ihn mit grossem Geschrey/Pfeiffen und Locken zu dir ruffen / und ihn reitzen/daß er bald zu dir fliege. Wann er aber gäntzlich hinweg fliegen wil/ kanst du ihn leichtlich mit dem Seil wiederumb zu dir ziehen. Wann er nun also fleissig abgerichtet worden / wird er hernach/wann du ihm ruffest/ auch wiederumb zu dir kommen. Wann er dir aber auff der Hand stehet/ so laß ihn zwey oder dreymahl das Fleisch versuchen. Darnach / damit er der Speiß wiederumb eingedenck seye/ so ziehe ihm dieselbe mit Listen auß den Klauen/also / daß du ihm weder die Füß noch Klauen / darzu auch dein Hand nicht verletzest. Dann er verwundet mit seinen Klauen / gleichwie mit einem Schwerdt. Darumb solt du mit dem Kleid das Fleisch in seinen Klauen bedecken / und dasselbe nach und nach mit den Fingern der rechten Hand herfür ziehen/ und es mit dem lincken Daumen außschlagen. Und wann du es mit der rechten Hand herfür gezogen hast / so lege es auff deine lincke Achsel. Etliche binden den Habicht an ein Orth/ stehen von weitem/und locken ihm/ welches doch dem Vogel gantz schädlich und gefährlich ist. Dann dieweil er starck gegen dem Weydmann fliegt/ und etwa an einem Stein / Gebüsch oder Kraut behanget/fällt er offt zu Boden/ und stirbt: oder ob er schon darvon kommt / vermeynt er doch auß böser Gewohnheit in diesem Flug allzeit sicher zu seyn/biß daß er hernach übel verletzt wird. Wann er nun an deß Weydmanns Stimm wol gewehnet ist/und zu seiner Hand fliegt / auch seiner wilden Natur gantz vergessen / so soll man alsdann die Schnur dem Vogel abbinden / und dieselbe an einen hohen Baum hencken / und den Vogel gewehnen/ daß er auff die Stimme von Stund an herzu fliege. Zu letzt / wann er auch dieses fleissig gethan hat/kan man mit ihm zu jagen anfangen. Erstlich/ wider die kleine Vögel/als da sind Tolen/ Krähen/ und dergleichen. Dann wann er sich an denselben geübet und tapffer worden ist / wird er hernach die grossen desto muthiger angreiffen.

Wie man die Habichte zum Jagen abrichten/und ihnen darinn behülfflich seyn solle/auß dem 8. Cap. deß 1. Buchs Demetrii.

Am dritten Tag zuvor / ehe du auff das Weydwerck gehest / solt du den Habicht ein wenig

Von dem Habicht.

wenig ätzen/ und solt ihn den gantzen Tag auff der Hand tragen: am andern Tag soltu ihm wegen deß Rotzes so sich in ihm gesamblet/ gar wenig Speiß geben/ nemblich einer Haselnuß groß/ und solt ihn auch gemächlich bey nahe den gantzen Tag auff der Hand tragen. Die folgende Nacht laß ihn ruhiglich schlaffen. Darnach am folgenden Tag/ vor Auffgang der Sonnen/ wann du Gott angeruffen hast/ daß er zu deinem Jagen Glück gebe/ so gehe mit dem Habicht tapffer an den Streit wider die Vögel. Wann du nun etwas weit vor die Statt hinauß kommen/ den Habicht abgebunden/ und die Wurffriemen zusammen umb die lincke Hand gewunden hast/ so siehe allenthalben umb dich/ ob du fliegende Vögel sehest. Und wann du einen bequemen Orth ihnen nachzustellen bekommen hast/ so halt die rechte Hand dem Habicht für; und thue als ob du anderswohin sehest/ also/ daß er dein Absehen nicht mercke/ und gehe allgemach an den vorgenommenen Orth; und wann du dahinkommen bist/ so lauffe schnell herzu und jage die Vögel auff/ und werff den Habicht starck auff/ und vermahne ihn mit lauter Stimm/ daß er die Vögel/ als ein Feind angreiffe. Darnach lauff du ihm schnell nach/ und helff ihm bey zeiten/ ehe dann er Schaden leide: Dann wann die Vögel/ so eines Geschlechts sind mit dem welcher gefangen worden/ als da sind die Kränch und Gänse/ (dann die fliegen insonderheit Schaarweiß) den Habicht allein und ohn deine Hülff sehen/ verderben sie dir denselben. Du seyest gleich weit/ oder gar nicht vorhanden/ so wollen sie doch fleissig ihrem Geschlecht beystehen und helffen: derhalben verwunden sie den Habicht/ umbgeben ihn allenthalben/ und ropffen ihm die Federn auß/ ziehen ihn mit den Schnäbeln herumb/ biß daß er den gefangenen entweder fahren läst/ oder mit demselbigen zu grunde gehet. Darumb gehe du allgemach herzu/ und vertreib die Schaar der wilden Vögel. Darnach fange den Vogel/ und wann du auff die Erde gesessen/ so hebe dem Habicht mit dem einen Fuß die Schwantzfedern auff/ damit keine darvon zerbrochen werde: dann die Natur hat ihm dieselbige darumb gegeben/ daß er sich damit/ als mit einem Steuer-Ruder in den Lüfften regiere und leite. Darnach wann du das Messer/ so du an der lincken Seite (zu diesem Gebrauch) tragen solt/ außgezogen hast/ so schneide damit erstlich dem Vogel die Käle ab/ und laß den Habicht das Blut also warm darauß trincken: ätz ihn auch mit dem Fleisch/ das umb den Halß stehet: darnach mit dem Hirn/ Hertzen/ Leber und Bauch. Hierauff nehme den gefangenen Vogel bey den Füssen/ und entziehe heimlich und mit List das Fleisch/ also/ daß der Vogel die List nicht mercke. Und also rüste dich auff ein neues zu jagen: darzu der Vogel sonsten nicht mehr nutz wäre/ wann er vom ersten Raub sich ersättiget hätte. Darumb solt du ihm auch seine Füß mit dem Blut deß gefangenen Vogels bestreichen/ damit er desto ehe einen andern zufangen gedencke. Dann der Habicht hat gar ein gut Gedächtnüß: er kan sich auch

in die gegenwärtige Sache fein schicken/ und weiß die Schmach von der Schmeicheley und Liebkosen wohl zu unterscheiden. Nachdem aber nun der Habicht zum dritten oder vierten mahl auffgeworffen/ und dem Raub nachgefahren ist/ soll man ihn darnach nicht mehr fahren lassen/ wie geneigt und begierig er auch seye/ und ob er dir schon stets von der Hand fliegt/ damit er nicht in einem Tag müd werde/ und hernach ein lange Zeit dir nichts mehr nütze: dann durch die Ruhe erholet er sich wieder/ aber von zu viel Arbeit fällt er offt in grosse Kranckheit. Es sind aber viel Ursachen/ umb welcher willen der Habicht zuweilen deß Raubs fehlet/ und vergebens aufffliegt: als nemlich/ wann er im schnellen Flug einen Adler ersehen hat/ dann da wil er auß Furcht deß stärckern Vogels sich selbst ehe bey dem Leben erhalten/ als dem Raub nachfahren. Deßgleichen wann er auffgeworffen/ und unversehens seine Lenden etwan davon verletzt worden. Zuweilen verwirret er sich im Wurff Riemen/ und auß vielen andern dergleichen Ursachen wird er verhindert vom Raub/ welches ein fleissiger Weydmann auß steter übung wol wird erlernen.

Wann du nun den Vogel einen Tag wiederumb zurecht gebracht hast/ oder aufs längste zween Tag/ so halt ihn an deine Brust/ schmeichele ihm mit lieblichen Worten/ uñ sprich ihm zu als einem edlen hochmüthigen Vogel/ der von seinem Sieg durch ein Unglück verhindert worden: dann dieses Thier erkennet auß deß Menschen Geberden/ das Lob und die Schmach/ darzu sein Gemüth und Willen.

Wann nun der Habicht nach dieser Ruhe wieder fertig ist zu jagen/ und von dem vorigen Unfall nichts desto trauriger worden/ so ist die Sach gut: wann er aber zum fliegen mehr auß Noth gezwungen/ als von ihm selbst geneigt ist/ wegen der vorigen Abmattung/ so ätze ihn von Stund an wohl/ und laß ihn ein Zeitlang allein ruhen: und wann du heim kommest/ so halt ihn also/ wie wir an seinem Orth unter den Artzneyen dieses Vogels lehren wollen. Wann er aber/ nachdem er deß Raubs gefehlet/ alsobald traurig auff einen Baum sitzt/ soll man ihm auff vorbeschriebene Weise herab ruffen. Wann er aber den Ruffenden nicht geschwind hören wil/ entweder weil er von Natur hartnäckig und ungehorsam ist/ oder daß es ihn verdriest/ weil er umbsonst außgefahren/ oder sonsten von dir etwas Schmach erlitten (dann hierdurch wird dieser Vogel zum Haß gereitzet) und also eine gute Weil auff dem Baum sitzet/ und dich mit dem Fleisch/ welches du vor ihm trägest/ wohl siehet/ aber nicht herab fliegt/ so binde alsdañ das Fleisch an ein Schnürlein/ und binde das Schnürlein an einen Stein oder Holtz/ daß ers nit wegtragen könne/ und gehe von ihm. Dann wann er dich nit siehet/ wird er allgemach auff das Fleisch fliegen/ uñ also wiederumb gefangen werden. Und wann diese Gewonheit/ als eine andere Natur/ in diesem Vogel stecket/ solt du ihn vom Federspiel oder Beitzen abthun/ und allein Fasel davon zu ziehen/behalten/welches dann viel besser ist von ihm zu erwarten/ als so viel Verdrießligkeit mit dem Vogel außzustehen. Wann der Vogel auff der Stangen oder auff der Hand sehr unruhig ist/ so siede Myrrhen oder Heide in Wasser/ und bespreng ihn damit/ netze ihm auch seine Speiß neun mahl in solcher Brühe/ wie Albertus lehrt.

Wie man den Habicht halten/ ätzen/ und mit ihm sampt den Hunden Rebhüner fangen solle/ auß dem 194. und 195. Cap. Demetrii.

Wann der Habicht genug abgerichtet und geübet ist/ und nun anfänget seines Pflegers Stimm und Pfeiffen zu erkennen/ also/ daß wan derselbe ihn einmahl angeredet/ er entweder alsobald außfliege/ oder zur Hand komme/ und die darinnen gezeigte Speiß nehme. Kurz/ wann er zum Federspiel gänzlich abgerichtet und geschickt ist/ so solt du ihn einen Tag vor der Jagt mit Geiß- oder Schaaffleisch ätzen/ oder von einem reinen Grillen/ (doch weder mit Nerven noch mit Feiste) so noch frisch seye/ gebe ihm aber dessen nicht genug/ sondern daß er nur halb satt werde. Wann man aber frisch und allererst geschlachtet warm Fleisch nit haben kan/ so brauche man kaltes/ doch vom selbigē Tag. Wann aber das Thier am vorigen Tag geschlachtet worden/ so soll man ihm das Fleisch nicht kalt geben/ sondern wiederumb gewärmet/ bevorab wann es eine kalte Zeit ist. Darumb werff ihm zu Winterszeit das Fleisch in ein law Wasser/ und reinige es wohl von dem Wust/ so sich aussen daran gesetzt: darnach nehme es herauß/ und geb es dem Habicht zu essen: Wann du aber kein laulicht Wasser haben kanst/ so wende das Fleisch in den Händen herumb bey dem Feuer/ daß es warm aber doch nicht trocken werde. Hastu aber weder lau Wasser noch Feuer/ so netze das Fleisch in reinem Blut/ und lege es unter die Achsel/ also/ daß das Tüchlein/ darin die Speiß gewunden ist/ nicht die blosse Haut berühre/ sondern über dem Hembd seye/ damit sich nicht der Geruch von deß Menschen Leib hinein ziehe/ und es seine Krafft/ die es in sich hat/ verliehre/ und über das dem Habicht schädlich seye. Mit diesem gewärmeten Fleisch solt du den Habicht ätzen. Wann er aber geätzt ist/ so stell ihn an sein gewöhnlich Orth/ und laß ihn biß auff die achte oder neundte Stunde stehen: hernach stelle ihn auff die lincke Hand/ und hebe ihn auff und nieder mit Pfeiffen/ streiche ihn auch inzwischen hinden und vornen/ und liebkose ihm; und trage ihn also biß auff den Abend. Dieses ist sehr nützlich/ und reizet den Vogel zum jagen/ es fördert auch/ daß er seinen Bauch entledige/ und machet ihn lustig zu essen. Zu Abend stelle ihn an seinen Orth/ biß an den Morgen früh/ und trage ihn wiederumb wann du auffgestanden bist/ und zwar bey einem Liecht so von Wachß oder Unschlit gemacht seye/ doch vermeyde allen Rauch. Du solt auch stets darbey pfeiffen/ und ihn streicheln/ damit er dir zahm werde/ und dich liebe: dann das Tragen auff der Hand/ das Pfeiffen und Streicheln machet ihn zahm.

Es soll aber bey ihm ein Jagt-Hündlein stehen/ in dem er isset und auff und nieder getragen wird/ damit sie also beyeinander gewohnen: Und wann es noth ist/ daß der Habicht auff den Hund als auff seinen Gesellen sehe/ und ihn nicht als einen Feind fliehe. Darnach gehe bey der Morgenröthe auff die Jagt mit dem Vogel/ und suche einen Orth auß/ der nicht zu eben/ auch nicht voller Hügel seye/ sondern durch welchen ein Bächlein fliesse/ darzu voll Gesträuch seye/ welches nicht nahe beyeinander/ sondern etwas weit voneinander stehe/ das auch nicht uneben seye/ und bald auff/ bald nieder gehe. Dann an diesen Orthen wohnen die Vögern/ denen der Habicht nachstellet: dieses gibt ihnen auch eine Zuflucht. Der Habicht aber wird mit seinem stetigen auff- und niederfliegen sehr müd und kleinmüthig/ darzu auch faul und träg/ und hat der Weidmann auch keine Ehr darvon. Wann du aber einen bequemen Orth außgesuchet hast/ so sitze (ehe dich die Rebhüner sehen) nieder auff den Boden/ und mercke auff der Rebhüner Gesang: dann die singen mehrentheils am Morgen frühe lieblich unnd hell. Diese Stimme brauche du auch/ und mache dich inzwischen so nahe an dasselbige Orth/ als du kanst/ und spreche immerfort ea, ea, ea: dann diese Stimme machet/ daß die Rebhüner ihre Köpff nieder halten/ und nicht ehe aufffliege/ biß sie denselbigen/ der diese Stimme braucht/ ersehen haben. Wann du nun näher herzu kommen bist/ so wiederhole stets leise die Stimm/ ea, ea, ea: und habe darzwischen ein fleissig Auffsehen/ daß nicht etwann die Rebhüner nach und nach auß ihrem Stand streichen/ und du und deine Gehülffen dieselbe hernach lang wiederumb suchen müssest.

Wann nun dieses alles ordentlich geschehen/ von dem/ der die Rebhüner stillet und auffhält/ so solt du/ der du mit einem Gesellen jagest/ die Jaghunde an der Kuppel auffhalten: und wann du merckest/ daß die Rebhüner an einem Orth bleiben/ so suche ein Gesträuch und dichten Orth auß/ darinn du dich wohl verbergen mögest; dahin solt du deine Gesellen stellen/ und sie fleissig und ordentlich heissen herfür gehen/ und ihre gewohnte Stimme und Pfeiffen brauchen/ und mit Ruthen/ welche die Weidleuth gewöhnlich tragen/ an die Aest/ so vor dir sind/ schlagen: Deßgleichen auff die Erde unnd Graß/ unnd andere Sachen/ so vor dir sind. Wann sie ihre

Von dem Habicht.

ihre Ruthen vorschlagen/ sollen sie mit Stein und Erdschollen werffen/ damit durch dieses Getöß die Rebhüner auffgejagt werden. Du aber/ der du den Habicht auff der lincken Hand trägst/wart von weitem auff die auffliegende Rebhüner: und wañ du ihre Stimm im Auffliegen hörest/ so sehe/ob der Habicht auff sie begehre zu fliegen: doch soltu ihn nicht ablassen/ sondern ihn ein wenig umbkehren/damit er sie nicht sehe/ biß daß sie herfür fliegen: darnach laß ihn erst fahren/ wann du ihm die Rebhüner gezeigt hast/daß er ihnen gerad auff dem Rücken nachfliege. Du solt ihn aber mit gestreckter Hand auffwerffen/ mit lieblichen Worten und Vermahnungen/damit er desto kühner werde/ und schreye desto läuter/je ferner er geflogen ist. Also solt du hernach auff diese Weiß allzeit den Habicht auffwerffen: wann er die gewohnte und angenehme Stimm gehört hat/ wird er desto kühner und fertiger zum Raub/also/ daß wann er im Flug seines Herrn Stimm hört/ auch den Adler (von dem er sonsten umbgebracht wird) nicht fürchtet. Wañ er aber die auffliegende Rebhüner noch nicht ersehen/uñ mit grossem Geschrey auffgeworffen wird/ so wird er deß Raubs fehlen/ und vielleicht sich irgendwo verletzen/ darzu träg und unnütz zum Federspiel werden. Und dieses seye vom Auffwerffen deß Habichts gesagt. Weiter/ wann der Habicht nun einen Vogel gestossen hat/ soltu allgemach zu ihm nahen/ ihn mit der gewohnten Stimm lieblich anreden/nemlich Oi/ oi/ oi/ und mit dem Mund pfeiffen/dich zu ihm setzen/und mit der einen Hand die Stangen angreiffen/ mit der andern aber streichele ihm seine Schwantz/laß ihn auch vom Raub genug und nach Lust essen. Darnach stelle ihn sanfft auff seine Stangen/ und vergiß auch alsdann seiner nicht/ sondern streichele ihn Tag und Nacht fünffmal mit der Hand/ trag ihn auch von seinem Orth: dann also wird er die Speiß wol verdäuen/ und gesund bleiben. Wann du aber dieses versäumest/ wird er die Speise nicht verdäuen/ und das/ so im Kropff blieben ist/ wird sauer werden/ daher dann der Vogel keinen geringen Schaden empfängt/theils von der Unverdäuglichkeit/ theils von dem bösen Geruch der verderbtē Speiß. Wañ ihm dieses nun begegnet/ so trage ihn am Morgen früh/ und wann du ihn biß umb die zweyte Stund getragen/so siehe/ob er den Leib entledige/ darnach laß ihn nur ein wenig essen: am folgenden Tag gehe mit ihm auß zu jagen nach der obbeschriebenen Weise/und wann von den Stäubern die Rebhüner auffgejagt werden/ so werff den Habicht von weitem auff/daß er ihnen hinden nachfliege/dann wañ er also abgelassen worden/zertheilt er die Rebhüner nicht/sondern wann sie sich an einen Orth/ als in das Gebüsch versamblen/ kan er ihnen leichtlich nachkommen. Du aber solt mit Geschrey/ pfeiffen und mit Steinen die Rebhüner auffjagen/ dann also wird auß Noth gezwungen/zum wenigsten etwa eins oder mehr auß dem Gebüsch herauß fliegen/ und vom Habicht gefangen werden/welches/wann es geschehen/soltu den Vogel weiter nicht bemühē. Unterdessen aber/ da er den gefangenen Vogel in den Klauen hält/ solt du desselben Halß mit dem Messer verwunden/ und das Haupt sampt dem Hirn zerspalten/und dem Habicht zulassen/ daß er den Vogel starck mit den Klauen und dem Schnabel halte und esse/ also/ daß du inzwischen das Rebhun ihm mit der rechten Hand für den Schnabel haltest. Indem aber der Habicht den Vogel also hält/ so ziehe denselben mit Gewalt nicht zu dir/ sondern allgemach/dann der Habicht hält das Rebhun so starck/ daß er es gar nicht auß den Klauen läst/ sondern je mehr du zeuchst/je stärcker wird er dasselbe fassen und ergreiffen. Wann du aber die rechte Hand/wie vorgesagt/allgemach nachlässest/ so kan er nicht von deß Rebhuns Kopff essen/er habe dann auch den übrigen Theil auß seinen Klauen gelassen/ und den Kopff damit gefasset. Dieweil er nun mit dem Kopff zu schaffen hat/ so entziehe ihm das übrige heimlich/ und verberg es in den Weydsack. Sehe aber darbey zu/ daß der Habicht nur das fleischichte so am Kopff ist/esse/ das beinichte aber nimm ihm mit List auß seinen Klauen/ und werff es dem Hund für/ damit er auch darvon esse/und hurtig werde. Wann dir dann der erste Fang glücklich abgangen ist/ so hebe einen andern an. Wann der Habicht im steigen oder fliegen ein Rebhun erwischt/ so hat er mehr damit zu thun/wann sich aber die Rebhüner etwan in das Gebüsch verschlagen/ der Habicht aber über sich steigt/ oder sich nahe bey ihnen setzt/so soltu dem Jaghund locken/ und ihn/ wie gebräuchlich/anreden/ wann du dann siehest/ daß er embsig ist/stets spüret/uñ mit dem Schwantz ohn Unterlaß wädelt/so wisse/ daß die Rebhüner daselbst verborgen liegen. Hab auch fleissig Acht/ wann eines auffliege/ daß du alsdañ dem Habicht zuruffest/Uli/la/la/la/dann diese Stimme machet den Habicht kühn und unerschrocken. Wann aber das Orth zu nieder/ oder sonst unbequem ist/ da sich der Habicht gestellt hat/ so ruff ihn zu dir auff die lincke Hand/ und suche sampt dem Hund und ihm die Rebhüner/ und wann du auß den vorgenannten Zeichen die Rebhüner gespüret hast/ so schrey Prosche. Wann aber der Habicht offt die Stimm/Uli oi/höret/ so nimmt er der fliegenden Rebhüner wahr/und rüstet sich zu dem Geleit oder Raub. Wenn der Habicht den Raub ersehen/und auff denselben zu fliegen begehret/ und von einem saumseligen Weydmann einmal oder zwey verhindert und nicht abgelassen wird/ so wird er hernach desto liederlicher und träger. Wann er aber mit sondermFleiß und Ernst abgelassen wird/ und eins/zwey oder mehr Rebhüner geleitet und fängt/so kan man ihn sechs oder achtmal ablassen. Trägt es sich aber zu/ daß er auß einiger Hindernuß nur zwey oder drey/ ob er schon offt abgelassen wird/geleitet/ und zwar mit grosser Arbeit/ so laß ihn nicht mehr ab/damit er sich nicht zu sehr ermüde/und Hunger leide. Zuweilen fliegt er hurtig von der Hand/ hernach aber verbirgt er sich als ein furchtsamer Soldat auf einen Baum/also/daß er auch zu dem Aaß geruffen nicht kom̄t/sondern er vergisset deiner und deß Raubs gantz und gar. Wann nun dieses geschiehet/ entweder wegen deß unfüglichen Orths/ oder deß ungelegenen Stands/ oder daß er keine Hülff vom Hund/ oder keinen Verlangen nach der Speiß hat / so must du dich in ein Gebüsch verstecken / und dem Hund nach deiner Gewohnheit liebkosen / und wann du etwan ein verborgen Rebhun tod oder lebendig hast / so werff dieses heimlich gegen dem Habicht / oder wann du kein Rebhun hast / so nimm ein junges Hun oder Taube / und ruffe mit gewöhnlicher Stim Uli / la / la / la. Kommet nun der Habicht zu dir / so ätze ihn gantz freundlich / zwing ihn aber nicht darzu / damit du hernach auch mit ihm fangen könnest. Dann der Habicht / insonderheit wann man ihn zu viel nöthiget / vergißt deß Jagens gantz und gar / und wird gantz undienlich / wo er nicht durch einige Kunst verbessert wird. Es sagen aber etliche Unerfahrne / daß man ihn verbessere / und wiederumb abrichte / wann man ihm die Speiß abbreche / welches vielleicht seine Ursach hat / er wird aber also außgemergelt und mager. Daher lobe ich nicht diese / sondern vielmehr die nachfolgende Weise: Wann du nemlich zween Habichte hast / deren der eine zum Weydwerck gantz fertig / der ander aber fäuler und träger ist / und nicht jagen wil / darzu sich fürchtet in dem Gebüsch zu fliegen / und das Rebhun herauß zu holen / so werff du dem hurtigen ein ander Rebhun für / also / daß der faule Habicht vermeyne / dieses seye das Rebhun / dem er nachgestellt habe / und nimm den hurtigen / als ob er etwas gefangen / zu dir / den andern aber heisse weit von dir gehen / und stelle den Spürhund zu dem Gebüsch / heiß ihn den Raub darinn suchen / und das Rebhun auffjagen. Dann also werden die träge Habichte hurtiger und werden zum Weydwerck embsiger gemacht / als die hernach selbst erkennen / daß sie vergebens die Büsche und Gesträuch gefürchtet und sich darüber entsetzet haben.

Wie man die Habichte / Fasanen zu fangen / abrichten sol / auß dem 196. Cap. Demetrii.

Wider die Fasanen soll man die Habichte auch brauchen / doch nicht wann die Jagt fast geschehen ist / dann zuletzt sol man Rebhüner fangen / auff daß die Habichte / wann sie von denselben gessen / darnach auffhören zu jagen. Man soll aber die Fasanen zu finden keine Stimm brauchen / sondern allein ein Geräusch an den Aesten oder andern Sachen / so vor einem sind / machen / und leise pfeiffen. Dann wann der Fasan ein Geschrey höret / schleichet er sich nach und nach hinweg / daß er also / wann er vom Hund nicht erwüscht wird / anderst nicht kan gefangen werden. Wann man aber ein Geräusch an den Aesten hat / und pfeiffet / so fliegt er auß Furcht auß dem Gebüsch / darinn er verborgen ligt. Und wann der Weydmann vorhanden / sol er alsobald den Habicht / nachdem der Fasan auffgeflogen ist / ablassen. Es wird aber dem Habicht sehr beförderlich seyn / wann er von einem hohen Orth auf den Raub gelassen wird. Dann also fehlen auch die hurtige Habichte desto weniger / und die träge werden dardurch desto geschwinder und fertiger.

Wie man mit dem Habicht Enten fangen sol / auß dem 197. Capitel Demetrii.

Wann der Habicht von Alter fast undienlich worden ist / und den Rebhünern nit mehr nachkommen kan / so soltu ihn zuletzt wider die Enten brauchen. Hierzu aber solt du ihn also abrichten. Trage ihn nach gemeinē Gebrauch auff der lincken Hand / und hencke an deine rechte Seite eine Schelle / mit welcher du / wann es die Noth erfordert / schellen könnest. Darnach geb einem andern eine gantz zahme Ente / daß er dieselbe an einem niedrigen Orth halte / darnach gehe mit dem Habicht näher herzu / und wann du geschellet hast / söll der ander die Ente fliegen lassen: du aber solt den Habicht ablassen / welcher von der Enten / die er fängt / sich leichtlich ersättiget / und hernach sich gegen andern auch also hält: Eine gleiche Beschaffenheit hat es auch mit den wilden. Dann wann sich dieselbe in den niedrigen Wäldern und Stauden setzen / so muß der Habicht / damit er von ihnen nit gesehen werde / nieder auff die Erd gehalten werden / und sol man deñ unversehens allgemach hinzu gehen / und schellen / so wird dann von dem Gethön der Schellen / und vom Geschrey alsobald eine Ente aufffliegen / von welcher der Habicht / wann er sie gefangen hat / essen soll / damit er die andere zu fangen desto geneigter sey. Sie werden auch auff eine andere Weise gefangen / wann sie nemlich nicht in den Seen sich auffhalten / sondern von weitem an einem sumpffichten Orth vom Habicht gesehen werden / dann so bald er sie ersehen / begehrt er sie zu fangen: der Weydmann aber sol näher herzu gehen / damit nicht die Enten den Habicht sehen / ehe es Zeit ist / und hinweg fliegen: wann er aber so nahe herzu kommen ist / als er immer gekönt / sol er ihnen den Habicht zeigen / mit den Schellen leuten / und darnach den Habicht auff sie lassen. Der Enten-Habicht aber soll keine Schellen an sich haben.

Wie man den unlustigen Habicht zum Raub lustig machen sol.

Wann der Habicht keinen Lust zum Raub hat / so mache ihn also lustig: Fange Hennen-Blut auff ein Laub / und laß es gestehen / von diesem Blut gebe dem Habicht / wann du auff das Weydwerck gehen wilt / ein wenig unter der Speiß / also wird er desto begieriger zu der Speiß / und hurtiger zu dem Raub werden / indem er mit dem süssen Blut darzu gereitzet wird / sagt Demetrius im 14. Capitel / wann er aber nicht jagen wil / so schliesse ihn fünffzehen Tag an einen tunckelen Orth / also daß er nicht mehr Liecht habe / dañ daß er die Speiß sehen könne;

von

Von dem Habicht.

von der Speiß solt du ihm den dritten Theil entziehen/ und ihn darnach zum Federspiel brauchen. D. Geßner sagt/ daß er von einem erfahrnen Weydman gehört habe/ wenn einer einem Habichte zwey oder auffs meiste drey Grana Gnidia, oder Körnlein von Kellershalß eingebe/ so werde er darvon genöthiget dem Raub entweder nachzufahren oder er stehe in Gefahr des Todes/ ohne Zweiffel weil der Kropff von diesem starcken Zeug entzündet wird/ und er dahero Speiß/ damit er diese Hitz leschen möge/ suchen muß.

Wie man den Habicht hungerig machen sol.

Wann dein Habicht/ den du zum Federspiel oder Beitzen brauchest/ keinen Hunger hat/ so geb ihm zu Abend in seinem Gewäll/ ein Kügelein Aloes, mit ein wenig Safft von rothem Kohl vermischet; oder drey Bissen Fleisch/ einer Erbsen groß Zucker in einen jeden gethan/ dann dieses wird ihm alsobald den Bauch lösen/ und darauff hungerig machen/ sagt Tardivus.

Wie man dem Habicht das Anstossen an die Bäum benehmen sol.

Wann der Habicht stets an die Bäume fliegt/ so laß ihn drey oder viermahl bey neblichter Zeit/ oder wann viel Regen/ oder Tau vorhanden ist/ sich daran stossen/ so wird er sich hernach darvor hüten.

Wie man dem Habicht/ der nicht fliegen wil/ helffen sol.

Diesem Vogel stelle Wasser für sich darin zu baden/ wasche ihm auch seine Speiß fleissig mit laulicht Wasser/ oder geb ihm eine Purgation von Speck/ wie wir bey der Purgierung dieses Vogels gemeldet haben.

Wie man den verlohrnen Habicht wiederumb suchen sol.

Der Vogel verirzt sich zuweilen so weit/ daß man die Schellen nicht mehr hören kan. Das geschiehet daher/ weil die Raubvögel offt den Raub in die Hölen zum Wasser tragen/ darumb kan man ihre Schellen nicht hören; derhalben solt du umb dich sehen/ wo die andere Vögel fliegen oder schreyen/ dann da wird auch deiner seyn/ als umb dessen willen die andern schreyen. Wann du aber nichts weder siehest noch hörest/ so gehe auff einen hohen Orth und halte das ein Ohr/ indem du das ander zuhaltest/ auff die Erde/ so wirst du der Vögel Geschrey hören. Wenn aber der Orth frey und eben ist/ so neige deine Stirn auff die Erde/ und wann du das eine Ohr zugehalten hast/ wirst du hören wo du deinen Vogel suchen solt/ wie der obgenante Tardivus lehret.

Wie man den Habicht zum Raub stärcken/ und zu grossen Vögeln abrichten sol.

Die Speise welche er zu der Zeit des Beitzens braucht/ netze mit Wein/ oder wann es ein Astur ist/ in Essig/ und geb ihm eines Mandelkerns groß.

Wann du wilt daß er fliege/ so geb ihm drey Bissen Fleisch in Wein genetzt/ oder schütte einer jungen Tauben Wein oder Essig ein/ und laß sie fliegen biß daß sie denselben verdäuet hat/ und mit dieser Taube speise den Vogel auff der Jagt/ und wann der Vogel zu kühn ist/ so trag ihn nur an einsamen Orthen auff der Hand.

Wie man dem Vogel ein Abscheuen über dem Raub machen sol.

Wann der Vogel einem andern Raub/ als er sol/ nachfähret/ solt du allzeit Hennengallen mit dir tragen/ und das Hertz des gefangenen Vogels damit schmieren/ und ihn darvon ein wenig versuchen lassen/ dann wegen dieser Bitterkeit wird er hinführo allzeit dasselbige Vogelgeschlecht hassen/ sagt Tardivus.

Wie man den Vogel der seines Herrn vergessen/ oder sonst nicht wieder kommen wil/ halten sol.

Man henckt den Habichten Schellen an ihre Füsse/ mit einem silbernen Ringlein (darauff ein Wapen oder sonst ein Zeichen stehet) umbgeben/ daß wenn sie etwan verlohren und wiederumb gefunden werden/ ihren Herren wieder zugebracht werden. Dann die jenige fliegen offt sehr weit hinweg/ welche hochschweiffende genennt werden. Die Habichte sol man an hohe und scharffe Stimmen ruffen gewehnen/ daß sie dardurch wiederumb herzu mögen gelockt werden/ und soll sie auß Hunger oder Gewonheit darzu nöthigen. Wann der Vogel nicht wil/ oder vergessen hat wieder zu kommen/ so werff ihm etwan einen Vogel für/ er liebet aber für andern die weisse Tauben/ darumb solt du allzeit umb dieser einigen Ursach willen/ auff dem beitzen/ eine weisse Taub oder sonst einen weissen Vogel bey dir haben. Hünerfleisch/ wie vorhin gesagt/ wird darzu wenig nützen. Der Vogel aber kömt auß mancherley Ursachen nicht wieder/ entweder weil er nicht genugsam auff die Hand abgericht ist/ oder weil er seinen Herrn hasset/ darumb daß er etwan zu hart von ihm gehalten wird/ oder wegen einiges Leids/ so ihm neulich zugestossen. Der Nestling fliegt nicht so bald weg/ als der so sich einmahl gemauset hat. Wann der Vogel nicht gern wiederkömt/ so schmiere ihm zu Nacht seinen Schnabel mit Feiste von einem Roßnabel/ einer Bonen groß/ dann also wird er seinen Herrn lieben/ und gern zu ihm fliegen. Oder lege über Nacht Süßholz zerstossen/ in Wasser/ und beitze in diesem abgesiegenen Wasser ein stücklein Kühfleisch zerschnitten/ und ätze den Vogel damit. Dann ob gleich Kühfleisch dem Habicht nicht sol gegeben werden/ ist es doch gut hierzu/ als eine Artzney gebraucht. Und wann er auß Hoffart außbliebe/ so thue ihm roth Saltz einer Erbsen groß in seine Speise/ dann darvon wird er alle Unreinigkeit von sich geben/ und seine Hoffart fahren lassen/ sagt Tardivus. Brauch auch darfür Basilien (dürr oder grün) und Kümmel/ zerrieben und gebeutelt/ dieses mach mit dem besten Honig zu einem Teig/ und geb ihm dasselbe zween Tag. Ein anders:

Nimm 15. Bißmüntz oder Laußkraut-Körnlein/ Aloes zwölff Gran/ Seseli einen halben Scrupel/ Laser zwölff Gran/ ein Eyerklar/ des besten Weins so viel genug ist/ des weissen Aphronitri halb so viel/ ein wenig Honig/ und wann du die harte Stück zerstossen/ so misch sie unter die weichen/ und schmiere den Vogel darmit. Oder wickele den Habicht in ein Tüchlein/ und thu ihn ein wenig in ein Bad/ so wird er nicht mehr hinweg fliegen/ sagt Demetrius. Damit du aber den Falcken dahin bringest/ daß er den Menschen nimmer verlasse/ oder hinweg fliege/ so nimm Eppichkraut/ Bachmüntz und Petersilien. Diese Kräuter stoß alle wol zusammen/ und geb sie dem Falcken mit warmem Fleisch ein.

Wie man den wilden und ungelehrigen Habicht abrichten sol.

Wickele ihn in Tüchlein/ hencke ihn in eine Eisenschmitte/ und laß ihn daselbst durch das stetige Klopffen zahm werden/ wie Demetrius lehret.

Wie man dem Habicht das Weinen und Schreyen benehmen sol.

Nimm Knoblauch/ zerstoß denselben/ und salbe ihn darmit/ und sprech: Ich schmiere dich für das Weinen. Oder fange eine Speckmauß/ und speise dieselbe mit dreyen Bißmüntz oder Laußkraut Körnern/ darnach geb sie dem Habicht zu essen/ und stell ihn auff die Stange/ wann er dann dieselbe nit bald verdäuet/ so wird er zween Tag weinen/ darnach aber wird er nicht mehr schreyen/ lehret Demetrius. Und Albertus sagt/ daß/ wenn der Vogel zu hefftig schreye/ solle man ihm eine Speckmauß/ voll Pfeffer gesteckt/ in seiner Speise zu essen geben. Zu viel Geschrey aber kommt ihm von einer Kranckheit/ von Magerkeit/ oder auch von den Eyern/ so die der Vogel etwan in sich trägt.

Wie man den Habicht fett und mager machen soll.

Wiltu ihn fett haben/ so speise ihn mit Ochsen- oder Schweinen-Fleisch: wilt du ihn mager haben/ so ätze ihn mit jungen Hünern in Wasser genetzt/ und wann du ihn wilt mittelmässig haben/ so ätze ihn mit erwachsenen Hennen. Wilt du ihn aber hurtig zum beitzen behalten/ so mache ihm einen guten Kropff/ und schließ ihn an einen dunckelen Orth/ stell ein Liecht bey ihn/ und gehe über den andern Tag mit ihm zu beitzen/ sagt Albertus.

Wie man mit diesem Vogel groß Gevögel/ Hasen und Küniglein fangen sol.

Die Astures, das ist die grosse Habichte werden abgerichtet und geätzt wie die gemeine Habichte/ sie fangen aber allerley grosse Vögel/ als Rebhüner/ Haselhüner/ Enten/ Gänse/ Fasane/ Kräniche/ Reiger/ und dergleichen/ auch Kaninichen und Hasen mit Hülff der Hunde/ sie stossen auch die kleinen Rehböcklein/ also daß sie den Hunden nicht mehr entlauffen kösten/ wie Crescentiensis lehret. Das Habicht Männlein kan einen halbgewachsenen Hasen halten/ das Weiblein aber einen gantz erwachsenen. Ich hab selbst einen Habicht sehen eine starcke Katz fangen/ sagt Stumpfius. In der Jugend must du ihn lehren Hasen und Kaninichen fangen/ doch mache ihm darzu ein solch Geschüh/ daß er darvon sich nicht verletzen könne. Man sagt daß zuweilen zimliche grosse Habichte/ mit den Füchsen kämpffen/ auch offt mit den Geyern und Adlern/ sagt Gillius.

Wie man mit einem stillstehenden Habicht Vögel fangen sol.

Oppianus sagt/ daß man auch mit dem Habicht/ wann er ruhe und still an einem Orth stehe/ Vögel fangen könne/ indem der Weydman denselbigen an einen Stamm eines Baums anbindet; wann dann die kleine Vögelein denselben ersehen/ verbergen sie sich auß Furcht unter die Aest/ gleich wie die Menschen/ welche ohngefehr einen Mörder auff der Strassen ersehen haben/ und unterstehen sich nirgend hin zu fliegen/ so nimmt dann der Weydman die erschrockene und erstarrete Vögel nach und nach von dem Baum herab.

Wie man den Raubvogel/ wann ihm etliche Federn zerbrochen sind/ halten sol.

Damit ihm die außgefallene Federn wiederumb wachsen/ so wickele ihn fleissig ein/ und schmiere ihm die Federkiel mit Bärenschmaltz/ so werden von stund an die Federn herfür wachsen. Damit die zarte Federn bald wachsen/ so siede Brombeerstaudenwurtzel biß auff das dritte Theil ein/ und netze die Löcher darmit/ sagt Demetrius, welcher noch viel und mancherley Artzneyen hierzu dienlich erzehlt/ vom 147. Cap. an/ biß auff das 162. Tardivus, und andere neue Scribenten melden auch viel hiervon. Wilt du aber dem Vogel eine gebrochene Feder ohne Schmertzen außropffen/ so salbe die Feder mit frischem Mäuß/ Ratten oder Grillen Blut/ so fällt sie hinweg/ so nimm denn Honig/ und siede ihn hart/ mache ein Zäpfflein darvon in der Grösse des Lochs darinnen die Feder gewesen/ so außgefallen ist/ stecke es in dasselbige Loch/ so wird die neue Feder herfür wachsen. Du kanst ihm auch seine Federn salben mit Magsamensafft/ der warm gemacht ist/ und ihm seine Speiß auch darin netzen/ wie Albertus bezeuget.

Wie man die zerbrochene Klauen wiederbringen sol.

Wann dem Vogel eine Klaue gebrochen were

so salbe sie mit Schlangen-Schmaltz / so wird sie wachsen / also / daß er sie nicht weniger brauchen kan als die andern. Wann sie aber gantz gebrochen ist / und allein der zarte Theil daran gelassen worden / so mach einen Däumerling oder Fingerhut / wie man ihn nennt / fülle denselben mit Hennen-Schmaltz / und wann du ihm die Zehe / deren Klaue gebrochen ist / darein gestossen hast / und das Leder angebunden / so sihe alle Tage darzu / biß daß der zärtere Theil verhartet ist. Wann aber die Klaue also zerknütschet wäre / daß das Blut darauß lieffe / so stille es mit Trachenblut darauff gestrichen. Ist ihme die Zehe geschwollen / so salbe ihme dieselbe mit Hüner-Schmaltz / Rosen-öl und Viol-öl / mit zerstossenem Terpentin und Mastix. Wie man aber die verlohrne Klaue wiederumb bringen / und die so gerad gewachsen / verbessern soll / wollen wir hernach in der Kranckheit deß Fusses lehren / dieses sagt Tardivus.

Wie man den Vogel purgiren / und wiederumb zum Weydwerck abrichten sol.

Wann der Herbst angehet / so purgieren die Weydleut den Vogel / und richten ihn wiederum ab / sie zähmen den mit Hunger / in dem sie ihm Kügelein von Werck eingeben / und also darmit seine Unersätligkeit betriegen / auff daß sie desto hurtiger / hungeriger und gehorsamer werden. Zu Winters Zeit läst man etliche unter dem freyen Himmel erkälten: wiewohl etliche davon schaudern werden / und sterben / nach dem sie das Gewäll von sich gegeben haben. In allem Geschlecht werden die Alten weniger außgehungert / sie sind auch nicht so schnell zum Flug / doch fertiger zum Federspiel und weniger schädlich / dann wann sie auff dem Boden daher fliegen / können sie den fliegenden Vogel auffsangen / und den Orth / da er verborgen ist / eng umbgeben / damit die Weidleut nicht irre gehen. Die angehende und junge aber / gleich wie sie sehr fliegen / also irren sie viel / und schweiffen weit auß. Die obgenannte Kügelein / welche man auß Werck oder Pflaumfedern macht / gleich wie Pillulen oder Oelbaumbeeren / gibt man dem Vogel gegen der Nacht / welche sie am folgenden Tag wiederumb durch den Hindern von sich geben. Wann sie dieselbe trucken wiederumb von sich geben / so ist es ein Zeichen der Gesundheit: geben sie aber dieselbe feucht und kleberricht wieder / so ist es ein Zeichen der Kranckheit / darumb sol man diese purgation ihnen stets brauchen / es seye dann Sach / daß sie zu mager seyen / sagt Tappius. Robertus sagt / daß man dieses Gewäll von Hasen oder Kaninchen Füssen / oder auß Baumwolle / oder auß Pflaumfedern / welche unter dem Flügel einer alten Hennen sind / mache.

Man soll dem Habicht (spricht Tappius) auch zuweilen ein Gewäll geben / welches alles böse auß dem Kropff und Gedärm reinige / so er von den gegessenen Vögeln bekommen hat / und soll ihm nichts anders zu essen geben / biß er die Kügelein von sich geben. Ist aber deß Gewälls zu wenig gewesen / daß er es nicht von sich werffen kan / so soll man ihm eines auff das ander geben / biß daß er das Gewäll von sich wirffet / und alsdann wirfft er die Federn miteinander herauß. Wann also bald nach der Maussung / oder nach dem Winter / oder wann der Habicht lang ohn Arbeit gestanden / und stets gespeiset ist / sein Gewäll schleimig und unflätig ist / so bereite man ihm eine solche purgation: Nimm Speck so groß als ein Glied voran an einem Finger / theile denselben in vier Theil / und vermeng ihn wol mit gestossenem Pfeffer / und mit gebrantem Saltz / und ein wenig gestossenen Ziegeln / halt den Habicht gemächlich / biß daß man ihm dieselbe in den Halß gestossen / halt ihn darnach auff der Hand / bespreng ihm den Kropff und die Kält mit kaltem Wasser / damit er es nicht also bald von sich werffe / hierauff setze ihn an einen reinen Orth / so wirst du sehen daß er viel böses dings in dem Magen und in dem Kropff gehabt hat / dann wirfft dieses alles herauß: darnach sol er einen halben Tag ungessen stehen / als dann geb ihm ein wenig frisch Aaß am ersten / oder Eyer mit Butter gemengt nach der Purgierung. Ferner spricht Tappius: Es sind sechserley Ursachen / weswegen der Habicht das Aaß von sich gibt / ohne das Gewäll. Die erste Ursach ist / wan er an den Kropff gestossen worden ist. Die ander / wann ihm ein Ader / oder Nerv von dem Thier / so er gessen / unter die Zunge kommen were. Die dritte / wann man ihm die Speiß zu geschwind auff einander gibt. Die vierdte / wann man ihn also überfüllet daß er nicht däuen kan. Die fünffte / wann man ihm böß oder faul Aaß gibt. Die sechste / wann sein Magen zum Däuen unvermüglich ist. Unnd für einen jeden Zufall setzet Tappius etliche Artzneyen / in dem 55. Capitel. Das Gewäll sol man machen auß Pflaum oder kleinen zerstossenen Vöglein / oder auß gebrochenen Kaninchen oder Hasen Füssen / also daß man die Nägel und Bein darauß nehme. Das Gewäll von der Baumwoll wird nit gelobt / dann es verletzt und verbrennt die Lunge davon der Vogel stirbt / bevorab wann die Baumwolle nicht gewaschen ist. Wann man aber die obgenannte Stück nicht haben kan / mag man wol Baumwolle einen Tag in Wasser gebeitzt / brauchen. Darumb solt du zu der Zeit der Purgierung ihm alle Tag ein Gewäll geben / es sey nun von Baumwolle (wie vor gesagt) oder von Pflaum / oder von gewaschenem Fleisch / wann nichts ist das dich daran hindert. Ein Gewäll auß den vorgenannten Stücken gewaschen / erweitert dem Vogel sein Eingeweyd / und trucknet die übrige Feuchtigkeiten in ihm auß. Wann es aber vom Vogel außgeworffen / und gantz rein / doch nicht trucken ist / auch ohn allen bösen Geschmack / so ist es ein Zeichen der Gesundheit. Sein Koth soll rein / weiß und klar / und in der Mitte wohl schwartz seyn. Wann er am Finger klebt / so bedeutet es deß Vogels gute Gesundheit. Wann er aber feucht / faul und dick ist / so bedeutet es viel Feuch-

Feuchtigkeit und Unverdäuligkeit. Der Vogel behält das Gewäll länger/ wann er an seinem Leib überflüssig Fleisch/ Blattern/ oder zu viel Feuchtigkeit hat. Wann er auff der Hand zittert/ so ist es ein Zeichen daß er das Gewäll noch in sich hat: darumb äze ihn nicht/biß daß er es außgeworffen hat/und wo er es nicht gerad am selbigen Tage thut/ so verschaffe doch daß er es am nachgehenden Tag thue/also: Nimm Feiste vom Speck/ der zwey oder dreymal mit Wasser gewaschen seye/ allzeit frisches daran gegossen: vermische es mit ein wenig Salz/ und zerstossenen Pfeffer/ und gebe es dem Vogel ein. Darnach habe fleissig acht was er von sich werffe/ und wann er nicht dasselbige Gewäll von sich gibt/ so nimm das/ so von ihm außgeworffen ist/ zerstoß es/ binde es in ein Tüchlein/ und halte es dem Vogel für/ daran zu riechen; dann also wird er das Gewäll wieder geben. Oder geb ihm einer Bonen groß von zweyen oder dreyen Zäserlein von Schellkrautwurzel/ in Fleisch gesteckt/damit er die Bitterkeit nicht schmecke. Nach diesem stelle den Vogel zum Fewer/ oder an die Sonne / und wann er das Gewäll nicht wieder gibt/ so speise ihn zu Abend mit einem Hünerkölblein / das noch warm und mit Zucker gesprengt seye. Wann du aber zu allen Zeiten den Vogel purgiren/ lustig zur Speiß/ und ihm den Bauch erweichen wilt/ so geb ihm am achten/ oder auch am funffzehenden Tag eine von den gemeinen Pillulen/ oder einer Bonen groß Aloen Citrinam, in gut Fleisch gesteckt/ seine Bitterkeit also zu verhindern: darnach wann du ihn gehaubet hast/ so stelle ihn an einen warmen Orth/an die Sonne oder zum Feuer/da laß ihn zwo Stund stehen/ daß er inzwischen den Bauch reinige. Und wann er die Aloen oder die Pillul außgeworffen hat (dann es schmilzet nicht so bald) so behalt sie biß auff eine andere Zeit. Hierauff nimm den Vogel auff die Hand / und speise ihn mit guter und lebendiger Speiß/damit er der Schwachheit/ welche er vom Purgieren empfangen/ entlediget werde. Aloe also auf den Abend gegeben/ treibt auch die Würm von ihm. Und die obgenannte gemeine Pillulen dem Vogel eingegeben zu Anfang deß Herbstmonats/dienen auch wider die Würm/ auch wider andere Kranckheiten der Raubvögel. Diese Artzney aber soll man nach Unterscheid der Vögel mindern oder mehren: dann dem Habicht solt du weniger geben als andern Raubvögeln/ außgenommen dem Sperber/ welchem am allerwenigsten gehöret. Oder vermisch Speckschmalz/ so einen Tag im Wasser gebeizt worden/ offt frisches daran gethan/ mit Zucker/zerstossenem Pfeffer/ Aloe, Marck/ eines jeden gleich viel genommen/darauß mache nach deinem Gefallen/ drey oder vier Pillulen / und geb davon dem Vogel eines am Morgen früh. Darnach stelle ihn an die Sonne oder zum Feuer / und äze ihn nicht vor zwo Stunden: welche/ wann sie vorbey sind/ so äze ihn mit Hennen/ kleinen Vögelein/ Mäusen oder Razen/ zu kleinen Bissen zerschnitten. Darnach auf den Abend/ wann der Kropff leer worden/ geb ihm vier oder fünff Sämlein von zerstossenen Näglein/ in einem Stücklein gut Fleisch versteckt. Wann er aber die vorgenannte Pillulen gebraucht hat/ und die Feuchtigkeit in ihm davon bewegt ist/ so besprenge ihm seinen Rachen und Nase mit gutem Essig/der mit gutem gestossenem Pfeffer vermischt seye/darnach wann es die Noth erfordert/ solt du ihm Wasser in die Nasenlöcher blasen/ihn damit zu kälten/ und stelle ihn zum Feuer oder an die Sonne/ dann also wird er alle Flüsse deß Kopffs und andere Kranckheiten von ihm geben. Damit aber sein Magen und Eingeweyd groß und erweitert werde/ so geb ihm leichte Speiß/die über Nacht in Essig gebeizt/ und mit Zucker oder geläutertem Honig vermischt seye; oder träncke den Vogel mit Zuckerwasser/wie Tardivus schreibt. Demetrius sagt/daß man den Vogel zwanzig Tage darvor/ ehe man ihn einstelle/ mit folgender Artzney einen Tag umb den andern purgiren solle: Vermisch ein Eyerklar/ mit ein wenig Honig und gleich so viel Rosenöl/ duncke drey Bissen frisch Fleisch darein/und geb dieselbe dem Habicht zu essen. Darnach wann die Zeit bald vorhanden/ daß man den Vogel einstellen soll/ so geb ihm drey oder vier Tage darvor/ alle Tage ein warmes Schaffshirn zu essen. Albertus sagt/ daß man zu der Purgation grünen Meerrettig/ der noch keine Zäserlein habe/ nehmen solle / denselben in drey Stücklein / dem kleinsten Finger gleich/ zerschneiden/ und ein jedes an beyden seiten als ein Gerstenkörnlein spitzen/und dieses dem Vogel in Butter gesteckt zu essen geben/ und ihn an die Sonne stellen/ so werde er genugsam darvon purgieret.

Wie man den Habicht allzeit frisch und gesund halten sol.

Damit dieser Vogel gesund bleibe/ sind diese vier stück darzu nothwendig: Daß er sich nemlich an der Speiß/ dieselbe zu zerren übe; daß man ihn wann er etwan naß worden/wiederumb trückene; purgiere und bade. Van der Purgation und vom Baden/haben wir droben genugsam gesagt. Was aber die Ubung mit der Speiß antrifft/ so verschaff daß er morgens frü am aderichten Fleisch zuzerren/sich übe/ auch am Abend ehe dann er geätzt wird/und ehe man ihn zum Raub auß läßt fliegen/ indem er noch darauff wartet. Wann am Fleisch etliche Federn hangen/ so laß ihn dieselbe bey Tage nicht hinab schlucken/ am Abend aber ist kein Gefahr dabey. Und ob schon etliche vermeinen daß er mit diesem zerren seine Lenden verleze/ so ist doch diese übung ihm sehr gut. Wann er aber etwan naß worden/ so truckene ihn bey dem Feuer oder an der Sonne / sonst muß man sich einer grossen Kranckheit besorgen/ als deß Keichens und Hauptflusses/ oder anders dergleichen. Wann er nun trucken worden/ solt du ihn an einen truckenen und warmen Orth stellen/darzu etwas weiches auff die stange / darauff er stehet/ legen/ als Tuch oder etwas anders/die Füß damit zustärcken. Dann er verlezt und zerbricht offt seine Füß auff dem

Von dem Habicht.

Weydwerck/ sie erwarmen ihn auch offt zu sehr/ darvon ihm dañ zu weilen die Flüß hinab in die Füß fallen/ und Hüneraugen daran gebehren/ wie auch das Podagra und andere Geschwulsten/ welche Kranckheiten dann gantz schädlich und kaum zu heilen sind/ sagt Tardivus. Und Albertus spricht/ wann man den Vogel gesund behalten wolle/ also/ daß er im Leib nimmermehr verstopffet werde/ soll man nehmen Pappelnkraut/ und es in Wasser einsieden/ darnach dörren und zerreiben/ und in einem Hafen voll Butter ziemlich lang kochen/ hernach wie Wachs seyhen/ und den Habicht zu unterschiedenen mahlen davon ätzen; wann ihm aber diese fette Materi widerstehet/ so geb ihm Katzenfleisch/ darmit wohl bestrichen zu essen. Ein ander gut Stück in solchem Fall: Nim̃ Attichkraut/ zahme Wein-Rauten/ Pappelkraut/ Quendel/ Roßmarin (und zwar dieses mehr als der andern Stück) und Schweinen-Schmaltz/ von einem solchen Schwein/ das nie keine Eicheln gessen/ zerstoß diese Stück wohl/ und laß sie in Wein sieden/ darnach so druck es wiederumb auß/ wie Wachs/ und geb es dem Habicht gegen Abend. Man muß den Vogel auch unterweilen baden/ theils der Gesundheit halben/ theils daß er zum Fliegen desto besser und fertiger werde. Dann er muß zuweilen zu trincken oder sonst Wasser haben/ als wann ihm seine Leber/ oder sonsten der Leib erhitzet ist/ er wird aber mit dem Wasser gekühlet/ und wird auch vom Baden kühner und zahmer/ darumb solt du ihme däselbe offt geben/ etwan am vierten Tag; wird er aber allzu offt gebadet/ so wird er hoffärtig und flüchtig. Wann du ihn baden wilt/ so stell ihn auf ein trucken Holtz. Das Wasser aber soll rein und ohn alles Gifft seyn. Nach dem Bad stelle ihn auff ein faules Holtz/ damit er nicht vergifftet werde: wann aber dieses geschehen/ so geb ihm drey Pfefferkörnlein zerstossen/ mit Theriack ein/ verschliesse ihn darauff neun Tage/ und geb ihm wiederum Theriack/ verbrenn auch Pfefferkörnlein in einer Scherben/ und sprenge dieses Pulver auff das Fleisch/ ätze ihn auch auf das Bad mit lebendiger Speiß/ als mit einer jungen Tauben/ oder kleinen Vögelein/ zu welchen du ein wenig Zucker oder Theriack thun solt; du solt auch dem Vogel Theriack in seine Naßlöcher stossen. Wann sich aber der Falck auff das Bad selbst kratzet und salbet/ so berührt man ihn nicht ohne Gefahr/ dann zu derselbigen Zeit ist sein Athem und seine Füß gantz vergifft. Darumb wann du ihn tragen wilt/ solt du einen starcken Handschuch/ damit er dir keinen Schaden thue/ anlegen. Du solt ihm auch nach dem Bad kein feucht Fleisch geben. Wiltu aber daß er bald auff das Bad fliege/ so bespreng ihn mit reinem Wasser. Wann aber der Vogel von vergifftem Wasser vergifftet wäre/ welches eine Schlange oder ein ander schädlich Thier vergifftet hätte/ so geb ihm Theriack mit drey Wachholder-Beeren zerstossen/ zu essen/ und laß ihn in acht Tagen nicht baden/ speise ihn auch mit Katzenfleisch/ das mit gestossener Aloe bestreuet sey/ sagt Tardivus.

Artzneyen zu mancherley Kranckheiten der Habichte/ und erstlich von denen/ so gemeiniglich den gantzen Leib betreffen/ darnach von einer jeden besonder/ vom Haupt an biß auff die Füß.

Es hat Albertus von den Artzneyen der Habichte/ Falcken und Sperber absonderlich geschrieben; hernach etliche allgemeine Mittel angehänget; und/ da er die Chur der Habichte setzet/ zugleich angedeutet/ daß dieselbe auch den Falcken gehöre. Etliche Griechische Scribenten haben insgemein von allen Artzneyen der Raubvögel/ so zum Federspiel gebrauchet werden/ geschrieben: Ich aber wil das Mittel treffen/ also/ daß ich nit eines jeden Artzney besonders beschreibe/ als welches zu lang würde/ darzu müste man auch viel Stück wiederhohlen; jedoch wil ich auch dieselbe nicht verwirren/ sondern die/ so einem Geschlecht insonderheit dienen/ fleissig anzeigen und melden.

Von dẽ gemeinen und ungewissen Kranckheiten der Habichte/ auß dem 101. etc. Cap. Demetrii.

Bey welchen Zeichen man die innerliche Kranckheiten und Gebrechen der Habichte erkennen/ woher dieselbige kommen/ und wie man sie heilen sol.

Wann der Habicht auff der Hand oder Stange stets athemet/ und gar gemach darvon fliegt/ wenig isset/ und traurig ist/ darzu schwartzen und dicken Koth von sich gibt/ sonderlich nachdem er frisch und rein Fleisch gessen hat/ so wisse daß dieses Anzeigungen einer Kranckheit sind/ und daß dieselbe kommen von den dicken Feuchtigkeiten/ die sich im Leib noch nicht zertheilt haben/ darzu von faulem Fleisch oder von Kräutern/ die der Habicht etwan mit dem Schnabel außgerissen und gefressen hat: Darumb sol man ihn also heilen: Geb ihm Burtzelkraut/ ein wenig zerstossen mit Butter vermischt/ mit warmem Schaaffleisch; oder zerstossene Rauten/ alle Tage mit drey Löffeln voll altem Wein/ so wird er der Kranckheit loß werden. Wann der Habicht auff dem Gejägt nichts essen will/ so wisse daß er innerlich kranck ist/ und heile ihn mit Honig und Butter/ mit warmem Fleisch zu essen gegeben. Doch ist dieses am besten/ wañ du ihm eine warme junge Taube zu essen giebest. Dann warme Speise essen/ ist fast allen Artzneyen vorzuziehen/ wie Demetrius lehret/ im 102. Cap. Vor den Habicht der da traurig ist/ und den Raub nicht nehmen wil: Nehme frische Butter/ Hüttenrauch/ Sandaracham, so viel als das drittheil der Butter/ dieses vermische/ und geb es ihm zu essen. Ein anders: wann der Habicht mager/ traurig

Ll

und schaudericht ist/ so helff ihm also: Geb einer Tauben zween Tag zuvor Wassermüt zu trincken/ darnach geb sie dem Habicht zur Speiß/ wie im 103. Cap. zusehen. Für die verborgene Kranckheiten und innerliche Schäden: Nimm deß besten Storax ein halben Scrupel/ frische Butter/ Hirschmarck/ eines jeden ein Untz/ guten Honig und Spanisch Oel/ so viel genug ist/ dieses alles wärme über einem linden Fewer/ vermisch es/ darnach laß es erkalten/ und geb es mit dem Fleisch dem Vogel zu essen/ oder thue es in eine Mäußhaut/ so wird der Habicht von den innern Kranckheiten entlediget; oder geb ihm ein Schaffshirn/ mit zerstossenem und gebeuteltem Rapontick zu essen; oder nimm eine Tauben/ die mit Traubennuß oder gesottenem Wein getränckt/ und also einen Tag blieben ist/ und werff sie dem Vogel lebendig für zu essen. Oder nimm Honig und Spanisch Oehl/ jedes ein Löffel voll/ ein Eyerweiß/ und nachdem du es in einem Geschirr vermischt hast/ so spreng darein zerstossen Steinsaltz und Niter/ eines jeden zween Scrupel/ thu darzu Fleisch/ in kleine Stücklein zerschnitten/ und geb es dem Habicht zu essen/ auß dem 104. Capitel.

Die Astures oder grosse Habichte leiden eben die Kranckheiten wie die kleinen/ sie werden auch auff gleiche Weise geheilet/ doch sind sie stärckerer Natur/ darumb werden sie nicht bald kranck/ sterben auch nicht so bald/ auch darff ihr Pfleger nicht so grossen Fleiß mit ihnen haben/ als mit den kleinen Habichten/ sagt Crescentiensis. Wann man den Vogel cauterisiren oder brennen wil/ so soll die erste cauterisirung der Raubvögel/ (wie die Griechen lehren) und sonderlich der Falcken/ geschehen unter dem untern Augenwinckel/ dann damit wird das Gesicht erkläret. Die andere oberhalb der Augen/ und diese dienet dem Haupt für mancherley Gebrech. Die dritte geschiehet auff dem Knopff deß Fliegels/ und dienet für den Schlag oder Gicht. Die vierdte geschiehet unterhalb am Fuß an der Solen/ und dienet für die Gicht der Füsse und Schenckel. Solche cauterisirungen aber geschehen alle am besten und füglichsten im Mertzen.

Für die Wunden und Stiche der Vögel.

Wann der Falck verwundet/ verletzt oder beschädiget wird/ so nimm ein frisch Eyerklar/ und Baumöhl/ und lege diese Stück/ wohl durcheinander vermischt/ darüber/ und habe gute acht/ daß kein Wasser an das beschädigte Orth komme; und wann du dann obgemelte Artzney abnehmen wilt/ so wasche den Schaden mit warmem Wein; das solt du so lang thun/ biß daß die Wunden eine Krust bekomen/ und gantz zugeheilet oder geschlossen worden. Wann es aber Sach wäre/ daß der Falck solche Wunden mit dem Schnabel erreichen könte/ so streich ein wenig bitter Aloes darüber. Wäre es dann Sach/ daß der Falck solcher massen verwundet oder beschädiget wäre/ unter den Flügeln oder an der Brust/ an den Rippen oder Hüfften/ solt du ihm in solche Wunden Meissel von Werck mit einem Messerlein stossen/ so lang biß das böse Fleisch verzehret wird/ darnach nimm weissen Weyrauch und Wachß/ Unschlit und Hartz/ jedes gleich viel/ zerlaß es bey dem Feuer/ daß es ein Sälblein gebe/ das behalte in der Nothturfft/ und wann du dessen bedarffst/ so mach es ein wenig warm/ und streich es mit einer Feder auff den Schaden/ biß daß die Wunde mit einer Kruste verwächst. Wann aber in solchem Gebrechen böß/ überflüssig oder faul Fleisch wachsen wolte/ so thu den Sasst von den grossen Nesseln darein/ oder Grünspan/ damit es das faule Fleisch bald weg fresse/ darnach salbe de Schaden mit der Bleyweiß-Salbe/ so heilet er bald/ sagt Albertus und Belisarius. Nachdem aber das überflüssige Fleisch außgeätzt ist/ so salbe die Wunde mit Bleyweiß/ Rosenöhl und ein wenig Campher/ wie Belisarius meldet. Wann dem Habicht böß oder überflüssig Fleisch irgend an seinem Leib wächst/ so nimm Cadmiam und Aloen, gleich viel/ und sprenge es zerstossen darein/ sagt Albertus.

Für die Beinbrüche dieses Vogels.

Wann der Vogel ein Bein bricht/ so binde ihm warme Aloes darüber/ und laß es also einen Tag und Nacht darüber bleiben/ oder brauche Hanenkoth/ in Essig gesotten und übergebunden.

Für die unnatürliche Gewächß dieses Vogels.

Wann dem Habicht unnatürliche Gewächß wachsen/ so nimm Wasserägeln und setze sie an/ deß andern Tags nehme die Milch vom Feygenbaum/ (Ficus fatua oder celsa genannt) und salbe das Gewächß damit/ darnach nimm deß Krauts Wolffsbappeln genannt/ zerstoß es wohl mit der Milch/ leg es auff die Beulen solcher Gewächse/ und laß es drey Tag und Nacht liegen/ hierauff nehme ein Stücklein von einem Schweinen-Schwantz/ laß ihn wohl sieden/ und geb dem Vogel die Brühe zu trincken/ Abends und Morgens auff neun Tag lang/ wie Albertus lehret.

Für die Räude dieses Vogels.

Wann der Habicht schäbig oder räudig ist/ so nimm alt Schmär/ Schwefel und Quecksilber

silber/ zerstoß es wohl untereinander/ mit etlichen Nägelein und Zimmetrinden/ stell ihn für ein sanfft Feuerlein/ das nicht rauche/ und salb ihm den Grind wohl/ oder nimm ihn mit dir in eine warme Badstube/und salb ihn vor dem Ofen. Wann sich der Falck mit den Klauen und dem Schnabel krauet/ und ihm selber die Federn auß dem Schwantz außreisset/ so hat er hefftiges jucken und beissen/ welches auch eine sonderliche Plage ist der Raub-Vögel: für solchen Gebrechen solt du nehmen Gänßkoth/Schaffsbonen/und Aloes, jedes gleich viel/und leg es in einen scharffen Weinessig/ und laß es wohl einbeitzen in einem irrdenen oder messingen Geschirr/ am heissen Sonnenschein: wann es aber nicht zu der Zeit wäre/ so laß es bey einem linden Feuer kochen; und hiermit sol man den gantzen Falcken baden und waschen; geb ihm auch Taubenfleisch mit Honig bestrichen/ rein gepülverten Pfeffer darauff gestrewet/ stell ihn darnach an einen dunckeln Orth; solches geschehe neun Tag lang. Und wann ihm anfangen neue und bessere Federn zu wachsen/ solt du ihn mit kräfftigem guten Rosenwasser abwaschen/ so wird er gesund/ wie Albertus bezeuget.

Wie man dem Vogel/ der seine Flügel henckt/ helffen soll.

Zuweilen henckt der Vogel seine Flügel/ welches geschiehet/ wann man ihn hat angefangen auff die Hand oder Stange zu stellen/ und sich etwan von zu viel Bewegung erhitzet hat/ darvon er dann hernach/ wann er erkaltet/ seine Flügel henckt. Derhalben so halt ihn über ein Wasser/ und nöthige ihn darein zu steigen/ daß er also/ indem er auff dem Wasser sich wehret/ seine Flügel oder Schwingen wiederumb zurecht bringe. Darnach stell ihn an die Sonne oder zum Feuer/ halt ihn auch an einem warmen Orth/ damit er nicht erkalte; oder schütte ihm drey Tage Harn über seine Flügel herab/ so wird er sie auffheben/sagt Tardivus. Wann er aber dieselbe henckt/ und kein Fieber darbey ist/ so salb ihn mit Gänßblut an der Sonnen/ mit dem Schmaltz aber kanst du ihn speisen; oder welches besser ist/ nimm Loröhl/ damit salbe ihn wohl unter den Flügeln/ die Flügel aber bestreich mit Schweinsgallen; und netze ihm seine Speise mit Eisenkraut oder Salbeyenkrautsafft. Wann aber der Vogel die Gicht in den Federn hat/ so nimm Gundelrebblätter/ siede sie in Wasser/ zerstoß sie wohl/ und binde es ihm bey der Seiten über die Flügel; sein Aaß solt du ihm auch in solcher Brühe wohl netzen/ wie Albertus lehret.

Für die Schaben/Motten/oder Milben dieses Vogels.

Darfür nimm Tausendblat zerstossen/ misch darunter Gänßmist mit Essig/ und wann du nach dreyen Tagen dieses durch ein Tuch außgedruckt hast/so streich es über den Orth/ sonderlich auff die Schwingen und den Schwantz. Darnach sprenge zerstossenen Rost dreymal über die Schwingen und Schwantz/und dieses thu allzeit über den andern Tag einmal. Wann die Motten oder Milben dem Falcken in das Gefider kommen/und ihm dasselbige fressen und zernagen (welches ihnen gewöhnlich/ wann sie mager worden sind/ widerfähret) so nimm roth Wachß/ Myrobalanen/ Stein-Saltz/ Gummi Arabicum, und Weitzenkorn: diese Stück lege in Essig/und laß sie neun Tag lang darinn erbeitzen; hernach thu den Essig in ein Geschirr; damit solt du den Falcken/ oder andere Raubvögel so zum Weydwerck gebraucht werden/ alle Tage ein mal wohl waschen/ so lang biß er schön und sauber wird: hierauff wasch ihn mit gutem kräfftigen Rosenwasser/ und stelle ihn an die Sonne zu trucknen: der obgenannten Stücke aber solt du eines jeden gleich viel nehmen/ außgenommen deß Wachß/welches mehr seyn sol/ dann die andern Stück alle sollen darinn begriffen werden. Andere pflegen die Motten mit einer Nadel auß der Haut zu graben/ und den Orth mit wohlzerriebenem bitteren Aloes wohl waschen/und solches hernach mit Rosenwasser wieder abwasche: aber hierinn soll man sonderlichen Fleiß anwenden/ daß sich der Falck mit dem Schnabel nicht berühre/ so lang er das bittere Aloes an ihm hat/dann solches würde ihm sehr schaden. Ein anders: nimm deß guten edlen Balsams/ giesse ein Tröpfflein in das Loch/ darauß die Federn gefallen/ das tödtet die Schaben/und machet schöne neue Federn wiederumb wachsen. Oder nimm guten edlen Saffran wohl gepülvert ein Untz/ Gänßmist durch ein leinen Tüchlein außgepresset/ drey Löffel voll/ starckes Weinessigs auch so viel/ laß es also in einem messingen Geschirr beyeinander stehen/ biß daß es eine ziemliche Dicke bekomme; darnach salbe oder bestreiche die Oerther/ da die Federn hinweg gefallen sind/wohl mit Essig/ und mit den obgemelten Stücken. Auff ein andere Weiß/ solt du nehmen Aegeln/ und auff einer Ziegelscherben zu Pulver brennen: nimm darnach Pfauenfedern/ halte sie über den Rauch/ und der Ruß so daran hanget/den samble/vermisch denselben mit dem vorigen Pulver wohl in gleichem Gewicht/ feuchte es ein wenig an mit Essig/doch daß es nicht zu dünn werde: wasche dann die Oerther der außgefallenen Federn wohl mit starckem kräfftigen Essig/ un stretche den jetztgemeldten Teig darüber/ drey mal in der Wochen; das thue so lang/ biß ihm die außgefallene Federn wiederumb anfangen zu wachsen. Oder nimm Roßhaar/ hacke es klein/ und geb es dem Falcken auff dem Fleisch ein. Etliche nehmen rein gepülverte Bertramwurtzel/mit Rettigsafft/ und starckem Essig wohl vermischt: dann die Schaben oder Motten/ damit gesalbet/ sterben darvon; Oder du kanst eine Krötte zu Pulver brennen/ und mit solchem Pulver das Essen deß Falcken bestreuen: oder nimm Feilstaub vom Eisen/ und gebs ihm auff diese Weise ein/auf dem Fleisch/ wie Albertus lehret.

Für die ungestaltete Flecken am Gefieder dieser Vögel.

Wann der Falck oder Habicht ungestalte Flecken/ welche man Hungermal nennt/ am Gefieder bekomt/ so ist dieser Gebrechen von innerlicher Verderbung/ welche in den Wurtzeln der Federn steckt: darfür solt du nehmen Menschenkoth und Saltz/ diß vermisch untereinander/ und bestreich die Wurtzeln der Federn damit. Darauf gebe ihm Wasser zu trincken/ oder netze ihm sein Aaß und Fleisch in Safft von der Haußwurtzel. Oder nim Bappelnkraut und Saturey/ die röst wohl in Schweinen-Schmaltz/ und geb es dem Habicht auff drey Löffel voll; darnach geb ihm eine gantze Schweins= oder Hünergalle/ mit einer warmen Schweins=Lunge: und hierauff solt du ihm alle Morgen nüchtern zu trincken geben/ am Abend aber speise ihn mit Butter/ biß er geheilet werde.

Für die verblendete oder verstopffte Federn.

Wann dem Habicht eine Feder verblendet oder verstopfft ist/ so thu dieselbe mit einer Nadel fein auff/ und schütte Oel/ mit gleich so viel Butter vermischt/ darein/ wie Demetrius lehret.

Für die gebrochene Federn deß Habichts.

Wann der Habicht eine Feder bricht/ so nimm eine andere Feder/ der gebrochenen gleich/ schneide den Keil darvon/ und stosse die gebrochene Feder darein/ so wird sie wiederumb steiff und gantz. Solches kanst du auch mit andern Vögeln thun; aber es ist leichtlicher/ wann man es augenscheinlich siehet/ als auß solcher unserer schrifftlichen Unterrichtung zu lernen.

Für die Läuß dieses Vogels.

Der Habicht wird zuweil von den bösen Feuchtigkeiten lausig: und alsdann soll man (wie Crescentiensis lehrt) ihn in ein Tüchlein winden/ das mit Marellen (succo parthenii) oder Wermuthsafft befeuchtet seye/ und ihn an die Sonne vom Morgen biß gegen drey Uhr setzen. Oder nimm Wermuthsafft/ und besprenge den Habicht an der Sonnen damit. Oder nimm Römischen Balsam oder Müntz/ zerstosse es und temperier es mit gutem Wein/ nim darzu Laußkraut Saamen/ wann es dann schön und warm Wetter ist/ so bade ihn damit: ist es aber kalt und trüb Wetter/ so nimm Hennenschmaltz und mische es darüter/ laß es ein Nacht durcheinander beitzen/ deß andern Tags salbe den Habicht darmit auff dem Rücken und Schwantz. Weiter helff ihm also: Nimm Quecksilber/ tödte es mit nüchterm Speichel/ mische Hünerfett und Schweinenschmaltz darunter/ darmit salbe ihm de Kopff/ und binde ihm ein Band oder Faden darmit geschmieret umb den Halß; oder nimm Pfeffer und Flachsdottersaamen/ zerstoß es miteinander/ und siede es in einem neuen Hafen/ darmit wasche ihn offt/ so wird er gesund; oder nimm Laußkrautsaamen/ siede es in Wasser/ und bade ihn darinn/ darnach lege ihm ein sauber leinen Tuch/ auff Graß/ oder auff einen Stein/ und stelle ihr darauf/ so wird er alle Läuß auff das Tuch werffen/ und diese Artzney dienet allen Raubvögeln insgemein/ wie Albertus schreibet.

Für die schuppichte Füß dieses Vogels.

Für diese Sucht nimm Schweinenbürsten/ schneide sie klein/ streue ihm dieselbe auf das Fleisch/ damit du ihn speisest/ solches geb ihm 9. Tag lang; darnach nimm Klee/ zerstoß ihn wohl/ und netze dem Safft das Fleisch/ darmit du ihn speisest/ wie Albertus lehret.

Wie man den Habicht mager machen soll.

Wann du den Vogel gern mager haben wilt/ so geb ihm Knoblauch wohl zerstossen/ mit Poleykraut/ oder deß magern Fleisches von einem gesaltzenen Schincken/ der vorhin über Nacht im Wasser wohl gebeitzt seye/ und geb ihm darauff drey oder vier mal Wasser zu trincken: siehe aber daß du ihn damit nicht kleinmüthig machest/ wie Albertus lehrt.

Wie dem Habicht zu helffen/ welcher gar zu mager ist.

Der Habicht wird zuweilen gar zu mager/ und alsdann hat er keine natürliche Feuchtigkeit mehr/ davon bekommen seine Federn Flecken/ welche man Hungermahl nennet/ es brechen ihm auch alsdann die Federn gar leichtlich/ und er kan nicht lang fliegen/ er verliehret darzu seine Tapfferkeit/ darumb fähret er allein den kleinen Vögeln nach/ schreyet viel/ und begehret stets zu seinem Herrn/ sagt Albertus. Tardivus spricht/ daß der magere und krancke Vogel/ weder weiß noch schwartzen Koth von sich gebe/ sondern mittelmässig gefärbt und dunckelbraun. Damit du ihm diese Kranckheit benehmest/ so atze ihn mit Hammel/ Mäuß/ Ratten/ und kleiner Vögel Fleisch/ in kleine Bissen zerschnitten. Oder koche in einem neu glasurten Hafen drey Echtmaß Wassers/ mit einem Löffel voll Honig/ thu darzu drey oder vier Löffel frische Butter/ darnach so netze und wasche mit dieser Brühe Schweinenfleisch/ welches du dem Vogel klein zerschnitten alle Tag zweymal zu essen geben solt. Oder nimm fünff oder sechs Schnecken/ (die man an den Weinreben/ oder an den Kräutern/ als an Fenchel und andern dergleichen Kräutern findet) diese weiche in Milch eine Nacht in einem verdeckten Geschirr/ damit sie nicht hinauß kommen: und am nachgehenden Morgen früh/ wann du die Schalen zerbrochen hast/ so wasche die Schnecken in frischer Milch/ und wann du sie abgetrucknet hast/ so geb sie dem Vogel zu essen/ darnach stelle ihn so lange an die Sonne oder zum Feuer/ biß er fünff oder sechs mal den Bauch entlediget; wann er die Hitz wohl erleiden kan/ ist es ihm gar gut. Nachmittag aber soll er mit guter Speiß/ und kleinen Bissen geätzt/ und an ein warm

Von dem Habicht.

und trucken Orth gestellet werden. Am Abend/ wann er den Kropff geleert hat/ so geb ihm Näglein/ wie droben/ da wir von der Unverdäulichkeit deß Vogels geschrieben/ angezeiget worden.

Wie man den Habicht fett machen soll.

Wann man einen Habicht gern bald fett machen wolte/ soll man ihn mit Gänßfleisch und Blochtauben speisen. Oder laß ihn etliche Tage ruhen/ und geb ihm Schweinenfleisch/ und fette Hennen/ und laß ihn allezeit von einem Menschen allein gespeiset werden: und wann man ihn umbher spatzieren führet/ soll dieses auff einem sanfften Klepper geschehen; geb ihm auch offt von dem Hirn eines Hammels oder Widders zu essen/ wie Albertus lehrt.

Wie man den verzauberten Habichten helffen soll.

Nimm den Schwamm von einem Myrtenbaum/ Weyrauch/ Asphaltum, Stechpalmen/ dieses alles lege in eine Ziegelscherben/ und räuchere ihn damit; oder mache das Kraut/ Hanenfuß genannt/ zu Pulver/ und sprenge es dem Vogel auf warm Fleisch/ daß er es esse.

Für die gifftige Bisse der Thiere.

Würde ein Falck von einem gifftigen Thier gebissen/ so soll man alsbald den Orth/ da der Biß ist/ beropffen: ist dann solcher Biß eng und klein/ so soll man denselben mit einem scharffschneidenden Messerlein erweitern/ und den Schaden hernach mit Butter/ die wohl gewärmet seye/ salben: hierauf bereite ein Sälblein mit Weyrauch/ Hartz/ Wachß und Unschlit: damit salbe ihn so lang/ biß daß er geheilet werde/ wie Albertus lehrt.

Für das Fieber deß Habichts.

Der Habicht/ welcher das Fieber hat/ wird warm seyn anzugreiffen/ darzu traurig: welches zuweilen von den Lebens-Geistern herkommt/ wann dieselbe durch allzugrosse Arbeit entzündet worden; bißweilen auch von den bösen Feuchtigkeiten/ die irgend im Leib gefaulet sind. Darumb wann er alsdann mager ist/ so geb ihm wenig und offt zu essen/ Hüner und kleine Vögel/ doch soll er die Spatzen/ weil sie zu hitzig sind/ meiden. Diese jetztgemelte Stück aber/ soll man ihm mit kühlenden Sachen eingeben/ als mit zerstossenen Kürbsen und Melonensaamen/ oder mit Flöhkrautsafft/ oder dergleichen; oder man soll diese Stück ein wenig in einem Violen-Syrup kochen/ oder andern dergleichen Sachen. Den Habicht solt du an einen kalten und finstern Orth stellen/ auff eine Stange/ so mit einem leinen Tuch/ welches gemeiniglich mit etlicher Kräuter Safft/ die kalter Natur sind/ begossen werde/ sagt Crescentiensis. Und Albertus spricht/ daß man das Fieber dieses Vogels auß dem Trauren/ Zittern und Schaudern erkenne/ welches man also heilen solle: Geb ihm ein mal oder drey Beyfuß/ oder Wermuthsafft/ mit Hennenfleisch: oder binde ihm den rechten Fuß hart/ daß die Adern darvon auflauffen; und schlage oder eröffne die gröste und stärckste Ader/ in der Mitte deß Schenckels (dann die Raubvögel haben vier Adern an den Schenckeln/ die eine vornen/ die andere unten/ die dritte ist ausserhalb/ die vierte hinden auff der grösten Klauen.) Die Zeichen dardurch du das Fieber dieses Vogels erkennen solt/ sind/ daß er die Flügel hencket/ und den Kopff niedersincken lässet/ wann er schaudert/ gleich als ob er einen Frost hätte; er hat auch ohne sonderliche Ursach keinen Lust zu der Speise/ oder er frisset dieselbige geitzig in sich. Es sind auch Zeichen eines Fiebers/ wann ihm seine Füsse über die maß erhitzet sind/ alsdann solt du nehmen Aloes, und Hennenschmaltz/ mit ein wenig starckem Weinessig vermischt/ und dem Falcken eingeben/ sonsten aber geb ihm eine gantze Schnecke/ von den rothen Schnecken/ die kleine Häußlein auff ihrem Rucken tragen. Wann er diese Speise bey ihm behält/ so wird er gesund/ und deß Fiebers loß werden.

Wann der Habicht erkaltet worden.

Unterweilen erkalten die Vögel also/ daß sie die Speiß nicht verdäwen können/ und alsdann sind sie traurig und kalt anzugreiffen/ darzu werden ihre Augen bleich und von ungleichen Farben/ so soll man sie dann an warmen Orthen halten/ und sanfft auff der Hand tragen. Auch kanst du sie zu solcher Zeit ein wenig lassen jagen/ und ihnen Spatzen zu essen geben/ oder junge Hanen und Tauben die ein wenig mit warmen Sachen gekochet worden/ als in Wein/ oder in Wasser mit Salbey/ Müntz/ Majoran/ Poley/ oder dergleichen. Man soll ihnen auch dieselbe mit Honig vermischt zu essen geben/ oder mit zerstossenem Fenchel/ oder Anißsaamen/ oder mit Kümmel bestreuet/ doch also/ daß ihnen nichts zu essen gegeben werde/ sie haben dann vorhin nichts mehr im Kropff. Sind sie mager/ so geb ihnen offt zu essen: sind sie fett/ weniger/ und nicht so offt: doch also/ daß man sie auff beyde Theil mässig halte/ in dem sie schwach sind. Wann sie nicht die Speiß verdäwen können/ sondern dieselbe stets im Kropff behalten/ so soll man ein Froschhertz/ an einen Faden gebunden/ mit einer Feder in seinen Kropff hinab lassen/ und darnach den Faden wiederumb herauß ziehen/ so wird er dieselbe von stund an außwerffen/ und gesund werden/ sagt Crescentiensis.

Für die böse Feuchtigkeit deß Habichts.

Wann der Habicht innerlich mit schädlicher Feuchtigkeit erfüllet ist/ so nimm von der Gall von einem Bärenweiblein/ einer Erbsen groß/ thu es in ein Hennenhertz/ und geb ihm dieses 9. Tag lang zu essen/ ehe du ihn einstellest zu maussen: darnach so nimm Sevenbaum/ Roßmarin/ Saturey/ braun Betonien/ Bachmüntz/ und Salbey/ jedes gleich viel/ Rettichwurtzel aber ein wenig mehr. Diese Stück zerstoß wohl/ mische ein wenig Honig/ und gebe dem Vogel morgens nüchtern darvon: darnach so stelle ihn zu maussen. Oder spreng Weidenblüt/ oder die Bollen derselben auff seine Speiß. Wann der Habicht voll böser Flüsse ist/ darvon ihm dann die Federn außfallen/ so nimm Schneckenhäußlein/ und grüne Fröschlein/ und Steinbrechkraut/ Salbey und Olivenblätter/ den Schaum eines jungen Füllen/ der ihm auß der Nasen fliest/ indem es gebohren wird/ und die Gall von einem Aal: dieses thu alles in einen neuen Hafen zusammen/ und dörre es also bey einem Feuer/ biß daß es könne gepülvert werden/ hernach gebe es dem Habicht am Morgen nüchtern / einer Haselnuß groß mit ein wenig Fleisch. Nimm dann der besten Rhabarbara/ und laß sie in Wasser wohl weichen / und von dem Wasser geb ihm zu trincken/ allzeit nach dreyen Tagen einmal / wie Albertus lehret.

Für den Tropff in den Geleichen der Flügel oder Hüfften / auch andere böse Flüß und Gichter.

Wann der Vogel mit dieser Kranckheit beladen ist/ so laß ihm ein wenig Blut auß der Ader unter dem Flügel oder Hüfften/ daran er kranck ist/ wie Crescentiensis schreibet. Albertus aber sagt/ wann der Habicht die Gicht hat/ so nimm von einer guten fetten Gans das Schmaltz/ auch Bären- und Fuchßschmaltz/ ziehe darnach eine Katz ab/ nehme sie inwendig auß / schneide alle Bein mit einem scharffen Messerlein darvon: Hierauff nehme ein wenig Wachß/ und deß schwartzen wohlriechenden Gummi Ladani, deß wohlriechenden Paradißholtzes/ wohl gepülvert/ klein und groß Flöhkrautsafft/ und zerschnittene gemeine Zwibeln. Diese Stück mische untereinander/ und fülle die Ganß darmit/ nehe darauff das Loch wiederumb zu/ laß sie also einen Tag liegen/ darnach steck sie an den Spieß/ daß sie wohl brate/ und samle die außgetroffene Feiste zusammen / darmit schmiere ihm dann die Glieder wohl/ in welche sich die Gicht verschlagen hat. Dieses Schmaltz oder Feiste ist eine kräfftige und treffliche Artzney allen Thieren/ Viehe und Leuten so mit dem Gicht der Glieder behafft sind/ wie Avicenna berichtet. Wann der Falck mit Flüssen dermassen beladen wird/ daß er die Gicht bekommt/ so nimm auß der Apoteck der köstlichen Latwergen Aurea Alexandrina genannt/ einer halben Bonen oder Haselnuß groß/ und geb ihm dasselbe ein/ am dritten Tag darnach geb ihm guten Theriack: oder koche darfür Ganß- oder Taubenkoth mit Ulmenbaumrinden in Wasser/ so lang biß die Rinden roth worden. Darnach sol in dieses Wasser der Mist gethan/ und der Falck drey Tage damit gewaschen werden. Wann der Habicht in den Lenden beschädiget/ und die Gicht hat/ kanst du es darauß erkennen/ wann er nicht hüpffen mag / oder sich mit außgespannten Flügeln starck von der Hand schwingen kan / wie dann dieser Vögel Brauch ist/ und dieser Gebrechen wird von vielen für tödtlich geachtet. Nimm zu diesem Gebrechen etliche Körner vom Hagdorn/ welche schön roth sind/ thu Hasenhaar darunter/ vermisch es mit gesottenem Fleisch/ und ätze ihn damit neun Tage lang: wann er dann diese Speise behält/ so geneset er. Weiter ist noch eine Art der Gicht oder deß Tropffs/ welche ihm durch den gantzen Leib fliesset/ mit einer sehr gifftigen Eigenschafft. In diesem Gebrechen fangen ihm der Schnabel und die Klauen an weiß zu werden: Diesen Gebrechen aber vertreib also: Nimm der schwartzen Blindschlangen eine/ welche die Aertzte Tyrum nennen/ schneide derselben von beyden Seiten etwas vom Haupt und Schwantz/ einer Spannen lang/ hinweg/ das mittelst aber brate in einem Hafen / und samle die Feiste so darvon fliest / und geb sie dem Falcken mit Pfauenfleisch auff acht Tag lang zu essen. Alsdann nimm eine junge Spansau/ in heissem Wasser gebrühet / von derselbigen nimm das zarte Fleisch vornen an der Brust/ und geb es ihm mit einer kleinen Mauß zu essen/ wann er dieses verdäwet/ so wird er ohn allen Zweiffel gesund. Wann aber der Falck offt mit dem Schnabel den untern Schenckel pickt / so bedeutet es den saltzigten Tropff: so schlage ihm dann die Ader zwischen der Hüffte und Kniebüge/ so wird er gesund/ wie Albertus davon schreibet.

Für alle Gebrechen und Flüsse deß Haupts dieser Vögel.

Wann der Habicht im Haupt kranck ist/ so nimm Rettichwurtzel/ Sevenbaum/ Roßmarin/ Holderblätter/ Saturey/ Müntz/ Rauten/ Salbey/ Betonien: Diese Stück thu alle zusammen/ und zerstoß sie wohl/ mische sie mit Honig / und geb ihm einer Haselnuß groß davon zu essen. Wann man dem Habicht das Haupt purgiren wil/ soll man deß gemeinen Pechs nehmen/ das schön und klar seye/ einer Bonen groß/ und dasselbe mit den Fingern bey dem Feuer wohl weich machen/ und dem Falcken den Gaumen so lang damit reiben/ biß es darinn beklebt. Demnach nimm vier Körnlein von Laußsamen/ und auch so viel weisser Pfefferkörnlein: das stoß zu reinem Pulver / streue es auff das Pech / so dem Vogel oben am Rachen beklebt. Und das so von diesem Pulver überblieben ist/ solt du ihm in die Nase blasen: hernach stelle ihn an warmen Sonnenschein/ biß daß das Haupt von aller bösen Feuchtigkeit uñ Rotz genugsam gereiniget ist. Darnach

Von dem Habicht.

nach / so speise ihn auff zween Tag mit süssem guten Fleisch. Wann sich solcher Fluß hinab setzt in den Rachen / so stopff ihn also: Nimm alte Butter / und Schellwurtz / gleich viel / die Schelwurtz stoß zu einem subtilen Pulver / und gebs dem Vogel in der Speiß. Wann aber der Falck in seinem Haupt kranck ist / wird solches auß diesen Zeichen erkennt: Er schliest seine Augen / und wendet den Kopff hin und her: als dann so nimm Speck / vermisch ihn mit Pfeffer / der rein zu Pulver gestossen seye / und geb es ihm zu essen. Je über den andern Tag solt du ihm auch Aloes eingeben mit Hünerfleisch: dann dieser Schmertz ist von schädlichen Dämpffen so auß dem Magen steigen: von obgemelter Artzney aber wird ihm der Magen gereiniget. Wann er aber den Schnabel auffsperret oder gähnet / die Flügel erschwinget / und mit dem Schnabel wider die Schenckel schlägt / so ist es ein Zeichen daß er versamlete Feuchtigkeit im Kopff hat: als dann solt du ihm mit einem silbernen Griffelein in die Nasen stupffen / daß die Feuchtigkeit herauß fliesse: darnach salbe solche Cauterisirung mit gemeinem Baumöl / oder frischer Butter. Man sol fleissig acht haben / daß der Habicht weder mit Rauch noch andern dingen beleidiget werde / welches man an den geschlossenen Augen / an den Threnen derselbigen / an Verstopffung der Nasen / und Wancken deß Haupts mercken kan. Diesen Gebrechen heile / wie vorhin gesagt worden. Ob aber schon diese Durchstechung der Nasen sehr nützlich ist / so fliegen doch die Habichte / welcher Nasen also durchstochen ist / selten hoch nach den Vögeln / dann der Wind so ihnen dardurch bläset / verhindert sie / sagt Belisarius. Und spricht Albertus, daß wann der Falck niesse / und ihm davon Wasser auß der Nasen fliesse / daß dieses ein Zeichen deß allzufeuchten Hirns seye / dem solt du also helffen: Nimm drey Körner von Steinbrech mit so viel Pfefferkörnlein zerstossen / und mit schwartzem Essig zertriben / netze Baumwoll darein / und stoß es dem Falcken in die Nase / und beschmiere den Rachen darmit / darnach speise ihn mit Hünerfleisch. Oder wann der Vogel ein flüssig Haupt hat / und den Schnuppen / so reibe ihm den Schnabel mit gemeiner Weinrauten / netze auch das fleisch damit du ihn atzest / in Rautensafft. Oder nim Knoblauch in Wein zerstossen / thu ihm denselben in die Nasen / stelle ihn an einen dunckeln Orth / und laß ihn einen Tag fasten. Wann aber der Vogel den Pips hat / so ziehe ihm die Zung herfür / und reib ihm dieselbe wol mit rein gestossenem Steinbrech mit Honig vermischt. Wann aber solche Stück nicht helffen wollen / so geb ihm Butter zu essen. Hiezu dienen auch die Kölstängel. Wann sie die Rihe oder Hauptflüß haben / stöst man ihnen nützlich Läußkrautkörner mit warmen wasser in die Nasen. Wann sie aber einen Fluß auff der Brust haben / sol man ihnen von stund an darfür under der Zungen zur Ader lassen / so hilfft es. Oder wann ihm die Nase verstopfft ist / so blase ihm durch einen Federkiel Pfeffer und Steinbrech zu Pulver gestossen / darin.

Für alle Gebrechen / Flüsse und Wehtagen der Augen dieses Vogels.

Wann der Raubvogel böse Augen hat / so salbe ihm mit Oel / sonderlich wann der Gebresten ausserhalb am Aug ist. Wann ihm aber das Gesicht Alters halben dunckel wird / solt du ihn Cauterisiren mit einem silbern oder güldenen Stefft über den Nasenlöchern an der Stirn / mitten zwischen dem Haupt und der Nasen. Oppianus sagt auch daß man diese Sucht mit wilder Lattichmilch hinweg nehme. Darumb (wie Plinius bezeuget) zerkratzen es die Habichte / und thun den Safft davon in ihre Augen. Die Augen zu erklären / nimm Süßkraut / Aloen und Bleyweiß / eines jeden gleich viel / und wann du es zerstossen hast / so schmeltze es mit Oel und Schmer bey dem Feuer / vermisch es wol mit den obgenanten stücken / und rühre es stets; von dieser Salb bestreiche dem Astur Morgens und Abends die Augen. Oder nimm für die Wehtagen der Augen Ingber / Aloes, Weyrauch / jedes gleich viel / stoß solche stück zu einem Pulver / vermisch es mit guten krafftigen weissen Wein / laß es über Nacht in einem Becken stehen / darnach thu davon einen Tropffen in die Augen. Oder nimm Aloes und Bleyweiß / jedes gleich viel / schneide von frischem Speck das allerbeste in der mitten herauß / vermisch damit die gemelte Stück wol / und streiche ihm ein wenig davon deß Abends in die Augen.

Wann dem Falcken die Augen schäumen / so ist es ein zeichen daselbst versamleter Melancholischer Feuchtigkeit. Solches zu heilen / nimm Silermontan / und deß Saamens von Wüterich oder Wütscherling / streue es auff glüende Kohlen / und beräuchere ihm sein Fleisch oder Aaß damit / laß ihm auch diesen Rauch wol in den Halß und in die Augen gehen. Deß andern Tags geb ihm Aloes einer halben Bonen groß / sampt einer frischen Heuschrecken. Wann du aber dieselbige nit frisch bekommen kanst / so nimm eine gedörrte / stoß sie zu Pulver / dasselbig streue ihm auff sein Fleisch / und gebs ihm zu essen. Für die Flecken der Augen: Streue ihm zerstossenen Pfeffer und Aloen gleich viel darein / und wann du zu dieser Zeit Schlehen haben kanst / so trieff ihm drey Tropffen auff den Flecken: dann sie werden ihm sehr helffen. Wann ihm ein weisser Flecken innerhalb im Aug wächst / so spreng ihm Fenchelsamen Pulver mit Weibermilch / so ein Knäblein säugt / darein / wie der offt gemelte Albertus lehret.

Für die Fistel dieses Vogels.

Wann es sich etwan begibt / daß dem Falcken Eyter auß der Nasen rinnet / und er nit essen mag / und der Eyter übel riecht / so ist gewißlich ein Fistel vorhanden / die soltu also heilen: Nimm Geißhaar / Schmaltz oder Butter / eröffne ihm die Ader / welche sich von den Naßlöchern zu den Augen erstreckt / und cauterisire dieselbe mit einem glüenden Stefft an der andern seiten da die Fistel ist / salbe darnach den Orth täglich mit Butter / stelle den Falcken an eine warme duncklé Stätt / auff neun Tag lang / so wird er gesund / sagt Albertus.

Für

Für den zerbrochenen Schnabel dieses Vogels.

Wann er seinen Schnabel/ wovon es auch sey/ zerbrochen hat/ so reinige denselben wohl: und wann etwas daran faul worden/ das schneide hinweg/ darnach so schmiere den Umbkreiß deß Schnabels/ erstlich mit Schlangenschmaltz/ darnach mit Hennenschmaltz/ so wird er wiederumb wachsen. Darnach am funffzehenden oder zwantzigsten Tag/ nachdem der Schnabel angefangen zu wachsen/ so brech ihm den Schnabel oben/ damit der untere Theil desto besser auff seine Grösse wachsen möge: inzwischen aber speise ihn mit klein zerschnittenen Stücklein/ sonst würde er nicht essen. Weiter wird sich der auffgesperrete Schnabel wiederumb zuschliessen/ wann du Meel zu einem Teig gemacht/ und Sauerteig und Hartz darunter gethan/ ihm darein thust/ wie Tardivus lehrt.

Für den geschwollenen Halß dieses Vogels.

Wann dem Falcken der Halß geschwellet/ so ist es ein Zeichen eines hitzigen Flusses/ alsdann so beropffe ihm den Halß/ und öffne ihm die Ohren-Ader/ damit solcher Fluß daselbst seinen Außgang bekomme/ geb ihm Frösch zu essen/ wann er dieselbe verdäuet/ so geneset er. Wann ihm aber auch der Halß vornen an der Kälen geschwellet/ das ist ein Zeichen eines hefftigen Flusses; so nimm Pfauenblut/ Muscatnuß/ grosse Myrobalanen/ Näglein/ Zimmet/ Ingber/ jedes ein Quintlein/ bereit davon 9. Pillulen/ deren geb ihm täglich umb drey Uhr eins/ darnach umb neun geb ihm eine frische Mauß. Die Habichte bekommen auch zuweilen Kröpff/ wie Albertus schreibt.

Wann dem Vogel etwas in der Kälen stecket.

Wann ihm von Begierigkeit zu essen etwas im Halß stecket/ so mache ein Röhrlein/ das länglich seye/ auß einer Feder/ oder auß Metall/ stoß es ihm in die Kälen/ und sauge ihm das/ so darin stecket/ herfür/ sonst wird der Vogel sterben/ sagt Tardivus. Wann die Vögel den Kropff herauß werffen/ sterben sie: wie dann zuweilen dieses geschicht/ wann man nicht gute Sorg zu ihnen hat/ sagt Budæus.

Wann der Vogel nicht wol schlingen kan.

Wann der Vogel nicht wol schlinget/ und seinen Kropff nicht nieder läst wann er mit grossen Bissen geätzt wirdt: oder sich am Raub überfressen hat/ oder erkaltet ist: so geb ihm auff ein mal wenig zu essen/ darzu schlipfferiecht Fleisch in lauem weissen Wein gebeitzt. Zu Abend geb ihm vier oder fünff Näglein zerstossen/ und in Baumwolle/ so in Wein gebeitzt worden/ gewunden: dann sie werden den Magen und das Haupt erwärmen. Wann du aber den Bissen/ welchen er nit hinab schlucken kan/ oben auß von ihm treiben wilt/ also/ daß ihm der Kropff außgeleert werde/ so beitze ein wenig Pfeffer in starckem Essig: darnach wasche dem Vogel den Rachen mit diesem Essig/ und schütte ihm drey oder vier Tropffen in seine Nasen. Nach dem er aber das/ so ihm im Halß gestecket/ von sich gegeben hat/ so bespreng die vorgenannte Orth/ so vom Essig entzündt waren/ mit ein wenig Wein: doch solt du den Essig zu einem all zu mageren Vogel nicht brauchen: dann er kan es nicht erleiden/ sondern stelle ihn zum Feuer oder an die Sonne/ damit er den Bissen von sich gebe. Zuweilen schlingt der Vogel die Speiß zwar hinab/ er gibt sie aber bald wiederumb von sich. Wann nun das geschicht/ und das außgeworffene nicht übel riechet/ so geb ihm ein wenig Aloes, und speise ihn nach sechs Stunden mit guter Speiß. Wann es aber übel riechet/ und der Vogel einen bösen athem hat/ welches dann geschicht wan man ihn mit dickem/ und nicht mit reinem/ sondern faulen Fleisch ätzt; So siehe allzeit daß sein Fleisch rein seye/ und mit einem reinen Messer geschnitten werde. Du solt auch den Vogel an die Sonne/ an ein rein Orth stellen/ und ihm Wasser darstellen zu trincken. Geb ihm biß auff den Abend nichts zu essen/ darnach gebe ihm frisch zerschnitten Fleisch mit Wein: Oder nimm Feilstaub von Eisen oder Helffenbein besprengt: dann diese Ding machen daß der Vogel die Speiß bey ihm behält. Wann er aber also auch noch nicht die Speiß behalten kan/ so geb ihm Vögelein/ Mäuß und Ratten/ biß er geneset. Oder lege zerstossen Coriander in warm Wasser/ und seyhe es durch/ und wasche vier oder fünff Tag seine Speiß damit. Oder siede Lorbeerblätter in Wein halb ein: und wann du es gekältet hast/ so träncke eine Taub so lang darmit/ biß daß sie stirbt/ darnach geb dem Habicht ein Kölblein oder sonst so viel davon zu essen/ wie Tardivus berichtet.

Für alle Gebrechen der Lungen/ Brust/ und Lufftröhr dieser Vögel.

Ist der Falck an der Lungen oder an der Brust und Lufftröhr verletzt/ so nimm Spätzenkoth und Mäußkoth/ jedes gleichviel/ ungewaschene Wolle 2. Loth/ weissen Pfeffer 5. gran/ körnlein Steinsaltz 4. Loth. Diese Stück alle wol zusammen vermische mit Honig uñ Oel/ jedes auf 6. Tröpfflein/ Frauenmilch die ein Knäblein säugt auf 9. Tröpfflein: darzu nim so viel Butter/ daß es recht weich werde wie ein Salb oder Latwerge. Vö dieser Materi gemelter massen zusammen vermischt/ solt du Pillulen machen in der grösse einer Haselnuß/ und dieselbige dem Falcken in den Halß stossen/ und also 2. Stunden lang auff der Hand behalten/ daß er es alles wiederumb von sich breche/ setze ihm darnach Wasser für daß er trincke/ uñ speise ihn mit frischer Lunge und dem Hertz von einem jungen saugenden Lämmlein/ das noch kein Graß gessen hat. Dieses Fleisch aber sol gantz warm seyn/ darauff speise ihn weiter mit anderm frischen Fleisch zum öfftern mahl: Deß Abends aber solt du ihn wohl sät-

Von dem Habicht.

sättigen mit Spatzenfleisch und jungen Hünlein. Wann du aber merckest daß der Falck an der Lungen kranck ist/ so nim drey Stücklein Speck/ so groß sie der Falck verschlingen kan/ bestreiche es wol mit Honig/ und streue reinen Feilstaub von Eisen oder Stahl darauff/ und stoß es dem Falcken in den Halß; dieses thue drey Tage nach einander/ also/ daß du ihn sonsten mit nichts anders speisest. Am vierdten Tag aber nimm ein Spanfärcklein/ das noch gantz zart seye/ fülle es mit gutem starckem Wein/ also/ daß es gantz truncken werde: setze es darauff zum Feuer/ und halte ihm die Brust wol gegen der Wärme/ also/ daß es gantz erhitzet werde: klopffe es hart an die Brust/ daß sich alles Blut wol dahin versamle: darnach steche es geschwind ab/ und stoß die warme Brust des Färckleins in warme Geißmilch/ und speise den Falcken die nechstfolgende drey Tag mit solcher Speiß/ so wird er gesund. Wenn aber der Habicht erkaltet ist/ und darvon in der Brust beschädiget wird/ so nimm Läußkrautsaamen/ stoß es in einem Mörsel wol/ und misch Honig darzu daß es ein Mußlein werde/ damit reibe dem Habicht den Rachen wol/ und stelle ihn an die Sonne. Oder nim Rettichsaamen/ wilde Rauten/ und Pfeffer/ jedes gleich viel/ stoß es zu Pulver/ misch Honig darunter/ mache kleine Kügelein darvon/ wie Pfefferkörnlein/ deren geb ihm drey Tag nach einander/ so offt er mit solchem Frost angefochten wird. Oder nimm weiß Andornsafft/ und rein gepülverten Pfeffer/ und Eppichkrautsamen/ mit ein wenig Honig vermischt: dieses wird er aber am liebsten essen/ wenn er sehr hungerig ist. Oder nimm darfür rein gepülverte krause Müntz/ vermische es mit Honig/ und gebs ihm in der Speiß. Oder nimm Senffwurtzel und Klee/ jedes gleich viel/ stoß es zu reinem Pulver/ mit Hysop-Oel und Milch vermischt/ und gebs dem Habicht in der Speiß ein. Oder Kressensaamen mit Honig vermischt/ und mit Schweinenfleisch eingegeben/ ist auch gantz kräfftig und gut/ sagt Albertus.

Für die Engbrüstigkeit dieses Vogels.

Wenn der Habicht schwer athemet/ oder engbrüstig ist/ sol man ihm rein Ziegelmehl eingeben mit warmem Fleisch und Bocksblut/ auff drey Tag lang. Nimm auch Wermuthsafft/ vermische denselben mit Esels-Milch/ schütt es in ein Hünerkölblein zwischen Haut und Fleisch/ und geb es ihm zu essen. Dem engbrüstigen Habicht sol also geholffen werden: Nimm frische Nägelein/ scharffen Zimmet/ Ingber/ Römischen Kümmel/ Pfeffer/ Aloes, gemein Saltz/ Tragant/ Weyrauch/ jedes gleich viel. Diese Stuck stoß alle zu reinem Pulver/ und misch es wol/ thu es in eine Scherben/ stelle es zum Feuer/ und blase ihm davon durch ein kleines Röhrlein ein wenig in die Naßlöcher. Das übrige von solchem Pulver vermisch mit reinem Speck oder Butter/ in der Grösse einer Haselnuß/ der Speck sol aber vorhin wol zerstossen seyn; das stoß ihm in den Rachen/ stelle ihn denn an die Sonne/ so lang biß ers wieder von sich breche: des folgenden Tags geb ihm ein gut Stücklein Speck ein; den dritten Tag eine junge rothe Tauben; den vierdten bade ihn/ so geneset er/ sagt Albertus.

Wie man dem Vogel helffen sol/ wann er nicht essen mag.

Wenn er zu der Speiß gantz unlustig ist/ so geb ihm lebendige Mäuß/ oder von einem jungen Hündlein/ ehe dann es sehend worden. Wenn aber der Falck zur Speiß unlustig ist und mager wird/ so nimm ein Ey/ schlage es auß und siede es in Geißmilch/ daß es hart werde/ und aber kein Rauch darein schlage/ das geb ihm ein/ behält er solches und verdäuets/ so wird er gesund: dann mit dieser Artzney kan man von ihm mancherley Gebrechen abwenden und vertreiben. Wann der Vogel die Speiß außschlägt/ welches dann mehrentheils geschiehet/ wann man ihm zu Abend zu viel/ und zu grosse Stück gegeben hat/ oder der Leib voll böser Feuchtigkeiten ist/ so geb ihm eine Tauben/ welche er nach Lust tödte/ und das Blut davon esse: vom Fleisch aber sol er ein Kölblein/ oder gleich so viel essen. Wenn er aber die Tauben nicht zerreissen wil/ so geb ihm kleine Stücklein davon/ die mit Zucker und gutem Oehl gesprengt seyen/ oder mit Mandelöl: das thu stets nach und nach/ biß daß er gesund wird. Oder geb ihm ein Spätzlein in Wein gebeitzt/ oder mit Honig bestrichen/ oder mit Mastixpulver gesprengt. Oder geb ihm am Morgen früh eine von den gemeinen Pillulen; halte ihn darnach gehaubet bey dem Feuer/ oder an der Sonnen/ biß daß ers von sich bricht. Wann er nun drey oder vier Tag diese Pillulen gebraucht hat/ und jetzt zur Speiß lustig worden ist/ so besprenge ihm die Speiß mit Feilstaub von Eisen/ so viel Tag lang/ wie vor gesagt/ wie Albertus lehrt.

Wie man der Unverdäuligkeit des Vogels helffen sol.

Die Unverdäuligkeit des Vogels kanst du bey diesem Zeichen abnehmen: Wenn er stets gähnet und athemet: weñ er seine Speiß nit isset/ sondern allein ropffet/ und dieselbe liegen läst oder von sich bricht: wenn sein Koth voll dicker schwartzer und bleich gefärbter Feuchtigkeit ist/ wenn sein Gewäll nit zu rechter Zeit von sich gibt/ wenn auß seinem Schnabel/ nachdem du denselben mit deinē Händen auffgethan/ ein böser Geruch gehet. Er verdäuet aber kaum wenn er am Morgen zu früh/ ehe dann er die gestrige Speiß verdäuet/

und am Abend zu spath/ und mit zu grossen Stücken geäzet wird. So sol nun dieses seine Artzney seyn/ daß du ihn ehe dann er verdäuet/ nicht speisest: auch nicht/ biß daß er einen Verlangen darnach hat. Denn so nimm Ruß von einer Pfannen/ der am Boden hanget/ und beitze denselben ein Stund in Wasser: darnach mache das durchgesiegene Wasser warm/ und beitze das Fleisch zu stücklein zerschnitten darin/ und geb ihm keine andere Speiß vor dem Abend als diese. Darauff gib ihm drey Stücklein verzuckert Fleisch/ oder thu unter seine Speiß den Saamen welchen man in den Würtznägelein findet/ wol zerstossen/ wie Tardivus meldet. Wann der Habicht zu hungerig ist/ so geb ihm Mußblut/ Honig/ Eppichsamen/ eines jeden gleich viel genommen/ und unter die Speiß vermischt. Wenn der Habicht die unverdäute Speiß von sich bricht/ so nimm Zimmet/ Näglein/ Kümmel/ Lorbeerblätter/ jedes gleich viel/ stoß alles zusammen/ thue es in einen neuen Hafen/ giesse starcken Wein daran/ laß mit einander sieden/ daß des Weins ein wenig überbleibe: doch solt du gute Sorg haben/ daß es nicht überlauffe/ was denn überbleibt/ das seyhe durch ein rein leinen Tuch/ truck es wol auß: von derselbigen Brühe schütte dem Habicht in den Halß/ so viel von nöthen ist/ du kanst ihm desselbigen Tags auch etwas geben zu essen; des andern Tags nimm Fenchel/ den zerstoß also/ daß du den Safft darauß pressen kanst/ damit netze ihm alles Fleisch mit dem du ihn ätzest. Oder nehme darfür drey Gerstenkörnlein schwer des bereiteten Scammonii, und gleich so viel Kümmel; Diese beyde Stück stoß zu Pulver/ und besprenge damit Schweinenschmaltz/ und gebs ihm zu essen. Wann er aber solches Fleisch nicht essen will/ so nimm Eyerklar/ und vermisch das Pulverlein damit/ und gebs ihm in den Halß/ daß ers hinab schlucke. Oder du kanst für solchen Gebrechen auch frische Eyer nehmen/ dieselbe in Geißmilch schlagen und wol sieden lassen/ und ihm davon drey mahl zu essen geben. Weiter wann der Vogel das rohe Fleisch von sich bricht/ so geb ihm einen Löffel voll Laugen von Rebaschen in den Halß. Wann ihm aber dieses zuwider ist/ so nimm Violensyrup/ vermisch ihn mit Wasser/ und giesse ihm davon drey Löffel voll in den Halß; wenn er sich denn oben auß wol gereiniget hat mit Erbrechen/ und wieder zu sich selbst kommen ist/ so bade ihn mit Wasser: dieses aber sol geschehen wenn es klar und schön Wetter ist. Weiter dienet in diesem Fall insonderheit wol/ wann man ein wenig Steinsaltz/ Sal gemmæ genannt/ mit obgemelter Laugen vermischet/ und dem Habicht eingibt/ dann davon erbricht er sich/ und wird gereiniget. Wenn der Habicht das Fleisch drey Tag/ oder länger unverdäuet im Kropff behält/ so bereite ihm Rebaschenlaugen/ die gantz klar und schön seye/ geb ihm davon zween Tag lang/ mit warmem Fleisch/ darnach speise ihn die folgenden drey Tag mit Geißfleisch/ mit Butter/ und rein gepülvertem Mastix vermischt. Wann der Habicht die Speiß so man ihm gibt/ nicht nehmen wil/ sondern dieselbe mit dem Schnabel von sich stöst/ so gib ihm ander Fleisch/ als nemlich von einem Kranch; lege ihm aber ein Körnlein Läußkrautsaamen unter die Zunge/ so wird er alles gessene Fleisch von sich brechen. Der Falck überfrisset sich auch zuweilen wie die Pferdt/ das wird dabey ekennet/ wann er nicht isset und die Augen ihm geschwollen und auffgeblasen sind. In solchem Fall solt du eine Laugen bereiten von Rebaschen/ dieselbe wol durchseyhen/ und ihm davon in den Halß schütten/ darnach laß ihn also stehen biß daß er die eingenommene Speiß verdäuet hat/ und geb ihm darauff eine Heidex zu essen. Oder nimm ein Trüncklein warmen Wein/ vermisch darunter gepülverten Pfeffer/ und gieß es dem Falcken ein/ und laß ihn so lang stehen biß daß du merckest daß er die eingenommene Speiß verdäuet hat. So weit schreibt Albertus.

Für den grossen Durst dieses Vogels.

Wann der Vogel hefftigen Durst hat/ so nimm Süßholtz/ Rhabarbara, Betonic/ mit Violensyrup und Wasser vermischt/ laß es also über Nacht stehen/ und geb ihm alle Morgen so viel ihm geliebt/ acht Tag lang davon zu trincken/ und ätze ihn mit Fröschen. Oder nimm des Pulvers von Liebstöckel/ Dill und Fenchel/ siede es in Wein/ nimm einen Löffel voll Honig darzu/ seyhe es durch/ und geb ihm davon zu trincken/ oder giesse es ihm ein/ oder wann ers nicht trincken wil/ so geb ihm den einen Tag Fleisch mit Honig bestrichen; des andern Tags aber bestreiche ihm das Fleisch mit kaltem Rosenöl/ sagt Albertus. Wenn der Vogel Durst leidet/ indem er etwan nach der Ubung zu viel erwärmet ist/ so solt du ihm Wasser zu trincken geben/ in welchem Zucker mit Saffran und Spodio geweichet seye: doch nur ein wenig/ damit er allein seine Käle erkühlen möge. Wenn er aber von wegen der Feiste/ oder innerlichen Hitz durstig ist/ so thu zu den vorgenannten Stücken Terram sigillatam. Kommt aber der Durst von Unverdäuligkeit/ so siede süssen Kümmel in Wasser/ und giesse ihm dieses ein. Oder siede Ingber/ oder Poley in altem guten Wein/ oder Näglein in Wasser/ und netze ihm seine Speiß damit. Hat er aber noch stets Durst/ so stelle ihm Wasser vor/ darein ein Quintlein Bolarmen mit zehen Gran Campher gethan worden/ daß er darauß trincke/ wie Tardivus lehret.

Für den Stein dieses Vogels.

Wenn der Falck das Fleisch in sich frisset/ und mit dem Schnabel wol zerreisst/ aber bald gantz rohe wiederumb von sich bricht/ so ist es ein Zeichen daß er harten Schleim im Magen/ Kropff und Eingeweid versamblet hat/ welcher Schleim von etlichen Falckenierern der Stein genennet wird: alsdann solt du gute Näglein wol zu Pulver stossen/ und Spatzenfleisch damit bestreuen/ und ihm über den andern Tag darvon eingeben/ und darzwischen mit jungem Hünerfleisch speisen/ so wird er gesund. Wann aber der Falck ein lange Zeit

Von dem Habicht.

Zeit hartleibig ist/ das bedeutet auch solchen Gebrechen: alsdenn gib ihm ein Schweinen Hertz klein gehacket/ mit etlichen Schweinen Bürsten/ damit speise ihn auff drey Tag lang/ so geneset er. Wenn der Vogel mit dem Gebrechen des Steins geplaget wird/ so geb ihm Schmaltz und Butter zu essen; oder nehme rein gepülvert Aloes mit Eppichkraut vermischt/ thu es in die Hertzen der kleinen Vögel/ und geb es ihm zu essen. Oder nimb scharffen Zimmet/ Aloes, Näglein/ Zucker/ Steinbrech/ Heuschrecken/ jedes gleich viel/ stoß alles wol zusammen/ und temperir es mit Rosenspyrup/ wenn du denn den Habicht speisest/ so vermische ihm unter seine Speiß ein wenig davon/ in der Grösse zweyer Bonen. Weiter wann der Habicht mit dem Stein und Lendenwehe behafftet ist/ so nimb Hanenschmaltz ein theil/ Eisenkraut zween Theil: diese beyde Stück zerstoß wol/ und presse den Safft darauß/ davon gib dem Habicht ein Dritttheil von einem Löffel voll nüchtern ein/ laß ihn also von Morgens an biß Abends oder Mittags stehen. Wo du aber vermerckest daß ihm solches zuwider were/ so gib ihm drey Löffel voll Violensyrup/ oder Rosenhonig mit Wasser vermischt. Am vierdten Tag nimm Wegtritt/ breiten oder spitzen Wegerich/ zerstoß es wol/ presse auch den Safft darauß/ und giesse ihm so viel als einen dritten Theil von einem Löffel voll in den Halß/ so geneset er/ wie der obgenannte Albertus schreibt.

Für alle Gebrechen der Leber dieses Vogels.

Wann der Falck Gebrechen an der Leber hat/ so nimm ein wenig Eichenrinden/ und Bolarmen/ stoß es zu einem Pulver/ und giebs dem Falcken mit dem Fleisch/ eines Huns/ welches zuvor mit starckem Wein truncken gemacht worden/ zu essen/ sagt Albertus.

Für die Würm dieses Vogels.

Gib ihm in seiner Speiß Pfersichtblättersafft/ oder von dem gepülverten Santonico sagt Crescentiensis. Wann er Würm in seinem Leib hat/ und man dieselbe in seinem Koth siehet/ so spreng ihm reinen Feilstaub von Eisen/ sonderlich aber von Stahl auff Schweinenfleisch/ und gebe ihm dieses drey Tag lang/ so wird er gesund/ sagt Albertus. Belisarius spricht/ daß die Würm offt von Unverdäulichkeit wachsen. Darumb sol man gute acht haben daß sie wol dauen: welches denn geschicht/ wann er mit milden Speisen/ als mit jungen Hünern geäzet wird: dann man sol die Habicht nicht mit Rindfleisch/ oder andern dergleichen speisen. Wenn aber jetzt schon Würm in ihm gewachsen sind/ so helffe ihm wie zuvor auß dem Albertò gesagt worden. Oder nimm Spatzenkoth/ und ein rohe Fischhaut/ von dem Fisch so Schleich genennet wird/ brenne sie zu Pulver: nimm darzu Feilstaub von Helffenbein/ und Eisen/ gleich schwer: dieses zerstosse und streue es auff ein Schweinen Hertz/ und giebs dem Habicht zu essen. Oder nimm die Därme von jungen Hünlein/ säubere und reinige sie wol: nimm ein Stücklein eines Fingers breit darvon/ das binde auff einer Seiten mit einem Faden hart zu/ fülle es darnach mit schönem und klarem Oel/ verbinde es an der andern Seiten auch/ und stosse es dem Falcken in den Halß. Wann aber dieses nicht helffen wil/ so nimm rein geschabt Helffenbein/ Spatzenkoth/ jedes zwey Loth/ das gieb ihm ein mit warmem Fleisch. Wann du aber auch also ihm die Würm nicht vertreiben kanst/ so nimm den Fisch/ Schleich genannt/ ziehe ihm also rohe die Haut ab/ und verbrenne sie in einer warmen Ziegelscherben ohne Flam und Rauch zu Pulver/ und nim dazu das obgemelte geschabte Helfenbein/ un den Spatzenkoth/ jedes gleich viel/ bespreng warm Fleisch damit/ und gieb ihm dasselbe. Ist es dann von nöthen/ so nimm an dem vierdten Tag Feilstaub von Eisen/ und Römischen Coriander wol gepülvert/ vermisch es darunter/ und giebs ihm auff die obgesagte weiß zu essen/ wie Albertus schreibt.

Für die Verstopffung des Habichts.

Der Habicht wird zuweilen so verstopfft/ daß er schwer wird/ und weder Lust zu der Speiß noch zum Raub hat/ da kan er denn seinen Leib nicht entledigen/ also/ daß hernach ein Fieber darauß wird/ wie Albertus und Belisarius melden. Wann der Habicht nun also verstopffet ist/ welches man darauß abnehmen kan/ wenn er am Schwantz kratzet/ und Wasser trinckt/ so gieb ihm warm Schweinen-Fleisch mit ein wenig Aloe; oder Regenwürme auff einer warmen Ziegelscherben gedörrt und zerstossen/ auff warmem verdäuligem Fleisch/ wie Tardivus lehret. Oder wenn sich der Vogel von seinem Koth nicht genugsam reinigen kan/ so gib ihm die Gall von einem Hanen/ und netze ihm sein Aaß darin. Wenn aber der Vogel sich zu viel beschmeist/ so gieb ihm ein wenig Bilsenkrautsafft/ und netze ihm sein Fleisch darin/ darmit du ihn speisest/ sagt Albertus.

Für alle Gebrechen der Nieren dieser Vögel.

Für alle Kranckheiten der Lenden und Nieren/ solt du ihnen rein gepülvert Brunnenkressen eingeben in dem Hertzen eines jungen Hünleins/ das noch warm sey/ wie Albertus lehrt.

Für die Feigblattern so dem Falcken im Hindern wachsen.

Wenn der Habicht Feigblattern im Hindern hat/

hat / so nimm die obersten Zincklein von den Flügeln / dörre sie / und stoß sie zu Pulver / das streue ihm auff sein Fleisch / und also solt du ihn zu neun mahlen speisen / sagt Albertus.

Für die zerbrochene Schenckel dieser Vögel.

Wenn der Habicht einen Schenckel zerbricht / so nimm weissen Weyrauch / Mastix / rothen Armenischen Bolum, Naterwurtzel / Wallwurtzel / jedes gleich viel / zerstoß jedes besonder zu reinem Pulver / und temperier es wol mit Eyerklar / daß du es Pflasterweiß auff ein leinen Tuch streichen könnest. Richte ihm dann das Bein recht und wol in einander / und umbwinde es hart mit dem gesalbten leinen Tüchlein / wie man ein Beinbruch pflegt zu verbinden; nimm darauff eine der grösten Federn von einem Geyer / schneid den Kiel in der mitten von einander mit einem langen Riß / binde ihm das gebrochene Bein hinein / aller massen wie man pflegt einen Beinbruch zu schienen. Das Gebänd solt du ihm also unverruckt übergebunden lassen fünff Tag / und so viel Nacht lang / sagt Albertus.

Für das Podagra und andere Gebrechen der Schenckel und Füsse dieses Vogels.

Wann der Habicht Podagrämisch wird / so nimm Wolffsmilch / zerstoß es / und mische Honig und Essig darunter / und ein wenig Kalck; das binde ihm darüber / wenn er sich denn wiederumb anfängt zu bewegen / so salbe ihn mit Aloes, in gutem Wein zertrieben / so wird er gesund / sagt Albertus. Für das Podagra, wann dem Habicht die Feuchtigkeit in die Füß und Klauen kommt / kanst du ihm seine Füß mit der Milch des Krauts Lactajola (welches ohn Zweiffel auß dem Geschlecht der Wolffsmilch ist) salben / auch das Tuch so umb die Stang gewunden ist / darin netzen / und ihn darauff stehen lassen biß sich die Füß auffreissen / alsdenn thu das Tuch ab / und schmiere die Füß mit Unschlit biß daß sie heilen / wie Crescentiensis lehret. Wenn dem Falcken die Füß selber ohne Gewalt auffschwellen / so ist er mit dem Podagra behafftet. Für solchen Gebresten solt du dieses bewehrte Stücklein brauchen. Nimm frische Butter und Baumöl / jedes auff ij. Loth / und so viel Aloes, vermisch solche Stück wol; mit solchem Sälblein schmiere ihm die Füß drey Tag lang / stell ihn an die Sonnen / und geb ihm Katzenfleisch zu essen / so geneset er. Oder nehme Baumwol mit Oel befeuchtet / zünde dieselbe an und brenne ihm die Füß darmit / darnach stell ihn auff einen Felsen oder Kiselstein / der mit altern Schmer wol bestrichen sey / geb ihm Mäuß zu essen / so geneset er. Wann dem Falcken die Füß geschwollen / so nimm Aloes und Eyerklar / vermisch es wol zusammen. Darnach nimm einen alten verschliffenen Schleiffstein / daran etwas Eisen hangen blieben / sammle dasselbe / und misch es zu obgemelten Stücken / damit salbe ihm die Füß / so lang / biß es wie eine dicke Rinde sich anlegt: des andern Tags salbe sie wol mit Seiffen. Wenn er aber das Gliederwehe an seinen Füssen hat / oder die Schaben ihm seine Federn zernagen / so sol er Bockfleisch in Essig genetzt essen; reibe ihm auch offt seine Flügel mit warmem Essig und Loröl. Oder nimm für die Gebrechen seiner Füsse / Tausendblatt / Steinbrech / Eisenkraut und Wegerich / eines jeden gleich viel / zerreib es / und sprenge es ihm auff die warme Speiß. Wenn dem Falcken Knorren oder Beulen wachsen / so nimm der mittelsten Rinden von Wacholder Holtz / stosse sie zu Pulver; von solchem Pulver gib ihm neun Tag / je einen Tag umb den andern / in seiner Speiß / so vergehet es ihm. Wenn sich der Habicht an einer Klauen oder Zeen der Füsse beschädiget hat / so schneide eine lebendige Mauß auff / und nimm das warme Eingeweid / stoß ihm den Fuß darein / und verbinde es mit einer leinen Binden. Wann aber dieses nicht hilfft / so zerbrech die rechte Klauen von einem Schweinsfuß / und salbe ihm mit dem Schmaltz oder Marck derselben die Klaue drey Tag lang. Wann der Falck eine Klaue von der Wurtzel herauß verlohren hat / so kan ihm dieselbe nicht wieder wachsen: sondern nimm eine Mauß / schneide sie auff / binde ihm die Zeen daran er die Klaue verlohren hat hinein / und salbe ihn wol mit Schweinen Klauenschmaltz / so lang biß er heil werde. Wenn der Vogel mit dem Gebrechen / Ramp genannt / (vielleicht sol es Krampff heissen) geplaget wird / so netze ihm seine Speiß in Beyfußsafft: oder salbe ihm die Füß mit warmen Lämmerblut oder warmem Wein / darin Nesseln gesotten sind: in solchem Wein soltu auch seine Speiß eindunken / sagt der vielgemeldte Albertus.

Was von diesem Vogel ausser und inner der Artzney dem Menschen nützlich seye.

Der Habicht wie auch andere Raubvögel / sind in der Heil. Schrifft zu der Speiß verbotten / damit man hierauß verstehe / daß alle diejenige Gott mißfallen die andern auffsetzig sind / und mit Todtschlag umbgehen / wie der Habicht / welcher auch keines der schwachen Vögelein verschonet / wie Procopius schreibt. Die jungen Habichte werden gantz fett und lieblich zu essen / wie Aristoteles meldet. Sein Fleisch ist auch süß und mild / wegen der guten Nahrung / so dieser Vogel braucht / wie Albertus bezeuget. Dieser Vogel gebraten und gessen / benimmt die schwere Noth. Sein Fleisch / dieweil er noch jung ist / gessen / stärckt das Hertz / widerstehet der Melancholy und verwirrtem Gemüth. Die Zauberer heissen für das viertägig Fieber den Staub / in welchem sich ein Habicht gewaltzet hat / mit einem rothen Faden in einem Tüchlein an sich binden. Der Habicht in Rosen-Oehl gekochet / wird für eine krafftige Artzney aller Gebrechen der Augen übergestrichen / sagt Plinius. In Gilgen-Oehl gekochet / biß sein Fleisch von einander fällt / und die Augen stets mit dieser durchgesiegenen Brühen gesalbet / benimmt die Dunckelheit dersel-

Von dem Habicht.

bigen. Habicht-Schmaltz in Oehl zertrieben / und die Augen damit bestrichen / dienet auch darzu / sagt Æsculapius. Sein Unschlit dienet den Gliedern / sagt Ursinus. Gänß / Habicht / Kranch und dergleichen Vögel Koth / von welchen etliche viel schwetzen und liegen / ist nirgend zu gut / wie die Erfahrung lehrt / sagt Aëtius. Habichtkoth in Meth getruncken / macht fruchtbar / sagt Plinius. Dieses Koths ein Scrupel getruncken / oder ein Quintlein davon als ein Zäpfflein in die Mutter gestossen / befördert die Nachgeburt. Der Koth mit süssem Wein getruncken / befördert die Geburt / sagt Kiranides. Sperberkoth zu Pulver gestossen / und so viel man mit zweyen Fingern halten kan / soll man in Wein oder Weibermilch einem Weib zu trincken geben / so nicht gebehren kan / doch soll man vorhin wol Acht haben / daß die Geburt im Leib zum Außgang recht gerichtet sey. Also getrunckē / befördert es auch die Nachgeburt. Eine Behung / mit welcher die todte oder lebendige Geburt herfür gebracht wird: Nimm eine Schlangenhaut / Opopanacem, Myrrham, Galbanum, Bibergeil / gelben Schwefel / Klebkraut / oder Ferberröthe / Tauben- oder Habichtkoth. Diese Stück alle / oder doch etliche zerstoß / und vermische sie mit Kühgall / und laß den Rauch darvon durch ein Röhrlein in den Bauch gehen / wie Arnoldus lehret. Habichtkoth-Aeschen mit gutem Honig vermischt / wird zu einer Artzney der Augen gelobt / darüber gestrichen / sagt Plinius. Ein wenig Falckenkoth mit Wein / wird für das Gifft deß Molcken oder gesprengten Eydexen gegeben. Dieser oder deß Sperbers Koth klein gepülvert / wird den Pferden nützlich in die Augen gethan. Deß Habichts Augen an den Halß gehencket / vertreibt das dreytägige Fieber / sagt Kiranides. Für alle böse Gebrechen deß Leibs / dienet deß Habichts Magen / drey Tag und so viel Nächt in Wein gebeitzt und zertrieben / und mit dreyen Löffeln voll Fenchelsafft und Honig vermischt / und gegen der Nacht / wann man schlaffen gehen wil / getruncken. Der Habichte und Adler Gallen sind sehr scharff / sie zernagen auch / oder fressen auß / welches sie dann mit ihrer Rostfarb bezeugen / die doch zuweilen schwartz ist. Diese Gall dienet auch den Augen. Deß Habichts Klauen gepülvert / werden für die rothe Ruhr nützlich gebraucht. (Du solt auch Sorg haben / daß der Habicht mit den Klauen dich nirgend verletze / wie alle Raubvögel / und fürnemblich / wann sie nach dem Bad die Federn mit dem Schnabel streichen und zu recht legen / dann von solchem Streichen empfangen sie eine Feiste am Schnabel / die ist gifftig.) Dann solcher Vögel Federn / Klauen und Füß haben eine vergiffte Eigenschafft / darumb / wann sie zu solcher Zeit einen beschädigen oder verletzen mit denen Stücken / möchte grosser Schaden darauß entspringen. Daher soll man sich darvor hüten / dann man schreibet glaubwürdig / daß etliche allein von dieser Verletzung gestorben sind: Darumb man solchen Schaden / ob er gleich gering geschätzt werden mag / nicht gar verachten soll / sagt Albertus.

Von der Artzney dieses Vogels reimet Becherus also:

Ein kühner Vogel ist der Habicht / voller List /

1. Er gantz / sein Kopff und Fett auch zu gebrauchen ist.
1. Er gantz in Oehl gekocht / und sich darmit geschmiert /
Hilfft diesem Menschen / der da bösen Augen führt.
2. So man den Koth davon zu Aschen brennen thut /
Der Dampff der treibt die Frucht / und ist darinnen gut.
3. Zerlassen Habicht-Fett / dasselbe dienet auch
Den Augen und der Haut / hatt drinnen sein Gebrauch.

Von mancherley Geschlecht und Unterscheid der Habichte.

Callimachus sagt von sechserley Habichten / die andern aber auß den Alten (als Aristoteles) sagen von zehen Geschlechten / welche alle im Jagen einen Unterscheid haben. Dann etliche nehmen die auff der Erden sitzende Tauben weg / die fliegende aber stossen sie nicht: andere stossen allein die Vögel / so auff den Bäumen sitzen / dem jenigen aber / so auff der Erd sitzt oder fliegt / thun sie keinen Schaden: Uber dieses sind etliche / welche deren keinen angreiffen / sondern allein die / so in den Lüfften daher fliegen.

Von dem Mirlein / oder Smirlein.
Æsalo, Smerlus.

Dieser Vogel / von den Griechen Αἰσάλων genannt / welcher auch auff Lateinisch Æsalo, Smerla, Smerlus: Italianisch Smerlo, Smeriglio: Frantzösisch Emerillon: und zu Teutsch Mirlein oder Smirlein heisset / läst sich allzeit sehen / da doch die andere Habichte zu Winters-Zeit hinweg fliegen. Das zehende und letzte Geschlecht der Falcken (spricht Albertus) ist klein von Leib / und wiewol es das kleineste ist unter allen Geschlechten der Falcken / weicht es doch keinem an Kühnheit nach der Grösse seines Leibes / sondern wann es zu solcher Kühnheit / durch gute Abrichtung und vielen Gebrauch / wohl geübet wird / und sich auff die Hülff eines erfahrnen Falckenierers verlassen darff / wird es zuweilen so kühn und unverzagt / daß es auch einen Kranch stösset. Diese Art der Falcken ist (wie auch alle andere Falcken) unter den Augen geflecket / hat nach der Proportion seines Leibs lange Flügel / sein Schwantz ist mittelmässig lang / hat glatte gelbe

gelbe Füsse / ist etwas kleiner als der Sperber / und beynahe so groß als der Sperber / den man Muscetum nennet. Wann dieses Fälcklein noch nicht abgerichtet ist / stöst es die Distelfincken / dann es ist schnell zum auff und niederfliegen und zum stossen. Sieweil aber dieses kleine Fälcklein oder Smirlein jederman wol bekandt / ist nicht noth / viel davon zu handlen. Sie fliegen gewöhnlich Schaarweiß auf ihre Raub / daher werden zuweilen vier mit einander so abgerichtet / daß sie mit Hülff der Menschen einen Schwanen stossen / also / daß einer ihm auff den Kopff / zween auff die Flügel / und der vierdte auff den Halß und auf die Brust sitzt / und also werffen sie den Schwanen zu Boden / daß er vom Weidmann gefangen wird. Dieweil sie aber noch wild sind / fangen sie allein kleine Vögelein. Ihr Beitzen bringet mehr Lust als Nutzen. Sie fangen sonderlich auch Lerchen / welchen sie so begierig nachfahren / daß sie zuweilen in ein Feuer oder Wasser fliegen / oder auch den Menschen an seine Kleider stossen. Sie fangen auch Spatzen und andere dergleichen Vögelein / zuweilen auch Rebhüner. Wie man sie aber abrichten und halten solle / ist genugsam in der Beschreibung deß Habichts gesagt worden. Man soll sie innerhalb acht Tagen abrichten / dann nach dieser Zeit werden sie darzu nichts nutzen.

Von dem Bußhard. Buteo.
Von der Gestalt dieses Vogels.

Dieser Vogel ist auß der Habichte Geschlecht / und wird von den Griechen Τριόρχης, von seinen dreyen Hödlein genennet. Auff Lateinisch heisset er Buteo: Italianisch Poyana: Spanisch Gavia: Frantzösisch Busard: Polnisch Kania: Ungarisch Vertle: Engelländisch a Bussard, a Bustard: Niederländisch Buysart. Die Teutschen nennen ihn einen Bushard / Busarhn / Maßwey / oder Maßhuw / weil er etlicher massen diesen Vögeln gleichet / er ist in der Grösse eines Weyhen / etwas schwärtzer als der Habicht / und hat krume Klauen und Schnabel. Dieser Vögel sind dreyerley Gattungen / ein grosser / mittelmässiger / und kleiner. Sie sind auch an der Farb unterschieden / man findet zuweilen gantz weiß gefärbte. D. Geßner hat einsmals in Savoyen ein Männlein / so ihm zugebracht worden / besehen / das hatte einen kurtzen / krummen / und schwartzen Schnabel: an seiner Stirnen war er fast gelbgrün gefärbet (welche Farb er doch hernach an einem andern nicht gesehen hat.) Seine Bein waren gelb / und bey nahe biß auff die Mitten mit Federn bekleidet. Sein Rücken war grau / die letzte Federn aber darauff etwas röthlicht / der innere Theil der Federn / welcher bedecket ist / war weißlicht / mit viel dickem / krausem / und gantz lindem Pflaum umbgeben: am Bauch und an der Brust waren weißlichte Federlein / mehren theils in der mitten mit schwartzen Flecken gezeichnet: Die graue Kopfffedern waren zu äusserst weißlicht: die Schwingfedern waren schwärtzer als die andern / doch waren alle Flügelfedern an der innern Seiten weißlicht. Die Länge deß Leibes vom Schnabel an / biß zum Ende deß Schwantzes gemessen / war sieben zwerch Händ / der Schwantz vom Bürtzel an gemessen eine Spanne lang. Sein Halß war gar kurtz / wie an allem Habicht-Geschlecht. Seine gantze Grösse und Schwäre war fast einer ziemlichen Hennen gleich.

Von dem Sperber.

Von dem Sperber.
Sparverius, Nisus.

Von der Gestalt dieses Vogels.

Dieser Vogel/ so von den alten Lateinern Nisus genennt worden/ den man auch Sparverium nennet/ wird auff Italiänisch Sparviero: Frantzösisch Esprevier: Pohlnisch Sokol: Engelländisch Sparhauke: Niederländisch Sparwer/ und von den Teutschen Sperber: das Männlein aber Sprintz/ oder Sprintzel geheissen. Er ist von Leib etwas kleiner als der Habicht/ doch ihm an der Farb nicht ungleich. Diesen beschreibt D. Geßner also: Der Sprintz hat gelblichte Bein/ so zehen Finger lang/ und mit krummen schwartzen Klauen bewaffnet sind. Sein Schnabel ist klein/ kurtz und schwartz/ daran der untere Theil wie eine Röhre/ und nicht spitzig ist: der obere Theil aber ist sehr unter sich gekrümmet/ und sehr spitzig/ wie deß Dornkrätzers. Seine Zung ist klein/ schwärtzlicht und stumpff. Die Länge vom Haupt an biß zu Ende deß Schwantzes/ ist vier zwerchhänd. Vornenhin überall am Kopff/ an den Flügeln/ Rücken/ und Schwantz/ hat er eine gleiche Farb/ nemlich hellschwartz. Die innere Schwantz-Federn sind umb ein ander weiß und schwartz/ wie auch unter den Flügeln. Am Anfang deß Schwantzes sind viel weisse Federn. Der Schwantz ist zwo zwerchhänd lang. Am übrigen obern Theil/ als am Halß/ an der Brust/ und am Bauch/ sind je eine Feder umb die ander weiß und roth/ doch unterweilen schwärtzlichte. Die Schwantzfedern bedüncken einen zu äusserst weißlich. In Apulia sind die Sperber grösser als bey uns. In den Ländern Europæ/ so gegen Mitternacht gelegen/ findet man gantz weisse Sperber/ wie Olaus Magnus schreibet. Der Sperber/ wie auch die Taub/ haben einen kleinen und runden Kropff. Sein Schwantz henckt sich auch sehr/ von wegen seiner Länge/ welches doch am Habicht nicht gelobt wird/ sagt Albertus.

Von der Natur und Eigenschafft dieses Vogels.

Dieser Vogel/ ob er schon kleiner ist als der Habicht/ ist er doch sehr frech und unverzagt/ dann er unterstehet sich Vögel zu fangen/ so viel stärcker sind dann er/ als Tauben/ Antvögel/ Tolen/ und dergleichen. Man sagt/ daß die Sperber nicht Schaarweiß auff den Raub fliegen/ dann auß Haß und Hoffart erhebt er sich/ daß er den Vogel allein haben wil. Aber es ist glaublicher daß er deßwegen allein dem Raub nachstelle/ und im Flug keine Gesellen haben wolle/ damit er auch der Speiß allein geniessen möge. Dann da ist kein Zweiffel/ daß der Sperber seines gleichen verfolge/ als ein anderuñ frembd Geschlecht/ und das ist wider aller Vögel Natur. Dann (wie Aristoteles sagt) ein jeder Vogel/ der im Flug seine Nahrung raubet/ verschonet seines Geschlechts/ darumb ist allein der Sperber dieser edlen Art unwissend/ gleichwie der Mensch auch/ der fast allein unter andern Thieren/ so auff dem Land leben/ nicht auffhöret sein Geschlecht zu neiden und zu hassen. Man schreibet auch von diesem Vogel/ daß er zu Winters-Zeit lebendige Vögel unter den Füssen in den Klauen halte/ der Wärme halben/ und also die gantze Nacht darauffstehe: aber deß Morgens sol er solcher Gutthat/ die ihm von dem Vogel geschehen/ eingedenck seyn/ also/ daß er ihn lebendig hinweg fliegen lasse. Solches aber hab ich nicht erfahren/ sagt Albertus. Etliche sagen dieses vom Habicht/ wie oben gesagt worden. Die Sperber nisten auff den Tannen/ und legen mehren theils vier oder fünff Eyer. Sie erwählen auch einen Orth/ daran sie alle Tag die Vögel/ so von ihnen gefangen werden/ ropffen/ welche sie hernach dem Weiblein bringen/ so lang es brütet. Albertus sagt auß gewisser Erfahrung/ daß die Sperber ihre jungen/ wann sie außgeflogen sind/ einen Monat lang speisen/ darnach verschleichen sie sich heimlich von ihnen: sie lehren solche auch Vögel fangen/ indem sie ihnen dieselbige lebendig herzu bringen/ und wiederum fliegen lassen/ und reitzen sie damit dieselbe zu fangen/ und nachdem sie vermerckt haben/ daß sie der Kunst genugsam berichtet sind/ verlassen sie dieselbige. Dieser Vogel wird bald abgerichtet: er wil aber wohl gespeiset und gehalten werden: seinem Raub jaget er ohne sonderliche Mühe nach. Die Falcken und Sperber/ wann sie wohl abgerichtet sind/ kommen wiederum zu Hauß wie die Tauben/ wie Albertus bezeuget. Wie man aber den Sperber halten und abrichten solle/ haben wir droben bey dem Habicht genugsam angezeiget. Der Sperber fängt allerley Vögel/ wie der Habicht/ außgenommen die grossen. Er fänget Tauben und andere/ die er ereylen kan. Die gute und edle Sperber fangen Enten/ Blochtauben/ Rebhüner/ Krähen/ Tohlen/ Atzeln/ Lerchen/ und allerley kleine Vögel. Dieser Vogel fängt an sich zu maussen im Mertzen und April/ und endet seine Maussung im Augstmonat/ sagt Tardivus.

Was von diesem Vogel in der Artzeney dem Menschen nützlich seye.

Wann ein Weib in Kinds-Nöthen ligt/ und nicht gebehren kan: oder die Nachgeburt zu befürdern/ kan man zerstossenen Sperberkoth brauchen/ wie oben zum theil bey dem Habicht gesagt worden.

Von dem Wannenweher.
Von dem Wannenweher.
Tinnunculus.

Von der Gestalt dieses Vogels.

Die Teutschen nennen dieses Habicht-Geschlecht/ Wannenweher/ Wanntwechen/ Wiegwehen/ Wandweher/ Steingall/ Steinschmalz. Auff Griechisch heisset er κεγχρίς: Lateinisch Tinnunculus: Italiänisch Canibello, Tristarello: Spanisch Cernicalo: Frantzösisch Crecerelle: Engelländisch a Kestrell, Kistrel, Kastrel, a Steyngall. Dieser Vögel werdē viel in dem Schweitzerland gefundē. Sie sind klein von Leib/ in der Grösse deß Sprintzen/ viel gelber gefärbt als die andern Habichte/ haben Wiesel- oder Castanien-farbe Federn/ krumme Klauen und Schnabel/ und gelbe Füsse/ wie Turnerus sagt. Dieses Vogels Magen ist dem Kopff gleich/ und gar nicht fleischicht.

Von der Natur und Eigenschafft dieses Vogels.

Der Wannenwäher lebet von den Flädermäusen/ Mdusen/ Heuschrecken/ Wespen/ kleinen Vögeln/ und kriechenden Thieren. Er trinckt auch allein unter allen andern krummschnäbligten Vögeln/ doch selten/ wie Aristoteles schreibet. Andere sagen/ er trincke gar nicht. Dieser Vogel nistet in den hohen Thürnen und Gebäuen/ auch in den hohlen Bäumen und Kirchmauren. Er wird auß Liebe gegen seinem Weiblein entzündt/ wie zuweilen ein unsinniger liebhabender Mensch/ also/ daß er dasselbe allwegen vor ihm sehen muß. Wann aber das Weiblein etwan von ihm gewichen/ wird er sehr traurig/ und schreyet sehr laut/ und gleichwie sich die Menschen selbst von Liebe außmärgeln/ also thut auch dieser Vogel/ wie Ælianus berichtet.

Der Wannenweher ist unter den Vögeln mit krummen Klauen der aller fruchtbarste/ wiewol er auch nicht viel Eyer/ sondern zum meisten vier oder fünff legt/ diese sind roth/ wie Mennig gefärbet. Wann er kranck an seinen Augen ist/ ziehet er wilden Lattich oder groß Habichtkraut auß/ und thut den außgetruckten scharffen Safft davon in seine Augen. Diese Artzeney brauchen die Aertzt auch zu den Gebrechen der Augen/ dardurch sie bezeugen/ daß sie auch von den Vögeln (als von ihren Lehrmeistern) lernen müssen/ wie Ælianus schreibet. Dieser Vogel ernehret seine Jungen so lang/ biß daß sie sich selbst erhalten können. Er wohnet gern an denen Orthen/ so nicht weit von den Leuthen sind. Man hat sie auch sehr lieb/ dieweil sie den Menschen mit dem Raub keinen Schaden thun/ sondern vielmehr nutzen/ indem sie die Mäuß fangen/ und essen. Diesen Vogel/ sagt Plinius, sol man bey den Tauben haben/ dann er beschirmet sie/ und erschrecket die Habichte/ aus sonderbarer Eigenschafft/ so ihm von Natur angebohren/ also/ daß sie ihn und seine Stimme hassen: daher werden sie auch sehr von den Tauben geliebet. Darumb hat man ein alte Lehr deß Democriti, daß man einen jungen Wannenweher nehme/ und in einen Hafen thue/ und denselben wohl mit einem Deckel bedecke/ mit Gypß verkleibe/ und in einen Winckel deß Taubenhauses hencke: dann dieses machet den Tauben den Orth so angenehm/ daß sie denselbigen nimmermehr verlassen/ wie Columella berichtet. Die Wannenweher fangen eben die Vögel/ welche die Smirlein fangen/ können auch auf gleiche Weise abgerichtet werden. Von den Wannenwehern schreibet Plinius, daß sie vor Botten gebrauchet werden/ indeme Decimus Brutus ihnen Brieffe an die Füsse gebunden/ und sie in das Lager der Burgermeister verschicket/ als er von Antonio in der Stadt Mutina belagert worden.

Von dem Egyptischen Habicht.

Accipiter Ægyptius.

Von der Gestalt und Eigenschafft dieses Vogels.

Bellonius schreibet/ daß in Egypten nach Africa zu/ ein Land gantz erhöhet gelegen/ daß es von dem Fluß Nilo nicht könne überschwemmet werden/ und also sandich und dürr sey/ daß nichts darauff wachsen könne: Allda halten sich eine grosse Menge Habicht auff/ die nach ihrer Natur und Eigenschafft/ wol die jenige seyn können/ derer Herodotus gedencket/ und sie Falcones Ægyptios nennet: weilen zumahlen diese Vögel an keinem Orth/ als in Egypten/ gar langsam in Syrien gesehen werden. Er ist an Grösse gleich einem Raben/ sein Kopff ist dem Kopff deß Weyhen ähnlich/ sein Schnabel hat etwas Unterscheids zwischen deß Raben und Adlers/ zu äusserst ist er ein wenig krumm/ seine Schenckel und Fuß sind auch theils dem Raben/ theils den Raubvögeln ähnlich. Er ist bey nahe wie der Stockahrn gefärbet. Man findet ihn aber vielleicht auch anderst gefärbet. Sie essen von den Toden Corpern absonderlich aber lesen die Schlangen auff/ und säubern das gantze Land Egypten/ von diesem schädlichen Ungeziefer. Dannenhero Herodotus schreibet/ daß die Egyptier diese Vögel so hoch verehreten/ daß der jenige/ welcher von diesen Vögeln unversehens oder

Von dem Falcken.

oder mit Fleiß ertödtete / wiederumb an dem Leib gestraffet wurde. Deßgleichen werden diese Vögel so sie ohngefehr todt gefunden werden / mit solchen Ehren auffgehaben / und wohl vergraben / auch nicht als zuweilen ihren falschen Göttern zum höchsten Opffer auffgeopffert.

Von dem Falcken ins gemein.
Falco.

Von der Gestalt dieses Vogels.

Dieser Vogel hat bey mehrentheils Völckern in Europa einerley Namen. Massen der auff Lateinisch Falco; Italianisch Falcone; Spanisch Falcon; Frantzösisch Faulcon; Engelländisch a Falcon; Niederländisch Valcke; und Teutsch Falck genennet wird. Die Pohlen heissen ihn Sokol; und die Ungarn Solyom. Wir haben aber fast alles das / so der Habicht und der Falck gemein haben / in der Histori des Habichts erzehlet / doch wird auch hie in Beschreibung des Falcken

Von dem Falcken. 287

Falcken viel gesagt werden/ das er mit dem Habicht gemein hat. Darumb sol der günstige Leser/ so dieser Vögel Art/ Natur und Eigenschafft gründlich erkennen wil/ beyde Historien lesen.

Die rechte Farb/ so dem gantzen Falcken Geschlecht gebühret/ ist/ daß sie im Angesicht schwartze Tüpfflein und Flecklein haben sollen/ und umb die Augengrüblein zu beyden Seiten des Schnabels weisse Flecklein/ und schwartze Augbrauen. Das Obertheil des Haupts sol schwartzgrau seyn/ wie auch auff dem Rücken und obern Theil des Halses/ und eussersten Theil der Flügel/ sonst sollen die Flügel fast gesprengt seyn mit vielen Striemlein und Streifflein/ welche Streifflein allzeit schwartz sind. Doch ist der Falck im ersten Jahr rauchfarbroth: aber je mehr er sich mauset/ je weißfärbiger er wird. Seine Augen sollen sehr gelb seyn/ also daß sie auff roth ziehen/ der Stern aber darin schwartz. Die Füß sollen auch Saffrangelb seyn/ und fast auff weiß ziehend/ dann je weniger sie weiß sind/ desto unedler ist auch der Falck. Wenn aber die Bein sehr blau sind/ so ist das auch ein Zeichen das er nicht der besten Art ist/ wie wir hernach in Beschreibung des Blaufuß sagen wollen.

Ob aber gleich diese mancherley Geschlecht der Falcken an der Farb der Füsse und Federn einen Unterscheid haben/ so ist doch die jetztgemeldte Farb des gantzen Leibs ins gemein die beste. Die Farb an seinem Kopff haben zwar auch etliche Nachtvögel/ welche von dem Raub leben/ so viel sie der Falcken Natur theilhafftig sind. Dieweil aber die Gestalt mehr dann die Farb ihre Complexion oder Eigenschafft anzeiget/ werden sie schlechter Dings von den Falcken außgeschlossen.

So viel aber die Gestalt des Leibs antrifft/ so ist das aller Falcken sonderliche Eigenschafft/ daß sie einen dicken Kopff und kurtzen Halß haben/ auch einen kurtzen Schnabel/ aber eine hohe breite Brust/ mit einem scharffen spitzigen Brustbein/ lange Flügel/ einen kurtzen Schwantz/ und kürtzere und stärckere Füsse/ gegen dem übrigen Leib zu schätzen/ als die andern Raubvögel. Wie dann die Beschreibung den anderen Theilen in Vergleichung gegen andern Raubvögeln zuverstehen ist. Dann ob wir schon gesagt/ daß er ein groß oder dick Haupt habe/ sol man darumb nicht vermeinen daß der Kopff gar zu groß seyn solle/ wie der Nachtvögel/ welche alle zaghafft und furchtsam sind: dann solche unmässige Grösse ihres Kopffs ist mehr ein Anzeigung überflüssiger Materi als ihrer Stärcke und Kühnheit. Also verstehe auch von der Ründe des Kopffs/ daß er nicht zu rund seye: dann in solcher Ründe bleiben die Geister nit wol bey einander: sondern wie des Habichts Kopff vornen außgespitzet ist/ und sich allgemach verliert gegen dem Schnabel zu/ wie der Kopff des Adlers/ also spitzt sich das recht natürliche Haupt des Falckens nicht auff diese Weise/ verliehrt sich auch nicht also gegen dem Schnabel außgespitzt/ sondern es ist rund/ als ob man den Schnabel an

eine runde Kugel gesetzt hätte; und seine Stirn breitet sich auß in die Ründe. Oben auff dem Kopff ist die Hirnschal gantz breit/ daß der Kopff die Ründe fast verliert: doch behält er an beyden Seiten die Ründe/ welche Gestalt ein Cholerisch feucht Haupt bedeutet/ deßgleichen hurtige Bewegung und Kühnheit: dann auch der Falck diese Arth hat/ daß er schnell auff den Raub zuschiesset: so ist er auch viel kecker und kühner als sein Vermögen ist. Solches sage ich auch von der Kürtze seines Halß: dann ins gemein davon zu reden/ ist der Halß des Falcken kürtzer als des Adlers oder Habichts/ gegen eines jeden Proportion zu schätzen. Doch wird ein gar zu kurtzer Halß auch nicht gelobt: dann solches ist ein Anzeigung/ entweder Phlegmatischer Kälte/ oder melancholischer Trückne/ mit Blödigkeit seiner natürlichen Krafft: vergleicht sich auch mehr der Natur der Nachtvögel. Und ist fast (wie wir in der Physiognomy gesagt haben) nicht müglich/ das ein Thier etwan an einem Glied des andern Gestalt/ und doch keine Arth oder Eigenschafft des andern Thiers an sich habe. Ob wir aber schon sagen daß der Falck in seinem Geschlecht kürtzere Bein haben sol/ so werden doch lange wolgefederte Hüfften oder Oberschenckel sehr an ihm gelobt: der Untertheil aber sol kurtz und starck seyn/ mit weiten Zeen daß er den Fuß wohl außsperren könne/ die Zeen sollen auch scharff und starck seyn/ insonderheit in den Geleichen/ und die Klauen/ ein wenig einwerts gebogen. Gleiches verstehe auch von der Kürtze des Schwantzes nemblich gegen dem Habicht und Sperber zurechnen: dann ein zu kurtzer Schwantz hat ein Arth der Kautzen und Eulen: darumm sol er so lang seyn/ daß er ihn mit den fordern Federn der zusammen gelegten Flügel erreiche/ die Flügel aber sollen nicht weiter herfür gehen: der Schwantz soll auch nit hangen/ wie des Habichts oder Sperbers Schwantz: dann der lange Schwantz bedeutet die viele absteigende Feuchtigkeit vom Hirn durch den Rückgrad/ und daß sie furchtsam sind. So viel schreibt darvon Albertus.

Tardivus lobt den Falcken so einen runden Kopff/ obenauff breit/ einen dicken kurtzen Schnabel/ eine grosse/ fleischichte/ harte/ und mit starcken Beinen gewaffnete Brust hat/ darauff sich der Falck verlassen und zum stossen brauchen könne. Und dieweil er schwache Schenckel hat/ so braucht er seine Klauen. Seine Hüfften sollen vollkommen seyn: seine Flügel lang und für den Schwantz hinauß gestreckt: sein Schwantz kurtz und gering/ dicke Schenckel/ kurtze Bein/ rc. Dann ein solcher Falck wird Kränch und grosse Vögel fangen. Albertus lobt auch den Falcken der stets seine Füß beschauet. Derjenige ist aber nicht einer guten Art/ der etlicher/ oder viel dieser Stücke mangelt. Doch begibt es sich zu Zeiten/ daß ein unedler Falck eben so gut ist als der edele/ oder auch zuweilen besser: welches der Falckenierer fleissig warnehmen sol. Alle Falcken haben mehrentheils lange und spitzige Flügel/ gleich wie die Adler grosse und breite. Die Falcken haben ihr Gall an der Leber.

Von

Von der Natur und Eigenschafft dieses Vogels.

Der Falck ist sehr edel und kühn/ darumb fähret er schnell unnd ohn Unterscheid dem Raub nach/ und unterwindet sich viel grösserer Dinge/ als er zum End bringen kan. Wie dann Bußbeck in dem dritten Sendschreiben der Türckischen Bottschafft gedencket/ daß Solimannus der Türckische Kayser zu Adrianopel so wol abgerichtete Falcken gehabt/ die einen Kranch angreiffen dörffen/ und zwar mit solcher Fürsichtigkeit/ daß sie unterhalb des Fittigs auff ihn gestossen/ damit sie für dessen spitzigen Schnabel unbeschädiget blieben/ und also über Halß und Kopff mit einander herunter gestürtzet sind. Es gelinget ihnen aber solche Verwegenheit nicht allezeit; dann wann sie ihn nur ein wenig unrecht treffen/ kostet es sie zugleich ihr Leben/ in dem sie sich an dem spitzigen Schnabel/ gleich als an einem Pfeil spiessen; und also todt zur Erden fallen. Und meldet Olearius in der Persianischen Reise-Beschreibung im 35. Capitel des 4. Buchs/ daß bey dem Stättlein Natens zur rechten Hand zween zimlich hohe spitzige Berge liegen/ auff deren höchsten stehet ein stumpffer Thurn/ den Scach Abas einem Falcken/ welcher einen Adler überwunden/ zum Gedächtnuß hat bauen lassen. Dann als einsmahls der König im fürüber reisen/ sich allhier gelägert/ hat einer von seinen Falcken/ indem er einen Adler fliegen sehen/ sich loß gerissen/ und zu ihm gemacht. Sie haben in der Lufft lange mit einander gestritten/ und der Falck endlich den Adler auff selbigem Berge unter sich geleget. Alle Raubvögel (wie Albertus bezeuget) vertreiben ihre Jungen wann sie auffgewachsen sind/ sonderlich der rechte Adler und Falck.

In dem jenigen Theil Franckreichs/ so Gallia Belgica genennt wird/ nicht weit von der Stadt Lüttich (spricht Aeneas Sylvius) sol ein Schlacht zwischen den Raben und Falcken also geschehen seyn. Der Falck hatte ein Nest auff einem Baum oder Felsen gemacht/ und daselbst brütet er seine Eyer/ da sind die Raben dahin kommen/ haben ihn auß seinem Nest vertrieben/ darzu seine Eyer zerbrochen und gefressen. Am folgenden Tag (welches ein wunder ist zu sagen) sind die Raben und Falcken/ gleichsam von dem gantzen Erdboden/ zum Streit beruffen worden/ und haben sich diese gegen Mitternacht/ jene aber gegen Mittag in Ordnung gestellet/ gleich als ob sie etwas Vernunfft hätten: etliche waren also geordnet/ daß sie an den Seiten stehen/ die andern aber die Ordnung führen und anweisen solten. Da haben sie einen grausamen Kampff in der Lufft gehalten/ in welchen bald die Raben/ bald die Falcken hintersich getrieben wurden. Wann sie aber ihre Kräffte wiederumb erholet hatten/ fiengen sie einen neuen Kampff an/ also/ daß der gantze Acker allenthalben mit Federn und Cörpern bedeckt ward. Zu letzt aber haben die Falcken gesieget/ welche nicht allein mit ihren Schnäbeln/ sondern auch mit ihren Klauen starck gestritten/ und die Raben alle umbbracht und getödtet haben. Kurtze Zeit darnach haben zween (deren der ein von dem Bapst Gregorio dem dreyzehenden/ der ander von Benedicto dem Zwölfften/ zu einem Bischoff erwehlet war) umb die Kirche zu Lüttich gestritten/ sind also beyde an dasselbig Orth da die Vögel zuvor gestritten/ zum Streit zusammen kommen; Und ist dem einen Hertzog Johannes auß Burgund zugezogen/ dem andern aber hat das Lütticher Volck einen Beystand gethan. Da dann zu beyden Theilen eine grausame und blutige Schlacht gehalten worden/ also/ daß zu letzt der Hertzog auß Burgund der Feinde dreissig tausend erlegt/ und obgesieget hat. Zu einem Zeichen dieser That hat man daselbst eine Kirche gebauet: welche ich nachmahls als ich daselbst fürüber gereiset/ voll Beine/ deren so daselbst erschlagen worden/ gesehen hab. Ob nun diese Schlacht der Raben und Falcken/ diesen Außgang bedeutet habe/ lassen wir einem jeden seine Meinung. Dieses schreibt der obgenannte Sylvius.

Wie man die Falcken halten/ abrichten/ und ihnen ruffen sol.

Der Falcken Adel und Kühnheit kan man am besten auß der Erfahrung erkennen: doch mehret dieselbe viel der Fleiß ihrer Meister und Herren/ gleich wie auch hergegen viel guter Falcken von liederlichen Meistern verderbt und unnütz werden. Wann die Falcken wol abgerichtet worden/ fliegen sie wiederumb zu ihrer Wohnung wie die Tauben. Dann Albertus schreibt/ daß er Falcken gesehen hab ohn alle Fesselung auß und ein fliegen/ auch über die Tisch da man pflegt zu essen/ und sich am Sonnenschein außbreiten mit ihren Flügeln: und erzeigten sich also gantz freundlich gegen den Menschen. Und wann man Kurtzweil haben wolte/ flogen sie von den Tächern und Fenstern auff den Raub: und wann man ihnen wiederumb herzu ruffte/ flogen sie wiederumb zur Hand. Wenn sie aber nicht wol abgerichtet sind/ fliehen sie den Menschen/ darumb kommen sie nicht bald wiederumb herzu/ sie haben dann Hunger: dann durch Hunger gewohnen sie herzu zufliegen. Der Falck ist besser/ wann er ein wenig zuvor ehe er sich gemauset hat/ gefangen worden. Wie man sie aber fangen solle/ ist genugsam droben in Beschreibung des Habichts gesagt worden.

In der Abrichtung des Falcken sol man sonderlich auff zwey Stück sehen. Erstlich/ daß er auff die Hand gewehnet werde: darnach daß er kühn und muthig zu dem beitzen werde. Er wird aber der Hand leichtlich gewohnen/ wann man ihn allezeit darauff ätzet. Man sol ihn auch anfangs mit einer Reuschhauben häuben/ und auff der Hand drey Stund tragen. Darnach wann er mit einem Hünerkölblein geätzt worden/ sol er auff einen Wasen zu einem fliessenden Bächlein/ oder sonst zum Wasser gestellet werden/ daß er sich baden könne/ wann er etwa wil: darauff stelle ihn wieder

Von dem Falcken.

wieder an die Sonne / daß er sich wohl saubere und truckne / setze ihn darnach an einen dunckeln Orth / biß auff den Abend / uñ stelle ihn hierauff wieder auf die Faust / und trage ihn biß zum ersten Schlaff herumb / darnach setze ihn wieder in einen dunckeln Winckel auff die Stange / und zünde ein hell klar Feuerlein bey ihm an / oder stelle ein brennend Liecht für ihn die gantze Nacht / dañ häube ihn wiederumb / und stehe ein weil mit ihm vor dem Feuerlein. Mercke auch / daß die so in ihrem Nest wohl flück wordē sind / bessere und stärckere Federn haben. Wann es sich aber begeben / daß sie außgenommen worden / ehe sie flück sind / so setze ihn in sein eigen Nest / oder bereite ein solches auf das beste als dir müglich / das demselbigen gleiche / darauß er genommen worden / und speise ihn offt mit Hünerfleisch / dann solches ist wohl temperirt. Geb ihm auch unterweilen roh Bärenfleisch / dann darvon wird ihm sein Gefieder sehr wohl gestärckt. Wann du ihn nicht also hältest / gewinnet er einen langsamen Flug / und einen schwachen Stoß / also / daß ihm offt ein Flügel oder Hüffte zerbricht. Es ist auch sehr gut daß man ihn mit keiner Hand berühre / so lang biß daß er wohl flück ist. Hernach aber / wann er flück genug ist / solt du ihn gewehnen zu der Hand und Hauben / doch also / daß du in keinerley weg hart mit ihm verfahrest / sondern daß er deine Hand allzeit lind und sanfft befinde.

Die Stimm der Falcken ist gröber / langsamer und heller nach der Gröbe als deß Habichts oder Sperbers. Und wann sie vom Falckenierer wiederumb herzu beruffen werden / pflegt man nicht zu pfeiffen / sondern wie man auff dem Gejägt den Hunden zuschreyet / mit starcker Stimm zuruffen / oder man wirfft ein Federspiel mit vier oder mehr Flügeln / als einen Vogel mit Schnürlein zusammen gebunden / auff / daran ein Stücklein frisch Fleisch angebunden / und locket ihm also herzu.

Die Falcken schreyen auch bißweilen zu viel / und solches bedeutet daß sie erzürnet sind / oder zu mager / welches am Weydwerck sehr schädlich ist: dann von seinem Geschrey fliegen alle Vögel / ehe sie der Falck wohl unter seinen Flug zum Stoß treiben kan. Gleicherweiß begibt es sich auch offtmahls / daß der Falck / ob er gleich beruffen wird / nicht wiederumb herzu kom̃t / sonderlich die Bergfalcken / und geschicht solches auß zweyerley Ursachen. Die erste Ursach ist / daß er erzürnet wird / weil ihm vielleicht der Raub entflogen: Die ander / daß er etwan zu satt ist / darumb er der Speiß überdrüssig: Wann aber der Falck von einem erfahrnen Falckenierer gewehnt worden / so soll man sich darumb nicht bekümmern / daß er nicht bald wiederumb herzu fliege / dann so bald ihm der Zorn vergehet / so fliegt er wiederumb herzu: dann wann die Falcken oder Sperber wohl abgerichtet worden / kommen sie wiederumb wie die Tauben: wann sie aber noch nicht genug abgerichtet / und der Menschen noch nicht gewohnet haben / sol man sie nicht fliegen lassen / sie haben dann vorhin Hunger.

Darmit aber wird der Falck kühn werden / wañ man ihn offt läst lebendige Vögel erwischen / und daß er dieselbe trucket biß sie schreyen / sol man ihm auch dieselbe entwischen lassen / doch daß er sie selbst wiederumb fangen könne. Da soll man aber zuvorderst verschonen / daß er von solchen Vögeln nicht verletzt werde / weder von ihrem Schnabel noch Klauen / dann wann er also jung von ihnen beschädiget wird / würde er davon gantz zaghafft werden: wann er aber offtmahls ohn alle Verletzung solchen Vögeln nachjaget und ereilet / wird er darvon gantz kühn / darzu ihn dann der Falckenierer hefftig anreitzen sol / und insonderheit in Beywesen der Vögelhunde / es sollen aber solche Vögel stets verwandelt werden / also / daß ihm allezeit je länger je stärcker gegeben werden. Wann er dann zum Weydwerck genugsam abgerichtet worden / solt du ihn deß Morgens früh außfliegẽ lassen zum Raub / so ist er dann unverzagt und lustig. Halte ihn dann / wie obgemelt / und speise ihn von dem Raub / den er gefangen hat / so lang biß er genugsam sich ersättiget. Das sol drey oder vier Tag geschehen / jedesmal wann du ihn auff das Weydwerck führest. Wann er aber im ersten mahl faul und träg / und gantz verdrüssig ist / so stelle ihn wieder auff die Faust / und laß es dasselbige mal anstehen / und geb ihm nicht mehr als ein halbes Kölblein von einer Hennen in frisch Wasser / darinn mach drey Gewäll / welche von Federn / und am besten von Baumwolle gemacht werden / und am folgenden Tag geb ihm das halbe Kölblein mit dreyen Gewällen / und wann er sie verschluckt hat / so setze ihn an einen finstern Orth / biß auf den Abend / dann speise ihn wiederumb mit den obgenannten Gewällen. Deß Morgens laß ihn wieder auff den Raub fliegen / wann er dann gantz unverzagt und tapffer dẽ Raub jagt / so solt du ihn in solcher Ordnung hinführo haltē. Ist er aber auch dieses mal verdrossen / so nim̃ ihn wieder heim / und geb ihm desselbigen Tags anders nichts / als drey solcher Gewäll von Baumwoll / auff die vorgenannte weiß bereitet / in Wasser. Ist er auch deß dritten Tags unlustig / so geb ihm ein halb Kölblein von einer Hennen in starckem Essig gebeitzet / laß ihn an einem finstern Orth stehen biß auff den Abend / darnach trage ihn auff der Faust biß in die Nacht / bade ihn darauf in warmem Wasser / und stelle ihn unter den freyen Himmel / biß an den Morgen / alsdann wärme ihn auff der Faust bey einem hellen Kohlfeuerlein / und trage ihn wieder auff das Weydwerck / wann er dann nicht gantz begierig dem Raub nachjagt / so ist er fürwar blöd und kranck. Solche Abrichtung wird von den Falckenierern die Abmägerung genennet. Etliche aber machen ihre Gewäll anders / und stossen das Fleisch / so in Essig gebeitzet worden / in gepülverten Pfeffer / Mastix und Butter / und geben es dem Falcken. Doch solt du solche Gewäll oder Reinigung keinem Raubvogel geben / es seye ihm dann sein Eingeweyd mit pflegmatischer Feuchtigkeit und Schleim gantz erfüllet / sagt Albertus. Hiervon lese ein mehrers droben bey dem Habicht / und in den

Oo fol-

folgenden Worten Petri Crescentii, der im 10. Buch / am 11. Cap. also schreibt:

Wann du wilt daß der Falck auch andere und grosse Vögel fange / so richte ihn also ab: Köpffe eine Henne / mache darauß drey Theil / und gebe ihm dieselbe in Wasser geweicht: und wann du ihn an einen duncklen Orth gestellet hast / so laß ihn stehen biß an die Morgenröthe deß andern Tages: und wann du ihn bey dem Feuer gewärmet hast / so gehe mit ihm zu beitzen / und bemühe ihn nicht weiter / als er von sich selber Lust hat / dann also wird er willig bey dir bleiben / und wo er hingeschickt / wird er bald wieder zu dir kommen. Wann aber dein Falck kühn ist / uñ nach deinem Lust und Wolgefallen Vögel fängt / so mercke dann auff seinen Stand / ob er mager oder fett seye / und in welchem du ihn alsdann findest / im selbigen solt du ihn behalten / dann etliche sind besser zum Federspiel / wann sie fett / etliche aber wann sie mager; andere aber / und zwar die besten / wann sie mittelmässig sind: gemeiniglich aber sind die rothen / wann sie mager / am besten. Zum ersten aber sollen sie zu kleinen / darnach zu mittelmässigen / und zum letzten zu den grossen Vögeln gelassen werden / dann wann sie anfangs auff grosse Vögel gelasse / uñ von ihnẽ überwunden werden / dieweil sie noch schwach und blöd sind / förchten sie hernach grosse Vögel / und bekommen schwerlich wiederumb die verlohrne Kühnheit / die sie deines Unverstands wegen verlohren haben. Auch gibt das grosse Hülff zur Kühnheit / wann sie stets auff der Hand getragen werden / und man ihnen umb 3. Uhr ein Kölblein von einer Hennen gibt / darnach ihm Wasser / darinn er sich baden möge / fürstellet / und ihn an die Sonne / sich daran zu trucknen / setzet: und wann du ihn an einer duncklen Stätt biß auff den Abend gelassen / so halt ihn darnach auff der Hand biß zum ersten Schlaff. Hierauff soll die gantze Nacht vor ihm ein Kertzenliecht brennen / und wann es wiederumb Tag worden / sol man ihn mit Wein besprengen / und bey dem Feuer trucknen lassen. Nachdem soll er am Morgen früh hinauß getragen werden: und wann er etwas gefangen / soll er davon nach Lust essen: fängt er aber nichts / so gebe man ihm einen halben Hünerflügel / sampt einer halben Hüffte / und stelle ihn an einen duncklen Orth. Die Falcken fangen aber Gänß / Antvögel / Kränch / Reiger / Rebhüner / und andere dergleichen. Man sagt / wann der Falck Blut von einem Reiger esse / so verliehre er alle Begierde Kränch zu fangen / aber wann sie deß genannten Vogels Fleisch allein / und ohne Blut essen / so wiederfähret ihnen dieses nicht. So weit schreibet Crescentiensis.

Wann man Reiger fangen wil / muß man zwen Falcken darzu haben: deren der eine in die Höhe fliege / und den Reiger herab treibe: der andere aber / den herab getriebenen Reiger empfange.

Der gemeine Brauch deß Falckens ist / daß er unter allen Raubvögeln mit Gewalt auff deñ Raub stöst / und seiner selbst nicht viel war nimmt / darumb sol ein Falckenierer sehen / daß er ihm den Raub nit alsobald anzeige / sondern er soll ihn ein wenig erschwingen / und in die ferne fliegen lassen / damit er sich nicht bald niederstürtze / und dem Raub allgemach nachfahre. Wann aber ein guter Falck einen Vogel stossen wil / hat er den Gebrauch / daß er sich schnell in die Höhe schwingt / die Klauen vornen an die Brust hält / darnach läst er sich so schnell herab / daß er rauschet wie ein Wind: er schießt aber nicht schnurstracks unter sich / sondern ein wenig schlim von der Seiten her / dann in solchem Stossen reisset er dem Raub lange Wunden / also / daß der gestossene Vogel zuweilen von vornen an biß zu hinderst voneinander gerissen wird; auch zuweilen ohne Kopff gefunden wird. Es soll sich aber ein edler Falck im über sich schwingen und herab schiessen nit säumen / sondern nachdem er herab schießt / sol er dem Vogel / unterhalb ihm fliegend / zuvor kommen / uñ ihn hindern / so lang biß ihm sein Gesell zu Hülff komme / dann dieses ist das beste Federspiel / wann einer oder mehr Falcken einander zu Hülff kommen / dann es begibt sich unterweilen / daß der oberst Falck in der Höhe dem Vogel nachfähret / biß er ihm bequem unter den Stoß kommt. Doch soll man Fleiß ankehren / daß er nicht gewohne mit unbewegten Flügeln still zu stehen / und also in der Lufft zu hangen / dañ solches ist ein Zeichen der Furchtsamkeit / und daß er nichts anders / als das so auff der Erden kriecht / zu stossen sich unterstehet. Weil aber der Falck den Gebrauch hat / mit der Brust zu stossen / als ist ihm von der Natur ein starck scharff Brustbein gegeben worden / dann er ein starck dreyecket Bein an dem breiten Brustbein hat / dessen Vordertheil sehr hart und fest ist / an solches Bein hält er seine Füsse / und mit den hindersten Klauen zerreisset er das jenige so er stösset. Darumb wann er schnell herab schießt / ist es ein gut Zeichen: wañ er aber in der Höhe mit außgespannten Flügeln schwebt / so schlägt er in die Art der Vögel / welche man Schweimer nennet. Der gute Falck aber / ob er schon allein auff den Raub fliegt / stösset er doch besser / wann er Gehülffen bey ihm hat / dann im übersich schwingen oder herab fliegen muß er sich säumen / und underdessen kommt der Raub desto weiter von ihm / wo ihm sein Mitgesell hierinn nicht hülfft.

Und dieses ist die Ursach / daß der Falck / wiewol er ein zorniger Vogel / (wie alle Raubvögel) und gern allein ist / seinen Gesellen auff dem Weydwerck doch wohl leiden mag / gemelter Hülff halbe / darumb er auch seinen Gesellen lieb hat / und den Raub mit ihm ohne Zanck theilet / welches der Habicht und der Sperber nicht pflegen zu thun; und ist solches die rechte Arth und Eigenschafft deß Falckens / welche einer jeden Arth ins gemein zukommet.

Dieweil aber der Falck was ihm fürkomt begehrt / und sich daran vergafft / sol man ihn häuben / wañ man ihn auff der Faust trägt / auch nicht zu viel fliegen lassen / dann wann er ein gut Gefieder hat / begehret er ohn unterlaß deß Flugs; daher sol er von dem Falckenierer davon abgehalten werden. Man häubt ihn auch darumb / dieweil er / nachdem ihm die Augen geschlossen / und er wieder sehend wird /

Von dem Falcken.

auß Verwunderung viel begieriger und mit grösserer Kühnheit auf das jenige fällt/ so ihm fürkomt. Er wird auch durch die Häubung besser gezähmet/ und gewohnet der Menschen besser/ vergisset auch anderer Gesellschafft desto leichter/ wie Albertus sagt.

Der Falck ist wunderbar in seinem Fliegen: dann er braucht eine andere Weiß im Anfang deß Flugs/ eine andere in der Mitte/ und zuletzt auch eine andere; dann er steigt Ringsweise in die Höhe/ darnach senckt er sich und siehet auff den Raub/ und zuletzt schiest er wie ein Pfeil mit geschlossenen Flügeln auff denselben/ und zerreist ihn mit den hindern Klauen. Wann er aber deß Vogels fehlet/ so fähret er ihm nach mit grossem Zorn/ daß er auch zuweilen so weit von seinem Herrn kommt/ daß er außbleibet. Die kleine Falcken werden mit Bocks/ oder junger Hüner Fleisch gespeiset. Wañ der Falck anfängt zu beitzen/ so geb ihm von dem ersten Vogel so viel er wil zu essen/ deßgleichen auch vom andern und dritten/ daß er also zum Raub gehertzt/ und zum Gehorsam seines Herrn gebracht werde/ wie Crescentiensis scheribt.

Ich habe einsmahls Spürhunde mit mir auff das Weydwerck geführet/ (sagt Albertus) und sind mir die Falcken in der Lufft nachgeflogen; von welchen die Vögel/ so von den Hunden auffgejagt/ gestossen worden. Die Vögel aber sind davon erschrocken/ und auff die Erden geflogen/ daß man sie mit den Händen fangen können. Nachdem aber das Beitzen ein End hatte/ habe ich einem jedē Falcken einen Vogel gegeben/ da sie dann (nachdem sie ihr Gebühr empfangen) hinweg geflogen sind. Der Hocker-Falck stösset nicht alsobald die Vögel im hinabfliegen/ wie andere Falckengeschlecht/ sondern nachdem er herab geflogen/ und wiederumb anhebt über sich zu steigen.

Wie man diese Vögel speisen / und ihre Artzneyen nach ihrer Complexion ändern und brauchen sol.

Ein erfahrner Falckenierer wird gute Auffmerckung haben/ daß er zu rechter Zeit/ und in rechter Maß den Vogel speise/ wie er sich von Natur pflegt speisen zu lassen/ wann er noch nicht abgericht/ sondern frey ist; und fürnemlich mit gutem leichtem Fleisch der Vögel/ das noch warm sey/ dämpffe. Er soll auch den Vogel in rechter Maß halten/ daß er nicht zu fett/ und nicht zu mager werde: dann von zu viel Magerkeit wird er blöd und kranck/ und verlieret seine Kühnheit/ also/ daß er gantz kleinmüthig wird: er schreyet auch ohn unterlaß: und wann man ihn auffwirfft/ setzet er sich auff die Erde bey den Falckenierer/ und schreyet. Wann er aber zu fett ist / wird er davon unlustig / faul und träg: darumb er mittelmässig erhalten werden sol/ also/ daß er nit kräncker und schwächer werde/ doch nicht auß zu viel Außhungerung hefftigen Hunger habe/ sondern allein auß natürlicher Begierde/ einen Lust zu der Speise bekomme. Solches aber geschicht am besten / wann man ihn nicht zum andern mahl speiset/ er habe dann die erste oder voreingenommene Speise verdäuet. Doch sol hierinn der erfahrene Falckenierer wol warnehmen/ daß etliche Falcken zum Raub und Weydwerck viel besser und geschickter werden/ wann sie etwas fetter/ als zu mager sind. Es ist aber keiner/ wann er gar zu mager/ oder gar zu fett ist/ tüglich/ wie wir die Ursach dessen droben erzehlet haben.

Weiter die Complexion dieser Vögel betreffend/ solt du fleissig warnehmen / daß dieselbe unterschiedlich sey/ nach mancherley Geschlecht oder Art der Vögel. Dann die so von Farben schwartz sind / die achten wir melancholischer Complexion, demselbigen solt du mehrentheils Speise geben/ die warmer und feuchter complexion sind/ als Hüner/ Tauben und junger Böcklein Fleisch. Wann du aber ihm Artzney geben wilt/ soll dieselbige hitziger Natur seyn/ als Pfeffer/ Aloes, und die Latwerge/ Paulinum genannt/ und dergleichen. Die weißgefärbte aber sind phlegmatischer complexion, kalt/ und mit schädlicher Feuchtigkeit erfüllet/ denen solt du geben truckne uñ warme Speise/ als Fleisch von Böcken/ Hunden/ Atzeln/ Hirschen/ Spatzen und dergleichen; Von Artzneyen solt du ihnen geben Pfeffer/ Zimmet/ Galgant/ und dergleichen. Die so rothe Federn haben/ die haben viel erhitztes Geblüts/ denen solt du geben was kalt und feucht ist/ darvon solche Hitz gekühlet werde/ als Hennenfleisch/ Wasser-Vögel/ und zuweilen Krebs; und von Artzneyen die Cassiam Fustulam, Tamarinden/ und dergleichen mit Essig zertrieben. Es sind aber in allen Falcken-Geschlechten/ etliche die alleredelsten/ zu welchen man billich grosse Sorg und sondere Speiß brauchen soll/ wann anders ihre Güte der Gestalt ihres Leibs ähnlich ist: dann es begibt sich offt daß die ungestalte besser sind/ als die schönen und wohlgestalte. Bey was Zeichen man aber einen edlen Falcken erkennen möge/ ist droben in seiner Beschreibung gesagt. So viel schreibt darvon Albertus.

Von der Mauß- und Wendung dieses Vogels.

Der Falck mausset sich in der Mitten deß Hornungs: darumb sol man ihn zu dieser Zeit in einen Kefich verschliessen/ (wie wir droben bey dem Habicht gelehret haben) und ihn mit allerley Speise ätzen einen Monat lang. So speise ihn dann zuvor/ darnach stelle ihm Wasser dar/ und wann er sich nicht maussen wil/ so bestreiche ihm sein Fleisch mit Honig: wann er aber sich auch dennoch nicht mausset/ so stosse einen gedörrten Frosch zu Pulver/ spreng es auff das Fleisch/ so wird er sich maussen. Nimm ihn aber nicht auß dem Kefich/ es seye dann daß seine Federn gantz vollkommen worden seyen. Und wann du ihn außgenommen/ so halte ihn nicht zu der Hitz / sondern trage ihn mehrentheils auff der Hand/ gehe auch vor funfftzehen Tagen nicht mit ihm hinauß zu beitzen/ wie Crescentiensis lehrt.

Wie man diesem Vogel seine Klauen und Federn verwahren sol.

Der Falckenierer soll hierinn sonderlich gute Achtung haben / daß er ihnen die Füß und Klauen verwahre / darumb soll er sie auf kein Holtz / sondern auff einen runden länglichten Stein stellen / oder auch auf eine Mauren / doch daß kein Kalck darinn seye; und halten es etliche nicht vor gut / daß man sie auff eine Stange stelle. Albertus vermeint / dieweil ihre Art seye / daß sie zu der Zeit / wann sie frey sind / sich mehrentheils auff festen Felsen halten / solle man sie auch allzeit auff einen Quaderstein stellen. Der Falckenierer soll auch wohl fürkommen dem Strauben deß Gefieders / nemlich daß er sie über den dritten Tag allzeit mit warmem Wasser bade / damit sie nicht zu sehr eintrucknen. Zu solcher Zeit soll man sie auch reinigē mit Aloes: dann solches stärckt ihnen den Magen / reiniget sie / und stärckt auch das Gefieder. Wann aber die überflüssige Feuchtigkeit ein Ursach ist / daß ihm das Gefieder zu schwach ist / solt du ihm das Fleisch / damit du ihn speisen wilt / zwo Stunden lang in Rettigsaft beitzen / mit Erd- oder Regenwürmen zerstossen / dañ von diesen beyden Stücken werden die Federn getrucknet und gestärckt. Fürnemlich aber soll man allzeit wohl zusehen / daß solche Federn nicht von einiger Gewalt an den Flügeln oder am Schwantz verletzt werden / wie Albertus gleichfalls sagt.

Von der Artzney und Kranckheit dieser Vögel.

Alle Kranckheiten und Gebrechen so wir bey dem Habicht beschrieben haben / fallen auch dem Falcken zu / man kan sie auch bey gleichen Zeichen erkennen / und mit gleichen Artzneyen heilen / dann dieweil alle Raubvögel fast eine Natur haben / ist nicht noth viel darvon weiter zu schreiben. Eines aber solt du wissen / daß nemlich die Falcken stärcker Natur sind als die Habichte / werden derhalben nicht so leichtlich kranck / sterben auch nicht so bald / wann sie ihre Speiß nicht verdäwen / ehe dann sie andere essen. Etliche Falckenträger sagen viel von ihren Kranckheiten / und den Artzneyen wider dieselbige / darunter auch etliche / auß langwiriger Erfahrung / war seyn mögen / doch werden deren Dinge viel ohne alle Ursachen herfür gebracht / welchen man nicht alsobald Glauben geben soll. Darumb wann jemands bedünckt / daß etwas hie außgelassen seye / was die Regierung / Sorg uñ Artzney der Falcken und anderer Raubvögel antrifft / der kan von solchen Männern / die es nicht nur einmal / sondern lange Zeit versucht und erfahrē haben / diesen Mangel erfragen und ersetzen / sagt Crescentiensis.

Was von diesem Vogel in der Artzney dem Menschen nützlich seye.

Ein wenig Falckenkoth mit Wein vermengt / wird wider den vergifften Biß der gesprengten Eydexen gebraucht.

Von viel und mancherley Geschlecht der Falcken.
Erstlich vom Sacker / Kuppel oder Stockahrn.

Es sind viel Geschlecht der Falcken / so nicht allein nach Gelegenheit der Länder / und an ihrer Farb und Sitten unterschieden sind / sondern auch weil viel und mancherley Geschlecht durch einander vermischt werden / und auch mit dē Habichten / Sperbern und Adlern zuhalten / wie Albertus schreibt. Welcher weiter spricht: Es seyen zehenerley Art und Geschlecht der edelen Falcken: und drey Geschlecht so nicht rechter Art: und noch andere drey Geschlecht / so von edelen und unedelen Falcken vermischt: derē das eine Geschlecht / weil es von einem nicht gar unartigen Vatter herkommt / und nicht gar auß der guten Art schlägt / sehr gut zum Federspiel ist.

Von den edlen Falcken wird der erste Falco Britannicus, Sacer, Aelius, Aëriphilus, und mit viel andern Namen genennet. Dieser hat grosse knorrichte Füß / viel schärffere Klauen als der Adler / rothe oder röthlichte Federn / ein scheußlich Gesicht / hefftig brennende Augen / von gelber Farb auf roth ziehend / einen grossen Kopff / einen grossen und starcken Schnabel / grosse Flügelbogen / eine grobe gebrochene Stimm. Darzu hat unter allen Falcken dieser allein einen langen Schwantz / und ist bey nahe so groß wie der Adler: und unter ihm oder in seiner Gegenwart fliegt kein Vogel / auch der Adler nicht / deßgleichen kein anderer Raubvogel: sondern so bald die Vögel diesen Falcken ersehen / fliegen sie mit grosser Furcht in die dicke Wälder / oder auff das Erdreich nieder / also / daß sie sich ehe von den Menschen fangen / als sich wiederumb in die Luffte lassen.

Es fliegen aber gemeiniglich ihrer zween miteinander / darumb sie zahm werden / wann man zween auff eine Stange stellet; und folgen dem Menschē nach / als ob sie ohn ihn nicht seyn könten: und ist kein Vogel so groß / den sie nicht nieder stossen: sie lassen sich auch an einem nicht begnügen / sondern so viel ihnen begegnen / stossen sie nieder / sie fallen auff die Gembse / und reissen ihnen die Augen und das Hirn auß.

Sie wollen gantz zärtlich erzogen werden / mit guter Wartung / biß man sie abrichtet; man muß sie auch allezeit mit frischem Hertz uñ Hirn / und gesundem Fleisch speisen / welches so frisch seye / daß es die natürliche lebliche Wärme noch habe. Sie fressen bey nahe so viel / als die grossen Adler. Dieses Geschlecht der Falcken ist das edelste / fliegt lang / und jagt dem Raub sehr nach / und verläst ihn nicht biß auff drey oder vier Stunden weit. Mit seinem Gesellen ist er lustiger den Raub zu holen: wiewol er auch allein sehr gut ist. Er liebet auch den Menschen und die Jagthund: und wann sie zugegen / ist er viel lustiger auff dem Weydwerck / als wolte er gleichsam seine Stärcke sehen lassen / und damit prangen.

Von dem Falcken.

Dieser Falck hat etliche obgesetzte Zeichen an ihm/ nemlich die Flecken/ Striemen/ Farb und Gestalt/ und andere obgenannte Eigenschafften / als die Stimm/ Art und weiß zu rauben; und wann man ihm wieder zum Federspiel ruffet/ muß man laut ruffen/ dann er fliegt gar weit hinweg. Das Federspiel oder Luder soll auch sehr groß seyn/ damit er es von fernem wol sehen möge. Ob er auch schon nicht so geschwind wieder kompt/ ist doch nichts daran gelegen/ dann er pflegt von sich selbst wiederumb nach Hauß zu fliegen. So weit schreibt Albertus. Welcher weiter spricht: der Falck Aëriphilus hat den Namen bekommen/ weil er gern hoch in die Lufft fliegt/ dann er schwebt über die Wolcken hinauff/ und was er dann ereilen kan/ stößt er nieder/ also/ daß man unterweilen todte Vögel hinab fallen sieht/ und weiß nicht woher sie kommen / oder wie sie ertödtet worden / dieweil er so hoch fliegt/ daß man ihn kaum sehen kan. Auff den hohen Steinfelsen bereitet er sein Nest/ da er dann jung außgenommen/ und also gezähmet wird/ daß er frey ledig stehen bleibet/ wohin man ihn setzt. Er fliegt mit seinem Gesellen auf den Raub/ wie der Falck: wann er gezähmet wird/ fliegt er nimmer weg von seinem Herrn/ sondern bringet ihm allen Raub zu/ daher er auch für den edelsten Raubvogel gehalten wird.

Diese Falcken/ welche nach vieler Meinung am besten fliegen können/ welches dann auß der Farb ihrer Federn erkennet wird / dieweil sie wie Feuer gefedert sind/ dann sie eine gelbe Gallfarb an den Federn tragen. Darumb vermeint man/ daß sie ein hitzig Hertz haben / werden derhalben gantz zornig/ wann sie deß Raubs etwan gefehlet.

Es fliegen mehrentheils ihrer zween oder drey miteinander/ wann sie andere unedle Habicht-Geschlecht stossen wollen/ als da sind Weyhen/ und andere dergleichen. Dann dieweil sie kleine Klauen haben/ und der starcke Feind sehr streng fliegt/ so ist noth daß einer den andern rette und beschütze/ und fürauß wann sie schwartze Weyhen stossen wollen/ dann es sind zwey Geschlecht der Weyhen/ das eine nennen wir Königlich/ das ander schwartz. Die schwartzen sind die stärckeren/ also/ daß ob sie gleich zuweilen von den Falcken auß der Lufft auff die Erde getrieben/ und gantz von ihnen umbgeben sind/ entwischen sie doch ihnen zuweilen auß den Klauen/ und fliegen wiederumb hoch in die Lufft/ daher wir dann offt gesehen/ daß die Falcken/ wegen deß entflogenen Raubs/ gantz zornig/ unter sich selbst mit ihren krummen Klauen gekämpffet/ also/ daß es geschienen/ als hätte sie das beitzen und jagen gar verlassen. Welches/ damit es nicht geschehe/ und daß die Falcken ihres eigenen Unwillens vergessen/ sollen die Weydleut ein fleissig Auffsehen haben/ daß sie stets miteinander geätzt werden/ darzu beyeinander stehen und ruhen / und wann sie mit einem Federspiel auff das Luder gelocket werden/ sollen sie nebeneinander nieder sitzen/ also/ daß sie das Fleisch miteinander in Gesellschafft geniessen.

Diese Vögel können auch die Kälte und den Wind für andern Falcken/ außstehen: Darumb ist es kein Wunder/ daß vor Zeiten Ferdinandus der König in Sicilien dieses Federspiel gebraucht/ und für andern geliebt hat/ dieweil die obgenannte Falcken die meisten Vögel angreiffen/ und von keinem Wind oder Regen verhindert werden. Wir haben ohnlängst verstanden/ daß der Kayser Maximilianus etliche auß den seinen zu hinderst in Pohlen geschickt habe/ daß sie dieses Falcken-Geschlecht auß ihren eignen Nestern zu ihm brächten/ welche sie an denselben Orthen/ auff niedern Bäumen/ nistend gefunden haben. Auß welchem man leichtlich abnehmen kan/ daß sie nicht den kleinen/ sondern allein den grossen Vögeln auffsetzig sind. Wiewohl etliche Weydleut vermeinen / daß diese Vögel darumb nicht in der Höhe nisten/ weil sie allerley todte Cörper essen; Wie man dann etlich mahl gesehen/ daß sie von dem Aaß gessen. Man hat auch erfahren/ daß die/ so außgenommen worden/ nicht so sehr fliegen als die andern. Doch halten wir davor/ daß sie zu dem Raub der Kränche kühner und geschickter seyen/ wann man sie mit langer Gewonheit der Hunde abrichtet/ (so ihnen dann behülfflich sind) damit sie die grossen Vögel fangen/ und in den Klauen behalten können. Dieses alles schreibt Belisarius.

Der Sackerfalcken (spricht Tardivus) sind drey Geschlecht. Das erste nennen die Assyrier und Babylonier Seph, das findet man in Egypten gegen Nidergang/ und in Babylonien/ diese fangen Hasen und Hindlein. Das ander Geschlecht heisset Semy, von welchem kleine Rehböcklein gefangen werden. Das dritte Hynaire, und ein Frembder/ bey den Egyptiern und Assyriern/ oder ein überfliegender; weil man nicht weiß wo er gebohren werde. Er ziehet auch alle Jahr gegen Mittag. Er wird in den Inseln gegen Auffgang gelegen/ gefangen/ als in Cypro, Creta, und Rhodo: wiewol man sie auch auß Reussen/ Tartarey / und von dem grossen Meer zu uns bringet. Wann dieser Falck/ nachdem er sich einmal gemausset/ gefangen worden/ wird er behender und besser. Der jenige wird für den edelsten gehalten/ so von farb roth/ oder graulich/ und von Gestalt dem gemeinen Falcken ähnlich ist/ der ein dicke Zunge/ und breite Füß hat/ welches man a wenig Sackerfalcken findet; deßgleichen dicke Zeen/ und hellhimmelblau gefärbt ist. Dieser Vogel kan unter allen Raubvögeln sonderlich die Arbeit erleiden/ ist darzu gütig und läst wohl mit sich umgehen; er verdäuet auch leichtlicher die harte Speisen. Er raubt grosse Vögel/ wilde Gänß/ Kränch/ Reiger/ und insonderheit vierfüssige Thier/ als Rehböcklein/ und dergleichen. So weit Tardivus. Dieses Falckengeschlecht mag vielleicht unter das rechte Adlergeschlecht Aristotelis gezehlet werden: dann an der Farb/ Grösse/ Kräffte/ und Kunst zu rauben kommt er mit dem obgenannten Adler überein.

Von dem Gerfalcken/ oder Gierfalcken.
Hierofalco.

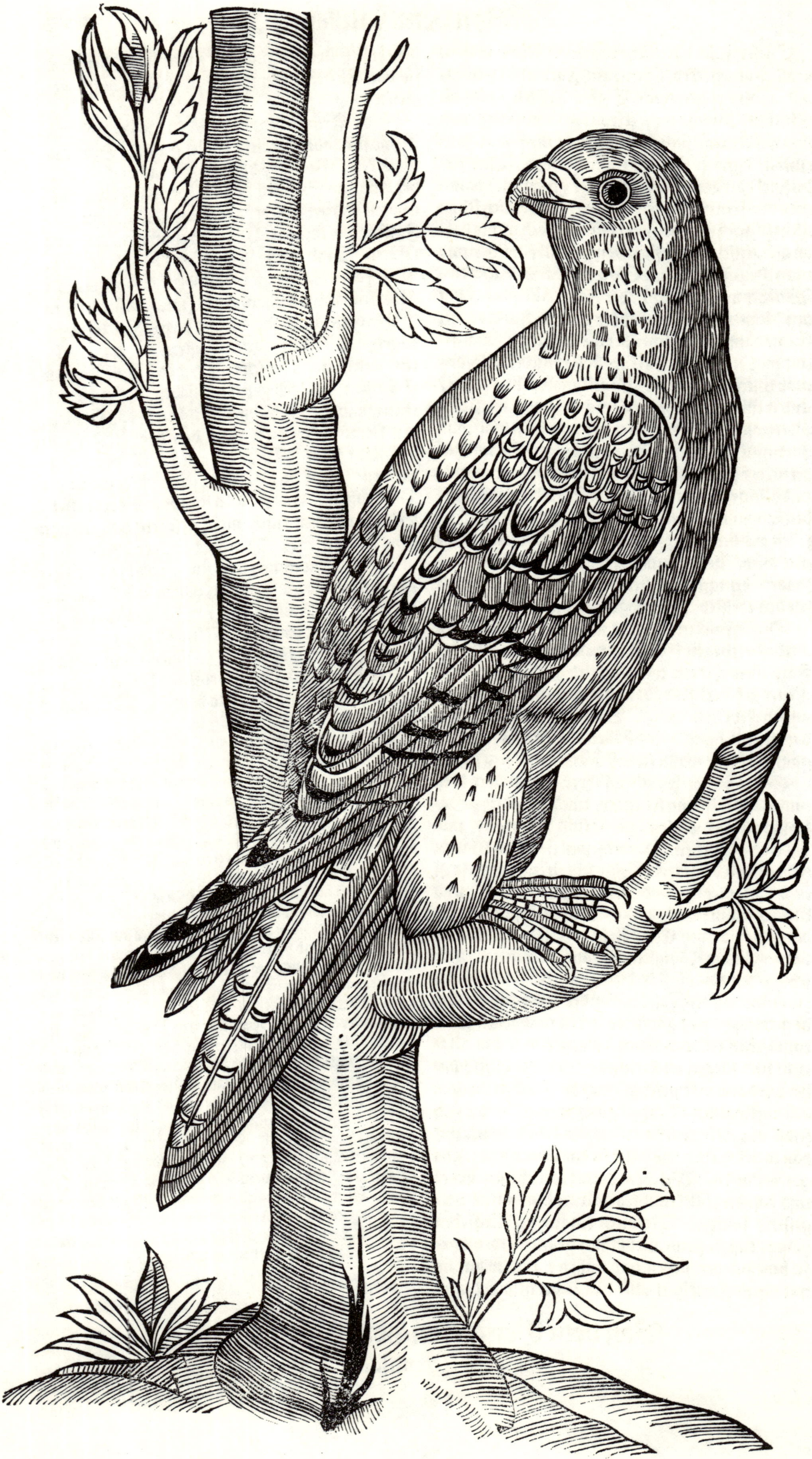

Von dem Gerfalcken.

Aß ander Geschlecht der edlen Falcken nach dem Sackerfalcken (spricht Albertus) wirdt Gierfalck genennet / in der Art der edelste und beste / nach dem obbeschriebenen grossen Falcken / dann er demselbigen in allen Dingen gleich / nur daß er nit so groß ist / doch ist er grösser als der Habicht / aber kleiner als der Adler. Er wird Gyrofalco / oder ein Gierfalck genennt / weil er viel mal rund in einem Circkel umb den Raub herumb fliegt: was klein ist / verachtet er und stösset allein die grossen Vögel / als Kränch / Schwanen und dergleichen. Diese Falcken sind sehr schön / haben keinen langen Schwantz nach der proportion ihres Leibs: haben sehr starcke Flügelbogen / glatte / und nicht knorrichte Füß / starcke Klauen / und fürnemlich hinden: er fliegt allein auff den Raub / doch viel besser mit einem andern; unter allen Falcken stehet er am auffrichtigsten / ist auch besser gefiedert / und besser zum Weydwerck / dann er eilet dem Raub schnell nach / darumb muß man ein schnelles Pferd haben / und gute Hund die ihm zu hülff kommen / wann er den Raub stösset.

Diesen Falcken muß man aber wol abrichten / daß er den Raub nicht auff dem Wasser stosse / darumb man ihn nicht nach der Länge deß Wassers auffwerffen sol / sondern alsdann erst wann die Vögel auß dem Wasser fliegen / da man von der Seiten deß Wassers gegen dem Land werffen soll / dann so dörffen sich die Vögel auß Furcht deß Falckens nit wol wiederumb auffs Wasser begeben. Wann du ihn aber auffwirffest / vom Feld gegen dem Wasser zu / so fliegen alle Vögel zum Wasser zu ihrer versicherung / wann sie dann der Falck stösset / fallen sie in das Wasser / und nimmet der Falck Schaden / und wirdt also dardurch furchtsam / oder ersäuffet gahr. Unter diesen Falcken fliegen andere Falcken oder Habichte nit wohl / auch der Adler selbsten streitet nicht leichtlich mit ihm.

Dieser Falck will auch geätzet seyn mit gutem frischem Fleisch / das von der leblichen Wärme deß Thiers noch warm seye / als da ist das Hertz / und das demselben am nechsten gelegen / dann dieses ist ihnen das beste Fleisch / wie wir sehen bey solchen Raubvögeln / wann sie den Raub gestossen haben / daß sie nichts als das Hertz davon essen / und das so umb das Hertz herumb ist / gegen dem rechten Flügel / selten gegen dem lincken. Er sol auch sonderlich mit frischen Vögeln gespeiset werden / die warmer Natur seyen / als da sind Tauben und Holtztauben. Das sehen wir daran / weil dieser Vogel wann er noch wild ist / nicht bald andern Raub sucht; wie auch der Habicht und Sperber. Wann er aber vom Raub gessen hat / läst er das überbliebene fallen / und wann er wieder essen wil / stöst er einen frischen Raub. Solches pflegen die Adler nicht zu thun / gleich wie auch die Weyhen und Geyer welche auch auff das Aaß fliegen.

Darumb sol man den Falcken mit frischem Fleisch / so noch warm sey / speisen: welches wir dabey abnehmen / weil der Falck / wann er den Raub frisset / anfänget zu essen / ehe dann er das Thier erwürgt. Derhalben gefällt mir nicht daß etliche einer lebendigen Hennen einen Schenckel außreissen / und morgen wieder ein / und also den Falcken damit speisen / dann ohne allen Zweiffel die also zerrissene Henne kranck wirdt / und sich ein Eyter bey ihr samlet wegen der Hitz / so der Schmertz erweckt / darumb solche Speiß dem Gierfalcken nicht gut / dieweil er gute / reine und zarte Speiß begehret. Darumb sol der erfahrene Falckenierer allen Fleiß anwenden / daß er hierin der Natur nachfolge / so viel ihm müglich ist / und ihn insonderheit mit solchen Speisen ätze / die er (dieweil er noch wild gewesen) gebraucht hat / wie der obgenannt Albertus sagt.

Der Gierfalck ist ein starcker und kühner Vogel / also / daß etliche gefunden worden / die sich unterstanden haben einen Adler zu fangen. Sie fangen alle Vögel. Und dieweil sie bey nahe der Falcken Natur und Eigenschafft haben / sol man sie auch ätzen und speisen / wie droben bey dem Falcken gesagt worden / sagt Crescentiensis.

Gleich wie diese Falcken selten gefunden werden / also sind sie auch schöner als die andern Habichte. Dann ohne die schöne Gestalt deß Leibs / stehen sie auch so auffrecht und artlich / daß sie mit Lust anzusehen sind. Ihr Vatterland ist zu hinderst im Teutschen Land / gegen Mitternacht gelegen / so Norwegen genennet wirdt. Sie nisten auch in der Insel Irrland: welche für andern Inseln so kalt ist / daß andere Geschlecht der Habichte darin nit gefunden werden. Sie ist auch gantz unfruchtbar / von wegen der hohen Bergen / viel Steinen / und Kälte sehr unbewohnet / etc. Die Kauffleut so in diese Insel fahren / führen wenig und schlecht Korn oder Mehl dahin / welches sie umb dürre Fisch vertauschen. Dieselbige haben allzeit diese Falcken dem Keyser Maximiliano zugebracht / welcher Federn weisser und grösser sind als der andern. Dann die so auß Norwegen gebracht werden / sind nicht weiß / darzu nit so groß / wiewol wir die für besser halten. Doch nisten diese Vögel allein an den zweyen obgenannten orthen.

Sintemal es aber genugsam bekand / daß man der Habichte Künheit und Tapfferkeit auß der Farb der Federn erkennen kan / so wollen wir diesen / so gantz glänzend gelb / und dem Gold gleich gefärbt ist / für den besten halten / als welcher gantz kühn / leicht abzurichten und sanfftmüthig ist. Darnach den so auff weiß ziehet / als der auch tapffer und starck ist. Davon siehe weiter droben bey dem Habicht. So viel aber die übrige Gestalt ihres Leibs antrifft / so sollen die Gierfalcken einen krummen / doch nit sehr grossen Schnabel haben. Dann in diesen Geschlechten überall wirdt kein grosser Schnabel gelobt / dann er ist der übrigen Proportion deß Leibs nicht ähnlich / darzu ist es gläublich / daß die Schnäbel und Klauen auß zu viel und schädlicher Feuchtigkeit groß werden. Darumb werden solche Habichte / als mit böser Feuchtigkeit erfüllt / nit für hurtig und leicht gehalten. Uber dieses sollen sie starcke Klauen haben / bevorab hinden / ihre Schenckel sollen glatt / knorricht / und nit zu lang

lang seyn/ der Schwantz mit der proportion seines Leibs überein kommend; die Flügelbogen sollen so starck seyn/ daß man darauß leichlich vermercken könne/ daß sie sehr lang fliegen mögen. Wir haben zu unserer Zeit gesehen die frembden und Sackerfalcken also den Reigern nachfahren/ daß sie zu letzt die Reiger verlassen haben/ und wiederumb der lauten Stimm der Weydleuten nachgeflogen/ und zu ihnen kommen sind; Darauff hat man einen Gierfalcken auffgeworffen/ welcher in die Lufft schnell in einem Kreiß hinauff geflogen/ daß man vermeinet hätte er würde hinauff gezogen; dieser hat den Reiger biß in alle Höhe verfolget/ und gestossen. Doch sol man diese Falcken nach und nach abrichten/ daß wann sie vor andern sonderlich fliegen/ daß sie mit Vögelblut täglich gespeist werden/ dann durch dieses umbbringen der Vögel werden sie kühner; und werden hernach auch die grossen zu fangen gereitzt. Man sol sie auch mit lebendigen und guten Vögeln/ so noch warm seyen/ ätzen/ bevorab zu der Zeit wann sie sich maussen/ und ihre Federn endern/ wie Belisarius berichtet.

Wann er unter fünff Kränch/ oder andere dergleichen Vögel unter dem freyen Himmel auffgeworffen wird/ so läst er nicht ab vom Raub biß daß er sie all auff die Erde hinab geworffen hat. Darzu wird aber zugleich ein Hund abgerichtet/ welcher die abgeworffene Vögel fange und umbbringe/ wie der Author deß Buchs der Natur meldet.

Tardivus sagt/ daß dieser Falck in den kalten Ländern/ als in Dacia/ Norwegen und Preussen/ da es gegen Reussen stösset/ geboren werde. Er wird aber gewöhnlich/ (wann er gegen Teutschland streicht) gefangen. Er hat starcke Füß/ lange Zeen: ist auch von Leib schön und starck/ sonderlich nach dem er sich gemausset hat. Er ist auch sehr eifferig und grausam/ muß darzu einen gütigen Pfleger und sannfften Träger haben. Er ist zu allerley Federspiel dienlich/ gleich wie auch der frembde Falck.

Von dem Bergfalcken.

Falco montanus.

Dieser Falck wird vor den andern also genennet/ wie wohl sonst auch andere Falcken auff den Bergen nisten. Die Bergfalcken (spricht Albertus) sind die dritten unter den edelen Falcken. Sie sind kurtz und dick von Leib/ und haben sonderlich einen kurtzen Schwantz; welcher dick von Federn; eine sehr runde Brust/ starcke Füß/ und scharffe Klauen; und sind ihm die untern Schenckel sehr kurtz gegen dem gantzen Leib zu rechnen/ darzu knorricht. Es hat auch der Bergfalck insonderheit die Art/ daß er seine Füß stets beschawet. Auff dem Rücken/ und ausserhalb an den Flügeln ist er aschenfärbig; und wird solche Farb je länger je heller/ und mit dunckelbraunen Flecken gesprengt/ nachdem er sich viel mal gemausset.

Diese Art Falcken ist sehr wild/ ungezähmet/ und gähzornig: derhalben selten ein Falckenierer gefunden wird/ der sein Gemüth und Eigenschafft gäntzlich erkündiget habe/ darumb man diesen Falcken nicht viel auff der Faust tragen sol/ als deß Morgens in der Küle/ und wann man wil auffs Weydwerck gehen. Die ander Zeit sol er in einer sehr finstern Kammer gehalten werden/ darein sol man ein mal oder drey ein hell Feuerlein/ das nit rauche/ anzünden/ und wie gesagt/ ihn nit auff der Faust tragen/ als zur obgemelten Zeit/ und wann man ihn speiset. Dann also wird er zahm/ und gewohnet deß Falckenierers/ welcher ihm guts thut/ und leget seinen Zorn.

Wann er erzürnet wird/ sol ihm der Falckenier nit hefftigen Widerstand thun/ dann also wird ihm sein Zorn gebrochen. Dieser Falck ist wol so dick als der Habicht und Sperber/ doch viel kürtzer/ und hat sehr bleiche Füß; diese sehen oben als ob sie schuppicht weren; wann er stehet/ so stehet er auffrecht wie ein Kegel. Diese Art der Falcken wird sonderlich hefftig erzürnet/ wann ihm der Raub entfliegt/ also/ daß er zuweilen auß Zorn dem Falckenierer/ wann er ihm herzu rüffet/ das Angesicht jämmerlich zerkratzet/ oder das Pferd/ oder unterweilen einen Hund beschädiget. Es streiten auch zuweilen zween Falcken mit einander/ muß dann der Falckenierer in solchem Fall gedultig seyn/ keinen Widerstand thun/ und ihm nicht herzu ruffen/ biß daß ihm der Zorn vergangen; und ob er gleich nit wieder herzu fliegt/ sol man es nicht achten: dann er pflegt wiederumb zu deß Falckenierers Wohnung zufliegen. Sondern man hab allein Sorg/ daß er nicht auffgefangen werde/ sonst bleibt er nicht auß/ wann ihm der Zorn vergangen ist. Wegen dieser Untugend aber ist dieses Geschlecht der Falcken nit zuverwerffen/ dieweil sie über die masse unverzagt und kühn sind gegen jedem Vogel wie groß derselbe auch ist/ also/ daß er unterweilen auch den Adler angreifft und erwürget. Doch sol man ihn nicht zu sehr auff die grosse Vögel außwerffen: dann wann er sich auß Zorn erhitzet/ bringt er sich in Lebensgefahr/ stirbt er darvon/ wie man solches offt wargenommen; nemlich als eins mahls ein solcher Falck seinen Flug auff ein Rebhun gerichtet/ ward ihm solcher Raub von einem Adler genommen/ welchem er den abgejagten Raub unterstunde wieder zunehmen: als er aber solches nit vermochte/ schwang er sich in die höhe/ schoß herab mit grosser Ungestümmigkeit/ stieß den Adler dermassen auff seinen Kopff/ daß sie beide todt blieben. Darumb man diesen Falcken von solchem wütenden Zorn abhalten sol. Diese Bergfalcken sind viel gemeiner als die obbeschriebne beide Geschlecht: sie haben an ihrer wilden Art ein sehr grosses wolgefallen. Darumb sich etliche solcher Falcken nicht genügen lassen/ daß sie einen Vogel stossen und verwunden/ sondern sie prangen darmit/ wann sie ihrer viel umb=

Von dem Berg-Falcken.

umbbringen: sind darzu unterweilen so Raubbegierig/ daß sie inzwischen der Speiß vergessen/ wie der offtgenannte Albertus schreibt.

Der Bergfalck ist braunschwarz oder rauchfarb: und wann er gesund ist/ wird er für andern gelobt. Er ist groß und tapffer/ fängt allein grosse und keine kleine Vögel: er wird auch mit Mühe abgerichtet und gehütet. Man soll ihn auch mehr als die andern auff der Hand tragen (Albertus aber/ wie vor gesagt/ lehret das Widerspiel) und viel wachsamer allzeit halten. Man soll ihn mittelmässig zwischen fett und mager halten. Wann er kranck worden/ so stelle ihm rein Wasser für/ welches in einem glasürten Hafen lange gekochet/ zu trincken. Wird er darvon nicht gesund/ so brauche die obbeschriebene Artzneyen. Wann du ihn purgieren und reinigen wilt/ so geb ihm drey Kügelein von einer Hennenhaut zu essen. Seine Gesundheit wird auch dardurch erhalten/ wann du deinen Handschuch mit Bisam beschmierest. Wann du mit ihm auff das Weydwerck hinauß gehest/ so werff ihn vor andern auff: dann ob er gleich nichts fänget/ wird er doch also mit den andern wieder kommen/ sagt Tardivus.

Von dem frembden Falcken.
Falco Peregrinus.

Weiter ist die vierdte Art der edlen Falcken/ nach den dreyen obgenannten Geschlechten/ die man gemeiniglich frembde nennet. Sie werden aber also genennet/ weil sie von einem Land in das ander fliegen/ oder weil man ihr Nest nicht finden kan; dann sie werden weit von dem Orth gefangen/ darinn sie gebohren worden.

Albertus spricht/ daß ihn ein erfahrner Falckenierer/ der lange Zeit in der Einöde auff dem Alpengebürg gewohnet/ berichtet hab/ wie diese Falcken/ so wir Frembde nennen/ auff dem hohen Gebürg und Felsen ihre Nester machen/ und daß kein Mensch darzu kommen könne/ es seye dann Sach/ daß einer vom Gibbel hinab an einem Seil/ das 150. oder zuweilen 2. oder 300. Klaffter lang/ gelassen werde: wiewol es auch unterweilen gantz unmüglich/ daß ein Mensch darzu kommen könne/ wegen der allzugrossen Entlegenheit/ oder ungeheuren Felsen. Darumb ist von solchem gefährlichen Steigen ein gemeiner Wahn entsprungen/ daß man vermeint sein Nest könne nimmermehr gefunden werden.

Er berichtet ihn auch weiter/ wie er offt gesehen hätte diese Falcken den Raub in die Hölen und Steinklüfften zu ihren Jungen tragen; daß auch die Alten ihre Jungen/ so bald sie flück sind/ von ihrer Wohnung hinweg treiben/ wegen deß Mangels der Speiß und Vögel/ so daselbst ist. Darumb die Jungen alsbald von dem Gebürg in das ebene Feld hinweg fliegen/ da viel Vögel sind/ und kommen also hin und wieder in manche Land/ und durchfliegen alle Orth/ biß daß sie eine gewisse Stätte finden/ da sie sich niederlassen.

Diese Falcken werden auff zweyerley weise gefangen; Es hat aber gedachter Weydmann Alberto noch die dritte Weise angezeigt. Die erste gemeine und gebräuchlichste weise ist/ daß man ein weit Garn außspannet/ das leicht zuziehen und schnell zum Schlag ist/ vor dieses Garn bindet man einen Schweimer an einen Strick/ und einen lebendigen Vogel/ oder ein gemacht Federspiel auch an einen Strick dabey/ also daß wann man den Strick ziehet/ es scheinet als ob der Schweimer dem Vogel oder Federspiel nachjage. Wann dann etwa ein fürüber fliegender Falck dieses siehet/ so wird er dem Schweimer den Raub abjagen wollen/ so ziehe dann das Garn zu. Die ander Weise aber ist noch viel besser: Laß dir zwey Höltzer/ kreutzweiß übereinander geschlagen/ machen/ auff dieses Kreutz solt du etliche Reiff nageln/ je einen nach dem andern/ auff vier Zwerchfinger breit/ an solche Reiff solt du viel Stricklein legen/ von oben an biß zu unterst; dieses Instrument soll auff sieben oder acht Schuch lang seyn/ und auff 5. oder 6. Schuch breit: in die Mitten setz einen Kefich/ darinn etwan vier oder fünff Vögel seyen. Dieses gantze Werck solt du wohl fest machen/ auff einer Mauer/ oder auf dem freyen Feld/ da du eines Falcken wargenommen hast/ wann er dann die Vögel in dem Kefich hin und wieder fliegen siehet/ wird er deß Raubs begierig/ fällt darauf/ und bleibt in solchen Stricken behangen. Es sagt aber gemelter Weydmann/ daß er offt allein einen Vogel ohne Schweimer an ein Garn gebunden/ und damit diese Falcken gefangen habe/ in dem der Falck deß Raubs begierig/ schnell herab falle/ und sich selbst in dem Garn verstricke.

Es ist aber dieser Falck/ der gemeiniglich in allen Landen wohnet und gefunden wird/ ein wenig kleiner von Leib als der Bergfalck/ hat einen kurtzen Schwantz/ und lange Flügel/ einen grossen Kopff/ lange Schenckel/ kurtze Bein/ welche weiß sind/ wie auch die Füsse/ und wann ihm die Füß knorricht sind/ ist es ein gut Zeichen. Wann dieser Falck wohl gehalten wird/ ist er sehr gut auf dem Weydwerck; die Enten aber stöst er am liebsten/ und wann er wol abgerichtet/ stösset er auch den Reiger/ unterweilen auch den Kranch/ welches er auß grosser Kühnheit thut. So weit schreibet Albertus.

Dieser frembden Falcken/ spricht Belisarius, sind zwey Geschlecht/ welche zwar eine Gestalt haben/ doch ist eines schwärtzer als das andere/ also daß dieses Geschlecht wohl edel kan genennet werden. Das andere Geschlecht ist lufftfarb/ und sind alle Federn zu oberst als eine Kron mit weisser Farb/ ein jede insonderheit unterschieden. Sie haben eine gleiche Arth im Flug und im Stoß. Dann sie fliegen so hoch über den Seen/ daß sie Gänß und Enten/ zuweilen auch andere Vögel stoß-

ſtoſſen / und zwar ſo ſtarck / daß wir etlich mahl ge= ſehen / wie der Vogel allein mit den hindern Klau= gestoſſen / den Geiſt auffgeben. Sie ſind von Na= tur ſo gütig / daß ſie faſt nicht zu Zorn gereizt wer= den /

Von dem frembden Falcken.

den/ und derhalben vielmehr den Menschen zu lieb rauben und jagen/ als auß Hunger. Dann wann sie vom Falckenierer abgerichtet worden/ sind sie ihrer Stimm/ Ruffen und Geheiß so gehorsam/ daß (wann sie nicht mager sind) sie die höchste Vögel in der Lufft überfliegen und stossen. Ihr Vatterland weiß man nit/ es ist auch bißher männiglich verborgen gewesen/ wie oder wo sie gebohren werden / darumb nennen wir sie frembde Falcken. Man muß sie mit guter Speiß erhalten/ und allzeit mittelmässig fett behalten/ damit sie die schnelle und grosse Vögel nicht fürchten/ sondern tapffer angreiffen dürffen. Also wird man sie auch von Kranckheiten/ welche mehrentheils von Magerkeit kommen/ verwahren. Wann aber die Weydleut dieselbe wollen abrichten/ daß sie Reiger und andere dergleichen Vögel (denen sie sonst von sich selbst nicht nachjagen) fangen/ so muß man sie mit Hunger und wenig Speiß darzu antreiben/ damit sie nicht über der ungewohnten Stimm der Reiger erschrecken/ und von ihren grossen Schnäbeln und schädlichen Bissen abgetrieben werden. Damit sie nun der Weydmann desto ehe dahin bringe/ soll er drey oder vier mal dem Falcken lebendige Reiger in seine Klauen geben/ und sie lassen ropffen. Man muß auch fleissig acht haben / daß nach dem der Falck mit guten verdäulichen Speisen geätzt ist/ man ihm zum wenigsten auff den Abend / wann man des Morgens beitzen wil / ein Gewäll von Baumwoll oder Federn gebe. So weit Belisarius.

Der frembde Falck wird im Herbstmonat / in dem er streicht/ in den Inseln Cypro und Rhodo gefangen. Wiewol der auß Creta vor jenen gelobet wird. Er ist tapffer und kühn/ dann er fänget Kränch/ Enten/ wilde Gänß/ Täucher und andere Wasservögel: deßgleichen Trappen/ Rebhüner / und ander dergleichen kleine Vögel/ sagt Tardivus. Der schwartze Falck ist dem frembden überall gleich von Leib/ doch ist er etwas kürtzer/ und anderst gefärbet.

Von den Falcken so Mediani genennet werden.

ES ist noch ein ander Geschlecht der frembden Falcken/ welches bey Norwegen nistet. Diese sind schwartz gefärbt/ doch ziehen ihre Federn etwas auff roth.

In Engelland werden kleinere und schwärtzere gefunden/ daher sie vielleicht Mediani wegen ihrer mittelmässigen Grösse genennet werden/ wann man sie nemlich den grössern frembden vergleichet. Die aber so in Niederland nisten / werden für schlimmer gehalten/ dieweil sie nur die Rebhüner fangen/ sagt Belisarius.

Von den Falcken / so man Gentiles oder Edele nennet.

IN allen Falckengeschlechten werden edele und unedele gefunden: die aber/ von welchen wir hie reden/ werden für anderen Edel genennet: von denen schreibet Belisarius also: Diese Falcken/ Gentiles genannt/ sind etwas kleiner von Gestalt als die Frembde/ und mit gleicher Farb an den Federn getheilt/ doch werden sie von denen unterschieden indem diese Gentiles kleiner sind/ und einen kleinern und rundern Kopf haben: ihr schnabel ist gleichfalß etwas kürtzer/ und haben nach Gestalt ihres Leibs kürtzere Füß. Deßgleichen werden sie auch am Flug unterschieden/ dann die Gentiles fliegen strenger/ und bewegen ihre Flügel öffter; die Frembdling aber langsamer/ wie die Ruder an einem Schiff/ doch sind sie kühn/ daß sie alle grosse Vögel unerschrocken angreiffen; doch haben sie einen grossen Underscheid von den Frembden/ indem sie nicht so schnell sind/ darzu die Vögel nicht auß Kühnheit/ sondern viel mehr auß Hunger angreiffen. Sie sind aber darneben so gehertzt/ daß sie/ ehe dann sie die Vögel erkennen/ darzu von den Menschen noch nicht abgerichtet worden/ nit allein die Gänß/ sondern auch die grosse Kränch zu stossen sich unterstehen; welche dann ein abgerichter Hund so lang biß der Weydman kommt/ halten sol. Dann die Gewonheit/ da der Hund den Falcken stets sihet/ und mit ihm allzeit gespeiset wird/ machet daß der Hund den Falcken vor andern Vögeln erkennet und unterscheidet.

Tardivus sagt/ daß dieser Falck Reiger fange/ und dieselbe entweder von unden auff oder oben stosse; darzu alle andere grosse Vögel/ bevorab die so in den Wassern leben/ als da sind Täucher wilde Enten / und dergleichen. Damit er aber Kränch fange/ muß man ihn jung auß dem Nest genommen darzu abrichten; dann sonst wird er nicht so kühn und tapffer werden. Damit er aber desto kühner werde/ solt du ihn gleich anfangs/ ehe dann er andere Vögel noch erkennet / auff die Kränch fliegen lassen.

Von dem Hockerfalcken / und dem so seine Flügel stets/ als ob er fliegen wolte/ außbreitet.

UNter den edelen und besten Falcken ist dieser Hockerfalck / wie Albertus spricht / der fünffte/ welchen mir obgemelter Weydman also genennet hat. Dieser Falck ist zwar klein von Leib/ aber von grosser Tugend/ sehr kühn und unverzagt/ und hefftiges Flugs/ wann er dem Raub nacheylet. Er ist in dem Gesicht viel grösser als der Sperber/ und hat Flecken wie der Frembde/ und alle andere Geschlecht der Falcken. Diesen nennen wir aber einen Hockerfalcken/ wegen der Kürtze seines Halses: dann vor den Flügelbogen kan man ihm das Haupt kaum sehen. Er hat auch gegen dem Leib zu rechnen einen sehr grossen Kopff/ einen gar kurtzen runden Schnabel/ und sehr lange Flügel/ einen kurtzen Schwantz/ starcke Schenckel/ und nach dem Leib zu rechnen/ kurtze Füsse/ welche gleichsam schuppicht sind/ wie eine Schlangenhaut/ oder wie die Seiten an dem Bauch der Eydexen. Die Füß sind ihm sehr knorricht/ sonderlich unterhalb dem Fuß/ seine Augen brennen ihm im Kopff als ein Feuer; er ist von Farben dem obgenannten frembden Falcken gleich. Sein Haupt ist ihm obenauff zimlich breit/ und hinden flach/ dem Halß gleich. Er kan leichtlich abgerichtet werden/ lässet wohl mit sich umbgehen/ unnd machet sein Nest auff den Felsen/ da der Mensch nicht hinkommen kan/ wie auch von dem Frembden gesagt worden. Er wird gefangen wann er von seinem Nest außfliegt/ wie auch der Frembde. Er ist so kühn und behertzt/ daß er die wilde Gänß niederstösset/ deßgleichen die Reiger und Kränch/ ist darzu sehr geschwind/ und fliegt sehr hoch/ also daß man ihn nicht mehr sehen kan. Er ist auch nicht vergnügt/ wann er einen Vogel gestossen hat/ sondern er beschädiget und verwundet ihrer viel. Im Weydwerck bedarff er viel Gesellen zu Mithelffern/ wegen der Kleine seines Leibs und Grösse der Vögel/ die er stösset.

Es schreibet auch der obgenannte Albertus, daß ihm offtgemelter Weydmann eine warhafftige Geschicht gesagt habe. Nemlich/ wie er auff eine Zeit einem Edelmann drey dieser Falcken verkaufft habe/ und als ohngefehr etliche wilde weisse Gänß vorhanden gewesen/ da habe der Edelmann in Beyseyn dieses Falckenierers die Falcken fliegen lassen: die Gänß aber sind sehr hoch auffgeflogen/ aber doch haben die drey Falcken die Gänß so hoch überflogen/ daß man sie nicht mehr sehen können. Als nun der Edelmann bekümmert war/ und vermeynt die Falcken wären verlohren/ haben die Gänß/ von den Falcken gestossen/ angefangen herab zu fallen/ und sind der Gänse bey zwantzig gewesen. Da haben sie den Falcken auch wiederumb herzu gerufen/ welche dann alsobald kommen. Diese Gänß aber sind alle tödtlich verwundet/ und hart an etlichen Orthen beschädiget gewesen/ als ob sie mit einem Messer zerschnitten gewesen wären. Auß Ursach/ weil dieser Falck nicht wie andere/ wann er herab steigt/ stösset/ sondern wann er wiederumb anfängt auffzusteigen; da er mit den hindern Klauen/ die er an seine Brust hält/ reisset/ welches dann eine lange tödtliche Wunde gibt. Er reisset auch offt so starck/ daß er die Klauen zerbricht/ oder sich selbst an der Brust verletzt/ und unterweilen tödtet.

Es ist auch ein Geschlecht der Falcken/ welches die Flügel außbreitet/ als ob es fliegen wolte/ und das ist auch viel kühner als stärcker. Dieser wil gespeist werden mit gar frischem Fleisch/ so noch von der leblichen natürlichen Wärme warm ist/ dann also wird er sehr gut/ und nimmt wohl zu. Wann er aber mit anderm Fleisch gespeist wird/ soll es zart/ gut und gesund seyn; als von Gevögel/ und so frisch man es haben kan/ und daß es nicht übel rieche/ und in kaltem Wasser wol abgewaschen seye; dann die Raubvögel haben einen sehr blöden Magen/ welcher auß einem zarten Häutlein gemacht ist/ darumb werden sie von böser Speiß bald beleidiget. Derhalben sie auß geringer Ursach die Speiß zuweilen gar bald unverdäwet wiederumb von sich geben/ sonderlich wann sie mit schwerem/ melancholischem hartdäuligem Fleisch gespeiset werden/ oder wann das Fleisch allbereit angefangen zu faulen. Diese Art der Falcken wil ohn unterlaß Abends und Morgens auff der Faust getragen seyn/ dann wann er der Faust deß Manns gewohnet/ stehet er sehr gern darauff/ und fliegt auch desto lieber herzu.

Von dem Kohl-Falcken.

Falco niger.

Der schwartze oder Kohlfalck/ wird für das sechste Geschlecht der edlen Falcken gehalten/ er ist etwas kürtzer als der Frembde/ doch von Gestalt demselben fast gleich/ außgenommen an der Farb/ dann auff dem Rücken/ und aussen an den Flügeln/ und an dem Schwantz/ ist er gantz braunschwartz: aber an der Brust ist er braun/ mit Schwärtze vermengt oder gesprengt; unter den Augen hat er schwartze Flecken/ wie alle Geschlecht der Falcken/ welche mit einer dunckelbraunen Farb schattirt sind. Seine Schenckel/ Klauen und Schnabel vergleichen sich dem Frembden/ und gleicht dieser Falck in vielen Dingen dem Busharten.

Fridericus der Kayser sagt/ auß dem Mund deß weitberühmten Falckenierers/ Wilhelm genannt/ daß er zuweilen auff den Gebürgen Gelboe diese Falcken gesehen hab. Darnach als sie von ihren Eltern vertrieben worden/ hat man sie auch in Salamine gefunden/ von dannen sie wiederumb verjagt/ auff die Berg Siciliæ, und hernach in Italiam kommen sind. Dieses schreibt Crescentiensis von allen Falcken insgemein. Jetzt findet man sie auff den Alpen/ und Pyrenæischen Bergen/ sie sind auch in Teutschland kommen/ wiewohl sie darinn noch gar seltzam sind. Diese Falcken haben eine Art wie die Frembde/ darumb sollen sie gleich wie dieselbe abgerichtet und gespeiset

set werden. Ihre complexion ist cholerisch/ und die materi dieser verbrannten Feuchtigkeit verwandelt sich in die Federn / darumb sind sie schwartz / doch werden sie mit der Zeit von Alter weißfärbig. Es ist auch glaublich/ daß die/ so in warmen Ländern wohnen / viel schwärtzer seyen / als die/ so in den kalten Ländern gefunden werden. Doch soll man in allen Dingen mehr der Gestalt deß Leibs als der Farb wahrnemmen/ dann wir sehen daß auch die Tolen und Krän/ deßgleichen die Raben zuweilen weiß gefunden werden. So ist nun dieses Falcken-Geschlecht/ so viel ihre Natur antrifft/ den Frembden gleich/ sie verjagen auch ihre Jungen von dem Orth/ da sie gebohren worden.

Der schwartze Falck (spricht Tardivus) ist besser/ und ist seine erste natürliche Farb schwartz/ wiewohl er dieselbe hernach in der Einöde ändert. Er wird in den Inseln deß Meers gebohren. Man soll ihn stets mittelmässig zwischen fett und mager behalten/ darzu ihm kein feucht Fleisch geben/ er seye dann hoffertig. Trage ihn auch mehr auff der Hand als die andern Falcken. Sey allzeit freundlich mit ihm / und bemühe ihn nicht zu viel. Siehe daß er keinen Adler sehe / dann sonsten wird er keine Vögel mehr stossen. Berühre ihm seine Federn nicht / und wann du ihn auffwirffest/ so verletze ihn nicht mit der Hand / dann sonst wird er seine Kühnheit verliehren.

Von dem weissen Falcken.
Falco albus.

Das siebende Geschlecht der Falcken / spricht Albertus, ist weiß/ und wird in den Ländern gegen Mitternacht gefunden / als in Norwegen/ Schweden/ Esthland/ und in den umbliegenden Wäldern und Bergen/ darzu auch bey den Moscowitern. Dieser Falck ist in gesprengter oder vermengter Farb weiß/ gleich wie der nechstvorhergehende schwartz ist. Die Ursach solcher weissen Farb ist die hefftige Kälte und Feuchtigkeit deß Landes/ da er gebohren wird. Am Rücken und Flügeln ist dieser Falck weißlicht/ an andern Orthen aber ist er mit vielen weissen und bleichweissen Flecken gesprenget. Er ist auch grösser als der Frembde / dem weissen Schweimer fast ähnlich/ welcher im Feld die Mäuß fängt. Darumb etliche Falckenierer vermeint / daß der weisse Falck von einem weissen Schweimer Weiblein / und einem Frembden Männlein gezeuget werde. Daß aber dieses nicht wahr sey/ wird auß seiner Kühnheit abgenommen: dann er ist sehr kühn und gut/ läst nicht bald nach auff dem Weydwerck/ sondern er hat deß Falcken Arth in allen Dingen/ und schlägt gantz und gar nicht dem Schweimer nach. Dann wann er auff dem Weydwerck auffsteigt/ bleibt er nicht wie der Schweimer mit außgespreiten Flügeln still stehen und behangen/ sondern er stösset alsobald wie der Falck. So gibt auch die Gestalt der Füsse/ Klauen/ Schnabels und gantzen Leibs/ genugsame Anzeigung/ daß er von der Falcken Art ist/ wiewohl er gröbere Füsse hat/ mit vielen Knorren/ mehr als der schwartze Falck / welches dann auß feuchter complexion kommt/ davon die Füsse und Beine gröber und dicker werden / als von cholerischer.

Wiewohl aber dieser Falck kälterer und feuchterer complexion ist als der schwartze / so ist er doch nichts destoweniger kühn und freudig: dann weil er stärcker ist als der schwartze/ so macht er mit dieser seiner Stärcke auch denselben kühn und unverzagt. Ob er auch gleich nicht so schnell ist / als der schwartze/ beharret er doch viel länger als derselbige; und ersetzt also hiermit/ was ihm an der Geschwindigkeit mangelt. So viel aber seine Speiß und Abrichtung antrifft/ hat er keinen Unterscheid von den andern.

Tardivus sagt / daß dieser Falck sehr kühn und gut sey. Wann man ihn fänget/ nachdem er außgeflogen ist/ soll man ihn zum Weydwerck nit ehe brauchen/ biß daß er sich gemauset hat.

Von dem rothen Falcken.
Falco rubeus.

Auß dem achten Geschlecht der Falcken sind die rothen/ nicht daß sie gar roth seyen/ sondern daß die Flecken/ welche an andern Falcken weiß/ an dieser Arth roth / und mit weissen Tüpfflein gesprenget sind. Man siehet auch an ihm keine rothe Farb/ weder an den Flügeln noch auff dem Rücken/ er strecke dann seine Flügel auß/ da man dann eine duncklere Röthe siehet.

Dieses Geschlecht der Falcken wird von etlichen für ein Bastartgeschlecht der Falcken geachtet/ so von einem rothen Schweimer und Falcken gebohren werde; aber ohn allen Grund: dann er gantz kein Gleichnuß mit dem obgenannten Schweimer hat/ ohn allein an der Farb. Es kommt aber solche rothe Farb vielmehr von Schwäche der Hitz/ welche sich oben durch seinen Leib außgebreitet/ von welcher die dämpffige Feuchtigkeit/ so herauß getrieben worden/ erhitzet wird/ darvon das Gefieder wächst / und ist solches die rechte Mittelfarb aller Geschlechte der Falcken. Dann ob schon noch andere Mittelfarben sind/ und an etlichen Vögeln gefunden werden/ als grün/ blau und gelb; gehören sie doch keinem Raubvogel zu. Dann die grüne Farb bedeutet Kälte; die blaue oder braune Farb/ bedeutet eine warme/ und die gelbe Farb eine zerstörende cholerische complexion.

Dieser Falck ist nicht groß/ etwas kleiner als der Frembde/ aber in den Klauen/ Schnabel und Füssen sehr starck/ uñ im Flug schnell/ doch kan er in die Länge nicht beharren; er wird auch sehr zahm/ und noch besser wann er sich ein oder zwey mal gemausset hat/ er lebet aber nicht so lang als die andern/ darumb muß man ihn ätzen mit gantz frischem Fleisch/ das noch warm seye/ doch nicht überfüllen/ auch nicht offt deß Tags/ sondern nur Abends und Morgens. Man muß ihn auch bewahren vor allem dem/ das seine Complexion ändern kan: dann ihm das leichtlich widerfährt. Man soll ihn auch nit zu viel brauchen; dann die rothe Complexion wird bald überwunden/ und kan die grosse Arbeit nicht wol erleiden/ ob er gleich anfangs sehr ungestüm ist. Das künfftige Alter aber/ darvon seine Complexion ein wenig temperirt wird/ stärckt ihn/ sonderlich durch das Maussen. Die rothe Federn sind auch schwächer und mürber/ darumb er in die Länge nicht fliegen kan/ darvon ihm dann leichtlich eine Feder bricht. Dieses schreibet Albertus. Tardivus spricht/ daß man diesen Falcken an ebenen und sümpffichten Orthen finde/ er ist kühn und wird schwerlich abgerichtet: darumb ehe du ihn fliegen lässest/ solt du ihn mit einem Gewäll von einer Hennenhaut/ die vorhin mit Wasser gewaschen/ drey mal purgieren; und wann du ihm dieselbe gegeben hast/ so stell ihn alle mal wohl gewärmet an eine dunckele Stätte.

Es sagt auch Crescentiensis, daß dieser unter die grosse Falcken gezehlet werde/ daß er zuweilen besser zum Federspiel sey/ wann er mager; zuweilen wann er mittelmässig; zuweilen aber wann er fett gemacht worden.

Von dem Blaufuß.

Falco cyanopus.

Je neunde Art der edelen Falcken/ so etwas von der guten Arth der obbeschriebenen absteigt/ wird ein Blaufuß genennet/ darumb daß sie blaue Füß hat: er ist an der Farb/ Gestalt und Grösse dem Frembden fast gleich/ allein auff dem Rücken/ und aussen an den Flügeln/ ist er nicht so schwartz/ darzu ist er an der Brust weisser als der Frembde; seine Flügel sind nicht so lang/ aber sein Schwantz ist länger/ hat auch eine hellere Stimm/ dann er mehr von feuchter phlegmatischer Complexion ist/ darumb ist er auch auff dem Weydwerck nit so kühn/ dann er stösset selten groß Gevögel/ sondern Atzeln/ Kräen oder Tolen/ da doch die Frembde/ wie auch andere Falcken/ einen Vogel stossen/ wie groß er auch sey. Daher hat der Blaufuß die Arth an ihm/ daß er im über sich steigen auß Furcht in den Lüfften schwebt/ und sich mit keiner Gewalt herab lassen darff; doch wann er abgerichtet worden/ bekommet er unterweilen eine Kühnheit/ aber doch nicht wie ein rechter Falck.

Dann gleich wie zuweilen die Kriegsleut/ ob sie gleich verzagt/ auß vieler Erfahrung der Kriegsbräuche/ und auß Vertröstung ihrer Mitgesellen/ darauff sie sich verlassen/ kühn/ muthig und unverzagt werden/ dardurch sie dann bißweilen dem Feind einen Widerstand thun/ und siegen: Also thut auch dieses Geschlecht der Falcken/ dann ob es schon von Natur verzagt/ wird es doch auß fleissiger Abrichtung deß Falckenierers kühner und unverzagter die Vögel zu stossen/ sonderlich dieweil es sich auch auff die Hülff und Beystand deß Falckenierers verläßt. Gleiche Art hat auch der Sperber/ und darumb greifft er auch stärckere und grössere Vögel an/ als er ist; und ist dieses kein Wunder/ dieweil auch der Schweimer/ (welcher von Natur so kleinmüthig und langsam ist/ daß er allein Mäuß/ und die gar kleine Vögelein raubet/ so auff der Erden hin und wieder hüpffen/ oder noch in ihren Nestern liegen) wann er abgerichtet wird/ so kühn und muthig wird/ daß er grössere Vögel fänget/ wie Albertus sagt. Wie man aber die Habichte kühn und unverzagt machen solle/ ist an seinem Orth gesagt worden.

Man findt auch diese Blaufüß an vielen Orthen deß Schweitzerlands. Sie nisten aber auff den hohen Felsen bey den Wassern/ oder in den tieffen Klüfften und Thälern/ sonderlich aber findet man sie heutiges Tags in einem Loch eines hohen Steins oder Felsens zu Wyach/ einem Dorff/ nicht weit von dem Stättlein Käyserstul am Rhein gelegen. Wann man sie jung außgenommen/ richtet man sie ab/ und braucht allzeit besser ihrer zween zum Federspiel. Man sagt auch/ daß sie nicht allein Rebhüner/ Taubē/ Wachteln/ Brachvögel/ und Enten fangen/ sondern auch Fasanen und Urhanen/ und unterweilen auch Hasen.

Von dem Smirlein/ welches Albertus das zehende und letzte Geschlecht der Falcken nennet/ ist genugsam droben bey dem Habicht/ bey seiner eigenen Beschreibung gesagt worden.

Von dem Stein-Falcken/und Baum-Falcken.
Lithofalco, Dendrofalco.

UBer die vorgenannte Falcken-Geschlecht / spricht Albertus, findet man bey uns noch zwey Geschlecht / einen Steinfalcken und Baumfalcken / oder Baumfälcklein/wiewohl dieser letzte Nahm mehr dem Männlein gehöret/gleich wie der erste dem Weiblein / welchen Unterscheid man in unserer Sprach wol bey allen Raubvögeln brauchen kan.

Der Steinfalck hat die mittel Grösse un Stärcke zwischen dem Hockerfalcken und Frembden/ und wird auff den Alpen gefunden. Man ätzet ihn gleich wie den Frembden.

Der Baumfalck aber hat die mittelste Grösse und Stärcke zwischen dem Hockerfalcken und Smirlein/ er wird auch wie das Smirlein geätzt/sagt Albertus.

Der Baumfalck / welchen D. Geßner in den Händen gehabt/ war vom Schnabel an biß zum Außgang deß Schwantzes vier zwerchhänd lang/ seine Bein waren bleich/ und gleichsam auß gelblichter und grüner Farb vermischet/ der Rücken schwartz / aber die untersten Außgänge der Federn auf dem Kopff und Rücken umbgaben halbe rothe Kreiß/ die Flügelfedern waren noch schwärtzer / und der Theil an den Flügeln / so sich gegen dem Vogel kehret / war mit grossen bleichrothen Flecken unterschieden; Die Brust war mit weissen und schwartzlichten Flecken gesprengt; gelblichte Federn waren hinder den Ohren / und am Halß als Flecken gesetzt; seine Augen waren schwartzlicht; der Schnabel fast Himmelblau; die Schwantzfedern waren auch / wie an den Flügeln / gesprengt / außgenommen die zwo mittelsten. In seinem Magen fande ich Federn/ un etliche kleine grüne Käferlein.

Der Baumfalck / spricht Stumpffius, ist ein schöner und edler Vogel / von Gestalt nicht gar ungleich dem Sperber/doch etwas schwärtzer und kleiner. Und ob er gleich seiner Kleine und Schwachheit wegen nicht sehr zum Federspiel gebraucht wird/ist er doch gantz zahm und gütig/ also/daß er auff das freye Feld / oder in die Wälder gelassen / wiederumb zu seinem Herrn kommt.

Und ist der Streit und Kampff/den er mit den Tolen hält/sehr lustig zu sehen.

Es werden vielleicht an andern Orthen noch mehr Geschlecht der Falcken gefunden/ so hie nicht erzehlet worden / doch können sie alle nach vorbeschriebener Weise gespeiset und abgerichtet werden.

Von den Laneten oder Schweimern.

DEr unedlen Falcken/ so nicht/ wie vor erzehlet/von der rechten guten Arth sind/sind drey Geschlecht/welche/wie die alte Weydleut und Falckenierer deß Königs Ptolomæi, Aquila, Symmachus, und Theodotion schreiben/ vielmehr Laneten oder Schweimer als Falcken sollen genennet werden/diese haben an der Farb dreyerley Unterscheid/ als weiß/ schwartz und roth. Unter welchen die zween erste so groß sind als der Falck: der rothe aber ist kleiner/ und dem Smirlein gleich. Dieser wird Lateinisch Lanarius, Italienisch Buferletto,Frantzös. Lanier, und Teutsch Schweimer genannt. Sie haben in ihrer Jugend / wegen der schwachen natürlichen Wärme und vielen Feuchtigkeit/fast gar keine Kühnheit/ sondern sind verzagt wie die Kinder: wann sie aber zwey oder drey mahl sich gemauset haben/ so werden sie mit der Zeit/sonderlich durch das gute Abrichten/käcker und unverzagter/ also/ daß sie Tauben und Enten fangen. Im ersten Jahr aber solt du sie nicht anders derst als mit lebendigem Gevögel speisen/wann sie dieselbigen ein wenig geropfft/soll man sie ihnen entgehen lassen/nicht mit dem Flug/sondern auff der Erden zu lauffen. Nachdem sie aber gelernet ihnen nachzueilen/soll man diese Vögel auch von ihnen hinweg fliegen lassen/doch nit zu schnell/also/daß man ihnen die Flügel ein wenig beschneide. Darnach aber soll man Vögel vor ihnen fliegen lassen/die gantz schnelles Flugs sind/damit sie also auff den Raub zu eilen/abgerichtet werden.

In

Von dem Laneten.

In allen solchen Abrichtungen aber soll man ihnen mit lauter Stimm ruffen/ und den Vogel helffen halten / dann darvon werden sie kühn und unerschrocken.

Das ander Jahr aber solt du ihn mit grössern Vögeln/ wie das erste Jahr/ abrichten/ und das dritte Jahr noch mit grössern: dann also werden alle Raubvögel am allerbesten abgerichtet/werden auch darvon kühner und unverzagter. Dann wiewohl die acht ersten und besten Geschlecht der Falcken solches nicht bedörffen/mehret es ihnen doch über die massen ihre Kühnheit; wie Albertus darvon schreibet.

Dieser Vogel/ spricht Tardivus, ist gemein in allen Landen/kleiner als der edle Falck/ mit schönen Federn gezieret/und hat kürtzere Beine als die andern Falcken. Der jenige ist besser/ welcher einen grossen Kopff hat/ und Füß die auff Himmelblau ziehen/ er sey gleich auß dem Nest genommen/ oder sonst erwachsen gefangen. Von dem Kopff biß zu Ende deß Schwantzes ist dieser Falck eine Spann und ein halbe Hand breit lang: Er hat einen dicken gekrümten Schnabel/welcher oben mit einem gelben Häutlein bedecket ist. Seine Flügel sind gantz zugespitzet/und gehen weit über den Bürtzel/daß kaum der Schwantz einen Daumen breit hervor gehe. Seine Bein sind ohngefehr einer zwerch Hand hoch/ aber gantz dünn: deßgleichen hat er auch gantz zahrte und gelbe Füß/und schwartze krumme klauen/welche aber gleich zahrt/ und nicht sonderlich starck sind. Man darff diesen Falcken nicht sonders mit zarten Speisen ätzen. Er ist gut zum Federspiel auff dem Land und auff dem Wasser/ nemlich zu den Atzeln/ Rebhünern/ Fasanen/ Enten und andern dergleichen.

Anderswo sagt Tardivus weiter/ daß man diesen Vogel zu den Kränchen also abrichten solle: Schließ ihn in eine Gruben oder Kellerlein unter die Erden/also/daß er an den Tag nimmer/ ohn allein wann er geätzt wird/ komme. Trage ihn allein bey Nacht auff der Hand. Wann du ihn aber zum Federspiel brauchen wilt/ so mache ein Feuer am selbigen Orth/ dabey er sich wärme/und wann du das Feuer hinweg genommen hast/ so wasche ihn mit Wein/ und stelle ihn wiederumb an die vorgenannte Stätte/ ätze ihn mit einem Hünerhirn und gehe vor Tag mit ihm auß zu beitzen/ und so bald der Tag angebrochen/ so laß ihn von weitem auff die Kränch fliegen. Am ersten Tag aber wirst du nichts fangen/es geschehe dann ohngefehr: aber die andern Tage wird er dir nützen/ bevorab von der Mitte Heumonats an/ biß mitten in den Weinmonat. Wann er sich gemauset hat/wird er besser. Zu kalter Zeit/nemlich im Winter/ ist er nichts nutz.

Belisarius sagt/ daß die besten dieser Falcken/ (welche er unedel und Bauren-Falcken nennet) in Franckreich gefunden werden. Ob aber dieses von den Weydleuten/oder von der Vögel angebohrnen Natur herkomme/kan er nicht gründlich wissen; allein das weiß er/ daß diese Vögel ihrem Nahmen gleich sind/dann sie kein Hertz noch Kühnheit/auch keinen solchen berühmten Flug haben/dann die andern obbeschriebene Geschlecht der Habichte und Falcken übertreffen sie darinnen weit.

Von den vermischten Geschlechten der Falcken.

Dieweil (wie Albertus sagt) die obgemelte vielfältige Arth und Geschlecht der Falcken durcheinander vermischt werden/ als werden viel andere Geschlecht der Falcken darauß / auß welchen zu uns allein vier Arten kommen sind. Dann der Frembde vermischet sich offt mit dem Blaufuß/ wann dann der Frembde das Männlein ist/ und der Blaufuß das Weiblein/schlägt der Junge gar wenig auß der Art/ wiewohl etwas von der blauen Farb an seinen Füssen gesehen wird. Wann er aber von einer edlen Mutter / und einem undedlen Vatter gebohren worden / schlagen sie mehr dem unedlen Vatter/als der edlen Mutter nach. Es pflegen sich auch offtmahls die Frembde/ dann sie meistentheils an alle Orth einsam fliegen/ zu vermischen mit den schwartzen/ weissen oder rothen Schweimern. Solche Vermischung aber wird verursachet auß gleicher Art und Natur ihres Samens/ wann die Vögel gleicher Art/ Natur und Complexion sind/und die Empfängnuß der Eyer und die Zeit deß Brütens überein stimmen.

Insonderheit aber geschicht solche Vermischung/ wann die Falcken/ indem sie brünstig oder reisch sind/ihres gleichen nicht haben oder bekommen können. Und wiewohl wir droben allein von viererley solcher vermischten Falcken gesagt/ so zu uns kommen sind/ so können wir doch auß obgemelter Ursach wol erachten/ daß noch viel Arten solcher Vermischung gefunden werden mögen/ welches ich auch für die gröste Ursach halte/ daß so mancherley Art und Gestalt der Falcken hin und wieder gefunden werden. Dann wiewohl ein jedes Land hierinn einen sonderlichen Unterscheid hat/ gibt doch solche Vermischung eben so mannigfaltigen Unterscheid der Geschlechten/ als wir bey unsern Zeiten wahrgenommen an mancherley Arth und Geschlecht der Gänse/ Hunde und Pferde. Und kan solches nicht allein von Vermischung der Falcken geschehen / sondern auch auß Vermischung der Falcken / mit der Habichten/ Sperber und Adler Geschlecht/darauß dann mancherley Raub-Vögel von Tag zu Tag erwachsen mögen. Doch wie droben gesagt/ halten wir dafür / daß solche Vermischung mehrentheils von dem frembden Falcken verursacht werde/ dann derselbige/ so bald er flück/ von seinen Eltern außgestossen/und wegen deß Raubs/ und ihres Zorns halben/ auß derselbige Gegend verjagt wird. Dieweil sie nun ihres gleichen nit finden/vermischen sie sich mit andern Geschlechten/die ihne am änlichste sind.

Q q   Wann

Wann nun der fremdde Falck sich mit dem Blaufuß vermischet / wird der gebohrne Vogel dem Frembden nicht ungleich. Wann er sich aber mit dem schwartzen Schweimer vermischt / wird ein unedler Falck darauß / dem schwartzen Falcken gleich. Und wann er sich mit dem weissen Schweimer vermischt / wird darauß ein Falck / dem weissen Falcken ähnlich. Vermischt er sich mit dem rothen Schweimer / so wird der Junge dem rothen Falcken ähnlich. Und solche Falcken werden viel leichter abgerichtet / als die so gantz unedel sind; Fürnemlich wann das Männlein von guter und edler Arth ist. Wann aber das Widerspiel geschicht / daß das Weiblein edler Arth / und das Männlein unedel ist / so ist das Junge / das darvon kommt / nicht so guter Arth; doch wird es mit gutem Abrichten etwan auff gute Arth gebracht / fürnehmlich nach einem Jahr oder zweyen / auff solche Weiß / wie droben angezeigt worden. Und so viel seye auff dieses mahl von mancherley Geschlecht der Falcken gesagt; darauß auch andere Geschlecht (wann deren noch andere seyn) können erkennet werden. Dieses schreibt Albertus.

Von dem Vogel Harpe genannt.

Diesen Vogel / spricht Oppianus, siehet man selten / dieweil er in den rauhen Klüfften und Felsen wohnet / darinn er sein Nest machet. Sie haben ihre Jungen sehr lieb / also / daß wann etwan einer ihm heimlich ein Junges auß dem Nest genommen hat / sitzet er ungessen bey dem Nest / und erfüllet den Orth mit stetigem Klagen / wie ein Weib / welches weinet / also / daß ihnen die Wange von den Thränen befeuchtet werden. Ihre Wangen aber sampt der Kälen sind also mit Federn bekleidet / daß es einem Bart bey nahe ähnlich scheinet: und dieses ist das Zeichen / durch welches sie von den andern Vögeln unterschieden werden. Wiewohl Plinius sagt / daß auch der Adler Ossifraga, Stein- oder Beinbrecher / einen Barth habe: und wird die Liebe gegen ihre Jungen / auch das Beweinen derselbigen / beyden gleich zugeschrieben / sie haben auch beyde gleichen Nutzen in der Artzney. Sie essen Stein / und Gebein von den Thieren / so längst gestorben sind: wann sie dieselbe gantz hinab schlucken können / so thun sie es gantz begierig: die grösten aber fassen sie in ihre Klauen / fliegen damit in die Höhe / und lassen sie so offt hinab fallen / biß sie so klein werden / daß sie dieselbe hinab schlucken können. Sie leben auch von dem Aaß.

Sie heilen oder verhüten ihre Kranckheiten mit Epheu / sagt Oppianus. Ælianus aber schreibt / daß sie dieses den Jungen zu Nutzen in die Nester legen / sie damit zu bewahren / oder die Schaben damit zu vertreiben.

Dieser Vogel von Oppiano beschrieben / bedüncket D. Geßnern auß deß Geyers Geschlecht zu seyn / welcher von der rothen Farb / so er vornen an der Brust hat / ein Goldgeyer genennet wird / dessen Figur wir vornen bey seiner Beschreibung verzeichnet haben: dann er machet sein Nest auch auff den hohen Felsen: hat auch einen Barth unter seinem Schnabel hinab hangen. Der Harpe aber / welchen Aristoteles beschreibt / dieweil er auß dem Meer seine Nahrung suchet / und auch der Enten und deß Mewen Feind ist / mag wol der jenige seyn / oder doch demselben nicht ungleich / so von den Teutschen ein Maßwy oder Moßweihe genennet wird / weil er auß den Seen und Pfülen Enten und andere Wasservögel / gerad richtig auff sie hinab schiessend / stösset.

Was von diesem Vogel in der Artzney nützlich seye.

Wann du das Eingeweyd von diesem Vogel einem zu essen gibst / wird er von Fülle zerspringen: dann er wird nimer können ersättiget werden. Der Affterdarm gepülvert / und zu trincken gegeben / wird das Krimmen benehmen / sagt Kiranides. Das Schmaltz mit Oehl übergestrichen / vertreibet das viertägige Fieber. Der dürre Magen gepülvert / und mit Gerstenmehl oder sonst Mehl eingenommen / stillt die Harnwinde / zerbricht den Stein in der Blasen / und vertreibet das Krimmen. Seinen Magen bey sich getragen / befördert und stärckt die Däwung. Von seiner Leber nur ein kleines Stücklein genommen / verdirbt alle innerliche Glieder im Leib. Sein Mist mit Essig auffgestrichen / benimmt den Auffatz. Dieses alles schreibet Kiranides. Diese Stück aber fast alle schreiben die Alten dem Adler / Stein- oder Beinbrecher genannt / zu / dieweil etliche (wie vorhin gesagt) denselbigen
vor diesen Vogel gehalten
haben.

Von dem Haselhun.
Von dem Vogel Harpyia genannt.

OBwohl die Beschreibung dieser Vögel nur vor eine blosse Fabel zu halten / haben wir doch deroselben in etwas gedencken wollen. Von den meisten Grammaticis werden sie Harpeyiæ genennet/ von wegen ihres Raubs: Virgilius im dritten Buch der Trojanischen Geschichten gedencket/ daß die Jnsulen Strophades (welche von den Griechen also genannt/ und mitten in dem Jonischen Meer liegen) die grausame Cæleno, und dero Gespielinnen Harpyiæ bewohnen; und könte kein abscheulicher Wunderthier gefunden werden / als dieselben: seye auch keine Pestilentz oder Kranckheit ärger/ als dieselben; Ja der Zorn der Götter habe sich auß der Höllen in ihnen herauß gethan. (Das ist/ welchen die Höllische Götter straffen wolten / den strafften sie mit diesen Harpeyis.) Diese Vögel haben Angesichter wie Jungfrauen: Seyen garstige unflätige Thier: haben grosse Klauen an Händen und Füssen: und seyen allezeit bleich von Angesicht / als wann sie grossen Hunger litten.

Von dem Haselhun.
Attagen, Gallina corylorum.

DJeser Vogel heisset auff Griechisch Ἀτταγᾶς; Lateinisch Attagen; Gallina Corylorum, Bonosa; Jtaliänisch Francolino; Spanisch El Francolin; Frantzösisch Francolin, Gelinette sauvage, Gelinote de bois; Polnisch Jarzabek; Wēdisch Gerzabek, Rzierzlabek Ungarisch Tschasar madàr; Türckisch Jabantau; und zu Teutsch ein Haselhun. Das Haselhun/ welches D. Geßner gesehen / war etwas kleiner als eine Heñ/ mit einem kurtzen/ dicken und schwartzen Schnabel; Die oberste Augbrau war Saffrangelb/ oder fast Carmosinroth glänzend/ doch vermeinet er diese Farb sey an den Männlein dichter an den Weiblein aber dünner und nicht so glänzend. Die Federn am gantzen Leib waren mannichfaltig / also / daß etliche derselbigen grau oder aschenfarb/ schwartz / Kastanienbraun/ und weiß gesehen wurden / darzu war es überall gesprengt und schön gefärbt. Die längste Schwingfedern waren bey nahe aschenfarb/ und schwartz darunter vermischt und der Kopff grau. Sein Schwantz war auch länger als deß Rebhuns/ zu eusserst graublau / ein wenig hinein zu war eine breitlichte schwartze Linien: Zu oberst auff dem Kopff hatte es auch schwartze Federlein. Die Bein waren gantz gefedert biß auff den Anfang der Zee hinab/ welche Federn dem Hasenhaar bey nahe ånlich schienen. Die Zeen waren gantz rauh und schuppicht/ graublau/ mit vielen Linien als in Geleich zertheilt/ gleich wie am Laubhan.

Das Haselhun (spricht Gyb. Longolius) richtet seine Federn bey den Ohren nit auff wie der Vogel Otus genannt/ sondern läst sie als einen Bart hinab hangen; es ist auch dem Rebhun so ånlich/ daß es ohne jetzt gedachtes Zeichen/ und daß es einen längern Schnabel hat/ fast nirgend von demselben underschieden ist/ doch hat es einen grössern Leib/ und ist an den Füssen mehr gefedert.

Von der Natur und Eigenschafft dieses Vogels.

Die Haselhüner haben ihre Wohnung und Auffenthalt in den finstern duncklen Wäldern/ man findet ihrer auch viel in den hohen bergichten Wäldern / bevorab wo viel Haselstauden und Brombeerstauden wachsen/ ohne zweifel daß sie an solchen Orthen sich nehren/ und vor dem Auffsatz der Raubvögeln sich retten und beschirmen mögen. Zu Winterszeit bleiben sie auch in den Wäldern. Sie lieben auch die Stäudlein oder Gewåchß so die Teutschen Schwelcken nennen. Man findet sie auch offt auff den Haselstauden sitzen/ dar von sie dann die langen gelben Kåtzlein/ so dem langen Pfeffer gleich sind/ essen/ daher sie bey dē Teutschen den Nahmen haben. Aloisius Mundella sagt/ er habe von den Weydleuten verstanden / daß sie nimmer auß den Wäldern sich auff die Ebene heraußlassen/ dieweil sie mehr den Auffsatz der grossen Raubvögel/ als die List der Menschen fürchten. Daß sie auch zuweilen auff die unterste äst der kleinen Båumlein sitzen/ darzu schnell/ wie die Wachteln/ einher lauffen.

Von diesem Vogel schreibet man/ daß er nit wie andere Thier empfange/ sondern durch dē Schnabel/ also/ daß das Männlein hin und wieder lauffe/ so lang biß daß es sehr schaumet/ als dañ empfange das Weiblein solchen Schaum mit dem Schnabel/ und gebehre seine Eyer darvon. Albertus aber sagt recht/ es sey dieses nicht wahr/ dann was zum Mund eingehet das kommt in den Magen/ wird daselbst in die Nahrung zu Auffenthalt deß Leibs verwandelt / das überflüssige aber darvon gehet durch den Stulgang hinauß.

Nachdem sie ihre Jungen auff erzogen haben/ daß sie nun flück worden/ führen sie dieselbige von dem Ort/ da sie erzogen worden/ hinweg/ also/ daß das alte Paar/ das Männlein und Weiblein/ allein bleiben/ sagt Stumpffius.

Wie

Von dem Haſelhun.

Wie man dieſen Vogel fangen ſoll.

Die Haſelhüner fängt man zwey mahl im Jahr/ im Mertz und Herbſtmonat. Der Weydman nimmt ihrer Stimm fleiſſig war/ und deren folget er dann nach mit einem Pfeifflein im Wald/ wann nun dieſelbe vorhanden/ geben ſie ihm Antwort: darnach verbirgt ſich der Weydman in ein niedriges Hüttlein/ und ſpannet oder ſteckt ein Garn etliche Schritt lang vor demſelbigen Hüttlein/ hierauff locket er dem Vogel mit dem Pfeifflein herzu/ und wann er herzu geflogen/ laufft er hin und her auff der Erden bey dem Hüttlein/ alſo/ daß er ſich in das Garn verwickelt/ und gefangen wird. Wird aber allein der Han auß dieſem Geſchlecht gefangen ohne die Henne/ ſo locket dieſelbe einem andern Hanen herzu/ alſo/ daß viel Hanen einem Weiblein nachfolgend/ gefangen werden. Wann aber die Henne gefangen worden/ gehet der Han einer andern Hennen nach/ und kehret nicht wiederumb an ſeine Wohnung/ wie Stumpffius ſchreibet.

Ich höre auch/ (ſagt D. Geßner) daß man die gefangene nicht lang erhalten könne/ ſondern ſie ſterben bald. Doch hat mir ohnlängſt ein Weydman geſagt/ er hab auff eine Zeit einem/ welches er gefangen/ den Magen auff geſchnitten/ und als er der Speiß darinnen wargenommen/ habe er hernach eines eine lange Zeit geſpeiſet und bey dem Leben erhalten.

Was von dieſem Vogel auſſer und inner der Artzney nützlich ſeye.

Deß Haſelhuns Fleiſch iſt auſſen ſchwartz/ inwendig weiß/ gantz zart/ und eines lieblichen Geſchmacks/ faſt wie deß Rebhuns. Bey uns wird es für ein edle Speiß/ und für die beſte auß allem wilden Gevögel gehalten/ alſo/ daß man die allein auß allen andern Vögeln oder Thieren den Fürſten/ am andern Tag nachdem ſie gekocht worden/ zu der Speiſe fürſtellet/ ſagt Albertus.

Es ſagen etliche/ daß man vier unterſchiedliche Farben an ſeinem Fleiſch finde. Aloiſius Mundella ſagt/ daß dieſer Vogel zu der Speiſe gantz lieblich und wohlgeſchmackt ſey/ mehr dann das Rebhun und die Wachtel/ gebe auch viel und gute Nahrung. Wann man ein Haſelhun gefangen/ und hinden ſäuberlich außgenommen und entweydet hat/ kan man Saltz darein ſprengen/ und ſampt den Federn eine Zeitlang behalten/ oder ſonſt ohnverſehrt weit hinweg verſchicken.

Stumpffius ſagt/ daß ſie denen/ ſo mit der ſchwerē Noth beladen/ dienlich ſeyen in der Speiß genützt. Die Weiber brauchen auch dieſes Vogels Federn/ wañ ſie zu einer beſondern gewiſſen Zeit auß Aberglauben außgeropfft ſind/ für die Verſtopffung der Bärmutter/ ſich damit zu räuchern/ gleich wie mit den Pfauen und Rebhünerfedern. Etliche Roßärtzt heiſſen drey Haſelhünermagen ſampt der Speiſe ſo darinnen iſt/ den Pferden ſo da ſchwer athemen/ oder engbrüſtig ſind/ zu eſſen geben.

Von dem Murhanen.
Gallus paluſtris.

DEn jenigen Vogel/ welchen die Schotten und Engelländer ane muyr cock, das iſt/ einen Murhan nennen/ wollen wir auch unter das Haſelhun ſetzen: dann er für ſonderlich delicat gehalten wird/ er wohnet an ſumpffichten Orthen/ daher er auch den Nahmen bekommen; ſein röthlichter oder gelblichter Leib iſt allenthalben mit ſchwartzen Flecken geſprengt. Der Bart und die Augbrauen ſind von einem rothen Häutlein gemacht. Seine Figur hat Joh. Ferrerius Pedemontanus auß Schottland D. Geßnern zugeſchickt; und zweiffelt D. Geßner/ ob dieſes eben die jenige Vögel ſeyen/ von denen Hector Boëthius in der Beſchreibung Schottlands alſo geſchrieben hat: Es ſind in Schottland wilde Hennen und Hanen/ welche kein Korn eſſen/ ſondern allein von dem jungen Geiß-Klee leben/ von welchen ſie die Blätter ab eſſen: Dieſe Vögel werden für eine angenehme Speiß gehalten.

Von den Vögeln Hoangeio.

Dieſe kleine Vögel werden in Sina, in der Landſchafft Chekiang, unter der Statt Kiahing zur Herbſtzeit gefangen; die Sineſer legen ſie in ihren Wein/ den ſie auß Reiß kochen/ und beitzen ſie darinnen ein/ damit ſie dieſelbe das gantze Jahr durch verkauffen mögen.

Geßneri Thierbuch
Von dem Vhu oder Huhu.
Bubo.

Von der Gestalt dieses Vogels.

Diser Vogel heisset auff Hebreisch אוח, Griechisch βύας; Lateinisch Bubo; Italianisch Guo, Aloco; Spanisch Buho, Mocho; Frantzösisch Chat huant, Hibou; Pohlnisch Puhacz, Lezna, Sovva; Ungarisch Bagoly; Wendisch Wyr; Türckisch Ugu; Engelländisch a lyke foule, a Shriche oule; Niederländisch Schupfwt/Nachtuyl; und Teutsch Uhu/Huhu/Schuffauß/Schuffeul/Steinauff/Berghuw/Huruw. Der Berghuw/(spricht D. Geßner/)welchen ich gesehen/dessen Figur auch hierbey stehet/war grösser als eine Ganß/ oder doch zum wenigsten derselbigen

gen gleich/ er hatte aber sehr grosse Flügel: dann dieselbe außgestreckt und der Länge nach/ nemlich von Anfang biß zum Ende der längsten Schwingfedern gemessen/ waren bey nahe drey Spannen lang. Aber von Anfang deß Flügelbogens/ biß an die letzte Schwingfeder gerad hinab gemessen/ waren sie eine Spann sampt einer zwerch Hand lang. Das Haupt war an Grösse und Gestalt der Katzen Haupt ähnlich/ darauff stunden auff beyden Seiten/ als zwey Ohren/ schwärtzlichte aufgereckte Federlein bey nahe drey zwerch Finger lang. Er hatte auch grosse Augen/ darzu hinden auff seinem Bürtzel einen dicken und gantz linden Pflaum/ länger als eine zwerch Hand. Seine gantze Länge vom eussersten Schnabel an biß zum Ende der Füsse/ oder auch deß Schwantzes gemessen/ war drey Spannen und ein zwerch Hand. Seine Augenring glänzten gantz saffrangelb. Der Schnabel war kurtz/ schwartz und krumm. Wann man die Federn am Kopff beyseits thäte/ sahe man grosse und weite Ohrenlöcher. An beyden Naßlöchern hiengen etliche Federlein/ als ein Bart hinab. An seinem gantzen Leib war er vielfältig gefärbet/ nemlich mit weißlichten/ schwärtzlichten und röthlichten Flecken gesprengt. Die Schenckel waren eine Spann und ein zwerch Hand lang/ über den Knien gantz dick/ fleischicht und knörricht. Die Füß biß zu eusserst auff die Zeen/ waren mit bleichen und hellrothen Federlein/ als Härlein gestaltet/ überall bedeckt; und zu eusserst mit schwartzen/ krummen und sehr spitzigen Klauen verwahret.

Albertus spricht: Der Huhu hat krumme/ spitzige Klauen/ auch einen solchen Schnabel/ wie dann bey nahe alle Raubvögel dergleichen haben; Er ist auch von mancherley Farben gesprengt/ und der gröste unter allen Raubvögeln/ so deß Nachts fliegen. Es hat auch kein Vogel grössere Augen als der Uhu.

Es sagen etliche von diesem Vogel/ daß er zwo Zeen vornen an seinen Füssen/ und zwo hinden habe/ wie die Geschlecht der Spechte/ wiewohl dieser/ den wir hie verzeichnet haben/ allein (wie auch mehrentheils andere Vögel) drey Zeen vornen/ und eine hinden hat. Das Geschlecht aber/ welches ein Schleyereul genennet wird/ hat an beyden Orthen hinden und vornen zwo Zeen. Der Berghuw hat untenhin den weitesten Magen in allem seinem Geschlecht.

Von der Natur und Eigenschafft dieses Vogels.

Man sagt dz der Uhu/ gleich wie andere Nachtvögel/ deß Tags weniger als deß Nachts sehe. Deß Tags verbirgt sich dieser Vogel in die finstere Löcher/ hole Bäum und Steinklüfften/ oder in alte einöde Gemäuer/ unbewohnte Häuser/ und zerstöhrete Orth; dann wann er zuweilen deß Tags von andern Vögeln ersehen wird/ fliegen sie auff ihn/ und rauffen ihm die Federn auß. Wann er aber von den Vögeln gar überfallen wird/ fället er auff den Rücken/ und beschirmet sich mit den Klauen. Der Huhu hat zu Nacht ein scheußlich Geschrey/ von welchem er dann seinen Nahmen bekommen. Er wohnet auch gern in den Kirchen/ trinckt das Oehl auß dem Ampeln/ und beschmeist dieselbigen sehr. Von diesem Vogel schreibet Plinius/ wiewohl es nicht wohl zu glauben/ daß er erstlich mit dem hindern Theil auß dem Ey schliesse: ist es aber war/ so halte ich davor es geschehe auß keiner andern Ursach/ als wegen Schwere deß Kopffs/ daher er auch denselbigen etliche Tage nicht auffrichten kan/ sein hinder Theil aber ist stumpff und kurtz/ als ob der Vogel gestützt oder abgekürtzt wäre. Aristoteles sagt/ daß die Krä und der Huhu miteinander kriegen.

Von der Speiß dieses Vogels.

Aristoteles schreibet/ daß der Uhu gleich wie die andern Raubvögel von Fleisch lebe; und sonderlich diejenige Thier fange/ welche sich deß Nachts hervor lassen/ als da sind Fledermäuß/ Frösch/ Mäuse/ und dergleichen. Etliche halten dafür/ daß sich dieser Vogel umb die Kirchen auffhalte/ damit er deß Nachts das Oehl auß den Lampen sauge/ welches aber Aldrovandus vermeinet/ daß es vielmehr einem andern Vogel zukomme/ den die Niederländer deßwegen auch Kerckuut, das Kirch-Eul nennen. Und daß dieser Uhu so wohl als die Adler oder andere Raubvögel/ seinem Raub nachjage/ und Küniglein/ Hasen/ Enten und andere Vögel fange. Ja es solle kein Vogel seyn/ welcher so einen grossen Vorrath von Speisen zusammen trage/ als der Uhu/ daß wann er sonderlich Jungen hat/ der Jäger oder welchem sein Nest bewust/ auß denen zusammen getragenen Vögeln grossen Nutzen mache. Etliche melden auch/ daß er den Tauben die Eyer außsauffe.

Was von diesem Vogel ausser und inner der Artzney nützlich seye.

Mit diesem Vogel fängt man andere Vögel/ wann man ihn zu einem Garn/ oder unter einen Baum mit Leim-Ruthen besteckt/ setzet. Dann so bald alle Vögel ihn ersehen/ fliegen sie herzu/ dem Uhu Schaden zu thun/ wordurch sie dann unversehens mit Garn oder Leim-Ruthen gefangen werden. Was vor ein Ursach seye/ warumb alle Vögel einen solchen Haß wider den Uhu tragen/ werden unterschiedliche Meinungen gegeben. Aldrovandus hält dieses für die vornehmste/ dieweil sich dieser Vogel deß Tages langsam sehen lasse/ und deßwegen als ein ungewohntes Werck von den andern angefallen würde. Dann daß etliche wollen/ es geschehe auß einer innerlichen Feindschafft/ dieweil er deß Nachts den kleinen Vögeln grossen Schaden thue/ müste diese auch auff Habicht oder andere Raubvögel also zu fliegen/ vor welche sie sich vielmehr verbergen. Wann der grosse Berghu fett ist/ wird er von etlichen gessen: dann sein Fleisch soll gantz süß uñ wohlgeschmackt seyn/ wann man ihn recht kochet und wohl zubereitet.

Aber

Aber im Altē Testament ist dieser Vogel/wie auch andere Nachtvögel zur Speiß verbotten. Huhufleisch/das Blut und die Brühe ist sehr dienlich dem so eine enge Brust und schweren Athem hat / sagt Avicenna. Man sagt/daß man mit dem Blut von einem jungen Huhu die Haar krauß mache. Sein Kopff zu Aschen gebrannt / und mit einem Sälblein übergestrichen/benimmt das Miltzwehe. Das Hirn mit Gänßschmaltz gebraucht/ soll die Wunden heilen/ sagt Plinius. Die Aschen von seinen Augen unter ein Augensälblein vermischet/ macht dieselbigen hell und klar. Deß Huhu Füß gebrennt mit Wegerich/ist gut wider der Schlangen Stich.

Von dem Vogel Ibis genannt/und erstlich von seiner Gestalt/ und wo er zu finden.

Von dem Vogel Ibis.

Ibis, spricht Albertus, ist ein gesprengter Vogel in Egyptenland/ an dem Fluß Nilo sich auffhaltend/ groß von Leib/ in vielen Stücken dem Storch nicht ungleich/ ist aber doch kein Storch/ wie ihn etliche dafür halten: dann wiewohl er auch einen langen Schnabel hat/ so ist ihm doch derselbe nicht gerad/ sondern krumm/ oder wie etliche vermeynen/ schebkrumm. Wann aber dieser Vogel mit Gewalt und gezwungen auß Egyptenland getragen wird/ rächet er sich an seinen Feinden/ auch mit seinem grossen Schaden: dann er sich selbst Hungers tödtet/ damit den Räubern sein Fang nicht zu Nutz komme/ sagt Ælianus. Dieser Vögel sind zweyerley Geschlecht: Dan etliche sind weiß/ andere aber sind schwartz. Die weissen sind nicht bey Pelusio/ da sie doch sonst im gantzen Egyptenland wohnen. Hingegen sind die schwartzen allein bey Pelusio, und anderswo nirgend in Egypten. Der schwartze hat lange Kränchbein/ und ist so groß als der Vogel Crex genannt. Strabo sagt/ daß er an Gestalt und Grösse dem Storch gleich sey/ an der Farb aber sey einer dem Storch ähnlich/ der ander aber gantz schwartz. Dieses Vogels Eingeweyd soll sechs und neuntzig Ellen lang seyn/ welches im abnehmenden Mond zusammen fällt/ darumb sagt man/ daß er im abnehmenden Mond weniger als im zunehmenden esse/ wie Ælianus bezeuget.

Auff dem Alpengebürg findet man einen Vogel/ so ein schwartzer Storch genennet wird/ welcher doch wegen seines geraden Schnabels nicht ein Ibis kan genennet werden/ wie auch der Waldrab nicht der schwartze Ibis seyn kan/ ob er gleich einen krummen Schnabel hat/ dieweil er ihm in den übrigen Stücken nicht ähnlich ist.

Dem Ibidi kan der jenige Vogel wol etwas verwand seyn/ so von den Italianern Falcinello genennet wird/ welchen wir nach den Reigern beschreiben wollen; der einen langen und krummen Schnabel als ein Bogen oder Sichel hat/ und dessen Federn grünfarb sind.

Von der Natur und Eigenschafft dieses Vogels.

Strabo sagt/ daß dieser Vogel gantz zahm und gütig sey. Und ob er gleich ein Wasservogel ist/ so gehet er doch in kein Wasser/ sondern gehet allein am Gestad herumb/ und sättiget sich daselbst von den kleinen Fischlein und dem Aaß/ so das Wasser außwirfft/ insonderheit aber speiset er sich von den Schlangen/ so an den Wassergestaden umbher kriechen. Er trinckt auß keinem unreinen oder vergifften Wasser/ sondern es muß lauter und gesund seyn/ welches auch die Ursach gewesen/ wie Ælianus schreibet/ daß die Egyptischen Priester mit keinem andern Wasser sich besprenget und geweyhet/ als mit dem jenigen/ darauß dieser Vogel getruncken.

Dieser Vogel streitet mit den Schlangen/ dañ es schadet ihm kein Gifft/ und sind die Schlangen-Eyer seinen Jungen eine gesunde Speise und Nahrung. Wann es sich auch begibt/ daß die fliegende Schlangen auß Morenland in Arabien fliegen/ so versamblen sich diese Vögel in grosser Menge/ begegnen ihnen mit Gewalt/ streiten wider sie/ und unterstehen sich dieselbe zu erlegen/ umbzubringen/ und zu fressen / daher die Eyer und das Fleisch dieser Vögel gifftig sind. Und ist dieses die Ursach/ daß das gantze Egyptenland nicht von den Schlangen verderbet und verwüstet wird. Und darumb haben auch dieselbige Völcker diesen Vogel als einen Gott verehret. Die Egyptier sagen/ daß er mit dem Schnabel empfange und gebehre/ wiewol dieses Ælianus nit zuläst/ als auch Aristoteles so darwider schreibet. Dieser Vogel macht sein Nest auff einen Dattelbaum/ den Katzen zu entfliegen: dann dieselbe an diesem Baum/ von wegen der fürgehenden und scharffschneidenden Rinden nicht leichtlich hinauff klettern können. Dieser Vogel wird auch dem Mond zugeeignet: dann in so viel Tagen brütet er seine Eyer auß/ so lang der Mond ab und zunimmt/ wie Ælianus schreibet.

Dieser Vogel/ wann er im Leib verstopfft ist/ clystirt er sich selber also: Er füllt seinen Halß voll Meerwasser/ steckt den Schnabel in Hindern/ treibt also Wasser hinden in sich/ und laxiert oder purgirt sich also mit der Schärffe deß gesaltzenen Wassers. Darumb wollen etliche/ daß erstlich von solchem Vogel und dem Reiger das clystiren auffkommen und erfunden sey. Apion sagt/ daß er gar lang lebe.

Wann du einen Crocodilen mit einer Feder von diesem Vogel berührest/ wird er sich nicht bewegen. Die Federn widerstehen auch den Schlangen: daher sie diese Federn nicht wohl ansehen dörffen; wann sie damit berührt werden/ erstarren sie: wann sie aber dieselbe verschlucken/ zerspringen sie/ wie Philes und Democritus bezeugen.

Was von diesem Vogel dem Menschen nützlich seye.

Ob gleich dieser Vogel grossen Nutzen bringt in Egypten/ weil er die Schlangen/ Scorpionen und ander dergleichen Ungezieffer tödtet/ ist er doch als ein unreiner Vogel nichts nütz: dann er auch die reinen Ding besudelt und beschädiget/ und dieweil er võ diesen unreinẽ Thieren allein lebt/ soll man ihn zu der Speiß nicht brauchen. Die Egyptier zerbrechen ihre Eyer/ weil sie vermeynen es wachsen Basilisken darauß. Wann einer dieselbe isset/ wird er sterben. Wann sie gebraten werden/ vertreiben sie die Schlangen. Diesen Vogel ohne Federn zu Aschen gebrennt/ und dieselbe getruncken/ benimmt das Krimmen. Die Federn von diesem Vogel sind zwar/ wie oben gesagt/ wider die Schlangen dienlich/ aber dem Menschen in der Artzney nicht zu brauchen. Den Mist von diesem Vogel kan man an statt der wilden Feigenblätter brauchen.

Von dem Immenwolff/ oder Immenfraß.
Merops.

Von der Gestalt dieses Vogels.

Dieser Vogel wird auff Griechisch Μέροψ; Lateinisch Merops; Italianisch Gauli, Jevoli, Lupo de l'api; Spanisch Avejurúco; Frantzösisch Guespier; und zu Teutsch Immenwolff oder Immenfraß genennet. Albertus sagt/ daß er auß dem Geschlecht der Spechte/ oder ein grüner Specht sey/ da doch derselbige viel ein anderer Vogel ist. Etliche Frantzosen und Teutschen haben ihn für eine Meisen gehalten/ aber nicht recht/ wie auch Eberus und Peucerus geirret/ da sie den Windhalß einen Meropem genennet haben. Der Immenwolff ist gemein in der Insel Creta, sonst siehet

Von der Seeschwalben.

het man ihn gar nicht / in Griechenland / und in Italien gar selten: doch soll er an etlichen Orten in Italien / wie D. Geßner vernommen / auch zimlich bekant seyn. Er ist gantz schön von Farb / also / daß er mit einem Papagey kan verglichen werden / in der Grösse eines Starens. Seine Federn sind unten am Bauch bleich / obenhin aber blau gefärbet / wie deß Vogels Alcyonis: oben auff den Flügeln ist er roth. Er hat auch rothe Bein / und einen langen harten Schnabel / diesen sperret er / wie die Schwalb / weit auff / also / daß er viel Fliegen auff einmal fangen kan.

Von der Natur und Eigenschafft dieses Vogels.

Man sagt daß dieser Vogel wie der Storch / seinen Eltern behülfflich seye / nicht allein im Alter / sondern wann sie ihrer Hülff bedürffen und nothdürfftig seyen / lassen derhalben ihre Eltern nicht auß dem Nest fliegen / sondern tragen ihnen Nahrung herzu / tragen sie auch auff dem Rücken hin und her. Der Vogel ist so listig / daß er seine Jungen / damit sie nicht gefangen werde / von einem Orth an das ander trägt. Er fliegt auch selbst stets an andere Orth / damit er nicht gefangen werde / damit man nicht spüren möge / wo er seine Jungen erziehe. Er fliegt nicht wie die andern Vögel / sondern hinder sich gegen seinen Schwantz / welches ein Wunder ist zu sagen / wie Ælianus schreibet. Albertus sagt / daß er sein Nest in die Erden sechs Schuch tieff grabe / und seine Jungen darinn außhrüte und aufferziehe / biß daß sie wohl flück werden. Er legt im Sommer sechs oder sieben Eyer. Ihre Schöne reitzt die jungen Knaben in Creta, daß sie dieselbe mit Heuschrecken / wie die Schwalben / fangen / also / daß sie an eine gekrümbte Stecknadel eine Heuschreck stecken / und an einen Faden binden / den sie an einem Orth in den Händen haben / am andern aber lassen sie die Heuschreck fliegen: wann dann dieser Vogel die Heuschreck ersehen / verschluckt er sie / und wird also gefangen / wie Bellonius berichtet. Deßgleichen werden sie auch mit Stricken so wohl / als mit Vogel-Leim in Italien gefangen.

Von der Speiß und Nahrung dieses Vogels.

Er fliegt stets mit seinem Geschlecht / selten allein / und liebet sonderlich die Berge / da viel Thym oder Welscher Quendel wächst / da er die Bienen frisset / daher er zu Latein Apiaster, zu Griechisch μελισσοφαγος, zu Teutsch ein Immenfraß genennet wird / darumb duldet man ihre Nester nirgend bey den Bienenkörben: dann sie erwischen dieselbe im Flug / wie Schwalben. Er fängt auch Heuschrecken / und Fliegen / weßwegen ihn Albertus Muscicapam nennet. Er lebt auch von den Würmlein. Bellonius bezeuget / daß er in dieser Vögel Magen Getrayd / und andere Saamen gefunden habe.

Was von diesem Vogel dem Menschen nützlich seye.

Den Immenfraß braucht man nicht zu der Speiß: dann sein Fleisch ist rauh / unverdäulich / und von böser Feuchtigkeit / doch ist er dienlich für die Winde im Leib. Seine Gall mit Gall-Aepffeln und Baumöhl auß unzeitigen Oliven / vermischt / macht das Haar sehr schwartz. Sein Fleisch soll gut seyn für alle Entzündungen deß Leibes: Die Gall in Oehl gebraten / leget den Schmertzen und Geschwulst deß Biensstichs. Kiranides hält dafür / daß das Hertz von diesem Vogel wider die Gelbsucht und Magenwehe gut seye. Die Gall mit Honig und Rautensafft vermischet / ist den Augen dienlich.

Von einem andern Geschlecht dieses Vogels / Seeschwalb genannt.

Merops alter.

Die so den Meropem gesehen haben / sagen daß er dieser gegenwertigen Figur an der Farb und Gestalt seines Leibs nicht ungleich seye. Diesen / welcher hieher gesetzt worden / hat D. Geßner von einem Mahler von Straßburg (wiewohl er selten bey Straßburg gesehen wird) empfangen / so daselbst Seeschwalb genennet wird. Er scheinet theils an der Gestalt seines Leibs / als auch an der Kürtze der Beine / theils wegen seiner Art und Natur / als auch am Flug / in welchem er dann die Fliegen erwischet / der Schwalben gleich seyn. Er soll seine Wohnung bey den Wassern haben / er ist etwas dicker als der vorgenannte Immenfraß / oder der Star / wie die Figur außweiset. Er hat auch einen langen schwartzen Schnabel / und einen dicken schwartzen Striemen von eben dieser Farb / so vom Schnabel über das Aug biß zum Halß gehet; graue kurtze Bein; der Rücken ist auß gelb und grün fast vermischt: der Schwantz und die eusserste Schwingfedern sind grün; der Bauch und die Brust sind himmelblau; ein

Theil unter seinem Schnabel ist gelb/ vornen auf dem Kopff ist er weiß/ und zu oberst und hinden auf demselbigen röthlicht.

Von der Krähe/ und erstlich von ihrer Gestalt.

Cornix.

Man nennet diesen Vogel auff Griechisch Κορώνη; Lateinisch Cornix, Italianisch Cornice, Cornacchia; Spanisch Cornéia; Frantzösisch Corneille; Polnisch Wrona; Ungarisch Variú; Engelländisch a Crouu; Niederländisch Kraye; und auff Teutsch Krä. Die Krähe

Von der Krähe.

Krähe ist auß dem Rabēgeschlecht/ gantz schwartz/ mittelerGrösse zwischen dem Raben uñ der Dolk. Dieser Vogel/wie D.Geßner desse wargenomen/ hat einē gantz schwartzen Schnabel/Bein uñ Leib; also/ daß er von Schwärtze glāntzet/ und wann er sich gegen dem Liecht kehrt / scheinet er schwartzblau. Oben auff dem Schnabel hat er bey den Augen etliche fürgehende Federlein/ als Härlein gestaltet; er hat auch zuweilen unter dem Schnabel gleichsam kleine Körnlein.

Ludovicus Cælius sagt/ daß er nicht weit von seinem Vatterland in Italien eine weisse Krähe mit einem schwartzen Kopff/gleich den andern/gesehen hab/ also/ daß die Flügel zu eusserst röthlicht gewesen/ sie war aber nicht gar schneeweiß/sondern etwas bleyfarbig. Diese Krähe hat man etliche Monat lang gesehen / und ist eine grosse Menge Volcks solche zu sehen/ als zu einem Wunder herzu gelauffen. Etliche haben es für ein böses Zeichen gehalten/ wie dann hernach der Außgang erwiesen/ daß nach derselben Zeit kein Fried mehr an diesem Orth gewesen/sondern nichts anders als stete Krieg und Auffläuff/ꝛc. In dem Hauß Ludovici Patavini deß Cardinals / hat man auch eine weisse Krähe gesehen/ sagt Niphus. Und Perottus spricht/ daß er auch dergleichen gesehen habe. Zu dem schreibt Strabo, daß es ein besonder Ding seye/wann in Hispania schwartze Krähen gesehen wer-

werden. Die Krähe hat an statt ihres Kropffs eine weite Kähle/ nahe bey dem Magen/ wie Aristoteles und Plinius schreiben.

Von der Speiß und Nahrung dieses Vogels.

Die Krähen haben mehrentheils ihre Wohnung bey den Häusern und Stätten/ und umb die Mistgruben/ ihre Nahrung daselbst zu suchen. Sie essen allerley: sind gern an den Gestaden der Wasser/ daselbst ihre Nahrung von den Thieren/ so das Wasser außwirfft/ zu nehmen. Sie leben auch von dem Fleisch/ Fischen und Getraid. Cardanus sagt/ daß in Engelland gar viel Krähen seyen/ weil daselbst im nassen Futter gar viel Würm wachsen: dann wo viel Futter ist/ daselbst sind auch viel Thier/ die dasselbige essen. Diese Vögel lieben auch die Nüsse zur Speiß: und weil ihnen dieselbe zu hart sind/ fliegen sie in die Höhe/ und lassen sie auff einen Stein oder Ziegel hinab fallen/ so oft biß sie zubrechen. Sie essen auch die Oliven oder Beeren von den Oelbäumen.

Von der Natur und Eigenschafft dieses Vogels.

Die Krähen und Raben halten ihre eheliche Treu unzerbrüchlich biß in Tod/ wie die Holtztauben/ Turteltauben/ und zahme Tauben: und wann eines von ihnen stirbt/ bleibet das andere allein biß in seinen Todt. Wann eine allein gesehen worden/ haben es die Alten für ein unglückhafftig Zeichen gehalten. Die Krähe legt zwey Eyer/ auß welchen ein Männlein und Weiblein gebohren werde. Wann aber zwey Weiblein/ oder zwey Männlein gebohren werden/ so vermählet sich kein Theil mit einem andern/ sondern sie leben allezeit allein. Ich habe einsmahls von einem Freund/ so auff dem Land wohnet/ gehöret/ daß er mehr dann zehen Jahr ein paar Krähen/ zu einer gewissen Zeit im Jahr/ alle Tag zu seinem Hauß fliegen/ gesehen habe/ daselbst die Speise/ so ihnen fürgeworffen worden/ zu nehmen/ sagt D. Geßner. In diesem Geschlecht brütet allein das Weiblein/ welche Zeit über das Männlein das Weiblein speiset: wie auch die Raben pflegen zu thun. Die Jungen kommen blind auß den Eyern. Sie kommen auch nicht wie andere Vögel/ mit dem Kopff zuerst herfür/ sondern mit den Beinen: dann dieweil ihre Köpff schwer sind/ gehet derselbige Theil am Ey unter sich/ und der hinder Theil wegen seiner Leichte über sich: darumb derselbige von der Wärme der Mutter desto ehe außgebrütet mag werden/ wie Oppianus und Plinius schreiben. Die Alten pflegen auch ihre Jungen allererst nachdem ihnen die Federn anfangen zu wachsen/ zu speisen/ wie auch mehrentheils andere Vögel/ welche mehr fliegen als auff der Erden sich auffhalten. Die Krähen und Raben fliegen das gantze Jahr nimmer hinweg/ außgenommen die Winterkrähe/ welche bey angehende Sommer hinweg fliegt. Bey uns höre ich/ daß allein die Nebelkrähen hinweg fliegen/ sagt D. Geßner. Dieser Vogel lebt gar lange/ also/ daß man ihr Alter zu einem gemeinen Sprichwort braucht/ da man spricht: Er lebet länger als eine Krähe. Die Krähe wird in der Sonnenwende kranck: sie wird auch mit der Räude und mit dem Außsatz beladen. Wann die Krähe von einem überbliebenen Raub eines Wolffs isset/ stirbt sie darvon.

Die Krähe ist allen Raubvögeln verhaßt/ daher sie offtmahls von ihnen zerrissen wird. Die Krähen/ wie auch die Atzeln und Tolen/ kämpffen mit den Adlern. Wie aber die Krähe die Adler überliste/ und zuweilen beropffe/ ist bey dem Adler gesagt worden. Die Wiesel nimmt der Krähe ihre Eyer und Jungen/ zerstöhret auch ihr Nest: Die Krähe stellet auch den Tauben-Eyern nach/ damit sie dieselbe zerbreche und außsauge. Sie und die Nacht-Eul sind Feinde: dann eine zerbricht der andern ihre Eyer.

Wann die Krähe schreyet/ sonderlich zu Nacht/ verkündigt sie ein Ungewitter. Sie badet sich auch unterweilen/ und duncket sich gar unter das Wasser/ dann sie liebet die Kälte/ dieweil sie von Natur hitzig ist.

In Engelland sind so viel Krähen/ daß man wegen deß Schadens/ so sie den Früchten zufügen/ denen so eine derselbigen umbbracht/ einen gewissen Lohn bestimmet und verordnet hat/ wie Cardanus bezeuget.

Die Krähen legen das Kraut Verbenacam supinam, von etlichen Braunellen genannt/ in ihr Nest/ damit sie die Schaben darauß vertreiben.

Man sagt dieser Vogel solle auch reden lernen/ wie dann Zeilerus in dem andern Theil seines Handbuchs am 476. Blat schreibet/ daß zwey Krähen zu Kirchberg/ zwischen Rothenburg und Schwäbischen Hall/ mit einander geredet/ und sich Kätherlein und Annelein genennet haben sollen.

Wie dieser Vogel gefangen werde.

Viel grosse Vögel werden mit grossen Leim-Ruthen gefangen/ sonderlich die Raben/ Krähen/ mit Hülff deß Kautzens oder Nacht-Euln/ also: man schneidet an denen Orthen/ da diese Vögel ihre Wohnung haben/ die Aeste von einem Baum/ so weit von andern Bäumen stehet/ doch läst man etliche ohnbelaubte Aest daran/ auff diese stecket man Leim-Ruthen; den Kautzen aber stellet man auff die Erde/ ein wenig hoch/ damit er desto leichter von den Vögeln gesehen werde. Wann nun die Vögel lang umb ihn geflogen/ und müd worden sind/ setzen sie sich auff den Baum/ der mit Leim-Ruthen bestecket worden/ und fallen also hinab auf die Erde. Welchen dann der Vogelfänger mit einem Stecken nachlaufft/ und sie zu todt schlägt: dann wann er sie mit den Händen fänget/ verletzen sie ihn/ wie Crescentiensis lehret. Welcher weiter spricht: Es ist eine andere lustige Weise zu sehen/ wie eine Krähe die andere fänget. Wann du eine haben kanst/ so leg sie auff ein eben Feld/ wo die Krähen gewöhnlich fliegen/ und schlage zween Stecken zwischen ihre Flügel und den Leib/ daß sie auff ihrem Rücken liegen muß/ da wird sie schreyen/ so kommen dann die andern ihr zu helffen/ deren sie ei-

Von der Krähe.

ne ergreifft / und starck mit ihrem Schnabel und Klauen hält / biß du herzu kommen / und sie hinweg nehmen kanst / darnach komt eine andere. Man sagt / daß man auch auff diese Weise die Atzeln fangen könne. Ich / spricht Cardanus, hab zuweilen die Krähen mit den Händen gefangen / wann ich ein gepülvert Krähenäuglein (nucem vomicam) unter das Fleisch vermischt / und ihnen fürgeworffen hab. Etliche / wann sie nicht lebendige Krähen haben können / füllen sie eine Haut von derselbigen mit etwas auß / und locken also den andern darmit herzu.

Was von diesem Vogel dem Menschen nützlich seye.

Krähenfleisch gessen / soll in veralteten Kranckheiten sehr dienlich seyn. Das Hirn von diesem Vogel gekocht / und in der Speiß gebraucht / soll zu den schweren und veralteten Kranckheiten deß Haupts dienen / sagt Plinius. In der Speise genützt / machet es die Augbrauen wachsen. Krähenmist mit Wein getruncken / heilet die rothe Ruhr. Weisse Haar zu machen: Nimm einen Magen von einer Krähe / so mit dem Messer getödtet sey / leg denselben drey Tag in einen frischen Misthauffen / thu ihn darnach in eine Pfanne / schütte Oehl daran / und koch es in einander / biß daß es zersiedet / darnach bestreich das Haar vier mal darmit / wie Elluchasen lehret. Demetrius Constantinopolitanus verbiet alles Raben und Krähenfleisch dem Habicht zu geben / außgenommen das Hertz / Hirn / die Leber / und ein wenig von der Brust. Das Blut aber von diesem Vogel sol der Habicht gar meiden / dieweil es gesaltzen / und derhalben ihme schädlich ist. Er soll auch alles Gebein von diesen beyden Vögeln meiden: dann dieses brennet sehr / und bringet schädlichen Durst.

Von mancherley Geschlecht dieser Vögel / und erstlich von der Krähe so von dem Geträid lebt.

ES ist eine Krähe / Granuiora zu Latein genannt / welche allein von dem Korn und Geträid lebt / diese ist überall schwartz / ohn der Schnabel ist weiß: sie wird von Longelio für den Spermologum deß Aristotelis gehalten. Den Spermologum aber nennen die Engelländer Rook, wie er dann auch gemeiniglich ein Roeck genennet wird. Dieser aber hat nicht gar einen schwartzen Schnabel / sondern derselbe ist hinden etwas weißlicht und rauh / darvon er vielleicht bey den Teutschen den Nahmen bekommen. Dieser Vogel hat seinen Auffenthalt auff den Aeckern / und nicht wie die vorgenannte Krähen / umb die Häuser und Mistgruben.

Es ist auch eine andere wilde Krähe / gemeiniglich Holkrähe genannt / grösser als die andern / die ist theils aschenfarb / auff weiß ziehend / theils grau / als am Kopff und Halß. Die Flügel sind mit mancherley Farben gesprengt. Sie hat ihren Auffenthalt in den Wäldern / wie Eberus und Peucerus melden.

Von der Nebelkrähe.

Cornix varia.

DJe Nebelkrähe / (spricht D. Geßner) so bey uns im Christmonat gefangen wird / ist also gestaltet: Ihr Rücken / Bauch und Halß ist aschenfarb: der Rücken aber ist in der Mitten auch mit schwartzen Flecken gesprengt / von welchen Flecken / wie auch von der andern getheilten Farb / sie vielleicht eine bundte Krähe genennet wird von den Niederländern; die übrige Theil sind schwartz / nemlich die Flügel / der Schwantz / Kopff und der Halß untenhin. Sie sind aber mehrentheils so schwartz / daß sie fast blau glänzen. Der Theil unter dem Schnabel / und umb die Augen / ist sonderlich schwartz. Etliche Federlein wie Haar gestaltet / bedecken einen guten Theil deß obern Schnabels über die Naßlöcher herfür. Sie essen von todten Cörpern / deßgleichen auch Fisch / und lassen sich zu Wintersszeit umb die Schlacht-Häuser sehen; wiewohl sie alles Fleisch am liebsten essen / fligen sie auch nach de Früchten / und lesen Würm und alles Ungeziffer auff. Wie D. Geßner diese Krähe auffgeschnitten / hat er in ihrem Magen etliches Gestieb und Hülsen etlicher Körnlein gefunden / darzu etwas weisses und fettes / so vielleicht auß diesen Körnlein zusammen gewachsen war; wie auch etliche Steinlein. An ihrer Leber fand er keine Gall / entweder weil sie keine hatte / oder weil dieselbige von der Kugel / mit welcher sie geschossen worden / zerstossen gewesen.

Diese Krähe weichet zu Sommerszeit auß dem Niederland / flieget zur Herbstzeit wieder dahin / und bleibet daselbst den gantzen Winter durch. Aber von den Ober-Teutschen gegen Mittag gelegen / weicht sie nimmer. Die Ursach ist / weil in dem Niederland wässerichte feuchte Orth sind / von deren Dämpffen zu Winterszeit die Lufft temperirt oder gelindert wird; Bey den Ober-Teutschen aber ist eine gantz reine Lufft / darzu sehr hohe Orth da sie dann zur Sommerszeit ihre Wohnung haben / wie Albertus sagt.

Diese Krähen sollen im Schweitzerland nimmer nisten: dann sie fliegen anderswohin. Sie sollen von den Niederländern / wie vor gesagt / Bundte Krähen genennt / und von ihnen zur Speiß gebraucht werden / sie kommen auch zu

Gesneri Thierbuch

Nyen

Von der Wasserkrähe.

ihnen zur Winterszeit/ darumb fluchen ihnen die Knaben also:

Bundte Krähe Gott gebe dir den Range/
Du bringst den kalten Winter ins Lande.

Es wird erdichtet/ daß in dieser Krähe Nest eine Wurtzel gefunden werde/ sa man dieselbe bey sich trage/ darvon unsichtbar werde. Zu Bononien wird dieser Vogel auff dem Marck verkaufft/ und von den gemeinen Leuten zur Speiß genützet. Es soll aber dieses Fleisch einen bösen Geruch von sich geben.

Von der Wasser- oder Meerkrähe.
Cornix aquatica & marina.

IN Engelland nennet man einen Vogel eine Wasserkrähe/ der etwas kleiner ist als ein Staar/ am gantzen Leib schwartz/ außgenommen am Bauch/ welcher weiß ist. Er hat einen kurtzen Schwantz/ einen Schnabel etwas kürtzer als der Eyßvogel. Vor dem Flug wancket er stets gleich wie der Eyßvogel/ und seufftzet auch in seinem Flug. Mit seiner Stim ist er dem gemeldtē Vogel auch so gleich/ daß/ wo man ihn nicht siehet/ man schweren solte/ es wäre derselbige. Diesen habe ich bey den Morpetensern in Engelland an den Gestaden der Flüsse gesehen/ nicht weit vom Meer/ und sonst nirgend. Sie leben von den kleinen Fischen/ wie die Eyßvögel/ sagt Turnerus. Ich höre daß man diesen Vogel auch bey uns/ bey dem Fluß Limmat siude/ sagt D. Geßner.

Von der wilden Holtz-Krähe. Cornix Cœrulea.

Dieser Vogel ist gantz wild und ungezähmet/ er wird in Meissen eine wilde Holtzkrähe/ anderswo aber Galgenregel oder Halckregel genennet. Er wird über der Elb in dem Luchauer Wald/ und in andern umbliegenden Wäldern gefunden. Er hat seine Wohnung an einöden Orthen/ und machet sein Nest wie der Widhopff/ auß Oelbaum-äften/ und lebt über andere gewohnte Speisen/ auch von dem Aaß. Etliche nennen ihn/ wegen seiner Farb/ einen Teutschen Papagey. Von gemeldtem Orth trägt man ihn in andere Land/ allein der Farbe wegen/ wie Georg. Fabricius schreibt. Ihr Schnabel/ wie das Gemähl anzeigt/ ist schwartz: ihre Bein sind dunckelbraun/ und nach der Grösse ihres Leibs/ sehr klein. Sie gläntzet allenthalben von blauer Farb/ am Kopff/ an den Flügeln/ und am Schwantz/ auch umb den Bürtzel/ und auff dem Rücken überall/ also/ daß an einem Orth diese Farb etwas dichter/ am andern Orth aber etwas grün darunter vermischt ist. Der Rücken und der Halß sind vornenhin dunckelbraun/ die längste Schwingfedern schwartz. Hie kan man nachdencken/ ob dieses die wilde Atzel seye/ welche Eberus und Peucerus zu Teutsch Heiden-Elster/ oder Krig-Elster nennen.

Von dem Kranch.

Von der Gestalt dieses Vogels/ und wo er am meisten zu finden.

Dieser Vogel wird auff Hebreisch גרו Griechisch γέρανος, Lateinisch Grus; Italianisch Gru; Spanisch Grulla; Frantzösisch Grue; Polnisch Zorawv; Ungarisch Daru; Wendisch Gerzab; Engelländisch a crane; und zu Teutsch Kran/ Kranich/ Kranch/ oder Krye genennt. Es werden mancherley Geschlecht desselben gefunden. Dann in der Tartarey findet man fünfferley Gattungen; Deren etliche schwartze Flügel haben wie die Raben; andere sind weiß/ also/ daß ihre Federn gleich als Augen/ mit Goldfarb unterschieden und gezieret werden/ nit anders als wie der Pfauenschwantz. Weiter sind andere den unsern nicht ungleich. Zum vierdten/ sind noch andere und kleiner/ welche doch lange und sehr schöne Federn tragen/ mit schwartzer und rother Farb gesprengt. Das fünffte Geschlecht ist aschenfarb/ oder Grißgrau/ mit grossen rothen und schwartzen Augen/ wie Paulus Venetus schreibt/ und schreibet Petrus Martyr in der Histori der neuen Welt/ daß daselbsten auff etliche Wiesen die Spanier gantze Schaaren dieser Vögel gefunden haben/ welche zweymal grösser als die unsern gewesen. Bellonius sagt/ daß er in der Statt Halep einen Vogel gesehen hab/ dem Kranch gleich/ doch nicht so dick/ und roth umb seine Augen/ am Schwantz als ein Reiger gestaltet/ er habe darzu eine kleinere Stimm als der Kranch gehabt. In Engelland wohnen diese Vögel auch/ und nisten daselbst/ wie Turnerus meldet. Dieser Vogel pflegt unter allem Gevögel allein vor dem Alter schwartzfarb zu werden/ wie Aristoteles und Albertus schreiben. Solinus sagt/ daß sie im Alter gelb werden. Man siehet zuweilen auch weisse Kränch/ wie D. Geßnern einer/ so deren einen gesehen/ gesagt hat. Gyb. Longolius bezeuget auch/ daß er einen weißgefärbten Kranch gesehen hab. Die Kränch haben auch einen langen und geraden Schnabel.

Der Kranch welchen D. Geßner besehen/ war ein Weiblein/ und hatte Eyer in ihm. Er war 6. zimliche Maußschuh lang/ von Anfang deß Schnabels biß zu End der Füsse gemessen. Etliche Federn hinden an den Flügeln/ gegen dem Schwantz/ waren schön und krauß/ welche etliche/ mit Gold gezieret/ auff die Hüte pflegen zu stecken. Sonst sind die längste Schwingfedern schwärtzlich/ die oben auff aber sind klein und aschenfarb. Der Halß ist zweyer Spannen lang. Die Höhe von den untersten Füssen an biß zu oberst auff den Rücken/ ist beynahe vier Spannen. Seine gantze Schwere ist 12. Pfund/ ein jedes Pfund zu 12. Untzen gerechnet. Der kurtze Schwantz wird unter die läge Schwingfedern verborgen. Die aschenfarbe Federn an den Beinen enden sich fünff zwerch Finger über den Knien. Unter den Federn aber sind sie mit schwartzen Schuppen bekleidet. Die Zeen sind so lang als die Finger eines Menschen. Der Halß ist vornen hin und an den Seiten schwartzlicht/ zu oberst weiß; sonst ist er überal aschenfarb/ die grossen Schwingfedern außgenommen. Oben auff seinem Kopff ist er schwartz/ mit einem rothen Flecken darauff gezeichnet; welcher Fleck dann am Männlein etwas röther gefärbt ist.

Von der Natur und Eigenschafft dieses Vogels.

Der Kranch hat bey den Lateinern seinen Nahmen von der Stimm bekommen/ weil seine Stimm demselbigen Wort nicht ungleich ist. Der Kranch/ ob er gleich ungefedert/ soll so sehr lauffen können/ daß ihn ein Mensch schwerlich ereilen kan. Die Kränche leben sehr lang/ daher die Sineser selbige/ wie auch die Hirsche/ gern in ihren Häusern haben; dann sie bilden sich ein/ wann sie gedachte Thier bey sich haben/ und zum öfftern anschauen/ so werden sie auch desto länger leben; als könte man einem ein langes Leben mit reiben oder mit sehen anhängen.

Wie diese Vögel hinweg fliegen/ und wieder kommen.

Von der Wegfahrt und Wiederkunfft dieser Kranche wollen wir etwas sagen. Wann sie nemlich/ woher/ wohin/ wie/ wie hoch/ in was Ordnung/ und mit welchen Winden sie am meisten pflegen zu fliegen. Darnach wollen wir ihre Führer und Wachten erzehlen: ob sie auch Stein und Sand/ und auß was Ursach sie dasselbige tragen. Wie sie/ wann sie müd worden/ sich nieder lassen/ und zu Nacht ruhen. Zu welcher Zeit/ und auf was Weiß und Gestalt sie widerumb zu uns kommen. Wann wir aber vielleicht das/ so zusammen gehöret/ nicht ein-

Von dem Kranch. SS3

Sf ij

einander nachsetzen werden/ soll der Leser wissen/ daß es nicht ohn besonder Ursach oder in der Eil geschehen/ wird mir derhalben/ als einem der mit viel andern Geschäfften beladen/ dieses übersehen.

Von der Wegfahrt der Kränche ist auch droben bey den wilden Gänsen etwas gesagt worden. Im Herbstmonat heben die Kränch an weg zufliegen. Diese (wie Simeon Sethi berichtet) durchstreichen alle Land/ und bleiben nicht lang an einem Orth. Sie reisen auch zu Sommers und Winterszeit. Albertus sagt/ daß sie in seinem Land nicht weg fliegen/ ob es daselbst gleich sehr kalt seye. Wann sie der Kälte wegen Thraciam verlassen/ versamlen sie sich zu dem Fluß Hebro in Thracia gelegen/ und machen daselbst eine Ordnung. Wann sie aber hinweg fliegen über Meer/ so kommen sie am Gestad deß Flusses Nili wiederumb zusammen/ da sie sich dann versamlen/ und ihre Nahrung suchen. Welcher nun unter ihnen sehr alt worden ist/ der fliegt drey mahl umb die ganze Schaar/ fällt nieder/ und stirbt. Dieser wird dann von den andern begraben. Darnach fahren sie strack und richtig in Egypten/ also/ daß sie ungeruhet über das gantze Meer fliegen. Die Kränch werden auch in Thracia gebohren/ da es dann sehr kalt ist: darumb haben sie dieses/ als ihr Vatterland/ sehr lieb. Mitten im Herbst aber/ weil sie die Kälte nicht leiden können/ fliegen sie/ als ob ihnen die Gelegenheit der Länder bekannt/ in Egypten/ Libien und Ethiopien oder Morenland. Nach dem Winter/ spricht Isidorus, fliegen sie von den Bergen/ so gegen Auffgang gelegen/ zu uns. Andere aber sagen/ daß sie weder von Auffgang/ noch gegen Auffgang/ sondern von Mitternacht gegen Mittag fliegen/ wann sie von uns hinweg fahren: sie thun aber das Widerspiel wann sie zu uns kommen.

Der Kranch fliegt sehr hoch/ damit er die Wolcken stets vor ihm sehe/ und nicht von dem Ungewitter hin und her geworffen werde/ sondern also hoch in den Lüfften ruhe. Sie fliegen auch hoch/ damit sie weit sehen können: und wann sie ein Ungewitter sehen/ lassen sie sich herab auf die Erde/ und ruhen daselbst. Wann sie viel Regenwolcken am Himmel sehen/ so schreyen sie stets/ und vermahnen damit ihren Führer/ daß er schnell und hurtig mit ihnen fort fliege. Wann sie von einem Adler angefallen werden/ stellen sie sich in eine Kriegsordnung zu Wehr: daher ziehet der Adler hinder sich. Sie aber/ in dem einer dem andern seinen Halß oder Kopff hinden auff den Rücken legt/ erhohlen sich damit etwas in ihrem Flug/ und erleichtern ihre Arbeit also/ wie Ælianus schreibet.

Die Kränch mache eine dreyeckichte Ordnung/ also/ daß sie das spitze Eck an derselbigen dem Wind entgegen kehren/ damit sie denselbigen zerschneiden können/ und also fahren sie dann als mit Rudern in der Lufft daher. Dannenher haben die Alten gesagt/ daß sie in ihrem Flug de Griechischen Buchstaben Υ oder Λ machen. Dann mit solcher Ordnung widerstehen sie nicht allein dem Wind/ sondern sie können auch also alle zugleich ihren Hauptmann und Führer sehen/ es hindert darzu keiner den andern am Außsehen; sie können auch auff solche Weiß alle gleichviel Nachwind haben.

Die Aeltesten stellen sie vornen in die Ordnung/ damit sie hinden nach mit zu viel Nachfliegen nicht zu müde werden/ wann die Jüngern vornen hin im Flug verordnet und gestellt würden. Andere sagen/ daß sie die/ so den Weg kennen/ zuvorderst/ die Aeltesten aber zuletzt/ den Hauffen zusammen zuhalten/ die Jungen aber in die Mitte ordnen. Sie schreyen darzu stets/ damit nicht einer von dem andern zerstreuet und abgesondert werde. Wann aber etwan einer unter ihnen zu müd worden/ halten denselbigen zween andere mit den Flügeln auff/ oder tragen ihn auch auff ihrem Rücken und Beinen/ dann sie strecken ihre Bein bey schönem Wetter hinden auß/ wie Oppianus meldet. Sie fliegen auch selten gegen den Wind/ ohn allein zu der Zeit der Flucht/ darumb warten sie fleissig auff einen Nachwind. Sie verordnen ihren besondern Führer/ welcher für andern laut schreyen kan/ damit sie all im Flug zusammen kommen/ und ihm folgen. Wann aber etliche unter ihnen müd worden sind/ lassen sie sich alle nieder auf die Erden/ damit sie einander erwarten mögen/ und nicht von einander zerstreuet werden. Wann sie sich aber deß Nachts nieder lassen auff die Erde/ so verordnen sie auch ihre sonderliche Wächter/ die ihre gewisse Wacht halten müssen/ damit sie vor allem Uberfall sicher bleiben. Wann sie nun also wachen/ haben sie einen Stein in ihrem auffgehobenem Fuß/ damit wo sie entschlaffen/ wiederumb erweckt werden von dem gefallenen Stein/ da dann die andern laut schreyen/ gleichsam als wolten sie die Wächter wegen ihres Unfleisses und Schlaffens hart straffen. Die andern aber welche schlaffen/ stecken die Köpff unter die Flügel/ stehen auff einem Fuß umb den andern.

Wann sie nach ihrer Speiß und Nahrung gehen/ so siehet ihr Heerführer weit umb sich mit außgestrecktem Halß/ damit sie nicht übereilet werden/ wo sie dann etwas vernehmen/ fliegen sie schnell an ein ander Orth mit grossem Geschrey. Diese Vögel haben einander sehr lieb/ also/ daß sie einander zu Hülff kommen/ und wann ihr Führer von zu viel Geschrey heisser wird/ so verordnen sie einen andern an seine Statt. Und dieweil ihr Führer nicht auff eines andern Rücken/ indem er voran fliegt/ seinen Kopff legen und ruhen kan/ flegt er hinder den so ihm gerad nachfliegt/ und stellt denselbigen zuforderst/ und dieser Brauch wird hernach stets unter ihnen gehalten/ wie Ælianus schreibet. Also wechseln sie auch ihre Wachten ab untereinander. Etliche tragen Stein mit sich in den Füssen/ damit sie sich also damit beschweren/ daß sie nicht für die andern fliegen/ und die Ordnung dardurch zertrennet werde. Solche Stein lassen sie zuweilen fallen/ welchts dann von den Schiffleuten wahrgenommen worden/ denen solche Stein in die Schiff gefallen sind. Etliche sagen/ daß sie diesen Stein verschlucken/ und sich also damit beschweren/ daß auch mit diesem das Gold bewehret und probiert werde/ nachdem

Von dem Kranch.

dem sie denselbigen wiederumb von sich gegeben haben/ wiewohl Aristoteles und Albertus dieses für falsch und lügenhafft halten/ dann sie bißweilen Stein in ihre Füß nehmen/ daß sie dieselbige/ wann sie ihnen krumm worden/ damit wiederumb gerad machen/ zu welchem sie nicht einen besondern/ sondern ein jeglichen Stein brauchen/ wie sie dann auch eine zu den Eyern ohn allen unterscheid legen. Andere sagen/ daß sie einen Stein/ wann sie über Meer fliegen wollen/ in den Füssen tragen/ und denselben/ wann sie hoch fliegen/ herab fallen lassen/ damit zu erkündigen/ ob sie über dem Wasser oder der Erde fliegen/ daß sie sich desto bequemer niederlassen mögen.

Wann die Nacht herbey kommt/ eilen sie den Wasserflüssen zu/ uñ setzen sich etwan in der Mitte auff einen Bühel/ der von dem Fluß/ als ein Insel/ umbgeben seye: und das thun sie darumb/ damit sie von allem Auffsatz der Thiere/ so nicht über das Wasser schwimmen können/ desto sicherer seyen; oder daß dieselbige zum wenigsten im überschwimmen ein solch Wesen haben/ daß sie darvon erwachen/ und hinweg fliegen können/ wie Oppianus berichtet. Die Störche und Kränch kommen zu uns auß fernen Landen/ doch zu ungleicher Zeit/ dann die Störche im Sommer/ die Kränch aber gegen dem Winter kommen. Wann die Kränch zu uns/ von Mittag gegen Mitternacht fliegen/ haben sie keinen Führer: wann sie aber hinweg fahren/ haben sie einen/ dieweil sie alsdann die Raubvögel/ und die kleine Männlein/ oder Pygmæos fürchten/ sagt Albertus.

Die Kränch erzeigen sich sehr bürgerlich/ indem sie stets beyeinander wohnen/ und Leib und Leben füreinander auffsetzen. Sie kämpffen und streiten miteinander so starck/ daß man sie über dem Streit ehe fänget/ ehe sie von demselbigen ablassen. Eustathius sagt/ daß dieser Vogel sehr furchtsam seye. Und Albertus sagt/ daß er sehr kurtzweilig seye/ dann ob er gleich noch wild/ unterstehe er sich doch etliche Stück dem Menschen nachzuthun/ dann wann der Mensch seine Stimm brauche/ könne er ihn damit gewehnen/ daß er kurtzweilig springe und dantze. Wann man ihnen die längsten Federn abschneidet/ und sie zu andrem zahmē Gevögel einschliest/ gewohnen sie derselbigē/ und werden zahm. Die Weiblein gesellen sich stehend zu den Männlein/ legen zwey Eyer/ und thun einen Stein darzwischen. Das Männlein und Weiblein in diesem Geschlecht kämpffen miteinander umb ihre Jungen/ welcher nemlich dieselbigen führen solle/ dann ich einsmahls gesehen/ daß das Männlein ein Weiblein mit eilff Wunden verwundet/ und auff die Erd hinab geworffen hat/ dieweil es die Jungen ihm abgezogen hat. Dieses aber ist zu Cöln geschehen/ da die Kränch gezähmet/ Junge machen/ sagt Albertus.

Die Kränch kommen auß Scythia an die See/ so oben an Egypten gelegen/ darauß der Fluß Nilus fliest. Daselbst sollen gar kleine Männlein seyn/ nicht über eine Ellen hoch/ Pygmæi genannt/ mit denselbigen sollen die Kränch einen trefflichen Streit haben. Diese Pygmæi sind tapffere Kriegsleut/ haben auch sonderlich kleine Rößlein/ nach ihrer Grösse gestaltet. Diese brauchen auch sehr kleine Gewehr/ vornenhin fast so klein als ein Nadel. Es sind auch etliche so da sagen/ daß sie diese Männlein gesehen haben/ ist nicht noth hie weitläufftig zu erzehlen/ zumahlen es ein pur lauteres Gedicht ist.

Man sagt daß die Kränch das Ungewitter vermercken/ und zuvor wissen/ dann wann sie in der Höhe stillschweigend daher fliegen/ verkündigen sie ein schön Wetter: wann sie aber bey stiller und schöner Zeit sehr schreyen/ verkündigen sie ein Ungewitter. Derhalben wann der Schiffmann siehet daß die Kränch stets in einem Kreiß herumb fliegen/ und über dem Meer/ wegen deß Gegenwinds hin und her getrieben werden/ läst er seine Schifffahrt unterwegen/ fähret wiederumb an das Land/ und behält also sein Schiff gantz und unversehrt/ wie Ælianus schreibet. Der Bauersmann/ so gern eine frühe Erndte haben wolte/ frewet sich wañ die Kränch frühe im Jahr anheben zu streichen: welcher aber das Widerspiel begehrt/ der freuet sich ihrer spaten Zukunfft. Dann so bald die Kränch geflogen sind/ so ist der Winter und Regen vorhanden/ und so viel desto eher/ wann sie sich früh im Jahr/ und mit grossen Schaaren sehen lassen. Dieses aber geschicht so viel später/ wann sie spat im Jahr/ und nicht mit grossen Schaaren/ sondern hin und her zertheilt fliegen.

Wie die Kränch gefangen werden.

Die Kränch werden auff mancherley Weiß/ insonderheit aber also gefangen: Ein dürrer Kürbs wird außgehölt/ und inwendig mit Vogel-Leim bestrichen/ darein wird ein Roßkäfer geworffen/ welche/ dieweil sie stets herauß wil/ sausen wird/ davon dann der Kranch herzu laufft/ den Kopff in den Kürbs stösset/ und die Käfer fangen will/ also/ daß ihm der Kürbs an dem Kopff bleibet/ darvon er dann nicht fortkommen/ noch den Weydmann sehen kan/ biß daß er von demselbigen mit den Händen gefangen wird. Kanst du aber keine Käfer haben/ so werff ein Zwibelblat in einen holen Kürbs. Der Kranch kan auch mit Stricken gefangen werden/ wann einer ein abgeschnitten Rohr an beyden Orthen durchbohret/ und kleine Splitter darein thut/ darzu einen Stein/ der auch durchgebohret ist/ an das Rohr hänckt. In der Mitten deß Rohrs soll man eine Nadelstefftzen schlagen/ und eine Bon daran stecken/ welche/ wañ sie der Kranch ersiehet/ wird er seinen Kopff in den Strick stossen/ wann er dann die Bonen genommen/ und den Halß wiederumb an sich ziehen wil/ wird er deß Stricks an seinem Halß innen werden/ und wañ er den Betrug vermerckt/ wird er wollen hinauff in die Lufft fliegen/ aber der Stein so an das Rohr gehenckt worden/ wird ihn hindern/ biß daß der Vogelfänger herzu laufft/ und ihn fängt/ wie Oppianus lehret.

Wie man sie aber / gleich wie auch die Störche / mit Garnen fangen solle / lehret weitläufftig Crescentiensis im 19. Buch im 18. Cap. Die Adler und Falcken fangen Gänß und Kränch. Wie man mit andern Raubvögeln Kränch fangen sol/ ist genugsam droben gesagt worden. Mit zahmen Kränchen kan man auch die wilden fangen.

Was ausser der Artzney von diesem Vogel dem Menschen dienlich seye.

Welcher sich zu Nacht / sonderlich wan er schläffet / vor vergifften Thieren fürchtet / der sol bey ihm Kränch und Pfauen ernehren. Die Mohren in Asia halten an statt der Schilte Kränchhäut für. Man hat vorzeiten Pfeiffen auß den Kranchbeinen gemacht. Die alten haben die Kränche sehr zu der Speiß gebraucht / und derhalben / dieselbe wie die Gänß / ernehrt und aufferzogen. Aller grosser Vögel fleisch gibt viel und starcke Nahrung / als die Ganß und der Kranch / sagt Celsus. Der Kränche Fleisch ist hitzig / trucken und aderich / darumb sol man dieselbe zu Sommerszeit / wann man sie essen wil / vorhin einen gantzen Tag in den Federn ohngeropfft liegen lassen ; Winterszeit aber auff zween Tag; dann darvon soll sein Fleich mürber werden. Etliche häncken ihnen einen Stein an den Halß / und lassen sie also einen Tag und Nacht hangen. Sie sind auch gesunder wann man sie mit Gewürtz kochet / und guten Wein darauff trinckt / oder einen andern Tranck / der die Däuung befürdert. Man sol aber zur Speiß einen jungen / der von einem Falcken oder einem anderem Raubvogel gefangen seye / erwehlen. Doch sind ins gemein alle Kränch / wie sie gekochet werden / unverdäwig / dieweil sie kalter Natur sind / und derhalben böß / schwartz und schwermütig Blut gebehren. Derjenige sol dieses Fleisch meiden / der stets mit dem Fluß der güldenen Adern beladen wird. Deß Storcken Fleisch hat fast ein Natur wie deß Kranchen / wiewol es etwas feuchter ist als deß Kranchen. Die Mägen von de Thieren werden nicht zu der Speiß gelobt / außgenommen der Hennen / Gänse und Kränche. Man kan diesen Vogel / gleich wie ein junges Färcklein füllen. Wann du einen Kranchen kochest / so thu ihm seinen Kopff nicht ins Wasser / sondern laß denselben über das Wasser hinauß hangen / und wann er gekochet worden / so wickele den Kranch in ein warm Tüchlein / ziehe darnach seinen Kopff / so wird er mit allen Nerven oder Senadern nachlassen / also / daß das übrige Fleisch sampt den Beinen da bleibt / dañ mit den Adern kan man sie nicht essen / sagt Apicius, welcher auch mancherley andere Gattungen die Kränche zu kochen lehret.

Was von diesem Vogel dem Menschen in der Artzney nützlich seye.

Die Kränche sind denen / so mit dem Krimmen beladen / in der Speiß dienlich. Die Brühe von diesem Vogel genützt / machet ein helle Stimm / und mehret den Saamen. Der Kopff / die Augen und der Magen von diesem Vogel werden gedörrt / und mit allem dem so daran ist / gepülvert; mit welchem dann die Fisteln / der Krebs / und alle Geschwär geheilet werden. Auß dem Marck deß Schienbeins dieses Vogels macht man eine Augensalb. Die Beulen und alle harte Geschwär / die man weichen muß / werden sehr wohl mit Gänßschmaltz geheilet; eben diese Krafft hat auch deß Kranchen Schmaltz. Mit Gänßschmaltz zerlassen / zertreibt alle harte Geschwär. Den starrenden Halß damit gerieben / wird denselben von stund an erweichen. Wann man die Feiste / die im Kochen oben auff der Brühe schwimmet / abnimmt / und in die Ohren trieffet / bringt es das Gehör wieder. Diese Feiste mit Meerzwibel-Essig im Bad gebraucht / wird die verhartete Geschwär deß Miltzens heilen. Die gedörrete Leber von diesem Vogel auf ein Quintlein schwer mit Erbsenwasser getruncken / benimt den Schmertzen der Nieren. Etliche brauchen seine Gall für die Krümme oder den Krampff deß Munds / und Gebrechen der Augen. Die Hödlein von diesem Vogel genommen / sind zu den Flecken der Augen dienlich / wann man sie zerspaltet / und sal gemmæ daran sprengt / darnach dieselbe dörret / pülvert und mit Meerschaum / uñ Koth von einer Eydexen und Zucker / in die Augen thut. Für den Streich und Verletzung deß Augs / wasche es mit diesem obgenannten Stück überal / wie Rhasis lehrt. Kranch und Taubenkoth haben eine gleiche Wirckung. Aetius sagt / daß er auß der Erfahrung wisse / daß Gänß / Habicht / und Kranchen-Koth zu nichts dienlich seye / ob man gleich viel von denselben schreibe.

Von der Artzney dieses Vogels schreibet Becherus also:

1.   2.   3.   4.

Der gantze Kräch ist gut / Fett / Augē / uñ sein Gall /

5.

Das Marck auß Beinen dient / in manchem Augen Fall.

1. Von Nerven meistentheils der Kranch bestehen thut /

Ist derentwegen zu denselben trefflich gut.

2. Das Kranich-Fett das dient und nützet zu den Ohren /

Es ist vor diese gut / die ihr Gehör verlohren.

3. Nach Kranichs-Augen / sampt dem Kranichs-Kopff und Magen /

Soll man in Fisteln / Krebs / und bösen Beulen fragen.

4. Die Kranchsgall ist auch gut in Schmertzen vor den Augen /

Sie schafft darinnen Ruh / und thut nicht wenig taugen.

5. Das Marck auß Beinen gibt ein köstlich Augenschmir /

So man es recht bereit / und braucht es nach Gebühr.

Von dem Kranch.

Von einer frembden Arth Kranch/
Grus Balearica
genannt.

Von Gestalt und Natur dieses Vogels.

PLinius beschreibet einen Kranch/ welchen er Gruem Balearicam nennet/ daß er wie die Pfauen einen Strauß auff dem Kopff trage: Worauß Aldrovandus schleusset/ daß es dieser Vogel seyn müste/ als welcher in der Größ so wohl/ als auch an der Gestalt dem gemeinen Kranch gleich sehe. Es ist aber dieses ein überauß schöner Vogel anzusehen/ hat einen braunen Schnabel. Auff dem Kopff siehet er schwartz/ worauf ein schöner Strauß gestellet/ welcher auß subtilen und zarthen goldfarben Federn bestehet. Auf beyden Seiten an den Schläffen hat er einen weissen langen Flecken/ unter welchen 2. Rosen-oder Fleischfarbne Häutlein hangen. Sein Halß/ Brust/ Bauch und Bein sehen aschenfarb/ sich etwas auff roth ziehend. Der Rücken ist mit schwartzgrünen Federn bekleidet/ die grösten und kleinesten Federn sehen auß von Farben als wie die Brust/ die von mittelmässiger Länge aber sind weiß. Dieser Vogel hat keinẽ Schwantz/ sondern wird von hinden mit den Flügeln bedecket. Das Weiblein von diesem Geschlecht gleichet dem Männlein sehr/ nur daß es magrer und dünner von Leib/ auch von Ansehens nicht gar so schön ist. Sie haben schwartze Augen mit einem gelben Schein eingefasset. Diese beyde Vögel sind Vlissi Aldrovando von Rom geschicket worden/ werden sonsten auß India gebracht. In der Grösse gleichen sie den Kranchen/ wann sie lauffen/ strecken sie ihre Flügel in die Höhe/ und schiessen mit grosser Behändigkeit/ gleich wie die Pfauen auch zu thun pflegen/ fort. Sie schlaffen gantz nicht unter Tach/ ruhen auch nicht/ als deß Tages ein wenig/ dann deß Nachts steigen sie auff die höchste Bäum und Mauren. Sie essen grüne Kräuter/ auch mit den Pfauen Gersten/ Kleyen und dergleichen.

Bußbeck erzehlet in dem dritten Sendschreiben Türckischer Bottschafft/ daß er einẽ Balearischen Kranch gehabt/ welcher einen gantz weissen Strauß über beyde Ohren herab hangend hat; damit die Türcken ihre Bünde ziehren; vornen an der Brust sind sie gantz schwartz/ und nicht so groß als andere gemeine Kränche. Dieser Balearische Kranch liesse augenscheinliche Liebeszeichen gegẽ einem Spanischen Soldaten/ welchen Bußbeck mit Geld loß gemacht/ spüren; dem er so sehr mit Lieb ergeben war/ daß er mit ihme viel Stunden nacheinander umbher gienge; wann er still stunde/ thäte er es auch: setzte er sich/ so stellte er sich neben ihn: ließ sich auch von niemand anders als von ihm anrühren und streicheln: wann er nicht daheim war/ gieng er zu seiner Kammer/ und schlug mit dem Schnabel/ gleich als ob er anklopffen wolte/ an die Thür: thate man ihm auff/ so sahe er sich allenthalben umb/ ob er nicht da wäre: wann er ihn dann nicht ersehen kunte/ gieng er im gantzen Hauß umbher/ und fienge ein so lautes und durch die Ohrẽ dringendes Geschrey an/ daß man es nicht erleiden kunte/ sondern ihn einsperren muste. Wann dann der Spanier wieder kam/ flog er ihm entgegen/ und bewegte den gantzen Leib so wunderseltzam und ungeschicklich/ daß man hätte meynen sollen/ ob wolte er eine außländische über Meer hergebrachte Mascarade, oder einen Scharmützel mit einem Zwerch anfangen: Kurtz zu sagen/ er hat ihm endlich eine Gewohnheit angenommen/ unter seinem Bett zu schlaffen/ allwo er einsmahls ein Ey gelegt.

Von dem Kranch. 329

Tt

Von dem Japonischen Kranch.
Grus Japonensis.

Von der Gestalt dieses Vogels.

Aldrovandus schreibet/ daß dieser Kranch den gemeinen an der gantzen Gestalt gleiche. An dem gantzen Leib/ außgenommen an dem Schnabel/ Halß/ Füß/ und inwendig an den Flügeln seye er weiß. Dann sein Schnabel und Füß sehen dunckelgrün. Der obere Theil deß Kopffs sehe hochroth/ mit schwartzen Düpfflein gesprengt. Unten an dem Halß aber schwartz. Unter den Flügeln hangen lange Federn hervor. Der Vogel seye sonsten an dem gantzen Leib schwartzlicht.

Von dem Creutz-Vogel.
Von dem Creutz-Vogel / oder Krummschnabel.
Loxia.

331

Diesen Vogel nennen die Teutschen also / dieweil er seinen Schnabel zuvordest als ein Creutz übereinander gelegt und gebogen hat / daher er auch von D. Geßnern Loxia genennet worden. In der Wendischen Sprach heisset er Krzivvonoska. Er wird offt bey uns gefangen / (sagt D. Geßner) etwas grösser als die gröste Meiß / Spiegelmeiß genannt / er ist mit mancherley schönen Farben überall geziehrt / welche er mit der Zeit / und auß Alter verändert. Wie dann D. Geßner im Herbstmonat einen gehabt / so etwas schwartzfarb gewesen / welcher im folgenden Monath etwas röther gefärbt worden. Erstlich sind sie rothfarb an der Brust / am Bauch und unten am Halß / darnach sind sie gelb. Oben auf ihrem Kopff / hinden an dem Halß / und umb die Augē wird eine blaue Farb gesehen; Am Schwantz und zu eusserst an den Flügeln ist er dunckel röthlicht. Seine Bein sind roth. Zu Winterszeit ändert er mehrentheils seine Farb. Etliche sagen / daß er alle Jahr seine Farb verändere / also / daß er jetzt auff gelb / dann aber mehr auff grün / roth / oder aschenfarb ziehe. Er hat die Kälte lieb / und singt alsdann: zu Sommerszeit aber / wann andere Vögel singen / schweiget er; er nistet im Jenner / oder zu Anfang deß Hornungs auff den Tannen / von welcher Kernen er auch lebet / und seine Nahrung hat. Ihre Jungen werden lang vor allen andern Vögeln gefangen. Er ist sehr fräßig / und einer einfältigen und dummen Arth. Wann er in einen Käfich verschlossen wird / kriecht er mit seinem Schnabel und Füssen darinn hin und wieder. Er fürchtet den Menschen nicht sehr. Ich habe einsmahls einen wilden mit der Hand gefangen / (es seye dann Sach daß er vorhin etwan gezähmet und entflogen seye) welcher zu einem andern / so ich in einem Käfich hatte / herzu geflogen. Er isset am liebsten Hanffsaamen. Wann er genug getruncken hat / wirfft er das Wassergeschirr mit seinem Schnabel umb / wann er anders kan / vielleicht darumb / weil er sein Bildnüß darinn siehet. Er singt zuweilen sehr lieblich. Wie ich verstehe / so lebt er auch von dem Aaß / und ist zu Sommerszeit nicht unlieblich zu essen. Hie kan man nachsinnen / ob dieses der Vogel / Chlorion von Aristotele genannt / seye / wiewohl ich ehe den jenigen / so zu Latein Galbula genennt wird / für den Chlorionem halte.

Von dem Kautzen oder Steinkautzen.
Noctua. Noctua saxatilis.

Der Kauz wird auff Hebreisch סרנפ; Griechisch γλαύξ; Latein: Noctua: Italian: Civetta; Spanisch Lechuza; Portugiesisch Mocho; Frantzösisch Hibou, Chathuant, Sivette; Polnisch Szovva; Ungarisch Bagoly; Wendisch Kalus, Kalaus; Türckisch Baigus, und Engelländisch an ovvle genennt. Der Kautzen sind viererley Geschlecht/ wie Georg. Agricola schreibet. Das erste/ hat auffrechte Federn/ wie Ohren/ auff seinen Kopff/ welches das gröste ist/ und Otus oder Asio genennet wird. D. Geßner vermeint dieses sey der/ so von den Teutschen ein Ohrkauz genennet werde/ dieser ist etwas kleiner/ doch länger als die gemeine Eul/ und röthlicht/ umb die Ohren weißlicht/ mit schwartzen Augen/ so mit einem gelben Ring umbgeben sind/ seine Füß und Bein sind gantz gefedert. Das ander Geschlecht ist schneeweiß/ vornen am Halß und an dem Bauch/ sonst aber mit weissen und bleichgelben Flecken umb einander gesprengt. Das dritte Geschlecht ist klein/ mit welchem (wie auch mit dem vierten Geschlecht) die Weydleut Vögel fangen. Das vierte ist etwas kleiner als dieses/ welches auff den Felsen und Steinen seine Wohnung hat. Dieses/ wie das dritte Geschlecht/ ist mit weissen und aschenfarben Flecken umb einander gesprengt. Der Vogel/ so bey uns ein Kauz oder Käuzlein genennet wird/ ist so groß als ein Turteltaub/ welcher auß der Lombardey/ und von den orthen so umb Meyland liegen zu uns gebracht/ und ein jeder beynahe umb 7. Costnitzer Batzen verkaufft wird. Er ist gelblich gefärbt/ mit schönen und gantz klaren Augen. Zu Nacht fänget er kleine Mäußlein.

Auß dem Kautzengeschlecht ist auch der/ so von uns ein Steinkautz genennet wird/ vielleicht eben der/ so von Ebero und Peucero ein Steineul genennet wird. Dieser ist in der Grösse einer Tauben. Seine Bein und Füß sind gantz rauh und haaricht von weissen Federn/ doch sind die Zeen unten gegen der Erd bloß und ungefedert; die Klauen sind schwartz und krumm. Vornenhin ist er überall grau gefärbt/ mit etwas rothdarunter vermischt/ und mit weißlichten Flecken unterschieden. Der Kopff ist nach der andern proportion deß Leibs sehr groß. Der Augen-Ring ist gelb/ und die Augen groß. Sein Schnabel ist sehr kurtz/ und gekrümmt/ wie fast aller anderer Nachtvögel. Wie er getödtet worden/ war sein Schnabel oben auf roht/ da er doch zuvornicht also gefärbet gewesen. Zwischen den Augen und dem Schnabel sträussen sich etliche Federlein/ gleich wie kleine Härlein/ oder wie ein Bart. Am Bauch hat er auch mehr weisses als am übrigen Leib. Ich halte daß er seine Wohnung an bergichten und steinichten Orten habe/ darumb habe er der Kälte wegen/ seine Bein und Füß mit Federn bekleidet (dann die andern Nachtvögel haben keine Federfüß) wie die Schneehüner und andere dergleichen Vögel. Seine Figur stehet hie verzeichnet. Diese unsere Steinkäuzlein sollen den Italianischen Meyländischen Käuzlein änlich seyen/ doch nicht so hurtig/ und bey Tag fast blind.

Es werden auß dem Niederland etliche Kautzen zu uns gebracht/ welche man Niederländische Kautzen nennet. Ob dieses die Vögel Scopes genannt/ seyen/ nemlich die kleinste auß den Kautzen mit Ohren/ welche die unsere kleine/ frembde oder Welsche Käuzlein und Köpplein heissen/ kan man nachdencken. Diese sollen gesprengte Schwäntz haben. Diesen gleich wird bey uns ein Geschlecht/ Tschafytlein genannt/ gefunden/ welches gantz klein/ und weisser als die obgenannte Italianische gefärbt ist/ hat darzu einen längeren Schwantz/ und längere Ohren. Ich höre auch/ daß bey uns auff ein Zeit ein alter Kauz/ in der Grösse einer Lerchen gefangen/ und umb 19. Costnitzer Batzen seye verkaufft worden. Die Eulen und Kautzen haben nach ihrer Grösse einen gar kurtzen Halß. Der Kauz hat auch zu unterst an seinem Eingeweyd etliche wenige Angehenck. Sein Gurgel ist auch zu unterst etwas weiter. Der Kauz/ wie auch fast alle andere Vögel/ haben so einen kleinen Mitz/ daß man ihn kaum sehen kan.

Von der Natur und Eigenschafft dieses Vogels.

In der Insel Creta findet man keine Kautzen/ und wann sie schon etwan daselbst hingebracht werden/ sterben sie doch. Stumpffius sagt/ daß man in den Schweitzergebürgen weder grosse noch kleine Kautzen finde/ ohn die/ so man auß der Lombardey/ oder auß dem Niederland hinauff bringe. Der Kauz fliegt allein zu Nacht/ daher er bey den Lateinern den Nahmen bekommen/ er schreyet auch allein zu derselbigen zeit. Diese Vögel haben zwar etwas Gemeinschafft mit dem Uhu und Eul/ aber an der Stimm haben sie einen Unterscheid/ dann sie heulen nicht wie dieselbige. Je finsterer die Nacht ist/ je mehr er fliegt/ dann die Nacht schadet ihm nit an seinem Gesicht: im Tag aber siehet er nicht/ dieweil ihm sein Gesicht von der Sonnen verfinstert und verdunckelt wird. Darumb suchen diese Vögel zu Nacht ihre Nahrung/ doch nicht die gantze Nacht durch/ sondern allein bey Anfang derselben/ und am Morgen frü.

Hylas sagt/ daß der Uhu und Kauz mit dem hindern Theil zu erst auß dem Ey schlieffen/ dieweil

Von dem Kautzen.

die Schwere ihres Kopffs unter sich gehet/ und der ander Theil an der Mutter Leib liegend/ gewärmet wird. Man sagt daß dieser Vogel unter allen krumkläwigen und fleischfressenden Vögeln allein seine jungen sehend gebehre/ wegen der feurigen Krafft so in seinen Augen verborgen liegt/ welche auch die Finsternuß durchtringt/ darumb siehet er ohne allen Mondschein. Wann die Kautzen die Ameissen von ihren jungen treiben wollen/ haben sie ein Hertz von einer Fledermauß in ihrem Nest/ wie dann auch die Ameissen ihre Wohnung verlassen/ wann einer ein Hertz von einer Fledermauß darein legt/ wie Oppianus sagt. Die Kautzen hassen anderer Vögel Eyer/ und verderben sie. Sie haben auch einen steten Kampff mit den andern kleinen Vögeln. Sie streiten auch sehr listig wider andere Vögel/ dann wann sie mit einer grossen Menge/ so ihnen die Federn außreissen wollen/ umbgeben werden/ legen sie sich auff den Rücken/ beissen und kratzen umb sich / und bedecken sich gar mit dem Schnabel und mit den Klauen; wann dann der Habicht vorhanden/ so kommt er ihnen zu hülff/ und stillet den Krieg / wegen einiger Verwandtschafft mit seinem Geschlecht. Der Kautz und die Kräe sind Feind/ darumb nimmt einer dem andern seine Eyer/ jener zu Nacht/ diese aber bey Tag. Wann der Spatz etwan von den Vogelfängern getrenget wird/ und hülff wegen zu dem Kautzen fliegt/ wird er von ihm erwürget. Kein Vogel greifft den Kautzen ehe an als das Atzelgeschlecht/ so wir einen Häher genennet haben. Wann der Kautz im Regenwetter sehr schreyet / verkündiget er schön Wetter; wann er aber dieses zu schöner Zeit thut/ so verkündiget er ein Ungewitter/ wie Plinius und Aelianus schreiben.

Von der Speiß dieses Vogels.

Der Kautz/ wie auch andere Nachtvögel/ welche im Tag nicht sehen / suchen ihre Speiß zu Nacht. Sie ernehren sich aber von den Mäusen/ Heidexen/ Fröschen/ darzu von den Käfern/ und andern dergleichen Thierlein. Wann der Kautz wol abgerichtet worden/ fänget er die Mäuß in den Häusern. Er wird auch mit Fleisch geätzt/ und wann er ein mal genug gessen hat / kan er zween/ drey oder vier Tag darauff fasten. Wann er neun Tag nit isset/ schadet ihm dasselbige nit/ wie Crescentiensis sagt. Er ist auch den Bienen/ Wespen/ Hurnussen/ und Brämen sehr gehässig.

Wie man mit dem Kautzen Vögel fangen solle.

Man fänget den Kautzen/ in dem etwan einer vor ihm dantzet/ oder andere dergleichen Possen treibet/ darüber er sich vergaffet. Die Weiblein hat man lieber als die Männlein/ wie auch unter allen andern Raubvögeln. Den Kautzen kan man am besten in einem Taubhauß/ oder dergleichen Orth halten. Dieweil aber die Kautzen ungestalt sind/ und selten von andern Vögeln und Thieren gesehen werden/ verwunderen sich die Vögel über ihnen/ und begehren sie anzuschauen/ als ein neu ungewohnt ding. Weil nun die Menschen vermerckt haben/ daß andere Vögel umb dieselbe/ damit sie sie sehen möchten/ geflogen/ haben sie eine solche List mit denselben Vögel zufangen/ erdacht/ daß sie solche/ andern Vögeln damit herzu zulocken/ fürgestellt haben/ damit sie also mit Leim oder mit Garnen die Vögel fangen möchten. Daher spricht Aelianus, daß der Kautz denen Weibern/ so mit der schwartzen Kunst/ und mit Zauberey umbgehen/ gleich seye. Dann wann er gefangen wird/ reitzet er seine Pfleger und Weydleut also/ daß sie ihn für eine Kurtzweil auff der Achseln hin und her tragen. Zu Nacht wachet er/ und verschaffet mit seiner Stimm / als durch eine Zauberey und Verblendung/ daß die Vögel frey zu ihm sitzen. Bey Tag aber brauchet er eine andere List/ die Vögel herzu zu locken/ indem er sie betrieget/ wann er sein Angesicht stets hin und her kehret/ und dasselbe verendert/ davon die junge thörichte Vögel erstarren/ sich darüber verwunderen/ und also bey ihm sitzen bleiben. Man fänget auch Vögel mit dem Kautzen/ oder einem Katzenhaupt/ auff dem Kloben. Dieses fänget man aber an im Herbstmonat/ und weret biß zu Außgang desselbigen Monats.

Wann

Wann man den Kautzen auf einen ehrnen Zweck stellet/ und der Vogler stets ein Seil oder Schnürlein an sich ziehet / und allenthalben umb dasselbige Leim-Ruthen stecket/ wird er die Lerchen/ so zum Kautzen herzu fliegen/ damit fangen.

Was von diesem Vogel ausser und in der Artzney nützlich seye.

Im Gesetz Mosis werden alle Nachtvögel zu der Speiß verbotten/ als der Kautz/ die Speckmauß/ rc. Weil diese Vögel böses thun. Dann Christus spricht: Ein jeder der da böses thut/ der hasset das Liecht/ sagt Procopius ; Sein Fleisch ist kalter/ truckner und dicker Natur. Andere sagen / daß der jungen Habichte und Kautzen Fleisch gar wohl geschmackt seye/ und den Menschen stärcke/ darzu den Melancholischen/ und denen/ so verrücktes Verstands sind/ gut seye.

Für den Pips der Hüner ist solche Speiß gut/ die mit dem Wasser/ darinn ein Kautz gebadet hat/ begossen seye/ wie Plinius lehret. Aetius zehlet das Kautzenblut unter die Artzneyen/ so das außgeropffte Haar der Augbrawen nicht mehr wachsen und herfür kommen lassen. Den Wehetagen deß Haupts/ ist das Hirn deß Kautzen in der Speiß genossen/ dienlich. Das Hirn von dem Männlein dieses Geschlechts zu einem Augensälblein gemacht/ ist denen gut/ die bey Liecht nicht wohl sehen können. Sein Hirn oder Leber mit Oehl eingegossen/ ist gut zu den Ohrdrüselein. Die Leber fleissig behalten/ und mit Spicanardensalb zerstossen/ und stets in die Ohren gegossen/ benimmt schnell die Ohrdrüselein. Für diesen Gebrechen vermischen auch etliche Butter unter sein Hirn / dann dieses zertheilet gemeldte Ohrendrüselein/ ohne Schmertzen. Man muß aber durch heisses Meerwasser/ newe Schwämm darinn gedunckt/ und mit einem eingedunckten Tüchlein/ an beyden Enden außgedruckt / dieselbige damit berduchern / oder den Dampff davon auffangen/ und also diese Artzney darüber streichen/ und den gantzen Backen mit geschwebelter Wolle bedecken. Dieses Hirn wird auch für das Halßgeschwär gebraucht. Die gedörrte Leber in Wein eingenommen / bringet das Bauchgrimmen/ Verstopffung/ und erkältet den Magen. Die Kautzen-Eyer haben eine widerwertige Natur/ dann wann einer das mittelste auß einem Ey/ das zuerst gelegt worden/ nimmt/ und einen Orth damit bestreicht/ so vertreibt es daselbst das Haar/ also/ daß es nicht mehr herfür wächst. Wann aber einer vom andern Ey nimmt/ und dieses an ein kahlen Orth streicht/ wird es das Haar herfür bringen. Wann man den Truncken diese Eyer drey Tag in Wein zu trincken gibt/ wird ihnen der Wein erleiden / wie Plinius schreibet. Philostratus sagt / wann man den Kindern diese Eyer zu essen gebe/ hassen sie allezeit den Wein/ also/ daß sie denselbigen nicht allein nicht trincken/ sondern auch eine Furcht und Abscheuen vor den vollen Leuten haben.

Von den Lerchen.
Alauda.

Von mancherley Gestalt dieses Vogels.

Die Lerch heisset auff Griechisch κόρυδος κορυδαλὶς; Lateinisch Alauda, Italianisch Lodola, Allodeta; Spanisch Coguiada: Frantzösisch Alouëtte; Polnisch Skovvronek; Ungarisch Patsir, Patsirta; Wendisch Skrzivvan; Engelländisch Lerk, Lark, Laverok; Niederländisch Leurick; und bey den Flanderern und Sachsen Leewarcke. Aristoteles zehlet nur zwey Lerchen-Geschlecht/

Von der Lerch.

schlecht/eines so schaarweiß fliegt/ und das hat keine Haube; das ander hat eine Haube. Diese beyde Geschlecht werden unter dem Namen Lerch begriffen. Das ander Geschlecht wird in allen Sprachen von seiner Hauben her genennet/ als bey den Lateinern Galerita, bey den Teutschen aber/ Häubel-Lerch/ Kobel-Lerch/ und Weg-Lerch/ dieweil es offt an den Fußwegen gesehen wird. Diese Lerch richtet in etlichen Landen ihre Haube oder Kobel allzeit auff/ in andern aber läst sie solche bald nieder/ bald richtet sie dieselbe wieder auff/ nach ihrem Lust und Wolgefallen. Ihre Stimm ist/ Lü/lü/ diese wiederholet sie sehr offt. Das erste Geschlecht so eine Heid-Lerch/ Gesang-Lerch/ Himmel-Lerch/ oder Holtz-Lerch genennet wird/ fliegt allezeit schaarweiß/ und nimmer allein/ wie das jetztgenannte/ wiewol es an der Farb dem vorigen gleich/ doch etwas kleiner/ und ohn einen Kobel oder Haube ist.

Kalandris (ein Kalander oder Galander) ist ein kleiner Vogel/ einer Lerchen gleich/ graufärbig/ mit heßlichen Federn/ doch erfreuet er mit seiner wunderbaren lieblichen Stimm die Zuhörer/ er machet auch aller Vögel Gesang nach/ die er höret. Darumb wann er gefangen worden/ schliest man ihn in einen Kefich/ da vergist er dann seiner Gefängnüß und Elends/ lässet derhalben deß Tags kaum eine Stund ohn Freud und Gesang hingehen/ und hat seinen Lusten/ aller anderer Vögel Gesang nachzumachen/ also/ daß er der Speisen darüber vergisset. Etliche halten diesen Vogel für eine Lerch. Es ist noch (spricht Turnerus) ein ander Lerchengeschlecht/ so zu Teutsch ein Copera genennet wird/ ohn Zweiffel von seiner sehr langen Kobel (die Engelländer nennen es a Wodlerck) welches Geschlecht dem Aristoteli gantz unbekannt gewesen. Dann dieses kan nicht das obbeschriebene Geschlecht Aristotelis seyn/ dieweil es kleiner ist/ als daß es dasselbige seyn könte. Es kan auch nicht das kleinere Geschlecht/ so auch von ihm beschrieben worden/ seyn/ dieweil dieses einen Kobel hat/ so doch an jenem nicht gefunden wird. Darumb hat diese die mittelste Grösse zwischen den beyden jetztgenannten deß Aristotelis. Sie hat auch/ wie die Weydleut zu Cölln sagen/ keinen besondern Gesang / sondern sie machet gar ungeschicklich anderer Vögel Stimm nach/ bey welchē sie ihre Wohnung hat. Weßwegen ich dahin gebracht werde/ daß ich vermeyne/ dieses seye der Vogel/ so von den Griechen Coridos genennet wird: von welchen sie ein Sprichwort haben gemacht: Ἐν ἀμαθοῖς καὶ κόρυδος φθέγγεται, welches von denen gesagt wird/ die als Ungelehrte unter den Ungelehrten viel zu plaudern wissen/ bey den Gelehrten aber verstummen. Dann die andern zwey Lerchengeschlecht singen gantz lieblich und wol. So weit Turnerus. Ohne die vorgenannten ist noch ein ander Kobel-Lerchengeschlecht/ welches weisser ist als das nechst vorbeschriebene/ sonderlich vornen hin/ das ist/ am Bauch/ umb den Haltz/ und umb die Augen. Diese wird eine Wald-Lerch / welchen

chen Nahmen (a woodlerck) die Engelländer auch der Lerch Copera geben/genennt.

Von der Speiß dieses Vogels.

Die Lerch wird gespeiset von Kornfrüchten und Würmlein/darumb machet sie ihr Nest gern auff den gesäten Aeckern. Sie wohnen auch gern bey den Gestaden der Seen/die Würmlein daselbst zu suchen. Sie essen auch die Eyer etlicher Heuschrecken.

Von der Natur und Eigenschafft dieses Vogels.

Albertus sagt/daß die Kobel-Lerch im Feld/ und nicht in den Wäldern wohne. Die aber so keinen Kobel hat/wohnet an ebenen Orthen/und unter den Wachholdern und Stauden/sonderlich da viel Heyd wächst. Aristoteles spricht/daß sie nimmer auff den Bäumen/sondern allein auff der Erden sitzen.

Die Lerch lernet leichtlich singen/dann wann die Kobel-Lerch/oder die ander/nemlich die Heyd-Lerch/ in einen Kefich gesetzet werden/singen sie gantz lieblich. Das Männlein hat gar ein schönen lieblichen Gesang/verkündiget auch unter allen Vögeln am aller ersten den künfftigen Sommer: fängt seinen Gesang sehr früh an mit der Morgenröthe: der lieblichen Zeit erfreuet es sich: wann es aber Regen oder dunckel Wetter ist/singt es selten/oder nimmer. Wann es singt/so fliegt es in einem Kreiß über sich: läst sich aber zu Anfang gemächlich herab/und zuletzt fällt es geschwind als ein Stein auff die Erde/und höret in solchem Fallen auff zu singen. Wann man diesen Vogel zähmet/singt er im Kefich sehr wohl/sich mit seinen Flügeln auffschwingend/als wolt er über sich in die Lufft fliegen. Wann man sie aber lang im Kefich zeucht/werden sie gemeiniglich an einem Auge blind. Und Albertus sagt/er habe es offt erfahren/daß sie im neundten Jahr an einem Auge blind worden. Die Lerch (sagt Aristoteles) machet ihre Jungen in einem dicken Gesträuch/und nicht in einem Nest. Dergleichen auff den gesäten Aeckern/da sie dann ihr Nest also verbirgt/daß es weder die Knaben/noch die Habichte finden können/sagt Longolius, da er von der grossen Kobel-Lerch schreibet. Die kleine Kobel-Lerchen machen ihr Nest nicht auff den gesäten Aeckern/ sondern in dornichten Gräben/gleich wie die grosse Spatzen. Man sagt/daß sie ihre Eyer auff die Erde legen/und dieselben selten brüten: darumb lügt man gemeiniglich/und sagt/daß diese Eyer alsdann von einer Krotten außgebrütet werden. Es ist zwar war/daß sie wegen der Hitz der Sonnen nicht viel Wärme bedörffen. Wann aber die Jungen außgeschloffen/werden sie von der Mutter zusammen gehalten/und mit grossem Fleiß geführet und geweydet/ob sie schon der Eyer halben nicht viel Sorg vorhin gehabt hat/wie Albertus schreibt. Man sagt/daß dieser Vogel mit sonderbarem Fleiß und Ernst seine Jungen erziehe und ernehre. Die Lerch legt Graß in ihr Nest/ Gifft und andern Schaden damit zu vertreiben. Diese/wie auch andere kleine Vögelein/legt einmal im Jahr vier oder fünff Eyer. Etliche sagen/ daß sie deß Jahrs dreymal legen; doch geschehe solches nicht allezeit. Wann eine grosse Kälte eingefallen/und das Erdreich allenthalben von Schnee bedeckt ist/so siehet man zuweilen die Lerchen auff den Misthauffen/und bey den Scheuren. Diejenige/so Winterszeit bey uns gesehen werden/fliegen auch hinweg/wann Tag und Nacht gleich worden. Man sagt/daß dieser Vogel auch mit der hinfallenden Sucht geplaget werde. Er stirbt von Senffsaamen/wie Ælianus schreibet. Die Lerch isset Lorbeerlaub/ob es wegen der Gesundheit geschehe/ist ungewiß. Sie isset auch wider alle Zauberey Eichenlaub/und liebet sonderlich die Bintzen. Albertus sagt/daß einsmahls ein Rab eine junge Lerch gefressen hab. Die Lerch zerbricht dem Reiger seine Eyer. Den Habicht förchtet sie so sehr/daß sie dem Menschen/sich zu erretten in den Schooß fliegt/oder sich mit den Händen fangen läst.

Wie dieser Vogel gefangen werde.

Im Winter/wann ein grosser Schnee liegt/ werden die Lerchen fürnemlich gefangen. Die Vögel auß dem Habicht-Geschlecht/ Smirlein genannt/neuen die Frantzosen Loyet, das ist/Lerchling oder Lerchenfänger/weil dieselbige insonderheit von ihnen gefangen werden. Oppianus lehret auch die Lerchen mit Leim-Ruthen fangen/wie droben bey dem Kautzen gesagt worden. Wie aber die Lerchen/Tauben/Raben/rc. mit dem Garn gefangen werden/lehret Crescentiensis im zehenden Buch am zwantzigsten Cap. Die Lerchen/ Rebhüner/Schnepffen/und Wasservögel werden zu Nacht bey einem Feuer gefangen/mit einer Schellen/und einem sonderlichem Garn. Das Feuer aber macht man also: Mache Dachten auß alten trucknen Tüchlein/welche in zerlassenem Unschlit geduckt seyen/und winde dieselbe zusammen/daß sie so dick werden als ein Arm/in der Länge eines Fusses/und zünde sie an/wie Robertus Stephanus schreibet.

Was von diesem Vogel auß und inner der Artzney nützlich seye.

Die Lerch ist warm und truckner Natur. Von diesem Fleisch schreibet Galenus, daß es den Bauch stopffe/ seine Brühe aber denselbigen aufflöse/und den Stulgang bringe. Ihr Fleisch ist sehr lieblich und wohlgeschmackt. Die Lerchen in der Speiß genützt/ wärmen und verstopffen: wann aber jemands dieselbe essen wil/soll er eine Brühe von Essig/ Coriander und Senffsafft darüber machen/ sagt Rhases. Man soll aber allzeit die jüngsten und fettesten außerlesen. Nach den Staren/Fasanen/Rebhünern und Wachteln/werden die Lerchen für die besten gehalten/wie Elluchasem schreibt.

Die Kobel-Lerch gebraten gessen/ist gut für das

Bauchkrimmen. Allein und für sich selbst in einer Brühe gesotten/ dienet sie auch für diese Kranckheit/man muß sie aber offt sampt der Brühe essen. Galenus sagt/ daß dieses wahr seye/habe er auß der Erfahrung gelernet. Etliche heissen diesen Vogel in einem neuen Geschirr sampt den Federn zu Pulver brennen/ und geben in warmem Wasser drey Löffel voll desselben drey oder vier Tag zu trincken/ für alle Bauchkrimmen/ und alle andere Gebrechen deß Eingeweyds/ nicht allein der Menschen/ sondern auch deß Viehes; wie Marcellus schreibet. Plinius sagt/ man solle die Asche von den Vögeln/ oder andern dergleichen Thieren/ also brennen: Den Vogel oder ein anders Thier so du brennen wilt/ thue in einen Hafen/ deck denselbigen wohl zu/ und verstreich ihn mit Lätt/ doch laß ihm ein kleines Lufftlöchlein/ und stell ihn dann in einen sehr heissen Ofen. Etliche heissen für das Bauchkrimmen ein Lerchenhertz an die Dicke deß Beins binden; andere aber heissen dasselbe frisch/ und dieweil es noch warm ist/essen. Die Thraces nehmen das Hertz von einer lebendigen Lerchen/ und binden es an die lincke Hüfft. Frisch Lerchenblut mit scharffem Essig oder Wein eingenommen/ ist trefflich gut den Stein zu vertreiben: Dannenher Becherus reimet:

Die delicate Lerch/ die kommet auch herbey/
Man saget daß sie in den Krimmen nützlich sey.
Mit frischem Essig wohl das Lerchenblut vermengt/
Getruncken/denen hilfft/ die seyn vom Grieß betrengt.

Von der kleinen gehaubten Lerch.

Alauda cristata minor.

Diese Lerche wird auff Italianisch Lodola campagnola, auff Teutsch Hoper/ Robel-Lerch/Stein Lerch oder Baum-Lerch/ und Englisch Wolderck genennet. Es sind viel in der Meinung/ daß diese Lerche nicht sonderlich singe/ welches auch Longolius erfahren/ als welcher dergleichen Lerchen vielmahln in einem Kefich aufferzogen/ aber nur einerley Gesang von ihnen hören können. Aldrovandus schreibet/daß sie nur in der Lufft singen/ und in Italien wegen ihres Gesangs nicht hoch geachtet würden/ von den andern Lerchen aber leicht könten unterschieden werden/ dieweil diese viel kleiner sind/ im übrigen gleichet sie der grossen gehaubten Lerche/ nach Gestalt deß Leibs hat sie einen langen Schnabel/ und rothbraune Füsse/ seine Federn sind auch dunckelbrauner als der grossen. Longolius schchreibet/ daß diese Lerchen zu Winterszeit sich umb die Stelle und Scheuern halten: In Italien fliegen sie auch schaarweiß/ wie Aldrovandus in acht genommen/ ihre Nester bauen sie nicht auff die Aecker/ sondern in Dornbüsch wie die Spatzen.

Von der kleinen Wiesen-Lerch.

Alauda pratorum minor.

Von der Gestalt und Natur dieses Vogels.

Bellonius schreibet/daß es eine Arth Vögel gebe/ welche denen zuvor beschriebenen gemeinen Lerchen gantz gleich sehen/ nur daß diese kleiner seyen: Die Frantzosen nennen sie Farlonses, oder Fal-

Fallopes, andere Alaudam pratorum, Wiesen-Lerch. Sie unterscheiden sich auch wegen ihrer Farb/ von den gemeinen Lerchen/ dann sie viel duncklerer gelb sind/ und sich mehr auff schwartz ziehen. Diese Lerch wird allen vorgezogen/ und wegen ihres schönen Gesangs in Käfichen gehalten. Sie ist aber gar übel auffzubringen/ deßwegen ihrer auch nicht viel gesehen werden. Die eusersten Federn an dem Schwantz sind an diesem Vogel weiß: Er setzet sich auff keine Aest/ sondern schläffet auff der Erden. Zu gewissen Zeiten deß Jahrs schwingen sie sich in die Lufft/ und lassen ihren lieblichen Gesang hören. Wann sie den Weyen über sich ersehen/ verstecken sie sich unter die nechste Aeste/ wie der Gebrauch der Lerchen. Ihre Nester machen sie in die Wiesen: An den Flügeln haben sie unten zwey weisse Federlein hervor scheinen.

Von dem Löffler/ oder Löffelganß.

Pelecanus. Platea.

Von der Gestalt dieses Vogels.

Der Pelecan heisset auff Griechisch πελεκάς; Lateinisch Pelecanus, Italianisch und Spanisch Pellicano; Frantzösisch Pelican; Polnisch Pellica; Ungarisch Puplikan; man nennet ihn auch zu Teutsch Löffelganß/ Löffler/ Leffler/ die Frießländer nennen ihn Lepler/ die Engelländer a Schofler. Von dem Pelecan/ welcher frembd und unbekannt ist/ hält man gemeiniglich/ daß er seine Jungen mit dem Blut/ auß seiner Brust gelassen/ speise/ welchen auch die Mahler bißher nach ihrem Gutdüncken und Wohlgefallen gemahlet haben/ da doch kein solcher Vogel/ wie ich vermeyn/ gefunden wird/ es wolle dann einer dieses für warhafft halten/ was die Egyptier vom Geyer schreiben/ daß er/ damit seine Jungen nicht Hungers sterben/ sich selbst an dē Schenckel verwunde/ und also seine Jungen damit speise und erhalte/ wie Orus davon schreibet. Es bedünckt mich zwar/ (spricht D. Geßner) unser Löffler solle unter die Reigergeschlecht gezehlet werden/ als von welchen er keinen Unterscheid hat/ ohn am breiten Schnabel/ wiewol Aristoteles dem weissen Reiger auch einen breiten und außgestreckten geraden Schnabel zugibt. Und sagt Turnerus: wann er nicht in Italia einen weissen Reiger gesehen/ hätte er vermeint/ dieses wäre einer gewesen. Albertus hat auch diesen Vogel für einen weissen Reiger gehalten/ dann er spricht: Dieser Reiger ist gantz weiß/ und an der Gestalt dem Aschenfarben nicht ungleich/ doch besser gefedert/ mit einem längern Halß/ und vornen mit einem runden Schnabel/ gleich als ob ein Ring auff den andern gelegt wäre. Dieser Vögel solle zweyerley Geschlecht seyn: das eine so sich im Wasser von den Fischen erhält: das ander aber so sich auff der Erden von gifftigem Gewürm und Ungezieffer ernehret. Dieser Vogel soll auch sonderlich begierig seyn nach der Milch deß Crocodilen/ welche der Crocodil auff dem gelben Lätt der morastigen Oerther von sich gibt: darumb folget er allzeit dem Crocodilen nach. Es ist auch ein anderes kleines Vögelein/ Pelecan genannt/ welches gern in den Wildnussen wohnet. Uber dieses ist noch ein ander Geschlecht im Fluß Nilo, fast dem Schwanen änlich/ allein daß es etwas grösser ist. Etliche nennen auch den Onocrotalum oder Onvogel also/ wie wir bey demselbigen sagen wollen. Der Pelecan sol in Africa, sonderlich aber

Von dem Kranch.

Uu ij

in Egypten bey dem Fluß Nilo gern wohnen. Der Löffler hat fast in allen Sprachen seinen Namen vom breiten Schnabel bekommen. Dieser Vogel ist allzeit mager / und verdäuet bald alle Speisen / die er isset: dann der Bauch hat keine Krümme oder Orth in dem er die Speiß möge behalten: dann er hat allein einen Gang durch sich / der von Anfang deß Schlunds / biß zum Hindern gehet; Wie der Author de Nat. Rerum schreibet. Wir aber (sagt D. Geßner) finden in unserm Löffler das Eingeweyd mit vielen Krümmen hin und wieder gewunden. Er wird selten bey uns gefangen / sondern mehrentheils / wie ich verstehe / in Böhmen und Engelland am Gestad deß Meers.

Der Löffler / spricht D. Geßner weiter / so bey uns / nicht weit von der Statt / am Gestad deß Sees im Außgang deß Herbstmonats gefangen worden / ist mir zugebracht worden / der war überall weiß / ohn an den eussersten und grösten Schwingfedern / welche untenhin schwärtzlich waren. Die Füß und Bein waren schwartz. Er war etwas kleiner als eine Ganß. Sein Zung war sehr kurtz / oder viel mehr ein zeichen und anfang derselbigen. Der Halß war auch fast zehen zwerchfinger lang. Seine Augen grau / der Schwantz kurtz / fünff oder sechs zwerchfinger lang. Die Höhe seiner Beine war etwas weniger als zwo Spannen. Zwischen den Zeen der Füsse hat er etliche Häutlein / sonderlich zwischen den zweyen grösten. Die Klauen sind kurtz / schwartz und spitzig. Er war gantz fett / also / daß allenthalben an seiner Haut viel Feiste hinge. Sein Eingeweyd waren auch sehr hin und her gewunden und fett. Die Gall war grün. In seinem Magen fand ich etliche grüne Wasserkräuter / auch etliche knorrichte Stücklein von Wurtzeln / der Rohr / wie ich vermein. Wann er in das Wasser gelassen worden / schwamme er daher / und sucht etwas am Boden mit seinem Schnabel. Wann aber jemands zu ihm gieng / ward er zornig / thet seinen Schnabel auff und zu / und machet also ein Getön damit. Er ward von sonderlichen breiten Läusen geplaget.

Von der Speiß dieses Vogels.

Wann dieser Vogel gezämet worden / isset er Hünerdärm / und anders dergleichen / so auß den Küchen hingeworffen wird. Etliche sagen / daß er auch Frösch und Schlangen zu der Speiß brauche. Er hat seinen Auffenthalt von der Milch deß Crocodilen / wie vor gesagt worden. Die so in den Wassern wohnen / graben grosse und glatte Schnecken auß / und fressen dieselbigen / und wann sie nun viel verschluckt / und dieselbe in ihrem Kropff verdäuet haben / brechen sie sie wiederumb von sich / damit sie auß den auffgethanen Schalen allein das Fleisch darauß essen können / wie Aristoteles, Aelianus, und Cicero schreiben. Dieser Vogel fliegt auch zu denen Vögeln / so im Meer etwas gefangen haben / und beißt dieselbigen in den Kopff / biß daß er den Raub von ihnen bringt.

Von der Natur und Eigenschafft dieses Vogels.

Unser Löffler / wie ich verstehe / hat seine Wohnung sonderlich bey dem Meer / und schwimmet auch auff demselbigen / wird aber selten bey den süssen Wassern gefunden. Er könte zwar / wie andere Vögel auch / sein Nest in der höhe machen / aber auß Unwissenheit machet er es in eine Gruben auff der Erden. Diese Vögel fliegen auch von einem Orth an das ander / und von dem Fluß Strymone in Thracia gelegen / fliegen sie an die Thonau und machen daselbst junge. Sie fahren all hinweg / und erwarten die ersten der letzten / dieweil / wann sie über einen Berg kommen / die erste von den letzten nit können gesehen werden / wie Aristoteles sagt. Ælianus spricht / daß der Herodius und Pelecan mit grossem Fleiß / gleich wie der Storck / seine jungen erziehe / also / daß wann anderswo keine Speiß vorhanden / gebe er das / so er vorhin gessen hat / wiederumb von sich / und speise seine jungen damit / und führe sie wann sie noch nicht fliegen können. Wie er aber seine Flügel umb seiner jungen willen verbrenne / soll hernach gesagt werden. Wann dieser Vogel seine jungen von einer Schlangen umbgebracht findet / trauret er / und verwundt sich / und wann er sein Blut außgelassen / werden die abgestorbene davon wiederumb lebendig. Wann die jungen erwachsen sind / schlagen sie ihre Eltern in das Gesicht. Auß welcher Unbilligkeit sie ihnen also verhasset werden / daß sie dieselbe ertödten. Wann aber die Alten solches gereuet / und ihrer mangeln / trauren sie drey Tag. Darnach verwundet sich die Mutter / und machet also mit ihrem eigenen Blut / welches sie über die jungen vergossen / dieselbige wiederumb frisch und lebendig; welche sich dann auß natürlicher Krafft und Eigenschaft wieder erhohlen / wie Kiranides, Isidorus, Albertus und andere darvon schreiben. Aber von solcher Vergiessung seines Bluts sol er so hefftig geschwecht und krafftloß werden / daß er auß dem Nest nicht kommen kan / und derhalben die jungen außgetrieben werden / sich sampt der Mutter zu speisen und zu ernehren. Wann dann etliche unter ihnen gefunden werden / welche der Mutter wenig achten / und keine Speiß zubringen / so verstöst sie hernach dieselbe / wann sie wiederumb auffkommet; die andern aber so freundlich gegen ihr gewesen / führet sie mit ihr / und ernehret sie / wie der Author de Nat. Rerum schreibt: Aber solches / spricht Albertus, hält man mehr für eine Fabel / als für eine gewisse und warhafftige Histori. Die Egyptier sagen auch vom Geyer / daß er seine jungen also liebe / daß er in zwantzig Tagen nimmer von ihnen fliege / und wann etwan keine Speiß vorhanden / verwunde er sich selbst / und speise die jungen mit demselbigen Blut. Dieser Vogel ist der Wachtel sehr feind / und ihm herwiederumb die Wachtel. Den Streit der Störche und Pelecanen / wider die Kräen / Raben / Geyer / und andere fleischfressende Vögel / wollen wir bey dem Storck beschreiben.

Wie

Wie dieser Vogel gefangen werde.

Dieser Vogel (wie vor gesagt) macht sein Nest in eine Grube in die Erde/ welches dann die Weydleut wol wissen/ darumb umbstreichen sie dasselbige Orth mit Kühmist/ und machen ein Feuer an. Wann nun der Vogel den Rauch siehet/ unterstehet er sich das Feuer mit seinen Flügeln außzulöschen/ doch löschet er es so wenig/ daß er es mit seinem Wehen vielmehr anzündet/ und wann er seine Flügel darüber also verbrennet hat/ wird er gefangen/ wie Orus schreibt.

Was von diesem Vogel dem Menschen nützlich seye.

Die Gall vom Pelecanen genommen/ macht das dunckele Silber glänzend/ nimmt allen Unrath hinweg/ und macht es sauber und rein. Der Vogel Ibis, der Porphyrio oder Purpurvogel/ und der Pelecan/ werden im Alten Testament zur Speiß verbotten/ dieweil sie die Fische rauben und fressen/ wie Procopius meldet. Die Egyptier essen diesen Vogel auch nicht/ weil er sich für seine Kinder (wie oben gesagt) in Gefahr gibt. Der Löffler/ welchen D. Geßner einsmahls versucht/ hat ihn gantz wohl geschmackt/ auch der Ganß nicht ungleich bedünckt. Er soll in Engelland für einen Schleck gehalten werden. Pelecanengall mit Nitro vermischt/ benimmt die schwartzen ungestalte Flecken deß Leibs. Sie macht auch die schwartze Narben dem übrigen Leib ähnlich/ sagt Kiranides.

Von dem Leinfincken oder Schößlein.

Linaria.

Dieser Vogel wird zu Latein Linaria genennet/ weil er insonderheit von dem Leinsaamen oder Flachssaamen lebet/ daher er auch von den Teutschen ein Leinfinck/ Flachßfinck/ Hänffling/ oder Schößlein geheissen worden. Ruellius nennet ihn Miliariam, welches aber kleine Vögelein sind/ so von Hirsen fett werden. Auff Italianisch heisset er Fohonelo, Fanello; Frantzösisch Linotte; Engelländisch Linota; Türckisch Gezegén; die Friesen nennen ihn Rubin. Der welches Figur hie verzeichnet stehet/ ist in der Grösse eines Spatzens/ auch demselbigen seiner Gestalt halben ähnlich/ röthlich oder Ziegel-roth gefärbet/ darzu allenthalben schwartzlicht oder dunckelbraun/ sonderlich am Schwantz/ zu eusserst an den Flügeln und auff dem Rücken. Der Ziegelfarbe Bauch ist mit grauen Flecken gesprengt. Seine Bein sind fast Kastanienbraun.

Eberus und Peucerus schreiben von einem Vogel Elea oder Velia genannt/ welcher klein/ schön von Farb/ und unten saffrangelb sey/ der eine liebliche Stimm habe/ und zu Sommerszeit an schattichten/ zu Winterszeit aber an denen Orthen/ da die Sonne hinscheinet/ wohne/ den sie zu Teutsch ein Ziegelhänffling nennen/ und noch einen andern dieses Geschlechts/ so etwas aschenfarb/ welchen sie den Heydenhänffling heissen. Diese Leinfincken-Geschlecht/ mit diesem Nahmen genennet/ sind D. Geßnern unbekannt. Doch vermeint er/ daß der Vogel Elea oder Helea, von den Pfülen oder Seen seinen Nahmen bekommen/ in welche er von den hohen Rohren hinab setze/ daher er nicht glaubt/ daß dieses weder der gegenwärtige Leinfinck/ noch ein ander Geschlecht desselbigen seye. Der Leinfinck singt gantz lieblich/ darumb wird er/ wie der Distelfinck im Kesich erhalten. Darinn speiset man ihn mit Hanffsaamen/ Fench oder Fuchsßschwantz/ und Haberkern/ mehrentheils untereinander vermischt. Er bekommt zuweilen im Kesich die hinfallende Sucht. Die Distelfincken und Schößlein ziehen ein angehenckt Horn mit ihren Schnäbeln an sich: nachdem sie aber darauß getruncken/ lassen sie es wiederumb herab fallen. Wañ das Schößlein noch auff freyer Weyde fliegt/ und daselbst dem nachschiessenden Habicht entgehet/ singt er vor Frewden. Wie aber dieser Vogel gefangen werde/ wirst du bey dem Distelfincken finden.

Von dem Schösserlein oder Stockhänffling.

Linaria rubra.

Diesen Vogel/ spricht D. Geßner/ hab ich zu Latein also genennet/ weil er auß deß obgenannten Vogels Geschlecht vielleicht seyn mag/ welches dann auch auß dem Namen/ so ihm unsere Vogelfänger geben/ mag verstanden werden/ da sie ihn ein Schösserlein heissen/ doch wird er bey uns selten gefangen. Anderswo als zu Franckfurt am Mayn/ wird er ein Stockhänffling geheissen/ und zu Nürnberg Tschütscherlein. Bey dem Pasyer See/ Finet. Hie kan man nachsinnen/ ob dieses der Vogel sey/ der vom Oppiano Aster genennt ist/ wo er anderst nicht der gemeine Distelfinck ist. Etliche vermeinen/ dieses sey der Vogel so von den Alten Ægithus oder Salus genennt wird/ welchen sie zu Teutsch ein Zötscherlein heissen. Sein Gesang wird nicht so sehr gelobt/ als deß obgenannten. Von Gestalt und Grösse ist er dem Leinfincken ähnlich/ an der Farb aber hat er einen Unterscheid. Oben auff seinem Kopff ist er dicht scharlach-roth. An der Brust hinden auff dem Halß/ und zu hinderst auff dem Rücken ist er auch also/ doch etwas heller/ und nicht stets aneinander gefärbt: wiewol auch etliche an der Brust sehr roth sind. Der Bauch ist weißlicht/ und die Flügel schwärtzlicht. Der Halß und der halbe Rücken sind oben hellbraun. Der Schnabel gelblicht/ kurtz und außgespitzt/ aber die mittelste Ecke im obern Theil/ ist bleichfarb. Sie fliegen zuweilen schaarweiß daher/ und wann das geschiehet/ hält man/ daß in kurtzem ein Pestilentz darauff folgen werde.

Von dem Meben/ oder Holbrot.

Larus.

Von der Gestalt dieses Vogels.

Dieser Vogel heisset auff Griechisch λάρος; Lateinisch Larus; Italiänisch Rondene Marine; Frantzösisch Mouette; Polnisch Lyska; Ungarisch Szartza; Wendisch Wlastovvige, Morska; und zu Teutsch Meb/ Mew oder Holbrot; Der Meben oder Meuen sind mancherley Geschlecht: dann etliche sind weiß/ und den kleinen Tauben gleich. Dargegen sind andere grösser und stärcker/ haben auch dickere Federn. Das dritte Geschlecht ist etwas grösser als das zweyte/ auch mit weissen Federn bekleidet/ allein am Halß/ und zu oberst an den Klauen ist es schwartz. Und diesem Geschlecht weichen die andern Meben alle von der Weyd/ und von ihrem orth/ als einem König/ wie Oppianus schrebet. Buphagus wird vom Eustathio, wegen seiner grossen Frässigkeit/ unter die Meben gezehlt. Aristoteles schreibet/ der Mew sey aschenfarb/ wiewol er bey dem Meer auch weiß gefunden wird; Oppianus sagt/ in dem Alter werde er bläulicht. Er hat einen grossen Kropff.

Von der Speiß und Tranck dieses Vogels.

Diese Vögel haben ihre Wohnung in den süssen Wassern/ und im Meer/ ihre Nahrung daselbst zu suchen. Sie fahren auch hinunter in die Tieffe. Er ist sehr frässig und räuberisch. Und dieweil er seine Nahrung auß dem Meer hat/ so kämpfft er stets mit der Enten/ und dem Vogel Harpa genannt. Eudemus schreibet/ daß die Meben Schnecken

Von dem Meben.

cken von der Höhe hinab auff die Stein fallen laßen/ damit wann die Schalen also darvon gefallen/ sie dieselbige essen können. Wann die Delphinen an das Land geworffen sind/ werden sie von den Raben/ Meben/ und andern dergleichen Meervögeln gessen. Sie nisten auff den Felsen/ und sonderlich auff denen/ auß welchen gut und süß Wasser fließt/ damit ihre junge Zucht also die Speiß und Nahrung auß dem Meer/ den Tranck aber von süssem Wasser haben möge/ biß daß sie auffgewachsen; zu welcher Zeit sie dann ihre Speiß und Tranck auß dem Meer nehmen/ wie Oppianus berichtet.

Von der Natur und Eigenschafft dieses Vogels.

Was die Behendigkeit zu schwimmen antrifft/ mag kein Vogel diesem verglichen werden/ wie Oppianus schreibet. Die Täucher und Meben legen auff den Meerfelsen zwey oder drey Eyer: die Meben aber legen im Sommer: die Täucher im Winter gegen dem Frühling. Sie brüten auch wie die andern Vögel. Warumb sie aber auff den Felsen nisten/ ist allbereit gesagt worden.

Die Meben lieben die Menschen sehr/ also/ daß sie stets umb sie fliegen: und wann sie sehen die Fischer das Garn ziehe/ so verfügen sie sich (als ob sie Theil an dem Fang hätten) zu den Schifflein/ un begehren mit ihrem Geschrey auch einen Theil. Die Fischer aber werffen ihnen etliche Fisch für/ welche sie alsobald fressen/ und wann etwa etliche auß dem Zuggarn entrunnen/ fangen sie dieselbige von stund an auff. Dieser Vogel gesellet sich auch zu der Tolen. Der Reiger hasset die weissen Meben. Der Mew stirbt von dem Kern eines Granatapffels.

Was von diesem Vogel dem Menschen nützlich seye.

Deß Meermeben Federn werden von den Fischern/ so die Meerfische/ Pelamydes genannt/ fangen/ an die Schnur angemacht/ damit sie von den Wasserwällen sänfftiglich und leicht daher getrieben werden/ sagt Ælianus. Diese Vögel isset man nichte/ dieweil sie als Raub-und Fischfressende Vögel/ für unrein gehalten werden: dann sie allen Unrath/ auch das Aaß/ essen. Gott/ unser HErr und Gesetzgeber/ verurtheilet und verdampt alle unersättliche Leute/ darmit/ daß er die Spatzen und Meben zur Speiß verbotten hat/ welche Vögel stets und ohn unterlaß rauben und fressen/ sagt Procopius. Demetrius Constantinopolitanus heißt unter andern Speisen dem Habicht ein Hertz von einem Meben sampt dem Blut/ und ein wenig Fleisch von der Brust zu essen geben. Item/ dem Habicht sol man allein das Hertz und die Leber von diesem Vogel zu essen geben: dann die übrigen Theil sind ihm schädlich. Etliche geben das Hirn dieses Vogels im Rauch gedört und klein zerschnitten/ den Kindern wider die hinfallende Sucht/ daran zu riechen: den Alten aber/ oder denen so eines vollkommenen Alters sind/ geben sie davon ohngefehr zwey Untzen schwer mit dreyen Bächerlein Mät und Essig zu trincken/ wie Cælius Aurelianus schreibet.

Von mancherley Meben-Geschlecht/ deren die neue Scribenten gedacht haben.

WAs die neue Scribenten von mancherley Meben/ so an der Farb und Grösse einen Unterscheid haben/ deßgleichen an den Orthen/ dieweil etliche in den süssen/ die andere in dem Meerwasser leben) geschrieben haben/ das wil ich hie zusammen setzen/ also/ daß ich erstlich von denselben ins gemein/ darnach aber von jedem insonderheit sage.

Der Meeb/ spricht Albertus, ist auß dem Geschlecht der Weyhen/ er fähret seiner Nahrung nach im Wasser und in den Lüfften. Mich/ spricht D. Geßner/ bedünckt/ daß die Mebe dem Weyhen weder verwandt/ noch unter desselbigen Geschlecht zu zehlen seyen/ dieweil alle Meben/ so mir bekant/ breitfüßig sind/ und einen langen geraden (oder zu eusserst ein wenig gebogenen) und keinen kurtzen hakichten Schnabel haben/ wie die Weyhen. Der Mew ist fast so groß als eine Taub/ und hat lange starcke Flügel/ welche dem Schwantz gleich lang sind/ dieselbige sind aschenfarb/ die übrige Theil aber sind vielfältig gefärbet. Seine Bein sind kurtz: der Leib sehr leicht/ mit viel un dicke Pflaum bedeckt/ er hat darzu viel Feiste an seiner Haut/ und schreyet stets/ fliegt auch stets/ ist hungerig/ und frißt Fische.

Der Meb ist ein Wasservogel/ an seiner Arth dem Tauch-Entlein gantz zuwider: dann wie dasselbige das Ungewitter deß Meers fleucht/ also freuet sich der Meeb desselbigen/ wie Jorath sagt.

Dieser Vogel hat viel und mancherley Namen in allen Sprachen. In der Insel Creta behält er den Griechischen Namen Laros. Bey dem Adriatischen Meer werden etliche weiß/ andere aber aschenfarb gefunden. Etliche sagen/ daß diese Vögel weiß seyen/ und etwas dunckelbraunes auff dem Rücken haben/ darzu einen krummen Schnabel/ und schwartze Bein. In etlichen Orthen Italiæ werden sie Meerschwalben genennt/ welche weiß und schwartz gefunden werden/ und von den Fischen leben. Anderswo werden sie Meergänß/ nicht ihrer Grösse halben/ genennet/ sondern weil sie/ wie dieselbige/ breite Füsse haben. Der Nam Meb ist allen gemein/ aber der so im Meer wohnet/ wird insonderheit ein Seemew genennet. Diese Vögel haben lange Hälß/ wie eine Angel-Ruthe/ die Fisch darmit herzu zu ziehen: den Schnabel aber brauchen sie für eine Angel/ sagt Aristoteles. Albertus setzet hinzu/ wañ die Meben zu den Fischen fliegen/ ist es ein Zeichen eines glücklichen Fischfangs. Wann der Wind wehet/ fliegen sie hoch in der Lufft/ und kehren sich dem Wind entgegen.

344 Geßneri Thierbuch
Von den Meben so in den süssen Wassern wohnen/
und erstlich von dem Aschenfarben.

Die

Von dem Meben.

Die Teutschen geben diesem Vogel mancherley Namen/ als Meb/ Mew/ Mieß/ Holbrot/ Holbruder/ und bey dem Costnitzer See Alenbock; er ist auch bey dem Cumer und Pasyer See wohl bekannt. Die Engel. nennen ihn Seecob, Seegell; die Türcken Baharé: bey den Frießländern sol er ein Kabel oder Mew genennet werden/ welche den pflügenden Bauren nachfolgen/ wegen der Würmlein/ so sie in den Furchen aufflesen. Diese sollen auch ihre Jungen sehr lieben/ und drey Eyer legen/ und das thun sie schaarweiß/ also/ daß etwan zwey oder dreyhundert ihre Nester nacheinander machē: man sagt/ daß auch die Eyer/ der jenigen Vögel Eyer gleich seyen/ welche man Schrien nennet.

Der gemeine Meb oder Holbrot(sagt D. Geßner) ist bey uns also gestaltet: Seine Bein sind roth: die Zeen sind mit rothen Häutlein unterschieden/ und der Schnabel/ so ein wenig krum/ ist auch roth. Er ist ein wenig grösser als eine Taube/ und etwas länger. Seine Flügel sind groß und lang. Er ist überall weiß gefärbt/ allein auff dem Rücken und Flügeln ist er aschenfärbig/ daher wir ihn aschenfarb genennet haben. Die eusserste und längste Schwing-Federn sind an einer Seiten weiß/ an der andern aber theils weiß/ theils schwartz. Er ist auch gantz leicht/ und hat viel Pflaum/ und wenig Fleisch. Der Schnabel inwendig/ samt der Zungē/ sind roth. Die Zung ist auch zu eusserst zertheilt.

Von dem Meben/ Stirn genannt.
Sterna. Larus minor.

Ben dieses Geschlechts ist ein anderer kleiner Vogel/ in unserer Sprach Stern genannt/ welcher den Meermeben so ähnlich ist/ daß er allein an der Grösse und Farb von denselben unterschieden wird: dann dieser ist kleiner und schwärtzer. Den gantzen Sommer durch schreyet er/ zu welcher Zeit er dann Junge hat/ wormit er die Menschen/ so bey den Pfülen und Seen wohnen/ gantz doll und unlustig macht. Dieses mag wol der Vogel seyn/ von welches Geschrey und unnützem Geschwätz man ein Sprichwort gemacht: Larus parturit, der Meb wil Junge hecken; welches von schwätzigen Leuten gesagt wird/ bey denen es heisset nach dem alten Sprichwort: viel Geschrey und wenig Woll. Er fliegt fast stetig/ und ohn unterlaß über den Seen und Pfülen: er ruhet selten/ sondern fähret stets dem Raub nach. Er nistet auch im dicken Rohr. Die Frießländer nennen diesen Vogel ein Stirn und sagen/ daß er graufarb sey/ und stets schreye; darzu kleiner als der vorbeschriebene/ auch nicht so weiß: und habe oben auff einen schwartzen Kopff. Seine Beine sampt dem Schnabel sind roth/ wie deß vorgenannten. Umb Straßburg wird er ein Spirer/ bey uns ein Schnirring genennet. Er wird zuweilen mit Leim-Ruthen in unserer Limmat gefangen. Von der Höhe läßt er sich hinab auff die Fisch. Sie fliegen bißweilen schaarweiß mit grossem Geschrey.

Von dem Meben/ Fischerlein genannt.
Larus Piscator.

Von den Meben. 347

B gleich alle Mebengeschlecht von den Fischen leben/ so wird doch dieser insonderheit ein Fischerlein umb Straßburg genennet. Bey Oppenheim wird er/ oder ein anderer diesem gleich/ ein Fel genennet. Von diesem sagen sie/ daß er weiß sey/ und oben auff seinem Kopff schwartz. Dieser ist auch kleiner als der aschenfarbe Meb/und hat einen aschenfarben Kopff/wie der Stirn. Der Schnabel und die Bein sind lichtgrau. Er fliegt gar schnell: und wann er die Fisch fänget/ duncket er sich in das Wasser/ welches der aschenfarbe Meb nicht thut. Etliche nennen auch ein Adler-Geschlecht (welches bey den Seen den Enten und Fischen nachstellet) einen Fischer.

Von dem Meben/ Meyvögelein genannt.
Larus niger.

Dieser Meb ist schwartz am Schnabel/Kopff/ Halß/und an der Brust/ darzu am Bauch/ und obern Theil deß Rückens (dann von dem gantzen Rücken kan man auß der beygesetzten Figur nicht urtheilen) mit aschenfarben Flügeln/ welche über den Schwantz hinauß sich strecken. Die Bein sind lichtroth. Er wird umb Straßburg ein Meyvögelein genennet.

Ich/spricht D. Geßner/ kan nicht wissen / ob dieses eben der schwartze Meb sey/ welcher im Niderland / als umb Gent/ ein Brandvogel genennet wird/ ohn Zweiffel von seiner Farb. Dann die schwartzen Hirsche und Füchß nennen die Teutschen Brand-Hirsche und Brand-Füchse. Sie sagē aber daß dieser grösser sey als der aschenfarbe Meb: und die Menschen sehr fliehe. Anderswo heist man ihn einen schwartzen Meben. Und dieser mag wol der Alten Bellhine seyn. Dann Albertus verstehet durch die schwartze Bellhine nicht unsere / sondern vielmehr den schwartzen Meben.

Von den Meermeben / und erstlich von den weissen.

Eberus und Peucerus nennen die weissen Meermeben/ zu Teutsch Seegallen und Albuken: diese sind weiß/ und fliegen in dem Meer mit den Bellhinen. Turnerus sagt/ daß der weisse Meb einen kleinen Unterscheid von der Bellhine habe/ nemlich allein an dem Strauß und Schnabel. Er niste auch auff den Felsen und Schroffen deß Meers. Etliche Meervögel sind so listig/ daß sie gar selten gefangen werden/ als der so von den Griechen Chikyloz genennet wird/ welchen wir einen weissen Meben nennen; dann dieser hütet sich fleissig vor den Vogelgarnen: Wañ er aber gefangen/ wird er leichtlich gezähmet/ schreibet Albertus. Catarrhactes mag vielleicht der Vogel seyn/ so von den Frießländern ein Seemeb genennet wird/ welcher der gröste ist im Meben-Geschlecht/ bey nahe dem Weyhen ähnlich/ welcher das Aaß/ auch Menschen-Cörper isset/ und wann er Hunger hat/ raubet er auch die Enten/ er fliegt stets auff dem Meer/ und legt keine Eyer in Frießland. Ein weisser Vogel/ so zweyerley Geschlechts ist/ groß und klein/ fliegt über dem Wasser/ zuweilen sitzt er darauff und schwimmet: denselbigen nennen die unsern einen Meben/ er lebt von den Fischen und dem Aaß/ so empor schwimmet/ wie Albertus gleichfalls schreibet. Die Griechen nennen einen Vogel γαλάγκα, so etwas grösser ist als eine Taube/ und auff dem Wasser schwimmet/ er duncket sich aber nicht unter/ und ist sehr weiß. Ob dieser auß der Meben Geschlecht sey/ geb ich andern zu ermessen.

Die Meben so im Meer leben/ werden von denen/ so bey demselbigen wohnen / See- oder Meer-Vögel genennet. Diese/ wie die Schiffleut sagen/ werden von ihrem Orth hin und her in mancherley Meer vom Wind getrieben. Auß welchen Landen aber ein jeder bürtig sey/ können sie leichtlich an ihrer Gestalt abnehmen. Sie fliegen zuweilen schnell / wegen deß grossen Ungewitters/ zu den grösten Schiffen/ als ob sie umb den hohen Segelbaum Ruhe und Schirm suchen wolten/ fallen derhalben auch bißweilen in die Schiff hinab. Sie verkündigen auch mit ihrem Geschrey/ wie die Hanen/ die Veränderung deß Wetters/ darauß die Schiffleut gewöhnlich ihrer Schiffahrt halben sich berathen/ und dieselbe darnach anstellen. Diese Vögel aber sind mehrentheils weiß/ etliche aber ziehen auff dem Rücken und auff den Flügeln auff aschenfarb: der Bauch aber ist weiß. Die Engelländische haben einen weissen Ring umb ihren Halß/ gleich wie die Dänische einen schwartzen. Die Portugiesische sind ein wenig grösser als die andern / sie haben auch spitzige Köpff/ und Strauß darauff/ fast wie die Widhopffen. Die Preussische aber sind theils mit schwartzer/ theils mit weisser Farb unterschieden.

Den Catarrhacten fänget man mit Fischen/ die man auff eine Tafel gemahlet hat: dann dieweil sie mit Macht darauff/ als auff lebendige Fisch schiessen/ stossen sie sich selbst zu todt / sagt Oppianus. Ich höre daß man etliche Meben im Rhein auch also betriege/ daß man sie nemlich mit einer Tafel/ daran eine Meb gemahlet sey/ fange.

Von mancherley Meisen/ und erstlich insgemein.
Parus.

Von der Gestalt dieses Vogels.

MAn nennet diesen Vogel auff Griechisch Αιγίθαλος; Lateinisch Parus; Italiänisch Parizola; Frantzösisch Mesange; Wendisch Sykora; Engelländisch a tit mouse; und zu Teutsch eine Meise oder Maiß. Es werden von Aristotele drey Geschlecht der Meisen beschrieben/ wiewol wir heutiges Tags deren viel mehr kennen. In Campania, und andern Landen (spricht Hermolaus Barbarus) wird ein Vögelein Parula genennet / welches oben auff dem Kopff einen schwartzen Krantz hat : ob aber dieses der alten Parus oder Meiß sey/ hab ich noch nicht erfahren. Ich/spricht D. Geßner/ zweifele nicht daran/ daß es dieselbe seye; wiewol noch ein ander Meisen-Geschlecht ein blauen Kopff hat/ schwartze Köpff aber haben drey oder noch mehr Geschlecht. Die gröste Meiß hat eine gelbe Brust/ etc. Die andern aber werden mit weissen/ schwartzen/ bleichen und blauen Farben unterschieden/ sagt Turnerus. Fast alle Meisen insgemein haben weisse Flecken bey den Augen.

Von der Speiß und Nahrung dieses Vogels.

Die Meiß lebt mehrentheils von den Würmlein. Sie ist auch den Bienen schädlich/ daher sie et-

Von den Meisen.

sie etliche vor den Vogel Apiastram gehalten haben/ welches doch der Merops oder Immenfraß ist/ wie droben in desselbigen Beschreibung gesagt worden. Sie leben auch nicht allein von den Würmlein/ sondern auch von dem Hanffsaamen und Nüssen/ welche sie mit ihrem spitzigen Schnabel durchpicken. Die zwey ersten Geschlecht/ nemblich die Spiegelmeiß und Kolmeiß essen gern Unschlit.

Von der Natur und Eigenschafft dieses Vogels.

Diese Vögel fliegen Schaarweiß. Es können auch alle Geschlecht sich mit ihren Kläulein halten und anhencken wie sie wöllen/ also/ daß sie an einer Nuß/ so an einen Faden gehenckt worden/ hangen/ und also darvon essen. Sie werden bey uns mitten im Winter gefangen. Sie machen ihre Nester in den außgehölten Bäumen/ und darein legen sie sehr viel Eyer/ wie Aristoteles un̄ Albertus sagen. Die Meiß ist nach ihrer Grösse und Proportion deß Leibs ein sehr kühnes Vögelein/ sich selbst zubeschirmen. Sie schreyet sehr und hell/ und ist ungestümm in ihrem Fliegen/ sonderlich die grosse; sie hasset auch den Kautzen.

Wie dieser Vogel gefangen werde.

Dieweil diese Vögel Schaarweiß fliegen/ werden ihrer offt viel mit einem Kautzen gefangen. Wenn sie Mehl mit Wein vermengt versuchen/ werden sie erstlich an ihrm Kopff beschwert/ darnach fallen sie zu Boden/ und können nicht mehr fliegen/ und also werden sie leichtlich von den Bienkörben vertrieben: dann sie thun den Bienen Schaden/ spricht Ælianus. Die Meisen un̄ Nachtigallen sind sehr thörichte und fürwitzige Vögel/ und werden derhalben leichtlich gefangen/ weil sie von Verwunderung wegen von stund an/ an das Ort kommen/ darvon der Vogelfänger erst gewichen ist.

Was von diesem Vogel dem Menschen nützlich seye.

Man brauchet bey uns die Meisen auch zur Speiß/ wiewol sie nicht sonderlich wohlgeschmackt sind. Etliche geben der Meisen eben die Krafft und Wirckung zu/ welche die Uhralten dem Vogel Ictero oder Galgulo zugeschrieben haben/ daß sie nemlich die Gelbsucht/ so sie den Krancken ansiehet/ an sich nehme/ und derselbige davon erlediget werde. Die Meise entweder gekocht/ oder zu Aschen gebrandt/ genossen/ stillet das Grimmen/ vertreibet das Grieß und den Stein: derowegen Becherus reimet:

Die Meise schreibet man/ soll vor das Grimmen nützen/
Das Pulver von ihr thut vorm Grieß die Nieren schützen.

Von der Grossen/ oder Spiegelmeisen.
Parus major.

Diese Meiß wird vom Aristotele, Fringillago, dieweil sie/ dem Fincken an der Grösse gleich ist/ genennet. Sie ist die allergröste/ gantz schön unten gelbgrün/ auff dem Kopff schwartz. Diese nennen die Teutschen eine Spiegelmeiß. Longolius und Turnerus nennen sie auch eine Kolmeiß/ von der schwartzen Farb ihres Kopffs/ welche Farb an beyden Seiten am Halß hinab gehet durch die Brust/ und mitten durch den Bauch/ und ist dieser schwartze Strich länger an den Männlein als an den Weiblein/ welchen Strich die unsern einen Bruch nennen. Es nennen aber unsere Vogelfänger ein andere und kleinere Meiß/ Kolmeiß. Etliche heissen die Spiegelmeiß/ eine Brandmeiß/ von ihrer schwartzen Farb her.

Die Spiegelmeiß singt zu Anfang deß Frühlings nicht so gar lieblich/ sonst schweigt sie zu anderer Zeit. Sie werden auch von etlichen in den Stuben gehalten/ und essen auch die Mäusen/ wann man denselben allein die Haut abziehet/ und ihnen fürwirfft. Sie singen auch unterweilen.

Von der Blaumeisen.
Parus cœruleus.

ARistoteles nennet das ander Meisengeschlecht mit dem Zunamen eine Bergmeise/ weil sie auff den Bergen wohnen; sie haben einen langen Schwantz. Das dritte Geschlecht aber ist von diesem an der Grösse unterschieden/ wiewol dasselbige ihm an den übrigen Stücken ähnlich ist. Turnerus nennt das ander Meisengeschlecht Mehlmeiß: und dieses ist eben unser Blaumeißlein / welches kleiner ist als die andern/und allein mit einem blauen Kopff gezeichnet/welcher an allen andern entweder gantz / oder doch zum theil schwartz ist. Das ander Geschlecht aber Aristotelis/ so einen langen Schwantz hat / ist nicht dieses/sondern vielmehr das Pfannenstielein/ welches wir hernach beschreiben wollen. Bey Nürnberg wird dieser Vogel ein Bienmeise genennt/ohn Zweifel darumb/ weil sie Bienen frißt. Gleich wie dieses Blaumeißlein kleiner ist als die andern / also ist es auch einer bessern Art/und leichter zu zähmen. Der Engelländer Titmous legt fast 16. Eyer / daher sie auch die kleinen fruchtbarn Weiblein mit dieses Vögeleins Namen nennen.

Von der Kohlmeiß.
Parus ater.

DIeses Meißlein nennt man mehrentheils in Teutschland eine Kolmeiß: wiewol die Sachsen und andere/ auch die grosse oder Spiegelmeiß also nennen. Dieses hat einen weissen Flecken unter den Augen/ und einen andern hindenauff dem Kopff: der übrige Kopff ist schwartz: der Bauch gelb: die Bein grau. Die unsern nennen nicht diese/ sondern das nachfolgende mit diesem Namen.

Von den Murmeisen.
Parus palustris.

Von den Meisen.

Diese Meiß wird zu Teutsch ein Murmeiß/ oder Rietmeiß/ Reitmeiß/ bey uns ein Kolmeiß genennet. wiewol etliche das vorbeschriebene Geschlecht also nennen. Sie hat einen kolschwartzen Kopff/ da doch die obgenannte einen weissen Flecken mitten durch den Kopff hat. Die Brust und der Bauch sind weiß; die Bein sind Rosenfärbig. Der Rücken und Schwantz sind grau/ oder fast aschenfarb/ daher sie von etlichen Aschmeißlein geheissen wird/ und von andern Kohtmeißlein: vielleicht darumb/ weil sie in dem Koht und bey den Pfützen wohnet. Es hat auch etwas rothes auff seinem Rücken. Als ich aber (spricht D. Geßner) dieses besehen/ hab ich gefunden daß es etwas kleiner als das Blaumeißlein gewesen/ und grau von Leib/ auff aschenfarb ziehend. Ein gantzer schwartzer Flecken gehet mitten über seinen Kopff/ welcher sonst zu beyden Seiten weiß ist. Sein Bauch ist licht aschenfarb/ und der Schwantz noch schwärtzer als der Kopff: Die Bein aber sind bläulicht gefärbt. Turnerus vermeint fast/ dieses sey der auß der Wasserstelzengeschlecht/ so von Aristotele Scheniclus, das ist/ Iunco, von den Teutschen ein Pilwenckgen genennet werde/ er unterscheidet ihn auch nicht vom Rohrspatzen.

Von dem Kobelmeißlein.
Parus cristatus.

Dieses Meißlein hat einen schwartzen Kopff/ mit wenigen weissen Tüpfflein/ darzu ein Sträußlein hinter sich gerichtet/ vornen am Leib ist es grau/ an der Brust weiß/ mit aschenfarben Beinen. Die Teutschen nennen es gemeiniglich vom Strauß her/ ein Kobelmeißlein/ Straußmeißlein/ Häubelmeißlein/ oder Heydenmeißlein. Es ist kleiner als die Spiegelmeiß/ und so groß als das Bergmeißlein.

Von dem Schwantzmeißlein/ oder Pfannenstielein.
Parus caudatus.

Dieser Vogel wird darumb also genennet/ weil er einen längern Schwantz hat als die andern Meisen/ und der bedünckt mich das ander Geschlecht Aristotelis seyn/ Bergmeißlein genannt/ dieweil es seine Wohnung gern auff den Bergen hat. Eberus und Peucerus schreiben von diesem Meißlein/ daß es das kleinste unter allen Meisen sey/ und doch den längsten Schwantz habe/ es wird von ihnen ein Zagelmeiß und Pfauenstiglitz genennet. Dieses ist vornenhin schwartz/ und weiß auff dem Rücken/ mitten an den Flügeln roth/ wie auch zu unterst am Bauch/ doch etwas heller.

Im Sommer hat es eine unliebliche Stimm/ nemblich guickeg/guickeg. Sie fliegen mehrentheils schaarweiß/ zehen oder zwölff miteinander. Sie leben von den Spinnen/ Würmlein/ und vielleicht auch von den Bollen der Bäume. Dieser Vogel ist auch sehr fruchtbar/ also/ daß er allzeit fast acht/zehen/oder zwölff Junge aufferziehet. Man findet ihn selten/ohn allein zu kalter Zeit. Er macht ein Nest fast anderhalb zwerchhand lang/ auß Moß und Faden (wie mich bedünckt von der Spinnen) gemacht/mit einem kleinen Löchlein/ und dieses verbirgt er in die Stauden uñ Hecken. Er macht es aber wegen seines Schwantzes länglicht. Plinius sagt von einem Vogel/ welcher sein Nest auß dürrem Moß mache/ nicht zwar länglich/ sondern als ein Spielballen gestaltet/so artig/ daß man den Eingang daran nicht finden könne.

Von dem Wald oder Tannmeißlein.
Parus sylvaticus.

Dieses Meißlein ist auch sehr klein/ mitten auff seinem Kopff mit einem rothen Flecken gezeichnet/an beyden Seiten darneben schwartz gefärbt/mit grauen Beinlein/ und schwartzen Flügeln: also ist es auch zu eusserst auff dem Schwantz gefärbet/am übrigen Leib ist es grün/doch ist diese Farb heller am Bauch. Bey uns wird ihm der Name von den Wäldern/ in welchen es lebt (sonderlich in den Tannen und Wachholdern) gegeben/ nehmlich Waldmeißlein/Tannmeißlein. Andere heissen es/aber nicht recht/Waldzeißlein: andere aber von seiner Stimm Zilzelperlein: dann es singet Zul/ zil/zap. Ein Vogelfanger hat deren eins bey uns ein zeitlang in seinem Hauß gehalten/ aber keinen Gesang hat es nie außgelassen. Die Frantzosen sollen ein Meisengeschlecht Mounier nennen/ welches sehr klein / schwartz auff seinem Kopff und am übrigen Leib lichtblau oder Aschenfarb ist/ und sein Nest mit zweyen Eingängen / an einen Stamm eines Baums hencket/ und in dasselbige viel Eyer legt.

Von der Indianischen Meiß.
Parus Indicus.

Diese Indianische Meise beschreibet Aldrovandus, daß sie an der Größ der Spiegelmeiß gleiche/ wiewohl sie keinen schwartzen Flecken hat an dem gantzen Vogel/ die Augen außgenommen/ sind

Von der Nachtigallen.

sind nur 3. Farben/ blau/ weiß und schwartz. Der Kopff und gantze Halß sind blau/ unten an dem Halß/ auff der Brust und dem Bauch siehet sie gantz weiß/ die Flügel sind blau/ ihr Schwantz ist so lang als der gantze Leib/ und hat schwartze Füsse und schwartze Augen mit einem gelben Schein.

Von dem Vogel Miliaria genannt.

Dieser Vogel wird also genennet/ weil er Hirsen isset/ und darvon sehr fett wird; Er soll der Lerchen/ auch an der Farb nicht ungleich seyn/ doch etwas kleiner. Man fänget ihn im Herbstmonath/ und speiset ihn mit Hirsen/ so wird er (wie gesagt) gantz fett.

Von der Nachtigallen.

Luscinia, Philomela.

Von der Gestalt dieses Vogels.

Dieser Vogel heisset auff Griechisch 'Ἀηδών; Lateinisch Luscinia; Italiänisch Rossignolo, Lusignuolo; Uscignivolo; Spanisch Ruisseñór; Französisch Rossignol; Polnisch Sl'ovvick; Ungarisch Fvvlemile; Engelländisch Nyghtyngall; und auff Teutsch Nachtigall. Die Nachtigall ist etwas grösser als die Graßmuck/ doch derselben von Leib ähnlich/ und lichtgrün gefärbet/ wie Turnerus sagt. Sie soll aber ihre Farb und ihren Gesang verendern. Die Nachtigall und der Schwartzkoff haben keine spitzige Zungen wie andere Vögel/ schreibet Aristoteles.

Von der Natur und Eigenschafft dieses Vogels/ und sonderlich von seinem Gesang.

Die Nachtigallen machen mehrentheils ihre Nester in den Stauden und Hecken/ an einem dunckeln Orth nicht weit von der Erden/ sie machen dieselbe auß Laub/ Spreu und Moß/ und länglicht gestaltet. Sie hecken unterweilen mit dem Haußrötelein. Zu Sommerzeit legen sie fünff oder sechs Eyer. In ihr Nest/ wie auch in der andern kleinen Vögel Nester/ legt zuweilen der Guckguck. Im Sommer siehet man diesen Vogel nicht lang: dann er verbirgt sich. Im Winter siehet man ihn gar nicht. Er verbirgt sich von dem Herbst an biß in Sommer.

Dieser Vogel/ spricht Albertus, vertreibt die langweilige Nacht mit seinem guten Gesang/ welches sehr lieblich und anmutig zu hören/ sonderlich wenn er seine Jungen außbrütet: dann zu derselbigen Zeit soll er die gantze Nacht mit seinem lieblichen Gesang vertreiben/ mit welchem er dann auch deß morgens früh den Tag verkündiget.

Die Nachtigallen singen 15. Tag und Nacht an einander/ wann das Laub anfänget zu wachsen/

uñ die Wälder zu grünen/dz sich über diesen Vogel zu verwundern ist. Erstlich darumb/weil in einem so kleinem Leib ein so hefftiger Geist verborgen. Darnach/ weil in ihm die vollkommene Kunst der Music ist: dann er einen feinen gerichten und wol geführten Thon von sich gibt/ bald ziehet er denselben mit einem langen Athem/ bald krümbt er ihn/ bald theilt er ihn/ und zerbricht ihn unterweilen/ er dichtet bey sich selbst/ und murmelt gleichsam/ bald singet er mit voller Stimme / bald langsamb/ scharff/ behend/ zitterend/ bald hoch/ bald mittelmässig / und bald nider. Kurtz zu sagen/ er hat alle Kunst in seiner kleinen Kälen/ welche die Menschen mit so vielen Instrumenten kaum können nach machen. Und damit niemand daran zweiffele/ daß solches auß der Kunst komme/ so haben sie nicht all einen gleichen Gesang/ sondern ein jegliche ihren besondern. Darum kämpffen sie untereinander so hefftig / daß die überwundene zum öfftern mal stirbt/und ihr also ehe der Geist entgehet / als der Gesang. Die andern Jungen dichten auch unterdessen/ und singen eins umb das ander/ also lernende/dann der Schüler höret fleissig auf den Gesang/ und giebt dem Lehrmeister wiederumb antwort/ welcher ihm dann seinen Fehler und Mangel verbessert. Darumb sind sie vor Zeiten so theuer als ein leibeigener Knecht verkaufft worden; ja wohl theurer als ein Waffenträger. Ich weiß daß eine Nachtigall umb sechs sestertios, das ist umb 150. Kronen verkaufft/ und der Agrippinae/deß Keysers Claudii Gemahlin geschenckt ist worden. Man hat offt gesehen/ daß sie auß Befelch/ je eine umb die andere gesungen haben. Aber diese kunstreiche Meister hören nach den 15. Tagen allgemach auff zu singen/ damit man nicht sagen köñe/daß sie faul oder überdrüssig worden. So bald aber die Hitze zugenommen/ endert sie ihre Stimm/ und ist nicht mehr so vielfaltig/ so schnell/ und wol gericht; sie verändert auch ihre Farb. So weit schreibt Plinius. der Author de Nat. rer. sagt: Dieser Vogel erfreuet mit seinem wunderbaren Gesang die Zuhörer/erfreuet sich der Sonnen Auffgang/ und gehet mit seinem Gesang vor ihr her/ er singt allein im Sommer. Am Anfang deß Frühlings freuet er sich über die Lieblichkeit seiner Stimm/ so sehr daß er selten isset. Aristoteles sagt/ daß die Weiblein auch singen wie die Männlein/ doch hören sie auff/ wann sie brüten und ihre Jungen aufferziehen/ sonst soll kein Weiblein unter allen Vögeln / ohn dieses allein singen /damit die Natur hat wollen zu verstehen geben/ daß das Schweigen allen Weibern wol anstehe. Die Nachtigallen in Schottland sollen nicht so lieblich singen als die in Italia, sie sollen auch gern der Menschen Gesang hören. Die zahme Nachtigallen/ sonderlich die Männlein/ verkündigen den angehenden Winter/ zu welcher Zeit denn die andern schweigen. Charmides Massiliensis hat offt gesagt/ daß die Nachtigall sich nit allein mit ihrem vielfaltigen Gesang belüstige/ sondern daß sie auch ehrgeitzig darmit seye. Dann weil sie in der Einöde ihr allein singt / so hat sie ein schlechten und einfältigen Gesang: wenn sie aber gefangen worden/ und viel Zuhörer hat / so verendert sie ihren Gesang/ daß er bald scharff/ bald leiß/ bald hoch / bald nieder wird. Eberhardus Tappius sagt/ dz dieser Vogel im Kefig/ dieweil er der Freyheit begierig/ nit so lieblich singe / als in dem Feld. Philostratus schreibt/ daß ein Jüngling vor Zeiten die Nachtigallen/ Amseln/ und andere Vögel habe reden gelehrt.

Hierzu (spricht D. Geßner) hab ich auch diese Geschicht wollen setzen / so mir von einem guten Freund/darzu von einem wohlgelehrten uñ glaubwürdigen Mann zugeschrieben worden/ welche also lautet: Dieweil ihr lieber Herr D. willens seyd von den Vögeln zu schreiben/ so will ich euch von den Nachtigallen/ so deß Menschen Stimm außgedruckt und geredet haben/ etwas wunderbares sagen/ daß auch kaum zu glauben/ welches doch gantz warhafft ist/dann ich es selbst mit meinen Ohren gehöret/und erfahren habe. Auff dem nechsten Reichs-Tag zu Regenspurg/im Jahr 1546. als ich daselbst im Wirtshauß zur güldenen Cronen zur Herberg lag/hatte der Wirt drey Nachtigallen ein jede an ein sondern Ort gehenckt / also/ daß ein jede in einen besondern dunckeln Kefich verschlossen war. Zu derselben Zeit aber im Frühling/ da andere Vögel stets pflegen zu singen/ war ich am Stein so kranck/daß ich selten schlaffen konte. Und dazumal/ und zwar nach Mitternacht / da es alles still war/ hettestu einen wunderbaren Zanck und Eyfer der zweyen Nachtigallen/ welche Teutsch mit einander redeten/ hören sollen/ also / daß ich auch darüber fast erstarret. Dann sie sagten und erzehlten einander in der stillen Nacht alles was sie bey Tag von den Menschen gehöret/und bey ihnen selbst gedichtet hatten. Es waren aber zwo derselben sonderlich in dieser Kunst unterrichtet / und die hiengen kaum zehen Schuch von einander/ die dritte war viel weiter von ihnen/ darumb ich dieselbige am Bett nicht so wol hören konte. Aber ein wunder ist es zu sagen/ wie die andern zwo / je eine die andere anredte/ und sie mit Antworten anreitzte/ doch verwirreten sie die Stimmen nicht durch einander/ sondern es redete eine umb die ander. Sie erzehlten aber ohne die tägliche und gemeine Wort/ so sie stets von den Gästen gehöret/ sonderlich zwo Historien und Geschichten unter einander nach der Länge/ und von Mitternacht an biß an den külen Morgen/ so lang nehmlich die Menschen schlieffen und still waren. Und dieses alles thäten sie mit so lieblicher und vielfaltiger Stimm/ daß es an den Thierlein keiner/ wo er nit fleissig darauff acht gehabt/ hätte mögen verstehen oder warnehmen. Und als ich den Wirt gefraget / ob diesen Vögeln vielleicht die Zunge gelöset wäre/oder ob er sie etwas rede gelehret hätte? Da sagt er/ gar nicht. Ob er dieses auch wargenommen/oder verstanden/ wie sie zu Nacht singen. Sagt er abermals nein. Also sprach auch das gantz Haußgesind. Ich aber/ dieweil ich die gantze Nacht offt nicht konte schlaffen/ hörte ich fleissig

Von der Nachtigallen.

fleissig auff dieses wunderbare Gespräch dieser Vögel. Die eine Histori/ so sie mit einander redeten/ war vom Einschencker und seiner Frauen/ welche mit ihrem Mann/ da er solches an sie begehrte/ nicht in Krieg ziehen wolte. Dann der Ehemañ/ so viel ich von den Vögeln verstanden/ unterstunde sich das Weib/ auß Hoffnung deß Raubs/ zu bereden/ daß sie das Wirtshauß und den Dienst verliesse und auffgebe/ und mit ihm darvon zöge. Sie aber schluge ihm dieses ab/ und verhieß ihm/ daß sie inzwischen zu Regenspurg bleiben/ oder nach Nürnberg ziehen wolte. Sie haben zu beiden Seiten lange gestritten/ ohne jemandes Beywesen/ oder daß es der Herr gewust hätte. Aber diese Vögelein (so viel ich verstanden) erzehlten diese Geschichte einander. Wenn sie auch etwas heimblichs/ oder böses/ und etwas so verschwiegen solte bleiben/ gehört hatten/ erzehlten sie dasselbige auch/ als welche keinen Unterscheid zwischen guten und bösen Worte wusten. Und diesen Kampff uñ Zanck wiederholeten sie zu Nacht gar offt/ als welchen sie gantz fleissig (wie ich vermercket) bey ihnen selbst gedichtet/ und wohl gefasset und behalten hatten.

Die andere Histori war von dem Krieg/ so der Keyser wider die Teutsche Fürsten und Reichs-Städt gehalten/ gleich als ein Vorsagung/ dann sie haben allen Handel/ so sich bald darnach verlauffen/ als Weißsager vorhin erzehlt und gesungen. Darnach erzehlten sie auch unter andermden das/ so sich mit dem Hertzogen von Braunschweig verlauffen und zugetragen hat. Aber wie ich vermein so haben die Vögelein dieses alles auß der Edelleute und Hauptleute heimblichen Reden und Rathschlägen erlernet und gefasset/ die sie an diesem Ort/ da dann die Vögelein waren/ (wie sich dann solche Ding in den Wirtshäusern am meisten zutragen/) gehabt haben. Und dieses (wie vorgesagt) thaten sie nach Mitternacht/ da es allenthalben gantz rühig und still war. Bey Tag aber schwiegen sie mehrentheils/ und bedunckten einen nichts anders zu thun/ als über demjenigen zu dichten/ was sie von den Gästen über dem Tisch/ oder sonst im auff und ab spatzieren/ hörten und vernahmen. Ich hätte warlich unserem Plinio nie geglaubt/ welcher viel wunderbarliches von diesen Vögeln schreibt/ wo ich es nit selbst mit meinen Ohren gehöret/ und mit meine Augen gesehen hätte. Dieses aber kan ich nit gnugsam und nach Nothturfft in der Eil/ vielgeliebter D. Geßner/ euch berichten/ darzu würde es viel zu lang/ alle Stück nach einander zu erzehlen.

Die Nachtigall freuet sich über deß Menschen Gesang/ fliegt derhalben zu denen/ welche wol singen/ und hört stillschweigend zu/ darnach gibt sie ihnen Antwort/ und unterstehet sich dieselbe mit singen zu überwinden. Also reitzen sie auch sich selbst zu singen. Dieser Vogel liebet seine Zucht sehr/ lehret sie auch/ wie vor zum Theil gesagt/ fleissig singen: welche sie aber zum Gesang ungeschickt befinden/ dieselbigen verstossen sie entweder/ oder tödten sie gar/ als die ihres Geschlechts nicht würdig sind. Sie pflantzen auch in ihre Zucht ein solche Liebe der Freyheit/ daß wenn dieselbe gefangen werden/ sie gantz nicht mehr weder singen noch essen wollen/ sich also darmit an dem/ von welchem sie dann gefangen worden/ zu rächen/ wie Oppianus und Ælianus bezeugen. Wann die Nachtigallen noch jung und ohne Gesang gefangen/ und bey den Leuten erzogen worde/ singen sie nit so lieblich/ weil sie vor der Zeit ihren Lehrmeistern und Eltern entzogen sind: Wann sie aber bey denselbigen aufferzogen/ werden sie wohl unterwiesen/ sie lernen auch fleissig/ und das nicht umb Nutzens willen/ sondern weil sie am Gesang einen sonderlichen grossen Lust haben/ wie Gillius sagt. Unsere Vogelfänger aber sagen/ daß man die Nachtigallen alle jung auß dem Nest nehmen müsse/ damit man sie erhalten könne: dann wann sie erwachsen/ und den erst gefangen werden/ meiden sie alle Speiß. Wann die Nachtigall mercket daß man ihr zu höret/ soll sie lieblicher singen. Sie förchtet auch die Schlangen/ darumb verbirgt sie sich in die Hecken und dornichte Gesträuche.

Drusus und Britannicus die Söhne Claudii hatten vor Zeiten Nachtigallen/ so Griechisch und Lateinisch redeten: über dieses dichteten sie täglich/ und redeten stets etwas neues/ ob es schon lang war zu sagen. Man lehret sie aber an einem heimblichen stillen Orth/ und da sie sonst keine andere Stimm hören/ also/ daß der so sie lehren will/ stets bey ihnen sitze/ ihnen dasselbige vorsage/ welches er von ihnen geredet haben will/ und ihnen mit Speisen liebkose und schmeichele/ wie Plinius schreibet.

Wie man diesen Vogel fangen/ speisen und halten solle.

Die Nachtigall ist ein thörichter und fürwitziger Vogel/ darumb wird sie leichtlich gefangen; wenn einer in der Erden ein Grüblein macht/ und darvon gehet/ fliegt sie auß Fürwitz herzu/ und wird also im Loch wie in einem Schlag gefangen. Mit Ameyssen Eyern lockt man sie leichtleich. Was Oppianus von der Kunst/ die Amseln und Nachtigallen zu fangen schreibe/ ist droben bey der Amsel gesagt worden.

Die Nachtigallen so man ziehen will/ die nimbt man umb den Anfang deß Meyens auß ihren Nestern. Hierzu erwehlt man aber die Männlein/ welche etwas dunckeler gefärbt sind als die Weiblein. Diese also jung außgenommen/ fangen nach und nach im Augstmonat an zu singen/ und singen fast das gantze Jahr durch. Sie werden mit etlichen Wasserwürmlein gespeiset/ oder besser mit Mehlwürmlein/ die man bey den Beckern findet/ und noch mehr bey den Webern/ welche hänffen oder flächsen Garn weben: dann dieselbige brauchen eine Schlichte/ so auß Kleyen/ Essig und altem Schmer gemacht worden/ welche wann sie hinab getroffen und faul worden ist/ wachsen Würmlein darauß/ und werden für eine Speiß der Nachtigallen in der Kleyen erhalten.

Sie leben auch von dem Fleisch / und den Rinderhertzen/ und dieses lieber ungesotten / oder auch gekochet/doch ohne Saltz/ sie essen auch gekochte Hünereyer / und Ameisseneyer / sonderlich im Frühling. Sie werden leichtlich fett/also/ daß sie auch von der Feiste sterben. Darumb wäscht man ihnen allwegen das Fleisch (damit es nicht zu viel Nahrung gebe) zerschnitten oder zerstossen vorhin mit Wasser. Fette Speisen soll man ihnen nicht geben. Zu Zeiten stellt man ihnen auch in einem Geschirr Wasser für / damit sie sich baden können. Sie können die Verenderung ihres Herrn oder Orts nicht wohl erleiden. Es scheinet auch als ob sie ihren Herrn erkennen und lieben. Sie können auch zuweilen gewehnet werden/ daß sie auß ihren Kefichen gelassen / wiederumb in dieselbige nach Hauß fliegen. Zur Winterszeit sterben sie leichtlich von Kälte; welche man in Italia den Winter über erhält / die werden theuer und umb ein groß Geld verkaufft.

Was von diesem Vogel dem Menschen nützlich seye.

Unter die Vögel so im Augstmonat fett werden/ wird auch die Nachtigall und Graßmuck gezehlt. Für die Krancken werden die Lerchen und Nachtigallen zur Speiß gelobt. Heliogabalus hat offt/ gleich wie auch Apicius, die Versen von Camelthieren/ und Kämme von dem lebendigen Hanen/ deßgleichen Pfauen und Nachtigallen Zungen gessen/ weil der jenige der diese Stück isset / vor der fallenden Sucht sicher seyn soll/ wie Lampridius schreibet. Man sagt daß der Nachtigallen Fleisch gessen/ wachtsam mache/ sintemahl die Nachtigall ein sehr wachtsamer Vogel/ also/ daß die Griechen ein Sprichwort davon gemacht haben: Du schläffest nicht so viel als ein Nachtigall. Wann einer der Nachtigallen die Augen außgestochen/ und sie darnach wiederumb fliegen läst / und dieselbige Augen bey sich trägt / wird er nicht schlaffen / so lang er dieselbige bey sich trägt. Ihre Gall mit Honig auffgestrichen / macht ein scharff Gesicht.

Von der weissen Nachtigallen.
Luscinia Alba.

Bzwar Aristoteles und andere Scribenten keinen Unterscheid unter den Nachtigallen machen: So ist doch Aldrovandus der Meinung daß etliche sich bloß auff den Gebürgen/ andere in den Wiesen und Feldern auffhalten / und gar eigentlich wegen ihres Gesangs/ könten unterschieden werden: Uber diese seye auch ein Arth welche gantz weiß sehe/ derer Plinius auch schon gedacht habe/ und sonsten von Natur so wol als Grösse und Gestalt deß Leibes den andern Nachtigallen sich vergleiche/ wie auß beygefügter Abbildung zu ersehen ist.

Von dem Nachtraben.
Von dem Nachtram oder Nachtraben.
Nycticorax.

Vnd deß Vogel Nycticorax sind die Gelehrtē nicht eins: dann etliche halten ihn für einen Kautzen/ andere für einen Uhu/ andere für eine Eul/ oder auch für eine Flädermauß/ da doch diese Vögel alle eines besondern Geschlechts sind/ gleich wie der Nachtram auch. Aristoteles sagt/ daß dieses ein Nacht=Vogel sey/ mit krummen Klauen/ und fresse Fleisch. Unten am Eingeweyd hat er wenig Angehenck. Er ist auch schwartz/ wie der ander Rab/ aber mehrentheils kleiner. Albertus sagt/ daß er in der Grösse einer Turteltauben sey. Turnerus hat mir (spricht D. Geßner) in einem Brieff zugeschrieben/ daß er den Vogel Caprimulgum genannt/ bey Bonn gesehen hab/ welcher daselbst gemeiniglich ein Nachtrave genennet werde. Wir haben hierbey die Figur deß Vogels gesetzt/ welcher zu Straßburg ein Nachtram/ anderswo ein Nachtrabe geheissen wird. welcher doch meines Bedünckens weder ein Caprimulgus, noch Nycticorax ist/ dieweil er seine Wohnung bey dem Wasser/ und im Rohr haben soll/ da er zu Nacht grausam/ als einer der speyen/ oder sich erbrechen wil/ schreyet. Er nistet auff hohen Bäumen/ und legt allzeit drey oder vier Eyer/ und lebt von den Fischen. Von seiner Natur und Speiß/ schreiben die Alten eben wie vom Kautzen/ dieweil sie denselbigen von diesem nicht unterscheiden. Diesen Vogel fänget man auch mit Tantzen/ wie den Kautzen. Mit dieses Vogels Eyern wirst du die Flecken der Augen heilen/ wann du dieselbige darauff streichest.

Von dem Nußbrecher.
Caryocatactes.

Diesen Vogel hat D. Geßner zu Griechisch Καρυοκατακτης wollen nennen/ daß er den Teutschen Nahmen Nußbrecher damit außdruckte: zu Latein aber kan er Nucifraga genennet werden; die Teutschen geben ihm noch andere Nahmen mehr/ als Nußbretscher/ Nußpicker/ Nußhäher. Von den Italianern wird er bey dem Paßner See/ Merle alpadic, das ist/ ein Wasser=Amsel geheissen/ wiewohl er mehr auß der Tolen als auß der Amsel Geschlecht ist. Die Frantzosen nennen ihn Cassenoix; die Türcken Gargá. Ohne die drey Tolen Geschlecht (spricht Turnerus) so von Aristotele beschrie=

beschrieben/ist mir noch das vierdte bekannt/welches ich in Pünten auff dem Gebürg gesehen habe/ etwas kleiner als die gemeine Dol Aristotelis, schwartz/und am gantzen Leib mit weissen Flecken/ wie ein Star/unterschieden/darzu viel schwätzhafftiger als die andern Dolen-Geschlecht/und lebet allezeit auff den Bergen und in Wäldern/welchen die Pündner einen Nußbrecher/von den Nüssen/welche er mit seinem Schnabel zerbricht und isset/nennen. Ein guter Freund in der Stadt Chur/in Pündten gelegen/(spricht D. Geßner) hat mir auff eine Zeit diesen Vogel zugeschickt/un denselbigen also beschrieben: Der Nußbrecher ist ein Vogel der Dolen gantz gleich/so in den hohen Türnen nistet/doch kleiner/und allenthalben mit weissen Flecken gesprengt. Die Flügel sind zu eusserst auch weißlicht/darzu werden unter dem Schwantz etliche schneeweisse Federn gesehen. Es sind viel dieser Vögel umb die Statt Chur/ und bedüncken mich auß der Dolen Geschlecht zu seyn: dann sie eben so schwätzhafftig sind als dieselbige. Es ist auch noch ein anderer Vogel/welcher die Nüß mit seinem Schnabel nicht zerbricht/sondern durchlöchert/damit er den Kern darauß esse/

daher

Von dem Oenanthe.

daher er zu Teutsch ein Nußhacker/ sonsten ein Chlän/ und von andern ein Nußpicker genennet wird/ von welchem wir hernach bey den Spechten sagen wollen. Was aber dieses für ein Vogel sey/ den die Meißner einen Nußhäher/ die Laußnitzer einen Gabich nennen/ hab ich noch nicht können erfahren/ sagt D. Geßner.

Von dem Vogel Oenanthe, und dem Bürstner.

Der Vogel/ Oenanthe, wie Aristoteles sagt/ soll etliche Tag verborgen liegen. Es sind keine Vögel so häuffig in Creta, als die so auf Frantzösisch Piuoine genennet werden/ und in dem kleinen niedern Geträuch umbher fliegen. Etliche nennen ihn einen Schwartzkopff. Bey Straßburg wird ein Vöglein in der Grösse einer Graßmücken gefunden (wie die hierbeygesetzte Figur außweiset) so gemeiniglich ein Bürstner genennet wird/ welcher von den Trauben fett wird/ er ist grau gefärbet/ auff dem Rücken weiß/ mit etlichen aschenfarben Flecken gesprengt/ unter dem Schwantz ist er auch weiß/ die längste Schwingfedern sind schwärtzlicht/ der länglichte Schnabel ist etwas gebogen. Dieweil ich aber seines Verbergens halben keinen gewissen Nachricht habe/ sage ich nicht für gewiß/ daß dieses der Vogel Oenanthe sey.

Von dem Onvogel.

Onocrotalus. Truo.

Diese Figur ist deß Onvogels/ welcher in der Eydgenoßschafft bey Zug gefangen worden.

Von

Geßneri Thierbuch
Von der Gestalt dieses Vogels / und wo er am meisten zu finden.

Dieser Vogel heisset auff Griechisch ὀνοκρόταλος; Lateinisch Truo; Italiänisch Grotto, Agrotto, Grotto marino; Spanisch Grobo; Frantzösisch Goitreuse; Polnisch Bakptak; Türckisch Sackagusch; Reussisch Babba; Persisch Kuthan; von den Mohren in Guinea wird er Bumbu genennet. Auff Teutsch nennen etliche diesen Vogel eine Schneeganß / Meerganß / zu Mecheln in Niederland heisset man ihn ein Vogelheine / in Oesterreich ein Onvogel. Andere Nahmen mehr könte man erdichten / als Eselschreyer / Kropffvogel / Sackganß / re. Etliche unterscheiden ihn nicht vom Pelecan oder Löffler. D. Geßner spricht / es habe ihm ein guter alter Freund gesagt / daß er in seiner Jugend zu Rom einen Onvogel gesehen hab / der viel anders als dieser gestaltet gewesen / dann sein Schnabel war vornen breit / als ein Löffel gestaltet / aber hohl als ein Schneckenhäußlein: An diesem hienge auch ein Sack hinab / welcher nicht bloß und nackend / sondern mit Federn bekleidet war: er war viel kleiner als ein Schwan / doch etwas grösser als eine Ganß / mit weiß und schwartz oder grau gesprengt und getheilt. Dieser mag wol dem Löffler etwas verwand oder gar seines Geschlechts seyn. In der Provintz Manzi, oder obern Theil Indiæ / ist eine vornehme Statt Censcalan genannt / in dieser hat man schöne Gänß / zweymal grösser als die unsern / gantz weiß / mit einem kurtzen Bein auff dem Haupt / blutfarb: am Halß hänget ein Häutlein halb hinab. Diese sind sehr fett. Dieses ist entweder der Onvogel selbst / oder doch auß dessen Geschlecht. Den jenigen Vogel / so vom Æliano Celas genennet wird / von seinem grossen hängengen Kropff / hält D. Geßner für den Indianischen Onvogel. Die jenige / welche diesen Vogel unter die Reiger zehlen / sind gar nicht recht daran. Plinius sagt / daß der Onvogel dem Schwanen ähnlich sey / er wäre auch von selbigem nicht unterschieden / wo er nicht einen Kropff an seinem Halß hätte. Ant. Nebrissensis sagt / daß er zweymal grösser seye als der Schwan. Petrus Martyr sagt / daß er etwas grösser seye als der Geyer. Olaus Magnus vergleicht ihn einer Ganß. Ant. Nebrissensis spricht / daß er zween Onvögel gesehen hab / deren der eine so schwer als ein jährig Lamm gewesen. Sein Kropff ist so groß / daß er ohngefehr ein Straßburger Ohm fassen kan / deßgleiche / daß ein starcker grosser Mann / so gestiffelt gewesen / einen Fuß biß an das Knie in denselben gestellet / und ohne Schaden wiederumb herauß gezogen hat / wie Perottus schreibt. D. Geßner hat auch gesehen / daß einer dieses Vogels Kropff / als eine Kappen angelegt / und den übrigen Leib über den Rücken hinab hat lassen hangen.

Dieser Vogel hat einen langen starcken Schnabel / und daran von der Kälen biß an die Brust hinab / gleichsam ein Säcklein oder Beutel hangen / welcher weit und roth ist / und hinden an seine Zunge gewachsen. In diesem erweicht er erstlich die Speiß / und darnach wird sie erst in den Magen geschickt / sonst hat er keinen andern Behalter die Speiß zu fassen. Darumb sagt man gemeiniglich / daß er von dem Wasser allein lebe / wie Albertus schreibt. Mir hat einer gesagt / (spricht D. Geßner) daß dieser Kropff am Onvogel stets verborgen seye / ohn allein zu der Zeit / wann er gessen hat / oder essen will: Ich hab ihn allein todt gesehen. Ein ander hat mir gesagt / daß er in Italia einen gesehen / welcher nicht einen rothen sondern weissen Kropff gehabt habe / darauß abzunehmen / daß er sich vielleicht mit dem Alter ändere. Albertus so zwey Geschlecht dieser Vögel macht / eines so in den Wassern / das ander so in den Wildnüssen wohne / schreibt / daß diese allein unter allen Vögeln keine Miltz haben. In der Insel Rhodo (sagt Bellonius) haben wir einen zahmen Onvogel in der Statt umbher gehen sehen / welcher etwas kleiner als ein Schwan / viel grösser als eine Ganß / und allenthalben weiß gewesen; seine Bein waren dem Schwanen ähnlich / wie auch die Füß / doch waren dieselben aschenfarb / und mit einer harten Haut bedeckt. Sein Schnabel war breit / und wie ein Kännel gestaltet / spitzig und zu eusserst hackicht. Er hatte auff seinem Kopff Federn hinder sich gericht / wie der Gyfitz.

Von diesem Vogel hat Joh. Culmannus, ein wohlgelehrter Mann auff ein Zeit D. Geßnern sampt der zugeschickten Figur / also zugeschrieben: Der Vogel / welchen ich zu Mecheln in Brabant (einen Vogelhain genannt) gesehen hab / ist dem Schwanen oder der Ganß ähnlich / doch viel grösser / und überall weiß / ohn die Federn unter den Flügeln / und daß er nunmehr von Alter anfängt etwas roth zu werden. Er hat einen langen und etwas breiten Schnabel / unten daran hat er einen grossen Kropff / wie einen Sack auffgeblasen. Von diesem sagen dieses Orths Einwohner / daß er achtzig jährig seye / daß er auch allezeit vor dem Läger deß Käysers Maximiliani daher gezogen seye / und gleichsam ein bequem Orth das Läger zu schlagen / außgangen habe. Diß soll er auch zu den Zeiten Philippi, deß jetztgemelten Käysers Vatter / gethan haben. Nachmahls aber da er wegen Alters an der Königin Hoff noch hat können fliegen / soll er allzeit auß dem Zurüsten der Hoffleuthe / die Reiß so vorhanden gewesen / vorhin vermerckt haben. Derhalben sagt man / daß er der Königin / so lang er Altershalben vermöcht / als ein zahmer Vogel nachgefolget seye: jetzt aber / so viel ich gesehen / wird er auff deß Königs Kosten von einem alten Weib erhalten / also / daß sie alle Tag vier Stüber davon zu Lohn hat. Jetzund wird er mit Fischen / und mit feuchten Speisen / als mit Suppen gespeiset / re. Und ist nun dieser Vogel von diesem alten Weib / und ihrem Vatter 56. Jahr erhalten worden. Wie alt er aber gewesen / oder woher er kommen seye / kan ich nicht wissen. Seine auß

Von dem Paradißvogel.

ne außgebreitete Flügel stehen vier Brabandische Elen (das ist bey fünff Teutsche Elen) von einander. Vor zwantzig Jahren soll er zuweilen so hoch geflogen seyn/ daß er nit grösser als eine Schwalb in der Lufft geschienen. Von dieser Zeit an ist er selten auß dem Hauß/ darinn er gezogen worden/ in deß Keysers Hof/ welcher fast daran stösst/ geflogen. Sein Schnabelbein sind jetzund fast blau/ oder gelblicht von Alter/ da sie zuvor roth waren. Er wird allein mit lebendigen Fischen gespeiset/ und gibt man ihm jetzt weniger als vor Zeiten. Dieses schreibet der obgenannte Culmannus. Turnerus schreibet an D. Geßnern von eben diesem Vogel zu Mecheln/ daß er grösser als ein Schwan seye; die Federn sind ausserhalb weißlich/ bey der Haut aber etwas röthlicht; Der Halß ist zwo Spannen lang/ oder etwas länger; Der Schnabel/ welcher roth/ ist fast zwey Spannen lang/ vornen als ein Angel gekrümmet/ und werde gegen dem Kopff zu allgemach breiter; Seine Füsse sind den Gänßfüssen gleich/ und nach der Grösse seines Leibs zu rechnen/ kurtz; auff der Brust hat er gleichsam einen Sack herab hangen; seine Flügel sind sehr lang/ und zu eussert schwärtzlich.

Der Onvogel aber/ welcher im Außgang deß Hornungs im Zugersee/ zwo Meil von der Statt Zürch gelegen/ gefangen/ und von D. Geßnern gesehen worden/ dessen Figur auch hierbey verzeichnet stehet/ der war also: Der Schnabel von den Augen an gemessen/ war zwo Spannen lang/ und bey nahe drey Finger breit. Die Weite deß auffgethanen Schnabels zuvorderst gemessen/ war zween Schuch weit von einander/ beyde Außgäng deß Schnabels waren sehr spitzig. Seine gantze Länge von Anfang deß Schnabels/ biß zum Außgang der Füsse gemessen/ war in der Länge eines Menschen. Die Breite zwischen beyden außgespanten Flügeln/ war fast zehen Schuch. Die Farb der Füsse und Beine war grau als eines Schwanen. Er aber war überall weiß/ ohn die grosse Schwingfedern/ welche grau waren. Seine gantze Schwere war 24. Pfund/ ein jedes Pfund für zwölff Untzen gerechnet. An Grösse und Breite übertraff er den Schwanen. Sein Kropff war röthlicht auff Rosinfarb ziehend/ einer Spannen lang/ hinden vom Schnabel gerad hinab gemessen/ so weit/ daß man leichtlich einen Arm sampt der Faust hinein stossen konte. Er hatte keine Zunge. Die Gurgel gieng 6. Finger weit in Kropff hinein. Der Kropff hienge unten am gantzen Schnabel/ etwas enger vornen am Schnabel/ und nach und nach tieffer/ bey nahe dreyeckigt gestaltet. Er war mit sehr dicken Federn bedeckt/ wie fast alle Wasservögel. Sein Miltz war klein und rund/ wiewol Albertus sagt daß dieser Vogel keinen Miltz habe. Die Leber war groß/ wie auch das Hertz. Der Magen eng und länglicht/ in welchem etwas grünes Saffts lag/ und etliche Würmlein. Wo sein Blasen angewachsen seye/ kondte ich nicht wissen/ dieweil ein anderer welcher ihn entweydet und außgenommen/ das Eingeweyd mir zugeschickt: ich vermeine aber sie habe ihr Orth vornen am Magen gegen dem Halß/ sie war auß einem zarten Häutlein gemacht wie ein Waltze gestaltet/ im Durchzug deß Umbkreisses etwann einer zwerchhand groß: auß was Ursach weiß ich nicht/ es seye dann vielleicht/ daß er desto leichter und mit weniger Arbeit schwimmen möge.

Es hat auch ein Engelländer D. Geßnern zugeschrieben/ daß er dieser Vögel einen zu Bononia gesehen hab/ aschenfarb/ grösser als ein Schwan/ mit breiten Füssen/ am Kopff dem Täucher ähnlich/ mit einem Schnabel fast vier zwercher Händ lang/ und zu eussert krumm/ daß auch sein Halß ungefedert und sehr groß gewesen/ also/ daß er ein gantze Endte verschlucken können. Man sagte/ daß er im Gardsee (Lago di Garda) gefangen worden.

Diese Vögel werden ohne jetztgedachte Orth auch in Franckreich/ da es nahe am grossen Meer gegen Mitternacht gelegen/ gefunden. Bey Losanna, ohn zweifel im selbigen See siehet man sie nur einmal im Jahr/ darumb wird er daselbst für einen frembden Vogel gehalten. In Italia im Mantuaner See wird er auch unterweilen gesehen. In der Eydgenoßschafft wird er gar selten gefunden. Bey dem Fluß Strymone in Thracia sind ihrer viel/ sagt Bellonius/ deßgleichen in Egypten bey der Statt Gazara, werden sie Schaarweiß fliegend gesehen. Bey der Insel Fort, in America gelegen/ siehet man sie auch zu Zeiten. Olaus Magnus sagt/ daß man sie auch in den Inseln zu hinderst gegen Mitternacht gelegen/ sehe/ welche also gestaltet/ wie wir dessen Figur gantz klein droben verzeichnet haben.

Von der Natur und Eigenschafft dieses Vogels.

Der Onvogel ist ein Wasservogel/ dann er hat auch breite Füß wie die Ganß/ darumb hat er seine Wohnung in den fliessenden Wassern und Fischweyern. Er suchet seine Nahrung in süssen und gesaltzenen Wassern/ sagt Bellonius. Welcher auch spricht/ daß er in Egypten die Onvögel von Mitternacht gegen Mittag fliegen gesehen hab/ von dannen aber kommen sie im Winter zum Meer. Die Störcke so zu Sommerszeit in Europa gefunden werden/ haben Winterszeit umb Antiochien ihren Auffenthalt/ wie auch in Egypten/ gleich wie die Onvögel. Der Onvogel (spricht Albertus) ist ein Raubvogel/ mit einem langen Schnabel/ mit welchem er seine Nahrung im Wasser oder tieffen Schlamm suchet/ und gar erschrecklich darinnen schnattert/ als ob man ein Krumhorn bliese/ wie dann auch das Reigergeschlecht/ so ein Rohrdommel genennet wird/ zu thun pflegt. Onocrotalus wird er darumb genennet/ weil er seinen Halß in das Wasser dunckt/ und bläset/ welches denn ein Geschrey gibt wie der Esel pflegt zu schreyen/ sagt Perottus. Dieser Vogel erhält sich mehrentheils in grossen weiten Seen und Wassern/ die sehr Fischreich sind/ damit er sein Nahrung genugsamb bekommen möge/ dann ein klein Wasser/ ob es gleich viel Fisch hat/ leeret er doch bald auß. Er füllet seinen Kropff mit Waſſer/ und thut dann ſeinen Schnabel gegen den Fiſchen auff; wann er dann empfindet/ daß dieſelbe in ſeinem Kropff ſeyn/ ſo gibt er das Waſſer wiederumb von ſich/ und friſſet den Raub. Uñ daher wird dieſer Vogel von den Hebreern Caath, vom Erbrechen/ genennet/ wie Antonius Nebriſſenſis ſchreibet. Wann einer einem zahmen einen pfündigen Fiſch (dann ſie auch dreypfündige freſſen) in den Schnabel gibt/ kehren ſie deſſelben Kopf zuerſt/ und verſchlingen ihn alſo; die Fiſche ſamlē ſie in ihren Kropff/ und verdäwen ſie nach und nach. Turnerus ſagt/ der Onvogel lebe allein von den Fiſchen/ und trincke im Jahr nur zweymahl. Wie der zahme geſpeiſt werde/ iſt droben zum theil geſagt. Die Aehl iſſet er am liebſten/ darzu Schnecken/ welche er hernach/ wann ſie von der innerlichen Wärme auffgethan worden/ wiederumb von ſich gibt/ und allein das Fleiſch auß den Schalen iſſet/ wiewol dieſes die Alten nur vom Löffler ſchreiben/ wie bey demſelbigen geſagt worden. Im Flug rauſchet er mit ſeinen Flügeln wie der Schwan/ iſt darzu frölich und tapffer/ und trägt den Kopff hoch aufgerichtet. Er wird leichtlich zahm/ wie vor geſagt worden.

Was von dieſem Vogel dem Menſchen zu nützen.

Mit dieſes Vogels Kropff Haut/ welcher faſt einer halben Ellen groß iſt/ überziehet man an etlichen Orten Italiæ die Fenſter/ dann ſie iſt gleich wie ein Pergament/ durchſichtig. Seine Haut oder Balg ſamt den Federn/ legt man den Kindern unter/ dann der Harn ſchadet ihr nichts. Etliche füttern auch dieſelbe unter die Kleider. Viel Fiſcher in dem Fluß Nilo, haben keine andere Inſtrument/ das Waſſer auß ihren Schiffen zu ſchöpffen/ als deß Onvogels Kropff/ welcher an ſeinem Schnabel/ als ein Fiſchhame hanget/ dann wann man die Schnäbel hinden gegen dem Kopff bindet/ ſo iſt der Kropff einem Ring ähnlich. Keine Feuchtigkeit kan ihm ſchaden/ und bleibet lange Zeit unverſehrt.

Der gebratene Onvogel/ welchen D. Geßner verſucht/ hat ihn rauh/ wildſend/ und ungeſchmackt bedaucht/ ob er ſchon vorhin in Wein und Waſſer geſotten/ er vermeint aber/ daß derſelbige ziemlich alt geweſen ſeye.

Von dem Paradiß-Vogel oder Lufft-Vogel.
Paradiſea, Paradiſi avis.

Dieſer Vogel hat zu Latein unterſchiedliche Nahmen/ als Avis Paradiſi, Paradiſea, Manucodiata, Apus Indica, Avis Dei; zu Teutſch nennet man ihn einen Paradiß oder Lufftvogel. Der Paradißvogel iſt in der Gröſſe eines Ziemers/ gantz leicht/ mit länglichten Flügeln/ welche gantz rar und durxſichtig ſind/ und mit zweyen langen Federn (wann ſie anderſt mehr Federn als Bürſten ſollen genennet werden; dann ſie keine Federn haben: ſie ſind in unſerer Figur nicht außgedruckt) die ſind ſchmal/ ſchwartz/ hart wie Horn. Kein Schiff kan ſo ſchnell in dem Meer/ oder ſo weit vom Land fahren/ welches er nicht umbfliege. Er iſt ſehr liſtig/ ſonderlich ſeine Speiſe zu ſuchen. Seiner Seltzamkeit wegen wird er ſehr hoch gehalten. In den Moluchiſchen Inſeln unter dem Æquatore gelegen/ ſpricht Cardanus, wird ein toder Vogel auff der Erden oder im Waſſer gefunden/ welchen ſie in ihrer Sprach Manucodiatam nennen/ den ſiehet man nimmer lebendig/ dieweil er keine Füß hat: wiewol Ariſtoteles (und zwar recht) nit zuläſt/ daß irgend ein Vogel ohn Füß gefunden werde. Dieſer/ welchen ich nun dreymal geſehen/ hat allein darumb keine Füß/ weil er ſtets hoch in den Lüfften ſchwebt; (welches aber falſch.) Sein gantzer Leib uñ Schnabel iſt an Geſtalt uñ Gröſſe der Schwalben ähnlich/ die Schwingfedern und Schwantzfedern/ wann er die Flügel außſtreckt/ ſind länger als deß Habichts/ und bey nahe deß Adlers Federn der Gröſſe halben/ ähnlich. Die Dicke der Federn iſt alſo/ daß ſie ſich nach der Gröſſe deß Vogels ſchicken. Darumb ſind ſie gantz zart/ und faſt ähnlich (doch die Zärte außgenommen) den Pfauen-Federn deß Weibleins: dann ſie dem Männlein nit können verglichen werden/ weil ſie keine Spiegel haben/ wie die/ ſo in deß Pfauen Männleins Schwantz ſind. Deß Männleins Rücken hat inwendig eine Grube oder Höhle/ und in dieſe Höhle verbirgt (wie die Vernunfft außweiſt) das Weiblein ſeine Eyer/ dieweil auch das Weiblein einen hohlen Bauch hat/ daß es alſo in beyden Höhlen die Eyer außbrüten könne. Dem Männlein hanget am Schwantz ein Faden/ drey zwerch Händ lang/ ſchwartz gefärbt/ dieſer hat eine mittel Geſtalt zwiſchen der Runde und Vierekete: er iſt auch weder zu dick noch zu zart/ ſondern einem Schumacherdrat faſt ähnlich: und mit dieſem ſol das Weiblein/ in dem es die Eyer brütet/ ſteiff an das Männlein gebunden werden. Und iſt kein Wunder/ daß er ſtets in der Lufft ſich enthält: dann wañ er ſeine Flügel und den Schwantz ringsweiß außſtreckt/ iſt kein Zweiffel/ daß er alſo ohne Arbeit von der Lufft auffgehalten werde. Seine Enderung und ſtetiges Abwechſeln im Flug/ kã ihm auch die Müdigkeit benehmen. Er erhält ſich auch/ wie ich vermeyn/ von keiner andern Speiß/ als deß Himmelthaues/ welches dann ſeine Speiß und Tranck iſt: darumb hat ihn die Natur darzu verordnet/ daß er in den Lüfften wohnen ſolle. Daß er aber von der reinen Lufft lebe/ oder dieſelbe eſſe/ iſt der Warheit nicht ähnlich/ dieweil dieſelbige viel zu zart iſt. Daß er Thierlein eſſe/ iſt auch nicht wohl müglich: weil er daſelbſt nicht wohnet noch Junge machet/ da er dieſelbe finden könte; ſo fliegen auch die Thierlein nicht/ da dieſe Vögel fliegen. Man

Von dem Paradißvogel.

Man findet auch solche nicht in ihrem Magen wie bey den Schwalben. Diß bedürffen sie aber nit/dieweil sie allein von Alter umbkommen. Sie leben auch nicht von dem Dunst oder Dampff der Erden/dann sie sich nieder lassen müsten/ dieweil daselbst desselbigen mehr ist. Der Dunst ist auch offt schädlich. Darumb ist es der Warheit am ähnlichsten / daß sie zu Nacht von dem Thau leben. Etliche stecken den Schwantz oder die Flügel dieses Vogels auff ihre Sturmhauben/weil derjenige / so solches bey sich habe/ nicht verwundet solle werden. Dieses schreibet Cardanus, welcher sich aber in dem meisten verstossen hat.

Etliche heissen diesen Vogel einen Lufftvogel/ entweder weil er stets in der Lufft fliegen soll; oder weil er (wie man gemeiniglich vermeint) von derselbigen lebt. Nachdem ich aber dieses allbereit geschrieben/hat mir der wolgelehrte Melchior Guilandinus von Padua einen Brieff zugeschickt / in welchem er diesen Vogel also beschrieben hat: Es ist bekandt/ und haben viele darvon geschrieben/in den Büchern von der Spanier Schiffarth in das neu erfundene und lange Zeit unbekandte Land / daß nemlich in den Insulis Moluccis ein schöner Vogel gesehen werde / von Leib zwar nicht groß/ aber wegen der Federn (die lang und ringsweis außgebreitet sind / also daß sie einem grossen Ring ähnlich) bedüncke er einen im ersten Anblick sehr groß. Dieses Vögelein ist von Leib und bey nahe von Gestalt der Wachtel ähnlich/mit einem ungleich gefärbten Umbkreiß der Federn/ doch ist derselbig gantz schön und wolgezieret / und allenthalben artig anzusehen. Der Kopff ist wie der Schwalben/ etwas groß/nach der Grösse seines Leibs. Die Federn so oben auff dem Kopff biß zum Anfang deß Schnabels stehen/sind kurtz/dick/hart/dicht bey einander/ und von gelber Farb/ wie das reinste Gold / oder wie die Stralen der Sonnen/ glänzend. Die übrigen aber so unter dem Schnabel stehen/ sind linder / zährter und schön / blaugrün gefärbt / nicht ungleich denen so die Antrachen am Kopff haben/wenn sie sich gegen dem hellen Sonnenschein kehren. Der Schnabel ist auch etwas länger als der Schwalben. Er hat keine Füß. Die Flügelfedern sind von Gestalt den Reigern gleich/allein daß sie zährter und länger sind / dunckelbraun glänzend. Dieweil aber diese Federn alle/die in den Flügeln und die im Schwantz in eine Runde außgestreckt werden wie ein Rad (dann sie stecken im Vogel als eingesteckte Pfeil/ gantz unbewegt und steiff) so ist es kein Wunder/daß er also stets in der Lufft erhalten/ daß er auch nimmer lebendig auff der Erd gesehen wird / dieweil er keine Füß hat/wie ihm dann in der Lufft keine nütz sind. Es wachsen aber an einer jeden grossen Flügelfeder noch andere kleine Federn/ als Aestlein daran/ darzu viel kleine Federlein/ so über den Anfang der grossen gewachsen / und dieselbige gantz bedecken/ sie sind roth oder scharlachroth/am übrigen theil aber saffrangelb/und schön goldfarb glänzend/ welche ungleiche und vielfaltige Farben ihn so wol zieren/daß er überauß artig anzusehen ist. Der

übrige gantze Leib wird mit goldgelben Federn so auff roth ziehen/bedeckt: doch also/daß auch etwas Unterscheids an denselbigen ist. Dann welche an der Brust und Bauch stehen / und gantz breit und dicht in einander gewachsen sind/die sind wol zween oder drey Finger breit/und gantz goldgelb/ nicht anders als wie eine Leber glänzend. Die aber auff dem Rücken / sind dünner und nicht so dicke in einander gewachsen/darzu weit von einander stehend/ gantz ähnlich den Reigerfedern/ so sie auff ihrem Rücken haben / diese sind auch nicht so sehr breit/ und so schön wie eine Leber gefärbt / sondern mehr Kastanienbraun/und dunckeler scheinend. Ferner so machen alle diese Federn den Schwantz/ nemlich die am Bauch und auff dem Rücken herfür wachsen dieweil die sehr lang sind : dann derselbige nicht wie an andern Vögeln gestaltet ist. Und ist dieses zwar kein Wunder / sintemahl auch die Flügel selbst wunderbarlich geordnet sind / als die er weder zusammen ziehen noch außbreiten kan nach seinem Wohlgefallen/ sondern sie bleiben stets auß natürlicher Ordnung gleich und auff einerley Weise stehen. Wie aber dieser Vogel seine Eyer außbrüte/ und mit was Speiß er sich erhalte / ist Guilandinus deß Cardani Meinung auch beygethan / welcher droben gedacht worden / und derowegen unnöthig dieselbe hie zu widerholen. In diesem Vogel findest du nichts leeres/sondern er ist überall mit Feiste gespickt und außgefüllt. Dieser gewissen und warhafften Histori geben alle neue Gelehrten Beyfall / ohn allein Antonius Pigafeta, welcher gantz fälschlich und unrecht sagt/daß dieser Vogel einen langen Schnabel/ und Bein einer zwerch Hand lang habe : dann ich habe diesen Vogel zwey mal gesehen / und solches falsch befunden. Dieses schreibet der obgenannte Guilandinus, und vermeint darbey daß dieses der Vogel Rhyntax seye/dessen Plutarchus gedacht hat.

Die Könige Marmin in den Insulis Moluccis, haben vor etlich Jahren / daß die Seelen unsterblich seyn/ angefangen zu glauben / und das auß keinem andern Grund / als daß sie vermercket wie ein sehr schönes Vögelein nimmer weder auff die Erden/noch auf andere Ding sitze/sondern dz es zu Zeiten auß der hohen Lufft auff das Erdreich tod herab falle. Und als die Mahumeter/ welche wegen Kauffmannschafft zu ihnen kommen/ sagten daß dieser Vogel im Paradiß / welches der Orth der abgestorbenen Seelen wäre/ geboren seye/ da haben diese Könige die Mahumetische Sect angenommen/dieweil dieselbige von diesem Paradiß viel Grosses verhiesse und zusagte. Diß Vögelein aber nennen sie Manuco diata das ist ein Vögelein Gottes/welches sie so für heilig und werth halten/ daß die Könige mit demselben im Krieg sicher zu seyn glauben/ wenn sie gleich nach ihrem Gebrauch im vordersten Glied stehen. Das gemeine Volck aber ist Heydnisch. Die Könige dieser Inselhaben dieser Vögeln fünff/ nemblich ein jeglicher einen/ Keyser Carolo V. als ein Königliches Geschenck geschickt/wie Maximilianus Transsylvanus schreibet.

Die Janitzaren an deß Türckischen Keysers Hof/ zieren sich mit Straußfedern / und mit den Federn der Vögel welche man Rhyntaces nennet/ welche die Araber verkauffen / nachdem sie das Fleisch davon genommen / also/ daß allein der Balg überblieben/ welcher dann schöne Federn in sich hat welche in ein Büschlein zusammen gleich wie die Federn an dem Schwantz deß Kapaunen sind. Diesen Vogel nennen etliche Apodem: ich aber halt ihn für den Vogel Phoenix der Alten/ sagt Bellonius.

Etliche vermeinen daß dieser Vogel/ gleich wie der Eyßvogel/ zu den Kleidern für die Schaben gelegt werde. Varinus gedenckt eines Indianischen Vogels Ptereugotyranni, welches vielleicht unser Paradißvogel seyn mag.

Es sind noch andere Vögel/ welche man Paradißvögel nennet/ nicht daß sie auß dem Paradiß kommen / sondern wegen ihrer fürtrefflichen Schönheit/ welche so groß an ihnen ist/ daß ihnen fast keine Farb mangelt. Sie sind in der Grösse einer Ganß und haben eine sehr liebliche Stimm; wenn sie gefangen sind/ hören sie nicht auff zu klagen/ biß daß sie wiederumb frey gelassen werden. Sie halten sich über dem Fluß Nilo auff/ welcher auß dem Paradiß fliessen soll/ sonst werden sie selten gefunden. Als wir im Fluß Physon geschiffet/ (sagt einer/ welcher die Histori von dem gelobten Land Italianisch beschrieben hat) haben wir Vögel gefunden/ welche Paradißvögel genennet werden/ mit wunderschönen Farben gezieret/ daß wenn einer sie eigentlich anschauet/ verblenden sie einem das Gesicht.

Man findet auch andere Vögel in Egypten die also genennet werden/ grau und röthlicht gefärbt/ kleiner als die Tolen: sie werden aber Paradißvögel geheissen/ weil daß man nicht wissen kan wo sie geboren werden/ woher sie kommen/ oder wo sie hinfahren/ dann man siehet sie nimmer sich paaren: aber zu einer gewissen Zeit versamlen sie sich / und fliegen auß ihrem Lande / wie Albertus schreibet. Den Eyßvogel soll man auch in Italien an etlichen Orten seiner schönen Farb wegen einen Paradißvogel nennen / deßgleichen zu Venedig den Widhopff.

Es werden auch unter den vorgedachten Paradißvögeln unterschiedliche Geschlecht gefunden/ deren wir folgends gedencken wollen.

Von dem ersten Geschlecht.

Manucodiata Prima.

Aldrovandus meldet / daß er diesen Vogel wegen sonderlicher Schönheit vor den vornehmsten geschätzet / und ihn derohalben zu erst gesetzet habe: In Betrachtung deß blossen Leibes gleichet er an der Größ/ und Gestalt den Schwalben: Seine Federn sind von mancherley Farben / und können nicht schöner gesehen werden: Der Kopff/ welcher sich einem Schwalbenkopff vergleichet/ ist nach Gestalt deß Leibes groß / oben mit kurtzen/ dicken/ harten/ gelben Federlein gezieret/ welche nicht anderst als das höchste Gold oder der Sonnen Strahlen gläntzen/ diejenige aber so unten den Kopff zieren/ sind etwas länger/ weicher und zahrter/ von Farben grünblau/ dergleichen auf den Andrach-Köpffen / nachdem sie sich gegen das Liecht wenden/ gesehen wird. Der Schnabel ist etwas länger als an den Schwalben: Die Feder an den Flügeln gleichen den Reiger-Federn/ nur daß sie zahrter und länger/ und von Farben schwartzbraun sind/ diese machen nebens dem Schwantz ein Rundung wie ein Raht/ und stehn so steiff/ daß sie gleichsam wie Stacheln/ in den Leib dieses Vogels gestecket/ unbeweglich sind / diese bedecken andere kurtze Federlein / so die Helffte gantz klein gemüselt/ und roth sind ab übrigen theil aber wegen ihrer goldgelben Farbe/ diesem Vogel eine sonderliche Schön-

Von dem Paradißvogel

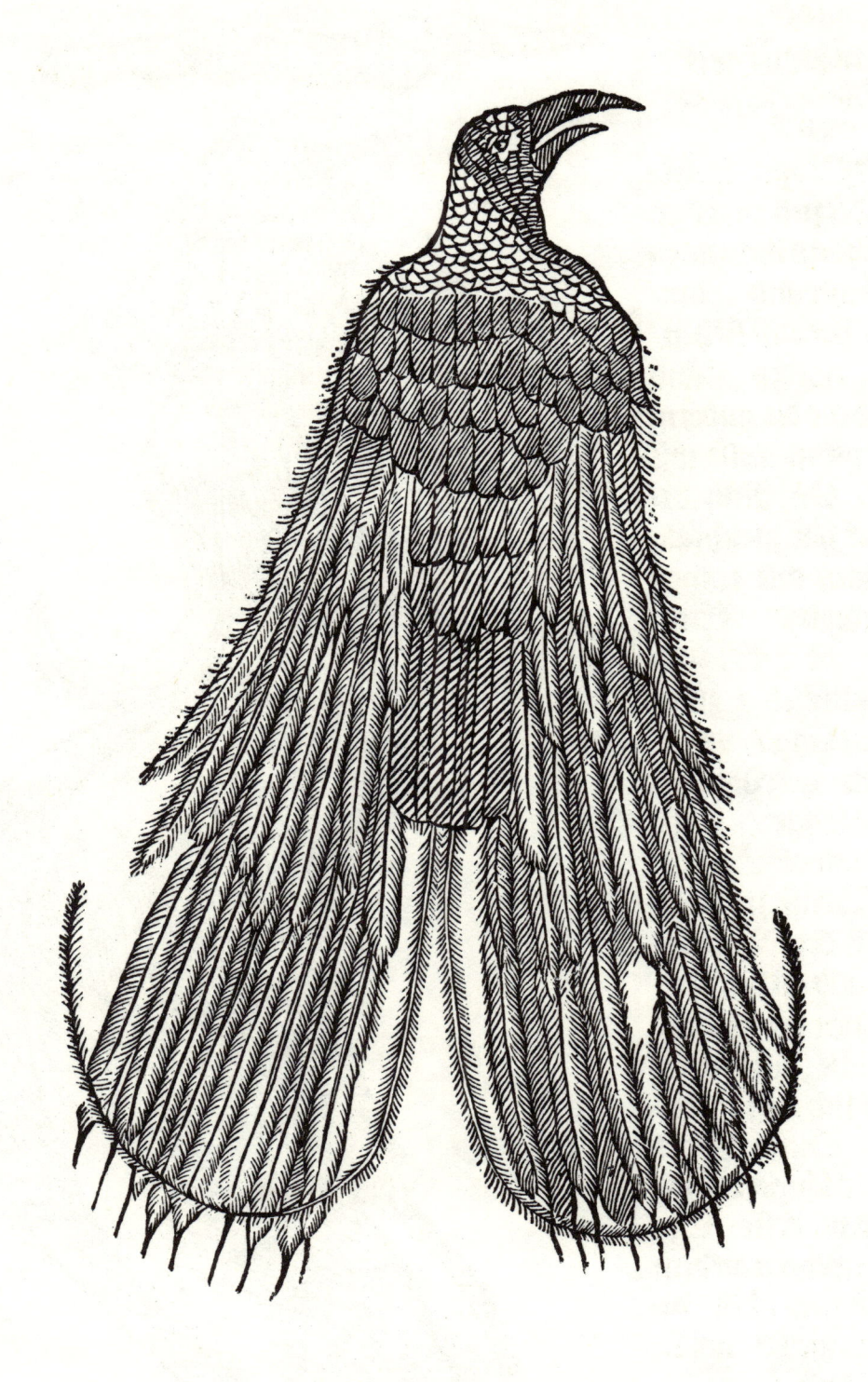

Schönheit mittheilen: Der übrige Leib ist mit roth gelben Federlein gezieret / welche doch diesen Unterscheid haben / daß die jenige an der Brust und dem Bauch zwey Fingers breit sind / gantz dicht stehen und Leberbraun scheinen / welche aber den Rück bedecken / sind viel zahrter / und stehen von einander als wie die Reiger-Federn / sind auch nicht sonderlich breit / und bleicher von Farben als die andern: Die zwey lange Faden / welche über den Rücken biß unten sich herumb krümmen / sind schwartz.

Von dem Zweyten Geschlecht.
Manucodiatæ secunda species.

Dieser Vogel unterscheidet sich von dem vorigen/ indem ihm unten an dem Schwantz 2. lange Federn herauß stehen/ welche 2. zwerch Händ länger sind als die andern. Sein Kopff ist weiß mit goldgelben Düpfflein besprenget/ er hat gleichfals gelbe Augen mit rothen Augengliedern; Sein Schnabel ist gelb und grün vermischet / zwey Finger breit lang/ und in der Mitten gekrümmet; Er hat eine lange / rothe Zung/ fast wie die Specht. Auff der Brust siehet er roth / auff dem Bauch/ Rücken/ und an den Flügeln scheinen die Federn weiß/ welche aber oben und unten sich auff Eisenfarb ziehen. Dieser Vogel hat auch viel längere Flügel als das erste Geschlecht/ die Federn an dem Schwantz sind oben an dem Rücken weiß/ am übrigen theil eisenfarb.

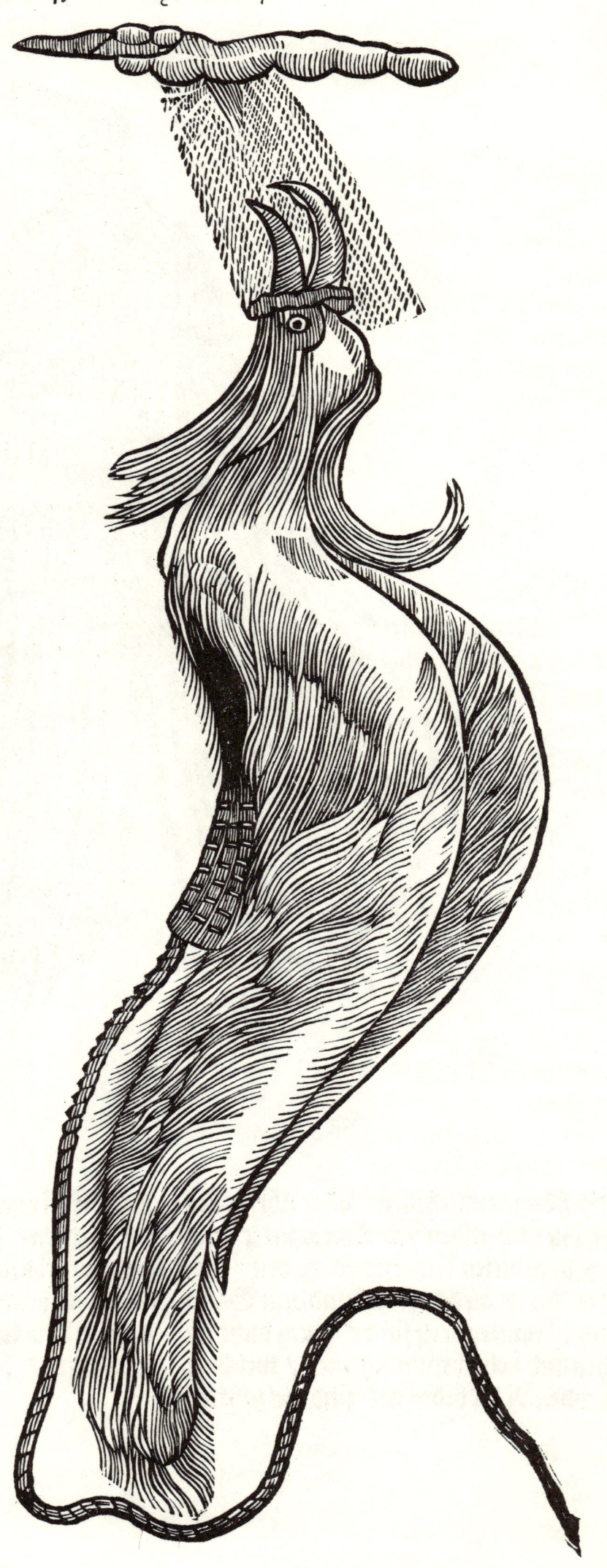

Von dem dritten Geschlecht.

Tertia Manucodiatæ species, sive Hippomanucodiata.

Fig. A.

DJesen Paradiß-Vogel beschreibet Antonius Gigas und nennet ihn wegen seines langen Leibes Hippomanucodiatam, dann Aldrovandus und andere gleichfalls bezeugen/daß sie keinen längern jemals gesehen haben / als welcher von dem Schnabel biß zu Ende deß Schwantzes 3. Spannen lang seye/ und 2. Spannen breit wann seine Flügel zusammen geleget sind. Es hat dieser Vogel einen langen gekrümten Schnabel/ an dem gantzen Leib ist er weiß / außgenommen an dem Halß und unten an dem Bauch / an welchem er Kastanienbraun ist: auff dem Kopff siehet er Eysenfarb. Nahe an dem Rücken / stossen lange Federn herauß zwey oder drey Finger lang.

Von dem vierdten Geschlecht.

Manucodiatæ Quarta species sive Manucodiata Cirrata.

Fig. B.

DJesen Vogel hat gleichfalls Antonius Gigas beschrieben. Er ist von dem Schnabel gemessen biß auff die eussersten Flügel 2. Spannen lang. Nach seinem Leib hat er einen langen Schnabel / welcher schwartz und etwas gekrümmet ist. An dem Kopff/ Halß/ Flügeln siehet er schwartz auß/ umb den Schnabel aber gelb / auff dem Halß stehet ihm ein Strauß in die Höhe 3. Finger hoch/ welcher gelb von Farben/ und so starrend ist/ daß es mehr Bürsten als Federn kan genennt werden.

Von dem fünfften Geschlecht.

Quinta Manucodiatæ species.

Fig. C.

VOrgesetzte Figur ist vor diesem Genero abgemahlet zugeschickt worgen/ mit obgemelter Beschreibung wie sie/ wo im Anfang von den Paradißvögeln gehandelt wird/ zu ersehen ist. Ein gantz gleicher Vogel ist im Jahr 1664. Adrian Sonneman/ gewesen vornehmen Materialisten allhier/ von Christian Volckman zu Leipzig verkauffet worden / und annoch bey Sonnemanischen Erben zu sehen / nebens beygelegter eigenhändiger Versicherung / daß dieser Christian Volckman/ diesen Paradißvogel 1662. von dem Mohren König von der Notten/ wegen vieler gehabten Arbeit zu einem grossen recompens verehret bekommen. An der Gestalt gleichet er gantz dieser Abbildung/ er hat keine Füsse/ kan auch nicht gesehen werden daß er derselben soll gehabt haben. Dieser Vogel ist über zwey Spannen lang/ von Leib aber gantz Zart und schmahl / er hat einen schwartzen Schnabel ohngefehr eines Fingerglieds lang. Der Kopff ist oben wie ein rau Leder oder Filtz/ daß man keine Federn sehen kan/ von Farben gelb; unten aber ist er grün glantzend/ auff der Brust ist er braun oder vielmehr purpurroth / der übrige Theil deß Leibes ist weiß: Die Flügel aber welche kürtzer als der Schwantz sind/ ziehen sich etwas auff gelb/ der Schwantz ist fast noch so lang als der Vogel/ auß so zarten und leichten Federn bestehend/ daß sie mit höchster Verwunderung/ nebens der übrigen Gestalt deß Vogels nicht genugsam können betrachtet werden.

Von dem sechsten Geschlecht.

Rex Avium Paradysearum.

Fig. D.

Dieser Vogel ist jüngstens Georg Caspar Heisen vornehmen Materialisten allhier zu Franckfurt zugeschicket/ und von den Holländern Königs Vogel van de paradisen, Königs Vogel, Rex Avium Paradisearum benahmet worden/ zweifels ohne daher/ weilen an keinem Vogel schönere Farben und Federn können gesehen werden. Die Gestalt deß Leibes belangend/ ist er ohngefehr von dem Kopff biß zu Ende der Flügel sieben Zoll lang/ und vier breit: Er hat einen kurtzen Schwantz/ nur eines halben Glieds lang/ auß welchem aber 2. lange schwartze Faden herauß hangen/ welche so hart als Bürsten/ und zu Ende in ein artige Krümmen gehen. Es hat dieser Vogel einen spitzen Kopff/ auff dessen obern Theil die zarten Federlein fast biß zu Ende deß Schnabels gehen/ der untere Schnabel aber ist bloß wie anderer Vögel/ aber auch etwas länger als der obere/ beyde scharff zugespitzet/ und von Farben gelb. Die Schönheit und der Glantz seiner Federn ist nit zu beschreiben: Der gantze Kopff/ Rücken/ Flügel/ Schwantz und Halß/ sind hoch roth/ und glänzen als der schönste Sammet/ oder wann sie mit den unserigen Vögeln könten verglichen werden/ scheinen sie als wie die rothe Capaunen Federn. Diese Federlein sind oben auff dem Kopff so kurtz und zart als wie Haar/ welche aber den Leib hinunter als grösser und stärcker werden/ daß die Federn an den Flügeln wol so hart als der Stahren oder dergleichen Vögel in dieser Gröss seyn mögen. Unter dem Halß hat dieser Vogel einen dunckelgrünen Strihm/ welcher auß dichten Federlein die so zart als Haar sind/ bestehet: von diesem legen sich acht Federlein unter sich übereinander/ welche gantz aschenfarb sind/ und an dem Ende grüne glänzete Spiegel haben/ auff dem Bauch siehet er liechtgrau/ seine Füsse sind gestaltet/ und fast so groß als der Krammets-oder andern Vögel Füsse: Dann ob zwar meinste Authores, Aldrovandus auch selbsten/ dafür halten/ daß die Paradißvögel insgemein kein Füß haben/ so wird doch heutiges Tags ein anders durch den Augenschein bewiesen. Daß aber viel dieser Vögel ohne Füsse gesehen werden/ gibt Thuanus die Ursach/ wann er sagt/ daß etliche/ so solche Vögel zu fangen pflegen/ ihnen nicht allein die Füsse/ sondern auch einen guten Theil deß Leibes hinweg schneiden/ und nichts als das Haupt/ den Halß/ und die schönen Federn daran lassen/ damit sie dieselbige als ein grosses Wunderwerck/ nachmals desto theurer verkauffen/ uñ man sie auch umb so viel desto zierlicher und füglicher auff den Hüten tragen könne; umb welcher Ursachen willen/ sie dann auch etwas werden zusammen gedruckt/ und der Leib nicht allezeit hinweg geschnitten. In Beschreibung der Gottorffischen Kunstkammer/ gedencket gleichfalls Adam Olearius, wie daß er versichert worden/ daß die Einwohner in Jndien/ den Paradißvögeln/ wann sie tod auf der Erden gefunden werden/ die Füsse abbrechen sollen/ umb selbige unter ihren Wahren desto besser einzupacken/ in dieser vortrefflichen Kunstkammer aber/ haben sie 3 Paradißvögel mit Füssen von welchen folgende Abbildung genommen worden.

Fig. E.

Von dem Paradißvogel.
Fig. A.

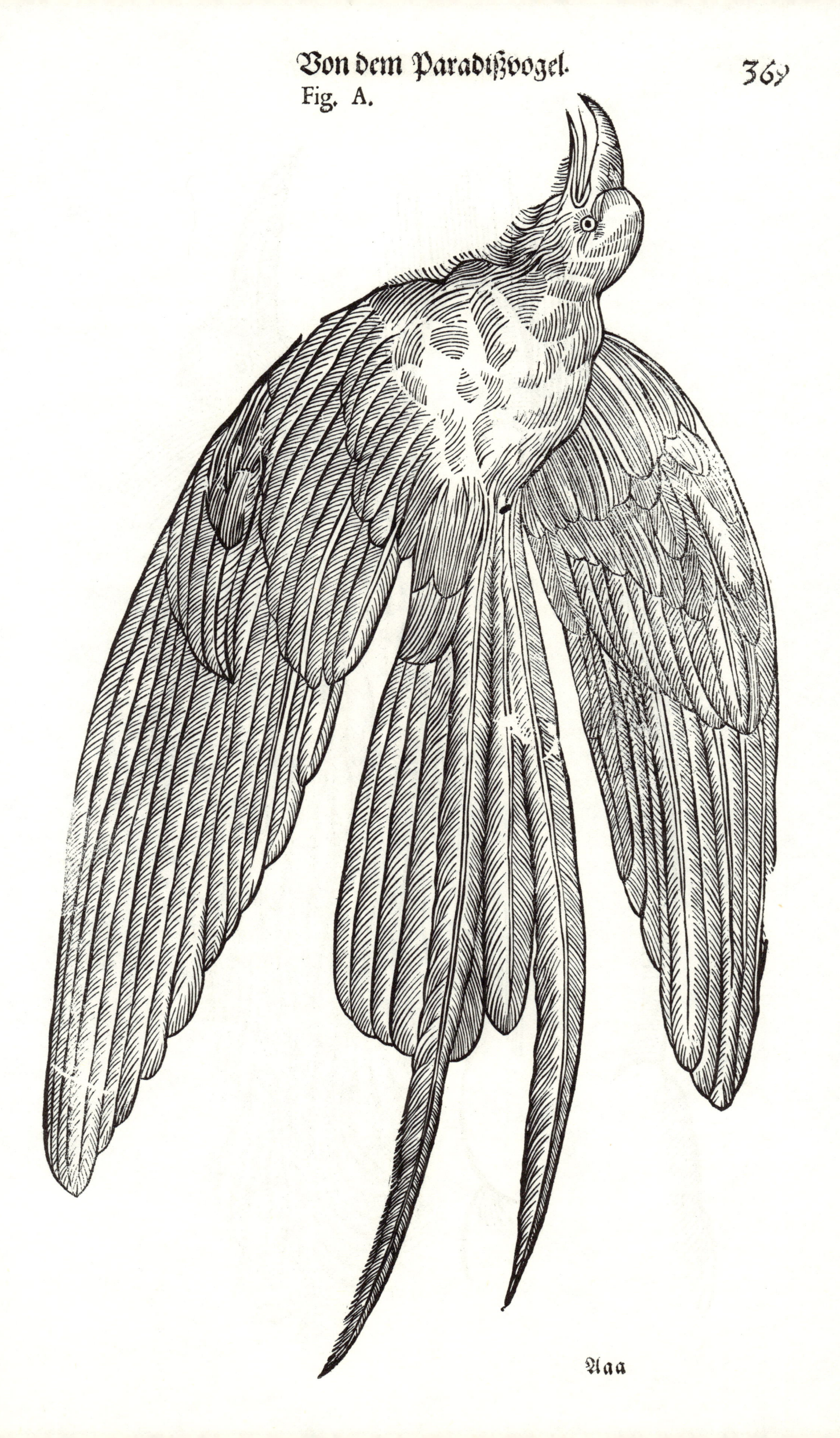

369

Aaa

370 Geßneri Thierbuch/
Fig. B.

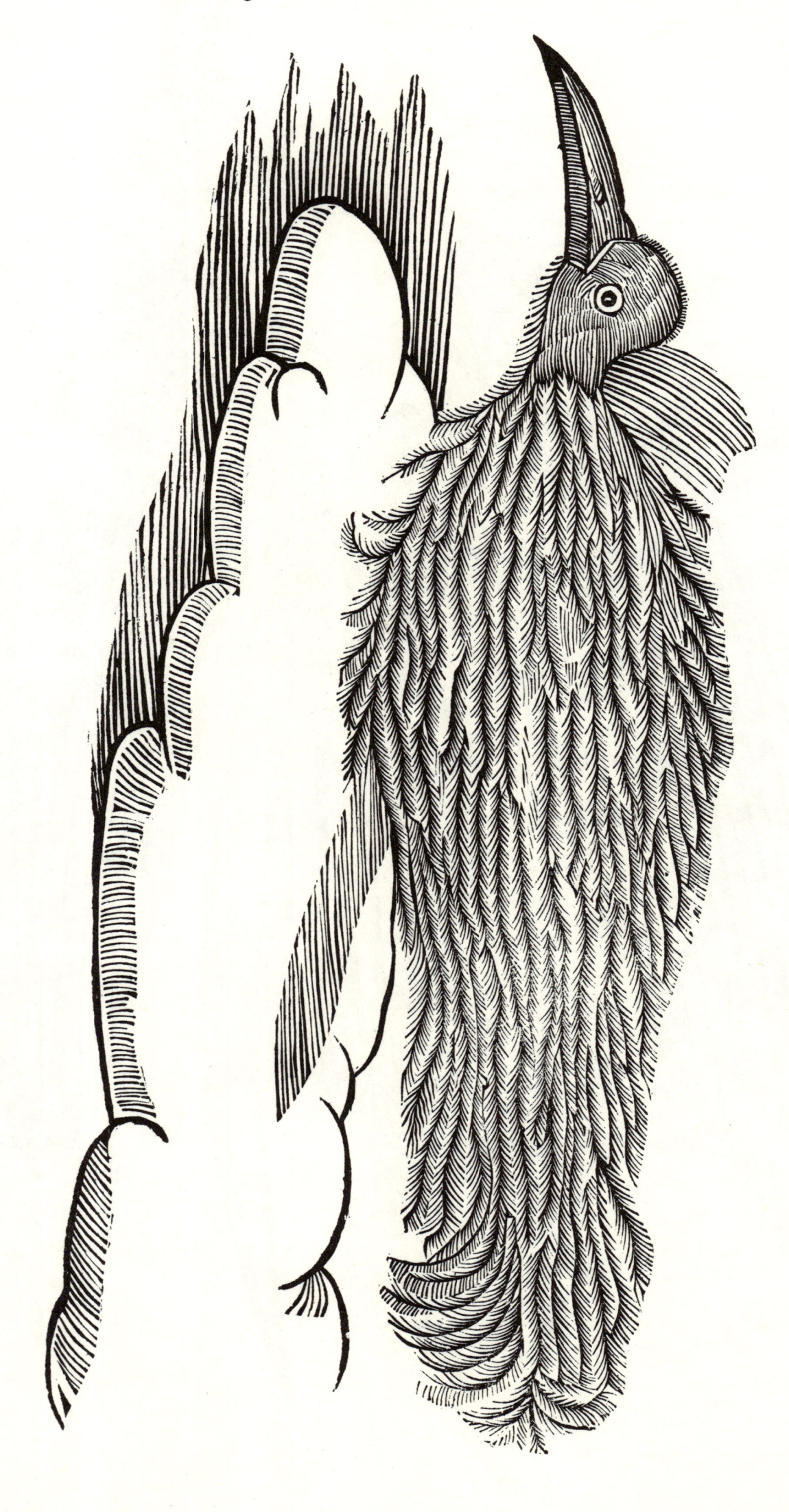

Von dem Paradißvogel.
Fig. C.

371

Fig. D.

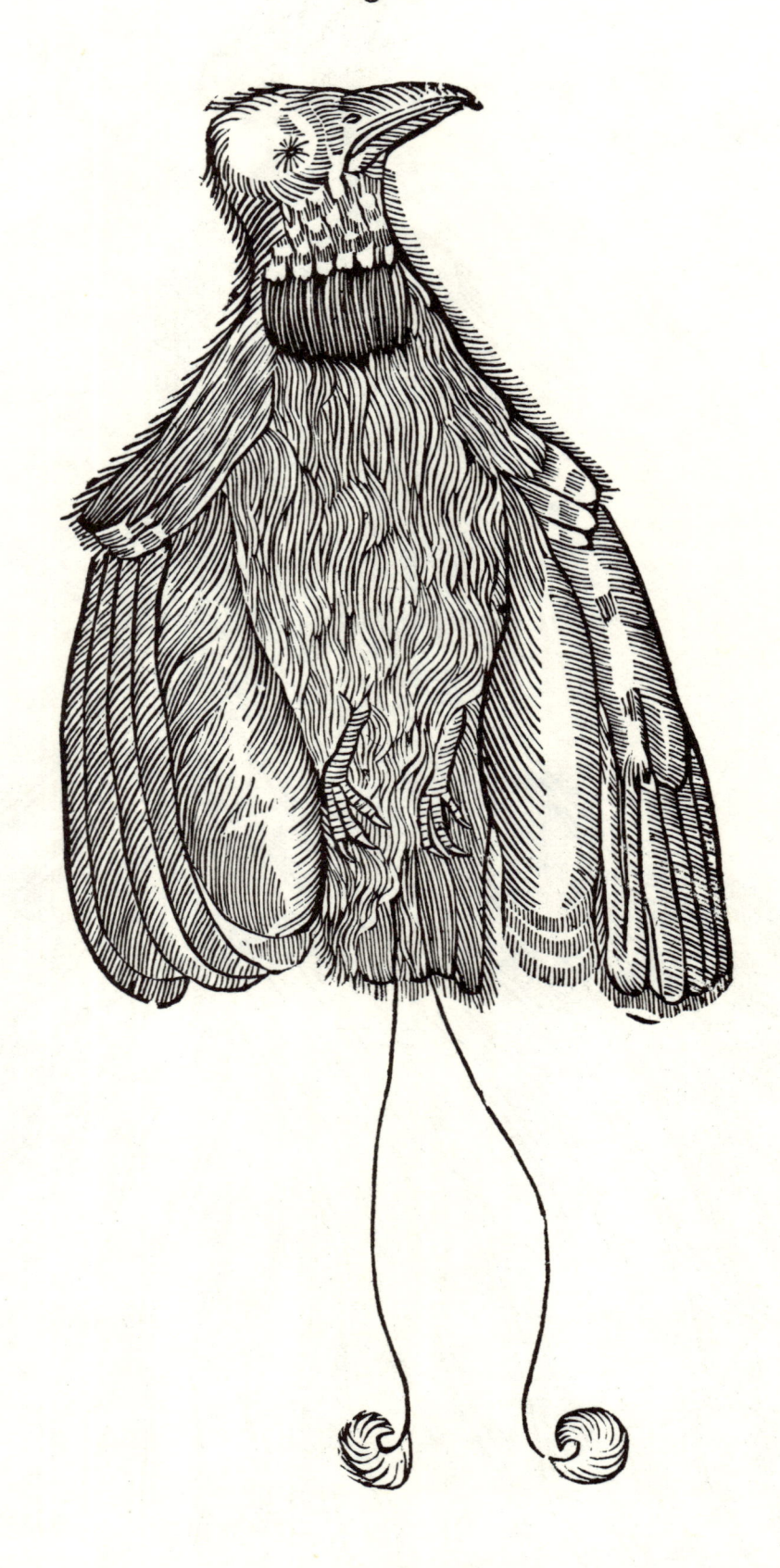

Von dem Paradißvogel.
Fig. E.

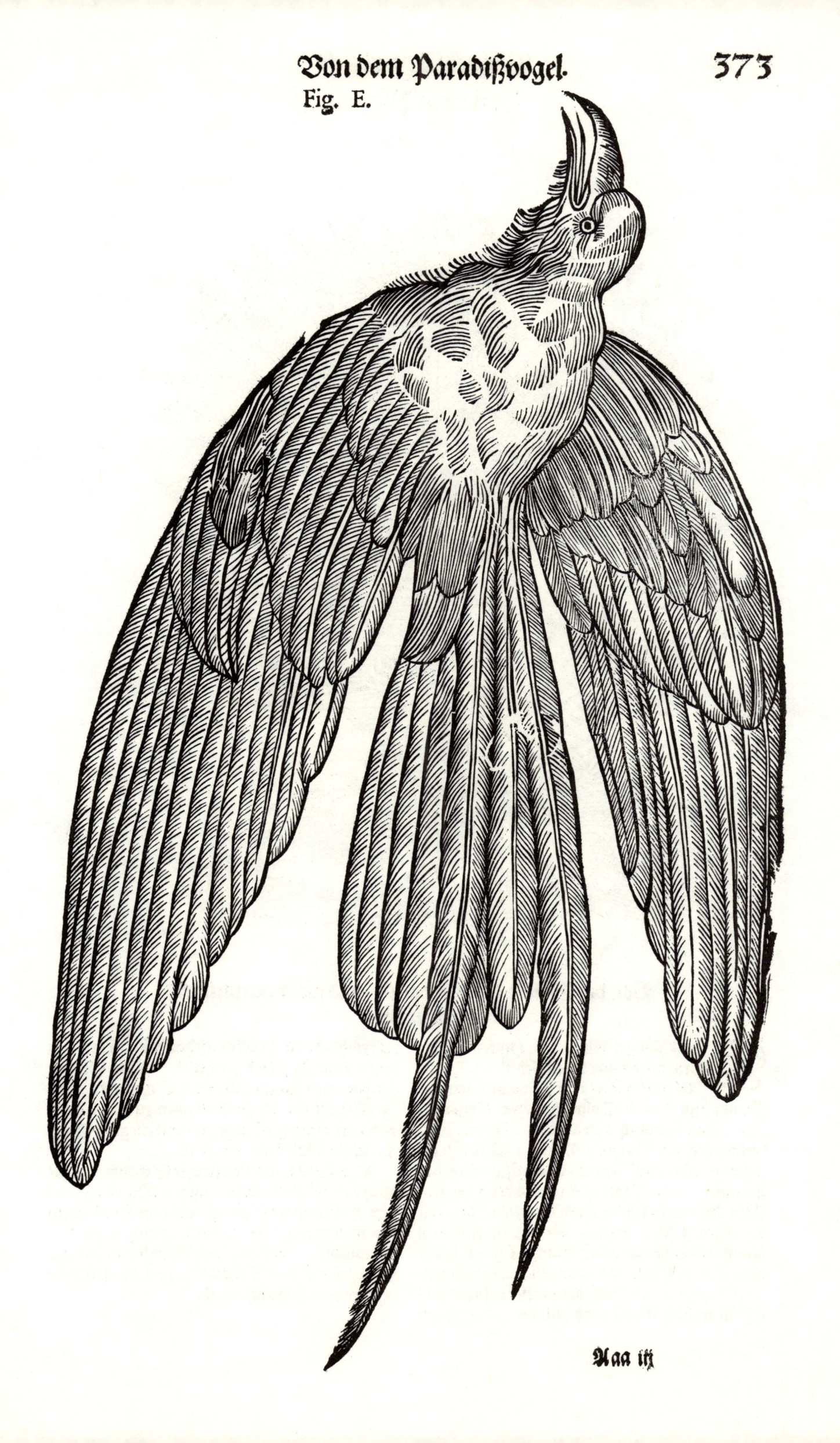

373

Geßneri Thierbuch
Von dem Pfauen.
Pauo.

Von der Gestalt dieses Vogels/ und wo er am meisten zu finden.

Dieser Vogel wird auff Hebreisch תכי; Griechisch ταώς; Lateinisch Pavo, Pavus; Italianisch Pavone; Spanisch Pavón; Frantzösisch Paon; Polnisch Pavv; Ungarisch Pava; Engelländisch a Peaceke, a Pecok; Niderländisch een Pauwe, Paew; Teutsch ein Pfauw; und auff Nieder-Sächsisch Pagelun genennet. Der Pfau ist einer von den schönsten Vögeln: welche schöne Farb im dritten Jahr erst an ihnen gesehen wird. Er hat einen kleinen Kopff/ bey nahe wie die Schlang/ darauff hat er einen Strauß/ wie eine Kron gestaltet/ einen langen Saphyrfarben Halß/ dann dieser glänztet sehr/ also ist auch die Brust gantz glänzend/ die Flügel sind röthlich/ der Rücken aschenfarb auff roth ziehend: seine Füß sind zertheilet. Das Männlein hat einen langen gefederten Schwantz/ welcher Federn ein jede zu End einen runden Circkel hat/ von vielen Farben geziert/ wie ein groß Aug/ mit schön Goldfarb vermengt.

Das Weiblein ist von solcher Schönheit nicht/ auch von Gestalt etwas kleiner: Die Federn an dem Halß und der Strauß auff dem Kopff glänzen zwar etwas/ aber unvergleichlich gegen dem Männlein/ auch hat das Weiblein gantz keine Spiegel auff dem Schwantz/ sondern ist fast an dem gantzen Leib aschenfarb.

Von dem Pfauen.

Der Pfau ist vor Zeiten ein seltzamer Vogel gewesen/ wie Antiphanes und Eubulus sagen: zu Athenæi Zeit aber sind ihrer so viel zu Rom gewesen/ daß sie so gemein worden wie die Wachteln. Varro sagt/ daß wilde Pfauen-Schaaren in den Inseln Sami in dem Lustwald Junonis, welcher vor Zeiten diese Vögel zugeeignet gewesen/ gefunden worden/ und von dannen sollen sie in Griechenland/ Asiam, Indiam, und andere Land gebracht seyn. In Babylonien werden auch sehr schöne Pfauen gefunden/ wie Diodorus schreibet.

Von der Natur und Eigenschafft dieses Vogels.

Unter dem grossen Gevögel hat der Pfau den Preiß/ so wol wegen seiner Gestalt/ als wegen seines Verstands und Herrligkeit. Er verwundert sich über seiner schönen Zierde/ und wann ihn jemand lobt und schön nennet/ so streckt er geschwind seine geblümten und goldfarbe Federn auß/ und zeiget dieselbigen als einen schönen Blumengarten: schilt man ihn aber/ so verbirgt er seinen Schwantz/ und bezeuget damit/ daß er seinen Schmäher hasse/ sagt Oppianus. Wann er seine ungestalte Beine ansiehet/ wird er traurig/ unn läst seinen Schwantz auch wiederumb nieder. Wann er zu Nacht erwachet/ und sich selbst in der Finsternuß nicht besichtigen kan/ schreyet er gantz furchtsam/ und vermeint er habe seine Schöne verlohren. Der Pfau weiß nicht allein daß er der schönste ist unter den Vögeln/ sondern er weiß auch wo die Schönheit am meinsten gelegen ist/ darumb richtet er seinen Halß auff/ und wird wegen seiner Federn/ welche ihn zieren/ sehr stoltz und hochmüthig/ dann damit macht er seine Zuscher furchtsam; Und zu Sommerszeit hat er seine anerbohrne/ und keine frembde Decke. Wann er aber einen erschrecken will/ so streckt er seine Federn erstlich auß/ darnach knarret er mit denselben/ und machet mit seinem hohen und stoltzen Haupt gleichsam einen dreyfachen Strauß. Wann er sich erkühlen wil/ so streckt er allenthalben die Federn für sich/ machet ihm also einen Schotten/ und treibt die Hitz hinweg. Wann ihn aber hinden ein Wind anbläset/ so streckt er allgemach seine Flügel auß/ damit ihm die Lufft darein gehe/ und also erkühlet werde. Er stellet sich auch für die Mahler/ so ihn abmahlen wollen/ gantz still/ damit sie ihn eigentlich besichtigen können/ wie Ælianus schreibet. Der Pfau ist gar ein saubrer Vogel/ darumb gehet er ordentlich daher/ damit er sich nit verunreinige/ und wann er noch jung ist/ und etwan naß und unflätig wird/ stirbt er offt darvon/ als der nichts unreines erleiden mag/ sagt Albertus. Man schreibt gemeiniglich/ daß der Pfau nicht allein ein hoffärtig/ sondern auch ein böß und neidisch Thier seye/ gleich wie die Ganß schamhaftig. Die Pfauen sollen ihren eignen Mist wiederumb fressen/ dieweil sie denselbigen den Menschen mißgönnen. Der Pfau soll seinen Schwantz alle Jahr maussen zu der Zeit wann das Laub anfängt zu wachsen: und wann die Bäume anfangen zu blühen/ wächst er ihm wieder: und alsdann sucht er ein heimlich und verborgen Orth/ weil er sich schämet/ biß daß er ihm wiederumb gewachsen. Clearchus schreibt/ dz ein Pfau auff eine Zeit eine Jungfrau also geliebet habe/ daß er/ als sie gestorben/ auch verschieden seye. Die Pfauen und die Tauben sind Freunde. Die wilde Fasanen sind so grimmig/ daß sie auch der Pfauen nicht verschonen/ sondern dieselbe von stund an zerreissen. Der Pfau kan 25. Jahr leben wie Aristoteles sagt.

Wann der Pfau hoch auffsteigt / ist es ein Zeichen deß Regens / oder wann er mehr schreyet als seine Gewonheit ist / sonderlich zu Nacht. Mit seinem Geschrey erschreckt er die Schlangen / und vertreibt alle gifftige Thier. Wann die Pfauen vermercken daß man ein Gifft / etwan damit zu schaden / zubereitet hat / gehen sie an dasselbige Orth / schreyen und strecken ihre flügel auß / und kratzen das Gifft auß dem Geschirr / oder graben es auch auß der Erdt wann es darin vergraben liegt. Rhasis und Avicenna heissen die / so die gifftige Thier förchten / Pfauen und Wieselein bey sich ernehren.

Wie man die Pfauen halten / und junge von ihnen ziehen solle.

Die Alten haben diesen Vogel für theur und werth gehalten / also / daß zuweilen ein paar bey ihnen fast umb hundert Goldgülden verkaufft worden. Ein Pfaueney aber galte mehr als dreissig Costnitzer Batzen.

Es ist leicht Pfauen zuziehen / wo man nicht Diebe / oder schädliche Thier besorgen muß / dann sie schweyffen offt auff den äckern / und weyden sich selbst / sampt ihren jungen: am Abend aber fliegen sie auff die aller höchste Bäum. Doch muß man insonderheit Sorg zu ihnen haben / daß man die Weiblein vor den Füchsen bewahre / wann sie hin und her auff den äckern sitzen zu brüten. Darumb werden sie am sichersten in kleinen Inseln erzogen. Die Pfauen wollen mehr von einem stattlichen Haußvatter als von einem Bauren erzogen werden / wiewol dieses auch einem Meyer nicht übel anstehet / der auch seinen Lusten sucht / damit ihm die Einöde deß Felds desto leichter werde. Die Schönheit und Zierde dieser Vögel belustiget nit allein din frembden / sondern auch ihren eignen Herrn. Dieses Geschlecht der Vögel wird am aller bequemlichsten in kleinen schattichten Inseln oder Weerden erzogen / dann dieweil es nicht hoch oder weit fliegen kan / und man auch weder Diebe noch schädliche Raubthier fürchten darff / so läst man es ohne Hirten gehen / es bekomint auch da selbst den den grösten Theil seiner Speiß. Die Weiblein sind auch williger ihre jungen auff zuziehen / wann sie ausser der Gefängnuß und frey sind. Der ihr wartet / darff nichts thun / als daß er zu bestimbter zeit im Tag ein Zeichen gibt / damit er die Herd zusammen beruffe / und ihnen ein wenig Gersten für werffe wann sie zusammen kommen / damit die Vögel keinen Hunger haben / und daß ihm an der Zahl keiner mangele. Man findet aber nit allenthalben solche Inseln oder Weerde / darumb so braucht es mehr Arbeit / wann man sie auff dem Land ziehen will: daselbst aber thut man ihm also: Man machet ein hohe Mauer umb einen wüsten grasichten Acker / der eben ist. Und machet darnach an die drey Seiten Schopffen / uñ an die vierdte Seite zwey Gemach / deren eins deß Hüters Wohnung seye / und ander der Pfauen Stall. Under den Schopffen machet man gleichsam Kefich / mit Rohr verzäunt / eins an dem andern / diese sind mit Rohren unterschieden / und wie ein Gitter gemacht / auff daß die Pfauen zu beyden Seiten darein kommen können? Im Stall sol keine Feuchtigkeit seyn. Auff dem Boden schlägt man kleine Pföstlein ein / in einer Zeilen nach einander / die sind oben auß gespitzt / daß man gelöcherte Stangen darauff legen könne: dieselbe Stangen aber sollen vierecket seyn / damit die Vögel darauff fliegen können / und nicht wancken. Die Stangen werden aber darumb also gemacht / daß man sie auß den Pföstlein ziehen könne / damit sie nicht hindern / wann man den Stall fegen wil / wie Columella schreibet. Sie sollen einen weiten Platz innen haben / ihre Wohnung sol auch sauber und wol verwahrt seyn / damit keine Schlang oder ander schädlich Thier darein kommen könne / darzu ein Orth vor sich haben / daran sie bey Sonnenschein weyden können.

Wann diese Vögel drey Jahr alt werden / sind sie alt genug junge zu machen / wann sie aber jünger / sind sie entweder gar unfruchtbar / oder nicht sehr fruchtbar. Man muß die gesunden und starck von den krancken absondern / dann sie thun denselbigen Schaden. Der Pfau legt im Jahr nur einmal zwölff Eyer / oder weniger / und dieselbe nit alsobald nach einander / sondern allzeit über den andern oder dritten Tag. Die so erst anheben zu legen / legen gewöhnlich acht Eyer. Im ersten Jahr legt der Pfau ein Ey oder zwey / im nachgehenden vier oder fünff / in den übrigen Jahren zwölff / und nicht mehr / also / daß er allwegen zween oder drey Tag darzwische läst / und das thut er drey mahl im Jahr / wann man die Eyer den Hennen unterlegt. Die Pfauen legen auch zu zeiten unnütze Eyer / die zum brüten nicht taugen. Das Pfauenmännlein ist eben so unkeusch wie der Han / darumb wil einer fünff Weiblein haben / dann wann er nicht mehr als eines oder zwey hat / und er es zu offt betritt / so verderbt er ihnen die Eyer im Leib / die noch kaum empfangen sind / und macht daß sie nit zu rechter Zeit gelegt werden / dann sie entfallen der Pfäuin ehe dann sie zeitig sind. Die Männlein haben gemeiniglichen Lust die Weiblein zu betretten / an hellen Orthen da die Sonne scheinet / und zwar mitten im Hornung / biß zu Anfang deß Mertz. Mit Bonē die ein wenig gedörrt sind / reitzet man sie zu der Geilheit / wann man ihnen dieselbe allezeit über den fünfften Tag warm gibt: sechs Becherlein voll sind einem genug. So offt das Männlein seine Spiegelfedern auß breitet / und von Grund auff streicht / mit rauschender oder kirrender Stimm / so zeigt es an seine Begierd zu dem Weiblein / gleich wie die Tauben auch thun. Das Männlein verfolget die Eyer / wie auch die junge / so lang biß ihnen die Krönlein gewachsen. Nach dem die Weiblein betretten worden / sollen sie gleich verwahret werden / damit sie nirgend anders als in ihren Ställen legen. Man sol ihnen auch offt mit einem Finger in den Legdarm greiffen / dann die Eyer liegen ihnen weit vornen so sie bald legen wollen. Darumb sol man sie einschliessen / auff daß ihnen nicht draussen ihre Frucht entfalle. Zu der Zeit

Von dem Pfauen.

Zeit wann sie legen / sol man den Stall dick voll Stroh streuen/ auff daß die Eyer desto weniger zerbrechen/ dann gemeiniglich legen die Pfauen/ wann sie in der Nacht auff der Stangen sitzen/ je weicher und näher dann die Eyer zu fallen haben/ je weniger sie brechen. Darumb sol man zu der selbigen Zeit alle morgen fleissig in dem Stall herumb gehen/ und die gelegten Eyer samlen/ je frischer dann dieselbige den Hennen untergelegt werden/ je besser sie auch außgebrütet werden/ nicht ohne grossen Nutzen deß Haußvatters. Dann die Pfäuin legen gemeiniglich (wie droben zum theil gesagt) im Jahr drey mal wann sie nicht brüten: die aber brüten / die bringen das gantze Jahr / dieweil sie fruchtbar sind / mit legen und außbrüten zu / oder auch die jungen auffzuziehen. Zur ersten Frucht legen sie gemeiniglich fünff Eyer: zur andern vier: und zu der dritten zwey oder drey. Man sol auch keinen andern Vogel die Pfaueneyer außbrüten lassen / ohne allein alte zahme Hennen / die sol man neun Tag nach dem neuen Mond über neun Eyer setzen; deren fünff Pfaueneyer sind / die übrigen aber Henneneyer/ und am zehenden Tag sol man die Henneneyer hinweg nemen / und wieder so viel frische Hennen-Eyer darlegen/ damit sie am dreissigsten Tag/ da das Liecht fast wiederumb neu wird/ mit den Pfaueneyern außgeheckt werden. Der Hüter sol gute acht haben wann die Gluckhenn von den Eyern springt/ und offt zu dem Stall gehen/ und die Pfaueneyer umbwenden/ welches die Henn nicht wol thun kan/ weil sie ihr zu groß sind: damit man aber dasselbige/ desto fleissiger thun könne/ sol man die Eyer an einer Seiten mit Dinten zeichnen/ dabey man mercken könne ob sie die Henn umbgewendet habe oder nicht. Man soll aber hierzu die grösten Hennen brauchen: Wann sie aber nicht groß sind/ sol man ihnen nicht mehr als drey Pfaueneyer / und sechs Henneneyer unter legen. Wann aber die jungen außgeschloffen sind/ sol man die jungen Hünlein einer andern zu nehren geben/ und was von Pfauen außschließt zu einer thun/ biß ein Herd von fünff und zwantzig Stücken darauß wird / wie Columella, Palladius und Didymus schreibe. Mich aber bedünckt/ (sagt Palladius) daß 15. Stück genug seyn/ sollen sie anders wol erzogen werden. Im Außgang deß Winters (spricht Columella) sol man ihnen etwas zu essen geben/ das beyde Geschlecht zur Unkeuschheit reitze/ darzu sind dürre Bonen gut/ wie oben gesagt. Diese Speiß sol man nit allen ohn Unterscheid fürwerffen / sondern in die verzaunte Kefich unter den Schopffen; dahin sol man in einen so viel legen/ daß für fünff Weiblein und ein Männlein genug seye/ darzu sol man ihnen auch Wasser geben daß sie zu trincken haben; wann dasselbige geschiehet/ lassen sich die Männlein ohn Zanck in ihre Häußlein führen mit ihren Weiblein/ also wird auch die gantze Herd gleich gespeißt. Dann man findet auch kämpffende Männlein in diesem Geschlecht/ welche die schwächeren hindern so wohl im betretten der Weiblein/ als am essen/ darumb sol man sie also von einander absondern.

Wann die jungen erst außgeschloffen sind/ sol man sie gleich wie die Hünlein/ am ersten Tag nicht von der Mutter nehmen: am andern Tag aber sol man sie mit der jenigen die sie nehren sol / in den Kefich thun / und ihnen zum ersten Gerstenmehl mit Wein besprengt zu essen geben/ doch mag man ihnen auch Breylein machen auß allerley Getreid/ und ihnen dieselbige geben / nachdem sie kalt worden sind. Nach etlichen Tagen sol man ihnen zu dieser Speiß Lauch thun/ und weichen Käß der wol außgedruckt ist / dann das Molcken schadet den jungen. Man kan ihnen auch Heuschrecken zu essen geben denen die füß abgebrochen seyen/ damit sol man sie speisen biß sie sechs Monat alt worden. Darnach ist gut/ daß man ihnen Gersten von der Hand gebe. Man kan sie auch am fünff und dreyssigsten Tag / nach dem sie außgeschloffen sind/ in das Feld führen/ so ziehet die Herd der Gluckhennen nach; dieselbige trägt der Hirt in einem Kefich beschlossen in das Feld / da läst man sie herauß/ und bindt ihr ein lang Seil an einen Fuß/ daß sie verwahrt seye/ so fliegen denn die junge Pfauê umb sie. Nachdem sie aber genug geweydet/ führet man sie wiederumb heim/ so folgen sie der gluckenden Hennen nach. Die Gelehrte sagen aber einhelliglich/ man solle sonst keine Gluckhenne/ die ihres Geschlechts führet / bey den jungen Pfauen weyden lassen/ dann wann die Hennen die jungen Pfauen sehen/ so werden sie ihren jungen feind/ und verlassen sie vor der Zeit / wann sie sehen daß sie weder an Grösse noch an Gestalt den Pfauen gleich sind/ wie Columella und Palladius schreiben. Didymus sagt man solle den jungen an den zweyen ersten Tagen nichts zu essen geben/ am dritten Tag aber sol man ihnen Gerstenmehl mit Wein und Weitzen vermengt/ und geschälten Speltz in Wasser geweicht/ fürstellen.

Von den Kranckheiten dieses Vogels.

Den Pips und Unvordäuligkeit vertreibt man ihnen wie den Hennen. Sie sind aber in der höchsten Gefahr wann ihnen die Krönlein wachsen/ dann sie werden kranck wie die junge Kinder wann sie anfangen zu zahnen. Wann sie sieben Monat sind alt worden / sol man sie zu Nacht mit einander in Stall schliessen/ doch sol man sehen daß sie nit auff der Erden bleiben sitzen/ und welche dieses thun/ die sol man auff die Stange setzen/ damit ihnen die Kälte nicht schade / wie Columella und Palladius schreiben.

Was ausser der Artzney von diesem Vogel dem Menschen nützlich seye.

Die Federn von dem Pfauenmännlein sind sehr schön/ darumb werden sie zur zierath bey vielen Sachen gebraucht. Auß deß Federn deß Pfauenschwantzes macht man sehr schöne und künstliche Fliegenwädel. Die Sinesische Reiß-beschreibung sagt/ dz die Unter-Könige auff ihre Mützen ein Stück võ eineẽ Pfau Schwantz hinden herab hangend tragê: uñ dz dieses ein zeichen der Königlichen dignität uñ sonst

nicniemand dergestalt zu brauchen erlaubet sey. Hergegen sagt Hottingerus, daß man einsmahls in der Schweitz keine Pfauen gelitten / dieweil die Hertzogen von Oesterreich in ihrem Helm einen Pfauen-Schwantz führeten. Und war der Haß so groß / daß wann einer auff seinem Hut eine Pfauenfeder getragen hätte / wäre er ohne Befragen / von dem nechsten Schweitzer so ihm begegnete / umbgebracht worden. Ihr Koth ist gut auff die Aecker / und den Jungen unterzustreuen. Pfauen-Eyer sind gut Goldfarb zu machen / wie auch der Gänse Eyer.

Q. Hortensius sol zum erstẽ Pfauen zur Speiß fürgestellt haben. Deß Pfauen Fleisch gekocht / verdirbet nicht / sagt Augustinus. Den Pfauen sol man dreyssig Jahr unversehrt behalten / dann die Hitze kan nicht wohl die außgetrocknete Natur auflösen und zertheilen / auch nicht die natürliche Feuchtigkeit außtreiben / schreibet Herm. Barbarus. Deß gestorbenen Pfauen Fleisch dorret nit auß / wird auch nicht stinckend / sondern es bleibet als ob es mit Specereyen balsamirt seye / sagt Kiranides. Dieses Fleisch ist so hart / daß es nicht leichtlich faulet / wird darzu nicht bald gekochet. D. Geßner sagt / es habe ihm auff eine Zeit ein guter Freund gesagt / daß er drey Monat lang Pfauen-Fleisch gut und unversehrt behalten habe: wie lang er aber dasselbe hernach weiter gehabt / sey ihm nicht kund gethan worden.

Wann man den Pfauen getödtet hat / sol man ihn zween / oder wann er ein Jahr alt ist / drey Tag auffhencken / damit sein hart Fleisch davon etwas milter werde. Im Sommer soll man ihn einen Tag / im Winter / da er dann gesünder / zween oder drey Tag hangen lassen. Man soll die Pfauen und Fasanen braten: wann man sie aber mit Pfeffer und Salbey siedet / sind sie auch nicht unlieblich zu essen. Daß man meine der Pfau seye noch lebendig / soll man denselben tödten / entweder mit einer Feder oben in das Hirn gestossen / oder ihn stechen / wie man pflegt die junge Lämmer zu stechẽ / damit das Blut herauß gehe; darnach soll man die Haut vom Halß an biß zum Schwantz ein wenig auffschneiden / und wann sie auffgeschnitten / wird sie sampt den Federn vom gantzen Leib gegen dem Kopff gezogen; welchen du daselbst abschneiden / und sampt der Haut und den Beinen behaltẽ solst; und wann du den Pfauen mit Specereyen und wohlriechenden Kräutern außgefüllt hast / so brate ihn am Bratspieß / doch spicke ihn vorhin an der Brust mit Nägelein / und verwickele den Halß mit einem reinen leinen Tüchlein / und befeuchte dasselbe stets mit Wasser / damit er nicht gar außdorre. Wann er aber gebraten / und von dem Spiß gezogen ist / so bedecke ihn wiederum mit seiner Haut / und damit er mit seinen Füssen auffrecht stehe / so nimm eiserne Drät / die darzu bereitet / und in ein Bret gestecket worden / stosse dieselbe durch die Bein / damit man sie nicht sehe / und durch den Leib biß zum Kopff und Schwantz. Etliche stossen ihnen / umb Gelächters willen / Campher mit Wolle in den Schnabel / und zünden es im Auffftragen an. Man kan auch einen gebratenen und zubereiteten Pfauen vergülten mit Blättern / Lusts und Prachts wegen. Dieses kan man auch mit den Fasanen / Kränchen / Capaunen und andern dergleichen Vögeln thun / sagt Platina. Pfauenfleisch wird frisch behalten / weil es hart und aderich / und daher kalt und trucken ist ; derhalben ist es auch schwerlich zu verdäwen / doch gut und lieblich zu essen / gebieret aber böse Feuchtigkeit und Galle im Menschen. Es schadet den Leber- und Miltzsüchtigen. Alle grosse Vögel geben viel Nahrung / als der Pfau / die Gänß / und dergleichen. Pfauenfleisch ist den Müssiggängern nit gesund / aber wol den Arbeitenden. Man kan die Pfauen bereiten / wie im Kranch gesagt ist / und wann man guten starcken Wein darauff trinckt / werden sie desto leichtlicher verdäwet. Die so den Fluß der güldenen Adern stets haben / die sollen die Kränche und Pfauen in der Speiß meiden. Athenæus sagt / daß die Pfauen-Eyer unter aller andern Vögeln Eyer die besten seyen. Ant. Gazius aber spricht / daß sie die allerbösesten seyen / wegen ihres übelriechenden Fleisches.

Was von diesem Vogel in der Artzney nützlich seye.

Rauch von Pfauenfedern in die Augen gelassen / ist den rothen oder trieffenden Augen dienlich. Pfauenmist getruncken / heilet die fallende Sucht / er sol auch das Podagra miltern. Gänß- und Pfauen-Eyer haben eben die Krafft wie die Hüner-Eyer. Seine Brühe soll mit sonderer Krafft das Seitenwehe hinweg nehmen / sonderlich wann sie fett ist. Pfauenschmaltz mit Rautensafft und Honig benimmt das Krimmen / so von kalter Feuchtigkeit kommen. Seine Gebein verbrennt / und in Essig zerrieben / und aufgestrichen / benimt den Außsatz und die ungestalte Flecken deß Leibs / wie Simeon Sethi bezeuget.

Den Gebrauch dieses Vogels bindet Becherus in folgende Reimen:

Das stoltze Pagelhun / der Pfau kommt auch herbey / Zweymal drey Stück er gibt zur Apoteckerey.

   1.   2.   3.

Er gantz ist gut / sein Fett / sein Gall / und auch sein

                4.

5.   6.   Koth.

Sein Federn / Eyer auch / die retten auß der Noth.

1. Die Pfauenbrüh ist in den Seitenstechen gut / Bevorab wann darauff das Fett noch schwimmen thut.

2. Mit Honig / Rautensafft / das Pfauenfett vermischt
Die Colickschmertzen es geschwind und stattlich lischt.

3. Den andern Vögeln gleich / die Pfauengall auch nützt /
Dann sie die Augen vor der Hitz und Trieffen schützt.

4. Ein Drachma Pfauenkoth / legs über Nacht in Wein /
Es soll in bösem Leyd getruncken nützlich seyn.

5. Man

Von dem Pfauen.

5. Man machet einen Rauch auß Pfauenfedern auch/
In Mutterschwachheit ist der Dampff offt ein Gebrauch.

6. Die Pfauen-Eyer man in Glieder-reissen lobt.
Das lauffend Gicht hört auff/ ob aleich so hefftig tobt.

Von dem weissen Pfauen. Pavo albus.

Von der Gestalt dieses Vogels.

VOr diesem sind diese Pfauē auß dem Mitternächtischen kalten Ländern/ allwo die schwartze Vögel/ Raben und dergleichen auch weiß sind/ gebracht worden: doch werdē sie auch in der Insul Madera genannt/ gesehen/ und haben sich anjetzo in Teutschland und andern Ländern/ gleichfalls häuffig vermehrt. In der Landschafft Curiana, in dem neuen Land gelegen/ soll es auch weisse Pfauen geben/ welche aber nicht schön seyn/ und das Männlein von dē Weiblein auch nit zu unterscheiden ist/ wie Petrus Martyr schreibet. Es halten viel dafür/ dz die weisse Pfauen ihre Ursprung daher bekommen/ dieweil in den kalten Ländern die Pfauen auf den hohen Bergen nichts als den weissen Schnee sehen/ sie sich in dem Legen diese Farb stetig eingebildet/ und dadurch sich verändert haben. Dieweil dañ solches in unsern Ländern nicht geschehen kan/ giebet Antonius Mizaldus diese Erfindung/ dz man nemlich an dem Ort/ wo sie sich stetig auffhalten/ ihre Eyer legen und brüten/ alles weiß mahlen oder behängen solle/ damit man ihnen gleiche Einbildung hierdurch eindrucken könne.

Von dem Japonischen Pfauen.
Pavo Japonensis Mas,
Das Männlein.

Von der Gestalt dieses Vogels.

DAs Männlein von diesem frembdē Pfauen/ beschreibet Ulysses Aldrovandus auff folgende Arth: Der Schnabel ist wie deß gemeinen Pfauens/ aschenfarb/ aber etwas länger uñ schmaler. Sein Haltz ist grün/ mit blauē Flecken/ so gleichfalls mit weissen Strichlein durchzogen/ besprenget. Der Strauß auff dem Kopff ware bey nah 4. Finger lang/ wie ein Weitzen-Aehr gestaltet/ von Farben theils blau/ theils grün; Er hat schwartze Augen/ welche mit einem rothen Kreiß eingefasset sind: Der Rücken uñ Brust sind gleichsam wie Schuppen/ von unterschiedlichen Farben bemahlet/ dann auff der Brust waren die Schuppen so zu reden/ goldfarb/ grün und blau/ der Rücken aber nur blau und grünlicht: der Anfang von dē Flügeln/ ware mit gleichen Farben wie der Rücken bemahlet: die zweyte Federn warē von gleicher Farb/ die nachfolgende schienen grün mit schwartzen Strichlein durchzogen/ und die letztere sind schwartz: unten der Bauch/ die Hüffte und Füß sind grau/ mit schwartzen Pünctlein vermischet/ deren die/ so auff dem Bauch sind/ weisse Strichlein haben. An dem Schwantz habē sie dünnere und wenigere Federn als die unsrigen/ welche röther und fast Castanienbraun sind/ und einen weissen Keil haben. Die Augen auff dem Schwantz sind viel grösser als der unsrigen: Erstlich goldfarb/ darnach blau/ und zuletzt grün.

Geßneri Thierbuch/ von dem Pfauen.
Von dem Weiblein.

Von seiner Gestalt.

Das Weiblein ist zwar etwas kleiner / als das Männlein / gleichet aber demselbigen gantz / an dem Kopff / Halß / Rücken / Brust und den Flügeln: Uber dem Bürtzel aber / welches zu verwundern / hat es Federn hervor hangen / welche zwar etwas kleiner / aber doch solche Augen / als wie an dem Männlein / haben. In diesem aber unterscheidet es sich von dem Männlein / daß es auff dem Bauch gantz schwartz ist.

ENDE.

Index omnium Avium, quæ in hac parte continentur.

A.

Abrachme. 16 a
Accipiter. 243
Accipiter Ægyptius. 284
Accipiter Fringillarius. 156 b 280
Accipiter Hornotinus. 248 a
Accipiter Nidarius. 247 b
Accipiter Palumbarius. 280
Accipiter Ramarius. 247 b
Acmon. 10 b 16 a
Ægithalus. 63 b
Ægithus. 342 a
Ægolius. 10 b
Ægothela. 63 b
Ægypion. 10 b 15 b
Ægypops. 10 b
Æsalo. 277
Æthyia. 101
Alauda. 334
Alauda cristata. 335
Alauda cristata minor. 337
Alauda pratorum minor. ibid.
Albucalmum. 224 b
Alcatraz. 65
Alcedo vocalis. 74
Alcyon. 38
Alsecrah. 150 b
Aluco. 41
Amarellus. 88 b
Ampelides. 41
Anas alticrura. 106 b
Anas Cairina mas. 83
Anas Cairina foemina. 84
Anas caudacuta. 98 b
Anas cicur. 75
Anas Circia. 88 b
Anas cirrhata. 98 b
Anas fera. 85
Anas fera fusca, vel media. 94
Anas fera torquata major. 93
Anas fera torquata minor. 92
Anas fistularis. 98 a
Anas fuligula. 97 b
Anas graminea, vel jūcea. 94 b
Anas Indica mas. 78
Anas latirostra. 96. 98. a
Anas Libyca. 81
Anas Libyca alia. 82
Anas longirostra. 106 a
Anas magna. 94 a
Anas muscaria. 95
Anas quadrupes. 99 a
Anas raucedula. 106 a
Anas strepera. 98 a
Anas thymallorum. 107

Ancha. 151 a
Anser Bassanus. 141
Anser domesticus. 128
Anser ferus. 137
Anser Magellanicus. 139
Anser Scoticus. 141
Apiastræ. 349 a
Apus Indica. 362 a
Aquila. 1
Aquila anataria. 12
Aquila anataria alia. 14
Arquata. 58
Artenæ. 69 b
Ascalaphus. 140 a
Asilus. 51
Asio. 52. 332 a
Astur. 27. a 244 a
Atricapilla. 146
Attagen. 307
Aucha. 151 a
Avicula aurea. 149 a
Avis Indica, vel Caspia. 65
Avis Paradisi. 362
Avis sacchari. 62 a.
Avosetta. 52
Aura. 26
Aurivittis. 53

B.

Baklân. 70 b
Barbara. 36 a
Baritæ. 54
Barynchos. 36 a
Bergander. 140 a
Bernicla. 89
Bethylus. 54
Bistarda. 212
Bittacus. 54 b
Bonosa. 307 a
Bosca. 87
Branta. 89
Brenthus. ibid.
Bubo. 310
Buphagus. 342 a
Buteo. 278

C.

Caca. 59
Calamodytes. 59 b
Calidris. 60
Calidris nigra. 61
Canarius. 62 a
Capella. 62. a 89. 154 a
Caper hirundinis. 62 b
Capo. 175 a
Capus 175
Capra. 62.

Capricalca. 142
Capriceps. 62
Caprimulgus. 43. b 63. 64
Carbon aquaticus. 111
Carduelis. 70
Caryo catactes. 357
Caspia. 65
Catarrhactes. 348 a
Catreus. 65
Catul. 27 a
Caucalias. 65 b
Ceblepyris. ibid.
Cebriones. ibid.
Cela. 65. 360 a
Celeus. ibid.
Cenchritæ. 140 a
Cervaria. 73 a
Cervina. ibid.
Cerylus. 38.
Ceyx. ibid.
Chenalopex. 107. b 140 a
Chloreus. 149
Chlorion. ibid.
Chloris. 147
Chloris Indica. 148
Chrysaëtos. 11
Chrysaëtos Bellonii. 12
Chychelinches. 129 a
Chym. 151 b
Cillæ. 65 b
Cinamomus. 65
Cinnamolgus. ibid.
Circus. 10 b 280
Citrinella. 148
Clangula. 97 a
Cnipologus. 66
Coeruleus. 54
Colaris. 66
Colibris. ibid.
Collurio. 68
Colymbus. 102
Colymbus major. 112
Cornix. 316
Cornix aquatica & marina. 321
Cornix coerulea. ibid.
Cornix granivora. 319 a
Cornix varia. ibid.
Cossyphi. 164 b
Cotta. 57. 102 b
Crex. 68. 220 b
Cuculus. 152
Culicilega. 66 b
Curruca. 145
Cyanus. 54 a
Cymindis. 10 b
Cynchramus. 68

a   D. D2.

D.
Dacnades. 69
Dendrofalco. 303
Detylus. 54
Dicærum. 69
Diomedis aves. ibid.
Dryops. 72
Dytini. 102

E.
Edolius. 72
Eidalis. 72 b
Elaphis. 73. 243 b
Elasa. 73
Elea. 73. 341 a
Eme. 116
Ephemerus. 89 b
Erythra. 236
Erythropus. 117. 227
Erythropus minor. 238
Erythrotaon. 117 a
Exaëtos. 4 a
Externæ. 117 b

F.
Falco. 286
Falco Aëlius. 292 a
Falco Aëriphulus. ibid.
Falco albus. 301
Falco Britanicus. 292 a
Falco cyanopus. 302
Falcones gentiles. 299
Falcones mediani. ibid.
Falco montanus. 296
Falco niger. 300
Falco peregrinus. 297
Falco rubeus. 301
Falco sacer. 292 a
Falcinello. 313 a
Fedoa. 240
Ficedula. 146
Fringilla. 120
Fringilla montana. 123
Fringillago. 349 a
Fulicæ. 56

G.
Galberius. 128 a
Galbula. 127
Galerita. 335 a
Galgulus. 127
Gallina. 178
Gallina corylorum. 307
Gallina Enana. 164 a
Gallinago. 226
Gallinæ Patavinæ. 201
Gallin. pulverariæ. 164 b
Gallina rustica. 204
Gallo pavo. 208
Gallus Betulæ. 215
Gallus gallinaceus. 165
Gallus palustris. 309
Garrulus. 30. 31
Garrulus Bohemicus. 37
Gaza. 35.

Gentiles. 299
Glaucium. 88
Glottis. 73. 228. 243
Gnaphalus. 143
Goduvitta. 240
Gonambuch. 68 a
Granivora. 319 a
Grus. 322 a
Grus Balearica. 327
Grus Japonensis. 330
Grygallus major. 217
Grygallus minor. 218
Gryphus. 150
Gulo. 109 a
Gustarda. 142
Gyges. 156 b
Gypæëtus. 15

H.
Hæmatopus. 227 b
Haliæetus. 17. 19
Haliæetus Bellonii. 20
Harpe. 10. b 156. a 306
Harpyia. 307
Hercynia avis. 37
Heteropus. 25
Hierofalco. 293
Hipparion. 107 b
Hipporynchos. 36 a
Hoangcio. 309
Hongylas. 10 b
Hortulana. 143
Hortulanus Aldrovandi. 144
Hortulana Aldrovandi. ibid.
Huma. 27 b
Hypoleucos. 233

I.
Ibis. 312
Ichnevmon. 10. b
Im mussulum. ibid.
Ispida. 72 a
Ispida Indica. 74
Junco. 351 b

K.
Kalandris. 335 a
Karabatak. 115 a
Kym. 151 b

L.
Lanarius. 303 b
Larus. 342
Larus minor. 345
Larus niger. 347
Larus piscator. 346
Limosa. 242
Linaria. 341
Linaria rubra. 342
Lingetta. 146 a
Lingulaca. 243
Linurgi. 140 a
Lithofalco. 303
Louvva. 20
Loxia. 331
Lucidia. 37

Luscinia. 353
Luscinia alba. 356
Lutea, Luteus. 149 a

M.
Machimi. 164 b
Magnales. 112 b
Mansfeny. 27 b
Manucodiata. 362
Manucodiata prima. 364
Manucodiata secunda. 366
Manucodiata tertia, sive Hippomanucodiata. 367
Manucodiata quarta, sive Cirrhata. ibid.
Manucodiata quinta. ibid.
Manucodiata sexta, sive Rex Avium Paradisearum. 368
Meanca. 99
Mediani. 299
Melampus. 234
Melanæetus 21.
Melanæetus Bellonii. 22
Meleagris. 204
Merganser. 108 b
Mergulus. 114
Mergus. 100
Mergus Americanus. 110
Mergus cirrhatus. 107
Mergus maximus Farrensis, sive Arcticus. 110
Mergus mustelaris. 105
Mergus niger. 106
Mergus ruber. 106 a
Mergus varius. 104 b
Merops. 314
Merops alter. 315
Merula. 41
Merula alba & nigra. 48
Merula apos. ibid.
Merula aquatica. 46
Merula bicolor. 47
Merula Bressilica. 48
Merula torquata. 43
Merulæ congeneres. 51
Miliaria. 341. a 353
Monosiræ. 165 a
Motfex. 109 a
Morphnos. 12
Muscatus. 188 b
Muscicapa. 315 b

N.
Nisus. 281
Noctua. 332
Noctua saxatilis. ibid.
Nucifraga. 357 a
Numenius. 58
Nycticorax. 357

O.
Ochra. 237
Ochropus magnus. 230
Ochropus medius. 234
Ochropus minor. 239
Oenanthes. 359
Onocrotalus. ibid.

Oriolus. 43 b
Ortygometra. 68 b
Ossifraga. 23
Ossifraga Aldrovādi. ib.
Otis. 211
Otus. 332 a

P.

Paradisea. 362
Parcus. 154 a
Parra. 144
Parrus. 154 a
Parula. 348 a
Parus. 348
Parus ater. 350
Parus caudatus. 351
Parus coeruleus. 350
Parus cristatus. 351
Parus Indicus. 352
Parus major. 349
Parus palustris. 350
Parus sylvaticus. 352
Passer Canariensis. 62
Passer solitarius. 45
Passer solit. Bell. ibid.
Pavogallus. 208
Pelecanus. 338
Penelops. 88
Percnopterus. 15.
Percnopterus Aldrovādi. 16. 17
Percnopterus Bellonii. 17
Percnus. 12
Perdix rustica major. 224
Petro cossyphos. 54 a
Phæopus. 220
Phalacro corax. 57. b 140. b
Phalarides. 103
Phasca. 87
Phasianus. 117
Phasidonis. 38 b
Philomela. 353
Phine. 23
Pica. 28

Pica Brasilica. 36.
Pica caudata sive varia. 32
Pica caudata Indica. 34
Pica glandaria. 30.
Pica glandaria Jonstoni. 31
Pica marina. 35
Pica marina palmipes. 99
Pica Persica. 36
Pinguins. 139 a
Piperivora. 36
Platea. 338
Poliopus. 230
Puffinus. 92
Ptereugotyrannus. 364 a
Pygargus. 24
Pygargus Bellonii. 25
Pyrrhocorax. 40

Q.

Querquedula. 87

R.

Rala. 222
Ralla. ibid.
Rallus. 57
Ramphastos. 36 a
Regulus. 144
Regulus non cristatus. 145
Rhodopus. 232
Rhyntax. 66. a 363 b
Rubicilla. 55
Ruc. 151 b
Rusticula. 224
Rusticula sylvatica. 225
Rusticula minor. 226.

S.

Salus. 342 a
Scheledracus. 109 a
Scheniclus. 351. b
Scopes. 332. b
Semperasiones. 52 a
Serinus. 149
Skua. 110

Smerla. 277
Smerlus. ibid.
Snyt. 224 b
Sorus. 248 a
Sparverius. 281
Spermologus. 319 a
Spiza. 122 b
Sterna. 345

T.

Tarda. 212
Thraces. 102
Tinnunculus. 283
Titmous. 350 b
Tomini. 68 a
Torgus. 156 a
Totanus. 241
Tremulus. 156 b
Trochilus. 144
Trochilus terrestris. 219
Truo. 359
Trynga. 224 a
Tzopilott. 26

V.

Valeria. 21
Vanellus. 154
Velia. 341 a
Venatrix. 43
Vespertilio. 124
Volinare. 138 a
Uria. 102
Urinatrix. ibid.
Urogallus. 214
Urogallus minor. 215
Vulpanser. 140
Vulpecula. 126 b
Vultur. 156
Vultur Boeticus. 162
Vultur cinereus. 163

Z.

Zoucot. 116. a.

Register aller Vögel/ die in diesem Theil begriffen.

A.

Ackertrapp. 212. a
Adler. 1
   Fisch-Adler. 17
Geyer-Adler. 15. 16. 17
Hasen-Adler. 22
Meer-Adler. 17. 19. 20
Orinoquen Adler. 26
Schwan-Adler. 15
Schwartzer-Adler. 21. 22
Stern-Adler. 11
Stock-Adler. 22
Aehl-Güß. 109. b. 144. a
Aglaster. 28 a
Albuck. 348 a
Alenbock. 345 a
Alpraab. 40
Amsel. 41. 51
Amsel ohne Füß. 48
Bach-Amsel. 46 a
Birg-Amsel. 43
Blau-Amsel. 45
Brach-Amsel. 43 b
Brasilianisch-Amsel. 48
Chur-Amsel. 43
Frembde Amsel. 48
Ring-Amsel. 43
Roß Amsel. ibid.
Schwartz und weiß Amsel. 48
Stein-Amsel. 43. 54 a
Wald-Amsel. 43 b
Wasser-Amsel. 46. 357 b
Antvogel. 75 a
Atzel. 28. 32
Brasilianisch-Atzel. 36
Frembde Atzel. 35
Geschwäntzte Judian. Atzel. 34
Meer-Atzel. 99. 227 b
Persisch Atzel. 36
Aurhan. 214 a

B.

Behemle. 37
Beinbrecher. 23
Belch. 56 a
Bieber. 140 a
Birckilgen. 88 b
Blaufuß. 302
Blauvogel. 54
Bleß / Blessing. 56 a
Bluth-Finck. 55
Bollenbeisser. 55 a
Böllhine. 56
Brachvogel. 43. b 54. a 58. 68. b 220
Brandvogel. 348 a
Breitschnabel. 97 b 98 a
Buch-Finck. 120 a
Bürstner. 146 b 359

Bußahrn. 278 a
Bußhard. ibid.

C.

Canarivogel. 62
Capaun. 175
Caphan. ibid.
Chlän. 54 a 359 a
Citrinlein. 148
Copera. 335 a
Crackasona. 88 b

D.

Deffyt. 230
Distelfinck. 70
Dorndreher. 43 b
Drittvogel. 97 a

E.

Eggeschär. 220 a
Eißvogel. 38. 72
Indianischer Eißvogel. 74
Elster. 28 a
Heiden-Elster. 322 b
Krig-Elster. ibid.
Ente. 75.
Entrach aus Alkair. 83
Ente aus Alkair. 84
Aesch-Ent. 107 b
Berg-Ent. 140 a
Blaß-Ent. 93 a
Blaue wilde Ent. 92. 93
Breitschnäblichte Ent. 96
Eiß-Entlein. 104 b
Fliegen-Ent. 95
Grau-Entlein. 88 a
Graue wilde Ent. 94
Groß-Ent. 93 a 54 a
Hag-Ent. 93 a
Indianisch Entrach. 78
Indianische Enten. 79
Italienische Ent. 109 a
Käfer-Entlein. 114 a
Klein-Ent. 88 a
Kraut-Enten. 99 b
Kriech-Entlein. 87
Kruck-Entlein. 88 a
Lybische Ent. 81. 82
Mertz-Ent. 93 a
Mittel-Ent. 94
Moß-Ent. 96 b
Mücken-Ent. 95
Mur-Ent. 96. b 99 b
Mur-Entlein. 88 a
Pfeiff-Ente. 98 a
Pil-Ente. 96 b
Rätsch-Ent. 92
Rhein-Ent. 103
Ruß-Ent. 67 b

Schell-Ent. 96
Schild-Ent. 97 a b
Schlucht-Ent. 106 a
Schmil-Ent. 94 b
Sor-Entlein. 88 a
Spiegel-Ent. 93 a
Stohr-Ent. 94 a
Stortz-Ent. 93
Vierfüssige Ent. 99 a
Voll-Ent. 98 b
Wiesel-Ent. 105
Wilde Ent. 85
Entenstösser. 12
Eselschreyer. 360 a

F.

Fädemlein. 149
Fahlen. 127
Falck. 286
Baum-Falck. 303
Bauren-Falcken. 305 b
Borg-Falck. 296
Edele Falcken. 299
Frembder Falck. 297
Ger-Falck. 293
Gier-Falck. ibid.
Hocker-Falck. 299
Kohl-Falck. 300
Mittel-Falcken. 299
Rother Falck. 301
Sacker-Falck. 292
Stein-Falck. 303
Weisser Falck. 301
Fasan. 117
Grosser Berg-Fasan. 214 a
Kleiner Berg-Fasan. 215 a
Fel. 347 a
Feldhun. 204
Feucht-Arß. 109 b
Finck. 120
Frembde Fincken. 122
Giel-Finck. 128 b
Grün-Finck. 148 a
Guth-Finck. 55 a
Italienischer Finck. 122 a
Lein-Finck. 341
Rapp-Finck. 148 a
Roth-Finck. 120 a
Schnee-Finck. 123 a
Tann-Finck. 123 b
Wald-Finck. 123
Winter-Finck. 123 a
Fischer. 73 a
Königs-Fischer. ibid.
Meer-Fischer. ibid.
Fischerlein. 346
Fisterlein. 233
Flachs-Finck. 341 a
Flädermauß. 124
Geschwäntzte Flädermauß 126 a

Fliegen-

Fliegenstecher. 66 b
Florn. 56 a
Fluder. 113 a
Fregaten. 126

G.

Gabich. 339 b
Gälgroß. 150 a
Galander. 335 a
Ganner. 105
Ganß. 128
Baum-Ganß. 90. 91. 138 a
Fisch-Ganß. 140 b
Grau-Ganß. 137 b
Groß-Ganß. 140 b
Hagel-Ganß. 56 a 138 a
Klein-Ganß. 140
Löffel-Ganß. 338
Magellanische Ganß. 139
Meer-Ganß. 138 a 140 b 343 b 360 a
Sack-Ganß. 360 a
Schnee-Ganß. 137. 138 a 360 a
Schotten-Ganß. 141
Schwemmer-Ganß. 140 b
Stern-Ganß. 140 b
Wilde Ganß. 137
Geißmelcker. 63 a
Geyer. 156
Aaß-Geyer. 156 b
Aschenfarbe Geyer. 163
Fisch-Geyer. 156 a
Gold-Geyer. 156
Grau-Geyer. 162
Hasen-Geyer. 156 b
Keib-Geyer. ibid.
Rotel-Geyer. ibid.
Roß-Geyer. ibid.
Schwartze Geyer. 163 a
Stein-Geyer. 156 b
Stoß-Geyer. ibid.
Weiß Geyer. 156 a
Gickerlein. 153 a
Gilbling. 143
Gintel. 154
Girlein. 149 b
Girlitz. 149 a
Glutt. 228
Goldhänlein. 144
Goldhänlein ohne Haube. 145
Gold-Merles. 43. b
Goll. 55 a
Graßmück. 145
Greiff. 150
Grehling. 148 b
Griffvogel. 99 b
Grienvögelein. 153 a
Grünling. 147
Indianischer Grünling. 148
Grünlinger. 148 b
Grütte. 227 a
Grup. 58 b
Guckel. 163 a

Gucker. 152 a
Guckerlein. 153
Guckgauch. 152 a
Guckguck. 152
Guger. 55 a
Gul. 108. 163 a
Güldenvögelein. 149
Gümpel. 55 a
Gybitz. 154 a
Gyfitz. 154
Graue Gyfitz. 156 a b
Weisse Gyfitz. 156 a
Gyvitt. 154

H.

Habergeißlein. 62 b 227 a
Habicht. 243
Egypt. Habicht. 284
Häher. 30
Nuß-Häher. 31 b 357 a
Hail. 55 a
Han. 163
African. wilder Han. 204
Berg-Han. 214. a
Birck-Han. 215
Brëm-Han. 215 a 216 a
Grügel-Han. 215 b 217
Hauß-Han. 163 a
Indianischer Han. 208
Kalekutischer Han. 208 a
Laubhan. 215
Lombardische Hanen. 165 a
Mur-Han. 309.
Riethan. 204 b
Schottländischer Han. 204
Spil-Han. 215 b 218
Welscher Han. 208
Wetter Hanen. 167 b
Hänffling. 341 a
Heyden-Hänffling. ibid.
Stock-Hänffling. 342
Ziegel-Hänffling. 341 a
Hapch. 243 b
Haselhun. 307
Hätzler. 30
Heckeschär. 220
Henne. 178
Adrianische Hüner. 163 a
Africanische Hennen. 164 a 207
Brach-Hun. 220
Bruthennen. 178 a
Däsehünlein. 164 a
Erdhennlein. ibid.
Fasanen Hüner. 20
Gluckhennen. 178 a
Holländische Hüner. 201
Indianische Hüner. 206 b 209
Leihennen. 164 a
Medische Hennen. 164 b 165 a
Mertzhennen. 178 a
Numidische Hennen. 164 a 207
Rohrhenne. 56 a
Rothüner. 204 b

Sammethünlein. 239
Schotthenne. 164 a
Steinhüner. 217 b
Grosse Welsche Hennen. 165 a
Wilde Hüner. 204
Wolltragende Hüner. 210
Zwerch-Hünlein. 164 a
Herr. 31 a
Himmelgeiß. 62 a
Hirngrillen. 149 a
Hirsenvogel. 148 a
Holbrot. 342
Holbruder. 345 a
Holtzschreyer. 31 a
Hornbläser. 98 b
Huhu. 310
Huruw. ibid.
Berg-Huw. 310 b
Maß-Huw. 278 a
Hun. 178
Hürchelein. 114 a

J.

Jäck. 31 a
Ibis. 312
Immenfraß. 314
Immenwolff. ibid.

K.

Kabel. 345 a
Kalander. 335 a
Kapaun. 175
Kätzlein. 99 b
Kautz. 332
Käutzlein. 52 a
Stein-Kautz. 332
Kornell. 88 b
Kirch-Eul. 311 b
Klinger 97 a
Koper. 337 a
Köpplein. 52 b 332 b
Koppriegerlein. 238
Krähe. 316
Hol-Krähe. 319 b
Meer-Krähe. 321
Nebel-Krähe. 319
Wasser-Krähe. 321
wilde Holtz-Krähe. ibid.
Kranch. 322
Balearischer Kranch. 327
Japonischer Kranch. 330
Kreutzvogel. 331
Kropffvogel. 360 a
Krummschnabel. 331
Kreye. 322 a
Kuppel. 292
Kut. 57 a
Kuttvogel. 148 a
Kynütz. 154 a

L.

Lämmerzieg. 27 b
Laneten. 303
Langschnabel. 106 a
Grosser Langschnabel. 107
Leiner. 98 a

Lerch. 334
Baum-Lerch. 337 a
Gesang-Lerch. 335. b
Häubel-Lerch. 335 a
Kleine gehaubte Lerch. 337
Heid-Lerch. 335. b
Himmel-Lerch. ibid.
Holtz-Lerch. ibid.
Kobel-Lerch. 335 a
Stein-Lerch. 337 a
Weg-Lerch. 335 a
Kleine Wiesen-Lerch. 337
Löffler. 338
Louvva. 20
Lufftvogel. 362

M.

Maiß 348 a
Marckgraff. 31
Marcolfus. 31 a
Maßwy. 12. 278. a. 306. b
Mattkern. 236
Mattknillis. 234
Meanck. 99
Meb. 342
Aschenfarbter Meb. 344
Meer-Meb. 348
Schwartzer Meb. 348. b
See-Meb. 343. b
Meer-Kot. 57. b
Meerrach. 107. b. 108
Meer-Rab. 109. b
Meer-Schwalb. 343. b
Meiß. 348.
Aesch-Meißlein. 351 a
Berg-Meiß. 350. a. 351 a
Bienen-Meiß. 350 a
Blau-Meiß. 350
Brand-Meiß. 349. b
Bromm-Meiß. 55 a
Grosse Meiß. 349.
Häubel-Meißlein. 351 a
Heiden-Meißlein. ibid.
Indianische Meiß. 352
Kaat-Meißlein. 351 a
Kobel-Meißlein. 351
Kohl-Meiß. 349 a 350. 351 a
Mehl-Meiß. 350 a
Mur-Meiß. 351 a
Reit-Meiß. ibid.
Riet-Meiß. ibid.
Schwantz-Meißlein. 351.
Spiegel-Meiß. 349
Strauß-Meißlein. 351 a
Tann-Meißlein. 352.
Wald-Meißlein. ibid.
Zagel-Meiß. 351 a
Merch. 107 a 140 b
Weise Merch. 107 b
Mew. 342 a
Meyvögelein. 347
Mieß. 345 a
Mirgigeln. 114 b
Mirlein. 277
Munchlein. 146 a
Muttvogel. 103 b

N.

Nachtigal. 353
Weisse Nachtigal. 356
Nachtrab. 63 a 357
Nachtram. 357

Narren. 62 b
Nonnen. 104 a
Graue Nonne. 107 a
Nußbrecher 43 b 357
Nußbretscher. 357 a
Nußhäcker. 359 a
Nußpicker. 357 a 359 a

O.

Ochsenäuglein. 145 b
Olimorles. 43 b
Onvogel. 138 a 359
Orhan. 214 a
Kleine Orhan. 215 a

P.

Pagelun. 374 a
Teutscher Papagey. 322 a
Paradiß vogel. 362 seqq.
Pfaff. 56 a 63 a
Pfäfflein. 55 a
Pfannenstielein. 350 a 351
Pfannenstiglitz. 351 a
Pfau. 374 seq.
Indianische Pfauen. 206 b
Pfefferfraß. 36
Pfeffervogel. ibid.
Pfurtzi. 114 a
Pilart. 55 a
Pilwegichen. 96 b
Pilwenckgen. 351 b
Pylstert. 107 b

Q.

Quetsch. 55 a

R.

Reck. 103 b
Regenvogel. 58 b
Rheinvogel. 237 b
Riegerlein. 239
Roeck. 319 a
Rogis. 106 a
Roller. 31
Rothbein. 227
Rothhalß. 88 b
Rothknillis. 234
Rothvogel. 55 a
Rowert. 123 a
Rüchen. 114 a
Rüggelen. ibid.
Rüßgen. 97 b

S.

Scalver. 111 a
Schaluchern. 109 b
Scharb. 111.
Netze-Scharb. 111 b
Scheldrack. 109 a 140 b
Schleyer-Eul. 52 a
Schmirring. 230.
Schnepffe. 224.
Schnepfflein. 226 a
Bruch-Schnepfflein. 62 b 227 a
Graß-Schnepff. 226 a
Har-Schnepff. ibid.
Herren-Schnepff. 226
Her-Schnepff. 226 a
Holtz-Schnepff. 225 a
Pful-Schnepff. 242 a
Pol-Schnepff. ibid.
Riet-Schnepffe. 224
Wald-Schnepffe. 225

Schnirring. 346 b
Scholucher. 109 b
Schößlein. 341
Schösserlein. 342
Schrick. 68 b 220 b
Schrye. 59 a
Schuffauß. 310 b
Schuff-Eul. ibid.
Schulver. 111 a
Schwäderlein. 149 a
Schwalbenbock. 62 b
Schw. eimer. 303
Schwartzkoff. 146 a 359 a
Seefluder. 109 a
Seegall. 348 a
Seeschwalb. 315
Seevogel. 98 a
Seidenschwantz. 37
Slub. 98 b 99
Smeant. 99 b
Smirlein. 277. 302 b
Socke. 88 a
Solendguse. 141
Speckmauß. 124
Sperber. 281
Spirer. 346 b
Spitzschwantz. 98 b
Sprintz. 280 a 282 a
Steinauff 310 b
Steinbrecher. 23
Steinbrüchel. 156 b
Stein-Eul. 52 b 332 a
Steingall. 284 a
Steingällelein. 232
Steinröthelein. 45 b 54 a 55 b
Steinschmalz. 284 a
Stiglitz. 70 a
Stirn. 345
Stockahrn. 292
Schwartzer Storch. 313 a
Sträußlein. 145 b

T.

Taschenmaul. 97 b
Täuchel. 112. 114
Täucher. 100.
Täucherlein. 114
Täucherlein Castagneux. 115
Tauchentlein. 114
Grosser Täucher. 108. 110
Indianischer Täucher. 110
Rhein-Täucher. 104 a
Rother Täucher. 106 a
Schwartzer Täucher. 56 a 106 b
Schwartz Täucherlein. 102 a
Strauß Täucher. 107 a
Weisse Tauchente. 104 a
Teeling. 99.
Thumherr. 55 a
Thumpfaff. ibid.
Tirck. 240 b
Trapp. 212
Trappganß. ibid.
Treibvögel. 99 b
Trösel. 88 b
Tschavitle. 52 b 332 b
Tschütscherlein. 342 a
Tuchterli. 114 a
Tutter. 148 a

U. Ueber-

V.

Ueberschnabel. 52
Uhu. 310
Vogelheine. 360 a
Urhan. 214.

W.

Wachtelkönig. 68. b
WaldZeißlein. 352 a
Wand weher. 284 a
Wannen weher. 283
Wannt wehen. 284 a
Wasserhun. 56 a
Welsch Wasserhun. 57
Wasserhünlein. 223
Wasser-Raab. 109. b. 111 a
Wasser Trostlein. 224. b
Wein kernall. 237
Wein vögelein. 41
Wetter vogel. 58 b
Widwal. 43 b
Wieg wehen. 284 a
Wild fang. 248 a
Wind vogel. 58 b
Wonitz. 150 a
Wülve. 226 b

Y.

Ysongart. 72. b

Z.

Zappe. 56 a
Zilzelperlein. 352 a
Züniech. 3 a. 27 a
Zinzerelle. 37
Zötscherlein. 342 a
Zuckervogel. 62 a
Zweyel. 154 a

GESNERI
Redivivi, aucti & emendati
TOMUS III.
Oder
Vollkommenes
Vogel=Buch/
Zweyter Theil/
Darstellend
Eine warhaffige und nach dem Leben
vorgerissene
Abbildung
Aller/ so wol in den Lüfften und Klüfften/ als in den Wäldern und Feldern/ und sonsten auff den Wassern und daheim in den Häusern/ nicht nur in Europa, sondern auch in Asia, Africa, America, und anderen neu=erfundenen Ost=und West=Indianischen Insulen/ sich enthaltender zahmer und wilder Vögel und Feder=Viehes;

Deren jeglichem sein Kraut und Gewächse/ mit dem Samen/ Körnern oder Beeren/ oder andere speisende Thiere und Ungeziefer/ wovon sie ihre Nahrung haben/ gar eigentlich und kennlich mit beygefüget ist/

Sammt einer umbständlichen
Beschreibung
Ihrer äusserlichen Gestalt/ innerlichen Natur und Eigenschafft/ angebohrnen Tugend oder Untugend/ wie sie zu nähren und zu mehren/ oder zum Baitzen und anderm Gebrauch abzurichten/ deßgleichen was für Kranckheiten sie unterworffen/ und wie denselben wiederumb davon zu helffen/ auch was für sonderbaren und vielfältigen Nutzen die Menschen/ theils zur Speise und Nahrung/ theils aber zur Noth und Artzney/ von ihnen haben können.

Allen Leibs=und Wund=Aertzten und andern Verwunderern der so vielfältigen wunderbaren Geschöpffe Gottes/ wegen der dabey vorkomenden natürlichen Geheimnüssen/ zur Belustigung/ den vorsichtigen Hauß=Vättern aber/ wie auch den sorgfältigen Land=und Weydleuten zum nützlichen Unterricht; und den Mahlern/ Reissern/ Seidenstückern und andern Künstlern/ wegen der artigen Figuren/ zur Nachfolge/ an ihren Orten/ sehr dienst= und zuträglich.

Vormahls durch den hochberühmten
Herrn D. CONRADUM GESNERUM,
In Lateinischer Sprache beschrieben/ und nachgehends durch eine andere Hand/ der Teutschen Welt zu gute übersetzet:

Anjetzo aber/ nach dem Lateinischen Drucke/ von neuem übersehen/ an gar vielen Orten/ dem Lateinischen Grund=Texte/ und der gewissen Erfahrung gemäß/ verbessert/ uñ/ aus der alten gar unverständlichen Dolmetschung/ in eine recht deutliche und saubere Teutsche Sprache gebracht/ auch mit sehr vielen neuen Figuren/ theils bekanter/ meistentheils aber frembder und ausländischer gar seltzamer Vögel und ihrer Beschreibung/ gezieret und vermehret/
Durch
GEORGIUM HORSTIUM, M.D.
Mit Römischer Käyserl. Majest. Freyheit.
Franckfurt am Mayn/
In Verlegung Wilhelm Serlins Buchhändlers.

Druckts im Jahr MDCLXIX. Blasius Ilßner.

Dem Edlen
Herrn Josias Städel/
vornehmen Buchhändlern/ und wohl meritirten Dreyern deß Pfenning-Thurns in des H. Röm. Reichs freyer Stadt Straßburg/ meinem Hochgeehrten Herrn/ und wohlgeneigten Gönnern.

Edler/ Ehrenvester/ ꝛc.

INsonders Hochgeehrter Herr. Es bezeuget nicht allein die Erfahrung/ sondern auch die H. Schrifft selbsten/ daß uns an den Vögeln die Art und Weise/ wie wir recht und wohl leben sollen/ vorgestellet werde. Dann daß der Mensch seine Nahrung durch Arbeit suchen müsse/ und allerhand Unglück unterworffen seye/ wird in dem Buch Hiob cap. 5. v. 7. durch deren Flug angewiesen. Daß man sich mit gewisser Zuversicht auff die Göttliche Vorsorge verlassen solle/ lehret der Herr Christus selbst Matth. 6. v. 27. durch das Exempel der Vögel/ welche ob sie schon weder säen noch erndten/ jedoch von dem Himlischen Vatter ernähret werdē. So geben auch die Vögel solcher Göttlichen Vorsorge Zeugnüß/ als von denen unser Herr und Heyland Matth. 10. v. 29. sagt: daß deren keiner/ auch nicht der geringste und verachteste ohne den Willen GOttes auff die Erde falle. Uber diß/ so vermahnen die Vögel die Gottlosen zur Busse/ daß sie sich der von GOtt verliehenen Gnadenzeit zur Busse recht gebrauchen sollen/ indeme beym Propheten Jeremia am 8. v. 7. gesagt wird: Ein Storch unter dem Himmel weiß seine Zeit/ ein Turtel-Taube/ Kranich und Schwalbe mercket seine Zeit/ wann sie wieder kommen sollen/ aber mein Volck will das Recht des HErrn nicht wissen. Woraus dann erhellet/ daß die Vögel gleichsam lebendige Bildnüssen des menschlichen Thuns und Wandels seyen; dann wer solte doch durch der Kraniche Klugheit nicht klüger werden/ von welchen man lieset/ daß sie kleine Steinlein bey sich tragen/ aus deren Fall sie erkennen/ ob sie über Land oder über Meer fliegen/ und ob sie ruhen oder ihren Flug weiter fortsetzen sollen. So scheinet auch/ daß man ihnen fast die gantze Kriegskunst zu dancken habe: Dann/ wann anderst wahr ist/ was man von ihnen lieset/ indeme sie ihnen ein Haubt und König erwählen/ geben sie nicht hierdurch die Nothwendigkeit eines Kriegs-Obersten zuerkennen? indeme ihrer etliche/ wann die andern schlaffen/ die Wacht halten/ etliche aber gleichen Runden gehen/ und erforschen/ ob nicht irgend eine Gefahr obhanden seye/ und wann sie ihr Ambt verricht/ zuvor ehe sie schlaffen wollen/ die andern mit ihrem Geschrey auffwecken/ welche dañ mit eben solcher Sorgfalt und Wachtsamkeit ihre Stelle vertretten/ und sie ablösen/ ist solches nicht ein klärliches Anzeigen der Vorsichtigkeit/ die in dem Krieg höchst nothwendig ist? Pfleget nicht der Bauersmann aus der Vögel Ab- und Zuflug den zukünfftigen Regen/ und anders Ungewitter abzunehmen? Wer die Zeiten des Jahrs nit zu unterscheiden weiß/ derselbe wird solches leichtlich von den Vögeln lernē können: dann der Störche und Wachteln Wiederkunfft gibt den Frühling zuerkennen:

nen: so zeigen auch die Schwalben/ wann sie ankommen/ die gleiche Tags- unnd Nachtslänge im Frühling/ und wann sie wieder wegfliegen/ die gleiche Länge des Tags und der Nacht im Herbst an/ und ändert die Nachtigall mit der Sommerlichen Sonnenwende ihre Stimme und Farbe.   Hat es nicht auch das Ansehen/ als ob man die Baukunst von den Schwalben gelernet? dann dieselben bauen ihre Nester/ darinnen sie ruhen und ihre Jungen ausbrüten/ gantz aus Koth und Leimen/ unnd befestigen dieselbe mit Stroh; in Ermanglung dessen/ machen sie sich gantz naß/ und erregen mit ihren Flügeln den Staub/ woraus sie ihnen den Koth bereiten; an statt des Strohes nehmen sie weiche Pflaumfedern und Flocken/ und ersetzen also durch diese Klugsinnigkeit solchen Mangel: In Summa/ wer könte den Nutzen der Vögel genugsam beschreiben? Dannenhero haben nicht allein die Alten/ als Aristoteles, Plinius, Ælianus, Oppianus, und andere/ in deren Beschreibung grosse Mühe und Fleiß angewendt; sondern es hat auch der Weyland hochberühmte Mann/ D. Conradus Gesnerus ein absonderliches Buch von ihrer Art und Natur/ Speiß und Nahrung/ und wie sie zur Artzney dienlich/ ausführlich geschrieben/ welches ich bey verspürtem Abgang der alten Exemplarien wieder vom neuen aufflegen/ in die heut zu Tag übliche reine Mund-Art bringen/ und mit vielen neuen Figuren frembder und Ausländischer Vögel vermehren lassen.

   Dieses nun habe ich niemand besser/ als E. E. Ehrenv. als meinem wohlgeneigtem Gönner zu dediciren gewust/ theils weilen derselbe dergleichen nützlichen Bücher selbsten ein grosser Beförderer ist; theils weilen er/ als ein berühmter vornehmer Buchhändler/ dieses Werck durch seine vielgültige recommendation, unnd berühmte Handlung bekant und angenehme machen kan.   Und gelebe der Zuversichtlichen Hoffnung E. E. Ehrnv. werde nach dero männiglich bekanten humanität Verstand und Leutseligkeit diese meine Kühnheit am besten vermercken/ und mein hochwerther Schutz-Gönner noch ferners verbleiben.   Für welche Begünstigung ich mich jederzeit erkennen werde für

E. Edl. Ehrnv.

Franckfurt den 28. Septemb.
Anno 1669.

Dienst-verpflichten Diener

Wilhelm Serlin/ Bürger und
Buchhändler daselbst.

(I.)

Von dem Vogel
Phœnicoptero.

Dieser Vogel so Flambant, oder Flamman gemeiniglich genennet wird/ ist nach Bellonii Beschreibung/ in der Zweyter Theil. Größ eines Storches/ und hat gleichfalls hohe rothe Bein/ aber einen kürtzern und gebogenen Schnabel/ welcher doch auch
A roth

roth ist/ an dem gantzen Leib sihet er rothbraun/ und wird meistens in Italien und Spanien gefangen/ allwo er sich umb das Meer an dem Ufer auffhält. Wie D. Geßner von einem seiner Freunde berichtet worden/ hält sich dieser Vogel in dem Wasser auff/ und schwimmet im Welschen Meer schaarweiß/ nicht weit vom Land/ er ist so groß als ein Storch/ oder etwas grösser. Der Schnabel ist fast anderthalb mahl so lang als deß Storchen/ Blutfarb/ oben dick und rauh bücklicht/ mit rothen Beinen/ so lang als deß Storcken/ oder länger/ breitfüssig/ vornenhin ist er weiß gefärbt/ am Halß aber/ an der Brust/ am Bauch und an den Flügeln hat er röthlichte Federlein/ er isset Fisch/ und wird zu der Speiß verkaufft. Er vermeint auch daß er den Frantzösischen Nahmen von der rothen Farb seines Schnabels/ der Beine und Flügel/ bekommen habe/ oder daß er zu Winterszeit auß Flandern in die Narbonensische Provintzen fliegt/ dann die Frantzosen heissen einen Flanderer Flamman. Er hat bey den Griechen seinen Namen von der braunrothen Farb. Der König Franciscus hat ihn Flammant von seiner Farb genennet/ er hat auch denselben gern/ und zwar zum ersten gessen. Er wird aber wegen seines Fischgeschmacks zu Mompelier nicht gessen.

Dieser Vogel kan nirgend mit anders als allein mit Waffen gefangen werden/ dann er hat seine Wohnung mitten in dem Meer/ da er von den Fischen und Schnecken lebt. Dann Juvenalis lobt ihn sehr zur Speiß/ sonderlich seine Zungen/ welche gantz lieblich und wohlgeschmackt seyn soll/ wie Apicius sagt. Diesen Vogel sol man sieden/ waschen/ und wohl bereiten/ darnach in einen Hafen thun/ Wasser/ Saltz/ Dill/ und ein wenig Essig daran thun/ und wann er halb gekochet/ so thue ein Büschelein Knoblauch und Coriander darzu/ damit es gekochet werde: wañ er aber fast gekochet ist/ so schütte Traubelmuß daran/ damit er eine Farb bekomme: zerstoß in einem Mörsel Pfeffer/ Kümmel/ Coriander/ Laserwurtzel/ zahme Müntz/ Rauten/ schütte Essig darüber/ thu Dattelkern darzu/ und schutte seine eigene Brühe darüber: leere es wiederumb auß in den vorigen Hafen/ bestreiche ihn mit Ammelmehl/ schütte Brühe darüber/ und trage ihn für. Also thue auch mit den Papageyen. Oder brate den Vogel/ zerstoß Pfeffer/ Liebstöckel/ Eppich-Saamen/ Leyndotter/ Petersilien/ Müntz/ truckne Zwibeln/ Dattelkern/ und vermeng es mit Honig/ Wein/ zerlassen Schmaltz/ Essig/ Oel und Traubelmuß/ wie Apicius nach seiner alten Weise zu kochen lehret.

Von einer andern Arth dieser Vögel.

Phœnicopterus alius.

Von der Gestalt dieses Vogels.

Aldrovandus meldet/ daß sich dieser Phœnicopterus von dem vorigen/ und sonderlich wegen Gestalt deß Schnabels und der Füsse weit unterscheide/ dann dieser nicht feuer-roth/ sondern vielmehr Kastanienbraun ist/ der Schnabel ist auch recht gestaltet/ wie ihn Scaliger einem Scytischen Bogen vergleichet/ in welchem die Natur recht spielet/ dann er nicht breit wie der Gänß oder Enten/ nicht zugespitzet und rund wie der Reyer/ auch nicht recht gekrümmet wie der Adler Schnabel/ sondern ist in der Mitten gantz über sich gebogen/ 6. Finger lang/ inwendig hohl/ und oben nach dem Kopff licht Kastanienbraun. Der übrige Theil aber ist schwartz/ der obere Schnabel ist etwas länger als der untere/ und gantz zugespitzet/ da entgegen der untere dicker und stärcker ist. Der gantze Vogel sihet Aschenfarb mit weißgrau vermischet. Dieser hat auch einen kurtzen Schwantz/ welcher weiß ist.

Der Herr de Rochefort gedencket auch dieses Vogels in der Beschreibung der Antillen-Inseln in folgenden Worten: An den stehenden Wassern und sumpfichten Orthen/ da man selten hinkommet/ halten sich schöne und grosse Vögel auff/ welche so groß als eine wilde Ganß/ und wie die jenige gestaltet sind/ so von den Holländern Lepelaer genennet werden/ wegen ihres Schnabels der vornen wie ein Löffel eingebogen. Ihr Schnabel ist demselben gantz gleich/ der Halß sehr lang/ und die Füsse so hoch/ daß der übrige Theil ihres Leibs ohngefehr zween guthe Schuh hoch von der Erden stehet. Sie haben aber nicht einerley Farben/ dann wann sie jung sind/ haben sie weisse Federn/ nachdem sie hernach wachsen/ werden sie Rosenfärbig/ und letzlich/ wann sie alt sind/ haben sie eine rechte Leibfarb. Es hat das Ansehen/ daß er dieser Farb halben von den Frantzosen Flammant/ das ist/ flammend/ genennet wor-

Von dem Phœnicoptero.

worden. Bey den Griechen und Lateinern heisset er Phœnicopterus. Man findet diese Vögel auch nahe bey Mompelier, welche nur allein unter den Flügeln/ und an dem Bauch Leibfarb sind/ und oben auff dem Rücken schwartz. Man siehet auch etliche in den Inseln/ welche an den Flügeln weisse und schwartze Federn vermenget haben.

Zweyter Theil.

Sie fliegen gemeiniglich hauffenweiß/ und haben ein solch scharffes Gehör und Geruch/ daß sie die Jäger und Büchsen von weitem mercken. Damit sie auch desto sicherer von allen Nachstellungen seye/ setzen sie sich gern an freye Orth/ und mitten in die Sümpffe/ da sie ihrer Feinde von weitem können gewahr werden/ und wann die andern die Wasser durchsuchen/ ihre Nahrung zubekommen/ so hält allezeit einer auß dem Hauffen die Wacht; welcher/ so bald er das geringste Geräusch höret/ oder einen Menschen siehet/ sich in die Höhe schwinget/ und ein Geschrey von sich gibt/ zum Zeichen/ daß die andern ihme nachfolgen sollen. Wann die Jäger auff der Insul S. Domingo diese Vögel/ als welche daselbst gar gemein sind/ schiessen wollen/ stellen sie sich gegen den Wind/ auff daß der Geruch deß Pulvers ihnen so leicht nicht beykomme/ hernach bedecken sie sich mit einer Ochsenhaut/ und gehen auff Händ und Füssen/ damit sie von den Vögeln vor dergleichen Thiere mögen angesehen werden/ biß sie an einen bequemen Orth kommen/ da sie auff dieselbe loß schiessen können; und durch diese List kommen sie in der Jäger Hände/ dann sie sind gewohnet die wilden Ochsen zu sehen/ welche von dem Gebürge herab zur Tráncke gehen. Sie sind fett/ und haben ein zimlich delicat Fleisch. Ihre Haut/ die von weichen Pflaum-Federn bedecket/ wird auffgehaben/ und zu gleichem Gebrauch wie die Schwanen- und Gäyer-Häute angewendet. Dieses ist was in der Beschreibung der Antillen-Inseln von diesem Vogel stehet/ darauß auch die obige Figur genommen worden.

Von dem Vogel Phœnix genannt.

PHœnix sol ein Vogel seyn in der Landschafft Arabiæ gegen Orient oder Auffgang der Sonnen gelegen. Von diesem Vogel schreibt man viel/ und fürnemlich gibt man für/ daß er ohne alle Vermischung oder Zuthuung männliches oder weibliches Geschlechts gebohren werde/ und sol dieser Vogel also ohne seines gleichen auff fünffhundert und viertzig Jahr leben/ oder wie andere sagen/ sechshundert und sechtzig Jahr/ oder sieben tausend und sechs Jahr; etliche sagen gar über zwölff tausend Jahr. Dieser Vogel sol in der Grösse seyn eines Adlers: sein Kopff wie eines Pfauen gestaltet: er soll auch sonderlich gezieret seyn mit einem schönen goldfarben Halß/ mit purpurfarb gesprengt/ wie die Spiegel der Pfauenfedern/ schön glänzend an Farben/ mit schönen runden Circkeln/ wie ein Aug anzusehen. Wann er aber vermerckt/ daß er nun von Alter beschweret/ bereitet er ihm ein Nest in der Höhe/ über einem klaren Brunnen/ auff einem Baum/ welches Nest er ihm bereitet von köstlichen wohlriechenden Dingen/ als Weyrauch/ Myrrhē/ Zimmet/ und anderem kräfftigen köstlichen Gewürtz. Dann soll er in solches Nest sich nieder lassen/ und am heissen Sonnenschein sich wol erschwingen/ so lang biß daß die heisse Stralen der Sonnen sich durch den Widerschein in dē Spiegeln der Federn/ wie in einem Feuerspiegel anzünden und Feuer geben/ darvon das Nest angezündet/ und also mit dem Vogel verbrennet wird: Deß andern Tags aber sol ein Würmlein auß der Aschen wachsen/ welches den dritten Tag Flügel bekommt/ wie bey uns die Pfeiffholter/ oder Fledermauß/ und wird also mit der Zeit wieder in vorigen Vogel verwandelt/ der fliegt dann hinweg/ daß man nicht weiß wohin er kommt/ doch fliegt er gewöhnlich im fünffhunderten Jahr in Egypten/ und stirbt daselbst.

Laurembergius in Acerra Philol. cent. 2. hist. 37. sagt unter andern: Jch lasse mich bedüncken/ es seye niemahls ein rechter Vogel gewesen/ sey auch noch nicht deß Nahmens Gestalt und Werck/ sondern es seyen literæ hieroglyphicæ, das ist/ eine heimliche verborgene Deutūg unter dieser Fabel/ nemlich dieser Vogel Phœnix ist ein Bildnüß der gantzen Welt. Der güldene Kopff bedeutet den Himmel mit seinen Sternē; der bunte Leib den Erdboden; die blaue Brust/ und Schwantz/ das Wasser und Lufft; Dieser Phœnix aber/ oder die Welt/ bestehe so lang/ biß der Himmel uñ die Sterne wieder zu stehen kommen/ an den Orth/ da sie zur Zeit der Erschaffung der Welt gestandē. Wann das geschicht/ so seye der Phœnix todt; und habe die alte Welt ihren Lauff verbracht/ und gehe alles wiederumb von neuem an.

Von dem Vogel Phoix genannt.

Dieses Vogels gedencket Aristoteles, und sagt/ daß er vor andern Vögeln gern die Augen esse. Es scheinet/ daß er auß der Reiger-Geschlecht seye/ weil Aristoteles alsbald nach den Reigern von ihm scheibet/ und auch von den Fischen lebet; Er streitet mit dem Vogel Harpe, als welcher auch seine Nahrung auß dem Meer hat.

Von

Von dem Purpurvogel.
Porphyrio. Telamon.

Von der Gestalt dieses Vogels.

Dieser Vogel so in Libya gefunden wird/ ist fast blaufarb/ und hat einen braunrothen Schnabel/ davon er dann seinen Namen bekommen/ auff seinem Kopff hat er etwas als ein Strauß/ so die Perser Schützen tragen/ gestaltet: er ist so groß als eine zahme Henne: doch hat er längere und rothe Bein/ und fünff Zeen an den Füssen/ deren die mittelste die gröste ist. Etliche sagen/ daß dieser Vogel wider die Natur anderer Vögel/ einen breiten Fuß habe zu schwimmen/ den andern gespalten zu gehen/ darauß man abnehmen könne/ daß er beydes im Wasser schwimme wie eine Ent/ und auff dem Erdreich gehe/ wie ein Rebhun. Der Purpurvogel/ wie andere lang und enghälsige Vögel auch/ hat keinen Kropff. Er hat auch einen unbequemen Schwantz zu fliegen.

Dieser frembde Vogel (spricht D. Geßner) kan zu Teutsch ein Purpurvogel/ von seinen Füssen und Schnabel her/ genennet werden. Er ist am gantzen Leib blau gefärbt/ der mittelste Theil deß eusseren Schwantzes ist weiß-aschenfarb: die Augen sind schwartz: der Schnabel und die Bein sind glantzend purpurfarb. Er hat allein vier Zeen/ und nit fünff/ wie etliche davon geschrieben haben/ die sind also gewachsen/ wie wir an etlichen Spechten sehen. Dieser Vogel wird ohne zweiffel selten in der Narbonnesischen Provintz/ aber mehrentheils in Spanien gesehen.

Von der Natur und Eigenschafft dieses Vogels.

Dieser Purpurvogel sol ein Wasservogel seyn/ dann er mehrentheils bey dem Wasser gefunden wird. Er isset nicht ehe/ biß er ein bequem Orth zu spatzieren außgangen hat/ und wann er außgespatzieret hat/ wältzet er sich im Staub/ und badet/ darnach isset er erst. Er dunckt alle seine Speiß in Wasser/ und reicht dieselbige mit seinem Fuß/ wie der Mensch mit seiner Hand/ zum Schnabel/ dann dieweil er fünff Zeen (welches doch nicht ist/ wie vor gesagt worden) an seinem Fuß hat/ kann er dieselbe kömmlich an statt einer Hand brauchen; er dunckt seine Speise zuvor in das Wasser; sonsten trincket er beissend. Er kan auch nit leiden/ daß man ihn essen sehe/ darumb weicht er an ein heimlich Orth/ und verbirgt sich. Er lebt auch von den Fischen/ und fliegt nicht hoch. Er vermischt sich nimmer mit seinen Gesellen vor den Leuten/ dann er von Natur so schamhafft ist/ daß er keinen Matt bey seiner Frauen liegen sehen mag: und wann er einen Ehebruch vermerckt/ stirbt er von Leid und Schmertzen. Er wird zuweilen in den Häusern erzogen/ da er dann fleissig acht hat auff die Weiber/ so ohne Männer sind/ und in Ungebühr sich zu den Männern thun; dann er vermerckt auß Eingebung der Natur den Ehebruch/ und wann er dessen von der Haußmutter nur einen Argwohn hat/ erhenckt er sich selbst/ und zeigt darmit seinem Herrn deß Weibs Laster an/ wie Oppianus und Ælianus schreiben. Er thut auch nicht allein die obgenannte Stück/ sondern er hat auch die Art an sich/ daß er die so bey ihm wohnen/ sehr liebet. Dann als man auff eine Zeit einen Hanen bey ihm in einem Häußlein gehalten/ auch mit gleicher Speiß erzogen hat/ also/ daß sie sehr Gemeinschafft miteinander gehabt/ da hat er sich/ als der Hahn von ihm getödtet worden/ so bekümmert/ daß er hungers gestorben/ wie Ælianus schreibt.

Wie dieser Vogel gefangen werde.

Man darff zu diesem Vogel weder Vogel-Leim noch Garne brauchen/ sondern nur warnehmen wo er sich allein setze/ und mit Tantzen allgemach zu ihm nahen. Dann er über dem Tantzen so erfrewet wird/ daß wann er den Menschen schön herzu kommen siehet/ nicht hinweg fliegt/ sondern vielmehr sich auch rüstet zu tantzen/ biß er gefangen wird.

Was von diesem Vogel dem Menschen nützlich seye.

Der Purpurvogel ist den Menschen sehr angenehm/ darumb erziehen sie ihn fleissig/ und wird er in der Herren Häuser zur Kurtzweil gehalten/ oder er wird zuweilen in einer Kirchen erzogen/ da er seinen freyen Flug hat/ er gehet auch in den Clöstern hin und her/ wie Ælianus sagt. Procopius schreibt/ daß er den Jüden zu der Speiß verbotten seye/ dieweil er die Fische raube und fresse; oder daß er vor unrein wegen seiner Unkeuschheit gehalten wird/ wie Paulus Fagius davon schreibet.

Von dem Vogel Puluier.
Pluvialis.

Dieser Vogel heisset auff Frantzösisch un Pluvier, und wird zu Teutsch ein Puluier und Pulroß genennet. Er ist in der Eydgenoßschafft unbekannt / und wird selten gefunden/doch kan er ein grauer Gyfitz genennet werden. Er hat seine Wohnung mehrentheils bey den Seen / wiewol er auch offt auff den Aeckern gefangen wird. Dieser Vogel ist sehr berühmt / und wird vielleicht zu Teutsch von dem Lateinischen Wort Pulvis, oder Staub/ genennet/ weil er gern im selbigen wohnet. Er ist aschenfarb/ etwas kleiner als eine Turteltaub. Er fliegt schaarweiß / und wird selten allein fliegend gesehen. Er singt stets aber nicht starck. Und ob er gleich aschenfarb ist/ sind doch seine Federn mit dunckelgelben Flecken gesprengt / daher er von den Griechen Pardalus (dieweil er wie der Leopard geflecket ist) genennet wird/ wiewol Aristoteles ihn nicht für einen frembden Vogel hält/ sondern für einen der allezeit wie die Raaben und Krähen gesehen werde/ welches vielleicht war ist in Griechenland/ als welches viel hitziger ist als unser Land / dann bey uns ist fast kein Vogel / der den Winter entweder nicht an ein ander Ort fliege / oder sonst verborgen liege/ schreibt Gyb. Longolius.

Wann dieses der Vogel Pardalus ist/ den ich dafür halte/ so laufft er schnell/ und pfeiffet wie ein Mensch mit seinem Mund. Seine Federn ziehen auff aschenfarb/ deren eine jede einen gelben Flecken hat / sagt Turnerus. Der Puluier ist fast in der Grösse eines Rebhuns/ mit mancherley Federn gezieret/ mit gelb/ weiß und schwartz gesprengt. Pluviales (spricht Albertus) sollen Vögel seyn / die sich allein von der Lufft nehren / und doch darbey sehr fett sind. Daß man aber von diesen Vögeln solches fürgibt/ geschicht darumb/ daß wann man sie auffschneidet/ man nichts in ihrem Leib findet ; dieweil sie kein ander Eingeweyd haben/ als einen langen/ weiten/ stracks durchgehenden Darm / darinn nimmer nichts gefunden wird; derhalben nennen die Aertzte diesen Darm Intestinum jejunum, oder den leeren Darm / weil man nimmer nichts darinn findet : und ist solches gemein bey vielen andern Vögeln/ daß man solcher Gestalt nichts in ihnen findet/ die Lufft aber/ als ein rein Element/ kan keine Nahrung geben. Unter allen Vögeln so mir bekannt gewesen/ (spricht Bellonius) habe ich keinen nie gesehen/ der nicht vier Zeen gehabt habe/ ohn allein dieser Puluier / und der Meerspecht/ und noch zween andere/ deren der eine zu Frantzösisch Guillemot , der ander Caune petiere (welcher auß der Schneehüner Geschlecht ist) genennet wird. D. Geßner vermeint/ daß der Puluier dem Gyfitzen etwas verwandt seye / dann ihnen beyden der gemeine Nahme bey den Engelländern gegeben wird/ allein den Unterscheid der Farben außgenommen; sie haben auch dé Unterscheid/ daß der Gyfitz einen Strauß hat/ der Puluier aber hat keinen; sie haben auch einen Unterscheid an den Zeen der Füsse/ dann der Puluier hat den hindersten gar nicht: der Gyfitz hat aber daselbst einen sehr kurtzen. Etliche sagen/ daß dieser Vogel die Excrementa, oder Unrath von den Würmen esse.

Wie

Wie dieser Vogel gefangen werde.

Diese Vögel fängt man wañ man schwere und bleyerne Vogelböltz über sie in die Lufft schiesset/ dann darvon erschrocken sie/ daß sie sich herab auff die Erden lassen/ niedriger fliegen/ und also in die Garn fallen.

Was von diesem Vogel dem Menschen nützlich seye.

Diese Vögel werden für ein köstlich Essen gehalten; darumb sagt man gemeiniglich von einem schleckhafften Menschen/ der sich an keiner Speiß vergnügen läst/ er würde auch am Puluier nicht vor gut haben. Etliche sagen/ daß er keine harte Speiß esse/ derhalben entweiden ihn etliche nicht/ wann sie ihn essen wollen/ wie auch etliche andere gute und wohlgeschmackte Vögel.

Von dem Rebhun/
Und erstlich von seiner Gestalt.

Perdix.

Dieser Vogel heisset auff Hebreisch קורא, Griechisch πέρδιξ, Lateinisch Perdix; Ital: Perdice, Pernise; Spanisch Perdiz; Frantz: Perdrix, Perdreau; Polnisch Kuropatvva, Wendisch Kuroptvva; Ungar: Fogoly madar; Türckisch Zil; Engelländisch a Pertrige; Niederländisch Veldhoen offt Perdrys; und zu Teutsch Rebhun oder Feldhun. Das Rebhun endert sich nach Gelegenheit der Länder/ es hat auch mancherley Unterscheid/ nit allein an Gestalt und Grösse deß Leibs/ sondern auch an seiner Stimm. Alles was Aristoteles und Ovidius vom Rebhun schreiben/ das reimet sich unsern gemeinen Rebhünern/ nemlich die Arth ihres fliegens und nistens/ ihre Listigkeit und Fleiß gegen ihre Zucht/ die Schwere deß Leibs/ uñ rauschende Stimm. Es machen die Alten zwey Geschlecht der Rebhüner/ ein kleines und ein grosses. Wir wollen hie vom kleinern insonderheit/ uñ von beyden Geschlechten insgemein/ nachmals aber von dem grössern schreiben.

Porus ein König in India hat dem Kayser Augusto ein Rebhun geschenckt/ welches grösser war als ein Geyer/ wie Strabo meldet. Welcher auch schreibt/ dz Rebhüner so groß als die Gänß in India gefunden werden. Die Rebhüner fliegen nicht auß Bœotia in Atticã: wann sie aber dahin kommen/ erkennt man sie an ihrer Stimm. Das Rebhun/ sagt Albertus, ist gemeiniglich rothfärbig/ mit schwartzen langen Flecken gesprengt. Longolius spricht/ daß dieser Vogel ziegelroth seye/ wie bey nahe alle andere Vögel/ die im Staub der Erden wohnen. Man hat auch weisse Rebhüner gesehen/ wie Aristoteles bezeuget. Das Rebhun hat den Kropff vor seinem Magen/ es hat auch etliche Angehenck am Außgang seines Eingewyds. In Paphlagonia sollen diese Vögel zwey Hertz haben/ schreibt Plinius. Zu der Zeit ihrer Reische haben sie sehr grosse Hödlein/ viel grösser als andere Vögel/ wegen ihrer Geilheit/ sonst sind dieselbe zu anderer Zeit gantz klein/ also daß man sie zu Winterszeit kaum sehen kan/

kan/wie Aristoteles bezeuget. Unser Rebhun (spricht D. Geßner) ist vielfaltig gefärbt / und derhalben nicht leichtlich zu beschreiben. Der Schnabel ist liechtgraw/ die Bein aber weißgraw. Der vorder Theil deß Kopffs / das Theil umb die Augen / und der Anfang deß untern Theils deß Halses / sind roth / der übrige Kopff ist obenhin grawroth: Aber alle Federlein werden in der Mitten mit hellen rothen Flecken besprengt. Der Halß und die Brust sind aschenfarb / mit viel kleinen schwartzen Flecklein/ als in einer Ordnung/krauß/und wie Wasserwellen unterzogen/fast wie das Veeh gefärbt; mitten am Bauch sind an beyden Seiten etliche braunrothe Federlein; Unten am Bauch / sampt den Beinen ein wenig über dem Knie / haben sie liechtgrawe gefärbte Federlein. Der Rücken/ die Flügel und der Schwantz / haben je eins umb das ander mancherley Farben / dann auff dem Rücken und Schwantz wirst du ein schwärtzlichte/ gelblichte/ und ein satte rothe Farb sehen / überzwerch hinüber je eine umb die ander gesetzt: Der schwartzen ist aber am wenigsten/ welche wie Wasserwellen nach einander fliessen/die grösteSchwingfedern sind grau/ mit rothen größlichten Flecken überzwerch hinüber gezeichnet; An diesen sind auch die kleinere und obern Federn mehr gesprengt und glänzender / fast wie die auff dem Rücken gefärbt/ doch unterscheidet ein jede eine weisse Linie die in der Mitten dardurch gezogen.Die Seiten sind auch aschenfarb wie der Halß und die Brust/ doch sind etliche breitlichte rothe Flecklein überzwerch darüber gezogen. Der Schwantz ist vier zwerch Finger lang/und der Halß auch also/ oder etwas weniger/ꝛc. Und also war das Männlein/ so ich besehen hab / gestaltet. Das Weiblein hatte etwas Unterscheids / und hat dreyzehendhalb Untzen gewogen.

Von der Speiß dieses Vogels.

Die Rebhüner leben von den Schnecken/ wie Aristoteles und Athenæus sagen. Das Kraut Helxine haben etliche Perdicium genennet / weil die Rebhüner dasselbe gern essen. Die Rebhüner bey Cyrrha fressen Knoblauch/damit man ihr Fleisch desto ungerner esse / dieweil sie wissen daß man ihnen nicht wegen deß Gesangs oder Kampfs/ sondern allein der Speiß wegen nachstellet/ schreibet Ælianus. Bey uns leben die Rebhüner mehrentheils von eben den Speisen welche die Wachteln und Lerchen essen.

Von der Natur und Eigenschafft dieses Vogels/und erstlich von seinem Gesang und Flug.

Man sagt daß dieser Vogel nicht allenthalben eine gleiche/ sondern eine vielfaltige Stimm habe: Wie aber diese Stimmen genennt werden/erzehlt Theophrastus. Dieser Vogel hat bey den Griechen und Lateinern seinen Nahmen von seiner Stimm/ daß kein Vogel hat mehr eine kirsende Stimm(gleich einer Sägen) als dieser. Den Rebhünern machet der Knoblauch/ von ihnen gessen/ eine helle Stimm. Papinius schreibt daß dieser Vogel so gelehrsam seye/ daß er auch/ wie der Mensch/reden lerne.

Etliche Vögel lauffen / wie die Rebhüner und Schnepffen.Dieser Vogel liegt auch im Staub/ und fliegt nicht hoch / sondern nahe bey der Erden/und nicht weit.

Bußbeck sagt in dem dritten Sendschreiben der Türckischen Bottschafft/er habe eine Gattung Rebhüner gehabt / die man auß der Insel Chio bringt / so rothe Schnäbel und Füsse haben / welche so zähm gewesen/ daß sie ihm eben deßwegen verleidet worden; Den sie sätzten sich stetig zu seinen Füssen/ und machten auß seinen sammeten Pantofflen mit ihren Schnäbeln den Sand und Staub/ sich darinnen zu baden/ herauß; Daher er sie/ weil sie ihm damit ein Verdruß machten/ in eine Kammer einsperren lassen.Sie sind aber in wenig Tagen von all zu grosser Fettigkeit (wie seine Diener ihn berichtet) gestorben; Plinius aber schreibet an einem Orth/ daß die Hasen und Rebhüner nicht fett werden.

Von der Unkeuschheit dieser Vögel/ sonderlich der Männlein.

Die Rebhüner und Wachteln sind so unkeusch/ daß sie auff die Weydleut offt fallen/ und auß Furcht verblendet/ihnen oft auff ihre Köpff sitzen. Wie sie aber zur Reischezeit mit einem Spiegel gefangen werden/ wird in der Wachtel gesagt werden. Dieweil aber diese Vögel sehr geil sind / wohnen sie stets bey den Weiblein. Zur Frühlingszeit sonderen sie sich von einander durch den Gesang und durch den Kampff / und lebt je ein paar mit einander. Sie kämpffen mit einander der Unkeuschheit wegen/ sonderlich im Frühling/ und wenn ihnen/ dieweil sie sich in Wäldern weyden/ ein Weiblein begegnet / so heben sie einen Kampff an / das Weiblein aber wird dem Sieger zu theil/ welcher nit anders als ein treflicher Kriegsman frölocket / der eine schöne Beut bekommen / oder welchem sonst eine andere herrliche Gab geschenckt und zugesprochen were. Dem aber/ so in dem Kampf die Oberhand behalten/ folgen nachmals alle Weiblein nach / auch derjenige so überwunden ist worden. Die Männlein zerbrechen den Weiblein alle Eyer / die sie finden/ wegen ihrer Unkeuschheit/ damit sie nit brüten können/ dann dieweil sie brüten/ lassen sie das Männlein nicht zu.Das Weiblein aber betrieget das Männlein/ indem es in beyseyn desselben nicht zu den Eyern gehet/ damit es nicht erfahre wo dieselbe liegen. Ja die Weiblein sind so listig/ daß wann sie von jemand gesehen worden/ gehen sie demselben entgegen/ als ob sie sich wolten fangen lassen/ hernach aber fliehen sie/ und entführen also den Menschen von den Eyern. Wenn ein Weiblein von der Brut entflogẽ ist/ so schreyen die Männlein und streiten unter einander: welcher aber alsdenn im Streit überwunden wird/ der folget dem Obsieger nach/ und läst sich von demselbigen als ein Weiblein betretten/ und von keinem andern: Wenn er aber von deß fürnehmsten Männleins Gesellen/ oder von einem andern gemeinen überwunden wird/ so wird er vom Fürnembsten heimlich betretten. Dieses aber geschicht nit alzeit/ sondern allein zu einer gewisse zeit des Jars. Die zahmen Rebhüner betretten die wilden/ verachten auch dieselbige und gehen übel mit ihnen umb/ wie Aristoteles schreibt. Es stehet auch offt das brütende Weiblein auf/ weñ es vermerckt daß sein Mann auff eines andern lockende Stimm höret/ laufft ihm entgegen/ und wird ihm zu willen/ damit er das andere fahren lasse. Hievon ist hernach ein mehrers bey dem Fang dieser Hüner zu lesen.

Von der Empfängnuß dieser Vögel.

Wenn die Männlein gegen ihren Weiblein stehen/ uñ ein Wind gegen dem Weiblein wehet/ so empfangen sie/ und werden fruchtbar darvon. Sie empfangen auch mehrentheils/ indem sie nur die Stimm der Männlein hören/ wenn sie anders reisch und in der Brunst sind. Dieses kan auch geschehen/ weñ das Männlein allein über das Weiblein fliegt/ wie Aristoteles meldet. Und haben wir erfahren daß das Rebhun auff zweyerley weise empfange; Zuweilen natürlich/ da es den Saamen in sich fasset/ weñ es nit sehr geil uñ reisch ist; Zuweilen allein von der Lufft und Wind/ da es sehr geil und reisch ist. Albertus vermeint/ daß von der Lufft allein unfruchtbare Eyer empfangen werden/ darumb sey es falsch/ was Aristoteles hiervon geschrieben/ dieweil sie sich allermassen vermischen/ wie andere Vögelgeschlecht/ und ist das ihr Art/ daß in der Brunst wegen grosser Hitze/ das Männlein einen Wind machet/ seine Stiñ außläst/ und mit der Zungen zwitzert/ damit es sich zur Unkeuschheit reitze/ wie die Henne und der Han. Und dieses haben wir offt in Teutschland gesehen/ und selbst solches an den zahmen Rebhünern wargenoñen. Die Männlein lassen auch ihren Saamen fallen/ nicht allein wenn sie ein Weiblein gesehen/ sondern nur ihre Stimm gehöret haben/ wie Eustathius bezeuget.

Wie und wo dieser Vogel niste.

Das Weiblein und das Männlein auß diesem Vogelgeschlecht/ nistet auf der Erden/ ein jedes an einen besonderen Orth/ da an einem das Weiblein/ am andern das Männlein die Eyer außbrütet/ und seine jungen erziehet/ wie Aristoteles lehret. Wann die Rebhüner fast legen wöllen/ besprengen sie einen ebenen Platz mit Staub/ und verwahren denselben mit Stauden und Dornen. Dieser Platz ist hohl und bequem zum brüten: Daß nachdem sie denselben weich zubereitet haben gehen sie darein/ darnach vermachen sie sich mit Stauden wider allen Auffsatz der Thiere/ Raubvögel/ und Menschen: Sie wenden auch damit alle Feuchtigkeit von demselben ab/ als den Thaw und den Regen: dann wañ die Eyer naß worden/ werden sie unfruchtbar/ wenn sie nicht alsobald wiederumb von den Alten erwärmet werden/ wie Ælianus schreibt. Aristoteles aber und Albertus sagen/ daß das Rebhun in dicken Büschen und Dornhecken niste. An seinem Nest macht es sieben Tag/ wie Ælianus schreibt. Sie legen auch viel Eyer/ nemlich nicht weniger als zehen/ mehrentheils aber sechszehen/ wie Aristoteles und Ælianus melden. Albertus sagt/ daß dieser Vogel zweymahl im Jahr vierzehen oder fünffzehen Eyer lege/ auff einmahl acht/ und so viel auch auff das andermahl/ oder etwas weniger. Als einer zwey Rebhüner auf eine Zeit in Anaphen geführet/ haben sie sich daselbst so gemehret/ das die Einwohner fast auß derselbigen Insel weichen müssen. Ihre Eyer sind weiß gefärbt/ und zu zeiten auch unfruchtbar/ darauß keine Hünlein kommen/ welche ohne zuthun des Männleins geleget werden.

Wie dieser Vogel seine Eyer außbrüte/ und seine Jungen aufferziehe.

Die Rebhüner brüten/ und ziehen ihre Jungen auff wie die Henne: Sie legen unnd brüten aber nicht nur an einem Orth/ damit man sie nicht finde wenn sie sich zu lang an einem Orth säumen; Sie kehren auch heimlich wiederuñ an dieselbige statt. Das Weiblein verschleicht sich heimlich von dem Männlein wenn es legen wil/ damit er ihm die Eyer nit zerbreche: doch legt es oft auß Noth gezwungen an einem jeden Ort/ ob gleich dz Männlein beywesend ist: Uñ damit die Eyer erhaltẽ werden/ weicht es nimmer von dem Orth da die Eyer liegen.

Wann das Rebhun seine eigne Eyer zerbrochen oder sonst verlohren hat/ so stielet es den andern ihre Eyer/ und hecket dieselbe auß: Die Jungen aber kennen von stund an die Stimm ihrer rechten Mutter/ und lauffen derselbigen zu/ und werden jene also wegen ihrer Mühe betrogen/ wie solches viele auß den Alten bezeugen. Die jungen Rebhüner/ indem sie noch im Ey verschlossen liegen/ warten nicht biß daß sie von ihren Eltern außge-

außgeheckt werden/ sondern sie zerbrechen von ihnen selbst die Eyer: und wann sie an einem Orth herfür sehen/ helffen sie ihnen selbst/ und lauffen daher/ ob sie gleich die Schalen noch an ihnen haben: und dieweil ihnen noch die halbe Schalen noch auf dem Rücken hangt/ lauffen sie doch alsobald auß ihre Speiß zu suchen: dann so bald sie nur die Füsse zu der Schalen außgestreckt haben/ können sie von Stund an schnell lauffen/ wie die jungen Entlein/ welche so bald sie an den Tag kommen/ von Stund an schwimmen/ schreibt Ælianus. Alle Vögel so nicht flück sind/ als das Haselhun/ Rebhun/ und dergleichen/ die können/ so bald sie auß dem Ey geschloffen/ gehen/ und werden gefedert/ können auch selbst essen. Das Rebhun erziehet seine Jungen sieben Tag. Von ein m Rebhun und einem Haußhanen wird eine Zucht gebohren/ so beyden Eltern ähnlich ist/ aber mit der Zeit/ wann man dieselbigen Gattungen zusammen lässet/ werden sie wiederumb deß Weibleins Natur. Zu der Zeit wann sie nicht reischen/ kehren sie die Schwäntze zusammen/ und schmeissen viel. Etliche Thier werden nicht fett/ als der Haaß uñ das Rebhun. Die Rebhüner reinigen sich über das Jahr mit Lorbeerblättern. Das Rebhun legt zur Verwahrung seiner Jungen/ die Wolle vom Rohr in sein Nest: andere sagen/ daß es dieselbige für alle Zauberey esse.

Von der Geschwinde und Listigkeit dieses Vogels.

In einem Land/ nicht weit von Trapezunto, welches vor Zeiten Pontus genennet worden/ hab ich einen gesehẽ/ so über 4000. Rebhüner mit sich führete/ also/ daß er zu Land gieng/ sie aber in der Lufft daher flogen/ welche er zu einem Schloß (Thanega genannt) führete/ welches drey Tagreiß von Trapezunto gelegen. Diese Rebhüner rühteten auch alle mit ihrem Führer/ dem obgenanten Mann/ wann er nemlich schlaffen oder sonst ruhen wolte/ so setzten sie sich umb ihn wie junge Hünlein/ und also führete er sie nach Trapezunt/ biß zu dem Pallast deß Herzen und Regenten. Wenn sie aber also umb ihn ruheten/ so fienge er auß ihnen so viel er wolt/ die übrigen führete er an das Orth/ da sie vor war/ wie Odoricus de Foro Julij schreibt. Ob gleich das Rebhun sehr listig/ ist es doch in diesem Stück thöricht/ daß wann es sein Haupt verbirgt/ vermeint es/ es sey gar verborgen/ und dieweil es niemand siehet/ vermeint es daß es auch von niemand gesehen werde. Man schreibt auch vom Rebhun/ daß es ein sehr trucken Hirn habe/ und derhalben sehr vergessen seye/ also/ daß es auch sein eigen Nest nicht wisse zu finden. Solches ist aber erdicht/ und wider die Philosophiam geredet/ Alß welche bezeugt/ daß das Gedächtnuß von Truckne deß Hirns gestärckt und bekräfftiget werde. Es findet auch dieser Vogel sein Nest alzeit wiederumb/ ob er es schon sehr verbirgt: welches dann genugsame Anzeigung gibt/ daß ihm an der Gedächtnuß nichts mangelt/ wie Albertus schreibet. Man sagt auch daß die Rebhüner/ Störcke unnd Blochtauben ihre Wunden mit Dosten zuheilen. Was diese Vögel für List im brüten brauchen/ ist vorgesagt. Sie sind so verschlagen / daß auch ihre jungen damit sie den Weidman betriegen/ sich mit Laub/ oder kleinen Aesten/ oder einer andern Materi bedecken. Wenn ein Mensch ihrem Nest nahet/ lauffen ihm die Bruthennen zu/ und fallen ihm für die Füß/ und stellen sich/ alß ob ihnen ein Flügel oder ein Bein gebrochen seye/ und derhalben leichtlich können gefangen werden. Mit dieser List betriegen sie die Weydleut so lang/ biß sie weit vom Nest kommen. Nit mit geringerem Fleiß sehen sich auch die jungen vor: Dann wenn sie vermerckt/ daß sie ersehen worden/ liegen sie auff dem Rüchen/ und nehmen einen Erdschollen in ihre Bein/ damit sie sich mit demselbigen listiglich bedecken. Also führet das Rebhun auch seine Jungen vom Nest/ und berufft sie hernach wiederumb zusammen. Dergleichen schreibt man auch von dem Vogel Chenalopece, und vom Gysitzen.

Von dem Streit der Rebhüner.

Der Hauptman unter den wilden Rebhünern greifft den Lockvogel zum ersten an/ und streitet mit ihm. Die so Rebhüner zum Kampff aufferziehen/ wenn sie dieselben zum Streit reitzen wollen/ so verschaffen sie daß eines jeden Weiblein zugegen seye: Dann also wird ihnen alle Furcht und Zaghheit benommen: Dann welcher auß Furcht überwunden worden/ der darff sich nimmer sehen lassen/ auch weder seinem Bulen noch seinem Weib für die Augen kommen: Er stirbt auch ehe/ als daß er nicht tapffer von seinem Bulen streitend solte gesehen werden: Damit nun derselbige kein Schand an ihm sehe/ sondern einen Wölgefallen an ihm habe/ kämpft er auß allen seinen Kräfften/ wie Ælianus bezeuget. Man meint auch daß die Rebhüner und Wachteln kühner zum Streit werden/ wenn man ihnen ästlein von welschen Mautrauten/ Adianthum genannt/ zu essen gebe/ sagt Plinius. Die Rebhüner und Blochtauben sind sehr einig unter einander. Sie lieben auch die Dam/ und erkühnen sich auff ihrem Rücken. Die Schildkrote ist deß Rebhuns Feind.

Wie dieser Vogel gefangen werde?

Die Rebhüner sind so geil / daß sie selbst auff die Weydleut zum öfftern mahl auß Dummheit fliegen. Das Lockhun / wie vor gesagt / greifft den Hauptmann zum ersten an: und wann er gefangen / so stehet der ander für / und also thun auch die andern / wan der Lockvogel anders ein Männlein ist. Ist er aber ein Weiblein / und der Hauptmann / nachdem er seine Stimm gehöret / herzu kommt / so greiffen diese die übrigen all an / schlagen ihn / und treiben ihn vom selbigen Weiblein / dieweil sie ihm dasselbige nicht gönnen / indem es nicht zu ihnen / sondern zu ihm allein kommen ist / darumb gehet derselbe umb dieser Ursach willen offt stillschweigend hinzu / damit er nicht mit den übrigen kämpffen müsse. Man sagt auch / daß das Männlein / so zum selbigen Weiblein gehet / zuweilen verschaffe / daß es still schweige / damit die andern Männlein seiner nicht gewar werden / und es also nicht streiten dörffe. Ein zahm Rebhun wird zu einem Lockvogel gebraucht / welcher mit seinem Gesang den wilden zum Kampff außfordere. Diesem laufft der Führer der wilden zum Kampff entgegen: der zahme aber ist so listig / daß er hinder sich weicht / als ob er sich förchte / darüber der ander ein Hertz empfänget / und dieweil er da verhofft zu siegen / fährt er ihn an / und wird dardurch von stund an gefangen. Wann aber der Lockvogel / so zum Garn gesetzt / ein Männlein ist / so wil ihm die übrige Herd helffen / wann er gefangen worden: ist er aber ein Weiblein / so schlagen dieses die übrigen all / daß es umb seiner Geilheit willen gefangen ist worden. Die Weiblein locken auch offt ihre Männlein vom Lockweiblein hinweg / damit sie nicht gefangen werden / wie Ælianus schreibt. Die Weydleut schliessen auch ein gesprengt Weiblein in ein Kefich / durch welchen es von dem wilden Männlein möge gesehen werden: an einem Orth aber hat der Kefich einen Unterschlag / darein das wilde Männlein komme und gefangen werde: un werden zuweilen viel dar ein gefangen. Wann aber der Hauptmann gefangen ist / so folgen ihm die übrigen nach / schreibt Albertus.

Die Vögel so schaarweiß fliegen / die werden auch schaarweiß gefangen / wie Cardanus meldet. Die Rebhüner werden mit Garnen / oder Stricken / oder einer Hirschhaut gefangen: dann sie lieben die Hirsche sehr / werden derhalben mit ihrer Haut also betrogen. Wann einer eine Hirschhaut anlegt / und die Hörner auff seinen Kopff setzt / und heimlich zu ihnen gehet / vermeinen sie daß es ein rechter Hirsch seye: derhalben verwundern sie sich über ihm / und lieben ihn. Und wann er zu ihnen kommt / freuen sie sich also / daß sie nicht von ihm weichen wollen / nicht anders als wann einer einen guten Freund / der von weitem zu ihm kommen / ersehen: an welcher Freundligkeit aber sie nichts als Strick und Netze mit Bley behenckt / gewinnen / und daß sie nachmals für den Hirsch einen Jäger / wann er sich außgezogen hat / sehen müssen / sagt Oppianus. Sie werden von den Weydleuten auch gelockt / wann sie ihnen nur ein Bildnuß eines Hirschens fürhalten. Mit falsch gemachten Pferden kan man sie auch fangen. Deßgleichen wann man einen Ochsen auß leinem Tuch machet / welcher vom Weydmann getragen wird / also / daß er darhinder verborgen liege / und also die Vögel betriege. Andere machen einen höltzern Ochsen / oder ein Pferd / diese streichen sie an mit Farben / und nahen mit diesem Bilde also den Rebhünern / biß daß sie in die Garn / so für das Bild gericht sind / lauffen / wie Robertus Stephanus gedencket. Rebhüner wirst du leichtlich fangen / wann du Mehl mit Wein befeuchtiget ihnen fürwirffest. Wie man die Rebhüner mit Garnen fange / lehrt Crescentiensis. Wie man sie mit Stricken / auß Roßhaar gemacht / fange / wirst du in der Wachtel finden / deßgleichen wie man sie zur Zeit ihrer Reische / mit einem Spiegel fangen solle. Wie sie mit Habichten / Falcken und Sperbern gefangen werden / wirst du droben in Beschreibung derselbigen Vögel genugsam finden. Die guten Jaghunde oder Vogelhunde spüren von weitem die Hasen und Rebhüner / wann anders der Wind gegen ihnen gehet. Wie man den Hund sampt dem Habicht zu dem Beitzen der Rebhüner brauchen solle / ist an obgemeltem Orth erzehlt worden.

Vom Leben dieses Vogels.

Plinius vermeint daß sich der Rebhüner Leben auff die 16. Jahr erstrecke / oder mehr. Aristoteles sagt / daß sie 15. Jahr leben: das Weiblein aber länger / dieweil in allem Vogelgeschlecht die Weiblein älter werden als die Männlein.

Was von diesem Vogel ausser der Artzney dem Menschen nützlich seye.

Ælius Lampridius schreibt / daß Heliogabalus nicht gern auff Küssen gelegen seye / sie seyen dann mit Hasenhaar / oder mit den Federn die unter der Rebhüner Flügeln außgeropfft worden / gefüllet gewesen. Der Rebhüner Fleisch ist einer temperirten Natur / und ein köstliches Essen der Reichen. Wann zuweilen etliche Fürsten einige Ubelthäter richten lassen / umbgeben sie dieselbe mit Fasanen oder Rebhüner Federn / als ob die Ubelthäter allein wegen dieser Vögel gerichtet wür-

würden/und derhalben andere ein Abscheuen diese Vögel zu fangen darüber bekommen möchten/schreibet Anton. Bralauolus. Die schleckerhafftigen Leut loben an Rebhünern insonderheit die Flügel. Deß Vogels Brust sampt dem gantzen obern Theil ist sehr wohlgeschmackt: aber der unter Theil nicht also/ wie Isidorus sagt. Die Rebhüner bey Cirrha sind nicht zu essen wegen ihrer Weyde. Die alten Rebhüner sollen zum wenigsten einen Tag auffgehenckt werden/ehe man sie zu der Speiß bereite: dann also gehet alle Härtigkeit darvon. Im Winter sind die ältern besser. Man muß auch in allem Fleisch zu braten fleissig warnehmen/ und sonderlich an den Rebhünern/daß sie nicht verbraten oder dürr werden. Man brätet die Rebhüner mehrentheils/zuweilen siedet man sie mit temperirtē Specereyen besprengt/gleich wie die Fasanen/ wie Nic. Massa schreibet. Antonius Gazius sagt/es seye besser/daß man die Rebhüner siede/ als daß man sie/wie gemeiniglich geschicht/brate/ damit auß der Feuchte deß Wassers/ ihre Truckne etwas gemiltert werde: es seye dann Sach/daß sie von Menschen/so feuchter Natur seyen/genossen werden. Man sol aber die jungen und fetten außerlesen: wiewol Plin: sagt/sie werdē nit fett. Zubereitung eines Rebhuns/Haselhuns/und Turteltaub/auß dem Apicio. An die gesottenen thu Pfeffer/ Liebstöckel/ Eppichsaamen/Müntz/Myrrhen/und Beeren/oder Weinbeeren/Honig/Wein-Essig/ Schmaltz und Oel: Dieses brauch also kalt. Das Rebhun siede sampt den Federn: und wann es vom kochen naß worden/so ropffe es. Das zerschnittene Rebhun kan man wol in einer Brühe kochen/ biß daß es hart wird: wann es aber wiederumb erwallet/ sol man es recht zubereiten.

Ein anders zu den obgenanten Vögeln zu brauchen: Nimm Pfeffer/ Liebstöckel/ Müntz/Rautensaamen/Schmaltz/uñ wärme es mit Wein und Oel. So weit Apicius.

Brate das Rebhun/oder siede es mit Pfeffer und Salbey/so wird es auch lieblich/sagt Platina. Von einem gebratenen und wohlgekochten Rebhun solt du die Flügel und das Fleisch überall abschneiden/ und thu an desselbigen statt ein wenig Saltz/ Specereyen/ gestossene Näglein/ unter dieses vermisch Citronen oder Pomerantzensafft/damit die Stück aneinander hangē bleiben: doch muß man es geschwind einwickeln/und also warm essen. Wie man eine Brühe an ein Rebhun machen solle/ wirst du bey dem Capaunen finden. Das kleine Rebhun hält man nicht so hoch in der Speiß als das grosse/ dieweil das Fleisch dieser weißlicht/deß andern aber liechtgrau ist: Galenus zehlt unter die mittelmässige Speisen/welche weder ein allzu zarte noch dicke Feuchte im Menschen gebehren/ auch die Rebhüner. Er schreibt auch/daß diese Vögel leichter Däwung seyen/und sehr gut Blut machen/sonderlich die Jungen/sie sollen auch von den Magensüchtigen/ und von denen so hitziger und truckner Natur sind/genützt werden. Dieses Fleisch machet alles dick Geblüt im Menschen dünn/ bevorab die Flügel/ welche leichterer Däwung sind als das übrige an diesem Vogel. Sonderlich sind sie gut den Müssiggängern so keine Ubung haben/ und denen so schwach und unvermöglich sind/welche feuchte Speisen lieben/und einen feuchten Magen haben/ wie Simeon Sethi bezeuget. Der Rebhüner Fleisch stillet den Stulgang wegen seiner Truckne/es seye gleich gebraten oder gesotten. Die Vögel so truckner Natur sind/ sollen ungemest nicht gessen werden/ als die Turteltauben und Rebhüner. Der jungen Rebhüner Fleisch ist zart/ wie auch der Wachteln/sonderlich deß Männleins/wird derhalben leichtlich verdäwet. Deß Männleins Fleisch ist hitzig und feucht: dann es bläset auff/ macht geil und fett/wärmet uñ gebiert viel Blut: es dienet denen so von einer Kranckheit wiederumb genesen/welcher Leib erkältet und feucht worden ist/sagt Rhasis. Averroes sagt/daß sie etwas kalter und truckner Natur seyen. Diese Vögel geben viel Nahrung: trucknen alle Feuchtigkeit in dem Magen: benehmen alle Fäule/ bevorab wann sie mit süssem Aepffelsafft gekochet werden: sie stärcken den Menschen. Ihre Brühe ist auch sehr gut und wolgeschmackt/ wie der obgenannte Rhasis meldet.

Die kleine Rebhüner sind zwar mittelmässiger Natur/sie ziehen sich aber mehr auf Hitz: die fetten unter ihnen sind feuchter Natur/sie sind denen/ so von einer Kranckheit genesen/dienlich/sie schaden dem kalten Magen: man verbessert sie aber wann man sie mit Sauerteig zubereitet: sie gebehren ein mittelmässig Geblüt/ sind derhalben auch denen dienlich so eine mittelmässige complexion haben/ wie Elluchasem sagt. Diese Speiß sollen die Gesunden nicht brauchen/ sonderlich die so sich üben. Deß Fasanen Fleisch gibt mehr Nahrung als deß Rebhuns/ doch stärckt es die schwächere Theil weniger/ dann deß Fasanen Fleisch ist das mittelste zwischē deß Rebhuns/Capaunens oder jungen Hanens. Isaac sagt/daß der jungen Rebhüner Fleisch die Adern bald durchtringe/und allem Alter und alle complexionen gemäß seye: dieweil es aber leichtlich im Menschen zergehet/stärckt es die Glieder nicht sehr/ darumb dienet dieses Fleisch mehr die Gesundheit damit zu erhalten/ als den Leib zu stärcken. Dieweil man die jungen Rebhüner allein zur Herbstzeit findet/ sind sie auch zu derselbigen Zeit am besten.

Die Eyer bevorab die Dotter/ stärcken das Hertz/ nemblich der Hennen/ Fasanen oder Rebhüner/ dann sie haben eine mittelmässige Natur/ und werden bald zu Blut/ sie gebehren auch nicht viel bösen Unraht im Menschen/ machen darzu subtil und hell Blut/ demjenigen Blut fast ähnlich/ mit welchem das Hertz erhalten wirdt/ wie Avicenna schreibet. Diese Eyer/ wie auch der Hennen mehren die männliche Natur/ und reitzen zu Unkeuschheit/ sagt Rhasis. Die Eyer des Rebhuns sind zärter als der Hennen/ und geben weniger Nahrung. Man wird sie aber recht zubereiten/ wenn man sie in Wasser mit Saltz und Essig siedet/ also/ daß das Wasser darüber zusammen gehe. Nicht weniger werden sie gelobt/ wenn sie mit Oehl/ Saltzbrühe/ und ein wenig Wein/ in einem verdeckten Geschirr/ in einen Kessel darin warm Wasser ist/ auffgehenckt werden. Wenn man sie in Oehl backt/ sind sie nicht gut/ dann sie gebehren den Stein/ machen einen Unlust zu essen/ und gebehren das Bauchgrimmen. Wenn sie aber in Wasser gekochet/ sind sie besser/ wie Eiluchasem schreibt.

Was von diesem Vogel dem Menschen in der Artzney nützlich seye.

Das Rebhun mit Quitten gekochet und gessen/ und die Brühe mit stopffenden Wein getruncken/ ist gut zu den Bauchflüssen/ und dem blöden Magen/ sagt Kiranides. Etliche Aertzte mischen Capaunen oder Rebhüner Fleisch unter etzliche Artzneyen/ den Krancken ihre Krafft damit wieder zubringen/ welches fast keiner auß den Gelehrten lobt. Mit dieser Brühe erfrischet man den Magen. Diese Brühe wird auch für die Wehetagen der Leber gebraucht: Sie widerstehet auch dem Grimmen/ und der Gelbsucht. Das Marck von diesem Vogel mit Wein getruncken/ heilet die Gelbsucht/ wie Simeon Sethi meldet. Der Rebhüner/ Tauben/ Turteltauben/ und Blochtauben Blut/ ist gut zu den rothen Augen. Dieser Vögel Blut dienet auch denen/ so zu Nacht übel sehen. Das Hirn in drey Becherlein Weins getruncken/ widerstehet der Gelbsucht. Der Magen für sich selbst zerstossen/ und in rothen Wein getruncken/ widerstehet dem Grimmen. Die Leber gedörrt und gepülvert getruncken/ ist dienlich für die fallend Sucht. Wenn man alle Monat die Schlaffadern mit Rebhüner Gall bestreicht/ macht es ein gut Gedächtnüß. Die Rebhüner Gall hat den Preiß unter aller Vögel Gallen/ gleichwie auch des Adlers und der weissen Hennen/ wie Dioscorides schreibet. Hüner und Rebhüner Gallen/ haben einen sondern Gebrauch in der Artzney/ sagt Galenus: Bevorab für das böse Gesicht/ und neugewachsene Sternfell in den Augen. Diese Gall mit gleich so schwer Honig vermengt/ macht ein klar Gesicht/ sie benimmt auch die Dunckelheit/ wenn sie stets in die Augen gegossen wird. Wider die weisse Flecken im Aug/ ist dieses eine gewisse erfahrne Artzney/ nemlich die Gallen von einem Rebhun Männlein/ mit Honig auffgestrichen/ wie Galenus bezeuget. Diese Gall mit Balsamsafft/ Opobalsamum in der Apotecken genant/ und mit Fenchelsafft auffgestrichen/ schärfft daß Gesicht/ sagt Kiranides. Wider die dunckele Augen/ Sternfell/ und grawe Flecken der Augen ist dieses eine warhaffte/ kräfftige/ und offt erfahrne Artzney. Ein halb Becherlein wilden Galgan rein gepülvert/ Balsamsaft ein Becherlein/ darunter mische eine gantze Gallen/ dieses thu denn in ein zinne/ silberne/ oder bleyern Büchß/ und bestreiche den Schaden damit/ so wirst du Wunder erfahren. Und wenn einer schon gar nit sehe/ wann nur der Stern gantz ist/ so wird er leichtlich geheilet werden/ wie Sextus und Constantinus schreiben. Wider das übel hören/ und für die Taubheit/ trieff warme Rebhüner Gallen in die Ohren.

Sich vor dem Schlag zu bewahren/ braucht man ein Artzney/ also/ daß man sich mit wildem Kümmel (Consolida regia in den Apotecken genant) mit Rebhüner Federn/ und weissen Weyrauch unten auf beräuchert. Etliche lassen den so das Krimmen hat/ an gebrente Rebhüner Federn riechen.

Rebhüner Eyer mit Honig zerklopfft/ schärffen das Gesicht/ und befördern die Geburt/ sagt Kiranides. In einem ehrnen Geschirr mit Honig gekochet/ heilet die Versehrungen und Flecken der Augen. Rebhüner Eyer in der Speiß genützt/ reitzen zur Unkeuschheit/ darumb werden sie für einen Bulertzanck gegeben. Aëtius rähtet auch denen so ihr Mannheit verlohren haben/ daß sie Eyer von diesem Vogel essen. Diese Eyer machen fruchtbar/ und geben den Weibern viel Milch/ sagt Plinius. Dieses Ey auf die Brustwärtzlein gestriechen/ ziehet dieselbigen zusammen/ wie Serenus schreibet. Den vornembsten Nutz/ welcher in der Artzney von den Rebhünern kommet/ verfasset Becherus in folgende Reimen.

Das schewe Rebhun kompt fein allgemach hirein/ (lich seyn.
Sechs Stück auß jhm es gibt die alle nütz-

Sein Marck / sein Fleisch und Blut / sein
Leber / Federn / Gall.

Die in der Artzney / seynd gut in manchem Fall.

1. Rebhüner Fleisch das nehrt / und macht den Saamen rein /
Laßt euch ihr reichen Leut / solch Fleisch befohlen seyn.

2. Das

Von dem Rebhun.

2. Das Marck und Hirn davon/ ist in der Gelbsucht gut/
Derhalben man dasselb in Wein eintrincken thut.

3. Rebhüner Blut / das dient in Augen Wunden wohl/
Derhalben mans darin gar bald gebrauchen soll.

4. Rebhüner Leber man beym Offen trucknen thut/

In Fiebern wie auch in der Gelbsucht ist sie gut.

5. Rebhüners Federn in der Mutterschwachheit nützen/
Der Dampff davon der thut die böse Mutter trutzen.

6. Rebhüner Gall die lobt man in den Augen sehr/
Bey aller Vögel Gall / hat sie die gröste Ehr.

Von dem Rothun/ oder Welschen Rebhun.
Perdix major.

Von

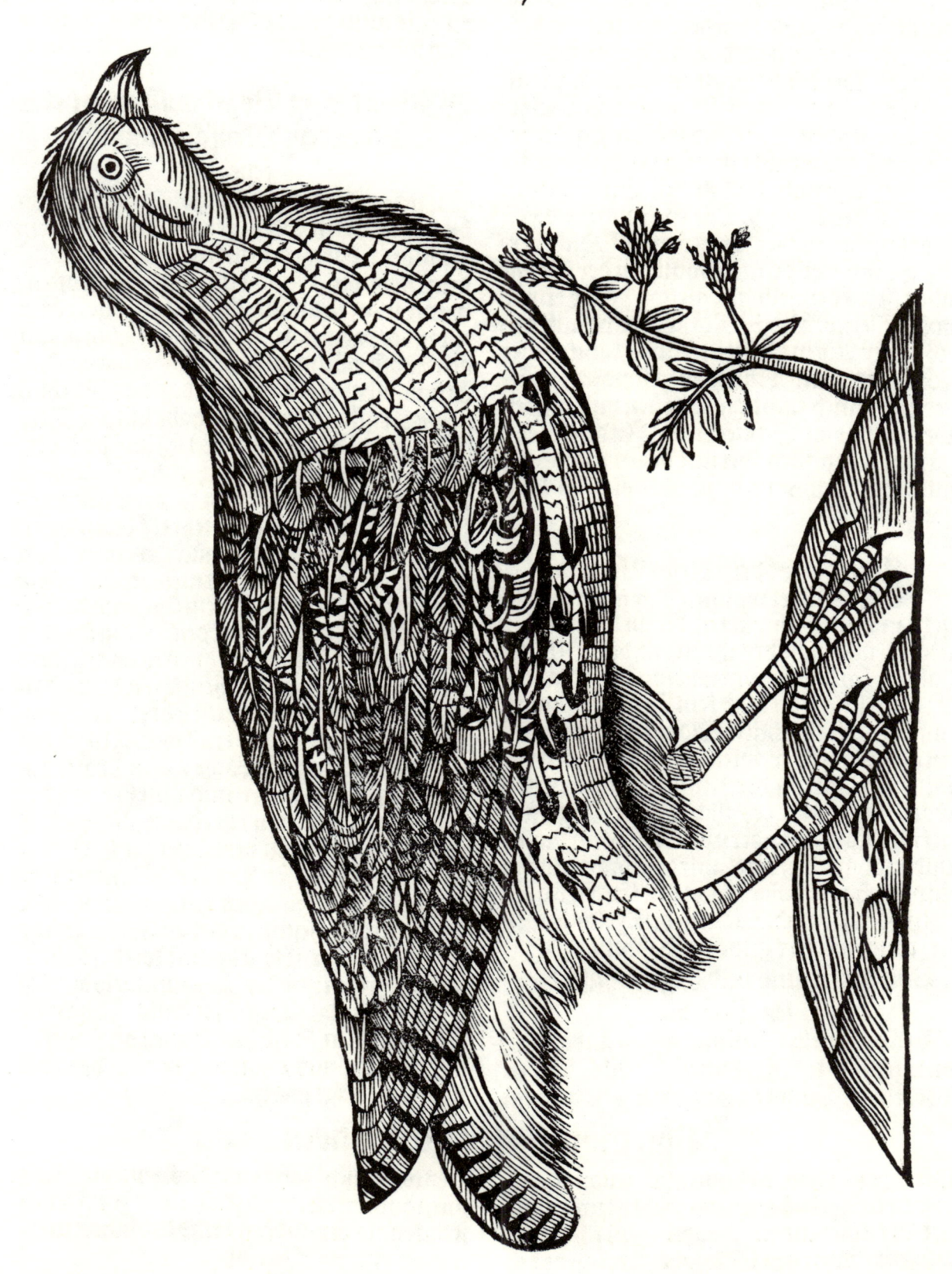

Von der Gestalt dieses Vogels / und wo er am meisten zufinden.

Dieses grössere Rebhun / wird zu Teutsch ein Perniisen / Parniise / ein Welsch Rebhun / oder ein roth Rebhun genennt. Dieser Vogel ist etwas grösser alß das Rebhun: Seine Bein / sampt dem Schnabel sind roth: die übrige Federn aber ziehen auff weißgraw / wie Aloisius Mundella schreibt. Der Schnabel an diesem Vogel (spricht D. Geßner) ist Scharlachfarb: die Bein aber sind nicht so gar roth / auf den Rücken / Kopff / und an der Brust ist er aschenfarb: von den Augen an gehet eine schwartze Linie den Halß hinunter / unten an der Brust beugt sich dieselbige wiederumb wie ein halber Circkel: was aber darzwischen stehet das ist weiß. Die Augenbrawen sind auch zu eusserst roth. Der Bauch ist Liechtroth. Die Federn an beyden Seite sind vielfältig gefärbt / als weiß / röthlich / und schwartzglänzend. Die Grösse und Gestalt deß Schnabels ist der Tauben ähnlich. Die Gestalt seines Leibes (sagt Stumpffius) die Kürtze uñ Dicke vergleicht sich fast dem Rebhun: an der Grösse aber ist es demselbigen gleich / oder etwas vollkommener. Dieses Rothun wird auff den Walliser Alpen / Rhetier Alpen / auch in der Lombardy und Savoyen gefunden. Sie wohnen auch nicht an so hohen und wilden Orthen wie die Schneehüner. In den Weingärten / so an den Bergen liegen / haben sie auch ihre Wohnung bey Cöln / wie Gyb. Longolius schreibt.

Von der Speiß dieses Vogels.

Diese Vögel wohnen / wie vorgesagt / gern in den Weingärten die an den Bergen liegen / und nahe bey ihnen ein dick Gebüsch haben. Ich hab sie zum erstenmahl zu Lands-Cron gesehen / da war kein Tag daß sie nicht auff die allerhöchsten Mauren schaarweiß stiegen / dann sie frewten sich der Gruben dahin aller Unraht der Küchen hingeworffen ward / sagt Gyb. Longolius. Dieser Vogel flieget nit hinweg / sondern bleibt stets im Land / und wohnet bey uns auff den umbligenden Alpen / sagt Aloisius Mundella. Er wird auch vom Getreid und Saamen deß Felds gespeiset / gleich wie das gemeine Rebhun.

Von der Natur und Eigenschafft dieses Vogels.

In den Inseln Creta und Cypro findet man viel gezähmte Rebhüner. Als ich zu Worms in Pündten Artzt war / hab ich ein paar Rothüner / so gemestet waren / gehabt / welche so zahm worden sind / daß sie hernach bey den zahmen Hünern assen und lebten / schreibt Aloisius Mundella. Wenn sie von Jugend auf von einem Menschen gespeiset werden / werden sie gar zahm und gütig / sagt Stumpffius. Ich (spricht D. Geßner) habe auch auff ein Zeit dieser Vögel einen / so mir von Sitten zugebracht war / erzogen / welchem die Katz / wenn etwa ein Mensch beywesend war / nichts thäte / sondern sie ließ sich auch von ihm beissen und jagen: dann dieser Vogel sehr beissig und streitbar ist: zu letzt aber / als niemandts vorhanden war / hat die Katz ihn zerrissen.

Was von diesem Vogel ausser und in der Artzney dem Menschen nützlich seye.

Dieser Vogel ist sehr wohl geschmackt in der Speiß. Den Preiß geben die unseren dem Haselhun / darnach dem Rothun / nach diesem Rebhun / und dann der Schnepffen / wann man nemblich diese vier Vögel gegen einander vergleichet. Dieses Fleisch ist gut den Wassersüchtigen / sagt Alex. Benedictus. Etliche Arabier schreiben / daß das Rothun mehr Krafft zu trucknen habe als das Rebhun. Unser Rothun / so viel ich auß dem versuchen uñ Geschmack / auch auß Gelegenheit deß Orths abnemmen kan / an welchem es stets wohnet / und sich ernehret (dann dieselbige sind sehr wohlgeschmackt) wenn es recht von uns bereitet wird / vermein ich daß es ein sehr gut und liebliche Speiß seye / und derhalben billich solle gessen werden. Dieses aber wird wol zur sach dienen / weñ es nach seinem Todt etliche Tag auffgehenckt wird (wie daß Galenus von vielen Vögeln lehret / welche a-derichte Flügel / und überall solch Fleisch haben) ehe dann man es koche / oder brate / damit sein Fleisch zärter und mürber werde / welches ein wenig hart ist / dann also wird es leichter vom Magen verdäwet / wie Aloisius Mundella außweiset. Beyder Rebhüner Eyer vergleicht Galenus den Henneneyern / wie droben in der Hennen von den Eyern gesagt ist. Unter den Vögelgallen wird sonderlich deß Hanen und des Rothuns gelobt / wie Avicenna sagt. Deß Rothuns Fleisch sol mehr trucknen / und den Bauch verstopffen als deß Rebhuns / wie wir vorhin bey dem Rebhun gesagt haben.

Von mancherley Rebhünern.

Syroperdix / ein Rebhun also genant / welches in Antiochia Stein zerbeißt und auffisset / ist kleiner als ein Rebhun / uñ schwartz / außgenommen den Schnabel / welcher roth ist: es wird nicht zahm wie das gemeine Rebhun / sondern bleibt allzeit wild. Ihr Fleisch ist dicker als der andern / und lieblicher zu essen / wie Ælianus schreibt.

Scolo-

Scolopax wird vom Herodiano ein wilde Schnepff genennet/ wie heutiges Tages fast alle Gelehrten die Schnepffe nennen.

Die Schneehüner nennen etliche heutiges Tages weisse Rebhüner: Sie sagen auch/ daß unsere Rebhüner auff den Alpen weiß seyen.

Die Wachteln nennet auch Theophrastus kleine Rebhünlein/ darumb daß sie den Rebhünern in allen Stücken ähnlich seyen/ außgenommen die Kleine und Kürtze ihres Leibs / sagt Gyb. Longolius.

Von dem Raben.

Corvus.

Von der Gestalt dieses Vogels/ und wo er am meisten zufinden.

Der Rab heisset auff Hebreisch עורב; Griech: κόραξ; Lat: Corvus; Ital: Corvo; Frantz. Corbeau; Span: Cuervo; Pohlnisch Kzuk; Ungarisch Hollo; Wendisch Havvran; Engelländisch a Raven; und Niederländisch een Rave. Er ist ein wohlbekannter Vogel/ der gröste in seinem Geschlecht: dann Aristoteles begreifft unter diesem Nahmen nicht allein den Raben/ sondern auch die Kräen und Tolen. Der Rab ist gantz kohlschwartz an der Farb/ mit einem starcken Schnabel und Leib. Man hat zu Zeiten auch weisse Raben gesehen/ wie unter dem König Arcesilao. Als die Phœnicier in der Insel Rhodo, die Statt Achæam, sampt ihrem Hauptmann Phalantho innen hatten/ und dieselbe von Iphiclo belägert wurde/ waren die in der Statt saumseelig/ dieweil sie vermeinten/ sie könten nimmermehr von dannen getrieben/ und die Statt eingenommen werden/ und das von wegen der Weissagung/ durch welche ihnen zugesagt ward/ daß sie so lang die Statt beherrschen würden/ biß daß man Fisch in ihren Trinckbechern/ und weisse Raben sehe. Wie aber Iphiclus solches vernommen / hat er einen von deß Hauptmanns Phalanthi Leuten/ als derselbe auß der Statt Wasser zu holen gangen/ gefangen/ und ihn überredt/ daß er kleine Fischlein/ im nechsten Brunnen daselbst gefangen / mit ihm im Eimer hinein trüge/ und dieselbige dem Hauptmann Phalantho in den Becher (auß welchem er Wasser in den Wein schüttete) legte. Dieses ist nun geschehen. Und hat eben zu derselbigen Zeit Iphiclus auch/ etliche Raben mit Gyps geweisset und fliegen lassen. Als aber Phalanthes dieses gesehen/ ist er erschrocken/ und als er vermeint der Weissagung wäre nun statt gegeben/ hat er einen Vertrag mit dem Iphiclo gemacht/ und die Statt auffgegeben/ etc. wie Athenæus schreibt. Fast solche und dergleichen List werden in andern Historien mehr gefunden/ welche nicht noth sind hie zu erzehlen. Die Fabel/ warumb der Rab/ so vorhin allzeit weiß gewesen/ schwartz worden sey/ erzehlet Ovidius Metam. lib. 2. Ich selbst (spricht Perottus) hab bey Alphonso dem König in Sicilien/ als ich zu Neaples unter dem Papst Callisto gewesen/ einen schneeweissen Raben/ so ihm vom König in Engeland zugeschickt worden/ gesehen. Olaus Magnus schreibt/ daß in etlichen Landen gegen Mitternacht gelegen/ viel weisse Raben gesehen werden. Wann ein weisser Rab in Norwegen gesehen wirdt/ hält man es für kein wunder/ wie Gib. Longolius meldet. Ioan. Carus als er mit den Hispaniern in das newe Land geschiffet/ hat er daselbst weisse Raben und Amseln gesehen. Ein Rab wirdt weiß werden wann man ein Ey mit Rabenschmaltz/ oder Katzenhirn bestreichet/ einer weissen Hennen an einer kalten statt zu brüten unterlegt/ wie mir ein Märleintrager gesagt hat/ schreibt D. Geßner. Ein grüner Rab ist auß India gen München geführet wordē/ wie D. Geßnern einer/ so denselben gesehen/ gesagt hat. Der Rab ist in seiner Jugendt nicht so gar schwartz/ dieweil er vom Himmeltau gespeiset wird/ wie Cassiodorus schreibet.

Alle Rabengeschlecht habē starcke und harte Schnäbel/ füglich zum Streit/ und ihre Speiß damit zubrechen. Welche eine krumme Nasen nahe an der Stirn haben/ die sind unverschämt/ wie die Raben. Welche glantzende Augen haben/ die werden für geil und unkeusch gehalten/ wie die Raben und Hanē/ sagt Aristoteles. Der Rab hat an stat seines Kropffs eine weite Käl/ nahe bey dem Magen/ wie Aristoteles und Plinius schreiben. Etlichen Raben wächst die Gall an Bauch/ etlichen aber an das Eingeweyd. Plinius aber spricht/ daß sie ihnen an die Nieren/ und allein an einer Seit an das Eingeweyd wachse/ wie auch den Kräen.

Theophrastus sagt/ daß man die Raben anderswoher in Asiam geführet habe. In der Statt Cranone in Thessalia sollen nur zween Raben seyn: welche nach dem sie junge gehabt/ hinweg fligen/ und zween andre/ so von ihnen gebohren sind/ daselbst lassen/ wie Aristoteles und Plinius zeugen. Die Raben sind in Egypten kleiner als in Griechenland.

18 **Geßneri Thierbuch.**

Von der Speiß und Tranck dieses Vogels.

Die Kräe und der Rab haben ein grosses Verlangen nach Wasser/ dann dieweil ihre Leiber gar truckner Natur sind/ begehren sie stets etwas feuchtes; sie wohnen auch gern in den Einöden. Die Raben fressen Fleisch/ und stellen stets der Speiß nach/ sonderlich den abgestorbenen Thieren/ wie die Geyer

Geyer und etliche Adler. Sie fressen auch todte Cörper: Dannenher das Sprichwort bey den Griechen entstanden: Βαλλ᾽ ἐς κόρακας, Er ist den Raben zu theil worden. Und sagt Horatius, du wirst die Raben am Galgen nicht speisen: das ist/ du wirst nicht gehenckt werden. Wann die Delphinen an das Gestad hinauß geworffen werden/ werden sie von den Raben/ Meben und andern Meervögeln gefressen/ sagt Ælianus. Es ist ein zart weich Erdreich/ dunckelfärbig/ ziemlich fruchtbar/ lind und leichtlich zu bauen/ etc. welches also frisch diese Vögel suchen/ wann sie dem Pflug und dem Ackermann auff dem Fuß nachgehen/ sagt Plinius. Noch viel andere Speisen mehr brauchen die Raben/ dann sie nicht allein allerley todte Aaß fressen/ sondern sie sind allen gesäeten Saamen und Früchten der Bäume auffsetzig. D. Geßner hat einsmahls einen jungen Raben mit rohem Fleisch/ und Brodt in Wasser befeuchtet/ gespeiset. Der Rab/ weil er weiß/ daß ihn zur Sommerszeit der Bauchfluß ankommt/ mässiget sich aller feuchten Speisen/ wie Ælianus schreibet. Simocatus aber sagt/ daß er umb der vorgemelten Ursach willen nicht die feuchten Speisen/ sondern allein den Tranck meide. Er leidet grossen Durst zur Herbstzeit/ indem die Feigen zeitigen/ dieweil er alsdann eine durchstochene Kälen hat/ wie Higinus meldet.

Von der Natur und Eigenschafft dieses Vogels.

Der Rab ist ein sehr schreyender Vogel/ und hat allzeit seinen lieblichen Gesang/ Grab/ grab/ oder Cras/ cras: doch dichtet er (wie Fulgentius sagt) mancherley Stimmen/ wol bey vier und sechßig. Der Rabe wird unterweilen zahm/ und lernet schwätzen: unterstehet sich auch zuweilen die Stimm der Vögel so man in den Häusern aufferziehet/ nachzumachen. Hiervon ist hernach ein mehrers bey dem Papageyen zu finden. Die Kräen und Raben verändern ihre Stimm nach dem Wetter/ dann wann sie heisser sind/ und sich erschwingen/ verkündigen sie einen Wind/ wie Lucretius und Varinus berichten. Der Rab und die Atzel mausen sich nach und nach: Die Habichte aber gleich zu einer Zeit/ sagt Albertus.

Der Rab legt seine Eyer vor dem Früling/ nemlich im Mertzen/ und heckt die Jungen auß ehe dann es donnert/ dieweil ihm der Donner seine Eyer verderben sol. Alles Rabengeschlecht ist nicht unkeusch/ und vermischen sich selten miteinander. Viel auß den alten und neuen Gelehrten schreiben von diesen Vögeln/ daß sie sich mit dem Schnabel vermischen/ und durch denselbigen empfahen/ und geberen/ wie man dieses auch

Zweyter Theil.

vom Wieselein sagt/ doch gar unbesonnen/ und wider allen Grund/ dieweil man sie offt siehet/ sich wie andere Vögel vermischen. Darumb ist Aristoteles darwider/ und sagt/ daß sie eben einen Legdarm/ und Eyer in ihnen haben/ wie andere Vögel: dieweil sie aber gewöhnlich vorhin einander (wie die Tauben) schnäbeln/ und man sie selten siehet einander bedecken/ hat man vermeint/ sie empfahen mit dem Schnabel. Aristoteles sagt/ daß der Rab nicht allein zwey Junge habe/ wie dann viel vermeinen/ sondern zuweilen vier oder fünff. Die Weiblein brüten ihre Eyer allein zwantzig Tage: die Männlein aber bringen ihnen die Speiß herzu. Auß den Jungen werffen sie etliche zum Nest herauß/ auß Verdruß dieselbige zu erziehen/ welches auch viele andere Vögel thun/ dann die viel Jungen haben/ werffen offt eins hinauß. Man sagt auch daß die jungen Raben offt sieben Tag ohne Speiß bleiben können/ an welchem Tag sie erst schwartz werden. Ehe dann sie schwartz worden/ werden sie von ihren Eltern verlassen/ und gehen hin und her in ihrem Nest/ und warten mit offnem Mund der Speiß/ wie Hiob im 39. Cap. sagt. Aber wann sie anfangen schwartz zu werden/ sucht der Alte so viel fleissiger ihnen ihre Nahrung/ so viel länger er sie nicht gespeist hat. Etliche sagen/ daß sie die sieben Tag von den fürüber fliegenden Fliegen erhalten werden. Plinius sagt/ daß die Raben vergessen seyen/ und mehrentheils gar nicht mehr zu ihrem Nest kommen/ sondern auß anerbohrner Eingebung d'Natur/ tragen sie solche Ding zu ihrē Nestern/ darin die Würm wachsen/ davō die verlassene Jungen unterweilen gespeist und erhalten werden. Ihre Vergessenheit bewehret Servius auß denen Stücken so sie verborgen haben und liegen lassen. Die Vögel so ihren Auffenthalt mehrentheils in den Stätten haben/ werden allzeit gesehen/ sie verändern auch ihren Orth nicht/ und liegen nicht verborgen wie der Rab und die Kräe. Es hat mir ein glaubwürdiger Mañ gesagt/ spricht Albertus, daß die Raben mehr dann hundert Jahr in einem Thurn in Franckreich/ Corvatum genannt/ genistet/ und alle Jahr ihre Jungen aufferzogen haben/ und ob man ihnen gleich dieselbige außgenommen/ seyen sie dennoch nit von dannen gewichen. Was weiter vom Alter dieses Vogels gesagt werde/ wirst du in Beschreibung der Kräen finden. Der Rab ist vom Sommer biß in den Herbst kranck/ wie Plinius sagt. Von dem weissen Senff-Saamen stirbt der Rab.

Der Rab ist von Natur geneigt zu rauben/ wie die Erfahrung zu Erffurt gelehret hat/ da ein zahmer Hauß-Rab von einem Tisch/ da allzeit Geld aufflag/ in eine Gartē/

der nahe darbey war/unter einen Stein bey 5.oder 6.Gülden an eytel Groschen verborgen hat. Der alte Rab wird bald zahm/ und hält die wilden Raben über ihren willen und verführet sie. Die Egyptischen Raben/ so am Fluß Nilo wohnen/fallen den schiffenden zu Fuß/und begehren von jhnen etwas: schenckt man ihnen denn etwas/heischen sie nichts weiter. Wenn sie aber deren Dingen keines/so sie begehret haben/erlangen/sitzen sie vornen auff das Schiff/fahren den Schiffleuten nach/zerbeissen ihre Seiler und Band/wie Aelianus schreibt. Er sagt auch/ daß sie einen fruchtbaren und unfruchtbaren Acker vor einander erkesen und unterscheiden können/daß in einen fruchtbaren fliegen sie schaarweiß: über einen unfruchtbaren aber fliege je 2.und 2.mit einander. An engen Orthen/und da sich viel nit erhalten können/ wohnen stets nur zween/und so bald ihre jungen flück seynd/werffen sie dieselben erstlich zum Nest hinauß/darnach vertreiben sie die gar auß derselbigen Gegend/wie Aristoteles schreibt. Die Alten weichen zuweiln den jungen/wie vor gesagt worden. Wenn die Raben in einem Geschirr das Wasser nicht erreichen können/tragen sie mit dem Schnabel oder den Füssen Steinlein darein/da sich denn die Steinlein an den Boden setzen/und das Wasser in die Höhe steiget/also/daß sie ihren Durst leschen können. Zeigen damit an/daß sie die Philosophi wol wissen/nemlich daß ein einig Orth zweyer Sachen nicht fähig seyn könne/wie Aelianus schreibt. Der Rab kan wunderbarlich schwätze/dann als der Käyser Augustus/nachdem er bey Actio gesieget/wiedrumb heim fuhr/da ist ihm unter andern frolockenden einer entgegen kommen/so einen Raben mit ihm getragen/welchen er gelehret hat diese Wort reden: Ave Cæsar victor Imperator, das ist/Glück zu dir Sieger und Käyser. Als nun der Käyser sich über diesen Glückwünschenden Vogel verwundert/ hat er diesen umb 500.Goldtgülden gekaufft/ und noch andere mehr darzu bekommen. Auß welchem Beyspeil ein armer Schuster bewegt worden/daß er auch angefangen einen Raben eben diesen Gruß zu lehren. Als aber der Vogel diese Wort nicht begreiffen wolte/und der Schuster den kosten nicht weiter ertragen mochte/sagte er zum Vogel: Opera & impensa periit: das ist/es ist alle Mühe und aller Kosten verlohren und umbsonst. Doch hat nach langer Zeit der Rab angefangen/den begehrten Gruß außzusprechen. Und als diesen grüssenden Raben ohngefehr der Augustus, als er auff eine Zeit fürüber gegangen/gehört/hat er ihm geantwortet: Ich hab dieser Grüsser genug daheim. Da hat der Rab noch in seinem Gedächtnuß behalten/was er von seinem klagenden Herrn gehört/und gesprochen: Opera & impensa periit; Auff welches der Käyser gelacht/ihn theurer heissen kauffen/als er der andern keinen gekaufft hat/wie Perottus schreibet.

Die Tauben halten die eheliche Trew steiff biß in ihren Todt: und wann eine stirbt/bleibt die ander allein ihr lebenlang/welches auch die Raben thun/wie Athenæus schreibet. Wann der Rab von Alter seine jungen nit mehr erziehen kan/gibt er sich selbst ihnen zur Speiß:sie aber fressen den Vater/dannenher ein Sprichwort entstanden: böse Raben/böse Eyer: Wie der Vogel ist/so legt er Eyer. Die Raben legen für die Zauberey das Kraut Schaaffswoll in ihr Nest/wie Ælianus schreibt. Der Rab sol dem Esel gehässig sein/ darumb beist er ihm zuweilen die Augen auß: dem Fuchß aber ist er günstig/darumb wenn er etwan ein Thier wider den Fuchß kämpffen siehet/kommt er ihm zu hülff. Der Hase fürchtet deß Raben und Adlers Stimm/verbirgt sich derhalben in die Stauden/wie Ælianus lehret. Wann der Rab ein Chamæleon umbracht/und darvon gessen hat/vertreibt er den Gifft mit dem Lorbeerbaum/sagt Plinius. Die Weyhen und Raben sind Feinde/darumb kämpffen sie stets mit einander/ und das allein umb der Speiß willen. Wie aber die Falcken und Raben mit einander kämpffen/ist vorhin in demselbigen beschrieben. Wie die Störche und Löffler wider die Kräen/Raben und Geyer streiten/wirdt hernach im Storchen gesagt werden. Der Vogel Clorio und Rab hassen einander. Albertus sagt daß er gesehen hab einen Raben eine junge Lerch fressen. Am Tag ist der Rab stercker/und der Uhu bey der Nacht/und einer isset dem andern seine Eyer: Aristoteles aber schreibet dieses von der Kräen und von Kautzen. Bey den Celten ist ein sehr gifftig Kraut Xenicum heutiges Tags vielleicht Tora genannt/mit welchem dieselbige Völcker die Pfeil vergifften. Als aber auf ein Zeit der Rab das Kraut versucht/hat er ein Kraut Coracium von ihm also genannt/gessen/welches Kraut etliche Antitoram nennen/wie Aristoteles schreibet. Albertus sagt daß er einsmals eine Rabe gesehen hab ein Rebhun stossen/auch andere wilde Raben: doch dorffte er sich ohn hülff der Menschen gegen den Raben nicht wagen. Ich hab bey Alphonso dem König in Sicilien/dieweil ich zu Neapels bey dem Pabst Calisto gewesen/einen Raben gesehen/so ihm vom König der Scythen zugeschickt worden/der wunderbar in dem Weidwerck gewesen: dann man andere Raben und Fasanen mit ihm fing/sagt Perottus. Wie die Weyhen und Raben bey den Indianern gezähmet/und zum Weydwerck abgerichtet werden/ist genugsam im Adler gesagt worden.

Von

Von der Natur und Eigenschafft dieses Vogels.

Wie die Raben mit dem Garn gefangen werden / lehret Crescentiensis im 10. Buch am 20 Cap. Wie man aber die Raben und Kräen / mit VogelLeim fange / lehret er im obgenannten Buch im 27 Capit. wie wir vorhin darvon auch in der Kräen geschrieben haben. Ich hab gesehen einen Hund in einer Stund sterben: dieweil er Fleisch mit Pulver / von der Nuß-Kränäuglein genannt / besprengt / gessen hat: Wann die Raben von solchem Fleisch essen / fallen sie / nicht weit mehr fligend / zu boden / sagt Brasavolus. Wann die Hund und Raben das Kraut / Oenutta genannt / gessen haben / werden sie truncken darvon / und werden also gefangen / wie Aristoteles schreibet.

Was die Alten für künfftige Dinge an dem Raben vermerckt und abgenommen.

Man sagt daß dieses ein Zeichen eines gewissen Unfalls seye / wann die Geyer oder Raben einem Heer nachfliegen. Der Rab erkennet auch die Veränderung deß Wetters gar wol / und verkündiget zuweilen mit seinem Geschrey das schöne Wetter: zuweilen aber das Ungewitter / also / daß er sein Stim nach dem selbigen ändert. Dieweil der Rab und die Kräe gar trockner Natur sind / frewen sie sich sehr der feuchten dinge. Wenn sie nun deß Ungewitters innen worden / und die Lufft ihre Leiber befeuchtiget / dann gehen sie auch in das Wasser / als die einen grossen Lusten daran haben. Wen die Raben oder Tolen rein schreyen wie die Habichte / verkündigen sie einen Regen. Wen sie ein Stimm haben wie die Dachtropffen / verkündigen sie auch einen Regen. Wen der Rab / die Kräe und Tole gegen dem Abend laut schreyen / verkündigen sie ein künfftig Ungewitter / sagt Aelianus. Etliche sagen daß so offt der Rab zu schöner Zeit nit seine gewohnte Stim brauche / sondern viel schreye / verkündige er einen Regen. Wenn die Rabe gegen der Sonnen gienen / bedeuten sie ein warm Wetter. Wenn sie ihr gemein Geschrey brauchen und frölich sind / verkündigen sie gut Wetter.

Was von diesem Vogel ausser und in der Artzney dem Menschen nützlich sey.

Man sagt / daß die Schwein dem nachlauffen / von welchem sie ein Rabenhirn in einer Schnitten Brod empfangen und gessen haben. Alle Vögel auß dem Rabengeschlecht / sind zu der Speiß im Gesetz Mosis verboten / Lev. 11. Deut. 14. darumb daß Gott nichts auff die Menschen hält / die einer bösen schwartzen oder listigen Art sind / als welche durch diesen Vogel angebildet werden / sagt Procopius. Andere sagen / daß Gott dē Geitz dadurch habe wollen verbieten. Raben und Kräen-fleisch solt du nimmer dem Habicht geben / dann es bringet ihm Schaden.

Ein lebendiger Rab in Roßmist vergraben / und viertzig Tag gefaulet / darnach verbrenet / und zu einem Pflaster gemacht / heilet das Podagra / sagt Kiranides. Es hat ein berümter Artzt zu unserer Zeit zween junge Raben im Mertzen auß dem Nest genommē / und zu kleinen Pulver gebrennt / und denen / so die fallende Sucht haben / zu trincken geben / alle Tag zwey oder dreymahl ein quintlein schwer / mit gekochtem Biebergeilwasser. Etliche kochen einen Raben / und thun ihn zu Nacht in ein bleyern Geschirr / das Haar damit zu schwertzen / sagt Plin. Rabenblut machet zart Haar. Etliche brauchen Rabenblut und sein Hirn mit rohtem Wein vermenget / das Haar damit schwartz zu machen. Rabenunschlit und frische Rauten vermisch mit öhl / damit mache das Haar schwartz. Rabenhirn mit gebrenntem Eisenkrautwasser getruncken / sol für die fallende Sucht dienlich seyn / wie D. Geßnern ein guter Freund / so dieses erfahren / zugeschrieben hat. Rabengall mit Aliuiule oleo vermischet / und auff den gantzen Leib gestrichen / hilfft dem verzauberten Menschen / den seine Mañheit genomen ist / wie Rahsis meldet. Zu Zeiten müssen die Aertzte der Menschen Sinn und Gedancken betriegen / schreibt Constātinus uñ ihren falschen Sachen / deren sie sich selbst beredt haben / glauben geben: darzu ihnen etliche Artzneyen / so wider die allgemeine vernunfft sind / denen sie doch glauben / zulassen. Dann ich erinnere mich / daß auff eine Zeit ein Edelman theur geschworen hat / er sey verzaubert / daß er nichts mit den Weibern zu schaffen haben könte. Welchen als ich mit keiner Kunst von dieser seiner Einbildung abtreiben konte / habe ich dergleichen gethan als ob ich auch glaubte daß ihm also were / und hab ihm auß dem Buch Cleopatræ gezeiget / ein Stuck damit ihm geholffen würde / wenn er nemlich Rabengall mit dem öhl / so man vom Saamen Sesamo nimmt / vermische / und den gantzen Leib damit schmiere. Als er nun dieses gehört / hat er diesen Worten geglaubt / und die Artzney gebraucht / und ist davon wiederumb zurecht kommē. Einer hat sich auff eine Zeit mit Rabengall beräuchert / damit er das Haar weiß machte / welches auch geschehen / wie Rasis schreibet. Wenn man einem Kind einen Rabenfuß an den Halß henckt / wanns den Husten hat / so wirdt es ihm sehr dienlich seyn /

wie Rhasis bezeuget. Uber Rabenmist geräuchert/benimmt die weissen ungestalten Flecken deß Leibs/und den weissen Auffatz/ sagt Kiranides. Rabenkoth mit Wollen an einen Zan gebunden/benimmt den Schmertzen desselbigen/sagt Plinius. Rabenkoth mit Wollen verwickelt/und in einen holen Zan gestossen/benimmt den Schmertz nach und nach darvon. Constantinus gibt dieses dem Hirn zu. Rabenkoth in Wollen den Kindern angebunden/vertreibet den Husten. Rabeneyer sollen die Schwangern nicht brauchen: dann es macht Mißgeburten. Dise Eyer schwärtzen das Haar/wann sie auff einen beschornen Kopff gestrichen werden. Ein Rabeney in einem eherne Geschirr wol zerruhrt/ biß daß es seine Farb ändert/und mit einem Mahlerbensel auff den Kopff gestrichen/am Schatten/biß das Ey verzehret wird/machet ein schwartz Haar: doch muß man so lang biß es trucknet und dürr wird/Oehl in dem Mund halten/damit die Zän nicht auch schwartz werden: dann seine Krafft ist so mächtig/ daß es auch die Zän/dieweil es trucknet/beschädigen kan/ man muß auch das Angesicht mit Hirsch-Unschlit schmieren / damit es von den hinabtrieffenden Tropffen nicht verunreiniget werde: und das sol man am Schatten thun / und vor dreyen Tagen nicht abwischen: oder wie Sextus lehret/solt du den bestrichenen Kopff verbinden/und am vierdten Tag wiederumb aufflösen/und das macht daß dir kein grau Haar wächst: am vierdten Tag / spricht Marcellus,solt du den Kopff zwagen. Fast auff die Weise schreiben auch Ælianus und Constantinus. Storchen-Eyer sollen auch die Krafft haben / wie Avicenna berichtet. Diese Eyer werden auch für die fallende Sucht gelobt. Wann die fallende Sucht auß der Melancholey oder bösem schwartzen Blut entstehet/so vermisch Taubenkoth mit Raben-Eyern / und leg es Pflasterweiß auff den Miltz/ nachdem du vorhin Waseragel oder Schröpffhörnlein darauff gethan: dann dieses Pflaster zeucht die Materi vom Haupt zum Miltzen/und gebiert das

Fieber / und entlediget also den Krancken von der fallenden Sucht / bevorab wann das im Herbst geschiehet / wie Arnoldus de Villa nova lehret. Weiß Haar zu machen: Nim getödeter Raben oder Kräen Würm/ so unter den Mist gelegt worden sind/ ꝛc. Siehe droben in der Kräen.

Die vornehmste Stücke so dem Menschen in der Artzney zu Nutzen kommen/ verfasset Becherus also:

Der Rab fleugt auch herbey/ fünff stück sind auß ihm gut /

1.   2.   3.

Sein Hirn / sein Fett und Koth / sein

4.   5.

Augen und sein Blut.

1. Man sagt daß Rabenhirn sey gut in schwerem Leyd/

So mans so bloß geneust / doch besser ists bereit.

2. Man sagt daß Rabenfett hab eine solche Krafft/

Ein rechte schwartze Farb den Haaren es verschafft.

3. Man hängt den Rabenkoth den Kindern an den Leib/

Die Weiber glauben daß den Husten es vertreib.

4. Die junge Raben thut zu zahrter Asche brennen/

Ein Drachma thut der Fraiß/ den Platz und Weg verrennen.

5. Das Raben-Blut das schwärtzt die Haar/ die Raben-Eyer

Die hält man in der Ruhr/für nöthig und gar theuer.

Von

Von dem Waſſer-Raben. 23
Phalacrocorax.

VOm Waſſer-Raben haben wir viel unter dē gröſſern Merchen oder Tauchern geſchrieben. Plinius meldet/daß die Waſſerraben auff dem Kopff von Natur kahl ſeyen/dannenhero ſie dieſen Griechiſchē Nahmen bekommen: Die Frantzoſen nennen

nen sie un Corbeau d'eaũ, un cormorant, corbeau pescheret. Diese vorgesetzte Figur ist Aldrovando auß Dalmatien zugeschicket worden / welche in der Gröſſ eines Capaunen geweſen/uñ einen langen ſpitzen/rothen Schnabel gehabt: Auff dem Kopff hat er gantz keine Federn / ſondern dieſe Kahlheit ſiehet fleiſchfarb auß / an dem Halß hat er lange ſchmale Federn / wie die Capaunen/ dergleichen Federn er auch oben an den Beinen hat/und Goldfarb ſcheinen. Ariſtoteles ſagt/ daß der Waſſer-Rab in der Gröſſe eines Storchs ſey/doch mit kürtzern Beinen/ und breitfüſſig/ ſchwimmend/ und ſchwartz. Er niſtet unter allen andern breitfüſſigen Vögeln/ allein auff den Bäumen. Dieſe Beſchreibung reimet ſich dem Vogel/ ſo die unſern einen Scharben nennen/ welches Figur unter den Täuchern verzeichnet zu finden.

Man findet auch in Engelland Raben mit rothen Schnäbeln/welcher auch Plinius gedacht hat. Er redet aber vom Alp-Raben/ als welcher in Engelland und auf den Alpen (daher er auch genennet) gefunden wird/ welcher doch nicht einen rothen / ſondern bleichgelben Schnabel hat. Ohnlängſt aber hab ich ein andere Gattung dieſes Vogels geſehen/ welchen man in Bayern einen Steintahen nennet / mit einem länglichten rothen Schnabel/ etc.

Von dem Wald-Raben.
Corvus ſylvaticus.

Der Vogel/ welches Figur hie verzeichnet ſtehet/ wird von den unſern gemeiniglich ein Wald-Rab genennet/ dieweil er in den einöden Wäldern wohnet: da er dann in den hohẽ Felſen/oder alten Türnen und Schlöſſern niſtet/ daher er auch ein Steinrab genennet wird / und anderswo in Bayern und Steyrmarck ein Klaußrab / von den Felſen und engen Klauſen/darĩn er ſein Neſt macht. In Lothringen und bey dẽ Pavier See wird er ein Meer-Rab genennet. An andern Orthen ein Waldrab/als in Italien/ da er dann bißweilen von einem Menſchen/ ſo an einem Seil hinab gelaſſen worden/ außgenommẽ und für einen Schleck gehalten wird: wie er auch bey uns auff etlichen hohen Felſen bey dem Bad Pfäfers gefunden wird / da ſich auch die Weydleut hinab laſſen/ihn zu fangẽ. Von ſeiner Stim̃ wird er auch ein Scheller geheiſſen. Etliche halten ihn für den Phalacrocoracem: dann er an der Gröſſ und Farb faſt dem Raben änlich iſt: er bekommet auch eine Glatz in ſeinem Alter/ wie ich geſehe hab. Turnerus hält den Waſſer Raben Ariſtotelis, den Phalacrocoracem Plinii, und unſern Wald-raben für einen Vogel/aber nit recht/ dieweil er derſelbigen Vögel Beſchreibung nicht änlich iſt: dann er nicht breitfüſſig iſt/ und darzu kein Waſſervogel/ ſondern er ſucht in den grünen Gärten und moſichten Orthen

ſeine

Von dem Waldraben.

seine Nahrung. Unser Waldrab ist in der Gröse einer Hennen/gantz schwartz gefärbet/ wenn du ihn von weiten anschawest: Besiehest du ihn aber in der nähe/sonderlich gegen der Sonnen bedunckt er dich mit grün vermischet seyn. Seine Füß sind auch beynahe wie der Hennen/länger/und zerspalten. Der Schwantz ist nicht lang/und hat auff seinem Kopff ein Sträußlein hinter sich gerichtet/ nicht weiß ich ob dieses an allen/ und allzeit gesehen wird. Der Schnabel ist röthlich/ lang/ und bequem im Erdtreich zu graben/ und in die engen Klüffte der Mauren/ Bäumen und Felsen zu stossen/damit er die verborgene Würmlein und Käferlein herauß ziehe. Er hat lange duncker rothe Bein. Sie leben von den Häwschrecken/Grillen/Fischlein und kleinen Fröschlein. Mehrentheils nistet er auff den alten und hohen Mauren der zerbrochenen Schlösser: Welcher dann im Schweitzerland sehr viel gefunden werden. Als ich dieses Vogels Magen zerschnitten/hab ich ohne das ander Ungezieffer auch viel derer Thierlein gefunden/ so den Wurtzeln der Früchten schaden thun/bevorab dem Hirsen/ welche die unsern Twären nennen. Sie essen auch Würm/darauß Meyenkäfer werden. Diese Vögel fliegen sehr hoch. Sie legen zwey oder drey Eyer. Sie fliegen zum ersten unter allen Vögeln hinweg/ohn zweifel umb den Anfang deß Brachmonats. Ihre jungen etliche Tag zuvor ehe dann sie fluck worden auß dem Nest genommen/ mögen leichtlich aufferzogen und gezähmet werden/ also/ daß sie in die Aecker hinauß fliegen und bald wiederumb heim kommen. Ihre jungen werden auch zur Speiß gelobt/und für einen Schleck gehalten: Dann sie haben ein lieblich Fleisch und weich Gebein. Diejenige aber welche sie auß ihrem Nest nehmen/ die lassen in einem jeglichen eins liegen/damit sie nachgehenden Jahr desto lieber wiederkommen.

Von allen Ziemern insgemein/ und insonderheit von dem so von den Teutschen ein Reckholter-Vogel genennet wird.

Pilaris. Trichada.

Dieser Vögel macht Aristoteles drey Geschlecht: Eines so den Mistel isset/ in der Grösse einer Atzel/welches von den unsern vom Mistel her ein Mistler genennt wird/ das ander Trichada oder Pilare genannt/welches eine helle Stimm hat/und bey uns ein Reckholtervogel/ Wachholdervogel/ Wechholderziemer: Anderswo aber ein Krammetsvogel/ oder Krammeßvogel genennt wird/ von den Beeren her davon er lebt. Das dritte Geschlecht Iliacum von etlichen genannt/ist das kleineste unter diesen/ und weniger geflecket/und dieses vermein ich den Vogel seyn/ welcher von den Teutschen Winsel oder Beemerlein geheissen wird. Uber dieses ist noch ein Geschlecht/welches wir ein Trostel nennen/ der singt für den andern wohl. Von diesen aber wollen wir hernach insonderheit schreiben: Jetzt wollen wir eines theils von diesen Vögeln ins gemein/ anders theils aber vom Reckholdervogel insonderheit reden. Dieser Vogel heisset auf Griechisch Τριχας· Lateinisch Pilaris, Turdus; Italianisch Viscada, Tordo, Malvizo; Frantzösisch une Grive, un Tourd, ou Oiseau de nerte; Spanisch Tordo, Zorzól; Wendisch Kvvicziela; Polnisch Gluck, Jemioluchá; Engelländisch à Feldfare, a Filfar; Zu Teutsch wird er sonst genennet Krammetsvogel/ Wachholder-Vogel/ Wachholderziemer. Dieses Geschlecht wird für den andern in der Speiß gelobt/und ist mehr frembd.

Zwenter Theil.

Der Krammetsvogel/welchen D. Geßner einsmahl fleissig besichtiget/ der ist also gestaltet gewesen. Sein gantze Grösse und Gestalt ist fast wie die Amsel. Sein gelblichter Schnabel ist zu eusserst schwartzlicht. Der Schnabel ist auch inwendig sampt der Zungen gelb/ doch heller als an der Amsel. Der Halß ist vornenhin aschenfarb/wie auch der Kopf: aber mit schwartzen Flecken besprengt. Der Rucken ist gelblicht/ oder dunckelroth/ und mitten auff den Federn schwartzlicht. Der Theil umb den Bürtzel/wird wiederum mit aschenfarben Federn bedeckt. Der Schwantz aber ist schwartz. Der Halß ist hinden wie auch die Brust vielfaltig gefärbet: Dann die gelblichte Federlein sind mit schwartzen Flecken getrieffet Die Flügel sind inwendig weiß. Die Seiten unter den Flügeln sind zu eusserst weißlicht: Darnach werden sie mit rothen Linien unterzogen/inwendig sind sie weit umb sich schwartz. Die Bauchfedern sind weiß. Die Füß sampt den Zeen sind schwartz. Die Flügelfedern sind theils schwartz/theils rothfarb/wie auff dem Rucken/sonderlich die kleinern und kürtzern. Man kan das Weiblein und Männlein in diesem Geschlecht nicht wol vor einander erkennen und unterscheiden. Sein Eingewend hat kein Angehenck. Die Käl breitet sich auch gegen den Magen nicht auß/ er hat darzu oben keinen Kropff.

Von der Natur und Eigenschafft dieses Vogels/ und wo er am meisten zu finden.

Zu Winterszeit sind die Krammetsvögel sonderlich in Teutschland: im Sommer aber in unserm Gebirg: zur Herbstzeit werden sie auff ebenem Feld uñ Hügelein gefunden. Im Winter findt man sie bey uns auch am Meer/ und denen Orthen da viel Wachholter und Myrtenbäum wachsen/ wie Platina der Italianer meldet. Im Sommer (spricht Turnerus der Engelländer) wird dieser Vogel nimmer/ oder doch selten gesehen: im Winter aber sind deren so viel als sonst keiner andern Vögel. Diese Vögel bleiben allein 3. Monat/ darnach verbergen sie sich in die Wälder und Häge. Man findet sie auch zuweilẽ zwischen den engen Klüfften der Berge verborgen. Sie koṁen unter allen andern Vögeln zuletzt im Jahr zu uns. Dieser Vogel verändert seine Farb im Soṁer und Winter/ doch bleibt seine Stiṁ allzeit gleich. Sie fliegen auch schaarweiß. Sie solle auch lernẽ schwätzen: wiewol andere sagen/ daß er gantz stuṁ sey/ und nit schwätzig. Diese Vögel legen uñ brüten 10. Tag nachdem sie empfangen habẽ/ sagt Albertus. Sie machen ihre Nester auß Lätt und Koth/ wie die Schwalben/ auf hohẽ Bäumen/ also aneinander/ daß es einẽ einer Ketten gleich bedünckt/ wie Aristoteles schreibet.

Von dem Reckholter-Vogel.

bet. Dieser Vogel isset Myrtenlaub für alle Zauberey/ sagt Philes. Die Amsel liebet diesen Vogel.

Von der Speiß und Nahrung dieses Vogels.

Diese Vögel leben von den Würmlein/ Fliegen und Schnacken. Der Krammets-Vogel isset auch die Beeren von den Stech-palmen/ und die Birlein von dem kleinern Speckbirbaum/ und andere dergleichen Früchte. Bey uns lieben sie unter andern Früchten die vom grossen Mehlbaum/ und von der Wieläschen oder grössern Mehlbaum/ da sie den Kern darauß nehmen. Diese Vögel leben auch von den Buchnüßlein. Die Krammetsvögel lieben insonderheit die Wachholterbeeren/ daher sie auch genennet worden: darumb man auch gemeiniglich fraget/ welcher Vogel dreyjährige Frucht esse: dann diese Beeren sollen erst im dritten Jahr reiff werden. Ich hab in eines Krammetsvogels Magen diese Beeren gefunden/ und auch das Marck von unser Frauen Distel/ und Saamen von Erbselen oder Berbereskörnern: in den Holderbeeren sind Körnlein so diesen Vögeln und den Staren sehr angenehm sind. Diese Vögel werden von etlichen Wydenvögel und Myrtenvögel genennet/ dieweil sie dieselbige Beeren essen. Diese Vögel leben auch von dem Mistel/ bevorab aber der so den Namen Mistler darvon bekommen: und wo er auf einen Baum hin schmeist/ da sol Mistel darvon wachsen/ wie Isidorus, Plinius, Theophrastus, Ælianus, und andere bezeugen. Darumb sagt man im Sprichwort von denen so ihnen selbst ein Unglück auff den Halß laden: Turdus ipse sibi malum cacat, das ist/ der Ziemer schmeisset ihm sein eigen Ubel/ dieweil von seinem Koth Mistel wächst/ darauß man Kläb oder Vogelleim macht/ von welchem er hernach gefangen wird. Welches auch auff diejenigen kan gezogen werden/ so ihnen gewaltige Tochtermänner außsuchen/ durch welcher Gewalt sie hernach beherrschet und untergetruckt werden.

Wie man diese Vögel ziehen/ halten und mesten soll.

Plutarchus und Volaterranus schreiben/ daß Lucullus diese Vögel in Vogelhäusern gezogen habe. Die Römer haben sehr grossen Fleiß solche Vögel zu ziehen angewand/ dieweil sie ein groß Geld darauß lößten. Wann man Mühe und Kosten an sie legt/ so hat offt (wie M. Terentius sagt) zu Rom/ wann einer ein Triumphmahl dem Volck gegeben hat/ ein Krammetsvogel etwas weniger als einen halben Rheinischen Gülden gegolten/ welches jetzt auch der gemeine Kauf bey uns ist/ und dasselbige macht der Uberfluß und Mißbrauch unserer Zeit/ darumb sind diese Vögel einem Bauren wohl zu ziehen/ schreibt Columella. Und spricht Palladius, daß diese Vögel guten Gewinn und Lusten in Speisen geben/ wann man sie zu ungewohnter Zeit im Jahr/ da sie sonst nicht gefangen werden/ meste/ dann die Seltzamkeit reitzt den Lusten. An die Krammetsvögel muß man mehr Kosten und Arbeit wenden/ und wiewohl dieselben in einem jeden Feld mögen gezogen werden/ so ist es ihnen doch besser/ daß sie da gezogen werden/ da sie gefangen sind worden/ dann man kan sie nicht wohl in ein frembd Land bringen/ weil man sie muß in einem Kefich beschliessen/ darinn ihrer dann viel sterben. Welches sie auch zuweilen thun/ wann man sie schon gleich vom Garn/ darinn sie gefangen werden/ in die Vogelhäuser thut. Damit aber solches nicht geschehe/ sol man etliche Alte haben/ die sol man unter sie vermischen/ die werden von den Vogelfängern darzu gezogen/ daß sie Anreitzer der andern gefangenen seyen/ und ihnen ihre Traurigkeit mindern/ indem sie unter ihnen her fliegen. Also gewohnen die wilden zu essen und zu trincken/ wann sie sehe daß die zahmen dasselbige thun/ wie Columella und Palladius berichten. Varro schreibet von diesen Vogelhäusern an Axium also: Axi, ich wil nach deinem Begehren von dem Vogelhauß sagen/ welches etliche umb ihres Nutzens willen machen/ darauß fette Vögel genommen werden. So macht man nun ein groß gewelbt Gemach mit Seulen umbgeben/ darein man etlich tausend Ziemer oder Amseln verschliessen könne. Etliche thun noch andere Vögel mehr zu den obgenannten/ welche sie gemestet theur verkauffen/ als Hirßvögelein und Wachteln. In dieses Gewelb muß Wasser durch ein Rohr gerichtet seyn/ und durch kleine Känlein rinnen/ die man leichtlich säubern und reinigen könne/ dann wann sich das Wasser daselbst weit außbreitet/ wird es unsauberer/ und wird nicht nützlich getruncken; dann von deme so überläuffet/ werden die Vögel verunreiniget. Das Häußlein muß ein nieder und enges Thürlein haben/ auff die Arth/ welches man ein Schnecken nennet/ wie an den Schrancken/ darinn vorzeiten die Stier mit einander kämpfften. Deßgleichen zarte Fensterlein/ durch welche man die Bäum oder Vögel ausserhalb nicht sehen könne/ dieweil die eingeschlossene darvon mager werden. So viel Tag muß es haben/ daß die Vögel sehen können wo sie sitzen/ essen und trincken sollen. Es sol auch umb die Thür und Fenster glatt gegypset seyn/ damit keine Mauß oder ander schädlich Thier hinein kommen könne. Umb die Wänd dieses Bawes sollen inwendig viel Pfäl seyn/ darauff

auff sich die Vögel setzen können. Uber dieses auch Stecken von der Erd au die Wand gelähnt/und zwerch darüber etliche Stangen nicht weit von einander darauff gebunden/gleich wie die alten Römer in den Schauspielen pflegten zu bereiten. Unten auff der Erden muß Wasser seyn/daß sie trincken können. Man muß ihn auch Küglein zu der Speiß für stellen/welche man insonderheit auß Feygen und Mehl vermischt/machet. Zwantzig Tag darvor ehe dann einer diese Vögel herauß nehmen wil/gibt man ihnen mehr zu essen und zu trinken/und fanget auch an sie mit reinerem Mehl zu speisen. In diesem Gewelb sol man etliche Vögel haben/welche der außgenommenen statt erfüllen. Dann an diesem Gemach ist noch ein kleiners/in welchem der Hüter die jenige erhält/mit welchen er seinem Herren der abgestorbenen statt ersetzet. Wann man auch auß diesem Vogelhauß die wohlgemesteten nehmen wil/verschliest man dieselbe in das kleinere/welches dann ein grössere Thür hat/ und mehr Liecht/und dieses nennt man einen Behalter. Wann man nun die fürgenommene Zahl außerlesen und dahin verschlossen hat/tödtet man sie all. Diese aber thut man darumb in den Behalter/damit nicht die andern wañ sie dieses gesehen/trawrig werden/und etwan zu unrechter Zeit hernach sterben. Dann sie machen nicht junge wie die Vögel so hinweg fliegen und wiederkommen/wie die Störcke im Feld/die Schwalben unter dem Dach/ꝛc. So weit schreibt Varro. Columella spricht: Diese Vögel wollen eben so ein verwart uñ Soñenreich Orth haben als die Tauben. Man legt aber ihnen zwergstangen (wie vor gesagt) an die Mauren/darauff sie sitzen/wann sie satt sind und ruhen wollen. Diese Stangen aber sollen nicht höher von der Erden erhaben seyn/als eines Menschen Länge ist/daß man sie von der Erden erreichen könne. Palladius aber setzt darzu/daß ihre Wohnung gantz rein und hell seyn solle/auch an allen Enden geglättet. Grüne Aest/oder andere dergleichen/muß man ihnen in die Winckel hin und her stecken/uñ ihnen dieselbigen offt endern und frische an die statt thun. Die Speiß legt man ihnen an einen orth da keine Stangen über ist/auff daß sie desto reiner bleib. Man sol ihnen auch allezeit dürre Feigen mit Grießmehl fleissig unter einander vermischen zu einer Speiß/deren sol man ihnen so genug geben/daß ihnen noch überbleib. Etliche käwen dasselbig vor/und werffen es ihnen den für/doch kan man dasselbige nicht wohl thun da ihrer viel bey einander sind: dañ man müste denen wol lohnen die käuweten/welche auch selbst wegen der Süssigkeit viel essen. Es meinen auch etliche/es sey besser daß man ihnen mancherley Speisen gebe/damit sie nicht über einer unlustig werden/das geschihet wañ man ihnen den Saamen von Myrto und von Mälbäumen gibt. deßgleichen die Beeren von den wilden öhlbäumen und Ephew/darzu Holtzäpffel: dañ diese Vögel suchen diese Speisen auch im Feldt/sie benehmen ihnen auch den Unlust/wañ sie eingeschlossen/und machen sie lustig zu essen/welches ihnen sehr nützlich ist/damit sie desto eher fett werden. Doch sol man ihnen auch allzeit Tröglein vol Hirsen darstellen/das ist die allerbeste Speiß/und wird/wie oben gesagt ist/ihnen für einen Schleck gegeben. Ihre Trinckgeschirr/darinn sie allwegen frisch Wasser haben sollen/sollen der Hüner Trinckgeschirr gleich seyn. Fenchel/Hirsen/und lauter Wasser macht diese Vögel sehr fett wie Didymus schreibt.

Wie diese Vögel gefangen werden.

Zur Herbstzeit richtet man den Krametsvögeln in den Hecken und Stauden/da viel Beeren wachsen/Strick/sie wie auch andere damit zu fangen/das kan man thun biß zum Anfang deß Mertzens/wie Palladius im Christmonat meldet. Die Habichte fangen auch unter andern Vögeln die Krammetsvögel. Mit einem Netz/Macunion genannt/fänget man sie auch. Die Eydgnoßschaft hat etlich Jahr her sehr viel dieser Vögel/sonderlich umb die Statt Zürich/da dañ viel kunstreiche Weidleut sind/welche mit Schleudern so sie darzu bereiten/hoch in die Lüfft unter eine Schaar Krammetsvogel schleudern/da sie dañ gezwungen werden sich herab zu lassen/und endlichen in die Garn fallen/welche auff freyer Weite nicht über eines Manns hoch gerichtet/und an gebichte Rütlein auß gespañet sind/wie Stumpffius berichtet. Wie Oppianus lehre diese Vögel fangen/wirst du droben in Beschreibung der Amsel finden.

Was von diesem Vogel dem Menschen nützlich seye.

Varro gibt den Preiß dieses Vogels und der Amsel Mist/nit allein die Aecker damit zu düngē/sondern auch den Ochsen uñ Schweinen zur Speiß zu gebrauchen: dann sie von dieser Speiß ehe dann sonst von keiner andern fett werden. Wañ diese Vögel nicht zerstrewet/sondern dick und schaarweiß fliegen/vermeinen etliche daß solches ein Zeichen einer zukünfftigen Pestilentz seye.

Dieser Vogel ist sehr wolgeschmackt/darumb wird er/als ein besonderer Schleck/zu Speiß außerkoren/wie Horatius bezeuget: Nil melius Turdo, &c. Und spricht Martialis.

Inter

Inter aves Turdus, si quis me judice certet,
Inter quadrupedes, gloria prima lepus.

Das ist:

Unter allen Vögeln geb ich dem Krametsvogel den Preiß: unter den vierfüssigen Thieren aber dem Hasen.

Galenus zehlet diese Vögel unter die Speisen so nicht ein alzu dicke noch zarte/ sondern eine mittelmässige Feuchtigkeit im Menschen gebehren. Babt. Fiera lobt eine fette Amsel mehr/ dieweil der Krammetsvogel hitziger ist/ und stärcker riechet: doch wen derselbe vom Weydmann in einem Strick oder Garn gefangen worden/ läst er dieselbigen gleich so gut seyn als die Amsel. Die so stets den Fluß der güldenen Adern haben/ bevorab der schlagende/ die sollen diese Vögel und Kränich in der Speiß meiden.

Diese Vögel und die Amsel soltu braten/ wiewol sie gesotten mit Pfeffer und Salbey auch nicht unlieblich sind. Nachdem du diesen Vogel nach nothturfft gebraten hast/ so nimm wol zerstossene Mandelkern/ mit Saltz besprenget/ und mit unzeitigem Traubensafft/ und einem Brühlein vermischet/ darauff sprenge ein wenig Jngber und Zimet/ dieses alles vermischt/ schlag durch ein hären Sieb in einen Hafen/ und wenn es ein wenig gekocht/ so schütte es in den Hafen darinn die gebratene Vögel liegen. Etliche wollen viel lieber an die gebratene Krammetsvögel Pomerantzen außdrucken/ oder süß Gewürtz darauff sprengen/ wie Platina lehret. Alexander Benedictus lobet zu der zeit der Pestilentz einen gebratene Krammetsvogel zween Tag in Essig gebeitzt. Vor alters fülten sie mit dem Krammetsvogel/ wie auch mit dem Hünermagen die Spanfärkelein. Man kan auch diese Vögel/ gleich wie die jungen Hennen in Pasteten machen.

Diese Vögel mit Myrtenbeeren gessen/ fürdert den Harn/ sagt Plinius: welcher auch spricht: Ein Krammetsvogel mit Myrtenbeer gebraten/ benehme die rothe Ruhr.

Von dem Mistler/

Und erstlich von seiner Gestalt.

Turdus viscivorus.

Dieser Vogel/ wie drobē gesagt worden/ hat seinen Namen vom Mistel/ welchen er zur Speiß brauchet/ bekommen. Die Lateiner nennen ihn Turdum viscivorū, die Italianer Dresso, die Frantzosen Grive, die Wenden Prskavvecz, die Türcken Garatauk, die Engelländer a Polver, die Kärnter Zerrer/ die Beyern Schnerrer; anderstwo heisset er Ziering und Mistelfinck. Der so bey uns gefunden wird/ ist grösser als die andern Geschlecht dieses Vogels: doch etwas kleiner als die Taub. Sein Kopff/ Flügel und Bauch sind grau: doch hat er an den Federn/ so umb den Schwantz sind/ etwas gelb vermischt. Der Schnabel ist inwendig bleich uñ röhtlich vermischt. Die Beine und Zeen daran sind gelblich/ bevorab hinden. Der Schnabel und die Klawen sind schwartz. Der Halß ist vornen wie auch der Bauch überall weiß/ mit schwartzen/ und etlichen gelblichten Flecken gesprengt. Der Pflaum unter den Flügeln ist weiß/ wie D. Geßner schreibt.

Von der Speiß dieses Vogels.

Dieser Vogel lebt nicht allein von dem Mistel und Hartz/ wie Aristoteles vermeint/ sondern auch von den Trauben/ Wachholter und Hartriegelbeern. Er wirdt auch gezähmet/ und mit allerley Speiß erhalten/ als mit Brot/ Käß/ ec.

Von der Natur und Eigenschafft dieses Vogels.

Er nistet in unsern Landen: zu Sommerszeit verbirgt er sich in die Wälder. Er hasset den Kautzen/ und fliegt zu ihm/ aber nicht nahe/ es sey dann nicht weit ein Baum von demselbigē. Jch/ spricht D. Geßner/ hab von etlichen Bauren verstanden/ daß wenn dieser Vogel im Außgang deß Winters/ hoch auff einem Baum sitzend gesehen werde/ und darauff singe/ sol dieses ein Zeichē eines langwierigen Winters seyn: weñ er sich aber mitten in den Baum setze/ also/ daß man ihn nicht oder kaum sehē könne/ sol er den zukünfftigen Sommer verkünden. Dieser Vogel wirdt bey uns nicht so theur verkaufft als der Krammetsvogel/ auch nicht so werth in der Speiß gehalten.

Wie dieser Vogel gefangen werde?

Man sagt daß ein jeder dieser Vögel einen besondern Baum/ so voll Mistel sey/ einnehme/ bey welchem er stets seine Wohnung habe/ und keinen andern herzu lasse / sondern den übrigen nachjage und dieselbe vertreibe: welche angebohrne Art ein Ursach ihrer Gefängniß ist. Dann die Vogelfänger verschliessen dieser Vögel einen in einen Kefich/ und bedecken denselben oben auff mit einem Garn/ damit der Vogel von der Höhe hinab darin möge gesehen werden/ das hencken sie sampt einem Schlag darüber gemacht/ an einen langen Hacken/ an einen Baum so viel Mistel trägt. Wann nun der wilde diesen ersehen/ schiest er auff ihn hinab/ damit er ihn von seinem Baum treibe/ und wird also in zugefallenen Schlag gefangen. Darnach henckt man den Kefich an viel andere Bäum mehr. Diesen Vogel brauchen auch die Weydleut Habichte damit zu fangen/ indem sie einen Kloben zu einer Traghütten außstrecken: dann wann er den Habicht ersehen/ so schreyet er.

Von

Von der Winsel.
Turdus minor, Illas vel Tylas.

Das dritte Ziemergeschlecht ist das allerkleinste/ kleiner als der Krammetsvogel und der Mistler/ auch weniger gefleckt/ wie Aristoteles schreibet. Auff Griechisch heisset es ιλλας, Τυλας; Lateinisch Turdus minor; Italianisch Malvizo, Frantzösisch un Mauvis, une Grivette; Wendisch Gikavvecz, Engelländisch a Filfar, oder Feldfare. Bey den Teutschen hat er mancherley Nahmen: dann zu Zürch wird er ein Winsel oder Wintze wegen seiner Stimm genennet: Zu Glaris in der Eydgenoßschafft ein Bergtrostel: anderswo Bömerlein/ Bomerziemer ꝛc. Jtem ein Weintrostel/ weil er von den Trauben lebt/ und Rothtrostel. Zu Cöln heist er ein Bitter/ zu Basel ein Girerlein/ in Sachsen ein Weingartvogel/Weindruschel/ꝛc. Unsere Winsel ist auff dem gantzen Rücken grau/ die Brust aber vielfältig gefärbt. Der Bauch ist in der Mitten weiß / und an beyden Seiten roth/ wie auch unter den Flügeln/ inwendig ist der Schnabel gantz gelb. Darzu ist sie an Grösse und Gestalt der Trostel ähnlich. Im Magen einer Winsel hab ich im Wintermonat Beeren von der weissen Distel/ Oxyacantha genannt/ gefunden. Diese Vögel sind frembd/ und nisten (wie ich verstehe) nicht bey uns/ sondern in Böhmen oder

oder Ungern. Sie fliegen zu uns im Anfang deß Winters / fast 14. Tage vor den Reckholtervögeln: Gegen Ostern fahren sie wiederumb hinweg. Sie werden in Böglein gefangen / doch nicht so leicht als die Krammetsvögel: Dann wann der Strick weiß ist / so thun sie ihn beyseits / damit sie ihn überschreiten. Mir / spricht D. Geßner ferner / hat ein Weydman gesagt / daß der Vogel Böhemlein genannt / viel ein anderer Vogel sey als unsere Winsel / doch deren etwas gleich: Welchen er einsmahls in einem Kefich erhalten habe mit dürren Kirschen / derer Stein wieder gantz von ihm gangen / und in einen Kefich / so unter ihm gehangen / gefallen seyen / von welchen ein Vogel / Steinbeisser genant / so in demselbigen Kefich verschlossen gewesen / sich erhalten und ernehret habe.

Von der Trostel.

Turdus minor alter.

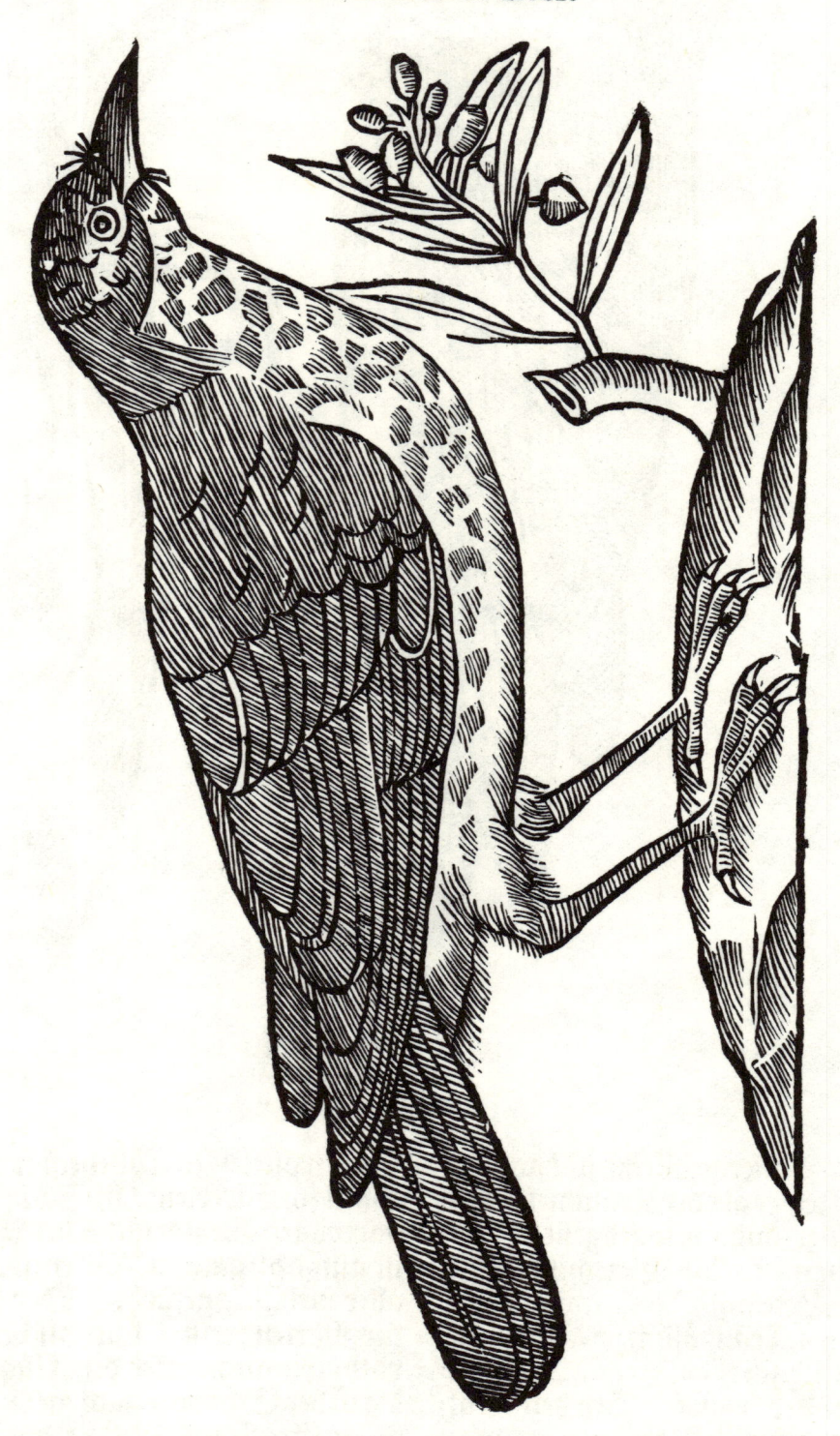

Von der Gestalt dieses Vogels.

Diesen Vogel nennt man auch Droschel / Trostel / Drossel / oder Durstel: Item ein Sangdruschel / und ein Weißtrostel / wie die obgenante Rothtrostel. Auff Lateinisch wird er Turdus viscivorus minor genennt; Auf Italiänisch Tordo; Frantzösisch un traslè; Englisch à Trossel, oder à Mauvis; und Polnisch Drozd. Die Grösse uñ Ge-

Von der Trostel.

Gestalt dieses Vogels / welchen D. Geßner gesehen / ist fast wie der vorgenannte Winsel: diese Trostel hat weisse Bein: die Brust / der Bauch und die Seiten sind mit schwartzen Flecken gezeichnet: sonst ist der Bauch weiß / wie auch der ober Theil an den kleinern Federn. Die Brust ist röthlich / also auch unter den Flügeln an den kleinern Federn / rein und ohn alle Flecken. Der gantze vorder Theil hat fast ein einige Farb / nemlich grau. Die Flügel haben etwas rothes unter das graue vermischet / uñ sind gelblich geflecket. Das Weiblein und Männlein kan man nicht wohl vor einander erkennen / ohn allein am Gesang.

Von der Natur und Eigenschafft dieses Vogels.

Die Trostel siehet man das gantze Jahr durch / und wird wegen ihres Gesangs in den Käfichen ernehrt / und gantz zahm. Sie singt im Frühling gantz lieblich und wohl. Ihre Stimm ist hell / mit etwas Heiserkeit vermischt. Ihr Nest macht sie inwendig auß Lett / oder auß Wurmmehl von faulem Holtz / indem sie dasselbige feucht macht und künstlich glättet: aussen aber auß Moß von den Bäumen oder Stauden / wie Turnerus berichtet. Ihr Nest ist inwendig steiff / glatt und hart. Bey uns brüten sie im Mertzen oder Aprill. Die Trostel / wie auch der Mistler / hassen den Kautzen. Sein Fleisch ist gut / und wird zur Speiß gebraucht.

Von mancherley Geschlecht dieser Vögel.

Bey den Kärnthern wird ein Vogel Leimtrostel genennet / welcher den zweyen kleinern vorgenannten verwandt ist: er hat aber weisse Bein.

Es ist auch das kleinste Vögelein dieses Geschlechts / das von den Sachsen ein Ziepdruschel genennet wird / sonst von Gestalt und Farb unserer Winsel ähnlich. Dieses hat seine Wohnung in den Bromberstauden: dann es isset die Frucht derselbigen / und Holderbeer.

Bey uns (sprechen Eberus und Peucerus) wird ein kleiner Vogel dieses Geschlechts / so fast umb den dritten Theil kleiner ist / als die Winsel oder Trostel / gefunden / welche wir eine Wald-Trostel oder Klein-Trostel heissen. Sie nennen auch einen kleinen Vogel dieses Geschlechts einen kleinen Ziemer / so etwas kleiner ist als die Amsel / doch grösser als der Finck / mit einem spitzigen Schnabel und kurtzen Beinen. Diesen halten sie für den Blauvogel Aristotelis, von welchem oben genug gesagt ist.

In der Eydgenoßschafft / als bey Glaris / heißt man etliche Vögel Stein-Trosteln / welche man anderswo Steinröthelein nennet: Item Blauvögel / von welchen vorhin weitläufftig gesagt worden. Daselbst sagen sie auch von einem Vogel Wasser-Trostel genannt / welcher lange Bein / einen kurtzen Schnabel / und zerspaltene Füß hat / und stets in den Wassern wohnet / der mag vielleicht ein Wasser-Amsel seyn.

An vielen Orthen deß Teutschen Lands / als in Meissen / Türingen und Hessen / wird unsere Ring-Amsel ein Mertz-Drussel genennet / dieweil sie ihren Gesang im Mertzen anhebt.

Umb Franckfurt wird ein Vogel Halbvogel genennet / welcher auch unter den Ziemern verkaufft wird / wiewol er nicht ein Ziemer ist. Darumb brauchen die Weydleut diesen Weydspruch / da sie sprechen / daß in Teutschland sechsthalbe Vögel seyen / ein Krammetsvogel / ein Entvogel / ein Eyßvogel / ein Brachvogel / ein Speyvogel / (welcher über die andern alle fliegt) und ein Halbvogel.

Auß diesem Geschlecht ist auch einer so von den Sachsen ein Brachvogel genennet wird / welcher sonderlich gegen den Winter gefangen wird / an Grösse und Gestalt der Amsel nicht ungleich / grau / erdfarb / dunckel / also daß wann er auff der Erden sitzt / er vor derselbigen kaum kan erkennet und unterschieden werden / wie Eberus und Peucerus melden / welche diesen Vogel für den Collyrionem deß Aristotelis halten.

Die Histori von allen Reigern insgemein / welche sich doch mehr auff den aschenfarben Reiger ziehet.

Ardea.

Von der Gestalt dieser Vögel.

Der Reiger heisset auff Hebreisch אנפה; Griechisch ἐρωδιός; Lateinisch Ardea; Italianisch Hierone; Frantzösisch Heron; Spanisch Garza; Polnisch Czaplia; Wendisch Czipie; Ungarisch Gém; Türckisch Baiakzél; Engelländisch an Heron; und von etlichen zu Teutsch eine Heer-Ganß. Es sind viel und mancherley Geschlecht der Reiger / doch haben sie gemeiniglich alle lange Schnäbel / Hälß und Bein / an welchen Stücken sie den Störchen nicht ungleich sind / doch ist den Reigern ihr Halß mehr hin und her gewunden.

An ihren Füssen haben sie drey Zeen / lang / und zu hinderst ein wenig mit Haütlein zusammen gefügt / und der vierdte / so hinden an stat der Fersen stehet / ist auch so läg. Der Leib ist nach seiner Höhe nit so gar groß / sondern gering / ran / und eingezogen. Etliche auß disen Vögeln haben Sträuß auff ihren Köpffen / andere keine. Jhr Schwantz nützt ihnen nichts im Flug / darumb fliehen sie mit hinder sich gestreckten Beinen.

Von der Speiß und Nahrung dieser Vögel.

Die Reiger haben ihre Wohnung bey den fischreichen Wassern und Seen / darauß sie ihre Nahrung nehmen / darumb werden deren viel in der Eydtgenoßschafft gefunden / von wegen der grossen Flüsse und fischreichen Seen so daselbst sind. Sie enthalten sich auch bey dem Meer. Der Reiger ist den Fischen auffsetzig / und dieweil er im Wasser daher gehet / so schwimmen ihm die Fisch ümb seine Bein / welche er denn verschluckt und frisset. Er frisset auch sehr gern die Schnecken in den Meermuscheln / wie der Pelecan oder Löffler die Meerschnecken / welche er so lang in seinem Kropff kochet / biß sie von der Hitz auffgehen. Nachdem er vermerckt daß sie auffgangen / speyet er dieselbe wiederumb von sich / und isset das Fleisch. Sie verschlucken auch nicht allein die kleinen Fisch / sondern auch die Ael. Der Reiger / wie auch das Tücherlein gibt mehrentheils die Speiß fast unverdäwt von sich / darumb ist er allzeit frässig / sagt Albertº.

Von der Natur und Eigenschafft dieser Vögel.

Der Reiger sol den Lateinischen Nahmen Ardea darvon haben / daß sein Koht sehr hitzig / also / daß er verbrennet alles das er berühret / wie gemeinlich aller Wasser-Vögel Art ist / wiewol etliche wollen / er habe den Nahmen von seinen hohen Flug / dann wañ dieser Vogel ein künfftig Wetter vermerckt / sol er beynah über das Gewölck fliehen. D. Geßner vermeint dz er den Lateinischen Namen vom Griechischen Erodios bekommen habe: Dieweil er / wann er sich zum Weiblein hält / (wie man vermeint) Blut schwitzet / welches doch Albertº für unwarhafftig halt / dann er sagt / daß er mit seinen Augen gesehen hab den Reiger auff das Weiblein sitzen und Eyer legen: Aber solches habe er nie vermerckt oder wal genommen. Dieses schreibt Aristoteles und Plinius allein vom Aschenfarben Reiger. Ob gleich der Reiger seine Nahrung im Wasser sucht / so nistet er nichts destoweniger in den Wäldern auff den hohen Bäumen und Tannen. Er machet auch sein Nest bey andern seines gleichen / fliegt doch gemeiniglich allein / dann der Habicht stelt ihm und seinen Jungen sehr nach / deßgleiche auch andere Raubvögel / darumb sie sich solcher Vögel nicht erwehren mochten / wo nit allzeit bey ihren Nestern viel Reiger zusammen kämen. Mit ihrem Koht verderben sie alle Bäum darauff sie nisten / dann sie von ihrem Geschmeiß verdorren. Wann die Störcke ihren Jungen keine Speiß bekommen können / speyen sie die vorgessene Speiß wiederumb von sich / und geben sie den Jungen zu essen / sie unterweisen auch ihre Jungen zum Flug / also thun auch die Reyger und Löffler / wie Ælianus gedencket. Diese Vögel legen für alle Zauberey einen Krebs in ihr Nest. Der Reiger und die Kräe sind Freunde: Der Adler aber und andere Raubvögel sind seine Feinde. Wann der Reiger sich oder seine Jungen vor dem Habicht beschirmen wil / fliegt er ihm entgegen / und besprengt ihn mit seinem Geschmeiß / so faülen dem Habicht die Federn / wie Albertus sagt. Dieser Vogel hasset die weissen Meben. Die Schnecken können sich auch wunderbarlich vor ihm verbergen.

Die Reiger werden von den Menschen sehr werth gehalten / und verkünden den Sommer und den Winter / wann sie ihren Kopff auff die Brust legen / zeigen sie damit einen gar ungestümmen Wind an. Wann der Reiger hoch fliegt / verkündet er ein Ungewitter. Wann er mit einem Geschrey und ungestümmen Flug auß dem Meer an das Land fliegt / bedeutet er einen künfftigen Wind und groß Ungewitter. Wenn er mitten im Sand traurig ist und schauderig / verkündet er den Winter / wie Plinius lehrt.

Wie man die Reiger mit Falcken fangen solle.

Die Falcken so von den unsern Reigerfalcken genennt werden / die fangen Reiger und Kränch. Jm Reigerfang werden zween Falcken abgelassen / deren einer in die höhe fliegt / der ander auff der Erden / also / daß der eine den fliehenden Reiger hinab stürtze / und der ander ihn auffange. Es sind aber zweyerley Geschlecht der Falcken / eines so edel ist / welches die Vogel auß kurtzer Abrichtung natürlich fanget. Das ander welches unedel / das allein mit grosser Arbeit und Hunger kümmerlich solches thut. Wann dieses letzte Geschlecht den Reiger fangen wil / speyet der Reiger einen frischen Aal oder Fisch / den er erst gessen hat / von sich / so läst ihn denn der Falck frey ledig davon fliegen / und nimt den stinckenden Fisch dafür. Aber der edel Falck thut nit also / sondern verachtet die dargebotene Gab / uñ strafft den listigen Reiger desto grausamer / wie der Author des Buchs der Natur

Man sagt auch wann die Falcken Reigerblut versucht haben / verliehren sie alle Begierde Reiger zu fangen: wann sie aber das Fleisch davon ohn das Blut essen / so thun sie dieses nicht/ wie Crescentiensis schreibt.

Was von diesem Vogel ausser und in der Artzney dem Menschen nützlich seye.

Deß Reigers Fleisch sol ungeschmackt und ungesund seyn. Der jungen Fleisch wird besser gehalten / dann der erwachsenen riecht starck. Diese Vögel sol man lang/ je nachdem sie alt sind/braten/ sie können auch in Pasteten gethan werden / auff die Weiß wie wir droben bey der Hennen gesagt haben. Welche stets den Fluß der güldenen Adern haben/ furauß der schlagenden / die sollen Kranch- und Reiger-Fleisch meiden.

Wann man die Füß / oder vielleicht die Feiste allgemach distillirt / und mit dem Oehl / so man darvon samblet / die Hände schmieret / werden die Fisch von ihnen selbst einem zur Hand schwimmen / und gefangen werden. Die Apothecker verkauffen dieses Schmaltz bey uns ein / ein Fischaaß darauß zu machen. Ich verstehe aber/ daß man dieses Aaß auß dem Schmaltz und Gebein mache. Die Ursach aber warumb die Fischer dieses Fett gebrauchen/ soll seyn/ weiln die Fisch dem Reiger feind seyen/wañ sie dann sein Fett riechen/kommen sie herbey/ und wollen gleichsam sich an ihrem Feind rächen. Deß Vogels Schnabel in einer Eselshaut auff die Stirn gebunden / bringt den Schlaff. Andere vermeinen daß der Schnabel für sich selbst die Krafft habe / in Wein gewaschen / wie Plinius meldet. Andere heissen denselben mit einer Krebsgallen in Eselsleder darfür anhencken. Wann einer in einem Gastmahl ein Tuch mit Wein darleget / darinn ein Reigerschnabel liegt/ so werden die Trinckenden entschlaffen. Die Roß-Aertzt heissen den Pferden ihre Augen mit Wachteln oder Reigerschmaltz bestreichen/damit sie gesund und hell werden. Das Reigerfett lindert die Podagrische Schmertzen/ vertreibet die Flecken und Fell der Augen/macht ein klares Gesicht / und stärcket das Gehör/ äusserlich dahinein gethan/sich damit geschmieret.

Becherus reimet hiervon:
Der Apotecken gibt der Reiger nicht gar viel/
Gleichwol sein Fett das nutzt / und dient der Augen Ziel.

Von dem Aschenfarben oder grauen Reiger.

Pulla vel Cinerea major.

Diesen grauen Reiger/ welches Figur hier verzeichnet stehet/ nennen wir schlechthin einen Reiger/ dieweil er bey uns gar gemein ist. Es reimen sich aber viel der obgenannten Stücke / so von allen Reigern ins gemein erzehlet sind/ diesem Geschlecht allein / als der Streit und Kampff wider den Adler/ ꝛc. Von diesem sagt Albertus, daß er aschenfarb grau sey/mit einem spitzigen Schnabel/ und langen Halß. Dieser ist sehr embsig seine Nahrung und Speiß zu suchen. Er soll auch mit solchem Schmertzen das Weiblein betretten/dz er Blutstropffen auß den Augen schwitzt/und die Weiblein sollen auch mit gleichem schmertzen die Eyer empfangen und gebehren. Dieser Vogel/ spricht Turnerus, nistet in Engelland auff den hohen Bäumen/ nicht weit von den Gestaden der zunehmenden Wasser. Der Obertheil seines Leibs ist blau / der untere aber ein wenig weiß. Mit seinem dünnen Geschmeiß vertreibt er alle Adler und Habicht so ihn angreiffen. Ich hab dieses Geschlechts (doch selten) auch weisse gesehen/ welche allein an der Farb von dem vorgenanten unterschieden waren. Deßgleichen hab ich auch in Engelland einen weissen mit einem grauen sehen nisten und Junge machen / darauß dann wol kan verstanden werden / daß sie eines Geschlechts sind. Dieses schreibet der obgenannte Turnerus.

Dieser Vogel streitet mit allen denen võ welchẽ er verletzt wird/ das ist / mit dem Adler / von welchem er gestossen wird;

Geßneri Thierbuch.

mit dem Fuchß/ von welchem er zu Nacht gefangen wird; mit der Lerchen/ von welcher ihm seine Eyer zerbrochen werden/ wie Aristoteles berichtet. Von

Von dem zweyten Geschlecht deß grauen Reygers. 37
Ardea Cinera altera sive minor.

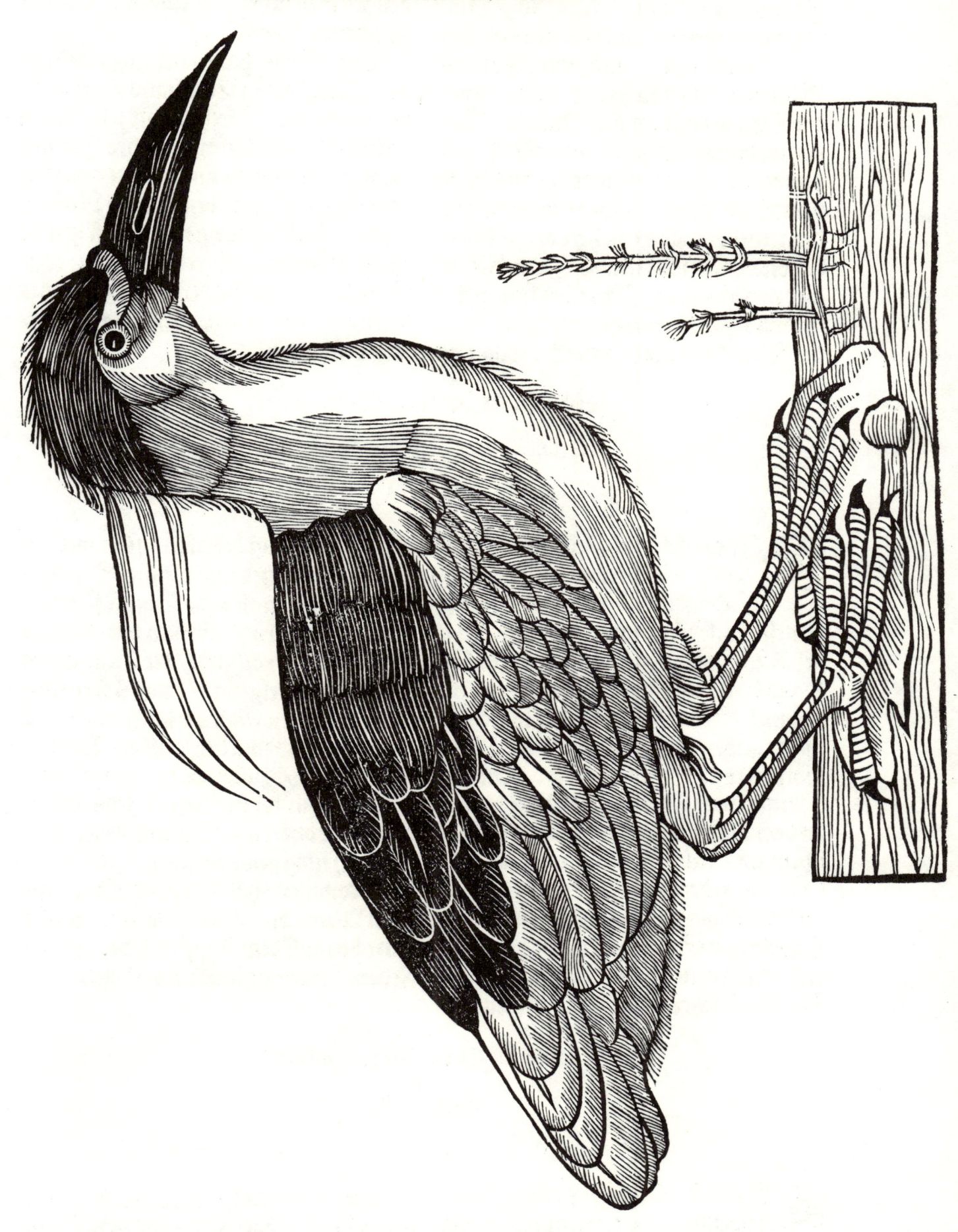

Dieser Reyger / wie Aldrovandus berichtet / hält sich umb Bononi n auff / und wird daselbsten un Sguacco, von den Frantzosen aber Bihoreau, oder Roupeau genennet / weiln er sich nach Bellonii Bezeugung / in den Klippen auffhält / und darinnen nistet. Von Gestalt ist er etwas kleiner als der gemeine Reyger: Er hat einen schwartzen holen Schnabel / welcher auff beyden Seyten

ten nach Arth der Reyger mit zersägten Zähnen versehen ist. Die Augen sind schwartz/ werden aber mit einem rothen Kreyß umbgeben; auff dem Kopff und Rücken gläntzen die Federn/ und sind von der Farb als wie an dem Küffitz. Vornen an dem Kopff gehet ein weisser Strich von einem Auge zum andern: hinden an dem Kopff gehen zwischen den andern Federn etliche lange weisse hervor/ welche über die massen schön sind. Die Federn an den Flügeln uñ Schwantz sind grau/ an dem Halß/ oben an dem dicken Theil der Bein/ und unter dem Schwantz siehet er weiß auß. Er hat lange Bein/ an den Beinen siehet er bleichgelb/ und hat keine lange Klauen.

Diese Vögel halten sich insgemein an dem Meer/ als in Engelland/ Franckreich und derer Orthen auff; sie nisten auff solche hohe Felsen/ daß ihre Jungen nicht zu bekommen sind. An dem Geschmack weichen sie den andern Reigern nichts/ dershalben sie auch auff gleiche Arth gessen und zubereitet werden: welches alles mit gleichen Worten Bellonius bezeuget/ und Aldrovandus gleichförmig beschrieben.

Von dem dritten Geschlecht.

Ardeæ Cinereæ tertium genus.

Fig. A.

Dieses Geschlecht ist nach Aldrovandi Beschreibung von dem Schnabel biß zu Ende der Füsse gemessen 4. Schuh lang: Sein Schnabel ist Daumens dick/ und einer flachen Hand breit/ inwendig hohl/ als wie ein Kännel. Seine Augen sind schwartz mit einem gelben Schein umbgeben. Der Halß ist einer Spannen lang. Die Federn auff dem Kopff/ Halß/ Rücken/ und an dem obern Theil der Flügel sind Aschenfarb/ sich etwas auf roth ziehend/ dann die Federn zu Ende roth gezeichnet sind/ gleich wie die grosse Federn an den Flügeln und Schwantz/ welcher anderthalb Hand breit lang ist/ auch mit weissen Flecken geziehret sind. Die jenige Federn so die Brust bedecken/ sind mit rothen/ schwartzen und weissen Strichen durchmischet/ auff dem Bauch siehet er liecht-aschenfarb/ an dem dicken Theil der Bein ist er röthlicht/ die Bein ziehen sich auff dunckelgrün/ und stehen seine Füsse gantz von einander biß hinden/ wo sie mit einem Häutlein/ auff der Wasservögel Arth/ zusammen gehänget sind. Die Klau an der hindersten Zehn ist länger als die andern: Dieweil dieser Vogel gantz jung gewesen/ als er Aldrovando zukommen/ hält derselbe dafür/ daß er im Alter/ die zahrte Pflaum/ welche ihm oben auff dem Kopff auß den andern Federn hervor gestanden/ verliehre.

Von dem weissen Reyger.

Ardea alba.

Fig. B.

Der weisse Reyger ist kleiner als der Aschenfarbe/ mit einem breiten und geraden Schnabel. Er wohnet auch/ wie der vorgenannte/ bey den fliessenden Wassern und Seen. Er hält sich auch nicht mit so grossem Schmertzen zu seinem Weiblein/ wie der vorgenannte. Er nistet auch und gebiehret leichtlich. Er hat seinen Auffenthalt nit allein bey dē Seen und Pfülen/ sondern im Feld und ebenen Matten und Wiesen/ wie Aristoteles schreibet. Unter diesem Geschlecht sol eines seyn/ daß nur ein Aug auf einer Seiten hat/ auff der andern aber sol es blind seyn/

seyn/ derhalben kan es leichtlich von dem Weydmann/ so auff der blinden Seiten hinzu gehet/ gefangen werden/ wie Plinius meldet/ aber dieweil dieses gantz wider die Natur ist (sagt Albertus) so sol hierinn auch dem Plinio wenig Glauben gegeben werden.

Wir haben zweyer Geschlecht dieser weissen Reiger wargenommen/ eines so etwas grösser ist als der Aschenfarbe/ welchen die Italianer Gitono nennen/ das ander kleiner/ so von ihnen Garzetto geheissen wird/ die Teutschen nennen dieselbe ohn Unterscheid einen weissen Reiger. Den kleinern weissen Reiger hab ich in Italia zu Ferrar gesehen/ welches Figur hie verzeichnet stehet. Er ist gantz weiß/ und wird bey den Meerpfülen gefunden/ in der Grösse eines Reigers. Der jentzige aber/ welchen ich daselbst im Außgang deß Heumonats gesehen hab/ war klein/ und in allen Stücken/ die Farb außgenommen/ dem gemeinen Reiger ähnlich. Er hatte einen Federstrauß auff seinem Kopff. Sein Schnabel war lang und spitzig/ die Bein schwartzlicht/ doch verlohre sich mitten am Schienbein die schwartze Farb/ und fieng eine grünlichte an/ welche biß zu eusserst auff die Klauen herfür gieng. Die kleinste Zee hatte zwey Geleich/ die nechste darbey drey/ die dritte vier/ die letzte fünff. Im Strauß auff seinem Kopff gegen dem Rücken hatte er lange Federn/ nemlich dritthalbe Spañ/ deren waren ohngefehr 6. Man sagte/ daß die Bauren diese Reiger ihren Fürsten zubringen müsten: doch würden sie unterweilen heimlich von ihnen umb ein groß Geld/ fast umb 36. Kronē verkaufft: Dieses schreibt D. Geßner.

Fig. C.

DErgleichen Arth ist Aldrovando auch zukomen/ welcher Vogel gantz weiß gewesen/ biß auff den Schnabel/ so oben schwartz/ unten aber blau sahe. Auf dem Rücken stunden ihme zarte weiche Federn in die Höhe/ welche nur grosse Herren auff ihren Hüten und Sturmhauben zu tragen pflegen/ dergleichen auch etliche dieser Vogel auff dem Kopff stehen hatte. Die Füsse waren oben schwartz/ unten aber grünlicht. Er hatte schwartze Augen: So er zum Zorn beweget/ streckte er die gedachte Federn auff dem Kopff und Rücken über sich. Er nistet unter die andern Reiger.

Fig. D.

DIese Abbildung hält Aldrovandus gleichfalls für einen weissen Reiger/ und zwar vor den/ welcher von den Italianern Garzetta oder Garza bianca genannt wird. Dieser Vogel ist gantz weiß/ außgenommē den Schnabel und Füsse/ welche kohlschwartz sind. Sein Schnabel ist lang zugespitzet/ zwischen diesem uñ den Augen hat er einen grünen Flecken/ die Augäpffel sind schwartz/ und werden mit einem güldenen Schein umbgeben/ welcher gleichfalls mit einem schwartzen Kreyß wiederumb umbfasset ist. Es hat dieser Vogel/ nach der Reyger Arth/ lange Bein/ und einen langen Halß/ seine Füß sind gelb/ und die Klauen schwartz.

Fig. E.

NOch ein ander Reiger-Geschlecht (spricht Albertus) ist gantz Schneeweiß/ dem aschenfarben gantz gleich/ besser gefedert/ mit einem längern Halß/ uñ hat vornen einen breiten runden Schnabel/ wie ein Löffel gestaltet. Wir (sagt D. Geßner) halten diesen für das dritte weisse Reigergeschlecht/ also/ daß die zwey obgenannten spitzige Schnabel haben/ dieses aber vornenhin einen breiten/ welches sonst Löffler oder Pelecan genennet wird/ wie droben in dessen Beschreibung gesagt worden.

Von

40 Geßneri Thierbuch.
Fig. A.

Von den Reigern. 41

Fig. B.

Zweyter Theil.   F   Fig.

Geßneri Thierbuch.

Fig. C.

Von den Reigern.
Fig. D.

43

Zwenter Theil.　　　　　　F ij　　　　　Von

Geßneri Thierbuch.
Von dem Moß-Reiger/oder Vrrind.
Ardea stellaris minor. Botaurus.

Dieſr

Von dem Moß-Reiger.

Dieser Reiger wird zu Latein Ardea stellaris, und Griechisch Ἀστερίας von den Sternen her genennet/ weil er mit schönen Flecken/ als mit Sternen besprengt und gezieret ist. Er wird auch Ocnus, das ist/ faul und träg genennet/ dieweil eine Fabel von ihm ist/ wie er vor Zeiten auß einem Knecht zu einem Vogel verändert sey. Zu Teutsch hat er mancherley Nahmen/ nach dem Unterschied der Länder: dann er ein Urrind/ Meerrind/ Moßkuh/ genennet wird/ welche Nahmen alle vom Ochsen herkommen/ weil er eine Stimme demselbigen nicht ungleich hat. Vom Rohr heißt er Rohrtrum/ Rohrdumb/ Rohrreiger/ weil er im Rohr ein groß Gethön hat/ als eine Trompete. Lorrind wird er vom Luyen her genennet/ ꝛc. Auff Italianisch heisset er Trumbano; Frantzösisch Butor; Spanisch Gazola; Pohlnisch Bunck; Wendisch Bukacz, Fuser; Türckisch Geluæ; Engelländisch Bittour; Niederländisch Domphorn; in Oesterreich Erdbüll; zu Augspurg Hortybell/ und von etlichen Pickart.

Dieser/ wie auch die andern Reiger/ hat einen langen Halß/ den er zu sich ziehen/ wie auch von sich strecken kan/ diesen soll er in das Wasser stossen/ und an dem Boden deß Wassers grausam luyen oder schreyen/ als ein Stier/ also/ daß man es auff eine halbe Meil/ das ist ein Stund Wegs/ hören kan/ welches dann ein Anzeigung eines Regens seyn sol. Wann die Anstösser deß Zürichischen Sees dessen Stimm gehört/ freuen sie sich/ und verhoffen ein gut fruchtbar Jahr.

Dieser Vogel/ (spricht Turnerus) welcher von vielen Gelehrten für den Onvogel gehalten wird/ ist an Gestalt deß Leibs überall dem Reiger gleich/ mit langen Beinen/ doch kürtzer als deß Reigers/ mit einem langen Halß/ und sehr gefedert/ und ist sein Schnabel weder kurtz noch stumpff: den Kopff bedecken sehr schwartze Federn/ den übrigen Leib aber graue und bleiche/ mit dicken schwartzen Flecken gesprengt. Er hat gar lange Füß: dann die Länge zwischen beyden Klauen/ nemlich der mittelsten und hindersten Zeen/ ist eine Spann.

Er hat auch sehr lange Nägel oder Klauen: dann der so an statt der Versen an deß Vögeln stehet/ ist fast zween zwerchfinger lang/ darum fassen die unsern denselbigen in Silber ein/ und brauchen ihn zu Zähnstichern. Die mittelste Zee an beyden Füssen/ welche länger ist als die andern/ hat eine scheußliche Klaue/ nemlich eine gezähnte und sägichte/ nicht anders als wie ein Kamm/ die schlüpfferige Ael damit zu halten verordnet/ und von der Natur ihm darzu gegeben. Sein Schwantz ist gar kurtz/ und der Magen weit und groß/ welchen er an statt deß Kropffs braucht.

Sein Magen ist auch nit wie bey den andern Vögeln/ sondern deß Hunds ähnlich/ groß und weit (wiewol Aristoteles schreibet/ daß deß Hunds Magen eng/ und fast den andern Därmen gleich sey.) Er hat seine Wohnung an den Gestaden der Seen/ Weyern und Pfülen/ da er seinen Schnabel in das Wasser stöst/ und so grausam brüllet/ daß man es gar nahe ein Italianische Meil weit hören mag.

Er frisset auch Fisch/ sonderlich Ael gantz begierlich/ und ist kein Vogel/ das Täucherlein außgenommen/ der frässiger sey als dieser.

Diesen halt ich nach der Meinung Aristotelis für ein Urrind/ und dieses zwar auß dem Grund der vorerzehlten Fabel.

Dann wie den feldflüchtigen Knechten/ wann man sie nach der Flucht wiederumb ergriffen hat / die Haut mit Streichen/ Ruthen und Geisseln zerschlagen/ gantz gefleckt und voll Schrunden wird / also sind deß Vogels Federn allenthalben/ bevorab auff dem Rücken/ unterschieden und gemahlet/ daß sie den Streichen der geschlagenen Knechte nit ungleich scheinen/ auß welchem Grund vielleicht diese Fabel erfunden und erdacht ist.

Butorius (spricht Albertus) ist ein

Vogel gleich dem Reiger von Gestalt und Grösse/lebt von den Fischen/darum ihm lange Bein gegeben sind. Er isset auch Frösch/und andere vergiffte Thier: aber an Farb ist er dem Reiger ungleich/ dann er ist gantz erdfarb/und wann er zu seiner Weyd im Wasser stehet / bleibt er gar still und unbewegt stehen/als wäre er todt/und wann er empfindet/daß er mit Stricken gefesselt und gefangen ist/ bleibet er gleicher Gestalt also stehen/ so lang biß daß der Vogelfänger herzu kompt/ und ihn hinweg nehmen wil / so sticht er ihn mit dem Schnabel wie der Reiger/ und verwundet ihn hart/ dann der Schnabel ist ihm sehr scharff und spitzig. Wann man diesen Vogel brätet/ sol er über die maß wol riechen. Sein Blut ist eine kräfftige Artzney denen/ so mit dem Gicht der Glieder behafftet sind. Wañ dieser Vogel brütig ist gegen dem Frühling/ hat er ein sehr laut Geschrey/ gleich als wann man ein Horn bläset. Solches Geschrey bringt er zuwegen / wann er den Schnabel in den Muhr stösset/ und also darinn schnattert.

Als ich dieses geschrieben (spricht D. Geßner) hat mir ein lieber Freund und wohlgelehrter Mann einen Brieff zugeschickt / in welchem er mir den Onvogel beschrieben hat: er unterscheidet ihn aber nicht von dem Urrind/daß sich seine Beschreibung mehrentheils demselbigen reimet. Dieser (spricht er) kan seinen rauen Halß also erweitern/ daß er damit zweymal grössere Ael verschluckt. Wann er aber seine Stim außlassen wil/ streckt er seinen langen Halß entweder in das Wasser/ oder stöst ihn in das Ufer/ und das thut er nachdem die Sonn niedergangen ist / da brüllet er offt eine gantze Nacht/ daß er ein wenig vor dem Auffgang der Sonnen auffhöret. Die übrige Zeit deß Tags/als ob er verborgen liege/höret man ihn nicht. Daher aber vermein ich daß er verborgen liege/weil ihn viel gehöret/ aber wenig gesehen haben/ vorauß bey uns in Meissen/ da er selten gefunden wird. Wann man ihn fangen wil/förcht er sich so wenig/ daß er nit von der Stätt weicht/man seye dann nahe zu ihm kommen/ dann verbirgt er sich entweder in die Bintzen/ oder duncket sich in das Wasser. Er hat seine Wohnung bey den Pfühlen/sonderlich bey den Fischweyern/ deßgleichen am Meer / als in Sachsen bey Wismar und Stralsund. Der jenige/welchen D. Geßner gesehē/ war kleiner und kürtzer als der nachgehende/ welches Figur / sampt der Beschreibung/die wir hernach setzen wollen/ am gantzen Leib gleich / gesprengelt und schön/ wie ein Riedschnepff oder Haselhun/mit rothen/gelblichten und schwartzen Flecken besprengt/ glänzend/ sonderlich auff dem Rücken; er hatte gelbgrüne Bein/war schwartz auf seinem Kopff/ mit einem Halß/ so drey zwerchhänd/ und so viel Finger lang war / der übrige Leib war allein drey zwerchhänd lang. Die grösseste Klaue war an einem Orth sägicht/die mittelste Zee war eine zwerchfinger länger / als der mittelste Mannsfinger. Sein Leib war ran/ fast wie eines jungen Hanen. Die Flügel waren auch fast der Hennen änlich. Er fliegt kaum auff / er nehme dann vorhin einen Anlauff. Er legt fast eylff oder zwölff Eyer/und zuweilen weniger. Ich hab sein Nest auß Rohr gemacht/ in einem See gesehen/ und zwölff Eyer darinn gefunden. Etliche sagen/daß dieser Vogel seine außgeschloffene Jungen unter den Flügeln trage/unter einem jeglichen eins/ und gehe also mit ihnen daher/ und speise sie mit ihren hervor gestreckten Schnäbeln gar fleissig. Ihre Farb ist dem Rohr so gleich/daß man sie unter dem Rohr verborgen kaum erkennen kan. In Holland/höre ich/ finde man auch etliche / welche Strauß auff ihren Köpffen haben Er wird leichtlich gezähmet/wie auch die andern Reiger/ und leichtlich zornig / dieweil er für andern Reigern den Menschen gegen den Augen beisset.

Von

Von dem grossen Rohr-Reiger.
Ardea stellaris maior.

47

Die=

Dieses gegenwertige Reigergeschlecht bedunckt mich auß dem aschenfarben Reiger und RohrReiger zusammen gesetzt zu seyn: wir aber wollen ihn den grossen Rohr=Reiger nennen. Der jenige welchen D. Geßner in den Händen gehabt/ war sechs Spannen lang/ von Anfang deß Kopffs biß zum Außgang der Füsse gemessen. Die Bein sind zwo zwerchhand lang / nemlich vom Hindern biß zu eusserst an die Füß gemessen. Der Schnabel ist acht oder zehen Finger lang. Der Ring in den Augen ist gelb: Der Halß schmal / etwas kürtzer als zwo Spannen. Die Halßfedern sind auß weiß / roth / und schwartz vermischt: der Schwantz nicht mehr als vier oder fünff Finger lang. Der Schnabel und die Bein sind gelb gefärbt: an den Schienbeinen aber und Zeen ist er grau. Die Schenckel waren oben mit rothen Federn bedeckt. Der Rücken sampt den Flügeln waren grau. Unter den Flügeln waren die Federn roth / unter dem Schnabel aber und den Augen / weiß. Der Hauptwirbel war schwartz: der Bauch roth. Unten am Halß bey den Schultern waren länglichte Federn / zum Theil weiß / zum Theil aber grau.

Von einem andern ReigerGeschlecht.

D. Geßner hat ein grosses Reiger=Geschlecht gefangen gesehen / welches Schnabel fast gelblicht / un acht Finger lang war / von den Augen biß zu eusserst an die Spitz gemessen: gantz scharff an den Seiten / und vornenhin mit kleinen Zänlein besetzet oder zersäget. Der Kopff und Halß waren weiß / und ein hinder sich gerichter Federstrauß auff seinem Kopff. Der Rücken sampt den Flügeln waren aschenfarb: die grösten Schwingfedern aber schwartzlicht/ rc. Den Augenstern umbgab ein gläntzender goldgelber Ring: die Augbrawen waren grüngelb. Der Halß zwo Spannen lang oder mehr / in welchem dreyzehen Geleich waren / alle in einer Krümme/ ohn eins / nemlich das vierdte vom ersten / welches wider die andern gebogen ist. Seine Bein/ so fast grau / waren fünff zwerchhand lang. Die Klaue an der mittelsten Zee ist an einem Ort gezänet oder zersäget. Der ober Theil seines Halses zieht auff aschenfarb. Der vorder Theil war weiß / mit schwartzen Flecken schön gezieret/ und mit langen Federn gegen der Brust bedeckt.

Von mancherley Reigern.

Oppianus sagt daß untzehlbar viel Reiger=Geschlecht seyen / deren etliche kurtz und weiß sind / etliche grösser / die andern aber mittelmässig; darzu haben etliche Sträuß auff ihren Köpffen / etliche aber keine.

Der Pelecan oder Löffler bedunckt mich auch dieses Geschlechts zu seyn. Dann Aristoteles schreibt / daß der weisse Reiger einen breiten Schnabel habe / darzu ist er an seiner übrigen Natur / bevorab was seine Speiß und Nahrung antrifft/ dem Reiger nit ungleich. Die zwey Meerhüner Totanus und Limosa, zu den Meer=Reigern gehörig / sind im ersten Theil beschrieben.

Quaiotti werden Vögel bey dem Adriatischen Meer genennet/ so dem grössern Rohr=Reiger änlich sind / und haben auch einen gelben Ring umb ihre Augen: welche im Alter lange weisse Sträuß auff ihren Köpffen bekomen/ so zu eusserst schwartz sind. Die Flügel sind unter der Brust weiß / oder zum theil weiß / zum theil braun / oder graulicht / welche Farb dann auch am übrigen Leib gesehen wird. Auff dem Rücken ist dieser Vogel grau: am Halß geflecket.

Ein Vogel dem Storch nit ungleich/ mit einem liechtgelben Schnabel: wird in Dennemarck ein Onschwalb genennet / und für einen Schleck gehalten. Es wird auch einer an deß Hertzogen Hoff in Bäyern erzogen / so ein Utenschwalb genennet wird / in der Grösse uñ am Schnabel dem Reiger änlich / lang / spitzig: doch ist der Halß ein wenig kürtzer / mit weiß und schwartz getheilt / mit hohen rothen Beinen / und einer Hauben auff dem Kopff / wie die Tauben. Er lebt von dem Unrath so auß der Küchen geworffen wird / nemlich von dem Eingeweyd der vierfüssigen Thiere und Fische.

Von einem Welschen Vogel/Sichler oder Sägyser genannt.

Falcinellus.

Etliche Vögel haben gerade/ andere krumme/ etliche aber als eine Sichel gestaltete Schnäbel/ welche entweder über sich/als deß Vberschnabels/oder untersich gebogen sind/als deß Brachvogels uñ Sichlers: welcher dann von der Gestalt seines Schnabels den Namen bekommen. Diesen haben wir aber darumb alsobald nach den Reigern gesetzt/ weil er an Grösse und der gantzen Gestalt seines Leibs demselbigen

Zweyter Theil: G nicht

nicht ungleich ist/allein den Schnabel außgenommen. D. Geßner hat ihn lebend zu Sommerszeit zu Ferrar in Italien gesehen. Von Leib ist er grösser als die Taub/ schön/fast grün gefärbt/etwas Kastanienbraun darunter/wie am Gyßitzen/also/daß sich seine Farb nach der Sonnen Glantz endert. Mit einem aschenfarben Kopff und Halß. Doch ist der Obertheil vornenhin weißlicht/ also/ daß schwartze Flecken darzwischen kommen. Der Schnabel ist lang/ran/und vornen wie eine Sichel gekrümmet/wie deß Brachvogels und Waldrabens. Er hat lange Bein/und zerspaltene Füß. Derjenige welchen D. Geßner gesehen/war nicht groß oder außgewachsen/er solte grösser werden/da er dann vielleicht auch etwas an seiner Farb mag endern. Unter allen Vögeln so ich gesehen hab/bedünckt mich keiner dem Ibidi ähnlicher zu seyn: doch ist die Farb darwider/daß er nicht kan für denselbigen gehalten werden.

Von etlichen Vögeln welche die Niderländer Kemperkens, das ist / Aves pugnaces, Streitbare Vögel nennen.

Diese Vögel setzet Aldrovandus unter die Reyger/weil sie ihm wegen des langen Halses und hohen Beinen nicht allein gleich sehen/ sondern auch nach der Reyger Arth schaarweiß mit ein ander fliegen und hecken. Die Niderländer haben aus Erfahrung/daß diese Vögel auß den Mitternachtischen Orthen zu gewisser Zeit des Jahrs und zwar im Monat May/ in grosser Menge heraus kommen/ unter welchen aber meistens Mänlein wenig Weiblein gesehen werden/ daher es geschehen/ daß diese Vögel aus Geylheit einen grossen Streit unter sich erheben/ und sich umbs Leben bringen: die stärckesten aber mit den Weiblein hecken/ und so bald sie ihre Jungen auferzogen/ mit sich hinweg führen. Insonderheit ist dieses an den Vögeln in acht zunehmen/daß keiner dem andern fast gleichet/und von seltzamer Gestalt sind. Dann der erste welcher hier abgebildet wird/ist an dem gantzen Leib gesprenget/als wie die Feldhüner/und gehen diese schwartzen Strichlein unten an dem Hals/auff dem Bauch und an den Schwingfedern unter sich/ oben auff dem Halß aber und vorn auff der Brust/stehen sie überzwerch. Der Schnabel dieses Vogels ist auch schwartz/gantz dünn/und vorn etwas gekrümmet/ in welchem er eine spitze/ schmale/ lange und schwartze Zung hat/auff dem Kopff/hinten an dem Halß/desgleichen auch an den Flügeln/auf dem Bauch und an den Hüfften ist er gelb/ oder fast kastanienbraun/mit vorgedachten schwartzen Strichlein durchzogen. An der Kähl auff der Brust/und an dem Bürtzel ist er liecht aschenfarb. Er hat lange Bein/welche sampt den Füssen gelb sind/ die mittelste Zee ist am längsten/die hinterste aber am kürtzesten/alle mit schwartzen krummen Klawen versehen. Auff dem Kopff hat er eine Haube/wie die Lörchen über sich stehen.

Der nachfolgende Vogel ist gleichfals gehäubet/unterscheidet sich aber gantz von dem vorigen/dann dieser auff dem Bauch gantz schwartz/auff der Brust aber weiß ist/unter dem Schnabel hat er gleichsam einen Barth von schwartzen Federn/vornen auf dem Kopff sihet er weiß/am Hindertheil des Kopfs und in dem übrigen sihet er weiß mit braunroth vermischt. Er hat gleichfals einen langen/schmälen und schwartzen Schnabel und lange braune Bein und Füsse/an welchen die hinterste Zeen am kürtzesten sind.

Der dritte Vogel ist bey nahe gantz roth/ über den gantzen Leib/außgenommen hinten auff dem Hals mit schwartzen Strichen/wie ein halber Mond gestalt bemahlet/ die grösten Federn an den Flügeln sind oben schwartz/an den seiten und unten aber sind sie saffrangelb. Seine Augen sind schwartz: der Schnabel ist viel kleiner und zahrter als der vorigen/worauß abzunehmen/ daß dieser Vogel nur von den Würmen lebe.

Der vierdte gleichet diesen fast an der Farbe/an dem Bauch aber ist er etwas brauner/und unter dem Bürtzel weiß/ auff seinen liechtaschenfarben Flügeln gehen viel Striche herüber. Seine Schwingfedern sind braun. Der schnabel ist lang/schwartz/und wie an dem ersten gekrümmet. Der Kopff dieses Vogels ist mit schwartzen Federn gezieret als wie ein Helm/welche er im streit auffrichtet gegen seinem Gegentheil/nach Arth der streitbaren Hanen. Auff der Brust hat er gleichfals lange Federn.

Der fünffte Vogel ist von gleicher Farbe/ aber die auffgerichteten Federn welche an diesem noch viel höher stehen/sind gantz weiß und nur zu Ende schwartz.

Dergleichen weisse Federn hat auch der sechste Vogel/unterscheidet sich aber weit von den vorigen/ was die Farb des übrigen Leibes belanget/dann auff dem Kopff ist er äschenfarb mit gelb vermischet / unter dem Schnabel sihet er weiß/und hat rothbraune Bein.

Der siebende Vogel ist von unterschiedlichen Farben/ als grün/weiß/roth/gelb/amethystenfarb/und ist derer Farben keine unter einander vermischt. Der Kopff und Füsse sind gelb. Dieser Vogel soll auch in Engeland gesehen werden.

Der letzste hat lange Ohren welches sonst an keinem Tag-Vogel zu sehen ist/sein Bein sind gantz kurtz/der Schnabel aber ist gestalt/als wie der vorigen/von dem Kopff hengen ihm Federn herunter/ welche so gleich sind/als wann sie also abgeschnitten wären/welche aber von unterschiedlichen Farben/als von Eisenfarb/roth und weiß bestehen. Er hat einen langen Halß/welcher auff den seiten weiß/im übrigen aber gelb scheinet/und ist allenthalben mit schwartzen Strichlein durchzogen. Der Schnabel/Kopff/Flügel/Ohren und der Rücken sind Eisenfarb/der Bauch und das dicke Theil der Beine sehen gelb/die Bein und Füsse sehen fast fleischfarb auß/neben an dem Kopff hat er einen rohten Flecken in welchem die Augen stehen.

Der erste streitbahre Vogel.	Fig. A.
Der zweyte streitbahre Vogel.	Fig. B.
Der dritte streitbahre Vogel.	Fig. C.
Der vierdte streitbahre Vogel.	Fig. D.
Der fünfte streitbahre Vogel.	Fig. E.
Der sechste streitbahre Vogel.	Fig. F.
Der siebende streitbahre Vogel.	Fig. G.
Der achte streitbahre Vogel.	Fig. H.

Von den streitbaren Vögeln.
Fig. A.

Zweyter Theil.   G 2   Fig. B.

Geßneri Thierbuch.
Fig. B.

Fig. C.

Von den streitbaren Vögeln.

Fig. C.

G 3

Fig. D.

Geßneri Thierbuch.

Fig. D.

Fig. E.

den ſtreitbaren Vögeln. SS
Fig. E.

56 Geßneri Thierbuch.
Fig. F.

Fig. G.

Von den streitbaren Vögeln.

Fig G.

Zweyter Theil.   H   Fig. H.

58 **Geßneri Thierbuch.**
Fig. H.

Von dem Rinnenkleber/oder Baumkletterlein.
Certhius.

ARistoteles sagt/daß ein klein Vöglein/ Certhia genannt/ gefunden werde/welches sehr kühn seye/ und auff den Bäumen niste/darzu gantz geschwind und listig/und ein laute Stimm habe.

Es ist ein Vögelein/spricht Turnerus/welches die Engelländer Creperam nennen/dieweil es allezeit an den Bäumen klettert/welches ich Certhiam zu seyn/vermeine. Das ist etwas grösser als das Zaun-Königlein/ bleich an der Brust(wir haben es auff dem Rücken gantz weiß gesehen)am übrigen Leib graw mit schwartzen Flecken gesprengt/mit einer hellen Stimm/ einem ranen länglichten Schnabel/fast wie deß Widhopffen/und zu eusserst ein wenig krumm/es ruhet nimmer/sondern klettert stets an den Bäumen hin und her/und isset die Holtzwürm unter den Rinden. Eberus und Peucerus vermeinen daß das Fädemlein (von ihnen ein Hirngrill genannt)dieses Vögelein sey. Sie machen auch auß diesem Vögelein Turneri, welches sie ein Baumheckel nennen/den Calidrin Aristotelis: es sey dann daß sie den Chlänen dafür halten/welchen wir hernach bey den Spechten beschreiben wollen.

Von dem Wald-Röthelein.
Rubecula Erithacus.

Von der Gestalt dieses Vogels.

DJeses Vögelein wird zu Teutsch auff mancherley Weise / als ein Röthelein/Winter-Röthelein/Rothbrüstlein/Wald-Röthelein/und Rothkropff genennet. Auff Griechisch heisset es Ἐρίθακος; Lateinisch Rubecula; Italiänisch Pettorusso, Peccietto; Frantzösisch Rubeline, Gorge rouge; Spanisch Pitiroxo; Wendisch Ozier-vvenka; Engelländisch a Robin, a Redbreste. Sie haben ein rothe Brust/ darvon sie in vielen Sprachen also genennt sind worden. Ihr Rücken und Kopff ist graw. Die Alten haben vermeint/daß sich ihre Farb ändere/ und die Röthe an der Brust in den Schwantz kom-

komme/daher er Phœnicurus genennt worden/ welcher im Sommer wiederumb zu einem Erithaco/das ist/Röhtelein verändert werde: wiewol diß zween ungleiche Vögel sind/ wie wir auß der nachfolgenden Meinung Turneri verstehen werden/welcher also spricht: Aristoteles und Plinius haben geschriben/daß die zween Vögel Erithacus und Phœnicurus, je einer in den andern verändert werde/und einer im Winter/der ander aber im Sommer gesehen werde. In welchem sie beyde viel mehr der Weydleute Sag dann ihrer Erfahrung vertrawet haben/und derhalben weit von der Warheit abgewichen sind: dann man sihet beyde Vögel zu einer Zeit/und behält das Röthelein so man gezämet/und das so man im Kefich verschleust/ allezeit einerley Gestalt/wie unsere Vogelfänger fürgeben. Ich habe sie auch offt zu einer Zeit/ aber doch nit auff eine Weise/in England sehen nisten. Das Haußröthelein/ wie hernach weiter gesagt wird/ hat einen schwartzen Kopff/und rothen Schwantz/im übrigen ist es dem Weiblein/allein daß es stets singt/ änlich: dann das Röthelein hab ich im Sommer nie gehört singen. Diese beyde bewegen ihren Schwantz/stets. Daß Haußröthel Weiblein und seine junge Zucht/ sind den jungen Röthelein so änlich/daß man sie kaum vor einander erkennen kan. Aber am bewegen ihres Schwantzes erkeñt man sie. Dann ob gleich die Röthelein ihren Schwantz bewege/richten sie doch denselbige nachdem sie ihn nieder gelassen/schnell auff/ und zittern nicht zwey oder drey mal damit wie die Haußröthelein: dann dieselbige hören mit dem Schwantz nicht ehe auff zu zittern/biß sie ihn zwey oder drey mal bewegt haben/ wie die junge Vögel ihre Flügel/ wann sie Speiß von ihren Eltern begehren.

Von der Natur und Eigenschafft dieses Vogels/und wie er niste.

Das Waldröthelein/welches zur Sommer und Winterszeit eine rohte Brust hat/nistet weit von den Stätten in dem dicken Gestäud/ auff nachfolgende weiß: Da es viel EichenLaub/ oder demselbigen gleich/findet/ da machet es mit denselbigen ein Nest zu unterst bey den Wurtzeln der Stauden und Hecken/ unter dem Laub. Und wann es auß gemacht/ bedeckt es dasselbe mit dem Laub. Man kan auch nicht allenthalben zum Nest kommen/ sondern nur an einem Orth. Es macht darzu an dem Ort da es in das Nest gehet/vor der Thür auß Laub einen langen Gang/dessen eussersten Theil/wann es nach der Speiß außfliest/ es mit Laub beschliest. Dieses hab ich als ich noch sehr jung gewesen/ wargenommen/wiewol ich nicht darwider bin/ daß es nicht auch auff ein ander Weiß niste. Das Haußröthelein aber nistet in den holen Bäumen/und in den gespaltenen Mauren/auff den HinderHäusern/mitten in den Stäten/aber da nicht viel Leut hin kommen. Die Röthelein wann sie zu Sommerszeit/ in den Wäldern genugsame Nahrung haben/und weder Kälte noch Frost leiden/ suchen sie mit ihren Jungen die allereinödeste Oerter/zu Winterszeit aber werden sie genöthiget sich in die Stätte und Dörffer zubegeben. Darumb sol man sich nicht so sehr verwundern/ daß das Röthelein zu Sommerszeit nicht allenthalben gesehen wird. Dieweil aber die Haußröthelein den gantzen Winter verborgen liegen/ ist es kein Wunder daß man sie nicht sihet. Zudem so fliegen die junge Röthelein im Ende deß Herbsts/wann sie fast recht roth worden/nahe zu den Stätten und Häusern/die Haußröthelein aber so vorhin den gantzen Sommer gesehen worden/ werden nicht mehr gesehen/biß in den nechst künfftigen Früling: Was mag dann dẽ Aristotelem und Plinium zu diesem obbeschribenen Irrthumb verursacht haben? Dieses schreibt Turnerus. Die Röthelein wohnen selten nahe bey einander/ oder in einem Wald. Dannenher die Lateiner ein Sprichwort gemacht haben: Unicum arbustum haud alit duos Erithacos, wie wir sprechen: Zween Hanen auff einen Mist vertragen sich selten. deßgleichen zween Narren taugen nicht in einem Hauß. Wann das Röthelein umb die Ställ fliegt/und die Wohnungẽ besichtiget/ zeigt es an/ daß es das künfftige Wetter fliehe. dieses Vögelein/gleich wie auch etliche andere Vögel/ kommt die fallend Sucht an. Das Röthelein liebet die Amsel/ darumb fliegt es ihr stets nach/ dem Kautzen aber ist es sehr gehässig.

Von der Speiß und Nahrung dieses Vogels.

Das Röthelein isset die Bienen/wie Bellonius schreibt. Wann es gefangen in einer Stuben gehalten wird/ isset es Fliegen/ Brodt/ Nußkern: und singt auch im Winter daselbst.

Von dem Hauß-Röthelein.
Ruticilla. Phœnicurus.

Von der Gestalt dieses Vogels.

OB wir gleich vorhin etwas von diesem Vogel geschrieben/ wollen wir doch hie etwas insonderheit darvon reden: dann sie fast keinen andern Unterscheid haben/ als an der Farb der Brust und deß Schwantzes. Dieser wird ein Hauß Röthelein genennet/ dieweil er bey den Häusern wohnet/ ein Sommer-Röthelein/ weil er im Winter hinweg fliegt oder verborgen liegt; ein Rothschwäntzlein/ von seinẽ Schwantz: deßgleichen ein Rothzägel/ Rothsterts/ ꝛc. Auff Griechisch heisset er Φοινίκουρος; Lateinisch Ruticilla; Italiänisch Revezòl, Corossolo; Frantzösisch Rosignol demur; Engländisch a Redetale. Der jenige welchen D. Geßner/ im Außgang deß Brachmonats gefangen gesehen hat/ der hat zu oberst auff seinem Kopff einen runden weissen Flecken/ die Federn unter dem Schnabel sind schwartz/ der Kopff aber/ sampt dem Rücken/ aschenfarb oder graw. Die Flügelfedern welche graw sind/ ziehen ein wenig auff roth. An seiner Brust/ am Bauch und Schwantz ist er roth/ doch ist der Bauch zu unterst mehr weiß. Der Schwantz hat acht Federn. Er ist überall etwas kleiner als die Spiegelmeiß/ gleich dem Waldröthelein. Sein schwartzer Schnabel ist ran/ langlicht/ und gerad/ die Bein sind auch schwartz.

Aldrovandus hat über dieses Geschlecht/ noch andere in acht genommen/ welche er also beschreibet: Dieser Vogel welcher folgends abgemalet wird/ ist fast in der Grösse einer Nachtigal/ auff dem Kopff/ Rücken/ und Halß sihet er bleyfarb. Er hat gar einen zarten Schnabel/ und am Halß und auff der Brust sihet er schwartz/ auff dem Bauch dunckelaschenfarb/ auff dem Schwantz und Bürtzel ist er rothgelb. Er hat dünne lange Bein/ welche schwartz sind/ die kleineste Federlein an den Flügeln sind auch schwartz/ die Schwingfedern sind an diesem Vogel in der Mitten weiß/ im übrigen gantz schwartz.

Folgende Figur hålt Aldrovandus deß vorigē Weiblein zu seyn/ sol diesen Unterscheid haben/ daß diese viel heller und bleicher/ und mehr aschenfarb seye/ die Flügel seyen auch nit recht schwartz/ die Federn so an dē vorigē weiß sind/ scheinen an diesem noch heller hervor. An dem Schwantz aber kōnte er dem vorigen so wol wegen der Länge/ als der Röthe/ nicht besser gleichen.

Nachfolgende dritte Figur sol sich von dem ersten/ welchen D. Geßner beschreibet/ in nichts fast unterscheiden/ als daß dieser an statt deß runden weissen Zeichens auff dem Kopff einen weissen Strich über den Kopff gehen habe/ und daß er auff dem Rucken mehr aschenfarb sehe.

Von der Natur und Eigenschafft/ auch von der Speiß und Nahrung dieses Vogels.

Im Außgang deß Herbsts fliegt er hinweg/ oder er verbirgt sich/ und zu Sommerszeit kommt er wieder/ wie unsere Weydleut sagen. Wann sie daheim gespeiset werden/ singen sie im Winter nicht wie die Waldröthelein/ sondern erst im Früling. Man erhält sie aber kaum/ und sterben offt. Sie leben eben von der Speiß wie die Waldröthelein/ als von den Fliegen/ gebrosamten Brot/ und zerhackten Nußkernen/ darzu von den Ameißeyern/ und Spinnen. Ein Vogelfänger hat mir gesagt/ daß das Haußröthelein eben die Speiß brauche wie die Graßmuck/ daß sie auch diesem etwas verwandt sey/ allein daß dieses nicht im Rohr niste. Dieses Vögelein/ das Männlein/ singet auff einem hohen Gebäw/ als auff den Zinnen und hohen Schornsteinen/ sonderlich des Morgens frü am Tag. Wann es aber seine Jungen außgebrütet hat/ singet es nicht/ wie die Nachtigall/ sondern in dem es brütet. Wann etwan einer fürüber gehet/ so schreyet es. Mit seinem Schwantz zittert es stets/ aber anders als das Waldröthelein/ wie vor gesagt worden. Es nistet in den Mauren/ Wänden/ oder unter den Haußdächern/ auch in den holen Bäumen. Es legt zwey oder drey Eyer. Es erziehet zuweilen de jungen Guckguck/ welcher auff eine Zeit in seinem Nest gefunden worden. Es hasset den Uhu/ gleich wie das Waldröthelein auch.

Von dem Rothschwäntzlein.

Vmb Straßburg wird noch ein anderes Vögelein/ von seinem rothen Schwantz her/ Rothschwäntzlein genennet/ doch ist dasselbige nicht so roth als das obgenante. Es hat auch überzwerg über die Flügel einen dunckelrothen Flecken. Sein Kopff und Rücken sind graw. Die grössere Schwing-Federn sind schwartzlicht/ gleich wie auch etliche auff dem Rücken/ sampt den Schnabel. Die Bein sind graw/ der Obertheil der Flügel ist ungestaltet dunckelroth. Der Bauch/ sampt der Brust sind weiß. Vmb die Augen ist es liechtgraw/ wie das Gemäld geschienen: dann den Vogel hab ich noch nicht gesehen/ sagt D. Geßner.

Von dem Steinröthelein.
Rubecula saxatilis.

Dieser Vogel so unterweilen in Pündten/ doch selten/ umb Chur gefangen/ und umb ein groß Geldt/ als nemlich ein paar umb sieben oder mehr Costnitzer Bätzen verkaufft worden/ wird bey ihnen ein Steinröthelein/ oder Steintröstel genennet. Kein anderer Vogel ist der jenige wie ich vermein/ der umb Augspurg ein Blawvogel genennet wird/ von dem oben genugsam gesagt ist worden. Der so bey Cleuen in Grau-Pündten gefangen/ ist mir von dem wolgelehrten Mann Francisco Nigro zugeschicket worden/ welchen er zu Italianisch Corostolo nennet. Er nistet in den Schroffen und Felsen. Von Natur/ Gestalt und lieblichem Gesang/ bedüncket er mich dem Amselgeschlecht verwandt zu seyn/ sonderlich dem Passer solitari/ von welchem bey der Amsel gesagt ist worden.

Dieser Vogel ist an seinem gantzen Leib vielfältig gefärbet/ insonderheit schwartz/ roth und mit weissem unterschieden/ er hat viel weisses am Bauch/ viel rothes umb den Bürtzel und am Schwantz. Am Halß

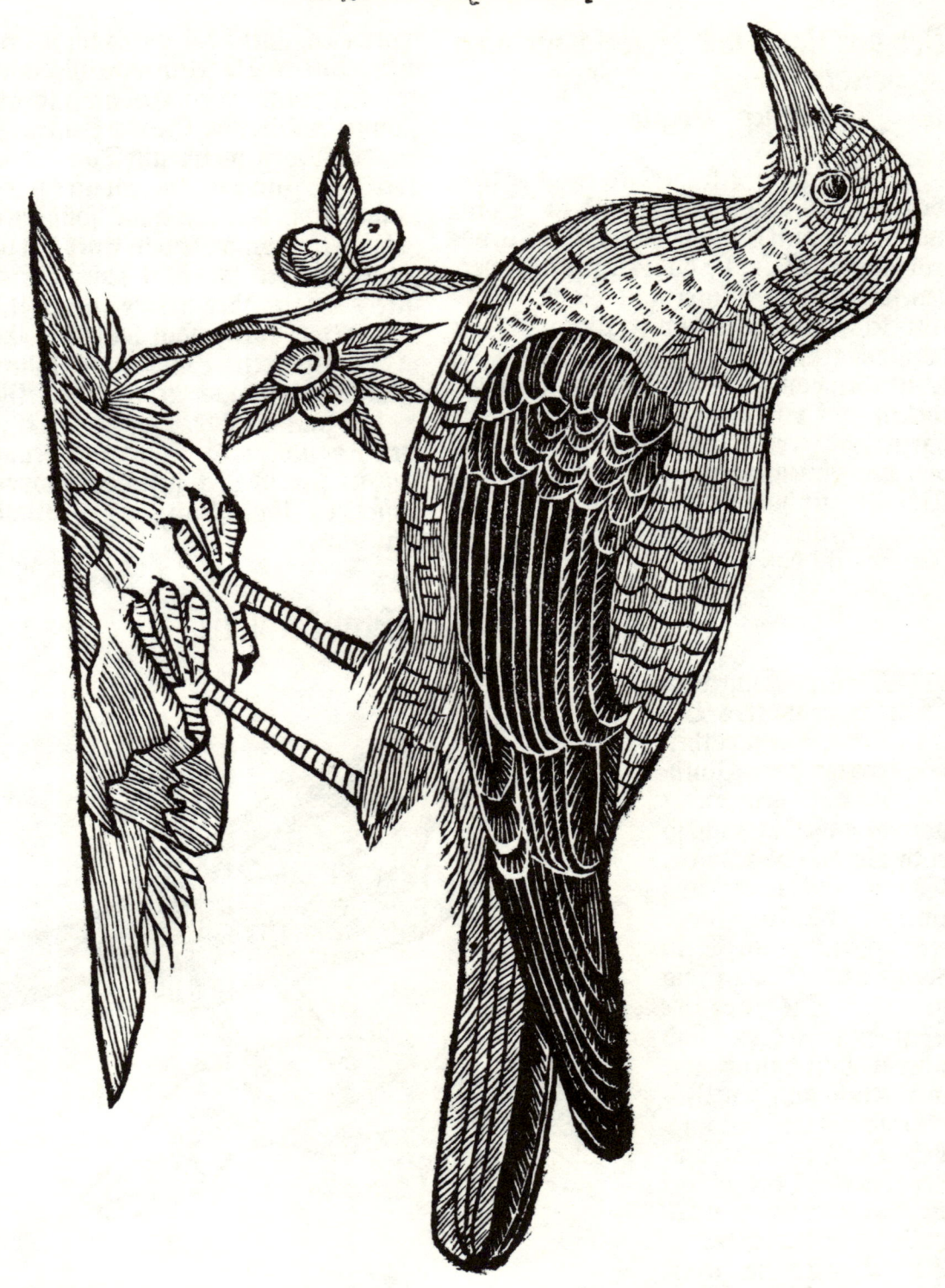

Halß ist er aschenfarb / auff blaw ziehend. Die rothen und weissen Bauchfedern werden in der mitten mit schwartzen Flecken schön gezeichnet. Der Schnabel ist wie der Amseln gestalt / von Leib aber ist er etwas kleiner.

Von mancherley Vögeln / so den obgenannten Röthelein etwas verwandt sind.

Daß das Haußröthelein mit der Graßmucken etwas Gemeinschafft habe / ist droben gesagt worden. Unsere Weydleut nenne ein Rötheleingeschlecht / Kätschröthelein / von der grawen Farb / welche zum ersten im Früling kommen / und fliegen auch gegen dem Winter zum ersten hinweg. Zu Winterszeit liegen sie in den höchsten Bergen verborgen.

Eberus und Peucerus verteutschen den Vogel zu Latein Ficedula genant / ein Schnepfflein oder Wüstling / und sagen darbey / daß der Lateinische Nahme daher gemacht sey / daß wenn die Fengen reiff worden / er sich deß erst sehen lasse. Dieser ist dem Haußröthelein verwand / oder so änlich / daß wann sie nicht am Schwantz einen unterscheid hätten / welcher an ihme roth / an dem andern aber aschenfarb ist / möchte man sie kümmerlich vor einander erkennen. Schnepfflein wird er aber daher genennet / weil er gantz begierlich mit auffgethanem Schnabel die Fliegen und Schnacken fänget. Diesem mögen vieleicht auch die jenige zween Vögel verwand seyn / darvon der eine ein Burstner / der ander ein Wegflecklein genennet wird.

Von

Von dem Schneehun.
Von dem Vogel Salo oder Ægitho.

SAlus, spricht Niphus, ist ein kleiner Vogel/ so groß als ein Spatz/ etwas roth auff seinem Kopff. Dieser ist dem Esel auffsetzig: dann von seinem Geschrey verderben ihm seine Eyer/ und werden die Jungen auß ihrem Nest geworffen. Eberus und Peucerus verteutschen diesen ein Zötscherlein/ und sagen/ daß er aschenfarb/ so groß als der Grünling/ und roth auff seinem Kopff seye. Dieses ist ohn zweifel der Vogel/ welchen wir droben bey dem Leinfincken beschrieben/ und ein Schösserlein genennet haben. Gyb. Longolius nennet den Vogel Ægithum eine Graßmuckē. Was aber die Alten von diesem Vogel gehalten/ wollen wir wegen Kürtze nicht gedencken/ dieweil im Zweiffel stehet/ was dieses für ein Vogel sey.

Von dem Schneehun.
Lagopus.

Zweyter Theil.

Dieser Vogel wird gemeiniglich im Alpengebürg gefunden/ er ist gantz gut und wohlgeschmackt. Den Lateinischen oder vielmehr Griechischen Namen hat er von seinen Beinen/ welche gleichsam mit Hasenhaar bedeckt sind/ bekommen/ sonst ist er weiß/ und in der Grösse einer Tauben. Man kan ihn nicht leichtlich ausser seinem Vatterland essen/ dieweil er gar nit mag gezähmet werden/ und sein getödteter Leib gleich mager und faul wird. Es ist noch ein anderer dieses Geschlechts/ der allein an der saffran-gelben Farb von der Wachtel unterschieden ist/ gantz angenehm zu der Speiß.

Lagopus, spricht Albertus, hat den Namen von seinen Füssen bekommen: dann sie sind rauh wie an dem Hasen: weilen er Haar und Woll an den Füssen hat anstatt der Federn/ kan derhalben nicht wohl fliegen. Darumb erhält er sich in den Hölen unter der Erden/ und wann er unterweilen auf den Raub herfür kommt/ so fähret er/ so bald er den Raub ereilet/ wiederumb in seine Höl/ und frisset denselbigen darinn. Dieser Vogel lässet sich nicht zähmen/ und wann man ihn fänget/ stirbt er und faulet schnell. Auß dem aber das er sagt/ daß er im Erdreich verborgen liege/ und seinem Raub darauß nachfahre/ kan wohl verstanden werden/ daß er ihn für einen Nachtvogel hält. Es sind zwar auch etliche Nachtvögel/ so haarichte Bein und mit Federn bedeckt haben / aber nicht untenhin/ wie unser bekanntes Schneehun.

Der Vogel/ welchen ich hier abgebildet/ wird von unsern Bergleuten ein Schneehun/ Schneevogel/ weiß Rebhun/ ein wild Weißhun/ und ein Steinhun/ zu Lucern ein Schrathun genennet: welche Nahmen alle entweder von der weissen Farb/ oder von den Orthen daran sie wohnen/ als im Schnee und auff den hohen Felsen/ gemacht und erdacht sind.

Ein Bürger/ und gelehrter Mann/ von Chur in Grau-Pündten/ hat mir gesagt/ dz man in demselbigen Gebürg weisse Rebhüner finde/ welche von unsern gemeinen Rebhünern keinen andern Unterscheid haben/ als an der Farb/ welche zu Sommerszeit an ihnen grau/ wie der unsern/ zu Winterszeit aber weiß werde/ gleich wie auch die Hasen in demselbigen Gebürg / welche auch haarichte Füsse haben. Sie sind gantz weiß/ ohne daß sie etliche kleine Flecklein bey den Ohren haben/ welche schwartz sind. Die Schneevögel aber oder Berghüner/ ob sie schon an der Grösse den Rebhünern änlich/ sind sie doch nicht auß derselbigen Geschlecht. Er sagte auch/ daß sie auch auff den allerkältesten Schroffen und Gibeln der Berge wohnen/ da vor grosser Kälte kein Stäudlein wachsen kan. Die Rebhüner werden aber nicht an so kalten Orthen gefunden/ und sonderlich unter den Wachholtern. D. Geßnern ist auff eine Zeit ein Schneehun zu gebracht worden/ so im Anfang deß Mäyen gefangen wer/ in der Grösse einer Tauben/ gantz weiß / allein daß beyde Seiten im Schwantz schwartz waren. Die Bein und Zeen daran allenthalben haaricht/ wie am Hasen. Der Schnabel war dem Haselhun änlich/ es hatte keine Ohren/ auch nichts fürgehendes als Ohren gestaltet/ daher man sich verwundern muß/ warumb Martialis Lagopodem auritam, ein Schneehun mit Ohren gesagt hab. Das Männlein hat einen grössern Leib/ und vom Schnabel gegen den Augen einen schwartzen Strich / welchen das Weiblein nicht hat. Die Augbrawen sind am Männlein auch röther/ am Weiblein aber bleich. Im Sommer sol es grau/ und nicht weiß seyn/ die aber nicht auff das Gebürg kommen/ sind auch im Winter nicht weiß. Sie sollen auch eine Stimme haben wie die Hirsche/ und im Schnee und Eiß den gantzen Winter wohnen. Dieses hat man auch an ihnen / gleich wie an den Rebhünern wargenommen/ daß sie nemlich auff der Erd ihre Jungen machen/ und schaarweiß/ aber nicht hoch fliegen. Sie sitzen auch zuweilen in die holen Roßtritt im Schnee/ von dannen sie auch fliegen/ wann jemand herzu kommt. Sie lassen die Weydleut gantz nahe zu ihnen kommen/ und werden unterweilen allein mit fürgeworffenem Brodt gefangen/ wañ ein anderer hinden herzu tritt. Ihr Fleisch gebraten hab ich einsmahls versucht/ spricht D. Geßner/ es hat mich aber bitter/ wiewohl sonst nicht ungeschmackt bedünckt. Seine Haut ist schwärtzlich. Die Bergleut sagen/ daß ihr Fleisch sehr gut/ gesund und warmer Natur sey. Gegen Mitternacht sind Schneevögel/ welche sich allein im rauhen Winter und grossem Schnee sehen lassen/ an Grösse und Geschmack wie die Krametsvögel/ gantz weiß/ wie Olaus Magnus schreibet. Diese Vögel bedüncken mich entweder Schneehüner/ oder doch denselbigen verwand zu seyn.

Wie dieser Vogel gefangen werde?

Das Steinhun fliegt nicht weit/ und wird als ein thörichter Vogel/ leichtlich/ und fast auff die nachfolgende Weise gefangen: Es werden Stein nacheinander gelegt/ als wañ man eine Ringmaur bauen wolte. Wann nun die Steinhüner dahin kommen/ springen sie nicht darüber / sondern sie gehen an derselbigen Steinzeilen stets auf und nieder/ darnach spañen die Weydleut ein lang Seil mit stricken bereit bey der obgenañten Steinzeilen/ und wann sie die Vögel daselbst ersehen/ ziehen sie das Seil so lang hin und wieder/

Von dem Steinhun.

der/biß daß sie mit dem Halß darin hangen bleiben/wie Stumpffius berichtet. Sie werden zuweilen noch auff eine schlechtere Weise gefangen / da nemlich der eine auß den Weydleuten ein Hütlein oder Baret an der Hand umbtrehet/indem sich nun der Vogel hierüber verwundert/tritt der ander mit einem langen Stecken und einen Strick daran/herzu/und fänget ihn. Etliche spannen ihnen Stricke an den Außgang der obgenannten Steinzeilen/damit sie im hin und wieder lauffen darinn hangen bleiben/ wie Munsterus schreibt.

Von dem Steinhun.
Lagopus varia.

Dieses andere Geschlecht/wird auch in dem Schweitzergebürg gefunden. Der jenige Vogel aber/welchen ich beschrieben habe/war ein Männlein/weiß am Bauch und Flügeln/doch waren hinden etliche Federn zum theil grau/und zum theil geflecket. Der Kopff / Halß und Rücken wurden mit grauen und gesleckten Federn getheilt. Der Halß hat hindenfür viel weisses/ und wenig schwartzes: vornenhin aber ist er zum theil mit gesleckten/zum theil aber mit weissen Federn bedeckt. Ein Häutlein als ein halber Ring gieng über den Augen ein wenig hervor. Der Schnabel war kurtz und schwartz/an welchem der obere frumme Theil den untern in sich fasset. Der Schwantz/so fünff Finger lang war/hatte zwölff schwartze Federn / und in der Mitten zwo weisse/ und drey oder vier sprenglichte. Umb die Hüfften war viel dicker weisser Pflaum/biß auff die Zeen herfür gewachsen / also / daß nichts blosses gesehen wurd / ohn allein die schwartze Kläulein. Die Höle der Füsse und innere Theil der Zeen/ hatten allein keine Federn. Doch konten die Zeen allenthalben mit zusamengehendem Pflaum/ wie mit Haar bedecket werden. Seine Grösse überall war der Tauben änlich/oder etwas grösser. Seine gantze Länge war fast bey fünff Zwerchhand. Dieses nennen etliche mit Unterscheid ein klein oder groß Steinhun. D. Geßner aber vermeint/dieses andere Geschlecht seye etwas grösser als das erste. Vom ersten hat er auch keinen Zweifel/daß es der Lagopus Plinii sey. Das andere aber/ob man gleich zweiffeln möchte/ ob es das ander Geschlecht Plinii seyn möge/ indem er spricht/ daß es allein an der Grösse von der Wachtel unterschieden sey/ soll es doch unter das obgenannte Geschlecht gezehlet werden.

Zweyter Theil.

Von der Haußschwalben / und allen Schwalben insgemein.

Hirundo domestica.

Von der Gestalt dieses Vogels.

ES sind mancherley Schwalben / hier aber wollen wir von der Haußschwalben / wie auch etwas von andern Schwalben insgemein reden. Diese wird zu Teutsch eine Schwalbe / Schwalb / Schwalm und Haußschwalb genennet. Auff Hebreisch heisset sie סוס; Griechisch χελιδών; Lateinisch Hirundo; Italiänisch Rondine, Rondena, Rondinella; Frantzösisch Herondelle; Spanisch Golondrina; Polnisch Jaskolka; Ungarisch Fetske; Wendisch Wlastovvige; Engelländisch a svvallhvve; und Niederländisch een Swaluvve. Unter das erste Schwalbengeschlecht mögen die so gewöhnlich in den Bauren-Häusern nisten / gezehlet werden / welche mit zweyen rothen Blutstropfen an der Brust von andern underschieden werden / wie Turnerus meldet. Die Schwalb ist ein leichter Vogel / mit einem kleinen Schnabel und getheilten Schwantz / einer guten Gestalt / zimlich schwartz / und am Bauch weiß / unter der Kälen roth: sie hat wenig und schwartz Fleisch / aber viel Federn. Man siehet unterweilen auch weisse Schwalben / sagt Alexan. Myndius; schreibt Aelianus. Man hat in der Insel Samo eine weisse Schwalbe / nit kleiner als ein Rebhun gesehen / wie Heraclides gedencket. Aristoteles sagt / daß ihre Federn bißweilen von zuviel Kälte weiß werden. Die Schwalb / wie auch alle kleine Vögelein / hat keine weite Käl / und keinen Kropff / sondern einen langen Magen. Ihre Gall ist etlichen an den Magen / etlichen an das Eingeweyd gewachsen / wie Aristoteles sagt.

Aldrovandus / mahlet auch noch zwey andere Schwalben ab / deren eine auff dem Bauch und über dem Schwantz weiß / die andere aber / gantz weiß soll gewesen seyn / wie auß folgenden Figuren zu sehen ist.

Von den Schwalben.

Von der Speiß und Nahrung dieses Vogels.

Die Schwalb speiset sich unter allen andern Vögeln allein im Flug. Sie isset auch allein unter allen Vögeln so keine krumme Klawen haben/Fleisch. Den Bienen stellet sie auch nach/und fänget Fliegen und Heuschrecken/ wie Albertus, Plutarchus, Ælianus, und Philes bezeugen.

Von der Natur und Eigenschafft dieses Vogels.

Hesiodus schreibet daß allein die Nachtigal unter den Vögeln nicht schlaffe/sondern stets wache: die Schwalb aber wache nicht allzeit/sondern sie schlaffe allein halb auß/ sagt Aelianus. Gleich wie alle Schwalben wol fliegen/also haben sie fast unnütze Bein. Die Schwalb fliegt auch allein krum hin und wieder/darzu gantz schnell/darumb kan sie von den Raubvögeln nicht/wie andere Vögel/ genommen werden/sagt Plinius. So bald die Schwalben im Früling wieder kommen/und ihr alt Nest wieder finden/frolocken sie mit ihrem vielfältigen Gesang.

Von uns weichen diese Vögel im Augustmonat und kommen im Mertz wiederumb. Die Störche weichen vor den Schwalben: Die Schwalben aber vor den Wachteln. Zu Winterszeit weichen alle Schwalbengeschlecht an warme örther/wann sie noch vorhanden sind: wann sie aber weit von dannen sind/so verändern sie ihren Orth nicht/sondern verbergen sich gerad daselbst in die enge Klüffte der Bergen/wie Aristoteles schreibet. Man hat gesehen daß sich die Schwalben in hole Bäum verborgen haben in einem Wald deß obern Teutschen Lands/da man in einer abgehawenen faulen Eichen viel Schwalben gefunden hat: es ist aber viel Pulver von faulen holtz in derselbigen Eichen gewesen. Deßgleichen hat man auch von den Weyhen gesehen/wie Albertus gedencket. Ich hab gefunden daß die Schwalben den gantzen Winter in ihren Nestern verborgen liegen als todt: darumb vermein ich nicht daß sie hinweg fliegen. Den gantzen Winter haben sie frische Eyer bey ihnen: sie werden aber gegen den Sommer wiederumb lebendig. Welches ich für ein wunderbares Werck halte/ und für ein Abbildung der Aufferstehung unserer Leiber/sagt ein ungenannter bey Casparo Heldelino. Sie fliegen auch offt über Winter in Alexandriam.

Zwey Schwalbengeschlecht/nemlich das so an den Häusern/und das so auff der Erden an den Wasserstaden nistet/ machen ihre Nester sehr künstlich/also/ daß sie das schwere unten/das leichte aber oben legen/und Mauren auffrichten. Ein Loch lassen sie ihrem Nest/dadurch sie hinein gehen/den innern Theil im Nest machen sie von Haar und Federn gantz lind und warm/sagt Albertus. Die Schwalb macht ihr Nest auß Genist oder Gestreu mit Koth vermenget/wie eine leymene Wand: wann sie aber keinen Lett haben kan/netzt sie sich selbst und waltzet sich im Staub. Sie macht ihr auch nach menschlichem Gebrauch ein Bett/also/daß sie das harte erstlich unter legt/ und breitet es fein artlich nach ihrer Größe. Sie nimmt den Koth von ihren Flügeln mit dem Schnabel/macht ihr Nest darauß/und belegt es inwendig mit lindem Pflaum. Darumb sagt Aelianus: Die Schwalb verstehet wol/daß wann sie ihre zarte und ungefederte Jungen in dē rauhen Stauden und Dörnern liegen ließ/sie dieses nicht erleyden könten/darumb sitzt sie dem Schaaff auff seinen Rücken/und reist Wollenlöcklein auß/darauß sie ihren jungen ein lind Nest bereite. Ihr Nest machen sie nicht eckicht/sondern rund: dann also ist es am stärckesten/und kan am meisten fassen: leidet auch weniger Schaden von den Thieren/sagt Plutarchus. Den Nordwind/ und den so auß Thracia kommet/lieben sie nicht/darumb machen sie ihre Nester darwider. Sie kommen fast alle Jahr wieder in ihr alt Nest.

Geßneri Thierbuch.
Von den Schwalben-Nestern.

Von den Schwalben.

Das Schwalbenweiblein empfänget allein auß der Einbildung/oder von dem Staub. Andere fleischfressende Vögel gebehren nur ein mal im Jahr: die Schwalben aber zwey mal. Die ersten Eyer verderben ihnen zuweilen von der Kälte/die andern aber bringen sie fort. Sie legen selten mehr als fünff Eyer: Die Schwalben so in Italien legen/die legen nicht in allen Ländern. Die junge Schwalben sind anfangs blind/wie fast alle die so viel junge machen. Wann einer die jungen Schwalben mit einer Nadel in die Augen sticht/werden sie wiederumb gesund und sehend. Andere sagen daß wann man ihnen die Augen gar auß steche/wachsen sie ihnen wiederumb/wie auch den Schlangen/wie Aristoteles und Plinius schreiben. Die junge Schwalben/wie auch die Hündlein/werden kaum sehend: aber ihr Mutter machet sie mit einem Kraut sehend/und dieweil sie noch blott und ungefedert sind/locket sie dieselbe auß dem Nest die Speiß zu suchen. Dieses Kraut haben die Menschen/ob sie gleich ein groß Verlangen darnach gehabt/noch nie erkennt/sagt Aelianus. Andere gelehrte aber vermeinen dieses Kraut seye Schellkraut oder Schwalbenkraut/als welches von der Schwalben her zu Griechisch Chelidonia, zu Latein aber Hirundinaria genennet wird / mit welchem sie ihnen das verlohrne Gesicht wieder bringen sollen/ darumb haben die Schwalben also dem Menschen gezeigt was dem Gesicht heilsam und gut seye. Oppianus sagt/daß sie dieses Kraut mit dem Schnabel abbeissen/und ihnen den Safft darvon in die Augen trieffen. Dieses Kraut/wie Marcellus lehrt/sol auß der Schwalben Koth wachsen. Die junge Schwalb schreyet sehr/so wol früh wann sie nüchtern ist/als bey der Nacht.

Die Schwalb liebet dē Menschen sehr/also daß sie gern bey ihm Herberg hat: wann sie es aber gut düncht/so flieget sie davon. Unter den fliegenden Thieren lassen sich die Schwalben/unter den irdischen die Mäuß nit zämen/wie Plinius bezeuget. Die Schwalben und die Mäuß sollen nimmer gezähmet werden/wie etliche davon schreiben/ denen wir nit Glauben geben sollen: dann wir sie offtmals zahm gesehen haben/ dermassen daß sie den Menschen zur Hand geflogen sind/und ihnen Speiß darvon genommen haben/wie andere gewehnte Vögel. Die Flieg/die Mauß/uñ die Schwalb/ können nicht also vom Menschen abgericht werden/daß er mit ihnen umbgehen und etwas handeln könne/dann die Schwalb mißtrawt ihm gahr sehr/wie Aelianus schreibt. Die Schwalben hat die Natur gelehret sich wieder die Schaben zu verwahren/ dann wann dieselbigen ihren Eyern schädlich sind/ so werffen die Alten Eppichbletter für ihre jungen/vor welchem sie nicht zum Nest kommen mögen/sagt Aelianus. Wie sie aber ihr Nest machen/und ihren jungen helffen/ ist vorhin gesagt worden.

Die Schwalb gibt uns ein sondere Lehr vätterlicher Trew gegen den Kindern. Sie arbeiten gleich viel in Aufferziehung ihrer jungen/nemlich das Weiblein und Männlein: Sie theilen auch ihren jungen einem jeden gleichviel Speiß mit/ damit keins zweymal nehme. Die Mutter bringt allzeit dem erstgebohrnen Speiß herzu/darnach dem andern/hierauff dem dritten/und also fort biß an das fünffte/wie Aelianus schreibet. Und sagt Oppianus/daß wann ein junges von seinem orth weiche/gebe ihm der Alt nichts mehr zu essen/biß daß es wiederumb an seinen Orth gehe. Sie werffen den Koth sauber hinauß/und lehren die jungen sich umbkehren/und den hintern über das Nest hinauß halten/wie Plinius und Aristoteles schreiben. Die Schwalben und Bienen werffen ihre abgestorbenen zum Nest hinauß. Etliche schreiben daß sie dieselbigen vergraben. Die Schwalben und Spatzen bringen einander umb/wann sie in einem Hauß zusammen kommen/sagt Avicenna. Die Schlang greifft ihr auch zuweilen ihr Nest an: wann sie ihr aber die jungen erwürget hat/fliegt sie ohn alle Furcht zu ihr/und läst sich von ihr tödten und umbringen/wie Oppianus berichtet.

Ob gleich die Schwalben den Bienen schaden thun/werden sie doch von denen nit getödtet/die eine Liebe zum Gesang und zu der Music haben: wiewol sie leichtlich können umbgebracht werden. Man frewet sich gemeiniglich ihrer zukunfft/und hat sie gern zur Herberg/also/daß man es für ein Ubel hält/wann einer ihr Nest zerbricht und verdirbt. Man hat vorzeiten Schwalben in einer Statt gefangen wann man in einem Krieg gewesen/und dieselbe weiß gefärbt/ nach dem Sieg wiederumb heim geschickt/ den Freunden solches kund zuthun/dieweil sie wiederumb in ihre alte Herberg flogen. Oder ihnen einen Faden an ein Bein gebunden/und so viel Knöpffe an denselbigen gemacht/in wie viel Tagen man etwas vornehmen wolle. Wann die Schwalb so nahe auff dem Wasser fliegt/ daß sie dasselbe fast mit dem Bauch berührt/verkündiget sie einen Regen/sagt Aratus.

Was von diesem Vogel in der Artzney dem Menschen nützlich sey.

Die Schwalben wie auch die Spyren werden von etlichen armen Leuthen gessen/wie wol sie hitzig und gar schädlich sind. Die junge wilde Schwalben sind gantz krafftig/ bevorab aber die Rheinschwalben. Schwalben in Honig oder Mät gekocht/
heilen

heilen die Geschwer der Zungen und Lefftzen. Die Brühe von einer gekochten Schwalben getruncken/ wird für deß tobenden Hunds Biß gelobet. Gantze Schwalben werden für das viertägige Fieber gessen. Drey junge Schwalben auff dreymahl mit Wein dem Ochsen in den Halß gestossen/ behält ihn das gantze Jahr gesund/ wie etliche geschrieben haben/ sagt Plinius und Columella.

Schwalbenwasser macht man also: Zerstoß junge Schwalben/ und vermisch dieselbe mit Biebergeil/ und ein wenig gutem Essig/ und distillier es. Dieses Wasser nüchtern getruncken/ ist ein warhaffte Artzney für die fallende Sucht/ auß was Ursach dieselbe auch kommen. Und ob gleich einer diese Plag fünff Jahr gehabt/ wird er dennoch darvon vollkömmlich gesund/ wann er dieses Wassers ein wenig vier Tag trinckt. Es benimmt auch die Tobsucht oder Aberwitz neun Tag durch getruncken. Dieses stärckt das Hirn mehr deñ sonst kein Artzney. Es reiniget den Magen: erweichet die Brust: stercket die Sennadern: verhütet auch dieselbe vor schädlichen Zufällen: es mehret die männliche Natur/ und erwärmet die erkalteten. Mit Ysopbrühe getruncken/ benimmbt es die Wassersucht/ so von Kälte kommen: desgleichen die tägliche Fieber und Schmertzen deß Haupts: es macht auch einen leichten Schlaff: fordert die Däwung und dienet wider die Harnwinde. Dieses Wasser sollen aber die Schwangern meiden/ damit das junge in Mutterleib nicht beschädiget werde. Es vertreibt die Haar allenthalben am Leib auff die blosse Haut gestrichen/ also/ daß es nimmer wiederumb wachst/ wie Lullius und Ægidius bezeugen.

Schwalben offt genossen/ sind wider die fallende Sucht dienlich. Die junge gebraten oder gesotten und offt gessen/ sind eine krafftige Artzney den dunckeln und bösen Augen. Die alten und jungen Schwalben gedörrt (etliche heissen sie einsaltzen) und eines quintleins schwer getruncken/ sind denen nütz so das Haltzgeschwär haben. Etliche heissen eine Schwalbe/ wes Geschlechts sie auch sey/ essen/ damit einer sich das gantze Jahr durch der gemeltē Kranckheit nicht besorgē dörffe: andere heissen sie gebratē oder gesotten darfür essen/ wie Plinius, Celsus, und Marcellus schreiben. Für diesen Gebresten nimm Brühe/ darinn eine Schwalb gekocht worden/ halte die also law im Mund/ und schlinge ein wenig darvon hinab/ sagt Marcellus. Welcher stets am Zäpfflein kranck ist/ der wird also heil: Verschließe eine lebendige Schwalbe in eine Schalen eines Africanischen Schnecken/ und wann du diese in Baumwollen verwickelt hast/ und mit einem Faden an den Halß gebunden/ wirst du innerhalb neun Tagen der Kranckheit ledig werden. Für Entzündung der Kälen und Mandeln im Halß/ dienen die gar junge und zarte Schwalben/ frisch oder veraltet gebraten und in der Speiß genossen: dann sie ringern die Verstopffung von stund an. Eine Schwalbe gessen/ befördert die Geburt/ sagt Kiranides.

Artzneyen von den gebranten Schwalbē: Die Schwalben werden zu der Artzney also gebrennet: Leg junge ungefederte Schwalben in einen newen Hafen/ spreng ein wenig Saltz darauff/ und stelle den Hafen/ mit Lett verkleibet/ auff ein Glut/ oder in einen Ofen/ biß daß sie gantz verbrennt sind/ wie Bulcasis lehret. Die Schwalben werden für ein Artzney der Bräune also gebrennet: Junge Schwalben mit Saltz besprenget/ werffen wir sampt den Federn in einen newen Hafen/ und so wir denselben verstopffen/ stellen wir ihn auff glüende Kohlen. Leonellus aber heisset sie für die gedachte Kranckheit also brennen: Man sol sie köpffen/ und wann das Blut von ihr geloffen/ sol man sie ropffen und saltzen/ darnach sol sie in ein enghälsig Glaß gethan/ das Loch mit Lett verstopffet/ und so lang in Ofen gestellt werden/ biß daß sie so dürr worden/ daß man sie leichtlich pülvern mag. Plinius heist fur ein Augen-Artzney lebendige Schwalben verbrennen: anderswo aber heist er für das Haltzgeschwär oder Bräune die erwürgten Jungen sampt ihrem Blut verbrennen.

Alte Geschwär mit Schwalben-Aschen überlegt/ werden dadurch vertrieben. Junger Schwalben Aschen/ mit der Milch vom Kraut Wolffsmilch genannt/ und Schneckenschaum/ auf die Augbrawen darauß das Haar gezogen ist/ bestriche/ läst das Haar nit wiederumb wachsen/ sagt Plinius. Wann ein Dorn/ oder sonst etwas/ einen Hund in Fuß gestochen hat/ oder sonst an einen andern Ort/ so wird er mit Schwalbenaschen/ darauff gelegt/ herauß gezogen/ wann sie in einem newen Hafen/ sampt dem Eingeweyd/ verbrennt worden/ welche Artzney du in einer Büchsen behalten solt/ sagt Albertus. Ich kan diesen Gebrauch der Aschen nicht bey den Alten finden/ sondern die Wurtzel vom Rohr für sich selbst zerschnitten/ und mit Eschlauch auffgestrichen/ sol die Dorn und Splitter außzihen/ wie Dioscorides schreibt. Ein Schöllelein Erd von der Schwalben Nest genommen und mit Essig auffgestrichen/ dienet zu deß wütendē Hunds Biß/ oder allein die Aschen von einer jungen Schwalben genommen/ wie Plinius meldet. Die Truncken heit wirst du vertreiben/ wann du dem Vollen ein gut theil Asche von diesem Vogel eingibst. Wieselein- und Schwalben-Aschen vermischt/ sollen alle Tag für die fallende Sucht gegeben werden. Ohnlängst hat mir ein guter Freund eine

Von den Schwalben.

eine Artzney wider die fallende Sucht/ so von einem berümbten Artzt in Teutschland gebraucht würde/ zugeschrieben: Nimm Aschen von vier jungen gebranten Schwalben/ thu darzu vier quintlein Bibergeil/ und ein Untz starcken Essig/ dieses vermisch/ und truck es durch ein Tuch und geb diesen außgetruckten Safft alsobald nach dem Fall zu trincken. Die grossen oder jungen Schwalben in ein Glas oder glasirten Hafen verbrennt/ und dieselbige Aschen mit Honig auffgestrichen/ vertreibt die Dunckelheit der Augen/ sagt Dioscorides. Dieses dienet auch für das trieffen und ander schmertzen der Augen. Die jungen zu Aschen gebrennt/ benehmen die Wehetagen deß Munds. Junge Rheinschwalben zu Aschen gebrennt/ heilen das tödtlich übel der Lefftzen/ und andere böse Kranckheiten an deß Menschen Leib. Diese Aschen geben etliche für die Siechtagen deß Halses zu trincken/ etliche streichen dieselbe auff für sich selbst oder mit Honig/ oder blasen sie mit einem zarten Röhrlein ein/ sie wird auch darfür auß warmen Wasser getruncken. Diese Vögel erwürgt man/ und verbrennt sie sampt dem Blut in einem Geschirr/ und nimmt die Aschen auff Brot oder in einem Tranck ein/ etliche thun gleich so viel Wiselaschen darzu/ und gebens für den Kropff und die fallend Sucht täglich zu trincken/ sagt Plinius. Für das Halßgeschwär heist Avicenna den Rachen mit dieser Aschen berühren. Diese Asch mit dem besten Honig vermengt/ und in Mund genommen/ leget das Halßgeschwär/ und die Geschwär/ so in der Kälen entstanden seind/ wird es reinigen und vertreiben. Diese Aschen haben viel mit Honig vermischt/ kräfftiglich für alle Gebresten deß Schlingens und Zäffleins im Halß gebraucht/ ob gleich Geschwulst darbey gewesen/ wie Galenus, Marcellus, und Plinius vielfaltig bezeugen. Diese also auffgestrichen/ heilet vollkommlich alle Geschwär und Kranckheiten in der Kälen/ auff der Zungen/ auch alle umbsichfressende Geschwär und den Krebs/ wie Kiranides lehret. Für die Fäulung deß Munds ist sie auch dienlich/ auff obbeschriebene weiß gebraucht. Die Aschen benimmt die Heiserkeit mit Weinmät getruncken.

Die Schwalben verblendet man im vollen Mond/ und wann sie wiederumb sehend worden/ verbrennt man ihre Köpff/ welche Aschen man dann mit Honig vermischt/ für Schmertzen/ Dunckelheit/ Trieffen/ und Schläg der Augen braucht/ wie Plinius und Marcellus berichten. Diese Asche wird auch nach obgesetzter weiß für die Augenflecken der Pferde gebraucht. Auß jung gebranten Schwalben macht man eine gute Augensalb/ welches alle Räuhe und alles Beissen der Augen vertreibt/ und läst nichts böses darinn wachsen/ es trucknet auch die feuchten Augen/ und wird also gemacht: die Junge Schwalbenköpff (und zwar zimlich viel derselben) werden über einem leichten Kolfewerlein gebrennt/ gantz rein gepulvert und mit frischen Hennenschmaltz auffgestrichen/ welches dann sehr nützlich ist/ wie Marcellus berichtet.

Schwalbenblut mit Weyrauch vermengt heilet die fallende Sucht. Nicolaus Myrepsus vermischt dieses Blut unter ein bewehrte Artzney für die fallende Sucht/ dar über sich geräuchert. Für die Schmertzen/ Dunckelheit und das Trieffen der Augen/ nützt Schwalbengall oder Blut darauff gestrichen. Das Schwalbenblut unter dem rechten Flügel gelassen/ sol dem Gesicht sehr dienlich seyn/ sagt Albertus. Mit frischem und lawem Schwalbenblut daß verletzte Aug vom Streich/ also daß sich das Blut dahin gezogen/ bestriche/ wird es heilen/ sagt Marcellus. Diß Blut miltert das Podagra krässtiglich/ darauf gestrichē/ sagt Trallianus.

Schwalbenfleisch frisch übergelegt/ heilet Schlangenbiß/ wie Plinius schreibet. Pelagonius heist frisch Fleisch von jungen Schwalben dem Viehe über Hecknaterbiß legen. Das Hirn mit Honig über gelegt/ heilet das Sternfell im Aug. Schwalben-Augen an die Stirn gebunden/ benehmen das Augenwehe.

Schwalbenhertz heissen etliche für das viertägige Fieber essen. Dieses ist auch also gessen gut für die fallende Sucht. Es sol auch gewiß seyn/ daß ihre Hertzen die Gedächtnuß mehren/ wann sie mit Zimmet/ Amomo und Speciebus Elephangiis gebraucht werden. Dieses getruncken benimmt den Schmertzen deß Schlunds.

Schwalbenkoth ist scharff und zertheilt/ wie aller anderer Thiere/ weniger und mehr/ wie Galenus meldet. Celsus zehlet diesen Koth unter die brennende Artzneyen. Dieser Koth gekocht/ und getruncken/ oder nur übergestrichen/ dienet zu deß wütenden Hunds Biß.

Weiß Haar zu machen: Zerreib Schwalbenkoth mit Stiergal/ und streich es darauff. Mit Geißgallen vermischt/ macht es schwartz Haar/ und vertreibet die ungestalte schwartze Flecken deß Leibs. Damit das Haar weiß werde/ räuchert man es über Schwefel/ oder Schwalbenkoth. Man streicht ihn auch auff die schwartzen Anmäler/ dieselbige damit weiß zu machen. Ein Stück das Haar damit schwartz zu färben: Nimm einen guten Theil Schwalbenkoth/ vermisch es ohngefehr mit anderthalb Echtmaaß Essig/ schütte es in ein Glasirtes Geschirr/ und stoß es in Roßmist 35. Tag/ und streich darnach diese Artzney mit einē Bensel am Schatten/ auf deinen geschornen Kopff/

Zweyter Theil.

schmiere

schmiere aber vorhin dein Angesicht mit Hirschunflicht/damit dir nichts darein trieffe/und dieweil dir dein Kopff trucknet/so halt ohl im Mund/damit die Zän nicht beschädiget werden/und nachdem du diese Artzney darauff gethan hast/so zwage dich am vierdten Tag/wie Marcellus lehret.

Für den Schmertzen deß Haupts und der Schlaffadern/ streich Schwalbenkoth ehe dann er auff das Erdtreich kommen/sampt dem Koth vom Nest/in einem höltzern Geschirr in Essig genetzt/ auff die Stirn/sagt Galenus. Es heilet wunderbarlich die Flecken der Augen/wie ich erfahren hab/sagt Albertus. Wann aber einem ihr Koth also warm in ein Aug fält/erblindet er. Ihr Koth gessen oder getruncken/vertreibt das Krimmen/ und wird unter die Artzneyen/ so für die Harnwinde dienlich/ vermischt. Er bringt auch den Stulgang mit Honig vermengt/und als ein Zäpflein eingestossen.

Schwalbeneyer schwärtzen das Haar/ und weisse Flecken im Aug. Andere schreiben diese Krafft dem Mist zu.

Ein Schwalben-Nest in altem Wein zertrieben/ wird auff die Hecknater-Biß dem Viehe gelegt. Für alle vergiffte Biß/sol es auffgelegt werden. Dieses wohl gebeutelt und mit Honig vermengt/sol auff den Rothlauff deß Angesichts gelegt werden. Wider die blutrothe Augen/ und den Gebresten im Aug des Pferds/ Staphyloma bey dē alten Aertzten genannt: Nimm ein gantz Schwalben-Nest/also/daß nichts darvon verlohren werde/dieses zerrühr im Wasser biß es trüb wird/und seig es durch/ und geb dieses durchgesiegene Wasser dem dürstenden Pferd zu trincken/oder schütt es ihm durch ein Horn hinein/sagt Eumelus. Diese Erd mit Essig vermenget/heilet das langwierige Hauptwehe. Item mit Wasser zertrieben und übergeschlagen/heilet alle Geschwulsten des Halses/deß Schlunds/uñ die Bräune/sagt Kiranides. Ein Pflaster darauß gemacht/lindert die Geschwär. Für das Halßgeschwär oder Bräune legen die Aertzte heutiges Tags ein Pflaster vom Schwalben-Nest über/nicht ohn grosse Hülff. Für den Stich eine kräfftige Artzney: Nimm ein gantz Schwalbennest/zerreib es/und mache es mit Eppichsafft feucht/vermisch Fenugrecknehl darunter/ und brauch es wol warm gemacht. Nesselsamen und Schwalbennest mit Seiffen zertrieben/ wird nützlich über das Podagra gestrichen.

Was gleichfals von den Schwalben
in der Artzney zu Nutzen kommet/verfasset Becherus in folgenden Reimen:

Die Schwalbe nutzet auch/das kleine Sommerthier/
Zweymahl 3. stück es gibt/der Apoteck hier.

1.
Es ist absonderlich die gantze Schwalbe gut/
2. 3. 4. 5.
Hernach ihr Koht/ihr Nest/Hertz/Stein/
6.
und auch ihr Blut.

1. Die gantze Schwalbe man zu einem Wasser brennt/
Der schweren Noth der Weg dadurch wird abgerennt/
2. Der Schwalben-Koth der ist von aussen trefflich gut/
Im fall ein toller Hund den Menschen beissen thut.
3. Das Schwalben-Nest das pflegt man umb den Hals zu binden/
Das Halßgeschwehr darvon muß weichen und verschwinden/
4. Das Schwalben-Hertz das lobt man in den bösen Leyd/
So man es ißt/wird man von dem Quartan befreyt.
5. Den Schwalben-Stein so man in jungen Schwalben find/
Man hengt ihn an den Halß/die Freiß er überwind/
6. Es wird auch sehr gelobt das junge Schwalbenblut/
Man sagt es seye zu den Augen trefflich gut.

Von dem Schwalbenstein.
Chelidonius.

Die jungen Schwalben sollē einen Stein bey ihm haben/welcher Chelidonius genennet wird/ und denselbigen tragen sie im Augstmonat in der Leber oder im Magen/und wird von mancherley Farben gefunden/als weiß und roth/oder Schwalbenfarb/auff der andern Seiten purpurfarb/und bißweilen mit schwartzen Flecken gesprengt. Diesen Stein kan man auß solchen Zeichen mercken: Welche Schwalben ihn bey sich haben/ die kehren die Köpff zusammen: dann sonst pflegen sie die Schwäntz einander zu zukehren/damit sie ihren Koth über das Nest hinauß schmeissen. Im Augstmont sind sie kräfftiger/und werden gewöhnlich zween in einer Schwalben gefunden/wie Albert. schreibet. Diese Stein sind in der Grösse eines Hanffsämleins/auch also gestalt: dann ich schwartze und rothe also gestaltet gesehen hab/ sagt Christophorus Encelius. D. Geßner hat rothe als eine Linse gestaltet gesehen/ und noch andere schneeweisse/ aber nicht durchsichtig: welcher dann viel in einem Berg in Wallis sollen gefunden werden/ im Sand zwischen den hohen Felsen. Als ich dieser einen mit Mühe zerbissen/ hab ich nichts holes / sondern ihn dicht und fest befunden. Wann du junge Schwalben/ so von der ersten Geburt kommen/

Von den Schwalben.

im wachsenden Mond auffschneidest/ wirst du in ihren Magen Steinlein finden/ auß welchen zween/ der eine gesprenckelt/ der ander rein außgenomen wird. Deren der eine eine Farb/ der ander aber viele hat/ diese/ ehe dann sie auff das Erdtreich kommen/ in Kühleder oder in einer Hirschhaut an einen Arm oder an den Halß gebunden/ sind für die fallende Sucht gut/ und treiben dieselbe offt gar hinweg/ wie Dioscorides schreibet. Diese an den Arm gebunden/ oder den Kindern an den Halß gehenckt/ sollen auch für die gemeldte Kranckheit dienlich seyn. Diese Stein sollen die Schwalben dem erstgebornen geben/ welche nicht bald gefunden werden/ man schneide sie dann all auff. Wann man sie/ sonderlich die weissen/ allein in der Hand hält/ oder in einem Tuch an den Kropff gebunden werden/ miltern sie die alte und tägliche Wehetagen des Haupts/ wann sie nicht vom berühren deß Erdreichs ihre Krafft verlohren/ sagt Marcellus. Wann man sie in ein güldene Feygbogen eingefasset/ an den Halß henckt/ werden sie den Menschen vor allen bösen zufälligen Kranckheiten der Augen bewahren. Sie dienen auch für das viertägige Fieber/ in ein gelbes Tuch gebunden/ und mit einem Faden an den Halß gehenckt. Man braucht sie auch in die Augensalb. Wann etwas in die Augen gefallen/ thut man sie darein: dann weil sie klein und glatt sind/ können sie mit ihrer Last nicht schaden/ auch nicht mit ihrer Figur oder Ecken/ und drücken ein Ding wol herauß/ gleich wie Scharlachsaamen. An den rechten Arm gebunden/ heilen sie die Lebersüchtigen. Er sol auch also den Menschen vor der fallenden Sucht bewahren. Deßgleichen vor dem Husten/ wie Plinius und Galenus bezeugen.

Von der Mauer-Schwalben.

Hirundo Sylvestris.

Das ander Schwalben-geschlecht/ so Maur-Schwalb/ Murspyr/ Münsterspyr/ Kirchschwalb und Weißspyr genennet wird/ macht selten sein Nest an den Häusern/ welches auch nicht also gestaltet wie der Haußschwalben ihres (wiewol es auß gleicher Materi ist/) und einen engen Eingang/ aber einen weiten Bauch hat. Turnerus nennet diese Schwalben die kleinern Spyren/ welche in den Felsen/ und auff den hohen Kirchenstern/ und in den Thürnen nisten/ darzu in den alten Mauren/ darvon sie auch den Nahmen bekommen haben. Ihr Bauch und Halß ist weiß/ sonst aber sind sie gantz schwartz am übrigen Leib. Dieser Vogel streitet mit dem Spatzen: dann derselbige nimmt im Früling/ ehe dann die Schwalben kommen/ ihm sein Nest ein/ darumb unterstehet ihn die Schwalb außzutreiben. Und dieses hab ich offt zu Cöln wargenommen/ daß wann die Schwalb dē Spatzen nicht mocht auß ihrem Nest treiben/ hat sie mit ihrem Geschrey viel Schwalben zusammen beruffen/ welche all hauffenweis herzu geflogen/ Koth in ihren Schnäbeln getragen/ und das Loch am Nest verstopfft/ und den Spatzen darinn also erstickt haben. Dann dieses thun die Murspyren/ dieweil sie ein eng Loch in ihrem Nest haben/ wann nun ihnen ein Spatz darein fliegt/ verstopffen sie dasselbe mit Koth/ ersticken den Spatzen darinn/ und werffen ihn zum Nest hinauß/ wie Albertus bezeuget.

Von den Rheinvögeln/ oder Rheinschwalben.

Hirundo riparia.   Drepanis.

Das dritte Schwalbengeschlecht sol das kleinste seyn/ darumb es von etlichen zu Straßburg ein Rheinvögelein genennt wird. Sie sind graw auff aschenfarb ziehend/ und werden Uberschwalben von den Teutschen genennet/ wie Eberus und Peucerus schreiben.

Zweyter Theil.   K ij   Gleich

Gleich wie dieser Vogel wol fliegen kan/ also hat er ungeschickte Bein/wie auch die Schwalb und Spyr: dann diese drey Geschlecht sind an Sitten/am Flug und Gestalt nit sehr ungleich/wie Aristoteles meldet. Sie nisten auff der Erden an den Wassergestaden/und fressen Schnacken und Fliegen so auff dem Wasser daher fliegen. Das Vögelein so hie für die Reinschwalb verzeichnet ist/das nistet gewißlich an den holen Gestaden deß Rheins: etliche sagen daß sie Löcher außhölen. Diese Schwalb wird anderswo Fehlschwalb genennt/sie hat keinen zerspaltenen Schwantz wie die übrigen Geschlecht. Ihr Bauch ist weiß/also auch der Halß: an der Brust aber ist sie graw. Es ist auch ein Vogel dieses Geschlechts/der auß dürrem Moß sein Nest so fleissig macht/daß man daran/dieweil es rund ist wie ein Spiegelbal/keinen Eingang finden kan/wie Plinius schreibt.

Das Männlein unter diesen Vögeln/ist viel schwärtzer/unter dem Schnabel hat es auch einen gelben Flecken/wodurch es sich von dem Weiblein unterscheidet.

Von der Meer-Schwalben.
Hirundo Marina.

Aldrovandus meldet/daß diese Vögelin Italien Meerschwalben genennt werden/weil sie den Schwalben an gestalt gleich sehen/wiewohl sie viel grösser seyn/ auch höhere Bein als die gemeinen Schwalben haben/unter dem Bauch biß an die Brust/ sehen sie weiß/auff dem Kopff/Rücken und Flügel sehen sie braun/ die Schwingfedern und der gespaltene Schwantz/stehen nach Art der Schwalben weit hervor/und sind schwartz.

Von den Schwalben.

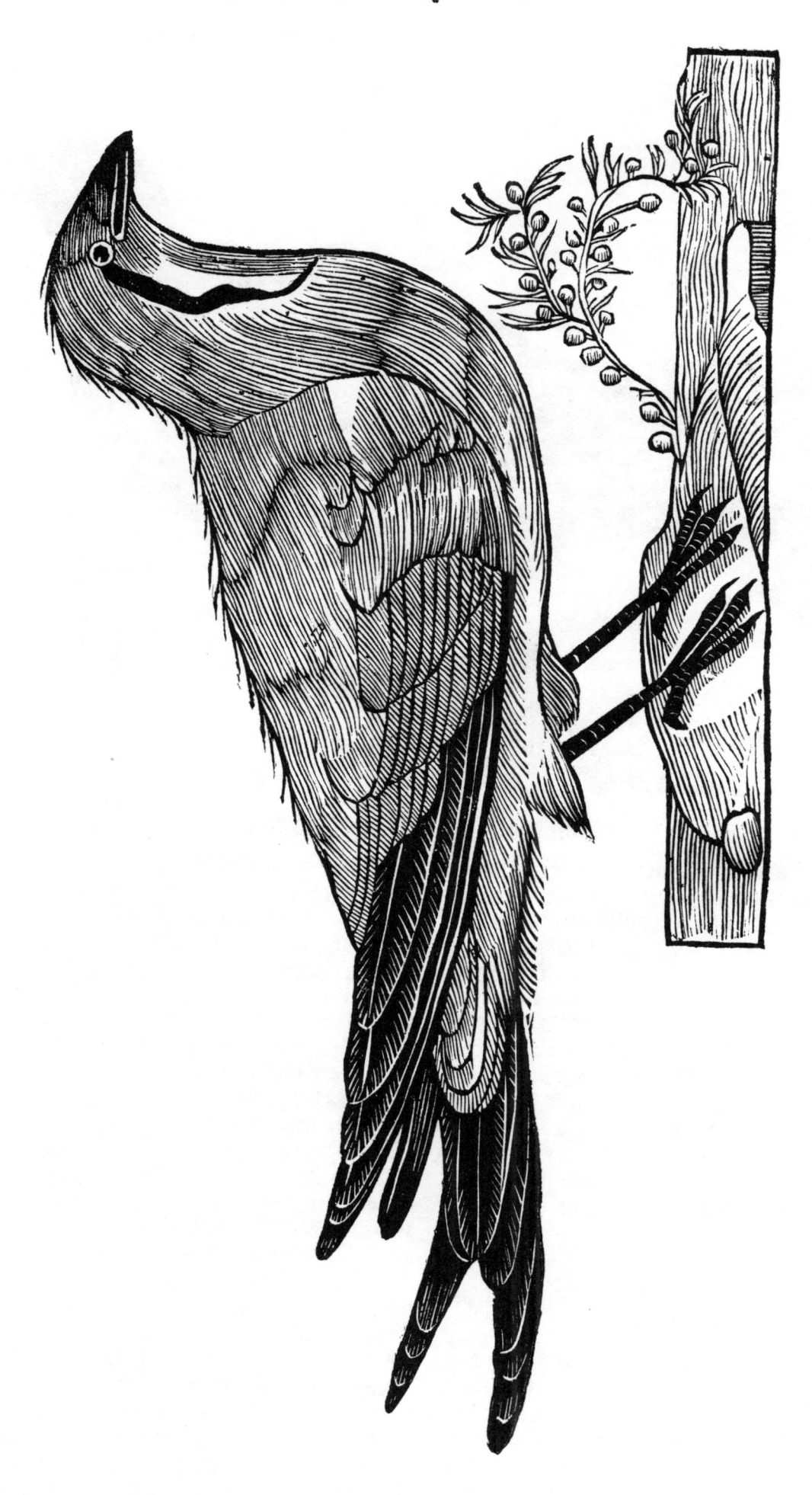

schwartz. Dieser Vogel hat einen starcken schwartzen Schnabel wie die Meben/von demselben gehet ihm ein schwartzer Strich durch das Auge/bis auff die Brust. Er hat schwartze und grössere Bein als die Schwalben.

K iij Von

Von dem Spyren.
Apus.

Von der Gestalt dieses Vogels.

Dise Vögel werden in Griechischer Sprach Apodes, das ist ohne Füß genennet/nicht daß sie gar keine Füß haben/ sondern weil sie dieselbigen nicht brauchen können. Er wird zu Teutsch ein Spyr/ Spyrschwalb/ Gerschwalb und Geyerschwalb genennt. Er ist der gröste und schwärtzeste unter allen Schwalben/ sonst ihnen nit ungleich/ohn daß sie gefederte oder härige Füß haben/welche so klein sind/ daß man vermeint sie haben gar keine. Sie haben zwo Zeen für sich und so viel hinder sich gerichtet/welches doch an unser Figur nicht außgedrucket ist worden. Ihre Flügel sind lang und breit.

Von der Natur und Eigenschafft dieses Vogels.

Dieser Vogel wird allzeit im Jahr gesehen/sagt Aristoteles. Bey uns fahren sie unter allen andern Vögeln zum ersten hinweg/und kommen zuletzt wieder. Sie fliegen stets/ und werden auff dem Meer allenthalben gesehen: dann kein Schiff kommt so weit vom Land/welches sie nicht umbfliegen. Die übrigen Schwalben sitzen und stehen/ diese aber haben keine Ruhe/ohn allein im Nest/oder sie liegen oder hangen/wie Plinius schreibt. Sie fliegen mehrentheils schaarweiß/ uñ höher als die andern/sie sitzen auch nimmer auff die Bäum wie die Schwalben/ sagt Turnerus. Ihrer viel sollen zu Winters zeit nach einander in den Bächen/Seen oder Weyern/uñ in den Felsen und Gestaden deß Meers verborgen liegen/darumb ziehen zuweilen die Fischer dieselbe an einander gefügt/herauß. Sie nisten in den Felsen und Schroffen/das Nest formiren sie länglicht als ein Kesselein auß Koth/ mit einem engen Zugang/ an einem engen Orth/ zwischen den Steinen/ damit weder Leut noch Viehe darzu kommen könne/ sagt Aristoteles. Dieser Vogel hat seine Wohnung in den Thürnen/und wann er auff die Erden gefallen/kan er nicht wiederumb auffkommen. Er nistet an dem Ufer der fliessendē Wassern im Erdtreich/ oder im Grieß. Wann er schlaffen wil/henckt er sich an mit seinen Füssen. Die Knaben in Creta fangen Spyren mit Heuschrecken/wie bey dem Immenfraß gesagt worden. Diese Vögel in Wein genützt/benehmen das Krimmen/ sagt Plinius.

Von der Americanischen Schwalben.

Dieses Vogels gedencket der Herr de Rochefort in der Beschreibung der Antillen-Inseln/in folgenden Worten: Es ist vor etlichen Jahren einem Rarität-liebenden zu Rochelle in Franckreich auß diesen Inseln ein Vogel geschickt worden in der Grösse einer Schwalben/ deren er auch gantz gleich gewesen/ ohn allein daß die beyde grosse Federn am Schwantz etwas kürtzer waren/ der Schnabel krumm/ gleich wie die Papageyen Schnäbel/ und die Füsse den Enten-Füssen gleichten. Er war überall schwartz/ außgenommen an dem Bauch/ da er eine weisse Farb hatte/ wie die Schwalben: kürtzlich er gleichet diesen Vögeln (ohne diesen kleinen Unterschied) so wohl/ daß wir ihn nicht besser nennen könten/ als eine Americanische Schwalbe. Die Gestalt seiner Füsse giebet genugsam zu erkennen/ daß es ein Wasservogel seye.

Zum Beschluß der Beschreibung der Schwalben können wir nicht ungemeldet lassen/ was die Beschreiber des Königreichs Sina melden/ nehmlich/ daß daselbst Wasser seyen/ in welchen die Blätter von gewissen herumstehenden Bäumen/ wann sie hinein gefallen/ in lebendige Schwalben verändert werden. Es sol auch in jetztgedachtem Königreich/ bey der Landstatt Queixang der Berg Xeyen liegen/ welchen man die Steinerne Schwalb nennet/ auß Ursach/ weil auff demselben/ nach gefallenen Regen/ man Steine findet/ die den Schwalben gantz gleich sehen; ja die Medici machen deren einen Unterscheid/ und mercken auß den mancherley Farben/ welches Männlein oder Weiblein seyen/ welcher gestalt sie auch zu den Artzneyen gebraucht werden.

Von dem Schwanen.

Cygnus.

Von der Gestalt dieses Vogels/ und wo er am meisten zu finden.

Der Schwan heisset auff Griechisch κύκνος; Lateinisch Olor; Italiänisch Cigno; Frantzösisch Cygne, Spanisch Cisne; Polnisch Labecz; Wendisch Labut; Ungarisch Hattyú; und Engelländisch a Svvan: zu Teutsch wird er auch von etlichen ein Oelb oder Elbs genennt. Es werden ihrer viel in Italia und England gefunden/ bey uns aber selten/ jedoch werden sie zuweilen in einem sehr rauhen Winter/ wann die Seen gantz überfrieren/ gefangen. Sie werden auch in den Flüssen Phrygiæ/ so im kleinern Asia gelegen/ als im Caico, Caystro und Mæandro gefunden.

Der Schwan bedünckt einen auß der Gänse-Geschlecht zu seyn/ an Gestalt deß Schnabels/ der Füsse/ und an der Nahrung (er pfeiset auch im Kampf wie die Ganß) er ist aber viel grösser/ und in der Jugendt graw/ doch wird er im ersten Jahr schneeweiß. Seine Füß und Fleisch sind schwartz. Unser Elb so keinen Unterscheid von diesem hat/ wiegt vier und zwantzig Pfund/ ein jedes zu zwölff Untzen gerechnet. Sein Schnabel ist roth/ und hat ein schwartz Häutlein hinden am Kopff darauff/ welches rund und auff den Schnabel gewachsen ist/ wie Turnerus meldet. Sein Schnabel ist wie der Ganß/ inwendig als eine Sichel gezähnet. Er hat breite Füß/ und etliche wenig Angehenck am untersten Darm.

Den Schwänen/ welcher von uns ein Elb genennt wird/ hat D. Geßner also beschrieben: wann er in die Länge gestreckt worden/ ist er eines zimlichen Manns lang/ allenthalben schneeweiß. Mit einem breiten Schnabel wie die Ent/ derselbe ist gelb/ und vornen mit einem Flecken/ so groß als ein Menschennagel/ gezeichnet. Von den Augen gegen dem Schnabel ist ein schwartze Haut. Die Bein sind schwartz/ die Zeen daran mit schwartzen Häutlein zusammen gebunden. Die Federn enden sich ein wenig über dem Knie/ von dannen sind noch die Füß biß zu vorderst auff die Zeen gemessen drey zwerch Händ lang. Der ober Umbkreiß der Flügel ist vier zwerch Händ lang. Die längste Schwingfedern sind achthalb Zwerchhänd lang. Der Schwantz ist drey/ der Halß fast acht Zwerchhänd lang.

Von der Speiß und Nahrung dieses Vogels.

Ihre Nahrung suchen sie an lustigen Orthen bey den Seen und fliessenden Wassern. Er braucht fast eben die Speise wie die Gäntz. Er speiset sich von Kraut und Würmlein/ Fischrogen und Kornfrüchten. Aristoteles und Plinius sagen/ daß sie einander fressen. Im Streit vermeint man wol/ daß sie dieses auß Zorn thun/ dann sonst essen sie kein Fleisch

Geßneri Thierbuch.

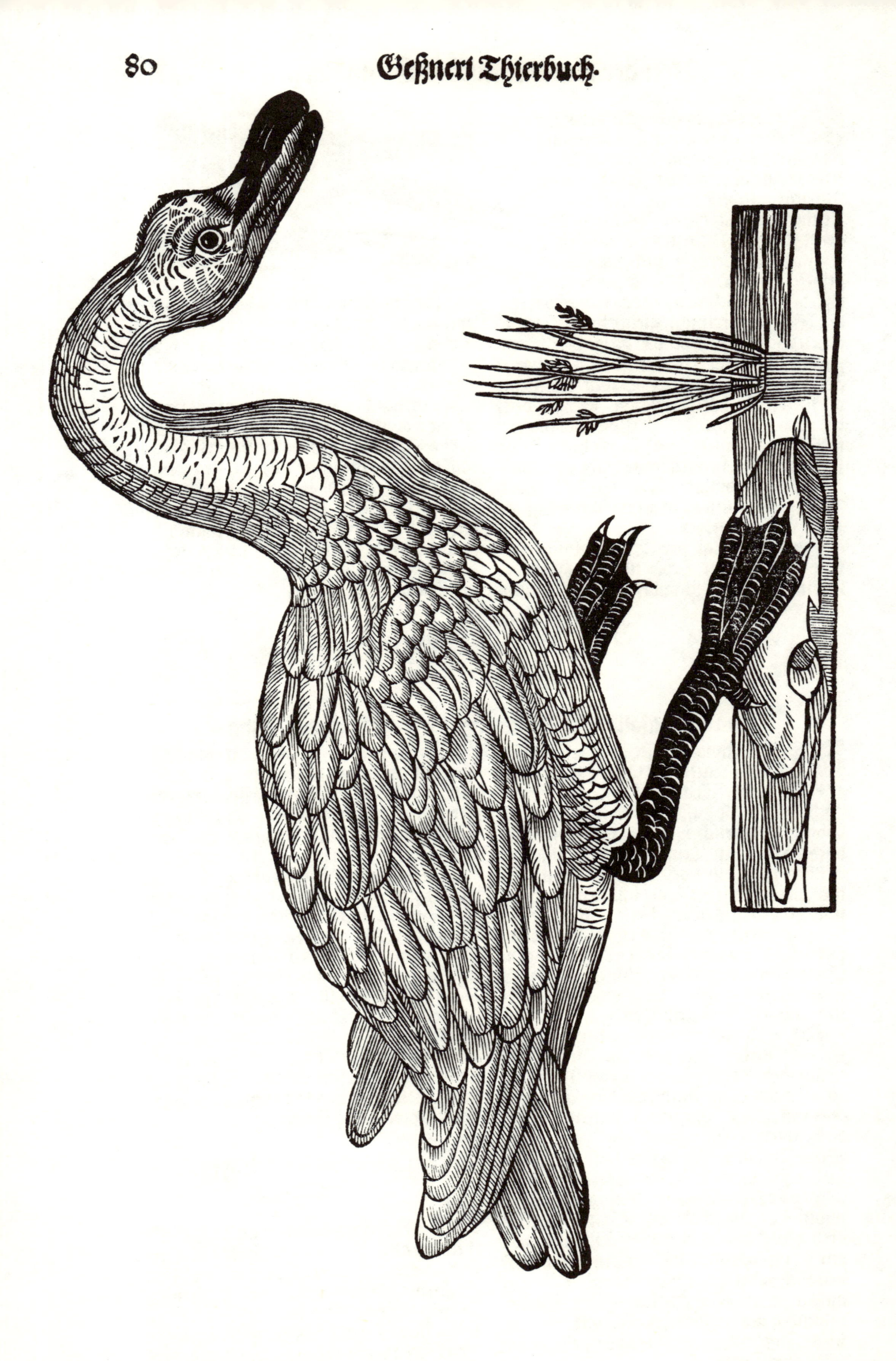

Von den Schwanen.

Fleisch. Sie essen auch keine Fisch/ wie diejenige so sie gezähmet/ dessen wargenommen haben.

Von der Natur und Eigenschafft/ dieses Vogels.

Die Schwanen haben zuweilen eine Stimm wie der Esel schreyet/ aber kurtz und die nicht weit gehört wird/ sagt Turnerus. Sie singen den lieblichsten Gesang unter allen Vögeln: die Stimm aber/ wie ich offt gehört hab/ ist wie der Ganß/ sagt Cardanus. Man schreibt/ spricht Albertus/ daß diese Vögel im Hyperborischen Gebürg den Sängern nach singen. Aber in diesen Landen/ wie man gewißlich erfahren hat/ singt der Schwan nicht als auß Schmertzen und Leid/ welches man mehr ein Jammergesang als eine süsse Melodey nennen mag. Oppianus sagt/ daß sie sehr lieblich singen/ als wañ man Pfeiffen und Harffen brauchte. Dieses thun sie am Morgen frü vor der Sonnen Auffgang/ damit sie zu stiller Zeit desto besser gehöret werden. Sie singen auch an den Gestaden des Meers/ wo sie nicht die Ungestümme desselbigen verhindert/ dann zu derselbigen Zeit können sie ihren Gesang selbst kaum hören. Sie vergessen auch deß Gesangs im Alter nicht/ welcher doch alsdann schwächer ist als in der Jugend/ dieweil sie ihren Halß nicht mehr auffrichten/ und ihre Federn außstrecken können. Zu der Zeit nehmen sie deß Westwinds war/ wann sie nun lahm in den Beinen und unvermöglich sind. Wann er sterben wil so suchet er ein heimlich Orth/ da ihn kein Vogel höre singen/ damit ihm andere Schwanen/ so etwan nahe darbey/ nicht kläglich darunter singen/ wann sie an gleiches End gedencken. Wann er sterben wil singt er kläglich/ nachdem er vorhin ein Feder in sein Hirn gestochen hat. Plato sagt/ daß er nicht von Leid/ sondern von Frewd singe: dieweil ihnen der Todt nahe ist/ indem sie ihre Unsterblichkeit wissen/ und daß sie zu ihrem Apolline fahren. Dieses ist auch die Meinung Pythagoræ gewesen/ daß sie nemlich ein unsterbliche Seel haben. Darumb vergleichet Volaterranus den Schwanen der Seel eines frommen Manns/ welcher mit Frewden stirbt. Es scheinet aber erdicht zu seyn/ was von der Schwanen Gesang gesagt wird/ wiewohl Aldrovandus widriger Meinung ist.

Die Schwanen sind so starck/ daß sie auch wider die Adler streiten/ sagt Oppianus. Ihr Stärcke ist in den Flügeln. Er hat ein cholerische complexion/ darumb ist er zornig. Die Ganß/ Ent/ und der Schwan/ haben nur ein mal im Jahr junge/ nemlich im Anfang deß Frülings/ wegen ihrer kalten Natur. Wann diese Vögel reisch sind/

Zweyter Theil.

so strecken sie die Hälß umb einander/ und sol das Weiblein mit Schmertzen empfangen/ und darumb hernach das Männlein fliehen. Aber Albertus spricht/ es seye nicht wahr. Nachdem sie beysammen gehalten/ pflegen sie beyde das Weiblein und Männlein sich unter das wasser zu duncken/ wie alles Wassergevögel/ dann die Hitz der Brunst sich allenthalben durch ihren Leib außbreitet/ welche sie also außleschen. Solches sehen wir bey allem Gevögel/ welches sich nach ihrer Unkeuschheit mit einen schaudern erschüttert. Auff dem Wasser nistet er/ und erziehet seine jungen sorgfältiglich. Bey uns nistet er in den Weyern im Kraut/ wie fast alle Wasservögel. Er legt Eyer im dritten Jahr. Der Schwan kan nicht wol gehen/ aber zu schwimmen ist er fertig/ kan auch zimlich fliegen. Er arbeitet nicht gern/ und wil lieber in den Seen ruhen als fliegen. Er schwimmet mit einem Fuß/ den andern ziehet er an sich/ und streckt ihn gegen dem Schwantz zu/ daß er sich damit gegen dem Wind regiere. Wann er aber fern schwimmen wil/ so kommen ihrer viel zusammen/ und schwimmen mit einander/ da legt dann ein jeder dem nechsten vor ihm den Kopff auf den Rücken/ und fahrē also dahin. Der Schwan schwimmet so leicht dahin/ daß ein Mensch am Gestad ihm mit schnellem Gang kaum gleich gehen kan/ wie Albertus sagt. Sein Leben ist ihm weder lang noch beschwerlich. Ich höre auch/ daß er sehr lang lebe/ also/ daß man gemeiniglich sein Alter auff drey hundert Jahr schätzt/ welches mich der Warheit gemeß bedunckt. Von dem Kraut/ Wütrich genannt/ sol der Schwan sterben.

Wann man ihn zähmen wil/ sol mā ihm das eusserst Gleich an dē Flügeln abhauē. Die Schwanen sind von Natur friedsam und gütig: wann sie aber gereitzt werden/ sind sie sehr zornig. Er hat seine Jungen sehr lieb/ also/ daß er sie hefftig beschirmet/ und pfeyset wie ein Ganß/ wann man ihm nahet. Er leidet nicht gern Gänß oder ander Gevögel umb sich/ die von gleicher Speiß mit ihm leben/ sagt Albertus. Der Adler und Schwan sind Feinde/ darumb kämpffen sie mit einander. Die Schwanen und Trachen sind auch einander gehässig/ wie Aelianus und Philes schreiben. Wann man bey uns den Schwan in einem See siehet/ fürchtet man eine grosse Kälte. Die Schiffleut halten diese Vögel für glücklich.

Was von diesem Vogel dem Menschen ausser der Artzney nützlich sey.

Der sich zu Nacht für gifftigen Thieren fürchtet/ der sol Kränich/ Pfawen/ oder Schwanen umb sich haben. Die Haut

L sampt

sampt den Federn wird zu einem Brusttuch bereitet/für den Magen/als ob dieselbe auß sonderer Krafft die Däwung stärcke. Man macht auch Pfülwen auß diesem Pflaum. In etliche Garn flechtet man die Federn das Gewilde damit zuerschröcken. Vor zeiten hat man im Krieg Schwanenfedern/ wie heutiges Tages Straußfedern gebraucht. Etliche loben sie zu Schreibfedern.

Die Schwanen werden bey uns nicht zur Speiß gelobt/weil sie vielleicht viel zu alt zu uns kommen: dann man sie gar selten fänget. Ein Schwan ist auff eine Zeit bey uns umb 9. Costnitzer Batzen verkaufft worden. Man bereitet sie fast zu der Speiß wie die Gänß. Man brätet sie gemeiniglich an den Fürstenhöfen. In Frießland sol man sie mesten und einsaltzen/und sie von dannen in andere Land führen. Sein Fleisch/ bevorab die Füß/ist schwartz und hart/ wie gemeiniglich alles Wassergevögels/wie Albertus schreibet. Je schwärtzer oder röther eines Vogels Fleisch ist/so viel böser Blut gebiert er im Menschen.

Was von diesem Vogel in der Artzney dem Menschen nützlich seye.

An statt des Schwanens braucht man die Ganß in der Artzney/wie Silvaticus sagt. Ein junger Schwan in öhl gekocht/ ist eine wunderbare Artzney der Nerven und Senadern. Sein Schmaltz reiniget insonderheit das Angesicht. Laubflecken werden mit diesem Schmaltz vertrieben/ guten Wein darunter vermischt. Es dienet auch zu den Gebrechen deß Hindern/und für den Fluß der gülden Adern/sagt Plinius. Es legt den Fluß der gülden Adern/getruncken/ oder dasselbige Orth darmit bestrichen/wie Marcellus meldet. Diese Eyer über die Glieder warm gestrichen/benimmt den Rothlauff/wie Serenus schreibet. Dieses Schmaltz bedünckt mich gäntzlich zu allen denen Kranckheiten dienlich seyn/zu welchen das Gänßschmaltz gebrauchet wird.

Becherus rühmet den Schwanen in folgenden Stücken.

Der Schwan das trawrig Thier/giebt zu der Artzney/

Drey Stück/sein Fett/sein Fell/die Jungen auch darbey.

1. Das Schwanen-Fett erweicht/zertheilt/es lindert auch/
In bösen Augen ist es offters im Gebrauch.
2. Das Schwanen-Fell das wird vor allen sehr gelobt/
Wann etwan in dem Bauch der Colick-Schmertzen tobt/
3. In Hirsch-Marck und in Oehl/man junge Schwanen kocht/
Das Podagra das Oehl davon nicht wenig pocht.

Eine andere Arth Schwanen.

Von einer frembden Arth Schwanen.

Cygnus cucullatus.

CLusius erzehlet daß die Holländer diese seltzame Schwanen auß der Insel Cygnea il ha docirne oder Schwanen-Insel gebracht haben/ und beschreibet sie also: dieser frembde Vogel ist so groß/ oder fast grösser als ein Schwan/ von welchen er aber sich weit unterscheidet/ was die Gestalt des Leibes betrifft/ dann dieser Vogel einen dcken Kopff hat/ welcher gleichsam mit einer Kappen bedecket/ auch keinen breiten/ sondern einen dicken langē Schnabel hat/ dessen Obertheil dunckelgelb biß auff die Spitze/ so schwartz ist. Der Untertheil aber ziehet sich auff blaw. An dem gantzen Leib hat er dünne und kurtze Federn. Er hat keine Flügel/ sondern an stat derer 4 oder 5 lange schwartze Federn. Der Hintertheil dieses Vogels soll gar starck und fett seyn/ woran er anstatt des Schwantzes 4. oder 5. aschenfarbe krause Federn über sich stehē hat. Seine Beine sind nach Gestalt des Leibes starck/ welche oben umb das Knie mit schwartzen Federn bedecket/ am Untertheil aber dunckelgelb sind. An den Füssen soll dieser Vogel nur 4. Zeen habē/ alle mit schwartzen Klawen versehen. Nierenbergius gedencket/ daß er bey Petro Pavvio ein Bein von solchē Schwanen gesehen/ welches von dem Fuß biß zu dem Knie nicht mehr als 4. Zoll lang/ aber das Bein in die Runde gemessen 4. Zoll dicke gewesen seyn. Fornen seye das Bein mit grossen/ hinten aber mit kleinen Schuppen bedecket gewesen/ deßgleichen auch die Füsse oben waren/ unten aber sollen sie gantz dickschwällicht seyn. Nach Gestalt der dicken Bein/ sol dieser Vogel kurtze Zeen haben/ und sollen die mittelsten und längsten nur 2. Zoll/ die nebenstehendē kürtzer/ uñ die hinterste kau einen halben Zoll läg seyn. Die Klauē sollen hergegen lang seyn/ und sonderlich die hinderste über einen Zoll hinauß gehen.

Die Schiffer haben diesen Schwanen den Nahmen gegeben Walghvogel/ einen Vogel welcher Eckel erreget/ theils weil er von hartem Fleisch und übel zu vertawen/ theils aber/ daß sie in gedachter Insel besser Geflügel angetroffen. In ihren Magen/ haben sich unterschiedliche Stein befunden/ deren einer Nierembergius bey diesem Vogel abmahlen lassen/ aber zu muhtmassen ist/ daß solche nicht bey ihnen gewachsen/ sondern zu besserer Vertawung nach aller Vögel Arth/ an dem Ufer aufgelesen haben. Dieweil diese Insel gantz wüst und unbewohnet ist/ sollen diese Vögel so zahm seyn/ daß sie vor keinem Menschen weichen/ sondern sich schlagen und fangen lassen.

Von den Vögeln so im Schwartzwald gefunden werden.

IN dem Schwartzwald des Teutschen Lands/ sollen gar seltzame Vögel seyn/ welcher Federn zu Nacht wie das Fewer scheinen/ wie Plinius schreibet. Darumb leuchten sie zu Nacht den Menschen so in demselbigen Wald etwas zu schaffen haben/ oder dardurch gehen/ wie Solinus sagt. Albertus nennet diese zu Latein Lucidas, das ist/ scheinende/ wegen ihres Glantzes und Scheins.

Von dem Sickusten oder Papageyen.

Psittacus.

Von der Gestalt dieses Vogels/ und wo er am meisten zu finden.

DJeses Papageyen-geschlecht ist dem nachgehenden gleich an Farben/ allein daß er in der mitten auff den Flügeln viel gelbes hat/ auch ein wenig am Schwantz/ darumb wir ihn Erytroxanthum, zu Teutsch ein Rothgelben-Sittich nennen mögen: dann er hat vielweniger blawes als der nachfolgende.

Zweyter Theil.

Dieser Vogel wird auff Griechisch ψιττακός; Lateinisch Psittacus; Italiänisch Papagalo; Französisch Papegey, perroquet; Spanisch Papagaio; Polnisch Papuga; Wendisch Pappaussek; Ungarisch Puplicany; Türckisch Dudi; Engländisch a Parret, a Popingay; und zu Teutsch Sickust/ Sittich/ und Papagey genent. Der jenige welchen D. Geßner auß Brasi-

Brasilien abgemahlet gehabt/hat faſt einen grünen Halß/Rucken/und grüne Flügel/doch zieht der Rucken auff himmelblaw/deßgleichen der Schwantz/an welchem die längſte Federn roth ſind/die längſte Schwingfedern ſind ſchwartz/die grünen aber darinn haben rothe Flecken/der Kopff iſt aſchenfarb/der Bauch gelb.

Ich hab auch/ſpricht er ferner/einen/der am gantzen Leib aſchenfarb oder lichtblaw iſt/ohn am Schwantz hat er allein rothe Federn/umb die Augen iſt er weiß. Dieſen ſol man auß Mina S. Jörgen-Statt bringen.

Zu hinderſt in Syria werden Papageyen gebohren. Sie werden zu uns auß den Ländern ſo gegen Auffgang und Mittag liegen/gebracht/ wie Nicephorus Calliſtus ſagt. Sie werden auch in Egypten/India und Morenland gefunden/da ſie dann die Kundſchaffter Neronis zum erſten geſehen haben. Es haben die ſo in Indiam fahren ein Land gefunden/das voll ſchön gefärbter Papageyē iſt/ſo groß/daß ſie den Hünern mögen verglichen werden. Sie haben an der Farb einē vielfaltigen Unterſcheid/und gläntzen ſchön/die weißlichten haben ſieben unterſchiedene Farben. In der Inſel Hispaniola ſind etliche Papageyen grün/etliche gantz gelb/andere aber wie Minien oder Zinober gefärbt/wie Petrus Martyr ſchreibt. Im Königreich Senege/bey den Nigriten ſind ſehr viel Papageyen/mit dreyen Farben gezieret/lichtaſchenfarb/grün und blaw/oder eiſengraw/ Man findet etliche ſo ſehr groß ſind/und mehr als anderthalb Ellen lang/ſchön gefärbt/wie einer in der Hiſtori deß newen Lands ſchreibt. Ein ſonderes Papageyengeſchlecht wird von den Frantzoſen Perroquet genennet/welches gröſſer iſt als das grüne/mit einem krümmeren Schnabel/hat ein hellere Stimm/und wird theurer verkaufft. Die Alten haben faſt nur das grüne Geſchlecht gekennt. Der Papagey iſt am gantzen Leib gelbgrün/ohn am Halß hat er ein gülden Halßband. Er iſt etlicher maſſen dem Falcken änlich/er hat grüne Federn/ein runde Bruſt/einen krummen Schnabel/welcher ſo ſtarck iſt/daß er die eiſerne Drät im Keſich zerbeiſſen kan. Sie haben ſehr harte Bein an ihrem Kopff. Alle Vögel mit krummen Klauen haben kurtze Hälß/und eine breite Zung/als der Papagey: dann er hat eine breitere Zung als andere Vögel/ darumb redt er außgedruckte und verſtändige Wort wie der Menſch. Die edlen kan man vor den unedlen an der Zahl der Zeen erkennen: dann die edlen haben fünff zeen/die andern aber drey an einem Fuß/ſagt Solinus. Plinius ſchreibet dieſes vom Atzelgeſchlecht. Die Papageyen haben zwo vornen/und ſo viel hinden/ wie die Atzelgeſchlecht.

Von der Speiß und Nahrung dieſes Vogels.

Wilden Garten-Saffransaamen eſſen die Papageyen/und Zucker. In Callechut ſind dieſer Vögel ſo viel/daß man Hüter zum Reiß im Feldt ſetzen muß/damit ſie denſelben nicht abeſſen/wie Ludovicus Romanus ſchreibt. Sie eſſen mit den Füſſen/wie der Menſch mit den Händen. Wann er trinckt/richtet er den Kopff unter ſich/und das Hindertheil hoch über ſich/dann er in allen Dingen den Schwantz fleiſſig ſchonet/und ordnet denſelbigen offtmals zurecht mit dem Schnabel/ſagt Albertus.

Von den Papageyen. 85

Ein ander Papageyen-Geschlecht/ so auff dem Rucken roth/ oben auff den Flügeln gelbgrün/ am übrigen Theil aber derselbigen blau ist / der Schwantz ist theils roth/ theils blau; der Kopff ist auch / sampt dem Halß allenthalben roth / allein daß er weiß umb die Augen ist. Ein solcher ist D. Geßnern zugeschicket worden/ der ihn von seinen vornehmsten Farben Erythrocyanum genennet hat.

Von der Natur und Eigenschafft dieses Vogels.

Gleich wie man die Kinder lehret reden/ also lernen die drey Papageyengeschlecht in India alle reden. In den Wäldern haben sie ein unliebliche Stimm/ wie andere ungelehrte Vögel. Albertus sagt/ daß sein natürliche Stimm sehr hell seye. Alle Vögel so ein breite Zungen haben/ die lernen reden/ als die Atzeln/ Häher/ Raben/ Papageyen/ und dergleichen. Dieweil er lernet/ schlägt man ihn mit einem eisern Drat/ sonst empfindt er den Streich nicht. Der Rab und der Papagey reden nichts anders als was sie gelernet haben. Lehrest du ihn Schmewort/ so wird er Tag und Nacht mit bösen Worten schmehen. Der Käyser Augustus hat dieser viel gehabt/ wie auch der Atzeln und Raben/ wie droben gesagt worden. Das Wunderwerck so sich zu unsern Zeiten zugetragen hat/ kan ich zu melden nicht unterlassen. Zu Rom hat der Cardinal Ascanius einen Papagey umb hundert Goldkronen gekaufft/ welcher gantz klar und verständlich die zwölff Artickel deß Christlichen Glaubens nach einander außgesprochen hat/ nicht anders als wie ein gelehrter wolberedter Mann/ wie Cælius schreibt. Sintemal die Staren/ Papageyen und Raben reden lernen/ und darinn ihren Lehrmeistern gantz gehorsam seyn/ bedünckt sie eine mit dieser ihrer Gelehrsamkeit

L iij

andere Thier zu versprechen / und mit ihrer Stimm zu bezeugen / daß die Natur auch den übrigen die Krafft zu reden gegeben und mitgetheilt habe / sagt Plutarchus. Sein Schnabel ist hart / daß er sich / wann er von der Höhe auff die Steine flieget / darauff empfänget / und kommt also seinen schwachen Beinen damit zu hülff. Die jenige so zu unser Zeit durch die Land / so dē Alten unbekant gewesen / gezogē sind / die sagē / dz die Papageyē ihr Nest mit grosser Kunst und Geschicklichkeit machen. Dann sie suchen einen sehr hohē Baum / mit ranen Aesten / welche gar nichts schweres ertragē mögen: an welcher Gipffel sie ein hangende Gerten binden / an die sie ihr Nest gantz künstlich und listiglich anhencken / rund als ein Spielballen / und ein klein Löchlein zum Auß- und Eingang lassen. Welches sie darumb thun sollen / daß sie vor den Schlangen sicher seyen: dann die Schlangen dörffen sich an die kleinen ästlein daran das Nest hanget / nicht lassen / wie Gillius berichtet. Der Witewal auß dem Spechte geschlecht henckt sein Nest auch also an / und der thörichte Spatz in India so gegen Auffgang gelegen. Den Regen und das Regenwasser kan dieser Vogel nicht dulden / darumb nistet er in den heissen Ländern / in dem Gebürg Gelboe / da es selten regnet / sagt Albertus.

Der Papagey hat einen sehr guten Verstand / und ist geschwind und listig / dieweil er einen grossen Kopff hat / und in India unter dem schönen Himmel gebohren wird / daher er nicht allein reden / sondern auch dichten gelernet hat. Sie dichten allein umb der Ehre willen / dann sie derselbige wie auch der Liebe theilhafftig sind / wie sie dann auch ein gut Gedächtnuß haben / sagt Cardanus. Dieser Vogel hat auch einen sondern Lust mit den Kindern zu schwätzen / von welchen auch andere Vögel ehe lernen reden / wie Albertus schreibet. Er kan auch die Leut wunderbarlich lachend machen. Er küsset auch die / bey welchen er im Hauß wohnet. Wann man ihm einen Spiegel fürhält / wird er von seiner eignen Gestalt betrogen / und stellet sich bald einem Frölichen / bald einem Traurigen gleich. Er siehet gern schöne Jungfrauen / und wird voll Wein und frölich. Sie lieben die ungebarteten Leut sehr / fürauß die Kinder / von welchen sie lernen reden. Auff ein Zeit hat ein Papagey einen Mañ also geliebet / dz er allzeit seine Hinfahrt beweinet hat / und gegen andern Papageyen geeifert / sagt Avicenna. Der Papagey und Wolff weyden sich bey einander: dann diesen grünen Vogel lieben die Wölffe allzeit. Den Turteltauben sind sie günstig.

Man hält die Papageyen ihrer Farb wegen in Kefichen / damit sie reden / man muß sie aber nicht in höltzerne / sondern eiserne Kefich verschliessen. In etlichen Ländern thun sie den gesäeten Früchten grossen Schaden.

Was von diesem Vogel dem Menschen nützlich seye.

Die Insel Gracchana hat viel Papageyen / daher sie dieselbige Einwohner mesten / und für einen Schleck zur Speiß gebrauchen. Der Sittich hat eben der Ganß Krafft und Wirckung. In der Speiß genützt / heilet er allerley Gelbsucht / uñ Versehrung der Lungen / wie Kiranides schreibet.

Von dem grossen blau- und Saffran-gelben Papageyen.
Psittacus maximus Cyanocroceus.

Dieser Vogel ist nach Aldrovandi Beschreibung in der Größ eines gemesteten Capaunens / und vō dem äussersten Schnabel biß zu Ende deß Schwantzes gemessen / fast zweyer Elen lang. Sein Schnabel ist gantz krumm gebogen / und vergleichet sich einem halben Ring / dann der obere Schnabel fast 2. Finger breit hervor stehet / beyde sind gantz schwartz. Unter den Augen welche schwartz und weiß sind / gehen drey lange schwartze Strichen / von dem Schnabel biß an den Halß / und vergleichen sich dem Buchstaben ſ. Oben auf dem Kopff siehet er grün. Unter dem Halß ist er schwartz gezeichnet. Auff der Brust / Bauch / Bürtzel und Schwantz saffrangelb: oben über dē Halß / Rücken / Flügel und Schwantz ist er mit einer annehmlichen blauen Farb gezieret. Sein Schwantz ist bey nah 2. Schuh lang / die Bein aber sind gantz kurtz und dunckelroth / an den Füssen hat er lange Zeen / welche mit schwartzen scharffen Klauen gewaffnet sind. Dieser Vogel / wiewohl er dem Papageyen in allem gleichet / wird er doch von etlichen vor einen Indianischen Raben gehalten / vielleicht daher / weil er eine heisere und grobe Stim / auch einen solchen starckē Schnabel hat / daß er den härtesten Mandel- oder Pfirsichkern / deßgleichen Stein / Holtz / Bein und andere harte Sachen verbeissen könne. Wie Aldrovandus bey einem Fürstlichen Hoff dieses Vogels Natur hat in acht genommen / hat man ihm keine andere Rede / als seinen Frantzösischen Parroquet können beybringen: Seine tägliche Speisen sind Mandeln / Nüß / Fleisch und Brodt gewesen. Deß Tags hat er nur einmahl / und zwar gegen Abend / getruncken. Wann ihme

Von den Papageyen.

ihm Aepfel / oder Birn vorgeworffen / hat er dieselbige alsbald mit seinem Schnabel gespalt / die kleine Kern heraus gesuchet / und dieselb mit grösten Lusten gessen / das übrige aber hinweg geworffen: seinen Bekanten hat er mit Bewegung seines Schnabels seine Liebe zu verstehen gegeben. Nach den Fremden aber gebissen. Dieser Vogel sol 13. Eyer legen so groß als Hüner-Eyer. Wann er von einem Orth zu dem andern fleucht / würffet er allzeit den Schnabel vor / seine schwache Bein zu schonen: desgleichen auch wan er auff oder nieder steiget / kriechet allezeit mit Hülffe seines Schnabels: im Winter kan dieser Vogel wenig Kälte vertragen: zu Sommerszeit aber erfrischet er sich in dem Regen / und anderem Wasser.

Von einem andern grossen Papageyen.
Psittacus alter maximus.

Es ist noch eine andere Arth Papageyen welche Aldrovandus auch erkant hat / so an der Gröβ und Länge / dem vorigen nichts weichet / außgenommen daß er einen kürtzern Schnabel hat / dessen oberer Theil weiß / der Untere aber schwartz siehet. Umb die Augen herumb ist er gantz weiß. Dieser Vogel hat einen breiten Kopff / welcher oben gantz eingebogen ist. Auff den Rücken und Flügeln / desgleichen an dem Halß / Brust / Bauch und dem dicken Theil der Bein / desgleichen auch oben auff dem Schwantz mit einer sonderlich hoch-rohten Farbe gezieret: die gröste Schwingfedern kommen auff gleiche Farb / die aber so diese bedecken / sind gelb / neben herumb mit gleicher rohten Farb eingefasset / uñ am Ende gleichsam mit einem blawen Auge gezieret. Dieser Vogel hat kurtze Bein / aber lange Füsse / welche mit starcken Klawen bewaffnet sind.

Von dem weissen Papageyen.
Psittacus albus cristatus.

Dieser Vogel ist nach Aldrovandi Beschreibung / einer von den grösten Papageyen; welchen er auch an der Schönheit seines weges weichet. Er ist einer Spannen und Hand breit lang / gleichet einem kleinen Huhn / oder einer grossen Taube / von dem Schnabel biß zu Ende der Schwingfedern gemessen / dann der Schwantz wohl zweyer Spannen allein lang ist / welcher nicht nach Arth der Papageyen gleich hinder sich / sondern gantz aufgerichtet / als wie an dẽ Pfauen stehet: Er hat einen aschfarben Schnabel / so sich auf schwartz ziehet / die Naßlöcher sind länglicht-rund / uñ stehen neben dem Hocker so dieser Vogel auff dem Schnabel hat. Er hat eine breite rothe Zung; schwartze Augen / der gantze Leib ist mit weissen Federn bedecket / hinden auf dem Kopff hat er Federn einer halben Hand hoch über sich stehen / so in der Mitten hinder sich / oben aber wieder vor sich gebogen sind. Seine Bein sind gelb / die Klauen gantz klein / schwartz / und fast gar nit gekrümmet.

Von dem grünen Papageyen.
Psittacus viridis.

Dieser grüne Papagey / soll so groß als der vorhergehende weisse / und ehe grösser als kleiner seyn / dann Aldrovandus ihn einer Spannen und 6. Finger lang beschreibet / in der Grösse der grösten Taube / oder eines Huhns von einem Jahr: sein oberer Schenckel ist unten kohlschwartz / oben aber blaulicht / und zuletzt gantz roth; der untere Schnabel ist weiß / oben auff dem Kopff siehet er gelb / der übrige Leib ist grün / außgenommen die Flügel / welche mit einem rothen Strichen gezeichnet / und der Schwantz / welcher gantz kurtz / und auf der Seiten roth eingefasset ist / oben aber gelb siehet / die Bein sind aschenfarb / und die Klauen schwartz.

Von einer besondern Arth Papageyen.
Psittacus Poikilorinchus.

Dieser Vogel / wie ihn Aldrovandus gemessen / ist zwey Spannen lang / der obere Schnabel ist in der Mitten grün / auff blau sich ziehend / auff den Seiten aber Berggelb / am vordern Theil gehet ein weisser Strich gantz umb den Schnabel: Der untere

untere Schnabel ist neben bleyfarb/ in der mitten aber gelb. Oben auff dem Kopff ist dieser Vogel mit schönen goldgelben Federlein gezieret: am übrigen Theil des Leibes ist er grün und scheinet auff dem Rücken tunckel/ auff der Brust aber lichtgrün mit gelb vermischet. Seine Schwingfedern nach dem Bauch zu/ sind im anfang grün/ welche nach und nach auff Ametistenblaw zihen und zuletzt gar purpurfarb sind/ so in der andern Ordnung stehen/ sind lang und gantz goldgelb. Die jenige Federn welche in der Mitten der Flügel stehen/ sind grün/ hoch-roht/ violenblaw/ mit schwartz etwas vermischet. An dem Schwantz hat dieser Papagey 12 Federn/ deren 4. eusserften auff beiden Seiten/ im Anfang und zwar von aussen grün/ der jenige Theil so sich hinein wendet gelb und in übrigen roth waren/ die mittelsten 4 aber sind gantz grün/ und am Ende etwas gelb/ seine Füsse sind blawfarb/ an welchem 2 Zeen vor sich und 2 hinter sich gehen/ er hat gleichfals wie die Raubvögel gekrümmte Klawen/ und kurtze Bein.

Von einer andern Arth grünen Papageyen.
Psittacus viridis Melanorinchus.

Es wird noch ein andere Arth mittler Grösse Papageyen gefunden/ wie Aldrovandus gleichfalls meldet: welche einer Spannen und einer flachen Hand lang sind. Diese haben/ gleich wie die andern/ einen kurtzen und schwartzen Schnabel/ umb denselben sehen sie grün und blau vermischet/ auff dem übrigen Theil deß Kopffs/ und an der Brust/ sehen sie gelb/ auff dem Bauch/ und oben auff dem Schwantz gleichfalls gelb/ etwas mit grün vermischet: Der Halß/ Rücken/ und die Flügel/ sind gantz grün/ außgenommen die unterste Federn an den Flügeln/ welche roth sind: Uber dieses ist er auch unter dem Schwantz röthlicht. Seine Füsse sind braunroth/ mit krummen Klawen versehen.

Bey diesem Vogel mahlet Aldrovandus ein Nest/ welches zweiffels ohne also von diesem Vogel an die Bäume gehänget wird: Dergleichen gedencket auch Olearius in Beschreibung der Gottorfischen Kunstkammer/ daß sie nemlich 2 solcher Nester aneinander/ und zwar auch an einem Ast hangend hätten/ von Graßhälmer/ oder Hew seltzam ineinander geflochten/ und wie darfür gehalten/ solche von den kleinen Papageyen/ wie sie in Guinea häuffig anzutreffen/ gemacht/ und an einen dünnen/ schwancken Zweig gehänget werden/ damit sie von den Schlangen/ welche ihnen sehr nachstellen/ sicher seyn mögen.

Deßgleichen bezeuget auch Aloysius Cadamastus, welcher die Newen Länder durchreiset und in acht genommen/ daß eine sondere Arth Papageyen auff die höchste Bäum/ an zahrte Aeste oder Zweiglein/ welche auch das geringste Gewicht nicht ertragen/ hangen/ dieselbe bawen sie mit sonderlichem Fleiß gantz rund zu/ als wie ein Ballen/ und lassen nur ein klein Löchlein darinn/ wordurch der Alte auß und einfliege/ alles umb der Ursach willen/ daß sie vor den Schlangen sicher seyen/ als welche sich wegen ihrer Last auff diese zahrte Aeste nicht wagen dürffen/ wie solches auß folgender Abbildung zu ersehen.

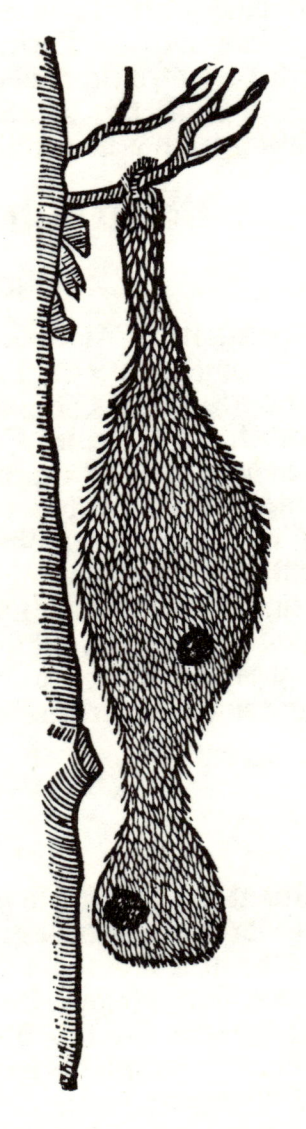

Von einer absonderlichen Arth Papageyen.
Psittacus Leococephalus.

Dieser Vogel ist einer Spannen und Fingers lang/ und hat einen Schnabel so 2. Finger breit/ und gantz weiß ist/ desgleichen siehet er auch oben auff dem Kopff weiß. Sein mittler Augapffel ist gantz schwartz/ der Nebenschein aber ist Eisenfarb: oben auff dem Kopff alwo er weiß ist/ werden etliche schwartze Strichlein durchmischet. Am Hintertheil des Kopffs/ an dem Halß/ Rücken/ Flügeln/ und auff dem Bürtzel siehet er gantz dunckelgrün/ unten an dem Halß aber und zu eusserst seiner Flügel/ pralet eine hoch Cinnoberrothe Farb hervor/ welche dem Vogel nicht wenig Zieraht giebet/ auff der Brust und Hüfften/ siehet er gleichfals grün/ zwischen den Obertheil der Bein und der Brust/ siehet er braunroth/ an den Flügeln hat er etlich blawe mit weiß vermischte Federn/ welche seine Schwingfedern bedecken/ hinten an dem Bauch siehet er gelb/ der Schwantz ist in der Mitten roth/ auff den Seiten aber roth mit gelb und blau gleichsam vermischet. Alle Federn sind an den Spitzen schwartz/ am übrigen Theil grün. Die Füß und Bein sehen aschenfarb/ daß deßwegen wohl dieser Vogel wegen unterschiedlichen und mancherley Farben ποικίλος versicolor könte genennet werden/ dieweil er über sieben Farben hat/ worunter doch die grüne die vornehmste ist.

Von den mancherley-farbichten Papageyen.
Psittacus versicolor, seu Erithrocyanus.

Wiwohl der vorige Vogel wegen vielerley Farben ποικίλος genennet worden/ könte der Nahme doch billiger diesem Papageyen zugeeignet werden/ dieweil dieser nicht weniger Farben/ sondern vielmehr dieselbe außtrücklicher an sich habe; also/ daß der gantze

tze Leib gesprenget seye/ außgenommen die blawe und rosenfarb/ so doch den vorschein habe. Dieser Vogel ist einer Spannen lang/ und nach dieser Grösse zimlich dick: sein Schnabel ist nicht so groß als der andern/ von Farb schwartzlicht. Auff dem Kopff/ Halß/ und der Brust sihet er blaw/ gantz oben auff dem Kopff/ hat er einen grossen gelben Flecken/ sein Augapffel welcher schwartz/ ist mit einen schneweissen Kreiß verfasset/ worinnen doch ein rothgelber Schein hervor schimmert. Neben an den Bauch/ unter den Flügeln/ sihet er gelb. Auff dem Bauch grün/ an den Hüfften aber grün und weiß. der Bürtzel ist gelb. Gantz oben auff dem Rücken sihet er halb blaw: auff den Flügeln aber gelb/ grün/ und rosenfarb vermischet. Außgenommen die Schwingfedern/ welche wie der Schwantz/ gantz rosenfarb sehen: auff den seiten deß Rückens/ sihet er gelb/ seine Füß und Bein sehen aschenfarb.

Von den aschfarben Papageyen.
Psittacus cinereus seu subcærulaus.

Dieweil dieser Vogel am meisten theil des Leibs aschenfarb ist/ist er von Aldrovando also genennet worden. Er ist etwas länger als ein Spanne/ und in der grösse einer zahmen Tauben. Sein Schnabel ist kohlschwartz/ über welchem er ein weiß Heutlein hat/ welches sich nach dem Augen zu ziehet. Der übrige gantze thel des Leibes/ ist aschenfarb/ ein sonderlich Zeichen aber hat er an sich/ welches an keinen Papageyen gesehen wird/ daß er einen gantz cinnoberrothen Schwantz hat/ umb die Augen herumb hat er einen weissen Kreiß/ der Augapffel aber ist schwartz/ die Füß und Bein/ sehen auß wie der Leib: es hat dieser Vogel gar einen kurtzen Schwantz/ welcher kaum unter den Flügeln hervor gehet.

Von einer gossen arth Papageyen.
Psittacus Eritroleucus.

Dieser Vogel sol billig unter die grosse Papageyen gerechnet werden/ dieweil er so groß als ein Capaun/ und einer Spannen und zweyer Händ breit lang ist: an dem gantzen Leib ist er weiß/ welcher doch mit roth etwas vermischet/ daß er aschenfarb scheinet: er hat ein schwartzkrummen Schnabel/ dessen Obertheil länger hervor gehet/ als wie an den vorigen. Der Hindertheil des Rückens/ der Schwantz/ Bürtzel und Schwingfedern/ sehen Minienroth/ seine Füß sind schwärtzlicht.

Von dem Ringel-Papageyen.
Psittacus Torquatus.

Nach beschreibung der grossen und mittelmessigen Papageyen/ setzet Aldrovandus folgende Kleine/ welche lange und schmale Schwäntz haben: unter welchen er diesen zuvor setzet/ welcher am gantzen Leib grün/ und umb den Halß mit einem Kreiß gezieret ist. Dieser sol vor allen Papageyen zu erst auß India in Europam kommen/ und schon vor Alters zu des grossen Alexanders und Neronis Zeiten bekant gewesen sein. Er ist einer halben Spannen lang/ hat einen dicken und minienrothen Schnabel: der Schein umb sein Augen ist gelb/ der Apffel schwartz: der Kopff und der gantze Leib sind grün/ wiewohl er an dem Halß und der Brust lichter als am übrigen Leib ist/ unter seinen Schnabel gehen ein schwartzer Strich uff beiden seiten nach dem Halß zu/ welcher sich biß anfangs der Brust zu dem Ring wendet/ so den gantzen Halß dieses Vogels umbschliesset/ dieser minienrothe Kreiß ist hinten an dem Halß wohl eines Fingers breit/ auff den Seiten aber wird er schmäler/ auff dem Bauch sihet dieser Vogel so hellgrün/ daß er vielmehr gelb scheinet. Seine Federn an den Flügeln nach den Leib zu sind dunckelgrün/ in der höhe aber umb die mittten herumb sind sie roth gezeichnet. Sein Schwantz ist fast 2 flache Hand lang gelb und grün vermischet die Füß und Bein sind aschenfarb.

Von den Papageyen.

Von einer kleinen Arth grünen Papageyen.
Psittacus minor macrovius viridis.

Dieser Vogel ist so lang als der vorige/ aber etwas dünner von Leib/ dann er in allem nicht grösser als ein Wacholdervogel ist. Sein oberer Schnabel ist roth/ außgenommen die Spitze/ welche gleich wie auch das untere Maul/ rothbraun sihet. An dem gantzen Leib hat er eine annehmlich grüne Farb/ so doch auff der Brust etwas heller scheint. Sein Schwantz ist einer Spannen lang/ und gantz zugespitzet/ und welches an keinen Papageyen gesehen wird/ hat er roth oder vielmehr Fleischfarbe Füsse. Die Italianer sollen diesen Vogel wegen seines kleinen Leibs Parochino/ und die Frantzosen Petit parroquet nennen.

Von einer ungestalten art Papageyen.
Psittacus Eritrochlorus macrourus.

Wie Aldrovandus diesen Papageyen beschreibet/ sol er von mittler Größ sein/ und in der Länge dem kurtzvorhergehenden gleich/ an der Farb uñ Gestalt aber viel anders sein/ dann er einen breiten Kopff hat einen kleinen Schnabel/ dessen Untertheil auch gespitzet ist / welches an keinem Papageyen sonsten gesehen wird. Der gantze Vogel hat vier Farben an sich/ worunter doch die grüne/ und rothe hervor Leuchten: dann der gantze Rücken/ hinten der Halß und hintertheil deß Kopffs/ sampt den oberen Flügeln grün sind/ biß auff die oberste Federn an den Schultern/ derer etliche blaw sehen: allein die Schwingfedern außgenommen/ die 2 eussersten welche grün sind/ sehen hochblaw/ und haben nebenß allen Federn einen weissen Keil. Vor und hinder den Augen hat er einen blawen Flecken: auff der Brust und dem Bauch sihet dieser Vogel hochminienroth. Sein Schwantz ist länger als der gantze Leib/ an welchen die längsten Federn grün uñ weiße Keil/ die untersten aber hochroth sind und schwartze Keil haben. Seine Bein und Fuß sind kohlschwartz.

Von dem Gehaubten Papageyen.
Psittacus Eritrochlorus cristatus.

Diesen Papageyen setzet Aldrovandus auch unter die Kleinen/ an den Flügeln/ Schwantz/ und auffgerichteten Federn auff dem Kopff/ soll er roth sein. Er hat schöne Augen welche gantz schwartz/ und mit einem rothen Kreiß eingefasset sind/ der auffgerichteten Federn sollen sechs sein/ 3. grosse und auch so viel kleinen.

NB. Folgende 14. Figuren unterschiedlicher Arth Papageyen gehören nach der Ordnung/ wo jedes Name zu finden ist.

Geßneri Thierbuch.
Psittacus maximus Cyanocroceus.

Von den Papageyen.
Psittacus maximus alter.

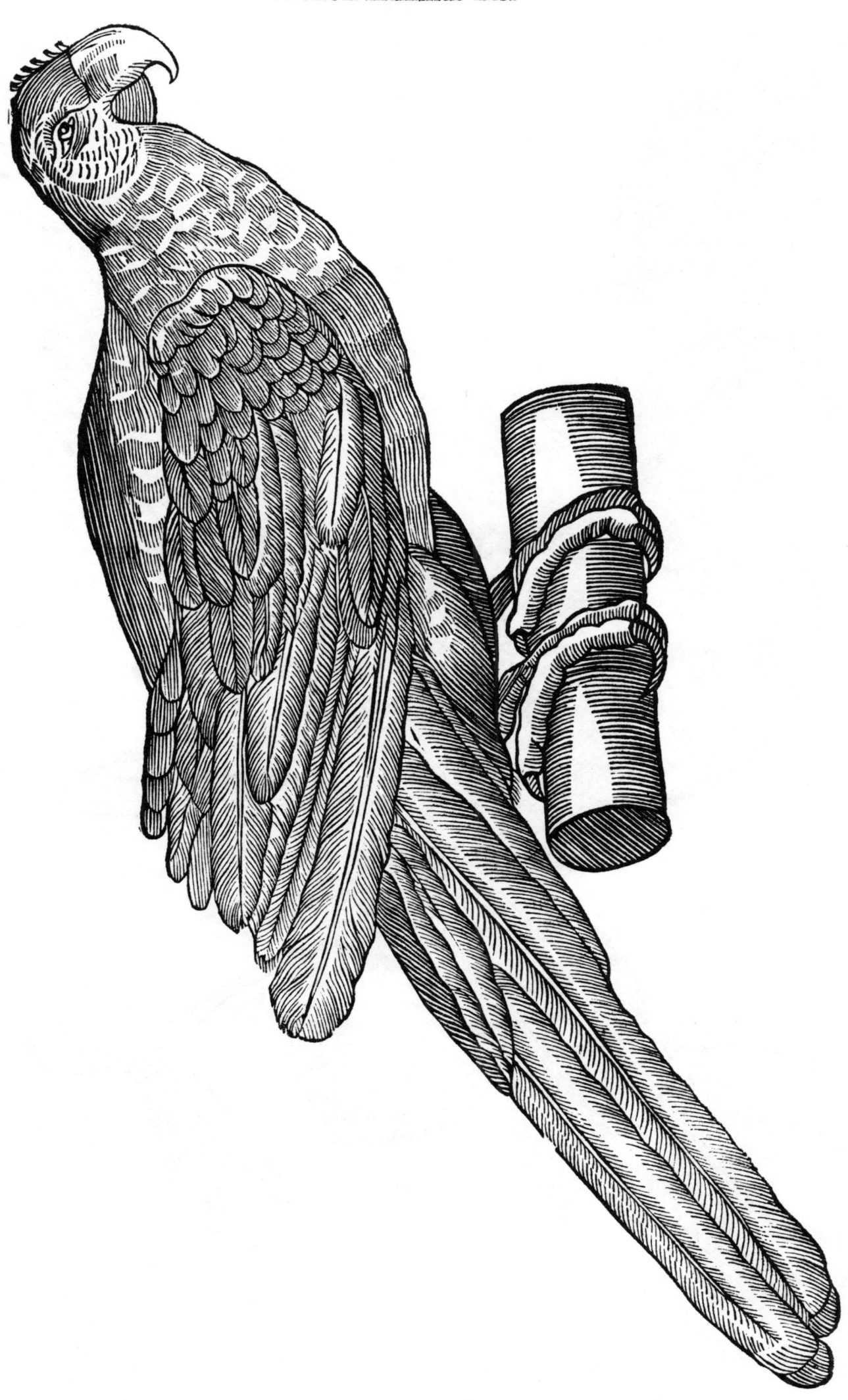

Geßneri Thierbuch.
Psittacus Viridis.

Von den Papageyen.
Psittacus viridis.

Psittacus Poikilorinchos.

Psitta.

Von den Papageyen.
Psittacus viridis Melanorinchos.

Zweyter Theil.   N   Psit-

Psittacus Leucocephalos.

Von den Papageyen.
Psittacus Versicolor.

Geßneri Thierbuch.
Psittacus Cinereus.

Von den Papageyen. 101
Psittacus Eritroleucus.

Pſittacus torque miniaceo.

Von den Papageyen.
Psittacus minor viridis.

Pſittacus Eritrochlorus Macrourus.

Psittacus Eritrochlorus cristatus.

Von dem Spatzen.

Passer.

Von der Gestalt dieses Vogels.

Dieser Vogel heisset auff Hebreisch פֿיזל; Griechisch στρουθός; Lateinisch Passer; Ital: Passere; Frantzös. Moineau, Passereau; Spanisch Gorrion, Paxaro; Polnisch Wrobel; Wendisch Wrabecz; Ungarisch Vereb; Engländisch a Sparrou; und Niderländisch een Mossche. Zu Teutsch wird er ein Spatz/Spar/Hauß-Spar/Sporck/Sperling und Lüning genennet. Alexander Myndius sagt/daß zwey Spatzengeschlecht seyen/das eine zam/das ander wild. Und Albertus macht auch zweyerley Spatzen/die eine grawfarb oder aschenfarb/diese nisten unter den Dächern: die andern sind kleiner mit einem rauchfarben Köpfflein: und diese nisten in den holen Bäumen. Der Spatz ist ein kleines grawes Vögelein. Das Weiblein ist allenthalben graw. Seine Federn werden zuweilen von grosser Kälte weiß: dann man hat sie etlichmahl weiß gesehen/wie auch noch zu unserer Zeit. Die Schwärtze unten an Schnabel fanget erst im Sommer an/dieweil man dieselbe zu anfang deß Frülings noch nicht siehet. Der Spatz/wie alle kleine Vögel/hat keine Gurgel noch Kropff/sondern einen langen Magen/wie Aristoteles meldet/am untersten Darm hat er etliche wenige Angehenck/aber gantz klein. Etlichen Spatzen hanget die Gall am Magen/etlichen aber am Eingeweyd. Die Männlein werden mit schwartzen und weissen flecken gesprengt/sagt Albertus. Darzu ist das Männlein schwartz umb den Schnabel/das Weiblein aber weiß. Alexander Myndius sagt/daß der Weiblein Schnabel mehr hornfarb sey als der Männlein/doch sey ihr Kopff nicht so gahr weiß noch schwartz. Die Zahme sind ein wenig grösser als die wilden/und haben einen grossen Kopff.

Von der Speiß und Nahrung dieses Vogels.

Der Spatz lebt von den Würmlein und Fliegen. Die Gersten ist ihm am liebsten für anderer Speiß/die schelet er behend von der eusern Rinden/also/daß er allein das Marck darvon isset/er sey dann sehr hungrich/da er die Sprewer mit dem Körnlein verschlinget/darvon er zuweilen stirbt/sagt Albertus. Er isset auch Körnlein auß etlichen Beeren/als deß Holders/sagt Tragus. Er verdäwet alle Speiß behend/dieweil er sehr hitzig und truckner Natur ist/darumb wird er nicht fett von seiner Speiß/sondern er enthält sich allein darmit. Er kan auch seiner Unkeuschheit wegen nit fett werden/sagt Albertus.

Von den Spatzen. 107

Von der Natur und Eigenschafft/ dieses Vogels.

Der Spatz badet sich im Staub und im Wasser. Etliche Vögel springen/ als die Spatzen und Amseln. Der Spatz flieget schaarweiß auff die Weyd. Er nistet in den Dächern in hohen Orthen und Löchern der Felsen/ und hangenden Kästlein/ und machet sein Nest rund von Stroh/ Federn und dergleichen Sachen.

Sie machen auch dieselbe zuvorderst auff die aller kleinste Aestlein/ damit sie vor den Weydleuten desto sicherer seyn. Dieser Vogel ist über die massen unkeusch/ also

Zweyter Theil.   D ij   daß

daß er in einer Stund zwantzig mahl auffsitzet/ oder eines Tags dreyhundert mahl/ wie Ursinus schreibet. Darumb hat man ein Sprichwort von den unkeuschen Leuten gemacht/ da man spricht: du bist geiler als ein Spatz. Aristoteles spricht/ daß das Männlein allein ein Jahr lebe/ aber das Weiblein länger: das glauben wir war seyn von den Spatzen die in Orient wohnen: dann die Schwärtze die an deß Männleins Halß seyn sol/ ist nicht an denen so bey uns in Europa sind. Der Spatzen Alter sihet man am Schnabel: dann der junge hat einen zarten Schnabel/ der unter der Kählen gelbfarb ist: aber wann er alt wird/ ist er schwartz und hart. Die Männlein können nicht lang leben/ ihrer grossen Unkeuschheit halben/ und wegen deß stetigen fliegens: dann sie sitzen nimmer still/ dadurch die innerliche natürliche Feuchtigkeit verzehret wird: aber das Weiblein lebt länger.

Der Spatz hat in einem Jahr zwey oder dreymal junge/ alle mal auff das meiste sieben oder zum wenigsten vier Eyer/ und auff das mehrste acht/ wie Albertus und Athenæus schreiben. Etliche Vögel gebehren unvollkommene und blinde jungen/ als der Spatz und die Schwalb/ sagt Aristoteles. Der Guckguck frisset dem Spatzen seine Eyer/ und legt seine darein. An etlichen orthen hat der Spatz die fallende Sucht/ und das (wie Aristoteles glaubt) darumb/ weil er Bilsensamen isset.

Der Spatz ist ein fürsichtiges Vögelein. Wann dessen jungen außfliegen wollen/ so folgen ihnen die nechsten Spatzen mit ihren jungen nach/ auff daß wann sie schwach/ sie von vielen Gefärthen gestärckt werden. Er wird bald zu Zorn bewegt/ aber derselbe wehrt nicht lang. Wann der Spatz gejagt wird fliegt er zum Kautzen/ von welchem er gefressen wird. Ein Atzel hat auff ein Zeit einen jungen Spatzen gefressen/ wie Albertus meldet. Die Schwalben und Spatzen tödten einander in einen Hauß/ wie droben gesagt worden. In Mediam ist auff ein Zeit ein solche menge Spatzen geflogen/ daß sie allen Saamen auff den äckern auffgessen haben/ also/ daß die Einwohner an einander Orth zu ziehen gezwungen worden. Wann der Spatz am Morgen schreiet/ verkündiget er ein Ungewitter.

Wie dieser Vogel gefangen werde.

Die wilde Spatzen werden leichter gefangen als die Haußspatzen. Man fänget die Spatzen und andere grosse oder kleine Vögel am Kläb/ wann man Kläbruthen an die Orth steckt da sie ihre Weyd oder Wohnung haben. Es werden auch die jungen Spatzen mit einem bintzenen Kefich gefangen/ auß welchem sie nicht mehr kommen können wann sie zu den jungen/ darein gelegt/ geflogen sind. Wie unkeusch aber die Wachteln/ Rebhüner/ und Spatzen seyen/ und derhalben leichtlich mit einem Spigel gefangen werden/ wird in der Wachtel gesagt werdē. Ein Garn Pantheron genannt/ brauchen die Frantzosen zum Spatzen/ Staaren/ und Kränichefang. Die Habichte fangen auch Spatzen/ und andere dergleichen Vögel. Auß dem Nestern/ so sie in die Mauren oder Wände machen/ ziehet man sie mit Wieselein und Fretlein/ wann man dieselbe gezähmet und darein gelassen hat. Die Warkengel oder Torntrāer werden von den Knaben zuweilen gewehnet/ daß sie die Spatzen auß ihren Nestern nehmen.

Was ausser der Artzney von diesem Vogel dem Menschen nützlich sey.

Die Spatzen und Krammetsvogel werden sonderlich in der Speiß gelobt/ sagt Suidas. Alle kleine Vögel/ bevor ab die Spatzen und Lerchen werden in der Speiß gescholten/ daß wañ man nur ein wenig von seinem Gebein hinab schluckt/ werden die Gurgeln und Eingeweyd darvon versehrt. Wann man von diesen jungen ein Tracht zubereitet/ und Eyer und Zwibeln darzu gethan werden/ mehren sie die männliche Natur. Die Brühe darvon erweichet den Bauch/ aber ihr Fleisch ziehet denselben zusammen/ sonderlich wann es mager ist. Die schlimmestē auß ihnen sind die so in den Häusern gemestet worden/ wie Elluchasem schreibet. Spatzenfleisch ist warm im dritten Grad/ und trucken in eben demselbigen/ schwerlich zu verdäwen. Denen so einer guten Complexion sind/ dienet es nicht. Anderer kleiner Vögel Fleisch zieht auff warm/ aber mehr auff Truckne/ darumb werden unter andern (nicht auß den Spatzen) die fettesten für die besten gehalten/ dann ihr Fleisch ist guter Nahrung/ leichter Däwung/ und denen so von einer Kranckheit genesen/ gesund. Andere sagen/ daß Spatzenfleisch hitzig und böß Blut gebehre/ sie verderben auch den Magen. Ihr Fleisch gessen reitzt zur Unkeuschheit. Ein Pastet auß Spatzen: nimm Rindfleisch oder Kalbfleisch und Kälberfeiste klein zerschnitten/ guten Käß/ Specereyen und Saffran. Alle Eyer/ bevorab aber der Spatzen/ befürdern die Unkeuschheit/ wie Avicenna meldet. Die sind auch hitziger als die andern/ und machen hitziger Blut.

Was in der Artzney von diesem Vogel dem Menschen nützlich seye.

Zween Löffel voll Aschen von gebranten Spatzen auß Wassermät getruncken/heilet die Gelbsucht. Diese Asche von den jungen mit Essig auff die Zän gerieben/benimmt den Schmertzen derselbigen / wie Plinius außweiset. Ein Aaß auß Spatzen köpffen gemacht/sonderlich der Männlein/reitzt zuder Unkeuschheit. Die Hirn so man in der Artzney braucht/ sollen von Vögeln die an den Häusern nisten/ genommen werden zur Herbstzeit/ oder im Früling/ welche man enthäuptet/ihr Hirn außnimmt/und in ein rein Geschir legt/man reinigt aber dieselbe von ihrem umbgebenden Häutlein/ man thut auch allwegen zu zehen Hirnen einen Eyerdotter von einem newen Henneney/ welche erst vom Hanen bedeckt ist worden. Und wann du dieses vermischet hast / so truckne es in einer Schüssel auff warmer Aschen/ darnach dörr es an der Sonnen/ oder stell es wiederumb zu dem Fewer. Etliche machen diese Artzney ohn Eyerdotter/ andre brauchen gantz frisch Hirn. Uber dieses thun etliche unter die Hirn und Eyer ein wenig Honig/ und stellen dieses also dick zum Fewer/ wie Bulcasis gedencket. Die Hirn nimmt man von denen Spatzen so erst getödet sind /wäscht und säubert sie. Auß diesen werden zehen mit einem Eyerdotter vermengt/ ein wenig über dem Fewer gekocht/ darnach an der Sonnen/ oder über dem Fewer gedörrt/ein wenig Honig/wann du wilt/darzu gethan/ und also werden sie zu reitzung der Unkeuschheit gebraucht. Andere bereiten sie wie man das Schmaltz oder Marck pflegt zu bereitē/wie Solinus schreibet. Spatzenblut eines Goldgüldens schwer/an die Männliche Ruthen gestrichen/ stärckt die Geilheit. Spatzenmist ist gantz hitzig/ wann er erst von ihm kömpt: er wird aber von stund an kalt. Dieser benimmt die Laubflecken deß Angesichts. Dieser Koth mit öhl gewärmet/ in das nechst Orth darbey gegossen/ benimmt das Zanwehe/ es kützelt aber sehr/ sagt Plinius. Mit Schweinenschmaltz auffgestrichen/ benimmt er die Hauptsucht/ darvon das Haar außfällt/ und bricht das Wildfewer/ sagt Rhasis. Für die Würm der Habichte vermischen etliche Spatzenmist unter eine Artzney.

Von deß Spatzen Nutzen/ so er in der Artzney hat/ reimet Becherus also:

Der Spatz in Krässten ist gantz mit den Meysen gleich/
Das Spatzen-Pulver macht die Männer/Weiber reich.

Von dem Ringel-Spatzen.

Passer torquatus.

Etliche Spatzē nisten in dem Stämmen oder Bäumen/ diese leben länger als die Haußspatzen/und sind viel kleiner/ sie haben weisse Haltzfedern/wie ein Haltzband gestaltet: daher auch der Nahme Ringelspatz kommet. Sie fliegen zur Winterszeit alle hinweg/wie Gib. Longolius sagt. Er hat auch nicht allein am weissen Haltzband einen unterscheid/ sondern an der Stimm und Gattung zu nisten. Dieses Geschlecht ist gemein in Teutschland/ aber in Engelland seltzam/sagt Turnerus. Eberus und Peucerus halten den Rohrspatzen darfür/wie wir hernach sagen wollen. Hieronymus Tragus nennet einen wilden Spatzen einen Wald-Spatzen.

Von dem Gersthammer.

Passer Sylvestris magnus.

Dieser grössere Spatz wohnet auff der Erden/ und nicht bey den Häusern oder auff den Bäumen/ sondern er sitzt allein zu oberst auff dē Stäudlein und Zweigen/ und ist gar schwatzhafft. Er erhält sich in den Gersten und Weitzenäckern/und macht sein Nest auff der Erden. Von Farb und Grösse ist er der Lerchen änlich. Im Winter sihet man ihn nicht: und wird mit dem Kautzen gefangen/ wie Actuarius lehret. Dieses Fleisch ist guter Nahrung und däwlig. Sein Hirn ist für die fallend Sucht dienlich.

Aldrovandus nennet folgengen Vogel auch einen wilden Spatzen / dieweil er in der Grösse einem Spatzen gleichet/ und auch einen Schnabel wie ein Spatz hat. Oben auff dem Kopff sihet er röthlich/ von dem Maul biß unter den Schwantz ist er Aschenfarb / zu eusserst aber sind die Federn roth. Der Rücken/Schwantz und Füß sind rothbraun/

braun / außgenommen daß die Federn zu eusserst gelb sind. Seine Flügel sind von gleicher Farb / die obersten Federn sehen weiß.

Von dem kleinern Tetrace.

DEn grossen Tetracem haben wir droben unter dem Hünergevögel beschrieben: es ist aber noch ein anderer auß dem Spatzen-Geschlecht / wie mich bedüncket / dieweil offt unter dem Spatzen seiner gedacht wird / dann seiner Grösse und Nahrung halben ist er den Spatzen nicht ungleich / er ist darzu wegen seines Gesangs berühmt.

Von dem kleinern Spermologo.

DIesen hab ich unter die Spatzen gezehlt dieweil er an Grösse demselbigen ähnlich seyn sol. und wird also genennt / weil er von dem Getreyd lebt. Dieses mag vielleicht der Vogel seyn / welcher bey uns gemeiniglich Emmeritz genennt wird / von welchem wir bald hernach reden wollen

Von dem Zaunschlüpfferlen

Passer Troglodytes.

AEtius, da er von den gemeinen Artzneyen deß Steins in der Blasen / oder in den Nieren schreibt / da spricht er: Das Zaunschlüpfferlein ist das aller kleinste Spätzlein / welches seine Nahrung in den Mauren und Hecken sucht / und ist unter allen Vögeln das kleinste / außgenommen das so ein Königlein genennt wird / es ist aber dem Königlein in vel stücken gleich / ohn allein daß es an der Stirn nicht goldtfarbe Federn hat / es ist auch etwas grösser und schwärtzer / und hat allzeit einen auffgereckten Schwantz / und hinden weiß getrieffet / es ist viel schwätziger als das Königlein / und hat zu oberst auff den Flügeln mehr Flecken / und fliegt nicht weit. Man mus sich aber über seiner natürlichen Krafft und Wirckung verwundern. Dann wann es eingesaltzen oder rohe gessen wird / heilet es die obgenante Kranckheit kräfftiglich. Und ich kenne etliche / die davon gantz gesund worden sind. Man bereitet es aber am besten wann man es ropfft / und mit viel Saltz besprengt / und wann es dürr worden / so isset man es für obengenante Kranckheit. Man wird sie aber nützlicher gekocht essen / sonderlich welche deß Geschlechts seind / das im Winter allenthalben gesehen wird. Es wird auch auff ein andere weiß gebraucht: Man wirfft es ungeropfft in ein Häfflein / und wann man es bedeckt / wird

Von den Spatzen.

wird es verbrennt: doch muß man fleissig wahr nehmen/ daß es nicht gar verbrenne: dann dieses widerfährt offt so wohl bey diesem/ als andern Stücken/ so gebrennet werden: darum ist es besser/ daß man den Deckel nicht verstreiche/ damit man stets darzu sehen könne. Die Aschen aber so von einem kommt/ soll man alle auff einmal brauchen für sich selbst/ oder ein wenig Phyllon (Indisch Blat) oder Pfeffer darunter vermengt/ damit es desto wolgeschmackter werde. Diese Spätzlein gebrennt ist nütz denen/ so über Feld gehen. Man kan es in Honig stets bey sich bereitet tragen. Doch bedunckt mich diese Weise am besten seyn/ wann einer dem Vögelein die Federn außropfft/ und es also lebendig einsaltzt/ welches ich auch thu/ spricht Philagrius. Es wird auch gebraten/ und also gantz/ allein die Federn darvon gethan/ und gessen/ sehr nützen. Dieses Vogels Nest hab ich einmal auff der Erden in den Nesseln gesehen/ ich hab darzu die Jungen/ ehe dann sie fliegen konten/ offt unter dem Kraut hin und her gesehen kriechen. Es lebt von den Würmlein/ und rauscht vor dem Abend sehr/ und schläfft fast zuletzt unter allen andern Vögeln/ sagt Turnerus. Glaubwürdige Leut bezeugen/ daß dieser Vogel für den Stein sehr dienlich sey. Wie man aber ein jedes Thier recht zu der Artzney zu brauche/ brennen solle/ ist bey der Lerchen gesagt worden. Dieses Vögelein wird zu Teutsch auch ein Thurnkönig/ Schneekönig/ Zaunkönig/ Nesselkönig/ Winterkönig und Maußkönig genennet: Auf Griechisch heisset es τρογλοτύτης; Italianisch Riatino; Frantzösisch Roy; Polnisch Krolik; Türckisch Bilbil; Engelländisch Wren.

Unser Zaunschlüpfferlein macht sein Nest in den Wänden der Häuser/ auß Moß/ und legt Federn darein. Es jagt Spinnen/ und singt sehr lieblich: es kan aber nicht erhalten werden. Es singt sonderlich im Meyen. Es legt zweymahl im Jahr/ auff einmahl fast neun Eyer/ wie Albertus schreibt. Für das schwere und trieffende Harnen: nimm ein Zaunschlüpfferlein/ verbrenn es also gantz/ und nimm die rein gepülverte Aschen/ und geb sie auß Wein zu trincken/ eines Quintleins schwer. Dieses Vögelein verkündigt mit seiner Stimm den Regen.

Von etlichen Spatzen/ sonderlich von denen/ welcher Teutsche Nahmen uns allein bekannt sind/ und erstlich vom Rohrspatzen.
Passer Hirundinarius.

Der Rohrspatz nistet in den Rohren/ er ist sonst dem Haußspatzen gleich/ allein daß er einen weissen Ring umb seinen Halß hat. Wir haben einen solchen Spatzen auch droben beschrieben. Der Rohrspar/ so auch Rohrspätzlein/ Rohrsperling/ Rohrgytz/ uñ Weidenspatz genennet wird/ ist kleiner als der gemeine Spatz/ grau am Bauch/ weiß am Halß/ rc. Bey Straßburg wird ein Geschlecht gefunden/ welches am Bauch weiß/ an der Brust grau/ an der Kälen/ auff dem Kopff und umb die Augen schwartz ist/ aber nicht aneinander/ dann der Theil umb die Augen ist Ziegelfärbig/ als auch die Flügel/ aber mit schwartzen Flecken gesprengt. Die längste Federn sind auch schwartz/ der Rücken grau/ und zum Theil aschenfarb/ der Schwantz ist theils schwärtzlich/ theils dunckelziegelfärbig. Die Bein sind rosinfärbig/ hinder den Augen/ und an einem Theil deß Halses ist er weiß gefärbt. Zu Herbstzeit findet man ihn in den Stauden.

Von dem weissen Spatzen.
Passer albus.

Aldrovandus gedencket daß er nur 2. Spatzen in acht genommen/ welche gantz weiß gesehen/ biß auff den Schwantz/ Augapffel/ den gelben Schnabel / und gelbe Füsse/ dergleichen Vogel ist auch diesen vergangen Winter 1669. hier umb Franckfurt geschossen worden/ welcher an der gantzen Gestalt und Grösse einem Spatzen gegliechen/ außgenommen daß er schneeweiß ware/ und gleichfals ein gelb Maul und gelbe Füsse hatte.

Von dem gelben Spatzen.

Passer Flavius.

Dieser Vogel gleichet/ sonderlich an dem Schnabel/ dem Hauß-Spatzen/ aber von Farben ist er gelb/ biß auff die Augen welche schwartz sind. Oben auff dem Rücken/ Kopff/ Flügeln/ und Schwantz/ sihet er dunckelgelb/ und fast kastanienbraun / der Schnabel aber / die Brust/ Bauch/ und unter dem Schwantz sind gantz gelb/ die Bein/ Füß/ und Klawen sehen schwartz.

Von den Spatzen.

Dieser Vogel/ wie Aldrovandus meldet/ wird gleichfals von dem Vogelfänger unter die Spatzen gerechnet/ dieweiln er denselben nicht ungleich siehet: er wird aber geflecket / oder farbicht genennet/ dieweil er 3. Farben/ nemlich/ weiß/ schwartz/ und dunckelgelb/ an sich hat. Sein gantzer Kopff und Halß sind weiß/ mit gelb durchstrichen. Die Flügel werden mit den 3. gedachten Farben bemahlet/ worunter doch/ die weiß und schwartze hervor scheinet. Es hat dieser Vogel einen dunckelen Schnabel nach Arth der Spatzen/ so sich gantz zuspitzet/ und oben gelblicht unten aber gantz gelb ist. Sein Augapffel ist schwartz/ und oben herumb weiß/ unter dem Maul/ auff der Brust/ Bauch/ und Schwantz/ deßgleichen an Bein und Füssen siehet er gelb.

Von einer Arth Spatzen mit weissen Schwäntzen.
Passer abicilla.

Jesen Spatzen nennet Aldrovandus also/ weiln er einen weißlichten Schwantz hat/ welcher sich doch auff aschenfarb ziehet: im übrigen siehet er den gemeinen Spatzen gleich/ außgenommen daß er keinen schwartzen Flecken unter dem Maul hat. Der Kopff und der Untertheil des Leibs sehen weiß und gelb vermischet. Sein Rücken ist mit eisenfarben Flecken gesprengt/ welche mit zahrten weissen Strichlein gezieret sind. Alle Federn an den Flügeln/ sehen Kastanienbraun. Sein Fuß und Bein sind rothbraun.

Von dem wilden Spatzen.
Passer montanus.

ES nennen die Vogelfänger diesen Spatzen also/ dieweil er sich gemeiniglich auff den Bergen auffhält/ und wie Aldrovandus meldet/ ist er der Schönste unter den Spatzen. In der größ ist er etwas kleiner als die gemeinen/ und hat daß Männlein einen kurtzen und spitzen Schnabel: auff dem Kopff sihet er hoch Kastanienbraun/ unter dem Maul aber schwartz/ von welchem schwartzen Flecken ein weisser Strich biß auff den Bauch gehet/ unter den Augen hat er noch zwey ander schwartze Zeichen: auff den Rücken und Flügeln ist er gelb und schwartz/ unten an den Flügeln aber welche an den Bauch stossen/ ist er schwartz/ gelb/ und weiß vermischt. Sein Schwantz ist gantz gelb. Die Füße und Bein sind dunckelgelb. An dem Weiblein/ wie auß folgender Figur zusehen/ sind alle Farben bleicher/ hat auch keinen schwartzen Flecken unter dem Maul/ und auch nuhr einen an den Augen/ welcher aber doch grösser und runter ist/ deßgleichen hat es auch ein Zeichen auff der Brust/ so an dem Männlein nicht zusehen ist.

Von einer sonderlichen Arth Spatzen.
Passeris species.

WJewohl dieser Vogel keinen schwartzen Flecken unter dem Maul hat/ ist er doch im übrigen den Spatzen nicht ungleich: sein Schnabel ist wie an den gemeinen weiß/ an dem gantzen Leib ist er mit rothbraunen Strichen/ welche untersich

Von den Spatzen.

sich stehen gemahlet/ unter welchen aber die auff dem Halß und der Brust stehen/ mehr hervor leuchten/ dieweil er an diesen Stücken heller von Farben/ hingegen auff dem Kopff und Rücken braun ist/ und deßwegen nicht so wohl gesehen werden. Der Schwantz un Flügel sind gleichfalls rothbraun/derer eusserste Federn aber mit einem weissen Strichlein gezeichnet sind.

Von dem Wendischen Spatzen. Passer Illyricus.

Aldrovandus schreibet/daß er diesen fremden Spatzen bey einem Liebhaber zu Venedig gesehen/ welcher ihn Schiavo, Passerem Illyricum oder Wendischen Spatzen genennet habe. Dieser Vogel ist etwas grösser als die unsrige Spatzen: an dem fordern Leib siehet er weißlicht/ oben aber lichtbraun. Nach seinem Leib hat er grosse Augen und ein grossen weissen Schnabel. Sein Schwantz ist in der Mitten gespalten. Seine Füsse sehen gelb mit fleischfarben Strichlein umbzogen/ und sind mit langen schwartzen Klawen versehen.

Zweyter Theil.

Von den Indianischen Spatzen.
Passer Indicus Macroarus Rostro Miniaceo.

Diesen Indianischen Spatzen beschreibet Aldrovandus, daß er in der größ den gemeinen gleiche (seinen langen Schwantz außgenommen) er hat einen kurtzen/ dicken/ und minienrothen Schnabel. Sein Kopff ist gantz blat oben/ mit schwartzglantzenden/ Federlein bedecket so sich doch etwas auff grün und blaw ziehen/ welche Farb sich gleichfals auff dem Rucken/ und obern Theil der Flügel ziehet. Die Flügel bestehen auß 4. Farben/ erstlich auß jtztgemelter/ hernacher auß weisser/ drittens auß schwartzer/ und 4. auß gelber Farbe. An der Kähl/ Halß/ und Brust siehet er weiß. Er hat einen dopplen Schwantz wie der Pfau/ welche auch von Farbe unterschiedlich sein. Der kleine welcher den langen träget/ ist weiß/ der lange bestehet auß 4. Federn/ so aber einer Spanne lang/ und Kohlschwartz sind. Seine Bein und Füsse sind weiß und schwartz gesprenget/ und mit krummen schwartzen Klawen gewaffnet.

Von einer andern Arth Indianichen Spatzen.
Paſſer Indicus Macruorus alius.

Deser Indianische Spatz welchen Aldrovandus auff einen Feigenbaum mahlet/ soll von den schönsten Vögeln seyn/ und den vorigen weit übertreffen welchem er doch an der grösse gleichet. Er hat einen blawen Schnabel: sein Kopff ist auch oben etwas blat/ hinten aber strecket er ihn etwz über sich/ und ist von Farben schwartz/ seine Augen sind gleichfals schwartz/ mit einem weissen Creyß umbfasset/ sein Halß und Brust sehen scharlackfarb. Der Bauch und die Hüfften aber sehen weiß: auff dem Rücken/ Flügeln/ und Schwantz siehet er schwartz. Die Schwingfedern aber sind etwas heller. Unter den Federn sind 2. am längsten und breitsten/ die 3te stehet auch etwas hervor/ und ist im Anfang breit/ zuletzt aber gehet sie gleichsam in dünne Federn oder Hährlein auß/ diese 3. Federn werden von den untersten kleinen übersich gehalten. Seine Füß und Beine sind weiß/ welche gleich wie deß vorigen mit schwartzen Klauen versehen sind.

Von der dritten Arth Indianischer Spatzen.

Passer Indicus alius Brachyurus.

Unter jetzt beschriebenem Vogel/ mahlet Aldrovandus noch ein andere fremde Arth Spatzen ab/ welcher den vorigen gantz nicht gleichet: dann er viel kleiner und an dem gantzen Leib schwartz ist/ auch einen kürtzern Schwantz als die unsrigen Spatzen hat. Wiewohl die Farb an seinem Leib/ wie gedacht/ schwartz kan beschrieben werden/ gibt sie doch einen blawen Amethistenschein von sich. Sein Schnabel und Füß sind fleischfarb / die Klauen schwartz/ seine Augen gleichfalls schwartz/ mit einem weissen Kreiß umbfasset.

Von einer andern außländischen Arth Spatzen.

Passer Brachyurus Bononiensis.

Aldrovandus schreibet/ daß in Italien dieser kleine Vogel gefangen/ und Spätzl in/ Passerculus genennet werde. Er hat einen kurtzen Schwantz: Auff dem gantzen Leib siehet er gelb/ wiewol er auff der Brust und dem Bauch heller/ als oben auff dem Rücken ist. Sein Schnabel siehet hochgelb.

Von einer Indianischen Arth Spatzen ohne Schwantz.

Passer Erytromelanus Indicus sine uropigio.

Aldrovandus nennet diesen Vogel Erytromelanum oder Porphyromelanum, dieweil er fast an dem gantzen Leib allein purpur und schwartz siehet. Dann er oben an den gantzen Leib und zu anfang der Flügel/ von dieser schönen rothen Farbe gläntzet. An den Flügeln siehet er kohlschwartz/ wo aber dieselbige außgezogen werde/ sihet man neben an den Federn weisse zarthe Strichlein. Seine Füsse sind gleichfalls schwartz. Nach der Grösse seines Leibes hat er ein kleinen Schnabel/ umb welchen dieser Vogel etwas weisse Federn hat. Er hat gantz keinen Bürtzel.

Von

Von den Spatzen.

Von einer andern Arth Indianischen Spatzen ohne Schwantz.
Passer Indicus sine uropigio alius Cyanery thromelanus.

Dieser Vogel soll etwas länger als der vorige seyn. Er ist nach Aldrovandi Beschreibung mit drey Farben/als mit roth/blau/und schwartz bemahlet/und derohalben κυα ευθρ μέλνυ. genannt worden. Der Kopff/Halß und Brust/und alle untere Theil sehen roth / neben an dem Halß hat er 2. rundte blaue Flecken/als wie ein halber Mond. Seine Flügel sind sehr lang/schwartz/und neben etwas blau. Seine Füsse sind kurtz und schwartz. Der Schnabel ist etwas gekrümmet / und gantz oben nach dem Kopff etwas weiß.

Von andern Indianischen Spatzen.

Passer Indicus alius Porphyromelanus caudatus.

Aldrovandus schreibet daß dieser Vogel den vorigen gleiche/außgenommen daß er einen Schwantz habe welcher 5. Finger lang seye/und auß 10. schwartzen Federn bestehe. Seine Schwingfedern sind gleichfals kohlschwartz. Sein Kopff/Rücken und Bürtzel sind hell purpurroth. Zu äusserst aber sind die Federn gelb. Er hat einen dicken Schnabel/welcher etwas gekrümt und zuletzt gantz zugespitzet ist.

Von der Prunellen.

Prunella.

Unsere Weydleut nennen diese Vögelein Prunellen/von ihrer dunckel-braun-rothen/oder dicken Ziegelfarb. Etliche vergleichen sie dem Leinfincken/andere den Spatzen/wiewohl sie etwas kleiner seyn/und ihnen fast gleich gefärbet. Sie sollen gantz hell singen/bey nahe wie das Zaunschlüpfferlein/und nimmer hinweg fliegen. Die Bein sind rosinfärbig. Die Farb am Halß und an der Brust ziehet auff himmelblaw/am Bauch aber ist sie etwas heller. Hinder den Augen ist ein ziegelfarber Flecken/und der Schnabel schwartz.

Von der Emeritzen.

Emberiza flava, mas.   Das Männlein.

Dieser Vogel bedunckt mich eben eines Geschlechts mit dem Spatzen/welchen wir droben Spermologum genennt haben/er wird ein Embritz/Emmering und Emmeling/ ein Gilbling/Gilberschen/Kornvogel und Geelgrost genent. Er ist etwas grösser als der Spatz/deß Männleins Brust und Bauch sind gelb/deß Weibleins Brust aber ist gelb/und der Bauch bleichfarb/auff dem Kopff/Rücken/und den Flügeln/werden unter die grawe Federn gelbe vermischt. Die beyde / nemlich das Weib-

Von den Spatzen. 121

Weiblein und Männlein/ haben einen starcken kurtzen Schnabel/ in welchem man ein kleines Gewächs gleichsam wie ein Zahn siehet. Ohne die Würm isset er auch Gersten und Haber. Der Schwantz dieses Vogels ist länglicht/ und stets wacklend/ wie Turnerus schreibt. Diese Beschreibung reimet sich gäntzlich unserer Emmeritzen/ welche von etlichen Goldthammer/ von wegen ihrer Farb genenent wird. Winterszeit sol dieser Vogel seine Nahrung im Roßkoth suchen. Sie fliegen scharweiß wie die Spatzen/ umb die Meyerhöff/ Scheuren und Ställ/ dann sie essen Gersten/ Korn/ Brot/ rc. Er wird zuweilen seines Gesangs wegen in einen Kefich verschlossen. In dessen Nest wird auch bißweilen der Guckguck gefunden/ daher das Sprichwort von einem undanckbaren Menschen gesagt wird: Du lohnest mir wie der Guckguck dem Gorse: dann dieser Vogel auch ein Gorse oder Gurse genenent wird.

Emberiza Fœmina.
Das Weiblein.

Zweyter Theil.   Q   Von

Von dem Goldtammer/ oder Gaulammer.

Dieser Vogel ist D. Geßnern sampt dem Nahmen Gaulammer/ von Straßburg zugeschickt worden/ welches Gestalt mich bedunckt etwas Unterscheids von unserer Emmeritzen zu haben: dann er am Schnabel/ an der Farb und übrigen Gestalt derselbigen ungleich ist/ an der Art aber vermein ich ihn demselbigen ähnlich zu seyn/ dieweil er scharweiß flieget/ und von dem Habe und andern Getreid lebt. Er nistet in den Stauden/ und legt drey oder vier Eyer. Untenhin ist er gantz gelb/ obe auff schwärtzlicht/ in der mitten durch die Flügel/ und mitten durch den Rücken ist er roth.

Von der weissen Emmeritzen.
Emberiza alba.

Die-

Von den Spatzen.

DIe weisse Emmeritz/ so mir mitten im Winter gezeigt/und bey uns gefangen worden/ist grösser als die obgenannte/mit einem kurtzen und etwas breiten Schnabel. Diese hat nichts gelbes/ und ist von Farben der Lerchen ähnlich/ sonst derselbigen ungleich/mit einem weissen Bauch/von welchem wir sie dann also genennet haben. Im obern Theil ihres Schnabels wird ein Düsselein oder kleines Gewächs gesehen. Ihre Zeen sind graw gefärbt: die Bein aber auß weiß und kastanienbraun vermischt. Dieses mag vielleicht der grosse Spatz seyn/ welches wir droben gedacht haben/ sagt D. Geßner.

Von der Wiesenmertzen.
Emberiza pratensis, Mas.

DIesen Vogel nennen unsere Weydleut also von den Wiesen/ als da er sich auffzuhalten pflegt/ er ist ziegelfärbig/an den Beinen/ an der Brust/ am Bauch/ an den Flügeln/ und mitten am Schwantz/ dann an den beyden Seiten sind schwartze Federn. Der Rücken ist auch schwartz/oben auf den Flügeln sind schwartze runde Flecken/unten hin sind die Federn der Länge nach schwartz. Der Schnabel ist graw/ der Kopff oben auff schwartz/ unter welchem untenhin an beyden Seiten ein schwartzer Flecken hindersich gericht ist/darauff folgen wieder zween andere schwartze und weißlichte nach einander. Diesen nennen sie bey dem Pavier See Ceppa.

Emberiza pratensis, Fœmina.
Das Weiblein.

Zweyter Theil.

Von dem Spatzen so Muscatus genennet wird.

India hat dieser Spatzen viel/welche sich im Flug ihrer Schnelle und Kleinheit wegen/ für eine Hürnissen oder Wespen lassen ansehen/sie sind mit güldnen/ grünen und andern vielfältigen Federn gezieret. Dieser Vogel ist ein wenig grösser als eine Bien/ sein Schnabel ist als ein zarte Nadel gestaltet. Er ist überall sampt dem Nest kaum vier und zwantzig Weitzenkörnlein schwer. Dieses Nest macht er auß Baumwoll. Er ist sehr kühn und fährt denen so seinem Nest nahen gegen den Augen: dann er wegen seiner kleine und geschwindigkeit nicht bald Schaden leydet. Auß diesem kan man abnehmen/daß dieser Vogel einer sehr subtilen Complexion ist und hitzig/ und darumb vermessen dann sintemal er einen Schnabel/Bein/Zungen/ Flügel/Eingewend/Pflaum/Klawen/ein Hirn/und anders dergleichen hat/ so muß sein Wesen gantz subtil und zart/darzu wol außgemacht seyn. Und dieser/wie ich vermein/ist der aller kleinste Vogel/ schreibt Cardanus. Ich sagt D. Geßner/ vermein daß er darumb zu Latein Muscatus genennt werde/weil er bey nahe der Fliegen ähnlich/ doch etwas grösser ist als ein Bien. Dieses scheinet kein Vogel als der Colibritz zu sein/ dem wir an seinem Orth beschrieben haben.

Von dem Spatzen/ Passer stultus genennet.

Es wohnet der allerlistigste Vogel in India, welcher Passer stultus, das ist/ ein törichter Spatz (gerad vom wiederspiel) genennet wird. Dieser Vogel ist schwartz/ also/daß etliche weisse Federn am Halß darunter gläntzen: so groß als ein Krammetsvogel/er beschützet sich wieder die Schwantzaffen/welcher eine unzehlbare Menge daselbst ist/also daß es auch kein Mensch ihrer List und Geschwindigkeit zuvor thun kan. Erstlich erwehlet er einen sehr hohen Baum/ der mit Dornen umbgeben sey/damit er wegen der Höhe dieselbe abschrecke/und mit den Dornen den Schaden abwende. An die dörnichten äste dieses Baums henckt er sein hart Nest/damit es vom Feinde nicht möge zerbrochen werden/darein macht er einen engen Eingang/daß er allein darein kommen könne. Zu unterst ist es breit/damit er mit seine jungen platz habe/ dann er muß auch ihre Mist darein samlen/ dieweil kein anderer Außgang daran ist/als zu oberst da er hinein kommen ist. Dieweil er aber weiß daß sein Feindt die Hand braucht wie der Mensch/so macht er sein Nest fast vier zwerch Hand lang damit es mit der eingestossenen Hand nicht könne erreicht werden/und also die Eyer und Jungen darein sicher bleiben/ wie der obgenante Cardanus schreibet.

Von dem Americanischen Spatzen.

Dieser Vogel wird in den Antillen-Inseln gesehen/ er ist nicht grösser als ein gemeiner Spatz/und trefflich schön von Federn. Dann er hat an dem Kopff/Halß und Rucken eine solche lebhaffte und gläntzende rothe Farbe/daß wann man ihn in der Hand verborgen hält/und nur den Rucken sehen lässet/man ihn auch nahe dabey/ vor eine glüende Kohle halten solte. Unter den Flügeln und an dem Bauch ist er himmelblaw: die Federn der Flügel und deß Schwantzes sind dunckelroth/mit kleinen weissen Tüpfflein gesprenget/welche in gleicher weite von einander stehen/und wie sein Augapffel gestaltet sind. Er hat einen Schnabel/und einen solchen Gesang/ wie die Spatzen: weßwegen er billich ein Americanischer Spatz genennet wird.

Von den Kräspechten und allen Spechten ins gemein.

Picus.

Von der Gestalt dieses Vogels.

Der Specht heisset auff Griechisch Δρυοκολάπτης; Lateinisch Picus; Italianisch Pico, Picchio; Frantzöß: un Pic Pieumart; Spanisch El Pico, Bequebo; Polnisch Pzieczioł; Ungarisch Harkaly; Türckisch Saegarieck; Engländisch a Specht, a Wodpecker, a Raynbyrde; in Kärnthen wird er ein Baumhacker genennet. Der Spechte sind viel und mancherley Gattungen/ wie wir hernach dieselbe erzehlen wollen/und diese

Von den Spechten.

diese sind in der Nahrung alle gleich/ von welcher sie bey den Griechen die Nahmen haben: dann sie picken mit ihren Schnäbeln in die Bäum/ die Würmlein und Ameissen zusuchen. Sie sind auch fast an der Gestalt ihres Leibs gleich: dann sie haben alle einen geraden starcken Schnabel/ uñ mehrentheils zwo Zeen vornen/ und so viel hinden. Sie werden aber schlecht hin Specht/ Baumhäcker/ oder Spicht genennet/ oder zu Latein Pico Martii, dieweil sie dem Gott Marti zu geeignet worden / oder daß sie von der Atzel Pica genannt/ mit diesem Nahmen unterschieden werden. Deßgleichen vom Greiffen/ welchen die Lateiner auch Picum nennen. Aristoteles meldet drey Spechte-Geschlecht: eines kleiner als die Amsel/ daß etliche rothe Federn hat: das ander ist grösser als die Amsel: das dritte ist nicht viel kleiner als die Henn. Der Specht hat den stärcksten Schnabel die Bäum damit durch zu graben. Er hat auch eine lange/ breite spitze Zungen. Etliche Vögel haben ein zusammengesetzte Zungen/ hinden von Fleisch/ vornen auß spitzigem Horn gemacht/ wie der schwartze Specht/ der seinen Schnabel in das Holtz sticht/ uñ die Würme herauß zeucht. Der Kräspecht hat krumme Klawen/ füglich damit an den Bäumen zu klättern. Wenig Vögel haben allein zwo Zeen hinden/ und zwo vornen/ als bey uns allein der Uhn und der Specht: der Klän aber und Witewal hat vornen drey Zeen/ und hinden eine: dann diese sind also füglich zum klättern verordnet. Jhre Zeen sind nahe bey einander/ damit sie den Baum desto besser ergreiffen mögen/ wie Albertus lehret.

Von der Speiß und Nahrung dieses Vogels.

Er lebt von den Ameissen und Holtzwürmen/ welchen er also nachstellt/ daß er offt die Bäum verdirbt/ also daß die Aeste verdorren. Einer so gezähmet worden/ hat einen Mandelkern auffgepickt/ dann als er denselbigen in einen Ritz eines Holtzes gestossen hat/ damit er deñ Streich halten möchte/ hat er denselbē in dreyen Streichen durchpicket/ und den Kern darauß gessen/ wie Aristoteles schreibet. Der Specht klopfft mit seinem Schnabel an die Eichen/ damit die Schnacken und Würm herfür kommen. Auß dem Getöhn können sie mercken ob Würm darinn seyen oder nicht/ dann gewöhnlich sind die Würm nicht in steiffem/ sattem/ sondern in holem Holtz.

Zweyter Theil.

Von der Natur und Eigenschafft dieses Vogels.

Der kleine Specht schreyet läuter als der grosse. Wann die jungen im Wald schreyen/ höret man sie weit/ und werden nicht für fluck gehalten so lang sie schreyen. Der Kräspecht sitzt nimmer auff die Erden/ er setzt sich auch nicht auff die Stein/ damit er seine Klawen nicht abwetze. Sie klättern an den Bäumen auff und nieder/ und nicht allein auff den ästen/ sondern auch unten dran. Der Specht macht sein Nest auff die Oelbäum/ und auch auff andere. Es wird ein schwartzer Specht/ so etwas grösser ist als die andern/ etwas kleiner als ein Henn/ bey uns gefunden/ welcher allzeit auff den Bäumen/ sonderlich auff den Oelbäumen in unseren Landen/ da derselbigen viel wachsen/ nistet. Bey uns aber nisten alle Spechte-geschlecht in hollen Bäumen/ sagt Albertus. Deß Alcyonis Nest wird nicht leichtlich mit einem Messer zerschnitten/ von wegen deß künstlichen Gebäws/ wie auch deß Spechts/ welches auß Holtz geflochten nnd gemacht wird. Diese Nester werden ehe mit den Händen von einander gesondert/ gleich wie auch die Zirbelnüßlein auß Holtz/ steiff durch einander geflochten/ gemacht sind/ welche ehe mit der Hand von einander gethan/ als mit dem Schwerdt zerhawen werden/ wie Albertus schreibet. Der Specht erziehet sieben oder acht jungen. Winterszeit liegt er in den holen Bäumen verborgen/ wie Georgius Agricola meldet. Aristoteles sagt/ daß dieser Vogel auch gezähmet werde. Wann einer mit einem Stein oder Holtz ihm sein Loch/ darinn er nistet/ verschlägt/ so vermerckt er den Auffsatz/ und sucht ein Kraut so dem Stein zuwieder ist/ und das legt er dem Stein entgegen: der Stein aber/ dieweil er dieses nicht erleiden kan/ springt herauß/ und wird also dem Specht sein Loch wiederumb geöffnet. Plinius sagt/ wann er allein auff den Stein oder Holtz sitze/ so springe dasselbe herauß. Welcher dieses Kraut erkennt/ der wird leichtlich alle verschlossene Thüren/ und andere Schlösser damit können auffschliessen/ wie Ælianus, Oppianus und Kiranides bezeugen. Der Specht und Grünling sind Feinde/ dann sie fressen einander die Eyer/ sagt Aristoteles.

Was von diesem Vogel dem Menschen nützlich seye.

Die Specht verkündigen mit ihrem Geschrey/ welches die unsern rollen nennen/ einen Regen. Für die eusser und innerliche Geschwülste deß Hindern/ nehme man einen Kräspecht/ und lege ihn mit Saltz über/ wie Aetius lehret.

126 Geßneri Thierbuch.
Von dem Kräspecht.
Picus maximus niger.

Dieser Specht wird zu Teutsch ein Kräspecht genennt/weil er der Krähen von Farben und Grösse fast ähnlich ist. Er nistet gern auff den Bäumen/ sonderlich auff den ölbäumen. Bey uns nisten alle Spechte in holen Bäumen. Dieser Specht hat auff seinem Kopff rothglänzende Federn/sonst ist er schwartz/in der Grösse einer kleinen Hennen. Der Schnabel ist deß kleinsten Fingers lang/starck/an welchem der Obertheil fürgehet/uñ an beyden Seiten Holkälen hat/wie die wilde Galgant-

Von den Spechten. 127

gantblätter: der Obertheil deſſelbigen iſt am Kopff breit und ſehr dick. Seine Zung/ wie in allen Spechtegeſchlechten/ iſt länglicht/ hart/ und rauch zu euſſerſt. Die Bein ſind mit viel Pflaum/ ſo biß auff die Zeen hinab hangen/ bedeckt/ die Klawen daran ſind krumm. Er wird ein Holkräe/ Holtzkrähe/ und ein groſſer ſchwartzer Specht bey uns genennt/ anderswo ein Holtkrähe.

Von dem Atzel-Specht.
Picus varius ex albo & nigro.

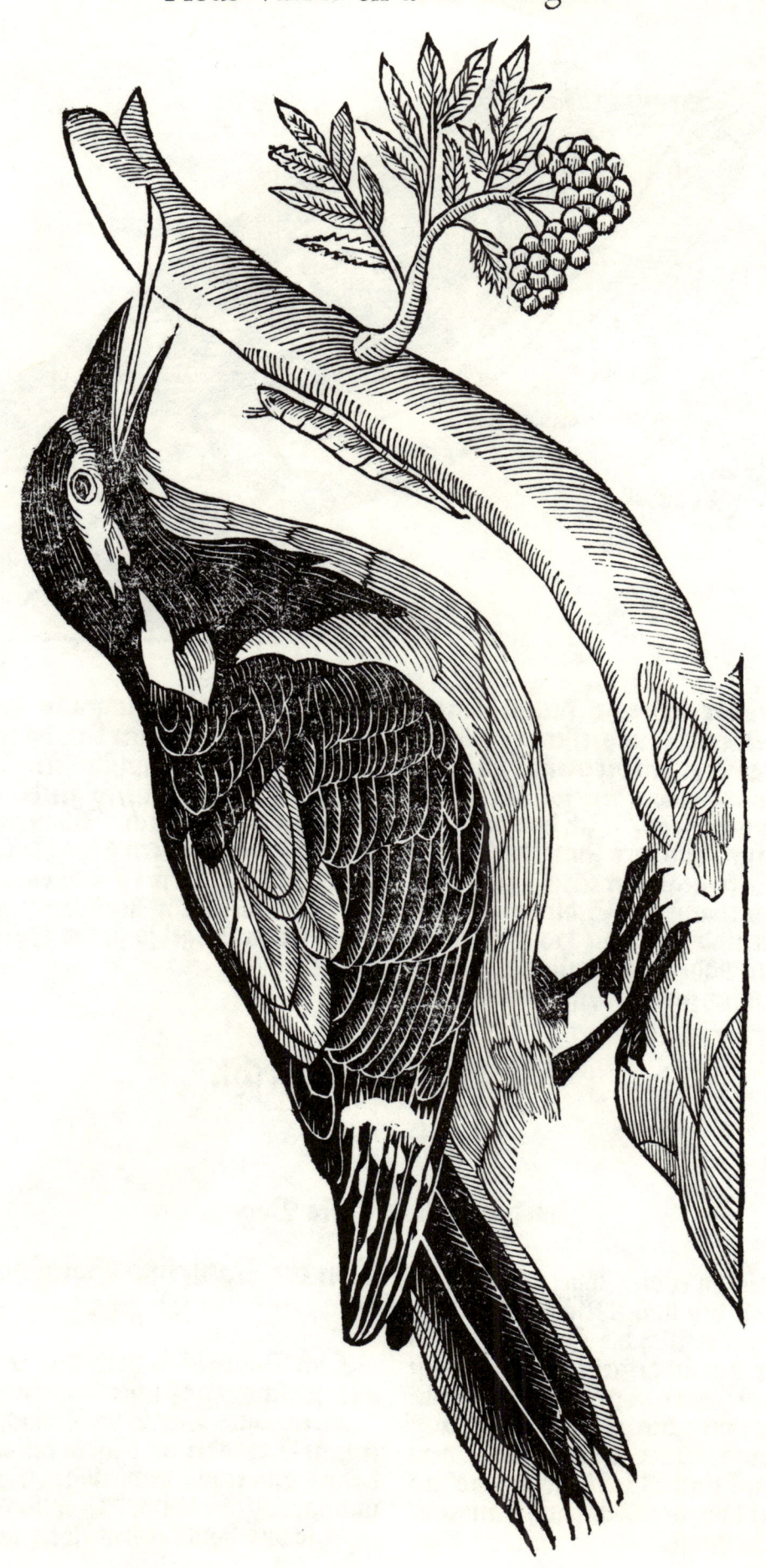

Ariſto-

Aristoteles gedencket eines Spechtengeschlechts/welches kleiner als ein Amsel/ etliche rothe Federlein hatt/und dieses nennen die Teutschen ein Atzelspecht/oder ein Aegerspecht/item ein Bunterspecht und Elsterspecht von Farb/darzu ein gesprenckleter Specht oder Spechtlein/deren machen sie zwey oder drey Geschlecht/so allein an der Grösse einen unterscheid haben/deren sie den kleinsten in der Grösse der Meisen vergliche/ d wird auch nit so viel gefunden als die grossen. Aldrovandus vergleichet ihm in der Grösse eines Spatzen und mahlet ihn auff folgende Arth ab.

Die kleinere Specht fliegen unten umb die Bäum / und essen Haselnuß. Bey uns ist auff ein Zeit deren einer im Wintermonat gefangen worden/welcher fürgeworffne Baumnuß aß. Ich hab an ihnen wargenommen/daß ihre Zung durch den Nacken gestreckt/gegen der Stirn gewickelt/ zwyfach war: dann im Schlund wird sie bald zertheilt/und durch d e Hauptscheytel/ welche sie gar nahe bloß berühren/werden beyde theil für sich gewickelt/und gehen in der mitten zwischen den Augen wiederumb zusammen/und kommen daselbst fast unter daß Bein der Hauptscheytel. Wann die Zung herzu gezogen ist/folgen die zween zertheilten Theil hernach. Ich vermein aber daß die Zung in andern Spechten auch also zertheilt und geordnet sey. Hieronymus Tragus nennt diesen ein Atzelspecht/und zehlet ihn unter die Vögel so zu der Speiß genützt werden.

Von dem Grünspecht.

Picus viridis.

Von der Gestalt dieses Vogels.

ARistoteles, da er die Vögel so ihre Nahrung auß den hollen Bäumen suchen/ erzehlet/nennet erstlich die Specht/sonderlich den so gantz grün gefärbt/so groß als ein Turteltaub ist/und eine grosse Stimm hat. Die schönste unter den Spechten sind auff dem Kopff roth/an der Brust gelb/an dem Halß und auff dem Rücken grün/ und an den Flügeln blaw/am Schwantz gläntzend/ grösser als ein Amsel.

Von der Natur und Eigenschafft dieses Vogels.

Kein Baum ist/so hoch/den er nicht ohn alle Beschwernuß überfliegen möge / wie Turnerus sagt. Der Specht macht ihm mit seinem Schnabel ein Nest in den Bäumen/ dann wann er mit demselbigen darein pickt/ und darauß abnimmt/daß er inwendig hol ist / so durchpickt er denselben mit seinem Schna-

Von den Spechten. 129

Schnabel/ und nistet darinn. Wann er im
Aprill seine Stimm hören läst/ verkündigt
Zweyter Theil.

er noch einen Schnee/ dann im Sommer sol
er mehrentheils schweigen.

R		Was

Was von diesem Vogel dem Menschen nützlich seye.

Für den Stein in den Nieren/nimm die Gebein von einem Grünspecht/mach sie zu Pulver(ohn zweifel vorhin gedörrt oder gebreist) und thu sie in einen Becher voll weisses Weins/darauß der Krancke pflegt zu trincken.

Von dem Chlänen. Picus cinereus, Sitta.

Der kleine Specht hat ein hellere Stimm als der grössere/und der ist aschfarb/sagt Albertus. Da er von denen Spechten redt/so von den Teutschen Chlän / Tottler / Kottler / Nußpicker / Nußhäcker/Blauspechtlein/Baumhäcker/ Kleber und Meyspecht genennt werden/ dann er ist mehrentheils kleiner als andere Vögel dieses Geschlechts/und oben auff fast graw/oder hellblaw. Turnerus hält diesen für den Sittam Aristotelis. Und sagt/daß er etwas grösser sey als ein Spiegelmeiß/mit blawen Federn/ einem langen Schnabel/er klettert auch gleich wie der Specht an den Bäumen/und durchgräbt auch dieselbe/ seine Nahrung darinn zu suchen/er durchpickt auch die Nuß/ und isset die Kern darauß. Er nistet in den Bäumen wie der Specht/ und hat ein helle lautende Stimm.

Unser Chlän ist etwas grösser als der Finck/und hat einen schwartzen/ geraden/ länglichten Schnabel wie die Specht. Im Schnabel/und auff der Zungen ist er weiß/ die Zung ist auch vornenhin zerspalten/und wird als in andern Spechten durch den Nacken gegen den vordertheil des Kopffs gebogen/ doch gehet sie nicht biß an den Gipffel/ da sie doch an den andern viel weiter hindersich gehet. Am Kopff/auff dem Rücken/am Anfang der Flügel/ und am Schwantz ist die grawe Farb auff blaw geneigt. Von dem Schnabel gehen etliche schwartze Flecken hindersich. Im Schwantz sind/ohne die lichtblawe Federn/ etliche schwartz/vornenhin mit weisse Flecken/unten ist er gelblich/und auß weissen/rothem und lichtblawem vermischt. Die Bein aber sind schwartzgraw/ein wenig gelb darunter vermengt/sagt D. Geßner.

Der Chlän pickt starck mit seinem Schnabel/also/daß er zuweilen Scheibenfenster/ und die Kesich/ darein er verschlossen wird/ durch pickt. Er fänget die Fliegen. Er klättert an den Bäumen/wie die andere Specht/ ob er gleich/nicht wie dieselbigen zwo Zeen vornen/sondern drey hat/und eine hinden. Zu Winterszeit sihet man ihn in den Wiesen und Gärten. Wann er in einem Baum ein groß Loch findet/darinn er einen Lusten hat zu wohnen/so verstopfft er es mit Erdtreich und Lätt sehr fleissig und wol/ohn daß er ein klein Löchlein läßt/ dardurch er auß und ein kommen könne/wie D. Geßner schreibt.

Von dem Maurspecht. Picus muralis

Von den Spechten.

Dieser Vogel wird ein Maurspecht und Kletterspecht darumb genennet/ weil er an den Mauren/ sonderlich aber an den Thürnen hanget. Im Winter wird er mehrentheils bey uns gefunden/ allzeit umb die Mauren in den Stätten/ da er Würmlein/ und insonderheit Spinnen sucht. Er wackelt stets mit seinen Flügeln/ ist etwas kleiner als ein Amsel/ mit spitzen Klawen. Sein Schnabel ist länglicht und ran/ die Brust weiß/ der Rücken aschenfarb/ wie auch ein theil an den Flügeln/ welche gegen dem Bauch roth sind/ die längste Federn daran sind schwartz/ wie auch der Rücken untenhin/ deßgleichen der Schwantz/ Bauch/ die Bein/ und schier der Schnabel/ wie ich auß der gemahlten Figur abgenommen hab/ spricht D. Geßner.

Von einem Persianischen Specht.

Picus luteus Cyanopos Persicus.

Dieser Vogel soll in der gröſſ eines Spechts seyn/ aber einen dickern Kopff und Halß/ auch einen längern Schnabel als die Specht haben. Die Federn über dem Kopff/ biß zu End des Schwantzes sind eisenfarb/ deßgleichen auch der Schnabel. Die Füsse aber sind dunckelblaw/ mit schwartzen Klawen versehen/ im übrigen ist dieser Vogel gantz gelb/ außgenommen daß die Federn an den Flügeln zu euserst eisenfarb sind/ welche Farb auch die Augen umbfasset.

Zweyter Theil.

Von dem Wittewalen.
Oriolus.

Von der Gestalt dieses Vogels.

Er Wittewal wird auch ein Bierolff/ Gerolff/ Byrolt/ Tyrolt/ Kerſenzife/ darum weil er reiffe Kirſche iſſet/ deßgleichen ein Goldtmerlein genennt/ dieweil er faſt den Amſeln gleich/ oder etwas gröſſer und goldfarb iſt. Die Flügel ſollen/ allein am Männlein ſchwartz ſeyn/ ſonſt iſt er am gantzen Leib goldgelb/ allein daß er an den Flügeln mit blawer oder gelber Farb vermengt oder geſprengt iſt: ihr Schnabel iſt roth. Sie haben drey Zeen vornen/ und eine hinden. Dieſe Vögel ſind der Arth und auß dem Geſchlecht der Spechte.

Von der Natur und Eigenſchafft dieſes Vogels.

Oriolus wird dieſer Vogel von ſeiner Stimm genennt/ er endert aber dieſelbe/ und hat offt eine Stimm wie ein Pfeiff/ bevorab wann ein Regen vorhanden iſt. Er kommt mehrentheils im Meyen zu uns/ oder umb den zehenden Tag deß Aprills. In den warmen Ländern ſiehet man ihn eher/ als in etlichen Orthen Franckreichs im Mertzen. Dieſer Vogel pflegt ihn von Wollen ein ſolch künſtlich Neſt zu machen/ daß es ſich einem Hut oder Becher vergleicht/ das henckt er gantz ſubtil zu euſſerſt zwiſchen zwey kleine äſtlein oder zweiglein eines Baums/ alſo/ daß man meint es hange allein in der Lufft/ daran läſt er einen Eingang/ und bedeckt es vor den Regen/ und beſchirmet es mit dickem Laub/ wie Albertus und der Autor des Buchs der Natur ſchreiben. Etliche ſagen daß man in ſeinem Neſt Seiden finde/ daß er auch nicht weit vom Waſſer niſte/ und ſein Neſt auß Moß (Roßhaar darein geflochten/ daran er es auffhencken könne) mache. Ich hab ſein Neſt auß Heu oder Strohalmen gemacht geſehen/ gleich wie ein Feygenkorb geflochten/ Gerten mit Halmen oder Fädemen ringsweiß daran gebunden/ alſo/ daß die Federn nicht hinab hingen/ ſondern an die Gerten gebunden waren. Darzu vermein ich nicht daß er die Bande jrgend ſonderlich außleſe/ ſondern je das nechſt darzu brauche/ als Halmen/ Bintzen/ Fädem auß Hanff oder Seiden/ und Roßhaar. Er bindet auch ſein Neſt mehr an/ als er daſſelbig auffhenckt. Die Wittewallen leben von den Früchten der Bäume/ als von den Kirſchen und Feygen. Er leidet keinen Vogel umb ſein Neſt. Etliche liegen von dieſem Vogel/ daß ſeine junge in viel Theil zertheilt gebohren werden/ und von den Eltern mit dem Kraut/ Herba Iulia oder weiß Aurin genannt/ wiederumb zuſammen gefügt werden. Wann dieſer Vogel zu uns kommt/ nemlich umb den 10. Tag Aprills/ verhofft man es werde kein Reiff mehr fallen. Wann er ſingt wie ein Pfeiff/ verkündiget er einen Regen. Deßgleichen wann er nahe zu den Häuſern fliegt. Hieronymus Tragus zehlt dieſen Vogel unter die ſo von den Menſchen geſſen werden.

Von dem Staaren/ oder Rinderſtaaren.
Sturnus.

Von den Staaren. 133

Von der Gestalt dieses Vogels.

Dieser Vogel heisset auff Griechisch ψάρ⊙; Lateinisch Sturnus; Italianisch Storno, Stornello; Frantzösisch Estourneau; Spanisch Estornino; Polnisch Drozd; Wendisch Sparzek; Ungarisch Sregley; Engländisch a Stare, a Sterlyng; und zu Teutsch Staar/ Rinderstaar/ oder auch Sprehe/ er ist fast so groß als ein Amsel/ gesprencklet/ und jederman bekannt. Er ist gantz schwartz/ aschenfarb graw gesprengt/ er scheint auch schwartzbraun/ und hat eine breite Zungen/ wie Albertus sagt.

Das Weiblein von den Staaren/ welches hier nachgesetzet / ist nicht so gesprenckelt als das Männlein/ deßgleichen auch die junge Staaren/ welche gantz keine Flecken an sich haben/ sondern sind nur rothbraun/ an dem Halß/ Kopff und Bauch aber sehen sie aschenfarb.

Sturnus Fœmina,
Das Weiblein.

Sturnus pullus,
Ein junger Staar.

Von den Staaren.

Von der Speiß und Nahrung dieses Vogels.

Die Staaren halten sich an allen wässerigten Orthen / Bächen und Pfützen / und fürnemlich da man das Rind-Viehe weydet/weil sie daselbst im Koth ihre Nahrung finden/ daher sie auch Rinderstaaren genennt werden. Sie fliegen in die Hirsen und Fenchelläcker schaarweiß. Etliche speisen diesen Vogel allein mit Reiß / auff daß sie mit ihrem Koth den Saamen von dem Kraut Crocodilea fälschen / wie Plinius schreibt. Zur Herbstzeit thun sie den Weintrauben grossen Schaden. Sie lieben auch die Körnlein auß den Holderbeeren. Wüterich ist auch der Staaren Speiß / wie die Nießwurtzel der Wachteln / welche doch beyde deß Menschen Gifft sind / wie Galenus sagt. Von wüterich werden auch die Schwein fett / wie Aelianus bezeuget.

Von der Natur und Eigenschafft dieses Vogels.

Die Staaren so in den Häusern erhalten werden / sollen gar wol singen / und aller anderer Vögel Stimm an sich nehmen. Dieser Vogel hat eine breite Zungen / darumb lernet er wol reden. Sie fliegen auch in sehr grossen schaaren / nahe bey einander / wegen der Furcht der Habichte: dann wann derselbig über ihnen / oder bey seits fliegt / so wissen sie ihm den Flug zu brechen / fliegt er aber unter ihnen / so beschmeissen sie ihn / sagt Albertus. Deß Abends versamlen sie sich mit grossen Schaaren / und schreyen / deß Nachts aber schweigen sie: wann aber die Morgenröte kommt / fangen sie an zu schreyen. Sie haben im Jahr dreymal Junge / auff einmal sieben oder acht Eyer. Zu Winterszeit ligt er verborgen. Sie weichen allein an die nechsten Orth / und verbergen sich allein umb ihrer Speiß willen in die Zäune im Winter. Dieser Vogel stirbt vom Knoblauchsaamen / wie Ælianus meldet. Man hat auch auß gewisser Erfahrung wargenommen / daß der Staar ihm selbst artzneyen kan / dann als einer auff eine Zeit Nachtigallen und einen Staaren bey einander erhielt / und dieser einen Fuß zerbrochen hatte / hat er Ameisseneyer / welche die Nachtigallen essen / mit seinem Schnabel zerbissen / dieselb unter seinen Flügeln gewärmet / und mit seinem Schnabel auff dem Fuß zerrieben / davon er nach wenig Tagen gesund worden / und wie zuvor daher gegangen ist / wie mir Georgius Fabricius in einem Brieff zugeschrieben hat. Der Hund scheuet den Staaren / sagt Blondus. Einer hat bey uns einen Staaren sieben Jahr erhalten / welcher aller Vögel Stimm / so er sonst in seinem Hauß gehabt / hat können außdrucken und nachmachē. Zeilerus sagt in dem zweytē Theil seines Handbuchs. Es ist mir unlängsten von einem Staaren / in einer wohlbekanten Statt in Franckenland erzehlt worden / daß er den Gesang / Erhalt uns Herr rc. fertig singen können. Und da des Jahres 1635. ein Kriegs-Befelichshaber solchen Vogel zu sehen begehrt / und gesagt / ist das die rc. habe der Staar geantwortet / du bist selber ein rc. Die Spatzen und Staaren kan man auß dem Hirsen und Fenchel / mit einem Kraut / welches Nahmen unbekannt ist / vertreiben / wann es in die vier Ecken deß Ackers (welches ein Wunder ist) eingegraben wird / dañ also wird kein Vogel darein fliegen / sagt Plinius. Wann die Staaren morgens schaarweiß fliegen / so wird Morgens ein Wetter kommen / fliegen sie aber gemach / so wird lang hernach ein Wetter kommen.

Wie dieser Vogel gefangen werde.

Alle Vögel so schaarweiß daher fliegen / werden leichtlich von den Weydleuten betrogen / dann wann man etliche Vögel ihres Geschlechts / oder allein derselbigen Bldnussen zu den Garnen stellet / kommen sie gern herzu / als die Enten und Staaren.

Mit langen Schnüren so mit Vogelleim bestrichen / werden sie auch gefangen / dieweil sie schaarweiß fliegen / dann wann man einen hat / so binde man ihm das obgenante Seil an ein Bein / und laß ihm unter eine gantze Schaar fliegen / wañ man dieselbige siehet / so fallen sie dann mit ihm zu boden / wie Crescentiensis lehret. Man fänget sie im Flug. Zu Wintersszeit werden sie leichtlich in Bögelein gefangen / auff den wässerichten Wiesen.

Was von diesem Vogel dem Menschen nützlich seye.

Sein Fleisch ist dürr und trucken / doch guter Nahrung / wie Albertus bezeiget. Es wildset auch ein wenig. Galenus sagt / daß es hitziger Natur seye. Andere sagen / daß sie viel böser Feuchtigkeit im Menschen gebären / sie sind auch schwer zu verdäwen / und geben böse Nahrung. Die den Fluß der gülden Adern stets haben / sollen sie meiden. Die besten aber sind die jungen / oder die so auff den Bergen ihre Wohnung haben.

Einen Staaren in der Speiß genossen / hilfft denen so etwas tödtlichs getruncken haben / und wann einer dieselbe vorhin gessen hat / wird er keinen Schaden darvon empfangen / wie Kiranides schreibet. Wann dieser Vogel mit Reiß gespeiset worden / benimmt sein Koth die ungestalte Flecken / und die schwartze Malcey.

Von

136 Geßneri Thierbuch.
Von dem weissen Staaren. Sturnus albus.

Aldrovandus gedencket/ daß er über die gemeine Staaren / noch drey andere Geschlecht in acht genommen / und mahlet zuerst diesen ab / welcher an dem gantzen Leib gantz weiß gesehen / biß auff den Schnabel / so rothgelb/ und die Füsse / welche licht-fleischfarb sahen.

Von einer Arth Staaren/ welche auff dem Kopff weiß sehen.
Sturnus capite albo.

Das

Von den Staaren.

Das zweyte Geschlecht so Aldrovando vorkommen/ ist auff dem Kopff/ Halß/ und Schnabel weiß gewesen/ über den Augen aber hat dieser Vogel einen schwartzen Flecken gehabt: auff der Brust sahe er gleichfals weiß/ wie auch an den obersten Federn der Flügel/ so doch mit blawen Flecken bemahlet waren: an den Schwingfedern und dem Schwantz war er den gemeinen Staaren gleich/ außgenommen daß die zween untersten Federn weiß sahen. Die Füß schienen gelb/ und die Klawen daran schwartz.

Von dem aschefarben Staaren. Sturnus Cinereus.

Die dritte Arth derer Aldrovandus Meldung thut/ ist aschenfarb/ sich auff roth ziehend/ also/ daß sie am vordern Theil deß Leibs gantz gelb scheinen/ auff der Brust ware dieser Vogel etwas gesprenget: Seine Füß und Schnabel aber gantz schwartz.

Uber diesen Vogel setzet vielmahln gedachter Aldrovandus nachfolgenden Starn/ welcher auch aschenfarb gesehen.

Von dem Steinbeisser.
Coccothraustes.

Von der Gestalt dieses Vogels.

Hesychius und Varinus nennen einen Vogel Coccothrausten: wir aber haben den also wollen nennen/dessen Figur hie verzeichnet stehet/dieweil er mit seinem schnabel Coccos, das ist Kirschenstein/zerbeisset/dz er die Kern darauß esse. Zu Teutsch wird er ein Steinbeisser/Klepper/Kernbeisser/Kirschfinck/Kirschenschneller/und Bollenpicker genennt: weil er von den Bollen der Bäumen und der Kirschstein lebt. Noch ein anderer wird also geheissen/von welchem wir hernach in der Bachstelzen sagen wollen. Auff Italianisch wird er Frison, und auff Frantzösisch Choche pierre oder Cassenoix genent.

Dieser Vogel ist so groß als ein Lerch oder Kreutzvogel/und hat einen harten/kurtzen/breiten/starcken Schnabel/fast deß Blutfincken Schnabel änlich/doch grösser und graw. Deß Weibleins Kopff ist gelblicht/an der Brust und am Bauch bleichroth. Die Flügelfedern sind oben schwartz/in der mitten weiß/zu unterst sind sie fast dunckelblaw/die kleinere auff den Flügeln sind theils weiß/theils gelblicht. Der Schnabel wird untenhin mit schwartzen Federn umbgeben/wie auch die Augen. Der Halß ist vornen und zu beyden Seiten mit aschenfarben Federn bedeckt. Der Rucken ist braunroth. Nit weit vom Schwantz hat er gelblichte Federn/und zu euserst am Schwantz weisse.

Von der Natur und Eigenschafft dieses Vogels.

Der Steinbeisser wird in den Wäldern gefangen/und zu der Speiß verkaufft. Er lebet von den Kirschensteinen und Nußkernen. Er hat einen sonderbaren und nicht unlieblichen Gesang/fast als ein Cymbel/doch wird er nicht in einen Kefich verschlossen/oder doch selten. Dann einsmahls hat ein Vogelfänger/damit er ein Gelächter anrichte/ein Winsel in einen Kefich verschlossen/und dieselbe mit dürren Kirschen gespeiset/die Stein aber fielen in einen Kefich so unter der Winsel hinge/in welchem ein Steinbeisser verschlossen war/und von den hingeworffenen Steinen gespeiset ward. Er nistet in den hollen Bäumen/und im Sommer wird er wenig Winterszeit aber sehr bey uns gesehen. Wann die Italianer einen tollen Menschen/und der leichtlich sich mit Worten betriegen läst/abbilden wolle/nennen sie ihn einen Steinbeisser mit einem dicken Schnabel.

Von dem gehaubten Indianischen Steinbeisser.
Coccotraustes Indica cristata.

Dieweil dieser Vogel in der Natur/ und sonderlich an dem Schnabel dem gemeinen Steinbeisser gleichet/ ist er von Aldrovando Coccotraustes Indica genennet worden/ er beisset auch die härtesten Mandeln und ander Stein auff/ Malocchius erzehlet weiters daß er den Nachtigalen nachsinge / Mandeln und andere Kern esse. Wann dieser Vogel vor einen Spiegel kommt/ sol er allerhand Gebehrten machen/ also daß er bald den Schwantz wie die Pfauen auß lasse/ die Haube auff dem Kopff auffrichte/ seine Flügel bewege/ und mit dem Schnabel auff den Spiegel beisse. Dieweil sich dieser Vogel fleissig im Wasser badet/ ist zu schliessen/ daß er hitzig von Natur sein mus/ sonsten kan er nach gedachten Malochii Beschreibung/ gantz zahm gemacht werden. Weiterß die Haube auff seinen Kopff ist 3=eckicht/ und roth von Farben/ deß gleichen auch die Brust und der Bauch/ die Flügel sind nicht so hoch roth/ deßgleichen auch der Schwantz/ welcher einer Handbreit in die höhe gereckt/ und eines kleinen Fingers lang ist/ wie auß der Abbildung zusehen. Seine Füß sind kurtz und weiß/ die Klawen starck und schwartzlicht. Der gantze Vogel von dem Kopff biß zu Ende des Schwantzes gemessen/ ist 2. Handbreit lang.

Geßneri Thierbuch.
Von dem Storchen.
Ciconia.

Von der Gestalt dieses Vogels.

Dieser Vogel heisset auff Hebreisch חסידה; Griechisch πελαργός; Lateinisch Ciconia; Italianisch Cigogna; Französisch Cicogne; Spanisch Ciguenna; Polnisch Boczam; Wendisch Cziab; Ungarisch Eszrrag; Türckisch Leglék; Engelländisch a Storke; Niederländisch Oyevaer; zu Teutsch wird der Storck auch ein Storch/auff Sächsisch ein Ebeher/zu Rostock ein Adebar/oder Odeboer/in Flandern ein

Von den Storchen.

ein Houare gennennt. Er hat die mittelste Grösse zwischen dem Kranch und Reiger/ ist mit weissen und schwartzen Federn getheilet/also/daß seine Flügel zu eusserst schwartz/ der übertheil aber an ihm weiß ist. Er hat lange rothe Bein/einen Schnabel wie der Kranch/ohn daß er roth und dick ist. Er hat eine Zungen/welche doch sehr kurtz/wiewol etliche sagen daß er gar keine Zungen habe. Ihre Jungen haben mehrentheils grawe Bein und Schnäbel.

Von der Speiß und Nahrung dieses Vogels.

Sie leben mehrentheils von den Fröschen und Schlangen/welche sie gantz verschlucken/derhalben wo diese Vögel nicht in Thessalia wären/müsten dieselbige Einwohner wegen Menge der Schlangen das Land räumen/und auß dieser Ursach haben ihn die Egypter billich geliebt. Er wohnet gern in den Seen und Wiesen: dann er auß denselbigen seine Nahrung nimmt/da er dann viel und mancherley Thierlein findt/und dieselbe verschlingt. Denen Fröschen aber ist er sonderlich gehässig/die auß dem Wasser an das Land springen. In die Wiesen gehet er auch am liebsten so in ebenen Thälern liegen/ da er dann viel Heidexen/und Erdschlangen/ so den Wasserschlangen ánlich sind/findet/ bevorab Blindschleichen/welche er am liebsten isset. Er isset auch Fisch und Ael/darzu andere vergiffte Thier/die Krotten aber isset er nicht/er leide dann grossen Hunger/als die für andern vergifft seyn. An diese Speisen gewehnt er auch seine Jungen von den ersten Tag an.

Von der Natur und Eigenschafft/ dieses Vogels.

Die Störche klappern mit ihren Schnabel/und mit demselben Gethön verkündigen sie den Sommer/grüssen damit ihr Ehegemahl/und sagen Gott Lob und danck/sagt Heldelinus. Wann er fliegt/leitet er mit seinen außgestreckten Beinen seinen Flug/wie der Schiffman das Schiff mit seinem Steurruder/und ersetzt also mit denselben die Kürtze seines Schwantzes. Sie legen nicht in allen Ländern/werden auch nicht allenthalben gefunden. Dann ob deren gleich viel bey uns/sonderlich da viel See und Weyer sind/ wohnen/ so sind sie doch in England gantz unbekannt/dieweil die daselbst nimmer gesehen werden/wie Turnerus sagt. In Teutschland macht er sein Nest auff den hohen Dächern und Schornsteinen. Sie legen allzeit den Stein Lichnitem in ihr Nest/damit die Eyer fruchtbahr seyen/und die Schlangen ihren Nestern nicht nahen/wie die Adler den Adlerstein. Der Storch sucht von erst/nach dem er wieder kommen/sein vorig und alt Nest/welches wann eres ohnversehrt und gantz findt/reinigt er es von stund an von dem Unrath so sich den Winter durch darinn gesammlet hat/und ernewert dasselbige. Waß es aber von dem Wetter zerbrochen und hinab geworffen ist/lieset er allenthalben im Feld/Gärten zusammen/und bawet ein newes. Erstlich machet er gleichsam einen runden und holen Zwinger/gantz eben und gleich/darnach bawet er darein/und befestiget sein Nest/ und zu letzt wann etwan eine Gerten darinn auffgereckt stehet/legt er dieselbige künstlich nieder/und machet also sein Nest gleich und eben. Auff dürren Bäumen/doch selten/nistet er auch. Sie besteigen einander nirgend andreswoohn allein im Nest. In dreissig Tagen legt das Weiblein vier Eyer/von Farb und Grösse den Gänßeyern ähnlich: welche sie beyde von Stund an eins umb das ander anheben zu brüten. Und brütet das Männlein so lang/biß das Weiblein seine Nahrung gesucht hat. Die Brut aber/wo sie das rauhe Wetter nicht hindert/ vollbringen sie mehrentheils in Monatsfrist wie Caspar Heldelin schreibet.

Viel Vögel ändern ihren Orth also/daß man wol wissen kan/wohin und wannenher sie kommen/wohin aber die Storchen fahren/ oder von wannen sie kommen/kan man nicht gründlich wissen. Etliche sagen/daß sie auß Lycia fliegen/andere auß Morenland/doch ist kein zweifel/daß sie von weiten/wie die Kränch/kommen/und wie dieselbe den Winter/also verkündigen die Störche den Sommer. Wann sie hinweg fliegen wollen/versammlen sie sich an einen gewissen Orth/und wann sie keinen dahinden gelassen/ es sey daß einer leibeygen und gefangen/fahren sie am bestimbten Tag darvon. Die Schaar aber hat keiner nie sehen wiederkommen/ noch hinweg fliegen/dieweil es allein zu Nacht bey dem Monschein geschiehet. Ehe dann sie aber über Meer fahren/versamlen sich alle die so in unser Land kommen/bey dem Fluß Etsch genannt/ da haben sie mit ihren Brumlein einen gemeinen Reichstag. Sie mustern ihren Heerzeug/und bringen etlich Tag mit richten und straffen zu/und wann einer auß versaumnuß und Hinlässigkeit sich lang gesäumet/oder am Ehebruch ergriffen ist/so verurtheilen sie denselben allzusammen/und tödten ihn. Sie warten aber mit ihrer Wegfahrt gantz weißlich auff den Nordwind. Wann die junge Störche wol gefedert sind worden/fangen sie an/wann ein lieblicher Wind wehet/sich im Nest auff zurichten/und bald darnach umb die nechsten Dächer herumm zu fliegen/ darnach frey unter dem hohen Himmel daher zufliegen und zu kurtzweilen. Dieses Geschlecht mehrentheils

rentheils im Brachmonat / zu welcher Zeit sie dann gewöhnlich außfliegen. Sie lernen auch alsdann auß Anleitung ihrer Eltern / ihre Speiß und Nahrung suchen. Und zu der Zeit nehmen sie ihrer Wegfahrt fleissig war / nemlich im Ende deß Sommers im Augustmonat / umb Mariae Himmelfahrt / wie Oppianus, Plinius / und Heldelinus bezeugen. Die Störche weichen ehe von uns als die Schwalben / sagt Albertus. Sie kommen zu uns ins Schweitzerland fast umb den zwantzigsten Tag deß Hornungs. Die Störche so zur Sommerszeit in Europa sind die findet man fast den gantzen Winter durch in Egypten und umb Antiochia bey dem Berg Aman / sagt Bellonius. Welcher weiter spricht: Als ich bey Abydo am 24. Tag deß Augustmonats gewesen / hab ich ein grosse meng Störche daselbst gesehen / fast auff drey oder vier tausendt / die flogen auß Reussen und Tartarey / und als sie ihre Ordnung kreutzweiß gemacht / flogen sie auff Hellepontum zu.

Nachdem sie aber über die Insel Tenedum kommen / kehrten sie sich mit einer langen geschrenckten Ordnung umb / biß sie sich in einen Kreiß versamleten / darnach / ehe dann sie weit von Propontide kommen / zertheileten sie sich bey nahe in zwantzig kleine Schaaren / und flogen einander nach gegen Mittag. Etliche sagen / daß sie zur Winterszeit in Africa verborgen liegen wie bey uns die Schwalben. Der Storch das Männlein sol auch zehen Tag vor seinem Weiblein kommen: und wann er das Nest wiederumb zubereitet hat / so wartet er mit grossen verlangen auff sein Gemahl: über welches Zukunfft er sich sehr erfrewet / und frolocket ihm mit den Flügeln. Am Anfang deß Frülings fliegen die Störche / wie auch die wilden Gänß und Enten in Lyciam zu dem fluß Xantho / da sie mit den Raben / Kräen / Tolen / Geyern / und andern Fleischfressenden Vögeln streiten / also / daß die Störche an einem Gestad ihr Ordnung machen: die Raben und Geyer aber am andern / da heben sie mit lauten Geschrey den Kampff an / und wird im Wasser das Blut der verwundten Vögel gesehen / darzu viel außgeropffte Federn / welche dieselbigen Einwohner zusammen lesen / und Bette darauß machen. Und wann der Streit vollendet worden / finden sie viel zerrissene Vögel / Kräen / und andere Fleischfressende Vögel wie auch Störche. Wann aber die Störche gesieget / verhoffet man als auß einem gewissen Zeichen / einen überfluß aller Früchte: siegen aber die Fleischfressenden / so erwartet man eine Wolfeile der Schaff / Ochsen / und anderer vierfüssigen Thieren / wie Kiranides schreibt.

Der Storch hat gar ein feucht Haupt / dann zu seinem Schnabel trifft stets Wasser hinauß / und allermeist im Winter. An dem Storch verwundern wir uns seines Verstands / seiner Weißheit / Gerechtigkeit / Danckbarkeit / Mässigkeit / und angebohrnen Hasses / so er gegen andere Vögel trägt. Darumb wollen wir erstlich von seiner angebohrnen Vernunfft und Weißheit / darnach auch von den übrigen Tugenden sagen.

Daß sie zu gewisser Zeit an einem Orth sich versamblen / hinweg fliegen / und wieder kommen / und zwar heimlich und zu Nacht / und anders dergleichen / so ihrem Verstande beyzumessen / ist droben gesagt worden. Die Wachteln sollen ihre Führer seyn: sie aber folgen denselben / als ein Heer / nach / sagt Isidorus. Die Störche / wann sie wund worden / helffen ihne selbst mit Wolgemutkraut / oder Tosten / oder (wie Gaza sagt) mit dem kleinen Jsop. In die zerstörte Stätte sollen die Störche nicht kommen. Wann diese Vögel junge haben / werffen sie eins auß ihren Jungen dem Herren der Statt / unter dem sie nisten / zum Nest herauß / wann er Federn / oder allein Pflaum bekommet / gleichsam für seinen Tribut und Zins: aber vielleicht ist dieses mehr ein Ursach / daß sie über dem erziehen verdrüssig werden. Ja man spricht gemeiniglich daß sie den Zehenden darumb geben / daß sie Gott das sein geben wollen: auß welcher Ursach sie weder in Thüringen kommen noch wohnen / dieweil man daselbst keinen Thribut und Zehenden gibt / wie der Autor deß Buchs der Natur sagt.

Die Störche erziehen ihre alte Eltern mit grossem Fleiß / ob sie gleich mit keinem menschlichen Gebott oder Gesetz / sondern auß ihrer eigenen und angebohrnen Natur darzu getrieben und genöthiget werden. Die Eltern erziehen auch ihre Jungen fleissig und wol / wie dann darauß mag abgenommen werden / daß sie / wann sie anderswo kein Speiß bekommen mögen / die vorige wiederumb herauß speyen / und den Jungen zu essen geben. Sie lehren auch ihre Jungen fliegen. Der rechte Adler und Pelecan sol dieses auch thun / wie Aelianus meldet. In den Storchen ist eine sonderliche Danckbarkeit und väterliche Trew und Liebe: dann wie viel Zeit sie an ihre Jungen zu erziehen anlegen / so lang werden sie auch von ihren Jungen erzogen und erhalten: dann sie brüten so fleissig / daß sie vom täglichen brüten ihre Federn fallen lassen / wie Solinus bezeuget. Wann ihre Eltern alt worden / und nicht mehr fliegen können / so tragen sie die Jungen auff ihre Flügeln: und wan sie blind sind / geben sie ihne die Speiß ein / wie Kirnaides sagt. Die Eltern / wann etwan ein Ungewitter oder Schlagregen einfällt / bedecken ihre Jungen mit außgespannten Flügeln / damit sie nicht Schaden leiden. Wann ihr Vater zum Nest fliegt / frolocken ihm seine Kin-

Von den Storchen. 143

Kinder mit einem lieblichen Gethön/ und nehmen ihm die Speiß gleichsam küssend von seinen Schnabel/ inzwischen klappern sie mit ihren Schnäbeln/ strecken ihre Hälß/ und gähnen: darnach gibt ihnen der Vater auß seinem Magen herfür/ alles das so er mit grosser Arbeit bekommen und zusammen gelesen hat/ dieses theilt er alles fein ordentlich auß/ und stecket es ihnen ein. Und diese Arbeit hat er so lang/ biß daß die Jungen die fürgelegte Speiß selbst essen können/ sagt Caspar Heldelin. Daher die Griechen ein Sprichwort vom Storchen genommen/ da einer gleiches mit gleichem vergilt/ wann er denen guts thut von welche er gutes empfangen hat/ als die Kinder ihren Eltern/ und die Jünger ihren Lehrmeistern. Diese Gutthat haben sie ἀντιπελαργεῖν genennet/ von deß Storchen Natur her/ als welcher zu Griechisch πελαργὸς genennent wird/ wie Erasmus weitläufftig davon schreibt.

Dieses ist auch eine Anzeigung eines grossen Verstands deß Storchen/ ob er gleich Unbilligkeit damit abwenden/ oder Danckbarkeit haben wollen erzeigen. Dann als einer auff eine Zeit einem Storchen ein Bein entzwey geworffen hat/ und dieser wiederumb kaum und mit grossem Schmertzen in sein Nest geflogen/ ist er von Weibern/ so ihn hinckend gesehen hatten/ wiederumb geheilet worden/ und mit andern wiederumb hinweg geflogen. Im nachgehenden Jahr als er im Früling wieder kommen (er ward aber am hincken erkannt) und die Weiber über seiner zukunfft/ als der gern bey ihnen einkehrete sich erfrewet/ hat er von Stund an auß seinem langen Schnabel ein schön und köstlich Perlein den Weibern für ihre Füß gespeyet/ welches sie ein Belohnung der vor erwiesenen Gutthat zu sein vermerckt haben/ wie Oppianus, und fast auff diese weiß auch Aelianus schreiben. Dieser Histori ist die jenige gantz gleich/ so D. Geßnern/ von Justino Golbler mit diesen Worten zugeschrieben worden: Vber das Lob so den Storchen wegen ihrer Kindlichen Trew angebohren/ und von alle Gelehrten ihnen zugemessen wird/ weiß man auch auß der Erfahrung was sie für Danckbarkeit gegen ihrem Wirt bey dem sie Herberg gehabt/ erzeigen. Dann es hat sich zugetragen/ nicht weit von meinem Vaterland S. Gevver, in einer freyen Reichsstatt/ in dem obern Westphalen/ welches ich offt von meinen Eltern gehört/ daß nemlich ein Storch auff eines Bürgers Hauß viel Jahr genistet hab. So viel Zeit aber hat der Storch desselbigen Haußvaters Trew und Gutthat erfahren/ als der von keinen auß seinem Gesind dürffte beleidiget werden/ ist derhalben alle Jahr wiederumb zu diesem seinen Nest kommen. Es hatte aber dieser Vogel/ ohne die andern seines Geschlechts (entweder auß Freundlichkeit seines Wirts/ oder auß Bequemlichkeit deß Hauses/ oder welches der Warheit gleicher ist/ auß angebohrner Natur) diesen Brauch/ daß er alle Jahr zwey mal/ nemlich im Früling und Herbst zween Tag vor seiner wegfahrt/ und am andern Tag wann er wieder kommen/ umb das Hauß flog/ und sich mit klapperndem Schnabel/ als gegenwertig erzeigt/ also/ daß er allzeit ein freundliche Stimm von seinem Haußvatter mit Worten und Geberden merckt und verstunde. Als nun diese Gemeinschafft lang zwischen dem Vogel und seinem Wirt gewehret/ flog er zu Herbstzeit/ als er hinweg scheiden wolt/ wiederumb nach seiner alten Gewohnheit umb das Hauß/ und war etwas frölicher gegen seinen Wirt/ als wolte er den Abscheid von ihm nehmen/ welchem der Herr freundlich zugesprochen und gutes gewünschet hat/ daß er nemlich frisch und gesund wiederumb zu ihm kommen solte. Als aber im Frühling der Vogel wiederumb zu Land kommen/ umb das Hauß geflogen/ und den Wirt nach gemeinem Brauch gegrüst hat/ legt er von Stund an ein schöne/ frisch und grüne Ingberwurtzel auß seinem langen Halß gezogen/ dem Wirt für seine Füß/ und klapperte sehr mit seinem Schnabel/ zu einem Zeichen der Trew und Danckbarkeit. Der Wirt aber/ als er sich sehr darüber verwundert/ nimmt er die fremd und ungestalte Verehrung/ und zeigt sie den Nachbauren/ welche auß den Ursachen eigentlich abnahmen/ daß es ein rechte und frische Ingberwurtzel were. Und wiewohl man vorhin gezweiffelt/ und nicht hat können wissen (als auch Plinius) wohin oder wannenher die Störche kommen/ kan man doch auß dieser einigen That nunmehr verstehen und erweisen/ daß die Land warm und jenseit dem Meer gelegen sind (als da der Ingber wachsen sol) dahin sie dann von uns kommen und hinfliegen. Gleiche Trew haben sie auch einem Vogel/ welchen sie mit ihnen bracht hatten/ erzeigt/ welcher kürtzer war als der Storch: er hatte aber einen grossen langen spitzigen Schnabel/ als ein Schwerdt gestaltet/ derselbige hat wieder die Schlangen so dem Storchen seine Jungen alle Jahr beleidiget und umbbracht/ müssen streiten/ welches er auch fleissig gethan und außgerichtet hat: aber nicht ohn Schaden/ dann ob gleich die Schlang todt blieben/ ist doch der Vogel von ihren gifftigen Zänen also verletzt wordē/ daß ihm alle Federn außgefallen sind. Wie nun die Zeit/ daß andere Störche hinweg geflogen/ vorhanden/ sind diese Eltern sampt ihren Jungen allein blieben/ biß daß dem obgenannten Vogel seine Federn gewachsen/ daß sie mit einander hinweg fliegen können/ und also ihrem Gutthäter gleiche Danckbarkeit erzeigten/ wie Oppianus

nus berichtet. Als zu dē Zeiten Käysers Caroli V. die Grafen von Oetingen/wegen der Religion/ins Elend ziehen musten/sind auch die Störche/deren es gar viel im Schloß und der Statt Oetingen geben/mit hinweg geflogen/und fast in sieben Jahren nicht mehr daselbst gesehen worden/biß der Kayser die Grafen wieder zu Land und Leuten kommen lassen/da habē sich die Störche auch alle wieder daselbsten eingestelt.

Man sagt auch daß der Storch einen Ehebrecher hasse/dann als in Thessalia ein schön Weib gewesen/mit Namen Alcinoe, und von ihrem Ehemann so über Feld gangen/daheim gelassen worden/ist sie mit den Knecht Ehebrüchig worden: welches als es der Storch gesehen/hat er deß Knechts Unbilligkeit und Untrew nicht können leiden/sondern ihm die Augen alsobald nach der That außgerissen/ und damit seines Herrn Schaden gerochen/ wie Aelianus schreibt. Welche Tugendt ich viel mehr der Zucht und Keuschheit/ als Haß gegen den Ehebruch an diesem Vogel zuschreibe. Dann wie wir bey dem Autore des Buchs der Natur lesen/so ist kein zweifel daß die Störche die Keuschheit lieben. Dann man sagt/daß ein paar Störche auff einem hohen Hauß vor zeiten genistet haben/ wann dann der Mann zu weit flog/kam stets ein anderer zum Weiblein/und brach mit ihm die Ehe/ welches Weiblein sich allzeit von Stund an in einen Brunnen duncket/ und damit den Ehebruch abwusch/und also den Mann unterstunde zu betriegen. Dieser That hat der Haußwirt allzeit wargenommen/und auff einen Tag dem Weiblein nach dem begangenen Ehebruch den Brunnen zugehalten/daß es nit badē kunte. Da ist das Männlein von der Weyd ohn allen verzug wieder kommen/und deß Ehebruchs an seinem Weiblein innen worden: er hat aber dergleichen gethan als ob er die Schand nicht vermercket habe/und ist also wiederumb hinweg geflogen. Als er aber am andern Tag wiederkommen/hat er ein grosse menge Störche mit ihm gebracht/welche all die Ehebrüchige Hure angegriffen/uñ grausamer weiß zerrissen/und vom Leben zum Todt gerichtet haben.

Der Storch vermerckt das Ungewitter/ welches wann es vorhanden/so stehet er mit beyden Beinen(dann sonst stehet er nur auff einem)mitten in das Nest/ er schaudert mit seinen Federn/verbirget seinen Schnabel unter die Brust/da er dann die Federn am Halß als einen Bart hinab läst/den niedergelassenen Kopff kehret er dahin/daher das Wetter kommen sol. Wann er unversehens auff ein Eck oder Seite deß Nests stünde/ würde er leichter vom Wetter hinab gestürtzt/ wie Caspar Heldelin schreibet.

Der Vogel Crex genannt/und der Storch sind Feinde. Wann er Junge hat verfolget er auch den Adler und andere Raubvögel. Wann er aber ihnen nicht starck genug ist/ ruffet er andern Störchen mehr herzu/die dann wieder sie streiten / wie Albertus sagt. Die Speckmauß und der Storch sind auch Feinde/dann sie macht allein mit ihrem berühren deß Storchen Eyer unfruchtbar/ wo er nicht Dattellaub in sein Nest legt/als vor welchem die Flädermäuß ein groß abscheuen haben.

Was von diesem Vogel ausser und in der Artzney dem Menschen nützlich seye.

Wann man den Storchen und Kränchen die längsten Federn abschneidet/ und sie einschliesset/ lernen sie unter dem zahmen Haußgevögel gewohnen/wie Gyb. Longolius bezeiget. Welcher zu Nacht/ wann er schläffet/ gifftige Thier fürchtet/der sol bey ihm Pfawen und Storchen erhalten.

Der Storch wird im Gesetz unter die unreine Vögel gezehlt. Den Störchen hat man vor Zeiten zu der Speiß gebraucht:jetzt aber wil niemands den Storchen berühren/ ich wil geschweigen/essen/ wegen der Nahrung so er braucht. Sein Fleisch ist fast wie der Kreyen/Kränche/schreibt Platina. Er heisset auch diesen Vogel sieden. Junger Storchen Fleisch ist zart und feucht. Die Storchen werden zur Speiß nicht gelobt/wie Tragus lehret.

Wann ein Storch ein mal im Jahr von einem gessen wird/im Anfang deß Frülings ehe dann sie hinweg fliegen/wird es denselben gesund und schadloß behalten/so viel die Geleich und Sennadern antrifft. Dann das Podagra, Ziperlein/ Lendenwehe/ wird damit vertrieben/wie Kiranides sagt. Wann du einen jungen Storchen in einem unverglessürten Hafen verschlossen/ zu Pulver brenneft/ so wirst du dieselbige Aschen zu einem Augensälblein und bösen Gesicht brauchen/auch zum gähen Fluß derselbigen. Pelagonius braucht für alle Kranckheiten/ oder allein für die Pestilentz das Pulver von einem jungen Storchen/ so noch nicht auß geflogen/nach dem er denselben in einem jrrdenem Hafen wol verstopfft/und also lebendig darein gethan/in einem Ofen zu Aschen gebrennt/ und wol gepülvert in einem gläsernen Geschirr gehalten/und wann es von nöthen ist einen Löffel voll darvon genommen/ und mit Wein einem Thier in Schlund geschüttet/ biß daß es gesund wird/wie Vegetius schreibt. In eines jungen Storchen Bauch so noch nicht flick worden/stoß Campher mit einem Quintlein Amber/und ziehe mit distilliren das Wasser darauß/ also/ daß

Von dem Storchen.

daß du die Geschirr darein das Wasser laufft/ drey mal enderst: dieses Wasser reiniget das Angesicht/ und machet es schön/ bevorab aber das letzte/ wie Andreas Furnerius bezeugt. Ein gar nützlich Oehl die lame Glieder damit zusalben/ wird von Leonello Faventino also beschrieben: Ein Storch außgenommen und geropfft/ sol mit einem guten Theil deß gemeinen Oehls gekochet werden/ biß sich das Fleisch von den Beinen scheelet/ darnach sol auch das Fleisch zerstossen/ allein und für sich selbst eben in diesem Oehl gekocht und außgedruckt werden. Dieses Oehl behalt/ dann es hat eben den Brauch wie das Natter-Oehl zum Schlag. Ein anders für die obgenannte Kranckheit: Einen jungen Storchen/ nachdem du ihm den Schnabel unter einen Flügel gestossen hast/ solt du ersticken mit einem Pulver auffgelegt/ und wann du ihn klein zerschnitten hast/ so ziehe das Wasser durch ein Rosenalembic darauß/ und wasche zuvor die lahme Glieder mit Krebsbrühe ohn Saltz/ darnach bestreich sie mit dem gebranten Storchen-Wasser/ und dieses thue in zeit lang je eins umb das ander. Man sagt daß etliche so gantz contract, hinckend und lahm gewesen/ darvon wiederumb gesund worden seyen/ dann es streckt und schlichtet die Sennadern. Nimm von einem lebendigen Storchen alle Sennadern auß den Füssen/ Beinen und Flügeln/ so wirstu damit das Podagra oder Zipperlein heilen/ gleiches an gleiches gebunden/ wie Kiranides sagt. Ein natürliche Artzney für die Fistel der Füsse/ gantz berühmt und vielfältig bewehrt: Nimm Sennadern von einem Waldesel/ von einem Eber/ und von einem Storchen/ und wann du Seyten oder Schnürlein darauß geflochten hast/ so binde die rechte dem Krancken an seinen rechten Fuß/ die lincke an den lincken/ so wirst du den Schmertzen vonstund an hinweg nehmen. Wann aber der Schmertz gestillet ist/ so binde sie nicht mehr an/ sondern wann du den Schmertzen wiederumb befindest/ so wirst du dich verwundern daß weder Schmertzen noch eine andere Gefahr hernach folget. Etliche verwickeln deß Storchen Sennadern nicht mit andern/ sondern sie behalten dieselbe/ und verwickeln sie in ein Meerkälberhaut/ und binden sie insonderheit mit Seyten an die zugeflochtene Storchen-Nerven darüber/ nach obgenannter weiß/ die lincken über den lincken Fuß/ die rechten über den rechten/ wann der Mond im Niedergang ist/ oder in einem unfruchtbahren Zeichen/ und in den Saturnum gehet/ wie Trallianus schreibet.

Der Storchen Magen ist für allerley Gifft dienlich/ sagt Plinius. Das innere Häutlein darvon/ in Wein gewaschen/ am Schatten getrucknet und zerstossen/ wird mit Wein so mit Meer-Wasser vermischt worden/ wie

Zweyter Theil.

der alles Böse und tödliche Gifft getruncken/ wie Kiranides bezeuget. Etliche sagen/ daß deß Storchen Magen oder sein Hirn/ mit gewässertem Wein vermischt/ zwey Spicanardenkörnlein darzu gethan/ und getruncken/ von stund an allerley Gifft benehme. Die Geissen und Schaff wird die Pestilentz nicht ankommen/ wann du von einem gepülverten Storchenmagen/ mit Wasser vermischt/ einen Löffel voll nimmst/ und einem jeden Schaff einen einschüttest. Dieses Pulver in Wasser zertrieben/ und einem Hund eingossen/ bewahret ihn vor der Pestilentz. Dieses thut auch die gesottene Brühe von diesem Magen in seinen Schlund geschüttet. In Wein gekocht und über gelegt/ heilet die spitzige Geschwür. Sein Eingeweyd gessen/ heilet das Krimmen und Nierenwehe. Die Gall auffgestrichen schärfft das Gesicht. Storchenkoth mit Wasser getruncken/ heilet die fallend Sucht. Dieser sol auch für das schwere Athemen dienen. Galenus sagt/ daß nichts von diesen Dingen zu halten sey/ wie auch von dem/ so vom Kautzenblut/ Menschen-Harn/ und andern dergleichen wüsten Dingen geschrieben wird. Eine erfahrne und bewehrte Salb für das veraltete Podagra dienlich: Nimm ein Viertheil Storchenkoth mit einem Theil alten Schmeer zerstossen/ und streich es darauff/ brauch es/ und offenbare dieses niemand: dann es hat vielen geholffen/ wie Aetius meldet. Andere nehmen darfür Storchenkoth und Schweinenschmaltz/ eines jeden ein halb Pfund. Andere heissen diesen Mist auß deß Storchen Nest/ dieweil er Junge hat/ nehmen/ gar alt Schmeer darunter mischen und für daß Podagra überstreichen/ wie Kiranides lehret. Storcheneyer in Wein zerklopfft/ schwärtzet das Haar/ man muß aber mit einem Teig die Stirn un Augen bedecken/ damit nicht diese Feuchtigkeit darein fliesse. Das ein geduncktes Haar sol gezwaget und mit blaw Lilienöhl geschmieret werden/ oder mit Baumöhl auß unzeitigen Oliven/ in welchem Bären oder Eberschmaltz zerlassen sey/ sagt Kiranides.

Von dem Gebrauch deß Storchens schreibet Becherus folgende Reimen.

Es flieget auch herbey das rechte Sommer-Thier/
Der Storch der ist darinn nicht die geringste Zier/
Fünff Stück er giebet/ die dem Menschen nützlich seyn/

1.   2.   3.   4.   5.
Gall/ Magen/ Fett und Koth/ er selbst tritt gantz herein.

T

1. Die Storchen-Gall ist in den Augenschmertzen gut/
Derhalben man darin sie auch gebrauchen thut.
2. Den Magen trucknet/ und alsdann zum Pulver reibt/
Nehmts ein/ dann er das Gifft verjaget und vertreibt.
3. Deß Storchen Fett erweicht/ durchtringt/ es lindert auch/
Es ist im Podagra deßwegen im Gebrauch.
4. Im frischem Wasser nun den Koth bald eingenommen/
Ist denen Menschen gut/ die da das Gicht bekommen.
5. Man thut den Storchen auch/ zu zahrten Pulver machen/
Nehmts ein/ es hülfft in Pest und in dergleichen Sachen.

Von dem schwartzen Storch.

Ciconia nigra.

Man findet auch Störche/ sagt Albertus, die auff dem Rucken gantz schwartz sind/ und am Bauch weißlich/ aber diese leben nicht bey den Wohnungen der Menschen/ sondern in den Wildnussen bey den Pfützen. Wir nennen diesen Vogel einen schwartzen Storchen/ so offt im Schweitzergebürg/ umb Einsidlen/ Lucern/ bey dem Fluß Töß/ und anderswo gefunden wird. An der From/ Gestalt und Grösse hat er vom gemeinen Storchen keinen Unterscheid. Er nistet auff den Bäumen/ sonderlich den Tannen. Wann er einen krummen Schnabel hätte/ so zehlte ich ihn unter den Vogel so Ibis genennt wirdt/ von welchem droben gesagt worden/ dieweil aber der Schnabel gerad ist/ hab ich ihn wollen unter die Störche setzen. Der schwartze Storch/ welchen D. Geßner gesehen hat/ und im Anfang deß Herbstmonats jenseit dem Albisberge/ nicht weit von Zürch gefangen worden/ war also gestaltet: Der Rucken schien von weitem gantz schwartz: wann du aber ihm nahe warest/ war er als der Gysitz oder Waldraab gefärbet/ an welchen die schwartze Farb eygentlich besichtiget/ mit etwas lichtblaw/ grün/ und ein wenig roth vermischet ist. Der Bauch und die Seiten unter den Flügeln sind weiß. Deß gantzen Vogels Länge von Anfang deß Schnabels biß zum Außgang der Füsse gemessen/ war sechstehalb Spannen. Der Schnabel war groß und starck/ braunroth/ als auch die Bein und Füß. Die Länge deß Schnabels von den Federn biß zum Außgang gemessen/ acht Zoll lang. Die Augē umbgab ein roth Häutlein/ rund/ wo es nicht hinden und vornen eckicht wäre. Der Halß ist bey nahe ein Schuch oder vierzehen Zoll lang. Ein Flügel hat an der Länge vier Spannen wann er außgestreckt/ und biß zu euserst an die längste Federn gemessen wird. Der Schwantz ein Spann/ wie auch der obertheil deß Beins biß auff die Knie gemessen/ der Untertheil aber biß auff die Füß ist etwas kürtzer. Der Leib zwischen dem Halß und Schwantz ist drey Viertheil lang. Der Rucken und die Brust sind etwas breit/ fast wie an der Ganß. Die Zeen sind zertheilt/ doch hattē die zu hinderst kleine Häutlein/ sonderlich zwischen den zwo längsten. Die mittelste Zee war 5. Finger lang/ die Zunge sehr kurtz. Sein gantze Schwere war sieben oder achtalb Apotecker-Pfund schwer. Die längsten Schwingfedern waren schwartz als die andern. Da die Flügel an den Leib gewachsen sind/ war ein länglichte Höle hindersich gebogen. Der vorder Theil der Flügel-Federn verbarg sich unter den Hindern. Die Eingeweyd waren durch einander gewickelt. In der auffgeschnittenen Diechen oder Schenckel habe ich vierzehen Sennadern gefunden/ so all an der Grösse einen Unterscheid hatten/ auß welchen die zwo breiteste in dem kröspelichten Theil deß Knies an beyde Seiten giengen/ sechs andere waren kleiner/ und drey gar klein. Zu letzt die drey so auf dem ebenern Theil lagen/ waren etwas grösser als die kleinsten. Die Gall war grün. Im Magen war eine Materi, Kohticht wie Kumist/ und darunter etliche überbliebene Stücke von Käfern oder Hewschrecken/ nemlich die Köpff und Flügel/ deren etliche unterschieden waren/ wie die Rinde am Katzenschwantz oder Schafften heu. Auß welchem man abnemmen kan/ daß er von dem Kraut/ und denē Ungezieffern so mit einer Krust bedeckt sind/ lebt. Er klappert mit dem Schnabel wie die anderen Störche. In der Speiß wiltzet er/ und fischlet sehr. Es bedünckt mich/ daß man ihn vorhin sieden solle/ und darnach erst braten/ und mit Specereyen spicken. Sein Fleisch ist etwas weniger roth/ als deß Salmens/ wie auch sein Schmaltz. Sein

Von den Storchen. 147

Zweyter Theil. T ij

Geßneri Thierbuch.

Sein Fleisch hat mich süß und wohlgeschmackt bedunckt. Die Haut ist zeher/und riecht starck/dann man ihm solche besser abziehet/und alsdann wird man vielleicht deß vorgemelten Siedens nicht bedörffen. Von den Läusen wird er geplaget.

Von dem Straussen.
Struthocamelus.

Von dem Straussen.

Von der Gestalt dieses Vogels/ und wo er am meisten zu finden.

Den Griechischen Nahmen dieses Vogels haben auch die Lateiner behalten/ und ihn Struthocamelum genennt/ vielleicht darumb weil er wegen der Länge seines Halses und seiner Beinen den Camelen änlich ist. Auff Italianisch heisset er Sturzzo; Frantzösisch Austruche; Spanisch Avestruz; Polnisch Strus; Wendisch Pstros; Ungarisch Ztrucz madar; Engländisch Ostriche; Auff Teutsch wird er ein Strauß oder Struuß genennt. Der Strauß ist (wie die Flädermauß) theils einem Vogel/ theils einem vierfüssigen Thier änlich. Dann er als ein Vogel Federn hat/ und als ein vierfüssig Thier/ nicht fliegt/ er hat auch nicht Federn so zum Flug füglich seyn/ als welche dem Haar nicht so gar ungleich: er hat auch als ein Thier Augbrawen/ von Haar über seinen Augen/ er ist darzu glatzigt an seinem Kopff und obern theil deß Halses: unten aber wird er als ein Vogel mit Federn bedeckt. Zwen Füß hat er wie ein Vogel/ doch sind dieselbe in zween Theil zertheilt wie der vierfüssigen Thiere/ dann er keine Zeen/ sondern eine zerschnittene Klawe hat/ Grösse halben ist er auch mehr ein vierfüssig Thier/ dieweil die Vögel sonsten nicht so gar groß sind/ dann eine grosse Last kan sich nicht leichtlich von der Erden heben/ wie Aristoteles meldet. Die Sträuß sind die grösste unter allen Vögeln/ dann sie höher als ein Reuter so auff einem Pferd sitzet: mit Geschwindigkeit aber übertreffen sie denselbigen. Ihre Klawen sind den Hirschklawen änlich/ oder deß Wieders/ und also formiert/ daß sie Stein damit auffheben können/ welche sie dann in der Flucht gegen den nachjagenden werffen/ wie Plinius schreibet. Diese drey Thier werden auß den kleinsten Thierlein die aller grösten: unter den Wasserthieren der Crocodil/ unter den Vögeln der grosse Strauß/ unter den vierfüssigen der Elephant. Des Strausens Rücke ist so breit/ daß ein saugend Kind/ oder wie etliche sagen/ auch ein grosser Mann darauff sitzen kan. Seine Bein sind hoch wie deß Camelthiers/ mit viel Schuppen bedeckt biß an die zwo harte Kniescheiben hinauff. Seinen Kopff streckt er hoch auff/ und dieser ist klein: der Halß aber groß und lang/ und himmelblaw/ die Augen sind groß/ der Schnabel kurtz und spitzig/ der Pflaum gantz lind. Der Strauß hat auch für andern Vögeln allenthalben gleiche Flügelfedern. Cardanus sagt/ daß sein Halß/ Schnabel/ Augen/ Kopff/ der Ganß nach ihrer Proportion und Grösse änlich seyen. Der Schwantz und die Flügel sind mit viel gefärbten Federn/ als mit blawen/ rothen/ schwartzen/ und grünen gezieret/ und hat kein Vogel schönere und lustigere Federn/ darumb bekrönen die Kriegsleut mit keinen andern sonst ihre Helm und Sturmhauben. Der Leib wird mit wenig Federn/ die Bein aber noch mit wenigern bedeckt/ also/ daß sie einen fast als eines Menschens / und nicht als Vogels-Bein bedüncken/ dann sie an Gestalt und Grösse/ und daß sie weiß und ungefedert sind/ deß Menschen Schenckel gantz änlich scheinen. Die Füß sind getheilet wie deß Ochsen: die Bein aber sind wie der Gänse Bein formirt/ er hat darzu Augbrawen wie der Mensch. Dieser Vogel (spricht Albertus) ist hoch von den Füssen biß auff den Rücken gemessen/ nemlich auff die 5. oder 6. Schuch/ und hat einen sehr langen Halß/ darzu einen Gansßkopff und Schnabel/ welche gegen der proportion deß gantzen Leibs zu rechnen zimlich klein sind. In der Jugend ist er im ersten Jahr aschenfarb/ graw/ voller Federn/ wol bekleidet allenthalben/ doch mit weichen und nicht starcken Pflaumfedern. Deß andern Jahrs und hernach läst er allgemach an den obern Schenckeln/ am Kopff und Halß/ die Federn gar fallen/ also/ daß man die blosse Haut an solchen Orthen siehet: welche aber sehr starck und dicke ist wie die Klätte/ alsdann werden ihm die Federn auff dem Rucken gantz schwartz/ und sind wie Wolle zu streichen. Er hat ein kleines Beinlein unter seinen Flügeln/ mit welchem er sich sticht / wann er zornig wird: an der Brust aber ein groß breit Bein/ zu dem Schirm seines Leibs ihm von der Natur gegeben. Viel Stück (wie droben gesagt) werden den Gänsen verglichen/ allein daß sie grösser sind. Einer so unser Abconterfeytung gesehen/ sagte daß der Schnabel breiter solte gemahlet sein/ bey nahe wie der Ganß/ und die Füß mehr zertheilet/ wie deß Kalbs/ darzu kürtzer und breiter. Andere so diesen Vogel gesehen haben/ die mögen darvon urtheilen/ dann ich habe ihn noch nie gesehen/ sagt D. Geßner. Der Strauß wird in dem Theil Africæ, da es nimmer regnet/ gefunden/ darzu in Arabia und Morenland. In unser Land werden sie auch zuweilen gebracht/ da man sie umb Geld sehen lässet.

Von der Speiß und Nahrung dieses Vogels.

In dem auffgeschnittenen Straussen Magen/ wann man den Unflat darvon gethan/ findet man Stein/ welcher nach dem er sie gefressen hat/ ein zeitlang im feisten Darm/ nicht weit vom Netz behelt/ und verdäwet/ wie Ælianus sagt. Er sol auch Eisen verdäwen

wen/weil er einen hitzigen und dicken Magen hat. Der Strauß verdäwet alles das so er ohn allen Unterscheid isset/ als Eisen/ und gantze Bein von einem Hammel sagt Sylvius. Von diesem Vogel (spricht Albertus) sagt man daß er Eisen fressen und verdäwen könne: aber solches hab ich noch nicht erfahren/ wiewol ich viel mal den Straussen Eisen für geworffen/ haben sie es doch nicht wollen fressen/ oder in sich schlucken: aber grosse Bein in kleinen Stücklein zerschlagen/ und harte Kißelstein haben sie verschluckt. Dieweil dieser Vogel einen kleinen Kopff/ und fast kein Hirn hat/ so isset er ohn allen Unterscheid was ihm für kommt/ als Bein/Stein/ Tuch und anders dergleichen. Diese Ding aber bleiben gantz und unverdäwet in seinem Magen/ und wann er dessen zu viel gefressen hat/ bringen sie dem Thier eine Kranckheit oder den Todt: wie wir in den auffgeschnittenen dessen wargenommen haben.

Von der Natur und Eigenschafft dieses Vogels.

Seine Stimm hab ich nie gehört/ sagt Cardanus. Er kan seiner Schwere halben nicht wol fliegen: aber mit auffgereckten Flügeln läufft er wie ein Roß: ja so schnell/ daß er darinn auch einem fliegenden Vogel nichts vorgibt. Er kämpfft mit seinen Füssen/ mit welchen er auch die Menschen zu Boden wirfft. Sie sagen auch daß er mit einem Aug den Himmel/ und mit dem ander das Erdtreich ansehe. Sie thun sich offt zusammen/ und haben viel Saamens wie die Hüner und Rebhüner. Er machet ein niedrig Nest auff dem Boden in den Sand mit seinen Füssen/ also/ daß es in der mitte holl seye/ den umbkreiß machet er hoch/ und umbgiebt es wie mit einer Mauren/ damit die erhöhete Schutzwehre den Regen abtrage/ und die Jungen nicht hinauß fallen. Er legt mehr als 80. Eyer/ die Brüten sie aber nicht alle auff eine Zeit auß/ sondern etliche schliessen bald herfür/ andere werden in dem Ey formirt und Gestaltet/ andere werden noch weiter gebrütet/ wie Aelianus sagt. Sie sind auch nicht alle fruchtbar/ darumb sondert der Vogel die fruchtbaren und unfruchtbaren von einander/ und brütet allein die fruchtbaren auß/ die unfruchtbaren aber gibt er den außgeschlossenen Jungen zu essen. Seine Eyer sind groß/ hart/ und gleichsam mit einer steinern Krüste oder Schal umbgeben. Carpanus sagt/ daß sie einem Kindshaubt änlich seyen/ rund/ und wann sie alt worden/ scheinen sie den Helffenbein gleich. Der Strauß (sagt Albertus) legt seine Eyer im Hewmonat/ und verbirgt dieselbe im Sand/ welche von der Hitz der Sonnen außgeheckt werden/ wie auch viel anderer Thiere Eyer.

Darumb wann der Strauß seine Eyer gelegt hat/ kommt er nicht wieder zu ihnen/ dann dieweil er nackend und bloß/ kan er sie nicht außbrüten/ wiewol er sie an einen besondern Orth legt/ und sie unterweilen besiehet/ daher der gemeine Wahn kommen/ daß der Strauß seine Eyer mit seinem scharffen Gesicht außhecke/ welches aber nicht war ist. So bald sie auß dem Ey kommen/ können sie selbsten essen/ wie Cardanus schreibet. Man sagt von diesem Vogel das die Eltern allezeit fliegen/ und ihre Jungen verlassen welche dann vor Hunger weinen und heulen/ auff welches dann die heilige Schrifft viel mal redt/ als Mich.1. Job.39. Der jenige welchen ich gesehen hab (spricht Cardanus) der war zam und gütig/ die übrige Sitten kan ich nicht wissen. Er ist so Thöricht daß er seinen Halß verbirgt in die Hecken oder Graß/ und also vermeint er habe die Breite seines gantzen Leibs verborgen/ wie Plinius sagt. Der Strauß hasset von Natur das Pferd/ und verfolget es wunderbarlich/ das Pferd hasset ihn auch so feindtlich/ daß es ihn nicht mag ansehen.

Wie dieser Vogel gejagt oder gefangen werde.

Den Arabischen Straussen hat niemand können fangen/ und die Reuter so ihm nacheileten/ liesen bald nach: dann er führet sie mit seiner Flucht weit hinweg/ da er seine Flügel als ein Segel auffrichtet/ schreibt Xenophon. Man kan ihn nicht wie andere Vögel mit Kläb/ oder Rohren/ sondern mit Pferden/ Hunden und Garnen fangen. Wann er im Lauff ermüdet ist/ wird er von den Reutern gefangen/ dann er Laufft ringsweis herumb. Die Reuter aber brechen ihm seinen Kreis/ und fangen ihn also. Er wird auch auff die nachfolgende Weis gefangen: Wann er nach vorgesagter Weis brütet/ so steckt der Jäger allenthalben spitzige eiserne Zincken umb sein Nest/ denn verbirgt er sich/ und erwartet des Fangs. Der Straus aber aus inbrünstiger Liebe so er gegen seine Jungen trägt/ kommt von der Weyd/ und begehrt bey seiner Zucht zu wohnen/ und siehet stets ehe dann er ins Nest gehet umb sich/ ob ihn jemand sehe/ darnach fähret er mit zerthanen Flügeln/ auß grosser Liebe/ ober gleich das glantzende Eysen siehet/ zu seinen Jungen. Also wird er mit den eisern Spitzen durchstochen/ und jämmerlich getödtet und umbbracht. Der Jäger aber gehet herzu/ und fänget die Mutter/ sampt den Jungen. Etliche Völcker in Morenland gegen Mittag gelegen/ werden Struthophagi, das ist/ Straußfresser genannt/ bey welchen ein Vogelgeschlecht gefunden wird/ welches auch in etwas eine Vergleichung mit den jrrdischen Thieren an sich hat/ daher sie Hirschvögel sind genennt

Von dem Straussen.

genennt worden. Dann sie sind in der Grösse eines Hirschen/ mit einem langen Halß/ꝛc. Und können wegen ihrer Schwere nicht hoch fliegen/ aber schnell lauffen/ sonderlich wann der Wind wehet/ von welchem sie mit außgespannten Flügeln/ als einem Segel/ getrieben werden. Sie werffen die Jäger mit Steinen/ welche sie in ihre Füß genommen. Wann der Wind still ist/ und sie weder fliegen noch lauffen können / werden sie gefangen.

Was ausser der Artzney von diesem Vogel dem Menschen nützlich seye.

Die Araber brauchen die Häut von diesen Vögeln für Brustharnisch und Streitschild in den Kriegen. Die Moren essen das Fleisch / die Häut aber verkauffen sie sampt den Federn sehr theuer. Die Türcken ziehren ihre Hüt und Helm mit diesen Federn / heutigs Tags erhalten sich Leute von diesem Gewerb / da sie nemlich die Staußfedern zurüsten und bereiten. Diese Eyer mitten von einander zerschnitte/ geben gute Trinckgeschirꝛ. Man pflegt sie in die Kirchen auff zu hencken/ dann sie dauren lange Zeit/ weil sie hart sind/ und daß sie/ wann die Feuchtigkeit darauß kommen/ gantz Beinern werden/ sagt Cardanus. Straussenharn löschet die geschriebene Buchstaben von schwartzer Dinten/ wie Hermolaus sagt: gleich als ob irgend ein anderer Vogel mehr harne ohn die Speckmauß.

Der Strauß als ein unreiner Vogel wird zur Speiß verbotten/ Levit. 11. Deut. 14. Die Moren essen die Sträuß so sie gefangen haben/ wie Bellonius sagt. In einen gesottenen Straussen: Pfeffer/ Müntz/ gebraten Kümmel/ Eppichsaamen/ Dattelkern/ Honig/ gesottenen Wein/ Schmaltz/ und ein wenig Oehl/ siede das Fleisch damit in einem Hafen/ bestreich es mit Ammelmehl/ zerleg also die Theil vom Straussen in einer Schüssel/ und spreng Pfeffer darauff/ wie Apicius lehret. Oder thu Pfeffer/ Liebstäckel/ Thym oder Saturei/ Honig/ Senff/ Essig/ Schmaltz und Oehl darzu. Deß Straussen Fleisch ist das gröbste unter allen andern Vögeln/ derhalben schwerer und böser Däwung/ wiewol etliche Aertzt ihr Fleisch höchlich gepriesen haben/ daß es nemlich hitzig und fett sey/ Lust zu essen bringe/ den Leib stärcke/ und gute Nahrung gebe/ wanns es verdäwet worden. Heliogabalus hat auff ein Zeit sechs hundert Straussenhäupter fürgestellt/ die Hirn darauß zu essen. Brasavolus sagt/ daß er an den Strausseneyern/ so er gessen/ einen guten Geschmack befunden habe. Hennen und Fasaneneyer sind die beste/ der Gänse aber und Straussen die schlimmste/ wie Galenus bezeuget. Die Gänß und Strausseneyer sind auch die truckneste. Strausseneyer sind auch dick und schwerer Däwung/ wer sie aber essen wil/ sol allein den Dotter geniessen/ wie Tacuinus sagt.

Was von diesem Vogel in der Artzney den Menschen nützlich seye.

Die obgenannte Stein/ so man in deß Straussen Magen findet/ sollen dem Gesicht dienlich seyen / oder/ wie andere lesen/ die Däwung befürdern/ wie Aelianus schreibet. Galenus sagt / daß man deß Straussen Magen vergebens zumesse daß er die Däwung befördere. Man legt ihre Häut sampt dem linden Pflaum wohl zubereitet auff den Magen die Däwung damit zu befördern/ dieweil er auch alle Ding verdäuen kan. Der Straußmagen/ wie auch anderer Vögel/ heilet den Bauchfluß; er soll aber/ wann kein Fieber darbey ist / in Wein eingenommen werden/ wäre aber ein Fieber darbey/ so muß es in Wasser geschehen/ wie Galenus sagt. Das innere Häutlein von diesem Magen eingenommen/ ist den Magensüchtigen gut/ und zertreibet den Stein. Deß Straussen Schmaltz und Nerven sind auch deß Menschen Sennadern dienlich / sagt Aelianus. Dieses Schmaltz ist alleweg kräfftiger als der Gänse. Man vermengt es unter die Salb/ so zu den verharteten Geschwulsten dienlich ist. Diese Eyer übergestrichen / heilen das Podagra, wie Kiranides bezeuget.

Weiters reimet Becherus von dem Gebrauch deß Straussen also:

Der Eyerschlucker kompt/ der grosse Vogel
Strauß/

1. 2.

Er giebt sein Fett / wie auch das Magen-
Häutlein rauß.

1. Man schmiert sich mit dem Fett/ es dienet
in dem Stein/
2. Das Magen-Häutlein pflegt darvor auch
gut zu seyn.

Geßneri Thierbuch.
Von dem Dorndreher / und erstlich von dem Aschenfarben.

Lanius cinereus.

Von mancherley Gestalt dieses Vogels.

Doctor Geßner hat diesem Vogel den Lateinischen Namen darumb gegebē / weil er andere Vögel / so nicht allein kleiner / sondern auch grösser sind als er / zerzerret und zerreisset. Zu Teutsch wird er Dorndreher und Dornkrätzer darumb genennt / weil er die Käfer oder Vögelein / so von ihm gefangen worden / an einen Dorn stecket / und daran

Von den Dornträhern.

an umbdrehet und ertödtet. Deßgleichen wird er ein Neuntödter und Neunmörder geheissen/ weil er alle Tag neun Vögel tödten soll. Umb Freyburg nennt man ihn einen Waldhäher oder Waldherr. In Engelland (sagt Turnerus) wird er selten/ aber in Teutschland offt gesehen. Die Italiäner nennen ihn Gaza sperviera, weil er mit Rauben deß Sperbers Arth und Natur an sich hat. Deßgleichen Regestola falconiera. Auff Frantzösisch heisset er Pie escrayere, pie ancrouelle; und auff Türckisch Gezegán. Turnerus verneint/ daß dieses der Tyrannus Aristotelis seye/ welcher nicht viel grösser seyn solle als eine Heuschrecke/ uñ ein roth Straußlein auff seinem Kopff haben/ darumb nennet er ihn aber also/ weil er als ein Tyrann wider andere Vögel wüten sol. Die Cölner machen drey Geschlecht dieses Vogels. Den ersten nennen sie den grossen Neunmörder/ welchen die Engelländer an Shric heissen/ und dieses mag wol der Molliceps Aristotelis seyn/ der ist so groß als der Staar/ seine Farb zieht auff blau-aschenfarb/ oder graublau. Das ander Geschlecht ist diesem gleich von Farb/ aber nicht grösser als ein Spatz. Dieses tobet auch wider andere Vögel. Das dritte Geschlecht/ welches der Tyrannus Aristotelis ist/ ist ein Vögelein/ etwas grösser als das Königlein/ mit einem rothen Sträußlein bekrönet/ und den obgenannten Geschlechten (wann man den Weydleuten glauben darff) mit Morden und an Gestalt nicht ungleich. Das andere und dritte Geschlecht hat man bißher in England nicht gesehen/ das erste aber/ ob es gleich weniger bekant ist/ nennen es doch etliche Shric. Das erste Geschlecht unter den obbeschriebenen/ ist unser Dornträher/ in der Grösse einer Amsel/ oder fast deß Krametsvogels. Das andere Geschlecht heissen unsere Leut den kleinern Dornträher/ welcher an Gestalt/ Farb und Eigenschafft dem vorigen gleich/ aber nicht grösser als ein Finck oder Spatz ist. Das dritte nennet Turnerus ein Goldhänlein/ aber nicht recht/ dieweil dasselbig nicht auß diesem Geschlecht ist. Ich hab zwar in Italien das kleinste Geschlecht dieser Vögel gesehen/ welches roth auff seinem Kopff/ am übrigen Leib aschenfarb/ zart und lind anzugreiffen/ und in der Speiß sehr gesund ist. Dieses sind aber nicht die/ so Goldhänlein genennet werden.

Die jenige sind auch etwas grösser als die kleinste Dornträher/ so in Italia zu Ferrar Vers oder Verle genennt werden/ und am Schnabel/ Beinen und Farb den grossen Dornträhern gleichen; wie auch die so Cafazui heissen/ welche halb so groß/ röther auff dem Rücken/ an der Brust getheilt/ sonst ihnen gleich sind.

Zwenter Theil.

Der Vogel/ welcher zu Teutsch nicht vergebens ein Neunmörder gennenet wird/ ist also gestaltet: An der Grösse ist er der Winselänlich/ welcher von weitem gantz aschenfarb scheinet/ wann man aber nahe zu ihm kommen/ ist die Käl/ die Brust uñ der Bauch weiß/ von den beyden Augen biß an den Halß ist ein langer schwartzer Fiecken/ welcher sich etwas überzwerch streckt. Sein Kopff ist so groß/ daß er einem Vogel/ so noch dreymal grösser/ (wann allein der Schnabel grösser und länger wär) füglich genug wäre. Der Schnabel ist schwartz/ und ziemlich kurtz/ zu euserst gebogen/ aber sehr steiff und starck/ also/ daß er mir einsmahls meine Hand/ welche mit einem zwyfachen Handschuch verwahrt gewesen/ verwundet hat/ daß er auch damit alle Bein und Köpff der Vögel geschwind zerbeissen und zermalen kan. Beide Flügel sind gantz schwartz/ ohn daß eine grosse schwartze Linie dieselbigen überzwerch hinüber zertheilt. Sein Schwantz ist wie der Atzel gestaltet/ nemlich länglicht und getheilt. Seine Bein und Füß sind nach der übrigen Proportion seines Leibs sehr klein und schwartz/ die Flügel kurtz/ sein Flug/ als wañ er über sich und unter sich sprunge/ also schreibt Turnerus. Er hat einen starcken Schnabel/ der gantz klein und rund ist. An den Federn ist er schwach/ aber starck in den Füssen/ wie Eberus und Peucerus sagen. Viel Flügelfedern sind unten weißlich/ die Schwantzfedern schwartz/ aber die eussersten an beyden Seiten weiß/ und das nicht nur auff eine weiß/ dann die erste unter den eussersten ist gantz weiß/ die ander etwas weniger/ die dritte noch weniger als die ander/ die vierte noch weniger/ also/ dz an beydē seitē unter den vier Federn die innere allwegen weniger weiß ist als die eusere: oben auff/ das ist umb den Bürtzel/ sind sie alle weiß/ welche Farb dann auch unten am Bauch/ und unten am Halß gesehen wird. Der Schnabel/ die Bein und Klawen glänztten von Schwärtze/ darzu ist der Schnabel krumm wie deß Sperbers/ der Obertheil daran ist sehr untersich gebogen / und macht zween Winckel an beyde Seiten / der Untertheil aber biegt sich etwas übersich. Der Schnabel ist inwendig roth/ die Zung wird zu ererst (wann ich nicht irre) in etliche kleine Zäserlein getheilt/ wie ich dieses selbst wargenommen hab/ sagt D. Geßner.

Von der Speiß und Nahrung dieses Vogels.

Der Dornträher lebt von den grossen Kefern/ darzu von den Pfeiffholtern und grössem Ungezieffer/ uñ nit allein davon/ sondern auch (wie der Habicht) von den Vögeln/ dann er tödtet Königlein/ Fincken/ und (wie ich

ich einsmals gesehen) Krammetsvögel. Es sagen auch die Weydleut/ daß dieser Vogel wilde Atzeln zuweilen umbbringt/ und die Wachteln in die Flucht treibe. Die Vögel so er tödtet und umbbringt/ die greifft er nicht tapffer mit den Klawen an/ wie die Habichte pflegen zu thun/ sondern listiglich fährt er ihnen an den Halß/ und druckt ihnen mit dem Schnabel die Hirnschalen ein. Die zerbrochene Bein aber frisset er/ und wann er Hunger hat/ frisset er so grosse Bein/ als sein enger Schlund immer fassen mag. Er könte auch ein Beinbrecher/ wie der so auß dem Adlergeschlecht ist/ genennt werden/ wann er desselbigen Grösse hette/ dann er an seiner Natur und Farb ihme sonst nicht ungleich ist. Er legt wieder anderer Vögel Gebrauch/ wann er einen grossen Raub bekomme/ etwas ins künfftige vor sich zurück. Dann er steckt die Fliegen/ und ander Ungezieffer/ so von ihm gefangen worden/ an die Dorn/ und läst sie also hangen/ wie Turnerus sagt.

Von der Natur und Eigenschafft dieses Vogels.

Unsere Dornträher wohnen stets in den dornichten Stauden und Büschen/ und wann sie sitzen/ richten sie ihren Schwantz auff/ nisten auch darinn/ und sitzen auff die oberste Zweige der niedrigen Stauden. Er soll alle Tag neun mal rasend werden/ alle Monat die S. Johannsplag haben/ darvon er als todt auff der Erden bleibt liegen. Alle Tag tödtet er etwan ein Thier/ nemlich Vögel/ Würm/ oder Raupen/ sonderlich die Haarichten/ welche sie an einen Dorn stecken. Sie singen mancher Vögel Gesang/ wann sie in den Hecken verborgen liegen/ damit sie die Vögel also herzu locken/ dann sonst können sie nicht wol fliegen/ darumb befleissen sie sich auch in der Lufft hoch zu fliegen/ über die Vögel so sie fangen wollen. Sie verhindern auch derselben schnellen Flug mit ihren krummen Rencken und hin und her fliegen/ biß sie müd von ihnen ergriffen werden/ und also fangen sie unterweilen Krammetsvögel/ und andere grosse Vögel. Sonst leben sie von den Fliegen.

Wie diese Vögel gefangen und gezähmet werden.

Sie werden leichtlich mit einem Vogel so in einem Kefich verschlossen ist/ gefangen/ dann sie fliegen auff denselbigen/ da dann der Schlag fällt/ und sie also gefangen werden. Sie werden zuweilen von Knaben wie die Habichte gezämet und abgerichtet/ damit sie Spatzen mit ihnen außnehmen können. Ich höre daß Franciscus, König in Franckreich/ einen abgerichten Dornträher gehabt habe/ welcher ihm zur Hand geflogen/ und von ihm zum Weydwerck gebraucht worden. Sie werden gar leichtlich zahm/ und mit Fleisch geätzt/ welches wann es trucken/ oder ohn Blut ist/ müssen sie zu Trincken darzu haben/ sagt Turnerus.

Was von diesem Vogel dem Menschen nützlich seye.

Hieronymus Bock schreibet/ daß man die Dornträher/ wie auch andere Raubvögel/ in der Speiß nicht geniessen solle/ wiewol das kleinste Geschlecht so auff seinem Kopff roth ist/ wie oben gesagt worden/ in Italia für gesund und gut gehalten wird.

Von einem andern grössern Dornträher-Geschlecht/ Warkengel genannt.

Laniorum genus maius.

Dieser Vogel ist den obbeschriebenen Dornträhern/ sonderlich den grössern/ gantz änlich/ doch ist er fast zwey mal so groß als die Amsel. Von Natur und Gestalt seines Leibs sind sie auch gleich/ allein daß seine Flügel roth sind. Zu Teutsch wird er umb Straßburg/ Franckfurt und anderswo ein Werkengel oder Warkengel genennt/ warumb/ weiß ich nicht. Albertus giebt diesen Nahmen den vorgenanten Dornkrätzern/ also daß dieser Nahm vielmehr ins gemein allen Geschlechtern/ als nur einem allein dienet. Der Warkengel (spricht Albertus) hat einen krummen Schnabel/ und keine krumme Klawen in welchem Geschlecht die gröste Art so groß ist als eine Amsel/ die kleiner aber nicht so groß als der Staar. Diese beyde sind aschenfarb/ und haben zween schwartze Flecken bey ihren Augen. Sie jagen kleine Vögel/ die sie mit ihrem Schnabel fangen. Albertus spricht weiter/ daß er auch Zeißlein fange. Unsere Dornträher fangen mancherley Vögel/ und nicht allein Zeißlein.

Es ist ein Raubvogel den Amseln verwand/ gantz schwartz/ singt sehr lieblich/ wormit er viel Vögel zu sich bringt und fänget. Welcher angebornē Natur dieser Vogel nit unwiß

Von den Dornträhern. 155

unwissend ist/ sondern er braucht dieselbige seinen Hunger damit zu stillen/ dann er belustiget sich selbst nicht allein mit seinem Gesang/ sondern er fänget andere Vögel/ so ihm nahen/ darmit. Wann einer aber diesen Vogel in einen Kefich verschliest/ hört er nit allein auff zu singen / sondern er rächet sich seiner Gefängnuß halben am Weydmann/ und schweigt gantz still/ wie Ælianns bezeuget. Dieses Geschlecht aber bedünckt mich unsern Dornträhern etwas verwandt zu seyn/ dieweil seine Natur/ Gattung zu jagẽ/ und sein Gesang denselbigen gantz änlich ist/ allein die schwartze Farb außgenommen. Bellonius sagt/ ich habe bey Gaza in Syria gelegen/ einen Vogel gesehen/ der nach meinem Bedüncken alle Vögel mit dem Gesang ubertroffen/ dieser wird von den Alten/ wann ich nicht irre/ Venatica, das ist/ Jagvogel genennt. Er ist etwas grösser als der Staar/ weiß am Bauch / und auff dem Rücken aschenfarb/ wie der Vogel Molliceps, von den Frantzosen Grosbec, vom grossen Schnabel genennt. Sein Schwantz ist schwartz/ welcher ihm für die Flügel hinauß gehet/ wie der Atzel.

Von etlichen kleinen Dornträhern.

Aldrovandus beschreibet unterschiedliche Arth kleine Dornträher/ und gedencket insonderheit daß dieser in Italien Buferta genennet werde. An dem Schnabel/ und obersten Federn der Flügel/ wie auch an dem Schwantz/ siehet er roth/ der Kopff oben und Rücken/ sind mit braunrothen Federn bedeckt / welche doch mit weiß durchmischet sind. Auff der Brust siehet er zwar weiß/ aber doch gleichfalls mit schwartzen Strichlein besprenget. Seine Füsse und Bein sehen aschenfarb.

Zweyter Theil. U ij Von

Von dem weissen Dornträher.
Lanius albus.

ALdrovandus schreibet / daß dieser Vogel dem aschenfarben Dornträher gantz gleiche / außgenommen daß er weiß seye / einen schwartzen Schnabel / schwartze Klauen / und gelbe Füsse habe.

Von einer andern Arth.
Lanius parvus alius.

Dieses Geschlecht nennen die Italianer Bufferlatto Maschio, und hat dieser Vogel einen kohlschwartzen Schnabel / auff dem Kopff und Halß siehet er aschenfärb / sich etwas auff blau ziehend. Auff dem Rücken und obern Theil

Von den Dornträhern. 157

Theil der Flügel siehet er dunckel-roth/ oder vielmehr Eisenfarb: unter dem Halß und auff der Brust ist er weiß/und hat schwartze Füsse.

Von dem Todtenvögelein.
Muscipeta.

ES wird bißweilen ein kleines Vögelein umb unsere Stadt gefangen/ das hat einen ranen Schnabel/ welcher gerad/ spitzig und schwartz ist; es ist kleiner als die Meiß/ und grau/ ohn daß es schwartzlichte Flügel/ Bein und Schwantz hat/ doch gehen mitten über die Flügel weisse Zwerchflecken/ und ist also gestaltet.

Unsere Weydleut heissen dieses ein Todtevögelein/ vielleicht darumb/ weil es zur Zeit der Pestilentz nahe bey der Statt gesehē wird; deßgleichen Fliegenstecherlein/ weil es allein von Fliegen lebt/ wie die Schwalben/ welchē dann sein Schnabel auch änlich ist. Es fliegt allzeit allein/ bewegt darzu stets seine Flügel/ und fliegt immerdar auff den Bäumen hin und her.

U iij Von

Geßneri Thierbuch.
Von dem Trielen.
Charadrius.
Von der Gestalt dieses Vogels.

Dieser Vogel wird zu Teutsch ein Triel oder Griel genennet. Auf Griechisch heisset er χαραδριός; Lateinisch Charadrius, Hiaticola; Italianisch Coruz. Ich habe diesen Vogel in Italia bey meinem Herrn/ der einen eine Zeitlang in seinem Hauß gehalten/gesehen. Er bedünckt mich sich etlicher massen auff deß Habichts gattung zu ziehen/ allein daß weder sein Schnabel noch seine Bein krumm sind: aber seine Federn sind wie deß Habichts oder Wannenwehers röthlicht/ am Halß/ Kopff/ und an der Brust gesprengt/ und eben am selbigen Ort gelbroth/ ohn daß der hinder Theil des Halses mehr auff graw zieht. Auff dem Rücken und Flügeln hat er etliche rothe Flecken/ sonst ist er an denen Orthen graw. Der Schwantz ist kurtz und schmal. Seine gantze Grösse ist gleich einer kleinen Hennen oder Taubē. Die Bein so zwo zwerch Händ lang/ sind gantz gelb/ an welchen die drey Zeen mit kurtzen Häutlein inwendig zusammen gefügt sind. Der hindern Zeen mangelt er/ wie der Trapp und Strauß. Die Klawen sind sehr kurtz und stumpff. Die Augen groß/ und den Stern darinn umgibt ein gelber Ring. Sein länglichter Schnabel ist vorn schwartzlicht/ hinden lichtgelb/ und also/ daß die eusserste Theil unten und oben in etwas kreutzweiß in einander geschrencket sind/ welches an der Figur nicht wol außgedruckt ist.

Von

Von den Tauben.

Von der Natur und Eigenschafft dieses Vogels.

Der Triel ist ein närrischer und dummer Vogel/ darumb man bey uns einen dummen Menschen einen Trielappen nennet. Wann er daheim eingeschlossen wird/ gehet er stets umbher/ zuweilen ringsweiß eine lange Zeit/ umb eine Seulen oder anders dergleichen/ zuweilen gehet er stracks für sich/ und wann ihm etwas in den Füssen liegt/ springt er ehe darüber/ als daß er vom Wege abweiche. Seine Augen schliest er nicht/ ob du ihm gleich die Finger darfür hältest. Er wird leichtlich zahm/ dann wann er frey auff dem Feld lebt/ fürchtet er den Menschen nit sehr. Er ist ein Wasservogel/ und hält sich auff den sumpfichten Wiesen/ und bey den Pfülen. Ich höre daß er sich einsmahls auff unserm See/ da derselbe gefroren gewesen/ mit den Händen habe fangen lassen. Zu Nacht fänget er Mäuß in den Häusern. In Niederland soll er gantz gemein seyn/ und zu Nacht hin und her schweiffen/ und eine Stimme gleich einer Pfeiffen außlassen. Es scheinet als ob er die Gelbsucht habe/ dieweil seine Bein überal/ der Schnabel und Kreiß in den Augen gelb sind/ darzu ist auch der Rücken überall bleichroth/ darumb kan er wol der Charadrius Aristotelis seyn. Procopius zehlet ihn unter die Nachtvögel/ als den Kautzen/ Uhu/ und Speckmauß/ weil er sich zu Nacht mehrentheils sehen läst. Sie liegen in den holen Löchern an dem Ufer der Flüsse und Wasserbächen verborgen. Er stirbt von dem Schwefel. Andere sagen/ daß er vom Kalck oder Gypß/ wann er denselben getruncken/ umbkomme. Es wird auch ein Vogel umb Coblentz Weicker genennet/ welcher Mäuß fänget/ daher er von etlichen ein Wieselein geheissen wird. Ob dieses unser Triel sey oder nicht/ kan ich nicht wissen. Unser Triel/ den wir im Hauß hielten/ war zu der Zeit/ wann sich das Wetter ändern wolte/ gantz unruhig.

Was von diesem Vogel den Menschen nützlich seye.

Im Gesetz Mosis wird dieser Vogel für unrein gehalten/ dessen Ursach gibt Procopius, weil er ein Liebhaber der Nacht seye/ wie der Kautz und die Speckmauß.

Der Triel benimbt die Gelbsucht/ wann er nur vom Krancken gesehen wird/ daher diejenige/ welche diesen Vogel verkauffen/ ihn verbergen/ damit der Krancke ihn nicht ersehe/ ehe dann sie ihm denselben verkauffet haben/ und also vergebens wiederumb gesund werden/ wie Euphronius bezeuget. Andere sagen/ daß er diese Krafft habe/ wann er in der Speise genützt worden.

Von den zahmen Tauben/ und insgemein von allem dem so zum Tauben-Geschlecht gehörig ist.

Columba.

Von mancherley Gestalt dieser Vögel.

Die Taube heisset auff Hebreisch יונה; Griechisch περιστερά; Lateinisch Columba; Italiänisch Colomba; Frantzösisch Colombe; Spanisch Palóma; Polnisch Golab; Wendisch Golub; Ungarisch Galamb; Türckisch Jugargen; Engländisch a Dove; und Niederländisch Duve. Unter dem Tauben-Geschlecht werden die zahme und wilde Tauben begriffen. Von den zahmen aber wollen wir erstlich sagen/ also/ daß wir insgemein alles das/ so zu dem gantzen Tauben-Geschlecht gehöret/ hieher setzen wollen. Die zahme Taub wird sonst auch eine Hauß-Taub/ und das Männlein für sich selbst ein Kauter oder Tauber genennet. Es sind auch zahme Schlagtauben/ welche auch Welsche Tauben genennet werden/ die haben gefederte Füß/ darumb sie etliche Reussische oder federfüssige Tauben heissen.

Die Tauben haben mancherley Farben. In Norwegen werden gantz weisse gefunden. In India sollen gantz Wachsgelbe seyn. Weisse Tauben sind eine lange Zeit in Griechenland unbekant gewesen. In Alexandria, Campania, werden sehr grosse Tauben gebohren. Deßgleichen in den Inseln so der Göttin Veneri vor Zeiten zugeeignet gewesen/ als in Papho, Cythera, und Sicilien, sind sehr viel Tauben/ sagt Plinius. In Asiam sind sie nachmahls auß andern Ländern geführet worden. Bey uns findet man gemeiniglich schneeweisse Taubē/ etliche sind gantz kohlschwartz/ andere aber haben weisse Köpf und Schwäntz. Also findet man gantz rothe/ so weisse Köpff und Schwäntz haben. Weisse/ so rothe Köpf und Schwäntz/ oder dieselbige schwartz haben. Andere sind überall blau/ od am Kopf und Schwantz etwan weiß. Item Meelfärbig uñ getrieft/ oder Sperberfärbig.

Uber

Eine gemeine Hauß-Taube.

Ube:

Von den Tauben.
Eine Hauß-Taube mit Federfüssen.

Uber dieses haben etliche breite/ schöne für sich gerichtete Sträuß auff ihren Köpffen/ welche man Cyprische nennet/ und für die edelsten gehalten werden. Andere haben gantz gefederte Füß/ biß auff die Zeen herfür/ welche man von ihrem Land her (wie vor gesagt) Reussische/ oder besser Englische Tauben nennet/ in der Grösse einer Lerchen/ gantz klein geschnäbelt. Es ist eine newe Arth zu Augspurg gesehen worden/ mit einem kleinen Schnabel/ wie der Finck. Die gemeine und schlechte Tauben von Farb werden bey uns/ Feldböck oder Feld-Ratzen genennet/ wie fast alle/ außgenommen die Cyprischen/ welche zuweilen nur ein Federlein schändet/ und ihnen ein Ungestalt und Mangel an den Farben bringet. Der Tauben Hälß glänzen von schönen Farben/

Zwenter Theil. X

ben/gegen der Sonnen gehalten/ob sie gleich in der Dunckle nur eine Farbe haben. Die Taub hat einen Kropff vor dem Magen/ welcher dann klein und zimlich rund ist. Der Tauben Magen ist auch sehr hitzig: Ihre Miltz aber so klein/daß man ihn kaum sehen kan. Das Geschlecht kan man nicht wohl vor einander erkennen/man sehe es dann inwendig im Leib. Etlichen wächst ihre Gall an den Magen/ etlichen aber an das Eingeweyd. Man sagt gemeiniglich/ daß die Taub keine Gall habe/welches doch Galenus für unwahr hält.

Von der Natur und Eigenschafft dieses Vogels.

Die Tauben sihet man Sommers- und Winterszeit. Die Tauben und Blochtauben haben die Eigenschafft/daß sie ihre Hälß/ in dem sie trincken/nicht auffrichten/biß daß sie genug geschluckt haben. Sie sitzt gern bey dem Wasser/damit sie den Durst lesche. Sie ist auch sehr außschweiffend/sagt Plinius. Auß Furcht nisten sie an hohen Orthen/damit kein schädlich Thier zu ihnen kommen könne. Die Tauben machen ein schwaches Nest/dieweil sie hitziger Natur sind/und derhalben der Wärme deß Nests nicht bedörffen. Sie betretten sich wie die Hüner/und fangen dieses an wann sie zween Monat alt sind/wiewol Plinius sagt/daß sie es erst nach fünff Monaten thun. Dieses ist auch ein besondere Eigenschafft der Tauben/ daß nemlich das Männlein das Weiblein nicht vorhin bedeckt/es habe dann das Weiblein vorhin geküsset oder geschnäblet. Es liegt aber viel daran ob das Mänlein alt oder jung seye/dann das alte fängt seine erste Betretung mit dem Kuß an/ bey den folgenden aber schnäbelt es nicht weiter. Aber das junge Männlein/so offt es das Weiblein betretten wil/so braucht es denselbigen/wie Aristoteles und Plinius schreiben. Das Weiblein läst auch das Männlein nicht zu/es brauche dann vorhin den gedachten Kuß. Die alte Taub kan nicht mehr unkeuschen/ sie küsset aber allein. Dieses thun auch die Turteltauben/ Raben/ und Tolen.

Die Tauben wann sie reisch sind/breiten ihren Schwantz auß/ziehen denselbigen auff der Erden/und reitzen also einander zur Unkeuschheit. Dieses thun auch die Tauben allein/daß die Weiblein an statt der Männlein einander bedecken/wann sie keine Tauber haben/auch mit dem Kuß wie die Männlein: wiewol aber viel Eyer davon gelegt werden/ wird doch kein Junges darauß/sondern sie sind gantz unnütz. Wann die Taub gelegt hat/empfängt sie am nachgehenden Tag vom Männlein wiederumb. Sie brüten 18.Tag/ und empfangen bald wieder/sagt Plinius. Die Tauben leben von den ersten Jahren auff in ehelicher Pflicht/uñ verläst kein Paar das ander/sie haben dann keine Männer. Das Männlein stehet auch dem legenden Weiblein bey/und dienet ihm in alleweg/und wañ es nicht zum Nest wil/treibt es dasselbe und zwingt es darzu. Wann aber die Jungen erst außgeschloffen/ gibt es ihnen gesaltzene Erden mit seinem Schabel/welchen es in des jungen Schnabel stecket/und bereitet sie also zur künfftigen Speiß.

Die Tauben haben stets Jungen/ darumb sie der Göttin Veneri zugeeignet worden. Sie haben im Jahr offt zehen mal Junge/ und treiben das durch das gantze Jahr/wann sie einen an der Sonn liegenden Orth und Speiß genug haben/wo das nicht/ so thun sie es allein im Sommer. Die Zucht aber im Früling ist besser als die im Herbst/ die schlimmste ist die im Sommer/und zu allen andern hitzigen Zeiten. In Egypten legen sie eylff mal im Jahr. Ein Taubeney wird ehe vollkommen als der Hennen/nemlich in sieben Tagen/wie Albertus sagt. Wañ man sie aber verletzt/ oder eine Feder außreisset/legen sie nicht so bald/und ob sie gleich das Ey in ihnen haben/können sie es doch zu derselbigen Zeit wol behalten/und das legen verziehen. Sie legen mehrentheils zwey Eyer/zuweilen auch drey: wann aber dasselbige geschicht/ist gewöhnlich das dritte unnütz. Sie haben mehrentheils ein paar/ nemlich ein Männlein und ein Weiblein/ also/daß auß dem ersten Ey ein Männlein/ auß dem andern aber ein Weiblein wird. Am dritten Tag legen sie erst das ander Ey. Die Taub ist ein gar fruchtbar Thier/ dann in viertzig Tagen empfängt sie/gebiert/brütet/und erziehet die Jungen/ und dieses thut sie fast das gantze Jahr. Man findet auch offt welche ihre Jungen noch nicht gar erzogen haben/ und nichts destoweniger legen und brüten. Dieses ist auch an den Tauben zu verwundern/daß sie zuweilen unfruchtbare Eyer legen/ ob sie gleich dieselbige vom Männlein empfangen haben.

Die Tauben brüten beyde/das Weiblein und das Männlein/ je eine umb die ander. Zur Sommerszeit brüten sie ehe als in 20. Tagen auß/15. Tag brüten sie auß/und in nachgehenden funfftzehen werden sie flück/ wie Albertus von den Blochtauben schreibt. Sie erziehen ihre Zucht biß auff eine gewisse Zeit. Wie sie aber dieselbe speisen und ätzen ist droben gesagt worden. Wann die Jungen nicht auß dem Nest wollen/schlagen sie die alten mit ihren Flügel/und treiben sie hinauß. Wann die Jungen zeitlich im Jahr gebohren worden/ machen sie zu Herbstzeit vor dem Winter Jungen/sagt Albertus. Es ist ein Gifft in des Menschen Zänen/von welchem die junge Tauben/ dieweil sie noch ungefedert

Von den Tauben.

gefedert sind/sterben/wie Plinius bezeugt. Der Tauber badet uñ waltzet sich im Staub. Sie bekommen das Gesicht neun mal wiederumb. Die Tauben sind sehr hitziger Natur/darumb essen sie Steinlein. Ihr Mist ist auch hitzig.

Die Tauben und Turteltauben leben acht Jahr/sagt Plinius, wie man sie dann in den Taubhäusern selte über acht Jahr alt findet. Doch sagt Albertus, daß er durch Erfahrung wisse/daß eine Taube zwantzig Jahr lebe/aber selten länger. Die Taub/Turteltauben/und Hanen reinigen sich jährlich mit dem Kraut Tag und Nacht genannt. Sie sterben von den Bonen oder Korn/wann dieselbige in Wasser gebeitzt sind/in welchem vorhin weisse Nießwurtzel gesotten worden/sagt Serapio. Vom Gifft der Zänen ist vorgesagt.

Die Tauben fliegen schaarweiß und wañ sie eine sehen so verirret ist/gesellen sie dieselbige zu ihnen. Sie wohnen gern in den Stätten bey den Menschen/und lauffen ihnen stets gantz zahm vor den Füssen herumb. An denen Orthen aber da keine Leut wohnen/fliegen sie vor den Menschen. Sie trösten sich der menge der Menschen/und vermeinen daß sie daselbst keinen Schaden leiden werden. Wo sie aber die Weydleut und die Vogelgarn sehen/sind sie gantz furchtsam und erschrocken/sagt Aelianus. Aloisius Cadamustus sagt/daß er in einer Insel deß grossen Meers/welche vorhin unerkannt gewesen/keine Einwohner gefunden hab/sondern allein Tauben und mancherley Vögel. Die Tauben aber habe man nach Lust mit den Händen können fangen/dann sie hatten vor den Menschen keinen abscheuen/als die vorhin keinen nie gesehen hatten. Derhalben haben sie viel derselbigen gefangen/welche sie mit Stecken getödtet/und uns zugebracht haben. Die Taub/sagt Albertus, ist ein unschädlich Thier/dann sie verletzt weder mit den Klawen noch mit dem Schnabel: ist darzu einfältig. Eine jede Taub verläst ihr Orth nicht daran sie gebohren ist/es seye dann daß sie anderswoher dahin gebracht worden. Nichts furchtsamers ist als ein Taub/sagt Varro. Sie werffen ihren Mist über das Nest hinauß/und lehren dieses auch die Jungen. Die Tauben haben auch etwas Hoffart in ihnen/sie erkennen ihre schöne Farb/verwundern sich darüber/und legen die Federn mit ihrem Schnabel zu recht/damit sie ihnen bequem seyen zum flug/zu welchem sie sich dann sehr erfrewen/sagt Plinius. An Zucht und Scham übertreffen die Tauben alle Vögel/dieweil viel in einem Taubhauß unter einander leben/und doch keine der andern Ehe bricht/sagt Platina. Diese Vögel (wie droben auch gesagt worden)

Zweyte Theil.

halten ihre eheliche Pflicht gantz steiff/also/daß sich kein Theil vom andern bey seinem Leben sondert. Albertus sagt/daß sich ein Paar nicht leichtlich trenne/ehe dann sie aber sich gepaaret haben/so schleicht das ledig Männlein einem andern umb sein Weiblein herumb/darüber dann ein harter Kampff entstehet. Avicenna sagt/daß er zwey Männleinumb ein Weiblein kämpffen gesehen hab: das Weiblein aber seye zum Sieger gewichen. Darnach als sie den Streit wiederumb auff ein neues angefangen/und als der/so vorhin überwunde worden/gesieget/habe das Weiblein den vorigen verlassen/und seye dem andern angehangē. Dieses ist die Natur der Tauben/daß wann ein ledig Männlein ein ledig Weiblein siehet/betritt es dasselbige von stund an: das Weiblein aber ist ihm hinfür dieselbige Zeit gehorsam/und folget ihm nach. Die Tauben legen wieder die Zauberey/zarte Lorberästlein in ihr Nest/zu Beschützung ihrer Jungen/wie Aelianus schreibt. Die Taub ist auch ein Kämpffend Thier/da je eins dem andern überlegen ist/und ihm sein Nest einnimmt/doch selten/ob sie gleich von weiten nicht sehr zusetzen/Kämpffen sie doch bey dem Nest hart. Mit auffgehabenen Flügeln schlagen sie stets einander/wann ihre Nester nahe bey einander sind. Die Turteltaub liebet die Taub. Also sind die Tauben und Pfawen auch Freund. Der Fuchß ist ein gemeiner Feind der Pfawen/Tauben und anderer Vögel. Die Habichte sind insonderheit den Tauben und Blochtauben schädlich/wie droben bey demselbigen gesagt worden. Für die Habichte sol man stets einen Wannenweher haben/dann er beschirmet sie/und treibt sie auß seiner natürlichen Krafft ab/also/daß derselbige sein Ansehen und Stimm fliehet/darumb werden sie von den Tauben sehr geliebet. Daher sagt man/daß wann vier Wannenweher in die 4. Ecken deß Taubhauses in 3. newe Hafen wol verstopfft gestellet werden/daß die Tauben dieselbe Herberg nicht verlassen. Deß herbey kommenden Habichts Schatten ersiehet die Taub im Wasser. Den Adler und Geyer verachten die Tauben. Die Nachteul seufft den Tauben ihre Eyer auß. Die Hüner sollen ihnen auch gehässig seyen.

Wie dieser Vogel gefangen werde.

Die Tauben leben auff acht Jahr/da sie dann erblinden/und zu Locktauben/andere damit in das Garn zu locken/gebraucht werden. Wie man die Tauben mit Garnen/Stricken fangen/und mit Böltzen schiesse solle/lehrt Crescentiensis weitläufftig im 10. Buch/

Buch/om 20.21.26.28. Cap. Die wilden Tauben fänget man mit den Zahmen/ die man ein Zeitlang daheim gehalten hat. Dieser schmieret man die Flügel mit wohlriechender Salben/und läßt sie unter die Frembden fliegen/welche ihr dann/ von dem gutem Geruch gereitzt/ biß an ihr Herberg nachfliegen werden. Wie man die Tauben mit weisser Nießwurtzel umbbringe/ ist vorgesagt worden.

Wie man die Taubhäuser machen und zurichten sol.

Es stehet einem häußlichen Bauren nicht übel an daß er Tauben habe/man darff auch nicht so viel Sorg darzu haben/ wo man sie frey außfliegen läst/ dann sie kommen selbst wieder in ihre Nester/ die sie in den hohen Thürnen oder Häusern machen/da sie dann Fensterlein habe/durch die sie auß fliegen ihre Speiß zu suchen. In ein Taubhauß (spricht Varro) werden offt fünff tausend Tauben verschlossen. Das Taubhauß macht man als ein groß Gewelb/mit einem engen Thürlein/etwas breiten Fenstern/ an beyden Seiten mit Gitterlein/ damit das Orth gantz hell seye. Daß aber keine Schlangen/noch andere schädlich Thier darein kommen können/sol man alle Wänd sampt dem Gewelb in und außwendig umb die Fenster mit Gyps glatt dünchen/ damit weder Mäuß noch Heydexen darein kommen können/dieweil die Tauben sehr forchtsam sind. Alle paar sollen nach der Ordnung runde Nester haben/ so viel Ordnungen/als vom Boden biß an das Gewelb hinauff Platz haben mögen. Alle Nester müssen ein Loch haben/ zu welchem sie auß und ein schlieffen können/ inwendig drey zwerch Händ weit/an allen Orthen Bretlein angeschlagen/ zwo zwerch Händ lang/darauff sie vor dem Nest stehen können. Es sol ein rinnend Wasser nahe darbey seyn/darauß sie trincken/und sich baden können/ dann diese Vögel sind gantz rein/ darumb muß ihr Hüter die Taubennester alle Monat umbkehren und reinigen. Dann dieser Mist ist der beste zum Ackerbaw/ oder für eine Artzney der Tauben/ wann sie etwan beschädiget worden. Die flücke Jungen sol man verkauffen. Man muß auch die Jungen an ein besondern Orth mit einem Garn absondern/durch welches sie ihren Müttern/welche frey außfliegen/ruffen mögen. Welches man umb zweyer Ursachen willen thut. Eine ist / daß wann sie einen Verdruß über ihnen haben/ oder also eingeschlossen veralten/daß sie sich wiederumb in dem freyen Feld erquicken mögen. Die andere dienet zum hineinziehen/dann die Alten kommen wegen ihrer Jungen wiederumb zu Hauß/wo sie nicht von den Raben getödtet/ oder von einem Habicht umbgebracht worde/wie Varro schreibet. Man sol (spricht Columella) das Taubhauß nicht/ da es eben oder kalt ist im Meyerhoff/sondern man sol eine Büne in der Höhe machen / die gegen Mittag stehe/ die Wänd sollen ein Nest an dem andern außgehauen haben / oder man soll Pföstlein in die Wänd machen / und Stangen darauff legen/ darzwischen die Taubennester hangen / welche auß weiden Banden geflochten seyen. Sie sollen auch vornen Platz haben / damit sie in die Nester kommen können. Das gantze Taubhauß sampt den Nestern/ sol man fein schön weiß dünchen/dann diese Vögel eine Lust an dieser Farb haben. Die Wänd sol man auch außwendig bey den Fenstern glätten/welche also sollen gestellt seyn / daß sie den grösten Theil eines Wintertags die Sonn empfangen. Dabey sol ein grosser Kefich stehen/ der mit gestrickten Garnen verwahret seye / daß die Habichte nicht darein kommen / und die Tauben sich darinn an die Sonne legen können/auch daß die Mütter dadurch in die Aecker fliegen mögen/die daheim auf den Eyern sitzen und brüten / auff daß sie nicht/ gleich als mit einer ewigen Gefängnüß beschweret/ veralten. Dann so bald sie ein wenig bey dem Hauß umbgeflogen sind/werden sie frölich/ und erquicken sich wiederumb/kommen auch desto lieber wiederumb zu ihren Jungen/ umb welcher willen sie weder gar weg fliegen/ noch zu weit außschweiffen.

Das Taubhauß/ spricht Palladius, kan in ein Thürnlein in deß Herrn Gemach gebawet werden/ mit geweisseten und glatten Wänden/die zu allen vier Seiten/ nach gemeinem Gebrauch/niedere kleine Fensterlein haben/daß allein die Tauben dardurch auß und einschlieffen können. Darein sol man Nester machen.

Ein Taubhauß (wie Crescentiensis schreibt) kan auff zweyerley Weise gemacht werden: Auf Pfeiler oder Seulen mit höltzern Wänden / mit einer steinern Mauren umbgeben. Oder auf einen Thurn mit einer dicke Mauren gebauet. Und diese beyde können Nester haben/oder Löcher zu den Nestern. Das jenige aber ist besser/so auff einem gemauerten Thurn/als das so mit Holtz gebauet ist. Es ist auch besser daß die Nester inwendig als außwendig seyen/dann wann sie außwendig sind/ so wird der Taubenmist verlohren/ der doch sehr nütz ist/darzu werden ihre Jungen von den Raubvögeln genommen. Darumb ist besser/dz man einen breiten steinern Thurn mache/weit oder eng / nach deinem Willen und Wolgefallen / nicht sehr hoch/ weiß gedünckt/der auff allen Seiten niedere Fensterlein zum Außgang und Eingang der Tauben habe/

Von den Tauben.

habe / unter denen soll noch ein steinerner Umbgang seyn durch alle Wänd/ also erhaben/ daß weder Wieselein/ noch andere schädliche Thier darauff kommen können. Das ober Tach dieses Hauses sol ein Fenster haben/ dadurch die Tauben/ auß und ein gehen/ dann sie sitzen gern am Sonnenschein auff dem Tach. Auch sol es also mit Steinen oder Holtz vergittert seyen / daß die Raubvögel mit offenen Flügeln nicht darein kommen können. Die Nester sollen inwendig seyn. Etliche machen sie gleich weit / doch etwas eng. Etliche machen sie überzwärchs/ also/ daß die brütende verborgen sitzen. Etliche aber/ machen mit fleiß über die vorberührte Löcher Fensterlein/ etwas weit und länglich/ und viel Kästlein bey den Wänden/ wol befestiget/ dann darinnen sollen die Tauben lieber nisten / Eyer legen und brüten. Aber ich habe auß der Erfahrung gelernet/ daß etliche Tauben lieber in den Mauren/ als in Kästlein nisten/ wiewol etliche das Wiederspiel thun/ auch sind etliche lieber in offenen Orthen/ welche an einem jeden Orth ohn ein Nest Junge haben/ andere verbergen sich lieber. Darumb vermein ich nütz zu seyn/ daß in einem jeden Taubhauß mancherley Nester seyen/ damit einer jeden Taub genug geschehe. Wiewol die Mauren leichtlicher von dem Mist und von den Läusen gereiniget werden/ welches dann offt geschehen sol/ dann die brütende Tauben von den Läusen gar sehr beschädigt werden. Auch ist nothwendig/ daß in dem Taubhauß viel Bäncklein in allen Winckeln und Ecken/ und sonderlich im Kreiß herumb gemacht werden / damit die Tauben im Regen/ Schnee/ und Wind darauff ruhen mögen/ darzu in grosser Hitz/ dann also werden sie desto weniger vom Hauß weichen. Ihr Orth sol auch alle Zeit gereiniget werden/ dann sie sind in diesem Stück dem Menschen gleich/ daß sie nemlich ein lustige Wohnung lieb haben. Auch wisse/ daß ein jedes paar zwey oder drey Nester haben wil/ wiewol zu Zeiten ihrer so viel werden/ daß sie alle Nester/ den Boden/ die Bänck/ und das gantze Taubhaus füllen. So weit schreibt Crescentiensis.

Wie man ein Taubhauß zum ersten erfüllen / die Tauben gewehnen/ speisen/ mesten/ und mit mancherley Aaß behalten und herzu locken sol.

In die newe Taubhäuser (spricht Crescentiensis) sol man keine alte Tauben setzen/ dann sie bleiben nicht/ und fligen wiederumb an ihr alt Orth/ sondern Junge / die noch nicht flücke sind/ oder wol fliegen können. Wiewol Qvintilius sagt / daß man es nicht mit gar Jungen/ sondern mit solchen die anfangen Junge zu machen/ besetzen solle. Columella heisset weder zu viel Junge/ noch die so zu alt seyen außerwehlen / sondern die sehr groß von Leib seyn. Und auß denen sind (wie Crescentiensis sagt) die besten/ die in den Steinen gebrütet sind/ oder Turgni/ von der Farb ihrer Federn also geheissen / dann die bleiben am besten in den Taubhäusern. Die gantz weiß sind/ können nicht lang bleiben/ dieweil sie von weitem von den Raubvögeln gesehen werden. Doch spricht Columella/ daß der so sie inhalten wolle/ dieselbige nicht scheu machen solle. Sonst wird die Farb der Federn nicht an allen gleich gelobt/ darumb kan man nicht wol sagen welche die beste sey. Je mehr zum ersten werden eingesetzt (sagt Crescentiensis) so viel desto eh wird das Taubhauß erfüllet. Insonderheit aber sol man sie im Augustmonat einsetzen/ darzu im Hewmonat und Herbstmonat/ dann zu dieser Zeit finden sie am meisten auff den nechsten Aeckern und in den Dörffern/ dörffen derhalben nicht weit fliegen/ und werden also desto weniger verlohren. Im Aprillen / Mertzen und Meyen sol man sie nicht anstellen / dann die gedachte Ursach ist ihnen zuwieder. Fünffzehen Tag sol man sie zum wenigsten anfangs inhalten/ daß sie nit außfliegen können/ noch besser in einen gantzen Monat/ dann also werden sie fetter / und geschickter wieder zu kommen. Dann in den ersten 15. Tagen sind sie mager/ und können nicht wol hoch fliegen. In dem Taubhauß sol man ihnen geben gute Speiß und frisch Wasser. Zu letzt sollen sie im Regenwetter außgelassen werden/ dann also kommen sie bald wieder/ und fliegen nicht sehr weit. Man sol auch (spricht Columella) fleissig sehen daß die Jungen nimmer von einander komen/ welche mit einander außgeschloffen sind. Dann wann sie sich also paaren/ bringen sie viel Frucht/ wo das nicht geschicht/ so vereinigen sie sich nimmer mit frembden/ da eine hie die ander dort außgeschloffen ist. Dann wan sie einander ungleich sind/ haben sie auch einander nicht so lieb/ betreten nicht so offt / und machen nit so viel Junge. Ihre Speisen sol man ihnen an die Wänd streuen/ dann dieselbige sind gemeiniglich sauber von Mist. Wicken sind ihnen die beste Speiß/ auch Linsen/ Hirsen und Raden/ darzu auch das so man auß dem Weitzen außreutert/ und von anderm Hülsenkorn/ mit welchem man die Hennen pflegt zu speisen. Zu diesem geben etliche ihnen Erbis / Fenugreck/ und Korn. Sie machen viel Jungen (sagt Palladius) wann man sie täglich mit gedorrten Gersten/ Bonen oder Wicken speiset. Anderthalb Maß / das ist / ohngefehr anderthalb Pfund schwer / Weitzens oder außgereuterten Futters / ist genug ein Tag

X iij   für

für 30. fliegende Tauben/ sagt Palladius. Die Wicken gibt man ihnen im Winter allein zu essen/ umb der Jungen willen.

Der Tauben-Knecht soll zum öfftern mal ihre Wohnung wohl wüschen/ und ihren Mist behalten/ wie vor gesagt. Findet er eine die beschädiget ist/ so sol er dieselbige gesund machen/ und die todten außwerffen. Wäre auch etwan eine gantz unruhig/ welche die andern schlägt und beisset/ die sol er von den andern absondern. Welche aber auß den Jungen flück sind/ die sol er an den Spiß zu braten geben/ oder verkauffen. Buchbaum-Nüßlein sollen den Tauben und Krammetsvögeln gegeben werden/ dann sie machen ihr Fleisch däwlich/ wie Crescentiensis sagt. Man muß ihnen zween oder drey Monat Speiß geben/ die übrige Zeit speisen sie sich selbst mit dem wilden Saamen. Das können sie aber in den Städten nicht thun/ dieweil ihnen die Tauben-Schnepffer auff mancherley Weise nachstellen/ darumb sol man sie beschlossen unter dem Dach ziehen/ oder allein die Alten außlassen/ damit sie den Jungen Nahrung bringen.

Die so Tauben fett machen/ und mästen wollen/ damit sie dieselbe theuer verkauffen mögen/ die nehmen die Jungen wann sie flück werden/ und nehren sie mit gutem weissen Weitzenbrodt/ das geweicht seye/ zu Winterszeit zweymal/ deß Sommers drey mal/ am Morgen/ zu Mittag und zu Abend. Die aber schon wohl gefedert worden/ die lassen sie in den Nestern/ und brechen ihnen die Bein/ und geben den Müttern desto mehr zu essen/ damit sie dieselbe wohl ätzen mögen. Dann also mästen sie sich und ihre Jungen den gantzen Tag. Die also erzogen werden/ sind bald fett/ und haben weisser Fleisch/ wie Varro sagt. Man kan solche Thier auch/ wie andere mästen/ dann wann eine unfruchtbar/ oder übel gefärbt ist/ kan man sie/ wie die Hennen fett machen. Die Jungen werden leichter fett unter ihren Müttern/ wann man ihnen/ so bald sie starck werden/ etliche Federn an dem einen Flügel außropfft/ und die Bein bricht/ damit sie an einem Orth bleiben. Man sol auch den gebehrenden reichlicher zu essen geben/ damit sie sich und ihre Jungen desto besser ernehren mögen. Etliche binden ihnen die Bein/ vermeynen/ wann sie ihnen dieselbige brechen/ daß ihnen Schmertzen darvon wiederfahre/ und also mager werden. Aber dieses machet nicht fett/ dann in dem sie sich unterstehen die Band auffzulösen/ ruhen sie nicht/ und durch solche Übung und Bewegung nehmen sie auch nicht zu am Leib.

Wann man ihnen die Bein bricht/ bringt es ihnen nicht über zween oder drey Tage Schmertzen/ und benimmt ihnen alle Hoffnung deß Außschweiffens. Rudolff Heußlin/ so dieses Buch verteutscht/ sagt/ er habe erfahren/ daß dieses Beinbrechen nicht fett mache/ sondern mager/ dieweil sie lange Zeit Schmertzen darvon leiden.

Die Taubē so in einem Taubhauß gebohren/ oder jung darein gesetzt werden/ die weichen nicht gern von dannen/ wiewol sie zu zeiten in andere Taubhäuser fliegen/ darinn sie gute Speiß finden/ wann ihnen daheim nicht gute Speiß gegeben wird/ und sie auff den Aeckern nichts finden. Sonst kommen sie gemeiniglich wieder in ihr Taubhauß: darzu ist es sehr nütz/ daß ihre Taubhäuser schön uñ rein gefunden werdē. Zur Zeit des Schnees oder grosser Kälte/ sol man ihnen gute Speiß geben. Im Aprillen und Mäyen/ wann die Stopffeln geackert werden/ so fliegen sie auch nicht hinauß/ sondern sie liegen und brüten/ darumb muß man ihnen Speiß geben. Ihr angenehme Speiß ist Weitzen/ Bonen/ Wicken/ und andere dergleichen Frücht. Wann hundert Paar sind/ sol man ihnen täglich ein Achttheil Frücht geben/ und wann sie nichts im Feld finden/ zweymal so viel. Wann sie von grosser Hitz oder Kälte kein Wasser finden/ sol man ihnen Wassers genug in das Taubhauß geben/ oder ihnē dieses in ein Geschirr nahe bey dem Taubhauß giessen/ daß sie darzu fliegen können. Darumb wär es gar kömlich/ daß ihr Taubhauß vorhin also gebauet würde/ daß ein Wasser nahe darbey wäre/ damit die Tauben darauß trincken/ uñ sich darinn baden köntē. Auch ist gut/ daß man ihnē die Speiß etlicher massen zerstosse oder rolle/ als Bonen/ Erbsen/ Kichern/ Vogelwicken/ Gersten/ Speltz/ Raden/ uñ was sie am liebsten essen/ daß sie mit Lust bleiben und fruchtbar seyen. Palladius spricht/ daß sie im Sonner gantz fett werden/ wañ ihr Speiß/ als Weitzen oder Hirsen mit Honigwasser befeuchtet werdē. Dann von solcher Speiß gewohnen sie bald/ und weichen nit darvon/ uñ führen andere mit ihnen zu Hauß/ wie viel Taubenvögte dieses einhellig bezeugē. Andere sagē/ daß nichts daran liege/ die Speiß sey gehoniget oder nit/ wann man ihnen sonst genug gebe/ mehr am Abend als am Morgen/ damit sie am Tag in das Feld fahren. Wann sie aber daselbst nichts finden/ eilen sie von stund an wiederumb heim auß Hoffnung der bereiten Speiß. Dann wann man ihnen des Morgens viel gebe/ flügen sie nicht hinauß. Aber zu der Zeit des Schnees/ sol man ihnen des Morgens genug geben/ damit sie nit außflügen müssen/ und also gefangen werden/ dieweil das gewiß ist/ daß sie im Feld keine Speiß finden kösen/ wie Crescentiensis schreibet. Der böse Geruch vertreibt die Tauben/ sagt Basilius. Ihr Diener sol zum öfftern mal zu ihnen gehen/ und allzeit etwas Speise mit sich tragen/ nemlich zu rechter Zeit/ und sie allzeit etwan mit einer gewohnten

Stimm

Von den Tauben.

Stimm anreden/ daß sie desto zahmer werden. Auch sol er ein jedes Geschirr mit Wasser darein stellen/ über welchem ein erhaben Brettlein auff viel Füssen stehe/ zwischen welchen die Tauben ihre Schnäbel und das Haupt hinein stossen und trincken können/ und doch nicht gar in das Geschirr treten/ damit das Wasser nicht trüb und unrein werde/ wie gleichfals Crescentiensis schreibt. Und Columella spricht. Ihre Trinckgeschirr sollen denen gleich seyn darauß die Hüner trincken/ darein sie die Hälß bringen mögen wann sie trincken wollen/ und doch zu eng seyen darinn zu baden/ welches dann weder ihnen noch den Eyern nutz ist/ darauff sie gemeiniglich sitzen zu brüten.

Oppianus sagt/ daß man durch Kunst schön gefärbte Tauben machen könne/ also/ daß der Taubenknecht/ wann sie einander schnäbeln/ ihnen schöne und wolgefärbte Purpurkleider fürhalte/ von welcher Farb sie also gereitzt und belustiget werden/ daß auch ihre Jungen dieser Farb gleich werden.

Das Taubhauß sol man offt fegen und reinigen: dann je reiner es ist/ je frölicher die Vögel sind. Es kommet sie auch offt ein solcher Unlust an/ daß sie ihrer Wohnung so feind werden/ daß sie/ wo sie anders können/ gar hinweg fliegen/ welches offt geschicht an denen Orthen da sie einen freyen Flug haben. Daß aber solches nicht geschehe/ hat man ein alte Lehr Democriti/ daß man ein jungen Wannenweher nehme/ denselben in einen Haffen thu/ und einen Deckel darauff/ darnach mit Gypß verkleibe/ und in einen Winckel deß Taubhauß hencke/ welches den Vögeln die Stätte so anmutig macht/ daß sie dieselbige nimmermehr verlassen/ wie Columella schreibt. Die Alten sagen/ daß wann man ihre Flügel mit einem güldenem oder silbern Ring durchbrenne/ fliegen sie bald wiederumb zu Hauß/ und verlassen ihre Herberg nimmer/ wie Serepio berichtet. Sie verderben nicht/ und verlassen auch ihr Taubhauß nicht wann man in allen Fensterlein etwas von einem Seil/ Band oder Strick hencke/ daran ein Mensch erwürgt ist. Sie führen andere mit sich heim/ wann man sie täglich mit Römischem Kümmel speiset/ oder wann man sie mit dem Schweiß eines stinckenden Bocks bestreicht. Sie führen andere mit sich heim wann du sie mit einer wohlriechenden Salbe schmierest/ sagt Palladius. Wann du Saamen von einem Keuschbaum oder Schaaffmüle drey Tag in altem Wein beitzest/ und darnach ihnen Wicken/ eben im selbigen Wein genetzt/ für wirffest/ und sie alsobald auß lässest/ dañ so bald die frembden Tauben dieses von ihnen riechen/ werden sie von stund an all dem Taubhauß zu fliegen. Den Tauben wirst du herzu locken/ wann du Salbey mit Weyrauch im Taubenhauß verbrennest. Die Tauben werden bleiben wann du einen Kopff von einer Speckmauß an den Schlag deß Taubhauses henckest: oder einen Ast von einer wilden Reben/ zu der Zeit wann er grünet/ abbrichst/ und in das Taubhauß legst. Oder bestreich die Thür/ Fenster und Winckel des Taubhauses mit Balsamsafft-Oehl/ so werden sie darvon auch bleiben. Item bespreng Kümmel oder Linsen mit Honigwasser: oder koche es in gesottenem Wein: oder gieb ihnen Mät zu trincken/ wie Didymus lehret. Etliche nehmen Meermuscheln die wol und rein gebeutelt seyen/ Costum, mit altem wohlriechendem Wein vermischt/ und geben ihnen dieses wan sie in das Feld fliegen wollen. Andere kochen Gerstennehl mit dürren Feygen/ ein wenig Honig darzu gethan/ und stellens ihnen für/ sagt Didymus. Der König in Cypro bediente sich unter den Mahlzeiten allein deß Winds der Tauben so stets umb ihn flogen: dann er salbet sich mit einer Syrischen Salben: unter welche ein Frucht vermischt war/ welche die Tauben sehr liebten. Darumb flogen sie von diesem Geruch gereitzt herzu/ als ob sie ihm auff das Haupt sitzen wolten: wann sie aber ihm zu nahe wolten/ wurden sie von seinen Dienern verjagt/ also/ daß sie ein wenig von dannẽ/ aber von stund an wiederum herzuflogen/ und also den König mit einem sanfften kühlen Lüfftlein erkühleten/ wie Athenæus schreibt. Peristereon wird ein Kraut von den Tauben her genennt/ dieweil sie dasselbe sehr liebe/ das hat einen hohen Stengel/ mit Blätterlein umbgeben/ also/ daß sich der Tolder daran in andere Stengel außbreitet/ sagt Plinius. Etliche heissen dieses in das Taubhauß streuen/ und umb die Nester hencken. Gesaltzen Ding lieben sie also/ daß sie ein Herberg nit verlassen/ wann du den Lett an den Wänden mit Saltz vermengst. Sie haben auch ein Verlangen nach der Saltzbrühe/ welche von den gesaltzenen Käsen trieft. Etliche stellen für die Taubenfenster Ofenleim/ sonderlich von einem Backoffen genommen/ mit Menschenharn vermischt/ und Wicken oder Hanffsaamen darunter gethan. Die Tauben werden hiermit herzu gelockt. Nim Sorg 60. Pfund/ Kümmel 6. Pfund/ Honig 10. Pfund/ Costum 1. Pfund/ Keuschbaumsaamen 5. Pfund/ koche es alles ein in Wasser: darnach thu alten wolriechenden Wein daran nach Nothdurfft/ mit 15. Pfunden alter Bruchsteinen/ damit man die Mauren besticht: und mache davon einen Hauffen mitten im Taubenhauß. Wann nun die andern Tauben dieses riechen/ kommen sie an das Orth/ und verlassen es nicht

nicht mehr/ wegen des guten Geruchs dieser Speiß gereitzt wie Hier. Cardanus schreibet. Eberwurtz mit etlichen andern Stucken mehr vermischt/ wird den Tauben zu einer Speiß fürgeworffen/ damit sie andere mit ihnen herzu bringe. Dieses aber machen sie also: Zu dieser Wurtzel thun sie rothen Ofenleimen/ Honig/ Harn und die Saltzbrühe auß einer Heringsthonnen/ Heringslack genannt/ darauß machen sie einen Teig/ und legen denselbigen in das Taubhauß/ wie Hieron. Tragus sagt. Andere kochen die obgenannte Wurtzel in Wasser/ hierzu thun sie rothen Ofeleimen/ in Wasser geweicht/ und ein Handvol Saltz darinn zertrieben/ und ein wenig Honig. Andere thun Eberwurtzel mit weissen Erbsen in Honig/ darvon die Tauben herzu gelockt werden. Etliche vermischen diese Wurtzel/ Hanffsaamen/ Coriander/ und alten Ofenlett mit Harn. Etliche rühren ein Viertheil einer Stund Menschen=Blut mit gantzen Erbsen in einem jrdenen Geschirr/ darnach streichen sie mit der Hand den Tauben dieses Blut an/ und werffen ihnen die Erbsen für zu essen/ daß sie darvon bleiben/ und herzu bringen. Römischen Kümmel sollen sie sehr lieb haben/ darumb vermischt man diesen Saamen mit Hafnerlett/ darzu thut man etliche Hülsenfrüchte und Saltz. Etliche binden ihnen ein Bündtlein mit dieses Saamens unter die Flügel: dann diesem Geruch fliegen die frembden Tauben nach/ dieses Stück hält man für bewehrt und gewiß/ welches in Jtalien hoch verbotten ist/ dann die Priester so die Beicht daselbst hören/ fragen darnach/ und halten es für eine Diebstal. Die Tauben werden das Ort lieben/ und andere mit ihnen führen/ wann man ein geschunden Geißhaut in Wasser kocht/ mit einem Pfund Römischen Kümmel/ und einem guten theil Saltz/ etwan vier Untzen/ darzu gethan/ und in das Taubhauß also legt. Ein Gläßlein fülle mit Weibermilch so ein Knäblein säugt/ und hencke es in das Taubhauß/ dann damit werden die frembden herzu gelockt/ und werden die andern zähmer davon werden.

Wie man die Thier/ so den Tauben schaden thun/ vertreiben sol: Wann man die Taubhäuser auff Säulen bawet/ kan man sie vor den Schlangen und andern schädlichen Thieren bewahren/ wie droben zum theil gesagt worden. Damit aber kein Mauß oder Heyder darein komme/ sol man die Wänd oder Mauren auß= und inwendig wol mit Gypß glatt dünchen. Rautenästlein sol man hin und her in das Taubhauß hencken/ für die bösen Thier/ sagt Palladius. Vor den Wieseln werden sie versichert/ wann man einen zinckichten Ast von einem Baum der kein Laub hat unter sie wirfft. Wieselaschen den jungen Tauben eingegeben/ verhütet sie vor den Wieseln. Wann man einen Wolffskopff in ein Taubhauß henckt/ sol weder Katz noch Marder darinne Schaden thun/ noch andere Thier so die Tauben erwürgen/ wie Rhasis und Albertus melden. Die Tauben werden von den Buchmardern/ Wieseln/ und Katzen/ und vielen Raubvögeln/ verletzt/ für welche der Taubenknecht die Thür und andere Löcher fleissig versperren und zuschliessen sol/ und allenthalben fürgehende Simse machen/ damit an der Wand nichts hinauff kriechen könne. Vor dem Taubhauß sol ein weiter Kefich/ mit einem Netz umbgeben/ stehe/ daß die Habichte nicht hinein kommen können/ wie droben gesagt worden. Die Raben und Habichte so die Tauben auch beleidigen/ bringt der Knecht umb/ mit Kläbruthen in die Erden gegen einander gesteckt/ und ein Thier darzwischen gebunden/ wie Varro schreibt. Die Nachtvögel berauben die Tauben auch/ für welche der Taubenknecht die Fenster wol zuschliessen sol. Oder wann er in seinem beywesen hinein fliegt/ sol er geschwind mit dem Liecht hinein gehen/ und den Vogel tödten/ und der außfliegenden Tauben nicht achten. Die Fenster sol er also vergittern/ daß allein eine Taub auß und ein kommen könne/ und kein Raubvogel/ als welcher allein mit auffgethanen Flügeln hinein fliegt/ sagt Crescentiensis. Kein Schlang wird in dein Taubhauß kommen/ wann du in alle vier Winckel desselbigen das Wort Ἀδάμ schreibest/ darzu an die Fenster und Thüren. Du wirst sie auch mit dem Rauch von Haarstrang vertreiben/ wie Democritus und Florentinus schreiben.

Die Läuß sind auch mehrentheils den jungen Tauben schädlich/ welche der Hüter suchen sol/ und wann er dasselbig Nest hinweg gethan hat/ sol er ein anders welches rein und sauber ist an die Statt ordnen. Auch wachsen ihnen Blattern bey den Augen die sie verblenden/ nemlich im Augustmonat/ diese Tauben sol man bald verkauffen oder essen/ dieweil der Gebresten allein am Haupt ist.

Was ausser der Artzney von diesem Vogel dem Menschen nützlich seye.

Ob gleich die Tauben nicht so fruchtbar sind wie die Hennen/ bringen sie doch grossern Nutzen: dann sie machen acht mal Junge im Jahr/ wie droben zum theil gesagt worden. Jst dann die Mutter gut/ so machen sie ihren Herrn reich: wie Marcus Varro sagt/ daß auch zu seinen Zeiten/ ein paar Tauben mehr als dreyssig Reinische Gülden gegolten hab. Dann ich schäme mich von unserer Zeit zu sagen/ wann man es anders glauben darff/ daß man nemlich Leut findet/ die hundert

dert Reinisch Gulden dörffen umb ein paar Tauben geben/wiewol solche Leut leidlicher sind/denen solches Freud gibt/als die so umb ihres Bauchs willen zu fressen und sauffen alle Welt durchsuchen/dieses schreibet Columella.

Etliche Betrieger wann sie das Taubenblut auffgefangen/und an der Sonnen gedörrt/und hernach wiederumb zerrieben haben / und mit gebiesamtem Rosenwasser etlich mal überschüttet und getrocknet/und fast ein Viertel oder drittheil Bisam darzu gethan / verfälschen sie den Bisam damit. Perlen zu machen brauchen etliche diesen betrug: Muscheln oder Schalen von Wasserschnecken kochen sie in starcker Laugen/also/ daß die schwartze Rinden darvon gehe/das übrige weisse zerstossen sie und vermischens mit dem Taw/der zwischen Pfingsten und dem Augustmonat gesamlet und distillirt worden ist/dieses machen sie dann zu einem Teig/machen kleine Kügelein darauß/die sie mit einer Nadlen durchstechen / an einem Faden thun / und an der Sonnen erharten lassen/darnach werffen sie dieselbige den Tauben für zu essen/also/daß sie ihnen inzwischen gar kein Speiß geben/an einem reinen Orth/ und wann sie dieselbe wiederumb von sich geben/lesen sie solche in ein Beutelsieb/waschen sie und sieden sie ein weil in lautern und starckem Kalckwasser/und zuletzt legen sie solche acht Tag an die Sonnen auff daß sie vollkommen weiß werden. Andere beitzen die Schalen in starckem Essig an der Sonnen/ oder nahe bey dem Ofen/damit man den schwartzen Ranfft darvon scheiden und absondern könne.

Etliche versuchen die Artzneyen/so wider Gifft dienlich sind/an den Tauben / dann nach dem sie zweyen Tauben Gifft gegeben haben/so geben sie der einen von stund an ein Artzney dafür: die ander aber lassen sie bleiben. Wann nun die eine stirbt: die ander aber lebt/so halten sie die Arntzey für gut/ auch den Menschen damit zu helffen. Etliche damit sie das Einhorn/als welches für alles Gifft dienlich seyn sol/verkauffen mögen/ geben sie das Wasser darinn Gifft gewesen/ einer Tauben zutrincken/und hier auff das Einhorn/der andern aber geben sie dieses nicht. Aber die Betrieger / wo man nicht fleissig auffmerckt/können damit leichtlich überlisten/dieweil nichts ist/das der Geitz nit erdencke und erfinde.

Die Tauben sind offt an statt der Botten gebraucht worden/daß sie Brieff an ihren Beinen / oder unter ihren Flügeln hin und her getragen haben/da andere Botten sonst durch deß Feinds Land nicht haben ziehen dürffen/wie dieses von den Römern offt in den Kriegen geschehen ist.

Taubenmist ist gar gut zu allen Pflantzen Zweyter Theil.

und Saamen / und ist allzeit gut auff die Aecker zu legen / du wollest gleich etwas mit dem Saamen/oder darnach säen/und ist ein Korb voll so nütz als Schaaff oder Kühemist ein Wagen voll/dann von zwantzig Körben wird ein Juchhart zimlich; auß fünff und zwantzigen wol; auß dreyssigen aber Fett gedüngt/wann er mit den Händen gleich auff den Acker gestreuet und unter geackert wird. Drey paar Tauben machen ein Jahr einen Korb voll Mist/wo die Nester inwendig im Taubhauß sind/und je mehr man ihnen zu essen gibt/so viel mehr Mist machen sie/weil sie wenig außfliegen/und mehrentheils ein sitzen. Es ist in Samaria eine grosse Thewrung vor Zeiten entstanden/und so lang belägert worden/biß daß ein Eselskopff achtzig Silberling (ohn gefehr 20. Thaler) und ein Vierteil Kab Taubenmist fünff Silberling (das ist 5. Ortsthaler) galt: dann diesen brauchten die Belägerten in Samaria für Saltz/wie Iosephus bezeuget.

Mit Tauben und Saumist heilet man die Ritzen der Bäume. In Mysia so in Asia gelegen/ist eins mahls ein Hauß darvon verbrannt. Man hat diesen Mist hingeworffen/ als nun derselbige faul und warm worden/ also/daß er von Hitz dämpfft/da war an der nähe ein Fenster/also/daß der Mist die Ramen berühret/welche ohnlängst zuvor mit Hartz bestrichen waren. Mitten in dem Sommer aber/als die Sonn heiß geschienen/ hat der Mist das Holtz sampt dem Hartz angezündet/daher sind etliche Thüren/so auch mit Hartz bestrichen/und nahe darbey gewesen/verbrennt/und ist biß an das Tach hinauf kommen/wie Galenus gedencket. Und sagt darbey daß dieses Fewer lang brenne. Wann die Tauben auff den Abend spat heim fliegen/über ihren Gebrauch/so verkündigen sie einen Regen.

Der Vögel Fleisch gibt wenigere Nahrung als der vierfüssigen Thiere: es wird aber leichter verdäwet/bevorab deß Rebhuns/ Haselhuns/der Tauben und Hennen / sagt Galenus. Er zehlet auch diese unter die gute Speisen/welche weder eine zarte noch dicke Feuchtigkeit geberen. Die so in den Thürnen schaarweiß nisten/sind denen so truckner Natur sind/gut. Von den Müssiggängern sollen sie mässig gessen werden. Für die Gebresten deß Nierens lobt er auch die Tauben/vom krancken gessen. Arnoldus Villanovanus sagt/daß die Tauben zu hitzig seyen/ das Blut entzünden/und den Leib zum Fieber bereiten/darumb werden sie nützlicher in Pasteten mit sauren Trauben genossen als gebraten / dann also erhitzen sie das Blut weniger. Die Alten / wie auch die gar Jungen ehe dann sie außfliegen / sol man meiden/dieweil sie zu hitzig und trocken / darzu schwer-

schwerlich zu verdäwen sind/gebehren auch böse Feuchtigkeit. Dieses Thier sol auch insonderheit rein seyen. Dann wann die Lufft also vergifftet ist/daß alle Thier davon beleidiget werden/so sind diejenige allein sicher so diesen Vogel in der Speiß genützt haben/darumb essen die König zu derselben Zeit nichts anders als Tauben/sagt Orus. Junge Tauben sollen von denen so von einer Kranckheit erst genesen/offt gebraucht werden/wie Florentinus meldet. Die sind auch denen nützlich so truckner und hitziger Natur sind. Die jungen Tauben sind hitzig und feucht/und von dicker Feuchtigkeit/welches man auß ihrem schweren Flug abnehmen kan/deßgleichen weil sie warm anzugreiffen/ auch die Speiß leichtlich verdäwen/sagt Averroes. Darumb haben die Alten diese mit kühlenden Sachen genossen/als mit Essig/saurem Traubensafft/mit Citronen/ Lattich/Coriander/und dergleichen. Die aber anfangen zu fliegen/die sind nicht so schwer/und leichter zuverdäwen. Sie sind den Phlegmatischen und nit dē Cholerischen gut/wie Avicenna und Rhasis schreiben. Junger Tauben Fleisch ist hitzig/feucht/und hat viel übrige Feuchtigkeit/sonderlich der zahmen/darumb gebirt es dick und hitzig Blut/ bringt derhalben zuweilen Fieber/und dienet den Nieren so von Kälte Schaden leiden: es mehret auch die männliche Natur/und das Blut: es thut aber dem Haupt/Hirn/ und den Augen Schaden/sonderlich gebraten. Man sagt auch wann es zu viel genossen werde/daß es den Außsatz bringe/wie Simeon Sethi schreibt. Die Tauben so erst auß fliegen/mehren die Kräffte. Wann sie wol zubereitet worden/sollen sie diejenige essen/so wenig Blut haben/den auch Hitz und Krafft mangelt/insonderheit in langwiriger Kranckheit.

Die Tauben sind besser im Früling als im Herbst/dieweil sie zu derselbē Zeit viel Speiß im Feld findē/im Somer aber und zu aller warmē Zeit/sind sie schädlich. Für die Wehetag deß Haupts sol man Tauben essen. Aretæus heisset diejenige Rebhüner und Tauben essen/so mit dem Außsatz beschwert sind. Die Zechbrüder loben die Kölblein an einer jungen Tauben. Junger Tauben Blut verdirbt leichtlich im Leib/und bringt Kranckheit so von überflüssigem Blut entstehet/wie Elluchasem sagt.

Die Taubeneyer hält man für sehr hitzig und ungeschmackt/sie werden auch vom braten nicht leichtlich hart.

Wie man die Tauben zu der Speiß bereiten und kochen sol.

Die Tauben werden zu Zeiten auch gesotten: aber mehrentheils gebraten/oder in einer Pfannen verdämpfft/gessen. Etliche greiffen ihnen unter die Flügel/und ersticken oder ertrucken ihnen also das Hertz. Andere schneiden ihnen zu öberst am Halß ein Aederlein auff/daß alles Blut herauß fliesse/ welches dann auch mehr zur Gesundheit dienet. Entweder sol man sie meiden oder braten/und mit kühlenden und trucknenden Sachen bereiten. Die wilden aber/und die so in den Thürnen nisten/und nicht gar fett sind/ sollen gebraten werden/sagt Antonius Gazius. Man soll ihnen auch (wie Rhasis bezeuget) ihre Köpff und Hälß abhauen/dann sie bringen sonst eine langwierige Kranckheit deß Haupts. An die Blochtauben und gemästete Tauben thut man Pfeffer/Liebstöckel/ Coriander/gesottenen Wein/truckne Zwibeln/Müntz/Eyerdotter/Dattelkern/Honig/Essig/Schmaltz/Oehl/Wein. An die gesottene/Pfeffer/gesottenen Wein/Eppichsaamen/Peterlein/Datteln/Honig/Essig/ Wein/Oehl/Senff. Ein anders: Pfeffer/ Liebstöckel/Petersilien/Eppichsaamen/ Rauten/Nußkern/Datteln/Honig/Essig/ Schmaltz/Senff/und ein wenig Oehl. Ein anders: Pfeffer/Liebstöckel/Laser/Wein: gieß zerlassen Schmaltz darüber/vermisch es mit Wein und Schmaltz/und gieß es über die Bloch Tauben/oder Tauben/und trag es Pfeffer vorhin darauff gesprengt/für/sagt Apicius. Wie man die jungen Tauben in ein Pasteten bereite/ist bey der Hennen gesagt worden. Wann du einen Kuchen von jungen Tauben/oder von einem jeden andern Vogel haben wilt/so laß dieselbe zum ersten wol sieden/und wo sie bey nahe gekocht worden/so nimm sie auß dem Hafen/schneide es zu stücklein/und rüst es in einer Pfannen in viel Speck/darnach lege es auff den Ranfft in eine Schüssel/so vorhin wol geschmieret worden. In diß Gekoch magst du dann wol Pflaumen und saure Kirschē thun/darnach unzeitigen Traubensafft/und acht Eyer/wann du viel Gäste haben wilt/oder weniger/wann du wenig Gäste haben wilt/mit ein wenig Brühe wol zerklopfft. Darunter vermisch Maioran/Müntz/gantz klein zerhacket/stelle es zum Fewer/doch weit von der Flamm/dann es muß allgemächlich sieden. Darzwischen aber sol es mit einen Löffel so lang gerührt werden/biß es wegen Dicke den Löffel überdeckt. Zu letzt schütte diß Brühlein in den Ranfft oder Kuchen/und stelle es/ als ein Pasteten/zum Fewr/und wann es genug gekocht worden/so stelle es für. Das gibt viel Nahrung/wird langsam verdauet/ gebiert wenig böses/und stillt die Gallen wie Platina schreibet. An eine junge Tauben/ von welcher alles Gebein hinweg genommen ist: lege die außgenommene und gewaschene junge

junge Taub Tag und Nacht in starckem Essig/ darnach wann du sie wol gewaschen/ und mit Specereyen und Kräutern gefüllet hast/ so siede oder brate sie nach deinem wolgefalle. Ein junge Tauben kanstu also braten/ backen/ und sieden: Wann dieselbe gebraten/ und halb gekocht ist/ so bespreng sie mit Saltz und zerriebenem Brodt/ und bestreich sie gemächlich mit einem Eyerdotter/ damit es einen Ranfft an statt der Haut bekomme. Wann es nun gar gekocht worden/ und eingesotten/ so dörre es geschwind über einem grossen Fewr/ damit es besser gefärbt werde/ und trag es für.

Was in der Artzney von diesem Vogel dem Menschen nützlich seye.

Die Tauben so in den Thürnen nisten/ sind den lahmen starrenden und zitternden Gliedern gut. Etliche zerschneiden ein junges Hündlein/ oder eine Taub mitten durch den Rückgrat/ und legens einem melancholischen/ oder Aberwitzigen auff sein Haupt. Ihr Fleisch/ welches erst zerrissen/ dienet wieder Schlangenbiß/ wie Plinius schreibet. In der mitten am Bauch zerschnitten/ und also warm übergelegt/ benimmt aller Schlangenbiß. Die zusammengezogene Sennadern bringt dieses Fleisch wiederumb zu recht sagt Serenus.

Taubenblut wird über die blutige Augen und frische Wunden derselbigen gestrichen. Andere brauchen auch Blochtauben und Schwalbenblut darzu. Darzu sol des Mäußleins Blut von der Tauben besser seyn: man schneidet aber derselben ein Ader unter dem Flügel auff/ dann dieses seiner Wärme wegen nützer ist: darauff muß man aber ein Pflaster von Honig legen/ und ungewaschene Schaaffwollen mit Oehl oder Wein. Taubenblut von dem Orth da eine Feder außgezogen ist/ sol also lawig in die Augen gethan werden/ so blutich oder von einem Streich verletzt sind. Eyerweiß mit zerstossenem Saffran über die Augen gelegt/ und in gewaschene Schaffwollen gewickelt/ heilet dieselbigen. Taubenblut warm in die Augen gegossen/ benimmt das trieffen/ die Wunden und Geschwär derselben. Die rothe Feuchtigkeit auß den zarten Federn wird auch in das Aug gedruckt. Taubenblut wird auch unter die Augensalben vermischt/ so den Rossen die Sternflecken benehmen. Es stillet den Blutfluß/ so vom Häutlein deß Hirns kommen. Man schüttet es auch zuweilen durch die verwundte Hirnschale in das dickere Häutlein deß Hirns hinein/ darvon der Mensch offt bey dem Leben erhalten worden/ wie Galenus bezeuget. Also wird auch offt das Rosenwasser gebraucht. Dieses ist auch dem Podagra dienlich/ wie Avicenna sagt.

Alexander Benedictus lobet Taubenschmaltz für das schwere Harnen/ dasselbige auffgestrichen. Taubenfedern/ bevorab die so erst wachsen/ gebrennt/ und mit Nesseln übergelegt/ miltern das Podagra. Etliche Gelehrte vermischen Taubenhirn unter die Stuck so zur Unkeuschheit reitzen/ mehr umb Ruhms als umb Nutzens willen/ dann in der Speiß offt genossen/ mag es ohn zweiffel mehr darzu dienen/ als nur ein wenig in der Artzney gebraucht. Das innere Häutlein vom Taubenmagen/ vermischen etliche unter die Artzneyen so wieder die rothe Ruhr dienlich sind. Celsus lobt unter andern zu der Lebersucht Taubenlebern/ frisch und roh genossen.

Taubeneyer mit Weyrauch/ oder Gerstenbrühe genützt/ sind wieder das Gifft deß Bleyweiß dienlich. Der Dotter auß diesen Eyern fünff genommen/ und ein wenig Speck darunter vermischt/ und auß Honig getruncken/ reitzet zu der Unkeuschheit/ wie Plinius lehrt. Für die schrunden und Spälte an den Gliedern/ sol man diese Eyer hart sieden/ und wol reinigen/ darnach das ander in ein warm Wasser werffen: mit dem andern warmen aber den Orth wärmen/ also/ daß man je eins umb das ander brauchen könne/ wie Celsus lehrt. welcher weiter schreibt von runden harten Geschwülste/ wie die Feigwartzen/ daß mit diesen Eyern auch dieselbe nützlich gewärmet werden: der Mensch aber sol vorhin in Wasser sitzen/ in welchem Eisenkraut gesotten seye.

Taubenmist wärmet sehr/ und brennt/ sagt Dioscorides. Hünermist ist gleicher würckung: aber nicht so kräfftig. Galenus sagt/ daß er diesen Mist zu vielen Kranckheiten (als eine wärmende Artzney gebrauchet hab/ und mit Kressen dürr zerstossen/ hab ich ihn für Senff gebraucht/ in denen Kranckheiten/ da man außwendig Artzney überlegt/ so die Haut erhitzen und roth machen/ als da sind die veraltete Gebresten/ das halbe Hauptwehe auff einer Seiten/ Hüfftenwehe/ Schwindel/ Hauptwehe/ Seitenwehe/ Schultern/ Gnick/ und alt Lendenwehe: deßgleichen Nierenwehe/ Bauchkrimmen/ Podagra, Gliederwehe. Und dieser Koth richt nicht so gar übel/ sonderlich wann er gedärret worden/ darumb brauchen wir denselbigen in den Stätten auf mancherley weiß. Ferner spricht Galenus: Der jenige Taubenkoth/ so in den Thürnen nisten/ ist scharff/ welchen ich auff dem Land gebraucht hab/ an einem Jüngling dem ein Sennader verwundet war. Der Bauer aber/ so am selbigen Orth seßhafftig/ als er dieses gesehe/ hat er die Kunst nachmals allzeit gebraucht/ un̄ die verwundten Sennadern also geheilet. Diesen Koth bereitet man aber/ und braucht ihn

ihn wie die Artzneyen von dem Euphorbio, also/ daß es an den übrigen Stucken keinen unterscheid hat/ ohn allein daß man an statt Euphorbij Taubenkoth darunter vermischt. Dieser Koth aber ist nicht so zart als das Euphorbium; darumb braucht man diesen zu den starcken Leuten auff dem Land. Dieser Koth legt alle Schmertzen/ und trucknet auß/ sagt Æsculapius. Uber die vergiffte Biß wird nützlich Tauben oder Entenkoth gelegt. schwatze Flecken weiß zumachen: streich Taubenkoth auß Wasser drauff/ und wasche denselbigen von stund an ab/ damit er nicht die Haut versehre/ oder vermische ihn mit andern Artzneyen/ als mit Weyrauch/ Seiffen/ und Essig. Ein Pflaster auß diesem Mist/ mit Gerstenmehl und Essig vermengt/ loben etliche für alle Geschwülste. Dieses öffnet auch die Drüsen oder Halßgeschwülste für sich selbst/ oder mit Gersten oder Habermehl auffgestrichen/ wie Plinius meldet. Dieser ist auch gut für die Cittermähler. Mit Cedernhartz vermischt heilet es den weissen Außsatz/ und ungestalte Flecken deß Leibs. Dieser Koth mit Geißmilch vermischt und getruncken/ heilet die Fäule der verwundten Eingewende/ auch eusserlich übergelegt/ er dienet auch den bösen Apostemen und Geschwäre wunderbarlich. Der Carfunckel wird damit vertrieben/ entweder für sich selbst/ oder mit Flachssaamen auß Essigmät auffgestrichen. Mit Gerstenmehl auß Essig genützt/ vertreibt er die Kröpff/ oder auch für sich selbst genossen. Er heilet auch den Fewerbrand. Dieser Koth vertreibt alle harte Geschwär deß Leibs/ und trucknet dieselbe auß/ mit warmen Oehl oder Honig vermischt und übergebunden/ sagt Sextus. Die Hüneraugen an den Füssen werden damit geheilet/ mit Essig auffgestrichen: mit Honig aber bringt er den Mählern ihr natürliche Farb wiederumb/ und heilet die weisse ungestalte Flecken/ mit Wein gebraucht. Für die abgeriebene Schäden dienet er mit Honig.

Taubenkoth für sich selbst/ oder mit einem Ey zerrieben/ nützt den krancken Geleich darauff gestrichen. Wann ein Weib wiederumb geneset von der Kranckheit/ darvon ihr das Haar außgefallen/ so lege Taubenkoth darüber. Mit Essig zerrieben/ und auff das Haupt gelegt/ heilet es die Hauptsucht/ davon einem das Haar außfällt/ und allerley Mähler. Wann die schwere Noth von bösem schwartzen Blut könnt/ so vermische zerriebenē Taubēmist mit Rabeneyer/ pflasterweiß auff den Miltz gelegt/ und vorhin Schrepffhörnlein daran gesetzt/ dann dieses Pflaster zeucht alle Materi vom Haupt in dē Miltz/ uñ macht das Fieber/ und macht also den Krancken gesund/ bevorab wann es zur Herbstzeit geschicht/ wie Arnoldus lehrt. Für die fliessende Kranckheit in den Augen/ Werner genannt/ braucht man diesen Mist frisch mit Weyrauch übergelegt. Er vertreibt auch das Haar in den Augen. Er legt die Geschwülste hinder den Ohren; für sich selbst/ oder mit Gersten oder Habermehl aufgestrichen. Andere thun Honig darzu/ und legen es also warm darauff. Die entzündte Mandeln im Halß/ heisset Nic. Myrepsus mit diesem Mist bestreichen/ oder mit dürren Feygen und Niter/ eusserlich übergelegt. Für das Zäpfflein und Halßschmertzen/ lege diesen Koth mit Honig als ein Pflaster über. Plinius heisset Oehl und Wein darunter mischen wieder diese Gebresten. Für das veraltete Krimmen wird er eusserlich gebraucht: Zerstossen und mit Honig auff den Bauch gestrichen/ stillet den Fluß desselbigen. Waň einem Pferd die Eingeweyd und der Bauch auffgeblasen sind/ so zerreibe hiervon ein Hand voll Tauben oder Hünerkoth in Wein mit Niter/ und brauchs zu einem Clistier. Für die Wassersucht lehrt Galenus, daß man nehmen solle gebrennt Ertz/ diesen Koth/ eines jeden ein Quintlein/ drey Rautenästlein/ ein wenig gemein Saltz/ mit gutem Wein und Wasser/ also/ daß es überall fünff Untzen werde/ und also brauchen. In dem Clistier wird dieser Koth für das Krimmen gebraucht. Mit Oehl und Wein getruncken/ benimmt er die Unkeuschheit. Dieser Koth gepülvert/ und mit Gerstenmehl/ Sauschmaltz/ und Eyerweiß vermischt und gekocht/ wird Pflasterweiß sehr nützlich über die krancke Nieren gelegt. Für das strenge Harnen der Pferden giessen etliche diesen Koth in drey Echtmaß Wein ihnen ein. Wann der Harn/ wegen deß Steins/ so auß den Nieren hinab gefallen/ und im Weg liegt/ nicht gehen kan/ so gieb diese Artzneye oder das Pulver: Nimm Mäußkoth/ Taubenkoth/ Färckleinkoth/ eines jeden ein Untz/ die vermisch mit anderthalb Pfund verschaumtes Honigs/ davon gib ein halb Untz mit Brühe oder Wein dem Krancken zu trincken. Oder nim an statt deß Honigs so viel Zucker/ und mache Bissen darauß/ vō welche du auch einhalbe Uutz mit Hennenbrühe/ oder Wein geben solt. Wann du diese Artzney stets brauchest/ so wird dieselbe innerhalb drey Tagen/ den Harn bringen/ wiewol man derselben Nutzen gleich am ersten Tag befindet/ dann sie wird den Stein in den Nieren zerbrechen. Wann du aber das Pulver lieber brauchen wilt/ so geb dem Krankē darvon zween Scrupel mit Brühe oder Wein/ wie Marianus S. Barolitanus schreibet. Man kan ein Wasser machen/ welches den Stein/ durch ein Sprütz oder Catheter in die Blasen gelassen/ von stund an bricht. Zu welchem zwey Ding erfordert werden/ daß es den Stein breche/ und der Blasen dienlich seye: Das erste wird die weiß und

maß

maß zu brauchen / und die Materi zuwegen bringen; dann wir müssen die letzte Dämpff von der Scorpionaschen / oder Macedonischen Petersilien / oder von Krebssteinen auffassen. Dann also kan man ein Wasser machen / das auch den Stein Prophiriten bricht. Der Blasen aber wird es unschädlich seyen/wann die Materi darauß das Wasser gemacht wird/kein Saltz in ihr hat. Darumb muß man das Wasser nicht auß einer saltzigten Materi / oder auß Alaun/Chalcantho,oder Weinheffen / sondern von etlichen der vorgemelten Stücke/fassen. Ich weiß zwar daß das Wasser so auß Taubenkoth/ und auß dem Kraut Tag und Nacht genañt distilliert ist/ die härteste Stein der Blasen breche. Was aber das seye das solche Krafft habe/und solches ohn Schaden thue / das muß man auß der Erfahrung anzeigen/ꝛc. dieses schreibet der obgenannte Barolitanus.

Taubenmist Tag und Nacht in Essig gebeitzt/und darnach den Essig durch ein Tüchlein darvon gesiegen/ sol dem so dē Stein hat zu trincken gegeben werden/dann man sagt/ daß der Stein in diesen Essig geworffen zerbreche. Etliche heissen diesen Mist sieben Tag in einem gläsern Geschirꝛ beitzen / und dann erst auff obgenannte weiß durchseyen/ und trincken. Andere heissen diesen Koth wol säubern und reinigen / und wann man denselben in einem guten Theil Essig(als in dreyn Geschirren oder mehr/ deren eins 20 Untzen hält) sieben Tag gebeitzt hat/ sol man ihn in einem Alembic wie Rosenwasser distilliren/ von welchem Wasser/ wann man es trincket/der Stein in der Blasen und in den Nieren weichen sol/ wie man solches gewiß erfahren hat. Galenus giebt denen so den Stein haben/gebrennten Turteltaubenkoth in Mätt zu trincken/ damit der Stein durch das Harnen herauß gehe. Die Flüß der Knie werden gestillet und vertrieben / wann du Taubenmist mit Saltz und Oehl vermischt/ drauff streichest. Der Taubenkoth in Essig gekocht/vertreibt die Hüneraugen an den Füssen. Er treibt die todte oder lebendige Geburt herfür/wann er für sich selbst / oder mit andern Stücken(als mit Bibergeil/Opopanace,Mirrha)mit Kühgallen vermischt/ und unten auff geräuchert wird. Artzneyen von gebrenntem Taubenmist. Die erschlagene Geleich werden damit/mit Gerstenmehl und weissen Wein vermischt / geheilet. Mit Oehl auffgestrichen/heilet er den Brand. Mit Arsenic und Honig vermengt / benimt er alles das auß den Geschwären / so schädlich darinn ist. Mit Oehl vermengt/heilet er alle Geschwär der Füsse / wie Plinius und Marcellus schreiben. Ein Pflaster von diesem gebrennten Mist/mit starcken Essig/wird über die Feygwartzen deß Hindern / oder über die güldene Adern gelegt.

Von den köstlichen gebrauch der Tauben Reimet Becherus also.

Das fruchtbar Thier die Taub/ zweymal zwey Stück sie gibt/
Die in der Artzeney nicht wenig sind beliebt.

1.   2.
Die gantze Taub ist gut /wie auch ihr Blut
3.
und Koth/
4.
Das Magenhäutlein auch/ das kämpffet mit dem Todt.

1. Die gantze Taub zerschneid und thu sie über legen/
Sie ziehet auß dem Haupt die Dünste die sich regen.
2. Das Tauben-Blut das thut man in die Augen schmieren/
Es hilfft so Schmertzen thun dieselbige berühren.
3. Nehmt einen Scrupel ein von dürrem Taubenkoht/
Er treibt den Stein und Harn/ist gut in solcher Noth.
4. Drey Drachmas nehmet von dem Magenhäutlein ein/
Es pfleget in der Ruhr offt im Gebrauch zu seyn.

Von etlichen Stücken / so ins gemein alle Tauben betreffen.

Ob wir gleich vorhin in der zahmen Tauben viel/ so alle Tauben insgemein betrifft/ geredt haben/wollen wir doch etwas weiter hie darvon sagen. Alle Tauben haben diese Eygenschafft an ihnen / daß sie den Halß/ wann sie trincken/nicht ehe auffheben / biß daß sie genug getruncken haben. Sie trincken all in einem Zug/ und richten ihre Köpff im trincken nit auff/wie andere Vögel/dann ihr Halß ist kurtz und weit / mag derhalben viel Wasser fassen/welches aber andere Vögel nit können/sagt Albertus. Die Turteltaub wird also von ihrer Stimm genennet / dann sie seufftzet vielmehr in ihrem Gesang/ wie andere Tauben fast auch. Die Tauben halten ihre Ehe biß in den Todt/ und wann die eine stirbt/bleibt die andere allein. Wie offt sie im Jahr Jungen haben/ ist vor gesagt. Alle Tauben-Geschlecht legen mehrentheils zwey Eyer: aber die Blochtauben und Turteltauben legen nur zwey. Alle Tauben

ben brüten eine umb die ander. Darzu leben in allem Taubengeschlecht die Weiblein länger als die Männlein. Zu der Artzney magst du von den zahmen Tauben/ Blochtauben/ oder Turteltauben das Blut brauchen/dieweil es nicht viel Unterschieds hat.

Von den Indianischen Tauben.
Columba Indica.

Dese seltzame Taube ist Aldrovando von Wien zugeschickt worden/und wird von ihm beschrieben/dz sie einen kurtzen Schwantz und Schnabel wie die Endte habe. An der Spitz ist der Schnabel weiß/ umb die Naßlöcher aber röthlich/und gantz oben wie die Schlangen schwartz und blau gesprenget/ welches sich auch über den gantzen Kopff ziehet. Von den Augen ziehet sich ein breiter weisser Strich/ umb den gantzen Kopff: Unten ist der Halß grüne/ oben aber Eisenfarb/wie die Flügel. Ihre Füsse sind roth/ auff der Brust stehen nacheinander 6. weisse Federn/welche diesen Vogel sonderlich zieren/im übrigen sihet er braun.

Von

Von den Tauben.
Von den Cyprischen Tauben.
Columba Cypria.

Wiewohl diese Tauben insgemein Indianische genennet werdē/ hält doch Aldrovandus darfür/ daß sie keines Wegs sich von den Cyprischen unterscheiden/ außgenommen daß sie nit gehaubet seyen/diese Tauben werden von den unsrigen Raben genennet/ dann sie kohlschwartz sind/biß auf die Augen und Füsse/ so blutroth sehen.

Von

Von den gehäubten Cyprischen Tauben/ mit Federfüssen.

Columbæ Cypriæ Cristatæ.

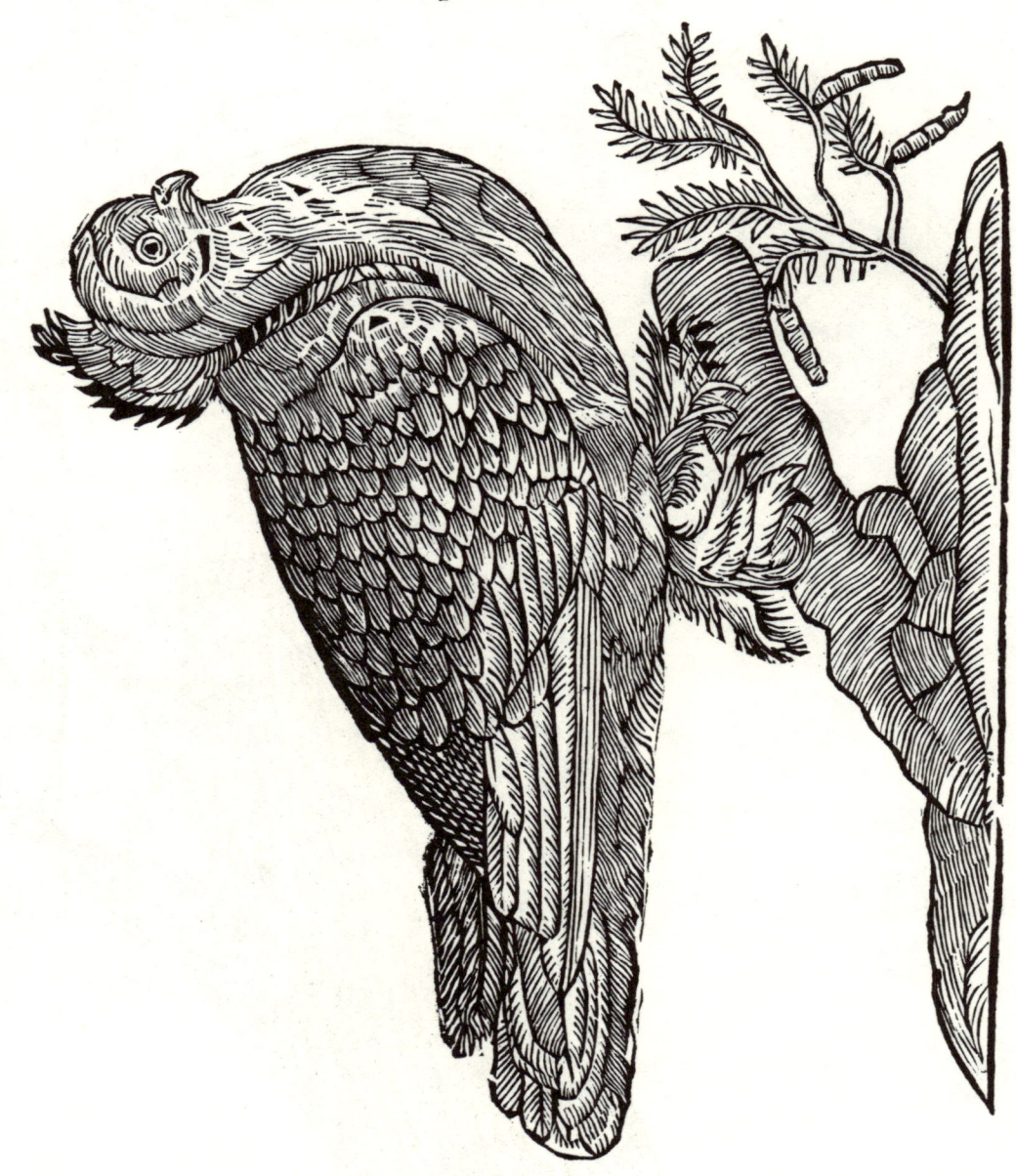

ES werden mancherley Arth der Cyprischen Tauben gefunden/ derer etliche gehaubet/ etliche ohngehaubet sind/ unter allen aber ist diese am seltzamsten/ als welche einen rechten Pusch/ wie eine Sturmhaube/ über sich stehen hat/ und grössere Federfüsse hat. Andere sind kleiner gehaubet/ und haben blosse Füsse/ wie auß nachfolgender Figur zu sehen ist.

Eine Cyprische Taube / ohne Federfüsse.

Columba Cypria pedibus nudis.

Von den Cyprischen Pfawenschwäntzen.

UBer vorgedachte Cyprische Tauben/ ist von hiesigen vornehmen Liebhabern umb groß Geld auß Holland ein Geschlecht erkaufft worden/ welche nach Arth der Pfawen oder Indianischen Hanen/ ihre Schwäntz gantz rund außbreiten/ die Flügel biß zur Erden unter sich lassen/ ihre Brust prächtig vorstrecken / und den Halß und Kopff fast zum Rücken hinder sich lassen/ deßwegen

sie

Von den Tauben. 177

sie von den unsrigen Pfauenschwäntz genannt werden. Von Farben sind sie unterschiedlich/ uñ werdē gantz weisse/ meistentheils aber blau und weiß/ oder schwartz mit weiß durchmischet gesehē/ in der gröss gleichen sie den kleinsten Feldtauben; habē in ihrem Schwantz biß 26. Federn. Diese Tauben schwingen sich in die Höhe als wie die Lörchen: sie schlagen starck mit dē

Federn als wie die Blätzer/ und überschlagen sich auch zuweilē/ gleich wie die Burtzeler pflegen/ derer wir folgends gedencken wollen. Diese Taube ist sonsten leicht zu gewöhnen: würde aber offt wegen ihres hohen Flugs und leichten Leibs/ absonderlich bey unstetem Wetter / von dem Wind vertrieben.   Im übrigen sind sie sehr fruchtbar.

Zweyte Theil.

Von den Burtzlern.

EIne sonderliche Arth Tauben wird von den Holländern Tuymelaers, den unsrigen Taumeler oder Burtzlerer genant/ dieweil sie sich in dem stärcksten Flug offt 4.5.6.mahl gantz überschlagen: In der Größe sind sie wie Feldtauben/ von Farben unterschiedlich/ etliche blau/ leberfarb/ schwartz/ weiß/ und zuweilen gelb/ insgemein haben sie weisse Schwingen/ und sind mehrentheils auff dem Kopff und Flügeln mit weiß durchmischet.

Von den Dückmäulern.

EIne seltzame Arth Tauben wird auch allhier in Franckfurt gehalten/ welche Pagadetten oder Dückmäuler genennet werden: Etliche derer sind gehäubet/ etliche aber nicht/ gleichen sonsten an der Gestalt so wol als an den Farben/ den gemeinen Tauben/ außgenommen daß sie dücke Mäuler haben/ und auff dem Theil/ welches dem Kopf am nechsten/ ein hoch wartzicht Gewächs stehen haben / welches in der Dückung einer Haselnuß oder Fingers/ wol seyn mag. Dergleichen rauhes Gewächs haben sie auch rund umb die Augen: Beydes aber ist mehr an den alten als dieser Arth jungen Tauben zu sehen. In dem Geschmack sollen sie eigentlich von den gemeinen Tauben zu unterscheiden seyn/ und fast den Feldhünern gleichen. Sie sind sehr fruchtbar/ aber gar übel zu gewehnen/ also daß von ihnen gesagt wird/ daß sie von 40. Meilen wieder an ihr gehörig Orth zurück fliegen/ und sich derhalben offt in Belägerungen ihrer als Botten oder Briefftrager bedient worden.

Von den Pellen.

IN Holland/ wie auch nachgehends in Teutschland/ ist eine Arth Tauben bekant worden/ Pellen genant/ diese sind in der Größ der gemeinen Tauben/ von Farben aber seltzam: Etliche sehen gantz Zimmetroth/ andere gelb/ andere schwartz/ andere blau/ und sind insgesambt neben an den Flügeln/ und über dem Bürtzel mit weissen Federn durchmischet / welche sie doch nicht eher/ als nach der ersten Mauß bekommen; dann sie anfänglich von einer Farb sind.

Von den Kröppern.

DIese Tauben werden Holländische Tauben oder Kröpper genennet/ weiln sie ihren Kropff dermassen auffblasen/ daß sie nicht vor sich sehen können/ und offters zu boden fallen. Unter allen Tauben sind diese die grösten/ bringen deßwegen auch wenig Junge auff/ weiln sie dieselbigen bald todt tretten / bald mit den grossen Federfüssen die Eyer auß de Nestern werffen/ und also zerbrechen. Daß wann man diese Arth fortpflantzen wil/ am besten thut/ so man ihre Eyer andern Tauben/ absonderlich aber kurtz gedachten Pellen unterleget. Uber diese befinden sich noch unterschiedliche Geschlecht der Tauben/ als da sind die Bläzer/ welche im Flug so starck mit den Flügeln schlagen / daß sie von weitem können gehöret werden. Deßgleichen ist auch noch eine Arth/ so sie Vehen nennen/ welche aber nichts absonderlichs an sich haben/ als daß sie oben auf dem Kopff mit einē rundten aschenfarben Flecken bedecket sind.

Von den wilden Tauben insgemein.

DIe Indianer bringen ihrem König Tauben/ die man gar nicht zähmen kan/ wie Aelianus schreibt. An etlichen Orthen Italiæ brauchē sie zahme Wieselein/ daß sie mit denselbigen die Tauben auß ihren Nestern und Löchern herfür ziehen. Die wilde Tauben so zur Herbstzeit hinweg fliegen/ die kommen zur Sommerszeit vor andern Vögeln wiederumb zu uns. Die Männlein von den wilden Tauben gessen/ sollen den zitterenden und erschlagenen Gliedern/ auch der Zungen so nicht reden kan/ sehr dienlich seyn. Wilder Tauben Mist für sich selbst genützt/ dienet für das getruncken Quecksilber. Dioscorides heisset denselben dafür gedörret mit Spicanarden und Wein trincken.

Von den wilden Tauben / Porcellana genannt/ und von der Stein-Tauben.

POrcellanæ werden etliche Tauben zu Venedig genennet/ welche am Meer wohnen/ und rothe Schnäbel und Bein haben/ sonst aber gantz schwartz sind.

Steintauben werden etliche in Pündten genennet/ welche grösser sind als die zahmen/ aschenfarb/ die in den Steinen und Felsen nisten. Diese siehet man offt/ wann die Wiesen abgemehet sind / weil sie zu derselbigen Zeit die Heuschrecken suchen.

Von den Tauben.
Von einer wilden Tauben-Arth/ in Teutschland unbekannt.
Oenas, Vinago.

Oenas wird zu Latein vom Wein her Vinago genennet. Die Taub wird mehrentheils im Herbst gesehen und gefangen/ daher sie den Nahmen vom Wein/ weil sie wie der rothe Wein/ oder wie die schwartze Trauben gefärbt ist/ oder von der Zeit her da sie gefangen wird/ bekommen hat. Sie ist grösser als die zahme Taub: aber kleiner als die Blochtaub. Sie lebt auch von dem Geträid/ und legt zwey Eyer. Man fängt sie mehrentheils wenn sie trinckt. Turnerus sagt/ daß er die Tauben Oenadem nie gesehen hab/ er wisse auch nicht was sie bey den Engelländern oder Teutschen für einen Nahmen habe. Doch habe er zu Venedig Tauben gesehen/ so noch anderthalb mahl grösser als die unseren gewesen/ diese hab er aber nicht für Vinagines gehalten/ sondern für Tauben auß Campania, so nach Venedig geführet worden/ da dann/ wie Plinius sagt/ die gröste Tauben seyn sollen. Rondeletius vermeynt/ daß dieser Vogel von dem Griechischen

Zweyter Theil. Z ij

chischen Wörtlein h v. das ist / von den kleinen äderlein oder Zäserlein so im Fleisch sind / genennt seye. Dann sein Fleisch ist so äderricht und hart / daß man es wolwol essen noch zur Speiß bereiten kan / es seye dann daß man ihm die Haut abziehe. Dieser Vogel fliegt schaarweiß / und wird umb Mompelier (un angel) das ist ein Engel genennt. Er ist gantz gleich dem Rebhun / ohn daß er einen schwartzen Schnabel / und dergleichen Füß hat. Von Federn ist er schwartzgraw/ und gelbroth / sonsten / bevorab an der Grösse / ist er den Rebhun gleich / wie mir Joan. Culmannus zugeschrieben hat. Ich halte diesen eben für den Vogel / den die Arabische Scribenten, Alchatta, Alfuachat und Filacotona heissen / allein dieses außgenommen daß Bellunensis den Vogel Alchata, kurtze Bein zuschreibet. Wiewol dieses die Vergleichung nicht viel mag hindern / dieweil in manchen Geschlecht vielerley unterscheid gefunden werden. Und ist zwar am obgenannten Vogel zu Mompelier der Fuß auch sehr kurtz / sonderlich die kleinste Zeen. Diesem ist auch der Vogel verwand / so von Bellonio beschrieben / und Perdix Damasci genennt wird / allein daß er kleiner ist / und einen kürtzeren Schwantz hat / wie auß denselbigen Beschreibungen abzunehmen ist. Diesen hette ich unter deß Puluiers Geschlecht gezehlet / wo nicht seine Bein / wie deß Schneehuns / mit Federn bedeckt weren / sagt D. Geßner.

Von den Lochtauben. Livia columba.

Von den Tauben.

Diese Taub wird bey den Lateinern Livia ihrer Farb wegen also genennt / weil sie fast Bleyfarbig ist / sie ist auch kleiner als die gemeine Taub / und wirdt kaum zahm. Albertus sagt / daß sie den zahmen blawen gleich gefärbt seyen / und werden zu Teutsch Lochtauben / kleine wilde Tauben / und Holtztauben genennt: sie sitzen auff die Bäum / ihre Bein sind rauh und rothfärbig. Auff Griechisch heissen sie πελιάς; Italianisch Palumbella; Frantzösisch Coroiseau; und Engländisch Stocdove.

Ich (spricht D. Geßner) hab bey uns offt solche Tauben / sonderlich aber im Hornung und Augustmonat gesehen. Dieser Vogel ist der zahmen Tauben an Gestalt fast änlich / doch etwas kleiner / mit rothen Füssen / einem weißlichten Schnabel / doch hat sie umb die Naßlöcher etwas Purpurfarbes. Die Federn sind allenthalben aschenfärbig / aber zu euserst am Schwantz schwartz / die mittelsten etwas röthlich. Der Halß hat vornen und an den Seiten theils purpurfarb / theils grünlichte Federn / schön / und nach dem sie gegen den Tag gehalten / gläntzend. Der Halß ziehet hinden auch etwas auff Purpurfarb. Die vier längste Schwingfedern sind schwartz / etwas röthlichs darunter vermischt / die kleiste sind aschenfarb / die mittelste sind theils aschenfarb / theils aber zu euserst schwartz / und die letzte gegen dem Rücken siud lichtroth. Die Länge vom Schnabel biß zu euserst an Schwantz gemessen ist bey nahe ein Spann und fünff Finger lang. Den Unterscheid aber hat sie von der Blochtauben / daß sie viel kleiner ist / und keine weisse Flecken an Halß und an den Flügeln / wie dieselbige / hat. In India haben diese Tauben grüne Federn / daß einer sie im ansehen / für Papageyen und nicht für Tauben halten möchte. Der Schnabel und die Bein sind den kleinern Rebhünern änlich / wie Aelianus schreibet.

Von der Natur und Eigenschafft dieses Vogels

Diese Tauben leben von dem Samen der Kornfrüchte / und der Eicheln. Sie fliegen allzeit schaarweiß / und werden nicht zahm / und wann man sie einschliest / machen sie nicht Jungen. Zu Nacht fliegen sie schaarweiß etwan nahe zu einem Dorff / auff einen Baum / dahin sie dann alle Nacht wieder kommen / wie mir ein Brabander gesagt hat. Sie nisten auch unterweilen in holen Bäumen / und Kirchmauren / sagt Turnerus. Darzu in hohen Felsen und Thürnen / wie Albertus sagt.

Was von dieser Tauben den Menschen nützlich seye.

So viel die Speiß antrifft / reimet sich fast alles dieser Tauben / was wir von der Blochtauben sagen werden. Die Lochtauben werden für zärter in der Speiß gehalten / als die Ringeltauben. Ihr Mist wird zu den auffbeissenden Artzneyen gebraucht.

Von der Ringeltauben oder Blochtauben.

Palumbus.

Auß dem Taubengeschlecht sind:

I. PHATTA. Ringeltaub.
II. PHAPS. Lochtaub.
III. OENAS. Vinago.
IIII. COLVMBA. Taub.
V. LIVIA. Holtztaub.
VI. TVRTVR. Turteltaub / die aller kleinste.

Diese Taub wird gemeiniglich von dem Ring / den sie umb ihren Hals hat / ein Ringeltaub genennt. In der Eydgenoßschafft heisset sie Schlagtaub / grosse Holtztaub. Anderswo Blochtaub. Auff Griechisch φάττα; Lateinsch Palumbes; Italianischen Palumbo; Frantzösisch Ramier; Spanisch Paloma torcatz; Polnisch Grziwwack; Wendisch Divvoky; Ungarisch Vadgalamb; Engländisch a coushot, a Ringgeddoue a Blokdove. Diese ist die gröste unter allen Tauben / nicht viel kleiner als ein junger Haußhan: an etlichen Orthen aber ist sie wol so groß als ein Han. Sie ist blaw / oder aschenfarb gefärbt. Der Kopff lichtblaw / oder purpurfarb / darzu das schwartz im Aug gantz rund. Die Ringeltauben haben einen Kropff vor ihrem Magen. Wann diese Vögel reischen / werden ihre Hödlein sehr groß / da man doch dieselbigen Winterszeit nicht sehen kan.

Die Ringeltaub welche so ich (spricht D. Geßner) in den Händen gehabt / als ich dieses geschrieben / die war bey nahe zwo Spannen lang / vom Schnabel biß zu euserst an die Füß gemesse / am Gewicht hielt sie siebenzehenthalb Untzen. Der Halßring ist nicht gantz / dann er war oben auff dem Halß bey zween Finger breit von einander / an den jungen Tauben siehet man ihn nicht.

Etliche weisse Federn sihet man mitten an den Flügeln: aber an den Lochtauben nicht/ welche auch keinen Ring haben. Der eusserste Theil an dē Flügeln/da die längste Federn sind/

sind/ist schwartz: der innere Theil aber ist fast überall grau/wie auch der Obertheil deß Ruckens: der übrige Rucken aber sampt dem Schwantz/sind gantz aschenfarb. Am Halß/sonderlich vornenhin und beyseits/sind über die weisse Federn auch gefleckte/uñ scheinen nach dem sie gegen dem Liecht gehalten werden/purpurfarb/grün/himmelblau und aschenfarb. Der Halß hat vornenhin sampt einem Theil an der Brust/purpurfarbe Federn/etwas aschenfarbes darunter vermischt. Der Schwantz ist zu eusserst schwartz/die Füß roth/der Schnabel liechtgelb/an beyden Seiten mit einer purpurfarben Haut überzogen. Die Bauchfedern sind theils weiß/theils aschenfarb. Dieser Tauben Bauch hat mich auch röther bedünckt als der Lochtauben. Petrus Martyr sagt/daß die Hispanier in einer Insel deß newen Lands/grössere Ringeltauben gefunden haben/als die unseren/welche lieblicher zu essen seyen als die Rebhüner/dann sie einen Geruch haben wie die köstliche Specereyen. In welcher Kropff/da man sie auffgeschnitten/man viel wohlriechender Blumen gefunden hat.

Von der Speiß und Nahrung dieses Vogels.

Die Ringeltaub lebt von dem Geträid. Eicheln und Korn essen sie/wie auch die Lochtauben. Zu Winterszeit/wann sie keinen Saamen im Feld finden/und derhalbe Hunger leiden müssen/essen sie Kraut. Fabariæ werden sie von etlichen Italianern genennet/dieweil sie auch Bonen essen.

Von der Natur und Eigenschafft dieses Vogels.

Die Ringeltaub hat Winterszeit keine Stimm/es komme dann etwan schön Wetter/darüber sich etliche verwundert haben: wann aber der Frühling anhebt/so fängt sie ihren Gesang an/im Regenwetter schweigen sie auch. Etliche Bauren sagen/daß ihre Stimm eine Anzeigung deß Frühlings seye. Man siehet die Tauben und Ringeltauben das gantze Jahr. Aristoteles sagt/daß etliche verborgen liegen: andere aber mit den Schwalben hinweg fahren/und das thun sie schaarweiß. Die Turteltauben/wie ich verstehe/sollen zum ersten hinweg fliegen/darnach die Lochtauben/und zuletzt die Ringeltauben/deren doch etliche bleiben/dann ich zu Zürich mitten im Herbstmonat dieselbe gesehen hab. Mitten im Hornung hab ich sie/wie dann auch die Lochtauben/zuweilen gesehen. Etliche Vögel so zur Somerszeit ihren Auffenthalt in den Wäldern haben/die fliegen im Winter an die nächste örther/welche die Sonne bescheinet/Als die Amseln und Ringeltauben. Sie liegen zuweilen in den engen Klausen der Berge verborgen. Andere schreiben/daß sie viertzig Tage als todt verborgen liegen/und nachmals wiederumb lebendig werden. Die Ringeltaub und Turteltaub ist an einem Männlein vergnügt/und nimmt bey seinem Leben kein anders/wie die zahme Taub. Wann die Ringeltaub ihren Ehegatten verliehret/sitzt sie nicht mehr auff das Grüne/und bleibet keusch und allein biß in ihr End. Die Blochtauben reitzen einander zur Unkeuschheit/wie die zahmen: dieweil sie aber halb wild sind/machen sie selten Jungen. Etliche sagen/daß die Blochtauben und Turteltauben alle drey Monat Junge machen/dieweil deren so viel sind. Die Eyer halten sie in ihnen vierzehen Tag/so viel Tag brüten sie auch/und in den nachgehenden vierzehen Tagen werden die Jungen so flücke/daß man sie kaum mehr fangen kan. Aristoteles sagt/daß diese Taub nur einmahl im Jahr zwey Eyer lege. Albertus sagt/sie lege an den kalten Orthen nur einmahl/an den warmen aber zweymahl. Man schreibt gemeiniglich/daß sie im Früling zweymahl Junge machen/und ob sie gleich etwan drey Eyer legen/so sol dennoch das dritte nichts nutzen. Wann ihnen aber etwan die Eyer entzogen/oder sonst zerbrochen werden/legen sie unterweilen zum dritten mahl. Das Weiblein fänget seine Eyer vom Mittag an zu brüten/und verharret darüber die gantze Nacht/biß an den Morgen/die übrige Zeit brütet das Männlein. Das Männlein saugt das feucht und gesaltzene Erdreich/und gibts den Jungen ein/auff daß sie der Speiß gewohnen/wie der Author deß Buchs der Natur sagt. Dieses aber schreiben die Alten allein von den Tauben.

Truckne Zeit ist allen Vögeln/bevorab aber den Blochtauben/nütz zu ihrer Gesundheit/und zu ihrer Geburt. Vor dem Früling/wann es noch kalt ist/nisten sie auf den Bäumen/oder in den Hecken und dickem Ephew/darauff sie ein sehr dünn Nest/von kleinen Höltzlein/über einander gelegt/machen/doch also/daß es breit seye. Die Blochtauben und Turteltauben nisten mehrentheils an einem Orth/sagt Aristoteles. In der Blochtauben Nest legt der Guckguck mehrentheils seine Eyer/nachdem er ihre darauß gefressen hat. Die Blochtauben leben sehr lang/als 15. 25. 30. oder/wie man etliche gefunden hat/40. Jahr. Den alten aber wachsen lange Klauen/welche die jenige ihnen abhauen/die sie erziehen wollen/sonst wiederfährt ihnen nichts in ihrem Alter das ihnen Schaden bringen möge/wie Aristoteles und Plinius sagen. Die Männlein aber/wie auch in der Spatzen und anderer Vögel

Geschlecht/ sterben vor dem Weiblein/ weil sie mehr der Unkeuschheit pflegen. Wann die Blochtaub kranck ist/ trägt sie ein Lorbeerblat in ihr Nest/ und wird also wiederumb davon gesund. Wann die Rebhüner/ Störche/ und Blochtauben verwundt sind/ legen sie Tosten darauff/ und heilen sich damit. Sie reinigen sich auch jährlich mit Lorbeerlaub. Sie essen dieses auch für alle Verzauberung. Sie werffen ihren Koth auß dem Nest/ und wann ihre Jungen erwachsen/ so lehren sie dieselbigen deßgleichen thun. Sie ertödten die/ so etwan ehebrüchig worden. Wann sie vor dem Frühling in grosser Kälte nistet/ so ziehet sie ihr selbst die Federn auß/ damit die Junge desto wärmer liegen/ also/ daß sie davon gantz entblösset/ zuweilet stirbt/ wie Ælianus berichtet.

Wie diese Vögel gefangen werden.

Die Ringeltauben werden kaum gefangen/ dann so bald sie die Weydleut ersehen/ fliegen sie weit von dannen/ doch werden sie nichts desto weniger mit List hindergangen. Dann wann sie der Weydmann auff einem Baum ersehen/ spannet er ein Garn auff die Erden/ und bedeckt es mit Sprewer/ darunter setzt er andere Ringeltauben/ so er vorhin gefangen und geblendet hat/ an ihre Füsse bindet er ihnen Seile/ daran er ziehen könne/ und also die Tauben ein wenig fliegend mache/ wann nun die andern dieses sehen/ kommen sie von den Bäumen und auß den Stauden her. Der Weydmann aber/ so in einer Hütten verborgē liegt/ ziehet das Seil starck/ und bedeckt also mit dem Garn die Tauben. Man fängt sie aber leichter in Stricken/ wie Oppianus schreibt.

In Antiate so in Italien gelegen/ fängt man diese Tauben im Herbst. Wann sie über das Meer fliegen/ und Italiam verlassen wollen/ säumen sie sich eine Zeitlang in den Lustwäldern ermeldten Orts/ darumb spannen die erfahrne Neptunienses grosse Netze/ welche mit grossen Kosten zu diesem Fang gemachet sind. Darnach jagen sie alle Ringeltauben auff/ die hin und wieder auff den Bäumen versamlet sitzen/ mit Steinen/ die sie daran werffen/ und wann sie eine grosse Zahl dieser Vögel Schaarweiß über den Garnen fliegen sehen/ schleudern sie einen kleinē Stein/ der entweder von Natur weiß/ oder mit Gyps also gemachet seye/ mit grossem Gethön in die Lufft/ davon die Tauben erschröckt/ von Stund an auff das Erdreich hinab schiessen/ und also unvorsichtig in den Garnen gefangen werden.

Was von diesem Vogel ausser der Artzney dem Menschen nützlich seye.

Im Winter macht man diese Tauben mit Wein und Brodt fett/ wie auch die Turteltauben. Wie man sie weiter mesten solle/ ist droben bey der Tauben/ und bey der Hennen gesagt worden. Der Vögel Fleisch gibt nit so viel Nahrung als der vierfüssigen Thiere: es wird aber leichter verdäwet/ sonderlich deß Rebhuns/ Haselhuns/ der Tauben/ der Hennen/ und deß Hanen. Etwas rauher ist aber der Turteltauben/ Blochtauben und Enten Fleisch/ wie Galenus bezeugt. Darum ist es schwerer Däwung/ und gebieret böse Feuchtigkeiten. Die Ringeltaub trucknet/ uñ verstopfft dē Bauch. Zu Winterszeit sind sie besser. Die Lochtauben sind gesünder. Den Magensüchtigen sind sie gut in der Speiß genossen. Turteltauben und Blochtauben werden von etlichen zu Zeiten der Pestilentz höchlich gelobt. Etliche lassen diese Tauben ein Zeitlang in kaltem Wasser liegen/ ehe dann sie dieselbe kochen. Von diesem wirst du ein mehrers bey der zahmen Tauben lesen.

Was in der Artzney von diesem Vogel dem Menschen nützlich seye.

Koch eine Blochtauben in Weinbeeren/ und geb davon 3. Tag dem/ der den Bauchfluß hat/ zu trincken. In Essig gekocht dienet sie auch wider die rothe Ruhr/ und die ermeldte Kranckheit. Dem Krimmen dienen sie in einer Brühe gekocht. Wann ein Weib empfangen hat/ und besorgt daß sie die Empfängnuß nicht behalten möge/ so soll sie ein Blochtauben essen/ sagt Hippocrates. Ringeltaubenfleisch sol wegen der Eicheln/ davon sie leben/ der Unkeuschheit widerstehen/ da doch andere Tauben dieselbige mehren. Darumb sagt Martialis:

Non edat hanc volucrem qui cupit esse salax.

Das ist:
Den Vogel esse der nicht viel/
Der offt der Liebe pflegen wil.

Dem Viehe stillet man das Bauchkrimmen/ wann man ihm eine Ringeltauben drey mal umb die Scham oder Gemächt streicht/ dann die weggeflogene Taub stirbt/ uñ wird das Viehe von der Kranckheit entlediget. Tauben/ Turteltauben und Blochtauben-Blut dienet den blutigen Augen/ den frischē Wunden derselben/ und den Schielenden/ wie Dioscorides schreibet. Dieses Blut reiniget die Wunden. Zerriebene Nesseln mit Weyhen oder Blochtaubenblut vermischt/ und an dē Füß gestrichen/ benimmt das Podagra. Die Aschen von den gebrennten Federn in Māt drey Löffel voll getruncken/ widerstehet der Gelbsucht. Diese mit Essigmāt getruncken/ dienet wider dē Stein und andere Wehetagen der Blasen/ wie Plinius schreibet.

Für

Von der Turteltauben. 185

Für diesen Mist kan man wol Taubenmist brauchen/ der brennt von Natur. Diesen in einer Bonen eingenommen/ dienet wider den Stein und andere Wehetagen der Blasen. Mit einer zerröleten Bonen getruncken / ist wider die Harnwinde sehr dienlich / wie Marcellus sagt. Die Steinlein so in der Blochtauben-Magen gefunden werden / werden zerstossen / und wider den Stein getruncken. Vom Tauben-Mist wider den Stein dienlich/ ist droben bey der Tauben genugsam gesagt worden.

Von der Turtel-Tauben.
Turtur.

Dieser Vogel heisset auff Hebreisch תר: Griechisch Τρυγών; Lateinisch Turtur; Italiänisch Tortora; Frantzösisch Tourterelle; Spanisch Tortola; Polnisch Sinogarlica; Wendisch Hrdlicze; Ungarisch Görlicze; und Engelländisch a Turtle dove. Die Turteltaub ist die kleinste unter allen Tauben/ aschenfärbig auff dem Rücken aber mit rothfarb gesprenget. Man hat auch offt weißfarbe gesehen.

Zweyter Theil. Aa Von

Von der Natur und Eigenschafft dieses Vogels.

Im Sommer sind diese Tauben an kühlen / im Winter an warmen Orthen. Sie sind auff der Ebene / und auff den hohen / schönen / und lustigen Bergen. Von wegen seiner Stimm wird dieser Vogel also genennt / dann er seufftzet oder rächtzet an statt seines Gesangs / wie auch andere Tauben. Man sagt / daß die Turteltauben sehr viel schwätzen / dieweil sie nicht allein mit dem Schnabel / sondern auch mit dem hindern Theil reden / sagt Ælianus. Darumb man dieses Sprichwort von den schwätzigen Leuten braucht / da man spricht: Du schwätzest mehr als ein Turteltaub. Sie hat einen starcken guten Flug / ist auch schnell zu Fuß. Die Turtel- und Blochtauben nisten allzeit an einem Orth. Dieser Vogel legt über sein Nest Meerzwiblen-Blätter / auff daß der Wolff seinen Jungen nicht schade / dann er weiß daß der Wolff diese Blätter fleucht / wie Ambrosius sagt / wiewol etliche dieses vom Fuchs schreiben. Von ihrem reischen / legen / brüten und aufferziehen / haben wir in der Blochtauben geschrieben / daß sie in denen Stücken eben derselbigen gleich ist. Sie schnäblen vor dem Betreten einander / sonderlich die ältesten: die jungen aber thun dieses offt nicht. Wenn kein Männlein vorhanden ist / so bedecken die Weiblein / wider aller anderer Vögel Arth / einander / und legen Eyer: aber dieselbe sind nicht fruchtbar / wie Oppianus schreibet. Die Turteltaub macht im Jahr zwey mahl jungen.

Die Turteltauben bleiben über den Winter nicht bey uns / sondern sie fliegen hinweg: es seye dann daß etliche an denen Orthen bleiben / da die Sonn hin zu scheinen pflegt / sagt Aristoteles. Sie fliegen unter allen Tauben am ersten von uns / darnach die Lochtauben / zu letzt die Ringeltauben. Etliche sprechen / daß sie im kalten Winter gantz bloß von Federn in den holen Bäumen verborgen liegen / wie auch andere Vögel / so wir vermeinen von uns hinweg fliegen: aber solches nit gewiß / daß da sie dessen ein gewiß Zeichen fürbringe / weil sich nemlich diese Vögel nit maussen / oder die Federn verwandlen / ist solches kein genugsam Zeichen / durch welches dieses möge bewehrt werden. Dann die Vögel maussen sich auff zweyerley weise / etliche lassen zu einer Zeit all ihre Federn fallen / und erjungen sich einsmahls / als die Geschlecht der Habichte: etliche aber maussen sich langsam / und mit der Zeit / als die Atzel und der Rab / wie Albertus schreibt. Im Frühling kommen sie wiederumb herfür. Viel Turteltauben begehren den Winter heisse Land: viel aber bleiben an einem Orth / wenn sie eine bequäme Stätte / welche gegen der Sonnen gelegen / haben. Mit ihrer Zukunfft verkündigen sie uns den frölichen Sommer. Die Turteltauben leben acht Jahr / aber die Männlein nit so lang als die Weiblein. Mit dem Kraut / Tag und Nacht genant / reinigen sie sich jährlich. Zuweilen sind sie so schwach / daß man sie mit den Händen fangen kan. Die Turteltaub / und etliche Vögel mehr / sterben von einem Granatkörnlein.

Die Turtel- und Blochtauben fliegen schaarweiß zu uns und von uns. Die Turteltaub hasset keinen Vogel / und ist sehr gedultig in aller Unbilligkeit / sagt Albertus. Von diesem Vogel schreibt man / daß er nach dem ersten Ehegatten / mit welchem er sich das erste mahl paaret / kein anders mehr nehme. Wenn nun ihr Gemahl stirbt oder gefangen wird / sitzt sie auff die dürren Aest oder Bäume / seufftzend und traurig. Nach diesem sol sie auch nicht mehr auff das Grüne sitzen / darzu kein lauter Wasser trincken / sondern dasselbe allzeit vorhin betrüben / wie Grapaldus bezeuget. Sie legen Schwertelwurtzel für alle Zauberey in ihr Nest. Die Taub / Turteltaub und Amsel lieben einander / wie auch die Papageyen / sagt Plinius. Der Grünling und sie streiten mit einander / und wird diese von ihm getödtet. Der Rab und die Turteltaub sind Feinde / sagt Ælianus.

Wie dieser Vogel gefangen werde.

Zuweilen / wie vorgesagt / fängt man sie mit den Händen. Die Meister dieser Kunst pflegen zu tantzen / zu singen / und zu pfeiffen / welches diese Vögel gern hören / und dardurch herzu gelockt werden. Da dann die Weidleut nach und nach weichen / biß an das Orth dahin ein Garn gelegt ist / in welche die Tauben unversehentlich fallen / und also mit dem Tantz und Gesang gefangen werden / wie Ælianus sagt. Die Turteltauben werden auch am Kläb gefangen / deßgleichen unter einem Baum / darauff ein Lockvogel gesetzt worden. Sie werden auch gefangen wenn sie umb Dursts willen zu einem Brunen fliegen / bey welchem der Weydmann ein Rohr steckt / daran oben auff Federn gebunden sind / welcher Bewegung diese Vögel erschreckt und wegjaget. Aber eine andere Turteltaub so zuvor gefangen worden / wird auch nicht weit davon gestelt / welche die andern ersehen / zu ihr fliegen / und darnach mit dem Zuggarn bedeckt werden / wie Oppianus lehrt. Wie man Turteltauben / Tauben / und andere Vögel mit Garnen fangen solle / lehrt Crescentiensis im 10. Buch / am 21. Cap. und am 26. berichtet er / wie man sie in Stricken / auß Roßhaar gemacht / und mit andern Rüstungen und Instrumenten fahen solle.

Wie man die Turteltaub ziehen und mästen sol.

Es ist unnützlich daß man Turteltauben ziehet / dieweil sie in den Taubhäusern weder legen noch junge machen. Wie sie gefangen werden / also werden sie zu mästen eingestellt / doch nicht zu aller Zeit. Im Winter werden sie selten fett / wie guten Fleiß man auch ankehret. Dieweil ihrer aber so viel sind / so sind sie auch desto wolfeiler. Im Sommer werden sie von ihnen selbst fett / wann sie genug zu essen haben. Man darff ihrer nicht mehr Sorg

Von den Turteltauben.

Sorg haben/ als essen fürwerffen/ und sonderlich Hirsen/ nicht daß sie weniger von Weitzen oder anderem Korn fett werden/ sondern weil ihnen der Hirsen am liebsten ist. Im Winter gibt man ihnen Wein und Brodt/ das macht sie auch fett wie die Holtztauben. Man macht ihnen nicht außgehauene Nester wie den Tauben/ sondern sie haben hänffene Mätzlein/ das ist/ Decken auß Stroh/ Bintzen/ oder dergleichen geflochten/ an den Mauren herumb/ die sind mit gestrickten Garnen vergittert/ daß sie darein nicht fliegen können/ dann wann sie das thun schwächen sie den Leib. In denselbigen speist man sie täglich mit Hirsen oder Weitzen. Doch sol man ihnen die Frucht allein dürz geben. Ein halb Viertheil speist einen Tag hundert und zwantzig Turteltauben. Man gibt ihnen täglich wie den Hünern und Tauben/ frisch schön Wasser zu trincken. Die Matzen sol man ihnen auch reinigen/ auff daß ihnen die Füß vom Kaat nicht verderben. Den Mist sol man fleissig samblen/ die Aecker und Bäum damit zu düngen/ wie auch anderer Vögel Mist/ außgenommen deren so im Wasser schwimmen. Diese Vögel sind besser zu mästen wann sie jung sind/ als wann sie alt werden/ darumb sol man sie gegen der Erndte einstellen/ wann bey ihnen die Jugend gestärckt ist/ wie Columella und Varro schreiben.

Palladius spricht: Unter dem Taubhauß sollen zwey kleine Kämmerlein gemacht werden/ ein kurtzes die Turteltauben darein zubeschliessen/ das sol finster seyn. Sie sind auch leichtlich zu ziehen/ dann sie bedörffen wenig Wartung/ allein daß man ihnen im Sommer/ da sie am aller fettesten werden/ Weitzen oder Hirsen gebe der in Honigwasser gebeitzt seye. Mit Hirsen und Fenchel werden sie fett/ und haben gern viel Wasser wie die Enten. Die Vogelfänger in der Lombardey/ sonderlich zu Cremona, fangen den gantzen Sommer Turteltauben mit Netzen/ und beschliessen sie in ein helles Taubhauß/ und geben ihnen stets lauter Wasser und Hirsen/ so viel sie essen mögen; die behalten sie fast biß in den Winter/ oder über den halben Herbst/ also/ daß sie ihrer etwan tausend oder mehr zusammen bringen/ und diese werden unsäglich fett zu essen/ und werden sehr theuer verkaufft/ wie Crescentiensis schreibt.

Was ausser der Artzney von diesem Vogel dem Menschen nützlich seye.

Die fetten Turtultauben werden für die besten gehalten. Zur Herbstzeit sind sie gut/ weil man sie zur selbigen Zeit am meisten findet. Man sol sie einen Tag vorhin tödten/ ehe dann man sie esse/ und ehe dann sie jährig worden. Der Turtultauben Fleisch ist warm und trucken im andern Grad/ wiewol es eine überflüssige Feuchtigkeit in sich hat. Die Alten verdäuet man kaum/ und gebähren ein dick schwartz Blut. Die Jungen/ so erst flück worden/ sind die besten. Man sol allwegen diese Tauben ein zeitlang daheim mästen und speisen/ ehe dann man sie esse/ dann also wird man ihre überflüssige Hitz miltern/ man kan sie auch also sicherer braten/ wenn sie aber mager sind/ so ists besser daß man sie gesotten esse.

Was von diesem Vogel in der Artzney dem Menschen nützlich seye.

Tauben in der Speiß genossen/ sollen für die rothe Ruhr sehr dienlich seyn/ diweil sie den Bauchfluß stillen/ ihr Blut aber ist noch besser darzu. Tauben/ Turteltauben/ Blocktauben/ und Rebhüner Blut/ ist den rothen Augen sehr gut/ wie droben bey der Tauben weitlaufftig gesagt worden. Turtultauben Blut wird warm auff ein zerknütscht und kranck Ohr getrieffst. Gar klein zerstossen/ und mit gutem verschäumten Honig vermengt/ heilet die Flecken der Augen. In Mät gekocht/ und Pflasterweiß über den Bauch und Nieren gelegt/ benimbt den Schmertzen derselbigen/ sagt Marcellus. Denen so da schwerlich harnen/ ist dieses ein bewehrte Artzney/ daß sie nemblich zerstossenen Turteltauben-Kaat ein Quintlein nüchtern mit Honig trincken/ und das drey Tag nacheinander. Mit Rosenöl zertrieben und auff gestrichen/ heilet es die Bär-Mutter. Diesen Kaat gebrennt gib in Mät für den Stein zu trincken/ dann das treibet den Stein mit dem Harn hinauß/ wie Galenus schreibet. Dieser Kaat in Mät gekocht/ oder nur die Brühe darvon genommen/ dienet wider den Stein/ und andere Wehetagen der Blasen/ wie Plinius schreibet. Hiervon schreibet Becherus also:

Die gantze Turteltaub sampt ihrem Fett ist gut/
1. Zum zarten Pulver man sie gantz verbrennen thut/
Sechs Gran davon die nimbt und braucht man in der Ruhr/
2. Man schmiert sich mit dem Fett es ist der Nieren Chur.

Von der Indianischen Turteltauben/ oder Lach-Tauben.

Turtur Indicus.

ES werden in Teutschland numehr ein Art wilder Tauben gezogen/ welche wie dafür gehalten/ auß Indien zu erst gebracht worden/ und derohalben Indianische Turteltauben genennet werden/ diweil sie in der Größ und gantzen Gestalt den Turtel-Tauben gleichen/ außgenommen daß sie gantz aschenfarb sich etwas auff gelbroth ziehend sehen/ und einen schwartzen Ring umb den Halß haben. Diese Tauben und sonderlich das Weiblein/ lachet fast wie ein Mensch/

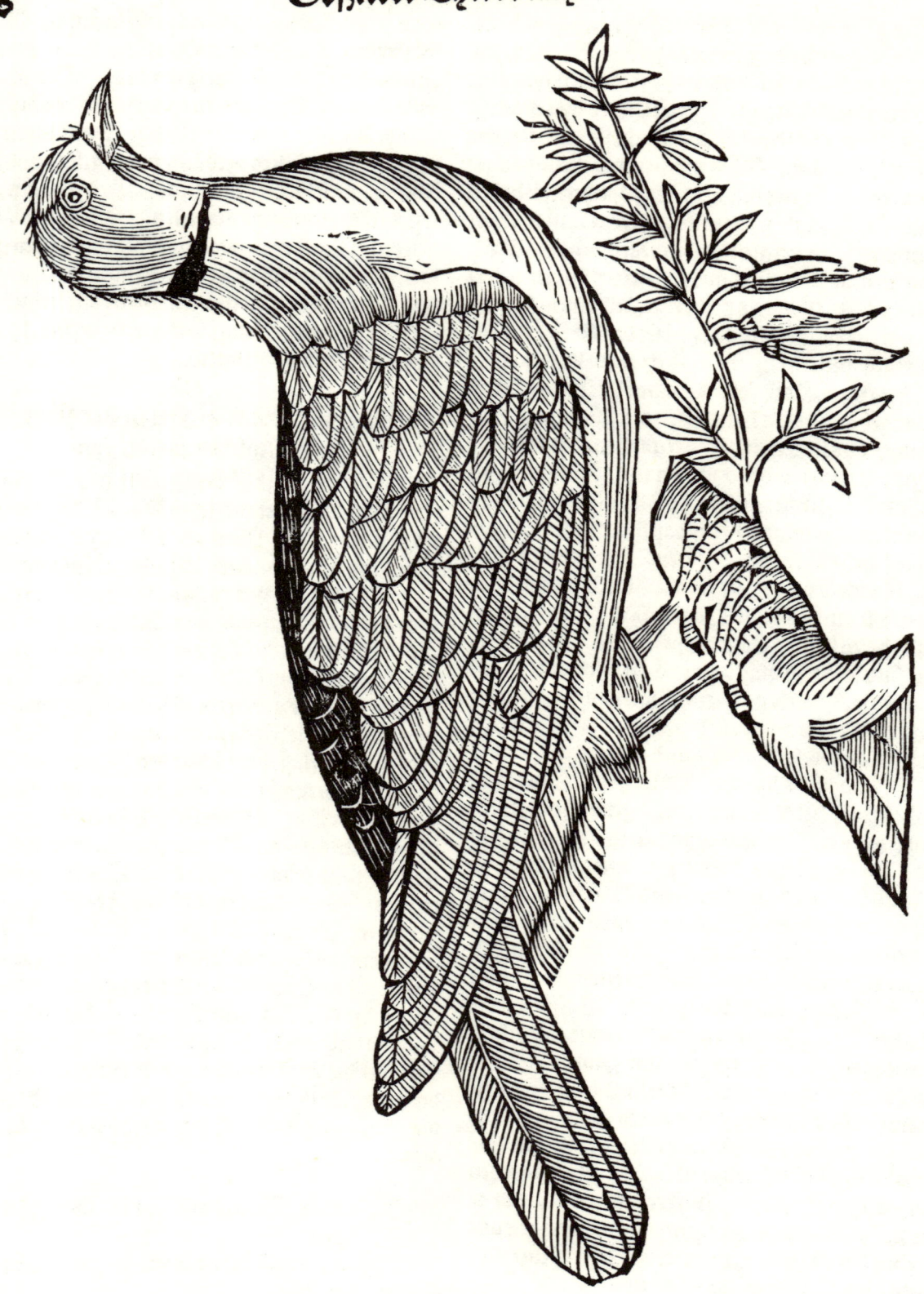

Mensch/ daher sie ins gemein Lach-Tauben genennt werden. Sie werden in den Stuben geniglich gezogen/ und mit Weitzen/ ungescheleten Hirsen und dergleichen unterhalten.

Von den weissen Lach-Tauben.

Der jetzt beschriebenes Geschlecht/ sind vohnlängsten hier dergleichen kleine Arth Tauben ankommen/ so in der Natur/ Gestalt/ Grösse/ und allem den Indianischen Turtul-Tauben gleichen/ außgenommen/ daß sie Schneeweiß sind/ auch keinen Ring umb den Haltz haben. Aldrovandus gedencket dergleichen auch/ und hält dafür/ daß sie in Polen und anderen kalten Ländern gefunden werden.

Von den Tolen ins gemein/ und insonderheit von dem Geschlecht
so gantz schwartz ist/ auch am Schnabel und Füssen/ welche Aristoteles
Lycon, andere aber Monedulam nennen.

Von der Gestalt dieses Vogels.

Die Tole heisset auff Griechisch Κολοιος; Lateinisch Monedula; Italiänisch Monachia, Tatula; Frantzösisch Chonette, Chucas; Spanisch Graja; Polnisch Zegzolka; Wendisch Kavvka

Von den Tolen.

189

Kavvka; Ungarisch Tsoka; Türckisch Tschauka; Engelländisch a Davv, a Cadesse; und Niederländisch een Kawe/ Hanneken. Die Tolen sind auß des Raben Geschlecht/ wie bey demselbigen gesagt worden. Aristoteles sagt von dreyen Tolen Geschlechten/ von welchen man unterschiedliche Meinungen hat. Das eine heist Coracias, in der Grösse einer Krän/ mit einem runden rothen Schnabel. Das ander wird Lupus genennt/ und ist kleiner. Das dritte ist gemein in Lydia und Phrygia, und das ist breitfüssig.

Das erste Geschlecht (spricht Massarius) wird viel umb Verona oder Dieterichbern gefunden/ und wird daselbst Tacola genennt. Turnerus hält dieses Geschlecht für den Pyrrhocoracem Plinii, das ist/ unsern Alprappen. Dieser Meinung fallen auch viel andere bey. Das ander Geschlecht ist das/ so gemeiniglich eine Tole genennt/ und dessen Figur hie verzeichnet wird. Das dritte so Aristoteles nicht genennt hat/ und breitfüssig seyn sol/ halten Turnerus, Eberus und Peucerus, für den Phalacrocoracem Plinii, das ist/ für unsern Scharben oder Böllhine. Perottus sagt auch/ daß man etliche Tolen finde/ so etwas groß und den Krän ähnlich seyen/ allein daß sie schwärtzer sind; etliche mittelmässig/ welche rothe Schnäbel und Füß haben; die dritten klein. In Pündten sol man drey Tolen Geschlecht kennen. Eines

Aa iij das

daß sie Tulla nennen / mit einem blauen Kopff. Das ander heissen sie Beena / und dieses sol die gemeine Tole seyn. Das dritte wird Taha genennt / mit einem rothen Schnabel und Füssen / welches in den Wildnussen wohnet. Ich vermeine dieses sey eben die jenige / so von den Bayern Steintahle genennet wird / deren Figur / so mir von einem guten Freund zugeschicket worden / ich hieher gesetzet habe.

Ihr Schnabel ist länglicht / roth / wie auch die Bein / der übrige Leib hat allenthalben eine Farb / nemblich schwartz. Sie wohnet meistentheils in den Thürnen so hoch auff Bergen stehen. Sie wird zahm / und isset Semmeln in Milch / darzu Fleisch / Brodt / Weitzen / rc. und versuchet alsobald alles das / so ihr fürgestellet wird.

Stephaniòn ist ein Tolen-Geschlecht bey dem Hesychio und Varino, vielleicht das jenige / welches auff etlichen Schweitzer-Alpen / als um Zug gefunden wird / dem übrigen gantz ähnlich / ohn daß es einen weissen Ring umb den Halß hat. Ob gleich dieser Vogel von Farb der Kräen gleich / ist er doch viel kleiner / und oben bey dem Halß im schwartzen etwas aschenfärbig. Von Kälte werden die Tolen weiß. In Norwegen werden weisse gefunden / wie Gyb. Longolius berichtet / der sie auch gesehen hat. Die Farb gläntzet auch an der Tloen / wo sie sich gegen dem Tag kehren / sonderlich an dem Kopff und mitten auff den Flügeln. Die Tolen haben an statt ihres Kropffs / eine grosse Kälen nahe bey dem Magen.

Von der Natur und Eigenschafft dieses Vogels.

Die Tolen sind sehr schwätzhafft / sonderlich im Sommer wenn sie Junge haben. Sie nisten gern in den hohen Thürnen / und auff hohen und holen Bäumen / also / daß man auff einem Baum zuweilen sieben Nester find / dann sie mehrentheils schaarweiß fliegen / daher Varro vermeint daß sie Graculi genennet seyen / wiewol andere sie wegen ihrer Stimm also nennen / dann sie in ihrem Geschrey die erste Silbe ermeldten Namens außdrucken. Die Tol berührt kein todtes Aß / sondern sie lebt von dem Fleisch und den Eicheln / wie der Häher. Die Tolen / Amseln und etliche andere Vögel mehr / reinigen sich jährlich mit Lorbeerblätter / wie Plinius sagt. Wann man diesen Vogel von Jugend auff erzeucht / so lernet er schwätzen wie die Atzeln. Aber man sol sie des Morgens früh unterrichten / dann also lernen sie es viel eher / behalten es auch besser / wie alle Vögel so die Menschliche Stimm lernen. Was dieser Vogel für Silber / Gold / oder Müntz findet / das trägt er hinweg und verbirgt es. Er hat gern daß man ihn auff dem Haupt krawet. Die Atzel / Kräen und dergleichen streiten wider den Adler / dann der Adler frisset sie / wie Albertus schreibet.

Wie dieser Vogel gefangen werde.

Die Tol sol sehr listig / und derhalben schwerlich zu fangen seyn. Wenn man Kräen und Tolen fänget so zeucht man ihnen die Haut ab / und bereitet dieselben als ob sie noch lebten / andere damit herbey zu locken. Nicht allein die Habichte und Falcken / sondern auch die Sperber fangen zu Zeiten Tolen. Die schreyende Tolen fänget man auch also: Eine lange Ruthen steckt man in die Erden / an welche man eine Strick an ein Schnürlein bindt / und in der Mitten einen hörnern Ring / welcher mit seinem Umbgang beyde Band bedecke. Zu oberst an die Ruthen steckt man ein Lorberbeer / vor welcher gerad über ein Strick hanget / wann die Tolen diesen anrühren / so fält der Ring hinab / und richt sich die Ruthe auff / davon der Strick also zusammen gezogen wird / daß die Vögel mit den Hälsen darin behangen. Also fänget man auch die Atzeln. Auff ein andere Weiß: Man stellet einen Becher voll Oel an einen Orth / da es die Tolen sehen können / wenn sie nun ihr Bildnuß im Oel ersehen / und vermeinen daß dieses andere Tolen seyen / fliegen sie in das Oel / und ob sie gleich bald wiederumb herauß fliegen / werden sie doch vom Oel also beschwert / daß sie weiter nicht fliegen können / sondern mit den Händen gefangen werden / wie Oppianus, Eustathius, und Ælianus berichten. Die Thessali, Illyrii und Lemnii, thun den Tolen gutes / in dem sie ihnen gemeine Speiß von der Statt ordnen / dieweil sie die Heuschrecken / so die Frücht verderben / umbbringen / also / daß ihre Zahl gemindert / und die Frücht herfürkommen können / sagt Ælianus. Theopompus sagt / daß die Venediger die Tolen mit mancherley guten Speisen (so sie ihnen bereitet und fürgestellet haben) versühnen / damit sie das gesäete Korn nicht auffessen / und auß der Erden herfür graben. Wenn du eine gefangene Tolen henckest / so wirst du damit die übrigen alle vertreiben / dieweil sie vermeinen es sey daselbst herumb ein Netz gericht. Du wirst auch die Tolen und andere Vögel vertreiben / wenn du schwartze Nießwurtzel in Wein gebeitzt / mit Gersten daselbst hin sprengest. Doch wirst du das am kömblichsten thun können / wenn du sie vorhin / ehe dann sie in das Feld kommen / mit einem grossen Geschrey hinweg treibest / mit einer Geissel oder Schall.

Was die Alten für künfftige Ding an den Tolen gemerckt und wargenommen.

Wann die Tolen unter das Dach fliegen / und also Schirm suchen / darzu sich erschwingen / ist es ein Zeichen eines Regens / sagt Aratus. Wann die Tolen schaarweiß auß einem Wald fliegen / haben die Alten das nicht für ein gut Zeichen gehalten / als die ein unfruchtbar Jahr / und anders dergleichen damit verkündigen. Wenn die Tolen bald über sich / bald unter sich fliegen / bedeutet es Kälte und Regen / sagt Ælianus. Wenn die Tolen spath von der Weyd fliegen / verkündigen sie Ungewitter. Wenn die Tol gegen Abend
schreyet

Von dem Dolen.

schreyet/ zeigt sie einen Regen damit an. Wenn die Raben und Dolen eine helle Stimm als die Habichte haben/ verkündigen sie einen Regen/ wie Aratus schreibet.

Was

Was von diesem Vogel dem Menschen nützlich seye.

Die junge Tolen sind gut zu essen / wenn man ihnen die Haut sambt den Federn abzeucht. Bey uns läßt man zuweilen einen an einem Seul zu einem Thurn hinab / daß er die Tolen außnehme / und in einen Sack / so er bey sich hat / stosse / dieselbigen in der Speiß zu gebrauchen. Wenn man ihr Fleisch isset / so macht es ein beissend und juckend Haupt / dieweil dieser Vogel gern hat / wann man ihn auff dem Haupt kratzet / wie Albertus schreibet.

Von der Eul / oder Nacht-Eul / und erstlich von ihrer Gestalt.

Vlula.

Dieser Vogel wird von den Teutschen / Ul / Uwel / Eul / Nachteul / und Stockeul genennet / wiewol etliche den Kautzen auch mit diesen Nahmen nennen / aber nicht recht. Auff Griechisch heisset sie Αἰγώλιος; Lateinisch Ulula; Italianisch Barbajano, Aloco; Französisch

Von der Eul.

kösisch Cheveche; Spanisch, Autllio ave Conocida; Polnisch Puszzyk; Wendisch Sovva; Ungarisch Bagoly; und Engelländisch au Ovvle. Die Eul so D. Geßner gesehen/ war in der Grösse einer Hennen/ roth gegefärbet/ mit schwartz darunter gesprengt. Der Schnabel ist weißlich/ kurtz und gebogen/ also/ daß der ober Theil viel länger ist. Die Augen seynd groß/ schwartz/ der Stern darinn dunckelroth. Die Auglieder röthlich oben mit einem Häutlein überzogen. Viel Federlein sind zwischen den Augen und dem Schnabel/ dick/ unnd fast aschenfärbig. Der Haltz drehet sich fast ringsweiß herumb. Die Bein sind weißlich/ mit bloyfärbigen Flecken besprengt/ haaricht biß auff die Füß. Zwo Zeen sind vornen/ und so viel hinden/ welches doch an der obverzeichneten Figur nicht außgedruckt ist/ aber an der nachfolgenden Schleyereul.

Von der Natur und Eygenschafft dieses Vogels.

Die Nachteul fliehet das Liecht/ und raubet allein zu Nacht. Sie verbirgt sich in die Felsen unnd Hölen. Listig und geschwind ist sie in ihrem Thun. Sie frisset Fleisch und Vögel. Bey Tag sind ihr ihre Augen verfinstert wie auch andern Nachtvögeln/ wie Aristoteles und Plinius schreiben. Die Eul ist ein kläglicher trauriger Vogel/ dann er von seinem Geschrey/ bey den Lateinern unnd Teutschen den Nahmen bekommen hat. Etlichen Vögeln hat die Natur einen kurtzen Gesang/ und der allein eine gewisse Zeit weret/ gegeben/ als den Schwalben am Morgen/ den Kautzen zu Abend/ den Eulen zu Nacht/ schreibt Apulejus.

Was von diesem Vogel in der Artzney dem Menschen nützlich seye.

Die Nachteul in Oel gekocht/ Schaaffsbutter und Honig darunter vermischt/ heilet die Geschwär/ sagt Plinius. Jhre Gall wird zu den Flecken und Röthe der Augen gelobt. Jhr Schmaltz sol ein klar Gesicht machen/ wie Plinius gleichfals berichtet.

Von der Schleyereul/ oder Kircheul/ Vlula flammeata.

Der Schleyereulen Angesicht/ unnd fast der gantze hinder Theil/ sind weißlicht/ wie die Figur/ so ich von einem Mahler von Straßburg empfangen/ außweiset. Der vorder Theil überall zeicht sich auff aschenfarb/ allenthalben mit schwartzen Flecken und Linien gesprengt. An den Flügeln hat sie auch rothe Flecken/ deren einer überzwerch über die Flügel gehet: überzwerch über die Stirn gehet ein Strich mit gelben Federlein gefärbet. Die Bein/ welche graw und aschenfarb sind/ haben vornenhin zwo Zeen/ und so viel hinden. Ohnlängst hat mir (spricht D. Geßner) ein guter Freund geschrieben/ daß dieser Vogel so hie abgemahlet von etlichen Frantzosen une Dame genennt werde/ weil sein Federn umb das Angesicht/ fast einer Frawē/ die einen Schleyer auff dem Haupt hat/ gleich sind/ von welchem wir ihn auch Flammeatam nennen/ der sagt auch daß er den Kautzen gleich wäre/ doch grösser/ daß er an seiner Zeen einen grossen schwartzen Klawen hette/ mit röthlichtem Haar bedeckt/ biß auff den Klawen herfür. Welches doch an diesem Geschlecht/ so wir hieher gesetzt/ nicht gesehen wird/ darumb vielleicht zwey Geschlecht dieser Eulen seyn mögen.

Die NachtEul kompt bey Nacht/ zwey Stuck sie geben thut/
Vor die Melancholey/ ihr Fleisch gekocht ist gut.
Nacht-Eulen Gall unnd Fett die sind der Augen Freund/
Mit Nutzen sie darin wol zugebrauchen seynd.

Von der Wachtel/ und erstlich von ihrer Gestalt.
Coturnix.

Die Wachtel wird auff Hebreisch שלו; Griechisch Ὄρτυξ; Lateinisch Coturnix; Italianisch Qvaglia; Frantzösisch Caille; Spanisch Codornix; Polnisch Przepiorka; Wendisch Kiziepelka; Ungarisch Fvvr; Engelländisch Quaill; und Niderländisch Quackel genennet. Daß dieses die Wachtel sey/ welcher Figur hie gezeichnet stehet/ sind mehrentheils alle Gelehrten zu unserer Zeit dieser Meinung/ sonderlich beweiset es weitläuffig Aloisius Mundella. Wiewol etliche darwieder sind/ und diejenige für die rechte Wachtel der Alten halten/ so von den Italianern also genennt werde/ von welcher wir nach dem Rebhun geschrieben haben. Allhier wollen wir von der Wachtel/ so von Alten auch darfür gehalten worden/ reden.
Die

Von der Wachtel.

Die Wachteln sind den Rebhünern ähnlich / aber viel kleiner / sonst haben sie gantz keinen Unterscheid / wie Longolius schreibet. Die Ziegelfarb ist deren Vögeln fast gemein / so im Staub der Erden liegen / als der Lerchen / Wachtel / dem Rebhun / rc. Man hat auch weisse Wachteln gesehen / sagt Aristoteles. Die Wachteln und Hanen haben harte Federn / darumb werden sie nicht bald verletzt. Die Wachtel hat allein und für andere Vögeln einen grossen Kropff und Kälen nahe bey dem Magen unter her. Die Gall ist ihnen an einem Theil an die Nieren / unnd am andern Theil an die Eingeweyd gewachsen / wie auch den Raben und Fasanen. Ihre Füß sind / wie gemeinlich allen andern Vögeln / zerspalten. Alexander Myndius sagt / daß das Weiblein auß diesem Geschlecht einen dünnern Halß habe als das Männlein / und nichts schwartzes unter dem Schnabel / daß man keinen grossen Kropff an diesem Vogel sehe / aber ein groß dreyspitzig Hertz / darzu eine Leber / und die Galle am Eingeweyd / der Miltz sey klein / und fast unsichtbar / die Hödlein stehen unter der Lebes / wie am Haußhanen.

In der Insel Delo hat man die Wachteln erstlich gesehen / wie Solinus schreibet. In Arabia werden auch sie mehrentheil erhalten. In den Ebenen zwischen den Schweitzeralpen / als bey den Pündtern / Wallissern / Rheinwaldern werden deren eben so viel gefangen als anderswo. Sonst findet man deren viel allenthalben in der Eydgenoßschafft / als umb Wissispurg und Dielingen / da man die Hunde zu diesem Weydwerck gar künstlich lehret unnd abrichtet / wie Stumpffius sagt.

Zweyter Theil.

Von der Speiß und Nahrung dieses Vogels.

Die Wachtel ist ein Hirsenvogel / dann sie lebt mehrentheils von dem Hirsen unnd Weitzen / und wird auch von reinem Wasser fett. Nießwurtzel tödet den Menschen / unnd ist der Wachteln Speiß / wie Aristoteles, Plinius und Galenus einhelliglich bezeugen.

Von der Natur und Eigenschafft dieses Vogels.

Die Wachtelmännlein singen allein / unnd haben von ihrem Gesang zu Latein den Nahmen Coturnix bekommen / dann wenn man diesen Nahmen / eine Silben nach der andern / als Coturnix, außspricht / so wird man dieses Vogels Stimm eygentlich außdrucken / sagt Gyb. Longolius. Die nistet nimmer auff den Bäumen / sitzt auch nicht auff denselbigen / sondern allein auff der Erden. Die laufft sehr schnell darvon. Wenn der Sommer hin ist / so fliegen sie über Meer / gantz gemach / damit sie die weite Reiß desto besser erleiden mögen. Nachdem sie des Erdreichs empfinden / verfügen sie sich häuffig zusammen / und eilen desto mehr / welche Schnelle dann offt den Schiffleuten mercklichen Schaden bringt / dieweil es sich zu Nacht mehrentheils begibt / daß sie auff die Segelbäum fallen / unnd mit ihrer Last das Schiff umbkehren unnd ertrincken. Im Sudwind lassen sie sich nicht auff die Fahrt / dann sie fürchten die feuchte Lufft /

Bb ij sondern

sondern mehrertheils im Nordwind/ damit ihre fette und schwere Leiber der starcke Wind treiben möge. Die so den Hauffen führt/ wird Ortygometra genennt/ welche der Sperber von stund an fänget/ so bald sie an das Land kommen. Darumb ist ihr allergröste Sorg/ daß sie auß einem andern Geschlecht einen Führer außerlesen/ durch welchē sie diesen ersten Schaden verhüten mögen/ wie Oppianus schreibet. Eberus und Peucerus sagen/ daß sie ohne Führer wieder kommen. Etliche/ doch wenig/ bleiben an Orthen/ da die Sonne hin scheinet/ gleich wie die Turteltauben. Sie kommen vor den Kränchen/ und fahren vor ihnen hinweg/ dann die fangen im Herstmonat an hinweg zu fliegen/ diese aber im Auggstmonat. Zu uns kommen die Wachteln fast mitten im Aprillen/ und fahren hinweg so bald der erste Reiff fällt/ also/ daß wenn man heut sehr viel siehet/ und morgens ein Reiff fällt/ wirst du darauff nit eine mehr sehen. Eine grosse Menge Wachteln so auß Italia geflogen/ ward einsmahls in den Inseln Capreis, nicht weit von Neapels gelegen/ im Anfang des Herbstmonats gefangen. Man wil daß dieser Vogel/ wann er gegen dem Winter hinweg fliegt/ über Meer nicht fliege/ aber dieses ist nicht wahr/ dann die Wachtel liegt eben Winterszeit auch inn und verborgen wie andere Vögel/ so dieselbige Zeit ihre Uberflüssigkeit verdäuen und verzehren/ sagt Albertus. Als wir auß der Insel Rhodo in Alexandriam, so in Egypten gelegen/ geschifft/ sind viel Wachteln/ von Mitternacht gegen Mittag fliegend/ in unserm Schiff gefangen worden/ daher ich eigentlich glaub/ daß die Wachteln ihren Orth ändern. Dann vormahls auch/ als ich von der Insul Zacyntho in Moream, oder gen Nigropontum, Sommerszeit schiffete/ hab ich Wachteln gerad den widrigen Weg von Mittag/ gegen Mitternacht sehen fliegen/ da sie dann den gantzen Sommer durch blieben/ zu welcher Zeit auch deren viel in unserm Schiff gefangen worden/ sampt mancherley andern Streich-Vögeln/ schreibet Bellonius.

So unkeusch und hitzig sind die Rebhüner und Wachteln/ daß sie gegen den Weidleuten fliegen/ und ihnen offt auff die Köpff sitzen. Clearchus schreibt/ daß die Rebhüner/ Spatzen/ Wachteln und Haußhanen/ nicht allein wann sie ihre Weiblein sehen/ den Saamen fallen lassen/ sondern wenn sie allein ihre Stimm hören/ und dessen Ursach sey die Einbildung so sie bey ihnen selbst gefasset haben/ welches du zu der Zeit ihrer Reische leichtlich mercken wirst/ wenn du einen Spiegel gegen ihnen stellest/ und darfür ein Netz oder Garn/ dann wañ sie nach ihrem Bildnuß/ so sie im Spiegel ersehen/ herzu lauffen/ werden sie gefangen/ und lassen ihren Saamen fallen/ außgenommen die Hanen/ welche ihr ersehenes Bildnuß allein zum Streit kühn macht/ wie Athenæus und Eustathius sagen. Das ist eine sonderliche Arth und Eygenschafft der Wachteln/ daß wenig Weiblein unter ihnen sind/ darumb viel Männlein einem Weiblein nachfolgen. Wie diese Vögel den Weiblein ihre Eyer zerbrechen/ und je ein Männlein das ander/ so im Streit überwunden worden/ bedecke/ ist droben bey dem Rebhun gesagt worden. Die Wachteln/ wie auch die Rebhüner und andere schwere Vögel machen ihre Nester an ebene Oerter/ da die Sonne hin scheinet/ in zusammen getragenen Dörnen und Stauden/ damit die Habichte und andere Raub-Vögel ihnen nicht nahen können. Ihre Junge brüten/ und führen sie wie die Rebhüner und Hennen. So bald das Junge auß der Schalen schliefft/ laufft es/ und suchet seine Speiß/ wie auch die Rebhüner und andere Vögel so im Staub liegen. Daß die Wachteln die fallend Sucht ankomme/ ist offt wargenommen worden. Und ob gleich Plinius schreibt/ daß diese Vögel allein/ ohn den Menschen/ mit ermeldter Kranckheit beschweret werden/ ist es doch gewiß/ daß andere Thier mehr diesen Gebresten empfinden/ wie dieses an den Katzen/ Capaunen/ Lerchen/ Atzeln und Pferden wargenommen haben/ schreibet Aloisius Mundella.

Wenn die Wachteln über Meer fliegen/ trägt eine jede/ damit sie mercken mögen/ ob sie dasselbig überflogen haben oder nicht/ drey Steinlein in ihrem Schnabel/ deren sie einen nach dem andern fallen lassen/ und fleissig warnehmen/ ob ein jeder Stein in das Meer falle/ und derhalben sie weiter fliegen müssen/ oder ob sie auff die Erden fallen/ und derhalben nun die Zeit ihrer Ruhe vorhanden sey/ wie Oppianus schreibet. Wenn der Wind sie in diesem Flug hindern wil/ nehmen sie Stein oder füllen ihren Halß mit Sand und fliegen also beschweret daher/ als auch die Kränch/ wie Plinius schreibet. Der Löffler ist der Wachtel sehr feind/ und hinwiederumb die Wachtel ihm.

Wie dieser Vogel gefangen werde.

Die so da Wachteln fangen wollen/ nehmen des Sudwinds und nicht des Nordwinds war/ umb vorgemelter Ursach willen. Man unterrichtet etliche Hund zu diesem Vogelfang/ welche davon Wachtelhund genennt werden. Mit einem Netz Expegatorium, vielleicht bey uns ein Uberzug genannt/ welches gar groß ist/ werden Rebhüner/ Fasanen/ Wachteln/ und andere Vögel/ mit einem Hündlein/ so darzu abgerichtet/ gefangen/ welches die Vögel suchet. Und wenn es siehet daß sie vor ihm sind/ so stehet es still/ und gehet nit weiter/ sondern es siehet hindersich seinen Herrn an/ und beweget seinen Schwantz/ daher der Weydman abnehmen kan/ daß die Vögel nahe bey dem Hund sind/ darumb ziehet er mit seinen Gesellen das Netz umb/ und bedecket den Hund sambt den Vögeln. Es wird auch ein ander Netz an ein Stecklein bereitet/ das stets offen stehet/ und das ist klein/ und für einen Mañ allein/ zu diesem braucht der Weydman ein Wachtelbein/ welches in alle Weg dem Wachtel-Weiblein gleich lautet. Zu dieser Stimm lauffen die Männlein/ und werden gefangen/ wie Crescentiensis schreibet. Welcher weiter spricht: Es werden auch Strick auß Roßhaar gemacht/ und an ein Seul gebunden/ welches

in

in eine Kornfurche gespannet wird / etwas höher von der Erden als der Vogel ist / die Strick aber lässet man ein wenig nieder und offen / daß der fürübergehend Vogel mit seinem Halß im Strick behange/ und den Strick zuziehe. Also werden auch die Rebhüner/ und Wachteln in den Stopffeln/ und die Fasanen in den Wegen der Wälder/ gefangen. Zu Nacht werden die Wachteln auch mit Netzen/ so man Wolcken nennet/ gefangen/ wenn sie vom Gesang der Lock-Vögel herzu lauffen. Bey Tag aber fänget man sie also: Wann man ein Netz gerichtet hat/ nimbt einer einen Rock auff sein Haupt / diesen hebt er zu beyden Seiten mit Stecklein auff/ und bewegt ihn damit / und gehet also allgemächlich fort: dann davon fürchten sie sich / und indem sie dem Schatten des bewegten Rocks fliehen wollen / kommen sie in das Garn/ wie Oppianus schreibt. Diese Vögel werden auch von den Raubvögeln gefangen. Bey Neptunio der Stadt Italiæ, spricht Blondus, fänget man viel Wachteln. Dann wenn sie angehens des Frühlings sampt den Schwalben in Italiam über Meer kommen / so überspannen die Neptunienser ein grosse Weite am Gestad des Meers mit Garnen / und da sitzt ein jeder auff seinem eigenen Boden / den er umb ein theur Geld erkaufft hat / und locket zu Nacht die Wachteln mit einer Pfeiffen in sein Garn: und wenn sie häuffig in die Garn fallen/ so lieset der Weydman die jenige auff/ so vom Flug müd worden / und ausserhalb dem Netz auff den Sand gefallen sind. Wir haben auch verstanden / daß dieser Fang inner Monats-Frist etliche Tag so groß gewesen seye/ daß an einem jeden derselbigen/dieser Vögel hundert tausend seyen gefangen worden / schreibt der obgenante Oppianus.

Was von diesem Vogel ausser der Artzney dem Menschen nützlich sey.

Die Alten haben viel Kurtzweil mit diesem Vogel gehabt/ indem sie dieselbe zu streiten wider einander gerichtet haben/ gleich wie die Hanen. Die Wachtel ist ein Königlicher Vogel: sie ist im Herbst fetter als im Frühling/ darumb wird sie heutiges Tags zu derselbigen Zeit mehrentheils gessen. Im Frühling wann sie erst kommen / ist sie ungeschmackt/ und gibt böse Nahrung / dann ich hab die so an dem Gestad Antiaci gefangen/ gessen/ aber sie sind gantz ungeschmackt gewesen/ sagt Platina. Die junge Rebhüner und Wachteln sind im Herbst am gesundesten/ da man sie dann allein findet. Dieweil die Wachteln so von der Nießwurtzel leben / die / von welchen sie gessen worden/ in Lebens Gefahr bringen/ daß sie zerspringen/ und als vom Schwindel hinfallen/ als soll man sie mit Hirsen braten. Wenn aber einer vorhin auß Unwissenheit davon gessen/ und dieses ihm Schaden bringt/ der soll gesottene Hirsen trincken. Dieses thun auch die Myrtenbeeren. Der Hirsen widerstehet auß natürlichen Krafft dem Gifft/ dann wenn einer vorhin von Hirsenbrot gessen hat/ so kan demselbigen nicht mit Gifft vergeben werden/ wie Didymus lehrt. Wann einer die Wachteln in der Speiß nützet / muß er sich deß Krampfs und die Halßstarre besorgen/ nicht allein auß der Ursach/ weil sie von der weissen Nießwurtzel leben/ sondern daß diese würckende Krafft / solche Kranckheiten zu bringen / in ihnen ist. Zu braten werden sie nit gelobt / dieweil sie truckener Natur sind. Das Fleisch der Wachteln ist warm zu End deß ersten Grads / oder fast biß zum andern / böser Feuchtigkeit / darumb verdirbt es bald / unnd ist auch den Menschen die eine gute complexion haben/ nicht gut/ dann es ist unverdäwlig / bereitet den Leib zum Fieber / und mehret dasselbe wann es schon angefangen hat. Im Herbstmonat gefangen werden sie zimlich fett / unnd wieder das außzehren gelobt. Ihr Fleisch ist im Sommer zu hitzig / bringt derhalben viel böses Geblüts. Im Herbst aber sind sie zwar fetter und zur Speiß angenehmer / aber viel unverdäwliger / unnd dem Magen schädlicher/ geben darzu wenig Nahrung / bringen einen Unlust zur Speiß / unnd offt den Todt / wie ich von warhafftigen Leuten verstanden hab / schreibt Manardus. Fasanen/ Wachteln und Rebhüner isset man gewöhnlich gebraten/ zuweilen auch gesotten/ und mit guten und gesunden Specereyen besprengt.

Was von diesem Vogel ausser und in der Artzney dem Menschen nutzlich seye.

Wachtelbrühe erweicht den Bauch / und ist den Nieren dienlich / in der Speiß genossen / sagt Kiranides. Für die fallende Sucht ein sehr kräfftige Artzney: Nimm ein Wachtelhirn mit Myrtensalb/ zerstossen / und behalt es in einer zinnern Büchsen / unnd wann du einen siehest von dieser Sucht niederfallen / so schmiere ihm das Angesicht damit / als dann wirst du dich über dessen natürlicher Krafft unnd Würckung verwundern/ daß der Krancke wird von Stund an wiederumb auffstehen/ wie Galenus bezeuget. Wachteln-Augen angehenckt / heilen das Augenwehe / und das dreytägige und viertägige Fieber / sagt Kiranides. Joh. Küfnerus ein Artzt / streicht Wachtelschmaltz an die Scham / mit ein wenig weisser Nießwurtzel/ die Unkeuschheit damit zu mehren. Aetius beschreibt ein Zäpfflein so die Geburt befürdert: Nimm wolgereinigte Eybischwurtzeln 3. Untzen / und wann du sie wol in 20. Untzen Oel gestossen hast/ so dörr sie/ darnach wann du die Wurtzeln hinweggeworffen hast/ so misch darunter sechs Untzen Wachtelschmaltz/ und zwo Untzen Wachß/ ich aber nehme vier Untzen darzu. Ein berühmte Salb zu den Augenfellen oder Ammäkern/ und zu mancherley Gebresten der Augen auß einem geschriebenen Buch: Nimm ein Untz Honig / ein halb Untz Wachtelschmaltz/ Myrrha, weissen Calcanth/ jedes ein Quintlein / vermische dieses / seyhe es durch / unnd mach eine Salb: mit welcher/ der so schlaffen gehen wil/ eines Monats zwey mal die Augen bestreichen sol/ so wirdt so wird er nimmer einer andern Artzney für mancherley Gebresten der Augen nöthig haben. Etliche brauchen auch den Rossen wieder ermeldte Gebresten zerstossenen Ingber mit Wachtelnschmaltz vermischt/ oder das Schmaltz allein/ für sich selbst/ damit sie ihnen die Augen bey Gesundheit behalten. Wachteln Eyer angestrichen oder getruncken/ reitzen zur Unkeuschheit/ wie Kiranides schreibet.

Die Wachtel die so schön im Frühling pfeifft und schlägt/
Zwey gute Stuck sie in die Apotecken trägt.
1. Was mit dem Krampff behafft/ dem thut ihr Fleisch nicht taugen/
Ihr fett viel besser dient/ im Zustand von den Augen.
2. Wenn man den Wachteln nichts als Nießwurtz giebet ein/ (seyn.
Der Koht davon soll in der Freyß ein Mittel

Von dem Wachtel-König.
Ortygometra.

Von der Wachtel.

Zu Latein oder vielmehr Griechisch/ unnd Teutsch hat dieser Vogel den Nahmen bekommen/ weil er der Wachteln Führer ist wann sie von hinnen fliegen wollen/ wie er dann auch von den Italianern el Re de Qualie, unnd von den Frantzosen le Roy & Mere de Cailles genennet werde. Alexander Myndius sagt/ daß er in der Grösse einer Turteltauben sey/ mit langen Beinen. Dieser Vogel ist der Wachtel in etlichen Stucken änlich/ unnd dieweil er nicht wol fliegen kan/ ist ihm die Behändigkeit zu lauffen gegeben. Er ist fast graw gefärbt/ und hat einen kurtzen Schnabel.

Der Vogel so zu Teutsch ein Schrick genennet/ und von etlichen vor den Wachtelkönig gehalten werde/ hat eine wunderbare Stimm den Fröschen änlich/ doch viel subtiler und heller/ also/ daß man ihn für einen Laubfrosch halten solte/ wo er nicht in einem Athemzug die Stimm offt wiederholte. Er hat einen längern unnd spitzigern Schnabel als die Wachtel. Er hat auch lange Bein nach seiner Grösse/ deren Farb zieht auff grüngelb. Er lebt von dem Getreide/ und kommt auß frembden Landen/ also/ daß man keinen vor den Wachteln hören wird: unnd wenn man ihn nicht mehr höret/ so wird man keine Wachteln mehr finden. Die Griechen heissen ihn Cenchramum, wie wir Teutschen ein Schrick. Man fänget sie auch mit Garnen wie die Wachteln/ allein daß man eine Pfeiffe zu diesen braucht: Zu dem Schrick aber nimmt man ein verbicht Holtz/ oder eine Sägen/ unnd fährt mit einem Messer darüber/ damit man ihn also in Strick locke/ wie Gyb. Longolius schreibet. Ob der Brachvogel/ so droben beschrieben/ der Cenchramus oder Ortygometra seye/ kan ich nit wissen/ sagt D. Geßner.

Von den Bach- oder Wassersteltzen ins gemein.

Motacilla.

Der Lateinische Nahmen Motacilla wird vielen Vögeln gegeben/ dieweil deren viel sind die ihren Schwantz bewegen/ von welchem dann diese Vögel den Nahmen bekommen. Auff Griechisch heisset dieser Vogel Σεισοπυγίς; Italianisch Squassa corda, Codatrencola; Frantzösisch Hocheque; Spanisch Pezpitalo; Polnisch Plißka; Ungarisch Barazda Billegetö; Engelländisch a Wagtayle; Diese Vögel wohnen mehrentheils bey den Wassern/ und leben von den kleinen Ameisen/ Fliegen und Mücken/ darumb wohnen sie gern wo sie dieselbigen finden mögen/ als bey den Wassern und bey dem Viehe. Man lobt gemeiniglich die Aschen von diesem Vogel/ für den reissenden Stein/ dann sie soll denselbigen herfür ziehen. Sie wird aber also zubereitet. Man nimm den Vogel sampt den Federn/ oder wie etliche vermeinen ohne Federn/ und thut ihn in einen wol verstopfften Hafen/ und dörr ihn also darinn in einem Ofen. Von diesem Pulver gibt man dann ein Quintlein oder zwey mit Steinbrechwasser zu trincken/ oder mit gutem weissen Wein/ wie Leonellus Faventinus schreibt. Wie man einen jeden Vogel zu der Artzney brennen solle/ ist bey der Lerchen gesagt worden. Unter den Vögeln/ so in der Speiß genützt werden/ sind auch die Wassersteltzen/ welcher sehr viel zu uns gen Venedig zur Winterszeit kommen. Das sind aber nicht diejenige/ so den Stein in der Blasen und in den Nieren brechen sollen/ dann dieselbige fliegen selten zu uns: doch findet man sie zuweilen im Winter wenn die kalte Winde wehen/ und diese sind klein von Leib/ aschenfarb/ also/ daß die Flügel hin und her mit rothen und schwartzen Flecken unterschieden sind. Darumb sehen sich die wohl für/ so diese Vögel für jetzt ermeldte Plag fangen wollen/ daß sie nicht durch die Gleichheit betrogen werden/ unnd umbsonst arbeiten/ schreibet N. Massa. Die gelbe Bachstelze sol für den Stein in der Blasen dienlich seyn/ wenn sie in einem Hafen sampt den Federn gebrennt wird/ darnach Hirschblut auch in einem Hafen gedörrt/ darunter vermischt/ unnd in starckem Wein getruncken/ wie ich dieses auß einem geschriebenen Buch erlernet hab.

Etliche Aertzte in Franckreich/ sonderlich umb Mompelier/ brennen den Eyßvogel für die obgenannte Kranckheit. Mich bedünckt es seye daran nit sehr viel gelegen/ was man für einen Vogel zu Pulver brenne/ dieweil die Aschen von allen fast eine Krafft und Würckung hat/ doch halt ich die für die besten/ welche von dem Ungeziffer/ als den Ameissen/ Fliegen/ Mucken/ unnd dergleichen leben. Die Aschen von viel andern Stucken/ als von Gewächsen unnd Thieren/ wird auch für den Stein gelobt/ schreibet D. Geßner.

Die Bachstelz kommet auch/ und giebt sich selbsten gantz/
Ihr Pulver in dem Stein/ mit Macht gewinnt die Schantz.

Vom Lyßklicker / oder Steinpicker Cinclus.

Diſer Vogel hat ſeine Wohnung am Meer / er iſt ſehr liſtig / und kaum zu fangen / wen er aber gefangen / ſo wird er gantz zahm. Er iſt hinden ſehr ſchwach / darumb kan er ſelbſt kein Neſt zurichten / ſondern er legt in anderer Vögel Neſter. Daher man arme Leut / ſo kein Hauß und Hoff haben / Cinclos nennet. Er iſt auch ſehr dünn / ran und mager / daher man ein Sprichwort gemacht: Er iſt armer als der Vogel Cinclus. Turnerus nennt diſen Vogel auff Engliſch a Water-ſwallow / das iſt / ein Waſſerſchwalb / zu Teutſch ein Steinbeiſſer / wiewol die unſern einen andern Vogel alſo nennen / von dem oben geſagt worden. Unnd ſpricht weiter: Das Vögelein ſo ich für den Cinclum halte / das iſt etwas gröſſer als die Kobellerch / ſchwartz auff dem Rücken / weiß am Bauch / mit langen Beinen und Schnabel. Im Frůling ſchreyet es ſtets bey den Waſſern / und flieget offt / aber nicht weit. Diſer Beſchreibung Turneri iſt die Waſſeramſel nicht ungleich / und noch mehr die / welchen ſie zu Straßburg ein Lyßklicker nennen / dann ich nit allein deß Turneri Cinclo gleich achte / ſondern gantz für denſelbigen halte / welches Figur dann hie verzeichnet iſt. Eben von diſem Vogel reden Eberus und Peucerus ohn Zweiffel / dann ſie ihn zu Teutſch einen Steinbeiſſer unnd Steinpicker nennen / weil er an den Waſſergeſtaden mit ſeinem Schnabel in die Stein pickt / wenn er Mucken und Fliegen fenget. Er iſt ſo groß / ſprechen ſie / als ein Röthelein / weiß aſchenfarb / unnd bewegt ſeinen Schwantz. Unſerer / ſo hie verzeichnet wird / hat einen geraden / ſchwartzen und länglichten Schnabel / eine Aſchenfarbe Bruſt / einen kurtzen Schwantz / der nit länger fürgehet als die Flügel / auff dem Rücken unnd an den Flugeln iſt er graw / die Bein ſind liechtroth ſagt D. Geßner.

Von den Vögeln Cercione und Tringa.

In India iſt ein Vogel faſt ſo groß als der Staar / mit vielen Farben gezieret / welcher auch reden kan / und ein hellere Stimm hat als der Papagey / er iſt auch gelehrſamer und verſtändiger / doch lebt er nicht gern in der Gefängnuß / ſondern leidet ehe hunger als daß er die Freyheit verlaſſe. Diſer bewegt den Schwantz auch / wie der obgenannte ſchreibet Ælianus.

Tringa, ein Vogel alſo genannt / wohnet bey den Seen und flieſſenden Waſſern / wie der Lyßklicker / unnd Vogel Junco diſer iſt unter den kleinern der gröſte / faſt wie der Krammetsvogel / wie Ariſtoteles ſagt.

Von der weiſſen oder grawen Waſſerſteltzen.
Motacilla alba.

Von der Bachsteltzen.

Diese Wassersteltz wird auch ein Bachsteltz/ anderswo Quiksterz/ Begestertz/ oder Wegestertz genandt/ welche warmer und feuchter Natur ist. Von etlichen wird sie ein Klosterfräulein geheissen/ von der weissen und schwartz getheilten Farb. Auff Italianisch heisset er Ballarina, Englisch/ Wagtale, Der Guckguck legt auch zuweilen diesem Vogel in sein Nest/ welchener offt erzeucht.

Die weisse Wassersteltzen fliegen im Herbst hinweg/ aber die gelbe nicht. Man vermeint daß sie das Vieh lieb haben/ weil sie nahe bey demselben von wegen der Fliegen stäts sich auffhalten. Man isset sie auch. Der Vogel/ so von den Teutschen ein Fliegenstecher genennet wird/hat einen mercklichen Unterscheid von der Wassersteltzen.

Von der gelben Wassersteltzen.
Motacilla flava.

Diesem Vogel/ so wir von der gelben Farb nennen / mögen alle obgemelte Namen gegeben werden / allein den Unterscheid gelb darzu gethan. Diese Bachstelz ist so groß als die Spiegelmeiß/ und bewegt den Schwantz stets/ welcher als ein Gabel zertheilt ist / und viel länger als der übrige Leib / auß acht langen Federn bestehend/ deren die zwo letzten an beyden Seiten drey außgedruckte Farben haben/viel weisses weniger schwartzes/ und am wenigsten gelbes. Inwendig sind auch zu beyden Seiten zwo schwartze mit etwas wenig gelbem vermengt. Es sind auch etliche wenige in der Mitten etwas kürtzer. Der länglichte/ gerade und rahne Schnabel ist schwärtzlich. Ihr Hirnschal ist sehr lind und weich. Der Bauch ist weißlich/ mit sehr wenig gelbem gezieret/ welche Farb zu Anfang deß Schwantzes unten hin etwas dicker ist/ wie dann auch obenhin unter dem Bürtzel ein grüngelbe Farb gesehen wird. Der Kopff und Rücken sind grau. Die Flügelfedern schwärtzlicht/ in der Mitten überzwerch hinüber ziehen sie auff weiß/ außgenommen die letzten/ welche gantz schwartz sind. Die Flügel sind kurtz/ der Kopff klein/ und die Beinlein grau. Die weissen fliegen im Herbst hinweg: die gelben aber bleiben. Wenn sie den nachjagenden Habichten entgehen/ singen sie frölich/ darumb daß sie mit dem Leben darvon kommen sind. Man verschliest sie nicht in die Kefich/ doch kan man sie in einer Stuben / wo sie freyen Flug haben / ein zeitlang erhalten. Sie brauchen beyde fast gleiche Nahrung. Wie man sie im Hafen zu einer Artzney dörren soll/ ist droben insgemein gesagt worden.

Von der Wassersteltzen/ so in Meissen ein Pilwincken/Pilwegichen/oder Pilente genennet wird.

Dieses Vogels Figur ist mir von Joann. Kentmann / und seine Beschreibung von Georgio Fabricio zugeschickt worden / er beweget seinen Schwantz auch ohn unterlaß. Die beyde erste Teutsche Namen sind von dem Gethön der Stimm/ und bewegen deß Schwantzes zusammen gesetzt/ der ander ist ihm von der Enten/ wegen einiger Gleichheit gegeben/ wiewol er nicht breitfüssig ist/ darzu hat er einen langen / weichen / und Aschenfarben Schnabel / und gantz hohe Bein. Dessen sind zwey Geschlecht / ein grosses und ein kleines. Das kleinere ist wie wir es hieher verzeichnet haben/ in der Grösse einer Amsel/ auff dem Rücken Aschenfarb/ am Bauch weiß/ die Flügel und der Schwantz sind obenhin Aschenfarb / unten aber mit weiß geflecket. Dieser Vogel wohnet bey den Wassern/ und flieget an den Gestaden hin und her. Er nistet und brütet im Sand/ und leget entweder die Eyer in das Nest/ oder zwischen die Stein/ und bedeckt sie wie die Wasserschwalben/ mit keinen Stopffeln oder Kräutern. Sie hat nicht über acht Junge auff einmal. Sie lebt von den Fliegen/ Würmen und Fischlein/ daheim aber wird sie mit Brod und Aepffelschnitze gespeisset. Im Fliegenfang braucht sie Kunst dann wenn sie allgemächlich und still herzu gangen ist/ hebt sie erstlich den Schnabel auf/ und richtet denselben auff die Fliegen/ darnach erwüscht sie dieselbige/ und verschluckt sie. Sie wird leichtlich zahm/ und reiniget die Gemächer von den Spinnen. Zur Sommerszeit wird sie in den Fischreusen gefangen/ in welche sie sich umb der Speiß willen läst/ im Winter auff Stecken / so man mit Kläb bestrichen hat / und durch das gantze Jahr

Von etlichen andern Vögeln/so den Schwantz auch stets bewegen.

ETliche Vögel werden gemeiniglich Rieserlein und Rinderschisser genennet/ohnzweiffel ein besonder Geschlecht von der weissen und gelben Wasserstelzen/welches doch den Schwantz auch stets bewegt/gern bey dem Viehe sich auffhält/und graugrün gefärbet ist/wie ich verstehe/daher ich vermein/daß dieses das Vögelein seye/so umb Straßburg ein Gickerlein genennt wird.

In Frießland wird ein Vogel Schwelcken Vorbott/das ist/der Schwalben Vorbott genennt/so auch stets mit dem Schwantz wackelt; Dessen Kopff ist zu beyden Seiten roth/also/daß ein schwartze Linie mitten darüber gehet/er ist in der Grösse eines Fincken/ohn daz die Bein und schwantz länger sind. Er nistet an den Schweinställen/da er dann sein Nest an die Balcken henckt. Er sucht seine Nahrung in den Mistgruben.

Das Vögelein/so ein Todtenvögelein genennet wird/ und droben beschrieben worden ist/das wackelt auch mit dem Schwantz. Etliche nennen es einen Muckenstecher/dañ es lebt allein von denselbigen. Sein Schnabel ist der Schwalben ähnlich. Es wird im Augst-und Herbstmonat gefangen. Es hat aber seine Wohnung nicht bey den Wassern/ da hergegen die Wasserstelzen mehrentheils alle sich daselbst auffhalten.

Die Haußröthlein haben auch die Art an ihnen/daß sie den Schwantz bewegen.

Der Vogel/ a Snyt, auff Engelisch genanut/hat einen langen Schnabel/ und ist so groß als ein Atzel/er wohnet stets bey den Wassern/und bewegt seinen Schwantz. Diß mag vielleicht der Tryngas Aristotelis seyn.

Der Vogel Tremulus wird in der Schola Salneritana unter die guten und gesunden Vögel gezehlet/sampt dem Rebhun/Fasanen und der Tauben. Dieser Vogel wohnet stets bey den Wassern/und ist grösser als eine Henn/graufärbig/schreyet laut/und fleugt sehr schnell/und wenn er auff der Erden daher gehet/so zittert ihm sein Schwantz stets/er hat auff seinem Kopff lange Federn. Dieses ist aber nicht das kleine Vögelein/so einen langen Schwantz hat/ und von den Aertzten Caudatremula genennt wird/schreibt Arnoldus Villanovanus. Hier kan man nachdencken/ob dieses etwann ein Böllhinen Geschlecht sey/als das so einen Strauß auff seinem Kopff hat. Oder vielleicht der Gysitz/ von welchem wir vorhin geredt haben.

In etlichen Inseln der Antillen/sonderlich in der Insel Gardeloupe, wird ein kleiner Vogel gesehen/den man Tremblo (oder Zittervogel) nennet/weil er stetig zittert/bevorab mit seinen Flügeln/welche er halb auf thut. Er ist so groß/als eine Wachtel/ und seine Federn sind etwas dunckelgrau gleich wie die Lerchen haben.

Von dem Weckflecklein.

ES wird ein Vögelein zu Straßburg also genennt/so an der Grösse und Gestalt dem Röthelein ähnlich ist/am Hals und an der Brust ist es hellblau/mit schwartzen Flecken gezeichnet/ auff dem Kopff/ oben auff dem Schwantz/ und an den grössern Schwingfedern ist es schwartz/ der übrige Vordertheil ist grau. Aber umb den Bürzel / und unter dem Schwantz / und obern Theil deß Bauchs ist es roth / der übrige Theil ist weiß / der Schnabel grau und länglicht / die Bein roth wie ich ihn auß der Figur so ich von Straßburg empfangen / beschrieben hab. Ich hab ihn auch auff eine Zeit / (wiewol er sonst auch selten gesehen wird) bey uns im Herbstmonat gefangē gesehen / an der Brust war er blau / der Theil zwischen der Brust und dem Bauch war rothgelb / und also war er auch unter dem Schwantz / doch nicht biß zum Ende deßselbigen / und umb den Bürtzel gefärbt; der Schnabel war ein wenig kürtzer als er hie außgedruckt worden. Der Bauch ist Aschenfarb / nicht weiß / wie an der außgestrichenen Figur zu Straßburg / die Bein grau / und nicht roth / wie gleichfalls an gedachter Figur / auch die Federn so alsobald unter dem Schnabel / nicht blau / sondern grau und gefleckt. Doch mag vielleicht etwan solcher Unterscheid zwischen dem Weiblein und Männlein / oder an ihrem Alter / oder auch Geschlecht gefunden werden. Der Teutsche Nahme ist ihm theils vom Weg gegeben / dann es in den Wegen und Aeckern stets sitzt / theils von dem blauen Flecken an der Brust / so viel ich muthmasse sagt Doct. Geßner.

Von dem Weidengückerlein.

ZU Straßburg wird ein kleines Vögelein also genennt / welches theils grau / als vornen / theils liechtgelb / als am Bauch / zum theil auch weiß / als umb die Seiten / uñ umb den Halß ist; Es hat liechtrothe Beine / Figur so mir diß von Straßburg zugeschickt worden / stehet hie verzeichnet. Bey uns wird es auch zu Zeiten gefangen / und wird ein Weiderlein genennt / von den Weiden darinn es wohnet / wiewol es kein Wasservogel ist. Deßgleichen ein Zilzepfflein / von der offt widerholten Stimm zilzel / oder Tiltap. Es lebt von den Fliegen und Spinnen / auch von den Würmlein / so in den Weiden ihre Wohnung haben / darumb es andere Vögelein vertreibt / damit es seine Speiß allein haben möge. Ich habe dieses im Heumonat gefangen gesehen / mit einem ranen geraden Schnabel / ꝛc. Also schreibet D. Geßner.

Ein Vogel Wiggigel genannt / wird bey Franckfurt am Meyn gefunden / welcher sehr schön von Farb ist.

Wißkern ist auch ein Vogel umb Franckfurt / unserm Bollenbeiser ähnlich / grau gefärbt / am Gesang wie der Vogel Gerlein genannt.

Von dem Widhopffen.
Vpupa.

DEr Widhopff heisset auff Griechisch Ἔποψ, Lateinisch Upupa; Italianisch Buba; Frantzösisch Hupe; Spanisch Abubilla; Polnisch Dudeck; Wendisch Dedek; Ungarisch Bvvedös Babuk; Türckisch Ibik; Engelländisch a Hovvpe; Niderländisch Huyppen / Hupetup; zu Teutsch wird er auch Kaathan genennet. Er ist etwas grösser als die Wachtel und hat einen schönen Federstrauß auff seinem Kopff / sonst am übrigen Leib ist er sehr schön gesprengt / von mancherley Farben. In gantz Engelland find man (so viel ich weiß) nirgend Widhopffen / welche doch bey den Teutschen sehr gemein sind. Dieser Vogel ist in der Grösse einer Turteltauben / mit getheilten Flügeln welche graw / unnd mit weissen und schwartzen Federn besprengt sind. Der obgenannte Strauß streckt sich vom Schnabel an biß zu hinderst auff den Kopff / welchen er nach seinem gefallen niederläßt oder auffrichtet / wie das Pferd die Ohren. Er hat gar kurtze Bein und stumpffe Flügel / also schreibt Turnerus. Man sieht an diesem Vogel eine aschenfarbe / weisse und schwartze Farb. Sein Schnabel ist schwartz und lang. Die Federn sind mit weissen unnd schwartzen Flecken / einen umb den andern gesprengt und unterscheiden. Der Strauß ist roth / zu oberst aber schwartz.

Von dem Widhopffen. 205

Von der Speiß und Nahrung dieses Vogels.

Der Widhopff lebt von gar unreiner Speiß/ dann er in den Gräbern/ im Menschenkaat unnd Mist seine Nahrung sucht. Myrtenbeeren und Würmlein isset er auch/ darzu Bienen und Ameißen. Wenn der Widhopff Weinbeeren oder Trauben isset/ und darvon Schaden leidet/ hilfft er ihm selber mit dem Kraut Adiantum oder welsche Maurrauten genannt/ in dem er dasselbige in den Schnabel nimmet/ unnd damit hin und wieder gehet/ sagt Orus.

Zweyter Theil.

Von der Natur und Eigenschafft dieses Vogels.

Zur Winterszeit liegt der Widhopff gantz still/ ohn alle Stimm. Er hat auch nur einerley Stimm/ doch sagen etliche/ daß er dieselbige ändere. Albertus sagt/ daß er mehr seine Farb als die Stimm ändere. Er fliegt sehr gemach/ und hat seine Wohnung auff den Bergen und in Wäldern. Dieser Vogel macht sein Nest auß Menschenkaat/ daher er zu Teutsch ein Kaathan genennet wird/ unnd mit diesem bösen Geruch treibt er die Leut von seinem Nest/ darumb stinckt

C c iij   er auch

er auch sehr übel/wann er jung ist/wie Aristoteles, Ælianus unnd Albertus schreiben. Andere sagen/daß er solches darumb thue/weil diese Materi dem Gifft zu wieder seye/welches auch der Leopart unnd Löw erkennen. Er macht sein Nest unter den holen Bäumen/und legt mehrentheils drey Eyer darein. Er schläfft Winterszeit wie die Speckmauß. Der Widhopff/Staar/ꝛc. liegen in den engen Klüfften der Berge verborgen/sagt Agricola. Des Rehes Schmaltz tödtet den Widhopffen/wie Aelianus und Philes melden. Die alten Widhopffen maussen sich in ihrem Nest/nach dem die jungen erwachsen sind: Zur selbigen Zeit aber werden sie von ihren jungen gespeiset und ernehret/biß daß ihnen newe Federn gewachsen. Man spricht auch/daß dieser Vogel im Alter erblinde/daß ihm aber die Jungen seine Augen mit einem sonderlichen Kraut bestreichen/darvon ihm sein Gesicht wiederumb komme/wie Albertus gedencket. Der Widhoff isset Gras für die Zauberey/wie Philes schreibt. Andere sagen/daß er Maurrauten darfür ins Nest lege.

Als auff ein Zeit ein Widhopff in einem Loch einer alten und einöden Maur sein Nest gemacht/und dieses der Haußwirth wargenommen/hat er das Loch mit Erden verkleibt und verstopfft. Da aber der Vogel wiederkommen/und sein Loch verschlossen gefunden hat/hat er ein Kraut gebracht/welches er an den Kaat gehalten/biß daß derselbe zergangen und hinab geflossen ist: er aber ist zu seinen Jungen hinein gegangen. Und wie er nachmals wiederumb umb Speiß ausgeflogen/hat er ihm sein Nest wiederumb also verstopfft: der Vogel aber hates abermals mit ermeldtem Kraut auffgeschlossen/und dieses hat er gethan zum drittenmal. Welches als der Haußwirth vermerckt/hat er dieses Kraut aus dem Kaat genommen/und hat es nicht wie der Widhopff gebraucht/sondern Schlösser und Schätz damit auffgethan: so ihm aber nit gehöret oder zuständig gewesen/wie Ælianus schreibet. Fast ein gleiches hat er auch vom Specht geschrieben. Wenn der Widhopff vor dem Wein blühen singt/soll dasselbig Jahr viel und guter Wein wachsen/sagt Orus.

Was von diesem Vogel dem Menschen nützlich seye.

Dieser Vogel soll für einen unreinen Vogel gehalten werdē/allein darumb/weiler im Kaat/darzu auch in den Gräbern seine Wohnung hat. Procopius zehlt ihn unter die Nachtvögel/und derhalben zur Speiß nicht dienlich. Dieses ist auch ein trauriger und kläglicher Vogel/und derhalben im Gesetz verbotten/dann Traurigkeit der Welt/bringt nichts als den Todt. Sein Fleisch ist rauh/wie Rhasis sagt.

Einen Widhopffen gebrennt/und die Aschē in Wein getruncken/benimmt das Krimmen. Diese braucht man auch für Hundsbiß: er wird aber enthauptet/zerhauen/und legt man ihn über den beschädigten Ort. Wann man sich gegen der Nacht/so man schlaffen gehen will/mit dem Blut von einem Widhopffen salbet/sol man im Schlaff gar wunderbarliche und seltzame Träum haben. Seine Federn auff das Haupt gelegt/stillen das Hauptwehe. Uber den Federn sich geräuchert/treibt die Würm aus/sagt Rhasis. Seine Zung über einen Menschen gehenckt/der ein schwaches Gedächtnus hat/soll ihm sehr nutzen. Sein Hertz wird für das Seitenwehe gelobt. Die Zauberer sollen auch den Widhopffen für sich selbst/deßgleichen mancherley Stück von ihm/als das Haupt/Hirn/Hertz/und dergleichen/zu wunderbarlichen Zaubereyen brauchen.

1. Das Widhopfen Fleisch die Brüh davon ich mein/
   Im Grimmen schreibet man/sie sollen nützlich sein/
2. Die Federn nembt darvon/und legt sie auff das Haupt/
   Sie helffen welchen ist kein rechter Schlaff erlaubt.

Von dem Weyhen. 207

Mylvus.

Dieser Vogel wird auff Hebreisch דיה; Griechisch Ἰκτῖνος; Lateinisch Milvus; Italianisch Nichio, Frantzösisch Milan Escorffle; Spanisch Milano; Polnisch Kania; Wendisch Juniak; Ungarisch Heja; Engelländisch a Glede, a Puttok a Kyte; Niderländisch Wouwe/Kieckendief; und zu Teutsch Wy/ Weyhe / Weiher/ Wiwe/ Rüttelweyh/ Rötelweyh/ Hün erdieb/und

Ec iiij   Hüners

Hünerarth genennt. Ich kenne zwey Weyhen Geschlecht/ein grosses und ein kleines. Das grössere ist fast rothfärbig/gemein in Engelland/und sehr räuberisch/das nimmt den Kindern in den Stätten die Speiß auß den Händen. Das ander Geschlecht ist kleiner/schwärtzer/und fliegt selten in die Stätt. Dieses Geschlecht/wie es gemein ist in Teutschland/also hab ichs in England nie gesehen/sagt Turnerus. Welcher weiter spricht: Wir haben solche Weyhen in Engelland/dergleichen ich sonst nie keine gesehen. Unsere sind viel grösser als die Teutschen/schreyen/darzu viel mehr und sind weisser und räuberischer. Dann unsere Weyhen sind so vermessen/daß sie den Kindern das Brodt/den Weibern die Fisch/die gewaschene Naßtüchlein von den Zäunen/und den Männern auß den Händen nehmen. Sie rauben auch offt den Männern/zu der Zeit wann sie nisten/ihre Hüth von den Häuptern. Belissarius sagt auch von zweyerley Weyhen. Der erste wird ein Röthelweyh genennt. Die andern aber sind schwärtzer und kleiner.

Die Weyhen sind auß der Habichte Geschlecht/ohn daß sie an der Grösse einen Unterscheid haben. Den Bußharten vermeinen etliche an der Natur und Gestalt dem Weyhen nicht ungleich zu seyn. Er ist in der Grösse deß Habichts. Seine Federn sind roth und hat auch einen krummen Schnabel/sagt Albertus. Er hat aber krumme/und nicht gerade Flügel/daran er dann vom Habicht unterschieden wird. Seine Augen sind bleichfärbig und schwartz. Er hat einen hitzigen Magen. Die Gall ist ihm an die Leber/und an das Eingeweyd gewachsen. Ihr Miltz/wie mehrentheils an allen andern Vögeln/ist so klein/daß man ihn kaum sehen kan/wie Aristoteles schreibet. Aelianus sagt/daß man unter den Weyhen kein Männlein finde/wie Volaterranus solches von Æliano schreibet/aber nicht recht/dann er schreibt dieses von den Geyern.

Von der Natur und Eigenschafft dieses Vogels.

Etliche vermeinen daß dieser Vogel den Lateinischen Nahmen von seiner Stimm bekommen habe. Der Weyhe sicht sehr wol. Von diesem Vogel hat man die Schiffkunst gelernet/in dem man an seinem Schwantz in der Lufft das Ruder im Wasser zu leiten/abgenommen hat. Dieser Vogel ist sehr räuberisch und fräßig. Er lebt von dem Fleisch/und ist den Haußzuchten auffsetzig/bevorab den jungen Hünern und Gänsen. Er pflegt zuweilen bey den Metzgen und Schlachthäusern dem Fleisch/und was man hinwirfft nachzustellen/darumb fliegt er stets daselbst umbher. Bußbeck gedencket dieses auch im dritten Sendschreiben der Türkischen Bottschafft/wann er sagt: daß es zu Constantinopel eine grosse Menge Weyhen habe/die (weil sie sich nit zu fürchten haben daß sie geschossen oder mit Schlingen gefangen werden) so zahm sind/daß sie/wann man ihnen pfeiffet/so bald geflogen kommen/und die Speiß/die man in die Höhe wirfft/mit ihren Klawen fangen. Der Weyhe lebt zur Sommer- und Winterszeit von dem Aaß. Der Weyh/wann er erst außgeflogen ist/so jagt er grosse Vögel/und wann er etwas stärcker worden/so fänget er kleinere. Wann er aber in seinem höchsten Alter ist/so fänget er Fliegen/Schnacken und Regenwürm/darnach stirbt er Hungers/wie Iorath bezeuget. Man sagt auch gemeinlich vom Weyhen/daß er das erste Jahr so kühn seye/daß er nichts todtes versuche/im andern Jahr berühre er nichts lebendiges auß Furcht/im dritten sterbe er von Hunger. Man sagt daß dieser Vogel zuweilen trincke/doch selten/und allein auß dem Regenwasser/zu der Zeit wann es regnet. Sie sollen nimmer auff keinen Granat Apffel-Baum sitzen/auch denselbigen nie ansehen können.

Die Weyhen fliegen zur Winterszeit an warme Oerter/wann solche anders nahe sind: wann sie aber zu weit sind/so verendern sie ihr Orth nicht/sondern sie verbergen sich daselbst in hole Bäum oder Klüfften der Berge/darauß man sie zuweilen hat sehen fliegen/wie auch die Schwalben. In Lybia bey dem Uhrsprung deß Flusses Nili bleiben sie über Jahr/dieweil dasselbige Land warm ist/dann sie mehrentheils zur Winterszeit warme Orther suchen. Die Schwalben/Weyhen und andere dergleichen Vögel/fliegen über Winter auß Europa in Alexandriam/wie Petrus Martyr schreibet. Sie sollen in Egypten nisten/wann sie nicht in unsern Land sind/und daselbst

Von dem Weyhen.

selbst sind sie so Zahm/ daß sie zu den Fenstern fliegen/ und mit Dattelkernen gespeiset werden. Im Sommer fliegen sie in Europam, daß sie die Hitz der Sonnen meiden/ wie Bellonius schreibt.

Die Weyhen machen mehrentheils zwey Junge: unterweilen aber drey. Derjenige aber so Aristoteles genennt wird/ hat bißweilen vier Junge. Er brütet 20. Tag. Die Weyhen legen eine Stauden von Stechdorn in ihr Nest wieder die Verzauberung/ oder andern Schaden/ sagt Ælianus. Dieser Vogel wird mit der Gliederwehe unnd Podagra angefochten/ darumb ist er furchtsam/ und liegt zur Zeit der beyden Sonnenwenden meistentheils verborgen/ dann solche Zeit wird er am meisten mit ermeldten Gebrechen angefochten. Die Weyhen sind sehr unverschämbt/ dieweil sie den Leuten auff die Hänb fliegen/ sagt Oppianus. In kleinen Dingen ist er kühn: in grossen aber furchtsam/ dann er wird vom Sperber in die Flucht getrieben/ ob er gleich dreymal grösser ist. Von dem auffgeopffertem Fleisch sollen sie nichts nehmen/ wie Plinius schreibt. Der Vogel Harppa und der Weyh sind Freunde. Der Weyh und der Fuchs sollen Feinde seyn/ vielleicht darumb/ weil sie beyde Hüner rauben. Der Rab und er sind auch einander gehässig/ dieweil dieser dem Raben seine Nahrung nimmt.

Die Weyhen waren vor Zeiten Vorbotten deß Frülings. Die alten haben einen künfftigen Krieg darauß abgenommen/ Wenn sie ein Schaar dieser Vögel miteinander fliegen gesehen haben/ wie auch von dem Geyer/ Raben/ unnd andern Fleisch fressenden Vögeln. Wenn die Weyhen mit einander in der Lufft kurtzweilen/ so verkündigen sie trucken und gut Wetter.

Wie dieser Vogel gefangen wird.

Die Weyhen werden gefangen/ wie wir droben von den Habichten gesagt haben. Wie man aber Weyhen/ Adler/ und andere Fleischfressende Vögel in Garnen fange/ lehrt Crescentiensis im 10. Buch/ am 22. cap. Man fänget sie auch zu unsern Zeiten mit Falcken/ sonderlich mit Sackerfalken/ wan man zween in der Lufft gegeneinander gelassen hat/ wie Belisarius schreibt.

Was ausser und in der Artzney von diesem Vogel dem Menschen nützlich seye.

Der Weih ist in der heiligen Schrifft Deut. 14. Levit. 11. zur Speiß verbotten. Und deutet Gott damit an/ daß man mit denen kein Gemeinschafft haben solle/ die nicht mit Arbeit ihre Speiß gewinnen/ sondern mit rauben und finantzen ihr Leben erhalten.

Ein Reißlein aus dieses Vogels Nest unter den Pfülen gelegt/ dienet zu den Wehtagen deß Haubts/ wie Plinius und Marcellus bezeugen. Dem Halß/ Sennadern/ und Halßstarre ist dienlich/ ein Rebgerte aus dieses Vogels Nest genommen und angebunden/ sagt Plinius. Wann man von einem alten zerpülverten Weyhen/ so viel man mit drey Fingern fassen kan/ in Wasser trinckt/ soll es das Podagra vertreiben/ oder wann man die Füß mit Weyhen und Blochtaubenblut/ mit zerriebenen Nesseln vermischt/ bestreicht/ oder wann man ihre Federn/ die erst gewachsen sind/ mit Nesseln zerreibt/ wie Plinius und Marcellus schreiben. Deß Weyhen Kopff soll auch das Podagra heilen/ wann man deß Pulvers davon drey Finger voll in Wasser trinckt/ sagt Galenus. Für die fallende Sucht/ brenn einen lebendigen Weyhen in einem Hafen/ und gieb die Aschen zu trincken/ sagt Galenus. Ihr Leber wird über die Gebrechen der Augen gestrichen. Sie dienet auch für die fallende Sucht/ gessen. Man trinckt auch dieselbe gebrennt und gepülvert/ in Wasser für gedachte Sucht/ wie Galenus schreibet. Ihr Mist wird über die Krancken Geleich gestrichen. Man wird alle kriechende Thier damit vertreiben/ wann man von diesem Mist/ sambt dem Gummi Storax in den Apotecken genannt/ einen Rauch machet/ sagt Florentinus.

Auch in die Apoteck geflogen kombt der Weyh/

Giebt sieben Stück/ sich gantz [1]/ Kopff [2]/ Leber [3]/ Blut [4] dabey.

Die Gall [5]/ den Koth [6]/ das Fett [7]/ die all seynd Nutzens voll
Hört zu wie jedes Stück man recht gebrauchen soll.

1. Die Weyhen pfleget man zu Aschen zuverbrennen/
Ein halber scrupel soll der Frantz den Weg verreißen.
2. Man hält den Weyhen Kopff gepülvert nicht gering/
Nehmt ihn früh nüchtern ein/ er stillt das böse Ding.
3. Die Weyhen Leber mischt man unter solche Sach/
Die an sich selbsten dient zur Lungen Ungemach.
4. Man thut das Weyhen Blut mit Nesselen vermischen/
Es pflegt die Schmertzen in dem Podagra zu tischen.
5. Man sagt die Weyhen Gall die dienet zu den Augen/
Die schärpff die in ihr ist/ die soll man wol auslaugen.
6. Den frischen Koth den thut man auff die Glieder legen/
Falls sich darinnen solt ein Reissen thun erregen.
7. Das Weyhen Fett ist gut/ in eben solcher Sach/
Dañ solches nimbt hinweg der Glieder Ohngemach.

Von dem Windhalß.
Jynx.
Das Männlein.

Dieser Vogel heisset auff Griechisch und auff Lateinisch Iynx; Italiänisch Collotorto, Capotorto, Stortacoll; Frantzösisch Terco, Turcot; Spanisch Torzicuello; Polnisch Jemiolucha; Ungarisch Tekerueny; bey den Teutschen hat er mancherley Nahmen/ theils von dem umbwenden seines Halß/ theils weil er der Nater gleich ist. Darumb wird er Windhalß/ Drähehalß/ Naterhalß/ Naterwendel/ und Naterzwang genennet. Er ist etwas grösser als der Finck/ wie dann seine rechte Grösse hie verzeichnet stehet. Von Farb ist er gesprenckelt. Er hat hinden und vornen zwo Zeen/ allwegen eine kurtze und eine lange bey einander/ wie die Specht und Nachtigallen/ dieweil sein Leib weniger als der andern Vögel für sich geneigt ist. Die Klauen daran sind groß/ und gehen wie an der Dolen herfür. Er drähet seinen Halß umb/ also daß er den übrigen Leib still hält/ wie die Nater. Er hat auch eine Zung den Natern ähnlich/ dann er dieselbe mehr als vier Finger weit herfürstreckt/ und zeucht sie wiederumb hinein. Sie ist vornen so starck und spitzig/ daß sie dem Menschen/ als ein Nadel durch die Haut gehet. Sie gehet oben durch die Käl/ und beugt sich über die Hirnschalen in die Naßlöcher. Sie ist aber zwiefach/ da sie sich am Nacken anhebt zu krümmen/ vornen auff dem Kopff aber kommen beyde Theil wiederumb zusammen. Das Männlein kan vom Weiblein wie an andern Stücken/ also vornehmlich an der gelbern Brust erkannt werden/ sagt D. Geßner.

Von der Natur und Eigenschafft dieses Vogels.

Der Windhalß durchstiche mit seiner außgestreckten Zungen sehr schnell die Ameissen/ (gleich wie bey uns die jungen Knaben die Fröfch mit eisern Spitzen/ so sie an einen Bogen gebunden haben) und verschluckt dieselbigen/ er berühret auch dieselbe nimer mit seinem Schnabel/ wie die andern Vögel ihre Speiß. Ich hab auff eine Zeit (spricht D. Geßner) einen Windhalß/ den ich im Aprill gefangen/ fünff Tag mit Ameissen erhalten/ darnach ist er gestorben/ und kan derhalben nicht wissen/ ob er länger könne gehalten werden/ dann er ist sehr ungern gefangen/ und isset nichts anders als Ameissen/ wie ich dieses mit mancherley Würmlein/ Brämen/ Roßmücken und andern dergleichen/ erfahren hab. Er pickt mit seinem Schnabel in das Holtz/ und macht fast ein Gethön damit wie der Specht. Sie strecken ihre Zungen/ wie die Fischer ihre Angelschnür/ herfür/ darüber dann die Ameisen gehen/ wann aber nun viel darauff sind/ ziehen sie die Zungen an sich/ und fressen sie/ sagt Oppianus. Wann du ihn in den Händen hälst/ so dreht er den Halß mehr umb/ als sonst kein anderer Vogel. Er knirschet mit seiner Stimm. Er
nistet

Von den Windhälsen.

nistet in dē Löchern der Bäume wie der Specht. Etwan auch in den Baurenhäusern. Zu Winterszeit/ wie ich verstehe/ siehet man ihn nicht/ sondern vornehmlich im Herbst. Ich hab ihn im Aprill und Heumonat gefangen gesehen/ zu welcher Zeit er Junge hat. Er legt ober viel Eyer/ ohngefehr acht oder neun. Derjenige/ welchen ich ein Zeitlang erhalten/ flohe nicht bald/ wann ein Mensch herzu kam/ doch ward er zornig/ richtete seinen Halß auff/ und stieß mit seinem Schnabel (er bisse aber nicht) und diesen zog er offt hinter sich/ und streckt ihn wiederumb herfür/ und zeigte also/ gleichsam dräuend/ seinen Zorn. Inzwischen waren seine Federn/ sonderlich auf dem Halß/ starrend/ und der Schwantz zertheilet und auffgerichtet.

Was von diesem Vogel dem Menschen nützlich seye.

Man gebrauchet ihn auch zur Speiß/ wie Hieronymus Tragus schreibet. Für das Haar so auff den Augbrauen wächst: Nimm die Gall von diesem Vogel/ und halb so viel Wolffswurtzel/ und brauch es also vermischt/ das ist/ bestreich den Orth nach dem ausgerissenen Haar damit/ sagt Galenus. Zu etlichen Artzneyen der Augen braucht man allein die Galle für sich selbst.

Von einer andern Art Windhälsen
Iingo congenes.

Aldrovandus ist anfänglich zweyfflend/ ob dieser Vogel wegen Gestalt seiner Füsse unter die Specht möchte gerechnet werden. Vermeynt aber das/ daß er in der Grösse unnd meinsten Stücken/ dem Windhalß gleiche: Auff den Kopff/ Rücken/ und Flügeln/ siehet dieser Vogel Eysenfarb/ mit gelben Flecken/ so in der zwerch stehen/ durchmischet. Auff der Brust/ und dem Bauch/ siehet er weiß mit gelben Strüchlein in die Länge durchmahlet: sein Bein sind gelb/ und seine Füsse nach der Specht Arth lang/ mit krummen schwartzen Klauen versehen.

Von dem Zeißlein und erstlich von seiner Gestalt.

Acanthis, Spinus, Ligurinus

Dieser Vogel heisset auff Griechisch Ἀκανθίς; Lateinisch Spinus, Ligurinus; Italiänisch Lugaro, Lugarino; Frantzösisch Serin; Spanisch Sirguerito; Polnisch Czizek; wendisch Czisz; Türckisch Utlugèn; Engeländisch a Siskin, unnd Niederländisch Cyßken. Die Vögel Acanthidem und Carduelem hält man mehrentheils nur für einen/ dieweil beyde Nahmen von den Disteln hergenomen worden. Die Verständigere aber unterscheiden dieselbe. Dieser wird von den Teutschen ein Zinßlein/ Zeiselein/ Ziselein oder Zischen: Zu Löven ein Gelbvogel: In Frießland ein Sißgen genennt. Dieser Vogel (spricht Turnerus) so bey uns ein Zeisich/ von andern ein Engelchen/ genennet wird/ ist viel kleiner als der Grünling/ und mehr grünfarb/ mit einer gelben Brust/ einem länglichten/ rauen und spitzigen Schnabel/ gleich dem Goldhänlein. Er hat zween schwartze Flecken einen oben auff dem Kopff/ und einen unter dem Schnabel. Solche schwartze Flecken haben auch die Flügel/ also/ daß viel gelbes darzwischen ist. Er singet lieblich/

lieblich/ und wird selten in Engelland/ ohn allein in Käfichen gesehen. Wiewol ich ihn einsmahls auff den Aeckern/ nicht weit von Cantabrigiä/ gesehen hab. Das Weiblein ist aschenfarb und getheilt/ am Bauch bleich/ wie Eberus und Peucerus sagen.

Von der Natur und Eigenschafft dieses Vogels.

Man fänget die Zeißlein nicht allein allenthalben im Schweitzerland/ sondern allein auf den Bergen/ darauf schöne Wälder stehen/ darinn sie auch zur Sommerszeit ihren Auffenthalt haben/ und daselbst nisten. Alle Distelvögel Geschlecht fliehen schaarweiß. Dieser Vogel singet sehr lieblich. Er wohnet gern in den Dornen und Disteln. Das Zeißlein/ der Distelfinck/ und das Goldhäulein/ schlaffen/ und speisen sich an einem Orth. Sie essen weder Würm noch andere Thier. Das Zeißlein ist ein kleines/ aber gar fruchtbares Vögelein/ dann es auff einmahl zwölff Junge herfür bringt/ wie Plinius schreibet. Albertus aber sagt allein von fünffen. Unsere Weydleut können darvon nicht viel sagen/ dieweil sie allein auf den höchsten Bergen nisten. Die Zeißlein lehren mit ihrer Fürsichtigkeit auch die Menschen/ daß sie an das künfftige gedencken/ dann wann sie das künfftige Ungewitter befinden/ den Schnee vermercken/ und dessen eben wahr nehmen/ so fliegen sie/ damit sie nicht von demselbigen überfallen werden/ zur selbigen Zeit/ als zu einer Zuflucht in die dicken Wälder/ wie Ælianus schreibt.

Das Zeißlein/ und der Vogel Ægithus oder Salus (vielleicht unser Schösserlein) hassen einander/ also/daß sich ihr Blut nicht untereinander vermischen lässet. Es ist auch deß Esels Feind/ dann es hat seine Nahrung von den zarten Dörnern/ die der Esel abweidet/ wie Aristoteles und Plinius schreiben. Die Lerch hasset auch diesen Vogel/sagt Ælianus. Alle Distelvögel Geschlecht ziehen Eimerlein oder Trinckgeschirrlein auff/nachdem sie aber getruncken/ lassen sie dieselbige wiederumb hinab fallen/ wie droben von dem Distelfincken gesagt worden.

Ende deß Vogel-Buchs.

Index Autorum, qui in hac Parte secunda de Avibus allegantur.

A.
Actuarius.
Ægidius.
Ælianus.
Æsculapius.
Aëtius.
Africanus.
Aggregator.
Agricola Georgius.
Agricola Johannes.
Agrippa Cornelius.
Albertus.
Aldrovandus.
Amatus Lusitanus.
Ambrosius.
Apitius.
Aponensis Petrus, dictus Conciliator.
Apulejus.
Aquila.
Aratus.
Aristomachus.
Aristophanes.
Aristoteles.
Athenæus.
Averrhoës.
Augustinus.
Avicenna.
Avienus.
Author Libri de Natura Rerum.

B.
S. Barolitanus Marianus.
Basilius.
Becherus.
Belisarius.
Bellonius.
Bellunensis Andreas.
Benedictus Alexander.
Beroaldus.
Blondus.
Boclo Hieronymus.
Boëthius Hector.
Brasavolus Antonius.
Brudus Lusitanus.
Budæus.
Bulcasis.
Bußbeck.

C.
Cadamustus Aloysius.
Cælius.
Cajus Johannes.
Callistus Nicephorus.
Camerarius Philippus.
Cardanus.
Carus Joannes.
Cassiodorus.
Cato.
Celsus.
Cicero.
Clearchus.
Clitarchus.
Clusius.
Columbus Christoph.
Columella.
Constantinus.
Cornarius.
Ctesias.
Culmannus Joh.

D.
Demetrius Constantinopolitanus.
Democritus.
Didymus.
Dioscorides.

E.
Eberus.
Eliota.
Elluchasem.
Encelius Christoph.
Epænetus.
Erasmus.
Eumelus.
Euphronius.
Eustathius.

F.
Fabricius Georgius.
Fagius Paulus.
Fauconerus.
Faventinus Leonellus.
Ferrarius Joh.
Festus Pomponius.
Fiera Baptista.
Firmicus Julius.
Florentinus.
de Foro Julii Odoricus.
Fulgentius.
Furnerius Andreas.

G.
Galenus.
Gatinaria.
Gaza.
Gazius Antonius.
Galenius.
Gellius.
Gigas Antonius.
Gillius Petrus.
Gobler Justinus.
Gœurotus Joh.
Gordonius.
Goropius.
Gradi Matthæus.
Grapaldus.
Gratarolus.
Gratius.
Gregorius.
Guainerius Anton.
Guilandinus Melch.
Gyraldus.

H.
Heldelinus Casparus.
Heraclides.
Hermolaus Barbarus.
Hernandez.
Herodianus.
Herodotus.
Hesiodus.
Hesychius.
Higinus.
Hoierus.
Homerus.
Horatius.

I.
Jonstonus.
Jorath.
Jovius Paulus.
Isaac.
Isidorus.
Juba.
Juvenalis.

K.
Kiranides.

L.
à Lacuna Andreas.
Lampridius Ælius.
Laurembergius.
Leonellus.
Leonicenus.
Leontinus.
Lerius.
Longolius Gybertus.
Lucanus.
Lucretius.
Lullius.

M.
Macrobius.
Malocchius.
Manardus.
Marcellus.
Martialis.
Martyr Petrus.

Massa

INDEX.

Massa Nicolaus.
Massurius.
Maximilianus Transylvanus.
de Mendoza Joh. Gonzales.
Mesue.
Mizaldus Antonius.
de Montevilla Joan.
Montherculeus.
Mundella Aloysius.
Münsterus.
Myndius Alexander.
Myrepsus Nicolaus.

O.
Nebrissensis Antonius.
Neuhoff.
Nicander.
Nierembergius Eusebius.
Nigidius.
Niphus.

O.
Olaus Magnus.
Olearius.
Oppianus.
Orus.
Ovidius.
Oviedus Ferdinandus.

P.
Palladius.
Pamphilus.
Papinius.
Pareus.
Patritius Ludovicus.
Paulus Venetus.
Pausanias.
Pavvius Petrus.
Paxamus.
Pelagonius.
Perottus.

Petrus Crescentiensis.
Peucerus.
Philagrius.
Philes.
Philon.
Philostratus.
Plato.
Platina.
Plautus.
Plinius.
Plutarchus.
Pollux.
Porta Joh. Baptista.
Procopius.
Puteus Carolus Antonius.
Pythagoras.

Q.
Quintilius.

R.
Rhasis.
Rochefort.
Romanus Ludovicus.
Rondeletius.
Ryffius Gualtherus.

S.
Savanarola.
Saxo Grammaticus.
Seiler Raphaël.
Serapio.
Serenus.
Servius.
Sethi Simeon.
Sextus.
Sigismundus Baro.
Simocatus.
Solinus.
Stendel Balthasar.
Stephanus Robertus.

Strabo.
Stumpffius.
Suetonius.
Suidas.
Sylvius Æneas.
Sylvius Jacobus.
Symmachus.

T.
Tappius.
Tardivus.
Terentius.
Tertullianus.
Theodotion.
Theophrastus.
Theopompus.
Thevetus.
Trallianus.
Turnerus.

V.
Varinus.
Varro.
Vegetius.
Vergilius Marcellus.
de Villa nova Arnoldus.
Virgilius.
Umbricius.
Volaterranus.
Vossius Gerard. Joan.
Ursinus.

W.
Wottonus.

X.
Xenophon.

Z.
Zeillerus.
Zoroastres.

Index Avium, quæ in hac secunda parte continentur.

A.
Acanthis.	211
Ægithus.	65
Apus.	78
Ardea.	33
Ardea alba.	38
Ardea cinerea major.	35
Ardea cinerea altera sive minor.	37
Ardeæ cinereæ tertium genus.	38
Ardea pulla.	35
Ardea stellaris major.	47
Ardea stellaris minor.	44
Aves pugnaces.	50

B.
Beena.	190 a
Botaurus.	44
Butorius.	45 b

C.
Calidris.	59 b
Caudatremula.	203 b
Cenchramus.	199 b
Ceppa.	123 b
Cercio.	200
Certhius.	59
Charadrius.	158
Ciconia.	140
Ciconia nigra.	146
Cinclus.	200
Coccothraustes.	138
Coccothraustes Indica cristata.	139
Collyrio.	33 b
Columba.	159
Columba Cypria.	175
Columba Cypria cristata.	176
Columba Cypria pedibus nudis.	ibid.
Columba Indica.	174
Columba Livia.	180
Coracias.	189 a
Corvus.	17
Corvus sylvaticus.	24
Coturnix.	194
Crepera.	59 a
Cygnus.	79
Cygnus cucullatus.	83

D.
Drepanis.	75

E.
Emperiza alba.	122
Emberiza flava, mas.	120
Emberiza flava, fœmina.	121
Emberiza pratensis, mas.	123

Emberi-

INDEX.

Emberiza pratensis, fœm. ib.
Erithacus. 59
F.
Falcinellus. 49
Ficedula. 64 a
Flambant. 1 a
Flamman. ibid.
G.
Graculus. 190 a
H.
Hirundo domestica. 68
Hirundo marina. 76
Hirundo riparia. 75
Hirundo sylvestris. ibid.
I.
Illas. 31
Iyux. 209
Iyngi congener. 211
L.
Lagopus. 65
Lagopus varia. 67
Lanius albus. 156
Lanius cinereus. 152
Laniorum genus majus. 154
Lanius parvus. 155. 156
Ligurinus. 211
Lucidæ aves. 83 b
Lupus. 189 a
Lycon. 188
M.
Milvus. 207
Molliceps Aristotelis. 153 a
Monedula. 188
Motacilla. 199
Motacilla alba. 200
Motacilla flava. 201
Muscipeta. 157
O.
Ocnus. 45 a
Oenas. 179
Olor. 79 a
Oriolus. 132
Ortygometra. 198
P.
Palumbus. 181
Pardalus. 7 a
Passer. 106
Passerculus. 118 a
Passer albus. 111
Passer albicilla. 113
Passer arundinarius. 111
Passer brachyurus Bononiensis. 118
Passer erythromelanus Indicus sine uropygio. ibid.
Passer flavus. 112
Passer Illyricus. 115
Passer Indicus brachyurus. 118
Passer Indicus cyanerythromelanus sine uropygio. 119
Passer Indicus macrourus. 117
Passer Indicus macrourus rostro miniaceo. 116
Passer Indicus porphyromelanus caudatus. 120
Passer maculatus sive tricolor 112
Passer montanus. 114
Passer muscatus. 124
Passer stultus. ibid.
Passer sylvestris magnus. 109
Passer torquatus. ibid.
Passer troglodytes. 110
Perdix. 8
Perdix Damasci. 180 b
Perdix major. 15
Phalacrocorax. 23
Phœnicopterus. 1. 2
Phœnicurus. 60 a 61
Phœnix. 4
Phoix. ibid.
Picus. 124
Picus cinereus. 130
Picus luteus cyanopus Persicus. 131
Picus maximus niger. 126
Picus muralis. 130
Picus variº ex albo & nigro. 127
Picus viridis. 128
Pilaris. 25
Pluvialis. 7
Porcellana. 178
Porphyrio. 5
Prunella. 120
Psittacus. 83
Psittacus albus cristatus. 87
Psittacus cinereus seu subcœruleus. 90
Psittacus erythrochlorus macrourus. 91
Psittacus erythrochlorus cristatus. ibid.
Psittacus erythroleucus. 90
Psittacus leucocephalus. 89
Psittacus maximus. 87
Psittacus maximus cyanocroceus. 86
Psittacus minor macrovius viridis. 91
Psittacus Poikilorinchus. 87
Psittacus torquatus. 90
Psittacus versicolor seu erythrocyanus. 89
Psittacus viridis. 87
Psittacus viridis melanorinchus. 88
Q.
Quajotti. 48 a
R.
Rubecula. 59
Rubecula saxatilis. 63
Ruticilla. 61
S.
Salus. 65
Scolopax. 17 a
Sitta. 130
Spermologus minor. 110
Spinus. 211
Stephanion. 190 a
Struthocamelus. 148
Sturnus. 132
Sturnus albus. 136
Sturnus capite albo. ibid.
Sturnus cinereus. 137
Sturnus fœmina. 133
Sturnus pullus. 134
Syroperdix. 16 a
T.
Taha. 190 a
Telamon. 5
Tetrax minor. 110
Tremblo. 203 b
Tremulus. ibid.
Trichada. 25
Tringa. 200. 203 b
Tulla. 190 a
Turdus. 25 a
Turdus minor. 31
Turdus minor alter. 32
Turdus viscivorus. 29
Turdus viscivorus minor. 32 b
Turtur. 185
Turtur Indicus. 187
Tylas. 31
Tyrannus Aristotelis. 153 a
V.
Venatica avis. 155 b
Vinago. 179
Ulula. 192
Ulula flammeata. 193
Upupa. 204

Register derjenigen Vögel/ so in diesem zweyten Theil begriffen.

A.
Adebar. 140 b
B.
Bachstelz. 199
Baumhacker. 124. b 130 a
Baumheckel. 59 b
Baumkletterlein. 59
Beemerlein. 25 a
Begesterk. 201 a
Bierolff. 132 a
Bitter. 31 b
Blauvögel. 33. a 63 a
Bollenpicker. 138 a
Bömerlein. 31 a
Bömerziemer. ibid.
Brachvogel. 33 b
Bürstner. 64 b
Byrolt. 132 a
C.
Chläu. 130
D.
Domphorn. 45 a
Dorndreher. 152
Grosser

Register.

Grosser Dorndreher.	154	Kleber.	130 a	Klauß-Rab.	ibid.
Kleiner Dorndreher.	155/156	Klopper.	138 a	Stein-Rab.	ibid.
Weisser Dorndreher.	156	Klosterfräulein.	201 a	Wald-Rab.	24
Dornkrätzer.	152 b	Kornvogel.	120 a	Wasser-Rab.	23
Droschel.	32 a	Kottler.	130 a	Rebhun.	8
Mertz-Drüschel.	33 b	Krammetsvogel.	25 a	kleine Rebhünlein.	17
Sang-Drüschel.	32 a	**L.**		roth Rebhun.	16 a
Wein-Drüschel.	31 b	Lorind.	45 a	weisse Rebhüner.	17 a
Ziep-Drüschel.	33 a	Lüning.	106 a	welsch Rebhun.	15
Dürstel.	32 a	Lyßklicker.	200	Reckholdervogel.	25
E.		**M.**		Reiger.	33
Ebeher.	140 b	Mäußkönig.	111 b	aschenfarbe Reiger.	35
Elb.	79 a	Meer-Rind.	45 a	graue Reiger.	35/37/38
Embritz.	120 a	Mistelfinck.	29 a	Moß-Reiger.	44
Emmeling.	ibid.	Mistler.	25 a 29	Rohr-Reiger.	45 a 47
Emmering.	ibid.	Moßkuh.	45 a	weisse Reiger.	38
Emmoritz.	110, b 120, 121	Mückenstecher.	203 a	Rheinvögel.	75
Weisse Emmeritz	122	Myrtenvögel.	27 a	Rieserlein.	203 a
Engel.	180 a	**N.**		Rinderschiesser.	ibid.
Engelchen.	211 b	Naterhalß.	209 a	Rinnenkleber.	59
Erdbüll.	45 a	Naterwendel.	ibid.	Rohrdumb.	45 a
Eul.	192	Naterzwang.	ibid.	Rohrgytz.	111 a
Kirch-Eul.	193	Nesselkönig.	111 b	Rohrtrum.	45 a
Nacht-Eul.	192	Neunmörder.	153 a	Rothbrüstlein.	59 a
Schleyer-Eul.	193	Neuntödter.	ibid.	Röthelein.	ibid.
Stock-Eul.	192 a	Nußhäcker.	130 a	Hauß-Röthelein.	61
F.		Nußpicker.	ibid.	Sommer-Röthelein.	61 a
Feldhun.	8 a	**O.**		Stein-Röthelein.	63
Fliegenstecherlein.	157 b	Odeboer.	140 b	Wald-Röthelein.	59
G.		Oelb.	79 a	Winter-Röthelein.	59 a
Gaulammer.	122	Onschwalb.	48 b	Rothun.	15
Geelgorst.	120 a	Onvogel.	45 a 46 a	Rothkropff.	59. a
Gelbvogel.	211 b	**P.**		Rothschwäntzlein.	61 a 63
Gerolff.	132 a	Pagadetten.	178 a	Rothsterz.	61 a
Gersthammer.	109	Papagey.	83	Rothzägel.	ibid.
Gickerkein.	203 a	aschenfarber Papagey.	90	**S.**	
Gilbling.	120 a	besondere Arth Papageyen.	87/89	Sägyster.	49
Gilberschen.	ibid.	gehaubter Papagey.	91	Scheller.	24 b
Gixerlein.	31 b	grosser Papagey.	87/90	Sickust.	83
Goldammer.	122	grosser blau und Saffran gelber Papagey.	86	Sichlor.	49
Goldmerlein.	132 a	grüner Papagey.	87/88/91	Sisgen.	211 b
Graßmücke.	65 b	mancherley färbigter Papagey.	89	Sittig.	83 b
Griel.	158 a	Ringel-Papagey.	90	Schneehun.	65
Grauer Gyfitz.	7 a	ungestalter Papagey.	91	Schneekönig.	111 b
H.		weisser Papagey.	87	Schnepfflein.	64 a
Halbvogel.	33 b	Parnüse.	16 a	wilde Schnepffe.	17 a
Heergauß.	33 a	Pickart.	45 a	Schnorrer.	29 a
Holkräe.	127. b	Pilente.	202	Schösserlein.	65 b
Holzkräe.	ibid.	Pilwegichen.	ibid.	Schrick.	199 a
Hortybell.	45 a	Pilwincken.	120	Schwalb.	68
Hünerahr.	208 a	Prunelle.	7 a	Americanische Schwalb.	29
Hünerdieb.	207 b	Pulroß.	ibid.	Fehl-Schwalb.	76 a
J.		Pulvier.	6 a	Gor-Schwalb.	78 a
Jagvogel.	155 b	Purpurvogel.		Geyer-Schwalb.	ibid.
K.		**Q.**		Kirch-Schwalb.	75 a
Kaathan.	204 a	Quicksterz.	201 a	Mauer-Schwalb.	75
Kauter.	159 a	**R.**		Meer-Schwalb.	76
Kemperkens.	50	Rab.	17	Rhein-Schwalb.	75
Kernbeisser.	138 a	Alp-Raben.	24 b	Spür-Schwalb.	78 a
Korsenrise.	132 a	Meer-Rab.	24 a	Uber-Schwalb.	74 b
Kirschfinck.	138 a			Wasser-Schwalb.	200 a
Kirschenschneller.	ibid.			Schwan.	79

Schwel-

Register.

Schwelcken Vorbott.	230 a	
Spar.	106 a	
Hauß-Spar.	ibid.	
Rohr-Spar.	111 a	
Spatz.	106	
Spätzlein.	118 a	
Spatzen mit weissen Schwäntzen.	113	
Americanischer Spatz.	124	
ausländische Arth Spatzen.	118	
farbigter Spatz.	112	
gelber Spatz.	ibid.	
Indianischer Spatz.	116/117/118/120	
Indian. Spatz ohne Schwantz	118/119	
Ringel-Spatz.	109	
Rohr-Spatz.	111	
Wald-Spatz.	109 b	
Weiden-Spatz.	111 a	
weisser Spatz.	111	
Wendischer Spatz.	115	
wilder Spatz.	114	
Specht.	124	
Spechtlein.	128 a	
Aeger-Specht.	ibid.	
Atzel-Specht.	127	
Blau-Spechtlein.	130 a	
bunter Specht.	128 a	
Elster-Specht.	ibid.	
gesprenckelter Specht.	ibid.	
grosser schwartzer Specht.	127 b	
Grünspecht.	128	
Kletterspecht.	131 a	
Kräspächt.	124/126	
Maur-Specht.	130	
Mey-Specht.	130 a	
Persianischer Specht.	131	
Sperling.	106 a	
Rohr-Sperling.	111 a	
Sporck.	106 a	
Sprehe.	133 a	
Spye.	78	
Münster-Spyr.	75 a	
Maur-Spyr.	ibid.	
weiß Spyr.	ibid.	
Staar.	132	
aschenfarber Staar.	137	
Rinder-Staar.	132	
weisser Staar.	136	
weißköpffiger Staar.	ibid.	
Steinbeisser.	138/200 a	
Indianischer gehaubter Steinbeisser.	139	
Steinhun.	67	
Steinpicker.	200	
Storch.	140	
schwartzer Storch.	146	
Strauß.	148	
Streitbahre Vögel.	50	
Strauß.	148 a	

T.

Taube.	159
Blätzer-Tauben.	178 b
Bloch-Tauben.	181
Bürtzel-Tauben.	178
Cyprische Tauben.	175
gehaubte Cyprische Taube mit Feder-Füssen.	176
gehaubte Cyprische Taube ohne Feder-Füsse.	ibid.
Cyprische Pfauen Schwäntze	ibid.
dickmäulichte Tauben.	178
grosse Holtz-Taub.	181 a
Indianische Taube.	174
Kröpper-Tauben.	178
Lach-Taube.	187
weisse Lach-Taube.	188
Loch-Taube.	180
Pellen-Tauben.	178
Ringel-Taube.	181
Schlag-Taube.	181 a
Stein-Taube.	178
Turtel-Taube.	185
Indianische Turtel-Taube.	187
Vehen Tauben.	178 b
wilde Tauben.	178
Thurnkönig.	111 b
Todenvögelein.	157/203 a
Tole.	188
Stein-Tole.	190 a
Tottler.	130 a
Trehehaltz.	209 a
Triel.	158
Trostel.	25 a 32
Berg-Trostel.	31 a
klein Trostel.	33 a
Leim-Trostel.	ibid.
Roth-Trostel.	31 b
Stein-Trostel.	33 a 63 a
Wald-Trostel.	33 a
Wasser-Trostel.	ibid.
Wein-Trostel.	31 a
weiß Trostel.	32 a
Tyrolt.	132 a

U.

Ul.	192 a
Ulrind.	44
Utenschwalb.	48 b

W.

Wacholdervogel.	25 a
Wachtel.	194
Wachtelkönig.	198
Waldhäher.	153 a
Waldherr.	ibid.
Walghvogel.	83 b
Warckengel.	154
Wasserstertz.	199
gelbe Wasserstertz.	201
graue Wasserstertz.	200
weisse Wasserstertz.	ibid.
Wacholderziemer.	25 a
Wegstertz.	201 a
Wegflecklein.	64 b 203
Weicker.	159 b
Weidengückerlein.	204
Weiderlein.	204 a
Weingartvogel.	31 b
Weyhe.	207
Rötel-Weyhe.	207 b
Widhopff.	204
Wieselein.	159 b
Wiesenmertz.	123
Wiggigel.	204 b
Windhalß.	209
Winsel.	25 a 31
Winterkönig.	111 b
Wintze.	31 a
Wißkern.	204 b
Wittewal.	132
Wibe.	207 b
Wüstling.	64
Wy.	207 b
Wydenvögel.	27 a

Z.

Zaunkönig.	111 b
Zaunschlüpfferlein.	110
Zeißlein.	211
Zerrer.	29 a
Ziering.	ibid.
Zieselein.	211 b
Zilzepfflein.	204 a
Zinßlein.	211 a
Zischen.	211 b
Zittervogel.	203 b
Zötscherlein.	65 a

Register/

Der Natur/ Gestalt und Eigenschafften aller Vögel/ wie auch anderer merckwürdigen Sachen/ welche in diesen beyden Theilen enthalten/ a. bedeutet die erste/ b. die andere Spalt/ unnd ist denen Sachen/ so im andern Theil begriffen/ II. Th. vorgesetzt.

A.

Adler/ von seiner Gestalt/ 1. wo die Adler am meisten zu finden/ 2. b von der Nahrung dieses Vogels/ ibid. 8. a seine Federn verzehren nicht der Gänse Federn/ 8. a von seiner Natur und Eigenschafft/ 3. b legt einen Stein in sein Nest/ 4. b liebet seine Gutthäter/ 5. a 6. b streitet mit andern Vögeln und Thieren/ 6. a. b. 7. a wie er sich verjüngere/ 7. a wie er aus dem Nest genommen/ gezähmet/ und zum beitzen abgerichtet werde/ 7. b was von ihm ausser und in der Artzney zugebrauchen/ 8. a von unterschiedlichen Gattungen der Adler. 10. b

Adler-Stein/ von desselben Würckung. 9. a

Adler-Nest/ welches sehr groß gewesen. 27. b

Alectoria, Hanen oder Capaunen Stein. 165. b

Amsel/ von ihrer Gestalt/ 41. von ihrer Natur und Eigenschafft/ 42. a wie sie gefangen werde/ 43. a was von ihr zugebrauchen seye/ ibid. von anderer mancherley Gestalt dieses Vogels. 43. b

Atzel/ von ihrer Gestalt/ 28. von ihrer Natur und Eigenschafft. ibid. lernet Melodien singen und reden/ 29. a wie sie niste/ gezogen und gefangen werde/ ibid. was ausser und in der Artzney dem Menschen von ihr nützlich seye/ 28. b eine andere Arth der Atzeln/ 32. derselben Nest. 33

Bachstelze/ von denselben ins gemein. II. Th. 199

Behemle/ von seiner Gestalt/ 37. von seiner Speiß und Natur. 38 b

Biene/ wann sie Mangel an Nahrung haben/ wie man sie speissen solle. 191 b

Bisam/ wie er verfälscht werde. II. Th. 169 a

Blutfincke/ von seiner Gestalt/ 55. a von seiner Natur und Eigenschafft/ ibid. von seiner Speiß. 55. b

Böllhine/ von dieses Vogels Gestalt/ 56. von seiner Natur und Eigenschafft/ 56. b was von ihm zugebrauchen seye. 57 a

Brachvogel/ wie er gefangen werde. 221. a

Bußhard/ von seiner Gestalt/ 278. von seiner Natur und Eigenschafft/ 280. a von seiner Speiß/ 280. b wie er gefangen werde/ ibid. was von ihme dem Menschen nützlich seye. ibid.

C.

Canarivogel/ von seiner Gestalt un Eigenschaft. 62. von der Nahrung und Kranckheit dieses Vogels. 62. b

Capaun/ wie man die Hanen-Capaunen oder verschneiden solle/ 175. a wie man die Capaunen speissen und mesten solle/ 175. b von der Natur und Eigenschafft dieses Vogels/ 176. a wie man ihn kochen und zur Speiß bereiten solle/ 176. b was von ihm in der Artzney zugebrauchen seye. 177 b

Capaunen-Stein. 165. b

Conchicla, was es vor ein Essen seye. 196. a

D.

Diebstahl/ wie er offenbahret werde. 10. a

Distelfinck/ dessen Gestalt/ 70. Speiß und Nahrung/ 71. a Natur und Eigenschafft/ ibid. wie er gefangen werde/ 72. a was von ihme dem Menschen nützlich seye. 72 b

Dorndreher/ von mancherley Gestalt dieses Vogels. II. Th. 152. von seiner Speiß und Nahrung/ 153. b von seiner Natur und Eigenschaft. 154. a wie diese Vögel gefangen und gezähmet werden/ 154. b was von ihnen nützlich seye. ibid.

E.

Eißvogel/ Alcyon genant/ 38. von seiner Natur und Eigenschafft/ 39. a wie er sein Nest baue. ibid. sein Gesang soll nichts gutes bedeuten. 39. b

Eißvogel/ Ispida genant/ dessen Natur unnd Eigenschafft. 73. a was von ihme dem Menschen dienlich seye. 73. b

Ente/ von ihrer Gestalt/ 75. von ihrer Natur und Eigenschafft/ 76. a wie sie erzogen und ernähret werden/ 76. b was ausser der Artzney von ihnen nützlich seye/ 77. b was in der Artzney von ihnen dienlich seye. 78 a

Wilde Ente/ von mancherley Gestalt und Unterschied derselben/ 85. a von ihrer Natur und Eigenschafft/ 85. b wie sie gefangen werden/ 86. a was von ihnen ausser und in der Artzney nützlich seye. 86 b

Eul/ von ihrer Gestalt. II. Th. 192. von ihrer Natur und Eigenschafft/ 193. a was von ihr in der Artzney nützlich seye. 193 b

Eyer/ wie dieselbe in der Hennen wachsen und formiret werden/ 179. a von den Theilen des Eyes/ 181. a von derselben Natur un Eigenschaft/ 181. b vom Geschlecht und Unterschied der Eyer/ 182. a von den Eyern/ so zween Dotter haben/ oder weich und unfruchtbar sind/ ibid. von den Eyern welche ohne Zuthun des Männleins geleget werden/ 183. a von den Eyern so zu Harn/ oder stinckend und faul werden/ ib. von dem Brüten und Ausschlieffen der Eyer/ 183. b von den Eyern unterschiedlicher Vögel/ die den Hennen können untergeleget werde/ 187. a wie die Eyer ohne Bruthennen ausgebrütet werden/ 187. b wie man die Eyer lang unversehrt behalten könne/ 189. a wie man sie zur Speiß bereite/

Register.

bereite / unnd von dererselbigen Gesundheit / 192. a von mancherley Nahmen der Eyer / so von dem unterschiedlichen Kochen hergenommen / 192. b worzu die Eyer allein und für sich selbst gut seyen / 193. a von Gesundheit der Eyer / nach dem sie auff mancherley weiße gekocht werden / ibid. was man für Eyer zu der Speiß erwehlen solle / 193. b was der Dotter und das Klare absonderlich in der Speiß für Eigenschafften haben / ibid. wie mancherley Trachten von den Eyern gemacht werden / 194. a in welcher Ordnung man die Eyer zur Speiß gebrauchen solle / 195. a worzu die Eyer gantz in der Artzney gebraucht werden / ibid. von den Artzneyen der weichgesottenen Eyer / 196. b von den Artzneyen der gantz rohen Eyer / ibid. von den Artzneyen der harten und gebrannten Eyer / 197. a von der Eyer-Artzney / so in Essig gekocht / oder allein darin gebeitzt / und weich gemacht werden / 197. b von den Artzneyen der Eyer / so mit anderen vielfaltigen krafftigen Artzneyen vermischet werden / 198. a von den Artzneyen des Eyerklars / 199. a von den Artzneyen des Eyerdotters / 199. b ein mehrers von dem Eyerdotter mit andern Artzneyen vermischt / ausser und inner dem Leib zugebrauchen / 200. a von den Artzneyen des Häutleins inner der Schalen / und der Jungen / so noch nicht ausgeschloffen sind / 200. b von den Artzneyen der Eyerschalen ins gemein / 201. a Artzneyen von den gebrannten Eyerschalen / ibid. Artzneyen von den Eyerschalen / aus welchen die Hünlein geschloffen. 201 b

F.

Falck / von seiner Gestalt / 286. welches die beste Falcken seyen / 287. a. b. von der Natur und Eigenschafft dieses Vogels / 288. a Falcken und Raben-Streit / ibid. wie man die Falcken halten / abrichten und ihnen ruffen soll / 288. b wie man sie zu grossen Vögeln abrichte / 290. a wie man sie speissen / und ihre Artzneyen nach ihrer complexion ändern und brauchen soll / 291. a von der Mauß- und Wendung dieser Vögel / 291. b wie man ihm seine Klauen und Federn verwahren solle / 292. a von der Artzney und Kranckheit dieser Vögel / 292. b was von ihnen in der Artzney dienlich seye / ibid. von viel und mancherley Geschlecht der Falcken / ibid. von den vermischten Geschlechten der Falcken. 305

Fasan / von seiner Gestalt / und wo er am meisten zu finden / 117. von seiner Natur und Eigenschafft / 118. wie man ihn aufferziehen solle / 119. a wie er gefangen werde / 119. b was von ihm ausser und in der Artzney nützlich seye. 120 a

Finck / von dessen Gestalt / 120. von seiner Natur uñ Eigenschafft / uñ wie er gefangē werde. 121 a

Flädermauß / macht einen todt krancken Münch gesund. 126 b

Flecken / in dem Tuch zu vertreiben. 192 a

G.

Ganß / von ihrer Gestalt und wo sie am meisten zu finden / 128. von ihrer Natur und Eigenschafft / 129. a wie man sie jung auffziehen und mesten solle / 129. b 191. b was ausser der Artzney von ihr nützlich seye / 131. b Gänßmilch wie sie bereitet werde / 132. a was von der Ganß in der Artzney dienlich seye / ibid. von den Artzneyen des Gänßschmaltzes ausser dem Leib zugebrauchen / 133. a wie das Gänß-Schmaltz bereitet werde / 133. b wie dieses Schmaltz wohlriechend gemacht werde / ibid. wie es unversehrt behalten werde / 134 a wie es innerhalb dem Leib gebraucht werde / 136 a von den Artzneyen der übrigē Theile der Ganß / und von ihrem Koth. ibid.

wilde Ganß / von mancherley Gestalt derselben / 137. a von ihrer Natur und Eigenschafft / 138 b wie sie gefangen werden / 139. b was von diesem Vogel dem Menschen dienlich sey. ibid.

Geyer / von mancherley Gestalt dieses Vogels / 156. von seiner Natur und Eigenschafft / 158 b ob er den Ort vorher wisse / da ein Schlacht geschehen soll? 159 a ob sie von dem Wind / und ob sie lebendige Thier gebehren / 159. a b was von ihm ausser uñ in der Artzney nützlich seye / 160 a von den übrigen Artzneyen dieses Vogels. 161 a

Geyer-Adler / was von diesem Vogel in der Artzney zugebrauchen. 16 b

Glas / wie man es leimen solle. 181 b

Grünling / von seiner Gestalt / 148. a von seiner Speiß / Natur und Eigenschafft. 148 b

Grünspecht / von seiner Gestalt. II. Th. 128. von seiner Natur uñ Eigenschafft / 128. b was von ihm nützlich seye. 130 a

Guckguck / von seiner Gestalt / 152. von seiner Natur und Eigenschafft / 152. b er leget seine Eyer in frembde Nester / ibid. ob aus seinem Speichel Heuschrecken wachsen? 153. b was von ihm ausser und in der Artzney nützlich seye. ibid.

Gysitz / von seiner Gestalt / 154. von seiner Natur und Eigenschafft / 155. a was von ihm nützlich seye / 156. a von den Vögeln welche dem Gysitz verwandt. ibid.

H.

Habicht / von mancherley Gestalt dieses Vogels / und wo er am meisten zu finden / 243. Zeichen eines guten Habichts / 244. a b 245. a Zeichen eines bösen Habichts / 244 b 245 a von der Natur und Eigenschafft dieses Vogels / 245. b von der Artzney und Abwendung aller schädlichen Zufäll und Gebrechen der Habichte / und welche Scribenten fürnehmlich hievon geschrieben haben / 247. a wie man einen gesunden Habicht vor einem Krancken erkennen solle / ibid. wie man einen guten Habicht erwehlen solle / 247. b wie man die Habicht unnd andere Raubvögel fangen solle / 248. a von der Speiß und Nahrung dieser Vögel / 248. b von der Maaß der Speise des Habichts / 249. b wie man ihn ätzen solle / ibid. was der Habicht meiden solle / ibid. von der Maussung uñ Veränderung der Federn der Habichten / unnd der Raubvögel ins gemein / und wie man ihnen dabey

Register.

dabey helffen solle/ 250. b von der übrigen Chur
uñ Pflegung der Habichte uñ Raubvögel/ uñ
wie man dieselbe abrichten uñ zum beitzen brauchen solle/ 253. b wie man sie tragen/ anschau-
en und zu den Hunden gewehnen soll/ 255. a wie
man sie gewehnen soll zum Luder/ und daß sie
recht steigen/ 255. b wie man sie fangen/ ätzen
und zähmen solle/ ibid. wie man sie zum jagen
abrichten/ und ihnen darinnen behülfflich seyn
solle/ 256. b wie man den Habicht halten/ ätz/
und mit ihm sambt den Hunden Rebhüner fangen solle/ 258. a wie man ihn auffwerffen sol-
le/ 259. a wie man ihn Fasanen zu fangen abrichten soll/ 260. a wie man mit ihm Enten
fangen soll/ 260. b wie man den unlustigen
Habicht zum Raub unlustig machen soll. ibid.
wie man ihn hungerig machen soll/ 261. a wie
man ihm das Anstossen an die Bäum benehmen
soll. ibid. wie man ihm helffen soll/ wann er nit
fliegen will/ ibid. wie man ihn/ wann er verloh-
ren/ wiederumb suchen soll/ ibid. wie man ihn
zum Raub stärcken und zu grossen Vögeln abrichten soll/ ibid. wie man ihm ein Abscheuen
über dem Raub machen soll/ 261. b wie man
ihn/ wann er seines Herrn vergessen/ oder sonst
nicht wieder kommen will/ halten soll/ ibid. wie
man den wilden und ungelehrigen abrichten
solle/ 262. a wie man ihm das Weinen unnd
Schreyen benehmen solle/ ibid. wie man ihn
fett und mager machen solle/ ibid. wie man mit
ihm groß Gevögel/ Hasen und Küniglein fangen solle/ ibid. wie man mit einem stillstehenden Habicht Vögel fangen solle/ 262. b wie
man ihn halten soll/ wann ihm etliche Federn
zerbrochen/ ibid. wie man die zerbrochene Klau-
en wieder bringen soll/ ibid. wie man den Vogel purgieren/ und wiederumb zum Weydwerk
abrichten soll/ 263. a wie man ihn allzeit frisch
und gesund halten soll / 264. b was von ihm
ausser und in der Artzney nützlich seye / 276. b
von mancherley Geschlecht unnd Unterscheid
der Habichte. 277 b

Egyptischer Habicht/ von seiner Gestalt und Eigenschafft. 284

Häher oder Kätzler/ von seiner Gestalt/ 30. ist nit
einerley Geschlecht mit der Tohle/ 31. a von
seiner Natur und Eigenschafft/ 31. b lernet re-
den/ ibid. eine andere Arth dieses Vogels. 31

Halcyonium, was es seye. 39 b

Han/ von viel und mancherley Gestalt der Hanen
und Hennen/ 163. von der Natur unnd Eigenschafft der Hanen/ 166. a Hanen die nicht krä-
en/ ibid. Han liebt die Menschen/ 167. a ob
der Löw den Hanen förchte? 167. b daß ein
Han nicht krähe/ibid. daß die Füchse ihnen nit
schaden/ ibid. wie man Hanen so den Hauffen
führen/ kauffen und nähren solle/ ibid. streiten-
de Hanen der Athenienser und Böhmen/ 168. a
der Türcken/ 168. b was ausser der Speiß und
Artzney von dem Han nützlich seye/ 168. b wie
man alles Hünerfleisch zur Speise brauchen/
und b ereiten solle ; desgleichen von Gesundheit der Hanen/ Hennen und jungen Hüner-
Fleisches / 169. a gebratener Han und Henne
werden lebendig/ 169. b wie auff neue Arth die
Hanen/ Hüner uñ Capaunen zugerichtet werden / 171. a von den Artzneyen/ so von allem
Hüner-Geschlecht kommen/ wie auch von ihren Theilen und ihrem Koth. ibid.

Hanen-Stein. 165 b

Haselhun/ von seiner Natur unnd Eigenschafft/
307. b wie man sie fangen soll/ 309. a was von
diesem Vogel ausser und in der Artzney nützlich
seye. 306 b

Harpe, was von diesem Vogel in der Artzney
nützlich seye. 309 b

Haußröthelein/ von seiner Gestalt II. Th. 61. von
seiner Natur und Eigenschafft / auch Speiß
und Nahrung. 63 a

Henne oder Hun/ von ihrer Gestalt/ 178. von derselben Natur unnd Eigenschafft/ 178. a eine
Henne ist sehr lieb / 167. a was man für Hennen wehlen solle/ 183. b wie man die Hüner-
Häuser machen solle/ 184. a daß die Hennen
viel und grosse Eyer legen/ 185. a dz sie schwartze Eyer legen/ 185. b von dem Brüten/ und erstlich wie viel/ was für Eyer / welchen Hennen/
und zu welcher Zeit man dieselbe unterlegen sol-
le/ 185. b was für Sorg und Fleiß man zu den
Leghennen und Bruthennen anwenden müsse/
186. a wie man von einer Henne Fasanen ziehen könne/ 187. a was man für Sorg an die
ausgebrütete Hünlein wenden solle/ 188. b etliche Mittel so wider die Kranckheiten der Hüner dienlich sind/189. b wie man die Thier so ihnen Schaden thun/ vertreiben solle/ 190. a von
der Speiß unnd Nahrung der Hüner/ 190. b
wie man sie mesten solle/ 191. a was von diesem
Vogel dem Menschen nützlich seye. 191 b

Holländische Hüner/ 201. von derselbigen Natur
und Eigenschafft. 203

J.

Jbis/ von der Natur und Eigenschafft dieses Vo-
gels/ 313. a was von ihm nützlich seye. 313 b

Immenwolff/ von seiner Gestalt/ 314. von seiner
Natur und Eigenschafft / 315. a von seiner
Speiß und Nahrung/ 315. b was von ihm nütz-
lich seye. ibid.

Indes, oder Steine/ die der Adler in sein Nest leget. 5 a

K.

Kautz/ von seiner Natur und Eigenschafft/ 332. b
von seiner Speiß/ 333. a wie man ihn fangen/
und mit ihm andere Vögel fangen solle/
ibid. was von ihm ausser und in der Artzney
nützlich seye. 334 a

Krähe/ von ihrer Gestalt / 316. von ihrer Speiß
und Nahrung/ 318. a von ihrer Natur und Ei-
genschafft/ ibid. Krähen lernen reden/ 318. b wie
sie gefangen werden/ ibid. was von ihr nützlich
seye/ 319. a von mancherley Geschlecht derselben. ibid.

Krammetsvogel/ sehe Wacholdervogel.

Kranch/ von seiner Gestalt/ und wo er am meisten
zu fin-

zufinden/ 322. von seiner Natur und Eigenschafft/322. b wie diese Vögel hinweg fliegen uñ wiederkommen/ ibid. wie sie gefangen werden/ 325. b was ausser und in der Artzney von ihnen dienlich seye. 326 a

L.
Lerch/ von mancherley Gestalt dieses Vogels/ 334. von seiner Speiß/ 336. a von seiner Natur und Eigenschafft/ ibid. wie er gefangen werde/ 336. b was von ihm ausser und in der Artzney nützlich seye. ibid.

Loch-Taube/ von der Natur und Eigenschafft dieses Vogels. II. Th. 181. b was von ihm nützlich seye. ibid.

Löffelganß/ von der Gestalt dieses Vogels/ 338. von seiner Speiß/ 340. a von seiner Natur und Eigenschafft/ 340. b wie er gefangen werde/ 341. a was von ihm nützlich seye. ibid.

Lychnites ein Stein. 4 b

M.
Meb/ von seiner Gestalt/ 342. von seiner Speiß und Tranck/ 342. b von seiner Natur und Eigenschafft/ 343. a was von ihme nützlich seye/ 343. b von mancherley Meben-Geschlecht/ deren die neue Scribenten gedencken. 343

Meer-Adler/ sein Ursprung. 4 a

Meer-Schaum/ oder Halcyonium. 39. b dessen sind fünfferley Geschlecht. ibid.

Meiß/ von der Gestalt dieses Vogels/ 348. von seiner Speiß und Nahrung/ 348. b von seiner Natur und Eigenschafft/ 349. a wie er gefangen werde/ ibid. was von ihnen nützlich seye. 349 b

Mirause, was es vor eine Speise sey. 177 a

Mistler/ von seiner Gestalt. II. Th. 29. von seiner Speiß/ 29. a von seiner Natur und Eigenschafft/ 29. b wie er gefangen werde. 30 a

N.
Nachtigall/ von ihrer Gestalt/ 353. von ihrer Natur und Eigenschafft / unnd sonderlich von ihrem Gesang/ 353. a Nachtigallen reden/ 354 b wie man sie fangen / speisen und halten solle/ 355. b was von ihnen nützlich seye. 356 b

O.
Onvogel/ von seiner Gestalt/ und wo er am meisten zu finden/ 360. von seiner Natur und Eigenschafft/ 361. b was von ihm nützlich seye. 362 b

Otis, von der Natur und Eigenschafft dieses Vogels/ 212. a wie er gefangen werde/ ibid. was von ihm ausser und in der Artzney dem Menschen nützlich seye. 212 b

P.
Papagey/ von seiner Gestalt/ und wo er am meisten zufinden. II. Th. 83. von seiner Speiß und Nahrung/ 84. b von seiner Natur und Eigenschafft/ 85. a was von ihme nützlich sey. 86 b

Perlein/ wie man dieselbe machen könne. II. Th. 169 a

Pfau/ von der Gestalt dieses Vogels/ und wo er am meisten zu finden/ 374. von seiner Natur und Eigenschaffe/ 375. a seine Lieb zu einer Jungfrauen/ 375. b wie man diese Vögel halten/ und Jungen von ihnen ziehen solle / 376 a von den Kranckheiten dieses Vogels/ 377. b was ausser der Artzney von ihm nützlich seye. ibid. einen Pfauen zubereiten unnd auffzutragen/ daß man meinet/ er seye noch lebendig. 378 a

Pfefferfraß/ oder Pfeffervogel/ 36. eine andere Arth desselben. 37. von seiner Nahrung. ibid.

Porphyrio, von der Gestalt dieses Vogels. II. Th. 6. von seiner Natur und Eigenschafft/ 6. a liebet einen Hanen/ 6. b wie er gefangen werde. ibid. was von ihme nützlich sey. ibid.

Pulvier/ wie er gefangen werde. II. Th. 8. a was von ihm nützlich seye. ibid.

R.
Rab/ von seiner Gestalt/ und wo er am meisten zu finden. II. Th. 17. weisse Raben zu zeugen/ 17 b werden auch grün gefunden / ibid. von der Speiß und Tranck dieses Vogels/ 18. a von seiner Natur unnd Eigenschafft/ 19. a lernet schwätzen/ ibid. 20. a wie sie gefangen werden/ 21. a was die Alten für künfftige Dinge an den Raben gemercket und abgenommen/ ibid. was von ihm nützlich sey. ibid.

Rebhun/ von seiner Gestalt. II. Th. 8. von seiner Speiß / 9. a von seiner Natur und Eigenschafft/ und erstlich von seinem Gesang unnd Flug/ ibid. von der Unkeuschheit dieser Vögel/ sonderlich der Männlein/ 9. b von ihrer Empfängnüß/ 10. a wie und wo sie nisten. ib. wie er seine Eyer ausbrüte / und seine Jungen aufferziehe/ 10. b von seiner Geschwind- und Listigkeit/ 11. a von ihrem Streit/ 11. b wie sie gefangen werden/ 12. a von ihrem Leben/ 12. b was von ihnen nützlich sey ausser der Artzney/ ibid. in der Artzney/ 14. a von mancherley Rebhüner. 16

Reckholdervogel/ suche Wacholdervogel.

Reiger / von diesen Vögeln ins gemein / und von ihrer Gestalt. II. Th. 33. von ihrer Speiß und Nahrung/ 34. a von ihrer Natur und Eigenschafft/ ibid. wie man die Reiger mit Falcken fangen solle/ 34. b was von den Reigern nützlich seye. 35 a

Ringel-Taube/ von der Speiß und Nahrung dieses Vogels. II. Th. 183. a von seiner Natur und Eigenschafft/ ibid. wie sie gefangen werden/ 184. a was von ihnen nützlich sey ausser der Artzney/ ibid. in der Artzney. 184 b

Roller/ von seiner Gestalt. 31

Rothhun/ von der Gestalt dieses Vogels/ und wo er am meisten zu finden. II. Th. 16. von seiner Speiß/ 16. a von seiner Natur unnd Eigenschafft/ ibid. was von ihm nützlich sey. 16 b

S.
Schmirring/ wie er gefangen werde. 221 a

Schneehun/ wie dieser Vogel gefangen werde. II. Th. 66 b

Schnepffe/ von ihrer Gestalt/ 224. wo dieser Vogel sich auffhalte/ und wo er gefangen werde/ 225. a wie er gespeiset und gemestet werde/

Register.

de/ 225. b was von ihm dem Menschen nützlich sey. ibid.

Schwalben/ von denselben ins gemein. II. Th. 68 von der Gestalt dieses Vogels/ ibid. von seiner Speiß und Nahrung/ 69. a von seiner Natur und Eigenschafft/ ibid. von den Nestern der Schwalben/ 69. b was von ihnen nützlich seye. 71. b von dem Schwalben-Stein/ 74. b Schwalben werden auß Blättern. 79 b

Schwan/ von seiner Gestalt/ und wo er am meisten zufinden. II. Th. 79. von seiner Speiß und Nahrung/ ibid. von seiner Natur und Eigenschafft/ 81. a was von ihm nützlich sey ausser der Artzney/ 81. b in der Artzney. 82 a

Schwartzkopff/ von der Gestalt dieses Vogels/ 146. von seiner Speiß und Nahrung/ 147. a was von ihme dem Menschē nützlich seye. 147 b

Schwindel/ warumb er ehe die auffstehende als sitzende ankomme? 181 b

Silber/ wie man es glänzend machen könne. 341 b

Spatz/ von seiner Gestalt. II. Th. 106. von seiner Speiß und Nahrung/ 106. b von seiner Natur und Eigenschafft/ 107. a wie er gefangen werde/ 108. a was von ihm nützlich sey ausser der Artzney/ 108. b in der Artzney. 109 a

Speckmauß/ von ihrer Gestalt/ 124. von ihrer Natur unnd Eigenschafft/ 124. b von ihrer Speise/ 125. a was in der Artzney von ihr nützlich seye/ ibid. von mancherley Gestalt derselben/ 126. a werden von etlichen gessen. ibid.

Specht/ von seiner Gestalt. II. Th. 124. von seiner Natur und Eigenschafft/ 125. b was von ihm nützlich seye. ibid.

Speise/ wie man erfahren könne/ ob dieselbe vergifftet. 10 b

Sperber/ von seiner Gestalt/ 281. von seiner Natur und Eigenschafft/ 282. a was von ihm in der Artzney nützlich seye. 282 b

Spyr/ von der Gestalt dieses Vogels. II. Th. 78. von seiner Natur und Eigenschafft. ibid.

Staar/ von seiner Gestalt. II. Th. 133. von seiner Speiß und Nahrung/ 135. a von seiner Natur und Eigenschafft. ibid. wie er gefangen werde/ 135. b was von ihm nützlich seye. ibid.

Steinbeisser/ von dieses Vogels Gestalt. II. Th. 138. von Natur und Eigenschafft. 138 b

Stern-Adler/ sein sceleton. 11. was er esse/ 12. a von seiner Natur. 12 b

Storch/ von seiner Gestalt. II. Th 140. von seiner Speiß und Nahrung/ 141. a von seiner Natur und Eigenschafft/ ibid. was von ihm ausser und in der Artzney nützlich sey. 144 b

Strauß/ von seiner Gestalt und wo er am meisten zu finden. II. Th. 149. von seiner Speiß und Nahrung/ 149. b von seiner Natur und Eigenschafft/ 150. a wie er gejagt oder gefangen werde/ 150. b was von ihm nützlich sey ausser der Artzney/ 151. a in der Artzney. 151 b

T.

Taube/ von mancherley Gestalt dieser Vögel. II. Th. 159. von ihrer Natur und Eigenschafft/ 162. a wie sie gefangen werden/ 163. b wie man die Taubhäuser machen unnd zurichten solle/ 164. a wie man ein Taubhauß zum ersten erfüllen/ die Tauben gewehnen/ speisen/ mesten/ und mit mancherley Aaß behalten und herzu locken solle/ 165. a daß sie nicht wegfliegen. I. Th. 284. b wie man die Thier so den Tauben schaden thun/ vertreiben soll. II. Th. 168. a was ausser der Artzney von diesem Vogel nützlich seye 168. b Tauben sind an statt der Botten gebraucht worden/ 169. a Taubenmist worzu er nütze/ ibid. wie man die Tauben zu der Speiß bereiten und kochen soll/ 170. a was in der Artzney von den Tauben nützlich sey/ 171. a von etlichen Stücken so ins gemein alle Tauben betreffen. 173

Taucher/ von seiner Natur unnd Eigenschafft/ 100. b wie er gefangen werde/ 101. a was von ihm ausser und in der Artzney nützlich sey. ibid.

Tole/ von ihrer Gestalt. II. Th. 188. von ihrer Natur und Eigenschafft/ 190. a wie sie gefangen werden/ ibid. was die Alten für künfftige Dinge an den Tolen gemercket und wahrgenommen/ 190. b was von ihnen nützlich seye. 192 a

Triel/ von dieses Vogels Gestalt. II. Th. 158. von seiner Natur unnd Eigenschafft/ 159. a was von ihm nützlich sey. 159 b

Trostel/ von ihrer Gestalt. II. Th. 32. von ihrer Natur und Eigenschafft/ 33. b von mancherley Geschlecht dieser Vögel. 33

Turtel-Taube/ von ihrer Natur uñ Eigenschaft/ II. Th. 186. a wie sie gefangen werde/ 186. b wie man sie ziehen und mesten solle/ ibid. was von ihr nützlich sey ausser der Artzney/ 187. a in der Artzney. 187 b

V.

Uhu/ von der Gestalt dieses Vogels/ 310. von seiner Natur und Eigenschafft/ 311. a von seiner Speiß/ 311. b was von ihm ausser und in der Artzney nützlich sey. ibid.

Vögel/ welche zu Nacht scheinen. 38 a

Vögel-Leim/ die Wasservögel damit zu fangen/ wie er bereitet werde. 86 a

Vogel-Nester/ werden gessen. 39 b

Vulpanser, von der Natur und Eigenschafft dieses Vogels/ 140. a was von diesem Vogel dem Menschen nützlich seye. 140 b

W.

Wacholdervogel/ von seiner Natur und Eigenschafft/ und wo er am meisten zu finden. II. Th. 26. a von seiner Speiß unnd Nahrung/ 27. a wie man diese Vögel ziehen halten und mesten solle/ ibid. wie sie gefangen werden/ 28. b was von ihnen nützlich sey. ibid.

Wachtel/ von ihrer Gestalt. II. Th. 194. von ihrer Speiß und Nahrung/ 195. b von ihrer Natur unnd Eigenschafft. ibid. wie sie gefangen werden/ 196. b was von ihr nützlich sey ausser der Artzney/ 197. a in der Artzney. 197 b

Wald-

Register.

Waldröthelein/ von seiner Gestalt. II. Th. 59. von seiner Natur und Eigenschafft/ und wie es niste/ 60. a von seiner Speiß und Nahrung. 60 b
Wannenweher/ von seiner Gestalt/ 284. a von seiner Natur und Eigenschafft. ibid.
Wasserhühnlein/ von denselben ins gemein/ 223. von ihrer Speiß/ 223. a wie sie gefangen werden. 223 b
Wein/ wie man ihn lauter solle machen. 191 b
Weihe/ von seiner Natur unnd Eigenschafft. II. Th. 208. a wie er gefangen werde/ 209. a was von ihm nützlich sey. ibid.
Widhopff/ von seiner Speiß und Nahrung: II. Th. 205. a von seiner Natur unnd Eigenschafft/ 205. b was von ihm nützlich sey. 206 b
Windhalß/ von dessen Natur und Eigenschafft/ II. Th. 210. a was von ihm nützlich sey. 211 b
Wittewal/ von der Gestalt dieses Vogels. II. Th. 132. von seiner Natur und Eigenschafft. 132 a

Z.

Zeißlein/ von seiner Gestalt. II. Th. 211. von seiner Natur und Eigenschafft. 212 a
Ziemer/ von denselben ins gemein. II. Th. 25

Ende des vierdten Registers.

Register

Der Kranckheiten und darwider dienende Artzneyen/ so võ den Vögeln dem Menschen/ wie auch etlichen Thieren zu Nutz genommen werden/ und in beyden Theilen von den Vögeln begriffen sind. a. bedeutet die erste/ b. die andere Spalte/ und ist denen im andern Theil enthaltenen Mitteln gleichfals II. Th. vorgesetzet.

A.

Aberwitz. II. Th. 171 a
Abnehmen des Leibs. 120. b 171. a 172. b
Angesicht gläntzend zu machen/ 199. b 201. a II. Th. 82. b 145. a
Apostem. 134. a 195. b II. Th. 172. a
Augbrauen entzündete Gebrästen. 197 a
blaue Augen. 78. a 136. b 326. b 200 a
blutige Augen. 199. a II. Th. 73. b 171. a 184. b
entzündete Augen. 199. a
trieffende Augen. 199. a 378. b II. Th. 73. a. b. 171. a
thränende Augen. 174 a
Augen-Felle. 8. b 125. b 174. b II. Th. 14. b 35. b b 73 197 b
Augen-Flüsse. 196. b 199. a 200 a
Augen-Geschwär. 174. a 195. b II. Th. 171 a
Augen Haar. II. Th. 172. b 211. b
Augen-Mahl und Flecken. 16. b 29. b 30. b 40 b 52. b 126. a 161. b 173. b 174. a. b. 276. b 277. a 326. b II. Th. 14. b 73. a 74. a 171. a 187. b 193 b
Augen-Röthe. 29. b 200. a 378. b II. Th. 14. a 187. b 193. b 74
Augen Salb. 199. b II. Th. 73. a b
Augen-Schmertzen. 195. b 199. a 206. a II. Th. 73. a b 197.
Außsatz. 24. b 40. b 101. b 160. a b 161. b 171. b 306 b 378. b II. Th. 22. a 170. a 172. a
schwere Athemen/ suche Engbrüstigkeit.

B.

Backen-Kranckheiten. 134 b
Bärmutter. II. Th. 187 b
Bärmutter Grind. 135. b
Bauchfluß. 171. b 173. b 336. b 195. a 197. a b 198. a 200. a. b. 201. a II. Th. 13. b 14. a. 16. b 151. b 172. b 184 b
Bauch-Schmertzen. 171 b
Bauch nach der Geburth glatt und ohne Runtzeln zubehalten. 135 b
Weinbruch. 19. a 199. b 200 b
Beule. 134 a
Beulen am Hindern. 135. b 160. a b
Bezauberung. 29 b
Blattern im Augapffel. 173 a
Blattern der Brustwärtzlein. 173 a
böse Blattern. 200 a
hitzige Blattern des Hindern. 200 a
Blutfluß. 197. a II. Th. 171 a
Blut harnen. 197 a
Blut speyen. 161. b 196. b 197. b 200. a
Blutstillung. 78. a b 133. a. 134. a. 135. a 173. b 199. b 201. b
geronnen Blut im Leib zu zertheilen. 174 b
Brand. 173. a 195. a. b. 196. a. b. 199. a 200. a. II. Th. 172. a 177. b
Brandflecken. 200 b
Brandmähler. 199 b
Brandmal von der Sonnen. 134. a 199. a
Bräune. II. Th. 72. b 74. a
Brüche der Gemächte. 197. a 199. b 201 b
Brüste Entzündung. 10. a 197. a
Brust-Geschwär. 136. a
den Brüsten nach der Geburth dienende Mittel/ 135. b 212. b

C.

Carfunckel. II. Th. 172 a
Comagenum unguentum. 134 a

D.

Darmgicht. 8. b 23. b 72. b
Dorn aus zu ziehen. II. Th. 72. b
Durchlauff/ suche Bauchfluß.
Durst stillendes Mittel. 200 b

E.

Eingeweide Fäule uñ Verwundung. II. Th. 172 a
Empfängnüß befördernde Mittel. 139. b 215. b 277 a
Engbrüstigkeit. 171. b 312. a 196. b 200. a II. Th. 145. b
Erbgrind. 134. b
Erbrechen machendes Mittel. 174 a
Erbrechen stillendes Mittel. 196 b

Register.

Rote-Ruhr. 43 b 101 b 171 b 172 a 197 b 198 b 200 b 277 a 319 b II. Th. 22 b 29 b 171 b 184 b 187 b

S.

Saamen-Fluß. 201 b
Saamen mehrende Artzneyen. 143 b 170 b 193 b 326 b II. Th. 170 a
Saamen mindernde Sachen. 191 a
alte Schäden. 161 b
offene Schäden. 161 a
Scham Spalten. 200 b
Schlaffsucht. 139 b 161 a
Schlaffbringende Mittel. 134 a 153 b II. Th. 35 b 72 a
Schlag. II. Th. 14 b 145 a
Schlangenbisse und Stiche. 125 b 132 a 161 b 166 b 172 a.b. 173 a.b. 179 a 198 a 199 a 312 b II. Th. 73 b 74 a 171 a
Schlangen vertreibende Sachen. 161 a 313 b
Schmaltz der Enten/Gänß und Hüner/wie es bereitet werde. 78 b
Schmertzenstillende Mittel. 161 a 199 a II. Th. 172 a
Schorbock. 136 b
Schrunden. 136 a II. Th. 171 b
Schuch/wann sie einen gedrückt/wie zu helffen. 201 a
Schulternwehe. II. Th. 171 b
Schwalben/wie man sie zur Artzney brenne. 72 b
Schwalbenwasser/wie man es mache. 72 a
Schwerenoth. 8 b 10 a 24 a 30 b 57 b 73 b 160 a 161 b 162 a 169 a 174 a 276 b 309 b 343 b 356 b 378 b II. Th. 14 a 21 b 22 a.b. 72 a.b. 73 a b 145 b 172 a 197 b 209 b.a. 75
Schwerenoth des Habichts. 125 b
Schwindel. 8 b 161 a II. Th. 171 b
Schwindsucht. 120 b 136 a 177 b
Schorpionen Stiche. 173 a 174 b
Seitenstechen. 196 b 200 a 378 b II. Th. 171 b 206 b
Sennadern wehe. 161 a 162 b 173 a II. Th. 144 b 151 b 171 a
Verwundete Sennadern. II. Th. 171 b
Spinnengifft. 173 b
Sprach bey einem Kind bald zubringen. 156 b
Stein. 24 a.b. 40 a 136 a.b. 173 b 174 a 225 b 337 b 349 b 199 a 201 a II. Th. 110 a 111 b 130 a 151 b 172 b 173 a 184 b 185 a.b. 187 b 199 a.b.

Stimme/Mittel dieselbe hell zu machen. 170 b 176 b 196 b 326 a
Stuhlgang/suche Bauchfluß.
Stute/wann sie sich nicht wil bespringen lassen/was zu thun. 174 b

T.

Taubheit. 136 b 326 b II. Th. 14 b
Tobsucht. II. Th. 72 a
Trunckenheit zuvertreiben. II. Th. 72 b

V.

Verstopffung des Bauchs. 171 b 195 a 200 b 336 b II. Th. 74 a 197 b
Unfruchtbar machende Sachen. 161 b
Unsinnigkeit. 30 b 161 a 172 b

W.

Wachtsam machende Mittel. 356 b
stete Wachen. 195 b
Wartzen. 8 b 174 a 199 b
Wassersucht. 40 a 136 a.b. II. Th. 16 b 72 a 172 b
Wasser/wann es in ein Ohr kommen/wie zu helffen. 135 a
Wasser-Fluß auß der Mutter 136 a
Weiber reinigende Artzney. 133 a
Weinen des Habichts. 125 b
Werner in den Augen. II. Th. 172 b
Wunden. 134 a 199 a.b. 201 b 312 b II. Th. 184 b
Würme. 197 a II. Th. 206 b

Z.

Zaghafftigkeit vertreibend Mittel. 52 b
Zahnwehe. 40 a 196 a 201 a II. Th. 22 a 109 a.b. 173 a b.
Zahnen.
schwartze Zähn weiß zu machen. 40 a 201 b.
Zäpfflein Geschwulst im Halß. 174 b 198 b II. Th. 72 a 173 a 172 b
Zertheilende Mittel. 161 a
Zittern. 161 b 171 b
Zittermahl. 40 b 125 b 174 b 196 a II. Th. 172 a
Zungen-Gebrästen. 136 a II. Th. 73 a
rauhe Zunge. 200 b

Ende des fünfften und letzten Registers.

NACHWORT

Mehr als irgendeine andere Tierklasse hat die der Vögel von jeher das besondere Interesse der Menschen auf sich gezogen. Zum einen war es ihre Fähigkeit zu fliegen, mit der sie die menschliche Phantasie schon in prähistorischen und frühgeschichtlichen Zeiten anregten und die sie in der Mythenwelt unserer Vorfahren zu Schicksals- und Götterboten, ja zu Gottheiten selbst, werden ließ. Und sicherlich nicht erst Ikarus hat sie um ihre Fähigkeit, sich frei von jeglicher räumlichen Begrenztheit bewegen zu können, beneidet.

Doch es gibt noch einen anderen Grund für die große Aufgeschlossenheit der Menschen an ihrem Leben. Mensch und Vogel leben in einer ähnlichen Sinnenwelt. Auge und Gehör sind es vor allem, die beide die Umwelt erleben lassen, und ein reichhaltiges Lautrepertoire dient der Verständigung — verständig zwar zunächst nur dem Artgenossen, aber auch für andere unüberhörbar. Das zum Teil farbenprächtige Gefieder, das den ästhetisch empfindenden Menschen in besonderem Maße anspricht, und die Tatsache, daß sich das Leben der Vögel zu einem großen Teil nicht versteckt, sondern offen vor unserer Haustür abspielt, haben ein übriges zu ihrer Beliebtheit beigetragen.

Dieses große Interesse für unsere gefiederten Mitgeschöpfe hat sich auch in der Wissenschaft nachhaltig niedergeschlagen. Kein Zweig der Biologie ist populärer als die Ornithologie, nirgendwo sonst gibt es eine so große Zahl von wissenschaftlich arbeitenden Laien, und kaum eine andere Wissenschaft verdankt so viele ihrer wesentlichen Erkenntnisse gerade dem Kreis ihrer Laien. So wäre beispielsweise das umfangreiche Wissen über den Vogelzug ohne die Heerschar der freiwilligen Beobachter und Beringer überhaupt nicht denkbar, und das gilt für die meisten anderen ornithologischen Disziplinen gleichermaßen.

Conrad Gesner (1516—1565) hat mit seinem fünfbändigen Werk *Historia animalium* das gesamte zoologische Wissen seiner Zeit enzyklopädisch zusammengefaßt. Der III. Band war der umfangreichste — es war das Vogelbuch, das erstmalig im Jahre 1555 unter dem Titel *Qui est de avium natura* erschienen ist. In der Ausgabe aus dem Jahre 1669, die von Georg Horst bearbeitet und ergänzt wurde, und jetzt in diesem repräsentativen Nachdruck vorliegt, umfaßt das zweiteilige Vogelbuch mehr als ein Drittel des Gesamtwerkes. Man könnte sagen, ein Drittel des zoologischen Wissens waren ornithologische Erkenntnisse. Und auch heute noch, wo wir wissen, daß es auf der Erde weit über 1 Million Tierarten gibt, von denen nur etwa 8600 Arten Vögel sind, nehmen in den Tierenzyklopädien die Vögel etwa ein Viertel des Gesamtumfanges in Anspruch.

Obwohl sich der Mensch seit frühesten Zeiten mit der Vogelwelt beschäftigte, fand in der Antike eine wissenschaftliche Auseinandersetzung mit den Erscheinungen der Natur nicht statt. Erst der griechische Philosoph Aristoteles (384—322 v. Chr.) legte mit seiner *Geschichte der Tiere* den Grundstein für die wissenschaftliche Zoologie. Einige Kapitel sind den Vögeln gewidmet; er kann damit auch als der erste namentlich bekannte Ornithologe bezeichnet werden. Aristoteles beschränkte sich in seinem Werk nicht darauf, bereits vorhandenes Wissen zusammenzustellen. Er ließ vielmehr in seine Beschreibungen reichlich eigene Beobachtungen einfließen und ordnete die Tiere nach philosophischen Gesichtspunkten in ein System.

In den folgenden Jahrhunderten, insbesondere den nachchristlichen bis ins ausgehende Mittelalter, erfolgte jedoch ein unaufhaltsamer Niedergang der Naturwissenschaften, von dem auch die Ornithologie nicht verschont blieb. Die Tierbeschreibungen beschränkten sich auf kritiklos Übernommenes, und vieles gehörte in das Reich der Fabeln und Legenden.

Erst der Dominikaner Albertus Magnus (1193—1280), einer der bedeutendsten Theologen des Mittelalters, durchbrach diesen Kreis und fügte seinem Kommentar zur *Geschichte der Tiere* des Aristoteles eine Vielzahl neuer, eigener Vogelbeobachtungen bei. Übertroffen wurde er aber noch bei weitem von einem nicht minder berühmten Zeitgenossen, dem Stauferkaiser Friedrich II. (1194—1250), der sich in seinem Werk *De arte venandi cum avibus* nicht nur als ein hervorragender Kenner der Vogelwelt auszeichnete, sondern dem man auch nach heutigen Maßstäben die Qualitäten eines exzellenten Wissenschaftlers bescheinigen muß. Sein Werk ist weit mehr als nur eine Anleitung zur Falkenjagd; vielmehr ist der erste Band eine umfassende Einführung in die Ornithologie.

Leider war die Schrift Friedrichs II. über viele Jahrhunderte in Vergessenheit und erst gegen Ende des 18. Jahrhunderts wurde ihr Wert für die Ornithologie entdeckt.

So blieb es Conrad Gesner vorbehalten, das erste populäre Vogelbuch zu schreiben. Er wurde mit seiner *Historia animalium* zu einem der Begründer der modernen Zoologie, und die beiden Bände über die Vögel bildeten über viele Generationen hinweg im deutschen Sprachraum das „Vogelbuch" schlechthin.

In seinem Bemühen, eine umfassende Naturgeschichte zu schreiben, bediente sich Gesner aller nur erreichbaren Quellen, der Antike, der arabischen Welt wie des Mittelalters. Aber er besaß genügend Kritikfähigkeit, um die Naturbeschreibungen zu werten und die Spreu der Dichtung vom Weizen der Wirklichkeit zu trennen. Dabei kamen ihm seine eigenen sorgfältigen Naturbeobachtungen ebenso zustatten wie die große Zahl von Korrespondenten, mit denen er in Kontakt stand und unter denen sich die großen Gelehrten seiner Zeit befanden. Diese waren ihm besonders beim Vogelbuch eine wichtige Hilfe, denn nicht zuletzt wegen seiner angegriffenen Gesundheit hatte er auf ornithologischem Gebiet nicht die praktischen Kenntnisse erwerben können, wie in anderen Bereichen, wo der körperliche Einsatz weniger von Bedeutung war. Einer dieser Gewährsmänner war der Begründer der neuzeitlichen Ornithologie, der Engländer William Turner († 1568), ein anderer der berühmte Bologneser Gelehrte Ulisses Aldrovandi (1527—1605), der später den Versuch unternommen hat, das Werk Conrad Gesners durch eine noch umfassendere Enzyklopädie über die Natur zu übertreffen, was ihm allerdings nur vom Umfang her gelungen ist. Die Originalität und Genialität der *Historia animalium* Gesners hat das vierzehnbändige Werk, dessen erste drei Bände den Vögeln gewidmet sind, nicht erreichen können.

Im Gegensatz zu Gesner hat Aldrovandi den Versuch unternommen, die Arten in Anlehnung an Aristoteles nach übergeordneten Gesichtspunkten zusammenzufassen. Aber eine recht willkürliche Klassifikation in Vögel mit hartem, kräftigem Schnabel, solche, die im Sande oder im Wasser baden, Singvögel, Schwimmvögel und solche, die sich am Wasser aufhalten, konnte kein sinnvolles System der Vögel ergeben. Es sollten auch noch zweihundert Jahre vergehen, bevor der Schwede Carl von Linné (1707—1778) ein erstes brauchbares System der Pflanzen und Tiere veröffentlichte.

Fast gleichzeitig mit Gesners Vogelbuch erschien 1555 ein siebenbändiges, ornithologisch beachtliches Werk, *L'Histoire de la nature des oyseaux* des Franzosen Pierre Belon (1517—1564). Diesem Werk war allerdings für eine lange Zeit ein Schattendasein beschieden, überstrahlt vom Glanz des Gesnerschen Vogelbuches. Ihm fehlt die klare Gliederung Gesners; es enthält aber, vermengt mit langen Exkursionen in die Philosophie und die allgemeine Naturkunde, eine ungeheure Fülle von ornithologischen Informationen. Sie zeugen von der großen Beobachtungsgabe und Sachkenntnis Belons, die er sich, aus ärmlichen Verhältnissen stammend, im Selbststudium und auf seinen Reisen durch Europa angeeignet hat. Auch er ordnete die Vogelwelt in Anlehnung an Aristoteles nach übergeordneten philosophischen — heute würde man sagen ökologischen — Kriterien und kam so zu einem System von sechs Gruppen: Raubvögel, Schwimmvögel mit Schwimmhäuten, spaltfüßige Sumpfvögel, Bodenvögel, große Wald- und Buschvögel sowie kleine Wald- und Buschvögel.

Conrad Gesner war sich der Probleme, die eine solche Einteilung mit sich brachte, wohl bewußt. Er hat daher die alphabetische Reihenfolge gewählt und hier seine Meisterschaft und seinen Sachverstand bewiesen.

Will man seine Leistung ermessen, so muß man sich vor Augen führen, daß es zu dieser Zeit eine verwirrende Vielfalt von — regional begrenzten — Synonymen für ein und dieselbe Art gab und andererseits der gleiche Name für verschiedene Spezies verwendet wurde. Zudem war es schwierig, zu einer Zeit, in der es einen wissenschaftlich definierten Artbegriff noch nicht gab, gerade die entscheidenden Artmerkmale bei der Beschreibung oder der bildlichen Darstellung zu erfassen.

Die Kapitel über die einzelnen Arten sind in sich streng gegliedert. Einem einleitenden Abschnitt über die äußere Gestalt folgen zumeist weitere über die Lebensweise, den Nutzen für den Menschen als Nahrungsmittel oder als Medizin, Fragen der Haltung, der Krankheiten und deren Therapie, die Beizjagd und anderes mehr; auch philosophische Betrachtungen und Anekdotisches werden berücksichtigt. Schließlich werden auch die Synonyme nicht außer acht gelassen, und behutsam werden verwandtschaftliche Beziehungen diskutiert. So findet sich im Kapitel über den Distelfinken die Bemerkung: „bey uns sind drey Geschlecht derselben sonderlich bekannt"; gemeint sind der Stieglitz, der Zeisig und der Buchfink. Als weitere mögliche Art wird ein Vogel erwähnt, bei dem es sich um den Birkenzeisig oder den Hänfling handelt, also Arten, die mit Ausnahme des Buchfinken noch vor wenigen Jahren unter der Gattungsbezeichnung *Carduelis* zusammengefaßt wurden.

Nicht immer gelang dies so trefflich, und so finden sich im Vogelbuch Kormoranartige sowohl bei den Adlern, den Enten und den Krähen! Hier kommt der fehlende Artbegriff und die große Zahl der Quellen voll zum Tragen, und je nach Betrachtungsweise des Beobachters wurde entweder der Schnabel, die Lebensweise oder das äußere Erscheinungsbild als Kriterium der Zugehörigkeit verwendet.

Es erscheint heute kurios, auch die Fledermäuse in die Vogelschar eingereiht zu sehen. Immerhin wird ihnen eine Zwischenstellung zwischen Vogel und Maus eingeräumt, und viele Besonderheiten wie Gebiß und Krallen an den Flügeln werden ebenso hervorgehoben wie die Tatsache, daß sie lebende Junge zur Welt bringen, diese säugen, einen Winterschlaf halten und „unter allen Vögeln harnet dieser allein". Sie deswegen aber beispielsweise den Mäusen ganz zuzuordnen mit der einzigen Besonderheit der Flügel — dafür war die Nähe des Mittelalters wohl noch zu lebendig.

Die Gelehrten der Renaissance hatten es gelernt, den überlieferten Naturbeschreibungen skeptisch gegenüber zu stehen und sich mehr auf das eigene Beobachtungsvermögen und den Verstand als auf mythenverbrämte Legenden zu bauen. Doch während auf der einen Seite viel Ballast mittelalterlichen Aberglaubens über Bord geworfen wurde, brach eine Revolution über das mühsam gewonnene naturwissenschaftliche Weltgefüge herein — es begann die Zeit der Entdeckungsreisen, und mit jedem Schiff, das nach Europa zurückkehrte, mehrten sich die unglaublichsten Beschreibungen. Die Naturkundigen standen einem Konglomerat von Wahrheiten, Halbwahrheiten und reinen Produkten der Phantasie gegenüber, und so manches Märchen geisterte unausrottbar für lange Zeit durch die Gelehrtenwelt.

Einem solchen bemerkenswerten Irrtum ist auch Conrad Gesner erlegen wie die meisten seiner naturkundigen und gelehrten Zeitgenossen. Die Paradiesvögel galten zu jener Zeit als ätherische, sich vom Tau ernährende Wunderwesen, die ihr ganzes Leben in der Luft zubringen. Ja, als knochen- und fußlose (!) Wesen sollten sie sogar das Brutgeschäft erledigen, indem das Weibchen das Ei in der Rückengrube des fliegenden Männchens ausbrütete! Dieses Märchen hatte seinen Ursprung in der Tatsache, daß es sich bei den ersten Paradiesvögeln, die nach Europa gelangten, ausschließlich um von den Eingeborenen kunstvoll präparierte Bälge handelte. Eine Konservierung von Tierkörpern war zu der Zeit offenbar noch nicht bekannt. Erst gegen Ende des 16. Jahrhunderts deckte der Leidener Botanikprofessor Carolus Clusius (1526—1609) diesen Irrtum auf. In der vorliegenden Ausgabe des Vogelbuches wird nach der Schilderung des fußlosen Paradiesvogels und seiner wundersamen Lebensweise auch eine Art aufgeführt — und abgebildet —, die Füße besitzt. Es wird die Vermutung geäußert, daß die eingeborenen Tierfänger „ihnen nicht allein die Füße, sondern auch einen guten Theil deß Leibes hinwegschneiden". Dennoch geisterte die Mär von diesen fußlosen Sylphen hartnäckig noch lange in den Köpfen der Gelehrten, bis es 1824 dem Franzosen René Primevère Lesson gelang, erstmalig lebende Paradiesvögel in ihrem Heimatbiotop zu beobachten. Selbst Linné ist es unterlaufen, den Großen Paradiesvogel als *Paradisea apoda*, also „Fußloser Paradiesvogel", zu klassifizieren!

Andererseits zeigt Conrad Gesner auch Wege auf, wie man Fragestellungen, die durch die Naturbeobachtung allein nicht zu klären sind, angehen kann: durch die Gefangenschaftsbeobachtung. Schon Kaiser Friedrich II. hatte experimentiert, z. B. um das Geruchsvermögen von Geiern zu untersuchen. Bei der Frage, ob die sogenannte „Kuckucksspucke", aus der angeblich Heuschrecken schlüpfen sollten, tatsächlich vom Kuckuck stammt, verweist Gesner darauf, daß im Käfig gehaltene Kuckucke nie gespien hätten.

Heute wissen wir, daß es sich bei dem schaumigen Gebilde um die Brut der Schaumzikade handelt.

Ein anderes Märchen über den Kuckuck konnte aber auch Gesner noch nicht entlarven. Im Winter sollte sich dieser in einen Habicht verwandeln! Auch wenn schon im Alten Testament*) vom regelmäßigen Vogelzug die Rede ist, so herrschte doch noch bis weit ins 18. Jahrhundert und darüber hinaus Unklarheit über das winterliche Verschwinden so vieler Vogelarten. Die einen sollten sich im Schlamm eingraben und dort einen Winterschlaf halten. Dieses Gerücht hatte seinen Hintergrund im Verhalten vieler Zugvögel, sich abends im Schilf zu sammeln. Am anderen Morgen waren sie dann verschwunden. Heute wissen wir, daß sie des Nachts weitergezogen waren. Und so hatte auch die Legende von der Verwandlung des Kuckucks ihren wahren Kern. Bedingt durch die Nahrungsknappheit in der kalten Jahreszeit legt der Habicht in den Wintermonaten eine auffälligere Lebensweise an den Tag als im Sommer. Es gibt also — scheinbar — mehr Habichte, während der Kuckuck verschwunden ist.

Wenn Conrad Gesners Vogelbuch auch in vielen Dingen von der Zeit überholt worden ist, so hat es bis heute mehr als nur einen bibliophilen oder literaturhistorischen Wert. Bei der Beurteilung von Vorkommen, Ausbreitung und Rückgang von Arten und deren Lebensräumen ist ein derart gewissenhaft geschriebenes Buch auch und gerade vierhundert Jahre nach seinem Erscheinen eine wichtige Quelle. So wird erstmalig der Girlitz erwähnt, ein naher Verwandter des Kanarienvogels, der ursprünglich nicht bei uns heimisch war, sich bis heute aber über den größten Teil Mitteleuropas ausgebreitet hat. Daß der Waldrapp (oder Waldrabe) in der Neuzeit noch in Mitteleuropa existiert hat, ist abgesehen von einigen urkundlichen Erwähnungen eigentlich nur durch die Beschreibung Gesners bekannt geworden. Fun-

---

*) Jeremias VIII, 7 (Selbst der Storch in der Luft kennt seine Zeiten, Taube und Schwalbe und Kranich halten die Zeit ihrer Wiederkehr ein.)

de lassen darauf schließen, daß dieser schwarze Ibisvogel in der Steinzeit in Europa weiter verbreitet war. Er kam schließlich nur noch in einigen Gegenden des Alpenraumes vor, hat zuletzt wohl zu Beginn des 17. Jahrhunderts in der Schweiz gebrütet und dürfte bei Erscheinen dieser Ausgabe des Vogelbuches im Jahre 1669 bereits in Europa ausgestorben gewesen sein. Es wurden von Conrad Gesner noch einige andere Arten erstmalig beschrieben, darunter Alpenvögel wie Zitronengirlitz, Schneefink oder Mauerläufer, Vögel seiner Schweizer Heimat.

Dem Vogelliebhaber bleibt schließlich die Erkenntnis, daß man damals schon Stieglitze im Käfig züchtete (was zumindest heute nicht alltäglich ist), daß man sie bereits mit Kanarienvögeln kreuzte (das Produkt war „eine seltsame Arth Vögel von mancherley Farben") oder daß der Mehlwurm schon als Futtertier üblich war.

WERNER STEINIGEWEG

Literaturhinweise

DANIEL GIRAUD ELLIOT, Die Paradiesvögel. Bearbeitung und Anleitung von Armin Geus. Die bibliophilen Taschenbücher. Dortmund (1980)
HANS FISCHER u. a., Conrad Gesner 1516—1565 Universalgelehrter, Naturforscher, Arzt. Zürich (1967)
LUDWIG GEBHARDT, Die Ornithologen Mitteleuropas. Gießen (1964)
CONRAD GESNER, Thierbuch. Faksimileausgabe. Hannover (1980)
BERNHARD GRZIMEK (Hrsg.), Grzimeks Tierleben, Band 7, Vögel 1. Zürich (1970)
CLAUSS NISSEN, Die zoologische Buchillustration. Ihre Bibliographie und ihre Geschichte. Stuttgart (1966, 1978). 2 Bände
CLAUSS NISSEN, Tierbücher aus fünf Jahrhunderten. Beiheft zu dem Tafelwerk „Tierbücher aus fünf Jahrhunderten". (1968)
GEORG RÜPPELL, Vogelflug. Reinbek (1980)
ERWIN STRESEMANN, Die Entwicklung der Ornithologie von Aristoteles bis zur Gegenwart. Berlin (1951)
HERBERT WENDT, Die Entdeckung der Tiere. München (1980)